中华人民共和国地方志丛书

# 栖霞市志

（1985—2002）

栖霞市地方史志编纂委员会　编

方志出版社
Publishing House of Local Records

**图书在版编目（CIP）数据**

栖霞市志：1985—2002 / 栖霞市地方史志编纂委员会编. --北京：方志出版社，2018.11
ISBN 978-7-5144-3417-0

Ⅰ. ①栖… Ⅱ.①栖… Ⅲ.①栖霞—地方志—1985-2002 Ⅳ.①K295.24

中国版本图书馆CIP数据核字（2018）第261232号

## 栖霞市志（1985—2002）

**编　　者：** 栖霞市地方史志编纂委员会
**责任编辑：** 董　琳

**出 版 人：** 冀祥德
**出 版 者：** 方志出版社
地址　北京市朝阳区潘家园东里9号（国家方志馆4层）
邮编　100021
网址　http://www.fzph.org
**发　　行：** 方志出版社图书经销中心
电话（010）67110500
**经　　销：** 各地新华书店
**印　　刷：** 山东黄氏印务有限公司

**开　　本：** 889×1194　　1/16
**印　　张：** 70
**字　　数：** 1748千字
**版　　次：** 2018年11月第1版　　2018年11月第1次印刷
**印　　数：** 0001～2000册

ISBN 978-7-5144-3417-0　　**定　价：** 900.00元

# 栖霞名片

★ 中国苹果之都

★ 中国优秀旅游城市

★ 中国水果第一市

★ 中国果菜无公害十强市

★ 国家级生态示范区

★ 国家农业（苹果栽培）标准化示范区

★ 全国农业标准化示范市

★ 全国食品工业强市

★ 全国农林牧渔产值百强县（市）

★ 全国科技百强县（市）

★ 全国中小城市生态建设实验区

★ 全国水土保持生态环境建设示范市

# 中国苹果之都

2002年9月，中国果品流通协会授予栖霞市“中国苹果之都”称号

# 中国优秀旅游城市

2007年11月28日，国家旅游局授予栖霞市“中国优秀旅游城市”称号

# 栖霞市历届地方史志编纂委员会

1982 年 6 月公布

主　任　曹英之（兼）

1984 年 9 月公布

主　任　刘丰庆（兼）

1987 年 6 月公布

主　任　牟　秋（兼）

1989 年 8 月公布

主　任　牟　秋（兼）

1992 年 10 月公布（正式成立地方志编纂机构）

主　任　吴继祥

副主任　慕　旭　宫文全　曲顺民　阎宝章　王胜科

委　员　柳耀连　刘奎强　孙文献　娄诚然　王瑞民　于守仁

　　　　刘玉耀　贾荣德　车国瑞　胡学军　崔玉基　刘君平

2000 年 2 月公布

主　任　林　江　　市政府副市长

副主任　刘玉法　　市政协副主席

委　员　田衍生　　市政府办公室主任

　　　　孙永仁　　市教育委员会主任

　　　　宫德池　　市民政局局长

　　　　栾志熙　　市委组织部副部长、市人事局局长

　　　　李国明　　市财政局局长

　　　　刘志生　　市文化局局长

　　　　王瑞民　　市档案馆馆长

　　　　宋新华　　市党史研究室主任

2002 年 9 月调整

主　任　郭尊东　　市委副书记、市政府市长

副主任　杨君亭　　市委副书记、市政府常务副市长

委　员　贾荣德　　市政府秘书长、办公室主任

　　　　孙永仁　　市教育委员会主任

栾志熙　市委组织部副部长、市人事局局长
姜振斌　市财政局局长
宋新华　市文化局局长
范宝敏　市委办公室副主任、市档案馆馆长
马书波　市地方史志编纂办公室主任

2004 年 3 月调整

主　任　孙业宝　市委副书记、市政府市长
副主任　杨君亭　市委副书记、市政府常务副市长
姜振斌　市政协副主席、市财政局局长
委　员　贾荣德　市政府秘书长、办公室主任
崔言先　市委副秘书长、办公室副主任、市档案馆馆长
刘　华　市委组织部副部长、市人事局局长
谢耀光　市教育体育局局长
宋新华　市文化局局长
马书波　市地方史志编纂办公室主任

2005 年 4 月调整

主　任　李　宁　市委副书记、市政府市长
副主任　吕春松　市政府副市长
姜振斌　市政协副主席、市财政局局长
委　员　贾荣德　市政府秘书长、办公室主任
宋少鹏　市委办公室副主任、市档案馆馆长
刘　华　市委组织部副部长、市人事局局长
宋新华　市文化局局长
马书波　市地方史志编纂办公室主任
李庆东　市地方史志编纂办公室副主任

2007 年 5 月调整

主　任　李　宁　市委副书记、市政府市长
副主任　陈兆宽　市委常委、市政府副市长
委　员　贾荣德　市政府秘书长、办公室主任
刘　华　市委组织部副部长、市人事局局长
衣然强　市财政局局长
宋新华　市文化局局长
曲国成　市档案局局长

马书波　市地方史志编纂办公室主任
马贤修　市地方史志编纂办公室副主任

2010 年 10 月调整

主　任　刘忠义　市委副书记、市政府市长
副主任　陈兆宽　市委常委、市政府副市长
委　员　贾荣德　市政府秘书长、办公室主任
范文智　市委组织部副部长、市人事局局长
衣然强　市财政局局长
谢书德　市教育体育局局长
林德义　市文化局局长
曲国成　市档案局局长
马书波　市地方史志编纂办公室主任
马贤修　市地方史志编纂志办公室副主任

2012 年 2 月调整

主　任　陈兆宽　市委副书记、市政府市长
副主任　杨东霖　市政府副市长
委　员　陈洪浩　市政府办公室主任
衣然强　市财政局局长
林　良　市人力资源和社会保障局局长
衣启岩　市机构编制委员会办公室主任
谢书德　市教育体育局局长
林德义　市文化局局长
曲国成　市档案局局长
马书波　市地方史志编纂办公室主任
马贤修　市地方史志编纂办公室副主任

# 《栖霞市志（1985—2002）》审编人员

主　　审：杨东霖

副 主 审：陈洪浩

主　　编：马书波

副 主 编：马贤修　李庆东　林洪岩

特邀主编：王守志

顾　　问：于　法

编　　辑：马贤修　林洪岩　王守志　李庆东　徐志明
　　　　　李　芳　吴树志

特邀审阅：李元章　李迎运　范慧德　李明东　张荣起

# 序 一

《栖霞市志 (1985—2002) 》历经史志工作者多年潜心编撰，终于付梓出版了。这是一件功在当代、利在千秋的大事，也是栖霞文化建设史上的大盛事，为加快栖霞经济社会科学发展、赶超发展增添了浓墨重彩的一笔。

党的十一届三中全会以来，栖霞市发生了翻天覆地的变化，经济建设蒸蒸日上，文化事业繁荣发展，人民群众安居乐业，呈现出又好又快、稳定祥和的发展局面。《栖霞市志 (1985— 2002)》共 29 编，153 万字，全面介绍了改革开放以来，栖霞政区沿革、自然地理、区位交通及资源秉赋等情况，真实记录了栖霞各个领域的数据详情，全方位、多角度地展现了栖霞各项事业的发展状况，是一部难得的史料典籍。我们相信，通过这部志书的编修，将更加有利于我们总结经验，继往开来，深入谋划经济工作；更加有利于我们启发思维，统揽全局，推动科学赶超发展。这部志书的出版，还为社会各界认识栖霞、了解栖霞提供了最权威、最全面、最有价值的参考资料。

编史修志工作是一项非常艰难复杂的系统工程。参与市志编写的全体同志，任劳任怨，勤笔耕耘。在这部志书里，充分体现出全市史志工作者较高的政策理论水平、丰富的工作经验和严谨的工作作风。在此，我代表市委、市政府向为这项文化工程付出辛勤劳动的同志们，向市志编写的组织者、支持者表示衷心的感谢。

“明镜所以照形，古事所以知今”。“十二五”期间，我们将以史为鉴，继往开来，高举中国特色社会主义伟大旗帜，坚持以邓小平理论、“三个代表”重要思想为指导，深入贯彻落实科学发展观，突出科学发展、赶超发展主题，牢牢把握财源建设主线不动摇，大力弘扬新时期栖霞精神，努力在建设生态宜居宜业城市的新征程中奏响新的乐章、铸造新的辉煌！

是为序。

中共栖霞市委书记 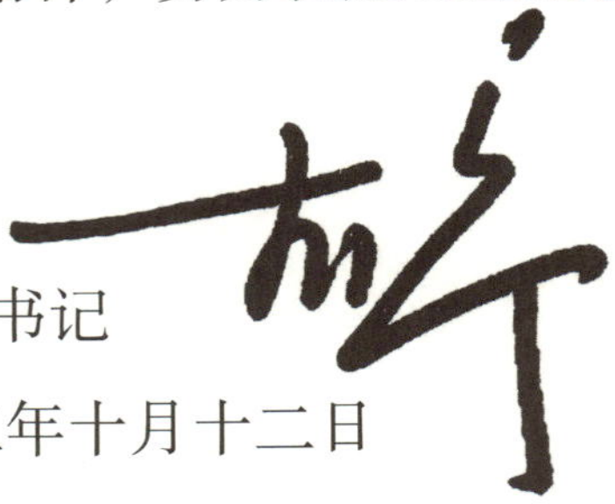

二〇一二年十月十二日

2010 年 6 月 9 日，烟台市史志工作会议在栖霞召开，研讨《栖霞市志（1985—2002）》。烟台市史志办公室主任于瑞友、《烟台市志》主编吕福堂、烟台市史志办公室副调研员谈洪奎参加会议。

2011 年 6 月 28 日，《栖霞市志（1985—2002）》评审人员合影

前排左起：李耀东 马书波 刘明霞 吕福堂 于瑞友（烟台市史志办主任）
陈兆宽（栖霞市市长） 王润生 王锡东 于 法 王守志

后排左起：林洪岩 马贤修 王家骧 杨日明 李绪政 徐 革 孙文博 祝清民
刘学廷 王春阳 闫尧成

2011 年 6 月 28 日，《栖霞市志（1985—2002）》评审会议在栖霞市悦心亭宾馆召开。图为专家评审现场

2012 年 9 月 27 日，栖霞市副市长杨东霖 ( 右 ) 听取史志工作情况汇报。

《栖霞市志（1985—2002）》编审人员合影

前排左起 : 王守志　李迎运　李元章　马书波　于　法

后排左起 : 林洪岩　马贤修　范惠德　李明东　徐志明　李庆东

“火焰山”牌锅炉

陶瓷真空过滤机

瀚海化工

栖霞纺织有限公司纺纱车间

“白洋河”牌系列葡萄酒

红壹佰灯具

东山电机生产车间

栖霞黄金

振华商厦

国家级生态示范区——十八盘林区

栖霞苹果

栖霞大樱桃

中国规模最大的封建地主庄园——牟氏庄园鸟瞰

东方道林之冠——太虚宫全景

艾山索道

艾山温泉夜景

高尔夫球场馆

栖霞市悦心亭宾馆

栖霞市广播电视局办公大楼

栖霞市第一中学教学大楼

栖霞市人民医院

栖霞城市公交车

栖霞市新城区一角（上、中）

栖霞市老城区远眺（下）

# 凡 例

一、本志编纂坚持以马克思列宁主义、毛泽东思想、邓小平理论、“三个代表”重要思想、科学发展观、习近平新时代中国特色社会主义思想为指导，运用辩证唯物主义和历史唯物主义的立场、观点和方法，全面客观地记述栖霞市自然、政治、经济、文化、社会等历史与现状，力求做到思想性、科学性和资料性的统一。

二、本志为1990年10月出版的《栖霞县志（1840—1985）》之续志，时间断限为1985—2002年。个别篇章和政务图片适当下延。为纠正前志遗漏和有误的内容，本志在附录载有勘误表。

三、本志使用规范的现代语体文记，述而不论。运用述、记、志、传、图、表、录等通用体裁，以志为主。部分编、章下设无题序，力求较完整地反映事物的发展脉络和全貌。大事记以编年体为主，兼用纪事本末体，主要收录境内发生的大事、要事、新事、特事、奇事和异事，述至2011年。图片与表格随文穿插，力求图文并茂。附录，辑存未曾收入正文的有重要历史价值的资料。

四、本志坚持科学分类和现实社会分工相结合的原则，事以类聚，类为一志，横排门类，纵述史实。篇目设置采用编、章、节、目结构，个别地方设置子目，目、子目不排顺序号，以不同字体区别。卷首设大事记、概述，卷尾有人物、附录，不列入编次。果业、乡镇企业、旅游、文物等单独设编，以彰显地域特色。全书共分29编，155章，608节，174万字。

五、入志人物，以本籍为主，客籍人物在境内有重大影响者一并收入。分人物传、人物录和人物名表。立传人物，按出生先后为序。人物录，不论生卒，主要名列地方县级、部队团级以上领导干部（含少数贡献较大、职级地方副县、部队副团以下干部）、文教科技人才、社会著名人士，按出生先后排序。革命烈士按参加工作先后排序，劳动模范按授奖先后排序。

六、纪年用公元纪年，个别地方采用朝代纪年时，括注公元纪年。

七、地名一般以事件发生时的地名为准，如后有变动，括注今地名。

八、各种机构、部门、社会团体和会议名称等，首次出现用全称，再次出现用简称。

九、有关数据，以县（市）统计局公布的为准，统计部门不具者，采用部门提供的数据。计量单位，执行《中华人民共和国法定计量单位》标准。

十、本志资料主要来源于各部门提供的基础材料，另来源于档案部门、文物管理部门及社会知情人等，文内不再注明出处。

十一、为方便检索和阅读，书后附有要目索引、入志人物索引、附录索引3部分，按首字汉语拼音字母次序排列。

十二、1995年11月30日，栖霞撤县设市，内文1995年之前冠以“县”名，之后冠以“市”名。

十三、栖霞市特产众多，为方便读者更多地了解栖霞，将栖霞市有关地方特产列入附录。

# 目　录

## 第四编 环境保护



## 第五编 农 业

## 第六编 林 业



## 第七编 果 业



## 第八编 水 利

## 第九编 工 业

## 第十二编 交通 运输



## 第十三编 邮政 通信



## 第十四编 旅 游



## 第十五编 金融业

## 第十六编 财政 税务



## 第十七编 经济管理

## 第十八编　中国共产党栖霞市地方组织

## 第二十二编 公安 司法 军事



## 第二十三编 科学技术

## 第二十四编 文 化



## 第二十五编 教育 体育

## 第二十六编 医疗 卫生

## 第二十七编　文　物



## 第二十八编　社会生活

## 第二十九编 镇（街道、开发区）村庄



## 人 物



## 附 录



## 索 引

# 大事记

2002年9月30日，第一届中国山东栖霞苹果艺术节在北京全国农业展览馆举办

# 大 事 记

## 1985年

**1月** 栖霞县金山乡盘子涧村共青团员桑忠福被中央绿化委员会、团中央授予“全国青少年绿化祖国突击手”称号。

**4月15日** 烟青公路栖霞县城区段改线拓宽工程动工，至6月10日完工。全长6700米，宽30米，修筑大小桥涵14座，动用土石48.5万立方米。

**4月27日** 根据中共中央整党决定，全县各级党组织开始全面整党工作，至1987年2月9日结束。

**5月16日** 栖霞县花炮厂因违章操作发生重大爆炸事故，17人死亡、10人重伤、18间房屋毁坏。

**5月25—28日** 栖霞县业余体校学生史彩娟在济南举行的全国“浪潮杯”女子举重邀请赛中，以抓举50公斤、挺举67.5公斤，总成绩117.5公斤获3枚金牌。

**6月10日** 中共中央宣传部副部长贺敬之到栖霞县参观牟氏庄园，并题词：“中国封建地主阶级生活的实物百科全书，对人民和青年一代进行历史唯物主义教育的永久性教材。”

**6月27日** 栖霞县被山东省人民政府授予“职工教育先进县”称号。

**7月18日** 全县18处乡镇230个村遭受冰雹袭击，计9333.3公顷农作物受灾，损伤果品3000万公斤，损坏房屋9300间。经济损失2700万元。

**7月** 栖霞县首个大型综合市场——振兴农贸市场正式营业，总面积2652平方米。

**8月19日** 全县遭受暴风雨袭击，风力最大10级，持续9个多小时。电话、广播、交通运输线路中断。刮倒树木98.6万株，刮落水果7677万公斤，冲跨桥涵6座，冲毁路段134处，倒塌房屋5726间，21200公顷农作物受灾，粮食减产5724万公斤，经济损失达亿元。灾后，县委、县政府立即组织全县人民奋力救灾。9月1日，民政部副部长邹恩同到栖霞县视察灾情。

**9月10日** 全县教育工作会议召开，庆祝第一个教师节。县委、县政府对全县“优秀教师”和“尊师重教先进单位”进行隆重表彰。

**9月** 山东省副省长马世忠率省抗雹救灾慰问团到栖霞县视察灾情，慰问受灾群众。

**11月26日** 栖霞县委作出《关于向模范共产党员王墨洪同志学习的决定》。

**11月** 济南军区政委迟浩田视察栖霞县人民武装部。

**12月3日** 栖霞县政府作出《关于给王墨洪同志追记三等功的决定》。

**12月30日** 桃村汽车七队一辆客车行至辛家夼村西公路下坡处，脱档滑行，翻入深沟，致5人死亡，18人重伤。司机被依法判刑。

**是年** 栖霞县水泥厂全年节煤1027吨，节电45万千瓦时，被评为“全国节约能源先进企业”，获国家节能金牌奖。

**是年** 栖霞县被评为“全国计划生育先进单位”。

**是年** 全县黄金总产量达10012两，跻入全省创万两县的先进行列。翌年1月18日，在北京全国黄金工作会议上，栖霞县人民政府受到国务院的表彰，并获一面奖旗。

**是年** 中共中央政法委副书记刘复之参观牟

氏庄园并题词："研究牟二黑子家史，了解封建地主阶级的兴衰。"

## 1986年

**3月23日** 栖霞籍运动员史彩娟在匈牙利首都布达佩斯举行的首届国际女子举重锦标赛中，以抓举62.5公斤、挺举75公斤的成绩，夺取48公斤级举重冠军。

**9月** 栖霞县抽纱厂"白洋河"牌棒槌花边荣获第六届中国工艺美术品百花奖金杯。1988年，又荣获轻工业部出口产品银牌奖。

**是年** 全县柞茧总产量达76万公斤，名列山东省第一名。

## 1987年

**1月18日** 中共栖霞县委召开全体机关干部会议，传达学习中共中央文件，部署开展批判资产阶级自由化思潮。

**1月** 小庄乡大庙后村南挖掘一处战国墓葬，随葬物有铜器5件，陶器4件。其铜剑为青铜器，重700克。这是全县首次发现战国时期墓葬。

**2月26日** 栖霞县委、县政府召开全县农业系统先进单位、先进个人表彰大会，共有78个先进单位和267名先进个人受到表彰。

**3月5日** 栖霞县城由龙门口水库调水工程开工，至11月25日第一期工程竣工，并一次试通水成功，共埋设输水管道16.8公里，基本满足县城需水。

**3月22日** 县电影发行放映公司被国家广播电影电视部授予"全国电影发行放映系统先进单位"称号，并获金杯奖。

**3月24日** 县水泥厂"白洋河"牌425号普通硅酸盐水泥获国家银质奖。

**4月13日** 栖霞县第十届人民代表大会第一次会议在县城召开，选举姜永成为县人大常委会主任，刘丰庆、刘洪斌、王奎、王守仁为副主任；选举于迅为县长，崔大忱、王春亭、隋贵廷、牟秋、曲学道为副县长。

**4月22日** 中共栖霞县第七届代表会议在县城召开，选举韩向利为县委书记，于迅、王修伯、于玄德为副书记。

**7月5日** 卫生部顾问、著名麻疯病专家马海德博士到栖霞县考察麻疯病防治工作。

**8月** 栖霞县广播电视大楼在山城五路东端落成。高8层，建筑面积2224平方米。

**9月29日** 全县工业企业始推行企业承包经营责任制。

**是年** 栖霞县桃村化肥厂被化工部授予"全国增产化肥做出突出贡献的先进单位"和"全国小氮肥先进企业"称号。

## 1988年

**1月7日** 蛇窝泊镇埠梅头村旅台同胞邹鹏波、邹熙堂回乡探亲。此后，旅台同胞回乡探亲陆续增多。

**1月13日** 国务院批准并公布栖霞县牟氏庄园为国家级重点文物保护单位。

**1月16日** 《栖霞县志（1840—1985）》初稿评审会在县城召开，省、市、县各级领导及史志界学者、专家等共50余人出席评审会，翌年10月出版发行。全书分26编、143章、450节，99.4万字，由山东人民出版社出版，该志被评为全国志书一等奖。

**2月10日** 栖霞县开通国内230多个城市直拨电话。

**3月9日** 栖霞县第一所正规职工中等专业学校成立。

**4月27日** 栖霞县知识分子"三先"（知识分子工作先进集体、先进个人、先进知识分子）工作会议召开。会上，县科委对29项科技成果颁发科技进步奖；县委、县政府对作出重大工作成绩的县水利局局长宋谷雨、城关村党支部书记史桂开各重奖现金1万元。

**5月30日** 山东省人民政府决定，烟台市所辖各县市区（长岛县除外）全部对外开放。

**9月7日** 中共中央政治局委员胡耀邦视察栖霞县牟氏庄园并题词："庄园修葺已一新，应记当年费经营。清官身与名俱灭，只留三载十万银。"

**10月13日** 县劳动局在县城体育场举办首届劳务市场，试行招工制度改革。

**10月20日** 中国社会科学院考古研究所山东工作队队长、副教授韩榕带领山东队、烟台市及各县文物工作者20人，到栖霞发掘北城子古文化遗址。

**10月** 栖霞县城被山东省人民政府命名为"卫生县城"。

**同月** 栾淑荣、王桂凤随中国民间艺术代表团赴巴西参加中国艺术节，分别作剪纸、织花边技术表演。

**12月** 为加快农村经济建设，县委、县政府选派210名干部、职工到农村任职。

**是年** 栖霞县酿酒厂"白洋河"牌中国山楂酒等7种产品相继获全国优质保健产品金杯奖、银杯奖及全国首届食品博览会质量银牌、铜牌等，并被授予省级先进企业。

**是年** 在第二次全国建材行业工作会议上，栖霞县水泥厂荣获"红旗企业"称号。

**是年** 栖霞县化肥厂李宁、液压件厂林兰芬获得山东省"富民兴鲁"劳动奖章。

## 1989年

**2月27日** 栖霞县召开全县党员代表大会，与会代表195名，选举出出席烟台市第七次代表大会代表40名。

**3月1日** 山东省政府提出"吨粮田"开发试验课题，栖霞县承担2666.7公顷任务，用3年时间（1989—1991年）完成。

**4月1—14日** 栖霞县政府开始整顿庙后滑石矿区生产秩序活动，共炸毁、填平非法矿井109个。

**4月6日** 栖霞县政府始用"栖霞县人民政府令"形式发布地方行政规章，政府令由县长签署发布。

**4月7日** 全县果业生产开展"金果杯"竞赛活动，参赛单位包括全县23个乡镇和果园面积达到30公顷以上的国营林场、农场。

**7月31日** 全国政协副主席马文瑞到栖霞县视察，参观牟氏庄园后题词："一部了解封建社会的活教材。"

**10月9日** 山东省委书记姜春云到栖霞视察水利工程建设。

**11月** 栖霞县政府在北京举办栖霞苹果质量信息发布会，农业部、商业部、北京市、天津市等28个单位和《人民日报》、新华社、《经济日报》、中央电视台等18家媒体记者参加发布会。栖霞县县长于迅介绍栖霞县优质苹果生产情况。

**是年** 栖霞县承担的山东省科委"七五"期间重大科研攻关项目——万亩苹果优质丰产开发实验，亩产达1985.3公斤，并通过国家和省有关专家鉴定。

## 1990年

**1月7日** 中央电视台"中国一绝"栏目摄制组到栖霞县拍摄民间艺人栾淑荣剪纸艺术《神剪》专题节目片。

**4月5—8日** 栖霞县第十一届人民代表大会第一次会议召开。选举曲建绪为栖霞县第十一届人大常委会主任，刘丰庆、衣竞尧、曲声达、崔常香、杜永献、王奎为副主任；选举于迅为县长，王春亭、宋振国、王典文、丁德海、宫文全为副县长；选举牟志南为县人民法院院长，张荷仙为县人民检察院检察长。

**4月5—8日** 政协栖霞县第四届委员会第一次会议在县城召开，选举刘洪斌为政协主席，林世忠、门曰欣、王发明、李克芳、王洪山为副主席。

**4月15—18日** 中共栖霞县第八次代表大会在县城召开，选举韩向利为县委书记，于迅、吕志海、慕旭为副书记；张以谦为纪委书记。

**9月10日** 全国首家县级果品批发市场——烟台栖霞果品批发中心开业。

**11月15日** 全国人大常委会法制工作委员会组织中央人民广播电台、新华社、人民日报社、法制日报社等北京10家新闻单位，到蛇窝泊镇采访依法治镇情况。

**11月** 于迅任中共栖霞县委书记，吕志海任栖霞县代县长。翌年4月2—4日，栖霞县第十一届人民代表大会第二次会议召开，选举吕志海为栖霞县县长。

## 1991年

**2月** 全县范围内开展社会主义思想教育活动，教育内容分社会主义信念、民主与法制、党的知识三部分。

**3月6日** 商业部部长胡平到栖霞县视察工业品下乡情况，先后到松山、寨里两个乡镇批发网点现场考察。

**3月18日** 栖霞县委、县政府决定，在全县聘任果业副乡（镇）长。

**5月31日** 栖霞县委、县政府作出《学习公山后村艰苦奋斗、艰苦创业精神的决定》。

**6月5—6日** 寺口、亭口、唐家泊、桃村、蛇窝泊、苏家店、松山、连家庄、大庄头等9个乡镇、120个村普遍遭受冰雹与暴风雨袭击。受灾农民2.3万户、7.9万人口。农作物受灾面积5581公顷，造成经济损失2851.7万元。

**10月15—16日** 栖霞县举办首届苹果节，全国各地贵宾400多人应邀出席。中共中央顾问委员会副主任薄一波、全国政协副主席王任重、中顾委常委杨得志、余秋里分别为苹果节题词。苹果节期间，与各地客户签订内销合同销量2500万公斤，出口苹果合同销量45万公斤。

## 1992年

**3月9日** 全县农村党员活动室普及率达到100%，其中一级活动室占30%。在全省统一评比中，1个党支部被授予先进党支部称号，3处乡镇被授予农村党建先进乡镇，7个党支部被授予先进基层组织称号。

**3月17—20日** 栖霞县第十一届人民代表大会第三次会议召开，选举吴继祥为县长。

**6月20—29日** 栖霞县政府组团参加青岛交易会。共签订合同12项，合同总投资3820万美元，其中外资847万美元；外贸出口成交额941.3万美元，其中外资企业85万美元。

**7月1日** 县委、县政府在体育场召开县体育场竣工和县医院病房楼、电视发射台落成典礼。体育场总建筑面积2833平方米，总投资300万元，是一个集比赛、训练、集会、观看等功能于一体的大型建筑，可容纳观众1万余人。县医院病房楼总投资550万元，有400张床位。县广播电视发射台，总投资250万元。

**9月30日** 经山东省政府批准，撤销铁口乡、中桥乡、苏家店乡，设铁口镇、中桥镇、苏家店镇，原行政区域和人民政府驻地不变。

**11月** 林学敏、王瑞祥任中共栖霞县委副书记，郑云、于旭华、于基明任栖霞县副县长。

**12月** 经山东省人民政府批准，成立山东省栖霞经济开发区，副县级单位，该区规划面积3平方公里，规模控制区面积9.6平方公里。

**同月** 全县出口商品收购总额2.14亿元，进入全省15个突破2亿元大关先进县行列。“粮、油、化工、抽纱、五金、服装、食品、轻工”

八大类骨干产品出口1.79亿元，占全县出口总额的83.5%。

## 1993年

**2月9—10日** 政协栖霞县第五届委员会第一次会议召开。选举张以谦为政协主席，林世忠、门曰欣、王发明、李可芳、娄诚然、孙青松为副主席。

**2月10—13日** 栖霞县第十二届人民代表大会第一次会议召开。选举慕旭为栖霞县人大常委会主任，刘丰庆、崔常香、杜永献、柳耀连、范永福、李晋丰为副主任；选举吴继祥为栖霞县县长，郑云、宫文全、孙承荣、于旭华、于基明为副县长；选举牟志南为县人民法院院长，崔洪敏为县人民检察院检察长。

**3月1日** 县政府编制《栖霞县乡镇企业环保管理区划与控制对策》，对23个乡镇划分4个功能不同的保护区。分别为环境保护区、环境主要控制区、环境相对稳定保护区、农业生态资源保护区。

**7月26日** 经山东省政府批准，撤销寨里乡、杨础乡，设寨里镇、杨础镇，行政区域和政府驻地不变。

**7月30日** 农牧渔业部部长孟宪德到栖霞进行网箱养鱼工作调研。

**11月3日** 栖霞县委、县政府颁布《栖霞县特别商业街管理暂行规定》。

**11月12日** 栖霞县进行县级党政机构改革。县委设工作部门5个，县政府设工作部门30个。精简单位54个，保留45个，县级行政编制控制在640人，分流487人。

**12月24日** 县政府颁布《栖霞县住房改革方案》。

**12月28日** 据统计，全县年内完成荒山造林7916.7公顷，疏林地补植6981.3公顷，林木覆盖率达39.8%。提前一年实现省政府“八五”绿化标准的各项指标。

## 1994年

**2月22日** 山东栖霞外向型工业加工区已批准进区项目11个，其中利用外资项目4个，总投资7亿元人民币，年产值可达5.5亿元。

**2月28日** 山东省外贸局授予栖霞县外贸进出口经营权。

**5月30日** 山东省政协主席陆懋曾视察栖霞县“两高一优”农业生产项目。

**6月30日** 栖霞县实施安居工程计划。郝家疃小区300户，体育场东小区300户，12月竣工交付使用。

**8月11—12日** 山东省委书记姜春云，省委副书记、省长李春亭到栖霞视察。

**是年** 栖霞县被中国果品流通协会授予“中国苹果第一县”称号。

## 1995年

**2月20日** 全省交通战备现场观摩会在栖霞召开。中国人民解放军总后勤部军事交通部战备局、济南军区运输部、山东省军区、山东省政府、省交通厅等部门负责人参观栖霞县交通战备办公室和作战室，对栖霞县交通战备情况及交通应急保障方案给予充分肯定。

**3月7—10日** 政协栖霞县第五届委员会第三次会议召开。选举刘玉法为栖霞县政协副主席。

**3月8—11日** 栖霞县第十二届人民代表大会第三次会议召开。选举林学敏为栖霞县县长，补选闫宝章为人大常委会副主任。

**3月15—18日** 中共栖霞县委召开第九次代表会议。选举吕志海为县委书记，林学敏、王瑞祥、曲顺民为副书记；刘玉耀为县纪委书记。

**4月15—28日** 栖霞县委、县政府组团赴海南、广州、江苏等4省8市考察乡镇企业和对外开放工作，引进合资项目4个，利用外资4000多万美元。

**4月26—28日** 全省优质果品生产技术现场研讨会在栖霞县召开。农业部、中国果科所、山东省农业厅的有关领导、专家，省新闻单位记者共180多人出席会议。

**4月28日** 栖霞县粮油供应公司郭文龙、服装公司徐学军、野夼村工业总公司于世广被评为山东省劳动模范。

**5月16日** 县政府组织经贸团首次赴上海招商，签订17份合作意向，引进11项填补国内空白的新技术、新产品，聘请5名科技顾问。

**6月6—12日** 中国烟台东亚城市进出口商品交易会在烟台展览馆召开。栖霞县有52个参展展品。会上，签订利用外资合同项目3个，合同外资额1320万美元，签订出口贸易合同10个，合同出口额945.8万美元。

**6月16日** 栖霞县在桃村镇行政区划内设置外向型工业加工区，副县级规格，为县政府派出机构，与桃村镇实行区镇合一体制，加工区管委与桃村镇人民政府合署办公，桃村镇建制级别不变。

**6月21日** 山东省省长李春亭到栖霞县视察农村工作。

**7月28日** 北方果树发展战略研讨会在栖霞县召开。农业部、山东省农业厅、山东农业大学、莱阳农学院、烟台果树站等单位领导、专家20多人出席会议。

**8月7日** 下午1时左右观里、官道、杨础3处乡镇遭暴风雨袭击，最大风力8级以上，10分钟降雨40毫米，农作物倒伏1866.7公顷，减产7成以上，造成经济损失1500万元。

**8月28—29日** 山东省副省长邵桂芳到栖霞县视察。

**9月1—12日** 山东—香港经贸洽谈会在香港举行。栖霞县人民政府派经贸团参加洽谈会，并签订合资合作协议2个，协议外资额1.2亿美元。

**9月24日** 山东省早中熟苹果评优活动在济南举行，全省早中熟名优果品评比样品94个，栖霞县选送的18个样品有7个获特优，9个获优质产品。

**10月13日** 烟台市第一所希望小学在栖霞县西城镇奠基。该小学由共青团烟台市委和希望工程烟台助学金办公室共同资助20万元，栖霞县配套30万元，1996年交付使用。

**10月16—24日** 栖霞县组团赴北京招商引资，共签订合资合作协议、合同13个，合同外资额近2000万美元。

**10月30日** 栖霞县与香港兆峰陶瓷集团有限公司卫生洁具生产项目在北京五大洲大酒店正式签订合同，项目总投资1.32亿美元，投产后年产值20亿元，利税7.5亿元。

**11月30日** 经国务院批准，撤销栖霞县设立栖霞市（县级），山东省人民政府直辖，由烟台市人民政府代管，以原栖霞县行政区域为栖霞市的行政区域。

**12月2日** 撤销刘家河乡，将其行政区域并入栖霞镇；撤销占疃乡，将其区域并入亭口镇。全市共21个乡镇（镇15处，乡6处）。

**12月15日** 栖霞市城关村被山东省科技委员会批准为“山东省高新技术产业密集区”。

## 1996年

**1月8日** 栖霞市委、市政府在影剧院举行撤县设市庆祝大会。山东省副省长张瑞凤，中国人民解放军26集团军副军长张明友，烟台市委副书记、代市长任海深出席大会。

**1月20—22日** 卫生部计划免疫检查团到栖霞市检查计划免疫工作，经抽查，建卡率、建证率、接种率、全程免疫率达到4个100%，达标一次成功。

**2月1日** 栖霞市委、市政府隆重表彰见义勇为先进个人。追授林章见义勇为标兵称号，奖励现金5000元；授予丁建国、高鹏云见义勇为先进个人，各奖励现金1000元；授予邢涛、吴贞远、尹传刚见义勇为先进个人，各奖励现金800元；通报表彰王洪乐、孙立全、李为民、孙浩、孙强见义勇为先进事迹，各奖励现金500元。

**3月12—18日** 栖霞市组团参加'96中国青岛国际经济贸易洽谈会，共签订合资合同6项，项目总投资334万美元，实际利用外资243万美元，出口商品贸易118万美元。

**3月17日** 栖霞市举办人武部"归建"工作交接仪式。交接仪式由烟台警备区副司令员张琪主持，烟台警备区政委雷齐宣布军官任职命令。

**3月19日** 山东省军区司令员张齐红，烟台警备区司令员邓守业到栖霞市人武部检查民兵预备役工作。

**3月30日** 军民合建"北沿海"地下光缆工程开工典礼在桃村镇举行。该工程经过桃村镇、唐家泊镇、蛇窝泊镇、栖霞镇，长60公里。

**4月1日** 栖霞市人民武装部划归部队建制，全称中国人民解放军山东省栖霞市人民武装部，隶属烟台警备区，为烟台警备区和栖霞市委、市政府双重领导。

**4月22日** 毛泽东主席的女儿李讷到栖霞市参观牟氏庄园。

**4月** 栖霞市被评为全国科技实力百强市，名列全国第17位。

**6月6—10日** 栖霞市组团参加'96东亚•烟台进出口贸易交易会，签订外资合同12个，利用外资115万美元，签订对外贸易合同12个，贸易额811万美元。

**7月1日晚至2日凌晨** 境内普降大到暴雨，全市平均降雨量37.1毫米，降雨量最大的桃村镇达95毫米，部分乡镇遭受大风和冰雹袭击，冰雹最大直径30—40毫米，最长持续时间30分钟。灾后统计，受灾乡镇14处、410个村庄，直接经济损失5.2亿元。

**7月14日** 栖霞市臧家庄镇北花园村金矿井下发生炮烟中毒事故，致4人死亡。

**7月22日** 全国人大常委会副委员长王丙乾到栖霞考察并参观牟氏庄园。

**10月1日** 204国道烟栖汽车专用线建成通车。烟栖汽车专用线全长47公里，栖霞境内33公里，为超二级汽车专用路。

**10月8—9日** 栖霞市首届丘处机学术研讨会在悦心亭宾馆召开，来自全国各地的15名专家、学者参加会议，会上交流了12篇学术论文。

**10月21—28日** 栖霞市委、市政府组团到北京招商引资，签订外资项目8个、协议外资额1400万美元，争取国家及北京市有关部门支持资金5400万元。

**是年** 全市全面推行公务员制度。列入首批实施和参照试行范围的部门64个，共设置职位1266个，列入首批过渡范围的工作人员1200名，经资格审查、考试、考核合格的1168人过渡为国家公务员。

## 1997年

**3月12—13日** 栖霞市政府组团赴北京与三峡综合市场网络指挥部成立三峡栖霞果品综合市场，全国50多个城市加入该网络，栖霞市是仅有的2个县级市之一。

**5月6—7日** 驻军54751部队1100名官兵参加"双拥共建"白洋河综合治理工程，挖基1000多米，搬动土石方6000立方米，土方整平2万平方米。

**6月6—10日** 第二届AEPC国际贸易博览会在烟台商城隆重召开。会议期间，栖霞市共签订利用外资合同、协议16个，外资额5313万美元；签订进出口合同、协议21个，进出口额2600万美元。

**6月**8日　山东省省委书记吴官正到栖霞视察。

**6月**21日　山东省人大常委会主任赵志浩到栖霞视察烟台卷烟厂、牟氏庄园、大通集团，并听取城关村工作情况汇报。

**7月**8—15日　栖霞市政府组团参加97中国青岛对外经济贸易洽谈会。会上，签订利用外资项目7个，合同协议外资额2643万美元，进出口贸易额470万美元。

**7月**11日　新疆维吾尔自治区副主席李东辉到栖霞市考察工作。

**8月**20日　凌晨1时开始，11号强热带风暴袭击栖霞，栖霞市2333公顷玉米、高粱、谷子被刮倒扑地，28666.7公顷苹果、大梨受灾，落果15%，造成直接经济损失32547万元。

**9月**　栖霞市遭遇百年罕见干旱，全市81处塘坝全部干涸，小型水库干涸110座，1100眼大机井出水不足，1300眼吊空。全市953个行政村全部受灾，受灾人口61万人，成灾人口49万人，75个村5.2万人吃水困难。全市农作物受灾面积6万公顷，直接经济损失5.7亿元。

**11月**21日　旅澳华侨王家琨捐资26万元兴建的中桥完小举行落成典礼。

**12月**　王瑞祥任中共栖霞市委书记，郑云任栖霞市代市长。

## 1998年

**2月**3—6日　政协栖霞市第六届委员会第一次会议召开。出席会议的委员188名。选举张以谦为政协主席，林世忠、刘玉法、王发明、孙青松、崔美俊（女）、范美琴（女）为副主席。

**2月**5—8日　栖霞市第十三届人民代表大会第一次会议召开。选举曲顺民为栖霞市人大常委会主任，闫宝章、崔常香、柳素莉、李晋丰、宫文全、衣龙祥为副主任；选举郑云为栖霞市市长，曹礼、丛卫光、李宁、林江、臧奎欣为副市长；选举孙林平为市人民法院院长，刘长安为市人民检察院检察长。

**2月**11日上午10时25分左右　市医药公司家属楼一楼东侧的一个体摩托车修理部发生一起重大火灾，烧死4人，烧伤1人。

**2月**15日　中共栖霞市第十次代表大会召开。选举王瑞祥为市委书记，郑云、刘玉耀、王建安为副书记；邵玉进为纪委书记。

**4月**1—2日　天津市河东区委副书记陈彦云，区委常委、副区长张殿辉率党政代表团，到栖霞考察交流改革开放经验。

**4月**19—20日　香港华人华侨协会名誉会长胡国赞资助60万人民币捐赠仪式在悦心亭宾馆举行，该捐资主要用于栖霞市文教事业设立奖学基金和文艺基金。

**5月**1—3日　山东省副省长林书香到栖霞市视察工作，听取栖霞市经济和社会发展等方面情况的汇报，就市级班子和经济建设等问题提出意见建议。

**5月**20日　山东德棉集团栖霞纺织有限公司开业庆典仪式隆重举行。山东省纺织厅厅长刘寿北，省经贸委副主任于永旭，德州市市长黄胜、副市长王根源，德棉集团总经理吴玉祥，烟台市市长杨金镜出席仪式。黄胜、杨金镜为公司揭牌，山东省政府副省长韩寓群致信祝贺。

**7月**1日　栖霞市城市公交车开通仪式在市体育场举行，20辆公交车首批投入运营。

**7月**6—12日　栖霞市组团赴青岛参加’98中国青岛对外经贸洽谈会暨青岛国际电力家电博览会。共签订利用外资项目7个，外资额1303万美元，进出口贸易额1550万美元。

**8月**2日　大庄头乡野夼村被山东省专利局命名为“山东省专利村”，成为全省第6个专利村。该村已累计申请专利11项，实施10项。

**8月3日** 栖霞市建立市、乡（镇）领导公开集中接待群众来访制度。规定：市委常委、副市长每月中旬公开接访一次（1天），乡镇领导每月上旬或中旬公开接访一次（1天）。

**8月4日** 交通部部长黄镇东率全国公路建设检查组，视察同三线烟台至栖霞段和烟上线市区段南出口工程建设情况。

**8月22—23日** 栖霞市遭遇特大暴风雨袭击，直接经济损失6500万元。

**8月23—25日** 中央电视台经济部“金土地”栏目组到栖霞市采访，拍摄“果品包装和棒棰花边”专题片。

**9月3日** 澳大利亚华侨王元耆、娄月华夫妇捐资兴建的澳华武文中学落成典礼在大柳家乡辛家夼村举行。娄月华向20名农村贫困学生发放助学金2万元。

**9月17—19日** 全国卫生城市检查团到栖霞市进行卫生综合检查。

**9月29日至10月1日** 中央电视台“正大综艺”栏目组到栖霞市拍摄果业生产和牟氏庄园专题片。

**10月8日** 经日本财团法人国际劳务管理财团董事长池田正英介绍，栖霞市与日本鹿儿岛县国别市在烟台东方明珠大酒店签订建立友好合作关系协议书。

**10月8—14日** 栖霞市组团参加在烟台国际会展馆召开的第二届APEC中小企业技术交流暨展览会。共签订利用外资项目15个，总投资额4360万美元，进出口贸易额4517万美元。

**10月15—17日** 湖北省公安县副县长石元宪率县有关部门负责人到栖霞市参观考察，双方签署建立友好县（市）协议书。

**10月** 栖霞市城区闭路电视开通使用。可传输中央一台、中央二台、山东省台、烟台台4套电视节目。

**11月15—26日** 栖霞市委、市政府组团赴北京开展招商活动，签订利用外资项目7个，合同外资额1400万美元。

**11月25日** 奥地利中央合作银行驻华首席代表卫安德、瑞士乌尼贝克宁公司总裁丹尼尔•绍维克、销售经理梅尔一行，到栖霞市考察栖霞源通果汁有限公司生产销售和公司发展情况。

**12月12日** 中国人民解放军54694部队换防进驻栖霞市，市区群众举行隆重的欢迎仪式。

**12月22—25日** 山东省苹果工程技术研究中心成立大会暨全省果品科技发展研讨会在山东农业大学召开。栖霞市作为山东省苹果工程技术研究中心基地县应邀参加，并作为全省唯一一个县级市在会上发言。

## 1999年

**1月8日** 栖霞市司法局开通“148”法律服务热线。

**2月1日** 栖霞市举行200万元福利彩票首发仪式。

**3月9日** 山东省军区司令员张齐红到栖霞市调研民兵预备役部队建设情况。

**6月12日** 山东省人民政府副省长林书香到栖霞市视察。

**6月16日** 国家文物局副局长郑欣淼、山东省文化厅副厅长王承典到栖霞市考察牟氏庄园建设情况。

**7月12日** 卫生部副部长孙隆春，烟台市卫生局局长杨吉顺到栖霞市人民医院视察工作。

**8月22日** 河南省安阳县县委书记杨其昌到栖霞市考察林果业情况。

**8月** 山东省计划委员会批准栖霞市实施农村电网改造工程方案，总投资10080万元。

**10月12日** 在济南市召开的全省双拥模范城命名表彰大会上，栖霞市被山东省委、省政府、省军区授予“双拥模范城”荣誉称号。

**10月12—16日** 联合国果蔬加工与产业化国际研讨会暨展览会在烟台国际会展馆举行，栖霞市组团参加会议。共签订利用外资项目10个，总投资额3820万美元，进出口贸易额5610万美元。

**11月21日** 中国国际广播电台台长张振华、华语台台长丁邦英，中央人民广播电台著名播音员林茹、方明、山东省广播电视厅副厅长侯志永到栖霞市调研。

## 2000年

**1月11日** 栖霞市公安消防大队在市府路成功扑救处置一起二硫化碳泄漏重大起火事故隐患，保证了市政府机关、人民医院及周围200多户居民和30多家店铺的安全。

**3月15日** 撤销大庄头乡设立大庄头镇，撤乡设镇后，行政区域和人民政府驻地不变。

**5月22日** 撤销庙后乡设庙后镇，其行政区域不变；撤销连家庄乡，并入蛇窝泊镇；撤销松山乡、金山乡，设松山镇，其行政区域包括原松山乡、金山乡，松山镇人民政府驻原松山乡人民政府驻地。

**7月29日** 全国人大常委会副委员长许嘉璐参观栖霞市牟氏庄园并题词：“巧取民膏勤也难破三世之限，不明时势慎何能成万代根基。”

**10月4日晚8时** 苏家店、西城、寺口、观里、杨础5处乡镇119个村遭受严重风雹袭击，其中重灾村63个，直接经济损失1.94亿元。

## 2001年

**1月8日** 栖霞籍运动员刘海龙在全国武术散打比赛中被评为中国功夫第一人，并被命名为“中国第一个散打王”。

**2月8—11日** 政协栖霞市第六届委员会第四次会议召开。选举刘玉耀为政协主席，增选衣玉祥、衣龙起为副主席。

**2月10—13日** 栖霞市第十三届人民代表大会第四次会议召开。选举郭尊东为栖霞市政府市长；补选李国明为市人大副主任。

**5月23日** 山东省省长李春亭在烟台市市长杨金镜、副市长吕在模陪同下，视察同三线烟台至栖霞段施工情况。

**7月7—9日** 栖霞市考区3330名学生参加全国普通高考。共有1243名学生超过本科分数线，创历史最好水平。

**8月13日** 栖霞外向型工业加工区更名为山东栖霞经济开发区，该区是1992年经山东省政府批准设立的省级开发区。

**9月22—29日** 栖霞市人民政府组团随烟台市代表团赴香港开展经贸洽谈和招商引资活动，签订利用外资合同5个，项目总投资2000万美元，签订3.25万吨苹果出口合同，贸易成交额2358万美元。

**9月28—29日** 栖霞市创建国家级生态示范区通过国家有关部门验收。

**9月** 王国祖任中共栖霞市委书记。

**10月17日** 栖霞市松山科技工业园设立。该园占地5.7平方公里。

**10月19—23日** 栖霞市组团参加在烟台召开的第三届国际果蔬博览会，共签订利用外资项目合同12个，总投资5765万美元，进出口贸易额3007万美元，签订国内贸易合同15份，成交额1.61亿元。

**10月25—30日** 栖霞市组团赴广州参加烟台市政府组织的烟台苹果广州推介洽谈会，签订5.6万吨果品销售合同，合同金额2.8亿元，占烟台市果品销售总额的87.5%。

**11月11日** 山东省副省长林书香到栖霞市考察。

**11月16—18日** 栖霞市政府组织有关镇、企业主要负责人赴天津市参加烟台市政府组织的苹果（天津）展示展销会，签订2.3万吨果品销售合同，合同金额1.38亿元。

## 2002年

**1月1日** 中国民间艺术游烟台首游式在栖霞牟氏庄园隆重举行。

**4月10日** 全市开展“三个代表”重要思想学习教育活动取得重要成果。上党课30次，发放征求意见表3.9万份，征求意见和建议2200多条，解决各类突出问题1890多个，处结各类信访案件41起，为群众办实事、好事5600余件。

**4月11—12日** 烟台•栖霞牟氏庄园建筑文化研究及包装策划会议在栖霞召开。山东省旅游局局长李德明出席会议；30多名国内外知名的建筑、旅游、民俗、文物保护、烹饪等方面的专家、学者及10多名中央、省、市有关媒体新闻记者应邀与会。

**4月24日夜间至25日凌晨** 栖霞市遭受百年未遇的特大低温冻害袭击，当时气温为零上1℃，地面温度为零下2.9℃。全市果园受灾面积达25466.7公顷，直接经济损失17.6亿元。

**4月28日** 栖霞市牟氏庄园国际民俗旅游节开幕。

**5月18日** 栖霞市规模最大的综合型汽车城——万达汽车城开业。

**5月22日** 水利部副部长翟浩辉到栖霞市考察节水工程建设。

**7月29日** 全国人大常委会农业与农村工作委员会副主任委员李春亭到栖霞市调研。

**8月17—20日** 丘处机与中国文化学术研讨会在栖霞市召开。来自海峡两岸60多名知名专家和学者进行为期3天的研讨。

**9月30日** “中国山东栖霞苹果艺术节”在北京全国农展馆开幕。全国人大常委会副委员长王光英、布赫、铁木尔•达瓦买提、吴阶平，全国政协副主席孙孚凌、王文元以及20多名副部级以上领导参加艺术节。

**9月** 全市“爱心一日捐”救助贫困学生救助金发放仪式在市教育体育局举行。此次共向350名在校贫困学生发放救助金20万元。

**同月** 中国果品流通协会授予栖霞市“中国苹果之都”称号。

**10月12日** 桃村化肥厂破产拍卖会在市法院举行，青海瀚海集团公司以1600万元一次竞买成功。

**10月17—21日** 第四届国际果蔬博览会在烟台国际会展馆召开。本届果蔬博览会在栖霞蛇窝泊镇设立分会场，中国农业大学教授、博士生导师黄卫东、中国果品流通协会常务副会长许淦玉、中国果品流通协会副秘书长王静文参加讲座。本届博览会全市合同利用外资额7432万美元，出口成交额8800万美元。

**10月** 栖霞牟氏庄园金秋文化旅游节开幕式在牟氏庄园日新堂举行。

**11月23日** 由西班牙卡塔卢亚大区（巴塞罗纳）果业协会会长何赛•普瑞赛格率领的果业访华团在北京外国语大学教授常世儒陪同下，到栖霞考察果品生产、贮存和批发市场建设。

## 2003年

**1月17日** 中国共产党栖霞市第十一次代表大会在行政中心召开。选举王国祖为市委书记，孙业宝、王克文、李宁、宫权、杨君亭为副书记；李宁为市纪委书记。

**1月20—22日** 政协栖霞市第七届委员会第一次会议召开。选举刘玉耀为政协主席，衣玉祥、范美琴、衣龙起、徐学军、姜振斌、王培学为副主席。

**1月21—24日** 栖霞市第十四届人民代表大会第一次会议在市影剧院召开。选举王国祖为人大常委会主任，张克坤、刘翠兰、张玉江、于忠志、冯作成、杨文豪、孙宗升为副主任；

选举孙业宝为栖霞市政府市长，杨君亭、林江、吕春松、刘洪光、于培超、姚秀霞、周俊为副市长。

**3月13日** 中国旅游报社社长林山率领国家有关媒体记者团到栖霞考察，对栖霞市的旅游资源发展情况进行采访报道。

**3月22—23日** 中国科学院院士、中国科学院原常务副院长孙鸿烈率全国中小城市生态环境建设试验区考察团，到栖霞市考察生态环境建设并签定在栖霞建立全国中小城市生态环境建设实验区授牌协议。

**4月** 中国重型汽车集团公司与烟台呈达车辆配套公司联营合作签约仪式在野夼集团举行。山东省政府副省长谢玉堂、烟台市政府市长周齐、副市长张幸福、烟台预备役师师长谢玉乐、中国重汽集团常务副总经理王浩涛、总经理助理、商用车公司总经理李国宪参加签约仪式。

**5月3日** 栖霞市制定《栖霞市机关事业单位离休退休人员离退休费实行社会化发放办法》。

**5月4日** 全长16公里、总投资1085万元的“刘山线”工程竣工通车。“刘山线”工程北起翠屏街道刘家河村与省道“文三线”相交处，向南穿越蛇窝泊镇至莱阳市山前店村。

**5月6日** 栖霞市与中国重型汽车集团济南商用车公司合作生产改装车项目签约仪式在济南举行。该项目总占地面积53.3公顷，一期工程投资1亿元。

**5月28日** 北京天星航天育种技术开发中心栖霞市桃村育种基地揭牌。该育种基地的建立，对实行科学选种育种，提高果品质量将起到巨大推动作用。

**7月28—29日** 韩国驻青岛领事馆总领事朴钟先及夫人，在韩国三能公司驻青岛办事处尹海龙陪同下到栖霞市考察。

**7月** 烟台市粮油储备库项目奠基仪式在栖霞市桃村镇举行。该项目占地11.87公顷，项目总投资1.2亿元，其中一期工程投资4000万元。

**8月5—6日** 青海省格尔木市代表团由四个班子主要领导组成，在栖霞市出席山东瀚海化工肥料有限责任公司投产庆典仪式。其间，栖霞市与格尔木市双方同意建立友好城市关系，并举行签字仪式。

**10月9日** 中国山东栖霞市第二届苹果艺术节新闻发布会在北京中华世纪坛会议厅召开，40多家新闻媒体出席新闻发布会。

**10月18日** 第二届中国山东栖霞苹果艺术节（北京部分）在北京中华世纪坛南广场隆重开幕。全国政协副主席张思卿、全国人大常委会原副委员长王光英、全国政协原副主席王文元、美国驻华大使馆商务参赞凯丽及美国亚太经贸代表团出席开幕式。

**10月19日** 第二届中国山东栖霞苹果艺术节期间，中国栖霞“三农”问题高层论坛在北京梅地亚中心举行。中央政策研究室农业局局长潘盛洲，国务院发展研究中心农村研究部部长韩俊以及来自全国各地的40多位“三农”征文获奖代表参加论坛。

**10月21日** 烟台霞光旅游发展有限公司项目奠基仪式在栖霞市郝家楼举行。山东省政协副主席林书香，烟台市委副书记王书坚，韩国国会议员李正一，韩国驻青岛总领事朴锺先，韩国三能建设株式会社会长李丞基，驻青岛韩国贸易投资振兴公司馆长张幸福，韩国建设交通局局长朴永俊出席仪式。

**10月** 栖霞市对外合作项目集中签约仪式在市机关会议厅隆重举行。山东省政协副主席林书香参加签约仪式。集中签约项目66个，其中外商投资项目27个，总投资5.5亿美元（其中外资4.7亿美元），投资过千万美元的项目7个；投资额过亿元人民币的项目3个。

## 2004年

**2月**8日 “香港•栖霞苹果之友协会”在北京正式成立。全国人大、全国政协、农业部、山东省政协有关领导，全国政协驻香港部分委员出席成立仪式。

**2月**14日 第七届海峡两岸旅游推介会台湾旅行业代表团一行130人，到栖霞市参观牟氏庄园。

**4月**24日 栖霞市遭受大面积低温冷冻灾害，苹果损失50万吨，减少收入4亿元。

**4月**28日 “中国庄园文化旅游节”开幕式在牟氏庄园举行。山东省艺术馆、烟台市旅游局、烟台市博物馆、部分牟氏后裔应邀出席开幕式。

**5月**20日 总投资3亿元的烟台东源热电有限公司项目在经济开发区举行奠基仪式。该项目2005年投产发电，年可供气160余万吨，供电3.6万千瓦时。

**5月**22日 总投资1.8亿元的栖霞广成纺织有限公司项目正式开工建设。该项目由香港好联合国际投资有限公司，与山东广成集团共同投资兴建。项目投产后，年实现销售收入2.6亿元，利税4000万元。

**6月** 《栖霞市组织史资料（1987—2003）》出版发行。该书由党史研究室编纂。

**8月**9日 山东省委书记张高丽到栖霞市考察工作，省委常委、秘书长杨传升，烟台市委书记焉荣竹，烟台市委副书记、市长周齐，烟台市委常委、秘书长郝德军陪同视察。

**8月**14日 山东省人大常委会原主任赵志浩到栖霞视察。

**8月**15日 中国重汽集团、浙江通普公司、中国横向集团栖霞通普专用汽车项目签字仪式先后在亭口镇杏家庄村和悦心亭宾馆举行。山东省政府副省长谢玉堂出席仪式。

**8月**20日 国家文物局局长单霁翔、文保司司长顾玉才，山东省文化厅副厅长谢治秀到栖霞市考察牟氏庄园。

**9月**4日 交通部部长张春贤，山东省政府副省长赵克志到栖霞市视察文三线公路建设情况。

**9月** 栖霞市总投资3000万美元的三水服装工业城项目、总投资1200万美元的光纤显示屏项目、总投资500万美元的韩国富光食品加工项目在烟台国际会展馆举行集中签约仪式。

**10月**3日 法国华侨华人会副主席王加青、法国服装实业商会会长陈建友到栖霞市相关企业考察。

**10月**16日 第三届栖霞苹果艺术节在文化广场隆重举行开幕式。全国政协原副主席叶选平、全国政协港澳台侨委会副主任张道诚、西藏自治区政府副主席吴英杰、山东省政协副主席林书香、中国果品流通协会原会长刘鸿禄、国家国资委老干部局局长李培珍、阿尔巴尼亚、布隆迪、罗马尼亚、伊朗 、韩国、爱沙尼亚等6个国家的驻华使团出席开幕式。

**10月**17日 第三届栖霞苹果艺术节对外合作项目集中签约仪式在悦心亭宾馆举行。共签定项目31个，总投资额达8.5亿元人民币。其中外商投资项目13个，总投资4000万美元。

**10月**18日 总投资3亿元的中国重汽集团山东特种车有限公司项目在桃村镇举行开工仪式。

**10月** 第三届苹果艺术节期间，总投资5亿元的中国三水服装工贸园项目在经济开发区举行开工仪式。

## 2005年

**1月**13日 烟台市市长周齐，市委副书记张心骥，市委常委、秘书长郝德军，副市长刘筱杰，市政府秘书长张广波，带领烟台市直有关部门负责人在栖霞市召开烟台市帮扶栖霞加快发展现场会议。各县（市、区）长参加会议。

**1月14日** 栖霞市第十四届人大常委会第十四次会议任命李宁为栖霞市政府副市长，代理市长。25日，选举李宁为栖霞市市长。

**3月16日** 总投资6500万元的栖霞市地下信息共用管网项目签约仪式在悦心亭宾馆举行。潍坊东海国信管道网络公司董事长李强、总经理肖辉参加仪式。

**3月** 辽宁省农业考察团在辽宁省政府副省长胡晓华的带领下，到栖霞市参观考察。

**4月7日** 栖霞市行政审批中心投入试运转。按照“突出项目，兼顾便民”的原则，首批18个单位在服务大厅设立窗口。

**4月20日** 山东省政协副主席林书香、香港多来集团总裁汪江到栖霞市考察果蔬冷藏加工情况。

**5月20—25日** 栖霞市组织有关镇（街道、经济开发区）、市直部门、企业负责人赴浙江温州、慈溪招商引资。共有7个项目签约，投资总额1.94亿元。

**6月14日** 世界银行贷款项目检查团到栖霞市考察经济开发区污水处理及白洋河河道整治工程。

**6月** 204国道桃村镇境内发生特大交通事故，造成5人死亡，13人受伤。

**7月5—6日** 日本中日新报新闻社社长刘成、日本OCEAN株式会社社长安井透到栖霞市考察。

**7月12日** 栖霞市组织有关镇（街道、经济开发区）、市直有关部门、有关企业负责人赴青岛举办“栖霞—青岛经济合作恳谈会”。签约项目9个，投资总额达5.85亿元。

**8月3日** 国家林业局规划设计院院长李忠平带领专家到栖霞市对牙山晋升国家级森林公园进行评审。

**9月24日** 第七届国际果蔬•食品博览会期间，栖霞市重点利用外资项目签约仪式在烟台国际会展馆举行，共签订项目4个，投资总额6730万美元。

**9月27—29日** 栖霞市组织有关镇（街道、经济开发区）、市直有关部门、有关企业负责人，赴大连举办“栖霞—大连经济合作恳谈会”。恳谈会在大连市万达国际饭店举行，共签约项目5个，投资总额1.8亿元。

**10月16日** 第四届中国山东栖霞苹果艺术节在行政中心龙腾广场举行开幕式。中共中央政策研究室文化研究局局长严昭柱、中国科技开发院副院长王德魁、山东省军区原司令员张齐红，德国、利比里亚、布隆迪、利比亚等国家的驻华使团，韩国、日本、德国等20多个国家和地区的工商界人士出席开幕式。

投资总额2.5亿元的烟台欧王葡萄酒业有限公司、山东安得利斯风电技术装备有限公司、烟台中谷肥料有限公司等7个项目在桃村镇举行开工仪式。

**10月18日** 投资总额3.7亿元的烟台欧贝果汁有限公司、烟台威尼酒业有限公司、栖霞阳光润滑油制品有限公司等5个项目在松山镇举行集中开工仪式。

## 2006年

**1月19日** 栖霞市委、市政府在悦心亭宾馆举行“爱心慈善协会”成立揭牌仪式。

**1月** 栖霞市人民广播电台“果都之声”开播和栖霞市广播电视大楼改建工程竣工庆典仪式在栖霞市举行。山东省有关部门负责人出席仪式。

**2月9日** 由内蒙古电影制片厂、北京十月骑士影视公司、栖霞市委宣传部联合摄制的彩色故事片《当家人》在烟台市东山宾馆举行首映式。影片《当家人》主人公原型是栖霞市国路夼村优秀党支部书记。

**3月18—19日** 韩国光州市政府政务副市长李炳华到栖霞市参观考察。

**3月24日** 国家信访局副局长赵法有在山东省信访局副局长赵进陪同下到栖霞调研。

**4月12日** 栖霞市委、市政府为栖霞市检察院荣获最高人民检察院集体一等功举行庆功颁奖大会，山东省检察院党组副书记、常务副检察长马永胜，烟台市委常委、政法委书记谭伟，烟台市人民检察院检察长潘锡海参加会议。

**4月15日** 在北京举行的海峡两岸经贸论坛上，中共中央台办授权宣布，在山东省栖霞市正式设立台湾农民创业园。

**4月21日** 台湾省农会总干事张永成率领台湾农会代表团，在农业部台湾事务办公室副主任、海峡两岸农业交流协会秘书长李永华的陪同下到栖霞市参观考察。

**4月29日** 烟台市书法家协会名誉主席、栖霞籍书法家柳志光、魏笙筠伉俪携作品200余幅，在牟氏庄园举行书画陈列馆开馆仪式。

**5月24日** 栖霞市台湾农民创业园揭牌仪式暨新闻发布会在北京人民大会堂台湾厅举行。农业部副部长尹成杰、国务院台湾事务办公室副主任郑立中、国家开发银行业务发展局副局长周荣卫、山东省人大副主任陈延明、省长助理臧海强、农业厅副厅长于风华、海峡两岸农业交流协会会长于永维、烟台市政府市长孙永春及中央、驻京港澳台、农业部及省、市主要新闻媒体记者参加仪式。

**6月5—7日** 由海峡两岸农业交流协会、昆山市台胞投资协会主办，栖霞市人民政府、栖霞市台湾农民创业园管委会承办的海峡两岸（栖霞•昆山）经济工作恳谈会在江苏昆山举行，农业部台湾事务办公室副主任、海峡两岸农业交流协会秘书长李永华以及江苏省台办、昆山市部分台资企业负责人参加会议。

**8月7日** 国民党中常委、“立法委员”、海棠基金会董事长朱凤芝女士率领台湾投资考察团到栖霞参观考察台湾农民创业园。

**8月27日** 中央综治委副主任陈冀平，山东省委常委、政法委书记阎启俊到栖霞市检查工作。

**9月13日** 国务院副总理回良玉，到栖霞市视察社会主义新农村建设情况。山东省省长韩寓群、烟台市委书记焉荣竹、市长孙永春，栖霞市委书记王国祖、市长李宁陪同。

**9月** 日本亲善协会理事高山秀子，国际劳务管理财团理事池田即子，到栖霞市实验小学捐助贫困学生。

**10月5日** 中央人民广播电台台长杨波到栖霞市参观考察。

**10月12日** 丘处机道教思想与和谐社会研讨会在栖霞悦心亭宾馆召开。中国道教协会副会长、上海市道教协会会长丁常云，中国道教协会秘书长袁炳栋、副秘书长袁志鸿，中国艺术教育促进会副秘书长，中国人民国际交流协会副秘书长陈仕彬，中央民族大学哲学系主任、宗教研究所所长何其敏，中国人民大学宗教研究所研究员谢路军参加研讨会。

**10月16日** 第五届山东栖霞苹果艺术节在龙腾广场隆重举行开幕式。艺术节期间，共签定合作项目61个，投资总额42亿元，其中外商投资项目22个，投资总额3.3亿美元。

**10月17—18日** 总投资8.8亿元的山东蓝岛科技发展有限公司、裕祥精细化工（二期）氨纶油剂、烟台鸿瑞集团保健化妆品、烟台昌裕印刷有限公司、烟台海岳汽车空调等17个项目，分别在桃村镇、栖霞经济开发区和松山镇举行开工仪式。

**10月31日** 山东省人口与计划生育工作检查考核组对栖霞市人口与计划生育工作和“省级计划生育优质服务先进县”创建工作进行检查验收并通过。

**10月** 台湾国民党铁牛队成员40人在山东省

台办副主任张志强陪同下到栖霞市参观考察。

**同月** 国家环保总局副局长潘岳率领国务院新开工项目督查组检查栖霞市新开工项目建设情况。

**11月17日** 全国农村妇女“双学双比”食用菌示范基地揭牌仪式在栖霞市杨础镇举行。

**11月** 海峡两岸农业交流协会会长于永维、农业部台湾事务办公室副主任李永华等到栖霞市考察台湾农民创业园建设情况。

**12月18日** 中国国民党副主席、青年团总团长林益世率领台湾考察团到栖霞市考察台湾农民创业园，并参加烟台百佳国际农产品交易有限公司剪彩仪式。

## 2007年

**1月15—17日** 台湾农会总干事张永成一行16人，在海峡两岸农业交流协会会长于永维陪同下，到栖霞市参观考察台湾农民创业园，并出席台湾农民创业园两岸农贸港奠基仪式。

**1月31日** 山东省委常委、省政府常务副省长林廷生，省政府副秘书长韩金峰以及省民政厅、省总工会的负责人到栖霞市走访慰问企业和困难群众。

**1月** 于进生任栖霞市人大常委会第一副主任、党组副书记（正县级）；刘言志任中共栖霞市委常委、纪委书记；刘洪光任中共栖霞市委常委、栖霞市人民政府副市长；周俊任中共栖霞市委常委、宣传部部长；刘启明任中共栖霞市委常委、政法委书记。

**3月4日** 栖霞市受风暴潮影响，电力设施、农业生产和群众生活受到严重损失。6日，烟台市市长张江汀到栖霞市检查指导抗灾自救工作。

**3月18日** 投资总额6.2亿元的多晶硅生产、海岳汽车空调、富海环保新材料加工、鹏鹗精密纺器等13个项目，分别在桃村镇、松山街道和经济开发区举行开工仪式。

**4月16日** 全市开展“爱心捐助”活动，130个单位、1.9万人参加活动，募捐款524.5万元。

**5月19日** 烟台市帮扶栖霞市加快发展现场会在桃村镇召开。烟台市政府市长张江汀，常务副市长郝德军，市政协副主席、发改委主任孙承贤，各县（市、区）政府（管委）主要负责人，烟台市直有关部门主要负责人，栖霞市市级领导和有关部门主要负责人出席会议。

**5月20—22日** 审计署驻沈阳特派员到栖霞市审计2005—2006年度国家下拨救灾资金使用管理情况。

**5月** 市委副书记刘忠义任中共栖霞市委书记（援藏干部）。

**6月29日** 台湾省花莲县议会副议长钟逸文、台东县议会副议长饶庆龄、新竹县议会副议长张志弘一行12人到栖霞市参观考察台湾农民创业园。

观里镇大疃村、小院村、小山口村和官道镇北照村等村庄遭受龙卷风袭击，造成1人死亡，23人受伤，240多间房屋倒塌，1500多间房屋受损，果树、农作物及电力通信设施受到不同程度损失。

**6月** 市党史研究室编纂的《中共栖霞历史大事记（1949—2005）》出版发行。

**8月2日** 全国人大常委会财经委副主任、全国审计协会会长翟熙贵到栖霞市参观考察。

**8月5日** 国家旅游局原局长何光暐到栖霞市考察旅游资源和旅游建设工作。

**9月22日** 日本亲善协会理事高山秀子、山崎太郎到栖霞市实验小学捐助贫困学生。

**9月25日** 美国南加州齐鲁会馆会长吕仁良率领美国洛杉矶齐鲁同乡会15人到栖霞市参观考察。

**9月28日** 太虚宫开放开光典礼隆重举行。全国政协委员、民宗委副主任、中国道教协会会长任法融，中国国家博物馆党委副书记、副馆长姜丰义以及国内外部分学术界、宗教界、旅游界人士约3000多人出席开光典礼。

栖霞市地质文化奇石博物馆开馆。中国国家博物馆党委副书记、副馆长姜丰义，中国艺术教育促进会副秘书长陈仕彬及省内部分主要旅行社负责人出席开馆仪式。

**9月** 栖霞市官道镇公安派出所副所长王晓辉参加联合国利比里亚维和警察部队任民事警察，历时1年零6个月。其间，王晓辉3次获得联合国维和勋章，1次获得公安部维和荣誉勋章。

**10月16日** 第六届山东栖霞苹果艺术节开幕。艺术节期间，共签定经贸合作项目43个，投资总额23亿元。

山东省果品流通协会苹果分会成立仪式在栖霞市举行。中国果品流通协会常务副会长傅秀泉出席仪式。

**10月16—17日** 全国台湾农民创业园工作会议在栖霞市召开。福建省漳浦县、四川省新津县、重庆市北碚区台湾农民创业园负责人参加会议。农业部台办副主任、海峡两岸农业交流协会秘书长李永华出席会议。

**10月18日** 烟台家裕食品、育才普罗机械、大鲤鱼网具、烟台亿诗欧葡萄酒加工等14个项目在经济开发区、桃村镇、松山街道分别举行开工仪式，项目投资总额6.4亿元。

**10月** 《栖霞年鉴2007》出版发行。该年鉴是栖霞市首部年鉴，由市地方史志编纂办公室编纂，中国艺苑出版社出版。

**11月24日** 山东省委书记李建国到栖霞市调研。烟台市委书记孙永春、市长张江汀、市委常委、市委秘书长于爱军，栖霞市委、市政府主要领导陪同调研。

**11月28日** 国家旅游局授予栖霞市“中国优秀旅游城市”。

**12月8—10日** 政协召开八届一次会议，选举王玉生为政协主席，衣玉祥、徐学军、姜振斌、孙宗升、王殿仁为副主席。

**12月9—11日** 栖霞市第十五届人民代表大会第一次会议在悦心亭宾馆召开。选举李宁为栖霞市市长，陈兆宽、刘洪光、陈洪军、王培学、宋贤章、李存杰为副市长。选举孙光为市人民法院院长，郑昌河为市人民检察院检察长。

**12月27日** 国家旅游景区质量等级评定组到栖霞市对牟氏庄园进行4A级评定验收并获通过。

## 2008年

**1月27—29日** 台湾铭传大学校长李铨，韩国水原大学理事长李仁洙到栖霞市考察洽谈华医大学合作医院及老年公寓等事宜。

**2月** 刘广华任中共栖霞市委书记。

**3月15日** 山东省政府省长助理周齐到栖霞市调研。

**3月18日** 德达精密机械制造、张裕高档玻璃瓶、海岳汽车空调、鹏鹗纺织机针等43个项目分别在经济开发区、桃村镇、翠屏街道、松山街道举行开工仪式。项目投资总额28.8亿元。

**4月1日** 中国外经贸企业协会会长周可仁，山东省外经贸厅副厅长郭伟时、省外经贸企业协会会长刘国栋到栖霞市考察。

**4月5日** 山东省政府特邀咨询林廷生到栖霞市调研。

**5月14日** 栖霞市第十八次“全国助残日”轮椅捐赠仪式在市文化广场举行，60名受捐赠残疾人参加捐赠仪式。

**5月23日** 中国邮政储蓄银行山东省栖霞市支行成立暨揭牌仪式在悦心亭宾馆举行。

**5月25日** 山东省军区政治委员南兵军到栖霞市检查部队建设工作。

**7月5日** 全国人大常委会委员、民进中央副主席朱永新考察栖霞市台湾农民创业园建设情况。

**7月21日** 山东省军区副参谋长曹建军检查栖霞市民兵信息员落实情况。

**8月4日** 中国公安大学副校长宋子堃到栖霞市检查督导奥运会期间安全保卫工作。

**8月5日** 山东省委常委、省政府常务副省长王仁元，烟台市委书记孙永春、市长张江汀，市委常委、常务副市长郝德军到栖霞市调研。

**9月13日** 国家工商总局副局长李冬生到栖霞市参观考察。

**9月15—16日** 陕西省延安市延长县县长刘景堂到栖霞市参观考察苹果生产产业化和农民合作组织建设情况。

**9月23日** 第十届国际果蔬食品博览会栖霞市分会场开幕。中国果品流通协会常务副会长傅秀泉、秘书长鲁芳校，省果树研究所所长王长君出席仪式。

**9月24日** 陕西省礼泉县委书记张宗平率党政考察团一行44人，到栖霞市考察果品产业化和县域经济发展情况。

**9月28日** 栖霞金秋旅游黄金月暨艾山自然风景区启动（开放）仪式在艾山自然风景区举行。山东省慈善总会会长谢玉堂，韩国三能建设株式会社社长、烟台艾山旅游发展有限公司副董事长李政基，省内各大旅行社负责人，栖霞市委、市政府主要领导出席启动（开放）仪式。

**10月11—12日** 全国供销合作总社监事会主任刘环祥，山东省供销社党组书记、理事会主任白志刚到栖霞市考察苹果生产基地和蛇窝泊果品批发市场。

**10月16日** 第七届山东栖霞苹果艺术节在文化广场开幕。中国果品流通协会常务副会长傅秀泉，山东省慈善总会会长谢玉堂，山东省文化厅副厅长李华文，韩国、日本、新加坡、菲律宾、澳大利亚等20多个国家和地区的工商界人士，共2万余人出席开幕式。

**11月12日** 栖霞市制定《栖霞市城镇居民基本医疗保险试行办法》和《栖霞市机关事业单位职工医疗保险试行办法》。

**12月13日** 山东省民间手工艺制作大师、著名剪纸女艺人栾淑荣病逝，年43岁。

**12月18日** 中国进出口银行副行长李郡，青岛分行行长刘云清考察栖霞市台湾农民创业园。

江苏无锡市锡山区委副书记华炳泉率考察团32人到栖霞市考察新农村建设情况。

**12月23日** 烟台警备区司令员荣森之带领机关、基层分队320余官兵到栖霞市进行野营拉练。

**12月26日** 蓝烟铁路电气化、枣临铁路、东平铁路建设动员大会暨开工典礼在栖霞市桃村火车站举行。国家铁道部部长刘志军，山东省委书记姜异康、省长姜大明，铁道部副部长卢春房，山东省委常委、常务副省长王仁元，烟台市委书记孙永春、市长张江汀、常务副市长郝德军以及栖霞市委、市政府主要领导出席。

## 2009年

**1月6日** 栖霞市第十五届人民代表大会召开第二次会议。市委副书记、市长李宁在会上作《政府工作报告》。

**1月13日** 山东省委副书记、省长姜大明带领省政府慰问团到栖霞市走访慰问企业困难职工和农村老党员、贫困户。

鲁东大学与栖霞市人民政府全面合作签字仪式在悦心亭宾馆举行。鲁东大学党委书记毕宪顺、校长李青山，栖霞市政府领导出席签字仪式。

**3月2—3日** 全省军工企业防风险促发展经验交流会在核工业二七三大队召开，省国防科工办主任王超英出席会议。

**3月10日** 审计署济南特派办人员到栖霞市

审计水库除险加固工程。

**3月20日** 国际矿业企业工作委员会一行10人到栖霞市考察。

**3月31日** “鲁东大学与栖霞市共建大学生就业实习基地”授牌仪式在艾山温泉国际旅游度假村举行。

**4月1—2日** 审计署济南特派办人员对栖霞市第二污水处理厂争取中央预算内投资进行审计。

**4月19日** 安徽省砀山县党政考察团到栖霞市考察学习。

**4月21日** 山东省“食品安全示范县”验收组到栖霞市检查验收省级“食品安全示范县”创建工作。

**4月26—28日** 中国绿创产业控股（集团）有限公司独立董事韩依森、总裁叶新章等到栖霞市洽谈投资合作事宜。

**5月1日** 山东省委常委、省政府副省长王军民到栖霞市红壹佰照明有限公司视察。

**5月6日** 辽宁省丹东市振安区区委书记于天大带领考察团到栖霞市考察园区建设和旅游产业发展。

**5月21日** 山东省气象局副局长沈建国，烟台市气象局局长邢建忠到栖霞市检查气象服务和气象探测环境保护工作。

**5月** 栖霞市政府制定《栖霞市城乡集贸市场管理暂行办法》。

**同月** 陕西省洛川县县委副书记、县长谢京帅带领党政考察团到栖霞市考察果品产业发展情况。

**6月4日** 国家国土资源部规划司司长董祚继，山东省国土资源厅规划处处长宁廷河，烟台市国土资源局党委书记徐维胜到栖霞市调研。

国家土地督察广州局局长束伟星来栖霞市调研。

栖霞市政府制定《关于加快推进农村文化阵地建设的实施意见》。

**6月10日** 山东省电力集团公司副总经理孔庆军、烟台市供电公司总经理董京营到栖霞市考察唐山风电运行情况。

**6月15日** 中国人民银行济南分行副行长刘克俭、中国人民银行烟台市中心支行行长吴明礼到栖霞市调研农村支付环境建设情况。

**6月17日** 栖霞市在文化广场开展“甲型H1N1流感防控实战模拟演练”活动。

**6月22日** 内蒙古自治区化德县县委副书记、县长霍建忠到栖霞市考察风电技术装备项目合作事宜。

**6月24日** 山东省水利厅副厅长赵青到栖霞市考察水库移民工作。

**6月29日** 韩国东宝株式会社会长李忠宪、韩国青湖电子株式会社会长李范天到栖霞市考察矿泉水加工项目。

**7月18日** 山东省水利厅副厅长刘勇毅，烟台市水利局局长孙立海到栖霞市调研。

**7月23—26日** 中央党校三农问题研究中心常务副主任刘德喜到栖霞市调研。

**8月14日** 宁夏回族自治区人大常委会原副主任刘丰富、烟台市供销社主任梁中到栖霞市考察。

**8月28日** 国家开发银行山东省分行副行长顾安到栖霞市调研。

**8月** 国家食品药品监督管理局稽查局副局长崔恩选，省食品药品监督管理局稽查局副局长巩建华，烟台市食品药品监管局副局长蒋声明到栖霞市调研。

**同月** 栖霞市召开中国留日同学会栖霞投资环境说明会。省人力资源和社会保障厅副厅长黄麟英，烟台市人事局副局长于茂清，中国留日同学总会山东烟台服务团出席。

**9月10日** 山东省农业厅副厅长庄文忠到栖霞市调研。

**9月22—23日** 国家土地督察济南局副局长

王延杰到栖霞市检查土地规范利用情况。

**9月27日** 中国烹饪协会到栖霞市对“苹果宴”“牟家宴”进行现场认定。

**9月30日** 栖霞市举行第八届山东栖霞苹果艺术节开幕式暨栖霞金秋旅游黄金月启动仪式。

**9月** 中科院院士、山东农业大学教授束怀瑞到栖霞市调研苹果产业发展情况。

**10月17日** 栖霞市举办首届“果都杯”苹果宴烹饪大赛。

**10月18日** 全国政协常委、中华慈善总会会长范宝俊到栖霞市考察。

**10月24日** 烟台风能电力学校举行揭牌仪式。山东省教育厅、山东广播电视大学及烟台市教育局等有关领导出席。

**10月** 烟台市农村支付服务环境建设推进暨结算工具推介会在栖霞市召开。中国人民银行支付结算司司长欧阳卫民，中国人民银行济南分行副行长刘克俭，中国农业银行山东省分行纪委书记王增辉，中国邮政储蓄银行山东省分行副行长孙江涛，省农村信用社联合社副主任丁浩升出席会。

**同月** 山东省文物局副局长王永波、省文博中心主任孙波，烟台市文化局纪检书记焦义先到栖霞市调研牟氏庄园规划建设情况。

**11月6日** 中央扩内需促增长政策落实工作检查组到栖霞市检查中央扩内需促增长政策落实情况。

**11月6—8日** 山东省土地学会秘书长张增顺对栖霞市西城镇、桃村镇和寺口镇土地整理项目进行初验。

**11月9日** 国家开发银行山东省分行行长于泽水到栖霞市考察。

**11月20日** 国家电光源质量监督检验中心业务部主任郭志成，中国照明电器协会工程师叶欣到栖霞市红壹佰照明有限公司对全国节能照明产品进行检查。

**11月** 国家进出口银行青岛分行常务副行长李明到栖霞市台湾农民创业园调研。

**12月3日** 中海油化学股份有限公司总裁杨业新到栖霞市考察。

**12月13—14日** 山东省民政厅调研员王再水来栖霞市检查敬老院建设情况。

**12月14日** 德棉集团董事长李会江到栖霞市洽谈二轮合作相关事宜。

**12月22日** 山东省土地勘测规划院副院长都基坦，烟台市国土资源局副局长吕在范到栖霞市验收土地集约利用评价成果。

**12月** 山东省省级自然保护区评估组到栖霞市评估牙山省级自然保护区管理工作。

## 2010年

**1月17—19日** 山东省土地学会理事长李明启、秘书长张增顺到栖霞市验收土地整理项目。

**1月14日** 栖霞市第十五届人民代表大会召开第三次会议。市委副书记、市长李宁在会上作《政府工作报告》。

**1月** 栖霞市举行沙莎春蕾高中班捐赠仪式。中国儿童基金会秘书长助理任纪建，山东省妇联副主席任月英，善美天使工程基金会秘书长田靖，烟台市妇联副主席姜振华出席仪式。

**2月16日** 外交部部长杨洁篪到栖霞市考察，烟台市委书记孙永春，市委常委、秘书长于爱军陪同。

**2月22日** 山东省政府法制办公室主任高存山到栖霞市调研。

**3月17—18日** 安徽省和县县委书记吴桂林带领党政考察团到栖霞市参观考察。

**3月24日** 山东省农村信用社联合社党委书记、理事长宋文瑄到栖霞市调研。

**3月25日** 山东省文物普查办主任崔圣宽等到栖霞市验收第三次文物普查工作。

**3月27日** 国家统计局综合司司长李晓超，

山东省统计局副局长刘兴慧到栖霞市调研。

**4月1日** 山东省水利厅副厅长马承新到栖霞市检查农村饮水安全工程。

**4月9日** 山东省质量技术监督局副局长张闽生到栖霞市进行“双基建设”工作调研。

**4月14日** 山东省胶东调水工程2010年建设管理工作会议在栖霞市召开。省水利厅副厅长尚梦平，省胶东调水建管局党委书记何庆平、局长卢文及各地市胶东调水指挥部领导参加会议。

**4月23日** 国家统计局核算司副司长刘丽萍到栖霞市调研。

**4月29日** 山东省社会保险事业局副局长王德到栖霞市调研。

**4月30日** 云南省楚雄彝族自治州人民政府副州长朱非到栖霞市考察。

**5月10日** 山东省节能办主任赵旭东到栖霞市红壹佰照明有限公司调研。

**5月13日** 山东省委书记、省人大常委会主任姜异康，省委副书记、省政协主席刘伟，烟台市委书记孙永春，烟台市委常委、秘书长于爱军到栖霞市考察。

山东省供销社副主任许光民到栖霞市检查新型农村经营流通网络建设情况。

**5月19—23日** 栖霞市委书记刘广华，市委副书记、市长李宁率领党政考察团先后到聊城、济宁参观考察生态水系、城镇建设、工业经济及旅游产业发展情况。

**5月21—22日** 山东省安监局副局长孙景海、烟台市安监局局长张建生到栖霞市督查矿山安全生产工作。

**5月22日** 烟台市第五届登山节在栖霞市举行。

**5月25日** 山东省人民检察院副检察长王健，烟台市人民检察院检察长李建到栖霞市调研。

**5月28日** 山东省委组织部研究室主任彭子良，烟台市委组织部副部长吴鸿政、研究室主任孙健到栖霞市调研经济发展和组织工作。

山东省新华书店副总经理刘少鲁到栖霞市调研企业发展和职工稳定情况。

**6月2日** 山东省政府特邀咨询林廷生到栖霞市调研。

济南军区副政委杜岩衡，烟台警备区政委田东流到栖霞市调研。

新疆维吾尔自治区政府参事伊马木•纳买提到栖霞市参观考察。

**6月6日** 国家国土资源部原副部长、中国古生物化石保护基金会理事长蒋承崧到栖霞市考察国土资源管理工作。

**6月11日** 栖霞市第四届“邻居节”暨“相约博士达，走进新农村”志愿服务下基层活动启动仪式在桃村镇举行。山东省文明办专职副主任葛长伟出席启动仪式。

**6月12日** 国家工商总局广告监管司司长曹马陵到栖霞市调研。

栖霞市非物质文化遗产展演中心揭牌仪式在牟氏庄园举行。

**6月17日18时59分** 栖霞市桃村镇西北6公里处（北纬37° 14′ 东经121° 09′ ）发生ML3.8级地震。桃村镇、唐家泊镇、亭口镇、庙后镇以及市区均有震感，未发生人员伤亡及建筑物破坏。

**6月17日** 国家农产品成本调查户挂牌仪式在栖霞市举行。山东省物价局局长陈充出席仪式。

**6月21日** 山东省地震局副局长林京司到栖霞市调研。

**6月30日** 栖霞市十五届人大常委会召开第二十次会议。会议根据市政府市长李宁提请，任命贾荣德为栖霞市人民政府副市长。根据李宁的辞呈，决定接受其因工作变动辞去栖霞市人民政府市长职务的请求。

**6月** 刘忠义任栖霞市人民政府代市长。

**7月1日** 山东省公路局党委副书记左书佩到栖霞市检查二类超限超载检测站点建设情况。

**7月4日** 山东省财政厅财政投资评审中心考核组到栖霞市对污水处理工作进行绩效评价考核。

**7月6日** 全国政协常委、清华大学光华管理学院院长厉以宁，全国政协常委胡德华率领调研组到栖霞市调研。

**7月10日** 审计署老干部局局长杨彩霞到栖霞市调研。

**7月16日** 山东省水利厅工管局局长孙显利到栖霞市检查小型水库除险加固情况。

**7月18日** 济南军区副司令员冯兆举，烟台警备区司令员刘新科到栖霞市检查部队建设。

**7月20日** 世界贸易中心副主席、烟台市政府投资顾问郭晶霞，中智集团董事长陈伟力到栖霞市考察投资环境建设情况。

全国友协党组书记、副会长李小林带领全国友协考察团到栖霞市参观考察。

**7月20—22日** 山东省原省长李春亭，山东省政协原副主席林书香到栖霞市考察。

**7月23日** 山东省气象局副局长沈建国到栖霞市开展果品生产气象观测和服务试点工作。

国台办综合局局长马晓光到栖霞市检查台湾农民创业园发展情况。

住房和建设部房地产司司长沈建忠到栖霞市考察房地产业发展情况。

**8月1日** 山东省交通和运输厅副厅长王裕荣、张秀山到栖霞市检查农村公路建设情况。

山东省委政策研究室副主任苏建华到栖霞市调研。

**8月6—8日** 国土资源部原部长、国家土地总督察孙文盛，国家土地督察济南局局长赵龙到栖霞市调研。

**8月10日** 国家人民防空局副局长柳庆森，山东省人防办副主任高国峰到栖霞市检查人防建设工作。

**8月11日** 国家知识产权局副局长鲍红，山东省知识产权局局长李爱民，烟台市知识产权局局长张丛到栖霞市就专利申报工作进行调研。

教育部高级教育文科研究室主任、南开大学常务副校长陈虹到栖霞市调研。

中央军委总装备部科技委副主任刘卓明到栖霞市考察。

**8月12日** 台盟吉林省委主委王天戈，台盟上海市委副主委、上海市人大常委会预算工作委员会副主任王中，烟台市委统战部常务副部长秦英到栖霞市考察。

**8月13日** 中国外交学会副会长程涛到栖霞市调研侨务工作。

**8月14日** 山东省政协委员、省委政研室原副主任陈希玉，烟台市委常委、宣传部部长朱香秀到栖霞市调研。

**8月15日** 山东省政协原副主席汪峡带领省水利专家组到栖霞市察看胶东调水工程线路设计变更情况。

**8月18日** 中纪委原副书记、全国政协常委傅杰到栖霞市考察。

山东省物价局副局长董金文到栖霞市调研物价工作情况。

**8月18—19日** 延安干部学院人力资源部部长李延平、机关党委副书记杨正社，山东省干部学院副院长魏春明到栖霞市考察。

**8月19日** 山东省供销社副书记孙国伟带领部分地市供销社副主任到栖霞市观摩新型流通服务体系建设情况。

**8月23日** 山西省委老干部局副局长郑兰珍率领考察团到栖霞市考察。

**8月24日** 山东省交通厅工会主席李瑞华到栖霞市调研。

**8月25日** 山东省人民检察院党组成员、副检察长李占国，烟台市人民检察院检察长李建新到栖霞市调研。

**9月8日** 山东省水利厅副厅长尚梦平、省调水局局长何庆平到栖霞市查看胶东调水栖霞段暗渠工程建设。

**9月**16日　山东省林改办副主任刘胜祥到栖霞市督查林改工作。

**9月**19日　山东省副省长贾万志，烟台市政府副市长王国群到栖霞市考察。

**9月**23日　济南军区副政委王健到栖霞市考察地方武装建设。

**9月**27—28日　2010年中国苹果年会在栖霞市召开。中国果品流通协会秘书长鲁芳校、苹果分会理事长鲁庆波出席会议。

**9月**28日　山东省委原副书记、省纪委原书记赵春兰到栖霞市考察。

**10月**1日　栖霞市举行第九届山东栖霞苹果艺术节开幕式、金秋旅游黄金月暨青岛啤酒走进果都活动启动仪式。

**10月**15—17日　第九届山东栖霞苹果艺术节在上海举行新闻发布会、名优果品及深加工产品展示、“世博奥斯卡”颁奖等系列活动。

**10月**17日　中央军委总装备部科技委副主任丛日刚，山东省省委第二干休所所长杨建华等到栖霞市英灵山革命烈士陵园参观考察。

**10月**17日　山东省调水局局长卢文，烟台市调水局局长王树伦到栖霞市检查调水工程建设情况。

**10月**25日 中共中央政治局原委员、国务院原副总理曾培炎到栖霞市考察。

**10月**29日　台湾原陆军总司令李桢林到栖霞市参观。

**11月**4日　山东省委副秘书长于建修到栖霞市调研。

农业部南海区渔政局副局长刘添荣，省水利厅副厅长鲁少兵到栖霞市调研。

**11月**9日　青岛市人大常委会主任张若飞到栖霞市调研。

**11月**13日　水利部淮河水利委员会副主任王翔，山东省水利厅调研员刘肖军到栖霞市考察水利建设。

**11月**18日　山东省国动委综合办主任王建阳，烟台警备区参谋长邹积军到栖霞市检查征兵工作情况。

**11月**23日　山东省副省长王随莲，烟台市政府副市长杨丽到栖霞市检查医药卫生体制改革情况。

**11月**25日　中国银行业监督管理委员会党委副书记、副主席蒋定之，山东省金融办主任李永健，烟台市政府副市长张广波到栖霞市就金融行业支持农产品生产情况进行调研。

**11月**29—30日　水利部、财政部水库除险加固项目绩效评估组到栖霞市考评小型水库除险加固工程绩效情况。

**11月**　山东省省长助理、省公安厅原厅长曲植凡到栖霞市调研。

**12月**2日　山东省水利厅副厅长尚梦平到栖霞市检查胶东调水工程进展情况。

**12月**10日　山东省政府办公厅副主任高洪波，烟台市副市长王国群到栖霞市督查林改工作。

**12月**18日　国土资源部财务司副司长韩和平，山东省国土资源厅巡视员宁延河，烟台市国土资源局局长唐建平到栖霞市调研。

**12月**23日　山东省公安厅党委委员、山东警察学院党委书记杨和德，烟台市公安局局长孙运波到栖霞市调研。

## 2011年

**1月**12日　山东省农业厅总经济师周战胜到栖霞市就果蔬振兴计划项目实施情况进行调研。

**1月**14日　栖霞市十五届人大常委会召开第二十五次会议。根据市政府代市长刘忠义的提请，决定任命于杰宁、鲁明义为栖霞市人民政府副市长。根据宋贤章、李存杰的辞呈，决定接受其因工作变动辞去栖霞市人民政府副市长职务的请求。

**1月15—17日** 市政协八届四次会议召开。市政协主席王玉生代表市政协常务委员会作工作报告。

**1月16—18日** 栖霞市第十五届人民代表大会第四次会议召开。大会补选刘忠义为栖霞市人民政府市长，刘言志任栖霞市第十五届人民代表大会常务委员会副主任。

**1月18日** 山东省地税局副巡视员杨殿国，烟台市地税局局长杨丰仪到栖霞市调研。

**1月20日** “休闲烟台”杯中韩登山大会在栖霞市艾山举行开幕式。

**1月31日** 山东省海洋与渔业厅副厅长鲁少兵、省发改委原副主任朱志明到栖霞市调研。

**2月1日** 国家交运部规划司司长王太到栖霞市调研。

**2月12日** 山东省人力资源和社会保障厅副厅长杨喜坤，烟台市水利局副局长刘金章到栖霞市检查抗旱工作。

**2月14日** 山东省星火科技办公室主任宋玉丽、烟台市科技局副局长李瑞庆到栖霞市泉源食品公司进行考察。

**3月1日** 山东省审计厅政府性债务审计组到栖霞市对政府性债务进行审计。

山东省发展改革委员会铁路办处长张海波到栖霞市检查桃村段建设情况。

**3月25日** 滨州市委常委、副市长李眈陆到栖霞市考察。

**3月26日** 韩国高丽大学企业家考察团到栖霞市参观考察。

中国扶贫开发协会常务副会长林嘉騄到栖霞市洽谈合作事宜。

**4月1日** 烟台警备区副司令员郝政，带领“加强党性修养、锤炼思想作风”教育整顿活动检查组到栖霞市检查，并参加人武部党委民主生活会。市委常委、人武部政治委员袁泽璞向检查组作专题汇报。

**4月3—4日** 青岛市人大常委会主任张若飞，山东省旅游局局长于冲，烟台市旅游局局长尹国文到栖霞市考察。

**4月12日** 日本东泉食品株式会社社长李忠儒到栖霞市考察。

山东省教育厅党组成员、总督学徐曙光带领省教育督导团到栖霞市检查教育工作。

**4月21日** 济南军区军交运输部副部长曲盟利，山东省交通战备办公室副主任孙发臣，烟台市交运局副局长邢迎春到栖霞市检查国防公路建设情况。

水利部农村水利司副司长张晓宁，山东省水利厅巡视员梁振洋，烟台市水利局总工程师李秀强到栖霞市检查小型病险水库除险加固工作。

**4月26日** 山东省人民政府原副省长张昭福到栖霞市调研。

**5月6日** 财政部国库司副司长林燕，乳山市副市长彭力力，省财政厅国库处副处长张建华，烟台市财政局副局长牟树青到栖霞市调研。

山东省邮政公司总经理马志民、烟台市邮政局局长秦世铸到栖霞市就邮政服务“三农”情况进行调研。

**5月8—13日** 烟台市委副书记、市长张江汀率领经贸代表团赴香港参加“2011（香港）山东周”系列活动，市委书记刘广华，市委常委、副市长于杰宁，副市长、经济开发区工委书记、管委主任孙学文参加活动。

**5月11日** 人力资源和社会保障部人事考试中心副主任李广陵，山东省人力资源和社会保障厅副厅长郑忠德，烟台市人力资源和社会保障局副局长唐殿辉到栖霞市调研。

**5月13日** 国务院军转办副巡视员、中央企业军转干部问题工作领导小组办公室副主任陆文琪，山东省人力资源和社会保障厅副巡视员李世文，烟台市人力资源和社会保障局副局长李元波到栖霞市就军转干部安置情况进行调研。

山东省质监局副局长张健，省检验检疫局副局长李春风到栖霞市就苹果标准化示范区建设情况进行调研。

**5月26日** 全国人大常委会教科文卫委员会副主任、中国人民解放军总政治部原副主任刘永治，烟台市委常委、烟台警备区政委陈小川到栖霞市调研。

**5月29日** 中华全国体育总会名誉主席、中国奥委会副主席、国家体育总局原党组书记李志坚，烟台市政府副秘书长杜福兴、体育局局长高军到栖霞市调研。

**5月30—31日** 韩国POSCO能源代表理事赵成植，东宝城株式会社代表理事李忠宪，烟台市委副书记郝德军，市政协副主席、发改委主任王式亮，市政府副秘书长李建平到栖霞市洽谈合作事宜。

**6月11日** 山东省水利厅副厅长尚梦平、省调水局党委书记卢文，烟台市水利局局长孙立海、调水局局长王书伦到栖霞市检查指导胶东调水工程栖霞段建设工作。

**6月12日** 中国工程院党组成员、秘书长白玉良，山东省科技厅副厅长徐茂波，烟台市科技局副局长许博到栖霞市调研。

**6月13日** 山东省委常委、副省长孙伟，省政府副秘书长张德宽，烟台市委书记张江汀、市委副书记、代市长王良，市委常委、副市长刘树琪，市委常委、秘书长于爱军，市政府秘书长宋卫宁到栖霞市调研。

**6月14—15日** 国家统计局烟台调查队纪检组长陈志宏对栖霞市创建省级文明城市进行测评。

**6月16日** 全国人大常委会原副委员长周光召，烟台市人大常委会副主任于旭华到栖霞市考察。

**6月17日** 山东省政协副主席乔延春，鲁东大学党委常委、纪委书记徐祝永到栖霞市调研。

**6月21日** 山东省信访局副局长徐强，信息中心主任李洪红，烟台市委副秘书长、信访局局长王克文、副局长孙国斌到栖霞市调研。

**6月21—22日** 《齐鲁晚报》副总编辑廖鲁川，《大众日报》主任记者陈中华到栖霞市就烟台科学发展观摩活动进行采访。

**6月27日** 烟台市委副书记、代市长王良，市政府秘书长宋卫宁，烟台市委组织部副部长吴鸿政，到栖霞市走访慰问部分老党员和困难党员。

**6月28日至7月3日** 烟台市委书记张江汀率党政考察团赴江苏省张家港市、昆山市和浙江省宁波市、舟山市，就工业转型、服务业发展、城市建设、蓝色经济等进行参观考察。市委书记刘广华参加活动。

**6月28日** 烟台市史志专家组20余人在栖霞市悦心亭宾馆评审《栖霞市志（1985—2002）》。

**7月4日** 山东省体育局副局长隋拥军，烟台市体育局党委副书记王鲁涛到栖霞市视察体校工作。

**7月7—8日** 中国果品流通协会常务副会长傅秀泉到栖霞市就果品产业发展情况进行调研。

**7月21—22日** 审计署副审计长余效明，山东省政府办公厅副巡视员姜文艺，省审计厅厅长左敏、副厅长杨统海，审计署驻济南特派员马青山，烟台市政协副主席宋振国，市政府副秘书长李建平，市审计局局长李宁到栖霞市调研。

**7月22日** 环保部总工程师万本太，山东省环保厅副厅长王光和，烟台市环保局局长姜青山到栖霞市调研。

天津市国资委副主任、天津立达集团董事长任津明，山东德棉集团有限公司董事长李会江，山东双企集团董事长张延清到栖霞市洽谈合作事宜。

**7月27—29日** 韩国仁川广域市东区副区长

郭河亨到栖霞市签署友好合作城市意向书并考察投资环境。

**7月31日** 农业部发展计划司司长钱克明，省农业厅调研员冷彩凌，烟台市农业局局长梁传松到栖霞市调研。

**8月2日** 国家旅游局副局长杜一力，烟台市旅游局副局长李伟功到栖霞市检查旅游工作。

沃尔玛栖霞红富士苹果农超基地在栖霞市揭牌。

**8月4日** 中国节能环保集团董事长王小康到栖霞市视察生物质热电项目建设工作。

**8月5日** 商务部投资促进局副局长顾杰，烟台市政协副主席、投资促进局局长张行如到栖霞市调研。

**8月10日** 山东省人社厅副厅长李伯平，烟台市人社局局长高琦到栖霞市调研。

中国教育出版集团董事长李志军，人民教育出版社社长殷忠民、总编辑徐岩，山东出版集团董事长张丽生到栖霞市参观考察。

**8月10—11日** 中央联席办副主任、国家信访局副局长张恩玺，山东省信访局巡视员赵真、调研处处长刘兴磊，烟台市委副书记郝德军，市委副秘书长、市联席办主任、信访局局长王克文、副局长孙国斌到栖霞市就信访稳定工作进行调研。

**8月24日** 山东省供销社副主任许广民到栖霞市就基层供销社建设情况进行调研。

**8月25日** 山东省国土资源厅地质环境处处长王光信，烟台市国土资源局党委副书记李卫华到栖霞市参加牙山、艾山省级地质公园揭牌仪式。

**8月30日** 国家发改委产业司副司长夏农，省发改委副主任李关宾带领考察团到栖霞市就服务业发展情况进行考察。

**8月31日** 栖霞市志愿者协会成立并举行揭牌仪式。

**9月1日** 北京风电有限公司董事长贾世瑞到栖霞市洽谈合作事宜。

烟台警备区副司令员李建伟到栖霞市调研。

**9月7日** 烟台市委书记张江汀，市委常委、常务副市长赵强，市委常委、秘书长于爱军到栖霞市调研。

栖霞市举办“栖霞好人”第三届栖霞道德模范颁奖典礼。

**9月22日** 山东省商务厅总经济师吕伟到栖霞市就出口农产品示范区建设情况进行调研。

**9月23日** 鲁东大学教授孙世利到栖霞市作《栖霞苹果产业国际化战略与定位》专题讲座。

**9月27日** 商务部外贸司副司长江帆，省商务厅总经济师吕伟，烟台市副市长李树军，商务局局长于东到栖霞市就苹果出口基地建设情况进行调研。

**9月30日** 栖霞市举行第十届苹果艺术节开幕式暨金秋旅游黄金月启动仪式。

**10月12日** 甘肃省审计厅副厅长边凯在烟台市审计局副局长董瑞峰的陪同下到栖霞市考察。

**10月14日** 山东省军区副政委鲁建华，烟台预备役师政委谢守忠到栖霞市检查预备役团党委班子建设情况。

**10月17—19日** 韩国仁川广域市东区区长赵泽相到栖霞市签署友好合作城市协议。

**10月19—20日** 中新社胶东分社社长蔡红文，新华社山东分社社长邓卫华到栖霞市采访苹果艺术节。

**10月20日** 第十届栖霞苹果艺术节出口农产品示范区建设暨首届农超对接联谊会在悦心亭宾馆举行。中国果品流通协会会长傅秀泉，秘书长鲁芳校，省、市商务与农业系统有关领导出席活动。

**10月26日** 山东省公安厅原副厅长于常安，国内安全保卫局政委鲍毅民、副局长李民到栖霞市调研。

**11月22日** 山东省联社副主任黄俊强、省政府研究室开放与农村处副处长刘永宽，烟台市政府副秘书长张焕伟、烟台市联社副主任王惠刚到栖霞市督查《关于加快构建农村现代经营服务新体系全面推进供销社合作社改革发展的意见》贯彻落实情况。

**11月24日** 山东省总工会副主席赵立群，保障部部长刁维强，烟台市总工会副主席董禾雨到栖霞市就帮扶工作进行调研。

**11月26日** 山东省文明办副主任王红勇到栖霞市考察旅游文化工作。

**11月27日** 宁夏回族自治区区委常委、宣传部部长杨春光，山东省委宣传部常务副部长姜铁军，烟台市委常委、宣传部部长刘延林到栖霞考察旅游文化工作。

**12月2日** 栖霞市领导干部会议召开。烟台市委组织部副部长、组织员办公室主任纪德臻代表烟台市委宣布了栖霞市党政班子主要领导调整的任免决定。经省委研究决定：刘广华不再担任栖霞市委书记职务，李宁任栖霞市委书记。经烟台市委研究决定：刘广华任烟台市政府党组成员，李宁兼任栖霞市人大常委会主任，不再担任烟台市审计局局长、党组书记职务。刘忠义任烟台开发区工委副书记，不再担任栖霞市委副书记、市长职务，陈兆宽任栖霞市政府市长。

**12月13日** 山东省人力资源和社会保障厅副厅长董广驰，烟台市人力资源和社会保障局副局长唐殿辉到栖霞市检查劳动监察工作。

**12月14日** 国土资源部办公厅副巡视员、信访办主任李向东，山东省国土资源厅执法监察局副局长、信访办主任马士忠，烟台市国土资源局副局长林成基到栖霞市检查国土资源信访工作情况。

财政部农业司副司长林泽昌，山东省财政厅农业处处长李海军，烟台市财政局副局长赵晓晖到栖霞市调研。

**12月14—15日** 西藏自治区聂拉木县委副书记、县长曲达带领党政考察团到栖霞市考察。

**是年** 桃村镇前埠村73岁的农民孙茂文被评为栖霞市“十佳好人”。共产党员孙茂文节衣缩食，慷慨地将子女孝敬他的养老钱捐助给小石头村小学、桃村中心小学、唐家泊中心小学，出资为家乡修路、为乡亲购买农机，自2006年起，先后共捐助140余万元。2008年孙茂文被烟台市关心下一代工作委员会、烟台市委组织部、共青团烟台市委、烟台市文明办等五个部门联合授予“烟台市关心下一代先进个人”荣誉称号，2009年被山东省民政厅授予“最具爱心慈善捐赠个人”荣誉称号。

# 概　　述

# 概 述

## （一）

栖霞市位于山东半岛腹地，跨北纬37°05′～37°32′、东经120°33′～121°15′之间。东临牟平区、海阳市，西襟招远市、龙口市，南与莱阳市毗邻，北与福山区、蓬莱市接壤。全境东西宽63公里，南北长51公里。1994年，境内总面积2016.02平方公里，至2002年面积不变，是山东省烟台市面积最大的县级市。

栖霞历史悠久，据境内杨家圈古遗址出土的文物考证，远在6000余年前就有人类聚居，繁衍生息。伪齐刘豫于阜昌二年（公元1131年）析蓬莱之阳疃镇及莱阳北境一部分置县，以“旭日将升，每有霞光盘旋，因以名县”。（清康熙《栖霞县志》郝晋语）。

2000年，全市有30个民族，人口以汉族为主，另有蒙古族、回族、壮族、藏族、满族、苗族、朝鲜族等29个少数民族，505人。

2002年末，全市共辖13个镇、2个街道，966个自然村，953个行政村，23.46万户，64.98万人，人口平均密度为每平方公里322.3人。

栖霞地处丘陵山区，境内群山起伏，丘陵连绵，有大小山峰2500余座，其中海拔800米以上山峰2座，海拔600米以上的山峰10座。由东向西，依次排列为牙山、唐山、方山、艾山、蚕山等五大山系。地势最高点为艾山主峰，海拔814米，最低点为经济开发区代辖的泗水村与桃村镇陈家疃村一带，海拔40米，海拔差为774米，平均海拔178.72米。山地占总面积的72.1%，丘陵占21.8%，平原占6.1%。

栖霞属暖温带东亚大陆性季风型半湿润气候，四季交替分明，冬无严寒，夏无酷暑。多年平均气温11.4℃，年均日照总时数为2659.9小时，平均无霜期209天，平均地面温度13.6℃；年平均降水量为640毫米至846毫米，干旱频率达58%，平均10年6遇。因山高坡陡流短比降大，降水涨急消速，汛期又极易形成山洪暴发，多有旱灾之忧，间有水患之虞。

栖霞资源丰富，矿藏资源有大理石、石灰石、花岗石、金矿石、滑石、铅锌矿石、石英石、磷矿石等10余种。植物资源，有木本65科286种；动物资源，有哺育动物10余种，鸟类200余种；药材资源，中草药230余种，其中蝎子产量居全省之冠，黄芩素有“栖芩”之称，产量高，品质亦较佳。艾山以天然温泉著称，出自艾山东侧的艾麓温泉，水温常年保持在40℃左右，热效应好，日流量100多立方米，清康熙《栖霞县志》记载：“艾山东麓出如沸汤，澡可疗疾”，有“神泉”之誉。

## （二）

栖霞历史上是一个农业县，解放前境内农业生产主要靠天吃饭。中华人民共和国成立后，栖霞县大搞水利开发，保护林业资源，到2002年，建设中型水库2座，小（一）型水库28座，小（二）型水库183座，打破了农业生产靠天吃饭局面。

1949年以前，栖霞县粮田面积66400公顷，亩产仅73公斤，花生面积11400公顷，亩产100公斤，全县农民年人均纯收入仅42元。新中国成立后，栖霞县着力改善农田水利条件，在很大程度上改变了农业生产状况。到1978年，全县粮田面积43667公顷，亩产444.5公斤，花生面积19846公顷，亩产144.5公斤。

中共十一届三中全会后，栖霞县委、县政府坚持改革开放，改变单一粮食生产的局面，不断调整农业内部结构，推广科学技术，粮、果、林、牧、副、渔各业迅速发展。到2002年末，全市粮食播种面积达到57097公顷，粮食总产量248693吨，其中夏粮总产量70976吨，秋粮总产量177717吨，花生总产量41221吨。

充分发挥山区饲草多、质量高的优势，大力发展猪、羊、大耕畜及家禽等牧业生产。1978年，全县养猪30.2万头、羊20439只、大耕畜46882头。2002年，全市牛出栏2.5万头，猪出栏26万头，羊出栏7.9万只，家禽出栏889.1万只，其中肉食鸡出栏760万只。肉、蛋、奶类产品生产分别为40983吨、21000吨、6219吨，全市畜牧业总收入9.4亿元，占农业总收入的36.62%。

1985年，全县蔬菜播种面积发展到1447公顷，总产量133250吨，其中蔬菜大棚260个，总产量650吨。到2002年，全市蔬菜种植面积达3613公顷，产量173605吨，其中蔬菜大棚纯收入达到934.3万元。建成标准化生产基地21个，共计3.3万公顷，完成无害、绿色农产品等质量标准认证15个，其中绿色食品认证基地面积2284公顷。

2000年8月，桃村镇巨夼村首先从河南省沁阳县引进食用菌生产技术，以苹果废弃枝条、柞木条、棉籽壳为主要生产原料，采用床架式小型拱顶塑料棚进行管理。是年，全市食用菌生产规模发展到70个大棚、3.5万袋，总产量达60.75吨，实现产值19.5万元。至2002年末，全市各种食用菌生产总量达到480万袋，总产量6750吨，产值2149万元，成为仅次于苹果的第二大农业支柱产业。农业综合发展，促进了农村经济的迅速提高。

1978年，农民年人均纯收入仅172元，1985年为517元，至2002年，农民年人均纯收入达到3206元，城市居民人均可支配收入达到6826元。

栖霞国营工业企业始于1949年，县政府投资建起群力油坊、裕化油坊、益民缫丝厂，共有职工290人，以手工业为主，20世纪50年代以后有所改观。至1966年，国营工业企业12家。20世纪70年代初，新上了化肥厂、发电厂、棉纺厂等企业，到1977年，国营企业18家，至1985年末，国营企业有26家。集体工业企业，由原个体手工业改造而成，到1985年有42家企业。乡镇企业由农村起步，中共十一届三中全会后，乡镇企业异军突起，1985年末，全县共有乡镇办企业119家，村办企业910家。至2002年，全市先后建起栖霞经济开发区、桃村特别工业加工区、白洋河工业园、科技工业园，形成28个大行业，工业门类达150多个。全市工业企业达到1764家，其中国有企业21家、集体企业95家、联营企业1家、股份企业36家、私营企业275家，外商、港、澳、台合资企业43家。全市完成工业总产值72.1亿元，实现利税4.92亿元，其中利润1.5亿元。工业门类有纺织、食品、烟草、建筑材料、机械工业、冶金工业、化学工业、缝纫与制革工业、工艺美术制品、造纸与印刷工业、电力与电子工业，其中建材、机械、纺织、黄金、服装等为支柱。名优产品有“白洋河”牌中国山楂酒、“葵花”牌苹果脯、“牙山”牌CB306齿轮油泵、棒槌花边、“南极”牌电子提花狸猫毛皮、“海霞”牌数控五色自动调线棉毛机、“白洋河”牌425#普通硅酸盐水泥、“霞光”牌扳手、“云梦”牌43608芝罘绸等。

个体、私营经济在改革开放中逐渐发展。1981年，全县个体有证商户154个，1985年达到4303个，经商人数5104人。1988年6月，栖霞县政府制定《加快发展私营经济的决定》，私营企业逐渐兴起，形成国家、集体、个人一齐上的格局。到2002年末，全市共有私营企业547家，从业人员7367人，总收入14.6亿元，当年实际入库税收3089万元。其中，规模以上私营企业65户。

1978年以前，商业流通实行计划体制，企业有责无权。1978年以后，国家政策逐步放宽，计划经济体制被渐次打破，栖霞县在发展国营商业的同时，大力发展多渠道商业经济，私人商户兴起。1985—1986年，商业改革全面铺开，百货、五金制品、副食品等首先实行以批发为主、批零兼营、独立核算、自负盈亏制度。1987—1989年，商业企业全面推行承包责任制，企业实行竞争上岗。1988年，商业零售机构达到6770个，社会商品零售总额达到4.5亿元。1992年开始，商品流通逐步实行市场经济体制，商品从购销到价格由市场调节，改革进一步深化。1996年，社会商品零售总额达到13亿元，批发贸易机构331个，零售贸易270个，从业人员25254人。2002年末，全市国有商业企业改制面达到100%，全市共有商业网点13053个，其中零售贸易网点达到5276个，批发贸易网点729个，餐饮业577个，药材、粮油食品、蔬菜、水产品、五金化工等其它商品经营网点6471个，社会商品零售总额24.6亿元。

在对外贸易发展过程中，栖霞市循序渐进，加大招商引资力度，逐步使企业向规模大、效益高、技术先进方向发展。1984年，首次引进外资13万美元，1985—1993年，组织货源出口收购额共计11.07亿元人民币。1994年，外贸自营出口150万美元，1999年3462万美元。至2002年，共引进外资27675万美元，外贸出口额达到8346万美元。有自营进出口权的企业总数由1998年的8家发展到36家。其中，年出口创汇超百万美元的企业有10个。

20世纪60年代，进口商品主要是自行车、手表等，到70年代，增加电器、服装、化纤品、化肥等。进入20世纪80年代后，进口商品由日用商品发展到企业大型机械设备、医疗高技术设备等商品进口。1985年，进口商品总值6100万元人民币，1990年，达到1.47亿元，至2002年，外贸进口总值6277万美元，时值人民币5亿多元。

1978年，全县财政收入2417万元，城镇职工纯收入527元，社会消费品零售总额6938万元，城乡储蓄余额2523万元；1985年，财政收入4277万元，城镇职工纯收入984元，社会消费品零售总额1.8亿元，居民储蓄余额1.83亿元；2002年，全市财政收入1.6亿元，城镇职工年纯收入9274元，社会消费品零售总额24.6亿元，居民储蓄余额49.5亿元。城市居民人均居住面积达到13.8平方米。

## （三）

栖霞地处胶东半岛最高处，有“胶东屋脊”之称，森林资源十分丰富，建有艾山、牙山、十八盘、崮山、唐山、方山等大型自然生态保护区，保护区面积7.62万公顷。

栖霞又因山多地少，有“六山一水三分田”之说，适宜林果业发展。1978年，中共十一届三中全会后，县委、县政府针对栖霞山区特点，适时提出“山上植林，山腰栽果，山下发展粮田”的工作思路，对农、林、果业生产结构进行调整，着力发展林业和果业。

栖霞野生植被，山岳中上部是针叶乔木、赤松等，中部为针叶、阔叶混生乔木，主要有栎类、刺槐、赤松等。山丘中下部多为阔叶乔木，主要有杨、刺槐、臭椿、梧桐、榆树等，沙滩地的阔叶乔木主要有杨、柳、刺槐等。在草木植被中，主要是粮食作物和经济作物，整个农作物的覆盖率占总覆盖率的40%。人工栽种林木和果树，主要有油松、刺槐、侧柏、杨、柳、榆、椿、楸、桑、柞、法桐、苹果、梨、桃、杏、柿、栗、枣、樱桃等。境内天然林木多，人工林木少，针叶林木多，阔叶林木少。

1985年，全县林业用地面积56380公顷，1990年发展到75374.2公顷，1995年，全县林业用地面积达到81235.6公顷，林木覆盖率为38.7%。到2002年，林地面积达到96842公顷，其中森林面积76160公顷，活立木蓄积量28.82万立方米，森林覆盖率44.8%，逐步形成以东部十八盘、牙山，北部公山、母山、艾山，西北部南崮山、北崮山等山区为重点的森林防护带，形成以西南部杨础、观里、官道，北部寨里、臧家庄、中桥以及翠屏街道、庄园街道等乡镇（街道）为重点的低山、缓坡、泊地栽植果树为主的经济林带，形成以栖霞境内最大的白洋河流域为中心的丰产林带新格局，栖霞大地“山上林海茫茫，山下果树飘香”。

1985—1995年11年间，全县果园面积以平均每年2700公顷的速度急剧增加，粮田面积越来越少，果树栽培面积迅速提升。1985年，全县有果园面积14687公顷，其中苹果园面积11680公顷，果品总产量12.09万吨，单产和总产均居山东省第一位，是烟台苹果的主产地。

1992年，全县普遍推广苹果套袋技术，1993年以后，果业生产由“上山下滩，不与粮油争田”，发展为“下山进地，密植栽培，高标准建园”，果品产量和质量大大提高。1995年，苹果总产量达到44.5万吨，居全国第一，成为“中国苹果第一县”。

1996年，市委、市政府及时完善果业发展政策，在信贷、物资、市场营销等领域给予农民最大支持和扶持，优惠的信贷资金辐射到每家每户，优良的化肥、农药、机械设备等农用物资优先供应，果品市场建设向高层次迈进。是年，市委、市政府投资1亿多元，在蛇窝泊镇建成中国北方最大的果品批发市场—山东栖霞果品批发市场。该市场占地面积80公顷，果品年交易量达40万吨，最大日交易量1000万公斤，果品批发市场辐射周边莱阳、蓬莱、海阳、招远、牟平等县（市、区）和青岛、威海、临沂等大中城市，辐射范围达上百个乡镇，成为中国北方最大的各类果品集散地，交易客商来自全国各地以及国外10多个国家。

20世纪80年代，栖霞果品生产主要靠产量盈利，到20世纪90年代，果品生产特别是苹果生产靠质量赚钱。自1992年开始，栖霞市实施名牌带动、优质苹果基地拉动发展战略，果业生产逐步向更高层次迈进。先后注册了10多个优质苹果商标，打造栖霞苹果品牌。1994年，在臧家庄、蛇窝泊、观里等6处乡镇建立优质苹果生产基地，栽培面积3000多公顷。1995年，在加大优质苹果基地建设投资的同时，强化优质苹果基地保护，在松山镇、亭口镇、翠屏和庄园街道等9处镇（街道）建立优质苹果保护基地，实现节水微喷和滴灌，加大苹果品种更新和果木技术改造，优质苹果保护面积达到1万多公顷。1996年，在山东省组织的名优果品评选中，全市共获192枚奖牌，奖牌总量、金牌总数分别占全省奖牌数的45%和50%。“宇冠”牌苹果，被中国果品流通协会评为全国优质苹果，并被授予“中华名果”称号。1998年，栖霞市被中华全国供销合作总社和国家技术监督局确定为唯一的“全国农业（苹果栽培）标准化示范市”，被国家统计局命名为“中国水果第一市”。进入21世纪后，栖霞果业生产向标准化、产业化、国际化方向迈进，实现品牌化经营、基地化操作、标准化管理、无公害化生产、社会化服务、产业化经营、商品化交易。2001年，栖霞市被农业部确定为“首批无公害水果生产示范基地和园艺产品出口基地”。到2002年，全市果园面积达到2.33万公顷，其中苹果面积2.2万公顷，产量68.5万吨，建成1.3万公顷无公害优质苹果生产基地，当年出口苹果10万吨，果品销售收入20多亿元，被中国果品流通协会授予“中国苹果之都”称号。果业生产成为栖霞农业第一支柱产业，农民纯收入的

80%来自果业。

## (四)

1978年，栖霞县全部固定资产投资1134万元，1985年，全部固定资产投资2991万元，1990年7237万元，1995年7709万元，2000年完成37732万元，到2002年，全市完成全部固定资产投资89641万元。加大基建投入，加快社会各项事业发展，为栖霞经济快速膨胀、城乡规模不断扩大、文化设施建设不断提高、通信网络建设不断更新做出积极贡献。

1984年，拓宽、开通县城12条干道，1985年11月，县委、县政府由跃进路东段北侧搬迁到霞光路以东、人民医院以西新址，占地7公顷，建筑面积2万平方米。旧城改造和建设工程完成向阳路向南延伸、翠屏路向东延伸、霞光路向北延伸、市府路向西延伸工程，开通造纸厂道路、新华书店东侧道路、商业街、牟氏庄园仿古路、庄园路东路基，修筑长613米、宽15米的锦绣路，并对城区主干道两旁人行道小件进行彩色小件更新；沥青硬化腾飞路北十里铺路段，对文化路南出口拓宽硬化、对民营工业园道路进行修建硬化，进一步扩大城市空间。市区道路长66.8公里，其中主干道沥青路长39.65公里，市区道路面积107万平方米，其中人行道面积29.4万平方米。修建了霞山桥、锦绣桥、文水桥，全长145.6米。全城雨污合流排水沟总长47.48公里，污水管道长5.9公里。1995年，对城区路灯和线路进行一次大规模的更新，将老式单臂、双臂海欧灯和华灯换成新式的大灯，2002年，全城有路灯915盏，绿化覆盖面积298.5公顷，绿化覆盖率40.9%，城镇人均公共绿地8.76平方米。各村、镇基础设施和公用设施日趋完善，全市村、镇自来水人口普及率达到65%，建制镇政府驻地主要街道硬化率达到100%，已硬化、绿化、美化的村庄占村庄总数的45%。

1949年中华人民共和国成立前，栖霞交通闭塞，运输主要靠人挑驴驮。1957年建成蓝烟铁路，县境内长20公里，年货运量480万吨，客运量15万人次。公路干线，初有烟青、文招公路栖霞段与蓬松寨、蓬水、海掖、福穴公路栖霞段。1974年，烟青路栖霞段开始铺设沥青路。至2002年末，全市公路通车里程711.2公里（不含市区道路），其中高速公路与一、二级公路240公里，高级、次高级路面521.5公里，全市村村通公路；公路桥梁446座，全长15696.81米，公路密度35.07公里/百平方公里。全市载客汽车发展到779辆，旅游客车4辆，全年完成客运量379.1万人次，周转量22060.5万人公里；营运货车2664辆，完成货运量102.8万吨。1998年7月，城市公共交通车辆正式开通运营，始为20辆，至2002年增至48辆，从业人员96人，达到每路车10分钟1个班次。全市出租汽车发展到341辆。

1949年，栖霞少有电话机，1953年，全县有磁石手摇电话机12部，1969年增至22部。1978年，中共十一届三中全会后，信息产业迅猛发展，是年，有邮政局（所）18处，邮路长2658公里，其中摩托车邮路26条、2266公里，自行车邮路392公里。县城安装自动电话交换机容量400门，有92%的村庄安装了手摇磁石电话，用户870门。1984年，各乡镇成立电话管理站，电话机总数达到2249部。1993年1月，模拟移动电话正式投入运营，建成电话本地网，实现电话交换由人工向自动、程控，实现城乡电话、交换程控化，传输数字化。2002年末，交换机总容量达到202336门，数据业务用户达到8787户，宽带业务用户454户。

## (五)

栖霞历届党委、政府十分重视文化、教育等社会事业发展。改革开放以来，每年文艺演出200多场，观众50万人次；电影放映650多场，观众30万人次。全市文化作品获国家级奖10件，省级奖18件。

1987年12月，成立栖霞县人民广播电台。1992年7月，建立栖霞县电视台。1998年10月，栖霞市与省、市联网，城区开通有线电视，1999年1月，乡镇驻地开通有线电视。2002年末，栖霞市有80%的村开通有线电视，有5万余用户可收看30套清晰电视节目，电视、广播覆盖人口63.7万人，覆盖率98%。

1978年，全县共有各类学校11099所，在校学生137105人。2002年末，全市共有学校174所，教师6249人，在校学生93605人。95%的学校配备国家II类以上标准的教师音像备课中心。全市先后有200余人次获全国中学生奥赛一、二等奖，高考本科上线数连续4年超过1000人，教育工作走在全国前列。有运动健将14人，在烟台市以上各级体育比赛中，共获金牌203枚、银牌201枚、铜牌157枚。获国际比赛第一名的3人次、获全国比赛第一名的2人次、获全省比赛第一名的17人次。《国家体育锻炼标准》达标人数89115人。

1978年3月，首次对全县51项优秀科技成果进行奖励。1991年，县委、县政府作出《关于科技兴县的决定》，1996年，栖霞市被国务院命名为全国科技百强市；次年，被评为全国科技实力百强市。1995～2002年，共有12个乡镇（街道）26次被评为科技工作先进集体。野夼集团模具研究所进入山东省高新技术企业30强，名列23位；大通集团公司被山东省科委批准为“山东省高新技术产业密集区”。全市各级各类科研机构84个，科技人员980人。

中共十一届三中全会召开后，栖霞县卫生事业进入改革、调整的发展时期。1978年，全县有病床位982张，卫生技术人员967人，其中县以上医院等卫生机构20个，乡镇卫生院15所。1988年，栖霞县被省爱国卫生运动委员会命名为“省级卫生城市”，被烟台市爱国卫生运动委员会评为“农村自来水建设先进县”；1990年，栖霞县被山东省卫生工作协调委员会确定为“基本控制地方性氟中毒达标县”，被山东省政府确定为“全省初级卫生保健工作试点县”；2002年末，共有各级各类医疗卫生机构1004个，卫生技术人员1895人，其中市以上医院、防疫、保健等单位7个，被山东省政府授予“初级卫生保健达标县”。

栖霞市社会保障机制不断完善，群众基本生活少有后顾之忧。1985年，实行国有和集体企业职工社会养老保障制度，1989年，全县所有职工、城镇户口临时工纳入社会保障体系，1992年，开展农村社会养老保险制度，1993年，将乡镇职工、中小学民办教师、义务兵、农村三职干部纳入社保体系，1994年，开展机关事业单位养老保障，1995年，实行养老保险社会统筹，1997年，对农村人均纯收入低于550元的家庭实行最低生活保障，1998年，对城市居民人均月收入低于120元的家庭实行最低生活保障。1999年，个体私营企业职工纳入社会保障范围，2000年，养老险、失业险、医疗险、工伤保险等实行统一征收。到2002年末，全市22.6万农民、所有企业职工和机关事业单位工作人员全部进入社会保障体系，并推行城市和农村最低生活保障制度。养老保险基金积累总额8682.6万元，有11334人开始领取养老保险金。良好的社会保障机制，优越的社会服务环境，为人民群众和弱势群体搭建了良好的生活和工作舞台。

## （六）

栖霞山区自然风光独特，境内重峦叠嶂，奇峰异彩，自然景观优美。有雄伟挺拔、风光秀美的艾山，有三峰鼎立的“锯齿”牙山，有“南崮北崮，隔天一步”之称的崮山，有十八盘百里森林公园，有九顶五十峰的国路夼自然风景区等。

栖霞人文旅游资源丰厚，有“中国民间小故宫”之称的中国北方大地主牟墨林及其后代营建的保护良好的牟氏庄园，有道教龙门派创始人丘处机营建的被誉为“东方道林之冠”的太虚宫等人文景观，另有艾山国际旅游度假村，松山27洞国际标准的高尔夫球场等休闲旅游场所。这些自然景观和人文景点吸引国际国内游人纷至沓来，到栖霞旅游的人数年平均达30多万人次，年旅游业总收入10亿多元。

在众多自然景区景点之中，尤以艾山、牙山最为引人入胜。艾山自然风景区建于20世纪80年代中期，发展于20世纪90年代，21世纪初进入鼎盛时期。整个风景区山峰峭立，绝壁如削，林海松涛，集险、奇、幽、秀于一体，是登山探险的绝佳去处。这里有威严壮观的艾山仙门，绵延数里的空中索道，更有让艾山名闻天下的水温常年保持在40℃左右的天然温泉。21世纪初，栖霞市投资3000多万元，兴建了艾山温泉国际旅游度假村，集温泉洗浴、休闲娱乐、客房餐饮、运动保健于一体，每年接待国内外游人达10万多人次。

1998年，以牙山山系1万公顷森林为范围，以国有牙山林场580公顷森林为中心，建立了牙山森林公园，当年被烟台市批复为地市级森林公园，2001年，被山东省人民政府批复为省级森林公园。公园林木葱郁，芳草茵茵，三季有花，四季常青，森林覆盖率达93%，年登山旅游人数达5万多人次。牙山是清末胶东著名农民起义领袖于七屯兵、鏖战之所，留有许多遗迹和遗址；牙山是八路军著名抗日将领许世友率领部队痛歼亲日投降派国民党蔡晋康部队之战场，留有许多传奇故事和红色典故；牙山也是胶东革命烈士安息之地，掩映在林木葱茏、枫叶如丹的胶东革命烈士陵园，浮雕座座，碑亭林立，安葬着胶东15134名烈士，每年前来瞻仰革命烈士的各界人士和人民群众达10万人次。

栖霞市人文景点中，尤以牟氏庄园和太虚宫最为有名。始建于清朝雍正年间的牟氏庄园，是栖霞大地主牟墨林及其家族200多年来相继营建、扩建的巨大豪宅，鼎盛时期拥有房屋5500多间，现存豪华房舍480间。整个庄园雄伟庄重，结构严谨，以其恢宏的建筑规模、深沉浓厚的农耕文化和民俗文化冠绝于世，展现出封建地主阶级产生、发展、灭亡的整个历程，是一部了解封建社会的活教材、活化石，每年到庄园参观、旅游的人数达20万人次。

太虚宫位于公山前怀，坐落在有“胶东天池”之称的庵里水库西南，为著名道教龙门派创始人丘处机1191年主持修建，历经连年战乱和水火，加上“文化大革命”时期破坏，原来的宫殿荡然无存，只留下遗址和部分遗迹。1995年，栖霞市在太虚宫原址上进行复原性重建，整个宫殿占地1.8万平方米，建筑面积5200平方米，拥有大小殿堂72座，成为全国又一大型道教宫观。全国各地道教业内人士经常到此进行交流，年接待游人5万多人次。

## （七）

栖霞人杰地灵，历史名人和近、现代杰出人物辈出。

民风淳朴，社会安宁，人心思上。20世纪80年代以后，循着改革开放的春风，栖霞人民挖掘潜力，大胆创造，用辛勤的双手，装扮和美化自己的生活和家园。通过改革、开放和发展，社会秩序井然，人民生活水平逐年提高，发展经济的环境安定祥和。栖霞市先后被评为全国科技百强县、国家级生态示范区、全国农业标准化示范市、山东省社会治安综合治理先进市等。

1985—2002年，在短短的20年左右时间之内，栖霞人民在中国共产党的领导下，创造出前几十年、上百年甚至几百年的物质与精神财富，充分彰显了改革开放的强大威力！山城栖霞，正由一个传统的农业县逐步向特色产业市、工业强市挺进。莫道今日风光好，更有美景在前头，勤劳、善良、充满智慧的栖霞市人民定能再接再厉、与时俱进、奋发图强，把栖霞市建设成文明、富裕、繁荣、昌盛的小康社会，把山城栖霞建设的更美好，让栖霞的霞光更加光辉灿烂！

## 1985—2002年栖霞市国内生产总值示意图

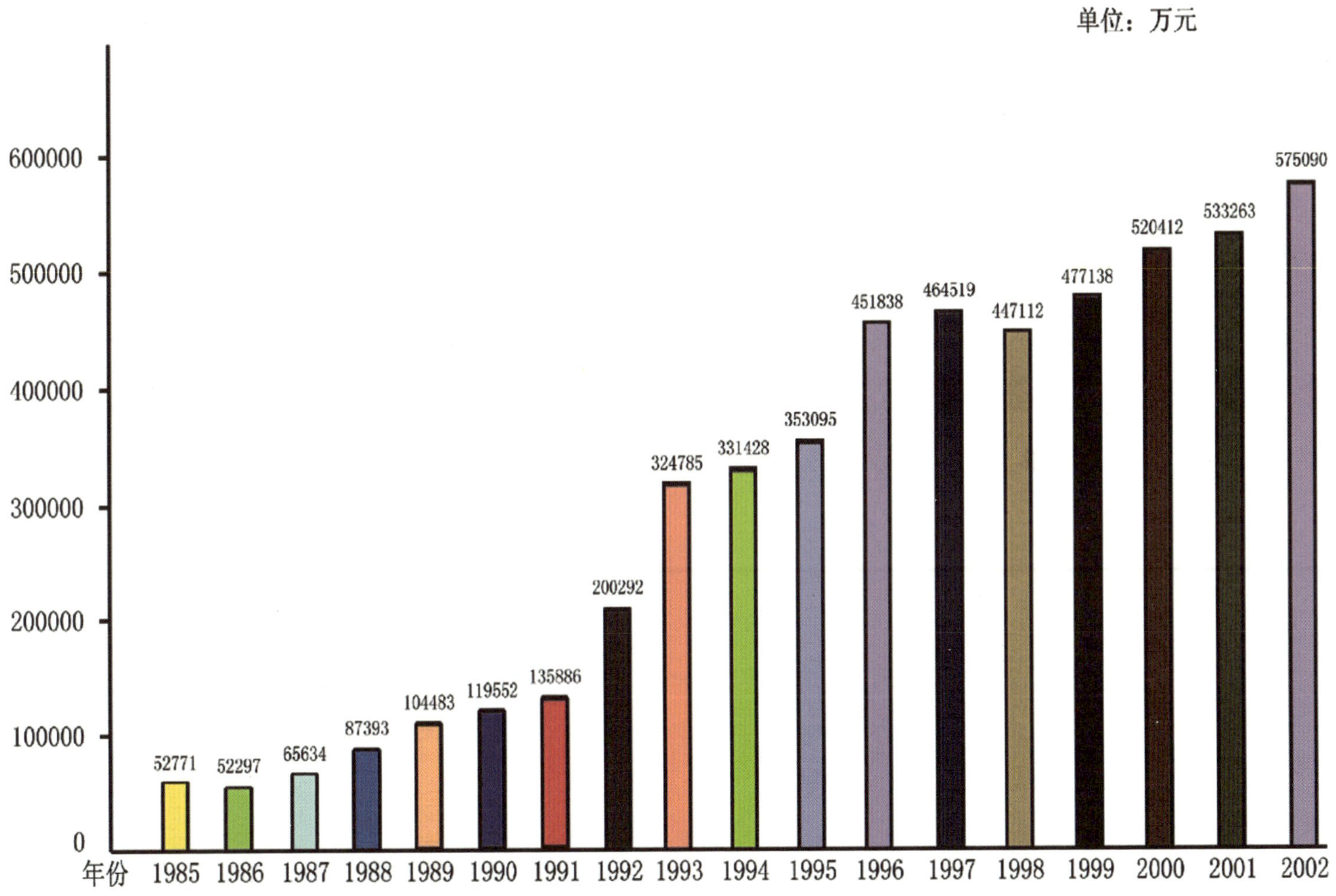

# 1985—2002年栖霞市人均国内生产总值示意图

单位：万元

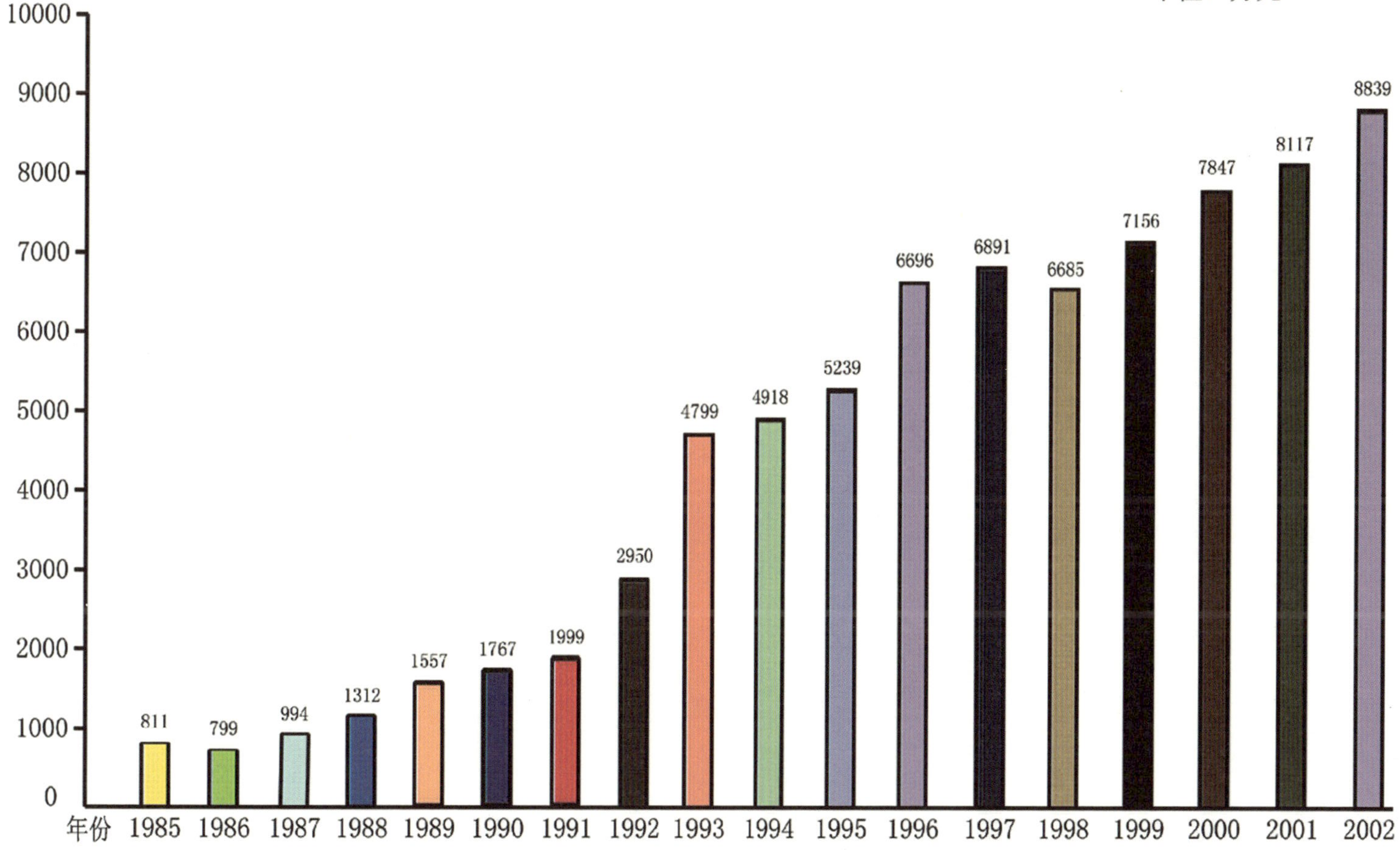

1985－2002年栖霞市全社会固定资产投资示意图

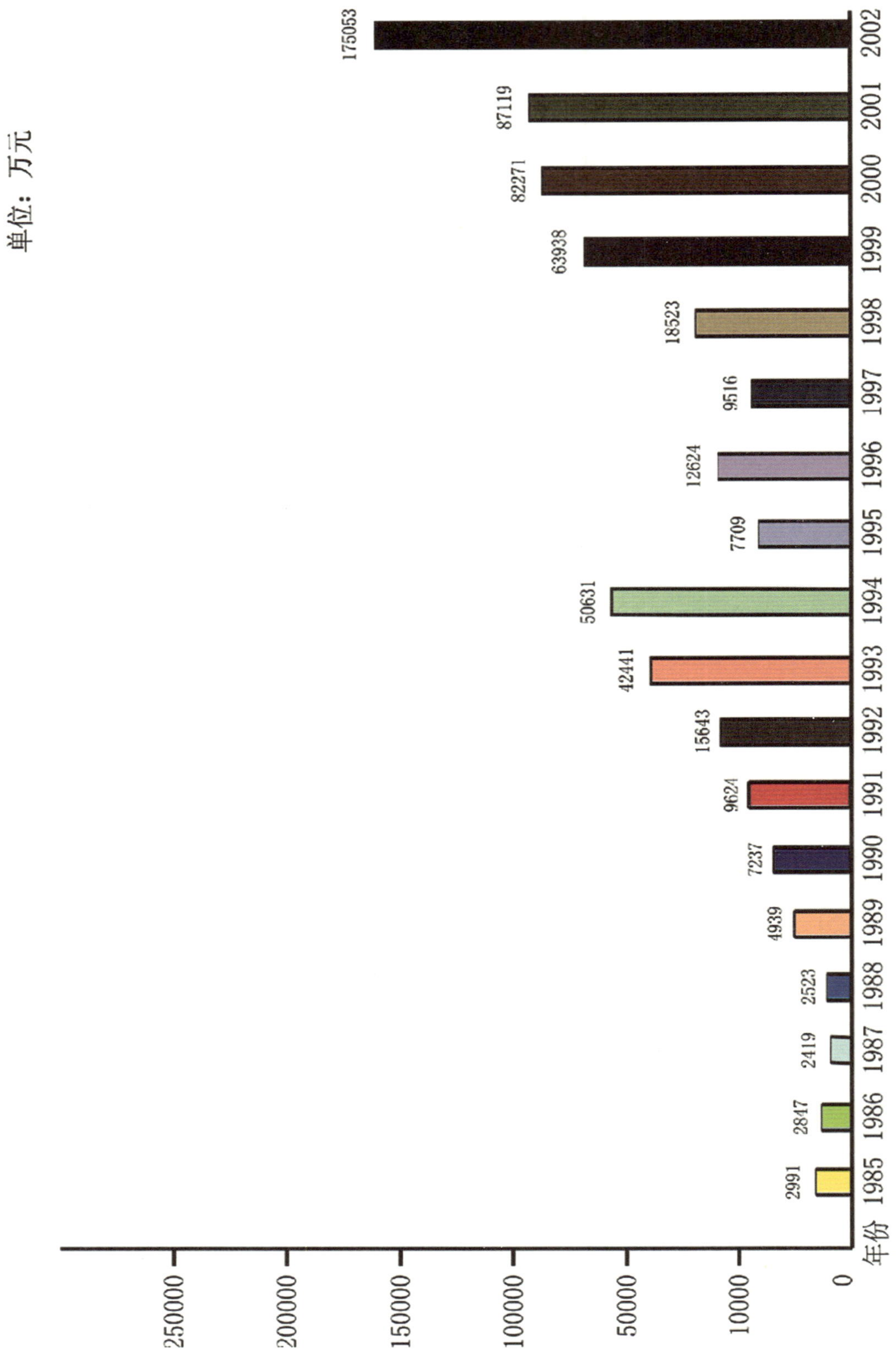

## 1985—2002年栖霞市社会消费品零售额示意图

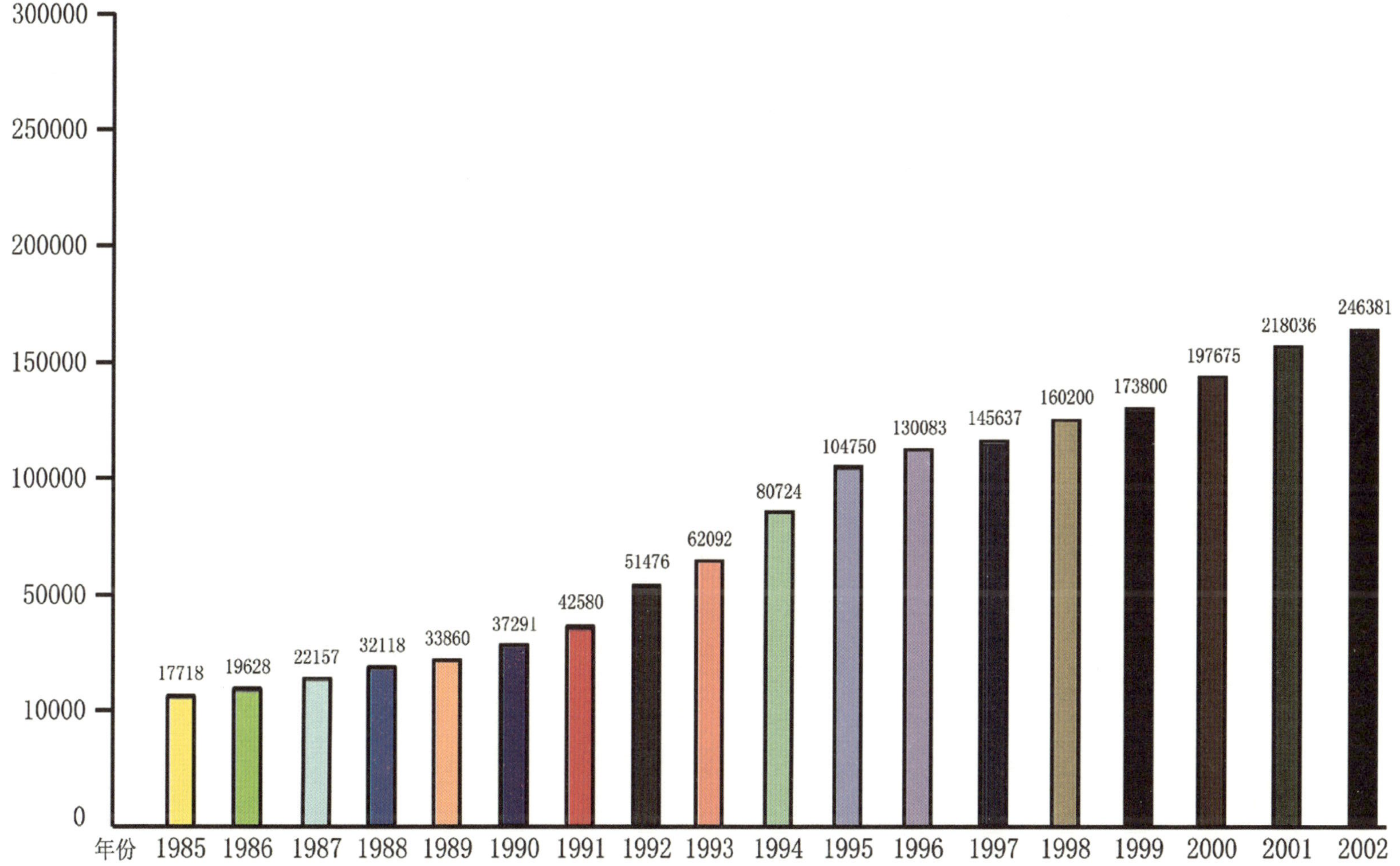

## 1985—2002年栖霞市三次产业构成示意图

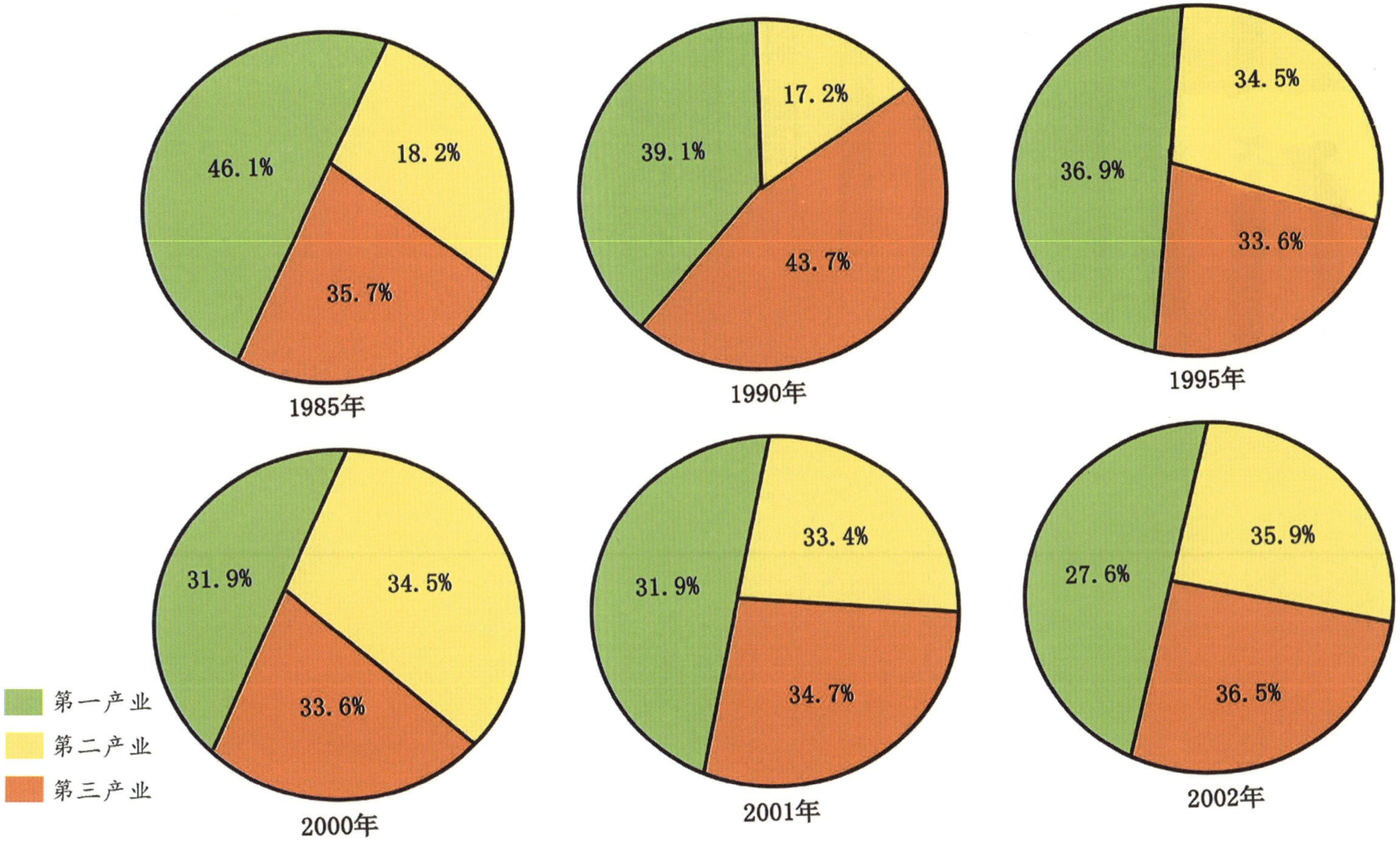

# 第一编

# 建置 地理

艾山远眺（2002年）

# 第一章 建置隶属

## 第一节 地理位置

栖霞市位于山东省胶东半岛腹地，北纬37° 05′ ～37° 32′，东经120° 33′ ～121° 15′。东西63公里，南北51公里。1985年，境内总面积理论测绘数据为2044.5平方公里，1988—1993年，理论测绘数据2017.73平方公里。1994年，对境内总面积进行科学、详细测绘，栖霞总面积为2016.02平方公里，至2002年不变。东临牟平区、海阳市，西襟招远市、龙口市，南与莱阳市毗邻，北与福山区、蓬莱市接壤。

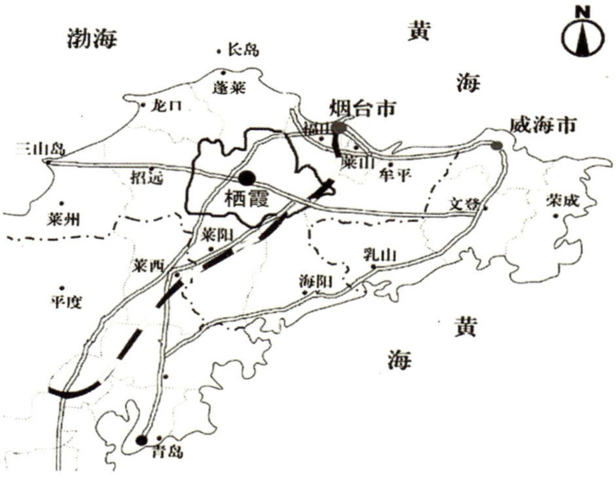


栖霞市区位示意图

## 第二节 建置沿革

伪齐刘豫于阜昌二年（1131年）析蓬莱之阳疃镇及莱阳北部置县。

据境内杨家圈古遗址出土古文物考证，远在6000年前即有人类在这里聚居，繁衍生息。唐虞和夏、商、周三代时，属青州；春秋，县境属莱牟；战国时期，为齐国东莱地。秦灭六国，分天下为36郡，县境属齐郡东境。至汉，为腄县地，属东莱郡，隶青州。

东汉末，腄县废，改属黄县，属东莱郡，隶青州。三国魏、蜀、吴时期，为魏国青州东莱郡黄县地。南北朝时期，属宋（刘）国，后属北魏国，属东牟郡。隋朝时，复为黄县地，属东莱郡，隶青州。

唐废州部，置道，神龙三年（707年）始置蓬莱县，境内北部为蓬莱县之阳疃镇，属登州东牟郡，隶河南道。五代十国时，同于唐代。

宋代改道为路，全国初划18路，境内属蓬莱之阳疃镇，隶京东东路登州。栖霞设县后，属登州，隶山东东路。

元代改路为道，栖霞属山东东西道般阳路总管府登州，后改淄莱路，至元二十四年（1287年）又改属般阳路。

明太祖定天下，京师以外，分为十三布政使司，改山东东西道为山东布政使司，栖霞属登州，隶山东布政使司。洪武元年（1368年），徐达等下益州招抚登、莱，废般阳路置莱州府，辖登州。洪武九年（1376年），升登州为府，隶山东布政使司，栖霞属焉。清代因之。

民国元年（1911年）废府为道，栖霞初属胶东道，1925年，改胶东道为东海道。1928年，废道直隶于山东省。1934—1936年，隶属山东省鲁东区，全县划为6个区、55个镇；1937—1938年，隶属于山东省第七行政区；1939年12月，日军入侵后，隶属于山东省第九行政区，其督察专员公署驻栖霞城。

1940年4月24日，栖霞县抗日民主政府于苏家店镇林家村成立。翌年3月，析栖霞之东北部置栖东行署（县署驻地先后在康家、马陵家等村），均隶属于山东省胶东区行政主任公署之北海专员公署。1945年1月，胶东区党委设置牙前实验县，隶属胶东区中海区，后改属东海区，至1950年1月撤销。1953年9月4日，栖霞、栖东两县合并为栖霞县，县署驻栖霞城。

1950年8月至1958年10月，栖霞县属山东省莱阳专员公署。1958年11月至1983年10月，先后隶属于山东省烟台专区和烟台地区。1983年11月，隶属烟台市。1995年11月30日，撤栖霞县设栖霞市，由烟台市代管，行政区域不变。

## 第三节 行政区划

栖霞县、乡行政区划，迭有变更。明清为乡、社建制。1930年（民国19年）划全县为6区39乡16镇。1940年4月24日，栖霞县抗日民主政府成立，辖1区4乡3镇。1942年，栖霞、栖东撤销乡、镇，改划行政村939个，分属25个区管辖。1945年1月，成立牙前县，析栖东县桃村、榆山和铁口区之一部分共86个村归之。1950年1月，牙前县撤销，86个村复归栖东县。1953年9月4日，栖霞、栖东两县合并为栖霞县，辖20区201乡。1955年，合并为139乡。1956年3月，改为12区，同年10月撤区划乡，县辖2镇49乡。

1958年8月31日，全县辖2镇15乡，1958年9月，成立17处人民公社。1959年2月，将官道人民公社并入观里人民公社。1962年4月，官道人民公社从观里人民公社析出，另增设大柳家人民公社，栖霞县有人民公社18处：苏家店、寺口、小庄、官道、观里、杨础、蛇窝泊、大柳家、唐家泊、桃村、铁口、大庄头、庙后、亭口、臧家庄、寨里、松山、城镇。

1984年4月，改革人民公社体制，撤公社设乡镇，全县设8镇（栖霞、桃村、臧家庄、亭口、唐家泊、观里、寺口、蛇窝泊），15乡（苏家店、小庄、官道、杨础、连家庄、大柳家、铁口、大庄头、庙后、占疃、中桥、寨里、松山、金山、刘家河）。

1992年9月，铁口、中桥、苏家店3个乡撤乡设镇。1993年6月，寨里、杨础两个乡撤乡设镇。1994年4月，撤销小庄乡设立西城镇，撤销官道乡设立官道镇。1995年11月，撤销刘家河乡，其行政区域并入栖霞镇；撤销占疃乡，其行政区域并入亭口镇。全县15镇（栖霞、西城、苏家店、寺口、官道、观里、杨础、蛇窝泊、桃村、唐家泊、铁口、亭口、中桥、臧家庄、寨里）、6乡（连家庄、大柳家、大庄头、庙后、松山、金山）。

2000年3月，撤销大庄头乡设立大庄头镇；5月，撤销庙后乡设立庙后镇；撤销连家庄乡，将其行政区域并入蛇窝泊镇；撤销松山乡、金山乡，合并设立松山镇，镇人民政府驻原松山乡人民政府驻地。18镇（栖霞镇、西城、苏家店、寺口、官道、观里、杨础、蛇窝泊、桃村、唐家泊、铁口、亭口、中桥、臧家庄、寨里、大庄头、庙后、松山）、1乡（大柳家）。

2000年12月，撤销铁口镇、大庄头镇，将其行政区域并入桃村镇；撤销中桥镇、寨里镇，将其行政区域并入臧家庄镇；撤销大柳家乡，将其行政区域并入蛇窝泊镇；撤销栖霞镇，分别设立翠屏街道和庄园街道。

2002年末，全市共辖13个镇（桃村、唐家泊、庙后、亭口、臧家庄、松山、苏家店、寺口、官道、观里、杨础、蛇窝泊、西城）、2个街道（翠屏、庄园）和经济开发区。

## 第四节 城 区

栖霞城位于县境中部，地理坐标为北纬37° 18′，东经120° 49′。整个城区被群山环抱，白洋河由南面、西面环城而流。东有老灵山，南有翠屏山，西有郭落山，北有公山，素有“山城”之称。

1985年之前，栖霞城区面积较少，是年底，共有道路31条，主路12条，城区人口20634人，城区总面积2.7平方公里。1986年开始，栖霞县每年都进行城区改造，城区面积不断扩大，到2002年，城区总面积达到22平方公里，建城区面积15.8平方公里，城区人口达到106800人，城区人口密度为每平方公里4854.5人。城区绿地面积达到35万平方米，绿化覆盖率40.9%，人均公共绿地面积9.39平方米，城市居民人均居住面积13.8平方米。

栖霞市中心区域——霞光路段（2002年）

# 第二章 地理

## 第一节 地质

栖霞市在大地构造上大部分地区处于鲁东隆起区之胶北隆起中段，该隆起自元古代形成以来，一直处于上升剥蚀环境中。在中生代构造运动中发生差异运动，胶北隆起继续上升，而境内南缘蛇窝泊及东缘桃村一带则发生凹陷，归属胶莱凹陷的边缘。故地层广泛出露太古界—元古界变质岩系。中生代侏罗系及白垩系地层则出露于东部及南部。西北、东南边缘地带还分布有印支期及燕山期的中酸性、酸性岩浆岩。

在区域构造上县境位于栖霞复背斜核部，

该构造占据县境的80％面积，孕有臧家庄盆地。区内断裂构造发育，占主导地位的是北东向的新华夏系断裂构造体系。

**地　层**　上太古界胶东群　第一大套岩石组合，为薄至中厚层细粒黑云角闪变粒岩、黑云变粒岩，互层夹透辉变粒岩偶夹斜长角闪岩以及滑石透闪岩、辉橄岩、橄榄岩等超基性岩层。很多地段以细纹状混合花岗岩及黑云条痕状混合岩为主。主要分布于老灵山、口子、鸡冠山北、大埠后西、辛家夼、十八盘等地。

第二大套岩石组合，分为两个岩段，第一岩段为厚层斜长角闪岩偶夹黑云角闪变粒岩、辉石岩、透闪岩、角闪岩等超基性岩层。第二岩段为中厚层至厚层斜长角闪岩、黑云角闪变粒岩夹混合质浅粒岩。主要分布于路住家、道西、下苇城、初家疃、迎门口、寺口、观里、塔山一带。

下元古界粉子山群　自下而上划分片岩组、浅粒岩变粒岩组、大理岩组。主要分布于庙后、古镇都、小庄、艾山汤一带。

片岩组，为厚层石榴矽线黑云片岩夹黑云变粒岩、斜长透辉岩或斜长角闪岩，片岩中有的含石墨。浅拉岩变粒岩组，即祝家夼组。为薄至中厚层浅粒岩、细粒黑云变粒岩互层。有的地段底部为含假砾长石石英岩，或者为含绢云母结集体黑云变粒岩；顶部夹有透辉大理岩或大理岩、透辉变粒岩。大理岩组，以薄至巨层白云大理岩、方解大理岩偶夹透辉变粒岩、黑云变粒岩为主。厚层大理岩组统称为张格庄组。

上元古界蓬莱群　分布于臧家庄盆地。豹山口组，厚度1071～1550米。主要分布于葛家沟、豹山口、寨里于家及李博士夼一带，呈东西方向展布。下部为石英岩板岩段，中部为大理岩段，上部为板岩段。铺子夼组，厚度584～826米。分布于铺子夼至福山高疃一带。由薄至厚层石英岩和棕红青灰色板岩互层组成。南庄组，厚度1133～1610米。分布于公山、母山、南庄、陡崖一带。地层下部为板岩段，中部为大理岩段，上部为板岩段。香夼组，厚度96～1307米。分布于臧家庄、香夼、高格庄一带。地层下部为泥灰岩段，上部为灰岩段。

中生界　侏罗系上统莱阳组，分布于蛇窝泊以及桃村西南与海阳县交界地带。与下覆地层不整合接触。莱阳组第一段，分布于蛇窝泊一带。厚度39～2674米。以黄绿色砂砾岩为主。莱阳组第二段，分布于蛇窝泊以东以及东柳子头至安东一带。厚度441～2000米。为黄绿、灰绿色砂岩，砾岩夹页岩。莱阳组第三段，在接官亭以南零星分布。为灰绿色粉一细砂岩，长石石英砂岩，砂砾岩夹页岩。莱阳组第四段，在接官亭以北零星分布。为紫红、黄绿色粉一细砂岩，砂页岩，长石石英砂岩，砾岩。白垩系下统青山组，主要分布在臧家庄盆地的北半部及西缘桃村以南有小片出露。为一套火山岩系。第一、二段以安山岩、玄武安山岩及安山质火山角砾岩、集块岩为主；第三段以砾岩、凝灰质砂砾岩、长石砂岩为主。白垩系上统王氏组，分布在桃村至铁口一线。与下覆青山组不整合接触。为暗紫色、紫红色、灰绿色砂岩，砂砾岩、砾岩夹中薄层细砂岩和砂质页岩，砖红色粘土岩；黄绿色、紫红色页岩，砂页岩，钙质页岩夹粉砂岩，扁豆状泥灰岩、砂砾岩。

新生界　上第三系，栖霞地域只有上新统顶部层序，即唐山砾岩及霞石岩，碱性橄榄玄武岩。在唐山一带的砾岩层厚5米左右，为河床相沉积；其上及边缘为黏土质细砂层或砂质粘土层，厚度0.5～5米，上覆霞石岩，碱性橄榄玄武岩层厚40米左右。主要分布于唐山、方山等高台地上，总面积10平方公里左右。第四系，县内限于以低山丘陵区为主，第四系分布广泛，但不连续，较大片的第四系只分布在蛇窝泊、臧家庄、桃村一带。上更新统在3、4级

水系的残留阶地上保存，冲积层为黄褐色亚砂土、亚粘土、砂砾层；山前地带发育有坡积、洪积的砂土、砂质黏土夹岩石碎块及砂砾透镜体。厚度一般5～30米不等。全新统在丘陵、低山地带残积、坡积层厚度0.1～2米，分布不连续，以含岩石碎块的亚砂土为主；在滑坡及1、2级水系上游多碎石及砾石堆积，这类洪积冲积层厚度达数米；在3、4级水系的河床及河滩地带的冲积层，以亚砂土、亚黏土、砂、砂砾层为主，厚度数米至数十米。

**构　造**　多期褶皱、多期断裂活动使县内地质构造极为复杂。按四级构造单元、断裂系统简述之。

栖霞复背斜　指西起招(远)平(度)断裂，东至桃村东陡山断裂，东西长达70公里左右；北起臧家庄盆地南缘，南至莱阳盆地北缘，南北宽约40公里左右。其中段、东段皆处栖霞境内。复背斜的枢纽大致沿岗山—栖霞城南—老灵山—十八盘—唐家泊一线展布。其为一复杂的等斜复背斜，自西向东轴面向南东陡倾为主，转变为向南南西陡倾，总观轴面在栖霞县城一带向北北东弯凸，东段的枢纽向南南东倾伏。复背斜的两翼边缘地段能见到元古界地层片段。

该复背斜被后期构造破坏的较为明显，首先是控制混合岩化作用的平行早期褶皱轴面的韧性剪切作用及与其相伴随的同斜褶皱的形成，使地层连续性褶皱的对称性遭到较大破坏；其后中生代的横弯褶皱作用及新华夏系断裂又进一步使地层的连续性受到影响；中生代末期至新生代的断块作用，使复背斜的不同地段遭受到不同的剥蚀程度，地层的连续性受到更明显的破坏。

臧家庄盆地　按其所处大地构造位置及运动方向，可称为“臧家庄降凹”，按其构造性质来说为一凹折一断陷。该盆地东西长25公里，南北宽12～15公里，大部分布于县境内。

盆地的南段、东段出露蓬莱群地层，向盆地中心方面为蓬莱群上部层序，在盆地北缘可零星见到香奔组灰山岩；由于其枢纽向北西西倾伏以及盆地北缘西缘以断裂为界，盆地西段、北段分布中生界青山组火山岩，所以该盆地是蓬莱群构成的一个向斜片段，或者是由于中生代断陷作用而得以保留的向斜残片。

莱阳坳凹东北缘、桃村坳凹西北缘　县域东南边缘地带处于胶莱坳陷的次级构造单元（四级构造单元）的边缘地段上，其中莱阳坳凹东北缘为蛇窝泊、连家庄的大部分地段；桃村坳凹西北缘属于桃村镇的大部分地段。

莱阳坳凹东北缘主要分布中生界莱阳组一段地层，受北北西、北西向断裂控制；桃村坳凹西北缘以中生界王氏组为主，受北东向断裂控制。

另外，苏家店镇、官道镇还包括到四级构造单元招（远）平（度）花岗岩带的东边缘地段，西城镇、松山镇、臧家庄镇还包括到四级构造单元郭家岭花岗岩带的南边缘地段。

断裂系统　NNE—NE向主干断裂，自西向东有丰仪断裂、毕郭断裂、官道断裂、上庄子断裂、郭落庄断裂、杨础断裂、罗家断裂、马家窑断裂、桃村断裂。这9条主干断裂，在县内出露长度10～40公里，相邻断裂的间距2～20公里，单条断裂带宽度5～50米；断裂带内碎裂岩、摩棱岩发育，局部有角砾岩、碎粉岩、断层泥，主断裂面多呈波状，光滑的断裂面上常见擦痕、擦线、阶步及构造透镜体。

NW—NWW向断裂，以院头窑断裂、鸡冠山断裂为代表，其伴生次级断裂在栖霞复背斜上广泛发育。最明显者为鸡冠山断裂，长10公里，宽20米左右；苏家店的荆林埠断裂中断层泥宽2米，说明晚近期活动强烈。

**岩浆岩**　境内的侵入岩出露面积约300平方公里，火山岩出露面积约100平方公里。有晚太古代榴闪岩、英云闪长岩；元古代变辉绿岩；电气石伟晶岩、伟晶岩；中生代花岗岩、石英二长岩、花岗闪长岩以及一系列中酸性脉岩；中生代早白垩纪青山组火山岩；新生代喜山期辉绿岩及霞石岩，碱性橄榄玄武岩。

晚太古代的基性岩体呈岩株岩脉状分布于大庄头、庙后；岩基状的中酸性岩体分布于连家庄北缘，前者的出露面积只数十米至数百米宽，后者达数平方公里。另外在上太古界胶东群中的超基性岩层已呈透镜状，夹层状分布很不连续。

元古代的变辉绿岩脉主要分布于栖霞复背斜郭落庄断裂以东地段上，以及臧家庄盆地的南缘；电气石伟晶岩脉、伟晶岩脉主要发育在粉子山群分布地段中，如栖霞城南南石岔村以北和祝家夼一带，其规模只数十厘米至数米宽。

中生代花岗岩出露于官道镇的岗山，岩体的东端在县内的面积约30平方公里；次及苏家店镇与寺口镇、西城镇、蓬莱市接界地段，面积约100平方公里。

中生代石英二长岩出露于县境北边界地带，约30平方公里。花岗闪长岩以牙山岩体为代表，其面积100平方公里；另外在县城附近有一些小岩株。在蛇窝泊的老寨山分布约20平方公里的霏细岩体。

中生代燕山期的中酸性脉岩在栖霞复背斜上几乎到处可见，在臧家庄盆地有花岗斑岩岩株。

新生代喜山期的辉绿岩脉宽数厘米至数米，主要出露于亭口镇占疃、翠屏街道刘家河一带。

**水文地质** 第四系孔隙潜水含水层 境内主要有河谷冲积平原潜水含水层和山涧谷地潜水含水层。

河谷冲积平原潜水含水层其岩性上部为亚砂、亚黏土，下部为细砂、中粗砂夹杂少量卵石。含水层主要为中粗砂，砂层厚度为4～6米，地下水埋深1～2.5米，水位变化幅度0.9米，水质较好，为工农业用水较佳的地下水源。该含水层主要分布于白洋河两岸的臧家庄、中桥一带，清水河两岸的蛇窝泊一带及清阳河沿岸的桃村、铁口一带。

山涧谷地潜水含水层其岩性为中粗砂夹砾石，厚度为2～4米，地下水埋深1～2米，水位变化幅度1米左右。为农业用水的主要地下水源。该含水层在境内分布广泛，以各大河流支流上游两侧地域为主。

基岩地区裂隙潜水—承压水含水层 主要有风化裂隙潜水含水层和构造裂隙潜水承压水含水层。

风化裂隙潜水含水层，其岩性分风化细密的裂隙岩和风化的花岗岩两种类型。风化细密的裂隙岩含水层的裂隙开张程度及深度与岩石矿物成份有关，风化厚度10～40米，地下水埋深5米左右。主要分布于桃村大庄头南部、唐家泊、蛇窝泊、翠屏街道、寺口、西城及苏家店一带的胶东群地层中。风化的花岗岩裂隙水含水层多因剥蚀作用所致，地下水埋深2米左右，风化厚度20米左右。主要分布于牙山和艾山等花岗岩地区。可供人畜饮用和部分农业用水。

构造裂隙潜水—承压水含水层，分石灰岩、大理岩构造裂隙承压水和变质岩、花岗岩构造裂隙潜水—承压水含水层两种类型。石灰岩、大理岩构造裂隙承压水含水层其岩性为破裂的石灰岩和大理岩组成，局部有溶洞出现。地下水埋深10～30米，浅部无水，中部水量丰富，断裂富水构造水量丰富，属承压水类型。主要分布于庙后、桃村北部、臧家庄香夼一带的石灰岩、大理岩地区。变质岩、花岗岩构造裂隙潜水一承压水含水层包括构造裂隙含水层和构造裂隙承压水含水层两类。前者呈扇形展布的主要是岩脉富水构造，富水量与岩脉的岩性、地貌地形有关；后者呈条带状展布的主要

是断裂富水构造，富水量与构造性质及岩性有关。地下水埋深5～10米。主要分布于胶东群的变质岩系和不同时期侵入的花岗岩类地区。

## 第二节 地貌

**地貌特征** 栖霞市地处山东半岛中部，境内群山起伏，丘岭连绵。以东部的牙山和西北部的艾山两大山系构成境内的地形脊背。

境内地貌分低山、丘陵、平原三种类型。海拔300米以上的低山区为743.3平方公里，占36. 84%；海拔100～300米的丘陵区为971. 1平方公里，占48. 13%；海拔100米以下的平原区为303. 4平方公里，占15. 03%。

栖霞地貌（图一）（2002年）

栖霞地貌（图二）

侵蚀构造低山区 境内中东部与西北部为低山区。除牙山和艾山两座海拔800米以上的山峰，其余多数山峰海拔400米以上。其地势特点是沟深谷狭，山峻坡陡，脉脉相连。沟谷深处呈“V”字型，浅处呈“凹”字型。山岭顶部土层较薄，岩石大量裸露，多为荒坡岭地或石质山岭，坡度20～25度；中下部为岭坡梯田，呈台阶形环山而列，阶差大。坡度15～20度。此类地貌为栖霞市主要用材林和经济林区，多分布于唐家泊、庙后、桃村、亭口、松山、苏家店等镇及桃村镇、蛇窝泊镇的部分地域。

构造剥蚀丘陵区 境内西部为典型丘陵区。有方山及蚕山两山系。其地势特点是沟宽谷阔，岗阜浑圆，丘低坡缓，起伏如波。丘陵间有小面积台地和丘谷平地。海拔高程在100～200米。丘陵顶部平展，岭地阶差小，大部分辟为耕地。此类地貌为栖霞市主要经济田耕作区，主要分布于寺口、西城等镇及杨础镇和观里镇的部分地域。

构造剥蚀缓丘区 境内西南部为缓丘地带。其地势特点是谷阔而浅，丘缓而平。海拔在100～150米。在官道镇形成东西两大洼地。东洼为冲积洼地，地势平坦，岩底较深；西洼为地质运动洼地，呈碟盘形，岩底极浅。丘陵地块大，阶差小。中上部为砂质壤地，土层薄；下部则为中、厚层棕壤。此类地貌为栖霞市主要粮油耕作区。分布于官道、观里、杨础等镇及蛇窝泊镇部分地域。

河谷洪冲积淤积平原区 境内白洋河、清水河及清阳河等流域形成三大河谷冲积淤积平原区。白洋河平原区，在栖霞市境北部，西自丰粟村，东至经济开发区与福山交界处。沿白洋河东西呈带状分布，地势平坦。面积为67平方公里，为境内最大的平原区。东端有马院山突起，北缘有少量缓丘分布，形成岭地，南缘与低山交接处陡然突起。海拔为40～60米。蛇窝泊平原区，在栖霞市境南部，由清水河上游两条主要支流冲积淤积而成，呈拐尺状分布，面积为28平方公里。平原区东西段地势较水平，南北段自河沿岸向东渐升起，呈现为倾斜平地，部分为阶地形势，海拔为60～100米。牙山前冲积倾斜平原区，在栖霞市境东南部，由西南至东北带状分布于桃村镇中东部及中南部。地势由西向东渐趋低平。面积为39平方公里。东有清阳河界栖霞和牟平，西为牙山山脉，海拔为40～80米。

**山 脉** 栖霞境内有2500余座大小山峰。其中海拔800米以上山峰2座；海拔600米以上的山峰10座；海拔400米以上的山峰108座；海拔300米以上的低山67座。由东向西，依次排列为牙山、唐山、方山、艾山、蚕山等五大山系。

艾山山脉 位于城区西北14公里处。地理坐标为北纬37° 25'，东经120° 46'，主峰海拔814米，总面积60余平方公里，为境内群山之冠，因产“灵艾”而得名。艾山气势雄伟，林木葱葱。东有温泉，常温40℃左右，水质清澈。

艾山大峡谷

艾山山脉主要山峰有双角山、巩家山、婆家山、外嘴山、马山、小柱山、紫牛山、插旗顶、老山、牛卧山、躲荒山、交毛山、雷山等。

双角山，位于艾山西，海拔676米；巩家山，位于西侧，海拔719米；婆家山，位于巩家山西南，海拔682米；马山，位于婆家山西，海拔661.1米；紫牛山，位于马山北，海拔567米。山形似牛，诸峰拥簇；牛卧山，位于艾山之东，海拔425.4米，为艾山余脉延展之山峰。山上多松及灌木类，山前产花岗岩石料；躲荒山，位于牛卧山之南，海拔499.3米。主峰耸立，余脉缓缓伸延，山上多松、栎类及其他灌木类；交毛山，位于艾山东南，海拔319.4米，与艾山延伸余脉相连。传说古代有凤凰来此地，百羽交集于此而得名；雷山，位于艾山之西南，海拔500.7米。远望其峰顶如头盔，四周陡峭，不易攀登。

牙山山脉 位于县城东南22.5公里处，绵亘于唐家泊镇东部和桃村镇西部地域，地理坐标北纬37° 12'，东经121° 03'，总面积40余平方公里，主峰海拔805.8米。主峰有三，分称大牙、二牙、三牙。三峰耸立，攒聚如笔，古时曾称“聚笔山”。因山峰形如锯齿，故又称“锯齿山”。

牙山远眺

牙山四周群峰矗立，余脉连绵起伏。西有大泽沟顶、石山、松山、老虎窝、老虎头、老寨顶、孤顶、笸箩箱顶、玉皇顶等；东有崖犬岭、马山、望母顶、灵山等；北有水仙顶、老鹞窝、清香崮、和尚顶、老庙顶、赵树顶、小天等。

大泽沟顶，位于牙山西侧，海拔695米。山上多石，山势陡峭。植被多为赤松；老虎窝，位于牙山西略偏北处，海拔645米。因曾有老虎出没而得名。山势险峻，松林郁浓；老寨顶，位于牙山西北，海拔685米。此山坡势略缓，山之阳植栎类，山之阴多为松；老虎头，位于牙山西侧，海拔524米。山上多岩石，山势较缓，远望如虎盘踞。山上多松；

水仙顶，位于牙山之北，海拔638米，山上多为赤松；老庙顶，位于牙山北上阁子村东，海拔574.9米，山势较缓；崖犬岭，位于牙山东，海拔632米，山势陡峭；马山，位于崖犬岭东，与望母顶一山二峰，海拔549.3米、542米；灵山，位于牙山东，海拔310.6米。1945年建胶东抗日烈士陵园后，更名英灵山。

唐山山脉 唐山位于县城东南7公里处，地理坐标北纬37° 15'，东经120° 53'，海拔508.8米，总面积约10平方公里。相传唐太宗征辽曾"驻跸于此"，因名唐山。因岩石裸露，俗称"唐山硼"。山顶平整如泊，四周岩石壁立，山腰林木繁茂。唐山硼分南硼北硼，北硼山势高，巍然若屏；南硼山势略低，上有天然旱塘两个。硼壁之下，砾石遍地，沿壁有淘金洞20余处，皆为古代淘金遗迹。山之北坡石壁下，有一山泉，名"醇酒泉"。山后临黄燕底水库，库坝为大跨度石砌连拱坝，新颖壮观。

唐山西有小唐山、花山、釜甑山；北有黑陡硼；东有北高顶、鸡冠山等主要山峰。小唐山，位于唐山西，海拔358米。与唐山隔河相望，山势略缓，堪称姊妹山。花山，位于小唐山以北，海拔381.1米。山上多松及刺槐等林木。釜甑山，位于花山之西，海拔311米，为花山山脉延伸之孤峰。远望峰顶，宛如釜甑倒扣其上而得名。黑陡硼，位于唐山之北，海拔385米。因悬崖陡壁，颜色如墨，故名。山上多刺槐、松及酸枣类灌木。

唐山

方山山脉 方山位于县城西南11公里处，地理坐标北纬37° 13'，东经120° 44'，海拔404.4米，总面积15平方公里。山方而平，故名方山。山顶平坦宽阔，土质深厚肥沃，面积约350公顷。山之四坡，陡峭险峻，石壁裸立。郎当脖为方山最高点，以此为界，分前硼、后硼。前硼土层厚而肥，东有一常年积水湾，曰"饮马湾"。南端旧有神水庵，建国后拆除。后硼并列两顶，称东佛落顶、西佛落顶。东顶有狼洞圈，西顶有赫然井。

方山

方山之上遍植桑柞，绿树成荫。方山蚕茧，全国称誉。山东省蚕业研究所及烟台市柞蚕原种场皆设于此。

方山周围皆属缓丘地带，山峰较低矮。主要有小方山、猪嘴山、石门顶、双顶山、坡坡山、快快顶、尖顶山、郭落山等。

小方山，位于方山之西，海拔234.7米。山顶亦平，四周坡缓。山上旧有寺院，今毁。山中多栎类、刺槐、杨、榆等林木；猪嘴山，位于方山南，海拔232.7米。山状似猪嘴，坡略陡峭。山上植栎类及刺槐等林木；石门顶，位于方山之南，海拔219.1米。山石大而圆，裸露于表，三四成垒。山上多栎类灌木及松等；双顶山，位于方山东佛落顶之东，海拔高程237米。山上多松及栎类灌木；郭落山，位于方山之北，海拔376.5米。为栖霞城西南之屏嶂。山多松林及栎类灌木林。

蚕山山脉 蚕山位于县城西北23公里处。地理坐标北纬37° 23'，东经120° 40'，海拔493.7米，总面积5平方公里。蚕山因“形如蚕簇”而名。孤峰拔起，峰上垒峰，有“蚕山戴帽，大雨来到”之谚语。蚕山一带盛产小米，籽粒饱满，色泽金黄，古时作为向朝廷进贡米。山前坡建有林场。

蚕山山脉主要山峰有黄山岭、兵山、狼当顶、蓬莱顶等。

黄山岭，位于蚕山之西南，海拔329.6米，余脉缓延伸展，为黄水河发源地之一。山前坡为栎类及槐类灌木林，山后坡为松林；兵山，位于蚕山之南，海拔275米。因唐征辽时曾驻兵于此而得名。山上多灌木林及果林；狼当顶，位于兵山之东，海拔292米。山脉呈西北向东南走向，山上多松林及灌木类林木；蓬莱顶，位于蚕山之东，海拔438米。与其北侧丹里庙峰紧连，余脉向西北伸展，形成几处低峰。山上多松林及灌木类林木。

崮山山脉　位于县城西北30公里处，分为南崮、北崮。南崮地理坐标北纬37° 27'，东经120° 44'，海拔452米；北崮地理坐标北纬37° 28'，东经120° 44'，海拔510.2米；两崮伟岸挺拔、群峰跌宕、造型别致、峰奇石怪，且山势险峻，犹如鬼斧神工雕琢，人称“齐鲁小黄山”。

崮山

马耳山山脉　位于苏家店镇马耳山村，地理坐标北纬37° 24'，东经120° 43'，面积12平方公里。主峰海拔661.1米，山形如马耳。这里洞壑幽深，草木葳蕤，层峦叠嶂，奇石林立，有胶东“张家界”之称。

马耳山

2002年栖霞市500米以上山峰统计表

表1-1

| 山名 | 海拔（米） | 座落位置 | 山名 | 海拔（米） | 座落位置 |
|---|---|---|---|---|---|
| 艾山 | 814.0 | 西城镇北路家沟村北 | 老庙顶 | 574.9 | 唐家泊镇阁子东沟东北 |
| 牙山 | 805.8 | 唐家泊镇西上寨村北 | 紫牛山 | 567.0 | 苏家店镇曹高家村东 |
| 巩家山 | 719.0 | 西城镇北路家沟村北 | 石山 | 556.0 | 唐家泊镇田里村东北 |

续表1-1

| 山 名 | 海拔（米） | 座落位置 | 山 名 | 海拔（米） | 座落位置 |
|---|---|---|---|---|---|
| 大泽沟顶 | 695.0 | 牙山之西 | 插旗顶 | 554.0 | 苏家店镇后寨村东北 |
| 老寨顶 | 685.0 | 唐家泊镇徐家疃南 | 石碑口子东顶 | 549.3 | 桃村镇石字线村北 |
| 婆家山 | 682.0 | 西城镇上马家村北 | 望母顶 | 542.0 | 桃村镇英灵山之北 |
| 双角山 | 676.0 | 西城镇北路家沟村北 | 大 天 | 541.0 | 亭口镇林家庄村西 |
| 望海岭 | 668.3 | 西吴家村北 | 围 子 | 537.0 | 唐家泊镇上哨村西 |
| 马耳山（马山） | 661.1 | 苏家店镇马耳山村东南 | 老灵山 | 534.0 | 翠屏街道小灵山村南 |
| 老虎窝 | 645.0 | 石山之北 | 双甲山 | 530.1 | 苏家店镇前寨村北 |
| 水仙顶 | 638.0 | 牙山之北 | 老虎头 | 524.0 | 唐家泊镇牛蹄夼村北 |
| 崖犬岭 | 632.0 | 牙山之东 | 椒针顶 | 515.0 | 苏家店镇前寨村北 |
| 塔 顶 | 630.4 | 桃村镇国路夼村东 | 崮 山 | 510.2 | 苏家店镇石古庵村北 |
| 庙 顶 | 599.2 | 亭口镇衣家村西 | 唐 山 | 508.8 | 翠屏街道后张家庄村南 |
| 布谷崖 | 575.0 | 桃村镇国路夼村东 | 松 顶 | 508.0 | 牙山之西 |
| 老庙顶 | 575.8 | 亭口镇南佛家村西 | 双 顶 | 506.6 | 桃村镇东牟家庄村北 |
| 赵树顶 | 574.9 | 亭口镇泉水夼村东 | 雷 山 | 500.7 | 苏家店镇盛家沟村南 |

**河 流** 境内河流属于季风雨源型河流，水流量受降雨量影响。夏季汛期常致山洪暴发，冬春两季河涸断流。境内有大小河谷3653个，河流114条。主要有南流的清水河、杨础河、漩河，北去的白洋河、清阳河、黄水河等六大河系。

白洋河 境内最大的河流。发源于城东大灵山西麓与城西南郭落山之阴，在城区与4条支流交汇北流。在栖霞市境内全长45.9公里，流域面积772.53平方公里，河沿岸在臧家庄镇、开发区等地形成河谷洪冲积平原。

清水河 发源于牙山之阴。南入莱阳市，与漩河、杨础河等汇成五龙河注入黄海，栖霞境内全长40.5公里，流域面积340.23平方公里。河沿岸在蛇窝泊地域形成冲积平原。

漩 河 原称观里河。源自寺口黄山岭，南入莱阳境汇入五龙河注入黄海，栖霞境内全长34.5公里，流域面积351.24平方公里。河沿岸在官道、观里地域形成部分冲积平原。

清阳河 源自牙山，由梁家村东入福山区外夹河，北流黄海，栖霞境内全长35公里，流域面积209.92平方公里。河沿岸在桃村镇地域形成冲积平原。

黄水河　旧称西大河。源自寺口镇十字坡，北入龙口市，流入王屋水库北去入渤海，栖霞境内全长24公里，流域面积150.94平方公里。

杨础河　源自翠屏街道郭落山。经杨础镇南入莱阳市，汇入清水河，栖霞境内全长26公里，流域面积104.78平方公里。

2000年白洋河综合治理后城区北部河段

## 2002年栖霞市主要河流情况统计表

表1-2

| 河流名称 | 境内长度（公里） | 发　源　地 | 流经及流归 |
|---|---|---|---|
| 白洋河 | 45.9 | 城东大灵山及西南郭落山 | 流经翠屏、松山、臧家庄东入福山区内夹河 |
| 清水河 | 40.5 | 发源于牙山之阴 | 流经唐家泊、蛇窝泊南入莱阳五龙河 |
| 清阳河 | 35.0 | 牙山之阳及榆山东麓 | 流经海阳市、牟平区、栖霞桃村镇北入福山外夹河 |
| 漩　河 | 34.5 | 寺口黄山岭、雷山之阳、西城之上岘北沟 | 三支流汇入龙门口水库，南入莱阳五龙河 |

续表1–2

| 河流名称 | 境内长度（公里） | 发　源　地 | 流经及流归 |
|---|---|---|---|
| 杨础河 | 26 | 翠屏郭落山、饽饽顶山 | 二流汇入东柳村东，南入清水河 |
| 黄水河 | 24 | 寺口西境十字坡、苏家店狼当顶 | 二支流交于百吉庄，北入龙口市王屋水库 |
| 山东河 | 22 | 亭口西大天、老庙顶 | 流经曲里、亭口、石口子，北入白洋河 |
| 唐山河 | 21 | 翠屏上曲家北梭子大顶 | 流经栗林、唐山头、前泥都，南入清水河 |
| 大柳家河 | 18 | 安子夼之老庙顶 | 流经道西、大柳家南入清水河 |
| 庙后河 | 17 | 回龙夼村南老庙顶、赵树顶 | 流经庙后、楼底，在福山区入内夹河 |
| 大楚留河 | 15 | 牙山之东、之阴、清香崮 | 三流汇入卧龙，东入清阳河 |
| 桃村河 | 14 | 发源于牙山之阳 | 流经营盘、桃村，东入清阳河 |
| 豹山河 | 13 | 松山梭子大顶、南雨顶 | 流经金山店、豹山口 |
| 大庄头河 | 13 | 桃村虎鹿顶、西小天 | 流经大庄头、窑夼，北入福山区门楼水库 |
| 枣林河 | 12 | 亭口镇车夼南之攻险顶 | 流经南埠、枣林、道村，北入白洋河 |

## 第三节　气候

**四季气候特征**　栖霞市位于北半球中纬度地带，地处欧亚大陆东部，属温带大陆性季风气候。温度适宜，降水适中，光照充足。因受季风环流的影响，四季分明，冬无严寒，夏无酷暑。春季少雨多风，空气干燥；夏季高温多雨，空气湿热；秋季凉爽少风，雨量适中；冬季少寒雪稀，多偏北风。多年平均年降水量711.1毫米，多年年平均气温11.4℃ 。

春 季（3—5月） 热带暖空气逐渐北上，极地冷空气逐渐北退，冷暖空气交替频繁，天气逐渐转暖。春分后气温迅速回升，南北风交替出现，降水量少，蒸发量大，空气干燥，常致春旱。季平均气温10.9℃，气温变化不稳定，常受冷空气影响，气温骤降，日际变化达10℃以上。常有晚霜冻危害。3月到5月，月平均气温升高值为13.9℃，约7天气温升高1℃。季平均降水量91.6毫米，仅占年平均降水量的12.9%，蒸发量是同期降水量的8倍多，平均相对湿度为55%。

夏 季（6—8月） 受海洋暖湿气团和季风影响，气温高，降水量大，多雷雨，常致暴雨成灾，是一年中气温最高，降水最多的季节。一般6月底7月初开始进入汛期，9月上旬结束，暴雨多出现在7月和8月，有时会造成山洪暴发，田淤地毁。当大气环流有利时，可有1～2次台风影响，产生大范围暴雨、大风天气。季平均降水量456.1毫米，占年平均降水量的64.1%。季平均气温23.6℃，极端最高气温37.6℃。当西太平洋副热带高压控制时，晴而少雨，高温闷热，会有伏旱发生。夏初及夏末季节更替时，冷暖空气活跃，易产生剧烈的强对流天气，降冰雹次数多，有时冰雹致灾严重。

秋 季（9—11月） 9月上旬，暖湿空气势力仍较强，气温较高，降雨量不减，常有连阴雨天气。进入10月，暖湿空气逐渐南退，北方冷空气日趋南侵，气温渐降，北风渐多，降雨量减少，时有秋旱发生。季平均降水量133.0毫米，占年平均降水量的18.7%，多集中在9月到10月上旬。季平均气温13.1℃，秋高气爽，气候宜人。10月下旬开始降霜。11月开始，气温迅速下降，北风增多，风级逐渐增大。11月中、下旬开始降雪。

冬 季（12月至次年2月） 受北方冷气团控制，加之渤海湾影响，多5～6级偏北大风天气及零星小雪天气。是一年中温度最低，降水最少的季节。但由于受海洋的调节作用，温度低而不寒冷，降水少而少干旱。季平均气温-2.0℃，极端最低气温-17.3℃。季平均降水量30.4毫米，占年平均降水量的4.3%。年平均降雪日数16.8天，积雪日数36.5天，最大积雪深度23厘米。12月上旬始土壤冻结，最大冻土深度超过50厘米。1月是全年最寒冷的月份，平均气温-3.5℃，2月份气温始渐回升，但常有强寒潮侵袭，寒冷天气日数仍较多。

**气 候** 气 温 境内气温受海洋的调节作用，年变化较缓慢。市境南北纬度差较小，气温地域差异主要受地形影响，山间小气候效应。多年平均气温11.4℃，历年在10.2℃～12.8℃间变化。地域差异：市境东部气温偏高，西部偏低，北部略高于南部。

1月份气温最低，平均为-3.5℃；7月气温最高，平均为24.7℃，年较差28℃。年平均最高气温16.5℃，极端最高气温37.6℃；年平均最低气温7.3℃，极端最低气温-17.3℃。

相对温度变化表现为明显的大陆性气候。春季温度上升速率快，夏季温度变化较少，秋季降温速率较大。气温稳定通过0℃初日一般在3月上旬，多年平均为3月7日，最早为2月16日，最迟为3月24日，相差37天。

市境东部山区和南部平原区比西部丘陵区和北部平原区早3～5天。终日多年平均为12月3日，最早为11月12日，最迟为12月20日，相差38天。地域差异3～5天。持续日数平均273天，西部寺口镇等丘陵区持续日数仅为268天，东部庙后镇等山区持续日数为277天，相差9天。日平均气温≥10℃始于4月15日，终于10月26日，持续日数平均为196天。日平均气温≥20℃始于6月11日，终于9月9日，持续日数为91天。

春季日平均气温由0℃回升至10℃，一般需要38天，约3天温度升高1℃；秋季日平均气温由20℃下降到15℃，平均需27天。

市内≥0℃的年积温平均在4238.7℃～4503.7℃之间。市境东部山区庙后、大庄头、铁口、桃村等镇年积温大于4400℃；西部丘陵区的寺口、官道和南部的蛇窝泊等镇年积温在4200℃～4300℃之间。

市内气温<0℃的越冬期一般始于12月3日，结束于次年3月5日，历时91天，最长达127天，最短为72天。历年平均结冰期初日为11月7日，终日为4月4日，最早为10月29日，最迟为4月17日。平均年结冰日数为149天，结冰最多日数为161天。

降 水 累年年平均降水量为711.1毫米，从地域分布上来看，东部多于西部。降水量年际变率大，最多年份是1964年为1392.2毫米，

最少年份是1999年为378.7毫米。1986—2000年，年平均降水量只有582.3毫米，比累年平均降水量少128.8毫米，年平均相对变率为20%，正变率年份占43%，最大值为96%，负变率年份占57%，最大值为47%。春季降水量相对变率大于年降水量相对变率，因而易发生春旱。这15年间只有2年年降水量为正距平，发生持续性干旱。

1985—2002年栖霞市降水情况统计表

表1-3　　单位：毫米

| 年　份 | 降水量 | 年　份 | 降水量 |
|---|---|---|---|
| 1985 | 898.9 | 1994 | 810.6 |
| 1986 | 453.7 | 1995 | 611.5 |
| 1987 | 621.0 | 1996 | 687.1 |
| 1988 | 536.6 | 1997 | 582.3 |
| 1989 | 388.7 | 1998 | 568.7 |
| 1990 | 833.8 | 1999 | 378.7 |
| 1991 | 616.8 | 2000 | 531.7 |
| 1992 | 597.1 | 2001 | 791.9 |
| 1993 | 516.6 | 2002 | 428.5 |

1985—2002年栖霞市气温情况统计表

表1-4　　单位：摄氏度

| 年份 | 年均气温 | 最高气温 | 最低气温 |
|---|---|---|---|
| 1985 | 10.8 | 33.5 | -16.1 |
| 1986 | 11.2 | 35.0 | -12.6 |
| 1987 | 11.4 | 35.3 | -13.4 |
| 1988 | 11.7 | 37.6 | -13.5 |
| 1989 | 12.1 | 35.0 | -9.9 |
| 1990 | 12.0 | 33.4 | -16.1 |
| 1991 | 11.7 | 35.0 | -13.2 |
| 1992 | 11.7 | 36.3 | -8.7 |
| 1993 | 11.3 | 31.4 | -12.5 |
| 1994 | 12.8 | 35.1 | -10.7 |

续表1-4

| 年份 | 年均气温 | 最高气温 | 最低气温 |
| --- | --- | --- | --- |
| 1995 | 12.0 | 32.7 | -9.3 |
| 1996 | 11.5 | 33.0 | -10.9 |
| 1997 | 12.2 | 36.6 | -11.6 |
| 1998 | 12.6 | 33.0 | -11.8 |
| 1999 | 12.7 | 35.7 | -11.5 |
| 2000 | 12.3 | 35.8 | -11.7 |
| 2001 | 12.2 | 35.3 | -16.1 |
| 2002 | 12.6 | 36.1 | -11.1 |

季节分配 境内由于受海、陆季风的交替影响，形成夏半年湿润多雨及冬半年干燥少雨的降水特征。冬季降水量仅占年降水量的4.3%，春季降水量占12.9%，夏季降水量占64.1%，秋季降水量占18.7%。春季雨少而蒸发量大，自然降水多数年份不能满足生产需要，故有“十年九春旱”之说。夏季多雨，多数年份能满足夏秋作物的需水量，但由于降雨时段分布不匀，经常发生伏旱。

汛期态势 汛期平均开始于7月5日，最早为6月11日，最迟为8月6日，相差56天；结束期平均终于8月28日，最早8月2日，最迟9月12日，相差42天。汛期持续日数平均为54天，最少21天，最多88天，相差67天。汛期多年平均降水量约占年平均降水量的60%，平均暴雨次数2.5次。

降 雪 栖霞市境冬季降雪明显少于半岛北部和东部。降雪量一般不大，12月至次年2月，降雪量累年平均为27.9～48毫米，市境北部和东部为40～48毫米，南部和西部为25～31毫米。降雪初日平均在11月上旬，最早在9月下旬；终雪日平均在次年3月下旬，最迟4月下旬。多年平均降雪日数18.5天，最多53天，最少8天。积雪初日平均在11月下旬，最早为10月底；积雪终日平均在3月上旬，最迟在4月上旬。多年平均积雪日数为34天，最多年份63天，最少年份13天。一般积雪深度在5厘米以下，最大积雪深度为27厘米。

栖霞市累年平均各月、季降水情况统计表

表1-5　　单位：毫米

| 项目＼季节 | 春季 | | | 夏季 | | | 秋季 | | | 冬季 | | |
| --- | --- | --- | --- | --- | --- | --- | --- | --- | --- | --- | --- | --- |
| | 3 | 4 | 5 | 6 | 7 | 8 | 9 | 10 | 11 | 12 | 1 | 2 |
| 平均降水量 | 16.8 | 31.4 | 43.4 | 75.0 | 207.8 | 173.3 | 69.8 | 37.4 | 25.8 | 13.4 | 8.0 | 9.0 |
| 最多降水量 | 67.8 | 129.0 | 106.3 | 183.2 | 448.5 | 383.4 | 206.1 | 138.6 | 98.6 | 36.1 | 40.8 | 40.5 |
| 最少降水量 | 0.5 | 2.2 | 6.6 | 5.8 | 73.1 | 23.4 | 1.6 | 3.5 | 0.0 | 0.4 | 0.0 | 0.0 |
| 占年降水量 | 2.4 | 4.4 | 6.1 | 10.5 | 29.2 | 24.4 | 9.8 | 5.3 | 3.6 | 1.9 | 1.1 | 1.3 |
| 季平均降水量 | 91.6 | | | 456.1 | | | 133.0 | | | 30.4 | | |
| 占年降水量 | 12.9 | | | 64.1 | | | 18.7 | | | 4.3 | | |

光照与云量 栖霞市累年平均年日照时数为2659.9小时，最多达3006.5小时，最少仅为2235.6小时。年平均日照率为61%。光照年分布状况是，11—12月份，日照时数最少，分别为180.3和175.4小时；5—6月，日照时数最多，分别为279.7和256.9小时。太阳辐射总量为123千卡/平方厘米，日平均气温≥10℃持续期的太阳辐射量为78.5千卡/平方厘米，占年太阳辐射总量的63.8%。最弱光照强度为3.04万勒克斯，最强光照强度为8.8万勒克斯。光照强度一般由谷雨的7.7万勒克斯，至夏逐渐增强到8.8万勒克斯，随后至霜降又逐渐降至5.6万勒克斯。一年之中，5—6月，光照特别充足；冬至光照强度最弱，仅为3.2万勒克斯。3—4月，白昼日照时数为7.7～11.2小时，6月份，平均每日日照8～10小时，7—8月，每日日照7～8小时。

栖霞市年平均总云量为6.5成，平均低云量为2.2成。总云量以夏季的7月份最多，为7.8成；8月份至次年1月份最少，为4.5～4.9成。低云量以夏季的7月份最多，为4.4成；2—5月及10月最少，为1.4～1.7成。

栖霞市累年平均各月日照情况统计表

表1-6

| 项目＼月份 | 1 | 2 | 3 | 4 | 5 | 6 | 7 | 8 | 9 | 10 | 11 | 12 |
|---|---|---|---|---|---|---|---|---|---|---|---|---|
| 日照时数（小时） | 186.4 | 192.4 | 234.2 | 247.9 | 279.7 | 256.9 | 218.1 | 229.1 | 234.6 | 225.0 | 180.3 | 175.4 |
| 日照百分比（%） | 60 | 63 | 64 | 61 | 65 | 60 | 49 | 54 | 63 | 64 | 60 | 60 |
| 月辐射总量(千卡/平方厘米) | 6.1 | 7.8 | 11.3 | 12.7 | 15.3 | 14.4 | 11.6 | 11.8 | 11.1 | 8.9 | 6.3 | 5.7 |
| 月生理辐射总量(千卡/平方厘米) | 3.0 | 3.8 | 5.5 | 6.2 | 7.5 | 7.1 | 5.7 | 5.8 | 5.4 | 4.4 | 3.1 | 2.8 |
| 日平均辐射量(千卡/平方厘米) | 196 | 279 | 364 | 425 | 494 | 481 | 374 | 378 | 371 | 277 | 209 | 176 |

栖霞市累年平均各月云量、气压、风速情况统计表

表1-7

| 项目＼月份 | 1 | 2 | 3 | 4 | 5 | 6 | 7 | 8 | 9 | 10 | 11 | 12 |
|---|---|---|---|---|---|---|---|---|---|---|---|---|
| 总云量（成） | 4.5 | 4.6 | 5.1 | 5.7 | 5.7 | 6.5 | 7.8 | 6.7 | 5.4 | 4.5 | 4.9 | 4.5 |
| 低云量（成） | 2.0 | 1.7 | 1.4 | 1.7 | 1.5 | 2.6 | 4.4 | 3.7 | 1.8 | 1.7 | 2.3 | 2.2 |
| 气压（百帕） | 1005.6 | 1004.5 | 1000.6 | 995.4 | 991.2 | 987.0 | 985.3 | 988.2 | 994.8 | 1000.7 | 1004.1 | 1005.7 |
| 平均风速(米/秒) | 3.6 | 3.9 | 4.2 | 4.7 | 4.2 | 3.7 | 3.3 | 2.9 | 2.8 | 3.1 | 3.6 | 3.5 |
| 最大风速(米/秒) | 18 | 20 | 24 | 22 | 20 | 15 | 19 | 16 | 18 | 18 | 25 | 18 |
| 最多风向 | 北北东 | 北北东 | 南 | 南 | 南 | 南 | 南 | 南 | 北北东 | 北北东 | 南 | 南 |

风与气压 市境风力有明显的地域性差异。风力随海拔的增高而明显增大。年平均风速3.6米/秒，瞬时最大风速达31米/秒。春季大风最多，多偏南大风，夏季大风常伴有雷雨和冰雹，秋季大风常伴有强冷空气侵入，冬季偏北大风常伴有零星小雪天气。

风力年际变化比较稳定，季节变化比较大。春季风速最大，初秋风速较小。全年多偏南风，冬、秋两季多偏北风。

气压变化与天气变化关系极为密切，大范围气压水平分布变化状况决定着风向、风速分布和天气状况。累年平均气压为996.9百帕。气压年际变化不大，受冷暖空气团侵袭和市境气温变化的影响，气压季节变化较大。一年中以冬季气压最高，每月平均气压为1004.5～1005.7百帕；夏季气压最低，每月平均气压为985.3～988.2百帕。

霜 冻 城区多年平均无霜期为209天，最长252天，最短177天。市境东部山区为192～202天；西部丘陵区为207～212天；蛇窝、观里、官道镇等地域无霜期为172～182天。常年平均初霜期在10月26日，最早在10月12日，最晚在11月25日；常年平均终霜期在4月25日，最迟在5月1日，最早在2月18日。霜期平均161天。霜期提前或推迟，皆可导致霜冻。秋霜危害程度一般较小；春霜推迟，常导致小麦春苗及果树花严重损害。2002年4月25日清晨的霜冻，造成17.6亿元的经济损失。

地 温 多年平均地面温度为13.6℃。地面极端最高温度出现在6月和7月，多数年份最高值超过60℃，多年极端最高地面温度为70.9℃；地面极端最低温度出现在1月和2月份，多年极端最低地面温度为-29.0℃。

冻 土 土壤冻结期一般在12月上旬，解冻期一般在3月上旬。土壤年冻结期一般历时52天，最长90天，最短12天。冬季冻土深度一般在40～50厘米，1962年2月，最大冻土深度在75厘米。

湿润度 年平均相对湿度67%，其中4月份最小为55%，8月份最大为82%。从季节上来看，平均相对湿度最大的是夏季，最小的是春季。

蒸发量 多年平均年蒸发量为1894.8毫米。4—6月，蒸发量最大，3个月平均月蒸发量为270.8毫米，是同期平均降水量的5.4倍；12月份和1月份蒸发量最小，2个月平均月蒸发量为48.3毫米。降水量与蒸发量的比值计算湿润度，一年之中，3月份湿润度最小，7月湿润度最大。7—8月为湿润，6月和9月为半湿润，10—5月，为干燥或半干燥。

**物 候** 动物候 春分前，始见大雁自南北飞；霜降后大雁由北返南。清明节前始见家燕由南而来，寒露前南归。谷雨前后，闻青蛙鸣叫，白露后即止。立夏前后，布谷鸣啼。蛇于惊蛰前后出洞，立冬前后入洞冬眠。小暑前后蝉出，酷热时蝉鸣不止。立秋后秋娘虫夜鸣，预示天气转冷。

植物候 惊蛰后小麦返青，杨树、柳树发芽。春分后至清明节，桃花、杏花盛开。谷雨前后草木皆青。立夏前，棘子发芽，刺槐开花，预示花生适播期到来。芒种，小麦变黄进入成熟期，春作物播种结束。盛夏柳树生吐红白丝，为雨天预兆。大暑后，草木结实，树叶由青返绿。秋分前后，草木籽成熟，为小麦播种适宜期。寒露，野菊始花，大秋作物成熟。霜降前后，乔灌木叶落，杂草渐枯黄。立冬后，植物萧条。

1985—2002年栖霞市霜冻情况统计表

表1-8

| 项目<br>年份 | 有霜期<br>（天） | 无霜期<br>（天） | 霜期初日<br>（日/月） | 霜期终日<br>（日/月） |
|---|---|---|---|---|
| 1985 | 151 | 214 | 30/10 | 31/3 |
| 1986 | 142 | 223 | 2/11 | 23/3 |
| 1987 | 177 | 188 | 19/10 | 13/4 |
| 1988 | 155 | 211 | 5/11 | 7/4 |
| 1989 | 157 | 208 | 30/10 | 4/4 |
| 1990 | 130 | 235 | 9/11 | 18/3 |
| 1991 | 159 | 206 | 27/10 | 3/4 |
| 1992 | 157 | 209 | 22/10 | 26/3 |
| 1993 | 151 | 214 | 26/10 | 25/3 |
| 1994 | 122 | 243 | 25/11 | 26/3 |
| 1995 | 171 | 194 | 24/10 | 12/4 |
| 1996 | 153 | 213 | 2/11 | 2/4 |
| 1997 | 184 | 181 | 16/10 | 17/4 |
| 1998 | 173 | 192 | 12/10 | 2/4 |
| 1999 | 127 | 238 | 5/11 | 11/3 |
| 2000 | 135 | 231 | 3/11 | 16/3 |
| 2001 | 155 | 210 | 26/10 | 29/3 |
| 2002 | 127 | 238 | 2/11 | 8/3 |

## 第四节 土壤 植被

**土壤分类** 境内特定的自然环境和气候条件，形成以棕壤土类为主以及褐土、潮土等共3个土类，下分7个亚类，16个土属，148个土种。

棕壤土类 棕壤是显碱性土壤。按土体发育程度及潜水影响，市内分为棕壤性土（Aa）、典型棕壤（Ac）、白浆化棕壤（Af）、潮棕壤（Ae）4个亚类。可利用面积246.54万亩，占总可利用面积的88.6%。

棕壤性土（Aa），分酸性岩（$Aa_1$）、基性岩（$Aa_2$）、非石灰性砂页岩（$Aa_4$）、非石灰性砾岩（$Aa_7$）、坡积洪积物（$Aa_6$）5个土属，58个土种。土体厚度一般在15～30厘米。土质粗，蓄水能力低，土壤脊瘦，侵蚀严重，且含有大量的粗砂和砾石，属粗骨性土壤。土体发育不完整，无心土层，底部为基岩或半风化性母岩。土壤质地多为石碴土，部分为壤质土，而石皮土和马牙砂土的面积则较少。

典型棕壤（Ac），分洪积冲积（$Ac_3$）、残积（$Ac_7$）两个土属，共31个土种。土体较厚，质地较好，保蓄性能较强，自然肥力较高，俗称黄堰土。洪积冲积棕壤土体厚度多大于100厘米，在土体20～60厘米之间有大于30厘米的黏层，夹有砾石层的较少。残积棕壤土体较薄，一般为30～60厘米，多有夹黏层，基底上部有淀积黏化层。

白浆化棕壤（Af），境内只有侧渗型白浆化棕壤（$Af_2$）1个土属，且仅中层砂壤表侧渗型白浆化棕壤（$Af_2$ 3/7）1个土种。其母质为坡积物和洪积物。表耕层下有15～30厘米的灰白色白浆层，白浆层下有粘化层或石底。土壤养分含量低，蓄水性能差，雨季积水泡浆易涝。质地为砂壤至中壤。

潮棕壤（Ae），境内只有洪积冲积物（$Ae_3$）1个土属，10个土种。土壤土体发育完整，具明显淋溶淀积作用，潜水埋深2～5米，地下水参与其成土过程，土体中下部有铁锈斑纹，颜色浅灰，成土过程中有附加潮化作用。土体厚度一般在100厘米以上。棕壤质地好，多属轻壤，蓄水能力强。土壤生产性能好于其他棕壤亚类。

褐土土类　按土体厚度，发育程度及淋溶程度，县内褐土土类分为褐土性土（Ba）和褐土（Bd）两个亚类。可利用面积5060公顷，占总可利用面积2.7%。

褐土性土（Ba），分钙质岩类（$Ba_3$）、石灰性沙页岩（$Ba_4$）、石灰性砾岩（$Ba_7$）3个土属17个土种。土体厚度一般为20～30厘米。粗骨性土壤，母质为石灰性岩石风化的残积坡积物，土体发育多不完整，无心土层，含有较多的母岩碎石，粗骨薄层特征明显，土壤中黏粒比例高。表层质地、养分状况及蓄水保肥性能皆优于棕壤性土。

褐土亚类（Bd），分为洪积冲积（$Bd_3$）和残积（$Bd_9$）两个土属6个土种。土体厚度及表层质地皆优于褐土性土，养分含量较高。洪积冲积褐土由洪积冲积母质发育而成，土体深厚，其物理性状及养分状况均居褐土土类之首。残积褐土由石灰岩或大理岩风化物直接发育形成。土体薄，厚度小于60厘米，性能及养分状况较洪积冲积褐土差。

潮土土类　潮土是隐域性土壤，县内只有潮土（Cb）一个亚类，分为河潮土（$Cb_4$）、石灰性河潮土（$Cb_4$）两个土属25个土种。潜水埋深1～3米。虽土体深厚，但表土浅，质地粗，浅位和中位以下多有砾石层，土体结构不良，土壤质地松，保肥能力差，容重大。通气性能好，易耕作，养分转化快，积累少。其母质为河流冲积物。石灰性河潮土土壤，有明显的盐酸反应。全市潮土可利用面积16180公顷，占总可利用面积8.7%。

**栖霞市土壤分类面积情况统计表**

表1-9　　单位：公顷

| 土类 | 亚类 | 项目<br>土属 | 总面积 | % | 可利用面积 | % | 耕地面积 | % |
|---|---|---|---|---|---|---|---|---|
| 棕壤 | 棕壤性土 | $Aa_1$ | 112874.1 | 55.90 | 109445 | 59.00 | 36154.4 | 44.700 |
| | | $Aa_2$ | 5382.7 | 2.70 | 5285.2 | 2.80 | 1921.9 | 2.400 |
| | | $Aa_4$ | 59353.3 | 2.90 | 5771.9 | 3.10 | 2416.4 | 3.100 |
| | | $Aa_6$ | 2535.7 | 1.30 | 2430.3 | 1.30 | 898.7 | 1.100 |
| | | $Aa_7$ | 2514.5 | 1.20 | 2434.3 | 1.30 | 1281.4 | 1.600 |
| | | 小计 | 182660.3 | 64.00 | 125366.7 | 67.50 | 42672.9 | 52.900 |
| | 棕壤 | $Ac_3$ | 25622 | 11.50 | 20060.1 | 10.80 | 13100.5 | 16.200 |
| | | $Ac_3$ | 139722.6 | 6.90 | 13192.1 | 7.10 | 7511.4 | 9.300 |
| | | 小计 | 165344.6 | 18.40 | 33252.3 | 17.90 | 20612.0 | 25.500 |
| | 白浆化棕壤Af | | 96.4 | 0.05 | 96.4 | 0.05 | 30.0 | 0.003 |
| | 潮棕壤Ae | | 6775.1 | 3.40 | 5643.5 | 3.00 | 4307.2 | 5.300 |
| | 合计 | | 6871.5 | 85.90 | 5739.9 | 88.60 | 4337.2 | 83.700 |

续表1-9

| 土类 | 亚类 | 项目 土属 | 总面积 | % | 可利用面积 | % | 耕地面积 | % |
|---|---|---|---|---|---|---|---|---|
| 褐土 | 褐土性土 | $Ba_3$ | 27186.6 | 1.4 | 2676.5 | 1.40 | 863.8 | 1.10 |
| | | $Ba_4$ | 1210.7 | 0.6 | 1126.9 | 0.60 | 5911.9 | 0.70 |
| | | $Ba_7$ | 665.9 | 0.6 | 662.1 | 0.40 | 398.4 | 0.50 |
| | | 小计 | 29063.2 | 2.3 | 4465.5 | 2.40 | 1853.3 | 2.30 |
| | 褐土 | $Bd_3$ | 604.0 | 0.3 | 547.1 | 0.30 | 385.9 | 0.50 |
| | | $Bd_9$ | 45.8 | 0.02 | 45.7 | 0.02 | 32.6 | 0.03 |
| | | 小计 | 649.8 | 0.3 | 592.7 | 0.30 | 418.5 | 0.50 |
| | 合计 | | 29713.0 | 2.6 | 5058.2 | 2.70 | 6732.6 | 2.80 |
| 潮土 | 潮土 | $Cb_4$ | 22812.5 | 11.3 | 15846.4 | 8.50 | 10802.6 | 13.3 |
| | | $Cb_{4'}$ | 407.5 | 0.2 | 335.9 | 0.20 | 210.7 | 0.30 |
| | 合计 | | 23220.0 | 11.5 | 16180.0 | 8.70 | 11013.3 | 13.60 |
| 总计 | | | 52933.0 | 100.0 | 21240.6 | 100.00 | 17745.9 | 100.00 |

**土壤质量** *土壤物理状况* 质地，境内表层土壤质地，共分9种类型，即石皮土、石碴土、马牙砂土、壤质土、松砂土、紧砂土、砂壤土、轻壤土及中壤土。石皮土、石碴土和马牙砂土，粗砂和砾石含量多，保肥蓄水性差，养分含量低，适种性差，石碴土在市境山地丘陵的上部皆有分布，砾石平均含量38%～3%，物理性黏粒（<0.0l毫米）平均含量18.7%。石皮土主要分布于松山镇东、西鹿头、铺子夼及大北庄，亭口镇陡崖及臧家庄等的板岩、页岩山地丘陵的中上部，砾石平均含量35.4%，物理性黏粒平均含量25.6%。马牙砂土分布于臧家庄镇郭家岭和唐家泊镇车家泊子一带的岩石为花岗岩的丘陵上，砾石平均含量43.5%，物理性黏粒平均含量13.1%。

壤质土、松砂土、紧砂土和砂壤土，虽砂粒含量少，但亦属渗水漏肥型土壤，保肥蓄水性能低，养分含量低。壤质土广泛分布市境山地丘陵的中上部，砾石平均含量20.5%，物理性粘粒平均含量23%，砂粒平均含量77%。松砂土和紧砂土分布于臧家庄的白洋河，蛇窝泊的清水河，桃村的清阳河两岸，主要成份是砂质。砂壤土分布于境内丘陵中下部及部分河滩地，砂粒含量较大。

轻壤土和中壤土，为境内质地类型较好的土壤，含砂黏粒比例适宜，适耕期长，耕性良好，保肥蓄水性强，适种性广。轻壤土广泛分布于境内丘陵下部、山间平原及倾斜平地。中壤土零星分布于石灰岩区和河滩新改整的地块。

境内表层土壤质地差，多砾质的占67.1%，中砾质的占12.9%，少砾质的仅占0.6%，砾石土占19.4%。石皮土、石碴土及马牙砂土耕地面积占29.6%；壤质土、松砂土、紧砂土及砂壤土耕地面积占36.45%；轻壤土和中壤土耕地面积占33.9%。

容重及空隙度，境内表层土壤质地粗、结构差、土壤容重大，容重幅度为1.10～1.67克／立方厘米（即自然状态下，单位体积干土重）。容重幅度在1.10～1.35克／立方厘米的仅占36.8%，这部分土壤分布于境内山丘中下部及山间平泊和离河床较远的平泊地；容重幅度大于1～35克／立方厘米的占63.2%，多分布于境内山地丘陵的中上部和近河床的砂性平原地。

土壤总孔隙度为36.99%～61.51%，大于50%的占13.4%，小于50%的占86.6%；通气孔隙度为7%～28%，其中大于10%的占87.8%，小于10%的占12.2%。

土体构型，境内土体构型主要分极薄石

底、薄层石底、中层石底、浅位夹砾石、中位夹砾石、浅位夹砂、中位夹砂、浅位夹粘、中位夹粘、浅位夹壤、中位夹壤、均砂壤、均质中壤、均轻壤等14种土壤构型。其中中位夹粘和均壤质等土壤质地较好，保肥蓄水性强；极薄层、薄层石底，均砂质、浅位夹砾型等土壤质地较差，水肥易渗漏。

土体厚度，境内土壤土体厚度分极薄层、薄层、中层、厚层、深厚层等5种类型。极薄层土体厚度小于15厘米，耕地面积587公顷，占0.73%；薄层土体厚度为15～30厘米，耕地面积27313公顷，占33.77%；中层土体厚度为31～60厘米，耕地面积为24460公顷，占30.23%；厚层土体厚度为61～100厘米，耕地面积1280公顷，占1.6%；深厚层土体厚度大于100厘米，耕地面积27260公顷，占33.9%。全市土壤土体厚度小于60厘米的占总耕地面积的64.73%。

土壤化学状况　土壤反应，境内土壤成土母质主要是酸性岩的风化物，降水多且较集中，盐类淋洗程度高，土壤反应呈微酸性至微碱性，pH值为4.8～7.5。因地理地形状况各不相同，致水热条件和水文条件的差异，其土壤反应差异甚明显。山区棕壤pH值一般为4.8～6.7，山间平原河潮土pH值一般为5.0～7.5。境内各地域的土类状况及分布状况不同，其土壤反应亦有差别。

碳氮比、氮素矿化率，境内土壤碳氮比值为4.6～18.3，平均为9.53；氮素矿化率为5.35%～18%，平均为10%。但因有相当部分土壤质地粗、土质松、通气孔隙率高，土壤中有机质分解快，而致这部分土壤碳氮比值低于8，而氮素矿化率高于13%，影响土壤的养分积累，种植农作物易出现后期脱肥现象。

土壤养分　全量养分，境内土壤有机质含量为0.15%～3.42%。有机质含量大于2%，占总可利用土地面积的2.9%，占总耕地面积的0.6%。有机质含量在1%～2%的，占总可利用面积的18.3%，占总耕地面积的12.2%。有机质含量在0.6%～1%的，占总可利用面积的43%，占总耕地面积的48.9%。有机质含量在0.3%～0.6%的极缺范围，占总可利用面积的33.5%，占总耕地面积的36%。有机质含量小于0%～3%的极缺范围，占总可利用面积的2.3%，占总耕地面积的2.3%。在全市总耕地面积中，有机质在缺和极缺范围的，占总耕地面积的87.1%。

境内地表层全氮含量大于0.1%的，占总可利用面积的1.5%，占总耕地面积的0.6%。全氮含量在0.03%～0.05%低缺范围，占总可利用面积的74.7%，占总耕地面积的80.2%。全氮含量在0.03%以下的极缺范围的，占总可利用面积的18.3%，占总耕地面积的16.7%。在全市耕地面积中，全氮含量在缺和极缺范围内的，占总耕地面积的96.9%。

境内耕地表层有机质含量变幅在0.15%～2.73之间，平均为0.69%，非耕地有机质平均为1.15%。耕地表层全氮含量变幅为0.01%～0.14%之间，平均为0.04%。耕地表层全磷含量变幅为0.01%～0.17%之间，平均为0.08%。

速效养分，境内表层土壤速效养分不协调，普遍缺氮，严重缺磷，大面积缺钾。耕地表层土壤速效养分平均数为：碱解氮45PPM，速效磷9.05PPM，速效钾48PPM，三项之比为2.17:1:2.8。

境内耕地碱解氮含量变幅在12PPM～139PPM之间。含量在90PPM以上的，占总可利用面积的4.6%，占总耕地面积的3.6%。含量在60PPM～90PPM的，占总可利用面积的14.8%，占总耕地面积的13.6%。含量在45PPM～60PPM的低缺范围的，占总可利用面积的21.1%，占总耕地面积的21.1%。含量在30PPM～45PPM的低缺范围的，占总可利用面积的38.8%，占总耕地面积的41.7%。含量小于30PPM的极缺范围的，占总可利用面积的20.1%，占总耕地面积的20%。栖霞市土壤碱解氮含量在低缺和极缺范围的，占总耕地面积的82.8%。

耕地速效磷含量变幅在0.8PPM～39.7PPM之间。含量在20PPM以上的，占总可利用面积的6.6%，占总耕地面积的8.3%。含量在10PPM～20PPM的，占总可利用面积的16.5%，占总耕地面积20.7%。含量在3PPM～10PPM的低缺范围的，占总可利用面积的45.8%，占总耕地面积的55%。含量小于3PPM的极缺范围的，占总可利用面积的31.1%，占总耕地面积的16%。

耕地速效钾含量变幅在13PPM～143PPM之间。含量在100PPM以上的，占总可以利用面积的3.7%，占总耕地面积的3.1%。含量在70PPM～100PPM的，占总可以利用面积的13.2%，占总耕地面积的12.8%。含量在30PPM～70PPM的低缺范围的占总可以利用面积的65.1%，占总耕地面积的65.1%。含量小于30PPM的极缺范围的，占总可以利用面积的18%，占总耕地面积的19%。栖霞市84.1%的耕地速效钾在低缺和极缺范围。

综合养分，境内土壤综合养分缺氮耕地占总耕地面积的82.8%，缺钾耕地占总耕地面积的84.1%，缺磷耕地占总耕地面积的71%。

### 栖霞市境内土壤综合养分分级情况统计表

表1-10　　单位：公顷

| 土壤分级 | 综合养分状况 | 可利用面积 | | 耕地面积 | |
|---|---|---|---|---|---|
| Ⅰ | 氮、磷、钾协调 | 10272 | 5.5% | 6684 | 8.3% |
| Ⅱ | 氮不协调 | 22196 | 12% | 12301 | 15.2% |
| Ⅲ | 磷不协调 | 18264 | 9.8% | 3999 | 4.9% |
| Ⅳ | 钾不协调 | 9249 | 5% | 5442 | 6.7% |
| Ⅴ | 氮、磷对钾不协调 | 16033 | 8.6% | 5827 | 7.2% |
| Ⅵ | 氮、钾对磷不协调 | 46748 | 25.2% | 24708 | 30.6% |
| Ⅶ | 磷、钾对氮不协调 | 9808 | 5.3% | 1670 | 2.1% |
| Ⅷ | 氮、磷、钾均低 | 53030 | 28.6% | 20264 | 25% |
| 合计 | - | 185500 | 100 | 80895 | 100 |

### 栖霞市境内各类型土壤微量元素含量情况统计表

表1-11

| 含量　元素<br>土壤类型 | 硼<br>(PPM) | 锰<br>(PPM) | 铁<br>(PPM) | 铜<br>(PPM) | 锌<br>(PPM) |
|---|---|---|---|---|---|
| 棕壤性土(Aa) | 0.262 | 114.3 | 19.495 | 0.650 | 0.493 |
| 棕壤(Ac) | 0.330 | 156.6 | 22.945 | 1.001 | 0.663 |
| 潮棕壤(Ae) | 0.323 | 183.836 | 17.432 | 1.216 | 1.033 |
| 河潮土(Cb4) | 0.372 | 145.595 | 21.810 | 0.928 | 0.533 |
| 褐土(Bd) | 0.328 | 163.076 | 11.438 | 0.686 | 0.446 |

**土壤分布** 境内土壤分布地域性特征突出。土壤随地形地貌变化，呈现出有规律的分布。垂直分布较简单，高处为棕壤性土，中下部为典型棕壤，最低处为潮棕壤和河潮土。水平分布较复杂，各土壤类型相间交错，分布零碎。

棕壤分布 境内棕壤面积最大，在各镇（街道）皆有广泛分布。

棕壤性土(Aa)，分布于山地丘陵的中上部的石质山岭、荒坡岭、岭坡梯田、岭地等地貌单元上，酸性岩类棕壤性土广泛分布于山地丘陵的中上部。基性岩类棕壤性土主要分布在方山、蚕山、唐山等的顶部，其他山岭零星分布。非石灰性砂页岩棕壤性土主要分布在松山豹山口西北嶂、东鹿头、西鹿头、大北庄、东北庄、铺子夼；翠屏街道葛家沟东北嶂；亭口镇解家口、东宋格庄、陡崖；蛇窝泊镇唐山至牟家河西；杨础镇沙峨；桃村镇荆子埠、铁口、肖格庄东部等地带。坡积洪积物棕壤性土主要分布在亭口镇东北部及庙后西北部山地。非石灰性砾岩棕壤性土，主要分布在松山下紫现头至汉桥；臧家庄镇丰粟至吴家、策里于家、策里贾家、策里高家、东山庄、西山庄及瓮留张家等地带。

典型棕壤(Ac)，主要分布于山丘中下部的岭坡梯田、岭地、沟谷梯田、沿河阶地及倾斜平地上缘。洪积冲积棕壤主要分布于臧家庄镇、亭口镇、官道镇、观里镇、松山街道、杨础镇、苏家店镇、桃村镇等地带。残积棕壤主要分布于官道、杨础、观里、苏家店、西城、臧家庄等乡镇岭地中下部。

潮棕壤(Ae)，主要分布于倾斜平地、微斜平地、山间泊地等地貌单元上。以臧家庄镇、官道镇、观里镇、桃村镇、蛇窝泊镇等面积较大，其他镇零星分布。

白浆化棕壤(Af)，此土壤类型只有侧渗型白浆化棕壤，仅在西城镇蓬夼窑西北有少量分布。

褐土分布 境内褐土面积小，分布亦较零碎。

褐土性土(Ba)，主要分布在一些石灰岩、钙质岩、石灰性砂页岩及石灰性砾岩的山地丘陵上。其中钙质岩类褐土性土分布在臧家庄镇香夼、峨山；经济开发区马院山及后高格庄东部山丘；亭口镇荆家岙、上土屋、下土屋等山丘上；庙后李博士夼、杨家夼一带山地；桃村镇徐家北；松山镇兴利村西部、裕富庄东部山地；桃村镇上桃村北、接官亭等的山丘。石灰性砂页岩褐土性土分布在蛇窝泊镇柳口至南砦，南榆疃至博地一带；桃村镇肖格庄一带；松山镇前铺至东鹿头、西鹿头西北嶂及南庄东；桃村镇大庄至迎旭埠一带；亭口镇解家口东嶂；杨础王家黄口西南嶂等的山丘岭地。石灰性砾岩褐土性土分布在松山镇下紫现头北坡、曲林庄东南嶂；桃村镇前埠等处山地。

褐土亚类(Bd)，主要分布在沟谷和岭地上，其中洪冲积褐土主要分布于庙后镇百间观南、栾家庄一带；桃村镇迎旭埠北；亭口镇上、下土屋；桃村镇桃村东北、前埠西及松山镇前铺至后铺一带。残积褐土分布于松山街道上紫现头西。

潮土分布 潮土在境内面积仅次于棕壤。主要分布在境内六大河系及其支流的两岸。其中河潮土(Cb4)土属中的砾石心砂壤表河潮土，分布于境内六大河系上游及支流上中游两岸；沙壤表砾石腰河潮土，分布于境内六大河系中游及支流下游；均砂壤河潮土，分布于县境六大河系下游河道宽阔、汛期河水流速较缓地带的河滩地；均壤质河潮土分布于观里、官道、蛇窝泊、臧家庄、桃村、松山等镇（街道）距六大河道较远的微斜平地下缘及两河交汇处。石灰性河潮土土属多分布于杨础、蛇窝泊、桃村等镇的石灰性沙页岩、钙质岩区的河流两岸。

**植 被** 栖霞市地域土壤瘠薄，不同的土壤类型分布着不同的植物群落。

全市野生植被，山丘中上部一般是针叶

乔木赤松；石灰岩、钙质岩区，多为侧柏。草本植物主要有羊胡草、石竹、野枯草、黄背草等；灌木有酸枣棘、苑条、荆条、栎等。棕壤性土及褐土性土的地域，山丘中部一般为针叶、阔叶混生乔木，主要有栎类、刺槐、赤松；石灰岩、钙质岩区则有侧柏分布。灌木有柞、酸枣棘、苑条、荆条等；草本植物主要是黄背草、狗尾草、百里香、野枯草等。中层棕壤性土形成地带，山丘中下部多为阔叶乔木，主要有杨、刺槐、臭椿、梧桐、榆等；钙质岩区则有楸树分布。灌木主要有紫穗槐、柞等；草本植物有黄背草、狗尾草、白茅草、菅草、苦菜、山蒜、车前、刺儿菜、马唐及蒿草等。普通棕壤形成地带，山涧泊地、倾斜平地主要为阔叶乔木，有刺槐、杨、榆、柳等；灌木有紫穗槐、腊条、桑、绵柳等；草本植物有马唐、白茅草、三棱草、马齿苋、荠菜、灰草及蓼科蒿草等。典型棕壤及潮棕壤的形成地带，河滩地的阔叶乔木主要有杨、柳、刺槐等；灌木有紫穗槐、腊条、桑、绵柳等；草本植物有芦苇、白茅草、蒲草、三棱草、节骨草、马唐、藜及蓼科蒿草等。

在草木植被中，人工栽培植物占有一定比例。粮食作物中，主要有小麦、玉米、地瓜、大豆、谷子、高粱、黍子等；经济作物中，主要有花生、蔬菜、药材等。整个农作物覆盖率占总覆盖率的40%。人工栽种林木和果树，主要有油松、刺槐、侧柏、杨、柳、榆、椿、楸、桑、柞、法桐、苹果、梨、桃、李、杏、柿、栗、枣、樱桃等。其覆盖率占总覆盖率的32%。境内天然林木多，人工林木少；针叶林木多，阔叶林木少。历史上，山丘林木繁茂，滩、坡、山间平原蒿草旺盛。抗日战争前自然植被覆盖率达35%。战争年代山区林木遭破坏，致使部分山岭荒秃。中华人民共和国成立后，封山造林，绿化荒丘，使林木覆盖率得到恢复。20世纪60年代末及70年代初期，林木自然植被覆盖率下降到17%。1978年，落实林业政策，采取以封为主，封、造、管结合的林业生产措施，林木自然植被覆盖率恢复到25.48%。到2002年末，林木覆盖率达到44.8%。

## 第五节 自然资源

**土地资源** 2002年末，栖霞市土地总面积为201602.47公顷，人均4.65亩。但瘠薄土地占全市土地总面积的45.67%。受降雨影响，土地不仅不耐旱而且雨多成涝，水土流失严重，部分土地利用不甚合理。

在可利用土地中已利用171368.9公顷，占全市土地总面积的85%，尚未利用土地面积16212.55公顷，占0.8%。

在土地总面积中，耕地80907.1公顷，占全市土地总面积的27.3%；林地45364.67公顷，占全市土地总面积的22.5%；果园用地45841.21公顷，占全市土地总面积的22.7%；水域8967.8公顷，占0.4%；交通用地4976.1公顷，占0.3%；居住点、工矿用地11260.6公顷，占0.56%。

**水资源** 水资源总量 境内受自然地理条件限制，水资源贫乏，几乎全部为降水和入渗补给。多年平均径流深为236.4毫米，累年平均降水量711.1毫米，河川径流总量为4.8亿立方米。水资源总量为5.26亿立方米。年开采地表水、地下水1.89亿立方米。

地表水资源 全部由降水形成地表径流。因受季风气候的影响．降水量与径流量年内分配不均，年际变化大。多年平均年降水总量14.95亿立方米，最大年径流量是最小年径流量的7.2倍。盛水期洪水泛滥成灾，枯水期河涸流断。地表水资源总可利用量为1.97亿立方米，已利用1.22亿立方米，占总可利用量的61.72%。

地下水资源 地下水资源主要靠大气降水入渗补给。平原地带地下水位埋深一般在2～4米；山区丘陵地带地下水位埋深一般在5～20

米以上。地下水按成因和富水状况，分第四系孔隙潜水与基岩地区裂隙潜水—承压水两大类。地下水资源总可利用量为1.19亿立方米，已开采利用0.67亿立方米，占总可利用量的56.02%。

境内地下水富水区主要分布在官道镇东部、观里镇、杨础镇的南部、蛇窝泊镇中部、桃村镇东部、西南以及臧家庄镇、经济开发区中部等沿河平原地域，为砂层含水层孔隙水。地下水位埋深平均在1.5米左右，总面积为302.7平方公里，占市域总面积的15%。山区属地下水贫水区，为裂隙水、脉岩水。地下水位埋藏深，开采利用量少，总面积为1741.8平方公里，占市域总面积的85%。

**矿藏资源** *大理石* 为境内重要矿藏资源，主要分布在桃村镇、庙后镇等。经探测总储藏量约在4000万立方米以上，为全国第三位，居山东省第一位，其中桃村大庄头一带储藏量达2000万立方米左右。主要有海浪玉、秋景玉、黑条玉、彩条玉、翡翠玉、雪花白、墨花玉、翠绿等10余个优质品种。大理石质地坚硬，珠明玉润，色泽清新。

*石灰石* 境内石灰石资源在山东半岛处于优势地位。主要分布于臧家庄、亭口、松山、桃村、庙后等镇（街道），储量丰富，出露面广，质地优良。总储藏量在6亿吨以上，其中臧家庄镇德林庄储藏量即达3.05亿吨左右。品位属一级品，氧化钙含量一般在48%以上，氧化镁含量一般在1.2%左右。境内开采石灰石烧制石灰有着悠久的历史，尤以臧家庄镇德林庄的石灰最为有名，灰膏率高，灰质纯白，凝聚力强。

*花岗石* 广泛分布于牙山和艾山两大山系及其余脉，总储藏量约80亿立方米。其中唐家泊镇境内的花岗石储量占全市总储量的80%左右。市内花岗石大面积裸露于地表，易于开采，花纹优美，可塑性强，便于加工。为上等建筑材料。

*金矿石* 主要分布于亭口、松山、苏家店、翠屏街道、桃村镇、唐家泊镇北部等地域，矿脉长达50余公里。经探测黄金总储藏量为25万两。大部分矿石含金品位高，颇有开采价值。为山东省黄金储量和黄金生产的重点地区之一。

*滑 石* 大量分布在庙后镇李博士夼至上林家的山谷地带。品质优良，化学成分稳定，含二氧化硅62.06%，氧化镁37.71%。一级滑石的白度达95%以上。矿脉东西长10公里，南北宽30米，深达500米，总储藏量约2000万吨以上。产品分特级和一、二、三级等共4种类型。优质滑石块经雕刻打腊磨光，类似莱州玉石。

*铅、锌矿* 在臧家庄镇南3公里处的香夼村。铅锌矿区东起大栾家，西至蒙家，北至白洋河南岸，南至亭口镇枣林村，总面积35平方公里。矿体上部属于铅锌矿体，下部属硫铜矿体，深部属铜钼矿化体，主要含铅、锌、铜、硫、银、镉等多种矿元素。铅锌属中型矿床，银硫铜属大型矿床。1981年，勘探提交储藏量为：铅锌金属量16.6万吨，铜金属量15.5万吨，银金属量622.3吨，硫矿量2326万吨。至2002年末，各种金属资源告罄，香夼铅锌矿已停止开采。

*磷矿石* 主要分布于观里镇崖后村东部、南部及西城镇马家村附近。观里磷矿矿脉南北长1000余米，东西宽400米，矿体厚度420米以上。经勘探总储藏量为2.76亿吨，其中C级表内矿石1271.75万吨，D级表内矿石2.38亿吨，D级表外矿石2521.86万吨，折合标准磷矿石3103.53万吨。全矿区五氧化二磷平均含量为3.35%（其中C级表内矿石品位3.34%；D级表内矿石品位3.45%，D级表外矿石品位2.32%）。矿石工业类型属磷灰石—硅酸盐矿物型的低品位含磷矿石。

*铜矿石* 分布于牙山山脉。矿体以含

铜石英脉型为主，呈扁豆状，精矿品位在13.91%～17.56%。经勘探总储藏量为832吨，其中C级储量262吨，D级储量570吨。

*铁矿石* 多分布于苏家店、唐家泊、亭口、庙后、翠屏、松山、桃村、蛇窝泊等镇（街道）的部分地域，矿石品位含铁在20%～40%左右。矿体小且分布零散。最大矿点是苏家店徐家铁矿，矿体长2000余米，宽1000余米，总厚度7.8米。

*其他矿藏* 境内分布一些小型矿藏。如氟石、石英石、钾长石、石棉、石墨、云母、蛭石、钼、土粉、水晶等。氟石主要分布于臧家庄镇郭家店村北半部，脉长2000余米，宽14～15米，品位在40%～90%之间。石棉分布于庙后镇的山谷间。钼矿分布于桃村镇尚家庄。土粉分布于亭口镇上土屋及下土屋等村的南山上。石英石遍布境内的山岭之中。

此外，境内分布有丰富的河砂及黄堰土等建筑用料资源。河砂主要分布于六大河系及其支流，砂质纯净，颗粒均匀，尤以白洋河、清水河、清阳河等流域的麻岩砂最佳。黄堰土广泛分布于市境各处，是烧制砖瓦的佳料，出窑砖瓦质轻，不脆裂，吸水少。

**生物资源** *植物资源* 境内分野生木本植物和野生草本植物两类。野生木本植物有65科289种。其中乔木197种，灌木48种，花木21种，藤木20种，特有植物15种。以境内中部及西北部的山区分布种类最多，数量亦较大。主要用材乔木有赤松、刺槐、白榆、毛白杨、楸树、泡桐、楸叶桐、加杨、杂交杨、旱柳、垂柳、臭椿、枫杨、黑松、麻栎等。主要经济树种有苹果和梨、桃、杏、李子、葡萄、山楂、板栗、核桃、柿子、大枣、樱桃、桑、花椒、海棠、石榴、君迁子（软枣）等。主要灌木有棉槐、白腊、胡枝子、黄荆、杞柳、绣线菊、杜鹃、多花蔷薇、郁李、栎类、酸枣棘等。古老稀珍树木有银杏、赤松、园柏、桧柏、国槐、楸树、枳椇、刺楸、杜梨等。由外地引进的主要树种有：落叶松、兰考泡桐、刺松、白榆、水杉、杂交杨、赤杨、华山松、法桐、樟子松、火炬松、铅笔柏、园柏、龙柏、雪松、杜仲等。

野生草本植物中，有农田杂草92种。其优势草种主要有马唐、蟋蟀草、画眉草、马齿苋、莎草、铁苋菜、皱果苋等为主；平原地以马齿苋、马唐、蟋蟀草、刺儿菜、皱果苋、莎草、荠菜、铁苋菜等为主；麦田杂草以娘蒿、荠菜、泥采菜等为主。野生饲草资源亦较丰富，经普查共有367种，以禾本科的黄背草、野古草、马唐、狗尾草等为主。其中尤以马唐、狗尾草等为营养成分较高的饲草。

*动物资源* 栖霞市动物分类，野生无脊椎动物11种，野生无脊椎节肢动物752种，无脊椎节肢动物中昆虫纲已鉴定出744种，其中害虫561种、害虫天敌179种、资源昆虫4种；有脊椎动物230种，两栖动物8种，爬行动物9种，鸟类200余种，哺育动物13种。其他动物有草兔、刺猬、狗獾、猪猁、狐狸、黄鼬、蝙蝠、田鼠、乌龟、壁虎、蛇类、蟾蜍、青蛙等。鸟类有猫头鹰、大山雀、野鸡、黄鹂、黄雀、杜鹃、喜鹊、乌鸦、麻雀、燕子、布谷鸟、啄木鸟、野鸽、斑鸠、鹌鹑、百灵、叨鱼郎、山鹰、红尾伯劳、水鸭、鹭、鸱鸮等。昆虫类有蜜蜂、螳螂、蝉、蟋蟀、蚱蜢、蝈蝈、蟑螂、蝴蝶、蜻蜓、蚯蚓、蜘蛛、蛴螬、河虾、河蟹、水蚤、蚰蜴、蝎子、虻虫、蛐蜒、麦蚜、玉米螟、棉铃虫、花生蚜、黏虫、地老虎、松干蚧、天牛、赤眼蜂、瓢虫、牙茧蜂、草蛉、螟虫、长距蜂、蚱蝉、蚊、蝇、蛾、桑蚕、柞蚕、土元等。鱼类有草鱼、鲫鱼、鳗鱼等。

**药材资源** 境内药材资源较丰富，多分布于牙山、艾山、唐山、方山等山脉。经普查栖霞出产的中草药共约230种。

*根茎类* 黄芩、丹参、桔梗、防风、柴胡、远志、地丁、前胡、紫参、苦参、地榆、

苍术、葛根、穿山龙、元参、天花粉、天门冬、草乌、紫草、威灵仙、何首乌、藜芦、天南星、芦根、茅根、山药、薤白、芍药、野百合、小蘗、黄芪、党参、升麻、泽泻、土大黄、漏芦、生姜、葱根、大蒜、魔芋、徐长卿、白头翁、紫莞、山豆根、射干、茜草、黄首乌、玉竹、狼毒、平贝母、七叶一枝花、毛知母等52种。

叶及全草类　翻白草、茵陈、益母草、艾叶、桑叶、苏叶、紫苏梗、败酱草、酢酱草、蒲公英、青蒿、荠菜、车前草、马齿苋、百部、金钱草、蜈蚣草、萱草、小蓟、稀签草、鸭跖草、鬼针草、夜交藤、水杨梅、篇蓄、瞿麦、野薄荷、浮萍、侧伯叶、伸筋草、仙鹤草、透骨草、猫眼草、刘寄奴、水芹菜、猪毛菜、火绒草、细辛、香薷、藿香、荆芥、木贼、柽柳、葛藤、葛叶、迎山红、夏枯草、龙胆草、白薇、山扁豆、石韦、龙葵、问荆、蓓草、老鹳草、水辣蓼、爬山虎藤、寄生、香附、大蓟、血见愁草、马兰草、瓦松、地锦草、土三七、旱莲草、牛蹄叶、穿叶蓼、蓖麻叶、鼠曲草、山梗菜、三棱草等72种。

果实类　桃仁、杏仁、莱服子、瓜蒌、苍耳子、牛蒡子、车前子、桑椹子、马兜铃、麦芽、谷芽、小茴子、韭子、牵牛子、赤小豆、酸枣仁、薏米、绿豆、急性子、葱子、浮小麦、荞麦、丝瓜络、枸杞子、苏子、白芥子、菟丝子、山楂肉、王不留、刺槐子、白扁豆、核桃仁、栗子、柏子、白蒺藜、大枣、小花椒、芝麻、松子、酸浆子、冬葵子、地肤子、葶苈子、郁李仁、蓖麻子、火麻仁、山刺梅、萝摩子、水红子、蛇床子、野豌豆等51种。

花类　野菊花、金银花、鸡冠花、黄花、葛花、洋金花、石花、月季花、牡丹花、旋复花、玉簪花、芫花、凤仙花、蒲黄、葵花、款冬花等16种。

皮及木类　桑白皮、桑枝、柞树皮、榆皮、柿蒂、西瓜皮、狗奶根皮、箭羽等8种。

其他药类　全蝎、土元、蝉蜕、蛇蜕、鳖、蝼蛄、水蛭、鸡内金、蟾蜍、乌蛇、獾油、刺猬皮、桑螵蛸、蜂房、灵芝、蜂蜜、蜂蜡、蜂王浆、猪苓、茯苓、木耳、松蘑菇、夜明砂、狗胃、羊肝、驴肾、泥鳅、地龙、僵蚕、斑矛、人中白、马勃、瞎眼蠓、蜗牛、滑石等35种。

# 第三章　自然灾害

## 第一节　旱　灾

旱灾是栖霞境内发生频率较高、涉及面较广的自然灾害之一。东部的桃村镇、西南部的观里镇等地，是境内易发生干旱的地域，干旱年份频率分别达到40%～41%以上。南部的蛇窝泊镇和北部的臧家庄镇也是干旱多发地域。

旱灾多为春旱，频率达58%，平均10年6遇，重旱率25%，平均10年3遇，降水量仅12.9%。其次为夏旱和秋旱，平均10年4遇和10年3遇。

1987年，降水比往年少200毫米，吃水困难

村100个、5.19万人。

1989年，大旱，雨季少雨，冬季无雪。致河道断流，库塘干涸，地下水位下降。当年比上年粮食减产20%，花生减产41.8%。

1992年5～8月，全县持续干旱，受灾面积2730公顷，占当年实有耕地面积48.5%，夏粮严重歉收。

1997—2000年，持续4年干旱，其中1999年，年降水仅378.7毫米，不及一场大雨的降水量，水库、塘坝等基本干涸。2000年，全市缺水村庄209个、11.02万人口，造成农业综合损失2.5亿元。其中重灾村72个，果树受灾面积3470公顷，损毁房屋370间，直接经济损失1.94亿元。

## 第二节 雹灾 冻灾

雹灾多在春夏交接或秋季时期发生。即6月上旬和9月上中旬。全市平均年降雹3～5次，重雹灾平均5年1遇。多受降雹影响的地域有亭口、桃村等东南部，松山、臧家庄等北部，西部寺口一带。

1985年7月18日，全县18处乡（镇）230个村遭受冰雹袭击，计9000多公顷小麦和9000公顷春苗受灾，损伤果品3000万公斤，损坏房屋9300间，经济损失2700万元。

1991年6月5—6日，唐家泊、桃村、大庄头、铁口、亭口、蛇窝泊、连家庄、寺口、苏家店、松山等10个乡镇120个村庄遭受冰雹袭击，受灾2.3万户、7.9万人，直接经济损失2851.7万元。10月，亭口、大柳家、占疃3处乡镇又遭受雹灾。

1994年7月3—4日，全县67个行政村遭受风雹灾害袭击，受灾人口9.7万人，毁田面积3700公顷，倒房186间，经济损失2813.3万元。

2000年10月4日，西城、寺口、苏家店、观里、杨础5个镇119个村庄受雹灾。其中重灾村63个，果树受灾面积3470公顷，损坏房屋370间，直接经济损失1.94亿元。

2002年4月24日夜至25日凌晨，全市15个镇913个村遭受严重的低温冷冻灾害，各类水果大面积冻伤，受灾面积4.09万公顷，2.55万公顷果园绝产，1.54万公顷果园减产，直接经济损失17.6亿元。

## 第三节 水 灾

栖霞境内山高坡陡，沟壑纵横，每遇山洪暴发，常致水库、塘坝、河堤等决口，冲毁粮田，危及生命和财产安全。

1995年8月17日晚6时至8时、18日凌晨3时，突降大到暴雨，最大降雨量每小时达120毫米，洪水泛滥。境内共倒塌房屋102间，冲毁河堤1.7万米，冲毁道路41.9公里，桥涵14座，果园受灾面积593.3公顷，累计经济损失4530万元。

2001年7月25日，桃村镇45个村遭暴风雨袭击，官道镇7个村遭龙卷风袭击，摧毁房屋324间，损坏粮食作物面积132公顷，经济损失3600万元。8月5日，全市15个镇遭大到暴雨，桃村镇降雨量最大，达176毫米，直接损失3980万元。

## 第四节 风 灾

境内风灾多出现在春季，多年平均大于或等于8级大风日数为38.2天，瞬时最大风速为31米/秒。每遇大风，房屋、树木、供电和通信线路及建筑物遭受破坏。

1985年8月19日，9号台风横扫胶东半岛，栖霞地区风力最大为10级，暴风和暴雨持续9个多小时，全县损失严重。电话、广播、交通运输线路中断。刮倒树木98.6万株，刮落水果7677万公斤，冲垮桥6座，冲毁路段134处，倒塌房屋5726间，2.13万公顷农作物受灾，粮食减产5724万公斤，总经济损失达1.65亿元。

2001年7月25日，桃村镇45个村遭暴风雨袭击，官道镇7个村遭龙卷风袭击。摧毁房屋324间，损坏粮食作物面积达131.7公顷，经济损失3600万元。

2001年被暴风雨摧毁的农村房舍

# 第二编

# 人　口

1998年栖霞市计生工作人员在街头宣传计划生育知识

1985年末，全县有17.17万户，总人口65.16万人，人口自然增长率5.52‰，分布于城区、968个自然村庄，人口密度为每平方公里323.2人。由于1962—1965年出生人口达到育龄年龄，全县人口生育出现高峰，5年间，出生人口53694人。1990年末，全县有19.5万户，人口总数达到66.99万人，人口密度为每平方公里332.3人。1991年以后，栖霞县政府加大人口增长的控制力度，相继制定一系列控制和遏制人口增长的措施。1995年，栖霞县总人口67.41万人，比上年仅增加250人。2002年，全市人口总数64.98万人，比上年减少4571人，人口自然增长率为-0.56‰，人口密度为每平方公里322.3人。

1982年，第三次人口普查，全县有11个民族，其中少数民族9个，45人。1990年，第四次人口普查，全县有16个民族，其中少数民族15个，182人。2000年，第五次人口普查，全县有30个民族，其中少数民族29个，505人。

1985年之后，随着改革开放不断深入，栖霞流动人口不断增多，计划生育管理难度加大。1989年，栖霞县对流动人口和计划生育工作开始实行行政首长负责制和多种形式的责任制，强化指标管理。建立主要领导和分管领导离职审计、追踪奖惩制度，实行计划生育“一票否决权”。

1992年以后，根据上级统一部署，对计划生育后进单位实行重点管理，并根据实际情况，给予黄牌警告，黄牌警告半年内要进行转化验收或重点管理。1992年7月，栖霞县政府制定《栖霞县流动人口计划生育管理暂行办法》，对流动人口计划生育制定管理措施。1995年6月，成立栖霞县流动人口计划生育管理办公室，专管流动人口计划生育工作。1996年以后，市委、市政府每年都与各乡镇、市直各个党委签定年度计划生育目标责任书，并对《计划生育责任书》执行情况进行检查验收。每五年召开一次人口与计划生育先进集体、先进个人的“双先”表彰大会。1997年4月，烟台市在栖霞镇召开“流动人口计划生育规范管理现场会”，推广栖霞市管理经验。1998年，对全市人口与计划生育先进集体、先进个人和部分家庭进行表彰，并发放奖扶金。

21世纪后，栖霞市突出人口优生优育工作宣传，利用广播电台、电视台讲解优生优育知识和妇女孕期保健常识。2000年，利用集市日、节假日、双休日进行便民服务，讲解计划生育知识。2002年，出动宣传车110多次，进行计划生育便民服务30多场次。

# 第一章 人口总量及变动

## 第一节 管理机构

1980年2月，栖霞县革命委员会设计划生育局，1984年，栖霞县革命委员会计划生育局更名为栖霞县计划生育委员会，1996年1月，更名为栖霞市计划生育委员会，2001年12月，更名为栖霞市计划生育局，行政编制13人。

1988年，成立栖霞县计划生育协会，1991年，成立栖霞县计划生育服务中心，1995年，成立栖霞县流动人口计划生育管理办公室，1996年，成立栖霞市计划生育协会办公室，乡镇相应成立计划生育办公室、服务站，主要负责计划生育管理工作。

## 第二节 人口规模

1985年末，全县总户数171748户，总人口651584人，人口自然增长率5.52‰。1986—1990年，由于1962—1965年出生人口达到育龄年龄，全县人口生育出现高峰，5年间，出生人口53694人。1990年末，全县人口总数达到669958人。

1991年以后，国家及各级政府加大人口增长的控制力度，相继制定实施一系列控制人口增长的措施，多生多育现象得到有效遏制。是年末，栖霞县总人口679736人，比上年增加9748人。1995年，栖霞县总人口674100 人，比上年仅增加250人。1999年，栖霞人口首次出现负增长，比上年减少4474人。2002年，全市人口总数649826人，比上年减少4571人，人口自然增长率为-0.56‰。其中，男性329950人，女性319876人。人口密度为每平方公里322.3人，人口总数居烟台市各县（市、区）第三位。

## 第三节 人口分布

1985年，全县人口密度为每平方公里323.2人。城区人口20634人，占全县总人口3.2%。其中县直机关、工厂、企事业单位有16397人，城关村4237人。城区人口中，非农业人口为15727人，占县城人口的76.2%，农业人口4907人，占县城人口的23.8%，人口密度为每平方公里6878人。

农村人口601027人，占总人口92.2%，人口密度为每平方公里308.6人。城区人口仅包括城关村人口，其余农村人口均分布在乡镇。

2002年末，全市人口密度为每平方公里322.3人。其中，城区人口106800人，占全市总人口16.4%，城区人口密度为每平方公里4854.5人。农村人口568182人，占全市总人口87.4%，人口密度为每平方公里269.3人。农村人口除翠屏街道、庄园街道部分村庄划为城区人口外，其余均分布在各镇。人口在5万人以上的乡镇有5个，3万人以上的乡镇有5个，其余乡镇人口均在2万人以上。其中，桃村镇人口89976人，臧家庄镇83988人，蛇窝泊镇65651人，翠屏街道51713人，庄园街道51912人。农村人口密度最高的是庄园街道，为每平方公里731人，其次是翠屏街道，为每平方公里601.3人。人口密度最低的是唐家泊镇，为每平方公里210人，其次是亭口镇，为每平方公里238人。

## 第四节 人口变动

**自然变动** 1985年，全县出生人口8053人，死亡4464人，自然增长率5.52‰，全县人口比上年净增2260人。1990年，出生人口10013人，死亡4818人，自然增长率9.10‰。2002年，出生4603人，死亡4967人，自然增长率-0.56‰。

**机械变动** 1985年，全县迁入人口6732人，迁出8603人，机械增长率为-2.87‰。1990年，迁入人口8769人，迁出9285人，机械增长率为-0.70‰。2002年，迁入人口2735人，迁出人口6492人，机械增长率为-5.78‰.

**流动人口** 20世纪80年代，农村实行承包经营责任制以后，农村部分剩余劳动力开始流向城区，境内流动人口逐年增多。1985年，全县流动人口仅有385人，1990年，达到9800人，5年时间增加9000多人。1995年之后，随着改革开放不断深入，外出务工和进入栖霞市务工人员大量增加。1995年，流动人口达到10182人，2000年后，流动人口达到16706人，2002年，流动人口有所下降，为15478人。

## 1985—2002年栖霞市人口情况统计表

表2-1 单位：户、人

| 年份＼项目 | 年末总户 数 | 年末总人口 | | | 总人口中 | |
|---|---|---|---|---|---|---|
| | | 合 计 | 男 | 女 | 农业人口 | 非农业人口 |
| 1985 | 171748 | 651584 | 331252 | 320332 | 601027 | 50557 |
| 1986 | 174300 | 656700 | 333900 | 322800 | 620100 | 36600 |
| 1987 | 179500 | 663600 | 338000 | 325600 | 623400 | 40200 |
| 1988 | 186422 | 668034 | 340235 | 327799 | 589678 | 78356 |
| 1989 | 191600 | 673900 | 343100 | 330800 | 629700 | 14200 |
| 1990 | 195013 | 669958 | 338499 | 331459 | 623058 | 46900 |
| 1991 | 198980 | 679736 | 345753 | 333983 | 633187 | 46549 |
| 1992 | 205326 | 678162 | 345364 | 332798 | 630163 | 47999 |
| 1993 | 207540 | 675339 | 343978 | 331361 | 626122 | 49227 |
| 1994 | 205176 | 673850 | 343284 | 330566 | 622945 | 50905 |
| 1995 | 212300 | 674100 | 343300 | 330800 | 616800 | 57300 |
| 1996 | 214058 | 675447 | 343586 | 331861 | 610870 | 64577 |
| 1997 | 217355 | 672664 | 342521 | 330143 | 604802 | 67862 |
| 1998 | 223194 | 668984 | 340884 | 328100 | 596218 | 72766 |
| 1999 | 224723 | 664510 | 338632 | 325878 | 588650 | 75860 |
| 2000 | 229192 | 659622 | 335719 | 323903 | 581680 | 77942 |
| 2001 | 231114 | 654397 | 332715 | 321682 | 575460 | 78937 |
| 2002 | 234603 | 649826 | 329950 | 319876 | 568182 | 81644 |

## 1985—2002年栖霞市人口变动情况统计表

表2-2 单位：人

| 年 份 | 自然变动 | | | 机械变动 | | |
|---|---|---|---|---|---|---|
| | 出生人数 | 死亡人数 | 自然增长率（‰） | 迁入人数 | 迁出人数 | 机械增长率（‰） |
| 1985 | 8053 | 4464 | 5.52 | 6732 | 8603 | -2.87 |
| 1986 | 11100 | 4200 | 10.50 | - | - | - |
| 1987 | 12300 | 4200 | 12.30 | 7185 | 9102 | -2.89 |
| 1988 | 10896 | 4405 | 9.70 | 9318 | 11108 | -2.68 |
| 1989 | 10600 | 4300 | 9.40 | 8743 | 9026 | -0.42 |
| 1990 | 10013 | 4818 | 9.10 | 8769 | 9285 | -0.70 |
| 1991 | 6609 | 4507 | 3.10 | 7799 | 9651 | -2.72 |
| 1992 | 6267 | 4898 | 2.00 | 7222 | 10161 | -4.33 |
| 1993 | 5697 | 4778 | 1.40 | 6542 | 10284 | -5.54 |
| 1994 | 6445 | 4955 | 2.20 | 6438 | 9422 | -4.43 |
| 1995 | 7000 | 4500 | 3.70 | 7184 | 8647 | -2.17 |
| 1996 | 7999 | 4762 | 4.80 | 4953 | 6882 | -2.86 |
| 1997 | 5770 | 4983 | 1.20 | 3482 | 7052 | -5.31 |
| 1998 | 5870 | 4918 | 1.40 | 2766 | 7398 | -6.92 |
| 1999 | 4215 | 4875 | -1.00 | 2566 | 6470 | -5.88 |
| 2000 | 4532 | 5219 | -1.00 | 2728 | 6929 | -6.45 |
| 2001 | 4012 | 4866 | -1.30 | 2416 | 6787 | -6.68 |
| 2002 | 4603 | 4967 | -0.56 | 2735 | 6492 | -5.78 |

# 第二章 人口构成

## 第一节 性别构成

1982年，第三次人口普查，全县637097人，其中男性322464人，占总人口的50.46%，女性314633人，占总人口的49.54%，男女性别比为102.49。1990年，第四次人口普查，全县669958人，其中男性338499人，占总人口的50.53%，女性331459人，占总人口的49.47%，男女性别比为102.12。2000年，第五次人口普查，全县651357人，其中男性331148人，占总人口的50.84%，女性320209人，占总人口的49.16%，男女性别比为103.42。

## 第二节 年龄构成

1982年，第三次人口普查，0～14周岁人口177017人，15～20周岁人口95634人，21～30周岁人口122882人，31～40周岁人口81368人，41～50周岁人口60103人，51～60周岁人口46024人，61～70周岁人口32566人，71～80周岁人口15847人，81～90周岁人口2497人，91周岁以上73人。

1990年，第四次人口普查，0～4周岁人口59263人，占总人口8.85%，5～9周岁人口52273人，占总人口7.8%，10～14周岁人口44484人，占总人口6.64%，15～19周岁人口57868人，占总人口8.64%，20～24周岁人口65814人，占总人口9.82%，25～29周岁人口70721人，占总人口10.56%，30～34周岁人口62494人，占总人口9.33%，35～39周岁人口57930人，占总人口8.65%，40～44周岁人口42954人，占总人口6.41%，45～49周岁人口31124人，占总人口4.65%，50～54周岁人口30980人，占总人口4.62%。55～59周岁人口28108人，占总人口4.2%，60～64周岁人口22095人，占总人口3.3%，65～69周岁人口16270人，占总人口2.43%，70～74周岁人口13171人，占总人口1.97%，75～79周岁人口8621人，占总人口1.2%，80～84周岁人口4055人，占总人口0.61%，85～89周岁人口1485人，占总人口0.22%，90～94周岁人口216人，占总人口0.03%，95～99周岁人口32人。

2000年，第五次人口普查，0～4周岁人口24778人，占总人口3.80%，5～9周岁人口37257人，占总人口5.72%，10～14周岁人口59158人，占总人口9.09%，15～19周岁人口41022人，占总人口6.29%，20～24周岁人口26894人，占总人口4.13%，25～29周岁人口46788人，占总人口7.18%，30～34周岁人口65600人，占总人口10.07%，35～39周岁人口71433人，占总人口10.97%，40～49周岁人口57006人，占总人口8.75%，50～54周岁人口41563人，占总人口6.38%，55～59周岁人口29841人，占总人口4.58%，60～64周岁人口27777人，占总人口4.26%，65～69周岁人口24080人，占总人口3.69%，70～74周岁人口17269人，占总人口2.65%，75～79周岁人口10627人，占总人口1.63%，80～84周岁人口6286人，占总人口0.97%，85～89周岁人口2533人，占总人口0.39%，90～94周岁人口569人，占总人口0.09%，95～99周岁人口19人，100岁以上3人。

## 第三节 文化构成

1982年，全县6岁及6岁以上有文化程度的人口579439人，占总人口的90.95%，其中，小学249353人，占有文化程度人口总数的43.03%，初中151479人，占26.14%，高中48203人，占8.32%，大学生837人（其中大学肄业或在校95人），占0.14%。每千人中，拥有小学以上文化程度的人口有大学毕业1.16人，大学肄业或在校0.15人，高中75.66人，初中237.77人，小学391.41人。

1990年，全县6岁及6岁以上有文化程度的人口602447人，占总人口的89.9%，其中男303820人，占总人口的45.34%，女298627人，占总人口的44.57%。小学224981人，占有文化程度人口总数的37.34%，初中212032人，占35.2%，高中54548人，占9.05%，中专6750人，占1.12%，大专以上679人，占0.11%。每千人中，拥有小学以上文化程度的人口有大学毕业1.01人，高中81.40人，初中316.40人，小学335.73人。

2000年，全市6岁及6岁以上有文化程度的人口619234人，占总人口的95.07%，其中，男314497人，占总人口的48.28%，女304737人，占总人口的46.78%。小学211739人，占有文化程度人口总数的34.19%，初中258406人，占有文化程度人口总数的41.73%，高中62289人，占有文化程度人口总数的10.06%，大专9656人，占有文化程度人口总数的1.56%。大学2915人，占有文化程度人口总数的0.47%，研究生26人。每千人中，拥有小学以上文化程度的人口有大学毕业19.34人，高中95.63人，初中396.73人，小学325.08人。

## 第四节 民族构成

1982年，全县有11个民族，其中少数民族47人。少数民族中，蒙古族1人，回族12人，满族16人，维吾尔族1人，苗族1人，朝鲜族8人，土家族4人，锡伯族1人，畲族1人。民族不详2人。

1990年，全县有16个民族，其中少数民族15个，182人。少数民族中，蒙古族2人，回族9人，藏族4人，满族60人，维吾尔族1人，苗族5人，壮族70人，朝鲜族15人，瑶族4人，白族1人，哈尼族1人，土家族4人，拉祜族2人，鄂伦春族1人畲族3人，民族不详2人。

2000年，全市有30个民族，其中少数民族29个，505人。少数民族中，蒙古族43人，回族15人，藏族8人，满族61人，维吾尔族6人，苗族30人，彝族6人，壮族135人，布依族4人，朝鲜族48人，侗族2人，瑶族5人，白族6人，哈尼族10人，土家族29人，傣族8人，佤族34人，拉祜族8人，水族1人，纳西族2人，鄂伦春族1人，达尔族8人，布朗族11人，普米族1人，怒族2人，土族3人，傈僳族4人，畲族12人，仡佬族2人。

## 第五节 职业构成

1982年，全县15周岁以上在业人口365497人，占总人口57.37%。从事农林牧渔业人口323718人，其中男178106人，女145612人；矿业及木材业1858人，其中男1627人，女231人；电力、煤气、自来水业243人，其中男194人，女49人；制造业19462人，其中男11550人，女7912人；建筑业1865人，其中男1779人，女86人；交通、邮电业1337人，其中男1182人，女155人；商业、饮食业、物资供应业4687人，其中男3173人，女1514人；教育、文化业7028人，其中男4783人，女2245人；国家机关、政党、群团2639人，其中男2337人，女302人；卫生、体育、社会福利1315人，其中男655人，女660人；其他行业1335人。

1990年，全县15周岁以上在业人口435526人，占总人口65.01%，其中男232698人，女202828人。从事农林牧渔业人口354193人，其中男182716人，女171477人；工业46013人，其中男26066人，女19947人；建筑业3269人，其中男3030人，女239人；交通、邮电业2594人，其中男2168人，女426人；商业、饮食业、物资业10409人，其中男6181人，女4228人；教育、文化业8804人，其中男5244人，女3560人；国家机关、政党、群团5021人，其中男4315人，女706人；卫生、体育、社会福利1838人，其中男876人，女962人；其他行业3385人。

2000年，全市15周岁以上在业人口436140人，占总人口66.96 %，其中男233790人，占总人口35.89%，女202350人，占总人口31.07 %。从事农林牧渔业人口361140人，其中男188790人，女17235人；采掘业及木材业2930 人，其中男2120 人，女810人；电力、煤气、自来水业1020人，其中男800人，女220人；制造业26120人，其中男13680人，女12440人；建筑业2810人，其中男2410人，女400人；交通、邮电业3750人，其中男3190人，女560人；商业、饮食业、物资业12560人，其中男6500人，女6060人；教育、文化业8460人，其中男4380人，女4080人；国家机关、政党、群团8890人，其中男7420人，女1470人；卫生、体育、社会福利2940人，其中男1220人，女1720人；其他行业5460人。

# 第三章 婚姻 家庭 姓氏

## 第一节 婚姻状况

1982年，15周岁以上人口460070人，其中男231537人，女228533人。未婚青年136668人，占15周岁以上人口29.71%，其中男75775人，女60893人。有配偶者291343人，其中男143861人，女147482人。丧偶者30515人，其中男10697人，女19818人。离婚者1544人，其中男1204人，女340人。

1990年，15周岁以上人口513938人，其中男258475人，女255463人。未婚青年109586人，占15周岁以上人口21.32%，其中男61965人，女47621人。有配偶者371370人，其中男183867人，女187503人。丧偶者30939人，其中男11015人，女19924人。离婚者2043人，男1628人，女415人。

2000年，15周岁以上人口530164人，其中男268639人，女261525人。未婚77294 人，占15周岁以上人口14.58 %，其中男44804人，女32490人。有配偶者420430人，其中男208950人，女211480 人。丧偶者 29100人，其中男10870人，女18230人，离婚者3340人，男2560人，女780人。

## 第二节 家庭构成

1982年，全县共有164142户，其中家庭户163671户，624414人，集体户471户，12683人，家庭户平均3.82人。

1990年，全县共有195013户，人口669958人。其中家庭户193883户，集体户1130户，男姓338499人，女姓331459人，男女性别比例102.12%，家庭平均每户3.19人（1人户14760户，2人户37462户，3人户74410户，4人户55346户，5人户16293户，6人户3926户，

7人户951户，8人户199户，9人户41户，10人户11户）。

2000年，全市共有229192户，人口651357人。其中家庭户226466户，635853人，集体户2726户，15504人（1人户21488户，2人户65285户，3人户93668户，4人户38073户，5人户7985户，6人户1397户，7人户207户，8人户62户，9人户16户，10人以上户10户）。

## 第三节 主要姓氏

1985年，栖霞县常驻人口有234个姓氏。按户数多少排列，主要姓氏依次为王、林、刘、李、孙、张、于、牟、衣、柳、徐、范、崔、马、史、姜、陈、杨、郝、高、隋、韩、潘、胡、吕、吴、周、栾、宋、丁、阎、赵、曲、蒋、慕、冯、邹、谢、蔡、杜、常、郭、贾、宫、董、朱、鲁、梁、尹、路、祝、程、车、黄、迟、乔、苏、邢、孔、毛、唐、盛、苗、侯、罗、郑、娄、战、谭、许、翟、卢、曹、夏、米、邴、左、孟、刁、连、肖、傅、袁、桑、祁、万、尚、邱、段、荆、任、鞠、纪等。

100户以内的稀少姓氏有齐、遇、臧、田、柯、姚、卫、钟、石、江、解、辛、房、逄、倪、仲、施、蒙、修、秦、葛、龚、滕、由、梅、曾、共、康、鲍、甄、符、殷、包、初、茹、巩、汤、毕、芦、邓、佟、牛、仇、欧阳、骆、申、季、顾、门、郎、蓝、邵、丛、台、节、莫、褚、韦、莒、戚、宁、籍、方、沈、贺、薛、庞、单、管、陆、严、郜、时、和、耿、陶、娇、尤、步、汪、岳、明、温、盖、艾、安、华、鹿、扈、卞、庄、冷、岭、何、金、原、楚、戴、司、全、欧、姬、钱、柴、恭、敖、尉、绪、彭、靳、慈、禚、綦、樊、聂、卜、乜、龙、白、边、匡、西、余、谷、别、法、武、封、赴、宣、郗、惠、羡、宿、赫、熊、颜、燕。

王姓居姓氏首位，计18756户，分布于542个村；林姓居第二位，计12482户，分布于278个村；刘姓居第三位，计11857户，分布于402个村；李姓居第四位，分布于398个村。

2000年，栖霞市常驻人口有197个姓氏，比1985年减少37个，原因多为稀少姓氏无户家庭增多，少数民族姓氏迁移原籍因素增加。

常驻人口按户数多少排列，前10位依次为王、林、刘、李、孙、张、于、牟、衣、柳，与1985年相同。

# 第四章 人口控制

## 第一节 人口管理

**生育管理** 1988年7月，栖霞县人民政府根据《山东省计划生育条例》《关于加强人口计划生育管理工作的意见》和《基层生育与人口计划呈报审批程序》，对全县人口计划指标进行排查。根据乡镇上报的符合晚婚和按照生育政策应安排的出生人数，进行综合平衡后编制出生人口生育指标下发到各乡镇，由乡镇下发到村，把符合生育政策应安排生育指标的人数落实到人。生育计划的安排是由本人申请、群众评议、村委上报、乡镇计生办审查，由县计划生育委员会批准，发给生育证，并张榜公布。

村级人口学校建立后，设立“人口计划公开板”。实行计算机管理后，设立“生育计划计算机信息公开板”。

1995年以前，育龄夫妇由乡镇或县计生委发给准生证（一孩证由乡镇计生办签发，二孩证由县计生委签发），1995年1月1日后生育的，由县计生委统一签发生育证，包括一孩生育证、二孩生育证。生育证全县统一编号，并贴家庭照片，加盖钢印，当年未生育的实行转证制度，转下一年度生育。同时，生育证作为住院分娩、婴儿落户的必备证件，由卫生、公安部门分别审查，并在相应栏目内进行填写婴儿出生日期、性别及落户时间。2002年9月，《山东省人口与计划生育条例》取消一孩生育证，生育第一个子女实行免费登记制度，夫妻生育前到一方户籍地乡镇人民政府或者街道办事处登记，免费领取《计划生育服务手册》。

**统计管理** 1990年，以行政村（单位、县直党委系统）为管理单位，设置“一档”（已婚育龄妇女卡片）、“一簿”（村级计划生育与统计管理簿）管理。“一档”作为计划生育管理的基础台账，按新婚、孩次、节育措施等逐人登记、分类管理，每月调整一次，做到“月月清”；“一簿”作为计划生育统计报表的源头，每村一本，按月上报本村本月发生的婚育、节育等计划生育情况。1997年，在总结村级计划生育统计管理的基础上，市政府制定人口出生、结婚登记、生育证申办、户口迁移“四个规范”。村级户口迁移、婴儿落户和婚姻介绍信，由村计生主任把关并出具准予证明信，由村会计办理，整套工作有详细的工作流程图。同年3月，烟台市计划生育委员会在栖霞市桃村镇召开现场会，推广栖霞市的经验和做法。

1992年，全县开始实行计划生育信息计算机管理，1996年，将全市已婚育龄妇女基础信息全部录入计算机，1997年，市、县、乡（镇）三级开始拨号上网，建立计划生育计算机管理网络。2000年，建立栖霞市网站，实现省、市、县、乡四级联网，取消手工报表，运用计算机反馈信息，指导基层计划生育工作。

**流动人口计划生育管理** 随着改革开放的不断深入，农村出现大量的剩余劳动力，外地到栖霞务工的人员逐年增加，流动人口不断增多，给计划生育管理带来难度。1992年之前，流动人口计划生育管理处于无序状态。1992年7月，栖霞县人民政府印发《栖霞县流动人口计划生育管理暂行办法》，对流动人口计划生育制定管理措施。8月，明确乡镇人民政府、街道办事处的主要职责，提出离开常住户口所在地30日以上的育龄妇女赴异地前，应到当地乡镇人民政府或街道办事处开具婚育证明，流入地的公安、工商、劳动、城建等部门在办理暂住证、营业执照、务工许可证等证件时，应核查婚育查验证明。

1995年6月，成立栖霞县流动人口计划生育管理办公室，为副科级事业单位，流动人口计划生育管理步入正轨。1996年，对管理组织、管理服务对象、流动人口计划生育证明申办、管理与使用程序、管理服务制度作进一步要求，对流动人口育龄妇女计划生育实行全省统一的统计报表。此后，按照“谁用工谁负责，谁受益谁管理”的原则，对流动人口进行全面检查登记。

1997年4月，烟台市在栖霞镇召开“流动人口计划生育规范管理现场会”，推广经验。

1998年以后，对城区部门管理区域进行划分，全面实施“块块管理，条块结合”的管理方式，部门职责进一步明确。由计生委、公安局、工商局负责对流入人口所持的“流动人口计划生育证明”进行审验，具体由计生委负责协调，由市流动人口计划生育管理办公室、城关公安分局、城关工商分局、商业街

管理处进行办理。

公安部门在办理户口迁入、迁出、出生婴儿落户、暂住户口证时，当事人必须持有“准迁证明信”“准予落户证明信”“准予办理暂住户口证明信”，并存其证明信备查，对无证明信的不予办理。

工商部门在办理营业执照时，首先审验法人代表中育龄妇女和其从业人员的计划生育证明，是流动人口的要审验流动人口证明，合格后方可办理营业执照。

建委、房管局在租赁、出售房屋，办理售房、租房手续时，负责审验租赁人和购买者有关的计划生育证明、证件，落实管理单位，或纳入本单位管理，否则，不得办理租赁、出售房屋手续。

卫生部门对孕妇进行孕情检查时，必须审查生育证，在接生时也必须审查其生育证件，对持证生育的要在当日如实填写“婴儿出生医学证明”，注明生育证号，并登记造册，对孕检、接生无生育证者，必须及时通知当地计生部门，并协助计生部门做好工作，实施流、引产手术，以杜绝计划外生育。

接生单位每月2日要将上月婴儿出生情况抄报给当地计生部门，以杜绝人口出生统计错漏报。任何单位和个人不得给孕妇进行胎儿性别鉴定。

劳动部门在办理外来人口务工许可证明时，要审查其计划生育证明，在用工单位出具纳入管理证明后，再办理务工许可证。在招收录用工人时，必须审查其计划生育证件，齐全的方可办理招工手续。在劳动部门挂档管理的合同制工人，由劳动部门负责计划生育管理工作。

商业公司、市联社、物资集团等部门要负责所属各商业网点内的计划生育管理工作，在对外出租商店、柜台时，须审查承租人的计划生育证明，是流动人口的，须审验流动人口计划生育证明并签订计划生育合同，在纳入管理后，再办理出租手续。

街道办事处要负责抓好8个居民区和在街道办事处落户的育龄妇女计划生育管理工作，有工作单位的由单位负责管理，无工作单位的由街道办事处直接管理。

**计划生育考核与奖惩** 1989年，栖霞县对人口和计划生育工作开始实行行政首长负责制和多种形式的责任制，强化指标管理。将人口和计划生育工作作为衡量各级领导干部政绩的重要依据，对完成人口计划的给予精神和物质奖励，突破指标制实行行政、经济处罚，建立主要领导和分管领导离职审计、追踪奖惩制度，实行计划生育“一票否决权”，基层单位和个人在综合性评比中，凡计划生育工作达不到目标责任书规定的，不能评为先进集体和先进个人。

1992年以后，根据上级统一部署，对计划生育后进单位实行重点管理，并根据实际情况，给予黄牌警告。重点管理期间，主要领导、分管领导等相关责任人不提拔、不调动、不晋级，并确定重点管理单位一年内要进行转化验收，黄牌警告半年内要进行转化验收或重点管理。由县人民政府同各乡镇签订年度计划生育目标责任书。1996年以后，发展至市委、市政府与各乡镇、市直各个党委签定年度计划生育目标责任书，每年对《计划生育责任书》执行情况进行检查验收，每年都召开年度人口与计划生育目标奖惩兑现大会，每五年召开一次人口与计划生育先进集体、先进个人的“双先”表彰大会。1998年，对先进集体、先进个人和部分家庭进行表彰，发放匾额和奖扶金。

1989年、1996年，烟台市分别将1个乡、1个镇列为重点管理单位，1996年、1999年分别将2个镇给予黄牌警告。2002年，对重点管理单位进行年度检查，实行跟踪督导；对其他乡镇进行抽查，发现问题及时予以纠正和惩戒。

1998年度人口与计划生育奖惩兑现表彰大会

1998年度部分家庭获计划生育奖扶金

## 第二节 技术服务

**节育技术** 1988年，栖霞县政府发布县长8号令，对计划生育实行合同管理。乡镇计生办配备X光机，每季度对育龄妇女进行一次透环检查。部分乡镇卫生院还外聘技术人员开展节育技术服务。

1997年，全部取消X光透环，改用B超查环查孕，开展对已婚育龄妇女健康查体。1998年，对已婚育龄妇女每年4次的查环查孕改为每年3次，2001年，改为每年2次，其中一次为健康查体，一次为查环查孕。2002年，改为每年一次健康查体，主要内容为B超查环查孕、B超查妇科、人工查妇科、乳腺检查。为保证节育工作扎实进行，市计生委在全市农村开展节育措施知情选择，在试点的基础上逐步推广。按照无计划外生育、无大月份引产、无非法婚姻、无非法抱养、无上访的标准，由村级申请，市里审核，烟台市计生委发给“节育措施知情选择村”牌子。至2000年，全市953个行政村全部实行节育措施知情选择。

2002年2月，山东省政府印发《关于向农村实行计划生育的育龄夫妻免费提供避孕节育技术服务有关问题的通知》，栖霞市据此制定实施意见，对计划生育手术并发症诊治及其他各项医学检查全部免费，所需经费列入财政预算。符合条件的妇女，由村开具介绍信到市、镇服务站免费施行放环和取环手术，因特殊情况服务站不能施行手术，可介绍至上一级计划生育服务机构或医疗卫生单位进行。

**优生技术** 1992年6月，计生委在计生服务中心开展计划生育系列化保偿服务，对城区相关厂矿、企事业单位的干部职工在申请准生证时，同计生中心签定孕产期保偿服务合同，计生中心提供孕期检查、分娩、放环等服务，1996年，取消保偿服务。

1998年，实施出生缺陷干预工程，包括实施孕前教育，即对申请结婚和生育的青年男女进行政策法规、人口知识、新婚期卫生知识、性知识、优生知识教育。实施孕前预防监测，即申请生育妇女在怀孕前对其进行增补叶酸、风疹疫苗注射和巨细胞病毒检测。实施孕期监护，即在妇女怀孕四个半月、六个半月时对胎儿发育情况进行B超检查，以后孕前预防监测内容逐步增加，开展增补多种微量元素、5项病毒监测和唐氏综合症筛查。通过实施出生缺陷干预工程，病残儿出生逐年下降。

2000年，根据山东省、烟台市的要求，栖霞市制定独生子女病残儿家庭二胎优生监护管理细则。凡经烟台市独生子女病残儿医学鉴定小组批准，符合生育二胎政策者，均纳入优生

监护范围，监护时间始于发“二孩生育证”到二孩出生满1周岁为止。优生监护实行分类管理，先天性残疾及遗传病为A类，后天获得者为B类。A类为高危家庭，由市服务站统一建档管理，市里统一进行孕前教育和咨询，进行产前诊断，进行21项三体综合症筛查和B超监测，婴儿出生1个月、3个月、6个月、9个月，分别到市计划生育服务站进行查体。

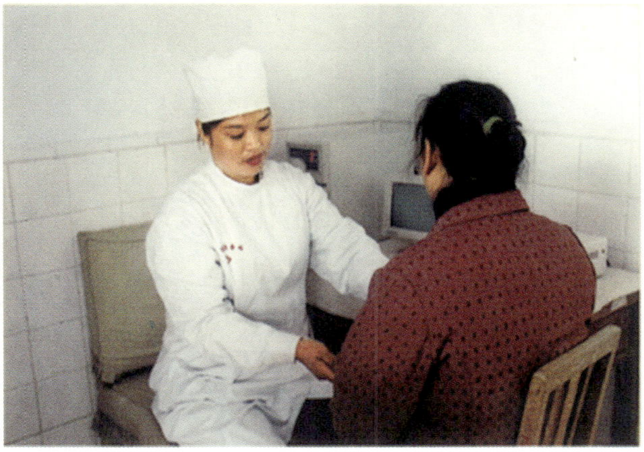

2000年医务人员为孕期妇女检查

**生殖健康技术** 1985年以后，根据国家规定，结合本地实际，栖霞市加强生殖保健工作。要求乡镇政府把初级生殖保健和提高出生人口素质工作纳入工作目标和考核内容；育龄夫妇人口与计划生育及生殖保健知识参学率和接受率均达90%以上；已婚育龄妇女综合避孕率达88%以上；综合避孕节育有效率达90%以上；已婚育龄妇女常见病普查率达95%以上；常见遗传病咨询率达80%以上；出生缺陷发生率降低到全省平均水平以下。

1990年以后，育龄夫妇人口与计划生育及生殖保健纳入经常性工作范畴，每年对已婚育龄妇女常见病普查2次，举办生殖保健知识培训班2～4期。

1998年开始，全市计划生育服务机构开展大规模的健康查体活动，从烟台、青岛、栖霞等医疗机构聘请专家进行妇检、B超检查、乳腺检查，全市每年已婚育龄妇女查体人数达到14万多人次，到2000年，全市已婚育龄妇女均享受初级生殖保健服务。

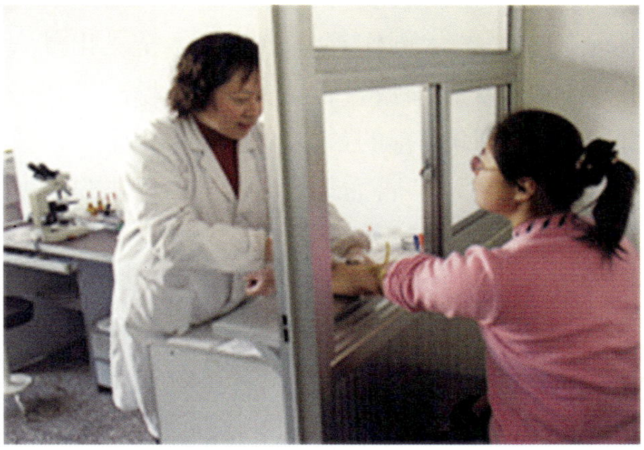

1998年育龄妇女健康查体

为保证节育、优生工作顺利进行，保障广大育龄妇女的身心健康，1991年10月，栖霞县成立计划生育服务中心，1992年3月，烟台市计生委对栖霞县计生中心3名技术人员颁发节育手术许可证，1992年4月，县计划生育技术人员“手术许可证”工作评审小组对乡镇11名计划生育技术人员颁发许可证。1999年，对全市乡镇计划生育服务站进行大规模改建、扩建，规范科室设置、配置乳透仪、微波治疗仪、B超等医疗设备，乡镇服务站工作人员由过去的1～2人，增加到3～5人。

## 第三节 计划生育宣传与培训

20世纪80年代，栖霞县突出宣传计划生育有关政策、法规和节育、优生优育等科普知识。将计划生育工作与“五讲四美三热爱”活动相结合，把计划生育列入“五好家庭”“五好公民”评选的重要内容。其主要形式有宣传标语、幻灯片、广播、黑板报、宣传栏等。90年代以后，以农村为主，宣传重点是人口与计划生育基础知识，加强县、乡、村人口学校建设。人口学校必须有房子、牌子、教材、图书。上墙的刊板必须有人口知识、政策法规、避孕节育、生殖健康、优生优育、协会知识等。宣传形式转变为宣传挂图、广播电视专栏及讲座、艺术创作等。1990年，全县出动宣传车160辆次，播放宣传影片500多场次。1993年，市吕剧团编排的吕剧《累赘果相亲》《累赘果做买卖》、庙后镇前罗坡村编排的小品《傻蛋相亲》等寓教于乐，深受群众喜欢，宣传教育效果很好。

进入21世纪后，突出优生优育工作宣传和培训，利用广播电台、电视台讲解优生优育知识和妇女孕期保健常识。2000年，组织计生工作人员在集市日、节假日、双休日到街头进行便民服务，解答有关计划生育知识。2002年，出动宣传车110多次，进行了30多场次街头宣传、接受咨询。

1991— 2002年，共培训和轮训计生干部4300人次。

1996年计生干部培训现场

2000年计划生育便民服务活动现场

## 第四节 计划生育政策

1979年11月，栖霞县革命委员会颁发《关于计划生育若干问题的试行规定》，1983年12月，颁发《中共栖霞县委 栖霞县人民政府关于计划生育若干问题的规定》，1985年5月，烟台市人民政府印发《转发计划生育委员会〈关于农村执行二胎生育政策的意见〉的通知》，1986年10月，印发《中共栖霞县委 栖霞县人民政府关于修订〈关于计划生育若干问题的规定〉的通知》，对晚婚晚育政策、生育政策、奖励优惠政策、限制与处罚政策等做了明确规定，遵照规定执行的予以奖励，违反规定的予以惩罚，鼓励夫妇只生一胎，1999年末，栖霞市人口首次出现负增长，此后，人口自然增长率一直为负数。2001—2002年，无多孩家庭。

## 2002年栖霞市各镇（街道）计划生育情况统计表

表2-3　　单位：人

| 镇（街道） | 节育情况 | | | 女性初婚 | | |
|---|---|---|---|---|---|---|
| | 已婚育龄妇女 | 落实措施人数 | 节育率（%） | 人数 | 其中：晚婚 | 晚婚率（%） |
| 合计 | 148389 | 138118 | 93.08 | 2224 | 2222 | 99.91 |
| 苏家店 | 8009 | 7465 | 93.21 | 126 | 126 | 100.00 |
| 寺口 | 4959 | 4662 | 94.01 | 74 | 74 | 100.00 |
| 西城 | 6168 | 5723 | 92.79 | 82 | 82 | 100.00 |
| 官道 | 7186 | 6693 | 93.14 | 98 | 98 | 100.00 |
| 观里 | 7750 | 7214 | 93.08 | 125 | 125 | 100.00 |
| 杨础 | 6632 | 6255 | 94.32 | 101 | 101 | 100.00 |
| 蛇窝泊 | 14640 | 13631 | 93.11 | 212 | 211 | 99.53 |
| 唐家泊 | 6513 | 6088 | 93.47 | 87 | 87 | 100.00 |
| 桃村 | 21003 | 19674 | 93.67 | 280 | 279 | 99.64 |
| 庙后 | 4952 | 4570 | 92.29 | 58 | 58 | 100.00 |
| 亭口 | 7975 | 7510 | 94.17 | 111 | 111 | 100.00 |
| 臧家庄 | 13709 | 12790 | 93.30 | 180 | 180 | 100.00 |
| 松山 | 8064 | 7551 | 93.64 | 110 | 110 | 100.00 |
| 翠屏 | 12739 | 11614 | 91.17 | 268 | 268 | 100.00 |
| 庄园 | 12873 | 11827 | 91.87 | 234 | 234 | 100.00 |
| 开发区 | 5217 | 4851 | 92.98 | 78 | 78 | 100.00 |

## 1985—2002年栖霞市人口出生情况统计表

表2-4　　单位：人

| 年份 | 一孩 | 一孩率% | 二孩 | 二孩率% | 多孩 | 多孩率% |
|---|---|---|---|---|---|---|
| 1985 | 7527 | 93.47 | 526 | 6.53 | 0 | 0.00 |
| 1986 | 8130 | 78.27 | 2253 | 21.69 | 4 | 0.04 |

续表2-4

| 年份 | 一孩 | 一孩率% | 二孩 | 二孩率% | 多孩 | 多孩率% |
|---|---|---|---|---|---|---|
| 1987 | 8728 | 71.02 | 3650 | 28.97 | 2 | 0.02 |
| 1988 | 8182 | 75.09 | 2711 | 24.88 | 3 | 0.03 |
| 1989 | 7269 | 71.91 | 2834 | 28.07 | 2 | 0.02 |
| 1990 | 7209 | 72.00 | 2798 | 27.94 | 6 | 0.06 |
| 1991 | 5278 | 70.40 | 2078 | 27.72 | 141 | 1.88 |
| 1992 | 5034 | 68.63 | 2213 | 30.17 | 88 | 1.20 |
| 1993 | 5091 | 68.63 | 2234 | 30.12 | 93 | 1.25 |
| 1994 | 5298 | 70.92 | 2105 | 28.18 | 67 | 0.90 |
| 1995 | 5636 | 73.90 | 1913 | 25.08 | 78 | 1.02 |
| 1996 | 5281 | 75.46 | 1685 | 24.08 | 32 | 0.46 |
| 1997 | 3859 | 73.43 | 1388 | 26.41 | 8 | 0.15 |
| 1998 | 4180 | 74.60 | 1417 | 25.26 | 6 | 0.11 |
| 1999 | 3007 | 78.08 | 842 | 21.86 | 2 | 0.05 |
| 2000 | 3219 | 76.73 | 971 | 23.15 | 5 | 0.12 |
| 2001 | 2943 | 76.22 | 918 | 23.78 | 0 | 0.00 |
| 2002 | 3213 | 69.80 | 1390 | 30.20 | 0 | 0.00 |

# 第三编

# 城乡建设

2002年整修后的栖霞市中心大街——霞光路

栖霞市位于胶东半岛腹地，属山区县，历史上交通闭塞，城乡建设相对落后。1978年以后，为适应改革开放的新形势，栖霞城乡建设加快改造步伐，城乡面貌发生很大变化。1981年，栖霞县建设委员会编制《栖霞县总体规划方案》，并于1984年6月经山东省人民政府批准实施。按“人民城市人民建，人民城市人民管，公益事业大家办”的方针，栖霞县委、县政府于1984年发动全县人民进行旧城改造。通过截弯、取直、拓宽、辟山、填沟，开通县城7条街，计8.8公里，并完成烟青公路拓宽、改线6.7公里，建设振兴桥、翠屏桥、霞光桥和长春桥，拓宽栖霞城中心主干道、烟青路栖霞城区段改线工程。县社供销商场、劳动大楼、人民商场、县委和政府建筑群及人民浴池等大楼拔地而起，栉比起伏，市政基础设施配套建设同时跟进，不断创新楼房建筑造型设计及县城园林绿化、美化等工作，使栖霞县城一改旧观。

1985年开始，栖霞县进行第二轮大规模旧城改造。城区以向南、向西、向北发展为主。1985年11月，县委、县政府由跃进路北侧搬迁到霞光三路以东，新址占地7.7公顷，建筑面积2万平方米。随后县政府周围办公楼宇相继崛起，到1989年底，山城路，公安、税务、建委、工商、水利、环保、化工、建材8个单位办公楼相继建成，总建筑面积4万平方米，俗名“八大局街”。霞光三路两侧住房银行、建设银行、中国人民银行、农业银行、工商银行及保险公司、邮政、电信、移动等单位的办公楼先后落成。居民小区建设紧随其后，金线岭小区、东山小区、东山小区“安居工程”、汶水小区“安居工程”、枣行居民小区、教师村、涌泉公寓等居住小区相继完工。2000年3月，栖霞市英炜房地产公司开发建设金岭公寓，同年年底竣工，建筑总面积1.2万平方米，为栖霞市第一个实行物业管理小区。之后，丽都花园、华荣小区、锦绣花园等居民小区陆续建成，改善了城市居民的居住条件和居住环境。

2002年末，城市居民人均居住面积达到13.8平方米，相继建成山城湖、翠屏公园、东山小游园、丘处机小游园、市政府小游园、北出口公园等一批游园景点。城市基础设施建设进一步完善，污水处理厂、城市供气等从无到有，逐步推进。城区绿化面积达到298.5公顷，城区绿化覆盖率达到40.9%，人均公共绿地9.39平方米，居烟台市领先水平，城市管理工作进一步规范化，脏、乱、差问题得到彻底解决。

# 第一章 城市规划与管理

## 第一节 管理机构

1975年6月，成立栖霞县基本建设局。1979年4月，撤销基建局，成立栖霞县基本建设委员会，1984年3月，改称栖霞县城乡建设环境保护委员会，环保局改为环境保护办公室，隶属于栖霞县城乡建设环境保护委员会。1986年5月，栖霞县城乡建设环境保护委员会更名为栖霞县城乡建设委员会，2001年12月，又更名为栖霞市规划建设管理局，辖栖霞市房产管理局、栖霞市人民防空办公室2个正科级事业单位和规划处、城市管理监察大队、建筑业管理处、环境卫生管理处、市政工程管理处、自来水公司、拆迁办公室、建筑工程质量监督站8个副科级事业单位及村镇建设办公室、园林所2个股级事业单位。

## 第二节 总体规划

1981年，编制《栖霞县城总体规划》。1991年，按照山东省和烟台市政府的部署，结合山东省建委组织的全省城市规划、建设、管理“齐鲁杯”城市三上活动，对1981年编制的《栖霞县城总体规划》进行修订。规划期限近期5年，至1995年；远期20年，至2010年。规划将文朱公路城区段、栖张公路城区段、204国道城区段3条对外交通道路，分别向南、北、西进行迁移。同时，对功能分区也进行相应的调整，设置西北工业区（渤海酒厂以西）、轻纺工业区（棉纺厂东南）、十五里后工业区、桃村工业区、中桥建材工业区5个工业组团，确定城市近期人口规模为5.5万～6万人，用地规模7～8平方公里；远期人口规模10万人左右，用地规模12～13平方公里。1991年9月，通过由烟台市城市规划设计评审委员会部分成员和市直有关业务部门工程技术负责人组成的评审组评审。1992年8月，烟台市人民政府批准实施。

1996年8月，根据《山东省新一轮城市总体规划编制暂行技术规定》的要求，市规划处又组织力量编制完成《栖霞市新一轮城市总体规划》。同年10月，山东省建委和烟台市规划局等有关部门的领导与专家组成的评审委员会对该规划进行了评审。1998年8月，山东省人民政府批准实施。该规划成果是以县级市的体制进行城市规划的，市域城镇体系规划范围包括6乡15镇，城镇空间结构为一轴（文三公路经济发展轴）、一带（沿同三高速公路干线形成的经济产业带）、二区（文三公路以北矿产开发及建材工业区、文三公路以南农副产品生产加工区）。

城市性质确定为农副产品深加工制造业基地、生态旅游城市。规划城市道路分主干道、次干道及支路三级系统。主干道由“二横、三纵、一环”组成。主干道间距800～1200米，次干道与主干道间距300～600米；主干道红线宽度30～40米，次干道红线宽度为20～30米，支路为10～25米；规划道路总长97公里，干道网密度为3.5公里/平方公里，道路面积180.8公顷，占城市用地的13.82%。城市近期（1996—2000年）人口规模为8万人，用地规模8.6平方公里；远期（2001—2010年）人口规模为12万人，用地规模13.08平方公里。城市结构分设城市中心区、新区、庵里水库风景区、富源科技工业园、桃村互补区和西城工业组团，规划控制区范围为118平方公里。其中市区部分60平方公里，桃村部分22平方公里，龙门口水源地13.5平方公里，庵里水库风景区15平方公里；栖桃百里公园保护区，栖桃路两侧各20米；龙门口供水干管保护区，给水干管两侧各20米。

## 第三节 专项规划

1985—1990年，城市建设专项规划按1981年《栖霞县城总体规划》执行，1991年以后，对城市建设专项规划进行完善和修订。

**城市防洪治涝规划** 1991年8月，由县建委、县水利局联合编制完成，9月5日，通过由烟台市建委、规划处、环保局、水利局、公路段、电业局、园林处、规划设计院等部门的专家组成的评审委员会的评审。1992年6月，栖霞县人民政府批准实施。规划期限近期5年，至1995年；远期20年，至2010年。本规划将白洋河城区段及汇入白洋河支流的河道进行规划设计，规划面积达39.191平方公里，规划确定白洋河防洪标准为20年1遇。

**城市消防规划** 1995年12月，由市建委、市公安消防队联合编制完成，12月20日通过由烟台市规划局（含规划院）、烟台市公安消防分局和栖霞市公安局、邮电局、电业局、环保局、建

委、自来水公司、市政处等单位工程技术人员组成的评审委员会的评审。1996年5月，栖霞市人民政府批准实施。规划期限，近期1995—2000年；远期1995—2010年。

**城市风景风貌规划** 1995年12月，由规划局编制完成，12月18日，该规划通过由烟台市规划局、栖霞市委宣传部及市政府有关部门的领导和工程技术人员组成的评审委员会的评审。1996年5月，栖霞市人民政府批准实施。规划期限，近期5年，至2000年；远期15年，至2010年。规划范围南到翠屏公园，北至庵里水库北部，东到王格庄水库，西至南石崖山，总面积为32平方公里。

**“十五”城市近期建设规划** 2000年8月，由规划局编制完成，12月，该规划通过由省建设厅、交通厅、规划设计院、济南市规划设计院、烟台市规划局、栖霞市计委等部门的专家组成的评审委员会的评审。

2001年12月，栖霞市人民政府批准实施。规划期限为2001—2005年，规划确定“十五”期末城市人口规模为10万人，用地规模为11平方公里。该规划以《栖霞市国民经济和社会发展第十个五年计划》和《栖霞市新一轮城市总体规划》为依据，在充分总结“九五”建设经验的基础上，立足栖霞市实际，运用可持续发展理论，确定近期建设的目标，并对城市发展用地及重大基础设施建设项目，进行统筹安排，合理布置，力求达到科学、合理，为建设决策提供有力保障。

## 第四节 详细规划

1985年以后，在《栖霞县城总体规划》的指导下，县建委先后完成金线岭居住小区规划、东山居住小区规划、二六二基地规划、霞光二路一条街规划、烟草公司行政及生活区规划、霞光三路北段沿街规划、东山居住小区绿地规划等7项规划，规划占地面积69.72公顷，规划覆盖率达到13.06%（1990年县城建成区面积为5.34平方公里）。

随着房地产开发的升温，规划设计任务也随之增多。1991—1998年8年间，共完成各类规划325项，总规划面积达482公顷，较好地指导各项开发项目的建设。1996年，编制完成的栖霞市牟氏庄园保护规划和霞光路一条街规划，分别获得山东省城市标志性地段、标志性建筑群、标志性建筑物规划创优竞赛二等奖和鼓励奖，其中牟氏庄园保护规划还被烟台市规划局授予特别奖。

1999年，栖霞市委、市政府提出“生态立市、工业强市、科技兴市”的战略，大力发展园区经济和特色经济，城市规划与建设迅速发展。1999—2002年4年间，共完成各类规划415项，规划面积达681公顷，规划总建筑面积420万平方米，尤其是2001年组织完成的榨油厂区域文化广场规划、二轻公司区域商贸城规划、原酒厂区域商业住宅区改建规划、南小街区域商业住宅区改建规划、面粉厂区域改建规划、种子公司区域商贸城规划等6个旧区改建规划和晴杉服装工业园、白洋河食品工业园、锦绣针纺工业园、源通果蔬工业园、松山科技工业园5个园区规划与栖霞市经济开发区规划，为改善城市面貌，促进全市经济发展创造良好的基础条件。2002年末，市区规划覆盖率达到91%。

## 第五节 规划管理

1985年，在城建股内设2名专职人员负责城市规划管理工作。随着城区范围的逐步扩大，1986年，成立城管队（设在城建股，1987年改为城建科），负责城区规划和建设管理工作。1989年12月，规划处成立后，在规划处内设规划监察科，负责规划监察管理，规划管理逐步走向正规。

1990年4月，建设领域第一部法律《中华人民共和国城市规划法》颁布实施后，规划部门积极宣传，并严格执行城市规划法，维护规划的权威性和法律的严肃性，到1998年底，共审批建设工程275项，核发“一书”（选址意见书）“两证”（建设用地规划许可证、建设工程规划许可证）275套，查处违法建设495起，均按法律程序实施处罚，处结率达到95%以上。

1998年12月，栖霞市规划局成立后，为进一步强化规划管理，按照城市规划法和《山东省实施〈城市规划法〉办法》的要求，建立健全建设程序从申请选址到规划验收一整套操作程序，并与计划、土地、消防、房管等部门建立良好的协作关系，避免选址与计划脱钩、规划与土地管理部门撞车的现象。

1999年以后，规划区范围内的大型建设项目都由分管市长召集建设、计划、土地、环保、规划等部门的领导及有关工程技术人员现场研究，科学决策，同意选址意见的由计划部门下达建设计划，然后由规划部门定点、测绘、规划设计、审查建筑方案、市长审批、发证、放（验）线、监督检查、竣工验收、建档，实行全过程的规划管理，做到规划一张图，审批一支笔，对违反规划管理的严肃查处。

2000年5月，集中时间、集中力量，组织开展以清理商业街乱搭乱建为突破口的综合整治活动，这次整治，在商业街内共拆除扩建房88户，建筑面积2492平方米，罚款补办手续90户，建筑面积1700平方米，更换、调整门头67个，面积1100平方米；文水小区区域拆除砖房、简易房21个，拆除面积800平方米；涌泉路拆除扩建房7处，建筑面积150平方米，拆除简易房、铁棚55个，面积640平方米。1999—2002年4年间，共核发“一书两证”730份，查处各类违法建设243起，双违查处率达98%。

2002年，按照“一城”（城区）“三星”（西城镇、松山镇、杨础镇）“三中心镇”（桃村镇、蛇窝泊镇、臧家庄镇）的建设思路，组织完成桃村、西城、蛇窝泊、松山、翠屏等镇（街道）驻地乱搭乱建的综合整治任务，送达各类法律文书1376份，拆除乱搭乱建1.5万平方米。

# 第二章 建筑业

## 第一节 勘测设计

1985年，按国家颁布的设计标准和工程用途，采用不同结构进行不同的设计，并根据实际情况，与计划、地质、规划等部门协作，共同进行现场勘测，实行科学设计与施工。

1990年，栖霞县规划处投资20万元，委托原核工业部华东地勘局二六二测绘大队对城区进行1/1000地形测绘20平方公里、1/1000地形图测绘7平方公里以及规划区范围内20平方公里1/1000城市管线普查。承担了大量的工业、民用建筑设计。1999年，规划部门又投资30万元委托烟台三勘公司完成规划区65平方公里的控制测量、25平方公里分级控制测量和市区12平方公里1/500地形图测绘；2000年，依靠自己的力量完成西城镇驻地1/500地形图测绘1.7平方公里以及臧家庄镇驻地35平方公里四等三角网和4660米城市一级导线控制测量和1/1000地形图测绘6.5平方公里。另外，1999—2002年4年间，投资80多万元，购买计算机18台，先进测

绘仪器3台（套），并组织完成松山科技工业园、蛇窝泊工业园、桃村工业园、市经济技术开发区等1/500地形图测绘以及城区局部地形图修测、补测288幅，全部输入计算机，实行数字化管理，科学化设计，对建筑施工提供依据。2002年末，栖霞市的各类规划设计、地形图测绘微机成图率达到100%，为规划地理信息系统的开通打下坚实基础。

## 第二节 施工队伍与设备

1985年前，栖霞县的建筑队伍多为人民公社和村办集体企业。栖霞县建筑公司是全县唯一一家县以上集体建筑施工企业。当时建筑规模小，施工水平低，施工靠“一张锨、一把镐、一把铁锤、一把刀”，建设土石方靠人工挖掘，施工运输工具以小推车、马车、牛车、拖拉机为主。主要施工机械为搅拌机和井架提升机。建筑结构多为砖混结构，楼板多为予制构件。建筑工人体力劳动繁重，工程建设周期长，建筑面积不大。

1985年，针对旧城改造，全县建筑业提出坚持实施“质量兴业，科技兴业，输出兴业”战略，建筑业蓬勃发展。到1989年，全县有施工企业27家，年平均从业人数4542人，完成施工产值1911.5万元。特别是乡镇建筑企业异军突起，占据栖霞建筑业半壁江山，每个乡镇至少有一个建筑队。到1995年，全县施工企业达到42家，其中乡镇及村办建筑企业 24家。年平均从业人数9017人，年完成施工产值2567.3万元，创栖霞历史最高水平。

1999年，全市有施工企业30家，年平均从业人数5625人，完成施工产值1.4亿元。此时，建筑施工土方挖掘以挖掘机、装载机为主，塔式起重机取代井架提升机，建筑结构多为半框架式砖混结构。建设施工告别简单的锨、镐、锤、刀等低级工具，施工机械向现代化、自动化发展，

至2000年，建筑施工以机械为主，起重机改为活节式和液压式，臂长、力大，安装快捷。逐步推广使用商品混凝土。建筑结构多为框架式，取消予制构件，楼板为整体现浇，工程质量提高，建设工期缩短，建筑工人告别繁重的体力劳动，建筑技术大为提高。2001年7月，建设部发布建筑业企业资质管理规定，对建筑业企业进行新一轮资质确认。2002年7月，境内建筑业企业资质确认结束，全市共有三级以上建筑业企业25家，其中，二级以上企业1家，三级企业14家，专业承包企业10家，从业人数8547人，年完成施工产值4.39亿元。行业组织结构趋向合理，逐步形成大而强，小而专的行业格局，发展更具竞争力。

## 第三节 工程施工管理

**招标投标** 1985年以后，建筑工程由建委根据施工单位资质安排承建工程，实行工程建设行政分配模式。1995年，成立栖霞县建设工程招标投标办公室，与建筑业管理处合署办公，负责全市建设工程招标投标的管理、监督、指导、协调、服务等工作。全市建设工程招投标工作纳入依法管理轨道。1996年，制定《栖霞市建筑工程招标投标管理办法》，境内工程建设开始有组织地进行招标投标，打破过去行政分配模式，取消供应制。1997年，完成招标工程65个，招标工程占应招标总数的75%以上。

2001年，成立栖霞市建设工程交易中心，负责发布招标信息，为建设工程交易双方提供交易场所，实现“一条龙管理，一站式服务”，招标投标工作逐步走入正规，全市80%以上工程进行招标投标。

**施工管理** 1985—1993年，施工管理由建委建筑业管理单位负责，1994年，成立栖霞县建设工程监理事务所，为全省第一家取得资质的县级

监理单位。年平均监理工程面积达到8万多平方米，很好的维护建筑市场秩序，保证建设工程的质量、工期和投资效益的发挥。

1998年，按照国家建设部工作要求，对建筑施工一线操作工人进行岗前培训，全市2500多人参加木工、瓦工、电工、电焊工、钢筋工等诸多工种培训和考核，必须取得岗位证书方可上岗。2001年，对建筑施工企业实行资质管理，扶持骨干企业。抓好行业内各类人员的培训，有计划的开展法人代表、项目经理及土建施工、质检等技术工人专项培训，至2002年末，全市600多人次参加关键岗位培训考核，取得关键岗位证书的法人代表、项目经理、施工员、预算员、质检员、安全员等都达到国家要求标准。

实行工程开工前现场验收制度，对达不到标准的不予办理施工手续，对施工现场的围挡、出入口安全、硬化等进行统一规划、统一标准、统一达标管理，杜绝乱搭建、乱施工，安全设施不到位现象。

**执法监察** 1985年以后，栖霞县政府按照国家建设部《关于认真整顿建筑市场的通知》和省政府《山东省建筑市场管理暂行规定》要求，长年开展建筑市场执法检查。1989年，下达整改书29份，处罚书7份。1996年，对3个施工质量不合格单位进行查处。2001年，栖霞市委、市政府对整顿和规范建筑市场秩序，制定出具体实施意见，加大对建筑市场的监管力度。重点在于培育和建立具有自律、自我组织和自我发展功能的建筑市场体系，构筑高效、公平竞争的建筑市场运行机制，为建筑业快速发展创造良好的市场环境。

2001—2002年，每年春秋两次对全市建筑市场进行拉网式检查，开展建筑市场专项治理，具体内容是整治业主的市场行为，依法解决不执行法定建设程序、无证施工等问题；整治转包、违法、分包和挂靠行为，取缔无资质施工；整治不执行强制性标准及偷工减料的问题。

## 第四节 典型建筑工程选介

**栖霞县人民医院病房大楼** 坐落于医院门诊大楼北，建筑面积11342平方米，1991年3月开工，同年12月竣工。由栖霞县建筑工程公司承建。

**栖霞市服装集团公司西装大楼** 坐落于汽车站西。建筑面积4853平方米，1997年3月开工，同年12月竣工。由栖霞市建筑工程公司承建。

**栖霞市一中教学楼** 坐落于本校院内，建筑面积9658平方米，工程总造价550万元，2002年9月开工，由栖霞市安泰建筑公司承建。

2002年建成的一中教学楼

**栖霞市检察院综合楼** 坐落于东山体育场东，建筑面积6500平方米，工程总造价700万元，2001年8月开工，2002年7 月竣工。由栖霞市山城建筑公司承建。

2001年建成的检察院综合办公楼

**商业街** 总投资6000多万元，总建筑面积5万平方米。工程分三期进行，1989年始建，1991年完成1～2期工程，1993年2月，开始三期工程建设，9月底竣工。全县13个建筑公司参加施工建设。

1994年投入使用的商业街

**文化路东西街商住房** 1993年7月开工，同年10月底竣工，总投资700万元，建筑面积1.1万平方米。

**万家购物中心** 2002年9月，该建筑由栖霞市英炜房地产开发公司开发建设，总投资7000万元，建筑面积4.56万平方米。

2002年建成的万家购物中心南门

# 第三章 城市建设

## 第一节 市区建设

1985年11月，栖霞县委、县政府由跃进路实验小学对面搬迁至霞光三路以东、县人民医院以西新址，新地址占地近百亩，建筑面积2万平方米。旧址经过改造后，栖霞镇政府迁入办公。1986年以后，在山城路段两侧，县公安局、税务局、建设委员会、工商局、水利局、环保局等单位新办公楼拔地而起。在霞光路段两侧，住房银行、建设银行、中国人民银行、农业银行、工商银行及保险公司、邮政局、电信局、移动公司等单位的新办公大楼先后落成，城市规模不断扩大，县容县貌得到较大改观。

同步开发的还有居民居住小区。1985—1990年，规划建成金线岭居民居住小区，总建筑面积约20万平方米。1988—1995年，建成东山居民居住小区，总建筑面积约10万平方米，由栖霞县房屋开发公司开发。1994年7—12月，建成向阳小区“安居工程”，建筑总面积为5万平方米。建成文水小区“安居工程”，建筑总面积6万平方米。1995—1999年，相继开发的有枣行居民小区、“教师村”、涌泉公寓等。

2000年3 月，英炜房地产公司开发建设金岭公寓，同年底竣工，建筑总面积1.2万平方米。

2000—2002年，居民小区建设多点开花，方兴未艾。丽都花园、华荣小区、锦绣花园等相继开工建设。2002年，城市居民平均居住面积达到13.8平方米。

1980年航拍市貌

2002年市貌

## 第二节 街道整修

**城区道路** 1984年11月，栖霞县委、县政府组织10万余劳力，历时月余，完成县城修建拓宽街道工程，拓宽辟通街道7条，总长8000余米。城区东西走向的主干道由南向北依次命名为山城一路、山城二路、山城三路、山城四路、山城五路、山城六路、山城七路等7条；南北走向的主干道由西向东依次命名为霞光一路、霞光二路、霞光三路、霞光四路、霞光五路等5条。

1985年4月，烟青公路城区段改线工程动工，修建全长6700米的霞光一路。至1985年末，城区共有街道31条，路面45.45万平方米，铺装沥青路面街道9条、12.5公里，计14.2万平方米。

1985—1990年，栖霞县市政工程管理单位，对1984年拓宽开通的12条主干道，逐步进行排水管沟砌筑和沥青路面铺设，相继完成沥青罩面、路沿石安装、挡土墙修建、人行道小件铺装等工程，使城区道路逐步完善。

1991—1996年，对城区部分路段进行延伸、拓宽。先后完成向阳路向南延伸、翠屏路向东延伸、霞光路向北延伸、市府路向西延伸、文化路中段拓宽、涌泉路东段开通等，使城区道路框架逐步拉伸延长，同时，开通栖霞县造纸厂道路、新华书店东侧道路、商业街、牟氏庄园仿古路、庄园路东段路基。

2001年5月，修筑长613米、宽15米的锦绣路，并对城区主干道两侧的人行道小件进行彩色小件更新。先后共铺装小件约25万平方米。

2002年，对腾飞路北十里铺村庄路段进行沥青硬化，对文化路南出口进行拓宽硬化，对迎宾路绿化带进行改建硬化、对民营工业园道路进行修建硬化、对腾飞路与滨河路路基进行修建，进一步拉大了城市空间。

至2002年末，修建改造东西走向的主干道共有8条，由南向北依次为翠屏路、跃进路、涌泉路、市府路、山城路、金岭路、振兴路、庄园路。修建改造南北走向主干道共有5条，由西向东依次为迎宾路、商业街、霞光路、文化路、向阳路。完成市政府新行政区的滨河路、腾飞路路基建设，路基总面积达到90.41万平方米。修筑的主干道沥青路长39.65公里，车行道面积61.06万平方米。

**桥　涵** 1985年之前，市区共有桥涵 8座。1986年，在文水河修筑城北与古镇都相通的霞山桥，该桥为6孔石拱桥，长66米，车行道宽14.4米。1987—2000年，市区未进行桥梁建设。2001年5月，修筑城东与主格庄相通的锦绣桥，

该桥为3孔水泥板桥，长23.6米，宽15米。市区桥涵达到10座。桥涵大规模维修实行招标，轻微整修由建设部门组织施工。

**排　水** 从1985年开始，城区修建街道时，都按规划修筑排水暗沟或铺设排污管道，排水暗沟为石砌石条压顶，长度同道路相同，排水体系较为完善，各居住小区、单位办公楼的污水，通排水沟，雨污合流，通入白洋河。2002年末，雨污合流的排水沟总长47.48公里，污水管道长5.9公里。

**防　洪** 20世纪80年代，城市防洪治涝一直按1981年《栖霞县城总体规划》执行。1991年8月，建委、水利局联合编制完成城市防洪治涝规划，1992年，将各路段的雨污合流式排水管沟，建成城区排洪的主要通道。城区所处地势为丘陵山区，低洼处排洪压力较大，排污管道容易被淤泥阻塞，大雨时雨水漫道，1995—2002年，市政管理单位每年汛期到来前，组织人员对排污管道、排水沟进行清淤，治理面积达39平方公里。

## 第三节 城区供水

1987年之前，栖霞县供水单位成立之初，仅有古镇都水厂和南岩子口水厂两处，由于都是靠河床蓄水和雨水补充，丰水期和枯水期之间的水量波动较大。随着经济的迅速发展，城区人口剧增，丰水期供水量仅占需水量的52%，枯水期不足30%，供水量的不足和供水设施的滞后，严重影响城区人民的正常生活和工业生产。

为解决供水问题，1987年，县政府投资616万元西水东调，从距城区19.9公里外的中型水库龙门口调水，经过全县人民9个月的奋战，完成近20公里的管道铺设，西城水站安装80千瓦水泵2台、115千瓦水泵1台，龙门口水站安装150千瓦水泵3台和2台520千伏变压器，架设15公里的高压专用线路，兴建往复式反应澄清池1座及配套设施等，做到当年设计、开工、投产。新水厂采取二级扬水，用DN500主管道输送至城区，提高城区供水能力，日平均供水量增加到1.2万立方米，是建厂初期的15倍，供水普及率90%以上。

为进一步提高供水质量，保障城区人们的身体健康，1992年，又投资150万元，建立水处理工程及配套设施，引进国内先进加氯设备，并投资2万元加强对化验室的建设，实行班组、化验室二级化验制度，对制水中的每一环节都严格把关，使水质综合合格率达到97.5%。

1994年，为减少水处理过程中反冲洗水的不必要浪费，投资35万元兴建1座回收池，充分利用每一滴水，降低供水成本。2000年，城区供水水源地—龙门口水库水位急剧下降，水质不断恶化，为确保供水水质，市自来水公司筹措资金240万元，于3月初开工建设西城水处理二期工程，仅用10个月时间，完成建筑面积1600多平方米，日处理水1.5万吨的水处理厂建设任务，该处理厂采用斜管沉淀自动投药等国内先进技术，与一期水处理厂并用，日可处理水近3万立方米，从根本上解决水质问题。同时，自来水公司还加快陈旧管道的改造更新工作。

至2002年，投入资金380万元，逐步改造DN100以上管道18.6公里，向南延伸DN100主管道3000多米，向北延伸DN100以上主管道13000多米，全市共有水厂2座，二级加压泵房1座，高位水塔2座，用户1500多户，供水覆盖面积8.4平方公里，用水人口5.8万人，市区供水普及率90%，水质综合合格率99%，DN100以上管线总长65.5公里，管道压力合格率99.5%。

## 第四节 城区供热 供气

**供　热** 20世纪80年代初，城区居民和居住单位以燃煤取暖为主。20世纪80年代中期，县政府大院上10吨锅炉1台，供政府机关单位取暖。90年代后，栖霞镇、县人民医院、税务局等20多个单位相继建成供热站点，到2002年，城区集中供热面积达110万平方米，供热效率达到95%以上。

供热管网埋设（2002年）

**液化气供应** 1979年，县城驻军首建液化气站，除解决内部用汽外，还供应地方使用。1982年，县二轻设备公司建成液化汽站，1985年3月，县建委建立液化气公司，液化气供应逐年增加，1985年，全县液化气销量200多吨，1990年，液化气供应达到1500吨，1995年，供气4800吨。

2000年11月，在市建委成立燃气办公室，负责制定燃气行业发展规划及管理规定，对全市燃气行业及燃气工程实施统一管理，会同技术监督局、公安局、消防队等部门对燃气器具、运输工具、消防设施等进行技术检测和安全监督管理，对开业前执业资格进行审查和审批。

到2002年，全市先后成立西山、良友、电业、臧家庄、桃村5个液化气供应站，年供应液化气6400吨。

## 第五节 照 明

1985年，县城内共有路灯648盏，随着道路的修建扩建，路灯延伸里程不断增加，数量不断增多。至1995年，全城共有路灯950盏，主要是老式的单臂、双臂海欧灯和华灯。1995年之后，县建委对城区路灯和线路进行一次大规模的更新换代，将霞光三路路灯换成新式的火灯，文化路路灯换成比利时式路灯。1996年，路灯管理由建委市政管理处移交给电业局。是年，发展路灯499基950盏。

1996—2002年，电业局投资1000多万元，增加市区路灯，路灯由1996年的499基950盏增加到869基2100盏，供电点由8个增加到19个，地下电缆和路灯全部更新换代，亮灯率达到98%。

路灯管理由简单维修、更换灯芯，延伸至线路检查、节假日悬挂彩灯、不断更新外罩等。维修人员24小时值班，实行巡查制度，无论那个路段的路灯出现故障，可随时调度抢修人员赶到现场进行整修，保证人在灯亮。

路灯维修（2002年）

## 第六节 园林绿化

1985年，城区人均公共绿地为0.686平方米，绿化覆盖率7.97%。1990年，城区人均公共绿地为1.97平方米，1995年，人均公共绿地为5.26平方米，2002年，人均公共绿地面积达到9.39平方米，绿化覆盖率达40.9%。

**公共绿地** 翠屏公园，位于城区南，占地50公顷，1988年始建，初建为2公顷，历时10余年始建成，于2000年10月1日对游人开放，规划为市级综合性公园，建有桥、亭、廊等建筑小品13处，雕塑8组，栽植各种树木4.44万余株。

凤凰岭公园，位于城区东侧，占地约4.7万平方米，1991年始建，规划为居住区级游园，建有亭、水池等建筑小品3处，栽植各种乔木1500余株，灌木760余株。

凤彩乐园，位于古镇都村，占地6900平方米，1993年古镇都村委筹建，开创栖霞县乡村建设绿地的先例。乐园规划为集运动、游乐于一体的居住区级游园，建有游泳池、高架车、滑冰场等设施，后因经营不善关闭。

白洋河带状绿地，占地6.5万平方米，1997年建设，整个绿地以草坪为主，安装有喷灌设施。

**专用绿地建设** 1985年之前，各居住单位只在本庭院栽植少量观赏木种及花卉，未形成规模。1990年以后，城区各居住单位对庭院绿化普遍重视起来，发展迅速，涌现出印染厂、水利局、税务局、电业局等20余个烟台市级花园式单位。1995年，栖霞印染厂被授予山东省“花园式单位”称号。

1996年以后，牟氏庄园、太虚宫、文化广场、翠屏公园、东山小游园、山城湖、白洋河两岸、庵里水库等公共场地全面进行绿地开发，形成休闲旅游与绿色景观相映呈辉的局面。2002年，专用绿地面积达到8万多平方米。

太虚宫绿地

**街道绿化** 霞光一路，1987年始建，总长6700米，分车带长10488米，约12580平方米，行道树以樱花为主，间以黑松，俗称“十里樱花路”。分车带栽植大叶黄杨、紫薇、草坪等，共栽植乔木5000余株，灌木5300余株，为城区文明路段之一。霞光三路，全长2180米，1987年，始建分车带，面积约1360平方米，树木以百日红、樱花、黑松为主，配以整形绿篱和应时草花，成为城区的“花卉长廊”，行道树为雪松，共640余株，1989年，被烟台市政府命名为“市容达标街”。

新型居民小区绿地从无到有逐步扩大，东山小区、文水小区、向阳小区等均规划有楼间绿地。各楼间绿地以绿化为主，形式各异，较好地改善居民的生活条件。1998年，在5352平方米的政府绿地上修建市府游园，建设下沉式广场，安装石凳、镭射灯、流水灯等设施，并建有高约5米的全真教龙门派创始人丘处机雕塑，增加栖霞历史文化氛围。1999年3月，在凤凰岭公园东段约5600平方米的绿化地上修建露天舞场，安装音响、高杆灯、镭射灯等，成为市民晨练晚舞、消夏纳凉的场所。1999年8月，干部职工和驻栖部队投义务劳动工3000余个，将城区北宫水库进行清淤、换水，因势就形建设为以音乐喷泉、假山、瀑布等水景为主，集水、电、声、光、色于一体的绿色水上乐园，并更名为山城湖。

**苗圃建设** 1985年之前，只有零星圃园栽植种苗，面积较少，品种单一，无规模化发展，1986年以后，苗圃建设走上正轨，1991年，在城区老龙湾村新征苗圃1.73公顷，苗圃地面积达2.27公顷，苗木以大叶黄杨、黑松、国槐、木槿等为主，20余个品种，除城区绿化需要外，还可向社会提供部分苗木。1995年以后，在松山、寨里、臧家庄、庄园和翠屏等乡镇（街道）征地260公顷，栽植杨树、黑松、国槐、各类观赏木等60多个树种。2002年，全市苗圃地面积达到470公顷，品种多样，质地优良。

## 第七节 城市管理

**环境卫生** 1985年以来，围绕县委、县政府的中心工作，以创建卫生城为重点，积极开展城区卫生治理工作。

1985年，有环卫职工30人，1台解放车、1台130自卸垃圾车、3台拖拉机垃圾车（全是人工装）和1台人工装拖拉机粪罐车，年清运垃圾7200吨，清扫面积11.5万平方米。2002年，栖霞市有环卫职工180人，有环卫专用钗车4台，东风垃圾运输车5台，130自卸垃圾车2台，装载机1台，吸粪车2台，另有清洁车、洒水车等。垃圾运输全部实现机械化、密封化，年清运垃圾5.4万吨，清扫面积110万平方米。1985年，市区内仅有2座公厕，到2002年，公厕发展到12座，全部实行个人承包管理。

1988年初，开展创建卫生县城活动，同年12月，经山东省爱国卫生委员会评审达标，被命名为省级卫生县城。1990年开始，在山东省开展的“齐鲁杯”城市建设活动中，连年获得齐鲁杯优胜县称号。1995年11月，栖霞撤县设市以后，按照全国卫生城市的标准和要求，开展创建活动。1998年，参加全国卫生城市检查评比活动，取得较好成绩。

市区道路清洁

**综合治理** 1985年以后，加强城市管理力度，严厉打击违法违章行为，查处94起，1987年，查处违法违章行为138起。1990年，对全县乱搭乱建进行全面清理，拆除违章建筑126处，查处违章占用526起。1995年，拆除医院区域违章板房800余处，1997年，拆除商业街违章建筑180余处，1998年，清理汽车站以西违章建筑200余处。

2000年，通过电视媒体发布栖霞市人民政府《关于清理拆除违法建筑的通告》（以下简称《通告》），对拆违动态作及时深入报道。出动宣传车，在全市主干道宣读《通告》，使广大市民了解拆违的目的、依据、步骤等，争取广大民众的支持配合。在此基础上，组织精干人员实地对违法搭建业主送达限期拆除通知书，明确拆除期限，告知相关法律程序，同时挨家宣传《通告》精神。到2002年，共清理、查处各种违章行为8750起。

1990—1999年，取缔马路市场，对有门市房的经营者，要求入店经营，对不合理设置的各种摊点、烧烤摊点和洗、修车场进行清理，对屡教不改者实行严管重罚。共清理违章占道摊点11.5万余摊次。对市区的240处露天烧烤进行大规模专项治理，没收非法经营工具160余宗，彻底杜绝露天烧烤摊点。2000年，规范建筑垃圾和生活垃圾的管理，对城区40处乱倒垃圾场所，设立严禁倾倒垃圾警示牌。查出3起严重违章行为。2002年，为加大市区城乡结合部环境卫生的管理，从邻近村庄聘请10名环境卫生协管员，与他们签订协议书，确立其权利、义务和职责，参与城市管理。为彻底清剿野广告"牛皮癣"，采取"一清理、二堵截"等办法，重点抓好主要道路、公共场所、繁华地段、建筑物、构筑物、公用设施乱贴乱画的治理。全市清理乱贴野广告420人次，拆除广告牌5460块。

# 第四章 镇村建设

## 第一节 小城镇建设

1985年，全县乡镇驻地除寨里、亭口、桃村、栖霞镇等少数乡镇建有政府办公楼外，大部分乡镇政府居住平房，驻地街道狭窄。1986年以后，随着栖霞城区改造，乡镇驻地改造同时进行。1987年4月，对全县村镇房屋进行产权登记，到1989年底结束。

1985—1990年，完成全县22个乡镇（不含栖霞镇）政府驻地总体规划和全县所有村庄的建设规划；根据社会经济的发展需要，1989年，栖霞县人民政府制定《栖霞县村镇建设管理暂行规定》，从1995年开始，逐年对乡镇政府驻地的总体规划和村庄的建设规划进行调整和修编，到2002年末，乡镇政府驻地的总体规划调整和评审报批工作全部完成。镇政府驻地详细规划覆盖率达到35%。

按照小城镇建设三步走的战略目标要求，以"十百千"和"百新工程"活动为动力，重点抓好小城镇的建设，小城镇建设和城乡一体化进程进一步加快。1991年，省政府组织开展村镇建设"十百千"活动中，桃村镇被省政府授予"山东省村镇建设新型乡镇"称号。1994年1月，成立"栖霞县村镇建设服务中心"，在第二轮村镇建设"十百千"活动评比中，杨础镇被省政府授予"山东省村镇建设新型乡镇"称号。1995年4月，桃村镇被确定为部级试点镇和省"百新工程"试点镇，中桥镇被确定为烟台市试点镇，蛇窝泊镇、西城镇、杨础镇、臧家庄镇、观里镇、苏家店镇被确定为栖霞市试点镇。12月，桃村镇、蛇窝泊镇、杨础乡、唐家泊镇、寺口镇、中桥镇被烟台市政府授予"烟台市村镇建设新型乡镇"称号；其中桃村镇被确定为"省新型小城镇试点镇"（简称百新工程试点镇）；同年，桃村镇又被确定为"建设部小城镇建设试点镇"。

桃村镇建设新型小城镇一角（2002年）

1996年以后，全市村镇基础设施和公用设施建设速度加快。1997年，在第三轮村镇建设“十百千”活动评比中，蛇窝泊镇被省政府授予“山东省村镇建设新型乡镇”称号，1999年，桃村镇、蛇窝泊镇被省政府确定为省级中心镇。2001年，市村镇建设办公室被山东省小城镇建设研究会吸收为理事单位。

2002年末，全市村镇自来水人口普及率达到65%，其中乡镇驻地达到90%；镇（街道）政府驻地主要道路硬化率达到100%，小城镇人均公共绿地1.8平方米，绿化覆盖率达到30%；村镇住宅累计达到1380万平方米，人均使用面积达到18.75平方米。

### 第二节　村庄建设

村庄建设与小城镇建设同步进行，1985—1990年，完成全县所有村庄建设规划，主要建设目标是村庄洁净、整齐，村容村貌符合规划要求，村庄各项指标达到省市标准。

1991年，野夼、荷叶、观泊、水有兰、巨夼、南桥、西荆夼、古村、榆格庄、车家泊子、公山后、德林庄、寨山夼等13个村庄被省政府授予“山东省村镇建设明星村”。

1994年，水晶泊、辛店、北楚留、油家夼、杜家黄口、小花园、前阳窝、慕家庄8个村庄被省政府授予“山东省村镇建设明星村”。

1995年，野夼、窑夼、荷叶、观泊、辛店、水晶泊、牟家疃、院头、西山、北庄、水有兰、北楚留、巨夼、油家夼、南桥、西荆夼、古村、榆格庄、杜家黄口、埠头、车家泊子、公山后、德林庄、东寨、寨山夼、南丁家沟、下孙家庄、花园泊、寨里、前阳窝、小花园、前榆家夼、百里店、小马家、官地、马嘶庄等村庄被烟台市政府授予“烟台市村镇建设明星村”。文石、马嘶庄、西店、前埠、窑夼、苏家庄、大疃、灵山、百里店、东李家庄、主格庄、臧家庄等12个村庄被省政府授予“山东省村镇建设明星村”。

到2002年，村庄建设规划调整工作已完成全市村庄总数的95%。有68个村庄被烟台市和山东省政府命名为村镇建设明星村，有230个村庄被市政府评为村镇建设先进村庄。全市完成村村通电、村村通公路、村村通程控电话的“三通”工程，全市村庄自来水人口普及率达到65%，村庄一条硬化绿化美化达标街达到村庄总数的45%。

# 第五章　房地产管理

### 第一节　管理机构

栖霞县房地产管理所成立之初为股级单位，1991年升格为副科级单位，成立栖霞县房地产管理处，对外挂房产管理局牌子。

1995年，房产管理处实行计划单列，隶属县政府，归口建委，职责范围扩大到负责房地产抵押登记管理、房地产交易价格评估管理、仲裁房产纠纷、各类房屋的安全鉴定、安居工程住宅小区的管理和服务、承办城镇住房制度改革、拟定房改政策等。

1997年11月，成立栖霞市房地产评估事务所，与房产交易监理事务所合署，隶属市房产

管理处。2001年，栖霞市房产评估事务所实行体制改革，独立营业。2001年6月，成立栖霞市房产交易厅，与房产交易科合署，对外挂房产交易市场的牌子。

## 第二节 管理范围

1985年至1986年4月，通过对全县普查，全县房屋总面积863112平方米，其中托管房87平方米，全民所有439879平方米，集体269759平方米，私产116050平方米，其中，属县房管所管理的住房112户、住房面积7106.75平方米，1991年1月，县政府管理的558户、面积42364.2平方米的住房移交给房管局，2002年末，房管局管理的公管房670户、面积49470.95平方米。

随着农村城市化的进展，房管局管理的范围逐渐扩大，2001年2月，栖霞市人民政府印发《关于明细城市规划区内自然村房屋产权产籍管理工作范围的通知》，扩大房管局的管理房范围。管理的自然村共计141个，其中，翠屏街道32个，庄园街道33个，西城镇20个，桃村镇16个，杨础镇3个，唐家泊镇12个，蛇窝泊镇4个，寺口镇17个，官道镇1个，观里镇1个，松山镇2个。

## 第三节 房产管理

1987年3月，县政府制定《栖霞县城区私有房屋管理办法》，对产权产籍管理做出规定。

**私房代管** 20世纪80年代，对私有房屋实行代管制度，城区私有房屋所有人因不在房屋所在地或其他原因，不能管理其房屋时，可出具委托书委托代理人代为管理。由代理人行使代理权，并履行应尽义务。所有人下落不明，又无合法代理人或所有权不清楚的城区私有房屋，由房管所代为管理。前款代管房屋因天灾或其他不可抗拒的原因遭受损失的，房管所不负赔偿责任。城区私有房屋所有人申请发还由房管所代为管理的房屋，必须证件齐备，无所有权纠纷，经审查核实，方可发还。

1993年12月，成立产权产籍管理科，管理范围及拓展的业务范围为城市规划区范围内的房屋权属登记。房屋权属登记分为初始登记、注销登记，并换发全国统一房屋权属证书。1995年，为优化栖霞发展环境、提高行政效率，房屋权属初始登记由原来的7个审查要件减为4个，即建设工程规划许可证、竣工验收证明、土地使用证明文件或土地使用权证、房产测绘机构出具的房屋建筑面积测绘报告。办结时限由原来30个工作日缩短为15个工作日。

1985—2002年，共办理初始登记21761份、注销登记5187份，换发全国统一房屋权属证书11873本。

**房产交易** 1990年8月，栖霞县人民政府制定《栖霞县房产交易市场管理暂行办法》，1993年12月，设置房产交易科，对外挂房产评估交易监理事务所，对房产交易市场实施管理。主要负责城区内房产交易、租赁管理业务，保护房屋买卖、租赁双方的合法权益。

2001年，为进一步规范房地产交易行为，促进已购公有住房和经济适用房的上市交易活动，激活房地产二级市场，为居民房产交易活动搞好服务，成立栖霞市房产交易厅，当年办理房产交易1590户、14.31万平方米，交易额16.12万元。2002年，办理1792户、16万平方米，交易额228.7万元。

**房地产交易评估** 1993年，栖霞县设立房产交易评估事务所，与1990年9月成立的房产交易科合署办公，行使评估职能。1997年11月，设立栖霞市房地产评估事务所，编制6人，自收自支，与交易所合署，隶属于市房产管理处。2000年，评估所与交易所分设。

2001年4月，房地产评估所脱钩改制，评估所由估价师个人出资设立有限公司，自主经营，自负盈亏，人、财、物彻底脱钩，成为社会中介机构，不再隶属于房产管理局。2001年4月，房地产评估所，改称为栖霞市怡玮有限责任房地产估价师事务所，并取得独立营业执照，注册资本40万元。4月26日，栖霞怡玮有限责任房地产估价师事务所，取得省建设厅审批的三级资格。2002年5月，取得最高人民法院审批的司法鉴定资格。2002年9月，取得省物价局审批的物价鉴定资格。

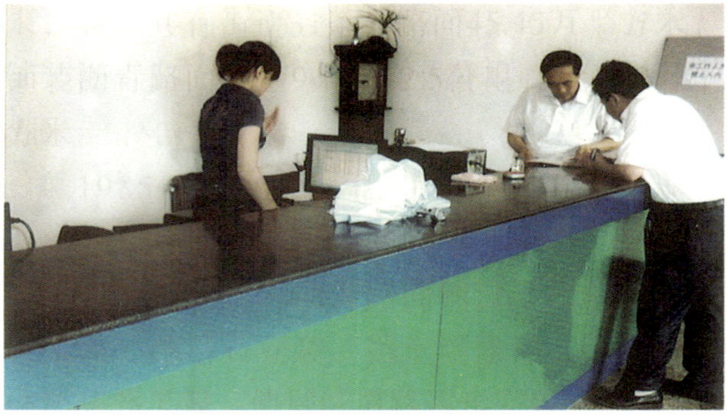

2001年新建的房产交易厅投入运营

### 1990—2002年栖霞市房地产评估情况统计表

表3-1　　单位：万平方米、万元

| 类别 | 年份 | 交易评估 | | 抵押贷款评估 | | 司法鉴定及其他 | |
|---|---|---|---|---|---|---|---|
| | | 评估面积 | 评估额 | 评估面积 | 评估额 | 评估面积 | 评估额 |
| 脱钩改制前 | 1990 | 0.30 | 83.2 | — | — | — | — |
| | 1991 | 1.90 | 857.0 | — | — | — | — |
| | 1992 | 2.88 | 1649.7 | — | — | — | — |
| | 1993 | 2.62 | 1693.7 | — | — | — | — |
| | 1994 | 5.47 | 3704.8 | — | — | — | — |
| | 1995 | 2.74 | 1907.3 | 1.26 | 1071.0 | — | — |
| | 1996 | 3.95 | 2780.7 | 1.38 | 1243.0 | 0.7 | 630 |
| | 1997 | 8.59 | 6666.5 | 2.76 | 2619.0 | 1.3 | 1235 |
| | 1998 | 10.50 | 8790.0 | 3.22 | 3380.9 | 0.8 | 520 |
| | 1999 | 6.60 | 3736.0 | 4.69 | 5393.5 | 0.6 | 570 |
| | 2000 | 6.48 | 5380.0 | 3.47 | 2949.5 | 0.6 | 486 |
| 改制以后 | 2001 | 3.89 | 3178.0 | 1.32 | 1188.2 | 0.3 | 256 |
| | 2002 | 2.35 | 1737.0 | 0.84 | 937.2 | 0.2 | 210 |

**物业管理** 20世纪80年代和90年代初，栖霞县无专门的物业管理机构，房舍修缮、管道设施更新、水、电、暖安装及收费管理由职工所在单位负责。1993年12月，栖霞县政府制订《栖霞县城镇住房制度改革试行方案》，对职工住房进行改革，实行售、租、建并举和国家、集体、个人三者共同负担的原则，改革长期以来低房租、高补贴的实物分配制度，缓解职工住房供求矛盾。这一办法实行以后，房舍一切管理事务由职工自行负责，单位不再统一管理，水电费自行缴纳给有关部门，单位不统一收取缴纳，真正实现了谁住谁管，谁用谁缴。政府和单位负担减轻，职工压力增大，管理责任增强。

20世纪90年代中后期，住宅小区建设兴起，小区数量不断增加，对小区实施物业管理的企业也应运而生，管理、服务日趋完善，物业管理企业实行自收自支，市政府没有统一收费规定，时有住户与企业矛盾发生。为加强对全市物业行业管理，规范完善物业公司行为，依法办事，2002年3月，成立栖霞市物业管理办公室，负责全市物业管理企业资质初审、上报和物业管理公共资金收缴。

2002年末，取得三级资质的物业公司有安厦、英炜、东行、胜达、金隆、天泰6家物业公司，管辖全市15个小区，约占全市住宅小区的72%以上，物业管理面积达45万平方米。

由于物业管理刚刚起步，管理中，各物业公司均建立健全物业管理条约和管理服务合同，配备好物业管理服务人员，服务项目主要有水电暖设施维修、卫生清理、园林绿化、安全保卫等。

## 第四节 住房保障制度改革

1993—2002年，栖霞县（市）进行了两轮住房制度改革，首次改革始于1993年12月，县政府印发《栖霞县城镇住房制度改革试行方案》，对职工住房进行改革。起步阶段基本模式是，售房起步，先卖后租，合理提租，不发补贴。1997年，进行第二次住房制度改革。

**首次房改** 全县范围内党政机关（含乡镇党政机关）、厂矿企事业单位以及中央、省、市等驻栖单位的公有住房（指国家直管房和单位自管房）。

公有住房出售范围 出售住房范围主要是城镇内成套、独用、完好的公有住房。但危房以及已列入改造规划地段的住房、地处临街宜改造为营业用房的住房、平房、代管房产、产权不清尚有争议的房产、具有历史保护价值的房产和政府认为不宜出售的房产不得出售。

出售对象 凡在城镇具有常驻户口的职工（含农民合同制职工），符合分房条件的，均可向所在单位或现住公房的产权单位申请购买住房。已租住的公有住房，只限于现住户购买。

售房价格 1989年12月31日前竣工的住房售价每平方米建筑面积308元，1990年1月1日至1992年12月31日竣工的住房售价每平方米建筑面积328元，再根据建筑年限，每年折扣房价2%；1993年1月1日至12月31日竣工的单位自建公有住房，售价每平方米建筑面积400元。凡符合分房条件的职工和按本方案规定不在出售范围内房产的住户均可按届时核定价购买一套公有住房；超过住房控制标准面积30%以上按成本价计算；购房者必须一次性交清房款，由职工所在单位给予总售价20%的优惠。

购房后产权归个人所有，住用5年后，可依法进入市场，但只能按届时标准价格（住房本身造价并成新折扣）出售，原售房单位或房管部门有优先购买权，出售的收入归个人所有，并按国家规定交纳税费，以后不再享受优惠价格购买公有住房。未住满5年，由于各种原因离开本县，购买的住房应退交原售房单位，单位按购房时实付房价款，并扣除一定折旧后，连本带息（按银行同期存款利率计算）一次性返还给住户；住宅合作社兴建的住宅，按住宅合作社管理暂行办法执行；购买公有住房，每户只能享受1套，购房者免交一次性契税。

1993—1995年，全市共出售公有住房4716户，出售率达95%以上。

合理调整公房租金　租金标准，成本租金标准按住房折旧费、维修费、管理费、投资利息和房产税5项因素计算，1993年，房改起步阶段每平方米使用面积月基本租金提高到0.45元（维修费、管理费），今后根据房改分阶段的目标逐步调整。每套住房的实缴租金按内部设施情况采取“基本租金加减法”计算，再根据住房所在地段、朝向、楼层等因素调整确定。各类人员每套住房建筑面积标准为，一般职工50平方米，科局级干部及中级知识分子55平方米，县、处级干部及高级知识分子70平方米，厅、局、地级干部90平方米。1户家庭只准租住1套公有住房。租住1套公有住房，超过住房控制标准30%以内的不加租，超过30～50%（含50%）的部分，按使用面积加收20%的成本租金，超过50%以上的部分，按使用面积加收成本租金。

地段等级调剂系数为，本县城镇地段按照交通条件、商业、服务业、文化卫生等设施配套情况和绿化程度划分为5个等级，各等级的地段增减系数分别为：一类地区（霞光一路以东外加公路站家属楼、霞光四路以西、山城一路以北、文水河以南）105%，二类地区（霞光四路以东、主格庄西山以西、山城一路以北含南山园林所驻地、山城七路以南）100%，三类地区（二类地区以外的城郊结合部）95%，四类地区（乡镇所在地）92%，五类地区（城区和乡镇规划区以外的工矿企事业单位）90%。

因各种原因暂不购买公有住房的住户，仍实行“租用”方式。采取不发补贴、成本租金额减列支额的办法，对其租金作合理调整。根据国务院规定的租金标准按住房折旧费、维修费、管理费、投资利息和房产税5项因素测算，栖霞:5项因素计租水平达1.79元，扣除全县原用于住房列支费用的单位使用面积列支额，统筹测算后，在房改起步阶段租金标准为每平方米使用面积平均月租金为0.45元，以后根据房改分阶段的目标逐步调整。

超标加租　1户家庭只准租住1套公有住房。所租住房超过住房控制标准30%以内的不加租；超过30%～50%（含50%）的部分，按使用面积加收20%的成本租金；超过50%以上的部分，按使用面积加收全部成本租金。提租后，对建国前参加革命工作的职工和社会救济户，分配控制标准以内的住房，在一定时期内产权单位给予减免，属红军时期的（1937年7月6日前），月租金超过5元以上部分全免；抗日战争时期的（1937年7月7日至1945年9月2日），减免65%；解放战争时期的（1945年9月3日至1949年9月30日），减免50%；夫妻双方均享受减免待遇的，按其参加革命较早的一方实行减免。享受减免待遇的职工辞世后，其配偶继续享受原定的减免待遇，配偶辞世后，子女不得享受减免待遇。享受国家定期抚恤的烈属、孤老优抚户、社会救济户，月租金超过5元以上部分全部减免。方案实施后，首先在县教育局、无线电厂、交警队进行试点工作，在试点取得经验的基础上，然后在全县面上展开。

## 1993—2002年栖霞市住房租金核定情况统计表

表3–2

| 增加项目的金额 | | | 减少项目的金额 | | |
|---|---|---|---|---|---|
| 项 目 | 单 位 | 单价（元） | 项 目 | 单 位 | 单价（元） |
| 小棚或地下室 | 平方米 | 0.05 | 供水不到户 | 平方米 | 0.02 |
| 楼梯洞 | 平方米 | | 供水不到院 | 平方米 | 0.02 |
| 玻璃窗 | 合 | 0.05 | 厕所不到户 | 平方米 | 0.03 |
| 瓷砖墙面 | 平方米 | 0.05 | 无天棚 | 平方米 | 0.04 |
| 粘壁纸墙面 | 平方米 | 0.02 | 天棚板下勾缝 | 平方米 | 0.01 |
| 粘壁纸顶棚 | 平方米 | 0.03 | 草泥清水内墙 | 平方米 | 0.01 |
| 吊装饰顶棚 | 平方米 | 0.03 | 前檐窗、层高低于2.5米 | 平方米 | 0.05 |
| 木地板 | 平方米 | 0.03 | 外墙不足一砖 | 平方米 | 0.07 |
| 水磨石地面 | 平方米 | 0.03 | 土坯、泥浆石墙 | 平方米 | 0.07 |
| 瓷砖地面 | 平方米 | 0.05 | 草屋顶 | 平方米 | 0.07 |
| 大理石地面 | 平方米 | 0.05 | 全背阳户 | 平方米 | 0.03 |
| 塑料板地面 | 平方米 | 0.10 | 室内低于室外20公分 | 平方米 | 0.03 |
| 浴 盆 | 套 | 0.30 | 砖灰土地面 | 平方米 | 0.03 |
| 面 盆 | 套 | 0.10 | 内室无门 | 合 | 0.15 |
| 小便器 | 套 | 0.05 | 无 炕 | 铺 | 0.20 |
| 妇女冲洗器 | 套 | 0.10 | 无 灶 | 个 | 0.05 |
| 太阳能沐浴 | 套 | 0.10 | 无坐便盆 | 套 | 0.30 |
| 供热水器械 | 套 | 0.10 | 无纱窗 | 合 | 0.10 |
| 吊 灯 | 头 | 0.10 | 无暖气片 | 平方米 | 0.05 |
| 壁 灯 | 头 | 0.10 | — | — | — |
| 墙裙装饰富丽板 | 平方米 | 0.07 | — | — | — |
| 门窗装饰护角 | 个 | 0.07 | — | — | — |
| 铝合金门窗 | 合 | 0.10 | — | — | — |
| 塑料门窗 | 合 | 0.05 | — | — | — |
| 普通钢窗 | 合 | 0.03 | — | — | — |
| 壁 橱 | 个 | 0.10 | — | — | — |
| 大理石锅灶 | 个 | 0.08 | — | — | — |
| 水磨石锅灶 | 个 | 0.06 | — | — | — |
| 瓷砖锅灶 | 个 | 0.07 | – | – | – |

**第二次房改** 出售范围和对象 1997年，为加快住房资金的良性循环，较好地解决无房户的住房问题，利用房改售房资金新建东山、文水两个安居工程小区，解决了708户职工住房问题。是年7月，栖霞市政府印发《栖霞市公有住房出售暂行办法》，第二次进行住房改革。凡单位自管和房管部门直管的新建住房及主体结构基本完好的成套公有旧住房均可向职工出售。但城市规划区内的平房、经鉴定确认的危险房、未经市房产主管部门确权发证及产权有争议或产权归属不明的住房、已列入近期改造规划的住房、具有历史文物保护价值及其他不宜出售的住房，暂不向个人出售。

出售价格 出售公有住房分为市场价、成本价和标准价。出售公有住房的标准价由职工个人负担的房价和职工用单位资助的住房公积金抵交的房价两部分组成。出售公有住房的成本价，含住房的征地和拆迁补偿费，勘察设计和前期工程费，建安工程费，住宅小区基础设施建设费及小区级非营业性配套公建费、管理费、贷款利息、税金等7项因素，1996年每平方建筑面积暂定为687元。出售公有住房的市场价，除包括成本价的7项因素外，还应加上市政配套费、土地使用费、人防费和教育费、网点费、材料差价费、利润、拆迁安置费等7项。1996年每平方建筑面积市场价暂定为850元。住房的实际售价应根据所处地段、结构、层次、朝向、设施和装修标准等因素区别计价。

职工购买公有住房，必须以自住房为目的，按成本价或标准价购买公房，1个家庭只能享受1次优惠。购房的建筑面积（不包括阳台及户外楼梯）控制标准为，一般干部职工65平方米，科级干部75平方米，县处级干部90平方米，地厅级干部120平方米；企业干部属中一企业正职按90平方米，中一企业副职、中二企业正副职按75平方米；专业技术人员：正副教授、正副研究员、正副主任医师，高级工程师和相当于这些高级职称的其他高级知识分子120平方米；讲师、助理研究员、工程师、主治医师和相当于这些职称的其他中级知识分子90平方米。控制面积标准按承租人夫妇双方享受较高一方的标准执行。超过控制标准的部分，实行加价：购买1995年12月底前投入使用的住房，超过标准20%（含20%）以内的部分执行成本价，超过20%以上的部分执行市场价；购买1996年1月1日以后竣工的新房，超过标准的部分一律执行市场价。超标面积部分不享受任何优惠和折扣。职工按标准价或成本价购买公有住房后，不得以任何理由再承租公房。

1997—2000年，第二轮房改共出售公有住房3925户。2000年11月，栖霞市政府印发《关于进一步深化城镇住房制度改革的实施方案》，对有关内容进行调整完善，即增加发放住房补贴、出售价格进行适当的调高，相应的优惠进行调减。2001—2002年，共出售公有住房708户。

权属权益 职工以市场价购买的住房，产权归个人所有，可依法进入市场，按规定交纳有关税费后，收入归个人所有。职工以成本价购买的住房，产权归个人所有，购买后次年可依法进入市场，在补交土地使用权出让金和按规定交纳有关税费后，收入归个人所有。职工以标准价购买的住房，拥有部分产权（产权比例个人占77%），住满5年后方可依法进入市场，在同等条件下，原售房单位有优先购买权和租用权；原售房单位无力购买或已撤销的，市房产管理部门有优先购买权和租用权；售、租房收入在补交土地出让金和按规定交纳有关税费后，单位和个人按各自的产权比例分配。职工以标准价、成本价购买的住房，需调整新房时，应将原购住房按届时的标准价、成本价出售给原产权单位或房产管理部门，扣除原房折旧，仍可按届时的标准价或成本价购买一套自住房，但不再享受现住

房优惠和工龄折扣。超过原购房面积部分，可享受届时一次性付款优惠。

*公有住房售后的维修和管理* 住房的维修管理逐步推行社会化、专业化的管理模式。由物业管理公司统一实施专业化管理。个人购买的住房，属于个人自用部位设施、设备的维修费用，由本人处理。房屋的共用部位（楼盖、屋顶、梁柱、墙体及基础）、共用设施（外墙面、过道、楼梯洞以及上下水管、垃圾道、供电线路、公用照明、化粪池、路灯、绿化等）和共用设备的维修费用，由售房单位从售房款中提留15%，建立维修基金，专户存储。维修基金的利息（按银行个人1年期储蓄存款利率计息）用于支付共用部位、设施、设备的维修费用，仍不足的部分由产权人按各自占有房屋建筑面积分摊。

## 第五节 房地产开发

为适应经济发展的需要，加快第三产业和房地产开发，加快城区改造步伐，1993年5月7日，成立栖霞县房地产经营公司，为全民所有制企业，主要从事房地产开发、旧城区改造，注册资金100万元，其中固定资产60万元，流动资金40万元。2000年11月，该公司成立的胜达物业管理公司经烟台市房产管理局资质认定为临时资质企业，经过不断发展与完善，2001年3月，晋升为开发、建筑施工三级资质企业。2002年经省建设厅审查批准为三级资质物业管理企业。

1993—2002年，公司先后开发建设烟酒公司小区、吕剧团小区、农行小区、生资小区、松山特别商业街、唐家泊商业街，累计拆迁安置商住楼4.8万平方米，并对建设的住宅小区实行物业管理。公司已形成集开发、建筑装修、物业管理一体化集团公司。2002年9月，该公司改制为栖霞市胜达房地产开发有限公司，公司有固定资产439万元，流动资金2512万元，职工378人，有职称的工程技术、经济管理人员59人，设备107件，总功率926千瓦。公司多次被栖霞市建委评为建筑行业先进企业。

# 第四编

# 环境保护

白洋河畔（2002年）

20世纪80年代中期，栖霞县环境保护工作开始启动，保护环境与经济建设、城乡建设、环境建设同步规划、同步实施、同步发展，相继组织实施“五三八系统工程”（在市长和县长分别任期5年和3年内，要完成8项环境保护指标的系统工程）、“CCP工程”（全面控制环境污染系统工程）、“IEQ工程”（全面改善环境质量系统工程）。1985—2000年，先后完成并组织实施《栖霞县“七五”环境保护计划要点》《栖霞县“八五”环境保护计划要点》《栖霞县“九五”及2010年环境保护计划》《栖霞县“九五”及2010年环境保护计划》《栖霞市环境保护“十五”计划和2015年远景目标纲要》。

进入 20世纪90年代后，加大水污染防治、大气污染防治和生态示范区建设力度，强化城市环境综合治理、工业污染防治和自然生态保护，解决影响对外开放和制约经济健康发展的环境问题，全市整体环境质量得到明显改善。1991年，制定《栖霞县城镇烟尘控制区管理办法》和《栖霞县建设项目环境保护管理办法》。1993年，制定《栖霞县环境保护设施管理办法》和《栖霞县水污染物排放许可证管理暂行办法》，饮用水源水质达到国家地面水II类标准，白洋河、清水河、漩河、清阳河、黄水河五大河系及庵里水库水质控制在国家地面水III类标准；市区及重点镇、街道的大气环境质量保持在国家二级标准以上；声环境质量达到或优于功能区标准。1995年5月，批准《栖霞县城市区域环境噪声标准适用区域划分》，编制《栖霞县城市区域环境噪声标准适用区划》。1997年，栖霞市被国家环境保护总局确定为全国生态示范区建设试点地区之一。1998年，制定《栖霞市牙山自然生态保护区管理办法》。对自然生态保护区的范围、保护对象、保护与管理、奖励与惩罚等作出明确规定。

2002年末，共投入环保资金4.08亿元，完成各类点源治理项目43个，城市环境综合整治项目29个，关停污染项目46个。饮用水源水质达标率达到100%，河流水质达标率达到100%，烟尘控制区覆盖率达到100%，建成烟尘控制区8.8平方公里。环境噪声达标区覆盖率达到72.95%，达标区面积达6.42平方公里。工业废水排放达标率达到100%，建成区绿化覆盖率达到41.2%，自然保护区覆盖率达到9.77%。

2002年3月，栖霞市被国家环保总局正式命名为“国家级生态示范区”。

生态栖霞掠影（2002年）

# 第一章 环境规划与功能区划

## 第一节 管理机构

1980年3月，设立栖霞县革命委员会环境保护局，归口建设委员会；1984年9月，更名为栖霞县环境保护办公室，副科级单位，由城乡建设环境保护委员会直接领导；1986年3月，恢复环境保护局称谓，科级单位，列政府工作部门序列。1988年11月，成立栖霞县环境保护工作委员会，其职责是研究审定有关环境保护的方针、政策，提出规划要求，领导和组织协调全市环境保护工作。

## 第二节 环境保护规划

栖霞的环境保护计划与规划工作随着环境保护事业的发展而不断加强，在各个不同历史时期，均发挥着重要作用。

1985年，编制完成《栖霞县“七五”环境保护计划要点》，主要包括环境目标、主要任务和工作措施等部分。第七个五年计划确定的环境目标和主要任务是，更新改造城区锅炉、窑炉，推广使用型煤，部分单位实行联片供热，建设烟尘控制区，改善城区环境质量，大气环境质量达到国家二级标准；加强工业废水污染治理，保护和改善饮用水源水质，使龙门口水库水质达到国家饮用水标准，庵里水库水质达到地面水III类标准，主要河流水质基本达到地面水II类标准；加强固体废物管理提高固体废物处理和综合利用率；严把“三同时”（防治污染设施与主体工程同时设计、同时施工、同时投产使用）审批关，杜绝新污染源的产生；加强大柳家区域自然生态保护建设；加强环境宣传、环境监测。

1989年，编制完成《栖霞县“八五”环境保护计划要点》。第八个五年计划确定的环境目标是，城区大气环境质量继续保持二级标准并有所改善；龙门口水库水质继续保持饮用水标准，庵里水库水质保持地面水III类标准，内外夹河水质达到和保持地面水II类标准；加强固体废物管理，不断提高综合利用率和处置率；加强噪声防治，山城二路、三路、四路、五路、霞光三路的交通噪声不超过70分贝；居民区昼间不超过60分贝，夜间不超过50分贝；减少乡镇污染点源。

“八五”计划确定的总任务是，城区所有锅炉改造完毕，锅炉、窑炉烟尘排放量控制在林格曼二级以下。推广联片供热，普及型煤，烟尘控制区面积由局部控制扩大到全城控制和重点乡镇控制；加强龙门口水库上游污染源和城区重点污染治理，保护饮用水水源；加强固体废物管理，工业废渣全部处理和综合利用；加快城区锅炉噪声治理进度，取缔室外噪声源，加强交通干线噪声管理。

1994年，编制完成《栖霞县“九五”及2010年环境保护计划》，主要包括指导思想、环境保护总目标、主要措施、主要保证条件四大部分。第九个五年计划及2010年环境保护的总目标是，全面控制环境污染，城区和重点乡镇的环境质量进一步改善；制止自然生态环境的污染和破坏，有效地防止各类开发建设对环境的污染，确保饮用水源和地下水不受污染；重点抓好“三河”（白洋河、清阳河、黄水河）、“两库”（龙门口水库、庵里水库）的污染综合治理，使水环境质量进一步改善；重点抓好占全县工业污染负荷70%~80%的“排污大户”的污染防治、城市环境综合整治、清除城市“四害”（废水、废气、废渣、噪声）的工作。

“九五”末的具体目标是，工业废水排放量控制在2000万吨以内，工业废水排放达标率达到100%，废气排放总量控制在70亿标立方米以内，烟尘排放量控制在2236吨以内，工业粉尘排放量控制在2.3万吨以内，工业废气处理率达到95%，工业固体废物综合利用率达到80%，工业固体废物处理、处置、综合利用率达到100%，城市生活垃圾清运率和处理率达到100%；城区交通干线昼间噪声不超过70分贝；进一步搞好大柳家自然生态保护区建设和管理，积极推广生态农业，促进农业生态环境的良性循环。

1995年，根据国家、省、市环保工作部署和要求，在1994年编制完成《栖霞县“九五”及2010年环境保护计划》的基础上，又重新编制完成《栖霞市环境保护“九五”计划和2010年规划》。

2000年，根据烟台市《关于编制环境保护“十五”计划和2015年远景目标纲要的通知》精神和全市“九五” 计划执行情况，编制完成《栖霞市环境保护“十五”计划和2015年远景目标纲要的通知》，主要包括：总论、自然社会经济状况概述、“九五”计划执行情况、“十五”规划目标与任务、“十五”规划实施方案五大部分。

环境保护第十个五年规划目标和任务是：环境保护工作总目标，到2005年，建立适应社会主义市场经济体制的环境保护政策法规和管理体系，建设成为经济快速发展、环境清洁优美、生态良性循环的现代化生态城市。

环境质量目标是，到2005年，环境空气质量保持或优于GB3095-96二级标准，声环境质量全部按功能区达标，地面水（即白洋河、清阳河、黄水河、漩河、清水河）环境质量达到和保持国家地面水III类标准，龙门口水库保持II类标准。

主要污染物总量控制指标是，到2005年，全市主要污染物排放总量为COD2731吨，二氧化硫（SO2）5680吨，烟尘1314吨，工业粉尘11470吨。

建成国家级生态示范区，在2005年前，达到发达地区生态示范区的指标要求，在全市范围内加大绿化种植面积，增强自然生态体系抵御各种内外因素干扰的能力。区域内大量的生物物质和能量得到高度开发利用，并形成良性循环，使栖霞的经济步入可持续发展轨道。

2015年长远目标是，环境质量目标，城区及重点乡镇环境空气质量、声环境质量、水环境质量分别达到功能区标准；生态环境保护目标，基本理顺栖霞社会自然体系中各组成部分之间关系，使绿色组分在数量、空间、布局上得到合理发展，具备较强的调节环境质量的功能，建立起工业规模的生态农业体系。

## 第三节 环保功能区划

1992年，为贯彻执行中华人民共和国《城区区域环境噪声标准》（GB3096-82），加强对城市区域环境噪声的管理和治理，县环保单位进行栖霞县《城市区域环境噪声标准》适用区域划分的研究工作。为保护水源，控制水污染，促进全县经济社会持续稳定发展，环保局依据全县总体规划，立足现状，着眼长远，紧紧围绕保护饮用水源，将全县重点水资源按不同功能划分出相应的保护区，编制完成《栖霞县水环境功能保护区划》，区划结果为，饮用水源保护区、工业用水保护区、规划水源保护区。在饮用水源保护区中饮用水区为饮用水源一级保护区，饮用水主要水体分市区为饮用水源二级保护区，饮用水源二级保护区的补给饮用水源准保护区。《栖霞县水环境功能区划》由栖霞县人民政府于同年颁布实施。

本次区划的范围为建成区，南至五里后村、南石岔村，北至十里铺村，西到西三里店村，东至大流口村，总面积为13平方公里。本次区划主要以《城市区域环境噪声标准》（GB3096-82）、城市发展总体规划、城市环境噪声污染现状及发展趋势为依据，坚持保护居民为主、便于管理促进治理为主、城市现状布局和总体规划相结合的原则，将全县城区划为居民文教区（3块）、二类混合区、工业集中区（3块）和交通干线道路两侧区域（3条）。

1993年，为从宏观上控制乡镇企业污染，合理有效地保护自然资源和生态环境，促进全县经济建设、城乡建设、环境建设同步规划、同步实施、同步发展，县环保局在系统分析、综合评价和科学预测全县乡镇企业发展、污染状况的基础上，依据栖霞县国民经济和社会发展十年规划以及“八五”环境保护计划，编制完成《栖霞县乡镇企业环境管理区划以及控制对策》，同年3月，由县人民政府颁布实施。该区划将全县23处乡镇划分为4个功能不同的保护区。I区，为环境敏感保护区。包括苏家店镇、寺口镇和小庄乡。II区，为环境主要控制区。包括桃村镇、庙后乡、寨里乡、臧家庄镇、中桥镇和栖霞镇。III区，为环境相对稳定区。包括唐家泊镇、铁口镇、大庄头乡、亭口镇、占疃乡、松山乡和金山乡。IV区，为农业生态资源保护区。包括官道镇、观里镇、杨础镇、蛇窝泊镇、连家庄乡、大柳家乡和刘家河乡。

1994年，栖霞县环保部门根据烟台市环保部门的指导，联合县水利、建委、计委、统计、自来水公司等单位，完成《栖霞县城区污水综合整治规划》。规划的指导思想是，改善城区环境质量，保护白洋河及庵里水库，集中治理、点源治理，全面开展城区水环境综合治理。目标是，庵里水库水质保持在GB3838-88地面水III类标准。该规划根据城区污水排放现状和城区地貌地形特点以及城区规划布局，对城区污水排放体制，污水处理厂厂址进行规划，城区污水实行雨、污分流制，污水处理厂厂址经栖霞县建委规划并经省政府批准，定在白洋河西岸、白洋河酿酒公司东侧，面积6.67公顷，方案为城区污水收集系统—白洋河两侧截流水管网—污水处理厂—排入河道。污水处理厂日处理规模2万吨，计划到2010年，日处理规模达到4万吨。

1995年5月，编制栖霞县《城市区域环境噪声标准区划研究》，并获县科技成果三等奖。噪声区划总面积为132平方公里，划分1类标准适用区2块，2类标准适用区1块，3类标准适用区3块，4类标准适用区3块。8月，实施《栖霞县城市区域环境噪声标准适用区域划分》。

# 第二章 污染预防与治理

20世纪70年代，国家提出建设项目“三同时”制度（防治污染设施与主体工程同时设计、同时施工、同时投产使用）、环境影响评价制度和排污收费制度。1989年，国家又确定环境目标责任制城市环境综合整治定量考核、排污许可证、污染集中控制和限期治理等5项新的管理措施。栖霞县加大宣传力度，认真贯彻落实各项管理制度和措施，严格进行环境管理，取得明显效果。

## 第一节 法制建设

自1979年后，国家先后颁布《中华人民共和国环境保护法》《中华人民共和国水污染防治法》《中华人民共和国大气污染防治法》《中华人民共和国噪声污染防治法》等环保法律、法规。依据上述法律、法规，1987—2002年，栖霞市政府相继制定和颁布一系列环境保护规范性文件，使环境保护工作走上规范化和法制化建设轨道。

1987年3月，制定《栖霞县人民政府关于龙门口水库水源保护的暂行规定》，明确水源保护机构的职责、水质保护标准与原则、水源保护范围、奖励与惩罚等。1991年6月，制定《栖霞县城镇烟尘控制区管理办法》，对城区大气污染物排放单位的权利义务以及污染物排放标准、防治污染物设施的监督管理、奖惩措施等作出明确规定。7月，制定《栖霞县建设项目环境保护管理办法》，对建设项目的选址、防治污染设施、环境影响报告书、防治污染设施的设计与施工、审批机关以及奖励与处罚等作出明确的规定。

1992年10月，制定《栖霞县环境噪声污染防治办法》和《栖霞县大柳家自然生态保护区管理办法》，明确规定管理部门的职责，环境噪声监督管理，工业噪声、建筑施工噪声、交通噪声以及社会生活噪声的污染防治和法律责任等；《栖霞县大柳家自然生态保护区管理办法》对自然保护区的范围、保护对象、管理机构、保护与管理、奖励与惩罚等作出明确规定。1999年7月，扩大大柳家自然生态保护区范围，由原来的5200公顷扩大到6400公顷，并更名为十八盘自然生态保护区。

1993年8月，制定《栖霞县环境保护设施管理办法》和《栖霞县水污染物排放许可证管理暂行办法》，对环境保护设施的管理、运行操作以及奖励与惩罚等作出明确规定。对排污申报登记、排污许可证的申请、发放与监督管理、法律责任、奖励与惩罚等作出明确的规定。

1995年5月，批准《栖霞县城市区域环境噪声标准适用区域划分》，编制《栖霞县城市区域环境噪声标准适用区划》。1996年5月，制定《栖霞市城市管理实施细则》。对城市市容管理、城市环境卫生管理、城市交通管理、奖励与惩罚等作出明确规定。

1997年，制定《栖霞市人民政府关于环境保护若干问题的决定》。内容包括目标、实行环境质量行政领导负责制、建立经济与环境可持续发展的综合决策机制、环境保护监督管理体系、污染排放物总量控制体系、控制新污染源和禁止污染转嫁、老污染源治理和城市环境综合整治、生态环境、开发自然资源、环保资金筹措机制、环境保护宣传教育等。

环境保护工作宣传（1997年）

1998年4月，市政府编制《栖霞市环境噪声功能区划》，将市区噪声功能区划分为一类、二类、三类、四类4种标准适用区。

1998年2月，制定《栖霞市牙山自然生态保护区管理办法》，对自然生态保护区的范围、保护对象、保护与管理、奖励与惩罚等作出明确规定。2002年，崮山自然生态保护区亦执行该办法。

## 第二节 环境监测

1982年，成立环境监测站，国家三级环境监测机构，时有工作人员5人，2002年，工作人员11人，其中，高级工程师1人，工程师4人。监测设备61台套。

环境监测机构刚成立时，人员少，设备不多且不够先进，监测工作制度也不完善。1985年以后，制定《质量控制人员、试剂器材管理人员岗位职责》，认真实施《质量管理手册》，从室外现场采样、原始记录、数据分析到三级审核、持证上岗，均形成一整套工作制度，并始终贯穿于环境监测之中。1987年，环境监测结束后，完成《栖霞县环境质量报告书》《栖霞县重点工业污染源排污状况报告》，上报县委、政府后进入领导决策。1989年，加大省属企业监督监测力度，安排专人监测国、省属企业，定期上报数据，监督企业整改。

1990年，开展农村饮用水源水质调查，对重点流域的20个村庄饮用水源水质进行分析，形成专题报告上报县政府研究治理。1995年，监测部门参与栖霞县饮用水源地规划制定、电磁辐射调查、危化品调查，对监测出的数据进行分析，拿出整改意见，要求有关部门予以实施。1998年，配备放射源监测设备，开展放射源监测，特别加强对金属冶炼企业旧金属回收监测，排查21个单位，提出了整改要求。2000年，着重加强水泥行业治污工作监测，提出水、气、烟尘排放标准，并实行跟踪监督。2002年，对地下水、噪声、污染源进行监测，定期采样化验，监测污染源发生地，排查印染、酿酒、织布等企业160多家，主要监测项目是悬浮物和化学需氧量。

## 第三节 污染治理

**签订目标责任书** 1988年，烟台市制定并组织实施《1988—1992年烟台市环境保护“五三八”系统工程》，烟台市市长与栖霞县县长签订“五三八”系统工程（即在市长和县长分别任期5年和3年内，要完成8项环境保护指标）责任书。同年9月，根据烟台市政府环境保护“五三八”系统工程的规定和要求，在市长与县长签状的基础上，县长与各乡镇、各企事业单位主要负责人层层签订环境保护目标责任书，将1988—1992年的环境保护目标具体分解到基层，确保环境保护“五三八”系统工程的全面落实。通过实施环境保护目标责任制，全县的环境保护工作取得明显成效，各级领导的环境意识得到进一步增强，环境保护纳入各级政府的议事日程；污染治理步伐加快；区域、流域综合整治初见成效，齐抓共管的局面初步形成。

1992年，“五三八”系统工程确定的“三件要事”和“八项指标”全部完成。总投资2759.5万元，每年新增加废水处理能力554万吨，废气处理能力3.07亿标立方米，固体废弃物综合处理能力28万吨，年消减COD、SS分别为5225.58吨、10.24万吨。全县工业废水外排达标率为90.91%，废气净化处理率为98.89%，固体废物综合利用率为38.99%。建成面积为4.42平方公里的噪声达标区，达标区内固定噪声源达标率为94.1%。建成总面积为8.8平方公里的烟尘控制区，控制区内锅炉烟尘浓度和烟尘黑度达标率为97.73%。建成总面积为5200公顷的大柳家自然生态保护区，保护区内林木覆盖率为93%，植被覆盖率为99.8%，水土流失治理率为86%，土壤有机质含量为0.85%。严格执行“三同时”（设施与主体工程同时设计、同时施工、同时投入生产和使用）制度，共审批“三同时”项目51个，拒批11个，“三同时”执行率达100%。加强排污收费管理，开征排污收费单位131个，征收面达100%，排污收费额逐年增加，环境监测手段和监测水平不断加强和提高。

**主要污染源治理** 1993年，烟台市制定并组织实施政府5年环境保护目标责任制工程，即《1993—1997年烟台市全面控制环境污染系统工程》。烟台市政府与县政府签订环境保护目标责任书，此后，县长与各乡镇、各企事业单位主要负责人层层签订环保目标责任书，将1993—1997年的环境目标具体分解落实到各乡镇、各企事业单位，确保全面控制环境污染系统工程和环境保护目标任务的全面贯彻和落实。

通过环境目标责任制的实施，全面控制环境污染系统工程和环境目标责任书任务已全面完成。5年间，共投入环境资金11亿元，完成各类点源治理项目72个，城市环境综合整治项目9个，关停并转迁重点污染源11个。1997年底，城市集中供热达到16.3%，城市气化率达到85.2%，建成区绿化覆盖率达到35.07%，自然保护区覆盖率达到5%，烟尘控制区覆盖率达到100%，噪声达标区覆盖率达到76.2%，饮用水源水质达标率达到100%，工业废水处理率达到97.9%，重点企业工业废水排放达标率达到82.3%，万元产值工业废水排放量为2.05吨，工业尾气达标率达到41.1%，汽车尾气达标率达到88.05%，工业固废综合利用率达到70.1%，生活垃圾处理率达到100%，区域环境噪声平均值为48.2bB（A），交通干线噪声平均值为69.1bB(A)。

1998年，烟台市制订并组织实施《1998—2002年烟台市全面改善环境质量系统工程》，并印发《烟台市全面改善环境质量系统工程方案》，与各县（市、区）签订1998—2002年环境保护目标责任书。栖霞先后关停20多处不合格矿山，实施矿山地质环境保证金制度，对矿山生态环境进行恢复和治理。投入资金550万元，对50公顷废弃矿坑以及矿区进行回填、覆土、植树种草。城区二氧化硫年均值为0.019毫克/立方米，符合国家二级标准，同比下降1.9%；二氧化氮年均值为0.023毫克/立方米，符合国家一级标准，同比下降2.1%；可吸入颗粒物年均值为0.079毫克/立方米，符合国家二级标准，同比下降7.1%。降水PH年均值在6.70～7.00之间，未出现酸雨。

全市饮用水源地的综合平均污染指数为P=0.37，属“清洁”级水质稳定，符合饮用水水质标准；地下水的综合平均污染指数P=0.31，属“清洁”级，水质良好。全市五大河流（白洋河、清阳河、清水河、黄水河、漩河）水质良好，达到《地表水环境质量标准》（GB3838-2002）Ⅲ类标准。城区道路交通噪声均符合国家标准；区域环境噪声和道路交通噪声比往年略有降低。

2002年末，共投入环保资金40848.83万元，完成各类点源治理项目43个，城市环境综合整治项目29个，关停取缔“十五（土）小”项目46个。饮用水源水质达标率达到100%，河流水质过标率达到100%，区域环境噪声平均值为48.1bB(A)，交通干线噪声值为56.0bB(A)，水污染物排放总量削减率达到46.79%，大气污染物排放总量削减率烟尘为87.13%，二氧化硫为41.54%，粉尘为2.3%，烟尘控制区覆盖率达到100%，环境噪声达标区覆盖率达到72.95%，工业废水排放达标率达到100%，汽车尾气达标率达到88.32%，危险废物处置率达到100%，城市集中供热率达到50.9%，城市气化率达到91.68%，生活垃圾处理率达到100%，建成区绿化覆盖率达到41.2%，自然保护区覆盖率达到9.77%。

**污水、噪声、废气集中控制** 1994年，在新城区北部白洋河西岸建设了一处污水处理厂，集中处理全城污水。该污水处理厂占地面积6.67公顷，日处理污水2万吨，经过处理的污水达到农田灌溉标准。

1994年建成的污水处理厂及污水处理系统

20世纪80年代，依法加强工业、交通、建设施工等各种噪声源的鉴测管理。20世纪90年代，城市规模不断扩大，建筑施工噪声污染比较突出，为彻底解决这一问题，1990年，制订《栖霞县城市区域环境噪声标准适用区域划分》，1991年，制定《栖霞县建设项目环境管理办法》，对建筑施工产生的噪声给予严格限制。1992年以后，建成面积4.42平方公里的噪声达标区。到2001年，扩建噪声达标区面积2平方公里，2002年，噪声达标区面积达6.42平方公里。

废气集中控制主要措施是建设烟尘控制区，到2002年，建成烟尘控制区8.8平方公里。

1985—2002年栖霞市工业废水及主要污染物排放情况统计表

表4-1

| 年 份 | 工业废水排放量（万吨） | 化学需氧量（吨） | 石油类（吨） | 悬浮物（吨） |
|---|---|---|---|---|
| 1985 | 694.23 | 5946.23 | — | — |
| 1986 | 772.09 | 7309.16 | — | — |
| 1987 | 905.78 | 7318.86 | — | — |
| 1988 | 646.38 | 933.97 | — | — |
| 1989 | 445.76 | 549.54 | — | — |
| 1990 | 585.03 | 583.32 | — | — |
| 1991 | 453.79 | 954.13 | — | 101.94 |
| 1992 | 407.00 | 432.57 | — | 36.52 |
| 1993 | 221.00 | 875.00 | — | 17.00 |
| 1994 | 292.09 | 382.89 | — | 7.25 |
| 1995 | 308.00 | 356.00 | — | 109.00 |
| 1996 | 232.36 | 466.62 | — | 51.29 |
| 1997 | 271.46 | 404.05 | 6.11 | 340.77 |
| 1998 | 448.40 | 1081.86 | — | 410.15 |
| 1999 | 403.64 | 338.89 | — | 108.15 |
| 2000 | 263.00 | 346.23 | — | 66.03 |
| 2001 | 222.59 | 179.41 | — | — |
| 2002 | 207.00 | 166.66 | — | — |

## 第四节 综合整治

20世纪80年代，城市环境综合整治是主要提高城市环境质量和城市载体功能，包括环境质量目标、污染物消减目标和城市建设目标等。从1993年开始，每年根据全市环境综合整治规划、经济和社会发展计划制定当年的定量考核目标，同时把考核目标纳入环保目标责任制中，认真组织落实。

1998年，市委、市政府为全面改善城市环境质量，提高城市整体功能和现代化水平，动员全体市民开展一次大规模的城市环境综合整治活动，对城区所有路面进行重修，完成西出口道路两侧向西延伸绿化、城区空地绿化、北出口道路两侧绿化和东山小游园绿化完善工作，新增公共绿地面积1.2万平方米，城区绿化覆盖率40.3%；在霞光路、山城路、文化路、跃进路4条重要干道布置广告灯箱；完成郝家疃大桥和液压件厂大道建设；开通市区公交车运营线路；城市环境卫生达到“四净五无”，道路保洁率和垃圾清运率均达100%；完成白洋河城区段改造，铺设纳污管道3860条，2000年，修建4座翻板闸，实现白洋河水的雨污分流。

**严格审查建设项目** 建设项目“三同时”制度和环境影响评价制度是国务院1973年颁布的《关于保护和改善环境的若干规定》中对建设项目首先提出的环境保护工作制度。1980年，栖霞县革命委员会环境保护局成立后，环保部门认真贯彻执行建设项目“三同时”制度，严格建设项目环境管理。1991年，根据《中华人民共和国环境保护法》和《山东省建设项目环境管理办法》，制定《栖霞县建设项目环境管理办法》。

1993年，中桥镇被烟台市确定为对外开放重点镇，被县政府规划为外商投资园。4月，环保部门根据烟台市“关于开展各县市区经济技术开发区环境质量现状评价工作会议”精神和烟台市环境监测中心站《开发区评价大纲及有关技术方法》，利用两个月时间对中桥镇外商投资园进行冬、春季环境监测，监测内容包括大气、水、噪声、气象观测，放射性及土地植被调查，共获得有效监测数据2450个。在此基础上，根据中桥镇的自然环境善、社会经济善，与烟台市环境保护科学研究所一起对中桥外商投资园进行环境质量评价，编制完成《栖霞经济开发区环境背景特征调查及环境质量现状评价》，为经济开发区的经济发展提供科学依据。

1994年，制定《栖霞县人民政府关于进一步加强建设项目环境保护管理的通知》，明确要求，所有新、改、扩建项目，包括区域开发和自然资源开发项目，必须严格执行国家建设项目环境管理的有关规定。环保、工商、计划、经贸、外经贸等部门密切配合，坚持“耗能高不上，耗水大不上，污染重不上”的“三不上”原则，严把建设项目审批关，有效地杜绝新污染源的产生。

1988—1992年，共审批建设项目51个，拒批污染重和“十五（土）小”项目11个，“三同时”执行率达100%。

1993—1997年，共审批建设项目114个，拒批25个，“三同时”执行率达100%。

1998—2002年，共审批建设项目469个，拒批37个，“三同时”执行率达100%。

**实行排污收费制度** 栖霞的排污收费工作始于1980年。根据当时全县的经济发展状况，只对20多家排放废水、废气、废渣的单位征收排污费，每年征收的排污费只有30多万元。1986年后，随着经济的发展以及县属工业、乡镇企业和村办企业的不断增多，环保部门依据国务院《征收排污费暂行办法》和《山东省征收排污费实施办法》，严格按照排污费征收标准，积极开展排污费征收工作。2002年末，排污费征收面达到100多个企业，排污费征收额达到100多万元。

**实行排污许可证制度** 1993年4月，县环保局根据国家环保局《水污染物排放许可证管理暂行办法》中有关规定，按照烟台环保局的统一部署，对白洋河城区段流域的排污企业开展排污许可证制度试点工作。根据前段时间对白洋河城区段流域排污企业的调查，确定印染厂、造纸厂、粮油食品总厂等33个企业为实行排污许可证制度的单位。

对确定为实行排污许可证的单位，进行排污申报培训，根据各企业排污状况和对水质的污染程度分别确定各企业污染物申报登记种类和数量，按照国家环保局制定的统一表格认真填写上报。县环保局采取与企业主管部门联合对申报数据进行现场普查和会议审查相结合的办法进行审核。在审核过程中，对可疑数据由环境监测站进行监测后确定，对申报过程弄虚作假的单位，退回申报登记表，责令重新申报。根据白洋河城区段庵里水库上游环境综合整治情况和水环境保护功能区划的要求，将庵里水库枯水期最小纳污能力和庵里水库上游城区段河流自净能力作为污染物排放控制总量，根据企业发展潜力和内部消化能力，对各企业进行废水和污染物排放量分配。经污染总量控制领导小组研究，批准核发“排放污染物许可证”。

1994年9月，对符合污染物和废水排放标准的工具厂、粮油食品总厂等13个排污企业颁发“排污许可证”，有效期限为5年；对要削减污染物总量和污染物暂未达标的印染厂、造纸厂等20个单位核发“临时排污许可证”，有效期为2年，要求2年内达到确定的总量控制目标，达标后可申请办理“排污许可证”。1998年4月，根据烟台市环保局的统一部署，继续开展对其他企业的排污许可证发放工作。此次，共发放“排污许可证”40个，“临时排污许可证”20个。

2002年，对烟台三菱水泥有限公司、烟台宝桥锦宏水泥有限公司等6个单位颁发“排污许可证”。

1985—2002年栖霞市主要污染物排放情况统计表

表4-2

| 年 份 | 工业废气排放总量（万标立方米） | 二氧化硫排放量（吨） | 烟尘排放量(吨) | 工业粉尘排放量（吨） |
|---|---|---|---|---|
| 1985 | 60820.19 | 1477.87 | 925.77 | 400.00 |
| 1986 | 65372082 | 3147.29 | 1826.89 | 9700.00 |
| 1987 | 71456.18 | 4212.09 | 2686.12 | 240.00 |
| 1988 | 75036.56 | 4190.97 | 1510.24 | 200.00 |
| 1989 | 243547.88 | 3812.62 | 1705.54 | 11100.00 |
| 1990 | 223813.00 | 4608.16 | 568.05 | 11000.00 |
| 1991 | 181091.00 | 3062.15 | 465.58 | 5623.54 |
| 1992 | 180382.00 | 3049.00 | 556.00 | 6992.00 |
| 1993 | 172994.00 | 2707.00 | 493.00 | 7975.00 |
| 1994 | 175020.67 | 2653.00 | 423.00 | 7264.00 |
| 1995 | 169425.00 | 2476.00 | 356.00 | 5464.00 |
| 1996 | 81343.00 | 1734.36 | 1704.78 | 1920.00 |
| 1997 | 520350.00 | 3716.87 | 823.59 | 29502.50 |
| 1998 | 432808.00 | 4371.00 | 983.00 | 15574.00 |
| 1999 | 730680.00 | 3374.93 | 383.88 | 15791.00 |
| 2000 | 625700.00 | 2493.69 | 173.00 | 20820.82 |
| 2001 | 1185018.00 | 2377.68 | 111.39 | 20861.69 |
| 2002 | 682591.00 | 2153.76 | 83.36 | 13907.79 |

## 第五节 执法检查

**限期治理整顿** 1993年以后，栖霞的限期治理项目均列入省长、市长责任书和“CCP”工程、“IEO”工程中。1993—1997年，栖霞县（市）被列入省长、市长责任书的项目共12个。5年中环保投资累计680万元，年消减COD420吨、SS29450吨、烟尘70吨。1998—2002年，全市被列入省长、市长责任书项目12个，“IEQ”工程项目66个，2002年末，治理任务全面完成。

**监督检查** 1985—2002年，栖霞市环境保护执法检查工作，主要采取两种方法进行，经常性执法检查与突击性执法检查相结合。以市环保局管理科和环境监理站为主，组成执法检查组，对企事业单位执行环保法律法规情况进行检查，及时发现问题，对照环保法律法规进行处理。每年检查企事业单位100多个。实行定期执法检查。以市人大常委会为主，由市环境保护工作委员会、环保局、经委、建委、外经委等单位组成执法检查小组，每年7月和11月为执法检查月，由市环境保护委员会提出执法检查方案，对环保部门以及各企事业单位执行环保法律法规情况进行检查，以此提高环保部门的执法水平，促进企事业单位执行环保法律法规的自觉性，推动全市环保工作的深入开展。

## 第六节 环境纠纷与案件处理

20世纪80年代，随着经济的不断发展和全民环境意识的不断增强，环境信访案件逐年增加。1985—1989年，共受理环境污染纠纷和环境信访案件80余起，全部处理结束。进入90年代，环保部门把处理好环境污染纠纷和环境信访案件作为自觉接受人民群众监督、密切党群关系、促进社会稳定的重要方面，建立快速反应机制。2001年，成立法制信访科，专门负责环境信访案件的受理与查处，“一把手”每案必问、副局长包案到底，做到“七快、三优先”，“七快”即受理快、报告快、决定快、调查快、取证快、复核快、落实处理意见快；“三优先”即接到信访案件后，人员调动优先、车辆使用优先、监测化验优先。严把初信初访关，对当时能够处结的当日结，对不能当日处结的主动与当事人说明情况，并给予明确答复。

1993—2002年，全市共受理环境污染纠纷和环境信访案件746起，处结746起，处结率100%。

# 第三章 生态保护

## 第一节 生态环境保护

20世纪80年代，生态环境保护限于艾山、牙山、方山和崮山等几个主要山区，保护范围较少，面积不大。进入90年代以后，结合各个山区特点，生态保护范围逐步扩大，保护面积逐步增加，大面积的有林地区划定保护区。在艾山自然生态保护区基础上，1998年，结合牙山周围地区的自然生态特点，划定牙山自然生态保护区，总面积为1.01万公顷，同年2月，栖霞市人民政府印发《栖霞市牙山自然生态保护区管理办法》。

牙山自然生态保护区一角

1999年7月，在大柳家地区划定自然生态保护区，总面积为6400公顷，并命名“十八盘自然生态保护区”。以苏家店镇境内南崮山和北崮山一带为区域，划定“崮山自然生态保护区”，总面积1800公顷。同年7月，栖霞市人民政府印发《栖霞市崮山自然保护区管理办法》。

十八盘自然生态保护区一角

到2002年末，全市共建立艾山、十八盘、牙山、崮山、方山5处自然生态保护区，总面积1.83万公顷，并建立方山柞蚕原种自然生态保护区，面积616公顷。全市自然保护区总面积21326公顷，占全市总面积的10.58%。

## 第二节 生态示范区建设

**生态示范区规划** 栖霞县是烟台市唯一的内陆山区，山多地少，有大小山头2500余座，低山丘陵占总面积的85%，平均海拔178.72米，高于周围其他县、市、区，有“胶东屋脊”之称。境内只有离境之水，而无入境之流，是烟台市及周边县市区的水源发源地和供给地。20世纪80年代，主要保护和改善生态环境，重点抓森林防火，打击乱砍滥伐现象。90年代，涵养水源，保证本市及下游群众正常生活，栖霞生态建设向规模化、制度化、示范式方向发展。

1996年，全市采取减少化肥农药使用量、大搞植树种草、开展小流域治理、加快工业污染防治步伐等一系列水土保持和生态保护措施。

1997年，被国家确定为生态示范区建设试点地区之后，提出“以可持续发展战略为指导，以保护和改善生态环境、保护涵养水源为主线，把保护和改善生态环境，保护涵养水源同生态农业、生态林业、生态工业、水土保持和水利建设、城市建设、工业污染防治有机结合起来，促进资源的合理开发和利用，实现经济、社会与自然环境的协调发展”。明确生态农业、生态林业、生态工业、水土保持和水利建设、城市建设、土地和矿山资源保护、工业污染防治等十大重点建设任务，确立“用10年左右的时间，把栖霞建设成为一个人与自然和谐相处，物与环境持续共存，经济、社会、生态相互协调发展的生态强市”的生态示范区建设目标。为完成这一目标，市政府将工作任务层层分解到各有关部门和单位分工协作、予以落实。

1998年，为确保生态示范区建设任务和目标的实现，市政府组织人员先后到深圳、珠海、东莞、五莲等地进行学习，组织农业局、林业局、水利局、规划建设局、环保局、发改局、国土局等有关部门的业务骨干，按照《国家生态示范区规划编制导则》的要求，高标准、高起点编制《山东省栖霞生态示范区建设规划》。

2002年，在生态示范区建设布局上，确定以城区、镇区、工业园区、外向型开发区和村庄“五区”整体推进的发展格局。在功能定位上，突出现代文明与田园风光的有机结合，把“碧水、蓝天、绿地、生态城”作为全市发展的目标。在发展战略上，坚持“生态强市、绿色兴市”，以创建生态工程、创办生态产业、创立生态品牌、发展生态经济为主要内容，做到近、中、长期规划分步实施，确保发展的连续性。在规划保障上，严格执行 “一支笔，一张图”制度，为有计划、有步骤地实施生态示范区规划提供科学依据。

庵里水库湿地（图一）（2002年）

庵里水库湿地(图二）

**生态示范区实施** 为有计划地落实1997年国家确定的生态示范区建设试点工作，无论乡村还是城市，统一规划，协调发展，生态建设全面启动，发展步骤为先城市，后农村，城市、农村共同实施。1998年，除十八盘、牙山、艾山、方山、崮山等自然生态保护区外，还将市政府驻地周围的公山、母山及周边地区列入生态建设范围。2000年，生态建设规模扩大到全市所有乡镇，沟壑、山谷、荒坡等，全部以义务投工形式植树建林。2002年，提高大气、水质质量标准，大气环境质量始终保持在国家二级标准以上，地面水环境质量分别达到功能区划标准，饮用水源水质合格率始终保持在100%，主要工业污染源排放达标率100%。

为切实加强对生态示范区建设的组织领导，1998年初，成立由市委书记任组长，市长和分管副市长任副组长，有关镇（街道）、部门主要负责人为成员的生态示范区建设领导小组，具体负责生态示范区建设的组织、指挥、协调和落实。建立健全农业、果业、林业、畜牧业、水利、土地、地矿、城建、环保、计划生育十大工作体系，从市到镇形成纵横结合、配套联动、相互协调的生态示范区建设网络。

20世纪90年代至21世纪，市政府把生态示范区建设工作任务纳入全市机关岗位责任制进行考核，层层签订工作责任状，定期组织调度、检查、考核，形成一级带一级、一级抓一级、层层抓落实的工作格局，促进《栖霞生态示范区建设规划》的有效实施。充分利用广播、电视等传播媒体介绍有关生态保护方面的新思想、新观念，宣传生态示范区建设的重大意义和必要性，不断强化市民的生态意识，使广大市民自觉地加入到生态示范区建设的行列，全市形成齐抓共管生态建设的良好社会氛围。

经过一系列建设，栖霞生态环境得到极大改善，2002年3月，栖霞市被正式命名为“国家级生态示范区”。

山间小溪（2002年）

生态林（2002年）

**发展生态农业** 1985—1989年，农业生态建设主要是果业发展，果树栽植面积逐年扩大。1990—1996年，实行果业、林业同步发展，建设绿色栖霞。

1997—2002年，是发展生态农业的主要阶段，在粮油生产过程中，以生产高档优质无污染无公害的绿色食品为目标，全面落实良种引进繁育推广、土壤优化改良、标准化种植管理等措施，推行种子生产专业化、品种布局区域化、种子质量标准化、种子加工机械化和全市供种统一化；推行测土配方施肥技术，根据土壤养分状况，按照“缺什么、补什么，缺多少、补多少”的原则，组织实施配方施肥，进一步改善土壤内部性状，减少化肥对土壤和水质的污染;推行标准化生产，全面推广农田立体间作套种，提高复种指数；进一步扩大保护地栽培面积，大力发展精准农业，减少农药使用量，提高粮油果菜品质。

1997年，在大力发展绿色高效农业过程中，立足山区优势，把垦荒植果、发展绿色果品生产作为建设“山上栖霞”，改善生态环境，发展绿色高效农业的重点，采取政策倾斜、技术指导和资金扶持等一系列措施，鼓励农民向绿色高效农业进军。通过实施基地促动、龙头带动和市场拉动战略，逐步形成生产、加工、销售一条龙的果品生产经营新格局。建成高效农业样板园3100公顷，科技园2300公顷。

1998年，在大力开发农村新能源过程中，合理利用水、肥、土、光、热、能六大资源，坚持“因地制宜，多能互补，综合利用，讲求效益” 的原则，大力提倡和积极推广秸秆还田、沼气、青贮饲料、太阳能等能源，建成以臧家庄镇吕家庄村和观里镇古村村为典型的养殖业—沼气—农业“三业一体化” 农业模式，促进农业资源的循环利用和能源的充分转换，被农业部、环保总局等8部委命名为“农村能源综合建设市” 。2002年，栖霞市被国家命名“全国农业标准化生产示范市” 。

**建设复合生态体系** 20世纪80—90年代初，生态建设主要集中在几个重点山区。1998年以后，围绕建设 “山上栖霞” 的目标，市政府把发展果木林业作为农业内部结构调整的重点，按照“高山远山封山育林搞改建，低山近山整地改土建果园”原则，大搞植树造林，建设绿色屏障，突出抓牙山、十八盘、崮山等自然保护区建设工程、公路两边绿色长廊工程、经济林开发建设工程和白洋河等主要河流的防护林工程，自然生态保护面积达到1.83万公顷，形成横贯全市东西的自然生态保护区和以白洋河、清阳河、漩河、清水河、黄水河5条水系为纽带，以庵里水库、龙门口水库上游为重点的生态防护林体系。

2002年，全市死封山岚3.2万公顷，退耕还林3万公顷，植树造林2万公顷。全市呈现出“山下水果山上林，河边路旁绿成茵，丘陵薄地干杂果，山川处处绿如荫”的景象。

**水土保持** 1997年，栖霞市政府确立“治上与治下以治上为主，治坡与治沟以治沟为主，生物措施与工程措施以生物措施为主”和 “封山育林与植树造林相结合，保护恢复植被与沟谷闸谷坊相结合”的水土保持工作思路。本着宜拦则拦、宜蓄则蓄、高水高拦、低水低截的原则，修谷坊，建塘坝，挖机井，修水库，层层设防，节节拦蓄。

从20世纪80年代中期到21世纪初期，累计治理水土流失面积917平方公里，基本消除风蚀、水蚀、重力侵蚀的危害。至2000年10月，建设水利工程6100项，全市总库容量达到2.42万立方米，工程供水量1.55万立方米。

全市全面推广低压管道灌溉、自动化微喷和管道补偿滴灌等节水工程，建成经济开发区大潘家“国际节水示范园”，西城镇仓上村为代表的“库区节水灌溉示范区”，桃村镇国路夼村、蛇窝泊镇西河南村为代表的“自动微喷节水技术示范区”，庵里水库为代表的“渠道防渗技术示范区”，寺口镇为代表的“新型拦蓄补源工程示范区”。

2000年11月，栖霞市被国家水利部、财政部命名为“全国水土保持生态环境建设示范市”。2002年末，已建成各类节水工程3.2万公顷，年可节水4000立方米。

1997年治理后的农村河道拦蓄

**生态污染防治** 1997—1999年，市政府先后实施“全面控制环境污染”和“全面改善环境质量”两大系统工程，把环境保护同调整产业结构，发展生态型工业有机结合，坚持“防、治”并举。严格建设项目环境管理制度，严把建设项目审批关，2002年末，先后拒批外商独资4000万美元的造纸项目、核工业273大队投资4000万元人民币的大豆蛋白项目等33个计划建设项目;依法关停14个污染较重且难以治理的企业。

1998年开始，在全市推广清洁生产工艺，将传统的“末端治理”变为“源头控管”，实行生产全过程污染控制。1999—2002年，在全市先后实施蓝天、碧水、宁静三大工程，重点治理空气污染、水污染和噪声污染，投资1.27亿元，治理污染源300多个，工业污染源排放达标率100%；建成市区8.8平方公里和重点乡镇驻地16平方公里的烟尘控制区，4.42平方公里的噪声达标区，大气环境质量达到国家二级标准，城市饮用水源水质始终保持生活饮用水标准，城市区域环境噪声和全市地面水环境质量均达到环境功能区划的标准和要求。

**建设生态城市** 结合争创全国生态示范区建设，1997年，栖霞市同步创建全国和全省现代化生态城市。建设、环境保护、土地、水利等部门联合行动，科学规划，加大投入，城市基础设施和环境综合整治力度不断加大。1998年，投资1000万元，完成城市纳污管网和拦水翻板闸工程，建设多处居住小区供热和供气工程。

2002年，完成同三高速公路栖霞段以及张栖路、中博路、福桃路、蓬水路、松十路、海莱路栖霞段等重大基础设施项目，形成以市区为中心，以同三高速公路、烟青一级公路、蓝烟铁路为骨架的综合交通网络，打通市区东、南、西、北4个出口，拓展了城市发展空间。

在城市周围农村特别是城中村庄，广泛开展“做文明居民，建文明城市”活动，开展卫生清洁，消除卫生死角。在市区，植树种草，提高城市绿化覆盖率。到2002年末，投资完成白洋河、翠屏公园、东山小游园、山城湖绿化带建设，城区绿化面积达到298.5公顷，城区绿化覆盖率达到40.9%，人均公共绿地9.39平方米，居烟台市领先水平。规划建设旗竿山林场、主格庄森林公园和北海公园，使城区周围3处林业公园实现三季有花，四季常青的景色，市区的绿化、美化、亮化工程改善了城市居民的生活条件，城市的文化品位得以提高。

栖霞城区白洋河生态建设掠影（2002年）

# 第五编
# 农　　业

栖霞梯田（2002年）

1978年，中共十一届三中全会后，栖霞县农业工作随着党的中心工作的转移，开始由“以粮为纲”向多种经营快速发展，特别是随着农村改革的深入和家庭联产承包责任制的实行，农民在土地经营和种植上有充分的自主权，全县农业产业结构调整步伐加快，粮食种植面积逐年减少，苹果种植面积急速膨胀。全市果业种植面积由1985年的13333公顷，增加到2002年的35408公顷，实现人均1亩果。果业成为全市最大的支柱产业，并逐步形成果品、畜牧、菌菜三大主导产业。2002年，全市农村经济总收入达到96亿元，农民人均纯收入达到3206元。

**1985—2002年栖霞市农业总产值示意图**

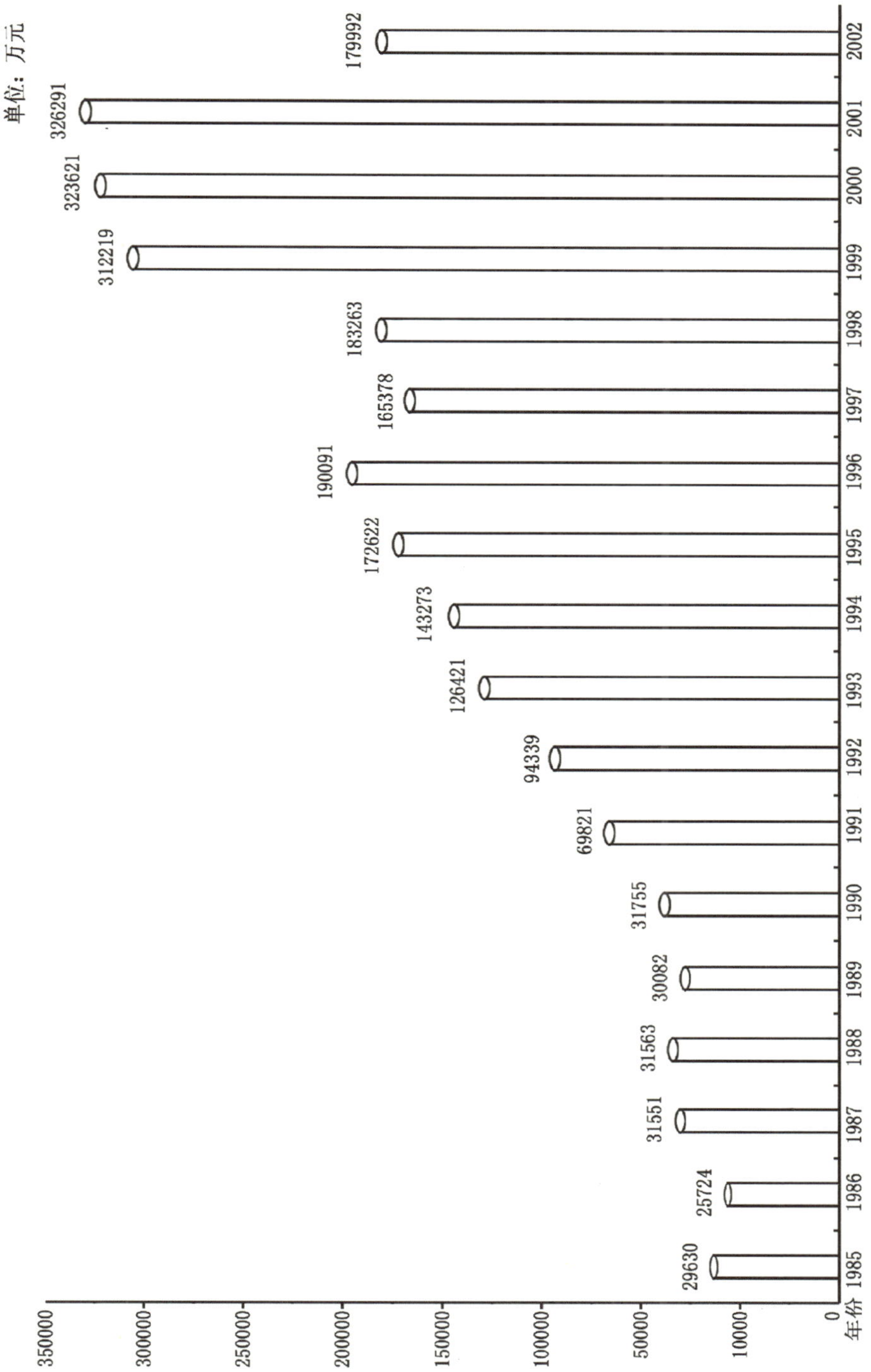

20世纪90年代中后期始，全市上下积极推进农业产业化、标准化和国际化进程，加快传统农业向现代农业转变步伐，果品、畜牧和菌菜三大主导产业的“三化”程度明显提高，逐步形成具有栖霞特色的大农业格局，促进全市农业和农村经济的持续、快速发展。加大农业龙头企业的建设和扶持力度，重点扶持培植源通果汁有限公司、果品集团公司、天誉果品有限公司、烟台金茂食品有限公司、栖霞绿洲食用菌技术开发有限公司、六和集团等一批贮藏、加工、销售和出口创汇企业。全市累计投资6亿多元，规划建设冷风库、气调库160余座，总储量35万吨，兴办农产品包装、加工、销售等各类农字号龙头企业120多家，初步形成以这些龙头企业为代表的生产、加工、销售、出口一条龙的产业化格局。市场建设方面，全市已形成蛇窝泊、桃村、臧家庄、唐家泊、杨础等7处重点果品批发市场。其中，蛇窝泊果品批发市场完成三期工程建设，投入资金2亿多元，占地面积80公顷，建成交易大棚4个，冷风库18座，贮藏量达3万多吨，年交易量50多万吨，成交额近10亿元，出口创汇400万美元，不仅拉动本市的果品销售，而且还辐射到周边县市区，成为中国北方规模最大、档次最高的果品批发市场。加强农村经济合作组织建设，全市成立苹果、波尔山羊、食用菌等专业协会或合作社。按照与国际标准接轨的要求，进一步建立健全农业标准化体系，在全市组织实施《无公害苹果生产技术标准》和《无公害苹果技术操作规程》，完善农作物病虫害综合防治体系和防疫监督、疫情监测、防疫屏障体系建设，并在农业局成立农业行政执法大队，加大农资市场的监管力度。

大力发展生态型农业，积极组织扶持农民利用秸杆、杂草、人畜粪尿等有机废物发展沼气。到2002年，全市已发展沼气池11500多个，示范村10个。

2002年，全市粮食播种面积57097公顷，复种指数为1.43。其中夏粮面积为26718公顷，秋粮面积为30379公顷，粮食总产量248693吨，其中夏粮总产量70976吨，秋粮总产量177717吨。花生播种面积为16730公顷，花生总产量41221吨。蔬菜播种面积为2791公顷，总产量131618吨。

# 第一章 管理机构

## 第一节 农业管理机构

1956年4月成立县农业科，1957年6月改称县农业局，1972年4月改称县农林局，1983年3月改称县农牧局，1993年11月改称农业服务中心，1995年恢复市农业局称谓。1998年12月设立市农村经济管理办公室，2001年12月，成立市农业机械管理办公室，隶属于农业局。2002年4月，重新成立市农业技术推广服务中心，为副科级事业单位，隶属农业局，同时撤销农业局下属植物保护站、农业环境保护站、农业技术推广站、蔬菜技术推广站、土壤肥料站；农机管理办公室更名为农机服务中心；成立农业行政执法大队，隶属农业局。

## 第二节 农业机械管理机构

1984年4月，农业机械管理局改称县农业机械管理总站，正科级全额拨款事业单位。1989年7月，农机总站同时挂农业机械管理局牌子。1992年6月，组建为栖霞县农业机械服务总公司。1993年11月，改称栖霞县农业机械服务中心。2001年12月，撤销农业机械服务中心，成立农业机械管理办公室，隶属于市农业局。2002年4月，农业机械管理办公室更名为农业机械服务中心。

乡镇农机管理机构始于1970年公社农机管理服务站。1984年4月，23个乡镇农机管理服务站隶属于农业机械管理总站。1992年10月，乡镇农机管理服务站与县农业机械服务总公司脱钩，其人、财、物移交所在乡镇政府，由乡镇政府管理。1995年12月，乡镇农机管理服务站调整为19个，2000年12月，调整为15个。2002年9月，从臧家庄镇农机管理服务站分离出白洋河工业园农机管理服务站。全市共有镇（街道）农机管理服务站16个。

20世纪70年代，农机经营以生产队为主，各村建立相应的农机管理服务组织。20世纪80年代，成立联合式农机管理服务组织。1985年，全县有农机管理服务组织68个，1995年117个，2002年 295个，从业人员1727人；农机作业户71614个，从业人员73458人。农机修理厂和网点143个，从业人员442人。

## 第三节 畜牧管理机构

原管理单位是栖霞县畜牧公司，1984年4月并入农业局，1999年6月，从农业局析出，成立栖霞市畜牧局，为正科级全民事业单位，归口市农业局。2001年12月，畜牧局更名为市畜牧服务中心，仍为正科级事业单位。2002年末，全市有畜牧兽医专业技术人员212人，其中高级职称10人，中级职称25人，初级职称85人。

# 第二章 农村经济体制改革

## 第一节 生产关系变革

1978年以前，栖霞县农村实行的是公社、大队、生产队三级所有、以生产队为基础的农村经济管理体制。1979年，全县939个生产大队，有591个大队实行“四定一奖”，有108个大队实行“以产定工，超产奖励”。1983年，全县普遍推行“五统一，大包干”为主要形式的家庭联产承包责任制，其中，580个大队实行“两田制”（口粮田、责任田），344个大队实行“一田制”，有16个大队实行“统一经营，专业承包，责任到人”的承包制。1984年，国家要求农村土地承包年限不少于15年，广大农民纷纷签订土地承包合同书，县委、县政府在落实土地承包合同中，不断完善承包管理，加大产业调整力度，农民生产积极性越来越高。

至1998年12月底，全市953个村，第一轮土地承包已到期的有388个村，已完成延包工作的362个村，其中：承包期限在30年以上的耕地面积为6940公顷，承包期限在15～29年的耕地面积为7946.7公顷，承包期在5～14年的耕地面积为5253.3公顷，承包期限在5年以下的耕地面积为760公顷。实行“两田制” 的共有146个村，面积7520公顷。

1999年4月，市委、市政府制定下发《关于延长土地承包期稳定完善土地承包关系的意见》。随后，在大庄头乡进行土地延包工作试点。1999年10月，市委、市政府在大庄头乡召开土地延包现场会议后，农村二轮土地承包工作全面展开。市里成立土地延包工作领导机构，具体负责对土地延包工作的组织、协调和调度。各乡镇也成立相应的领导机构和包村工作队，实行机关干部包村责任制。土地延包工作一开始，市里对土地延包工作人员及经管人员进行政策法规及具体操作流程等方面的培训。各乡镇也通过以会代训、短训班等形式培训人员3000多人次，同时，全方位搞好宣传发动，在广播电视台的每周话题、农民之友栏目开辟专栏，对土地延包的有关政策、方法、步骤进行宣传。各乡镇印发、张贴土地延包工作的宣传材料，利用宣传车、黑板报、标语、村务公开栏等多种形式进行宣传发动。

在实施土地延包中，选择两个村进行试点，主要是“四个摸清，五步走”。“四个摸清”，即摸清群众的思想底子、摸清土地承包现状的底子、摸清延长土地承包期需调整土地的底子、摸清人口底子；“五步走”是指宣传发动、制定方案、张榜公布、确权登记、填证发证。全市土地延包工作结束后，市政府制定农村土地延包工作检查验收方案，对各乡镇进行全面验收。

2002年末，全市共完成土地延包村812个，152919户，土地面积45669.3公顷，发放土地经营权证书16.8万本，签订土地承包合同书17.5万份。

## 第二节 农村经济管理改革

农村经济管理，主要包括土地承包合同管理、农民负担管理、农村财务管理以及指导农民专业合作经济组织发展。

**农民负担管理** 1983年，全县农村实行家庭联产承包责任制，至1992年，农民以上交集体承包费的方式承担费用。1992年，根据《农民承担费用和劳务管理条例》《山东省农民负担管理条例》和《栖霞县农民负担管理办法》，改承包费为上缴“村提留”“乡统筹”与承担“义务工、劳动积累工”。

为减轻农民负担，1992年，成立由县委、县政府领导为组长，纪检、监察、农业、农经、人事、财政、物价、审计、法制等部门负责人为成员的市农民负担监督管理领导小组。充分利用广播、电视讲座、标语、黑板报等形式加大减负政策宣传力度，使之家喻户晓。1993—2001年，按照中共栖霞县委下发的《关于废止部分涉及农民负担文件的通知》，对涉农收费文件进行清理，废止12种文件，取消7种文件中的收费内容。

2002年开始，实行农村税费改革，改上缴“村提留”“乡统筹”为承担农业两税及附加、“一事一议”筹资筹劳。全市取消88项涉农收费项目和47项达标升级活动。发放农民负担卡，农民负担严格控制在上年人均纯收入的5%以内，“两工”实行限额制，并对农民承担的费用实行预决算制度等，确保农民负担不超标、不反弹。全面落实农民负担预决算方案审批、农民负担卡发放、农民承担费用专用收据使用、农民负担收费公示、农村订阅报刊限额和农民负担责任追究、一票否决等制度。每年至少开展2次以上农民负担专项检查，镇（街道）经管站每年对集体提留使用情况审计1次，市农经办每年对镇（街道）统筹费的收取使用情况审计1次，并向市、镇两级政府写出审计报告。坚决查处农民负担上访案件，将矛盾化解在基层，促进农村社会的稳定和经济发展。

**农村财务管理** 主要对农村财务人员进行培训，每年进行1次财务大检查，每季度实行1次财务

公开，有效地维护农村经济秩序。

1985年，对全县农村会计记账方法进行改革，由过去传统的收付记账法改为国际通用的“借贷”记账法。1989年，与审计局联合，对乡镇经管站审计人员进行审计业务培训，培训结束后，市政府颁发审计证书。

1990年开始，在全县范围内开展货币资金和财产物资审计、村集体经济组织财务收支审计、农民负担审计、农村干部经济责任审计、农村经济效益审计等多种形式的审计工作，同时协助县政府有关部门对因财务混乱而引起群众上访的村进行重点财务审计。1996年，制定、实施全市财务公开制度，对公开内容、公开时间、公开形式都做出明确的规定。全市各村都建有公开栏，每季度首月20日为全市农村财务公开日。通过财务公开，增加财务透明度，缓解干群关系，促进农村稳定。市农经办审计12个村，审计金额2400万元，审出违规违纪金额16万元。1997年，市农经办审计13个村，审计金额390万元，审出违规违纪金额21万元。1999年开始，在全市范围内实行“三个统一”（即统一账簿设置、统一会计科目、统一账务处理），规范财务行为，村庄账务管理混乱现象得到很好的控制。

2001年，制定《栖霞市农村财务“双代管”暂行规定》，编印《栖霞市农村财务“双代管”资料汇编》，开始推行农村财务“双代管”工作，同时实行农村财务电算化管理。2000—2002年，审计15个村，审计金额19000万元，审出违规违纪金额45万元。

2002年末，全市935个村实行“双代管”和财务电算化管理，培训农村主管会计、出纳员1.1万人次。

**农民专业合作经济组织** 20世纪90年代，制定《关于加快推进农民专业合作经济组织发展的意见》。初创时，全市仅有3个农民专业合作经济组织，均为果品行业领域。到2002年，全市发展农民专业合作经济组织42个，其中果品、香菇等9个农民专业合作组织得到国家、省、市的资金扶持，扶持资金154万元。

# 第三章 农作物面积与产量

1985—1986年，开展农村经济调查与区划工作，确定1984年为现状年，着重从自然条件、自然资源、经济资源等方面的开发利用情况及社会需求的发展趋向出发，尝试运用系统工程的理论和方法，评价经济效益，找出影响农村商品生产发展的主要障碍因素，并提出发展农村经济、提高经济效益的建议和措施。共完成综合调查报告1份，专题报告2份，成果应用计划1份，绘图3份。

1987—1994年，规划粮田保护区，经济作物保护区，研究农作物布局，实施粮油作物建设规划。

1995—2002年，每年都开展耕地、作物面积、复种指数等项目调查，研究历年土地利用情况和资源开发利用情况，形成完整的理论数据，提出开发利用可行性报告。

## 第一节 农作物播种面积

1985年，全县农作物（不含果树）播种面积88580公顷，复种指数1.46。粮食播种59140公顷，其中夏粮26727公顷，秋粮32413公顷，夏秋粮面积之比为1:1.21；蔬菜播种1447公顷；花生播种27020公顷；粮经作物面积之比为2.01:1。

1995年，全市有效耕种总面积55334公顷，农作物总播种面积83800公顷，复种指数为1.51。粮食播种61842公顷，其中夏粮29191公顷，秋粮32651公顷，夏秋粮面积之比为1:1.12；蔬菜播种2144公顷；花生播种19269公顷；粮经作物面积之比为2.82:1。粮食、蔬菜播种面积分别比1985年增长4.57%、55.08%；花生播种面积比1985年减少28.69%。其间，因增加果树栽植面积、非农业占地，耕地面积减少5273公顷。市委、市政府于1995年在全市范围内划定基本粮田保护区，指导广大农民保护好现有的平整地，在粮油自给自足的前提下，果树种植向山洼地发展。

1996年，全市有效耕地总面积55240公顷，农作物总播种面积83791公顷，复种指数为1.52。粮食播种面积61935公顷，其中夏粮29558公顷，秋粮32377公顷，夏秋粮面积之比为1:1.1；蔬菜播种2421公顷；花生播种19098公顷；粮经作物面积之比为2.83:1，与1995年相比，趋于平衡。

2002年，全市农作物总播种面积77395公顷，复种指数为1.43。粮食播种57097公顷，其中夏粮26718公顷，秋粮30379公顷，夏秋粮面积之比为1:1.14；蔬菜播种2791公顷；花生播种16730公顷；粮经作物面积之比为2.81:1。粮食播种面积比1996年减少7.8%；蔬菜播种面积比1996年增长15.28%；花生播种面积比1996年减少12.4%。

## 第二节 农作物生产量

1985年，全市粮食总产量234510吨，其中夏粮99095吨，秋粮135415吨；蔬菜总产量57890吨；花生总产量67485吨。

1990年，全市粮食总产量332093吨，其中夏粮125273吨，秋粮206820吨；蔬菜总产量86334吨；花生总产量45852吨。1995年，全市粮食总产量368285吨，其中夏粮123031吨，秋粮245254吨，蔬菜总产量92890吨，花生总产量61147吨。

2000年，全市粮食总产量256899吨，其中夏粮97534吨，秋粮159365吨；蔬菜总产量115511吨；花生总产量41202吨。2002年，全市粮食总产量248693吨，其中夏粮总产量70976吨，秋粮总产量177717吨，蔬菜总产量131618吨，花生总产量41221吨。

因大面积栽植苹果，粮田面积逐年减少，农作物产量呈下降趋势。

## 1985—2002年栖霞市主要粮食作物生产情况统计表

表5-1

单位：公顷、吨

| 年份 | 小麦 | | 玉米 | | 地瓜 | | 大豆 | | 高粱 | | 谷子 | |
|---|---|---|---|---|---|---|---|---|---|---|---|---|
| | 面积 | 总产 | 面积 | 总产 | 面积 | 总产 | 面积 | 总产 | 面积 | 总产 | 面积 | 总产 |
| 1985 | 40.09 | 9909.5 | 30.93 | 8142.5 | 11.68 | 4399.5 | 4.10 | 588.5 | 0.74 | 105 | 0.49 | 71.5 |
| 1986 | 42.97 | 9636.0 | 31.89 | 11137.3 | 12.28 | 3506.6 | – | – | – | – | – | – |
| 1987 | 41.21 | 8842.4 | 32.71 | 13126.6 | 13.47 | 5972.7 | 5.36 | 896.3 | 0.57 | 139.1 | 0.54 | 101.7 |
| 1988 | 43.60 | 8955.8 | 32.54 | 13005.7 | 12.82 | 8543.2 | 5.86 | 1051.2 | 0.48 | 105.9 | 0.58 | 111.6 |
| 1989 | 46.50 | 10812.3 | 32.71 | 8412.1 | 12.60 | 3411.2 | 6.36 | 502.6 | 0.47 | 59.0 | 0.66 | 67.2 |
| 1990 | 47.03 | 12527.3 | 33.01 | 14060.7 | 12.21 | 5141.5 | 6.08 | 925.4 | 0.49 | 103.9 | 0.67 | 118.7 |
| 1991 | 45.00 | 13745.4 | 33.27 | 12980.3 | 12.17 | 5504.5 | 5.65 | 917.9 | 0.45 | 101.1 | 0.61 | 114.8 |
| 1992 | 46.00 | 13799.8 | 32.04 | 13510.9 | 11.57 | 5754.5 | 6.63 | 940.9 | 0.43 | 85.8 | 0.59 | 100.5 |
| 1993 | 46.00 | 14876.0 | 31.55 | 15104.9 | 11.37 | 5815.2 | 6.46 | 1090.5 | 0.42 | 88.4 | 0.60 | 124.3 |
| 1994 | 39.33 | 10638.5 | 30.99 | 15637.4 | 11.12 | 7017.8 | 7.58 | 1442.4 | 0.41 | 98.05 | 0.81 | 157.9 |
| 1995 | 43.79 | 12303.1 | 30.27 | 16497.1 | 9.90 | 6208.8 | 7.18 | 1410.7 | 0.37 | 102.9 | 0.71 | 155.7 |
| 1996 | 44.34 | 12107.1 | 30.56 | 17349.6 | 9.43 | 6141.5 | 6.94 | 1329.5 | 0.38 | 104.7 | 0.68 | 152.9 |
| 1997 | 44.21 | 13160.2 | 29.21 | 8763.6 | 8.44 | 3370.4 | 7.63 | 635.9 | 0.37 | 58.0 | 0.65 | 75.8 |
| 1998 | 40.11 | 13178.2 | 29.57 | 15091.2 | 8.39 | 5677.4 | 7.83 | 1393.6 | 0.32 | 82.1 | 0.68 | 124.7 |
| 1999 | 44.29 | 12184.9 | 30.05 | 9647.0 | 8.35 | 3919.8 | 7.84 | 981.9 | 0.43 | 65.4 | 0.63 | 198.3 |
| 2000 | 43.63 | 9753.4 | 29.28 | 11107.0 | 7.67 | 3509.4 | 8.54 | 1136.2 | 0.32 | 63.3 | 0.51 | 208.3 |
| 2001 | 43.10 | 9663.9 | 29.40 | 11847.8 | 8.19 | 3743.9 | 7.39 | 1145.5 | 0.31 | 71.8 | 0.63 | 195.0 |
| 2002 | 40.01 | 7097.6 | 29.89 | 11559.9 | 9.70 | 4449.3 | 7.22 | 1588.0 | 0.32 | 48.3 | 0.65 | 185.0 |

# 第四章 农业生产条件

## 第一节 耕地分布

1985年，全县耕地面积60607公顷，平均人均占有1.4亩；1995年，全县耕地面积为55334公顷，人均占有耕地1.23亩；2002年，全市耕地面积54052公顷，人均占耕地1.43亩。

1985—2002年，全市共开拓荒地18667公顷。由于建设占地和果园占地，耕地总面积2002年比1985年减少6555公顷。受地形和地貌的影响，全县耕地主要分布在山区中下部和丘陵地区，浇水困难。

1985年，全县有效灌溉面积31387公顷，占耕地总面积的52.3%；1995年，全县有效灌溉面积28840公顷，占耕地总面积的52.1%；其中当年实浇面积22370公顷，旱涝保收面积23270公顷，占耕地总面积的42.1%；2002年，全县有效灌溉面积29080公顷，占耕地总面积的53.8%；其中当年实浇面积24630公顷，旱涝保收面积23220公顷，占耕地总面积的43%。

农业生产条件较好的区域主要集中在县域北部臧家庄镇、西南部观里镇、官道镇、南部杨础镇、蛇窝泊镇，这些镇的耕地比较平坦，土质肥沃，适宜机械化作业；而庙后镇、亭口镇、翠屏街道东部、庄园街道北部、西城镇北部、松山镇西部艾山一带、唐家泊镇牙山一带、蛇窝泊镇北部大柳家一带地处山区，泊地较少，耕地主要分布在山区中上部，土质贫瘠，水浇条件差，劳动强度大，不适宜机械作业，这部分土地在全县占有比较大的比例。

栖霞梯田（2002年）

## 第二节 农村劳动力

1985年，全县劳动力27.03万人，其中从事粮油种植业劳动力13.31万人，占劳动力总数的49.2%；从事林牧渔业的劳力6.76万人，占25%；从事工、副业及其他的劳力6.96万人，占25.8%。1995年，全县农村劳动力30.13万人，其中从事农业劳动力21.32万人，占劳动力总数的70.8%（包括粮油、果业及蔬菜）；从事林牧渔业劳动力2.05万人，占6.8%；从事工副业及其他行业的劳动力6.76万人，占22.4%。2002年，农村劳动力27.43万人，其中从事农业的19.66万人（包括粮油、果业及蔬菜等），占劳动力总数的71.7%；从事林牧渔业劳动力2.37万人，占8.6%；从事工副业及其他行业的劳动力5.4万人，占19.7%。1995年，从事农业的劳动力占农村劳动力的比例，比1985年增加21.6%。到2002年末，从事农业生产的劳动力占农村劳动力总数的22.5%。

## 第三节 农用机械

**农机具** 1985年，栖霞县拖拉机站研制生产与泰山25型拖拉机配套的旋耕机。1986年，又研制生产与泰山12型和上海50型拖拉机配套的旋耕机和秸秆粉碎、还田机。

耕作机具 1985年，全县拥有机引犁2415台、耙406台、旋耕机200台、秸秆粉碎还田机23台；2002年末，耕作机具数量明显增长，其中机引犁17341台、耙1006台、旋耕机223台，比1985年分别增长572%、141%、10%；机耕地面积占可耕地面积的71%。

播种机具 1985年，引进莱阳产2BD—l型多用播种机，全县拥有播种机555台，机播面积占机耕地面积49%，1986年，引进小麦精少量播种机2台；2002年末，全市拥有播种机达到948台，其中精少量播种机422台，比1985年增长71%，机播面积占机耕地面积的83%。

施肥机具 1999年前，主要以人工撒肥为主，1999年后，开始用小型拖拉机牵引化肥深施机。2002年，拥有975台。

植保机具 主要有喷雾器和喷粉器两类，分人力操作和机动喷雾（粉）器两种。1985年，全县有手动喷雾（粉）机100740台，机动喷雾器371台。

汽油泵（2002年）

喷雾机（2002年）

1992年，开始用与农用三轮车、小型拖拉机和手扶拖拉机相配套药泵，2002年，机动药泵发展到17002台，机械植保面积达到2.7万公顷。

收获机具 1985年，全县拥有各种收割机112台，1993年，臧家庄镇北城子村、乐家沟村购置背负式小麦联合收获机各1台，1996年，背负式小麦联合收获机达到8台，主要与上海—50型拖拉机配套用，到2002年，全市拥有背负式小麦联合收获机62台。

脱粒机具 1985年，全县拥有脱粒机3767台，其中小麦脱粒机3370台，2002年末，全市拥有脱粒机3432台，其中小麦脱粒机3248台，比1985年分别减少9%、4%。小麦脱粒全部达到机械化。

灌溉机具 1985年，发展喷灌机械19套，拥有各种水泵5292台，机电灌溉面积23587公顷。2002年末，全市拥有水泵29427台，主要与小型拖拉机、农用三轮车、手扶拖拉机和175型、180型、185型座机相配套。机械微喷55套，机电灌溉面积5.2万公顷，其中节水灌溉面积4000公顷。

农产品加工机具 2002年末，各种粮食加工机械2211台(套)、榨油机508台。

**农用动力机械** 农用动力机械分为固定作业机械动力和行走作业机械动力两大类。

固定作业机械动力 包括柴油机、汽油机、电动机等，主要用于带动排灌机械、场间作业机械、农副产品加工机械和植保机械等作业机械。1985年，全县拥有柴油机5352台，2002年末，有21440台，农用电动机功率大多数在10千瓦左右；电动机7607台；汽油机1518台。

行走作业机械动力 主要包括农用拖拉机、农用运输车、自走式联合收获机械和农用汽车等。农用拖拉机，常用的是山东拖拉机厂、荣成、潍坊和莱阳等地拖拉机厂生产的轮胎式拖拉机。1985年，全县有农用拖拉机6408台/93323千瓦，其中大中型拖拉机2439台/57385千瓦；2002年末，全市达到20740台/164715千瓦，其中大中型拖拉机715台/23503千瓦，机械总动力增长75%。农用运输车，指农用机动三轮车，除运输外，主要用来与水泵或药泵配套进行灌溉或喷药。

1985年，全县有农用机动三轮车78辆/563千瓦。2002年末，全市农用机动三轮车达到45503辆/332146千瓦；有小麦联合收获机械15台/979千瓦；农用汽车达到981辆/58166千瓦，其中柴油汽车728辆/43818千瓦。

西山农用三轮车销售点一角（2002年）

## 1985—2002年栖霞市主要农机具情况统计表

表5-2 单位：台

| 年份 | 机引配套农具 | 其中 | | | | | | 脱粒机 | | 排灌机械 | | 药泵 | |
|---|---|---|---|---|---|---|---|---|---|---|---|---|---|
| | | 犁 | 耙 | 旋耕机 | 背负式小麦联合收割机 | 播种机 | | 小计 | 小麦 | 水泵 | 节水灌溉 | 机动 | 手动 |
| | | | | | | 小计 | 精小量 | | | | | | |
| 1985 | 3908 | 2415 | 406 | 200 | — | 553 | | 3798 | 3375 | — | — | 280 | 52828 |
| 1986 | 3924 | 2579 | 418 | 202 | — | 555 | 2 | 3769 | 3370 | — | — | 286 | 53639 |
| 1987 | 4369 | 2827 | 441 | 215 | — | 581 | 3 | 3659 | 3378 | — | — | 230 | 67889 |
| 1988 | 4403 | 2792 | 407 | 245 | — | 853 | 18 | 3659 | 3428 | — | — | 111 | 73622 |
| 1989 | 4854 | 3368 | 374 | 251 | — | 559 | 37 | 3701 | 3445 | — | — | 101 | 88797 |
| 1990 | 4994 | 3369 | 426 | 225 | — | 689 | 89 | 3809 | 3553 | — | — | 87 | 92837 |
| 1991 | 5244 | 3655 | 391 | 260 | — | 631 | 121 | 3442 | 3324 | — | — | 97 | 91297 |
| 1992 | 5383 | 3813 | 388 | 262 | — | 641 | 129 | 3440 | 3335 | 8626 | 11 | 125 | 91297 |
| 1993 | 5505 | 3917 | 413 | 302 | 3 | 820 | 128 | 3446 | 3335 | 8644 | 22 | 182 | 93769 |
| 1994 | 5662 | 4083 | 379 | 266 | 3 | 869 | 128 | 3461 | 3343 | 8664 | 29 | 127 | 95133 |
| 1995 | 5665 | 4100 | 388 | 269 | 3 | 817 | 95 | 3475 | 3351 | 8678 | 31 | 182 | 94813 |
| 1996 | 5562 | 4068 | 387 | 264 | 8 | 787 | 94 | 3476 | 3348 | 11861 | 31 | 211 | 100740 |

续表5-2

| 年份 | 机引配套农具 | 其 中 | | | | | | 脱粒机 | | 排灌机械 | | 药 泵 | |
|---|---|---|---|---|---|---|---|---|---|---|---|---|---|
| | | 犁 | 耙 | 旋耕机 | 背负式小麦联合收割机 | 播种机 | | 小计 | 小麦 | 水泵 | 节水灌溉 | 机动 | 手动 |
| | | | | | | 小计 | 精小量 | | | | | | |
| 1997 | 8285 | 4342 | 356 | 226 | 12 | 751 | 73 | 3573 | 3440 | 13315 | 31 | 532 | 100852 |
| 1998 | 7098 | 5685 | 411 | 196 | 32 | 566 | 79 | 3369 | 3235 | 16043 | 31 | 532 | 81140 |
| 1999 | 22936 | 17341 | 1006 | 223 | 40 | 948 | 423 | 3432 | 3248 | 29392 | 34 | 4456 | 100864 |
| 2000 | 22135 | 17341 | 1006 | 223 | 40 | 948 | 423 | 3432 | 3248 | 29427 | 34 | 4456 | 100804 |
| 2001 | 22140 | 17341 | 1006 | 223 | 52 | 948 | 422 | 3432 | 3248 | 29435 | 41 | 16800 | 100740 |
| 2002 | 22155 | 17341 | 1006 | 223 | 62 | 948 | 422 | 3432 | 3248 | 29482 | 55 | 17002 | 100580 |

## 1985—2002年栖霞市主要农用动力机械情况统计表

表5-3　　单位:万元、千瓦、台

| 年份 | 农机总值 | 农机械总动力 | | 农用拖拉机 | | 农用运输车 | | 自走式联合收获机械 |
|---|---|---|---|---|---|---|---|---|
| | | 合计 | 其中行走机械 | 合计 | 其中大中型 | 合计 | 其中农用三轮车 | |
| 1985 | 9325 | 258114 | 130115 | 5646 | 2494 | 558 | 78 | – |
| 1986 | 9408. 65 | 277830 | 133113 | 6408 | 2439 | 643 | 89 | – |
| 1987 | 10434 | 281019 | 137120 | 6653 | 2427 | 728 | 155 | – |
| 1988 | 11143 | 285396 | 137962 | 6996 | 2219 | 1203 | 297 | 4 |
| 1989 | 11980 | 300399 | 146136 | 8103 | 1942 | 1135 | 531 | 4 |
| 1990 | 11896 | 296917 | 141765 | 8244 | 1645 | 1210 | 619 | 4 |
| 1991 | 12496 | 306540 | 145693 | 8610 | 1548 | 1399 | 798 | 6 |
| 1992 | 13253 | 309224 | 139627 | 8845 | 11468 | 1755 | 1133 | 11 |
| 1993 | 13391 | 327304 | 160411 | 9302 | 1330 | 2903 | 2193 | 12 |
| 1994 | 13520 | 345241 | 179032 | 9634 | 1260 | 5111 | 4322 | 18 |
| 1995 | 14110 | 355791 | 189109 | 9567 | 1190 | 6282 | 5222 | 20 |
| 1996 | 14960 | 369744 | 198996 | 7035 | 1018 | 10457 | 9284 | 24 |
| 1997 | 15580 | 402498 | 230769 | 11284 | 1060 | 10808 | 9544 | 34 |
| 1998 | 17553 | 450438 | 268483 | 11439 | 983 | 15555 | 14251 | 39 |
| 1999 | 18863 | 734236 | 492870 | 20715 | 822 | 38265 | 36708 | 39 |
| 2000 | 18983 | 734671 | 522420 | 20740 | 822 | 41755 | 40198 | 39 |
| 2001 | 22780 | 771405 | 548541 | 20740 | 795 | 43794 | 42208 | 30 |
| 2002 | 23791 | 806654 | 596624 | 20740 | 715 | 47325 | 45503 | 24 |

# 第五章 种植业

## 第一节 粮食作物

粮食作物以小麦和玉米为主，地瓜、高粱、谷子等为副。小麦有81个品种，玉米50个品种，地瓜33个品种，大豆33个品种。

1985年，小麦种植面积26726.7公顷，占粮食作物的79.08%，总产99095吨，亩产247公斤；玉米面积20620公顷，占粮食作物的61.56%，总产81825吨，亩产265公斤；地瓜面积7786.7公顷，占粮食作物的23.25%，总产43995吨，亩产376.65公斤。

1995年，小麦29193公顷，总产123031.1吨；玉米20180公顷，总产164971吨。

2002年，小麦26718公顷，总产70976吨；玉米19926公顷，总产115599吨。

## 第二节 油料作物

油料作物以花生为主，有48个品种，80年代前，花生是农民的主要经济来源。1985年，播种面积27020公顷，1995年，播种面积19266.7公顷，2002年16726.7公顷，播种面积呈逐年下降趋势。下降原因是大面积发展苹果栽植，花生种植面积减少，产量也降低。

1985年，花生平均亩产167公斤，1995年，为211.53公斤，2002年，为164.29公斤。

覆膜花生

## 第三节 作物种子

**小　麦**　1986—2002年，先后更新过三次良种。第一次是1986—1990年，主要推广鲁麦13、科红1号、双优1号、烟农15、鲁麦14、昌乐5号、鲁麦7号、莱阳4671、济南13，累计播种面积分别为36667公顷、26666公顷、25333公顷、22500公顷、12000公顷、9333公顷、6000公顷、4667公顷和3000公顷，平均亩增22.4公斤，增产10.8%。

第二次是1991—1998年，主要推广鲁麦14、双优1号、烟农15、科红1号、鲁麦21、左7等，累计播种面积分别是91133公顷、71400公顷、48000公顷、18713公顷、2333公顷和933公顷，平均亩增40.3公斤，增长17.6%。

第三次是1999—2002年，主要推广鲁麦21、D27、烟农15、双优1号，累计播种面积分别是48200公顷、32060公顷、18733公顷、15073公顷，平均亩产224.9公斤。

麦田一角

**玉 米** 1986—2002年，先后更新过三次良种。

玉米田一角

第一次是1986—1992年，推广的玉米杂交种主要是掖单2号、烟单17系列，掖单4、烟单16系列，烟单14系列，深单7、丹玉13系列，平均亩产363.4公斤。累计播种面积分别为106467公顷、30420公顷、7620公顷、7600公顷。

第二次是1993—1998年，主要推广掖单13、掖单12系列，掖单2、烟单17系列，西玉3号、鲁玉10、烟单16系列，累计播种面积分别为60713公顷、30360公顷、242867公顷、6073公顷，平均亩产483.6公斤，亩增120.2公斤，增长33.1%。

第三次是1999—2002年，主要推广鲁单981、鲁单50、农大108、烟单17和鲁玉10、烟单16系列，累计播种面积分别为39540公顷、15800公顷、11860公顷、7907公顷、3960公顷，虽然遇连续三年干旱，平均亩产仍达到372.6公斤，比第一次更新增长2.5%。

**地 瓜** 1986—2002年，先后更新推广过三次良种。1986—1992年，首次推广丰收白、烟薯1号、烟薯8号、80-64、77-600，累计栽植面积分别为44667公顷、1万公顷、1613公顷、1000公顷、800公顷，瓜干平均亩产433.8公斤，增长24.6%。

第二次是1993—1999年，主要推广80-64、丰收白、77-600、徐薯18，累计栽植面积分别为20333公顷、13333公顷、10000公顷、1000公顷，平均亩产瓜干566.6公斤，增长30.6%。

第三次是2000—2002年，主要推广77-600、0-64、徐薯18，栽植面积分别为11453公顷、3333公顷、872公顷，平均亩产瓜干514.9公斤。地瓜品种的推广，群众已趋向食用品质好的品种。

**花 生** 1986—2002年，先后更新过三次良种。

第一次是1986—1990年，主要推广花17、鲁花10、白沙131-17、白沙1016、海花1号、鲁花9号、花37，累计播种面积分别为49557公顷、34333公顷、8860公顷、8147公顷、8000公顷、2033公顷、1213公顷，在1986、1988、1989年三年特大干旱的情况下，花生荚果平均亩产达到106.6公斤。

第二次是从1991—1996年，主要推广鲁花10号、鲁花9号、79266、双纪2号、鲁花11号、栖选2号，累计播种面积分别为9.7万公顷、10133公顷、4667公顷、3200公顷、2365公顷、342公顷，平均亩产荚果186.3公斤。

第三次是1997—2002年，主要推广鲁花10号、鲁花11、栖选2号、鲁花14，累计播种面积分别为51333公顷、33499公顷、22667公顷、1067公顷，在连续三年干旱的情况下，荚果平均亩产达到158.5公斤。

## 第四节 农业综合开发

**蔬菜生产** 20世纪70年代初，塑料薄膜开始用于蔬菜生产。当时主要用于蔬菜早春育苗、冬季覆盖韭菜。

1977年，城关公社城关大队菜园建立全县第一个塑料大棚。1980年，利用塑料薄膜保护栽培的面积增加，到1985年，全县蔬菜播种面积发展到1447公顷，总产量133250吨，其中蔬菜大棚260个，总产量650吨。塑料大棚有14公顷，中小拱棚133公顷，地面覆盖266余公顷，并由单纯覆盖韭菜发展到大棚黄瓜、西红柿、芹菜、茄子、芸豆、辣椒、草莓等多品种保护栽培，塑料薄膜覆盖还广泛应用于叶菜类、瓜类、豆类、薯芋类、茄果类等。1995年，全县蔬菜播种面积发展到2244多公顷，总产量达到92890吨，蔬菜大棚520个，产量900吨。

1997年以后，市委、市政府把解决群众“菜篮子”问题列为重要议事日程，坚持区域布局与当地自然条件和传统优势相结合的原则，膨胀蔬菜规模，优化蔬菜品种，形成一批各具特色和规模的蔬菜基地。如以松山、桃村、中桥、栖霞镇为中心的名优蔬菜冬暖式大棚生产基地；以蛇窝泊、连家庄为中心的韭菜生产基地；以苏家店为中心的大姜生产基地。1997年，全市蔬菜收入9700万元，人均蔬菜收入125元。

1997年松山村建设的冬暖式蔬菜大棚

1998年，探索高产、优质、高效农业发展的新路子，加大农业综合开发力度，重点发展精准农业和特色农业。7月，桃村镇桃村村总投资800万元，引进以色列优质果蔬品种和全套滴灌设备，建造高标准温室大棚88个，建设占地面积67公顷的优质果蔬品种生产和种苗繁育基地，从以色列普拉斯托公司引进的全套滴灌设备，能够同时进行土壤平衡施肥，降低病虫害的发生，可获得最大水利用率和最低成本，节水60%，节省人力80%，引进1000平方米的全自动化育苗棚。

2002年末，全市蔬菜种植面积达3613公顷，产量达173605吨，其中蔬菜大棚纯收入达934.3万元。建成各类农业标准化生产基地21个，共计3.3万公顷，完成无公害、绿色农产品等质量标准认证15个，其中绿色食品认证基地面积2284公顷。特色蔬菜生产由单一品种发展到30多个品种，适用不同人群食用。

### 栖霞市蔬菜种植抽年表

表5-4　　　　单位：公顷、个、吨

| 年份 | 播种 | | 其中：大棚 | | | 人均菜地 | |
|---|---|---|---|---|---|---|---|
| | 面积 | 产量 | 数量 | 面积 | 产量 | 面积 | 产量 |
| 1985 | 1447 | 133250 | 260 | 14 | 650 | 0.00222 | 0.2 |
| 1995 | 2244 | 92890 | 520 | 20 | 900 | 0.00333 | 0.1 |
| 2000 | 2072 | 115511 | 399 | 193 | 608 | 0.00314 | 0.2 |
| 2001 | 2690 | 125665 | 520 | 23 | 1923 | 0.00411 | 0.2 |
| 2002 | 3613 | 173605 | 700 | 51 | 1043 | 0.00430 | 0.2 |

**食用菌生产**　2000年8月，铁口镇巨夼村首次引进河南省泌阳县秋季袋栽香菇技术，以苹果废弃枝条、柞木条、棉籽壳为主要生产原料，采用床架式小型拱顶塑料棚进行香菇管理。是年，全市生产规模发展到70个大棚、3.5万袋，种植面积达1800平方米，总产量达60.75吨，实现产值19.5万元。

2002年，全市各种食用菌480万袋，其中香菇350万袋、姬菇50万袋、平菇50万袋、鸡腿菇30万袋，总投料5300吨、总产量6750吨，实现产值2149万元；全市食用菌生产专业村达到30多个，其中达到20万袋以上的村8个、5万袋以上的村15个。

西城镇香菇年产量达到5000吨，是中国北方香菇生产第一镇。杨础镇东刘家村被中国食用菌协会评为全国100个“小蘑菇新农村建设示范村”之一，栖霞市食用菌协会被烟台市民政局评为50强农村经济协会。

西城镇农家香菇大棚（2002年）

**草莓生产**　20世纪80—90年代，草莓只在农户个人家中少量生产，面积少，产量低，零星作业，不成规模。2001年7月，栖霞市引进烟台鑫泰公司育苗项目落户红旗牧场，烟台鑫泰公司计划三年内投资2000万元，建成占地面积67公顷的果蔬育苗基地。至是年底，共投资600万元，建起高标准育苗大棚143个，栽培以色列优质草莓7公顷。

红旗牧场草莓连体大棚（2001年）

优质草莓（2001年）

**蚕茧生产** 栖霞有100多年的养蚕历史，主要为柞蚕蚕种。唐家泊镇蚕业最为发达，其次亭口镇、桃村镇、翠屏街道、蛇窝泊镇、庙后镇蚕业生产也较先进。

1978年，全县蚕茧生产量144.3万公斤，1979年为140.9万公斤，1980年减少到131.3万公斤。改革开放后，土地、山林实行承包制，蚕业生产逐年下滑，粮食、蔬菜、果业、食用菌生产逐年上升，许多乡镇放弃蚕茧生产。到2002年末，仅有桃村镇、庙后镇、亭口镇、松山镇、翠屏街道等少数镇（街道）生产蚕茧。1988年，全县蚕茧生产量82.6万公斤，1990年，57.4万公斤，1995年，51.2万公斤，2000年，46.5万公斤，2002年，47万公斤。

## 第五节 肥料

1982—1984年，栖霞县进行第二次全国土壤普查，出版第一部《栖霞县土壤志》。1984年，成立栖霞县土壤肥料站，隶属农业局，专门负责土壤、肥料的研究和技术推广工作。1988年，开始推广农作物配方施肥技术。1999年，栖霞市农业局组织进行全市耕地、果园土壤养分普查。全市普遍使用的肥料种类有农家肥料、商品有机肥、化学肥料等。

**农家肥料** 人粪尿、堆肥、厩肥、圈肥、饼肥、草木灰等都是传统的农家肥料，因有机质含量高，养分全，适用于各种土壤和作物。1985年后，由于个体养猪及大牲畜减少，加之化肥用量增加，农家肥用量急剧下降。1985年亩均耕地施圈肥2049公斤，1995年1500公斤，2002年不足1000公斤。

**商品有机肥** 有机肥工厂利用作物秸杆及农产品残渣，动物粪便及其加工品的下角料，经高温发酵而成纯天然有机肥，其肥效是圈肥的10～20倍。2002年，烟台市绿源有机肥有限公司在观里镇驻地建立全市第一座机械化有机肥加工厂，为农民增施有机肥奠定物质基础。

**化学肥料** 1985年，全县化肥用量为33123.9吨。之后，化肥用量逐年增加，1990年，全县化肥用量7958吨，亩均93公斤，1995年，135370吨，亩均164公斤，2002年，134806吨，亩均166公斤。

1985年以来，全县氮肥、磷肥用量呈下降趋势，1987年，全县氮肥用量71602吨，磷肥用量5991吨；1990年，全县氮肥用量59159吨，磷肥用量3088吨；1995年，全县氮肥用量59783吨，磷肥用量31917吨；2002年，全市氮肥用量50508吨，磷肥用量25616吨。

钾肥、复合肥用量逐年增加，1987年，全县钾肥用量22吨，复合肥用量为12190吨；1990年，全县钾肥用量1245吨，复合肥用量16092吨；1995年，全县钾肥用量11149吨，复合肥用量32521吨；2002年，全市钾肥用量15736吨，复合肥用量42946吨。

1987年，开始施用专用肥，主要是小麦专用肥、花生专用肥。1986年，农民开始对果树、玉米、花生施用微量元素肥料，主要是硼砂、硫酸锌。1997年，桃村碳酸氢铵化肥厂改造成尿素化肥厂，从此农民用上当地产的尿素。2001年，市供电公司建立宏翔微生物肥料厂。2002年，农业局在国家农业部的支持下，建立全省第二个标准化有机肥厂，为生产绿色食品、有机食品奠定基础，天誉果品有限公司建立生物有机、无机肥料厂，促进优质肥料的推广普及。

## 第六节 植物保护

**植保机构与技术队伍** 20世纪80年代初，栖霞县的主要植保机构为植保站、生物防治厂以及各乡镇农业技术推广站。1981年，成立植保站，其前身为农技站的植保组，干部职工8人。生物防治厂于1978年由农业部投资兴建，1981年10

月建成，隶属于植保站，干部职工14人。各乡镇均有专人从事测报和植保新技术推广工作。20世纪80年代末，生物防治厂解体，合并于植保站。为适应植物检疫工作，投资5万元，组建植物检疫实验室。1985年，在乡镇聘请兼职检疫员，加强检疫力量。2002年末，全站干部职工17人，其中高级职称2人、中级4人、初级8人、工人3人。从乡镇聘请80余名兼职检疫员，成立检疫队伍，乡镇从事植保基础工作的人员多数改行农资经营或行政管理。

**病虫种类** 20世纪80年代中期，农作物主要病虫害有小麦锈病、白粉病、全蚀病、玉米叶斑病、花生线虫病、花生叶斑病、地瓜黑斑病、小麦蚜虫、小麦红蜘蛛、玉米螟、花生蚜虫、粘虫、土蝗、地下害虫、棉铃虫等。果树主要病虫害有苹果叶斑病、烂果病、腐烂病、红蜘蛛、黄蚜、绵蚜、桃小食心虫、白粉病、金龟子、核果类流胶病、桑白蚧、球坚蚧，梨木虱、黑星病、梨小食心虫等。

20世纪90年代初，地瓜黑斑病、谷子白发病、小麦腥黑穗病、锈病等发生减轻，蔬菜上美洲斑潜蝇、苹果上金纹细蛾发展迅速、暴发成灾；二斑叶埔在北部个别乡镇开始出现，为害花生和果树；小麦纹枯病发病趋于加重。2000年起，主要病虫害有小麦白粉病、蚜虫、红蜘蛛，玉米叶斑病、玉米螟、穗虫，花生地下害虫，蚜虫、二代棉铃虫、叶斑病，苹果腐烂病、干腐病、粗皮病、轮纹病、叶斑病、黄蚜、绵蚜、红蜘蛛、二斑叶蝇、康氏粉蚧、金纹细蛾、桃小食心虫、红点病、黑点病、苦痘病，大樱桃流胶病、桑白娇，梨木虱、黑星病等。红黑点病、苦痘病、康氏粉蚧成为套袋苹果重要病虫害，严重影响品质和价格。

**病虫防治** 1985年以前，主要是开展农作物病虫测报。植保站专职测报员2名，每个乡镇都有1处测报基点。后由于农作物面积减少和果树面积扩大，测报基地减少到8个，至1994年，仅剩松山1个测报基点，测报范围扩展到果树和蔬菜。1983年以前，栖霞农药市场主要针对农作物病虫害，兼顾果树；主要农药品种为1605、氧化乐果、多菌灵、甲胺磷、种衣剂、粉锈宁、硫酸铜等化学农药，农药成分单一，品种多为中高毒农药。进口农药产品极少、混配品种很少。1994年后，农药市场主要是果树农药的市场，复配品种和进口产品逐渐增多。2002年，高毒农药大大减少，高效低毒化学农药、生物农药、复配制剂成为市场主流，假冒伪劣产品较多。国外农药产品在中国市场竞争激烈，主要有甲基托布津、大生M-45、宝丽安、喷克、克无踪、乐斯本等等。

1985年以前，各家各户在镇、村技术员统一指导下防治病虫害，主要防治方法是喷雾，采用的主要喷雾器是背负式喷雾器和单管式喷雾器，植保站统一组织赤眼蜂防治农、林、蚕、果害虫。20世纪90年代后，农民素质增强，60%的农户有自己的一套防治方法，80%的农民拥有自己的机动喷雾器，60%的农民在施药过程中有防护措施。施药多采用漂移叠加式喷雾，防效一般在85%以上。1995年后，试验推广神农丹防治花生地下害虫及根结线虫病，宝丽安防治苹果斑点落叶病，乐斯本防治苹果绵蚜，阿微菌素防治果树害虫、灭幼掘防治金纹细蛾，大生防治苹果病害。2001年前后，试验推广果园生草技术，电子灭蛾坷防治果树害虫技术，世高、克菌康、扑海因、银果、银泰防治果树病害技术，乐斯木防治康氏粉蚧等。

植物保护研究工作始于20世纪80年代，在境内较早开展生物防治技术研究，研究成果获山东省科技进步奖；20世纪90年代后期，开展无公害苹果基地建设研究，2001年，承担全国农技推广中心下达的“有机苹果IPM技术研究”项目，获得通过。2002年，无公害苹果基地建设研究成果通过国家农业部验收。

**农业执法** 植物行政执法主要指植物检疫。20世纪80年代中期主要检疫对象为小麦全蚀病、地瓜茎线虫病、桑萎缩病，主要检疫农作物种子。1992年前后，检疫对象增加苹果棉蚜、苹果锈果病、美洲斑潜蝇，主要检疫种子、苗木及植物产品。1998—1999年，开展农药监督管理行政执法，开创全省农药行政执法的先河。2001年，检疫对象新增南美洲斑潜蝇、蔗扁蛾。2002年，组建农业行政执法大队，对种子、农药、化肥等实行农业综合执法管理。

# 第六章 农机管理

## 第一节 培训 监理 维修

栖霞县农机培训、安全监理和维修管理工作由县农机服务中心所属农业机械化学校、农业机械安全监理站和农业机械维修管理站分工负责。

**农机培训** 1972年，栖霞县举办农机训练班。1975年，在县城北（山城七路1号）建立起拥有建筑面积3117平方米的办公楼，有宿舍和教练场地。负责训练会计、统计、机务队长、车长和驾驶员。1977年5月，正式成立栖霞县农机学校，编制19人，属财政拨款单位。1980年，根据要求将栖霞县农机学校改为栖霞县农业机械化学校。1983年，农牧渔业部制定《全国县级农业机械化学校章程》，规定县级农业机械化学校任务。1992年，改为财政差额拨款事业单位，经费主要来源于农机培训费。1993年，农机培训工作获得烟台市农机局嘉奖。

1985—2002年，农业机械化学校共培训农机人员3.8万人次，其中培训农用拖拉机驾驶员15600余名，为农业机械化的发展做出贡献。

**农机安全监理** 1981年，农机部颁布《农用拖拉机及驾驶员安全监督管理章程》，1984年，栖霞县农业机械安全监理站成立，编制5人。各村设立农机安全员负责本辖区的农机安全工作。1992年，农业机械安全监理站工作人员增加到13人，单位性质由全额拨款事业单位变成自收自支事业单位。1994年6月，山东省政府根据《山东省农业机械管理条例》公布《山东省农业机械安全监督管理办法》。

1985—2002年，农机监理站共办理农用拖拉机驾驶证10840个，办理农用拖拉机挂牌12400副，农用拖拉机驾驶员审验率和农用拖拉机检验率均达到90%以上，纠正违章2万余次，未发生一起农机事故。农机监理各项工作指标均达到规定要求。

**农业机械维修管理** 20世纪80年代，农村机械维修主要村里技术员或到城里找人维修，技术力量薄弱，维修质量差，误工误事，十分不便。1990年5月，根据农业部《全国农村机械维修点管理办法》规定，成立栖霞县农机维修管理站，负责全县农机维修网点、配件供应点的技术培训、考核及监督、检查、换发技术合格证、农机行业职业资格培训等项工作。到2002年末，共办理技术登记证158个，农机行业职业资格培训人员126名。

## 第二节 机耕作业

1985年，全县主要农业动力机械总动力25.8万千瓦，其中，行走式机械13万千瓦。当年机耕地面积3.6万公顷，机耕地作业面积4万公顷，机播面积1.7万公顷，机收面积1000公

顷，农机经营收入2171.15万元。随着农村形势发展，部分粮田栽植果树，机耕地面积减少，而动力机械不断增加，机耕质量不断提高。

1990年，全县主要农业动力机械总动力29.7万千瓦，其中，行走式机械14.2万千瓦。机耕地面积3.7万公顷，机耕地作业面积4.8万公顷，机播面积3.2万公顷，机收面积2100公顷，农机经营收入4694.99万元。1995年，全县主要农业动力机械总动力35.6万千瓦，其中，行走式机械18.9万千瓦。机耕地面积3.4万公顷，机耕地作业面积4.88万公顷，机播面积2.4万公顷，机收面积4800公顷，农机经营收入1.2亿元。

2000年，全市主要农业动力机械总动力73.5万千瓦，其中，行走式机械52.2万千瓦。机耕地面积3.4万公顷，机耕地作业面积4.8万公顷，机播面积2.9万公顷，机收面积1.8万公顷，农机经营收入2.2亿元。

2002年，全市农机总值达到2.4亿元，主要农业动力机械总动力80.7万千瓦，其中，行走式机械59.7万千瓦。机耕地面积3.7万公顷，机耕地作业面积4.8万公顷，机播面积2.8万公顷，机收面积2.8万公顷，农机经营收入2.2亿元。

### 1985—2002年栖霞市农机作业和经营收入情况统计表

表5-5　　　　单位：公顷、万吨、万元

| 年份 | 机耕地面积 | 机耕地作业面积 | 机播面积 | | 机收面积 | | 机械脱粒 | 农机经营收入 | | |
|---|---|---|---|---|---|---|---|---|---|---|
| | | | 合计 | 其中小麦 | 合计 | 其中小麦 | | 合计 | 其中农机作业收入 | 其中农机修理收入 |
| 1985 | 36333 | 40000 | 17267 | 16667 | 1000 | 1000 | 8.5 | 2171.2 | 1878.5 | 72.9 |
| 1986 | 36000 | 40053 | 17733 | 17580 | 1107 | 1107 | 8.5 | 2172.3 | 1818.6 | 74.4 |
| 1987 | 36793 | 57600 | 22853 | 22800 | 1033 | 1033 | 8.2 | 2822.3 | 2347.7 | 79 |
| 1988 | 37067 | 44700 | 23087 | 23087 | 1740 | 1740 | 8.8 | 3706 | 2648.8 | 173.3 |
| 1989 | 37000 | 48667 | 28067 | 28067 | 2100 | 2100 | 10 | 4844.9 | 3351.1 | 182 |
| 1990 | 36733 | 47867 | 31667 | 24267 | 2153 | 2153 | 11.5 | 4695 | 3141.6 | 195.1 |
| 1991 | 35147 | 46800 | 23400 | 23400 | 3333 | 3333 | 18.5 | 5046 | 3082.9 | 410.8 |
| 1992 | 34733 | 47333 | 23740 | 21867 | 9067 | 4733 | 19.2 | 5976.5 | 4235.6 | 329 |
| 1993 | 34600 | 48733 | 24600 | 22667 | 5900 | 5333 | 19.8 | 8191 | 4310 | 356 |
| 1994 | 34333 | 48133 | 23933 | 22867 | 2400 | 2400 | 18.7 | 11377 | 4048 | 1882 |
| 1995 | 34200 | 48800 | 24267 | 24000 | 4800 | 4800 | 19.8 | 11812 | 4269 | 1834 |
| 1996 | 35333 | 47067 | 27067 | 26667 | 5000 | 5000 | 20 | 11150 | 4313 | 1463 |
| 1997 | 35333 | 51333 | 29067 | 28667 | 6000 | 6000 | 20 | 12352 | 5885 | 1014 |
| 1998 | 34667 | 48200 | 28667 | 28667 | 16667 | 16667 | 22.7 | 13304 | 6917 | 1049 |
| 1999 | 34667 | 48467 | 28667 | 28667 | 18133 | 18000 | 23 | 21797 | 14796 | 1597 |
| 2000 | 34400 | 48467 | 28667 | 28667 | 18133 | 18000 | 23 | 21864 | 14740 | 1598 |
| 2001 | 34267 | 47467 | 28667 | 28667 | 18000 | 18000 | 23 | 21871 | 14756 | 1600 |
| 2002 | 36700 | 48200 | 28400 | 28400 | 18133 | 18000 | 23 | 21884 | 14750 | 1604 |

## 第三节 新机具、新技术推广

全县农业机械“新机具、新技术”推广工作，由县农业机械推广站负责。该站于1988年成立，编制4人，隶属于农业机械管理总站，属全额拨款事业单位，1992年改为差额拨款事业单位。1985年，推广各种新机具1765台（套），1990年 4768台（套），1995年6890台（套），到2002年末，全市共推广各种新机具8058台（套）。

新机具和新技术课题的试验工作，主要课题内容：1988年承担县《小麦播种机改制及机械化技术推广》课题。根据当地特点，使原悬挂式播种改成6行且播种、打背、整畦一次完成，共改制467台机械，节约资金25万元，实现经济效益125万元，1989年8月，该成果获县科技进步二等奖。1989年，承担“山东省花生生产综合机械化技术推广”课题，1990年获县科技进步三等奖；1990年，承担“山东省50万亩玉米增产综合机械化技术”课题，获农业部丰收计划三等奖；1991年，承担“山东省11万亩玉米增产综合机械化技术开发丰收计划”课题，11万亩玉米增产14892.5吨，实现社会效益1286.1万元。获山东省丰收计划一等奖；1992年，承担“烟台市玉米生产综合机械化技术开发”课题，1992年6月，获烟台市科技进步三等奖；1995年，承担“山东省机械化旱作农业开发”课题，1996年10月，获山东省机械化旱作农业三等奖。

## 第四节 农机生产和经营

农机系统进行农机生产和经营的单位主要有国营栖霞拖拉机站（烟台市栖霞齿轮厂）和农业机械公司。

**国营栖霞拖拉机站** 该站于1960年在观里镇成立，工作人员8人，主要从事耕、耙、运和冬季农田和水利基本建设工作。1974年，迁移到栖霞城，职工增加到45名，单位性质由财政全额拨款事业单位改为自收自支企业化管理事业单位。1979年，开展农机配件加工业务，挂“栖霞县农机配件厂”牌子。1985年，主要加工生产拖拉机变速箱齿轮，改挂“烟台市栖霞齿轮厂”牌子。1988年11月，国营栖霞县拖拉机站在农机系统内公开招标承包，1989年，销售收入达到225万元，利税17万元。1991年，创历史最好水平，职工增加到400多名，固定资产总值470万余元，销售收入473.6万元，利税32.3万元。1993年，生产ZG-125F旋耕秸秆深埋机与拖拉机配套，主要用于农田作业和秸秆还田，销售3300套，新增产值290万元，1994年，获山东省科技进步三等奖。1998年，企业经济效益开始滑坡，出现亏损。1999年，经市政府批准由自收自支事业单位改为企业。

2001年3月，因资不抵债，被栖霞市人民法院依法宣告破产并进行拍卖转让，职工由购买方全员接收。

**农业机械公司** 栖霞县农业机械公司于1978年10月由栖霞县生产资料公司分立，职工42人，注册资金342.2万元，该公司是经营农业机械及配件的国营小型企业，经销的农机具主要有三轮车、农用运输车、手扶拖拉机、大、中、小型拖拉机、脱粒机、粉碎机等和各种型号的排灌机械及配件7000多个品种。1992—1994年，销售额连续三年突破4000万元。1994年，被评为“全国农机流通百强企业”，1995年，销售额达6482万元。1996年，被评为“省农机系统三十佳企业”。1997年以后，由于农机销售市场竞争激烈，企业出现亏损。

# 第七章 畜 牧

20世纪80年代，栖霞畜牧养殖多为分散养殖，家家户户养有鸡、猪、牛、羊等，但不成规模，养殖结构简单，养殖品种单一。1985年，养殖各类牲畜、家禽仅有173万头（匹、只）。

20世纪90年代以后，加强畜牧结构调整，变单纯的畜牧养殖向畜牧产业化生产发展，突出规模化、标准化养殖，提高草食型畜禽的比重，着力发展畜产品加工产业。

## 第一节 畜禽结构

栖霞畜禽种类有53个，主要有牛（含奶牛）、马、驴、骡子、猪、羊、兔、鸡、鸭、鹅等，以饲养牛、羊、猪、鸡、兔为多。

1985年，牛存栏2.5万头，羊1.4万只，猪26.2万头，鸡115.7万只、兔16.6万只。1990年末，牛存栏3.5万头，羊1.44万只，猪13.9万头，鸡120万只、兔4.6万只。

1995年，以市场需求，优化畜牧产业结构为重点，全市稳定发展猪、鸡生产，大力发展草食畜禽，突出规模化、标准化养殖，扩大养殖数量，提高草食型畜禽的比重，发展畜产品加工业，突出龙头企业的带动辐射作用，拉长畜产品加工产业链，实现不同环节连锁增值。年末，全市牛存栏6.5万头，出栏2.27万头；猪存栏17万头，出栏22.48万头；羊存栏7.08万只，出栏3.17万只；家禽存栏340万只，出栏263万只。1999年以后，发展重点突出家禽、牛羊、生猪三大产业、三大基地建设，调整畜牧业结构，实现畜牧资源要素的优化组合，促进畜牧业持续、稳定、健康发展。全市牛存栏5.78万头，出栏1.6万头；猪存栏17.6万头，出栏21.31万头；羊存栏9.2万只，出栏6.2万只。

2002年末，全市牛存栏6.2万头，出栏2.5万头；猪存栏20万头，出栏26万头；羊存栏11.5万只，出栏7.9万只；家禽存栏390万只，出栏889.1万只，其中鸡存栏385万只，出栏760万只；奶牛存栏800头，肉、蛋、奶产量分别达到40983吨、21000吨、6219吨。全市畜牧总收入达到9.4亿元，占农业总收入36.62%。

**1985—2002年栖霞市畜禽存栏情况统计表**

表5-6 单位：万头、万匹、万只

| 年份 | 牛 | 马 | 驴 | 骡 | 猪 | 羊 | 兔 | 鸡 | 鸭 | 鹅 | 奶牛 |
|---|---|---|---|---|---|---|---|---|---|---|---|
| 1985 | 2.47 | 0.16 | 0.14 | 0.59 | 26.22 | 1.42 | 16.57 | 115.73 | 12.03 | 8.28 | — |
| 1986 | 2.30 | 0.11 | 0.09 | 0.48 | 17.22 | 0.86 | 10.63 | 92.48 | 8.31 | 5.65 | — |
| 1987 | 2.28 | 0.09 | 0.06 | 0.43 | 12.67 | 0.90 | 6.56 | 90.94 | 7.55 | 4.06 | — |
| 1988 | 2.70 | 0.08 | 0.05 | 0.38 | 14.51 | 1.33 | 6.79 | 147.28 | 8.92 | 4.50 | — |
| 1989 | 3.21 | 0.05 | 0.04 | 0.35 | 14.15 | 1.67 | 5.34 | 119.12 | 8.5 | 4.47 | — |
| 1990 | 3.50 | 0.06 | 0.03 | 0.33 | 13.91 | 1.45 | 4.60 | 120.44 | 7.82 | 3.95 | — |
| 1991 | 5.00 | 0.04 | 0.02 | 0.28 | 16.95 | 1.51 | 7.62 | 147.59 | 8.39 | 4.55 | — |
| 1992 | 5.10 | 0.03 | 0.03 | 0.23 | 16.26 | 2.16 | 14.98 | 120.66 | 9.11 | 5.08 | - |

续表5-6

| 年份 | 牛 | 马 | 驴 | 骡 | 猪 | 羊 | 兔 | 鸡 | 鸭 | 鹅 | 奶牛 |
|---|---|---|---|---|---|---|---|---|---|---|---|
| 1993 | 5.18 | 0.02 | 0.01 | 0.23 | 16.52 | 4.32 | 23.31 | 210.21 | 8.52 | 6.09 | — |
| 1994 | 5.64 | 0.02 | 0.01 | 0.23 | 17.30 | 6.99 | 32.02 | 241.90 | 7.25 | 4.61 | — |
| 1995 | 6.5 | 0.03 | 0.01 | 0.12 | 16.96 | 7.08 | 61.05 | 312.37 | 20.62 | 14.18 | — |
| 1996 | 6.52 | 0.01 | 0.01 | 0.02 | 17.13 | 8.50 | 59.84 | 336.94 | 16.64 | 12.86 | — |
| 1997 | 6.07 | 0.01 | 0.01 | 0.02 | 17.47 | 8.95 | 69.65 | 214.31 | 14.80 | 8.86 | — |
| 1998 | 5.77 | 0.01 | 0.01 | 0.01 | 18.38 | 9.01 | 74.72 | 223.41 | 13.40 | 8.61 | — |
| 1999 | 5.78 | 0.01 | 0.01 | 0.01 | 17.60 | 9.20 | 65.12 | 223.51 | 13.38 | 8.63 | 0.01 |
| 2000 | 6.01 | 0.01 | 0.01 | 0.01 | 18.49 | 10.13 | 65.76 | 236.55 | 19.94 | 13.62 | 0.02 |
| 2001 | 5.82 | — | — | — | 18.8 | 9.72 | 64.56 | 258.0 | 12.13 | 9.6 | 0.03 |
| 2002 | 6.20 | — | — | — | 20.0 | 11.50 | 60.0 | 385.0 | 5.0 | — | 0.08 |

**1985—2002年栖霞市畜禽出栏情况统计表**

表5-7　　单位：万头、万匹、万只

| 年 份 | 牛 | 猪 | 羊 | 家禽 |
|---|---|---|---|---|
| 1985 | 0.18 | 20.8 | 0.34 | - |
| 1986 | 0.12 | 16.0 | 0.33 | 25.50 |
| 1987 | 0.16 | 16.87 | 0.13 | 66.29 |
| 1988 | 0.1 | 13.25 | 0.25 | 51.10 |
| 1989 | 0.49 | 16.97 | 0.55 | 42.28 |
| 1990 | 0.6 | 15.25 | 0.58 | 56.91 |
| 1991 | 0.61 | 20.33 | 0.72 | 107.82 |
| 1992 | 0.89 | 20.68 | 0.88 | 86.61 |
| 1993 | 0.64 | 21.33 | 0.95 | 177.21 |
| 1994 | 1.63 | 21.28 | 2.73 | 189.84 |
| 1995 | 2.27 | 22.48 | 3.17 | 263.29 |
| 1996 | 2.24 | 22.72 | 5.10 | 366.44 |
| 1997 | 2.31 | 22.95 | 5.54 | 473.11 |
| 1998 | 1.61 | 24.82 | 6.01 | 495.04 |
| 1999 | 1.6 | 21.31 | 6.02 | 459.74 |
| 2000 | 1.89 | 24.07 | 6.92 | 552.0 |
| 2001 | 2.3 | 24.36 | 7.27 | 589.3 |
| 2002 | 2.5 | 26.0 | 7.9 | 889.1 |

## 第二节 良种繁育与推广

自1985年起，栖霞山区逐步向大林业、高效农业发展，畜牧业发展随之兴旺起来。为发展优质高效畜牧业，栖霞大力引进推广畜禽良种，优化畜禽结构，到年末，建立黄牛冷配站点20个，发展当地畜禽品种6个，引进品种19个。进入20世纪90年代以后，实行科学养殖，科学繁殖和优良品种推广，畜禽结构发生重大变化，从过去单纯的鸡、猪、牛、羊养殖，发展为普通养殖和特色养殖并举，当地品种和引进品种共同培育。

到2002年末，全市畜禽当地品种11个，引进品种42个，国外引进品种在全市逐年得到普及推广。养牛生产，引进和大面积推广西门塔

尔肉牛、黑白花奶牛，年存栏分别达到4.5万头和0.13万头；养羊生产，建立波尔山羊繁育推广中心，全市波尔山羊年存栏达到2.5万只；养猪生产，大约克夏、长白、杜洛克等双肌臀瘦肉型猪在全市得到普及推广，年存栏总量20万头；蛋鸡以海兰褐、新罗曼为主，肉鸡以爱拢益加、艾维因为主。全市猪、牛、羊、家禽良种普及率达到90%以上，养牛生产的“黄改奶”工程，养羊生产的“奶改肉”工程，以及牛羊胚胎移植技术先后在全市逐步推广，促进畜牧业高产、优质、高效。

## 第三节 饲草饲料

**饲草、饲料资源** 1985年，根据农业资源区划调查，全市有荒草地41267公顷，年产0.9亿公斤青干草；有8.86万公顷农作物，年产作物秸杆5.2亿公斤。2002年，全市作物秸秆和青干草总量6.15亿公斤，其中可用作饲草3.7亿公斤，除去烧柴和工业等用外，尚有3.15亿公斤可用于发展畜牧业。全市年可提供用于畜牧业的粮食约1.5亿公斤，发展食粮畜禽拥有很好的饲料资源优势。

**饲草种植与饲料工业** 20世纪80年代，畜禽饲料主要以本地饲草和粮食为主，进入20世纪90年代以后，为增加畜禽养料，提高畜禽质量，逐步引进国外新的饲料品种。进入21世纪后，畜禽饲料品种多样，质量上乘，满足市场需求。2000年，饲料工业，建有烟台牧田饲料厂，主要加工猪、鸡浓缩饲料，生产能力为每小时5吨；2001年，在桃村镇建设烟台强大饲料有限公司，主要加工猪、鸡、鱼类浓缩饲料，生产能力为每小时20吨。2002年，全市种植紫花苜蓿、墨西哥玉米、冬牧70和美国黑麦草等国外引进的优质牧草200公顷，许多奶牛养殖场户开始重视建立自己的牧草基地。

## 第四节 疫病防治

20世纪80年代，动物疫病防治主要靠各乡镇兽医站进行，没有服务网点，防疫不及时，有疫情损失较大。到1989年底，全县有兽医不足百人。进入90年代以后，加强乡镇兽医工作建设，动物防疫进入制度、体系程序，动物疫病防治体系建设取得成效，到1999年底，全市有市畜牧局、市畜牧兽医站和20个镇（街道）兽医站及服务网点。

进入21世纪，在全市建立布局合理、技术精湛的动物疫病防治网络。业务部门定期培训各级防疫检疫人员，健全市、镇、村三级防疫队伍，保证防疫药械的及时供应，推广猪、鸡程序化免疫技术，提高广大饲养场（户）的防病灭病水平，各种畜禽疫病得到有效控制。为提高动物疫病控制水平，实现动物防疫与国际接轨，促进畜产品加工出口，2000年，完善市、镇两级防疫监督体系，配齐仪器、设备，提高快速诊断各种动物疫病、新发病、国外新传入疫病的能力，19种动物疫病得到控制和扑灭，栖霞市成为无疫区，被国家列为“胶东半岛无规定动物疫病区建设市”。

2002年，栖霞被列为“无规定动物疫病区示范区项目建设市”。全市建设14处动物疫病诊断监测化验室，建立健全市、镇、村三级动物疫病控制体系，动物疫病监督体系和动物疫病监测体系，对国家规定的口蹄疫、猪瘟、鸡新城疫等19种疫病的控制水平，达到国家和国际动物卫生组织要求的标准，项目建设达到国家验收标准，实现动物疫病控制与国际接轨，为促进畜产品加工出口和农民养殖增产、增效提供健康保障。

## 第五节 特种动物饲养

20世纪80年代末至90年代初，特种动物饲养曾有过较快的发展，主要有养殖鹌鹑、狐狸、山鸡、珍珠鸡、鹧鸪、驼鸟、肉鸽、孔雀、獭兔、鹿、肉食狗、藏獒、牧羊犬等项目，也发展到一定规模。由于信息闭塞，销路不畅，规模小，效益低下，大部分特种动物养殖业户相继倒闭或转产。

2000年以后，人们对特种养殖业持慎重态度，全市也出现一些特养成功的例子。2000年，草庵村徐国福从泰安种禽场引进绿壳蛋鸡1000只，逐年扩大规模，效益可观。桃村天天鸭鸭食品厂成功引进樱桃谷鸭良种，年饲养量达5万只，并按照无害化畜产品生产加工标准组织生产加工，实现从畜产品加工、运输、包装全过程的规范化管理和质量控制，其产品获得无公害畜产品认证。西城镇马嘶庄村王高狐狸养殖场，品种多样，狐皮加工出口国外许多国家。

2000年马嘶庄村王高养殖的狐狸

加工的狐皮

## 第六节 重点养殖企业与专业户

20世纪80年代，畜禽养殖未形成规模。90年代以后，随着产业化程度提高，畜牧规模经营快速发展。至2002年，全市发展注册资金百万元以上的重点企业10家，规模养殖场356处，各类养殖专业户5200户。

**奶牛养殖** 1995年，全市建成两大奶牛生产基地，南部以杨础、观里、官道和西城、翠屏为主，存栏奶牛500多头；北部和东部以臧家庄、中桥、桃村为主，存栏奶牛500多头。2002年，臧家庄镇昌达百头奶牛场建成后，引进上海光明乳业建成30吨奶站1处，带动臧家庄镇德林庄、东寨新建起两处百头奶牛场，桃村镇白马夼发展奶牛场户20多个，存栏奶牛100多头。

**肉牛养殖** 20世纪80—90年代，百头以上的牛、羊、猪等养殖场仅有10户左右，家禽养殖百只以上的养殖户不足40户。2002年，桃村镇铁口村肉牛养殖场户达到50多户，共存栏肉牛1100头，成为第一个肉牛养殖专业村。韩国花郎株式会社投资建设的千头菜牛场，年存栏菜牛2000多头。

花郎株式会社菜牛养殖室（2002年）

**生猪生产** 1985—1989年，养猪业未形成规模养殖，家家户户1头猪的多，5头以上的仅有几十户，10头以上的有百户左右，百头以上的寥寥无几。

1990年以后，瘦肉型优质品种得到普及推广，规模化、标准化饲养水平大幅度提高，百头以上的养猪专业户达到40多户。至2002年末，百头以上的养猪场160多个，千头猪以上养猪场达到6个：松山华侨农场养猪场、臧家庄松岚养猪场、白洋河工业园路明养猪场、桃村养猪场、桃村凤凰庄养猪场、红旗牧场养猪场。

**肉羊生产** 20世纪80年代，主要以山羊、奶羊为主。90年代，肉食羊得到全面普及和发展，1995年，全县存栏肉羊2万多只，小中型规模养羊场户达到280个。2002年，全市存栏肉羊5万多只，规模养羊场户达到560个，形成以臧家庄、桃村为主体的两大肉羊生产基地，总存栏量达2.5万只。野夼集团公司投资120万元，引进世界著名肉羊品种波尔山羊，建起烟台市波尔山羊良种繁育中心，年繁育推广波尔山羊改良羊1万多只。

**肉食鸡养殖** 20世纪80—90年代，无肉食鸡出口单位。进入21世纪，肉食鸡出口量逐年增加。到2002年，全市已获得肉食鸡出口认证企业240家，形成两大肉食鸡生产基地。在南部依托栖霞六和集团公司和莱阳春雪企业，形成以杨础、观里、官道、蛇窝泊、西城为主的肉食鸡生产基地，存栏肉食鸡100多万只，占全市总量70%；在北部依托蓬莱民和，形成臧家庄、桃村、松山、白洋河工业园区为主的肉食鸡生产基地，存栏量达到50多万只，占全市总量30%。

桃村镇兽医站职工王守本筹资60万元，在该镇前肖格庄村建成1处父母代种鸡场，存栏肉种鸡4000对，年孵化雏鸡30多万只，带动周边村发展100多个肉鸡饲养专业户。臧家庄镇泊子村村民吴国枝不仅拥有1.3万只的规模养殖场，而且通过养鸡合作社的形式，积极为养鸡专业户传播疫病防治技术，供应配方饲料，带动发展11个养鸡专业户，存栏鸡达到4.5万只。

2001年10月，山东六和集团公司租赁原栖霞外贸公司倒闭多年的牲畜宰杀厂，改建成六和集团公司栖霞肉食鸡加工厂。该企业占地2.7公顷，拥有职工450人，投资50万元新上肉食鸡宰杀加工生产线，设计生产能力日宰杀加工肉食鸡2万只，2002年，加工出口肉鸡1.1万吨，年产值6000万元。

六合肉食鸡加工车间（2001年）

## 1985—2002年栖霞市畜、禽产品生产情况统计表

表5-8　　单位：吨

| 年份 | 肉类 | 蛋类 | 奶类 |
|---|---|---|---|
| 1985 | 15973 | 5878 | 3096 |
| 1986 | 14106 | 4598 | 1991 |
| 1987 | 13067 | 4148 | 1941 |
| 1988 | 10901 | 6671 | 2350 |
| 1989 | 16242 | 5675 | 2154 |
| 1990 | 13164 | 9218 | 2392 |
| 1991 | 19963 | 8253 | 3408 |
| 1992 | 18219 | 12630 | 2208 |
| 1993 | 21352 | 22482 | 4613 |
| 1994 | 25765 | 22482 | 13241 |
| 1995 | 27556 | 21707 | 12263 |
| 1996 | 31838 | 24268 | 21476 |
| 1997 | 35281 | 17366 | 11488 |
| 1998 | 31314 | 15748 | 2328 |
| 1999 | 29610 | 17501 | 2820 |
| 2000 | 34780 | 19495 | 4150 |
| 2001 | 34669 | 18133 | 5940 |
| 2002 | 40983 | 21000 | 6219 |

# 第六编

# 林　业

丰产林（1998年）

20世纪60年代“文化大革命”时期，社会处于无序状态，林业破坏严重，乱砍滥伐屡禁不止，林业发展缓慢。进入70年代后期，特别是1978年之后，栖霞县林业发展逐步步入正规，到80年代后，林业生产进入良性循环发展时期。1985年，全县林业用地面积5.6万公顷。1995年，全县林业用地面积达到8.1万公顷，10年增加2.5万公顷。2000年，全市林业用地面积达到9.2万公顷，5年增加1.1万公顷，全市活立木蓄积量2.8万立方米，其中森林蓄积量2.2万立方米，疏林地蓄积量2298立方米。

栖霞市境内逐步形成山上防护林，山下经济林，高山、远山、陡坡防护林，低山、缓坡经济林格局。防护林体系，境内东部以牙山、十八盘，西北部以艾山、崮山，南部以唐山、方山三大山系为中心，以白洋河、清阳河、清水河、漩河、黄水河五大河系为纽带，以庵里、龙门口两座中型水库上游为重点形成。经济林，除果树在全市各镇（街道、园区）普遍种植外，东北部石灰岩山区樱桃树和香椿树面积较大且集中，南部清水河畔和漩河两岸梨树较多，中西部沙石山区板栗树分布较广。

2002年，全市林业用地面积达到9.7万公顷，活立木蓄积量28.8万立方米，林业育苗面积320公顷，荒山开发增加林地面积2600公顷，工程造林面积6228.4公顷。建立了国家及省市级艾山自然保护区、十八盘自然保护区、牙山自然保护区和崮山、唐山、方山自然保护区。森林保护面积7.6万公顷，森林覆盖率44.8%，国家级公益林面积达到3.2万公顷。全市防护林面积达到4.7万公顷，经济林面积达到5万公顷，

2002年1月，栖霞市被国家确定为“中国社会林业工程科技示范单位”，3月，被命名为“国家级生态示范区”。

# 第一章 林业资源与分布

## 第一节 管理机构

1954年7月，成立县林业所，1955年3月，改称县林业科，1956年8月，改称县林业局。1972年4月，栖霞县设立县农林局。1973年8月恢复林业局。1993年11月，林业局改称林业服务中心，为正科级事业单位。1995年12月，恢复市林业局称谓。2002年4月，设立市森林稽查大队，为副科级事业单位。牙山森林公园管理处升格为副科级。

1984年4月，全县各乡（镇）均设立林业站，受林业局和乡（镇）政府双重领导。1993年11月，林业站的人、财、物权完全归乡（镇）政府所有，林业局负责业务指导。2001年，林业站解体，纳入乡（镇）农业综合服务中心。2002年4月，各镇、街道成立森林稽查中队，为自收自支事业单位。

## 第二节 资源布局

**林地面积** 1985年，全县林业用地面积56380公顷。1990年，全县林业用地面积达到75373.2公顷，其中，有林地59635.7公顷，疏林地6984公顷，无林地7916.6公顷，天然灌木林94.2公顷，未成林造林地733公顷，苗圃地10.7公顷。林木覆盖率为30.3%。1995年，全县林业用地面积达到81235.6公顷，其中，有林地61253.3公顷，

疏林地7235.1公顷。林木覆盖率为38.7%。2000年，全市林业用地面积91919.1公顷。在林业用地中，森林7.5万公顷（包括果树经济林4.9万公顷），灌木林（包括柞墩林、棉槐林等）1.3万公顷，疏林地3537.1公顷，荒山荒地3913.2公顷，无立木林（主要为火烧迹地和未成林造林地）111公顷，固定苗圃55.1公顷。林木覆盖率为44.2%。

2002年，全市林业用地面积达到9.7万公顷，其中森林面积7.6万公顷，灌木林地面积1.3万公顷，疏林地3481公顷，未成林造林地531公顷，无林地3519公顷，苗圃地55公顷。

幼 林（图一）（2002年 下同）

（图二）

**林木蓄积量** 1985年，全县活立木积蓄量28.5万立方米，其中森林蓄积量17.9万立方米，疏林地蓄积量5259立方米，散生木蓄积量4365立方米，“四旁”蓄积量10万立方米。2000年，全市活立木积蓄量28.2万立方米，其中森林蓄积量22.2万立方米，疏林地蓄积量2298立方米，散生木蓄积量2053立方米，林带树蓄积量2.9万立方米，村镇树蓄积量2.7万立方米。2002年，活立木蓄积量有所增长，达到28.8万立方米。

**林业资源分布** 栖霞市林业资源丰富，布局合理，其分布相对比较科学。针对整个山区特点，林业资源布置走垂直布局和平面布局相结合的路子。垂直布局，山上防护林，山下经济林；高山、远山、陡坡防护林，低山、缓坡经济林。果树经济林基本分为两个层次，山根坡脚凡有水浇条件的地方多为水果经济林，无水浇条件的地方多为以板栗为主的较耐旱、瘠薄的干杂果经济林；平面布局，呈现明显的区域性，防护林，以艾山、牙山、十八盘三大区为中心，以白洋河、清阳河、清水河、漩河、黄水河五大河系为纽带，以庵里、龙门口两座中型水库上游为重点，形成牢固的防护林体系。经济林，除苹果树在全市各镇（街道）普遍种植外，东北部石灰岩山区樱桃和香椿面积较大且集中，南部清水河畔和漩河两岸梨树较多，中西部沙石山区板栗分布较广。

艾山森林资源 80年代，设立艾山森林保护区，90年代，艾山成为国家级森林资源保护区。

该保护区位于栖霞市与蓬莱市境内，一山由两县分隔，艾山南面为栖霞市管辖范围，重点管理的森林面积有567公顷，防护林主要由赤松、刺槐等树种组成，森林覆盖率达到85%。21世纪初，栖霞市在艾山建设了艾山温泉旅游度假村。

艾山林区远眺

牙山森林资源 牙山林场位于牙山之阴，80年代之前系接管庙产而建，总面积586.3公顷，分为东、西两个林区，东林区厂址在天宫院，管理面积304.27公顷，为大沽夹河水系集水区；西林区场址在草庵庙，面积282.03公顷，属五龙河水系上游集水区。1998年，牙山林场被烟台市政府批复为生态公益型林场，有林地面积546.67公顷，列入国家级公益面积514.67公顷。同年，经烟台市林业局批复，以牙山系1万公顷森林为范围，以国有牙山林场586.3公顷森林为中心游览区，建立牙山森林公园，当年被烟台市人民政府批复为市级森林公园，2001年9月，被山东省人民政府批复为省级森林公园。

牙山森林公园

牙山森林资源丰富，独具特色。整个林区林木葱郁，森林覆盖率达到93.2%，多树种组成的混交复层林相，在胶东地区较为少见，主要树种有赤松、黑松、落叶松、麻栎、刺槐等。茫茫林海中，有几处各具特色的景观林。较著名的有省内面积最大的天然藤本林，有满山遍野、高密度、大面积的野杜鹃、锦带花、山樱桃混交群。牙山古树名木颇多，有百年以上的古松、古板栗树，有国家级保护树种紫椴、黄檗。

牙山南坡英灵山林区

十八盘森林资源 80年代，十八盘林业管理由县乡两级政府管理，90年代以后，由县林业部门直接管理。1992年10月，栖霞县政府制定《栖霞县大柳家自然生态保护区管理办法》。是年末，大柳家自然生态保护区面积达到5200公顷。1999年7月，扩大大柳家自然生态保护区范围，由1992年的5200公顷扩大到6400公顷，并更名为十八盘自然生态保护区。

方山林业资源 80年代，设立方山林业保护区，90年代为国家级保护区。位于杨础镇与观里镇境内，以柞树为主，是山东省柞蚕生产基地，重点林业管理面积716公顷，林木覆盖率99%。

唐山林业资源 80年代，设立唐山林业保护区，90年代为国家级保护区。位于翠屏街道东南，主要树种有赤松、柞树和刺槐等，重点林业管理面积375公倾，森林覆盖率95%。建有风力发电场，栖霞市旅游胜地。

崮山林业资源 1999年7月，建立崮山县级自然保护区，重点保护面积1800公顷，其中核心区面积543.9公顷，缓冲区556.8公顷，实验区699.3公顷。2002年11月7日，烟台市政府批复晋升为烟台市级自然保护区。

十八盘林区

## 1990年栖霞县林业用地分类面积情况统计表

表6-1 单位：公顷

| 乡 镇 | 林业用地 | | | | | | | | | | | | "四旁"树折实覆盖面积 | 林木覆盖率(%) |
|---|---|---|---|---|---|---|---|---|---|---|---|---|---|---|
| | 合 计 | 有林地 | | | | | | 疏林地 | 天然灌木林地 | 未成林造林地 | 无林地 | 固定苗圃 | | |
| | | 小计 | 用材林 | 防护林 | 薪炭林 | 经济林 | 特用林 | | | | | | | |
| 合 计 | 75374.2 | 59635.7 | 1591.2 | 18634.7 | 245 | 39122 | 48.8 | 6984 | 94.2 | 733 | 7916.6 | 10.7 | 1418 | 30.3 |
| 国有计 | 1263.4 | 1187.9 | 226.5 | 305 | — | 625 | 31.4 | 8.6 | 37.1 | — | 26.3 | 3.5 | — | 87 |
| 集体计 | 74110.8 | 58447.8 | 1364.7 | 18329.7 | 245 | 38497 | 17.4 | 6975.4 | 57.1 | 733 | 7890.3 | 7.2 | 1418 | 29.9 |
| 苏家店 | 6329 | 4044.9 | 97.6 | 1434.2 | 1.3 | 2511.8 | — | 1130.9 | — | — | 1149.8 | 3.4 | 53.5 | 30.1 |
| 寺 口 | 2905.6 | 2362.3 | 16.2 | 429.4 | — | 1916.7 | — | 231 | — | 19.9 | 290.2 | — | 41.9 | 27.2 |
| 西 城 | 3369.3 | 2295.5 | 215 | 639.1 | 5 | 1436.4 | — | 535.8 | 27 | 27 | 484 | 2.2 | 46.6 | 21.2 |
| 官 道 | 3697.4 | 3254.2 | 81.5 | 901.7 | — | 2271 | — | 407.3 | — | 2.8 | 33.1 | — | 71.3 | 29.6 |
| 观 里 | 3057.8 | 2904.9 | 36.3 | 339.9 | 8.7 | 2520 | — | 68.8 | — | — | 84.1 | — | 94.1 | 31.1 |
| 杨 础 | 2491.6 | 2178.7 | 13.1 | 261.5 | 8.7 | 1901.4 | — | 94.6 | — | 40.9 | 177.4 | — | 59.7 | 26 |
| 蛇窝泊 | 2642.6 | 2411.4 | 38 | 345.9 | 32.1 | 1995.4 | — | 121.7 | — | — | 109.5 | — | 84.5 | 28.1 |
| 连家庄 | 1256.4 | 1228.4 | 72.6 | 186.9 | 16.4 | 952.5 | — | 9 | — | 2 | 17 | — | 40.3 | 34.9 |
| 大柳家 | 2748.2 | 1596 | 22.4 | 395.6 | — | 1178 | — | 536.1 | — | 13.9 | 602.2 | — | 68.7 | 22.8 |
| 唐家泊 | 4880 | 4015 | 12.6 | 1720.3 | — | 2282.1 | — | 456.6 | — | 26.9 | 381.5 | — | 15.8 | 29.7 |
| 桃 村 | 3885.6 | 3571.4 | 90.2 | 1157.7 | — | 2323.5 | — | 152.3 | 15.7 | 85.2 | 61.1 | — | 82.3 | 34.4 |
| 铁 口 | 2946.2 | 2032.3 | 138.5 | 533.6 | 7.8 | 1352.4 | — | 235.8 | — | 461.1 | 217 | — | 48.8 | 25.7 |
| 大庄头 | 4030.4 | 1763.9 | — | 399.7 | — | 1364.2 | — | 1006.5 | — | — | 1260 | — | 74.6 | 21.3 |
| 庙 后 | 3862.3 | 2526.7 | 18.6 | 1024.1 | — | 1484.1 | — | 298.3 | — | — | 1037.3 | — | 84.7 | 30.6 |
| 亭 口 | 4871.3 | 3742.4 | 44.2 | 1348.1 | 2.4 | 2347.7 | — | 475.5 | — | 1.3 | 652.1 | — | 74.7 | 39 |
| 占 疃 | 2142.7 | 1556.9 | — | 477.4 | 42.1 | 1037.4 | — | 233.8 | — | 2.2 | 349.8 | — | 25.4 | 29.6 |
| 中 桥 | 2337.5 | 1904.2 | 37.2 | 769.3 | — | 1097.7 | — | 218.2 | 3.9 | — | 211.2 | — | 56.3 | 32.5 |
| 臧家庄 | 2548.7 | 2392.8 | 131.5 | 651.5 | 1.5 | 1608.3 | — | 128.1 | — | — | 27.8 | — | 60.3 | 29.1 |
| 寨 里 | 2126.8 | 1946.6 | 67 | 565.1 | — | 1314.5 | — | 81.9 | — | — | 98.3 | — | 68.2 | 25.8 |
| 松 山 | 4169.8 | 3730.1 | 124.8 | 1498.7 | 14.7 | 2091.9 | — | 212.7 | — | — | 227 | — | 75.6 | 43 |
| 金 山 | 1958.1 | 1756.7 | 12.7 | 600.3 | 104.3 | 1039.4 | — | 78.9 | — | 26.4 | 96.1 | — | 36.9 | 37.1 |
| 栖霞镇 | 3557.1 | 3128.8 | 94.8 | 1538.7 | — | 1477.9 | 17.4 | 185.2 | — | 17.3 | 224.2 | 1.6 | 139.9 | 28.8 |
| 刘家河 | 2296.4 | 2103.7 | — | 1111 | — | 992.7 | — | 76.5 | 10.5 | 6.1 | 99.6 | — | 13.9 | 48.8 |

## 2000年栖霞市林业用地分类面积情况统计表

表6-2 单位：公顷

| 乡 镇 | 林 地 | | | | | | 荒 地 | | | "四旁"树折实覆盖面积 | 林木覆盖率（%） |
|---|---|---|---|---|---|---|---|---|---|---|---|
| | 小 计 | 森 林 | 疏林地 | 灌木林地 | 无立木林 地 | 苗 圃 | 小 计 | 荒 山 | 荒 滩 | — | — |
| 合 计 | 89309.1 | 75119.9 | 3537.1 | 13096 | 111.0 | 55.1 | 3870.2 | 3744.2 | 126 | 992.7 | 44.2 |
| 国有计 | 1259.7 | 663.4 | | 590.7 | 4.2 | 1.4 | — | — | — | 19.7 | 84.7 |
| 集体计 | 88049.4 | 74456.5 | 3537.1 | 20841.1 | 106.8 | 53.7 | 3913.2 | 3827.7 | 126 | 973 | 43.9 |
| 苏家店 | 6788.6 | 6278 | 370.4 | 138.6 | 1.6 | — | 328.5 | 328.5 | — | 60.6 | 47.7 |
| 寺 口 | 385.6 | 2924.3 | 56.7 | 90 | 12.3 | 2.3 | 21.7 | 21.7 | — | 51.0 | 33.3 |
| 西 城 | 4404.3 | 3357.6 | 556.6 | 490.1 | — | — | 431 | 431 | — | 26.2 | 33.6 |
| 官 道 | 4353.3 | 4109.4 | 200.1 | 43.8 | — | — | 259.7 | 229.4 | 30.3 | 41.8 | 37.4 |
| 观 里 | 3233.9 | 3084.8 | 56.5 | 82.3 | 8 | 2.3 | 52.3 | 36.5 | 15.8 | 136.2 | 36.7 |
| 杨 础 | 2210.5 | 2132.6 | 60.2 | 17.7 | — | — | 136.8 | 136.8 | — | 21.7 | 23.9 |
| 蛇窝泊 | 5660.1 | 4731.3 | 143.7 | 785.1 | — | — | 72.0 | 72.0 | — | 68.2 | 43.4 |
| 大柳家 | 3553.4 | 2811 | 168.3 | 580.1 | 2.4 | 1.6 | 51.6 | 51.6 | — | 38.2 | 46.9 |
| 唐家泊 | 6539.3 | 4847.2 | 237.6 | 1440.5 | 14.0 | 16.2 | 196.6 | 196.6 | — | 45.0 | 46.7 |
| 桃 村 | 3408.4 | 2378 | 88 | 9262 | — | — | 61.1 | 61.1 | — | 54.9 | 31.4 |
| 铁 口 | 3964.4 | 2851.3 | 166.7 | 939.7 | 6.7 | 21.2 | 151.9 | 151.9 | — | 17.2 | 41.7 |
| 大庄头 | 5698 | 4307.5 | 133.3 | 1227.5 | 8.5 | — | 47.2 | 47.2 | — | 31.8 | 64.6 |
| 庙 后 | 5904.9 | 4408.1 | 100 | 1296.8 | — | 10.1 | 135.5 | 135.5 | — | 33.4 | 67.2 |
| 亭 口 | 9253.8 | 7345.6 | 297.9 | 1600.2 | — | — | 210.7 | 206.7 | 45 | 75.7 | 59.6 |
| 中 桥 | 2256.4 | 2021.7 | 100.6 | 143.1 | — | — | 123.8 | 19.9 | 19.9 | 17.6 | 36.0 |
| 臧家庄 | 3815.1 | 3209.5 | 100 | 505.6 | — | — | 193.8 | 193.8 | — | 29.5 | 44.4 |
| 寨 里 | 2104.5 | 1731.6 | 83.3 | 289.6 | — | — | 90 | 90 | — | 13.2 | 26.0 |
| 松 山 | 6828.9 | 5103.5 | 300.8 | 1371.3 | 53.3 | — | 1307.7 | 1292.7 | 15 | 34.1 | 47.6 |
| 栖霞镇 | 7686 | 68325 | 316.4 | 537.1 | — | — | 41.3 | 41.3 | — | 176.7 | 48.0 |

## 第三节 林种与树种

栖霞境内森林植被按优势种原则分为针叶林、针阔混交林、落叶阔叶林、灌草丛4种类型。

针叶林主要是赤松，境内各地均有分布，多集中在牙山至艾山两大山系形成的骨脊分水岭两侧。赤松林植被结构一般分为3层，即乔木层、灌木层和草本层，常见的灌木种类有胡枝子、荆条、酸枣、郁李等，草本层植物受土壤厚度和水分影响而各地有所差异，在土层较深厚、肥沃、赤松林下以披针叶苔草、野古草、地榆等为主，在干旱瘠薄土地上，则以旱中生植物如白羊草、结缕草等为主。

针阔混交林主要是赤松、麻栎混交林，多分布于境内东部山区，其乔木层以赤松为主，麻栎混生其中。灌草层比较简单，种类不多。优势灌木有山合欢、荆条、达呼里、胡枝子等。常见的草本值物有菅草、长蕊石头花、结缕草、披针叶苔草等。

落叶阔叶林主要有麻栎柞蚕饲养林、刺槐林、杨柳林等。柞蚕饲养林麻栎，多为墩状丛生，少有矮桩头林状，主要用于养蚕，多分布于东部山区，灌木层有山合欢、胡枝子、小叶鼠李等，草本层常见种类20余种，主要有披针叶苔草、菅草、石竹等。刺槐林分布于全市各地的山区和河滩，以山区中下部的阳坡居多。郁闭度较高的刺槐林下，灌草层发育不良。杨柳林主要分布于河流两侧，以杨树为主，柳树和枫树较少。

灌草丛以人工栽培的紫穗槐为主，数量较少，草本植物随立地条件不同而差异较大，干旱瘠薄的地方以结缕草居多，土壤深厚湿润的地方以荻、芦苇为主。灌草丛主要分布于荒山上，多见灌木有荆条、酸枣、胡枝子、小叶鼠李等，草本层种类较多，常见的有结缕草、地墩、披针叶苔草、白羊草、菅草等。

**林　种**　1985年，用材林面积4783.1公顷，防护林2.3万公顷，经济林2万公顷。1990年，全县有林地面积6万公顷，其中用材林1591.2公顷，防护林1.9万公顷，经济林3.9万公顷，薪炭林239公顷，特用林48.8公顷。在防护林中，水土保持林1.7万公顷，水源涵养林1794.7公顷。在经济林中，水本粮油林1902.5公顷，水果林2.9万公顷，桑、柞饲养经济林8189.2公顷。

2000年，全市有林地面积8.8万公顷，其中防护林3.9万公顷，经济林4.9万公顷，特种用途林37.4公顷。在防护林中，水土保持林3.9万公顷，护岸林291.1公顷。在经济林中，水果林4.5万公顷，干杂果经济林4076.4公顷。

2002年，防护林面积4.7万公顷，经济林面积5万公顷。

**树　种**　用材林、防护林（包括特用林、薪炭林）的树种，针叶树主要是松柏类，阔叶林树主要有栎类、杨类和刺槐类等。针叶树中，赤松和黑松1.4万公顷，落叶松113.7公顷，侧柏322.8公顷。阔叶树中，麻栎425.1公顷，刺槐4849.7公顷，杨类826.5公顷，其他413.6公顷。

经济林树种，苹果2.7万公顷，梨1781.3公顷，其他水果507.2公顷，柞蚕饲养林7240.1公顷，桑108.1公顷，棉槐694.8公顷，山楂1438.1公顷，板栗464.4公顷，其他146.2公顷。防护林和特用林树种仍以松、柞、杨、槐为主，其中黑松和赤松1.7万公顷，落叶松27.9公顷，侧柏731.2公顷，麻栎7686.1公顷，刺槐1.1万公顷，杨类500公顷，其他2017.6公顷。

水果经济林的主要树种是苹果，4.5万公顷；其次是梨，359.6公顷；葡萄、桃、杏等有241.7公顷。干杂果经济林的主要树种是板栗，3112.4公顷，其他树种有枣、核桃、柿子等。

# 第二章 林业生产

## 第一节 育 苗

80年代，林业育苗靠农民、村集体进行，育苗种类单一。1988年，全县育苗面积380公顷。1990年，随着工程造林和经济造林的开展，各种育苗专业户迅速发展起来，有固定苗圃10.7公顷，育苗总面积533.3公顷，年产各类苗木2亿株，其中，年产容器育苗1600万袋。至90年代以后，栖霞林业育苗主要靠国有苗圃和乡镇政府的育苗基地，以培育防护林和绿化苗木为主，兼育观赏林木。1991年，在城区东南老龙湾村新征苗圃1.73公顷，城区苗圃地面积达2.27公顷，苗木以大叶黄杨、黑松、国槐、木槿等为主，20余个品种，除城区绿化需要外，还向社会提供部分苗木。1996年以后，随着外来苗木引进，境内苗木育种面积减少，1996年育苗面积119公顷， 1997年108公顷 ，1999年135公顷。

2000年以后，随着绿化水平的提高，对大规格、高质量绿化苗木的需求量不断增加，陆续出现20多户专门经营高档苗木的林业育苗大户，育苗面积135公顷以上，有固定苗圃55.1公顷。2002年，育苗面积达到320公顷。

苗 圃（2002年）

## 第二节 植树造林

**公路防护林建设** 栖霞市公路干线绿化带建设始于1987年，公路、铁路绿化带80公里，植树14万株。1990年，公路绿化植树26万株。1994年，在烟青一级路桃村段两侧各栽植杜仲4行。2002年，在同三高速路两侧和204国道两侧建成以速生杨树为主的宽30米的绿化带，翌年加宽至50米。在文三路、海莱路、蓬水路、蓬丰路、烟凤路、烟青802线6条省道两侧建起宽10米的以杨树为主的绿化带。全市杨树绿化带共长107.6公里，占地4840亩，植树53万株。

为保护绿色环境，加强绿色长廊绿化力度，在全市范围内大力推行封山育林、留苗养树。要求全市所有镇（街道）对辖区内的所有适合留的苗木，按照1×2米的株行距留苗，所留苗木要全部涂白。重点是同三高速、文三公路、802省道、烟青一级路两侧及城区周围出口和镇驻地周围所有山坡、地堰、沟渠等林地，公路两侧1000米内死封，500米内全部留苗养树并涂白，到2002年末，各镇（街道）共留苗养树350万株，占地1000公顷。

同三高速路防护林（2002年）

**水土保护林建设** 80年代，山区水土保护主要是疏林补植、改造荒坡，1987年以后，主要营造用材林、观赏林保护。1988年，山区保护林面积485.3公顷，1990年达到1482.2公顷。1995年，山区保护林面积2.8万公顷，2000年达到3.1万公顷。

2001年，将全市防护林面积38880.6公顷和特种用途林37.4公顷划为公益林，其中的32333公顷划为国家级公益林，其余的为省级、市级公益林。

2001—2002年，在桃村镇的大沽夹河流域、龙门口水库周围、苏家店镇的黄水河流域、臧家庄镇的白洋河流域和同三高速公路观里段、西城段共栽植1400公顷的速生杨丰产林。

**“四旁”植树** 80年代，村旁、路旁、宅旁、水旁植树多为用材树。1985年，“四旁”植树360万株，1988年，“四旁”植树611万株。到90年代，“四旁”植树向高档化、观赏化、园林化方向发展。1990年，“四旁”植树达到790万株。在农村，庭院、宅旁主要栽植用材树、水果类、花卉类树木，在城市、机关、学校、厂矿，植树重点向园林花园式方向发展。1996年，“四旁”植树611万株。2002年末，“四旁”植树虽然减少到175万株，但农村、城市庭院绿化出现高潮，涌现出一大批花园式村庄，如国路夼村，一大批花园式机关，园林化建设成为“四旁”植树的重点和方向。

**荒山开发** 1989—1993年，烟台市市长“135”绿化责任工程安排在桃村镇和铁口乡，其中桃村镇完成荒山造林266.6公顷，铁口乡完成400公顷，造林成活率达到95%以上，烟台市政府授予铁口乡“造林绿化第一乡”荣誉称号。

1990年，在全省开展“八五”绿化达标活动中，栖霞县委、县政府作出《关于提前一年实现全面绿化达标的决定》，层层签订绿化责任状，把造林绿化纳入工程化管理，谓之“工程造林”，每建造绿化1公顷林地，政府给予300元资金补助。

1993年底，全县完成荒山造林7866.7公顷，疏林地补植6666.7公顷。其中“工程造林”6093.3公顷，造林成活率90%以上，全县荒山基本得到绿化，达到省“八五”绿化标准，得到省委、省政府“提前一年实现省‘八五’绿化标准先进县”的表彰奖励。1996年，栖霞市被国家环保局遴选为全国生态建设示范市之一，全县掀起新一轮的造林绿化高潮。主要绿化工程有绿色长廊工程，完成烟青一级路和204国道两侧绿化带建设和荒山造林；夹河上游水源涵养林建设工程，使该流域内的山、水、田、林、渠、村得到进一步绿化。“九五”期间，全市林地面积平均每年增加2600公顷，自然生态有大的改观。

1985年，抚育改造出材量290立方米，枝材产量3800万公斤，木材蓄积量20.9万立方米，森林采伐面积11公顷。1996年，抚育改造出材量406立方米，枝材产量3.5万吨，木材蓄积量42.6万立方米。

2002年1月，国家林业局确定栖霞市为“中国社会林业工程科技示范单位”，3月，国家环保局命名栖霞市为“国家级生态示范区”。当年，抚育改造出材量280立方米，枝材产量1200吨，木材蓄积量1067立方米，森林采伐面积48公顷。

2002年植树节期间市机关干部进行荒山荒坡开发

## 2002年栖霞市林业生产情况表

表6-3

| 项 目 | 单 位 | 合 计 |
|---|---|---|
| 年度育苗面积 | 公 顷 | 320 |
| 年度幼林抚育面积 | 公 顷 | 2100 |
| 年度成林抚育面积 | 公 顷 | 5000 |
| 年度造林面积 | 公 顷 | 810 |
| 年度补植面积 | 公 顷 | 26 |
| 封山育林面积 | 公 顷 | 1490 |
| 年度“四旁”实有树林 | 万 株 | 175 |
| 活立木总蓄积量 | 万立方米 | 28.8 |
| 森林采伐面积 | 公 顷 | 48 |
| 抚育改造出材量 | 立方米 | 280 |

**封山育林和工程造林** 1985年，全县封山保护区1.9万公顷。1987年，封山保护区2. 7万公顷，对高山、远山、陡坡、水库上游的疏林地、新造幼林地，一律实行死封，面积1.3万公顷，按山系、林片划为8个死封区。1990年，封山育林3.2万公顷，1995年，全县封山育林面积3.2万公顷，1997年，封山育林4.2万公顷，1999年，封山育林4.3万公顷。进入21世纪后，封山育林面积逐年减少，2000年，封山育林850公顷，2001年9000公顷，2002年1490公顷。

1989—1992年，栖霞县在各乡镇实行“工程造林”活动，造林工程实行指标考核、任务落实、奖惩激励。各乡镇按要求大面积栽植各种经济林、用材林和观赏林。1987年，桃村镇工程造林366.7公顷，铁口镇、大庄头镇当年工程造林分别为400公顷和333.3公顷。1990年，工程造林只在东南部桃村、铁口等4个乡镇进行。1992年，全县工程造林6228.4公顷，苏家店、寺口、小庄、大柳家、唐家泊、桃村、铁口、大庄头、庙后、占疃、亭口、松山等乡镇工程造林都在200公顷以上。

## 1987年栖霞县封山育林情况统计表

表6-4　　单位：公顷

| 乡 镇 | 合 计 | 死封面积 | 活封面积 |
|---|---|---|---|
| 苏家店 | 2247 | 1173 | 1074 |
| 寺 口 | 1047 | 473 | 574 |
| 小 庄 | 1313 | 727 | 586 |
| 官 道 | 1233 | 547 | 686 |
| 观 里 | 707 | 280 | 427 |
| 杨 础 | 713 | 287 | 426 |
| 蛇窝泊 | 913 | 400 | 513 |
| 连家庄 | 347 | 140 | 207 |
| 大柳家 | 1113 | 613 | 500 |
| 唐家泊 | 2313 | 1227 | 1086 |
| 桃 村 | 1180 | 667 | 513 |

续表6-4

| 乡 镇 | 合 计 | 死封面积 | 活封面积 |
|---|---|---|---|
| 铁 口 | 1173 | 587 | 586 |
| 大庄头 | 1713 | 853 | 860 |
| 庙 后 | 1447 | 760 | 687 |
| 占 疃 | 840 | 433 | 407 |
| 亭 口 | 1913 | 960 | 953 |
| 中 桥 | 707 | 300 | 407 |
| 臧家庄 | 580 | 273 | 307 |
| 寨 里 | 647 | 300 | 347 |
| 松 山 | 1047 | 567 | 480 |
| 金 山 | 847 | 407 | 440 |
| 刘家河 | 980 | 520 | 460 |
| 栖霞镇 | 1647 | 840 | 807 |

## 1989—1992年栖霞县各乡镇“工程造林”情况统计表

表6-5　　单位：公顷

| 乡 镇 | 合 计 | 1989年 | 1990年 | 1991年 | 1992年 |
|---|---|---|---|---|---|
| 合 计 | 6227.9 | 1100 | 333.3 | 2125.7 | 2830.5 |
| 苏家店 | 486.7 | — | — | 200 | 286.7 |
| 寺 口 | 200 | — | — | 53.3 | 146.7 |
| 小 庄 | 413.3 | — | — | 166.7 | 246.7 |
| 官 道 | 66.7 | — | — | — | 66.7 |
| 观 里 | 71.2 | — | — | 125.8 | — |
| 杨 础 | 63.9 | — | — | — | 70.5 |
| 蛇窝泊 | 100 | — | — | 100 | — |
| 大柳家 | 273.3 | — | — | 66.6 | 206.7 |
| 唐家泊 | 300 | — | — | 66.7 | 233.3 |
| 桃 村 | 366.7 | 366.7 | — | 100 | — |
| 铁 口 | 600 | 400 | — | 200 | — |
| 大庄头 | 753.3 | 333.3 | — | 200 | 220 |
| 庙 后 | 500 | — | — | 200 | 300 |
| 占 疃 | 453.3 | — | — | 200 | 253.3 |
| 亭 口 | 613.3 | — | 333.3 | 173.3 | 106.7 |
| 中 桥 | 93.3 | — | — | — | 93.3 |
| 臧家庄 | 73.3 | — | — | — | 73.3 |
| 寨 里 | — | — | — | — | — |
| 松 山 | 253.3 | — | — | 120 | 133.3 |
| 金 山 | 186.3 | — | — | 33.3 | 153.3 |
| 刘家河 | 133.3 | — | — | — | 133.3 |
| 栖霞镇 | 226.7 | — | — | 120 | 106.7 |

## 第三节 林业生产体制

80年代初，栖霞县开始进行林业生产体制改革。1985年，稳定山权林权、自留山、林业承包责任制工作，并开展林木确权发证，把自留山、实行责任制的山坡、沟谷以及林场的使用权、管理权、收益权等交给农户、个人和责任制单位。1990年，林业改革的形式有3种，一是保留集体林场26处，经营面积1987公顷。二是成立林业专业队306个，专业户承包经营6073个，经营面积1.82万公顷。三是按户划分自留山和责任山，全县有370个村、4.95万农户经营面积1.13万公顷。1995年以后，栖霞县相继制定许多林业发展规定、政策等文件，鼓励乡镇、农民加大林业发展力度。到1999年末，开发荒山3000多公顷，封山面积2.7万公顷，集体林场达到67处，管理面积6060公顷，个人管理经营面积1890公顷。旗杆山林场经营面积200公顷，实行双层经营，专业承包，走以林为主，多种经营路子，年收入30多万元，林木覆盖率达94%，被评为全国乡村林场先进单位。

21世纪初，林业改革向纵深发展，许多村庄把集体山林（地）的使用权采取拍卖、租赁、承包等形式，有价出让给个人开发经营，林业专业户发展较快。

2002年，全市林业经营面积13公顷以上的专业户共有60户，经营面积2700公顷。其中，经营70公顷以上的专业大户11个，共1033.3公顷；有经营面积33.3公顷以上至66.7公顷的大户20个，经营面积953.3公顷；有经营面积13.3公顷至33.3公顷的大户29个，共680公顷。

私营林地（2002年）

# 第三章 森林保护

## 第一节 森林保护区建设

**森林保护区** 80年代，森林保护主要靠林场自行管理，人员少，保护压力大，未形成保护区。90年代以后，森林保护区建设进入议事日程，先后建立了艾山、牙山、十八盘、崮山、方山、唐山等国家、省、市、县4级自然保护区，保护面积7.62万公顷。

**林木病虫害防治** 1985年以后，境内林木病害不足百种， 1995年以后，境内共有林木病害119种，害虫367种。1996年，美国白蛾传入后，增加到368种。

1985—1995年，松毛虫呈蔓延发展之势，年均发生受灾面积4333.3公顷，造成53.3公顷成片松林成灾，松叶损失60%以上，并有零星

树木死亡。对松毛虫的防治措施主要是毒笔涂环，年均涂环防治3000多公顷。辅助措施有毒纸防治松毛虫、杀蚊子、剪蛹和人工捕捉老熟幼虫等。

1996—2002年，松毛虫发生面积呈逐年下降趋势，1996年2666.7公顷，2002年下降至1333.3公顷。防治措施上，由原先以化学防治为主改成以无公害防治为主，本着“以防为主，综合治理”的原则，将其控制在有虫不成灾的程度。

1996年8月22日，栖霞市首次在城区发现美国白蛾，林业部门立即组织普查和杀灭，杜绝美国白蛾的传播和蔓延。到2002年，美国白蛾在境内已经灭绝。

## 第二节 森林防火

**防火机构与措施** 1985年，森林防火由林业部门负责组织落实。1989年，县、乡两级政府分别成立护林防火指挥部。办公室设在县林业局。每年的10月1日至翌年5月31日为森林防火期，其中2月1日至4月31日为森林防火戒严期。为加强护林防火设施建设，1999年，购进100台6MF-A便携式风力灭火机，分发到各镇（街道）和国有林场。2001年，配备18部高频对讲机。2002年，利用电视、广播、宣传车、宣传碑、张贴标语等形式，向广大市民宣传《中华人民共和国森林法》《森林防火条例》等法律、法规，把森林防火工作做为重中之重来抓，共举办防火电视知识讲座4期，在电视黄金时段滚动播出森林防火宣传口号，书写永久性宣传口号130余条，在各村和重点林区醒目的地方书写永久性标语210多条，张贴临时性标语3000余条；与栖霞移动公司、网通公司约定在防火关键时期发手机短信10万条，固定电话信息6万条，向全市人民致发公开信5万余份。多方筹措资金购买灭火机200台，防火碑54块，防火服200套，3号灭火工具500把，灭火弹100枚，望远镜27台，对讲机70部，水枪32个，配备专用灭火运输车23部，巡逻摩托车500多辆，组建市、镇两级专业扑火队18支，共有队员400人。建3米×4米的大型宣传牌坊126块，建护林房52处，设了望哨27处，并健全市、镇、村三级林业管护网络，聘用252人为村级专职护林员。是年，共完成林木采伐审批50余份，木材产量1536立方米。同时，严肃查处违法经营野生动物案，没收环雉、野兔等10余只。另外，注重抓好全市的古树名木的保护与管理工作，对全市的所有古树名木进行挂牌保护，全市已挂牌102块。

森林公安部门共处理涉林案件14起，其中火灾案件9起，滥伐林木案件5起，处理当事人14人，其中行政拘留1人。

**森林火灾案例** 1985—2002年，境内共发生较大的森林火灾8起。

1988年4月7日，桃村镇河西村的山林发生火灾，过火森林面积13.3公顷，肇事者被判处有期徒刑4年。

1993年4月5日，亭口镇下生铁刘家村一老人上坟，引起森林火灾，过火林地面积20公顷，其中有林地13.3公顷。

1997年4月10日，臧家庄镇东林村北山因上坟引起森林火灾，过火面积65公顷，烧死赤松3300株。

1998年3月22日，松山镇史家村的山林，被蓬莱市大柱村的山火蔓延过来，引起火灾，过火林地面积30.5公顷，其中疏林地10公顷，宜林地20.5公顷。

1999年3月12日，苏家店镇西吴家村北的垛夼沟发生森林火灾，过火林地面积42公顷，其中有林地3公顷，烧死松树1.4万株。

1999年3月20日，官道镇大丁家村北山因电信焊接工操作不当，引发森林火灾，过火林地面积68公顷，其中有林地47.6公顷，烧死松树5000株。

2001年6月13日，蓬莱市与栖霞市交界处艾山发生森林大火，过火面积60多公顷。

2002年2月16日，蛇窝泊镇与杨础镇交界处的小唐山发生火灾，过火林面积52公顷。

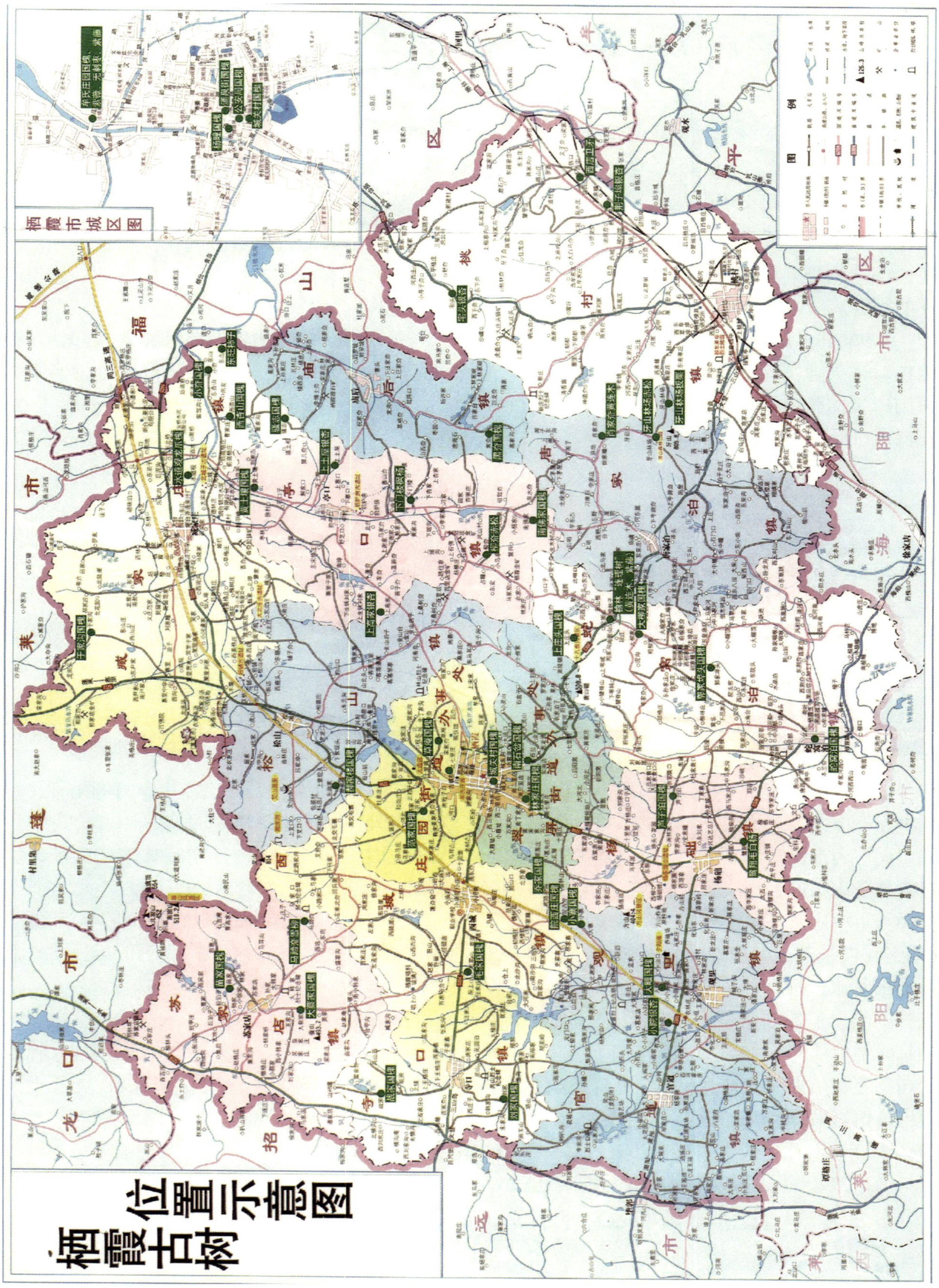

栖霞古树位置示意图

# 第四章 古树名木

栖霞古树颇多，其中有国家重点保护一、二级野生植物6种。现存百年以上古树名木60株，分属于14科、15属、16种。分食果、用材、观赏三类。

## 第一节 食果类

**银 杏** 银杏科银杏属。别名公孙树、白果树、鸭脚子、鸭掌树，为珍贵树种。百年以上的古树尚存7株。

500年以上树龄的银杏1株，位于桃村镇荆子埠村，人称“银杏王”。树高31米，胸围660厘米，胸径226厘米，基径230厘米。树形卵形，干高3米，树冠高28米，冠幅东西25米，南北32米，平均为28.5米。16个大枝撑起700余平方米的树冠，郁郁葱葱如华盖。电影《红日》曾在此取景。

桃村镇荆子埠村银杏（2002年 下同）

200年以上树龄的银杏3株，一株在桃村镇宅头村。树高12米，胸围658厘米，胸径209.4厘米，冠幅东西15米，南北15米，树龄220年，长势较弱；另两株在观里镇小院老村村西，两株南北排列，相距2米，树龄200余年。北株为雌株，树高16米，胸围210厘米，胸径66.8厘米，冠幅东西5米，南北5米，长势一般。南株为雄株，树高18米，胸围179厘米，胸径57厘米；冠幅东西7米，南北4米，长势旺盛。

100年以上树龄的银杏3株，一株在亭口镇上高家村，树龄160余年，为雄株，树高20米，胸围220厘米，胸径76.4厘米，冠幅东西10米，南北9米，5个大枝粗细相当，像五兄弟一样竟相生长，整个树势呈强旺之势；另两株在亭口镇上土屋村，两株银杏树相距10多米，东边一株为雄株，树龄102年，树高15米，胸围220厘米，胸径70厘米，冠幅东西9米，南北11米，树冠如伞形，6大主枝，生长旺盛。西边一株为雌株，树龄102年，树高16米，胸围150厘米，胸径47.7厘米，干直立，长势一般。

**板 栗** 壳斗科，栗属。别名栗子、魁栗、毛栗。落叶乔木，喜光树种，较抗旱，耐寒、耐瘠薄，为著名木本树种，栗果营养丰富、味美可口，具有甜、香、糯的特点。

百年以上的板栗1株，在国有牙山林场东分场南沟水塘南，树龄160多年，为栖霞板栗之王。由于遭雷击，主、侧枝已全部折断，因此树高只有4米左右，胸围392厘米，胸径124.8厘米，冠幅东西4米，南北4.2米。

**无刺枣** 鼠李科，枣属，为一变种，枝上无刺。百年以上生的无刺枣1株，在牟氏庄园院内，树龄200余年。树高9米，胸围170厘米，胸径54厘米，基径59厘米。冠幅东西8米，南北8.5米。树形为不规则伞形，南高北底，呈梯形分布。

牟氏庄园无刺枣

**柿　树**　柿树科，柿属，落叶乔木。百年以上的柿树1株，在经济开发区东旺村南，树龄120多年，树高13米，胸围130厘米，胸径41.3厘米。树形圆形，枝条稀疏，冠幅东西12米，南北9米，长势一般。

## 第二节　用材类

**国　槐**　豆科蝶形花亚科，槐属。别名槐树、家槐。阳性树种，深根性，中等喜光，萌芽力强，寿命长。栖霞市有文字记载的百年以上的古槐树34株。

千年以上的古槐树2株，一株在城里解放村，植于唐代，距今约有1300多年的历史，被誉为“唐槐”。树高16米，地表围径179厘米，基径159厘米，胸围453厘米，胸径144.2厘米，树形为伞形，冠幅东西16.5米，南北18.5米，枝下高2.9米，干高3.5米。树势蓊蓊郁郁，冠如华盖；另一株在城关阳疃村，与解放村古槐树相距500米左右，该树植于唐代，与解放村古槐树为同一年代，距今约1300余年，也被誉为“唐槐”。树高16.5米，地表围径128厘米，基径128厘米，胸围352厘米，胸径112厘米；树形圆形，冠幅东西14米，南北15米。干直，枝下高4.3米，干高4.8米。相传唐太宗征东时，大将尉迟敬德领兵路过此地，看四周如画，便在此树下勒马观光，当地有“敬德槐下勒战马，一览阳疃好风光”之说。

500年以上的古槐树7株。分布在松山镇郝家楼村、城关村委会办公楼前、公安局家属楼前、西城镇乔家村、翠屏街道南林家庄村、臧家庄镇于家沟村。

300年以上的古槐树18株。分布在苏家店镇大蔡家村、观里镇小寨村、院西庄村、蛇窝泊镇蛇窝泊村、上庄头村、大柳家村、郭家埠头村、经济开发区西杏山村、庄园街道办事处范家村、西城镇毛家村等村庄。

200年以上的古槐树4株，分布在牟氏庄园、苏家店镇苗家村和寺口镇刘家村。

100年以上古槐树3株，分布在观里镇大疃村、经济开发区小夼村和寺口镇战家村。

城关解放村古槐

城关阳疃村古槐

**赤 松** 松科，松属。别名雌松、日本赤松。适于温带，为本地的乡土树种。喜光，深根性，抗风力强，耐干瘠。现有百年以上的赤松2株。一株在牙山林场西分场，树龄160多年，树高7米，胸围106厘米，胸径33.7厘米，树干从胸径向南折，呈“<”状，树冠伞状如盆，生长茂密；另一株在亭口镇柳夼村东嵎，树龄140余年，树高7米，胸围94厘米，胸径30厘米，为一孤树，冠幅东西2米，南北3.5米，干高4米。

牙山林场赤松

**侧 柏** 柏科，侧柏属。别名：柏树、扁柏、香柏、黄柏、扁桧。喜光树种，根系发达，耐干旱瘠薄。百年以上的侧柏树1株，在庄园街道草庵村，树龄160余年， 树高7米，胸围84厘米，胸径26.7厘米，主干高4米，冠幅东西5.6米，南北4.8米，直立，长势旺盛。

草庵村侧柏树

**毛白杨** 杨柳科，杨属。落叶大乔木，喜光，寿命长。百年以上的毛白杨2株，在杨础镇鹭翔村北一坟地边，树龄110多年，北株树高28米，胸围240厘米，胸径76.4厘米，冠幅东西18米，南北12米，树冠小，胸径细，长势弱。南株树高28米，胸围275厘米，胸径87.5厘米，冠幅东西18米，南北13米，树冠大，胸径粗。

**枫 杨** 胡桃科，枫杨属。别名：枰柳、柜柳、水麻柳、元宝枫。落叶大乔木。喜光，耐湿，10～15年可成材。百年以上的枫杨1株，在亭口镇下门楼村，树龄110多年，树高18米，胸围260厘米，胸径82.8厘米，冠幅东西12米，南北9米。主枝直立，树势旺盛，高大挺拔。

**黄连木** 漆树科，黄连木属。别名：火连枝、黄连茶。落叶乔木，喜光树种，耐瘠薄，寿命长。

300年以上的黄连木3株，一株在蛇窝泊镇榆林村，树龄630多年，树高12米，胸围205厘米，胸径65.4厘米，基径70厘米。树冠呈伞形，冠高6米，冠幅东西11米，南北15米，盘根错节，长势旺盛。奇特的是有一株300多年生的紫藤缠绕其上，风景独特，巍巍壮观，被誉为“连理树”；另两株黄连木在唐家泊镇肖家夼村南山坡上，东西并列生长，树龄300多年，东株树高20米，胸围210厘米，胸径67厘米，冠幅东西9米，南北14米；西株树高21米，胸围200厘米，胸径64厘米，冠幅东西8米，南北12米，长势旺盛。

榆林村黄连木

**刺　楸**　五加科，刺楸属，别名后娘棍、鼓钉刺，落叶乔木。百年以上的刺楸1株，在唐家泊镇肖家夼村东山坡，树龄300多年，从远处看为一棵树，近处看为一从基部并生直立的2株，基部围径108.2厘米，胸径处，西株为55厘米，东株为52厘米，树高12米。树冠伞形，冠幅东西13米，南北13米，树势旺盛。

## 第三节　观赏类

**龙爪槐（变种）**　豆科蝶形花亚科，槐属，别名倒垂槐，小乔木。树冠呈伞形，枝条全部拱曲下垂，供庭院观赏。

百年以上的龙爪槐1株，在经济开发区水道观村，树龄300多年，树高4米，胸围230厘米，胸径73.1厘米，冠幅东西5.3米，南北4.1米。枝叶茂密，树冠分为两个半球形，生长旺盛。

水道观村龙爪槐

**卫　矛**　卫矛科，卫矛属，别名鬼箭羽，落叶灌木。百年以上的卫矛1株，在桃村镇店西庄村，树龄300多年，树高5.2米，胸径36厘米。树冠小，东西只有4.3米，南北5.7米。

**雪　柳**　木犀科，别名五谷树、过街柳。苏家店镇马蹄夼村东有1株300多年的雪柳，树高15米，胸围352厘米，胸径112厘米，长势一般。

**紫　藤**　豆科蝶形花亚科，紫藤属，别名藤萝，落叶木质大藤本。有200年以上的紫藤2株，一株在蛇窝泊镇榆林村，树龄300多年，紫藤缠绕在黄连木上，如游龙走蛇，胸围150厘米，胸径47.7厘米。距主干1.56米处分为两大枝，缠绕于黄连木上，直嵌于黄连木枝杈上，与其浑然成一体，人称“连理树”；另一株在牟氏庄园东忠来院内，树龄200多年，树高3米，胸径27厘米，长势旺盛，花期满树开紫花。

牟氏庄园紫藤

牟氏庄园紫薇

**紫 薇** 千屈菜科，紫薇属，别名百日红、痒痒树，落叶灌木状小乔木或灌木。百年以上的紫薇1株，在牟氏庄园日新堂院内，树龄210余年，树高4.0米，胸围110厘米，胸径35厘米。树形伞形，冠幅东西3.5米，南北5.5米。两大主枝，南北各一，均匀分布，树形稳定，干直，枝下高1.9米，干高0.97米，花盛，花色艳丽。

## 2002年栖霞市古树单株登记情况统计表

表6–6　　　　单位：年、米、厘米

| 编号 | 古树所在地 | 树种 | 权属 | 树龄 | 树高 | 胸径 | 冠幅 | 生长势 |
|---|---|---|---|---|---|---|---|---|
| 合计 | — | 60 | — | — | — | — | — | — |
| 001 | 桃村镇荆子埠 | 银杏 | 集体 | 500 | 31.0 | 226.0 | 28.5 | 旺盛 |
| 002 | 桃村镇宅头 | 银杏 | 集体 | 220 | 12.0 | 209.4 | 15.0 | 濒死 |
| 003 | 观里镇小院 | 银杏（北） | 集体 | 200 | 16.0 | 66.8 | 5.0 | 一般 |
| 004 | 观里镇小院 | 银杏（南） | 集体 | 200 | 18.0 | 57.0 | 5.5 | 旺盛 |
| 005 | 亭口镇上高家 | 银杏 | 集体 | 160 | 20.0 | 76.4 | 9.5 | 旺盛 |
| 006 | 亭口镇上土屋 | 银杏（东） | 集体 | 102 | 15.0 | 70.0 | 10.0 | 旺盛 |
| 007 | 亭口镇上土屋 | 银杏（西） | 集体 | 102 | 16.0 | 47.7 | 8.0 | 一般 |
| 008 | 翠屏城关涌泉街 | 国槐 | 集体 | 1300 | 16.0 | 144.2 | 18.0 | 旺盛 |
| 009 | 翠屏城关杨疃 | 国槐 | 集体 | 1300 | 16.5 | 112.0 | 15.0 | 旺盛 |
| 010 | 松山郝家楼 | 国槐 | 集体 | 880 | 8.0 | 155.0 | 6.5 | 一般 |
| 011 | 翠屏城关村委会 | 国槐 | 集体 | 870 | 18.0 | 141.0 | 15.0 | 旺盛 |
| 012 | 翠屏公安局家属楼 | 国槐 | 集体 | 870 | 23.0 | 133.7 | 10.0 | 一般 |
| 013 | 西城镇乔家 | 国槐 | 集体 | 600 | 7.0 | 127.3 | 11.5 | 一般 |
| 014 | 臧家庄镇于家沟 | 国槐 | 集体 | 500 | 26.0 | 108.9 | 16.0 | 一般 |
| 015 | 臧家庄镇于家沟 | 国槐 | 集体 | 500 | 17.0 | 106.6 | 16.0 | 一般 |
| 016 | 翠屏南林家庄 | 国槐 | 集体 | 500 | 13.0 | 136.9 | 12.0 | 旺盛 |
| 017 | 苏家店镇大蔡家 | 国槐 | 集体 | 400 | 10.0 | 124.0 | 10.0 | 一般 |
| 018 | 苏家店镇大蔡家 | 国槐 | 集体 | 400 | 12.0 | 100.0 | 10.0 | 一般 |
| 019 | 观里镇小寨 | 国槐 | 个人 | 400 | 12.0 | 95.5 | 16.0 | 一般 |
| 020 | 蛇窝泊镇蛇窝泊 | 国槐 | 集体 | 400 | 10.0 | 114.3 | 11.0 | 旺盛 |
| 021 | 开发区西杏山 | 国槐 | 集体 | 400 | 12.0 | 89.1 | 7.0 | 一般 |
| 022 | 庄园街道范家 | 国槐 | 集体 | 400 | 12.0 | 110.0 | 15.0 | 一般 |
| 023 | 观里镇院西庄 | 国槐 | 集体 | 360 | 5.0 | 74.8 | 12.0 | 一般 |
| 024 | 西城镇毛家 | 国槐 | 集体 | 350 | 18.0 | 116.2 | 17.0 | 旺盛 |
| 025 | 蛇窝泊镇上庄头 | 国槐 | 个人 | 340 | 22.0 | 143.2 | 22.0 | 旺盛 |
| 026 | 蛇窝泊镇大柳家 | 国槐 | 集体 | 320 | 16.0 | 133.7 | 3.5 | 旺盛 |
| 027 | 蛇窝泊镇郭家埠头 | 国槐 | 个人 | 300 | 12.0 | 111.4 | 7.5 | 旺盛 |
| 028 | 杨础镇芦子泊 | 国槐 | 个人 | 300 | 8.0 | 70.0 | 9.0 | 一般 |
| 029 | 庙后镇黑夼 | 国槐 | 集体 | 300 | 15.0 | 99.0 | 17.5 | 一般 |
| 030 | 亭口镇黄土壤 | 国槐 | 集体 | 300 | 16.0 | 178.2 | 10.5 | 一般 |

续表6-6

| 编号 | 古树所在地 | 树种 | 权属 | 树龄 | 树高 | 胸径 | 冠幅 | 生长势 |
|---|---|---|---|---|---|---|---|---|
| 031 | 亭口镇南佛家 | 国槐 | 集体 | 300 | 10.0 | 191.0 | 11.0 | 一般 |
| 032 | 开发区骚志 | 国槐 | 集体 | 300 | 8.0 | 80.0 | 15.0 | 一般 |
| 033 | 开发区小夼 | 国槐 | 集体 | 300 | 15.0 | 76.4 | 10.0 | 一般 |
| 034 | 翠屏南石岔 | 国槐 | 集体 | 300 | 8.0 | 100.0 | 11.0 | 一般 |
| 035 | 牟氏庄园 | 国槐 | 国有 | 240 | 11.0 | 77.0 | 11.5 | 旺盛 |
| 036 | 苏家店镇苗家 | 国槐 | 集体 | 200 | 20.0 | 56.0 | 17.5 | 旺盛 |
| 037 | 苏家店镇苗家 | 国槐 | 集体 | 200 | 20.0 | 55.7 | 15.0 | 旺盛 |
| 038 | 寺口镇刘家 | 国槐 | 个人 | 200 | 11.0 | 63.0 | 10.0 | 一般 |
| 039 | 观里镇大疃 | 国槐 | 集体 | 150 | 12.0 | 51.0 | 9.0 | 旺盛 |
| 040 | 开发区小夼 | 国槐 | 个人 | 120 | 15.0 | 32.0 | 11.0 | 一般 |
| 041 | 寺口镇战家 | 国槐 | 个人 | 105 | 5.0 | 69.0 | 2.5 | 濒死 |
| 042 | 牙山林场 | 赤松 | 国有 | 160 | 7.0 | 33.7 | 7.5 | 旺盛 |
| 043 | 亭口镇柳夼 | 赤松 | 集体 | 140 | 7.0 | 30.0 | 3.0 | 一般 |
| 044 | 庄园街道草庵 | 侧柏 | 集体 | 160 | 7.0 | 26.7 | 5.0 | 旺盛 |
| 045 | 杨础镇鹭翔 | 毛白杨（北） | 集体 | 110 | 28.0 | 76.4 | 15.0 | 一般 |
| 046 | 杨础镇鹭翔 | 毛白杨（南） | 集体 | 110 | 28.0 | 87.5 | 15.0 | 旺盛 |
| 047 | 亭口镇下门楼 | 枫杨 | 集体 | 110 | 18.0 | 82.8 | 11.0 | 旺盛 |
| 048 | 牙山林场 | 板栗 | 国有 | 160 | 4.0 | 124.8 | 4.1 | 一般 |
| 049 | 开发区水道观 | 龙爪槐 | 集体 | 300 | 4.0 | 73.1 | 5.0 | 旺盛 |
| 050 | 蛇窝泊镇榆林 | 黄连木 | 集体 | 630 | 12.0 | 65.4 | 13.0 | 旺盛 |
| 051 | 蛇窝泊镇榆林 | 紫藤 | 集体 | 300 | 12.0 | 47.7 | 13.0 | 旺盛 |
| 052 | 牟氏庄园 | 紫藤 | 国有 | 200 | 3.0 | 27.0 | 6.0 | 旺盛 |
| 053 | 唐家泊肖家夼 | 黄连木（东） | 集体 | 300 | 20.0 | 67.0 | 12.0 | 旺盛 |
| 054 | 唐家泊肖家夼 | 黄连木（西） | 集体 | 300 | 21.0 | 64.0 | 10.0 | 旺盛 |
| 055 | 桃村镇西店 | 卫矛 | 集体 | 300 | 5.2 | 36.0 | 5.0 | 一般 |
| 056 | 牟氏庄园 | 无刺枣 | 国有 | 200 | 9.0 | 54.0 | 8.0 | 一般 |
| 057 | 牟氏庄园 | 紫薇 | 国有 | 210 | 4.0 | 35.0 | 4.0 | 旺盛 |
| 058 | 唐家泊肖家夼 | 刺楸 | 集体 | 300 | 12.0 | 55.0 | 13.0 | 旺盛 |
| 059 | 开发区东旺 | 柿树 | 个人 | 120 | 13.0 | 41.3 | 10.0 | 一般 |
| 060 | 苏家店马蹄夼 | 雪柳 | 集体 | 300 | 15.0 | 112.0 | 7.0 | 一般 |

# 第七编

# 果　业

“中国水果第一市”栖霞“红富士”苹果（2002年）

1983—1995年，栖霞县果业生产蓬勃发展，以数量型生产为主要特征，新上果园全部实行密植栽培，生产上总结出幼树密植早期丰产及周年整形修剪技术，果业生产迅速发展。1983年开始，集体果园承包给部分村民，实行联产承包或大包干等责任制。1984年，国家取消对果品价格和购销的管制，刺激了果品价格上涨。1985年，栖霞县委、县政府制订“拓荒植果，建设山上栖霞”的发展战略，开始实行分园到户的家庭承包责任制，拉开栖霞县果业生产快速发展的序幕。是年，全县果园面积14686.67公顷（苹果11680公顷），其中结果树6000公顷，果品总产量12.09万吨，平均亩产1478.8斤，总产和单产均位居山东省第一位，是烟台苹果的主要产地。1994年7月，中国果品流通协会组织专家对全县果品生产进行实地考察，一致认为，栖霞县苹果种植面积、综合服务、果园管理、品种质量、总产单产和企业效益均居全国第一位置。1995年，全市果园面积达到4万公顷，果品总产量达到51.2万吨，其中苹果总产量44.5万吨，是年，在全国农业博览会优质果品评选中，全市获得6枚金牌、5枚银牌、1枚铜牌。栖霞县被农业部确定为“全国优质果品生产基地”。

1996—2002年，果业生产进入提高增质时期，以提高果品质量和实施果业产业化为主要特征，大力实施名牌带动战略、外向带动战略和可持续发展战略，果业生产向“稳定面积、调整结构、增加产量、主攻质量”方向发展，果品支柱产业地位日益确立，果业进入稳定提高的发展阶段。1996年，在山东省名优果品评选中，全市共获192枚奖牌，获奖数量、金牌数量分别占全省总数的45%和50%。注册的“宇冠牌” 红富士、红星、小国光、金冠、乔纳金、千秋、嘎拉7种苹果，被中国果品流通协会评为全国优质苹果，并被授予“中华名果”称号。1998年，栖霞市被中华全国供销合作总社和国家技术监督局确定为唯一的“全国农业（苹果栽培）标准化示范市”；被国家统计局、农业部命名为“中国水果第一市”，“全国农业标准化苹果示范市”。2001年，被农业部确定为“首批无公害水果生产示范基地和园艺产品出口基地”。

至2002年，经过标准化改造，虽然果园面积有所减少，但果品质量大幅度提高，全市果园面积23251公顷，果品总产量72.3万吨。其中，苹果面积21779公顷，总产量68.5万吨。建成13333.3公顷无公害果园生产基地，苹果出口量达到10万多吨，占全国出口总量的20%。是年9月，栖霞市被中国果品流通协会授予“中国苹果之都”称号。栖霞果业不仅在种植规模上得到迅速发展，在果园管理、果品质量、包装、生产技术、贮藏、加工、销售等各方面都有质的飞跃，进入标准化、产业化、国际化发展时期。

# 第一章 果业资源与分布

## 第一节 管理机构

1979年以前，没有专门的果业管理机构。1979年，栖霞县林业局成立蚕果组。1980年，撤销林业局蚕果组，在农业局设立果树站。1983年4月，果树站从农业局中析出，划归县果品公司，成立生产科，同时，各人民公社成立果品站。同年12月，撤销县果品公司生产科，在农业局成立果树站。1988年3月，果树站从农业局划出，成立栖霞县果品生产管理局，正科级单位。同年9月，栖霞县果品生产管理局改称县果品生产开发中心，正科级单位。1992年3月，栖霞县果品生产开发中心改称栖霞县果树科学研究所，副科级事业单位。1993年11月，成立栖霞县果树技术推广服务中心，副科级事业单位。1994年8月，成立栖霞县果树技术研究推广中心，正科级事业单位。2001年12月，撤果树技术研究推广中心，设立栖霞市果树局。

1986年后，始在重点乡（镇）设立果树站，隶属乡（镇）政府。1991年，各乡（镇）都设立分管果业的专职副乡（镇）长。1992年3月，乡（镇）果树站与供销社果品站合并，隶属县果品集团公司。1994年8月，乡（镇）果树站重新划归乡（镇）人民政府。

## 第二节 果树种类

1984年，栖霞县对全县果业资源进行详实调查。苹果属主要品种51个，梨属主要品种30个，山楂属主要品种5个，桃属主要品种29个，杏属主要品种7个，李属主要品种3个，樱桃属主要品种3个，枣属主要品种5个，葡萄属主要品种18个，草莓属主要品种4个，石榴属主要品种3个，柿子属主要品种6个，榕属、猕猴桃属、悬钩子属主要品种40个，共计15属204个品种，其中173个栽培品种，31个砧木品种。1985—2002年，栖霞境内果树资源又增加板栗属、核桃属等。

1985年以后，栖霞通过大量引进新品种、大面积改良新品种，苹果品种构成发生根本变化。主栽晚熟品种由传统的小国光等品种，调整到红富士系列中的秋富1号、长富2号、200富士、烟富1号、烟富3号等；中晚熟品种由传统的青香蕉、秋花皮、忍冬、鸡冠、大国光、烟青等品种，调整到乔纳金、新乔纳金、津轻、千秋等；中熟品种由传统的金帅、红玉、红香蕉、红星等品种调整到新红星、嘎拉、新嘎拉、珊夏、红将军等；早熟品种由传统的伏花皮、祝光等品种调整到藤牧1号、松元锦等。其中晚熟品种比例达到82%，早中晚熟品种的构成结构逐渐趋于合理。

80年代中后期和90年代初，烟青、新红星栽培较为广泛，以后逐年减少。至2002年，栖霞苹果主栽品种依次为红富士系、新乔纳金、嘎拉、红将军，早中熟品种有藤牧1号和珊夏、昂林等，各种苹果成为栖霞栽培面积最大、产量最高、品种最多的果树树种。主要品种有，秋富1号，1982年引入，日本品种；长富2号，1982年引入，日本品种；2001号，1993年引入，日本品种；烟富1号，烟台市果树站由长富2中选出；烟富3号，烟台市果树站由长富2中选出；烟富6号，果实大型，质量上，极丰产。

富士苹果

澳洲青苹，1998年引入，别名史密斯，澳大利亚品种，是世界知名的绿色标准品种，在国外市场为高档品种；乔纳金，美国育成，味较甜质量上等；新乔纳金，20世纪80年代末期引入，日本从乔纳金品种选育的浓红型芽变新品种，全市栽植的多为新乔纳金；嘎拉，原产新西兰，80年代初引入。品质较佳；新嘎拉，新西兰选育，80年代末从日本引入，质量上等；红将军，80年代末引入，全市开始引入时称红王将。日本品种，为日本中岛天香园注册的优系早熟富士苹果；新红星，美国选育，为红星苹果全株短枝型芽变品种；藤木1号，又名南部魁苹果，美国育成，1986年由日本引入，肉质脆，香味浓；烟青，龙口市选育，青香蕉短枝芽变，极丰产。

1985年，全县有梨园1513公顷，主要栽培品种为栖霞大香水梨、莱阳茌梨、黄县长把梨等。90年代末，梨的替代品种有日韩砂梨系列新品种及丰水梨、大果水晶丰水梨、黄金梨、新高梨等。

至2002年，随着苹果的兴起，梨的市场价格下落，全市梨园面积逐步减少，大香水梨面积仅有667公顷，莱阳茌梨267公顷。大樱桃替代梨成为果业第二大果品，梨树降为第三大树种。

梨

茌梨，又名莱阳茌梨。原产茌平县，为莱阳市和栖霞市特产，闻名中外，果实大型，果肉细脆，极嫩而多汁，味浓甜，有微香，品质极上。栖霞大香水梨，又名南宫茌梨，白梨系统，为栖霞特产，肉质脆，果汁多，芳香气味浓，质量上等。山东梨，原名长把梨，以原黄县栽培较多，故又名黄县长把梨，味酸甜，外销量很大；丰水梨，日本品种，砂梨系统，由菊水与八云杂交育成，肉质细嫩，松脆，果汁多，味甜。黄金梨，韩国品种，砂梨系统，杂交育成，味腻甜，耐贮藏。大果水晶梨，韩国品种，砂梨系统，新高芽变选出，果实大，味甘甜，耐贮运，在国际市场很受欢迎。绿宝石梨，又名中梨一号，系中国农业科学院郑州果树研究所1982年选用日本栽培最多的新世纪梨和国内育成的早酥梨杂交育成。该品种肉质细，果汁多，质量上等。

80年代，樱桃仅有零星栽植，产量不高，面积不大，没有形成规模生产，1985年，樱桃栽植面积26.67公顷。1986年以后，开始引进试栽樱桃新品种，以红灯、意大利早红、芝罘红、雷尼尔、拉宾斯、斯坦勒、滨库、先锋、艳阳等现代新品种代替传统的毛樱桃、大紫、那翁等老品种。主栽品种有红灯、拉宾斯、先锋、雷尼尔、芝罘红。

90年代初，樱桃栽植逐年扩大，庙后、亭口、桃村、大柳家等乡镇为主产区。1995年，樱桃栽植面积900余公顷。1996年，庙后乡姜家沟村建立全县第一个大棚栽培樱桃，此后，以庙后为中心的大棚樱桃种植迅速兴起。

2002年，樱桃树栽培面积超过梨树栽培面积，成为全市第二大果树栽培树种，有大、小樱桃之分，栽培面积发展到2000公顷。引入乌克兰奇好、早大果、胜利、友谊等，均为红色品种，平均单果重12克以上，色泽艳丽，抗裂果，为重点发展品种。全市建樱桃大棚120多个，大棚樱桃种植面积2000公顷，总产量2300多吨。

小樱桃

大樱桃

80年代，栖霞县栽培的桃类品种有大久保、春蜜桃、秋蜜桃、早蜜桃、白银桃丰黄、黄露、上海水蜜桃、蟠桃、寒露蜜等。90年代，引进早露蟠桃、春艳桃、川中岛、莱山蜜、油桃等品种，观里镇古村村选育出优良晚熟大果型中华寿桃。

桃 子

杏子主要有麦黄杏、红荷包杏、红玉杏、将军拳杏、大红杏、青皮水杏、关爷脸杏、白银杏、偏脸杏、串枝红杏、小酸杏品种。1998年，引进巴旦水杏、凯特杏。2000年，引进金太阳杏。2002年，引进山东农业大学培育的红丰、新世纪姊妹杏优良品系。

李子品种有北京李、香蕉李、欧洲李、伏黄李、白李、紫李、红李等。1995年，从大连引进琥珀李，2000年，引进安哥诺李。

山楂品种有白瓤绵球、金星绵、大绵楂、红瓤绵球、大红袍、敞口、辽红、山里红。

山楂

葡萄鲜食品种有龙眼、玫瑰香、巨峰。1984年后，陆续引进红富士、黑奥林、美人指、京玉、京秀、京优、青提、红提、美国超级无核、高妻、藤稔、京亚、无核白鸡心、秋皇无核。加工品种有蛇龙珠、赤霞珠、品丽珠、烟-73、梅鹿辄。

枣树品种有马牙枣、金丝小枣、脆枣、

酸枣。改革开放以来，新引进了梨枣、冬枣、雪枣、宝葫芦枣、茶壶枣等。

大枣

柿子品种有镜面柿、磨盘柿、托柿、食柿、君迁子。1997年后引进牛心柿、日本甜柿—次郎柿和富有柿。

柿 子

草莓品种有狮子头、鸡心、鸡冠、宝交早生、大石早生等。

石榴品种有大青皮甜、大马牙甜、青皮酸等。此外，猕猴桃属有中华猕猴桃；榕属有无花果；悬钩子属有山莓等。

## 第三节 树种分布

1982年之前，苹果树分布以栖霞东部山区丘陵为主产区，1983年以后，南部及西部的蛇窝泊、杨础、观里、官道、西城、寺口、苏家店等镇迅速发展为现代苹果（以着色系富士为代表）主产区。2000年以后，艾崮山区、牙山地区成为优质苹果新产区。

梨树主要分布于漩河、清水河、白洋河、黄水河等四大水系流域的河套平地。

樱桃最早以小樱桃为主，20世纪中后期引进甜樱桃（即大樱桃）。栽培面积迅速扩大。主要栽培区域在境内东部山区。

桃树在全市各地均有栽植，但以东部山区为主。

杏树在境内各地均有栽植，但以中部山区为主。规模栽植较小，多为零星、“四旁”栽植。

李子树全市各地只有零星栽植，面积数百公顷。

葡萄主要树种分布于白洋河流域和漩河流域。

80年代初，山楂树在栖霞只有零星栽植，没有成规模生产。80年代中期，山楂种植一度掀起高潮，全县种植总面积达到2333.3公顷。90年代初，山楂果价格一路下跌，而苹果价格升起，果农纷纷砍伐山楂改种苹果，山楂栽培面积锐减，至2002年，山楂面积不足100公顷，主要分布于西南部山区丘陵。

1995年以前，枣树无规模栽植，1995年后，规模栽植发展很快，品种发生较大变化，特别是广大果农利用野生山枣嫁接的大枣已形成规模。枣树在全市各地均有栽培，但以中东部山区为主。2002年末，全市大枣栽培面积达到66.67公顷。

柿子树喜深泥沃土，主要品种是富有，主要分布在臧家庄、观里等镇、村。

2002年栖霞市主要果树树种、品种分布情况统计表

表7-1

| 树种 | 品 种 | 分 布 |
|---|---|---|
| 苹果 | 秋富1号、长富2号、200富士、乔纳金、烟富优系、嘎拉、珊夏 | 全市各镇、街道 |
| | 澳洲青苹 | 臧家庄、翠屏、唐家泊 |
| | 红将军 | 臧家庄、翠屏、松山、官道、蛇窝泊、杨础 |

续表7–1

| 树种 | 品　种 | 分　布 |
| --- | --- | --- |
| 苹果 | 新红星 | 官道、翠屏、苏家店、观里、寨里 |
| | 藤牧1号 | 蛇窝泊 |
| | 金　帅 | 观里、寺口、桃村 |
| 梨 | 丰水、黄金梨 | 蛇窝泊、官道、观里、杨础、苏家店、臧家庄 |
| | 大果水晶梨 | 观里 |
| | 茌梨、栖霞大香水梨 | 观里、蛇窝泊、杨础、官道 |
| | 山东梨 | 苏家店 |
| 樱桃 | 大樱桃 | 大庄头、唐家泊、亭口、庙后、刘家河、大柳家 |
| | 小樱桃 | 大柳家、刘家河、庙后、亭口 |
| | 酸樱桃 | 西城 |
| 桃 | 春蜜桃、中华寿桃、油　桃 | 大庄头、庙后、观里、杨础、西城 |
| 杏 | 小酸杏、仁用杏 | 全市各地均有栽培，以中部山区为主 |
| 李 | 北京李、香蕉李、琥珀李、安哥诺李 | 松山、苏家店、杨础、翠屏、庄园、唐家泊 |
| 葡萄 | 玫瑰香、巨峰、红提 | 臧家庄、松山、中桥、寨里 |
| 山楂 | 大金星、大红袍 | 全市零星栽培 |
| 枣 | 梨枣、脆枣、雪枣 | 中桥、松山、庙后 |
| 柿 | 富有 | 臧家庄、观里 |

# 第二章　果业生产规模

栖霞境内的经纬度、海拔高度、土壤、气候条件等都适合北方果树的生长。1985年，县委、县政府根据栖霞地处山区和山多地少的自然条件，结合栖霞的传统优势，提出“发挥资源优势，膨胀生产规模，建设山上栖霞”的总体规划。1990年，在果品生产上，开始因地制宜，适当集中，发挥优势，规模发展，集中发展高档次苹果生产基地。1995年4月，全省优质果品生产技术现场研讨会在栖霞召开，与会人员观摩全县12处乡镇的果业春季管理现场。27日，在物资局会议室召开研讨会议，28日，宣读表彰17个果业生产先进集体、100名先进个人和1994年果品评优活动获奖名单，山东省农业厅厅长杲宪庆作工作报告，肯定栖霞县果业生产工作。2002年，栖霞市果园总面积位居全国县级第一位，达到45333.3公顷，其中苹果面积23251公顷。虽遇到百年罕见的低温冻害，果品减产30万吨，但总产72.3万吨，仍居全国第一位，其中苹果产量68.5万吨，居全国首位。

## 第一节 果业规划与生产体制

**果业规划** 80年代，栖霞县政府制定果品发展长远规划，根据不同乡镇、不同地域的土地资源情况，确定详细的产业区划，按照方位、地貌和主要果树类别，将全县划分为三个主要果业生产区。

境内北部、东部平原丘陵优质高产区，包括寨里镇全部，臧家庄镇、中桥镇大部，亭口镇、松山镇北部和桃村镇、铁口镇南部，共7镇176个村。主要方向是集约栽培，发展优质苹果生产，繁育苹果良种苗木。

境内中部、西北低山丘陵产区，包括苏家店镇、寺口镇、西城镇、栖霞镇、大柳家乡、唐家泊镇、庙后镇、大庄头乡等8个乡镇的全部，桃村镇的大部，官道、观里、杨础、蛇窝泊、松山、臧家庄、中桥、铁口、亭口等9处乡镇的小部，共621个村。主要方向是利用山区优势发展杂果和优质苹果。

境内南部缓丘泊地产区，包括官道、观里、杨础、蛇窝泊等4处乡镇的大部，共143个村。这里土质疏松，主要方向是发展梨、苹果、桃等果树。

**承包责任制** 1979—1982年，全县推行果园“五统一”形式的生产承包经营方式。实行统一经营、专业管理、责任到人（组）的责任制形式。经营体制为集体所有、专业承包、联产计酬。管理方式实行“四定一奖罚”制度，即定人员、定产量、定产值、定报酬，按考核进行奖罚。作业方式实行专业队小组计划、小组包工、小组作业、小组检查评比制度。

1983—1985年，果园承包责任制主要以“叫行投标”的方式专业承包，各村果园全部或划片，由村民一人或几人承包，果园收入实行先集体后个人的分配原则。村庄与承包人签定承包合同，实行法律公证，承包期3年、5年、6年、10年甚至20年不等，按地质级、面积级上缴承包费。全县960多个村庄中的7600公顷苹果园，实行专业组承包的有346个村，1997个专业组；承包到专业户的有353个村，8526个专业户。

但这种承包方式对果业发展产生不少负面影响。大部分村民不懂技术，不懂管理，不舍得投资，掠夺性生产和占有意识强烈，致使许多果树腐烂，病虫侵害严重，树势衰弱，严重缩短果树寿命。

为解决投标承包带来的不良后果，县委、县政府经过详实的调查研究，于1985年冬天，在唐家泊镇泽头村实行果园联产到户试点工作。经过一年试点后，在全县全面推广。全县多数果园按土地承包费上缴村集体外，还要按照一定比例上缴农林特产税。农民人口的增减，不再调整果园面积，而是调整承包费。

90年代初，果树由农民一人或多人承包，改为按人口划分到户，由单元家庭管理，户栽户有，并有继承权、买卖权，农民不交承包费但需要缴纳农业税、农林特产税。这一改革，激发农民栽果树的积极性，为栖霞果业规模膨胀奠定扎实的基础。1990年，全县收缴农业税347.4万元，农林特产税501.6万元。1995年，全县收缴农业税814.2万元，农林特产税1785万元。2002年，全市收缴农业税1865.8万元，农林特产税3198.5万元。

## 第二节 果树面积

1979—1985年，果园突出向荒山、荒坡、荒滩开发。1982年，全县果园总面积8513公顷，1985年达到14684公顷，其中苹果11680公顷，梨1513.3公顷，山楂973.3公顷，桃500公顷，其余为樱桃、李、柿等。

1986—1993年，随着家庭联产承包责任制的完善和落实，在县委、县政府“放开搞活、突出果品经济、增加农民收入、发展县域经济”的政策引导下，果业生产迅速进入膨胀期，果园面积逐年增加。在发展上，由果树“上山下滩，不与粮油争田”，到果树“下山进泊（地），密植栽培，高标准建园”。

1988年，全县果园总面积达到19066.7公顷，1990年达到25866.7公顷。1992年，开始应用果实套袋新技术。1993年，果园面积达到33333.3公顷，其中苹果30000公顷，梨1733.3公顷，大樱桃533公顷。1994—2000年，果品生产向稳定面积、调整结构、提高质量、增加效益方向发展。1995年，果园面积达到4万公顷，全市苹果套袋3亿个。

2001—2002年，果业生产实现基地化操作、标准化管理、无公害化生产、社会化服务、产业化经营、商品化处理、品牌化经营。除加强苹果中熟品种的开发外，南部乡镇发展日、韩梨，东部及东北部乡镇发展大樱桃，北部乡镇发展葡萄等。通过进一步调整树种、品种结构，苹果早中晚熟品种比例达到5:30:65。大樱桃、葡萄等树种也得到快速发展。

经过标准化改造，果园面积虽有减少，但果品质量却有大幅度提高。到2002年，全市果园总面积23251公顷，其中苹果面积21779公顷，郁闭园改造6600多公顷，建成艺术苹果、多微苹果、SOD苹果生产基地600多公顷，生产特色营养果品1万多吨。苹果套袋达到40亿个。

## 第三节 果品产量

1981年，全县果品总产10.445万吨，突破10万吨大关。1983年，果品总产13.579万吨，全国县级排名第三，其中苹果9.9万吨，全国排名第一；梨3.4万吨；桃、杏、葡萄等杂果262万吨。1985年，果品总产12.08万吨，其中苹果9.4万吨，梨2.45万吨，杂果283万吨。1988年，果品总产18.7万吨，1993年达到30.9万吨，其中苹果25.2万吨，梨4万吨。1995年，果品总产52.1万吨，居全国第一。1998年80万吨，2000年达到98.7万吨，其中苹果92.4万吨，梨5.4万吨，大樱桃0.5万吨。2001年，果品总产103万吨。

2002年，全市遇到百年罕见的低温冻害，果品严重减产，果品总产为72.3万吨，虽减产30万吨，但仍居全国第一位。苹果产量68.5万吨，居全国首位，其中艺术苹果、多微苹果产量增加到2.3万吨。

2002年国外专家考察栖霞市果品生产情况

1985—2002年栖霞市果业生产情况统计表

表7-2

| 年 份 | 水果总产量（吨） | 苹果园面积（公顷） | 其中 | | | |
|---|---|---|---|---|---|---|
| | | | 苹果产量（吨） | 梨产量（吨） | 葡萄产量（吨） | 其他产量（吨） |
| 1985 | 120840 | 14687 | 93530 | 24480 | 35 | 2795 |
| 1986 | 133835 | 18153 | 103445 | 28361 | 25 | 2004 |
| 1987 | 147935 | 19040 | 114095 | 30868 | 97 | 2875 |
| 1988 | 187060 | 21133 | 137712 | 42645 | 554 | 6149 |
| 1989 | 162932 | 20811 | 118048 | 38237 | 670 | 5977 |
| 1990 | 120517 | 18809 | 82123 | 26854 | 623 | 10917 |
| 1991 | 150386 | 20417 | 108739 | 29490 | 751 | 11406 |
| 1992 | 186725 | 20020 | 135833 | 34085 | 1002 | 15805 |
| 1993 | 309178 | 20182 | 251606 | 39844 | 947 | 16781 |
| 1994 | 406346 | 21746 | 344035 | 51472 | 1636 | 9203 |
| 1995 | 521133 | 21083 | 445183 | 62815 | 1587 | 10548 |
| 1996 | 680296 | 21599 | 605984 | 60965 | 2681 | 10666 |
| 1997 | 701612 | 24731 | 627161 | 64570 | 1413 | 8468 |
| 1998 | 801249 | 21915 | 733264 | 59251 | 1753 | 6981 |
| 1999 | 950080 | 23880 | 894670 | 46880 | 1930 | 6600 |
| 2000 | 986570 | 23822 | 923690 | 54420 | 2178 | 6282 |
| 2001 | 1030090 | 23564 | 983490 | 40750 | 1334 | 4516 |
| 2002 | 723020 | 23251 | 684616 | 29740 | 1824 | 6840 |

# 第三章 果树栽培与管理

## 第一节 土壤改良

栖霞果树多栽植在丘陵、山区、河滩，立地条件差，土质瘠薄，结构不良，有机质含量低，不利于果树生长发育。改良土壤的措施主要有深翻熟化、客土加厚土层、抽沙换土和增施有机肥、覆草、植草等。

**果园深翻熟化** 80年代，农民对土壤改良无深切研究，用化肥、家肥即喂即翻。90年代以后，在技术人员指导下，果园深翻深度一般达到60～80厘米。每次深翻可结合施肥一并进行，果树生长效果好。

1990年深翻对苹果（国光苹果）根系和深度的影响对比表

表7-3

| 处 理 | 全根量（条） | 吸收根 | | 根系密（条/平方米） | 根系最深度（厘米） | 80%根分布层（厘米） |
|---|---|---|---|---|---|---|
| | | 数量（条） | 占全根比（%） | | | |
| 深 翻 | 654 | 586 | 89.7 | 1558.6 | 70 | 10～60 |
| 未深翻 | 230 | 200 | 86.9 | 754 | 50 | 0～40 |

**压土与掺沙** 用客土加厚土层，黏土压沙，改良土壤结构。全市果园在20世纪80年代，普遍施行深翻、压土，90年代渐少，以地面清耕、浅锄、挡树盘等为主保护表层土壤。

**覆 草** 80年代，果树管理较为简单，管理技术相对落后。90年代，果树管理开始走抓技术、求质量、提高产量的路子。通过果业技术专家指导以及果业技术部门宣传指引，在所有幼龄果园里，普遍进行清耕后覆草，改良土壤，提高幼树发育。覆盖物一般是杂草、作物秸秆或采用地膜覆盖。

农果覆盖秸杆改良土壤（1998年）

**植 草** 90年代开始，在缺乏有机质、土层较深厚、水土易流失的成龄果园里，实施植草法。生草可以减少水土流失，遗留在土壤中的根以及刈割后的草，可提高果树对钾和磷的吸收，防止果树缺素症发生。

## 第二节 果园施肥

80年代，果园施肥多为堆肥、厩肥、圈肥等，90年代以后，多为尿素、氨基酸类肥料、磷酸二氢钾等。果树生长结果过程中需人工补充的营养元素有氮、磷、钾、钙、镁、硫、锌、硼、硅等。其中氮、磷、钾、钙、镁补充量最大。全市果园因有机质缺乏，需每年补充施用有机肥。

**施肥期** 施肥时期根据果树需肥特点及肥料性质确定。基肥以及迟效性肥料以秋季施用为主，主要是有机肥料，包括腐殖酸类肥料，如堆肥、厩肥、圈肥、绿肥、作物秸杆、果树落叶等。秋施基肥一般在果实采收后的11月，正值根系第三次生长高峰，伤根易愈合，也有利于肥料的分解，提高树体的贮藏营养，为翌年的开花、座果打好基础。配合一定量的复合肥或单质化肥，追肥以速效性肥料在果树生长季节施用为主。追肥包括地下追肥和叶面追肥。年中2～3次，花前花后、果实第一次膨大期和第二次膨大期前期以追氮肥为主，果实生长后期则以追磷钾肥为主。叶面追肥，前期为硼砂、尿素、氨基酸类肥料为主，后期以磷酸二氢钾以及增色剂为主。套袋果园花后至套袋前叶面喷施2～3次液体钙肥。

**施肥量** 施肥量的确定主要以立地条件、土壤类型、树龄大小、树体长势、产量高低为依据。一般幼树、旺树需肥量较少。技术上指导方法

为每生产100公斤苹果施氮1公斤，磷0.5公斤，钾1公斤，并适当施硼、镁、钙肥。有机肥施用量为每亩3000～5000公斤圈肥。

**施肥方法** 环状施肥，在树冠外围稍远处挖环状沟，此法多用于幼树。放射沟施肥，沿树干至外围挖放射状沟，挖沟时避开大根，放射沟位置可来年交换。条沟施肥，在果园行间、株间或隔行开沟，有的果园结合土壤深翻进行。树盘多穴施肥，适用于根系布满全园的密植果园或成龄果园。灌溉式施肥，浇水前将含有多种营养元素的肥料均匀撒在地面，然后放水浇地。此法肥分分布均匀，既不伤根，又保护耕作层土壤结构，肥料利用率又高，是生长季较为适宜的施肥方法。

**施肥种类** 基肥以有机肥、有机无机复混肥、生物有机肥、复合肥为主。有机肥种类有圈粪、鸡粪、畜粪、豆饼粕、发酵有机物肥等。复混肥氮磷钾含量一般为20%～30%，复合肥氮磷钾含量为30%～40%。常用单质化肥有尿素、硫酸钾、过磷酸钙等。

## 第三节 灌溉与排涝

果树春秋需要灌水，正常年份灌溉3～4次，干旱年份需5～7次。

**果园灌水** 灌水时期，发芽前后到开花期，即3月下旬至4月上旬，俗称花前水。此时，保持水分，可加快新梢生长，增大叶面积，提高光合强度，使开花座果正常。新梢旺长和幼果膨大期，即5月下旬至6月上中旬。此期为果树的需水临界期，果树生理活动最旺盛。9月果实迅速膨大期灌水，此时，充足的水分可以满足果实膨大，能使花芽健壮分化，从提高产量，形成大量有效花芽，为连年丰产创造条件。果实摘袋前灌水防日烧，封冻前灌水，有利于果树安全越冬。

果农给果园灌水（2000年）

灌水方法有沟灌，在果园行间开灌溉沟，沟深20～25厘米，灌溉沟与配水道之间有微小的比降，灌溉结束后，进行划锄。盘灌，以树干为中心，在树冠投影以内的地上挡好树盘，浇水时浇在树盘内，浇后划锄表土或用草覆盖，以减少水分蒸发。穴贮肥水，早春，在树冠投影内0.3～0.5米处，均匀挖4～5个深50厘米、直径30厘米的穴，内埋作物秸杆或杂草绑成的草把，适时向草把上施化肥、浇水，可根据情况浇7～8次水，每次每穴4公斤，施化肥4次，每次每穴50克左右，同时在树冠内覆盖4～6平方米的地膜，以保水和提高早春地温。微型喷灌，不产生深层渗漏和地表径流，节约用水，还可以减少土壤结构的破坏，调节果园小气候，是目前较为先进的灌溉方式。滴灌，是以水滴或小水流缓慢地施于植物根域的灌水方法，机械化、自动化水平较高。

1992年县政府推广果园节水微喷

栖霞果园在80年代、90年代推行过滴灌和微喷，到2002年末，全市果园微喷面积为1300公顷。

**果园排涝** 果园排水不良会导致土壤积水，使果树根的呼吸作用受到抑制，当土壤中的水分过多而空气缺乏时，则根系进行无氧呼吸，引起根系生长衰弱以至于死亡；果园积水，土壤通气不良，妨碍土壤微生物的活动，从而降低土壤肥力；土壤排水不良，导致肥料分解，产生甲烷、硫化氢、一氧化铁、一氧化碳等有害的还原性物质，严重影响果树地下部和地上部的生长发育。当果园积水时，要及时进行果园排涝。

## 第四节 果树栽培

**育 苗** 80年代初期，栖霞苹果苗木资源主要从外地购进。为自行繁殖，技术推广部门建立新品种果树苗木繁育基地。苗圃有臧家庄、大庄头、观里、寨里等果树良种繁育场，为当地以及中国华北地区、西北地区果业提供了丰富的苗木资源。

1983年，寨里迟敬民繁育0.3亩苹果苗木，当年成功育成株高80厘米的成品苗，发展到当年播种、当年嫁接、当年出圃成品苗。

1984年，寨里马作寿投资2000元，购买10公斤海棠种，在4亩责任田首次进行大面积苗木繁育成功。1988年，又承包40亩土地，建起寨里镇园艺场，引进繁育美国五代红星、北海道九号、红王将、新世界等国内外50多个优质苹果品种，所育苗木销往陕西、山西、河南、河北、辽宁等20多个省、市。1993年，园艺场被烟台市人民政府授予“烟台市明星私营企业”称号。至2002年，该园艺场共培育苗木800万株，经销苗木1400万株。

**栽 植** 80年代，农村实行生产责任制以后，广大果农在分得的口粮田、责任田里栽植果树，当时栽植的是最优良的苹果新品种红富士、新红星和烟台青香蕉苹果。

1984年，臧家庄镇埠后村、马陵冢村和寺口镇花园泊、于家寨、缴沟等村开始大规模栽植红富士苹果。1990年以后，苹果栽培向规模型、技术型发展，各地聘请专家进行技术指导。1995年，召开技术现场会40余次，农民现场受训2万人次。2002年，召开技术现场会100余次，农民现场受训15万人次。

1995年臧家庄镇苹果栽培技术培训现场

**修 剪** 80年代中期，苹果自由纺缍形修剪由烟台果树站提出，全市应用该树形较为普遍。80年代后期，小冠疏层形始推广，适应于亩栽50～80棵的苹果园。修剪多采用“疏、甩、拉”相结合的办法来提高成花率。在密植苹果园幼树整形修剪技术上，栖霞县果树技术人员推出苹果周年整形修剪技术，即春季割芽、夏季环剥、秋季拉枝、冬季常规修剪。臧家庄镇马陵冢村韩世功8亩矮砧苹果园采用该技术，栽后第三年成花，第四年亩产达到1400公斤，第五年达到2700公斤。1994年以后，国外果树专家、农业、科技专家到栖霞县指导果业生产的渐多，以荷兰、日本、以色列、德国、意大利、保加利亚为主，每年到栖霞市的专业技术人才达40多人次。

1994年日本专家现场指导果树修剪技术

**花、果管理** 包括果树花期人工或蜜蜂辅助授粉、疏花以及坐果以后进行的疏果技术。花期管理主要包括花粉采集、制粉、授粉等环节。1970年以前，果树花期管理较粗放，只在果树品种间相互搭配授粉树，效果不佳。1971年之后，重视果业生产的村庄，果树技术员开始向果农传授少量人工辅助授粉技术。1980年以后，新建果园增多，由于果树品种单一，缺乏授粉树，开始大量普及人工辅助授粉技术。

栖霞果园在80年代至90年代初，主要以人工授粉为主，后采用蜜蜂授粉，不再继续人工授粉，减轻了农民的劳动强度。推广疏果工作时，80年代，寨里乡丰粟村技术员对青香蕉苹果选用2株进行疏与不疏的对比试验，效果非常明显，对全县推广疏果工作起到推动作用。90年代末，壁蜂授粉得到广泛应用。在果园面积大、开花多、人工疏果无法进行时，曾采用化学疏果，用比较敏感的农药，适时喷洒果树，促使幼果脱落。

**果实套袋** 1992年，栖霞开始推广果实套袋生产技术，该技术能使苹果无污染，果大颜色美观。始用日本生产的小林袋，后用台资企业在大陆生产的青田牌果袋。1992年果实套袋1亿个，1995年，全市果实套袋3亿个，1998年，达到10亿个，2000年，全市套袋20亿个，2002年，全市果实套袋40亿个。

果袋种类主要以双层内黑果袋为主，部分果园使用双层内红蜡纸果袋，个别果园使用塑膜袋。套袋栽培技术普及以后，苹果、大梨都实行全园全树套袋。

果农给苹果套袋（2002年）

果农给苹果摘袋（2002年）

## 第五节 果树品种改良

80年代末，全县即开始新品种改造，90年代，为加快新品种、新技术的推广应用，栖霞市政府制定了一系列鼓励措施。规定，1990年开始，凡是老品种果园改造完不成当年任务的乡镇，不能评为果品生产先进乡镇，每改接200公顷老品种果园，政府奖励1万元，完成当年任务指标的乡镇，在岗位责任制考核中予以加分。

2002年末，70年代发展的老品种园，全市总面积已不足400公顷。

1995年农民在改造后的果园内嫁接新品种

## 第六节 病虫害防治

1983年，金纹细蛾危害成灾，造成果树大量落叶。1985年后，桃小食心虫、梨木虱、绵蚜、梨黑星病、二斑叶螨、康氏粉蚧、苦痘病等相继发生。1998年，套袋苹果腐生菌、苹果轮纹烂果病发生严重。2002年，苹果绵蚜、黄蚜大量发生，苹果白粉病发生严重。

果农给果树喷洒农药（2002年）

**苹 果** 主要病害有苹果轮纹病、斑点落叶病、褐斑病、炭疽病、霉心病、白粉病、苦痘病、红点病、黑点病、痘斑病、斑点病、苹果锈病、苹果腐烂病、干腐病等。主要害虫有苹果瘤蚜、绵蚜、黄蚜、苹果红蜘蛛、山楂红蜘蛛、二斑叶螨、金纹细蛾、康氏粉蚧、桃小食心虫、梨小食心虫、棉铃虫、苹小卷叶蛾、桃蛀螟、绿盲蝽、蝽象、金龟子等。

**梨** 主要病害有轮纹病、黑星病、黑斑病、白粉病、梨锈病、干腐病等。主要害虫有梨木虱、梨小食心虫、梨大食心虫、梨二叉蚜、黄粉蚜、绵蚜、康氏粉蚧、梨圆蚧、螨类、梨网蝽、梨茎蜂、梨瘿、金龟子等。

**葡 萄** 主要病害有黑痘病、白腐病、炭疽病、霜霉病、轴枯病、房枯病、褐斑病等。主要害虫有绿盲蝽、红蜘蛛等。

**大樱桃** 主要病害有流胶病、褐斑病、裂果病、叶斑病、干腐病等。主要害虫有绿盲蝽、桑白蚧、茶翅蝽、锈壁虱、螨类、刺蛾、毛虫、象鼻虫、金龟子等。

1980年以前，果园用药以高效剧毒农药为主。杀虫剂有6%可湿性六六六粉剂、1%六六六粉剂、25%二三乳剂（滴滴涕）、40%1605油剂（对硫磷）、40%马拉硫磷油剂、40%氧化乐果乳油、8%敌百虫晶体、90%敌敌畏乳油等；杀菌剂有石硫合剂、波尔多液和有机硫类的代森锰锌、代森铵等农药。1985年以后，除虫菊酯类的杀虫剂和哒螨桐类杀螨剂的进口农药大量引入县内农资市场，杀菌剂甲基托布津、多菌灵也开始在果树生产上推广应用，传统的高效剧毒杀虫剂逐渐退出市场，高效、低毒农药用量上升。1990年以后，农药生物制剂诞生，栖霞的果业生产进入环保和绿色无公害食品生产的新时期，生物制剂环保型农药逐渐形成主流。实行农业生产责任制后，农药喷洒多为手工作业，即手动高压单管喷雾器。1990年后，喷药机械化得到全面推广，药泵产生的压力可供2～3人同时操作喷药。2002年末，全市果园喷药机械化程度达到100%，每户果农都自备1台动力机械、1台药泵及喷施农药配套的高压胶管喷雾杆等。

# 第四章 果品流通

## 第一节 包 装

为提高果品保鲜技术，果品技术人员结合国家“六五”科技攻关项目、“果品冷链运输技术研究”“果品包装箱改造研究”“冷藏托盘研究”等课题，相继开展了“巨峰葡萄技术研究”“巴梨贮藏技术研究”。1988年，“巨峰葡萄技术研究”“巴梨储藏技术研究”获栖霞科技成果三等奖，栖霞果品公司冷风库为栖霞科技成果一等奖获奖单位。

1985年以前，果品包装全部用条筐，销售的小国光、青香蕉等苹果，都直接装筐或筐内垫铺干软杂草，不包装果品，1筐重25～30公斤。1986—1989年，冷风库贮藏果品的包装，2/3是条筐，1/3是纸箱，每箱大多10～15公斤，多为黑皮纸箱，档次较低，外观不美。一般纸箱重0.9～1公斤，净装果品9～15公斤，不耐运输，纸箱破碎率很高。箱内果品采用普通的纸张包裹，每果用纸300平方厘米左右，纸质很差、透光。后期出现中档纸箱，果品采用腊质的保鲜纸包裹。

1990—1993年，陆续淘汰条筐，果品包装大部分换成纸箱，纸箱设计单一，每箱果重10～15公斤。

1994—1998年，果品包装全部换成纸箱，根据客商不同要求，纸箱外观差异较大，图案色彩不同，各具风格，有覆膜、红色、白色、黑纸、彩印等，每箱果重10公斤左右。

1999—2002年，塑料周转箱占到果箱的20%。根据客户需求，生产出盛果用4公斤、5公斤、8公斤、9公斤、10公斤不等的包装箱。出口苹果包装要美观、大方、实用、无菌、无污染，大小按国外客户需求进行加工生产，有的国外用户，自带包装用品。

瑞隆达包装有限公司纸箱制作车间（2002年）

**技术指标** 1984年，国家制定鲜苹果收购规格标准，适用于收购大、中、小三种类型的新鲜苹果。大型果适用的品种为红星、红冠、红元帅、青香蕉、忍冬、秦冠、大国光、倭锦、赤阳、迎秋、金冠、富士。

中型果为小国光、红玉、鸡冠、祝光、大旭、伏锦、伏花皮。小型果为红魁、黄魁、甜黄魁、早金冠、白粉皮、富丽。

根据果形、色泽、个头等指标，具体分为三个等级。

2002年，烟台苹果的等级分为特级果、一级果、二级果3个等级。在果品质量上，要求各品种、各等级的苹果，都应果实完整良好、新鲜，无病虫害；具有本品种的特有风味；色泽纯正、果面光洁；发育充分，具有适于市场或贮存要求的成熟度；果形端正或较端正，果个整齐；果梗完整或统一剪除。红色品种中，特级果着色面≥90%，一级果着色面≥80%，二级果着色面≥60%；其他品种应具有本品种成熟时应有的色泽。

## 2002年栖霞市苹果等级与标准（一）

表7-4

| 指标名称＼等级 | 一 等 | 二 等 | 三 等 |
| --- | --- | --- | --- |
| 果 形 | 果实成熟，新鲜洁净，具有本品种应有的个头和特征，带有果梗 | 果实成熟，新鲜洁净，具有本品种应有的形状和特征，可不带果梗，无表皮伤 | 果实成熟，新鲜洁净，形状不限，可不带果梗，无表皮伤 |
| 色 泽 | 具有本品种应有的色泽，红色品种集中着色面达1/3以上 | 具有本品种应有的色泽，红色品种着色面达1/4以上 | 具有本品种应有的色泽，红色品种着色面不限 |
| 大型果 | 不低于70毫米 | 不低于65毫米 | 不低于60毫米 |
| 中型果 | 不低于65毫米 | 不低于60毫米 | 不低于55毫米 |
| 小型果 | 不低于60毫米 | 不低于55毫米 | 不低于50毫米 |

## 2002年栖霞市苹果等级与标准（二）

表7-5

| 指标名称＼等级 | 一 等 | 二 等 | 三 等 |
| --- | --- | --- | --- |
| 大型果 | 不低于75毫米 | 不低于75毫米 | 不低于70毫米 |
| 中型果 | 不低于70毫米 | 不低于65毫米 | 不低于60毫米 |
| 小型果 | 不低于65毫米 | 不低于60毫米 | 不低于55毫米 |

**苹果包装** 苹果采用条筐、木箱、纸箱或塑料箱包装，筐装每件净重25公斤或30公斤，箱装每件净重20公斤。

条筐内衬蒲包或稻草帘，装果时适当铺设填充物；木箱用清洁、坚固、干燥、无不良气味的木板制成，在箱板之间留有不超过1厘米的缝隙，装钉牢固结实，箱内选用稻壳、细木花、碎纸条等柔软物品作为苹果的填充隔热材料；纸箱用瓦楞纸制成，纸箱规格尺寸按内、外贸易习惯和要求适当采用，纸箱分层装果每层都有纸板、纸格隔开。进入21世纪后，果品选级包装实行机械化作业，内层垫隔也实行无毒、卫生、实用的隔板。

2002年栖霞市新上的苹果自动选级包装机械

## 第二节 贮藏

**简易贮藏** 80年代初，栖霞果农仍沿袭传统的挖沟贮藏方法。选择在地势平坦、交通运输方便、地下水位较低的地方挖沟，初冬覆盖杂草、树叶等物，随气温下降，分3～4次覆盖，贮藏期为100天以上，最长达6个月。

80年代中期，蛇窝泊、观里等镇推行一种半地上、半地下暖屋式贮藏方法，俗称“大屋窖”。80年代后期，苏家店乡果农推出一种田间畦藏方式进行保鲜。90年代，栖霞果品简易贮藏仍用地沟贮藏方式，但方法有所改变，即苹果入窖后，窖上离果堆30～40厘米支一拱架，以利于前期遮阴通风，后期利于果堆换气，拱架上面覆盖保温物。

**冷 藏** 境内第一座机械冷风库是县果品公司桃村冷库，投资73万元，1981年开始建设，1982年投入使用，贮藏量2000吨。第二座冷风库是栖霞果品公司冷风库，位于栖霞城南三里店村，建于1983年，1984年投产，贮藏量2000吨。1984年末，全县无气调库，总贮量不足1万吨；拥有果品加工厂10余个，总加工能力不足3万吨，产品以水果罐头为主，另有果脯、果酒（配制酒）等。到2002年，果品加工能力增至8万多吨，主要加工产品为浓缩苹果汁，全部出口到欧美市场。

1987年，栖霞果品冷藏厂建成2000吨果品冷风库，市供销社建成1000吨冷藏厂。1988年开始，县政府加快果品产业发展步伐，果品贮藏库建设开始进入快速发展阶段，当年发展28座。1989—1997年，建设果品贮藏库47座。冷库贮藏果品以中熟的金帅、红星、红香蕉、中晚熟的青香蕉苹果为主，小国光苹果多在露天堆放贮藏。1998年以后，随着库中果品陆续卖出，国光苹果再行入库，1998—1999年，建设果品贮藏库39座。

进入21世纪，果品保鲜库不仅保存苹果类，还增加樱桃、冬枣、丰水梨、黄金梨储藏。2000—2002年，建设果品贮藏库14座。到2002年末，栖霞市果蔬保鲜库总数达到131座，其中乡镇125座。保鲜库总贮藏量25万多吨，其中乡镇23.9万吨。保鲜库中有气调库21座，贮藏量5.9万吨，仅天誉果品公司气调库储量达万吨以上。有外地独资保鲜库4座，贮藏量1.9万吨，合资2座，贮藏量5000吨。

## 2002年栖霞市各镇、街道冷风库、气调库建设情况统计表

表7-6　　　　单位：个、吨

| 镇、街道开发区 | 冷风库 | | 气调库 | | 外资 | | 合资 | | 库数合计 | 总吨位 |
|---|---|---|---|---|---|---|---|---|---|---|
| | 数量 | 吨位 | 数量 | 吨位 | 数量 | 吨位 | 数量 | 吨位 | | |
| 蛇窝泊 | 25 | 53200 | 3 | 7600 | — | — | — | — | 28 | 60800 |
| 庙后 | 8 | 4055 | — | — | — | — | — | — | 8 | 4055 |
| 庄园街道 | 7 | 15500 | — | — | — | — | — | — | 7 | 15500 |
| 桃村 | 12 | 17500 | 2 | 5000 | 1 | 2000 | 1 | 2500 | 14 | 22500 |
| 寺口 | 8 | 10000 | 1 | 2500 | — | — | 1 | 2500 | 9 | 12500 |
| 唐家泊 | 4 | 9100 | | — | — | — | — | — | 4 | 9100 |
| 官道 | 3 | 9000 | — | — | — | — | — | — | 3 | 9000 |
| 西城 | 6 | 10200 | — | — | — | — | — | — | 6 | 10200 |
| 松山 | — | — | 5 | 20000 | 2 | 13000 | — | — | 5 | 20000 |
| 臧家庄 | 9 | 7600 | — | — | — | — | — | — | 9 | 7600 |
| 翠屏街道 | 5 | 12500 | 2 | 17200 | 1 | 16000 | — | — | 7 | 29700 |
| 开发区 | 1 | 7000 | 1 | 3000 | — | — | — | | 2 | 10000 |
| 亭口 | 11 | 4380 | — | — | — | — | — | — | 11 | 4380 |
| 苏家店 | 4 | 4600 | — | — | — | — | — | — | 4 | 4600 |
| 杨础 | 2 | 6000 | — | — | — | — | — | — | 2 | 6000 |
| 观里 | 6 | 10600 | 1 | 2000 | — | — | — | — | 7 | 12600 |
| 合计 | 110 | 181235 | 21 | 57300 | 4 | 19300 | 2 | 5000 | 125 | 238535 |

## 第三节 销 售

**国家收购** 1952年，栖霞县供销社开始组织果品收购和调运。1956年，基层供销社设立农副产品收购站，形成全县性的果品收购网络。1961年，国家将果品划为二类物资实行派购，由国家统一调拨、统一价格、统一收购外运。果品流通主要由乡镇采购站、果品站收购，县果品公司统一经销。1975年，县供销社成立果品公司，专门负责全县果品的购销业务。果品公司分别在烟台火车站、莱阳火车站、徐家店火车站、桃村火车站设立办事处，具体负责调运事宜。全县各人民公社供销社设立采购站，具体组织果品产地的收购。1984年以后，国家将果品改为三类物资，取消收购计划，价格随行就市，允许多渠道购销，全县果品市场出现国营、集体、个体竞相参与经营的局面，果品市场逐渐活跃。

**自产自销** 1985年后，农民在自己经营的土地上，栽果树，建果园，实行密植栽培，应用幼树早期丰产技术，果园面积迅速扩大，产量迅速提高，在乡镇驻地设点收购果品已不能满足农民要求，多数客商到村、到果园设点收购果品。在经营方式上，实行高产优质高效、规模效益经营。在作业方式上，实行家庭独立作业，社会科技支撑。以“自产自销式”为主要形式，“果贩子”成为果品销售主力军。他们走南闯北，走亲靠友，自发形成规模庞大的销售队伍。1995年，个体果品经销人员自发成立全市果品经纪人协会，会员达6000多人，长途贩运农户达5000多人，参与流通的果农达1.2万人。最初以这种形式经销的果品占全市果品总产量的二分之一以上。

**企业购销** 由于自产自销方式的自发性和盲目性，带来果品销售的波动性。之后，县委、县政府采取一系列措施，构建果品大流通框架。在每个乡镇成立果品购销站，作为集体经营果品的主要形式。1992年，组建起产供销一体化的果品集团公司，作为全县果品经营龙头企业。

天誉果品有限公司成立于1987年，是经国家外经贸部批准的自营进出口企业，拥有固定资产1000万元，流动资金2000万元。公司占地1.5万平方米，拥有1000吨贮藏保鲜冷风库、万吨气调库和塑料箱厂、网套厂、果盘厂。公司生产的“天誉”牌无公害套袋红富士苹果先后出口到马来西亚、泰国、新加坡、英国、俄罗斯、香港等国家和地区，年出口量5000多吨，并畅销国内几十个大中城市。公司网套厂、果盘厂可生产各种规格的网套和果盘；塑料厂生产的“天誉”牌周转箱广泛应用于果品采收、收购和贮运。公司被山东省人民政府命名为“果品龙头企业”。

烟台鸿源果菜保鲜有限公司是以生产、加工、保鲜、销售多种北方水果为主的鲁港合资企业。拥有3000吨高标准保鲜库、2000吨气调库各1座，以及近1000平方米的加工厂间3个，8条苹果涂腊分级包装流水线以及各种装卸设备。公司经销的“宇冠” 牌苹果以其优良的质量，被中国果品流通协会授予“中华名果”称号。2002年又被国家质量监督检查检疫总局确定为“无公害农产品”。产品远销西欧、中东、东南亚等十几个国家和地区。

到2002年，全市规模较大的果品经营公司还有烟台德丰食品有限公司、烟台泉源食品冷藏有限公司、烟台宏海果蔬有限公司、栖霞市四通冷藏公司、栖霞金源果品冷藏公司等。全市大型果品销售企业60多家，其中自营进出口企业8家，年出口苹果10万多吨。

**果品市场** 80年代，无专门果业市场，90年代初，各乡镇驻地相继出现规模不一的果品自由批发市场。随后，在市镇两级的支持下逐步建成中国北方最大的果品批发市场——山东栖霞果品批发市场。

该市场始建于1996年，总占地面积80多公顷，建筑面积10万多平方米，果品年交易量40万吨，最大日交易量1000多万公斤，建有各类冷风库15座，贮藏保鲜能力2万多吨。一、二期工程累计投资1亿多元，建钢结构交易大棚3个，面积达3.2万平方米，建有130多座综合服务楼，6.6万平方米的露天货场。市场内配备齐全，设有商店、银行、停车、餐饮、运输、仓储、保安等完善的服务设施。进入市场交易的果品，不仅有栖霞当地产的，还有周边莱阳、海阳、招远、蓬莱、牟平等县市区及青岛、威海、临沂等地上百个乡镇的果品。市场覆盖整个胶东半岛，成为烟台苹果的集散地，交易客商来自国内各省、自治区、直辖市和境外10个国家和地区。果品批发市场先后被命名为“山东省果品龙头市场”“省级菜蓝子工程”“山东省部级鲜活农副产品批发市场”，被农业部确定为国家级定点批发市场，被中国流通协会评为优秀市场。

进入21世纪后，市场信息更加快捷，为掌握市场动态，栖霞市在市区南郊7公里处，利用原橡胶集团旧厂房改造建设苹果电子交易市场，通过现代电子信息技术，进行国际国内苹果交易，信息快，交易迅速，提高了苹果交易速度。

栖霞市苹果电子交易市场（2002年）

电子交易大厅

## 第四节　相关产业

90年代中期，随着全市果品产量的增加，果品相关产业应运而生，到2002年末，全市较大规模的果品经销企业发展到60余个，农药、肥料厂15个，纸箱、塑料厂30个，果袋厂100余个、大中型果袋厂10个，全市果袋加工机达到600多台。

**包装业**　生产网套的中小企业，境内有500多家，年创利税450万元。生产中高档纸箱的大中型企业300多家，生产塑料周转箱的30多家，生产苹果隔板、垫板的100多家，企业年创利税1000多万元。

苹果装车外运（1995年）

**运输业**　90年代，相继产生个体、集体运输业户和车辆调度站、配货站等中介服务行业，果品

运输得到快速发展。1990年，果品运输仅有670多辆，到2002年，全市5吨以上的运输车辆达1500多辆，5吨以下的3000多辆，在栖霞境内配货的外地汽车达1200多辆。

**化学工业** 栖霞果园每年需用化肥约20万吨，农药约5000吨。80年代至90年代初，全县只有桃村化肥厂和观里磷肥厂两个化工企业。90年代中后期，建起全市第一家农药厂——栖霞市化工厂，后相继建成栖霞通达化工公司、山东省信邦生物公司、东发化冶公司丰兴复肥厂、天誉生物肥厂、绿源生物肥厂、黑土地肥料厂等15个大中型化工企业，这些企业生产的各种化肥、农药基本供应栖霞果品生产。

**加工业** 针对果品资源优势，多渠道扩大果业领域招商引资工作，20世纪90年代以后，先后围绕果品这一主导产业，建成三资企业5个。其中，1996年，臧家庄镇引进外资1200万美元，与瑞士乌尼贝克宁公司合资建成源通果汁有限公司，采用当时国际上最先进的蒸发和超精过滤设备与技术，引进两条浓缩果汁生产线，年可加工苹果40万吨，生产浓缩果汁2万吨，产品全部销往欧美市场，解决了整个胶东地区残、次果加工问题。

2000年，该企业又与瑞士维基多有限公司合作投资2000万美元，扩建一条2万吨生产线，并在大连新上一个万吨生产规模的企业，投产后浓缩果汁生产能力达到5万吨。

# 第五章 苹果艺术节

**栖霞县首届苹果节** 1991年10月15至16日，栖霞县举办首届苹果节。中央及省有关部门负责人、烟台市委书记陈建国、市政协主席曲元显及驻栖霞部队首长、新闻单位记者、全国各地果品经营部门负责人和部分香港同胞，共计400多位贵宾应邀出席苹果节活动，省委、省政府也致贺信。

中共中央顾问委员会副主任薄一波、全国政协副主席王任重以及中顾委常委杨得志、余秋里分别为首届苹果节题词。

薄一波、杨得志的题词均为“向荒山进军，发展果品生产”。余秋里的题词为“祝贺栖霞县首届苹果节开幕！祝栖霞县社会主义建设取得更大成就！”。王任重的题词为“苹果之乡”。

苹果节期间举行剪彩仪式和苹果女雕塑揭幕仪式，在县影剧院召开隆重的庆祝大会，共1500余人参加。县委书记于迅在大会上发表讲话，县五大班子领导为130名果业模范户披戴红花，县委、县政府为50个果业带头村颁发奖牌。与会人员参观部分优质果园和果品展览，组织经贸洽谈活动。苹果节以果为媒，以节联姻，既提高栖霞苹果的知名度，又为苹果销售开辟新路，仅节日期间就与国内外客商签订交易量达5000万公斤的苹果购销合同。

首届苹果节后，连续多年未举办苹果节。进入2000年后，栖霞苹果种植规模不断扩大，品种也越来越多，在烟台市、山东省乃至全国的知名度越来越高。为扩大销售，提高城市品牌，栖霞市委、市政府决定于2002年开始，每年举办栖霞苹果艺术节。

**第一届中国山东栖霞苹果艺术节** 2002年9月30日至10月4日，第一届中国山东栖霞苹果艺术节在北京全国农业展览馆举办。这是中国第一次以农业为文化背景，以山东栖霞苹果为切入点，以唤醒全社会关注农业为宗旨，以为中国农产品寻找新的销售方式为目的的综合性大型现代艺术节，也是县级地方政府在首都北京首次举办的大型专题艺术节。

全国人大常委会副委员长王光英、布赫、铁木尔•达瓦买提，全国政协副主席王文远等出席开幕式，栖霞市政府接受中国果品流通协会“中国苹果之都”的牌匾。

2002年第一届苹果艺术节在北京全国农业展览馆举办（图一）

2003年，第二届苹果艺术节在中华世纪坛举办（图二）

苹果艺术节主题为“感恩农业、关爱农业”。由中国艺术教育促进会、中国果品流通协会、中国国土经济学研究会主办，山东省农业厅、山东省旅游局、烟台市人民政府协办，栖霞市人民政府、全国农业展览馆、《今日国土》杂志社承办。整个艺术节以室内《丰收当代艺术展》、人民大会堂《交响音乐会》、农展馆广场大型《农具打击乐》以及《WTO与中国农业》、栖霞形象展示、文化农业与情感农业销售试验、经贸洽谈会等为主要内容，其品位高雅，特色鲜明，这种苹果与艺术相结合的展览形式，在全国农业史、展览史、音乐史、文化史上均属首次。

第一届苹果艺术节共使用15吨、120多个艺术品种的苹果参加展览。由中国写赋第一人、昆明世博会总撰稿人何开四撰写《感恩农业赋》，全文由1071个贴字苹果组成，镶嵌在农展馆广场正对大门处的高大扇形刊板上，两侧摆放着由贴字苹果组成的46首由清朝康熙和乾隆皇帝撰写的耕织诗，让参加会议的领导和来宾观后叹为观止，“栖霞人民欢迎您”“祝您幸福”“祝福北京”等具有强烈亲和力语言的艺术苹果，让参观者赞不绝口。

苹果艺术节历时5天，正值国庆假日，每天前来参观的首都各界市民及国内外朋友多达1万余人，加强对外宣传和交流力度，让更多的国家和地区了解栖霞，了解栖霞苹果；栖霞苹果由大众市场销售为主，向高、中档市场开发转变，集中力量向超市、宾馆、知名企业推介栖霞系列苹果；借艺术节之机，进一步打造中国苹果之都和生态旅游城市这两张城市名片，提升栖霞城市形象。

中外嘉宾在第二届苹果艺术节上参观展览（图三）

# 第八编
# 水　　利

黄燕底水库连拱坝（2002年）

栖霞市属贫水地区，20世纪70年代中期开始移动式、半固定、固定式农田喷灌，80年代果园滴灌，90年代末和21世纪初，引进推广果园自动化微喷新技术，水利建设逐步进入蓬勃发展时期。

1986年以后，栖霞县先后完成龙门口水库调水、龙门口水库东干渠改建、龙门口水库月牙河引水补源、庵里水库干渠改建、庵里水库调水和为期10年的4万公顷高档苹果节水六大水利工程。这六大骨干水利工程的开工建设，影响和带动中小型拦蓄补源工程和以新技术推广为特征的迷宫堰、翻板闸等拦河工程建设。

1987年，全县节水灌溉面积3026.7公顷，初具规模。但是1988—1996年，近10年的“低潮阶段”，每年节水灌溉面积均在200～300公顷左右徘徊，最低的1990年，全县节水灌溉面积仅有67公顷。为节约水资源，加快农业发展，栖霞县政府调整农业发展政策，投资建设节水工程，1997年，栖霞市节水灌溉面积从1996年的273公顷，上升到5493公顷，年增加节水灌溉面积5200多公顷，节水灌溉从此踏上蓬勃发展之路。

1998年初，在《栖霞市4万公顷高档苹果节水工程可行性研究报告》经过审定后，市政府制定《1998—2007年栖霞市4万公顷高档苹果节水工程建设规划》。在实施该规划的前4年（即从1998年到2001年年底），全市节水灌溉面积净增20007公顷，全市节水灌溉面积达到33347公顷。

90年代末期，栖霞山区丘岭地带兴起以乡（镇）为主的集中开发建设热潮，松山、桃村、蛇窝泊等乡镇，还完成一批系列折线堰、人字闸群等规模工程。境内较大支流上的近百道折线堰和水源地质条件较好的沟道中数百座“人”字闸，70%以上是这期间完成的。境内有14条大小河流，3653条大小河谷，户办或联户兴办的截流、暗井、地下水窖等各种小型水利工程1.5万个，“沟沟河河、节节拦蓄”既适应家庭联产承包责任制的新形势，又适应节水型农业的新趋势，有限的水资源得到最大程度的利用。

1999年9月，财政部、水利部确定栖霞市为全国水土保持生态环境建设示范县，同年底，栖霞市列入全国水土保持生态环境监督管理规范化县，从市到镇、村，建立完善水土保持监督执法体系，并在省内首创县乡领导干部任期内水土流失防治目标责任制，通过经常性、专业性调查研究，随时掌握人为水土流失的现状、特征和发生规律，在全省率先制定《关于防治新的水土流失的若干具体规定》，在省内始终保持预防管护工作的领先地位。

2000年12月，栖霞市被水利部命名为“全国水土保持生态环境建设示范市”，同年底，被山东省水利厅评为“山东省水利科技强市”。

至2002年，通过技术鉴定，全市获得水利科技进步奖的重大科研项目达到49个，其中，获得省级科技进步奖的项目6项，获得烟台市、山东省水利厅科技进步奖的项目18项，直接经济效益7.6亿元。

# 第一章 水利基本建设

## 第一节 管理机构

1958年、1962年水利机构两次并于农业局，1964年恢复水利局。1992年6月，成立栖霞县水利工程服务总公司，正科级事业单位，实行自主经营、独立核算、自负盈亏，1993年11月被撤销，2002年6月，水利局更名为栖霞市水务局。水利局在人民公社时期在各公社设水利站，1984年改人民公社为乡（镇）体制后，称乡（镇）水利站，专管乡（镇）水利工作，属县水利局编制，为水利局下属单位。1992年10月，乡（镇）水利站移交给乡（镇）人民政府管理。

## 第二节 水库、塘坝建设

**中型水库** 2002年，全市有中型水库2座，即庵里水库和龙门口水库，均为1958年兴建。总投工345.7万个，其中庵里水库投工243.7万个，龙门口水库投工102万个；总工程量226.1万立方米，其中庵里水库工程量159.4万立方米，龙门口水库工程量66.7万立方米；总库容13863万立方米，其中庵里水库库容7603万立方米，龙门口水库库容6260万立方米；兴利库容7310万立方米，其中庵里水库兴利库容3180万立方米，龙门口水库兴利库容4130万立方米。

*庵里水库* 1958年6月，栖霞县开工兴建庵里水库，1960年8月，主体工程竣工。水库位于松山镇庵里村南，大沽夹河水系的白洋河上游，流域面积150平方公里，流域形状为扇形，地形坡度较大，属浅山区，山区占95%，丘陵占5%。土壤类别多为壤土和砂壤土，其次是粘土，流域平均长度15公里，平均宽度10公里，其干流平均坡度3.3米/公里，流域内多年平均降水量750毫米，多年平均径流量3900万立方米。

流域内共建有小（一）型水库2座，小（二）型水库4座，可控制流域面积16.26平方公里，可拦蓄兴利水235万立方米。经核算，水库总库容7603万立方米，兴利库容3180万立方米，死库容260万立方米，兴利水位114.94米，死水位100.44米，经1981年测淤计算，水库总淤积量450万立方米，平均每年淤积量21.43万立方米。水库自开始兴建、续建、保安全加固及历次岁修工程，到1985年，共完成土石方161.19万立方米，工日110.01万个，累计国家投资311.61万元，其中，基建投资269.10万元。1990年4月到1991年10月，在兴利村前建跨溢洪道桥一座，完成土石方369立方米，混凝土412立方米，投工8069个，总投资16.07万元。

1999年加固后的庵里水库干渠渡槽

从1995年10月到1999年11月，历时5年对原干渠从渠首到38+940渠段进行浆砌防渗，共浆

砌渠道25078米，改建加固各种干渠建筑物332座，投工64.9万个，动用土石方54.7万立方米，投资3393.4万元（其中省投资105万元），改善灌溉面积4000公顷。灌区设计年引水量2638万立方米，设计灌溉面积4000公顷，有效灌溉面积2466.7公顷。

2000年6—7月，市水利部门对庵里水库大坝、副坝、溢洪道进行第一次勘探，投资17万元。2000年9月，庵里水库向城区供水工程开工，到2001年7月完工，建泵站2处，水处理厂1处，按装∮500预应力钢筋混凝土管9949米，投资1810.03万元。

1986—2001年，水库岁修工程共10项，投资33万元，完成工程量1.03万立方米。平均年实际引用水896万立方米，年平均实灌面积1213.3公顷。

2002年7—8月，对水库大坝、附坝、溢洪道进行第二次测量钻探，投资15万元。

2002年除险加固后庵里水库一角

龙门口水库 1958年，栖霞县兴建龙门口水库，1960年建成，该水库位于官道镇龙门口村东，属五龙河水系，漩河上游。水库控制流域面积116平方公里，流域形状为扇形，平均宽度8.9公里，其干流平均坡度为6米/公里。

水库总库容6260万立方米，其中兴利库容4130万立方米，死库容220万立方米，流域内建有小（一）型水库2座，小（二）水库12座，可控制流域面积27.29平方公里，可蓄兴利水500.5万立方米。到1985年底，共完成土石方66.77万立方米，用工121.03万个，累计国家投资275.97万元。其中基建投资223.77万元。1986年，加高一副坝黏土心墙和三副坝东半部分黏土心墙，并对三副坝护坡进行翻修，共完成土石方9.13万立方米，用工7.9万个，国家投资24.97万元。1989年10月龙门口水库月牙河引水补源工程开工，工程预算总投资333.72万元，由于资金困难，隧道断面由设计的3.6×3米改为2×2米，完成投资128.9万元。

1990年6—10月，完成溢洪道桥主拱肋加固工程，投资4.45万元，用工1800个，完成工程量30立方米。1991年，月牙河引水补源工程开通，水库增加流域面积29.9平方公里，年引水量456万立方米。1997年5—6月，完成二副坝反滤层建设工程，投资26.3万元，用工3500个，完成工程量0.55万立方米。1998年3月，对管理处住所进行部分改建，投资15万元。1999年6—8月，完成二副坝放水洞启闭设备更换，闸前清淤，浆砌石工程，投资18.3万元，用工1900个，完成工程量0.28万立方米。1999年12月到2000年7月，对隧道工程进行修复，投资60.23万元，投工7500个，完成土石方0.73万立方米。

2000年，烟台市水利局组织专家对龙门口水库进行安全鉴定，该水库被鉴定为三类坝，应尽快除险加固。同年，水利部大坝管理中心对龙门口水库三类坝进行复检确认。2001年6—8月，完成主坝迎水坡翻修工程，投资380万元，完成工程量3.18万立方米。1986—2000年，完成岁修工程7项，国家拨款26万元。

2002年，山东省计委批复龙门口水库除险加固工程可研报告，山东省水利厅批复除险工程的初步设计。省计委批复投资4454万元，其中国家投资1500万元，省补助100万元，同年11

月，龙门口水库除险加固工程正式开工。开工项目有溢洪道加固和溢洪道桥重建工程。

2002年除险加固后龙门口水库一角

**小型水库** 1985年前，小(一)型水库共计27座，总投工632.1万个，总工程量约422.22万立方米，兴利库容约4410万立方米。1990年，新建官道镇孙疃水库，总库容144.6万立方米，兴利库容88.4万立方米，水库控制流域面积3.62平方公里，小（一）型水库共计28座。1992年10月，桃村镇卫星小（一）型水库改造，干渠浆砌1993年5月竣工，浆砌长度6.9公里，总投资83万元，投工1.5万个；1992年10月，圈里小（一）型水库干渠浆砌修复工程开工，12月竣工，修复长度2公里，总投资20万元，投工3800个；1996年9月，官道镇岗山小（一）型水库干渠浆砌开工，1997年3月竣工，浆砌长度1.5公里，总投资22.5万元，投工0.43万个。

2002年修复后的龙门口水库渡槽

## 2002年栖霞市小（一）型水库基本情况统计表

表8-1

| 水库名称 | 所在镇、街道 | 投工(万个) | 投资(万元) | 工程量(万立方米) | 总库容(万立方米) | 兴利库容(万立方米) | 建成时间(年 月) |
|---|---|---|---|---|---|---|---|
| 主格庄 | 庄园 | 11.5 | 48 | 30.5 | 135 | 75 | 1959.3 |
| 岗山 | 官道 | 51 | 120 | 31 | 644 | 593 | 1960.3 |
| 瓮留 | 臧家庄 | 14.5 | 13 | 13 | 283 | 164 | 1961.3 |
| 下范家沟 | 蛇窝泊 | 15 | 17 | 15 | 165 | 113 | 1965.5 |
| 马耳崖 | 杨础 | 10.9 | 69 | 4.4 | 152 | 55 | 1965.8 |
| 南榆疃 | 蛇窝泊 | 22.7 | 16 | 11.5 | 125 | 95 | 1966.9 |
| 轱辘磨 | 庙后 | 16.7 | 120 | 19.2 | 256 | 165 | 1966.9 |
| 罗家 | 臧家庄 | 10.1 | 9.7 | 12.2 | 180 | 107 | 1969.6 |
| 河西夼 | 蛇窝泊 | 25 | 16 | 16.8 | 113 | 90 | 1969.6 |
| 旗杆山 | 西城 | 26.7 | 78 | 11.5 | 355 | 165 | 1970.2 |
| 柳林 | 蛇窝泊 | 23 | 19.7 | 15.2 | 191 | 130 | 1971.1 |
| 黄燕底 | 翠屏 | 39.5 | 38.2 | 13.2 | 267 | 250 | 1971.5 |
| 王格庄 | 庄园 | 32 | 57 | 14 | 191 | 168 | 1971.12 |
| 南埠 | 亭口 | 45.6 | 16 | 33.6 | 514 | 338 | 1971.5 |
| 董家沟 | 臧家庄 | — | 9 | — | 117 | 92 | 1971.5 |

续表8-1

| 水库名称 | 所在镇、街道 | 投工(万个) | 投资(万元) | 工程量(万立方米) | 总库容(万立方米) | 兴利库容(万立方米) | 建成时间(年 月) |
|---|---|---|---|---|---|---|---|
| 郭家店 | 臧家庄 | 14 | 9 | 15 | 157 | 110 | 1971.6 |
| 上 庄 | 唐家泊 | 13.6 | — | 6 | 115 | 85 | 1971.12 |
| 郭落庄 | 翠 屏 | 21 | 8.3 | 10 | 84 | 62 | 1971.12 |
| 圈 里 | 桃 村 | 21 | 15 | 13.5 | 157 | 110 | 1972.6 |
| 卫 星 | 桃 村 | 51 | 30.6 | 33 | 370 | 245 | 1972.7 |
| 营 盘 | 桃 村 | 25.3 | 15.2 | 17 | 280 | 270 | 1972.9 |
| 南 寨 | 松 山 | 28 | 20 | 24 | 189 | 142 | 1972.10 |
| 田 家 | 亭 口 | 41.3 | 14 | 33 | 598 | 330 | 1973.5 |
| 林 家 | 苏家店 | 42.8 | 19 | 11 | 243 | 181 | 1974.3 |
| 战 家 | 寺 口 | 4.9 | 7 | 4.9 | 160 | 100 | 1974.6 |
| 东八田 | 唐家泊 | 10 | 8 | 7.1 | 120 | 95 | 1974.12 |
| 西吴家 | 苏家店 | 12.2 | 12 | 10.2 | 136 | 80 | 1980.12 |
| 孙 疃 | 官 道 | — | — | — | 144.4 | 88.4 | 1990.5 |

1985年，境内有小（二）型水库167座，1989年，县政府制定奖励政策，规定建成一座小（二）型水库补助资金1万元，到2002年，小（二）型水库增加到183座，增加16座，水库总库容约24090万立方米，兴利库容约761.7万立方米。

## 2002年栖霞市小（二）型水库基本情况统计表

表8-2

| 所在镇、街道 | 数 量(座) | 水库名称 | 兴利库容(万立方米) | 总投资(万元) | 建成时间(年 月) |
|---|---|---|---|---|---|
| 苏家店 | 10 | 杨 家 | 8.2 | 7 | 1991.12 |
| | | 前泊子老母猪沟 | 6.6 | 6 | 1957.11 |
| | | 前泊子上河 | 5.6 | 12 | 1966.11 |
| | | 马蹄夼 | 24 | 7 | 1973.11 |
| | | 合甲沟 | 30.4 | 7 | 1978.5 |
| | | 曲家沟 | 5.2 | — | 1976.12 |
| | | 苏家庄 | 15 | 5 | 1975.5 |
| | | 蒲 夼 | 37.2 | 8 | 1957.10 |
| | | 梁家庄 | 30.2 | 9 | 1978.3 |
| | | 苏家店 | 5.8 | 12 | 1966.11 |
| 寺 口 | 9 | 塔 山 | 8 | 2.1 | 1984.5 |
| | | 寺口西沟 | 25.5 | 2.1 | 1976.9 |
| | | 纸 房 | 41.3 | 5 | 1959.4 |
| | | 纸房上河 | 29.4 | 4 | 1970.9 |
| | | 灵 山 | 12.6 | 1.8 | 1970.9 |
| | | 于家寨 | 13 | 2 | 1972.12 |
| | | 孟家沟 | 11 | 2 | 1972.12 |
| | | 任家庄 | 34.5 | 4 | 1970.10 |
| | | 宋家沟 | 16 | 2 | 1970.9 |

续表8-2

| 所在镇、街道 | 数量(座) | 水库名称 | 兴利库容(万立方米) | 总投资(万元) | 建成时间(年 月) |
|---|---|---|---|---|---|
| 西城 | 8 | 哨上 | 13.3 | 3 | 1972.2 |
| | | 岭西 | 8.5 | 1 | 1956.4 |
| | | 回兵崖 | 21 | 7 | 1978.12 |
| | | 十里堡 | 15 | 10 | 1967.6 |
| | | 毛家 | 14 | 9 | 1966.6 |
| | | 班山口 | 11.5 | 2 | 1988.10 |
| | | 马嘶庄 | 7 | 4 | 1966.4 |
| | | 左家 | 13 | 8 | 1978.6 |
| 官道 | 7 | 万家庄村西(上) | 15.6 | 4.8 | 1973.12 |
| | | 万家庄村西(下) | 10.7 | 8 | 1981.12 |
| | | 大解家 | 6.1 | 5 | 1974.12 |
| | | 沙沟河 | 28.6 | 88.6 | 1976.6 |
| | | 闫家庄 | 41.6 | 10.8 | 1976.5 |
| | | 孙疃 | 10.1 | 1 | 1975.12 |
| | | 喇叭沟 | 12.4 | 6.8 | 1974.12 |
| 观里 | 6 | 大寨 | 25 | 4 | 1978.12 |
| | | 观里 | 6.3 | 4 | 1970.12 |
| | | 宋格庄 | 13.1 | 4 | 1969.12 |
| | | 小寨 | 9.5 | 4 | 1972.11 |
| | | 巨屋 | 9.1 | 4 | 1972.12 |
| | | 彭家庄 | 10 | 4 | 1979.10 |
| 杨础 | 11 | 丁家寨 | 14.4 | 12 | 1990.10 |
| | | 芦子泊 | 9.6 | 15 | 1988.10 |
| | | 鹭翔 | 22.9 | 10 | 1989.10 |
| | | 解家沟村凤凰沟 | 13.4 | 10 | 1972.2 |
| | | 解家沟村西沟 | 8.5 | 10 | 1989.10 |
| | | 西柳 | 22.7 | 10 | 1974.4 |
| | | 东富源 | 17.2 | 7 | 1974.7 |
| | | 衣家黄口 | 16.8 | 10 | 1980.8 |
| | | 西李家庄 | 6.9 | 5 | 1974.7 |
| | | 西富源 | 7.5 | 10 | 1972.2 |
| | | 下渔稼沟村东北沟 | 9 | 7 | 1972.2 |
| 蛇窝泊 | 22 | 窝乐 | 13 | 2 | 1956.12 |
| | | 东院头 | 51.4 | 8 | 1979.10 |
| | | 徐家庄 | 9 | 2.2 | 1978.8 |
| | | 山虎庄 | 13.6 | 5 | 1971.12 |
| | | 孙家庄 | 8 | 5 | 1966.4 |
| | | 博地 | 10.8 | 5 | 1970.12 |
| | | 小金寺 | 27.9 | 3 | 1966.12 |
| | | 上范家沟 | 19.6 | 6 | 1980.6 |
| | | 牟家河西 | 15.8 | 8.95 | 1965.10 |
| | | 南砦 | 23.6 | 11.6 | 1971.6 |

续表8-2

| 所在镇、街道 | 数量(座) | 水库名称 | 兴利库容(万立方米) | 总投资(万元) | 建成时间(年 月) |
|---|---|---|---|---|---|
| 蛇窝泊 | 22 | 朱 留 | 4.5 | 8.6 | 1958.4 |
| | | 榆 子 | 9.4 | 8.6 | 1981.3 |
| | | 大咽喉 | 6.8 | 4 | 1968.4 |
| | | 砖 园 | 12 | 7 | 1974.4 |
| | | 东河南 | 14.1 | 4 | 1970.12 |
| | | 泥 沟 | 9 | 5 | 1977.7 |
| | | 上马家河 | 16.7 | 4 | 1979.12 |
| | | 周家沟 | 8.6 | 3 | 1965.3 |
| | | 大帽顶村南 | 12.4 | 5 | 1958.7 |
| | | 大帽顶村西 | 4.2 | 5 | 1974.5 |
| | | 邱格庄 | 19.8 | 7 | 1980.6 |
| | | 下苇城 | 9.3 | 3 | 1978.1 |
| 唐家泊 | 11 | 李家庄 | 8.6 | 4 | 1958.1 |
| | | 东五叫山 | 17.5 | 3.5 | 1979.3 |
| | | 帽耩家 | 7.2 | 3 | 1971.7 |
| | | 田 里 | 11 | 3.5 | 1978.12 |
| | | 柳连河 | 16 | 3.5 | 1971.5 |
| | | 东楼底 | 24.9 | 6.5 | 1970.1 |
| | | 下 哨 | 11.5 | 5.5 | 1971.1 |
| | | 上牛蹄夼 | 14 | 4 | 1978.12 |
| | | 石门口 | 12 | 3.5 | 1980.10 |
| | | 下阁子 | 6.9 | 2.5 | 1971.6 |
| | | 河东崖 | 8 | 3.5 | 1971.6 |
| 桃村 | 35 | 西瓦屋 | 14.5 | 3 | 1974.6 |
| | | 牙 东 | 8 | 3 | 1966.3 |
| | | 北楚留 | 10.3 | 4 | 1969.3 |
| | | 楚留店 | 21.4 | 11 | 1981.4 |
| | | 南涝都 | 15 | 3 | 1978.5 |
| | | 前 埠 | 16.4 | 4 | 1972.5 |
| | | 西 庄 | 11.4 | 4 | 1980.3 |
| | | 上桃村 | 15.9 | 2 | 1971.12 |
| | | 新安庄 | 24.1 | 3 | 1973.6 |
| | | 西柳头 | 9.5 | 2 | 1963.3 |
| | | 安 东 | 8.6 | 3 | 1975.5 |
| | | 西 城 | 7 | 5 | 1968.11 |
| | | 大马夼西南沟 | 8.3 | 5 | 1971.10 |
| | | 后马夼西沟 | 8.7 | 5 | 1966.3 |
| | | 后马夼后沟 | 9.5 | 5 | 1976.1 |
| | | 道柱夼 | 7.2 | 5 | 1965.3 |
| | | 肖灵夼 | 22 | 5 | 1972.12 |
| | | 乔子沟 | 6.3 | 5 | 1967.9 |
| | | 蒋家沟 | 5.5 | 10.2 | 1990.12 |

续表8-2

| 所在镇、街道 | 数量(座) | 水库名称 | 兴利库容(万立方米) | 总投资(万元) | 建成时间(年 月) |
|---|---|---|---|---|---|
| 桃村 | 35 | 孔家庄 | 10.6 | 5 | 1967.1 |
| | | 芝麻岭沟 | 12.4 | 5 | 1978.7 |
| | | 大马夼北山 | 7.3 | 5 | 1964.5 |
| | | 新 庄 | 11.5 | 6 | 1978.2 |
| | | 东下夼北夼 | 8.7 | 13.9 | 1987.5 |
| | | 东下夼南夼 | 10.6 | 6 | 1978.2 |
| | | 东下夼井儿沟 | 5.8 | 4 | 1966.12 |
| | | 宅 头 | 13 | 5 | 1980.1 |
| | | 野夼东沟 | 8.4 | 5 | 1978 |
| | | 野夼磨夼沟 | 28 | 8 | 1978.12 |
| | | 河 西 | 7.6 | 5 | 1971.2 |
| | | 国路夼洪干底 | 8 | 6 | 1969.1 |
| | | 国路夼哗啦湾 | 12 | 6 | 1975.1 |
| 亭口 | 14 | 沙 耩 | 28.5 | 8 | 1981.2 |
| | | 上崖头村东 | 50 | 16 | 1960.12 |
| | | 上崖头西沟 | 11 | 7 | 1981.2 |
| | | 蓬 夼 | 8 | 1.75 | 1970.8 |
| | | 引驾夼 | 9.8 | 1.72 | 1965.7 |
| | | 杏家庄 | 7.4 | 1.8 | 1971.5 |
| | | 黄土壤 | 20 | 2 | 1958.5 |
| | | 泉水夼 | 10 | 1.9 | 1964 |
| | | 寨山夼 | 9 | 1.5 | 1978.11 |
| | | 解家口村南 | 17.8 | 2.1 | 1959.6 |
| | | 解家口村北 | 12 | 2.5 | 1977.10 |
| | | 下塞口 | 33 | 4 | 1960.6 |
| | | 车 夼 | 24 | 4.4 | 1983.8 |
| | | 下门楼 | 9.7 | 2 | 1971.6 |
| 庙后 | 10 | 上郛夼 | 7.8 | 3.8 | 1969.3 |
| | | 姜家沟 | 10 | 7.8 | 1972.4 |
| | | 楼西夼 | 5.9 | 3.5 | 1969.10 |
| | | 五林庄 | 7.6 | 8 | 1974.9 |
| | | 李博士夼 | 16 | 4.2 | 1976.10 |
| | | 前罗坡 | 7.6 | 3.9 | 1973.8 |
| | | 祝家夼 | 9 | 4.6 | 1977.6 |
| | | 骂阵口 | 26 | 5 | 1974.10 |
| | | 上林家岘 | 5.9 | 3 | 1971.12 |
| | | 蒋 家 | 6.6 | 2.5 | 1971.5 |
| 臧家庄 | 11 | 龙回头 | 8 | 2 | 1970.5 |
| | | 寨里马子夼 | 28 | 3 | 1958.6 |
| | | 郭家店 | 20 | 6 | 1982.8 |
| | | 西山庄 | 90 | 3.3 | 1959.7 |
| | | 吴 家 | 9 | 3 | 1966.4 |

续表8-2

| 所在镇、街道 | 数量(座) | 水库名称 | 兴利库容(万立方米) | 总投资(万元) | 建成时间(年 月) |
|---|---|---|---|---|---|
| 臧家庄 | 11 | 大栾家 | 9 | 4 | 1966 |
| | | 峨山南沟 | 31.5 | 6 | 1975 |
| | | 峨山东沟 | 20 | 4 | 1975 |
| | | 苇夼 | 24 | 4 | 1974 |
| | | 东瓮 | 6.1 | 5 | 1966 |
| | | 桥芝 | 23.7 | 5 | 1958 |
| 经济开发区 | 5 | 前高格庄 | 12 | 5 | 1967.6 |
| | | 洼子 | 12 | 4 | 1967.12 |
| | | 尚友 | 18 | 4 | 1971.2 |
| | | 大辽 | 10 | 6 | 1959.12 |
| | | 上泊子 | 40 | 6 | 1982.6 |
| 松山 | 12 | 吕家埠 | 6.2 | 8 | 1977.9 |
| | | 金山店 | 7.6 | 4 | 1974.2 |
| | | 兆甲沟 | 13.4 | 6 | 1978.12 |
| | | 枣林庄 | 10.7 | 4 | 1966.1 |
| | | 隋家集 | 10 | 5 | 1989.1 |
| | | 裕富庄 | 6.7 | 8 | 1966.6 |
| | | 南庄 | 80.4 | 10 | 1967.6 |
| | | 史家 | 20 | 7 | 1972.8 |
| | | 东鹿头 | 22 | 4 | 1960.5 |
| | | 河南夼 | 12.6 | 10 | 1972.3 |
| | | 虎龙口 | 19 | 5 | 1964.11 |
| | | 衣家庄 | 6.4 | 3 | 1970.12 |
| 翠屏街道 | 6 | 慕先庄 | 12.7 | 6 | 1972.6 |
| | | 大灵山 | 7.5 | 8 | 1974.3 |
| | | 上曲家 | 40(总库容) | 5 | 1979.6 |
| | | 十里庄 | 12 | 4 | 1976.8 |
| | | 大霞址 | 14 | 8 | 1998.12 |
| | | 上孙家 | 45 | 7 | 1970.4 |
| 庄园街道 | 6 | 路家 | 9 | 4 | 1974.12 |
| | | 宫后 | 7.8 | 4 | 1973.12 |
| | | 上宋家 | 6 | 3 | 1959.12 |
| | | 盛家 | 10.3 | 3 | 1957.11 |
| | | 陈家 | 8.9 | 5 | 1972.12 |
| | | 河口 | 7 | 3 | 1974.12 |

**塘　坝**　1986年以前，全市共建设塘坝888座，总库容2005万立方米。1987年以后，有的塘坝因年久失修而倒塌，有的被洪水冲毁，倒塌、损毁的塘坝近百座，1990年，市水利部门开始勘探、调查，制定修复方案，当年修复11座，1995年以后修复20座，到2002年末，建设和修复后计有塘坝819座，库容2069万立方米，塘坝数量比1986年减少69座，库容比1986年增加64万立方米。

白洋河橡胶坝（2002年）

山区景观拦水坝（2002年）

**病险库塘除险加固**　1986年，全市病险水库有中型水库2座，小(一)型水库10座，小(二)型水库76座，塘坝478座。

1986年4月，栖霞县人民政府将小(一)型、小(二)型水库“病险工程除险加固责任通知书”签发到各乡镇人民政府及工程所在村，通知书签明施工标准、完成时间。各乡镇发动群众，采用多种形式抢修加固病险工程，全县施工劳力1.1万人，完成土石方85.17万立方米，使2座小(一)型水库、13座小(二)型水库、176座塘坝得到加固。庄园街道主格庄水库是一座位于城区上游重要的小(一)型水库，属险库，直接威胁着城区23个单位和6个村庄的度汛安全。1984年，国家补助5万元进行加固，1986年，县政府又筹集资金40万元，由栖霞镇负责组织劳力施工，到7月底完成大坝培厚、坝后导流墙、迎水坡护坡等工程，共投工1.05万个，完成工程量1.5万立方米，投资49.7万元，解除水库对城区威胁。

1987年，全县有病险库塘373座，其中中型水库2座，小(一)型水库8座，小(二)型水库63座，塘坝302座。根据省市防汛工作“三年之内全部摘掉病险工程帽子”的要求，县政府下达任务指标，全县出动劳力1万多人，完成工程量45.5万立方米，完成除险加固工程238项。1988年，全县还有病险库塘135座，这些病险工程多为工程难度大、投资高、不能搞短时突击的“骨头”工程，经过组织发动又完成除险加固工程51项，动用土石方10.1万立方米。6月中旬，县政府组织除险加固工程行动情况大检查，现场解决问题。

1989年，全县有病险库塘86座，其中中型水库2座，小(一)型水库3座，小(二)型水库31座，塘坝50座。是年完成除险加固工程29项，其中完成小(二)型水库3座，塘坝26座，完成土石方15万立方米。还剩病险库塘57座，其中，中型水库2座，小(一)型水库3座，小(二)型水库28座，塘坝24座。到2001年，全市还有病险库塘41座，其中已加固病险库塘16座。

县直管的3座水库（庵里水库、龙门口水库和黄燕底水库）都是病险水库，1986年到2001年，省、市共投入加固维修资金54万元，其中庵里水库33万元，主要用于水库自来水工程、

房屋维修、建溢洪道桥、电站厂房改造、坝后排水工程、溢洪道口子段护砌、大坝照明线路改造、大坝护坡整修等工程；龙门口水库26万元，主要用于二附坝加固、防渗处理、护坡翻修、更新备用发电机组等。1997年，市政府投入10万元修建龙门口水库二附坝反滤层工程。2002年1月，龙门口水库除险加固工程开工，投资4454万元，其中上级政府补助1600万元。

## 第三节 河道治理

栖霞市境内河流为季节性河流，洪水集中在汛期，且速涨速退。河道坡陡流急，易给两岸造成洪涝灾害。20世纪70年代，各级政府组织群众和水利专业队对境内的主要河道特别是白洋河、清水河、杨础河及其支流进行大规模治理，基本消除河流对两岸的危害。1986年以后，河道的治理只是一些小型零星工程。进入90年代，为开发利用水资源，在一些骨干河道上修建许多拦河闸、迷宫堰和截流工程。

1991年白洋河综合治理工程开工建设

**白洋河治理** 白洋河为栖霞第一大河流，属内夹河水系。20世纪60年代初，该河上游修建庵里水库，控制流域面积150平方公里，削减三百年一遇洪水洪峰59%，从根本上解决下游的洪涝灾害。1972年后，寨里、臧家庄、松山等公社对白洋河进行较大规模的治理。同时，对其主要支流大栾家河、山东河、豹山河等支流亦先后进行治理。1983—1990年，先后在白洋河流域内建成中型水库1座，小型水库71座，塘坝309座。

1991年7月，针对白洋河城区段的建筑生活垃圾成堆，河道淤塞严重的状况(大小沙丘、垃圾200多个，最大的约400立方米)，清除砂石、垃圾约8万立方米，疏通河道，保证安全行洪。

1992年7月上旬，修建白洋河泉水西店泄水闸，共搬动土石方426.5立方米，其中砌石、钢筋混凝土198.4立方米，工日854.1个，投资1.64万元；臧家庄镇东庄河段、大栾家河段各修复河堤200米、300米，共动用土石方2万立方米；1996年对白洋河支流山东河(前、后高格庄段)疏河2公里，搬动土石方3000多立方米；1998年，亭口镇政府组织人力、物力对白洋河支流山东河进行综合治理，对干流长16公里的河道进行疏浚，同时修建各类拦河闸工程26处，其中跨度100米以上投资100多万元的大型折线堰和翻板闸带桥工程4处，整个治理工程总投资677万元，投工44万个，搬动土石方88万立方米。1999年，市政府对白洋河城区段进行综合治理，主要进行排污及拦蓄工程建设，至2000年，共建拦河闸6道，完成河道疏浚2000米，浆砌河堤915米，沿河全部栽植树木、植建草坪，工程总投资500多万元。

2000年治理后白洋河城区河段

2001年夏，水利部门组织人员，添加设备，对庵里水库上游白洋河段进行污物清理，清除白洋河漂浮物5吨多。

2001年对白洋河进行污物清理

2002年春，开始修建位于振兴桥以北全市第一座橡胶拦蓄坝。已建成的6条拦河闸层层拦蓄、道道截流，水面连着水面，成为城区一大亮点。同时，在近年来的河道治理中，松山镇修复河堤，松山村河段300米，裕富庄段200米，前铺段300米，郝家楼河段300米，虎山河段500米，其支流豹山河金山店、金山、金山泊村建迷宫堰3座，动用土石方2.8万立方米。

**清水河治理** 清水河为栖霞第二大河。地处该河下游的蛇窝泊镇，地势偏低，容水量较大。镇境内除有清水河主河道外，尚有院头河、蛇窝泊西河、榆疃河、唐山河4条大支流。1970年初，蛇窝泊公社开始对清水河进行大规模的疏浚和筑砌石坝，为时一年多，在该河两岸筑起22公里长的河堤，共搬动土石方180多万立方米。到1974年，清水河主河道及4条支流全部进行治理，筑堤砌石护坡120公里，搬动土石方400多万立方米。其中长40.5公里的主河道筑堤37公里，搬动土石方195万立方米。1979年冬季，又对被淤塞河道进行疏浚，投工60多万个，清淤231万立方米。清水河流域内建成小型水库48座，塘坝181座，拦河闸2座。从1986年至2002年，清水河再未进行大规模治理。

**漩河治理** 漩河为栖霞第三大河，河道弯曲较大，河床淤塞严重，每年都增高加宽。1953年冬，开始在该河流域修小型水库、建塘坝、闸谷坊，减少水土流失，淤积减轻。1960年3月，在官道公社岗山脚下建起一座小(一)型水库，控制流域面积20平方公里，从而使该河流域下游村庄和6000多亩耕地免遭洪涝灾害，并使400多亩涝洼盐碱地得以垦为良田。同年该河上游建成龙门口水库后，控制流域面积116平方公里，削减百年一遇洪峰66.3%。1990年5月，建成孙疃水库，至2000年，在该河流域内修建中型水库1座，小型水库30座，塘坝243座，对其支流小庄河、大丁家河、蒋家河等主河道进行筑堤、护坡。

1986—2002年，该流域规划重点建设工程30项，总投资206.5万元。其中包括具有先进水平的6座迷宫堰，可增加蓄水23万立方米，扩大改善水浇地面积283公顷。西城镇段内有迷宫堰，马嘶庄1座、小庄村1座、赵家1座（均为2000年建），初格庄1座（1994年建）、百家宅夼1座（1999年建），每座的土石方量都在3000立方米以上，其中，马嘶庄1998—1999年，修建2道翻板闸，共投资30.6万元，动用土石方6500立方米；1997年，小庙前修建过水桥1处、林家寨2处（建于1995—1996年），1988—1996年，史家寨修建4道拦河坝，楼底村河段筑堤500米，共动用土石方51.5万立方米。

观里镇段，1998年，在蒋家河修建拦河坝3道；2000年在郭格庄修建拦河坝4道。郭格庄筑堤用块石浆砌、疏河共1360米，用水泥357吨，动用土石方70720立方米，投资60万元。

官道镇段，1989年，孙疃建迷宫堰1处，动用土石方90立方米，混凝土50立方米。柞岚头于1988年建设1道翻板拦河闸，宽度为65米，共4个板，土石方为190立方米。1992年，半城沟

建人字闸一处。2001年大石头、小石头村河段疏河1300米，搬动土石方700立方米，并修复小石头村河段580米的河堤。

寺口镇段，1994年，院上村河段筑堤1125米，搬动土石方2.7万立方米；1996年寺口河修复200米河堤，在寺口河建迷宫堰2处、唐家店河段3处，同期内在寺口河建翻板闸1道，投资12万元，混凝土480立方米。

**清阳河治理** 清阳河介于栖霞市与牟平区之间。1985年至2002年，治理工程有，1991年8月，修建铁口镇迎旭埠泄水闸，投资1万元，动用土石方680立方米，其中混凝土85立方米，土石方595立方米，工日508.63个。在其支流建迷宫堰5处，其中楚留店1处、桃村2处、接官亭2处，共动用土石方9.2万立方米；接官亭建人字闸1道，峨山庄1道，大庄以北4道；铁口段孔家庄建迷宫堰l处，峨山庄1处，肇甲庄1处。

到2002年，其流域内修建小型水库29座，塘坝206座，在主河道两岸筑坝11公里，并在河堤采取植树压棉槐等措施，消除水患。

**黄水河治理** 黄水河坡度陡，水流急，其流域内水土流失严重。1949年中华人民共和国成立后，先后在该河流域内建成小型水库15座，塘坝80座，在主河道上筑堤15.5公里，搬动土石方60万立方米。其主要支流苏家店河长16公里，筑堤14公里、搬动土石方39万立方米。其他小河道则结合水土保持进行不同程度的治理。

1986年以后，该流域治理工程有，1992年，建缴格庄和小蔡家过水桥各l处；1994年，榆林头筑河堤护坡1000米，搬动土石方3.6万立方米；1995年，在大蔡家建翻板闸1处，搬动土石方5万立方米，并建钢筋混凝土桥1座，搬动土石方4万立方米；1996年，徐家和杨家筑河堤1500米，搬动土石方5.4万立方米；1998年，姜家建迷官堰l处，搬动土石方1.5万立方米，建过水桥1处，搬动土石方0.5万立方米；1999年，在马家店河段建过水桥l处，搬运土石方0.4万立方米。

**杨础河治理** 1985年至1992年，对杨础河岔河段进行筑堤护坡600米，搬动土石方4600立方米。1992年之后，再未进行大规模治理。

## 第四节 农田水利建设

**提水、扬水工程** 1985年以后，农田水利基本建设以“拦蓄、挖潜、节水”为目的，以建设农田灌溉工程、节水工程为重点，并随着农业产业结构的调整和自然条件的变化，不断转变治水思路和主攻方向。地表水拦蓄主要以“水库、塘坝、拦河闸”为主。

1986年，全县灌溉面积29993公顷，有机井2632眼，灌溉面积8520公顷，有扬水站工程319处，其中电灌站51处，装机63台、2103千瓦，机灌站267处，装机284台、7534千瓦。经济条件较好的村庄，基本上达到户均1台、套。1990年，有机井3280眼，灌溉面积10547公顷，扬水站282处，灌溉面积2927公顷。

1992年，引进“自动化微喷”和“补偿式滴灌”节水新技术。1995年，全县有机井3632眼，灌溉面积15940公顷，扬水站331处，灌溉面积3387公顷。

1998—2001年，全市连续4年遭遇特大干旱，新打机井1.5万眼。为抗旱保苗，1998年，市政府制定政策，采取财政出一些、镇和村筹一些、以奖代补的办法，鼓励发展灌溉工程和节水工程。当年，发展机井3897眼，灌溉面积15980公顷，发展扬水站332处，可灌溉面积3320公顷。

2001年，灌溉面积35400公顷，机井5804眼，灌溉面积15860公顷，扬水站333处，其中电灌站168处，装机182台、6.18千千瓦，机灌站165处，装机174台、4.76千千瓦，灌溉面积3320公顷。在跨山、跨河、跨道之处建有10多处高架水渠，输水通畅。

到2002年，全市共投入农田水利建设资金30086万元，投工5721.3万个，完成工程量7175立方米。全市共有拦蓄类工程76处，年增加蓄水152万立方米，建成蓄水1万立方米以上水利自动翻板闸10道，年增加蓄水100多万立方米，总灌溉面积34252公顷，其中，机井灌溉面积14587公顷，扬水站333处，灌溉面积3320公顷。

庙后高架水渠渡槽（2002年）

## 1986—2002年栖霞市灌溉工程建设情况统计表

表8-3　　单位：眼、公顷、座、处

| 年 份 | 机电井 | 灌溉面积 | 水库塘坝 | 灌溉面积 | 固定扬水站 | 灌溉面积 |
|---|---|---|---|---|---|---|
| 1986 | 2632 | 8250 | 1084 | 19260 | 319 | 2213 |
| 1987 | 2738 | 8647 | 1052 | 19093 | 318 | 2233 |
| 1988 | 2851 | 9893 | 1024 | 16380 | 274 | 2927 |
| 1989 | 3213 | 10340 | 1040 | 16293 | 289 | 2960 |
| 1990 | 3280 | 10547 | 1018 | 16147 | 282 | 2927 |
| 1991 | 3387 | 10753 | 1021 | 16180 | 293 | 3060 |
| 1992 | 3507 | 16093 | 1018 | 16173 | 311 | 3240 |
| 1993 | 3552 | 15940 | 1020 | 16147 | 322 | 3267 |
| 1994 | 3595 | 15920 | 1021 | 16160 | 331 | 3400 |
| 1995 | 3632 | 15940 | 1024 | 16153 | 331 | 3387 |
| 1996 | 3632 | 15853 | 1025 | 16380 | 331 | 3280 |
| 1997 | 3875 | 15313 | 1028 | 16320 | 331 | 3267 |
| 1998 | 3897 | 15980 | 1030 | 16273 | 332 | 3320 |
| 1999 | 6095 | 15813 | 1030 | 16273 | 333 | 3327 |
| 2000 | 5810 | 15400 | 1030 | 16273 | 333 | 3327 |
| 2001 | 5804 | 15860 | 1031 | 16220 | 333 | 3320 |
| 2002 | 5930 | 14587 | 1029 | 16345 | 333 | 3320 |

**节水工程** 70年代，境内节水灌溉技术，是移动式喷灌、半固定式喷灌和固定式喷灌，80年代，果园实行滴灌、农田实行喷灌技术。

1992年，引进“自动化微喷”和“补偿式滴灌”新技术应用于果园灌溉。到1997年末，全市苹果面积发展到43333公顷，苹果产量达7亿公斤，成为全市经济的支柱产业。由于水资源严重缺乏，制约果业的发展，针对这一情况，市政府制定《栖霞市4万高档苹果节水工程建设十年规划》，从1998年开始，发展苹果微灌节水工程面积4万公顷，计划分两个阶段完成规划任务，第一阶段，完成微喷灌8000公顷，管道输水13333公顷，微喷灌8000公顷；第二阶段，完成微喷灌26667公顷，微喷灌13333公顷，总投资5.6亿元。

在实施微喷灌过程中，针对山区的实际情况，采用不同的微灌形式，如臧家庄镇后姜格庄村、庙后镇祝家夼村以井为体系，以户为单元，联户安装，分户使用；桃村镇的国路夼村和观里镇古村集体安装统一管理等方式，有效解决以往节水工程管理中存在的问题。

2000年，西城镇充分利用自然资源，推行风能灌溉。借助风力气压扬水，利用风力资源进行提水灌溉，降低灌溉成本，每套设备节省油、电等成本700多元。2001年，针对苹果生长特点，改变以往春规划、夏落实、秋冬大干的方式，确定冬规划、春大干、全年治水不断线的工作思路，有效推动全市节水工程的发展。果园微灌不仅可提高苹果产量，而且可营造田间小气候，加强苹果的着色和表光，提高苹果质量。4月，中央财经领导小组来栖霞市就高效农业进行调研，同年，观里镇塔山节水工程被国家确定为国家节水增效示范项目；2002年5月，全国北方地区高效节水农业现场会在栖霞市召开；同年，栖霞市被确定为全国第二批节水增产重点县（市）。全市共完成高标准苹果微灌节水工程5527公顷。

1998年建设的节水微喷系统

2000年西城镇建设的风能灌溉工程

1986—2002年栖霞市各种节水工程面积情况统计表

表8-4 单位：公顷

| 年 份 | 喷灌、滴灌 | 管道灌溉 | 其他节水 | 渠道防渗 |
|---|---|---|---|---|
| 1986 | 3120 | — | — | — |
| 1987 | 3027 | — | — | — |
| 1988 | 107 | — | — | — |
| 1989 | 100 | — | — | — |
| 1990 | 6.7 | — | — | — |
| 1991 | 253.3 | 3.93 | — | — |
| 1992 | 313.3 | — | — | — |
| 1993 | 300 | — | — | — |
| 1994 | 300 | — | — | — |
| 1995 | 433.3 | — | — | — |
| 1996 | 273.3 | — | — | — |
| 1997 | 313.3 | 4.92 | 2.85 | — |
| 1998 | 320 | 4.97 | 16.23 | — |
| 1999 | 320 | 5.37 | 12.06 | 8.13 |
| 2000 | 3400 | 5.37 | 12.38 | 8.13 |
| 2001 | 4393.3 | 5.37 | 15.12 | 8.13 |
| 2002 | 5123.2 | 6.12 | 16.82 | 8.13 |

## 第五节 重点水利工程简介

20世纪80年代以后，除对庵里水库和龙门口水库建设外，其他一些重点水利工程相继开工建设。

**月牙河引水补源工程** 工程内容主要包括过河生产桥（长50米）、拦河折线堰（净宽50米）及上下游河堤浆砌、进口明渠（长86米）、引水闸、进口暗渠（长113米）、引水隧洞（长700米）、出口暗渠（长185米）、出口明渠（长194米），核定工程预算总投资252.65万元。

1989年10月，工程正式开工。到1992年完成投资128.9万元。1998年秋，遭遇罕见的持续干旱，为长期缓解供水压力，1999年9月，对龙门口水库月牙河引水工程进行修复，工程完工后，50%年份引水总量达456万立方米，工程预算总投资70万元，2000年3月竣工。

**4万公顷高档苹果节水工程** 1998年春，水利部门编制《栖霞市4万公顷高档苹果节水工程建设十年规划》。计划从1998—2007年，利用10年时间发展苹果节水工程4万公顷，使全市的苹果生产实现现代化精准灌溉。

工程规划内容是，对离水源相对较近、且水量充足的1.3万公顷苹果园，实行管道输水开沟和挡盘灌溉后，再实行微喷灌；对分布在半山腰的1.3万公顷果园，直接实行微喷灌；对分布在半山腰以上的13000果园，实行微管灌。1998—2002年，完成微喷灌8000公顷，管道输水1.3万公顷，微管灌8000公顷。工程投资，每亩微喷投资1100元，微管灌600元，2.6万公顷微喷灌和1.3万公顷微管灌，共需投资5.6亿元。

1998年开始，每年将该工程列为全市重点项目管理，市政府下达计划指标，明确规定每个乡镇每年建苹果节水工程不得少于33公顷，并通过补助办法对苹果节水工程规划、标准进

行引导。新建连片30公顷以上的苹果微喷，每亩补助400元，1999年新建喷头式固定微喷连片50公顷以上、亩投资800元以上，每亩补助300元；对新建喷灌式固定微喷，根据连片亩数不同，分别补助200元、100元。2000年各项补助以材料、物资兑现。建立多处具有不同特点的节水示范点。如大潘家7公顷示范园，集中安装国际国内先进节水设备。如在水源集中、管理能力强、经济条件比较好的古村、国路夼、蛇窝泊、东泊子等村建成集中水源、统一管理旋转喷头式固定微喷。在平原井灌区的后姜格庄村等采取以井为体系，以户为单元，联户安装、分户使用的方式，实行家庭联产承包形式节水工程建设。

到2002年底，全市已建成各种形式的苹果节水工程面积7733.3公顷，其中固定半固定式苹果微灌面积3913.3公顷，推广低压喷灌带40万米。

**蛇窝泊镇西河南村自动化微喷节水工程** 1993年开始，在西河南村建设自动化节水微喷。该系统根据土壤质地、控制面积、灌水定额等各项参数编制相应的灌水程序，并将其输入到PC—II型可编程自控监控器内，通过电磁阀利用水压操作水动阀，使之自动工作的一项新技术，效益面积33公顷，投资48万元。该系统全部采用室内操作，可24小时工作，缩短灌水周期。工程采用S—0088型旋转式微喷头，喷头流量70L/h，湿润直径7米，雾化程度好，喷灌强度低，喷水均匀。1994年，增收苹果20万公斤，增收节支总额95.9万元。

1995年，中国果树研究中心组织全国有关人员对该工程进行考察时，给予高度评价。1995年6月，经水利部、省水利厅和市水利局有关专家评议鉴定，西河南自动化微喷节水技术达到国内领先水平。

**祝家夼苹果微喷工程** 庙后镇祝家夼村，623户，1650人，有耕地面积164公顷，山岚192公顷，果园133公顷。

该村地处山区，水源奇缺，1999年，市节水技术服务站根据该村水源工程小而分散，家家户户都有水利机械这一特点，对该村苹果微喷工程进行全面规划，根据水源和水利机械情况，以户为单位，设计安装喷灌系统和喷灌方式。全村规划面积133公顷，其中66公顷采用低压喷灌带，67公顷采用固定喷头式微喷。共铺设管路4.5万米，动用土石4.2万立方米，投工25万个，投资100万元。

**后姜格庄微喷灌工程** 臧家庄镇后姜格庄村微喷灌工程，灌区控制面积50公顷，土质为沙质土。灌区内有水井17眼，单井出水量每小时超过30立方米，根据灌区内各户果园分布情况，共划分为110个轮灌区，每个轮灌区由2～8户组成，各户分别安装闸阀，可以单独作业。17个水井可以同时工作互不影响。根据各户已有机泵设备情况，喷头选用S—0088型，每小时出水70公斤，湿润直径7米，喷头间距5米，每亩布置喷头45个，每次灌水时间5小时，平均每亩投资609元（不含机泵）。

**初格庄拦河折线堰工程** 西城镇初格庄拦河折线堰是一种新型拦水、泄洪建筑物，是龙门口水库引水补源工程的枢纽；堰高2.5米，堰宽50米，堰内蓄水3.15万立方米，堰以上流域面积30平方公里，每年向龙门口水库引水615万立方米。该折线堰总投资30.2万元，比相同规模提升式闸门节省投资24.58万元。拦河折线堰泄流能力是相同规模宽顶堰的35倍，可大幅度降低溢洪水位，减少上游淹没损失。

**十里堡节水工程** 西城镇十里堡村的33公顷果园，自1985年以后，分别采用管灌、滴灌和微喷灌3种方式，全部实行节水灌溉。即，山顶管道灌溉，山腰补偿式滴灌，山底微喷灌，节水达到66%，节电70%，增产幅度达到30%，毛管最大铺设长度达到395米，是其他形式滴灌的6～8倍，其均匀性、适应性都达到国内先进水平。

# 第二章 水利工程勘测与管理

## 第一节 勘测与设计

栖霞县水利勘测设计室成立于1984年，1990年2月，更名为县水利勘测设计院，属独立核算事业单位，1999年改制为国有企业。该院系水利工程丙级资质，建筑设计、工程地质、水土保持方案编制丙级，是集勘测、设计、施工于一体的综合勘察设计单位。下设设计一室、设计二室、勘察队、工程队、土工实验室5个生产科室；办公室、财务科2个后勤科室，共有职工40人，高级职称6人，中级职称16人。配备计算机、绘图仪、扫描仪、CAD工程设计全套软件，建立水利设计院历史上第一个CAD工作站。

1989年，投资333.72万元，完成龙门口水库月牙河引水补源工程设计，该工程由两部分组成，折线堰拦河工程，断面4×4米、长700米的引水隧洞(该工程的折线堰应用技术研究，1993年，获省水利厅三等奖)。同年完成龙门口水库东干渠改建设计，改建长度26公里，工程总投资910.3万元，投工59.5万个，工程量46.9万立方米，改善灌溉面积450公顷。

1991年，完成引黄济青利民河倒虹吸设计，结构型式为箱形，总长160米，过水能力为50秒立方米，总投资365万元。1992年，完成庵里水库干渠改建设计，改建长度38公里，总投资3393.4万元，投工64.9万个，搬动土石54.7万立方米，改善灌溉面积4000公顷。1998年，完成白洋河综合整治工程设计，设计翻板闸门8座，橡胶坝2座，投资1000万元。当年，还完成栖霞市4万公顷高档苹果节水工程可行性研究报告，根据全市的经济状况、水资源现状和不同的地形、土质、条件，采用不同的灌水模式，使有限的水资源发挥出更大的经济效益。规划微喷灌26667公顷、微管灌13333公顷，总投资5.6亿元。1999年，完成庵里水库调水工程设计，日供水2万立方米，工程含一、二级泵站，2万立方米水处理厂及配套工程，输水管路9.81公里，总投资1810万元。1999年，设计的折线型人字闸，2001年获省水利厅三等奖。

1998—2002年，进行庵里水库、龙门口水库两座中型水库的除险加固鉴定和勘测工作，总投资8000万元。

## 第二节 河道与闸坝管理

1986年以前，栖霞县河道管理大部分由乡镇、村庄集体负责，县直水利部门重点管理境内白洋河等主要流域。1987年以后，河道堤防、闸坝的管理改革，采取“谁受益、谁管理”的原则，由受益单位加强保护并进行日常维护。白洋河城区段6道翻板闸由水利局统一安排专人管理，乡镇所有的水利工程由各乡镇及村庄安排专业人员管理。

1991年3月底，栖霞县集中力量完成国有河道大沽夹河上游境内内外夹河划界工作，堤防建设涉及到69个村庄，全部按标准划定管理和保护范围，并签定边界协议书340余份，计1020页，明确河道管理权限和边界。管理和保护范围内的土地使用，根据《中华人民共和国土地管理法》《河道管理条例》等有关法律、法规的规定，使用人申请办理内外夹河河道管理范围土地使用证，明确使用权。

## 第三节 水库管理

1986年，水利局设立工管科，1988年，改称工管股，负责水库工程管理。1986年，2座中型水库和黄燕底(小一型)水库由县水利局管理，其他26座小(一)型水库、8座小(二)型水库，由所在乡镇管理，其余159座由所在村管理，888座塘坝均为所在村管理。1986年，庵里水库管理人员102人，龙门口水库管理人员98人，黄燕底水库管理管理人员19人。28座小(一)型水库管理人员148人。1992年，县管理的3座水库灌区管理站下放到有关乡镇水利站管理，到1997年，市管3座水库干渠管理权又收归水库管理所。1997年2月，庵里水库、龙门口水库管理所改称为管理处，升格为副科级事业单位。2001年，庵里水库管理处有职工32人，总收入15.8万元，总支出70.2万元，亏损54.4万元。龙门口水库有职工33人，总收入113万元，总支出188万元，亏损75万元。

**水库工程管理** 1986年5月，县水利局组织27人对全县水利工程进行现场调查，掌握基本情况，制定维修养护计划，确定全县各类工程维修项目1156项，工程量198.04万立方米，需工日409.85万个，需投资570.46万元。1986年6月，制定小(一)型水库检查内容和标准质量，规定检查内容和评分标准。9月，对全县27座小(一)型水库进行检查评比。

1990年3月，县人民政府制定《栖霞县水利工程管理办法》。1990年6月，组织进行水利工程管理和村级水利工程企业化管理检查评比。1991年，县水利部门制定工程养护维修岗位责任制，工程检查观测岗位责任制，灌溉管理岗位责任制，财务管理岗位责任制，防汛工作岗位责任制5项管理制度，并建立和完善雨情、水情、测水量、检查观测、工程大事记等5个记录簿。

1992年以后，通过建立和完善管理制度，明确任务要求，落实责任目标，县管的3座水库（庵里水库、龙门口水库、黄燕底水库）都成立工程养护整修小组，安排专职管理人员，按照《水库工程管理通则》及有关要求常年管理，确保工程完整无损。2000年以后，水库安全检查、观测工作安排专人负责，严格按照《山东省土坝安全监测工作暂行规定》等有关规范执行，水库水利工程管理逐步走上规范化、制度化。

**划定管理和保护范围** 1990年，开展水利工程的划界立标工作，庵里水库从1990年10月开始到1991年4月结束，领取土地使用证，与5个乡镇的58个村按标准划定管理范围和保护范围，签订边界协议书128份，埋设边界桩241个，埋设保护范围桩249个；划定管理范围646公顷，其中水库部分553.5公顷，坝区19公顷，灌区73.5公顷。

龙门口水库管理所与4个乡镇58个村按标准划定管理范围和保护范围，签定协议书69份，划界定标，共划定管理范围618.1公顷，其中水库部分541.7公顷，管理处部分15.1公顷，灌区干渠部分东干渠33.4公顷、西干渠27.9公顷，划定保护范围357公顷，埋设界桩276个。乡镇管水库的划界工作于2002年全部完成。

## 第四节 城市供水与农村人畜饮水

**城市供水工程建设** 1987年3月，龙门口水库向城区供水工程开工，到12月竣工，工程管路长19.33公里，2级扬水送到县城水厂，设计日供水能力2万立方米。当年施工，当年供水，总投资980万元。工程建成后交县建委自来水公司管理，1988年，开始向城区供水，年供水量270万立方米。2000年9月，庵里水库向城区调水工程开工，2000年10月，省计委立项，批准工程总投资1810万元，日供水能力2万立方米。工程由市水利建筑安装公司中标承建，高压水泥管厂负责管路安装，管道为∮500钢筋混凝土预应力压力管，全长9949米。到2001年7月，除化验办公综合大楼外全部完工，水质化验达到国家饮用水标准。

**农村人畜饮用水** 1987年，对全县人畜饮水情况进行普查，确定在册饮水困难村100个，5.19万人，累计解决40个村，2.24万人，机电井37眼36台829千瓦，扬水站3处3台25千瓦，塘坝(蓄水池)15个，引泉1处，水窖4个。

2000年4月，市政府对全市农村饮水困难情况进行普查，确定缺水村庄209个，缺水人口110199人，其中历史在册缺水村庄41个，20770人，新增缺水村庄162个，85489人，季节性缺水村庄6个，3940人。

是年，国家安排中央财政预算内专项资金人畜饮水项目，烟台市政府拨付栖霞市24.4万元专项资金，用于解决苏家店镇6个村的人畜吃水，2001年底，苏家店镇6个村的人畜吃水工程全部完工。是年，烟台市政府又拨付栖霞市90万元，用以解决观里、桃村、唐家泊、蛇窝泊4个镇15个村的人畜饮水困难。

自来水进入农民家庭（2001年）

## 1986—2001年栖霞市人畜饮水补助情况统计表

表8-5　　单位：万元、人、户

| 年份 | 村庄 | 补助资金 | 年份 | 村庄 | 补助资金 | 年份 | 村庄 | 补助资金 | 人口 | 户 |
|---|---|---|---|---|---|---|---|---|---|---|
| 1986 | 十里铺 | 1.00 | 1989 | 大北庄 | 1.00 | 2001 | 古村 | 15.0 | 1500 | 428 |
| | 南岩子口 | 0.50 | | 东泊 | 1.00 | | 徐家 | 12.0 | 1220 | 348 |
| | 宫后 | 0.80 | 1990 | 松山 | 3.00 | | 裕富庄 | 7.0 | 740 | 210 |
| | 庵里 | 1.20 | | 杨家 | 2.00 | | 原有夼 | 1.0 | 110 | 35 |
| | 大榆庄 | 1.50 | | 荆家夼 | 2.00 | | 新庄 | 7.0 | 730 | 208 |
| 1987 | 调水工程 | 10.0 | 1993 | 八家府 | 1.00 | | 上郁都 | 6.0 | 590 | 168 |
| | 北沙沟 | 1.00 | | 程家庄 | 1.00 | | 下郁都 | 2.0 | 170 | 48 |
| | 杨家 | 0.70 | | 曹家 | 1.00 | | 尹家沟 | 4.5 | 450 | 120 |
| | 店西沟 | 0.30 | | 韩家沟 | 1.00 | | 榆山后 | 7.0 | 710 | 202 |
| 1988 | 北沙沟 | 1.00 | 1995 | 马格庄 | 1.00 | | 上八田 | 5.0 | 500 | 143 |
| | 口子 | 2.00 | | 大帽顶 | 1.00 | | 窝龙沟 | 2.5 | 260 | 74 |
| | 大卧龙 | 1.00 | 1998 | 西店村 | 1.50 | | 小帽顶 | 2.0 | 170 | 46 |
| | 南邴家 | 1.00 | | 唐家泊 | 2.00 | | 埠门头 | 11.5 | 1150 | 328 |
| | 小潘家 | 1.00 | | 松山 | 1.50 | | 北庄 | 4.0 | 417 | 120 |
| 1989 | 新庄 | 1.00 | 2000 | 前寨 | 2.00 | | 玉皇庙后 | 3.5 | 345 | 100 |
| | 沙岭 | 1.00 | | 后寨 | 2.50 | | — | — | — | — |
| | 泉水庄 | 1.00 | | 梁家庄 | 7.00 | | — | — | — | — |
| | 北沙沟 | 1.00 | | 杨家桥 | 3.50 | | — | — | — | — |
| | 曹高家 | 1.00 | | 上庄子 | 3.50 | | — | — | — | — |
| | | | | 苗家庄 | 3.00 | | — | — | — | — |

## 第五节 灌区管理

1991年之前，栖霞灌区都是“库灌合一”或“井灌合一”的管理模式，县管理的庵里水库、龙门口水库和黄燕底水库3个水库灌区，业务由水利局领导；乡镇管理的工程，由乡镇政府领导。1992年，将县管的3个水库灌区干渠和管理人员下放到乡镇管理，1996年，3个水库灌区干渠收归市水库管理处（所）管理。2001年，市管理的3个水库灌区共有固定职工44人。

**灌区工程管理** 1996—2002年，市直接管理的3座水库灌区干渠和干渠建筑物由水库管理处(所)进行维修、养护，支渠以下渠道和建筑物由受益单位管理，乡镇管理的灌区干渠和建筑物由乡镇负责维修养护，支渠以下由受益村负责管理。

**用水管理** 1985年以后，为合理用水，加强用水管理，在较大灌区成立灌区管理委员会和渠道管理站，村庄设立水利管理员，实现分级管理方法。水库管理单位按时按量配水到渠道各管理站，对各管理站定水的利用率、流量进行监督，并征收水费。用水管理执行库水预分、按亩配水、按方收费、节约留用的管理办法，干渠输水到支渠，以支渠口为计量点，计算水方。

1999年6月，栖霞市人民政府印发《栖霞市庵里水库灌区灌溉管理办法》，该办法对进一步加强灌区用水管理作了更加细致、更为明确的规定。之后，到2002年，灌区灌溉管理一直执行此管理办法。

## 第六节 水利工程产权制度改革

80年代，农村实行家庭联产承包责任制后，因农业生产方式的改变，小型水利工程原来统一建设、统一管理、统一使用的模式，越来越不适应工农业生产发展的需要。随着农村体制改革的发展，水利工程的管理出现多种承包方式，80年代末，根据《山东省小型水利工程产权制度改革暂行办法》和《烟台市小型水利工程产权制度改革意见》，先后在金山乡、观里镇进行以承包为主的村级水利工程企业管理化试点，然后在全县推广。

1991年，栖霞县制定《关于贯彻实施烟台市水利局开展小型水利工程企业化管理达标活动通知的意见》，小型水利工程企业化管理工作在全县进一步展开。

到1999年底，全市28座小（一）型水库，有23座实行分项承包，即包工程管理和水面管理，供水管理由乡镇水利站统管，有3座水库实行长期承包(即全包)。183座小（二）型水库，其中有8座由乡镇管理，均以不同形式进行承包，其余175座由村庄管理，承包给村民。819座塘坝都配属村级管理，其中有580座进行承包，238座塘坝由于离村较远，容量小，水易干而没有承包。333处扬水站有213处承包给个体户管理，有100处属村级统一管理。6095眼机井中，3657眼属集体所有，都承包给村民，有2438眼属于股份井或个体井，由所有权人自己管理。

# 第三章 水资源调查与保护

## 第一节 水资源调查评价

1984年7月至1986年4月，水利部门测量绘制全县885个水库塘坝的地形图，绘制出水位—库容、水位—面积关系的线图；核实水库塘坝的来水面积、库容、干流长度和干流坡度，并逐座进行洪水核算；对第四系浅层地下水含水层全部进行人工勘探，并做抽水试验5处，搜集整理水文资源，计算确定地下水有关水文地质参数，调查工农业和城乡人畜用水状况。

1986年4月，作出全县水资源全面调查评价，为农业综合区划、生活、工农业用水和水利建设提供科学依据。

全县水资源调查评价为，水资源不足，人均不足全国的30%，不足世界的8%，亩均占有量为世界的17.6%，全国的23.6%，胶东半岛的86.5%；年内年际变化大，在年内分配上，汛期占全年的76%；在年际上丰水年为枯水年的3.17倍；地区分布不均匀，贫富相差较大，资源丰富的区域是贫水区的3倍。全县多年平均降雨711.1毫米米，多年平均年径流量为236.4毫米，多年平均降水总量为15亿立方米，河川径流总量为4.8亿立方米，地下水储存量为3.41亿立方米，地下水净补给量为1.89亿立方米，河川径流量为1.43亿立方米，多年平均水资源总量为5.26亿立方米，现状年开采利用地表水1.2159亿立方米，地下水共可开采利用量1.89亿立方米。

1991年1月，县水资源管理委员会办公室根据栖霞的自然地理、河流水系、水文地质等特征，将全县划为5个水资源分区，编制出《栖霞市水中长期供求计划》。

全县可开发水资源情况是，1990年末，多年平均可开发水资源量4.75亿立方米，丰水年为6.47亿立方米，平水年为4.25亿方米，枯水年为2.9亿立方米，特枯年为1.56亿立方米。

1995年末，多年平均可开发水资源量4.76亿立方米，丰水年为6.48亿立方米，平水年为4.26亿立方米，枯水年为2.9亿立方米，特枯年为1.56亿立方米。

2000年末，多年平均可开发水资源量为4.77亿立方米，丰水年为6.49亿立方米，平水年为4.27亿立方米，枯水年为2.91亿立方米，特枯年为1.56立方米。

2002年末，多年平均可开发水资源量4.79亿立方米，丰水年6.51亿立方米，平水年为4.28亿立方米，枯水年为2.92亿立方米，特枯年为1.57亿立方米。

全县不同水平年可供水量预测情况是，1990年末可供水量，多年平均2.28亿立方米，丰水年为2.67亿立方米，平水年为2.1亿立方米，枯水年为1.53亿立方米，特枯年为0.89亿立方米。

1995年末可供水量，多年平均为2.4亿立方米，丰水年为2.83亿立方米，平水年为2.23亿立方米，枯水年为1.62亿立方米，特枯年为0.94亿立方米。

2000年末可供水量，多年平均为2.54亿立方米，丰水年为3亿立方米，平水年为2.35亿立方米，枯水年为1.7亿立方米，特枯年为0.99亿立方米。

2002年末可供水量，多年早均为2.8亿立方米，丰水年为3.3亿立方米，平水年为2.59亿立方米，枯水年为1.88亿立方米，特枯年为1.1亿立方米。

全县不同水平年需水量预测情况是，1990年末需水量，多年平均为1.47亿立方米，丰水年为1.13亿立方米，平水年为1.53亿立方米，枯水年为1.8亿立方米，特枯年为2.12亿立方米。

1995年末需水量，多年平均为1.59亿立方米，丰水年为1.24亿立方米，平水年为1.64亿立方米，枯水年为1.92亿立方米，特枯年为2.24亿立方米。

2000年末需水量，多年平均为1.77亿立方米，丰水年为1.42亿立方米，平水年为1.83亿立方米，枯水年为2.1亿立方米，特枯年为2.44亿立方米。

2002年末需水量，多年平均为2.33亿立方米，丰水年为1.93亿立方米，平水年为2.39亿立方米，枯水年为2.71亿立方米，特枯年为3.09亿立方米。

不同水平年供需水量预测情况是，1990年多年平均余水量为0.81亿立方米，丰水年余水量为1.54亿立方米，平水年余水量为0.57亿立方米，枯水年缺水量为 0.27亿立方米，特枯年缺水量为1.23亿立方米，

1995年末，多年平均余水量为0.82亿立方米，丰水年余水量为1.59亿立方米，平水年余水量为0.59亿立方米，枯水年缺水量为0.3亿立方米，特枯年缺水量为1.3亿立方米。

2000年末，多年平均余水量为0.77亿立方米，丰水年余水量为1.58亿立方米，平水年余水量为0.53亿立方米，枯水年缺水量为0.4亿立方米，特枯年缺水量为1.45亿立方米。

2002年末，平均余水量为0.47亿立方米，丰水年余水量为1.37亿立方米，平水年余水量为0.2亿立方米，枯水年缺水量为0.83亿立方米，特枯年缺水量为1.99亿立方米。

## 第二节 水资源保护

**防治水污染** 栖霞地势较高，无入境之水，水资源极为贫乏，水资源总量8.21亿立方米，地表水资源量为4.8亿立方米，地下水资源储量为3.41亿立方米，可开采利用量为1.89亿立方米。随着经济的迅速发展，城市规模的不断扩大，城区工矿企业和城区居民的快速增加，需水量日益增长。与此同时，工业污水和生活污水排放量与日俱增，城区污水直接排入白洋河，还有一部分区域的污水则直接排入清阳河、清水河、漩河和黄水河。

为保护有限的水资源，1987年10月，栖霞县人民政府根据《中华人民共和国水污染防治法》，颁布境内第一个水源保护规定《龙门口水库水源保护暂行规定》，划定水源保护区域，龙门口水库饮用水源水质一直稳定在国家规定的二级标准范围内。1988年6月，县政府关停污染较重的工具总厂电镀车间和造纸厂制浆车间。

1985—1995年，县政府依法关停黄金小选厂20余个，黄金选冶厂600余个，停产整顿10余个集体采选点，有效地保护工农业生产和生活上的水资源。1985—2001年对用水污染较重的印染、针织、造纸、选矿药剂、果汁厂、水泥厂等10余个企业单位逐步配套污水处理设备，全市水资源环境有较大改善，境内水资源均能达到国家Ⅲ类标准。

**计划用水与节约用水** 1986年，栖霞县成立水资源管理委员会。1987年以后，制定非农业灌溉用水自行安装计量设施的规定，按计量的方数征收水资源费。各取水单位申报用水计划，根据工矿企业单位用水定额，确定各取水用水单位的用水量，持续干旱时期，水资源管理委员会制定几次取水、供水暂行规定，实行统一供水时间，分片定时、定量供水，提高水资源费

等一系列取水、用水、节水措施，逐渐形成节约用水新风尚。

**水资源优化调配** 1985年以后，为充分利用当地和近距离的水资源，按照先地表水、后地下水的原则，对地表水和地下水实行统一调度。1987年，跨流域从龙门口水库调水，解决城区水资源严重不足问题。1998—2001年，栖霞市遇到1949年以来最为严重的持续干旱，城市供水发生危机，工业、生活时有缺水。2000年9月，市委、市政府开工庵里水库调水工程。对各用水部门实行统一规划，统一调度用水，并尽量做到一水多用，对调水后的用水顺序执行“一生活、二工业、三农业”的原则，首先保证市区需水。到2002年底，全市范围内实行水资源水务一体化管理，由水行政主管部门对城市、农村、地表、地下水资源进行统一调度，实施统一管理，使有限的水资源发挥更大的作用。

## 第三节 水土保持

**水土流失状况** 20世纪80年代以来，随着采石、开矿、修路、建厂等开发性生产建设项目的发展，人为水土流失日趋加剧，主要表现在任意扩大地貌、植被的破坏范围，任意倾倒固体废弃物以及坡堰种植等。

1985年，栖霞县开展水土保持普查，全县水力侵蚀面积1687.86平方公里，占土壤侵蚀总面积的86.9%，其中以面蚀为主，沟蚀次之；重力侵蚀面积255平方公里，占13.1%，主要表现为“擦山”、滑坡等暴发性水土流失。全县多年平均年侵蚀总量544.8万吨。

90年代初，人为水土流失面积达到12.9万平方公里，占全市水土流失总面积的1%，人为因素导致的年流失量占全市流失总量的124%，其中，3992个生产建设项目开采占压面积达到323.9万平方米，任意排放甚至直接排入沟河、水库的144.2万立方米。

**2002年栖霞市人为水土流失情况及治理情况统计表**

表8-6　　单位：个、座、公顷、万立方米、万元

| 项目名称 | 数量 | 地貌和植被破坏面积 | 固体废弃物 | | | | 治理措施 | | | |
|---|---|---|---|---|---|---|---|---|---|---|
| | | | 排放量 | 堆积量 | 占压面积 | 直接排入沟、河、水库 | 应恢复植被面积 | 拦沙坝 | | 造价 |
| | | | | | | | | 条 | 工程量 | |
| 重点矿山建材企业 | 30 | 9.5 | 75500 | 491450 | 29.3 | 34550 | 31.3 | 88 | 9030 | 128.6 |
| 集体个体采金及加工 | 1241 | 1.7 | 96173 | 222736 | 15.7 | 29420 | 17.3 | 331 | 10701 | 92 |
| 集体个体采矿及加工 | 294 | 5.8 | 23280 | 61650 | 6.7 | 5700 | 12.3 | 39 | 2480 | 45.1 |
| 盈利为目的采石场 | 322 | 49.4 | 72727 | 95190 | 12.7 | 8200 | 35.5 | 25 | 1501 | 117.7 |
| 零星采石厂 | 882 | 26.4 | 29636 | 70900 | 5.8 | 9590 | 32.4 | 12 | 400 | 103 |
| 石子加工 | 36 | 4.1 | 8400 | 21400 | 3.8 | 5206 | 7.9 | 16 | 2600 | 31.7 |
| 道路建设 | — | 28.1 | 99040 | 175126 | 24.9 | 22000 | 53 | — | — | 181 |
| 水利工程 | 850 | 36 | 25486 | 254856 | 27.4 | 10700 | 63.5 | — | — | 200.2 |
| 破堰种植 | 14500 | — | 71605 | — | — | — | 966.7 | — | — | 96.7 |
| 其　他 | 337 | 9.7 | — | 48212 | 27 | 1250 | 35.7 | 10 | 200 | 108.9 |
| 合　计 | 3992 | 170.7 | 501847 | 1441520 | 124 | 126610 | 1255.6 | 524 | 27312 | 1104.9 |

**水土流失治理** 80年代以后，随着国家《水土保持工作条例》的颁布实施，水土保持事业迎来新的发展高潮，治理成效最显著。栖霞县平均每年治理开发面积都在600公顷以上。典型工程有小庄、松山两乡镇667公顷荒山开发工程，蛇窝泊、庙后两乡镇的绿色企业工程，栖霞镇的坡改梯重点工程等。

1988年，团省委、省水利厅确定栖霞县为全省首批水土保持试点县，将松山乡公山后村小流域确定为“青年水土保持希望工程”，组织三次较大规模的“青年林”建造工程、“青年路”建设突击活动。1999年9月，国家财政部、水利部确定栖霞为“全国百个水土保持生态环境建设示范县”（即“十、百、千”工程示范县），2000年11月通过国家验收，肯定栖霞市“陡坡水土保持林，缓坡经济林，河谷平原基本农田，沟道节节拦蓄”的治理模式，提出栖霞经验可供国内同类型地区借鉴和推广。

十八盘沟谷拦蓄（2000年）

1986—2000年，山东省水土保持办公室列项的16个小流域典型综合治理，总面积722.62平方公里，占全市总面积35.8%；治理水土流失面积367.63平方公里，占全市水土流失治理面积的39.2%，治理面积接近全市治理面积的60%。2001年，栖霞市水土保持林达到54393公顷，水平梯田果园17387公顷；拦沙谷坊49215座；其中蓄水谷坊877座；“迷宫”堰、“人”字闸等小型沟道拦蓄工程575座，水土流失治理面积达到937平方公里。至2002年末，“青字号”水保工程总面积已达412项，治理面积达到2667公顷。

**水利科研** 80年代初，在大柳家乡犨头村兴建的简易测流站，进行过为期3年均水位流量观测记录，为十八盘小流域治理期间缓洪效益分析计算提供依据。

1988—1991年，与烟台市水土保持办公室在南郦家小流域共同进行的水土保持牧草引种观测实验，为砂石低山丘陵区生物措施治理水土流失提供依据。至1992年6月，搜集、整理、完善各项观测数据、专题报告、图表等资料。1991—1992年，完成《栖霞山丘区已治理小流域调查成果》。1990—1993年，在县属重点矿山——百里店金矿尾矿坝上进行的树种草种引种观测试验，为山丘区开发性生产建设项目人为水土流失的生物治理提供经验。

1994年，完成的“农村能源综合建设单项专题技术报告——水土保持综合治理生态效益分析”，1995年通过省级验收。

在省级小流域治理过程中撰写的《栖霞水土保持工程的几种形式》《水土流失量的计算方法》等5篇科研论文，在省级以上水保学术科研刊物上发表；《栖霞山丘区水库泥沙淤积及防治措施初步探讨》《栖霞复背斜地带的重力侵蚀及其防治》《十八盘小流域综合治理及效益分析》等8篇科研论文在国家级刊物和全国水土保持论文集上发表。

**监督管理** 为实现水土保持法制化目标，1984年9月，县政府印发《栖霞县水土保持试行办法》，成为省内较早发布水土保持地方规范性文件的县（市）之一。1988年，栖霞市率先在全省发布《关于防治新的水土流失的若干具体规定》。

1993年，开展人为水土流失专题普查，完成“栖霞县人为水土流失普查及其预防治理区划规划报告”，“人为水土流失分布图、防治区划图”等图表资料52份，提供数据12000多个。1994年，栖霞列入全省水土保持监督执法试点县，4月，印发《栖霞县实施水土保持法规的若干规定》。1996年，与栖霞电视台合办的《栖霞水利》专栏，播出电视片、新闻片等10期，在城镇农村居民点以及工矿企业驻地书写、设置固定性标语1121条，临时性标语5000多条。1999年1月，市政府发布《关于划定水土流失重点防治区、崩塌滑坡危险区和禁垦坡度公告》；4月，投资1.5万元，在烟青汽车专用线路边建成3平方米砖百结构的大型标语牌一块；9月被水利部列为全国水土保持生态环境监督管理规范化县。

2000年10月，《栖霞县实施水土保持法规的若干规定》修改后重新颁布实施。投资5万元，在桃村镇公路旁建砖石结构大型标语牌一块，黑铁板制标语牌一块，市政府将每年6月定为水土保持法宣传月，6月29日为水土保持法规宣传日，6月29日所在的周为水保法规宣传周。1999—2000年，收缴水土保持设施补偿费22万元，征收率83%，期间返还18万元，用于国路夼小流域综合治理，返还率80%。

综合治理后的农村小流域（1999年）

**1985—2002年山东省资助栖霞市典型小流域建设情况统计表**

表8-7　　单位：平方公里

| 流域名称 | 总面积 | 集中治理年限 | 水土流失面积 | 完成治理面积 | 备注 |
|---|---|---|---|---|---|
| 旗杆山 | 1.16 | 1985—1990 | 1.98 | 0.83 | — |
| 郭家岭 | 14.21 | 1985—1990 | 13.5 | 5.50 | 花岗岩极强度剥蚀区 |
| 东下夼 | 4.65 | 1986—1990 | 3.96 | 3.39 | 人为水土流失治理为重要性；蓄水防旱效益调查 |
| 田家 | 25.50 | 1986—1990 | 21.03 | 15.77 | 重力侵蚀潜在危险区。卡口田家(小一型)水库 |
| 寨山夼 | 3.28 | 1986—1990 | 2.78 | 2.08 | |
| 钓鱼台 | 66.55 | 1986—1990 | 53.24 | 37.80 | 中低山中度剥蚀侵蚀区。卡口—钓鱼台拦河闸 |
| 公山后 | 10.30 | 1989—1993 | 8.01 | 6.09 | 中型水库库区治理开发；水土保持型生态农业建设模式探讨；表年水土保持工程 |
| 南郦家 | 13.80 | 1989—1993 | 11.32 | 8.30 | — |
| 牙山 | 28.48 | 1991—1993 | 23.73 | 17.39 | — |
| 大庄头河 | 58.94 | 1991—1995 | 27.34 | 20.50 | — |
| 仓上 | 14.90 | 1993—1997 | 12.10 | 8.65 | — |
| 寺口河 | 10.80 | 1994—1998 | 8.82 | 6.67 | — |
| 小庄河 | 39.05 | 1997—2000 | 29.55 | 22.91 | — |

续表8-7

| 流域名称 | 总面积 | 集中治理年限 | 水土流失面积 | 完成治理面积 | 备注 |
|---|---|---|---|---|---|
| 上庄头 | 2.90 | 1997—1998 | 2.01 | 1.51 | — |
| 国路夼 | 10.10 | 1998—2002 | 6.48 | 5.33 | 栖霞第一个以生态高效农业建设和旅游开发为重点小流域；第一个“十、百、千”小流域工程 |
| 漩 河 | 418 | 1998—1999 | 292.60 | 204.80 | — |
| 轱辘磨 | 23.30 | 1981—1985 | 19.80 | 14.85 | 栖霞第一个省级典型小流域 |
| 十八盘 | 22.15 | 1981—1985 | 13.80 | 11.37 | 砂石低山地貌，浅层滑坡等重力侵蚀危险区，1987年8月，全省第一个通过省级鉴定；1988年获省科委科技进步三等奖，同年获栖霞县科委科技进步一等奖。 |
| 合 计 | 722.62 | — | 517.45 | 367.63 | — |

## 第四节 典型小流域治理选介

**十八盘小流域治理** 位于蛇窝泊镇北部，属五龙河水系，规划总面积22.15平方公里，1981—1985年，完成治理面积1.37平方公里，占水土流失面积的82.4%，治理程度达到90.01%。1987年8月，通过省科委的技术鉴定，成为全省第一个通过省级鉴定的典型小流域。鉴定小组认为，在砂石低山区较大面积的集中和连续治理上，十八盘小流域“综合治理措施配置模式科学，治理效果显著，在省内居于领先地位。其中，治沟骨干工程的布局与施工达到国内同类地区先进水平”。

1988年，十八盘小流域综合治理技术成果获山东省科技进步三等奖。

1985年治理后的十八盘小流域

**公山后小流域治理** 松山镇南部，属夹河水系，位于庵里水库库区边缘，规划总面积10.3平方公里，完成治理面积6.09平方公里，占水土流失面积76%。1989—1993年综合治理期间，实行“四统一”集中会战形式改造坡式梯田、裸岩的拼搏精神，被誉为“栖霞的‘九间棚’”工程。1991年，县委、县政府和烟台市政府先后作出《开展向公山后学习活动的决定》，全省首批青年水土保持工程建设活动启动后，水土保持型生态农业建设模式，也在该流域推广，1993年公山后水土保持小流域工程被评为“山东省优质青年水土保持工程”。

**东下夼小流域治理** 位于大庄头乡中部，属夹河水系，规划总面积4.65平方公里，是全县第一个以人为水土流失治理为重要特征的典型小流域。经过1986—1990年连续治理，共完成治理面积3.39平方公里，治理程度达到85.6%，其中，人为水土流失治理工程46处，完成土石方2.99万立方米（治理废矿堆、裸露面），恢复植被面积1.1万平方米。1994年7月24日，东下夼小流域综合治理技术成果通过省级验收，被评价为对省内同类地区小流域综合治理具有全面和典型的示范作用。1995年7月，该成果获县科委优秀科技成果三等奖。

根据水利部水保司和省水保办公室关于选择“基础资料较为齐全的小流域进行调查与分析防洪抗旱的作用与效果”的要求，1994年11月，完成《东下夼小流域防旱措施及其效益分析》，为总结宣传水土保持在经济建设中的重要地位提供充分依据，该资料被收入水利部专题资料汇编。

**国路夼小流域治理** 位于桃村镇北部，属夹河水系，规划总面积10.1平方公里，是全市第二个以生态高效农业建设和旅游开发（胶东民俗景点）为重要内容的省级典型小流域，也是第一个全国“十、百、千水土保持示范工程”，即全国一千个典型小流域之一。

水土保持林的布局与保护15°以上坡面，采取水平阶、鱼鳞坑的形式栽植黑松、刺槐等水保树种；25°以上坡面以封为主，保留自然草种和树种，发挥其自然繁衍生长优势，以保持乔灌草结合多层空间布局结构。1988—2000年，全流域共新增水保林100公顷，红富士、乔纳金等优质苹果由治理前的27公顷，增加到219.3公顷。发展大樱桃53公顷，栽植香椿200公顷。沟道上游新建干砌石谷坊50道，保护沟岸；新建迷宫堰1座，小型拦河闸19座，扬水站2处；新建节水灌溉工程313公顷，其中，喷灌100公顷，滴灌100公顷，管灌80公顷，塑料管灌带33公顷；在基本农田建设和新增经济林过程中，完成坡式梯田改造（即建成水平梯田或复式水平梯田）17公顷，新建坝头地3.3公顷。

国路夼村中所有街道以及通向樱桃大棚的环山路，全长4公里，全部进行硬化；新修建环山路12公里，并做到排水沟、护坡设施齐全；通过村中的河道进行疏浚清理，并修建简易人行桥24座，较大规模行车桥8座。

至2002年，整个流域共投资505万元，其中，群众自筹资金298万元；共完成土石方25万立方米；投工112万个，折款1120万元。经过4年集中连续综合治理，完成治理面积5.33平方公里，占水土流失面积的82.3%，减沙效益达到78.7%，全流域林木覆盖率由治理前的38.1%提高到71%；土地利用率达到93%；粮食亩产由450公斤增加到629公斤；2001年农业总收入达到3000万元，人均生产性纯收入由治理前3300元增加到3800元。

# 第四章 防汛 抗旱

## 第一节 防 汛

80年代，防汛工作由县政府指挥和协调，具体工作由库区乡镇政府和村庄直接负责。各乡镇均成立防汛领导小组，一到汛期，马上组织人员对库区进行排查，确定重点对象重点管理，发现险情及时排除，没有出现重大损失。

到90年代，防汛工作得到进一步加强，无论组织机构、人员调配，还是物资供应，每年都加以调整和补充。

1995年8月17日晚6时至18日凌晨3时，突降大到暴雨，最大降雨量每小时达120毫米，一时间洪水泛滥，灾情严重。8月17日一夜，境内共倒塌房屋102间，冲毁河堤1.7万米，道路41.9公里，桥涵14座，2座小(二)型水库出现险情，庵里水库干渠倒塌渡槽3处100余米，暗渠2处25米，损坏机井、大口井41眼。农作物受灾面积达12467公顷，其中重灾680公顷，果园受灾面积593公顷；冲走平塘养鱼1.02多万公斤；西瓜7300多公斤。累计经济损失达4530多万元。面对险情，县政府及时调度，组织人员和物资奔赴所有险情库区进行排险，堵住缺口，修复倒塌坝槽，使每所库塘都化险为夷。

8月18日清晨，西城镇班山口小(二)型水库大坝出现重大险情，市、镇防办立即组织人员赶赴现场指挥抢险，驻军某部也紧急出动，参与抢险，避免一起水库跨坝灾难性事故发生。18日傍晚，寺口镇兵山小(二)型水库又出现险情，市、镇两级防汛指挥人员和救援人员立即组织抢险，及时疏散群众，组织人力向塌陷口投沙石，保住300米长的大坝。

1997年，栖霞市人民政府设立防汛抗旱指挥部，下设办公室，为正科级事业单位，归口市水利局管理，编制5人，乡镇也相应成立防汛抗旱指挥组织。之后，每年汛前各级防汛指挥部都及时落实度汛措施、防汛责任和防汛岗位责任制，组织汛前检查，抓好工程除险加固，筹备抢险物料，组建防汛队伍，并在汛期实行昼夜24小时值班，随时掌握雨情、水情灾情动态，实行领导干部包工程、部门包乡镇的行政首长负责制，统一指挥，分级分部门负责，市管的3座水库和全市5条主要河流分别由市政府副市长负责，小（一）型水库由所在镇的镇长负责，小(二)型水库落实一名镇干部负责，塘坝和一般小型河道都落实到村干部身上，“头顶”库、病险库安排得力人员重点把守，镇、村都签订防汛工作责任状，层层落实责任。

1997年黄燕底水库泄洪场景

2001年7月25日12时至15时30分，桃村镇45个村遭受暴风雨袭击，观里、官道两镇的7个村遭受龙卷风袭击。桃村降雨量达106毫米，最大风力7级。8月1日6时至8月2日6时全市又普降大到暴雨，平均降雨量达87毫米，寺口镇降雨量达到102毫米。8月5日13时30分至16时15分，桃村镇又遭受特大暴风雨的袭击，降雨量达176毫米，由于连降暴雨，全市的15个镇、街道都不同程度的受灾，造成直接损失3980多万元。全市共参加抢险救灾7.8万人，调用抢险车50辆，调用抢险麻袋编织袋12万条，动用土石方45万立方米。

## 第二节 抗 旱

1985—2000年，全县年平均降雨量为520.1毫米，5年年平均降雨量为506.3毫米，不足500毫米降雨的年份就出现过7次，而不足多年平均降雨量(734.6毫米)的年份出现过15次，降雨量呈逐年下降趋势。16年中，发生比较严重的干旱年份分别是1987年、1989年、1991年和1999年，这4年的年平均降雨量分别为528.1毫米、315毫米、450毫米和370.7毫米，降雨量较少，分布不均。

针对旱情，县委、县政府组织各部门，抽调得力人员，组成抗旱双保工作队，深入农村第一线，解决抗旱工作中的实际问题，并出台柴油、集体采购农机等优惠奖励政策，鼓励乡镇、农村抗旱保收。

1989年，全县遇到百年不遇的特大干旱，全年降雨量为315毫米，占多年平均降雨量的42.9%，也是栖霞县有历史记载以来降雨量最少的一年，蓄水量不足常年的1/7。

在干旱持续发展的情况下，全县因抗旱放空1024座库塘，占总库塘量的90%，其中，庵里中型水库已放至死水位，有22座小(一)型水库只能抽点死水位以下的水利用；274座扬水站因水源干涸，关闭停用，114条大小河流全部干涸；1980眼机井、大口井无水可用，只能靠挖一挖，空一空，间歇抽水灌溉。有72333公顷农作物及果园遭受不同程度的干旱，其中，重旱55733公顷，成灾面积52200公顷，其中花生绝产面积达10667公顷。为抗旱保收，全县高峰日上阵劳力18万人，出动汽车、拖拉机460部，利用机械6540多台提水灌溉。仅蛇窝泊镇党委、政府完成投工44万个，投资80多万元，完成各类水利工程300多处，新打土井、手压井500多眼。

抗旱中，县委、县政府抽调138名得力干部，组成46个工作组，带着行李到农村，与群众同吃同住同劳动，至1989年年底共完成各类水利工程1700多项，新建配套机电井234眼，新修扬水站14处，截流2000多处。临时挖湾1800多个，打地头井1500多眼，增加蓄水330万立方米。经过抗旱保苗，31000公顷小麦喜获丰收，总产达1.1亿公斤，比1988年增加18573万公斤，增长20.7%，单产232.5公斤比1988年增加27.5公斤，增长13.4%，23个乡镇都比1988年增产，有12个乡镇创历史最高水平，花生总产1750万公斤。

1999年抗旱保苗场景

1999年，累计降雨量约370.7毫米，给全市大秋作物的生长带来严重的影响。全市农作物受旱面积5万公顷，果园受旱面积43333公顷，其中，农作物重旱面积37833公顷，占播种面积

75%，有4000公顷农作物绝产。严重的干旱使全市的210座小型水库、818座塘坝干涸、700眼机井吊空，125个村庄5.7万人口、8400头大牲畜出现饮水困难。面对严重的旱情，市委、市政府先后5次召开现场会和电视电话会，对抗旱工作任务、重点和要求做出详细部署，发动群众宜挖则挖，宜拦则拦，宜调则调，多搞一些投资少、见效快、效益高的应急工程，采取河中挖塘、塘中挖井和地上无水地下找、近处无水远处调的办法，广开新水源，增加蓄水量。

寺口、官道等乡镇采取户办或联户办的形式，打地头井、河中井、沟边井，抗旱自救。是年，全市共建设抗旱应急工程6500多处，投入劳力13.5万个，机械15多万台，抗旱用油3700多吨，投入资金3560 多万元。

# 第五章 淡水养殖

## 第一节 管理机构

1959年2月，成立栖霞县水产局，1984年，水产局改称栖霞县水产公司，正科级事业单位，主管全市渔业工作，辖设办公室、渔业技术推广站。1987年8月，成立渔政监督管理站。

1993年11月，撤销水产公司改称水产总公司，行政管理职能和人员划归县水利局。

1994年8月，水产总公司脱离水利局改称水产服务中心，1997年2月，挂“栖霞市水产局”牌子，负责全市渔业生产规划、渔业技术推广与服务。

## 第二节 养殖水域与经营体制

**淡水水域** 1986年，全县有塘坝888座，养殖水面337公顷，已利用408个，269公顷。1990年，全县有塘坝808个，已利用356个，养殖水面304公顷。1995年，全县有塘坝812座，养殖水面310公顷，已利用517个，230公顷。2002年，境内有中型水库2座，可养殖水面482公顷，已全部利用；小（一）型水库28座，可养殖水面286公顷，已全部利用；小（二）型水库183座，可养殖水面311公顷，已全部利用。有塘坝819座，可养殖水面774公顷，已利用670个。另有坑辖256个，已利用131个，平塘2310个，已利用1738个，鱼池460个，共计306公顷，节水型观赏鱼养殖面积21公顷。2002年末，全市淡水渔业养殖面积1480公顷，总产量达到2800吨，水产品销售总额1亿多元，网箱养鱼600个，培育大规格鱼种3000余万尾，发展休闲渔业8000亩，从事渔业经济人员达10000余人，其中专业养鱼户1200户，渔业人口8000人，渔业劳动力4000人。

**渔业经营体制** 国有经营。60年代，栖霞修建庵里、龙门口两座中型水库，养鱼水面482公顷，两水库均成立管理处，由水利部门负责，开展以渔业为主的多种经营。

集体经营。1981年后，各乡、镇所属小水面部分纳入乡镇管理，由其管理机构直接经营；1986年后，所有集体淡水养殖的水面全部或部分承包给养鱼专业户。

个体经营。1979年后，实行联产承包责任制，原来归属乡、镇分管的小（一）型水库，村、乡(镇)所有的小（二）型水库、塘坝、鱼池逐渐被农户承包或联合承包。渔业生产和经济效益有显著的发展和提高。1986年以后，栖霞涌现出众多的养鱼专业户。

1984年捕捞的31公斤青鱼

## 第三节 重点养殖区域

成鱼养殖主要以庵里、龙门口两座中型及28座小（一）型水库、183座小（二）型水库为主，1986年，水库养鱼产量314吨，到1989年，产量稳定在200吨左右。1993年以后，活鱼产量每年100吨左右，到2001年，水库养鱼产量达到214吨。

庵里水库和龙门口水库是栖霞市两个最大的养鱼区域。庵里水库可养鱼水面240公顷，1986年，有鱼种池2.7公顷，鱼种网箱0.63亩，孵化设施1处，机船2只，网具30块5000平方米，捕鱼70.7吨，总收入8.05万元，1987年，捕鱼100吨，达到历史最高水平，以后产量逐年减少，1994年4月，将水面养鱼承包给鱼场的3个职工，承包10年，年承包费10万元。

龙门口水库可养鱼水面242公顷，有鱼种池8个，2.2公顷，机船2只，网具40块8万平方米，1986—1997年，渔业年产量稳定在15～35吨左右，1996年，投放20万粒大银鱼卵，年底捕成鱼1.5吨，自1997年水库成立警管区后，加强水面秩序的管理力度，加大鱼种投放量，渔业生产进一步好转。1998年，开始网箱养鱼，2000年，水库捕鱼100吨，创历史最高产量，被山东省水利厅评为水利渔业管理工作先进集体，到2001年，养鱼种网箱4个，0.13亩，出鱼苗2.4万尾，产量1200公斤，养鲤鱼箱4个，0.13亩，产量8000公斤，罗非鱼箱2个，40公顷，产量8000公斤，其他彩虹鲷2箱，0.06亩，产量2000公斤。

龙门口水库，实行轮捕轮放，捕大留小，常年捕捞，每个时节均有活鱼对外批发，库边交易量每年达到1000吨以上。

2001年龙门口水库渔业捕捞

杨础东河有10公顷渔业养殖小区，鲤鱼、观赏鱼类100多个品种，100万尾。

80年代，栖霞县没有水产品加工行业，淡水养殖的鱼虾等产品随捕随卖。90年代以后，始建冷藏加工及保鲜设施。到2002年，全市共发展水产品加工企业3处，总储存量1600吨，其中水产供销公司为国有企业，有贮量350吨冷库1座。

## 第四节 苗种繁育

**良种培育** 苏家店镇荆林埠渔场、官道镇沙后河渔场、柞岚头渔场、蛇窝泊荷叶渔场与窝乐渔场、臧家庄镇后姜格庄渔场、桃村镇楚留店渔场与大楚留村渔场，均培育优良苗种，年育苗

种2000多万尾。

观赏鱼养殖培育单位主要在杨础镇观赏鱼养殖园区及庄园街道、翠屏街道、亭口镇、官道镇、蛇窝泊镇、桃村镇、臧家庄镇、苏家店镇以及栖霞市观赏鱼繁育场，其中杨础镇东刘家村刘振强、刘相国1997年养殖和培育观赏鱼，养殖面积15亩，产品销往沈阳、大连、济南、青岛、潍坊、烟台等地，年收入5万～6万元，成为远近闻名的观赏鱼养殖专业户。

80年代，年进鱼苗和自繁鱼苗在百万尾左右，1990年以后，年均引进“四大家鱼”毛仔3000万尾左右，自繁鲤鱼、鲂鱼、各种观赏鱼苗种800万尾，年生产3寸以上大规格鱼种1800万尾左右，在满足全市渔业生产的基础上，对外销售。

**养殖品种** 1985年以后，养殖的经济鱼类有，鲢鱼、鳙鱼、草鱼、青鱼、鲂鱼、鲤鱼、澎泽鲫、方正鲫、湘云鲫、罗非鱼、建鲤、白鲳、乌鳢等。1990年以后，增加胡子鲶、日本锦鲤、红鲫、花鲫、金鱼、姻脂鱼等经济鱼类。野生鱼类有泥鳅、黄鳝、鲶鱼、餐条等。

境内库、塘及河流均有甲鱼生存，分布较广，其种类为中华鳖，以野生自然增殖为主，1983年，开始实行人工养殖，但均无规模生产。虾类有米虾、青虾两种，均为野生，水库中较多，多为群众零星采捕，贝类有自然生长的河蚌、螺和河蚬。1990年以后，养殖方式除大水面散养、小水面精养外，新上网箱养殖、围栏养殖、水泥池工厂化养殖和塑料纸铺池节水型简易养殖等。

## 第五节 渔业技术推广

1984年，成立渔业技术推广站，负责全市面上渔业生产的技术指导、鱼病防治、新品种的引进、推广、科研项目的开发、研究等工作。

1988年11月，“山区谈水养鱼高产技术开发”获烟台市水产局一等奖；1989年6月，“大瓶螺引进和养殖技术研究” 获栖霞市科技进步一等奖；1989年9月，“大瓶螺引进和养成技术研究”获山东省水产局科技进步三等奖；1999年3月，“观赏鱼制约速成养殖技术研究与开发”获栖霞市科技进步三等奖；2002年，承担的烟台市科技局“中小水面食用鱼、观赏鱼生态养殖综合试验”科研项目，经省内专家鉴定达到国内领先水平，获栖霞市科技进步一等奖。

2002年10月，栖霞市在烟台市率先成立“栖霞市渔业协会”，专门开展渔业开发、优良鱼种推广、养殖协作等。

## 1986—2002年栖霞市淡水养殖鱼种投放与产量表

表8-10

| 年 份 | 投放鱼种 | 产 量（吨） |
|---|---|---|
| 1986 | 727.8万尾 | 480 |
| 1987 | 500万尾 | 480 |
| 1988 | 500万尾 | 460 |
| 1989 | 500万尾 | 470 |
| 1990 | 400万尾 | 550 |
| 1991 | 500万尾 | 608 |
| 1992 | 400万尾 | 688 |
| 1993 | 400万尾 | 865 |
| 1994 | 350万尾 | 865 |
| 1995 | 600万尾 | 100 |
| 1996 | 800万尾 | 1356 |
| 1997 | 160吨 | 1800 |
| 1998 | 160吨 | 1800 |
| 1999 | 160吨 | 1850 |
| 2000 | 160吨 | 1950 |
| 2001 | 180吨 | 2368 |
| 2002 | 180吨 | 2800 |

# 第九编
# 工　　业

德棉集团栖霞纺织有限公司纺纱车间（2002年）

1978—1985年，栖霞县工业企业逐步推行经济责任制，强化企业内部改革，扩大企业经营自主权，形成以建材行业为主，加工、纺织、食品等行业为辅的工业门类，到1985年，全县共有工业企业1099家，其中国有企业26家，县以上集体企业43家，乡镇办工业120家，村办工业910家，完成工业总产值4.1亿元。全县工业总产值年平均增长速度13.8%，利税年平均增长速度为11.7%。1986年，栖霞县被列入沿海开放县以后，工业经济发展加快，对外经贸活动增多，外商以及港、澳、台商投资渐多，栖霞县工业出现股份制、股份合作制、独资及联营形式的各类经济类型。继1984年首次引进13万美元外资后，1987年引进外资170万美元，

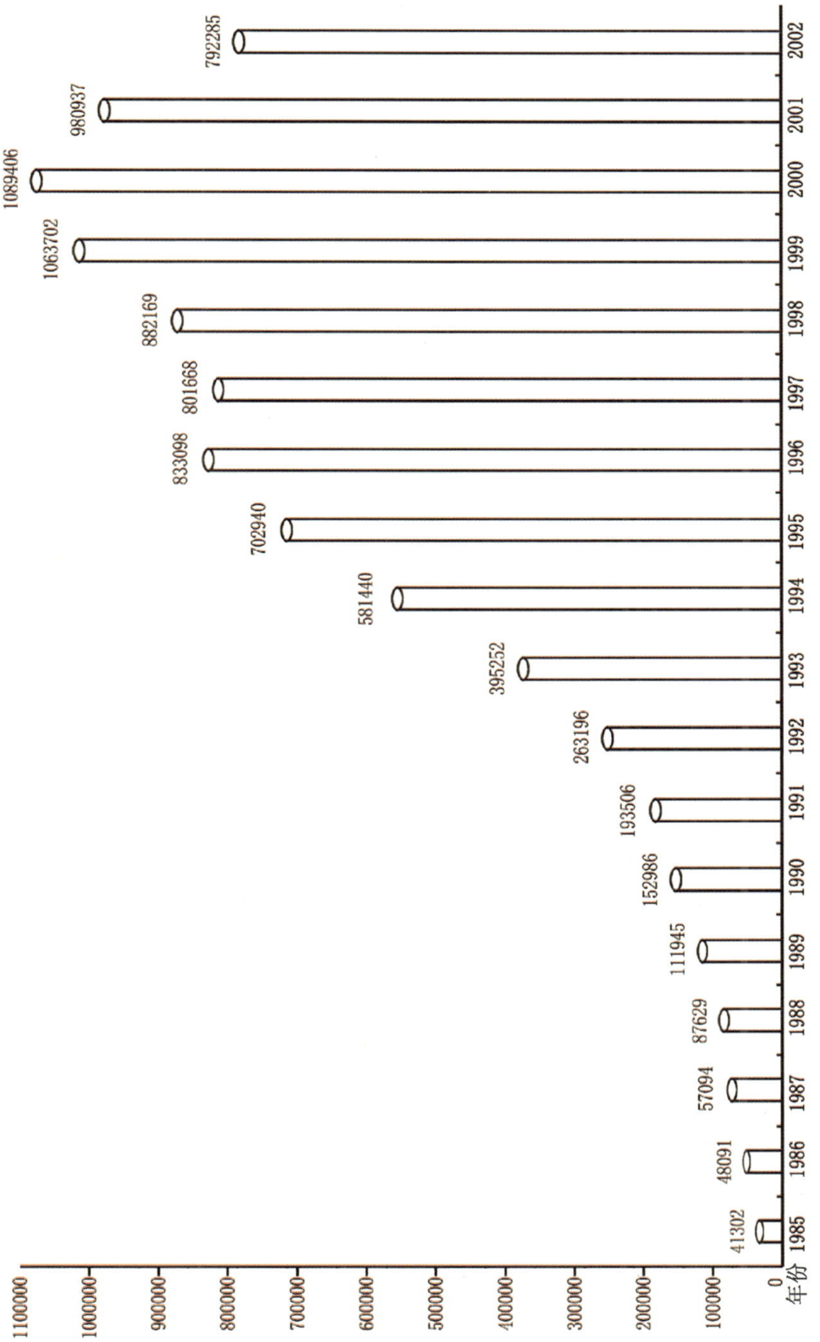


1985—2002年栖霞市工业总产值示意图

1988年引进296万美元，呈逐年增长趋势。这期间，乡镇企业异军突起，蓬勃发展。继大庄头乡、臧家庄镇之后，寨里乡、松山乡、中桥乡、亭口镇又相继建起水泥厂，全县乡镇办水泥生产企业达6家。建材行业企业和三峰陶瓷、选矿药剂、野夼汽车模具、源通果汁、蛇窝泊水果罐头、庙后滑石粉、桃村针织、大庄头理石板材等行业企业，成为乡镇工业领域的佼佼者。1990年末，全县乡镇企业总产值达到86508万元，占全县社会总产值的51.3%，成为全县工业经济的“半壁江山”。

1991—1998年，在经济体制由计划经济向市场经济转变的大环境下，企业经营体制进一步完善，改革力度加大，投资范围更广，经过内联外引，工业经济实力迅速膨胀，其间，建成投产的企业涉及建材、金矿、针织、服装、食品等行业，特别是新上的三菱水泥厂、源通果汁有限公司、烟台三峰陶瓷有限公司、百里店金矿、流口金矿、第二针织厂等大型企业，成为栖霞县工业的中流砥柱。到1998年，栖霞市乡镇以上及独立核算工业有159家，实现利税3.02亿元，资产总计39.15亿元，每年递增21.1%。

20世纪90年代，实施骨干带动战略，拉动工业经济的快速发展和效益大幅度提升。1998年，卷烟厂、液压件厂、印染厂、黄金集团、服装集团、白洋河酿酒厂、供电公司、德棉集团公司等12家骨干企业，完成工业总产值107365万元，占市属工业的50.1%，实现销售收入78984万元，占市属工业的49.9%，实现利税15680万元，占市属工业的89.1%。

1999—2002年，加强对外经贸活动，不断进行技术改造和技术进步，先后建立栖霞经济开发区、桃村外向型工业加工区、松山科技工业园、翠屏民营经济园等工业发展园区。2002年，栖霞经济开发区发展成A区（中桥中心区）、B区（臧家庄镇）和C区（松山镇）三个工业区域。全市建立起从基础工业到加工工业的化工、机械、建材、食品、服装、针织等28个大行业共150个门类，并形成以机械、建材、纺织、黄金、卷烟、服装为支柱产业的行业结构。6大支柱产业完成工业总产值占全部乡镇及以上工业的66.2%，实现利税占全部乡镇及以上工业的76.2%。

全市工业企业发展到1764家，其中国有企业21家，集体企业95家，联营企业1家，股份制企业36家，私营企业275家，外商、港澳台合资企业76家，其他企业1260家。全市完成工业总产值78.2亿元（其中规模以上工业企业105户，完成工业产值56.7亿元，实现利税4.92亿元，其中利润1.5亿元）。全市合同利用外资6986万美元，实际利用外资3782万美元，出口创汇8346万美元，完成出口贸易额5984万美元，自营出口企业发展到57家。

1985—2002年栖霞市规模以上工业企业情况统计表

表9-1　　　　单位：个、万元

| 年 份 | 全部工业数 | 规模以上工业单位数 | 增加值 | 产品销售收入 | 利税总额 | 利润总额 | 工业总产值 |
|---|---|---|---|---|---|---|---|
| 1985 | — | 179 | — | 28490 | 4958 | 2375 | 30741 |
| 1986 | — | 185 | — | 36866 | 5839 | 2851 | 38044 |
| 1987 | — | 185 | — | 41432 | 5286 | 2032 | 44127 |
| 1988 | — | 189 | — | 61292 | 5220 | 3783 | 67919 |
| 1989 | — | 210 | — | 72927 | 9004 | 4218 | 89421 |
| 1990 | — | 209 | — | 75011 | 8647 | 2880 | 95859 |
| 1991 | — | 213 | — | 86347 | 10018 | 2774 | 108427 |
| 1992 | 1589 | 190 | 34615 | 109162 | 12875 | 2232 | 139893 |
| 1993 | 1626 | 198 | 91876 | 155711 | 15869 | 4696 | 220097 |
| 1994 | 2124 | 188 | 88294 | 199486 | 24502 | 7013 | 307178 |
| 1995 | 1595 | 197 | 58721 | 236552 | 21637 | 5782 | 318136 |
| 1996 | 1902 | 209 | 112659 | 267853 | 26823 | 8187 | 404247 |
| 1997 | 1661 | 253 | 115478 | 276973 | 28953 | 8847 | 397980 |
| 1998 | 2133 | 159 | 118898 | 288137 | 30234 | 8724 | 416427 |
| 1999 | 2661 | 120 | 129578 | 336291 | 31239 | 9221 | 437302 |
| 2000 | 3289 | 113 | 124330 | 3789199 | 35018 | 11886 | 460406 |
| 2001 | 3206 | 109 | 139624 | 392810 | 42880 | 12412 | 489937 |
| 2002 | 1764 | 105 | 159926 | 476223 | 49239 | 14999 | 567489 |

# 第一章 工业体制改革

## 第一节 管理机构

**企业管理机构** 1978年以前，栖霞县工业综合管理部门是县工业交通办公室，各行业管理机构有工业局、机械工业局、化学工业局、化工矿产局、第二工业局、电业局、黄金矿产管理站。

1980年12月，栖霞县革命委员会经济委员会改称栖霞县经济委员会。1981年，改黄金矿产管理站为黄金工业公司，同年10月，将工业局分为第二轻工业局和纺织工业局。1983年，成立建材工业公司、丝绸公司。1984年3月，先后将工业局、电业局、第二轻工业局、纺织工业局和化工矿产局改为工业公司、供电公司、第二轻工业公司、纺织工业公司和化学工业公司。同时将第二工业局和多种经营办公室合并，成立多种经营乡镇企业局。1986年7月，恢复多种经营办公室，多种经营乡镇企业局改为乡镇企业局。1991年6月，撤销工业公司，组建第一轻工业公司和机械工业公司。1992年7月，撤消黄金工业公司和有色金属工业公司，组建黄金集团公司和有色金属集团公司。1993年11月，经济委员会改为工业经济委员会，第一轻工业公司、机械工业公司、第二轻工业公司、纺织工业公司、化学工业公司和建材工业公司改为第一轻工业总公司、机械工业总公司、第二轻工业总公司、纺织工业总公司、化学工业总公司和建材工业总公司。1994年6月，建材工业总公司撤销，在工业经济委员会设立建材工业办公室（正科级事业单位），行使行业管理职能。

1995年11月，工业经济综合部门为市工业经济委员会，工业主管部门有，第一轻工业总公司、机械工业总公司、第二轻工业总公司、纺织工业总公司、化学工业总公司、黄金工业总公司、供电公司和丝绸公司。1996年8月，工业经济委员会改称经济贸易委员会，同年12月，黄金工业总公司对外挂黄金工业局牌子。1997年3月，撤销第一轻工业总公司，组建白洋河集团公司，其行政职能划归市经济贸易委员会。2001年11月，市经济贸易委员会改为市经济贸易局。2002年7月，撤销第二轻工业总公司、纺织工业总公司、化学工业总公司，在经济贸易局设立行业管理办公室（副科级事业单位），行使行业管理职能。

**安全生产管理机构** 1986年11月，成立栖霞县安全生产领导小组，1987年7月，更名为栖霞县安全生产委员会，下设办公室，与劳动局安全监察科合署办公。2000年8月，劳动和社会保障局承担的安全生产综合管理、职业安全监察和矿山安全监察职能以及特种作业人员的培训、考核、发证工作交由市经济贸易委员会安全科承担。2001年11月，成立栖霞市安全生产监督管理局，与市安全生产管理委员会办公室合署办公，隶属市经济贸易局管理。

## 第二节 推行承包经营责任制

1986年以前，工业企业与国家机关事业单位一样，生产经营、工资福利、人财物等全部由政府统一管理，统一调配。从1987年到1993年底，县政府推行企业改革试点，在县属工业企业中推行厂长负责制和厂长任期目标责任制，以调动企业的积极性。

1987年上半年，县政府选择县锅炉厂进行资产经营责任制试点，一举成功。同年下半年，县委、县政府成立由县政府办、经委、计委、企政部、财政局、税务局等9个部门组成的“县企业承包经营领导小组”，负责指导性文件的制定，企业承包方案的审查、投标、答辩以及经营者的考核、择定等，并在9月制定《关于企业承包经营若干问题的试行意见》，从此拉开县属工业企业承包经营责任制实施的序幕。根据企业的实际情况，在择定经营者方式上，采取公开招聘和内部选聘两种方式，主要是内部选聘；在承包形式上，大多数企业实行“两包一挂三联”责任制，即包利润、包技改投入，工资（奖金）与效益挂钩，同产值、安全、消耗联系；也有一部分企业实行资产经营、租赁、股份制、单位产品工资含量包干等承包经营责任制，并引入竞争机制。

**公开招标** 1987年下半年，县企业承包经营领导小组决定，对部分企业由于领导班子不强，经营不善，造成经营困难，实行公开招标，面向社会招纳懂经营、会管理的人才。对实行公开招标的企业，在招标之前，县企业承包经营领导小组对企业生产经营情况进行全面调查摸底，做好资产评估，根据历年的经营情况、按照“德能勤绩” 标准、参照同行业有关经济指标，科学确定底标，并将招标启示公诸于众。其时，有7家企业120人参加公开招标。县针织厂，在五年前，曾是烟台市同行业的佼佼者，全县盈利大户。但由于多种原因，生产经营由高峰跌入低谷，1987年1—10月亏损2.4万元。县针织厂承包经营后，一个月就扭亏为盈。至1988年2月，该企业累计实现利润10万元。到1988年3月，全县75家县属工业企业已有72家实

行承包经营责任制，改革面达到96%。从承包经营合同和实际情况看，县属工业后三年产值和利润总额分别比前三年增长74.7%和72.6%。为推动企业加快发展，1988年，县政府连续出台《关于开展创建“明星企业”活动的决定》和《栖霞县明星企业、企业家评选条件及奖励办法（暂行）》。承包经营责任制的推行，为一大批懂经营、会管理人才的脱颖而出提供有利条件。

**内部选聘** 1987年，在进行公开招聘的同时，县企业承包经营领导小组对经济效益和发展趋势好的企业，实行内部选聘。实行内部选聘的企业，县企业承包经营领导小组规定，领导班子结构合理、团结协作，经营者具有较强的竞争意识和技能，熟悉业务，具备专业知识，而且县企业承包经营领导小组组成由专家参加的考核评审委员会，要求参加选聘的人员必须进行公开答辩，从选聘鉴定合同结果来看，全县内部选聘经营者的企业，平均后三年产值、利润递增幅度都在20%以上。县酿酒厂通过内聘形式承包经营，三年时间就把酒厂发展成为中（二）型企业。同时，酒厂通过公开招标的方式又承包村办亏损企业——小庄乡哨上村玻璃制瓶厂，并大胆进行内部改革，强化内部管理，产品合格率由原来的30%提高到80%，短短两个月时间，这个企业就元气复升，呈现出新的发展生机。

**完善承包内容** 承包经营责任制推行过程中，出现个别企业承包合同不完备、承包内容忽视技改投入和发展外向型经济、企业党组织责任不明确等问题。针对这种情况，县企业承包经营领导小组，重新对各种指标进行测算，并根据上级有关精神，于1990年对企业承包作出补充规定，所有承包合同全部进行法律公正，做到手续完备；印发统一的合同格式，补充修订合同条款。实行承包经营的企业，凡完成当年标的利润，经营者收入为职务工资的2倍或职工平均收入的2～3倍；职工超标收入也不得超过超标利润的10%。同时规定，不论采取何种承包方式，经营者必须交纳2000元的个人资产作抵押。对企业党组织干部，除明确规定其职责范围外，还可以参加投标，参与企业承包；对企业投入做硬性规定，并采取高奖励政策。明确规定，固定资产千万元以上的企业，年资产增值不低于8%；五百万元以上不足一千万元的，不低于10%；一百万元以上不足五百万元的，不低于15%;百万元以下的不低于20%。同时，还制定优惠政策：产值、利润奖励占30%，技术改造投入奖励占40%，这一政策极大地调动承包经营者的投入积极性。1987年，县属工业计划技术改造投入2800万元，实际完成4700万元，比计划增长67.9%。与此同时，把大力发展外向型经济作为企业承包的重要内容。1990年，县政府制定《发展外向型经济规划纲要》和《关于鼓励发展外向型经济的若干政策规定》，对出口企业的经营者和职工给予更优惠的政策，经营者的收入最高的可达到职工平均收入的5倍，职工收入可与出口产值挂钩。贡献突出的经营者，家属是农村户口的，可以农转非。

**内部配套改革** 在承包经营的基础上，为充分调动企业职工的积极性，1987年，县政府确立“内外并举，配套深化”的改革指导思想，并制定《关于进行企业内部配套改革的指导意见》，要求每个企业在实行承包经营的同时，对劳动、人事、工资等进行大胆改革，并把竞争机制引入企业内部承包，主要内容是，把竞争机制引入每个车间、班组、科室，公开招标择定承包人；实行厂内用工合同制；实行劳动组合制；设立厂内银行，实行资金有偿使用；实行计件工资和定额工资制；实行总厂管理下的分厂负责制，承包团组成员分兵把口，各负其责；在部分管理基础比较好的企业，推行“满负荷工作法”。县印刷厂1987年下半年实行总厂管理下的分厂负责制，分厂、中层、班组实行三级承包，层层签订合同，并实行劳动组合制，将择兵，兵择将，实行优化组合，到1988年2月，产值、利润和销售收入均同比翻一番。县机床厂大胆把银行职能移植到企业，设立厂内银行，实行资金有偿使用，有力地提高资金的使用效率，形成新的资金运行机制，到1988年2月，资金周转同比加速63天。县酿酒厂对4个车间实行公开招标，其中酒精车间承包后的月产量由承包前的248吨增加到548吨，吨酒耗煤由原来的588公斤下降到348公斤，吨酒耗电由307千瓦时下降到107千瓦时，三项指标均创历史最好水平。

## 第三节 建立现代企业制度

**公司制改革** 1994年7月，《中华人民共和国公司法》颁布实施，根据县委、县政府的要求，县属工业企业开始以“公司制”为主要改制形式的改革试点工作。首先，在烟台电机厂等企业试点，并取得成功。随后在县属工业企业中推行，到2000年底，县属工业75%的企业进行公司制改革。黄金集团、服装集团、商业集团、白洋河酿酒、德棉集团、银云活塞、包装印刷集团、白洋河水泥等大型集团公司运营良好。

**整体出售** 在公司制改革的基础上，经县政府同意对部分企业实行整体出售给个人经营。1995年，将县家用电器厂、县木器厂、县工艺美术厂、县皮鞋厂等企业整体资产出售给个人经营。1996年，将市工艺玩具厂整体资产出售给个人经营。同年，将天津大桥集团烟台焊条厂整体出售给职工集体经营，组建天津大桥集团烟台焊霸有限责任公司。2001年3月，栖霞活塞厂（液压件厂）整体出售给内部职工经营，组建栖霞市银云活塞液压件有限责任公司；2001年4月，烟台白洋河酿酒公司整体出售给个人经营，组建烟台白洋河酿酒股份有限公司。

**联合兼并** 从1991年开始，县政府在县属工业企业中实行联合兼并。1991年7月，以栖霞无线电厂为核心企业、联合烟台兴苑羊绒衫厂组建栖霞县电子工业集团公司。1998年，栖霞市无线电厂整体出售给个人，并接受全部债权债务和所有职工；1999年又实行转让。烟台兴苑羊绒衫厂由个人租赁经营。2001年，市政府将栖霞市无线电厂整体转让（包括债权债务和职工）给烟台电机厂；1992年4月，以工艺服装厂为依托组建栖霞市服装集团公司，2002年8月，服装集团公司兼并华荣服装厂；1994年9月，由县水泥厂联合烟台镀膜玻璃厂、栖霞市建材化工厂组建栖霞金河集团公司，1993年7月，县水泥厂与香港新世界公司合资组建烟台锦河水泥有限公司，烟台镀膜玻璃厂、栖霞市建材化工厂在2002年依法破产。2001年，烟台锦河水泥有限公司租赁给个人后组建栖霞市白洋河水泥有限公司。

1996年5月，由液压件厂联合电机厂、机床厂、锅炉厂、车辆配件厂，组建栖霞市机械工业集团公司；7月，以振发柯式印刷公司为核心企业联合中太纸业公司、振腾印刷厂组建栖霞市包装印刷集团公司。1997年3月，由合力工具厂联合工具总厂、双力索具厂和二工具厂，组建栖霞市工具集团公司。由白洋河酿酒公司联合酿酒厂、果酒总厂、玻璃厂和工业供销公司，组建栖霞白洋河集团公司。1998年，对印刷集团公司进行改制，所属企业振发柯式印刷公司、造纸厂、振腾印刷厂整体出售给个人经营。2001年，栖霞市二工具厂破产出售，组建栖霞市工具股份有限公司。2002年12月，工具集团公司被天津大中建筑安装公司整体兼并，组建栖霞裕霖工具制造有限公司。组建企业集团，确实促进企业发展，特别是核心企业的发展。服装集团公司、白洋河水泥公司、银云活塞液压件公司、振发柯式印刷公司、白洋河酿

酒公司均为市重点骨干企业，而且服装集团、银云活塞液压件公司，年销售收入均达到亿元以上。

**合资合作** 1996年，市内最大的工业企业国营栖霞棉纺厂，在经营体制转换的大环境下全面停产，2000多名职工全部下岗待业。通过努力，最终与德州的德棉集团签订合资经营合同，成立“山东德棉集团栖霞纺织有限公司”，并于1998年5月全面恢复生产经营，职工全部上岗。合资合作使企业焕发生机，得到快速发展。到2002年底，该公司实现销售收入10466万元，实现利税779万元。

**依法破产** 80—90年代，有些国有、集体企业虽然经营困难，但在政府扶持下能够维持正常运行。进入20世纪90年末21世纪初，市场竞争激烈，有些企业新产品更新换代慢，资金不足，逐渐陷入困境，有的停产，有的半停产。为走出困境，加大改革力度，2001年2月，市政府印发《关于进一步加快市属工业企业改革的意见》，同年5月，市政府又印发《关于进一步深化国有（集体）企业产权制度改革的若干意见》，加快市属工业企业产权制度改革步伐，对一部分经营不好，资不抵债的企业坚决实行依法破产。2002年12月，市灯具厂依法破产，由服装集团公司整体收购。烟台桃村化肥厂依法破产，由青海省的瀚海集团公司整体收购，组建山东瀚海化工肥料有限公司。

# 第二章 工业结构

## 第一节 工业所有制结构

从1985年到2002年，栖霞县（市）规模以上工业所有制结构主要包括全民所有制、县（市）属集体所有制、股份制、合资等形式。

**全民所有制企业** 1985年，全县共有全民所有制工业企业26家，涉及机械、冶金、化工、酿造、建材、纺织、食品加工、烟草等行业。

棉纺厂是全县最大的全民所有制工业企业，1985年实现销售收入3301万元，实现利税507万元；其次是卷烟厂、酿酒厂、供电公司等企业，年销售收入均过千万元，其中，烟厂利税达到898万元，是全县最大的利税大户。年销售收入过500万元的企业有桃村化肥厂、面粉厂、饲料厂、铅锌矿等。全年共实现销售收入13367万元，占全县工业的47.1%；实现利税2722万元，占全县工业企业利税的55.6%。

到1996年，全市共有全民所有制（国营）工业企业79家，涉及机械、冶金、化工、酿造、建材、纺织、食品加工、烟草等行业。

具有代表性企业有：供电公司，全年实现销售收入12467万元，实现利税602万元；颐中烟草（烟台）有限公司栖霞分公司，全年实现销售收入9473万元，实现利税5320万元；栖霞液压件厂，全市实现销售收入6711万元，实现利税901万元；黄金集团公司，全年实现销售收入5307万元，实现利税521万元。全年共实现销售收入70423万元，占全市工业的11.1%，实现利税8854万元，占全市工业的16.1%。

2002年末，全市全民所有制（国营）工业企业21家，涉及机械、冶金、化工、酿造、建材、纺织、食品加工、烟草等行业。全年共实现销售收入109663万元，占全市规模以上工业的23%，实现利税16880万元，占全市规模以上工业的34.3%。

**县（市）集体所有制企业** 1985年，县属集体所有制工业企业43家，涉及纺织、建材、化工、服装、木材加工、冶金、鞋革、电器、锦书制品、机械、塑料等行业。

具有代表性企业有：丝绸厂，全年实现销售收入900万元，实现利税131万元；县水泥厂，全年实现销售收入817万元，实现利税146万元；印染厂，全年实现销售收入712万元，实现利税87万元；毛皮厂，全年实现销售收入660万元，实现利税157万元；焊条厂，全年实现销售收入570万元，实现利税90万元。

1996年，市属集体所有制工业企业93家，涉及纺织、建材、化工、服装、木材加工、冶金、鞋革、电器、锦书制品、机械、塑料等行业。全年共实现销售收入3549万元，占全县工业的5.6%，实现利税254万元，占全县工业的4.6%。

2002年末，市属集体所有制工业企业95家，涉及纺织、建材、化工、服装、木材加工、冶金、鞋革、电器、锦书制品、机械、塑料等行业。全年共实现销售收入181926万元，占全县工业的38.2%，实现利税13017万元，占全县工业的26.4%。

**股份制企业** 从1994年开始，栖霞开始试行股份制企业，到1996年，全市有5家股份制企业，共实现销售收入5666万元，占全市工业的0.9%，实现利税231万元，占全市工业的0.4%。

2002年，栖霞市股份制企业发展到36家，共实现销售收入34988万元，占全市工业的7.3%，实现利税3770万元，占全市工业的7.7%。

**外商投资企业** 1984年以前，栖霞县无外商投资企业。1985年8月，栖霞县与香港合资成立烟台华荣制衣有限公司，为全县首家合资企业。

1988年，全县登记注册外商投资企业3家，投资总额1828万元，注册资本1828万元，其中外方认缴额397万元。

1994年，外商投资企业7家，其中，工商注册的外商投资企业4家，外商投资企业共实现销售收入2155万元，占全县工业的0.43%，实现利税234万元，占全县工业的0.40%；1995年，外商投资企业25家，其中，工商注册的外商投资企业4家，共实现销售收入49037万元，占全县工业的8.2%，实现利税4696万元，占全县工业的9.2%；2000年，外商投资企业5家，投资总额3189万美元。其中外商直接投资1863万美元。到2002年，全市实有外商投资企业76家，其中合资企业44家，合作企业2家，独资企业30家，累计投资总额为23669万美元，注册资本15727万美元，外商投资总额在500万美元以上的有5家。外商投资企业实现销售收入68786万元，占全县工业的14.4%，实现利税9475万元，占全县工业的19.2%。

## 第二节 行业与产业结构

1985年，全县工业以纺织、化工、建材、服装等为主，大小行业仅有10多个，主要有纺织、化工、建材、服装、木材加工、冶金、鞋革、电器、金属制品、机械、塑料等。20世纪90年代，建材、食品、针织、机械制造等行业增加了60多个生产门类，产业结构发生重大变化，更趋于合理。进入21世纪，随着对外贸易的提高，产业链不断扩大，一些新兴产业和高技术产业逐步发展起来，至2002年，全市建立起从基础工业到加工工业28个大行业共150个门类，形成以纺织、化工、建材、服装、黄金、机械制造、食品加工、针织、印染、印刷、烟草、电子等为支柱的行业产业结构。

纺织行业以棉纺织、毛纺织丝绸纺织为主；化工行业以尿素、碳铵、复合肥、农药生产为主；食品加工行业以酿酒、果汁、精制面

粉、肉鸡加工、烤花生果为主；建材行业以大理石开采加工、花岗石开采加工、水泥及制品为主；机械行业以陶瓷过滤机、工业锅炉、矿山机械、液压机械、木工机械、胶带式过滤机、农机、机电、汽车配件、活塞为主；矿业以黄金、滑石生产为主。轻工行业以服装加工、印刷、造纸、工艺美术、五金制品、烟草加工、塑料制品为主。

## 第三节 产品结构

**主要产品** 1985年底，栖霞县主要工业产品及产量情况是，发电195万千瓦时，黄金10193两，合成氨8545吨，轮胎38272条，交流电机14639千瓦，水泥251862吨，滑石61500吨，棉纱5439吨，丝106吨，丝织品171吨，饮料酒5810吨，雪茄烟32334箱，电焊条2215吨，农用化肥7337吨，锅炉156台/吨，金属切削机床118台，收音机4400台，拖拉机1458台，印染布591万米，棉毛衫裤128万件，毛巾25万件，汗衫背心356万件，果干果脯355吨，罐头11641吨，面粉19096吨，食用植物油5564吨，齿轮泵1668台，扳手23万套，皮鞋24万双，布鞋53万双，木制家具26700件，服装21万件。

到1996年底，栖霞市主要工业产品及产量：黄金640千克，滑石119640吨，面粉6.32万吨，食用植物油6364吨，蜜饯果脯382吨，糕点2012吨，饼干214吨，水果罐头13761吨，酱油1000吨，饮料酒12531吨，果菜汁饮料2316吨，卷烟7万箱，纱163吨，布708万米，印染布2698万米，毛巾231万条，毛巾被21万条，人造毛皮144万米，服装1258.8万件，农用化肥1.93万吨，轮胎59.1万条，聚氯乙烯制品12700吨，水泥380万吨，镀膜玻璃48400平方米，玻璃马赛克139万平方米，大理石板材294177平方米，墙地砖152万平方米，电焊条1727吨，工业锅炉121台，齿轮59万个，交流电动机14029台，扳手158万把。

2002年末，全市主要工业产品及产量：黄金656.3千克，小麦粉1.8万吨，罐头7687吨，饮料酒10607吨，卷烟51360箱，纱5455吨，布1207万米，印染布2183万米，服装481.5万件，纸制品6119吨，单色印刷品5.4万令，硫酸9947吨，塑料制品8746吨，水泥237.1万吨，焊条8440吨，工业锅炉123蒸发量吨，铸件6800吨，针织机械设备221吨，水工机械380吨，交流电动机14.2万千瓦。

**名优产品** 20世纪80年代，栖霞县抽纱厂生产“白洋河”牌棒槌花边，1986年9月，荣获第六届中国工艺美术品百花奖金杯，1988年又荣获国家轻工部出口产品银牌奖。是年，首台数控五色自动调线棉毛机开发成功，填补国内纺织机械行业的一项空白。

“白洋河”牌425号普通硅酸盐水泥，是县水泥厂生产的产品，1987年3月，荣获国家质量银牌奖。县酿酒厂生产的“白洋河”牌中国山楂酒，1988年12月，相继荣获全国优秀保健产品金杯奖、银杯奖及全国首届食品博览会质量银牌、铜牌等。“白洋河”牌干红、干白葡萄酒，是烟台白洋河酿酒公司生产的产品，2002年8月，被国家质检总局列为首批国家免检产品。

1990年9月，“银鸥”牌TL-1涂料用滑石粉，荣获国家银牌奖。

1992年，ZFLS型复合罗纹调线机，获山东省科技进步二等奖。GE018型高速罗纹机填补国内空白，整机性能达到国内领先水平。Z211FL型复合罗纹机，1991年，填补国内空白，被推荐为国家新产品，列入国家“火炬计划”。“英雄”牌男西裤于被国家经贸委评为优质产品。

1994年，纺机厂与中国纺织大学研制的电脑提花机填补国内空白，达到国内领先水平。

栖霞县丝绸厂“云梦霞”43608芝罘绸1987

年获纺织工业部优质产品奖；“云梦霞”L6154芝罘绸1987年获山东省优质产品奖；“云梦霞”真丝炼白双绉1991年获纺织工业部优质产品奖；“云梦霞”12228真丝重绉1991年获山东省优秀新产品二等奖。

“亚通”牌印花被罩是印染厂生产的产品。1995年被评为全省名牌产品。

1999年，“牙山”牌齿轮泵和“银云”牌活塞被评为山东省名牌产品。DU系列水平真空胶带式过滤机，通过省级鉴定，填补国内空白。

## 2002年栖霞市主要工业产品、产量统计表

表9-2

| 产品名称 | 计量单位 | 生产量 |
|---|---|---|
| 金矿含金量 | 千 克 | 656.3 |
| 小麦粉 | 万 吨 | 1.8 |
| 罐 头 | 吨 | 7687.0 |
| 饮料酒<br>白 酒<br>葡萄酒 | 吨<br>吨<br>吨 | 10607.0<br>2144.0<br>8643.0 |
| 卷 烟 | 箱 | 51360.0 |
| 纱 | 吨 | 5455.0 |
| 布 | 万 米 | 1207.0 |
| 印染布 | 万 米 | 2183.0 |
| 服 装 | 万 件 | 481.5 |
| 纸 张 | 吨 | 5995.0 |
| 机制纸板 | 吨 | 4729.0 |
| 纸制品 | 吨 | 6119.0 |
| 单色印刷品 | 万 令 | 5.4 |
| 多色印刷品 | 万对开色令 | 0.4 |
| 硫酸（折100%） | 吨 | 9947.0 |
| 塑料制品 | 吨 | 8746.0 |
| 水 泥 | 万 吨 | 237.1 |
| 花岗石板材 | 平方米 | 495940.0 |
| 黄 金 | 千 克 | 656.3 |
| 焊 条 | 吨 | 8440.0 |
| 工业锅炉 | 蒸发量吨 | 123.0 |
| 铸 件 | 吨 | 6800.0 |
| 针织机械设备 | 吨 | 221.0 |
| 水工机械 | 吨 | 380.0 |
| 交流电动机 | 千 瓦 | 142330.0 |
| 工艺美术制品 | 千 元 | 12769.0 |
| 供电量 | 万千瓦时 | 37271.6 |
| 自来水生产量 | 万 吨 | 248.0 |

# 第三章 采矿工业

## 第一节 黄金生产

栖霞黄金资源矿产地较多，主要分布在亭口、松山、臧家庄、苏家店及庄园街道等乡镇，黄金储量5.3万吨，矿石储量320万吨，有22处矿山企业，年产矿石20.8万吨，黄金储量和产量均居烟台第五位。

1978年以前，栖霞只有盘马金矿，1981年12月，改名为栖霞县金矿，1981—1999年，陆续成立山城金矿、流口金矿、百里店金矿、苏家店金矿、大庄头银矿、金冠顶金矿和庄子金矿等。1999年1月，成立金兴矿业公司。主要企业包括山城金矿、流口金矿、盘马金矿和庄子金矿，拥有固定资产7573万元，选矿总处理量800吨/日。

采矿竖井（1999年）

70年代末至21世纪初，山东省地质局地质一队、三队、四队、六队，山东省冶勘三队、核工业273队、原武警黄金十支队、山东省化工队、区调队、浙江冶金一勘二队等10支国家勘察队先后踏勘栖霞县66处金矿（化）点，普查评价24处金矿床（点），详查6处金矿床（点），对7处金矿床进行勘探，共探获黄金储量22678吨（含E级储量）。

金矿石

金 块

1978年以前，只有手工淘洗砂金以及少数石头磨（即“土机磨”）。1979年9月，投产的盘马金矿25吨/日选金厂是栖霞县第一座机械化选矿厂，1986年建成的百里店金矿50吨/日选矿厂是以金为主的多金属选金厂，之后又相继建立流口、山城、苏家店、郭家店等一批50吨/日选金厂。

2002年，黄金产量达到2.1万两，销售收入8349万元，利润950万元，利税1100万元，黄金生产行业列栖霞市利税大户第6名。

到2002年末，机械选矿厂20个，其中25吨/日以上的选金厂10个，日生产规模达1050吨。

### 1986—2002年栖霞市各金矿黄金产量统计表

表9-3

| 企业名称 | 黄金产量（两） | 年 份 |
|---|---|---|
| 流口金矿 | 68562 | 1986—2002 |
| 苏家店金矿 | 35748 | 1986—1998 |
| 百里店金矿 | 56238 | 1987—1999 |
| 盘马金矿 | 118842 | 1987—2002 |
| 山城金矿 | 65562 | 1989—2002 |
| 郭家店金矿 | 6710 | 1991—1995 |
| 大庄头银矿 | 10094 | 1996—2000 |
| 庄子金矿 | 21733 | 1998—2002 |
| 累 计 | 383489 | — |

## 第二节 滑石（粉）生产

1983年之前，栖霞县就已经开始滑石生产，主要生产企业是栖霞滑石矿，该矿建于1953年，是全国三大滑石出口基地之一，年采矿能力10万吨。

1984年，经探测，栖霞市滑石储量居全国第二位，主要分布在境内东部亭口、庙后一带300～600米深处，矿区内矿床东西长6公里，南北宽1.1公里，面积约6.6平方公里，属全国罕见的特大型矿藏，服务年限达60年。矿区已圈定矿体38个，长度一般在200～1800米，倾斜延伸最大控制在648米，滑石厚度一般在3～7米，最厚22米，最小1米。矿体埋深标高在+30米至-650米，矿体有白滑石、黑滑石两个自然类型，以白滑石为主。其总储量为3600万吨左右，特级品、一级品在60%以上，矿区尚未评价的矿段还有丰富的远景储量。

1985年以后，为加大采矿面积，增加产量，栖霞滑石矿占地面积逐步扩大到28万平方米，建筑面积3.1万平方米，1999年底，滑石

矿新上超微粉生产线1条，主要加工325～3000目滑石粉系列产品，年产超细粉2000多吨。到2000年，拥有卷扬机、空压机、发电机组等开采主机设备141台（套）和气流磨、雷蒙机等微细粉加工设备22台（套），固定资产达到9400万元，职工516人，其中工程技术人员51人。滑石及系列滑石粉产品，以白度高、质地细腻而著称，广泛应用于造纸、医药、陶瓷、橡胶、塑料、化工等工业领域，产品主要出口日本、韩国、法国、新西兰、台湾等国家和地区。

2001年以后，随着采矿深度增加，对资金投入和技术要求越来越高，加之企业老化、历史包袱重，国营矿山经营困难。企业拓展思路，面向国内外寻求合作伙伴，探讨股份制改造。由于滑石储量大、质优，多家省内外企业到栖霞投资开发。同时，涌现出众多个体私营滑石开采企业和滑石制粉厂。

滑 石

成品滑石粉

# 第四章 机械工业

1985年，有机械工业共有企业15户，总资产1.2 亿元。1990年，机械工业共有企业 22户，总资产3.7亿元。1995年，机械工业共有企业25户，总资产4.6 亿元。2000年，机械工业企业 42户，总资产5.8亿元。2002年末，全市机械行业企业发展到50户，总资产6.9亿元。主要机械产品有活塞、齿轮泵、联轴器、电机、工具、机床、锅炉、纺织机械等20多个品种，年实现销售收入15.5亿元，利税1.3亿元。

联轴器组图

## 第一节 专用机械

70年代，栖霞始有大型机械制造和加工企业。80年代以后，工业专用机械生产企业主要有栖霞机床厂、核工业同兴实业有限公司、大金圆纺机有限公司、栖霞市木工机械厂、烟台火焰山锅炉有限公司、黄金机械厂、山东省栖霞内燃机配件厂和水利部烟台水工机械厂等。产品主要有陶瓷过滤机、工业锅炉、矿山机械、液压机械、木工机械等。到1985年，工业专用机械生产行业拥有总资产8000万元，其中固定资产2400万元，流动资产5300万元，从业人员936人，年实现销售收入6800万元，利税600万元。

1970年7月，烟台车辆配件厂的万能铣车间和烟台船厂的摇臂钻车间迁到栖霞，组建栖霞机床厂，成为全县机械制造业的骨干企业。该厂主要生产各种车床、钻床、刹车盘等产品。1994年，改制为股份制企业，2002年，企业停产。

1976年，成立栖霞县锅炉厂，1996年改制后称烟台火焰山锅炉有限公司，主要生产“火焰山”牌工业锅炉，产品有水火管DZL系列蒸汽、热水锅炉等。

“火焰山”牌锅炉制造车间（图一）（2002年）

过滤机由华东烟台机械厂生产，产品有“核星”牌PBF系列连续水平真空带式过滤机、DZY系列真空带式压滤机、PG系列精密管式过滤机、DU系列胶带式过滤机等。

矿山机械由栖霞黄金机械厂生产。

2002年，栖霞市工业专用机械生产企业共有7户，实现销售收入2亿元，利税2000万元。

“火焰山”牌锅炉（图二）

陶瓷真空过滤机（2002年）

## 第二节 纺织机械

栖霞纺织机械厂是最早生产纺织机械的企业，1977年建成，其时企业规模小，产品档次

低，质量不高，经过不断探索和技术进步，产品品种出现多样化。1988年，公司组织科技人员开始五色自动调线棉毛机的研制，经过上千次的试验和调试，首台数控五色自动调线棉毛机开发成功，填补国内纺织机械行业的一项空白，荣获山东省颁发的一等奖证书。

1990年，ZFLS型复合罗纹调线机研制成功，1991年，Z211FL型复合罗纹机填补国内空白，被推荐为国家新产品，列国家“火炬计划”。1992年，ZFLS型复合罗纹调线机获山东省科技进步二等奖。1994年，与中国纺织大学研制的电脑提花机填补国内空白，达到国内领先水平。1996年7月，企业改名为栖霞轻纺机械厂。同年，投资100万元，进行大圆机系列产品开发。2001年11月，栖霞轻纺机械厂改称烟台大金圆纺机有限公司，是山东省生产针织机械及器材的专业厂家，公司拥有10多项科研成果，研制出高速曲线棉毛机、人造毛皮机、弹力提花机、单面机等产品。

2001年，GE018型高速罗纹机试制成功，经专家鉴定，认为该机彩触摸屏机电一体化技术填补国内空白，整机性能达到国内领先水平。其后，又相继开发出GE024双面机、GE013型单面机、ZE013型单面机、花盘提花机等产品。经过多年的发展，烟台大金圆纺机有限公司已成为长江以北最大的针织机械制造基地，产品遍布全国20多个省、市。2002年，大金圆纺机有限公司实现销售收入6000多万元。

## 第三节 农机 机电

**农机具** 农机具制造业是在小农具制作的基础上发展起来的。中华人民共和国成立初期，仅有铁匠炉、木工房等个体手工业者，以修造小农具为主。进入70年代，县内农业机械制修企业发展到3处，栖霞农业机械修造厂、栖霞县农机厂、栖霞县第一农机厂。至1978年，主要产品有脱粒机、农用水泵、12马力拖拉机、榨油机、饲料粉碎机等13个品种，总产量895台，总产值433万元。

1980年以后，因农机产品销路阴塞和产品积压严重等原因，3个农机修造厂先后转产，依次改名为栖霞液压件厂、栖霞县工具厂和栖霞县第二工具厂，其农机具修理业务，主要由乡（镇）农具厂接替。

随着改革的不断深入和市场变化，2002年末，农机具生产企业仅有栖霞市蛇窝泊镇农机厂和栖霞市农机配件厂2户企业。共拥有总资产1300万元，其中固定资产340万元，流动资产800万元，从业人员198人，主要生产农机配件及刹车片。年实现销售收入3000万元，利税300万元。

**电机、电器** 20世纪80年代初，无电机生产企业，80年代中后期，始有电机、电器生产，但电机生产厂家只有烟台电机有限公司、烟台新明电机有限公司2家企业。电器生产厂家有豪立电子有限公司、栖霞市灯具厂等10家企业。2002年末，上述企业拥有总资产1.2亿元，其中固定资产4260万元，流动资产6250万元，从业人员838人，主要生产电动机、灯具等产品，电器行业年实现销售收入8100万元，利税850万元。

栖霞县电器厂建于1971年，主要生产J051交流电动机和J02系列电动机。20世纪80年代中期，更名烟台电机厂，年产电机1.5万千瓦。烟台新明电机公司是20世纪90年代初引进的韩国独资企业，主要生产单相、三相0.1千瓦到75千瓦电动机80多个品种，年生产能力15万台，产品全部出口韩国、美国、日本等国家。

## 第四节 汽车配件

1985年之前，汽车配件制造企业有液压件厂、机床厂、工具厂等企业，1986年以后，野介集团汽车模具研究所、烟台呈达车辆配套有限公司、裕霖工具制造有限公司、众声工具有限公司等汽车配件企业陆续开工，其生产规模不断扩大，产品从单一走向多样化。1998年，骨干企业栖霞市液压件（活塞）厂，拥有活塞加工生产线12条，齿轮泵加工生产线5条，主要生产加工设备540台（套），年可加工各种活塞360万只、齿轮泵38万台、机油泵20万台。公司主导产品ф50～ф150毫米活塞有160多个品种，并可生产头部镶耐磨圈、内置冷却油道的镶片活塞，还可进行裙部镀锡、喷涂石墨、顶部硬质阳极氧化等特殊处理，为潍柴、莱动、泰柴、江淮、云内等各主机厂配套。是年，液压件厂进入山东省机械工业企业50强行列。1999年，获得ISO9002国际标准质量体系认证。产品“牙山”牌齿轮泵和“银云”牌活塞被评为山东省名牌产品。

到2002年，车辆配件行业主要产品有活塞、齿轮泵、汽车模具、改装汽车、工具扳手等。汽车配件行业的企业拥有总资产3.5亿元，其中固定资产1.3亿元，流动资产2亿元，从业人员2630人，年实现销售收入2.7亿元，利税2800万元。

## 第五节 其他机械工业

90年代以后，栖霞县陆续建立了10户其他机械工业企业，其中具有一定规模的企业有烟台中林钢构工程有限公司、山东省大通无氧铜材厂、山东大通金钢石厂、栖霞市冶金高温材料厂、栖霞市机床电器配件厂等企业。2002年，实现销售收入1.2亿元，利税1100万元。

骨干企业烟台中林钢构工程有限公司成立于1995年，是印度尼西亚ALIMGROUP集团投资兴建的专业从事焊接H型钢及轻钢结构房屋建筑系统的设计、制作安装的外商独资企业，也是国内专业化程度高、设备先进、制造精良的钢结构生产企业。公司靠质量和信誉赢得世界著名钢结构制造商—美国巴特勒公司的认可，成为巴特勒公司中国地区钢结构制作中心。

液压件（活塞）厂生产的活塞 （2002年）

液压件（活塞）厂生产的机油泵（2002年）

液压件（活塞）厂生产的齿轮泵（2002年）

# 第五章 五金和建材工业

## 第一节 五金制品

80年代，栖霞县五金生产仅有工具厂和电焊条厂两个市属企业和2个乡镇企业。主要产品有双头扳手、两用扳手、超大型双头扳手、焊条等。

1982年，“金狮”牌T422ф2.5～ф5电焊条被山东省经贸委评为优质产品，1984年，“霞光”牌双头呆扳手、两用扳手被山东省经济贸易委员会评为优质产品。

进入90年代以后，栖霞裕霖工具制造有限公司、栖霞市众声工具有限公司、栖霞市工具股份有限公司和山东鑫源焊接材料有限公司等改制企业和新上企业相继开工生产。主要产品有双头扳手、两用扳手、超大型双头扳手、胡桃钳、顶切钳及电焊条等。其中，英制两用扳手、超大型双头扳手和顶切钳填补国内空白，至今独家生产。

1994年，投资54万元成立栖霞县鑫源选矿有限公司，该公司1997年6月，租赁已经停产倒闭的烟台市电焊条厂，投资100万元，成立烟台鑫源焊条有限公司，1998年8月，兼并青岛一家国营电焊条厂，成立青岛鑫源焊接材料有限公司和烟台烟丰果品有限公司。1999年12月，投资1000万元，注册成立山东鑫源焊接材料有限公司。总公司拥有资产总额1.2亿元，职工1300多人。有四条焊条生产流水线，焊条液压生产设备520吨，可生产酸性碳钢焊条、碱性碳钢焊条、低合金焊条、堆焊焊条、铸铁焊条等6个单元80余种型号的产品5万多吨。同时可生产CO2气体保护焊丝。公司焊条生产历史悠久，质量可靠，工厂和产品已被中国“CCS”、美国“ABS”、英国“LR”和挪威“DNV”认证机构认可。“海洋”牌、“狮子”牌电焊条驰名国内外。

1996年，工具总厂获自营进出口权。产品主要销往美国、德国、澳大利亚、日本、波兰等四十多个国家和地区。2001年11月，工具总厂改制成立栖霞市裕霖工具制造有限公司，拥有固定资产2200万元，资产总值3100万元。裕霖工具制造有限公司，拥有锻压、热处理、镀锌、加工等设备230台（套），其中300T～1600T的磨擦压力机7台，各种冲床20台，各种加工机床50余台（套）。主要生产两用扳手、双头扳手、勾头扳手、轮胎起子等四个系列100多个品种规格，年产量达300万件。

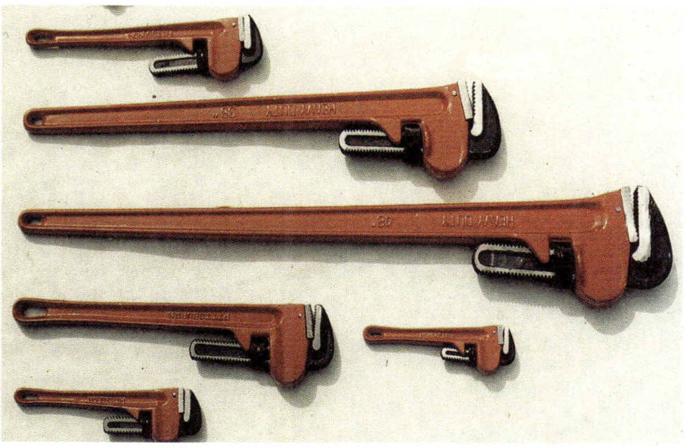

2002年众声公司生产的管钳

2001年，栖霞市众声工具有限公司，主要生产两用扳手、双头扳手、管子钳、顶拔器、钩头扳手、锻件六大系列70多个规格的产品，年产各类扳手60万套的能力。公司生产工艺先进、规格齐全，从公制5.5～80毫米到英制的

1/4″—3″系列扳手都能生产，产品全部出口到美国、中东、东南亚等国家和地区。2002年实现销售收入500万元，利税90万元。2002年，五金行业共有职工2000余人，产品除供应国内市场外，还销往美国、英国、德国、日本、澳大利亚等30多个国家和地区。全市五金制品企业年实现销售收入3600万元，利税380万元。

## 第二节 石材石料

**大理石开采加工** 大理石开采加工工业始于20世纪80年代，1982年，建成栖霞县大理石厂，1988年，在桃村建成栖霞县大理石总厂，随后大庄头理石厂等一批乡镇办和村办理石加工厂相继建成。到2002年，从事理石生产的工人达1200多人，产品有10多个品种，开采加工地域主要在大庄头乡、桃村镇、庙后乡、唐家泊镇、官道乡，年开采理石21万立方米，加工理石板材15万立方米。

**花岗石开采加工** 境内花岗岩石主要分布在境内东南部唐家泊镇、桃村镇。唐家泊镇分布面积达40平方公里，储量约86亿立方米。20世纪80年代，开始开采加工花岗石，90年代，花岗石开采加工业达到鼎盛事期，先后建成以牛蹄夼、田里、上庄、东上寨村为主的重点开采区和以唐家泊至牙后，下张家至北马家，中三叫至尹家庄等五条全长60公里的石材加工长廊。到2002年末，唐家泊镇采矿点发展到146个，年开采量达到30万立方米。从事石材加工的专业村达到50多个，私营企业10多处，从业人员3000多人，占全镇劳动力的12%，年收入达1亿元。桃村镇采矿点发展到60个，年开采量达到30万立方米，从事石材加工的村达到60个，从业人员达到1200多人，占全镇劳动力的7%，年收入达到1.2亿元。

花岗石加工企业有烟台汇丰石材有限公司和栖霞玉益石材有限公司。1988年，成立烟台汇丰石材有限公司，主要产品为石材系列，月产路边石4万多米，机切板材2000平方米左右，是烟台市花岗岩路边石、板材最大的生产企业之一，产品90%出口，主要销往德国、法国、意大利、英国、美国、日本等十几个国家和地区。

2002年，成立栖霞玉益石材有限公司，主要进行石材加工与销售，主导产品为各种板材、路边石、台阶石、铺地石以及各种石材雕刻等，年加工石材8万吨，产品全部出口，销往西欧国家。

桃村花岗石开采加工场（2002年）

## 第三节 水泥及制品

水泥生产的主要原料资源是石灰岩，占配方总量的80%以上。境内石灰岩为山东省6大储区之一，主要分布在臧家庄镇、经济开发区中桥村、庙后镇、桃村镇大庄头村一带。据山东省地质勘探三大队1984年的勘探数据表明，栖霞市境内用于水泥生产的石灰岩资源（以主要应用成份CaO含量46%为矿计算）理论储量约4亿吨。

最早生产水泥的工厂是栖霞水泥厂，建于1958年，当时设备落后，土法手工操作生产，年产量11.6吨。20世纪70—80年代以后，进行机械化改造，年产量突破9万吨。1983年，建成1条年产8.8万吨的水泥生产线，当年生产能力

达到7万吨，主要生产32.5R水泥。

90年代引进的三菱水泥厂和东源水泥厂工艺技术先进，根据市场的需要既能生产42.5R型硅酸盐水泥或32.5R型火山灰质水泥、粉灰质水泥、矿渣水泥，也能生产道路水泥、抗渗水泥等特种水泥。

到2002年末，境内水泥行业产品有“白洋河”“宝桥”“塔峰”“牙山”“三菱”和“东达”等6个知名品牌，有27.5R、32.5R、42.5R型等3种标号。共有水泥生产企业10家，年水泥生产能力600万吨。

三菱水泥厂外景（2002年）

水泥制品企业主要生产混凝土构件、建筑砌块、水泥输排水管、空心砖、石灰及石灰粉等产品。2002年，全市有水泥制品企业11家，年实现销售收入22.5亿元，利税1.8亿元。以市水泥管厂的生产规模为最大，年销售收入占整个水泥制品企业70%以上。

水泥管厂生产的排水管（2002年）

# 第六章 纺织和服装工业

## 第一节 纺 织

**丝绸纺织** 丝绸工业起源于唐家泊一带，早在清朝光绪年间，此处的丝绸作坊逐渐增多，所产质地洁白，滑爽挺括，被誉为“唐绸”。1920年巴拿马博览会上，唐家泊所产的“二鹿”牌和“三鹿”牌柞丝绸荣获银奖，“唐绸”从此闻名海内外。

栖霞的丝绸工业在80年代至90年代初有过辉煌的历史，许多产品畅销海内外，并获得省、国家等优质产品称号，其中，1979年821111鲁花呢获国家经委金龙奖；1985年43608芝罘绸获山东省优秀产品奖，1987年获纺织工业部优质产品奖；1985年351303金乐缎获山东省丝绸公司优秀产品奖；1987年L6154芝罘绸获山东省优质产品奖；1991年真丝炼白双绉获纺织工业部优质产品奖、12228真丝重绉获山东省优秀新产品二等奖。当时的"云梦霞"商标驰名海内外。

至1994年底，栖霞县丝绸厂拥有职工831人，固定资产834万元，设备410台（套），下设织绸、漂染、印花、修配四个车间和一个服装厂，完成工业产值5000万元，利税150万元，在全县工业企业中名列前茅。由于市场因素，丝绸生产逐渐减少，企业于1996年7月停产。

**毛纺织** 栖霞毛纺织业始于1988年，由原栖霞毛皮厂的一个车间从事毛纺织生产，后由中国纺织机械设备总公司投资200万元、栖霞毛皮厂投资260万元合建栖霞毛纺织厂，年生产能力500吨，主要产品有毛纺纱、晴纶纱等。1991年，改名为栖霞县中光纺织有限公司。1996年进行改制后，新上合毛机、疏毛机，增加毛涤生产工序。2001年，为扩大生产规模，烟台康乐医疗公司投资500万美元，在栖霞市中光纺织有限公司原址进行改造，成立栖霞东方卫生材料有限公司，生产高品质医疗卫生材料。原毛纺设备全部拆除，毛纱停止生产。

**棉纺织** 栖霞县棉纺织厂建于1972年，1974年2月正式投产，是全民所有制中型棉纺织企业，曾是栖霞县的骨干企业和利税大户。年产各类纱线6400吨，宽幅坯布450万米，细支高密高档服装面料540万米，其中27.8T纯棉普梳纱被山东省和纺织工业部评为优质产品。

随着全国纺织行业限产压锭调整计划的实施，栖霞棉纺织厂的生产经营遇到严重困难，1996年6月企业停产。

1998年，栖霞市委、市政府与德州棉纺集团达成合资合作协议，成立德州棉纺集团栖霞市纺织有限公司。该公司总资产1.45亿元，有纱锭35808枚，气流纺336头，线锭3200枚，GA615-75织布机204台，日本丰田190喷气织机98台。德棉集团栖霞纺织有限公司主要产品为各类棉纱、混纺纱、包芯纱线及各种棉布、弹力布、纺麻等。其中细支高密、弹力布为栖霞公司的主导产品，技术含量在国内取于领先位置。2000年8月，企业通过ISO9002质量体系认证。2002年，企业生产棉纱4995吨，坯布2010万米。

1998年新公司成立后开工的纺纱车间

德棉集团栖霞市纺织有限公司生产的棉纱

**针 织** 1970年成立栖霞县针织厂，1978年成立栖霞县毛巾厂，1981年栖霞县第二针织厂投产，栖霞的针织业开始形成规模。到2002年底，全市针织企业已发展到100多家，桃村镇成为境内针织业聚集地和生产基地。针织产品主要有男女针织内衣、内裤、毛巾、毛巾被、针织浴衣等。2002年，针织行业共实现销售收入1.2亿元，利税1100万元。

## 第二节 服 装

最早从事服装生产的企业是栖霞县被服厂，1958年成立，1978年更名为栖霞县服装厂。1984年服装厂首次与日本野村贸易株式会社建立贸易关系。1990年，栖霞县服装厂更名为工贸联营栖霞县工艺服装总厂，生产设备从家用脚踏缝纫机到电动大连杠带动脚踏缝纫机发展到普通电动缝纫机。生产经营主要从事客活成衣加工、国内外来料加工和生产内销于一体。

1992年5月，栖霞县工艺服装总厂更名为栖霞县服装集团公司，并与台湾信泉股份有限公司合资，共同投资500万元，成立烟台青山服饰有限公司，开展自营出口业务。同年，企业招聘服装专业人才260名，投资1500万元，建起占地55000平方米，建筑面积65000平方米的现代化生产厂房，购进集服装设计、排料、制版等多功能于一体的法国LECTRACAD系列及服装制作、水洗、形态安定等日本BROTHER、JUKI，美国SUSSMAr牌系列配套设备1500台（套）。有16个生产车间，58条作业线。1995年5月，获得自营出口权，2000年，通过国家ISO9002质量体系认证。

栖霞县服装集团公司生产车间（1995年）

至2002年，栖霞市服装集团公司自营出口平均每年以20%的速度递增，完成出口额总额2600万美元，通过国家出口产品免验审核，成为山东省首家出口免验企业。全市服装加工企业发展到5户，有栖霞市服装集团公司、栖霞市英丽服饰公司、栖霞市天宏服饰有限公司、栖霞市宝丰制衣有限公司、栖霞市佳佳服饰有限公司等。

## 第三节 印染

栖霞县印染厂始建于1971年，当时工人只有60多人，属小作坊式生产。主要给青岛市缝纫机一厂加工硫化兰更生布，兼营零布加工染色。由于管理水平低、消耗大、成本高，除去工资，利润较少。经过技术改造，企业创新，规模不断扩大，产品产量、质量不断提高。到1984年，企业占地面积10万平方米，建筑面积2.5万平方米，固定资产原值1000万元，主要产品已扩大到各种规格的纯棉帆布、涤棉绸纺布、纯棉布、棉维交织布、丝绸等。

1995年，印染厂实现工业总产值2.1亿元，利税1217万元，荣获“全国500强三资企业”“全国最佳经济效益企业”“山东省500强三资企业”称号。综合经济效益居全省纺织行业第二名，“亚通”牌印花被罩被评为全省名牌产品。

2000年，印染厂更名为栖霞易通印染有限公司，拥有160型热溶染整、圆网印花、卷染、牛仔服装及床上用品四条生产线，并配套250KW余热发电机组，已形成年产纯棉、涤棉、漂白、染色等各类布料1500万米和年产100万件套印花被罩等系列床上用品的生产能力，产品90%以上出口。主要销往日本、美国、阿联酋等国家和地区及国内十几个城市。

## 第四节 人造毛皮

栖霞人造毛皮厂成立于80年代，原属县纺织局，毛皮生产在80年代末、90年代初有效益，但利税仅在百万元左右，后一直不甚景气，改产毛绒玩具和毛绒工艺品，经济效益也不高。1996年出售给个人成为私营企业，多年不从事毛皮制品生产。

1990年，企业总产值949.3万元，净产值249.2万元，销售收入888.7万元，利税163万元，其中利润0.1万元，年末固定资产净值1504.1万元。1996年，总产值3926万元，工业增加值1222.8万元，工业销售产值376.8万元。1999年，总产值4915万元，销售收入481.3万元，出口交货值50万元，工业增加值244.2万元，资产合计3691.7万元，存货151.1万元。2000年企业倒闭。

# 第七章 化学工业

## 第一节 化肥

栖霞市化肥生产企业主要生产尿素、碳铵、复合肥等。随着市场形势的发展，栖霞的化肥生产趋入滑坡或停产，2002年末，仅有瀚海集团公司一个企业在生产。

**尿 素** 1996年10月，烟台桃村化肥厂投资6800万元在原有年产4.5万吨合成氨的基础上扩建改造，新上尿素生产线，于1997年6月投产，年生产能力6万吨。1999年以后，因管理不善，企业停产。

1997年生产的尿素产品

2002年10月，桃村化肥厂破产拍卖，青海瀚海集团公司以1600万元一次竞买成功，成立山东瀚海化工肥料有限责任公司，主要生产尿素，年实现销售收入8000多万元。

**碳酸氢铵** 原烟台桃村化肥厂的老产品，于1976年投产，设计年生产能力5万吨合成氨。

**复合肥** 栖霞磷矿于1988年投产，先后生产出玉米、花生、小麦、烟草、苹果等系列专用肥。1990年之后，出现众多由私人开办的小复合肥生产厂。进入21世纪后，复合肥停产。

**普通氨水** 普通氨水渗透力强、肥效快，但因有施用麻烦、利用率低的缺点，在农业生产中已经很少使用，到2002年末，仅有2家个体企业在少量生产。

## 第二节 橡胶

栖霞橡胶工业主要产品是橡胶轮胎、管、带及杂件。轮胎生产企业为栖霞县轮胎厂，建于1971年，年轮胎生产能力10万套。1992年，组建栖霞市橡胶工业集团公司，属国有中型（一）企业。厂区占地面积10.2万平方米，建

筑面积4.2万平方米。年生产能力为轮胎30万套、防水卷材50万平方米。因管理不善，该企业于1999年停产，2002年破产。

2002年，管、带、橡胶杂件主要生产厂家是一些乡镇企业和个体户。苏家店镇化工厂20世纪90年代改制改产，不再生产橡胶制品。栖霞擎天防水材料公司生产的橡胶制品是建筑用603防水卷材，原料是丁苯胶和氯化聚乙烯，主要用于建筑物楼顶防水，具有施工方便、防水性能好等优点，曾获国防科工委优秀科技成果奖。

## 第三节 制 药

烟台中洲制药有限公司，是栖霞唯一的医药生产企业。该公司成立于2001年7月，隶属于中国北方方正集团股份有限公司，是一家集药品研制、生产、经营于一体的现代化企业，固定资产2500万元，企业占地面积16万平方米，建筑面积6300平方米，员工97人。产品以中成药为主，共有两个剂型6个品种，其中“心安宁片”被列为国家中药保护品种；“精制银翘解毒片”已申请列入国家基本药品目录和山东省城镇职工基本医疗保险目录。

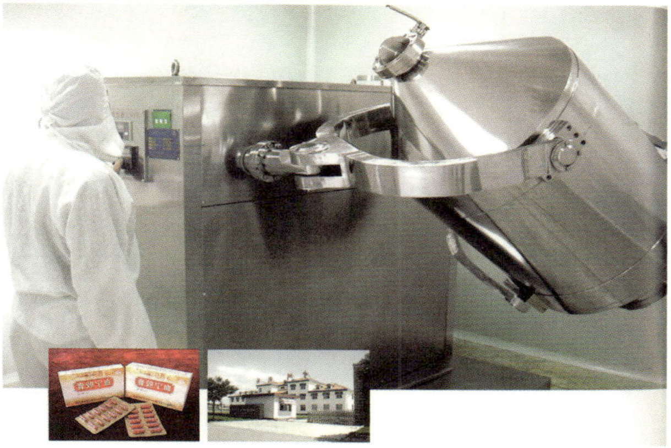

中洲制药生产车间及产品（2002年）

公司自行研制、开发并申报的国家一类中成药——陀螺银屑胶囊试制成功。该公司是“山东省高新技术企业”，产品覆盖国内大部分市场。2002年，实现销售收入2400万元，利税420万元。

## 第四节 其他化工产品

**无机化工** 栖霞的无机化工产品是硫酸，生产企业为栖霞市东发化冶公司的硫酸厂，成立于1994年6月，年产量2万吨，1998年，企业进行技术改造，到2002年，企业生产能力达到4万吨。

**有机化工** 有机化工产品始于20世纪80年代，仅有一个有机化工生产企业——栖霞市五星化工总厂，主要产品为乙醇胺，1996年停产。

**农 药** 农药生产兴盛于20世纪80年代，生产企业多为个体和联营。1988年成立栖霞通达选矿药剂有限公司，主要生产苹果剁虫剂等，为农药重点生产厂家，2002年企业生产能力达2万吨。

**塑 料** 1999年12月成立烟台三碟塑料制品有限公司，由栖霞桃村三行实业总公司与日本内内特株式会社合资兴建，主要生产礼品袋、挂衣袋、购物袋等产品。到2002年，年生产塑料制品7000多吨，全部出口日本市场。

# 第八章 食品工业

## 第一节 食品加工

1988年，全县有24家食品加工企业，年工业总产值4.8亿元。1990年以后，食品加工向高中档方向发展。主要生产企业有烟台安洋食品有限公司、山东六和集团有限公司栖霞冷藏厂、栖霞万阳面粉有限公司、栖霞花生制品厂等20多个企业。主要产品有肉鸡加工，年产1万吨；面粉、挂面，年产3万吨；烤花生果，年加工5000吨。另有各种糕点、苹果蒲、水产品等产品。2002年，食品加工行业实现销售收入11.5亿元，利税1.05亿元。

## 第二节 饮料加工

1958年，兴建栖霞酿酒厂，当年投产，主要生产白酒，1984年，又增加山楂酒生产。到1988年，饮料加工企业有5家，年工业总产值3.05亿元。进入20世纪90年代，山楂酒停止生产，转为生产葡萄酒。1990年以后，饮料加工向高中档方向发展，并出口许多国家。

1996年7月，栖霞白洋实业总公司与国内两家国有企业共同兴建山东栖霞源通果汁有限公司，该公司是最早从事果汁加工的生产企业。1998年8月，在栖霞源通果汁有限公司的基础上，重新成立烟台源通果汁有限公司，企业重新组合后，果品加工能力大幅度提高，每小时加工苹果达40多吨，年可加工果汁2万多吨，出口创汇达到1300万美元，实现利税1000万元。

到2002年末，饮料加工业共有规模以上工业企业14家，总资产6.65亿元。重点企业有烟台源通果汁有限公司、烟台白洋河酿酒有限公司。这些企业主要生产果汁、高中档白酒（年产4000吨）、葡萄酒（年产1万吨），年实现销售收入22.7亿元，利税1.9亿元。

白洋河酿酒公司生产的系列葡萄酒（2002年）

## 第三节 果蔬加工

果蔬加工始于80年代初，主要生产果脯、袋装蔬菜等，以手工加工为主，1989年仅有5户生产企业，并且规模小，收益甚微。进入20世纪90年代，果蔬加工向多样化、多品种化发展。1995年，新上果蔬加工企业13家，产品有果脯、蔬菜、野菜加工、各种水果罐头、腌制产品等。

2002年，烟台市金茂投资有限公司与美国金茂国际公司共同投资兴建烟台金茂食品有限公司，公司拥有6000吨的低温冷藏、恒温保鲜库，有4条冷冻、水煮、腌制、蔬菜加工流水线，年产量达到1万多吨。公司建立蔬菜种植基地400公顷，成为集种植、生产、加工、冷藏、销售为一体的综合性食品加工企业。

到2002年末，全市各类果蔬加工企业增加到19家，其中市属企业2家，乡镇属企业6家。随着果品保鲜及加工能力的陆续增加，果蔬加工规模不断扩大。全市建有冷风库、气调库131座，储存量达到24.4万吨。

# 第九章 电力工业

## 第一节 供电

1977年，全县有栖霞、观里和电工厂3座35千伏变电站。1985年6月，在桃村建立220千伏变电站，相继改造建设桃栖、桃臧送变电工程。

栖霞城区110千伏变电站下设栖霞—观里、栖霞—寺口、栖霞—苏家店、栖霞—松山、栖霞—蛇窝泊、栖霞—占疃、栖霞—南郊、栖霞—东郊、栖霞—小庄9座35千伏变电站。

臧家庄110千伏变电站下设臧家庄—中桥、臧家庄—开发区、臧家庄—亭口、臧家庄—寨里、臧家庄—寨里水泥厂5座35千伏变电站。

在电网形成的同时，大力发展农村电力。20世纪70年代，全县只有30多个村庄通电，80年代，供电事业发展很快，全县有60%村庄通电，到1993年，全县农村通电率达到100%。至2002年末，全市辖设17个供电所，21座变电站，主变总容量68.01万千伏安，送配电线路总长2100公里。供电公司相继通过国家“农村电气化县”、山东省“节电先进县”“省一流县供电企业”达标。

风力发电，节能环保。2002年成立栖霞市润霖风电发展有限公司唐山硼风力发电场，投资3亿元，投运38台风机，容量2.8万千瓦，是山东省规模最大的风电场。

## 第二节 电网建设

1985年，全县供电能力13062.5万千瓦时，1987年，上升为16766.2万千瓦时，1989年，达到21328.8万千瓦时。进入90年代以后，加大科技进步力度，经过新建和改扩建，供电能力大为增加，1990年，供电量23650.2万千瓦时，1995年，公司共有12项（次）科技成果获省市县级科技进步奖，15项成果获国家专利，1项成果获国际金奖。当年供电量为36350万千瓦时。

1997年3月，市重点工程——臧家庄110千伏送变电二期工程竣工，结束栖霞110千伏电网电源单一的历史，彻底改变电网布局和投资、用电环境。

1998年，国家出台“两改一同价”政策，供电部门争取国家无偿贷款10080万元，完成13项35千伏以上项目，43条计136公里10千伏配电线路，913个用电村，整体工程仅用9个月的时间。当年供电量达到35103.6万千瓦时。

2001年，重点加强变电站双电源建设，先后投资830万元，进行变电站有载调压改造、高耗主变淘汰改造、油开关改造、变电站无人值守改造等技改工程，全市变电站双主变运行率达到100%，35kV中心变电站达到双电源供电，10千伏开关全部为真空开关，变电站全部实现无人值守，设备完好率达到100%。改造后，全市农村低压线损平均下降10%。坚持“安全第一，预防为主”的方针，开展安全生产竞赛，以“零违章”确保“零事故”，先后完成办公自动化工程、计算机局域网广域网工程、光纤通讯工程、变电站无人值守改造工程、用电MIS系统建设工程等重点项目，企业科技含量不断提高，全市电网步入调度自动化、通讯自动化、办公自动化、变电无人值守化的科技进步新时代。至2002年末，安全生产实现7238天无事故。

1995—2002年，供电公司先后争取国家、省、市建设技改资金16676万元，新建、扩建、改建35千伏变电站20座，完成城区“手拉手”环网供电工程。2002年，全市供电量达到37282万千瓦时。

臧家庄镇变电站（2002年）

### 1985—2002年栖霞市供电售电情况统计表

表9-4

| 年 份 | 供电量（万kWh） | 售电量（万kWh） | 线路损失电量（万kWh） | 线路损失率（%） |
|---|---|---|---|---|
| 1985 | 13062.5 | 12511 | 551.5 | 4.22 |
| 1986 | 15663.6 | 14899.1 | 764.5 | 4.88 |
| 1987 | 16766.2 | 16002 | 764.2 | 4.56 |
| 1988 | 19882 | 19114.1 | 767.9 | 3.86 |
| 1989 | 21328.8 | 20275.8 | 1053 | 4.94 |
| 1990 | 23650.2 | 22578.5 | 1071.7 | 4.53 |
| 1991 | 25953.1 | 24790 | 1163.1 | 4.48 |
| 1992 | 28102 | 26806.8 | 1295.2 | 4.61 |
| 1993 | 29383.4 | 28037.1 | 1346.3 | 4.58 |
| 1994 | 32114.3 | 30578.6 | 1535.7 | 4.78 |
| 1995 | 34425 | 32812.1 | 1612.9 | 4.69 |
| 1996 | 36350 | 34631.2 | 1718.8 | 4.73 |
| 1997 | 36462.8 | 34796.5 | 1666.3 | 4.57 |
| 1998 | 35103.6 | 33824 | 1279.6 | 3.65 |
| 1999 | 40536.6 | 39290.3 | 1246.3 | 3.07 |
| 2000 | 38160.7 | 36662.2 | 1498.5 | 3.93 |
| 2001 | 34456.5 | 33167.2 | 1289.3 | 3.74 |
| 2002 | 37282 | 36186 | 1087 | 2.92 |

# 第十章 其他工业

## 第一节 造纸与印刷业

**造 纸** 1985年，造纸厂实现销售收入549万元，实现利税52万元。到1989年，造纸行业共实现销售收入9602万元，占全县工业的33.9%，实现利税1273万元，占全县工业的26.0%。由于污染严重，20世纪90年代以后，进行多次污水控制，禁止污水排放，企业进行技术改造，生产受到影响。1996年，造纸厂被包装印刷集团公司兼并。1998年，包装印刷集团公司，包括造纸厂整体出售给个人经营。

**印 刷** 1985年至1995年11年间，印刷业生产形势发生较大变化，乡镇办和村办小印刷厂由于设备技术落后，逐步被淘汰。栖霞县造纸厂随着国际、国内市场变化和国家对环保工作的重视，因产生严重污染而转产。1996年7月，在印刷厂的基础上成立栖霞包装印刷集团公司，企业固定资产原值1870万元，印刷品年产值2650万元，实现利税140万元。进入2000年以后，由于受市场和管理等因素的影响，企业处于停产和半停产状态。

**工艺美术** 1985年，栖霞县工艺美术产品主要是棒槌花边、棉麻绣花、花边服装，主要生产企业是栖霞市艺品厂，大部分产品出口国外。1991年以后，工艺品出口量大幅度减少，抽纱绣品企业产量锐减，效益下滑。全市抽纱绣品规模以上企业有2家，私营联办企业有4家，从业人数1300多人。骨干企业工贸联营山东栖霞抽纱厂固定资产原值1047万元，1995年，完成工业总产值2913万元，销售收入1833万元，实现利税75.6万元。

到2002年，全市抽纱刺绣工艺品制造业规模以上企业完成工业总产值533.8万元，出口交货值376.2万元。

地毯生产有工艺美术厂和地毯厂2个企业，工艺美术厂固定资产原值105万元，主要产品抽纱刺绣、工艺地毯、挂毯等。1995年，工业产值2000万元，利税130万元。随着国际市场的变化，生产品种单一，经营困难，处于半停产状态。1995年，地毯厂工业产值236万元，利税12.1万元，2002年停产。

## 第二节 烟草加工

1978年，成立栖霞雪茄烟厂，是栖霞县最早生产烟草的企业，主要生产中低档香烟。1994年1 月，划归青岛颐中集团公司，属国家中型（二）企业，香烟生产向中高档发展。厂区占地面积4万平方米，固定资产净值1.5亿元，1997年，通过中国质量协会ISO9000质量体系认证。企业主要生产“八仙过海”“大团圆”“蓬莱阁”系列牌号卷烟，年产8万大箱。1996—2002年，企业年平均实现利税均在8000万元以上，是烟台市的利税大户。根据国家产业政策，压缩卷烟生产量， 2002年6月，企业转产包装、卷烟用辅料。

## 第三节 电 子

1976年10月，栖霞县农机修造厂的军工车间与栖霞县钟表配件厂合并，成立山东省栖霞无线电厂，成为栖霞县第一家电子产品的专业生产厂。主要生产JBK-50型收扩两用机、JSK-

100A型晶体管交、直流两用机、SK-50A型电子管收扩两用机，同时承担烟台木钟厂配件加工业务。1980年4月，新建1736平方米生产大楼，并将钟表配件的加工业务移交臧家庄修配厂，开始向科研、生产、销售为一体的专业化电子企业发展，并成为电子工业部生产扩音机的定点厂家。1988年，完成工业总产值800万元，销售收入587万元，实现利税132万元。1991年7月，在栖霞无线电厂的基础上，成立栖霞县电子工业公司，同时承担全县电子行业管理。1997年底，栖霞县电子工业年产收、录、扩音机系列2万台，完成工业产值1348万元，销售收入1036.3万元，实现利税136.8万元

1998年8月，企业实行改制，将企业产权转让给内部职工。同时，由改制后的剩余职工自发成立东信电子有限公司。该公司开发具有内存播放国歌、音铃、火警3种功能的DGK-B型扩音机，取得国家实用型专利。并与香港合资生产DXAP系列公共广播系统定压输出功放机、十路分区器、十路监听器、智能广播控制器、电源时序器、室外音档草坪音箱等产品。2002年，企业通过ISO9001：2000质量管理体系认证，产品销往全国26个省、市、自治区。

2002年末，全市共有规模以上电子信息企业6户，主要企业有烟台红壹佰照明有限公司、佳虹电子有限公司、东信电子有限公司等。主要生产电子节能灯、信号灯、音响等产品。其中红壹佰照明有限公司的红壹佰牌电子节能灯属国家免检产品、山东省名牌产品。年实现销售收入1.3亿元，利税1000万元。

红壹佰有限公司的灯具制作车间（2002年）

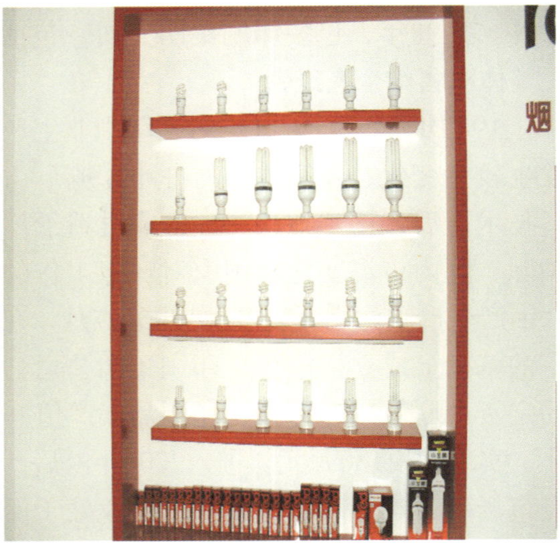

红壹佰有限公司生产的“红壹佰”牌照明产品

# 第十一章 企业管理

## 第一节 生产管理

**质量管理** 1985年以后，随着改革开放的深入，企业、产品等都进入技术开发时期，工业系统质量管理越来越得到重视，每年除广泛开展质量月活动外，还开展质量年活动。1986—1988年，围绕产品质量，县抽纱厂、酿酒厂等20多个企业采取质量跟踪，服务到每一个用户，听取意见，反馈信息，加强产品质量改进，“白洋河”牌棒槌花边和干红、干白系列葡萄酒等产品，荣获山东省以上银牌奖。以品牌建设、名牌建设为目标，实施科技、质量年活动。丝绸厂、棉纺厂、针织厂、服装厂等针织行业，积极到各地大型商场、专业市场了解行情，大力研发新产品、高质量产品。1991年，丝绸厂的真丝重绉获山东省优秀新产品二等奖。1992年，服装厂生产的“英雄”牌男西裤被评为国家优质产品。1990—1992年，液压件厂、锅炉厂、机床厂、纺机厂、电器厂、电机厂等机械、电器行业，选派30多名科技人员到市场进行调研，获取市场信息和需求，回来后进行科研攻关。纺机厂研制的复合螺纹机1992年获山东省科技进步二等奖。

1993—1999年，加大科技进步步伐，企业产品质量上了新台阶。“牙山”牌齿轮泵、“银云”牌活塞、“火焰山”牌锅炉、“八仙过海”和“蓬莱阁”系列香烟、过滤机等30多个产品获省以上“优质产品”称号。进入21世纪后，质量管理向更高层次迈进，2002年，有18个企业通过质量体系认证。

**技术改造** 80年代，科技进步和技术改造被重视起来。1986年，在县经委成立栖霞县科技进步与技术改造工作领导小组，具体负责企业技改工作。1986—1989年，完成技改投资3700多万元，技改项目120余项，开发新产品35个，新增利润400多万元。其中，1987年研发的芝罘绸获纺织工业部优质产品奖。1988年开发研制的首台数控五色自动调线棉毛机，填补国内空白，荣获山东省一等奖。

1990—1994年，全县工业技改项目136项，开发新产品70多个，完成技改投资1.45亿元。液压件厂改造活塞加工生产线后，各类技术指标达到国内先进水平。同兴实业公司加大技术力量，对老设备继续淘汰、改造、提升，产品质量有了质的飞跃。电机厂与清华大学、山东大学等许多高等学府建立合作，采用先进技术，开发设计出科技含量较高的开闭机、三相异步电动机等高新技术产品。

1995—2002年，加大科技进步力度，构筑“大、高、外”经济新格局，全力推进技术改造速度。其间，全市共投入技改资金4.31亿元，技改项目230项，新上项目48项。1995年5月，日本三菱综合材料株式会社独资建设的现代化水泥企业竣工投产。10月，与香港兆峰陶瓷集团有限公司合资建设卫生洁具，项目总投资1.32亿美元。

1996年以后，市政府把抓技改、储后劲作为发展企业的动力，把科技、增效益作为工作的主要目标，组织企业互相观摩，外出考察，增加技改投入，加快科技进步步伐。华东烟台机械厂通过技改，研制的DU系列水平真空胶带式过滤机，通过省级鉴定，填补国内空白。红壹佰购进先进的电光源检测分析设备和元器件检测设备，增加生产线，生产能力达到260个品种。德棉公司1.03亿元债贴息项目——引进喷气织机及纺纱设备更新改造项目，2002年列入国家经贸委重点技术改造项目计划第八批国债专项资金项目，获国债资金7200万元，国家贴息792万元。

到2002年，有14家企业被山东省认定高新技术企业，全市高新技术产品年产值达到13 .1亿元。

**节能降耗** 栖霞县地处山区，是一个农业大县，工业弱县，资源较贫乏。20世纪80年代，是栖霞县农业大发展时期，是工业创业阶段，面临资源与发展的矛盾。1985年以后，县政府连续召开了节能工作会议、加快工业发展工作会议和科技工作会议，出台企业承包、科技进步奖励、新上项目鼓励政策等一系列文件，激励工业企业发展。同时，也对节能降耗作出硬性规定，在发展工业的同时，加强资源开发和利用，对全县工业用煤、用电、用油以及节约煤炭、计划用电、用油，降低消耗等方面提出新的要求。

1990—1995年，县政府制定《栖霞县节能降耗工作实施意见》《栖霞县关于进一步加强节能工作的通知》等一系列节能工作文件，要求在重点领域、重要环节、重要岗位上开展节能工作。企业技术改造、设备更新、工艺流程以及新上项目用地、用水、用电、用煤等都是节能重点。1995年，特别加强水泥行业、化工行业等耗能大户的管理，根据节能要求和生产需求，限制水、电、煤用量，控制浪费，对11家重点企业跟踪督导。

1996—2002年，重点加强黄金行业，滑石、理石、花岗石生产领域等矿业以及造纸、印刷、印染等耗能企业的节能管理，围绕增收节支，降消耗，抓节约，促生产，对全市167家重点企业跟踪管理，实地监测。2002年，全市工业系统节约煤炭6700多吨，节水580万立方米，节电17万千瓦时，有23家企业获得县以上“节能降耗先进单位”，37人获县以上“节能降耗先进个人”。

## 第二节 安全管理

**安全生产监管体系建设** 1985—1987年，对全县在用锅炉、压力容器等易爆易燃设备进行三次全面大检查。1988年，县政府组织经委、劳动、建委等部门和一轻、二轻、纺织、机械、供电等业务主管部门开展全县安全生产大检查，对查出的问题和隐患立即列出时间表，要求企业马上进行纠正、改正，再出现问题和事故，追究责任。自此，全县安全生产、安全教育、安全检查实行制度化、经常化，列入重要的议事日程。

1989年，建立企业安全生产责任制，厂长（经理）为第一责任人，将安全生产纳入法制化、制度化管理轨道。1990年，集中三个月时间进行安全生产宣传，印发法律、法规宣传册，集中整治事故隐患。印发《栖霞县安全生产管理办法》，制定管理目标、责任追究、事故处理等管理办法。1995年以后，企业安全生产全面进入网络建设时期，所有企业单位新上和改建项目必须上报安全系数和安全措施报告，达到指标要求的予以批复，到2001年，完善市、镇、村和政府、主管部门、企业“三级机构、四级网络”安全生产监管体系。2002年，全面落实《中华人民共和国安全生产法》和《山东省安全生产条例》等法律、法规，完善安全监管体系，全面提高事故防控能力。

到2002年末，市镇两级共有安全管理人员48名，执法人员36名；全市16个镇（街道、开发区）全部建立安全生产执法机构（中队），与镇（街道、开发区）安全监管机构合署办公，共有安全管理人员（执法人员）63名。

**安全标准化** 80年代，工业企业数量少，安全

措施不完善，进入90年代后，在各级各类企业中深入开展安全标准化工作。轻工行业酒类、针织、服装等易燃企业，全面实行安全达标管理，消防设备齐全，人员配备完整。机械制造行业全面实行技术改造，对粗糙乱制、不按规程操作酿成事故的追究当事人责任，甚至刑事责任。食品行业，严格质量标准，对掺假、制假造成社会影响的予以取缔和追究责任。建材行业，安全系数要求更高，黄金、滑石开采及探矿设施要求达到国家安全质量标准，水泥、理石加工、滑石粉生产等必须强化措施，减少职业病发生。

到2002年末，非煤矿山行业有3家企业通过安全标准化二级验收，12家企业通过安全标准化三级验收；危险行业、化学品制作行业有1家企业通过安全标准化二级验收；烟花爆竹批发企业通过三级考评工作。各类制造行业、教育、卫生、粮食等系统以及各镇、街道也相继开展安全生产管理达标活动。

建设工地安全检查（2002年）

**安全生产预防机制** 80年代，建立安全生产责任机制，经常性开展安全检查，90年代以后，建立常规检查制度、派驻安全督导员制度和发放安全生产行政许可证制度。到2002年，共组织专项检查574次，共检查各类企业单位965个次，查处隐患和问题869处。围绕非煤矿山、危险化学品、烟花爆竹、道路交通、建筑、公共集聚场所等重点行业，查处和治理隐患，全市共普查确定重大危险源51处，主要在纺织、建材、食品、黄金、制造等重点行业，针对问题，要求企业自检自查，更新设备，加强技术改造，减少事故发生系数，排除险情。

是年，市政府成立应急管理办公室，印发突发公共事件总体应急预案和44个专（分）项预案。成立非煤矿山专业化应急救援队伍和危险化学品应急救援专家领导小组。

**安全生产行政许可** 1990—2002年末，全市共发放非煤矿山安全生产许可证82个，危化品生产许可证11个、经营许可证212个，建筑施工安全生产许可证16个；关闭矿山131处、危化品经营企业2家。同时，重点落实非煤矿山、危化品等高危行业的安全生产“三同时”工作（设施与主体工程同时设计、同时施工、同时投入生产和使用），先后为44家生产经营单位进行安全生产“三同时”审查。

企业安全生产检查（2002年）

**安全生产宣传、培训** 1985—1990年，全县设置安全生产咨询台13个，接待咨询人员1560人次，在有关路口、重点工业区域安装醒目展板79块，发放《山东省安全生产条例》1879份，宣传材料2.8万份。1991—1995年，举办安全生产培训班30多次，张贴安全招贴画1769张，制作宣传橱窗2687个，出动宣传车98车次，悬挂宣传标语477幅，举办各类安全生产知识竞赛3场次。1996—2002年，组织安检员6次参加烟台市安全生产执法监察竞赛；举办12场应急救援演练，参加演习人数2370人次，动用灭火器材45台，观摩人数700余人。针对不同岗位、不同层面的职工，通过多种形式，组织实施“职工安全生产培训工程”，重点培训农民工、外来务工人员和职业学校学生，全市共培训各类人员2万人次。对生产经营单位主要负责人、安全生产管理人员、特种作业人员三个层面进行目标培训，培训人员438人次。

**重大事故** 1985—2002年，全市工矿商贸企业共发生重大生产安全事故65起，死亡72人，直接经济损失140万元，有3名事故责任者被追究刑事责任。

重大事故有四起。1995年1月10日，原栖霞县庙后乡滑石矿提升竖井发生高空坠落事故，造成2人死亡，卷扬机工被追究刑事责任。1996年7月15日，臧家庄镇花园村金矿一矿井发生炮烟中毒事故，造成4人死亡，矿主被追究刑事责任。2002年3月1日，栖霞市金兴矿业公司盘马金矿发生中毒和窒息事故，造成2人死亡。2002年9月1日，庙后镇李博士夼李友滑石井（无证）发生冒顶事故，造成2人死亡，井主被追究刑事责任。

# 第十二章 企业选介

**烟台三菱水泥有限公司** 是由日本三菱综合材料株式会社独资建设的现代化水泥企业。原属烟台市管理企业，后划归栖霞市管理。1992年9月注册成立，1995年5月竣工投产。公司主要生产“三菱”牌水泥，国家免检产品，年产熟料110万吨，水泥130万吨。产品80%出口日本，已成为水泥行业出口创汇大户，连续数年荣获国家、省、市有关部门颁发的“优秀外商投资企业”“先进企业”“纳税大户”等荣誉称号。

2002年，公司完成工业产值9635.9万元，实现销售收入1.77亿元，实现利税8655.3万元。

**颐中公司烟台卷烟厂** 前身是栖霞县雪茄加工厂，成立于1978年，主要生产中低档香烟。1994年1月，根据行业发展需要划归颐中集团公司，是颐中烟草（集团）有限公司的核心企业之一，属国家中型二档企业。厂区占地面积4万余平方米，1997年，通过中国质量协会的ISO9000质量体系认证。企业主导产品是“八仙过海”“大团圆”系列、“蓬莱阁”系列牌卷烟。

1996—2002年，企业年平均实现利税总额均在8000万元以上，是栖霞市利税大户。

**山东瀚海化工肥料有限责任公司** 属国有中一型化工企业，位于桃村镇东侧，始建于1976年，原名烟台桃村化肥厂，1978年5月，企业正式投产，合成氨年生产能力5万吨。2002年10月，桃村化肥厂破产拍卖，青海瀚海集团公司以1600万元一次竞买成功，主要生产尿素，年实现销售收入8000多万元。

2002年末，企业固定资产1.44亿元，职工900人，其中，各类专业技术人员100人，已达

到年产合成氨4万吨，尿素6万吨、联醇3000吨的生产规模，当年完成完成工业产值5.82 亿元，销售收入4.6亿元，实现利税5554 万元。

**栖霞供电公司** 属国有中（一）型企业，担负着全市工农业生产和居民生活供电及管理。辖设17个供电所，21座变电站，主变总容量397750千伏安，供电能力达到37282万千瓦时。2002年，创办润霖集团有限公司，主要从事风力发电、建筑、轻质砖、果品储藏、微生物肥、纸箱包装、通讯电子以及电力器材等生产经营。

2002年，完成工业销售收入达到885万元，实现利税1303万元。

**山东德棉集团栖霞纺织有限公司** 成立于1998年2月，是山东德棉集团有限公司下属子公司之一。资产总值1.75亿元，占地6万平方米。公司现有纱锭35808枚，气流纺336头，织布机204台，各种喷气织机154台，国产剑杆织机126台，自动络筒机、整经机、浆纱机等各种进口设备6台。主要生产纱两大系列40多个品种，布五大系列50多个品种，能生产各类棉纱、混纺纱、包芯纱等纱线；230厘米以下幅宽的各种棉布、弹力布、仿麻及面料，企业于2000年8月一次性通过ISO9001：2000质量体系认证。总投资1.03亿元的喷气织机及纺纱设备更新改造项目，2002年列入国家重点技术改造项目计划第八批国债专项资金项目，获国债资金7200万元，国家贴息792万元。

2002年，企业完成工业产值9591.7万元，销售收入1.05亿元，实现利税1094.1万元。

**烟台红壹佰照明有限公司** 成立于2002年，是烟台豪立电子有限公司与香港英华企业合资兴建的民营企业，省级高新技术企业。公司拥有先进的电光源检测分析设备和各种元器件检测设备，有生产线6条，主要产品包括红壹佰3W-125W全系列电子节能灯、直流电子节能灯等共260多个品种，年设计生产能力为1200万支。

公司已通过ISO9001质量管理体系和CE等国际认证，被山东省技术质量监督局列为“质量跟踪服务单位”。先后与北京电光源研究所、中科院、山东工商学院合作，成立研发机构进行新产品开发和技术攻关，已开发出在国内同行业中处于领先水平的各种型号低压直流电子节能灯、110伏高功率因数电子节能灯、高品质大功率电子节能灯、理想预热启动长寿命电子节能灯等6大系列200多个品种。公司与世界两大照明巨头飞利浦和欧司朗合作，开拓国际市场，产品销往欧洲等国家。2002年实现销售收入1.3亿元，利税1000万元。

**栖霞市服装集团公司** 成立于1992年5月，前身栖霞市工艺服装总厂。固定资产净值57000万元。主要产品有男西裤系列、女时装系列、棉麻服装、工艺服装、时装、针织服装、风衣、茄克衫、防寒服等。1992年，“英雄”牌男西裤被国家经贸委评为优质产品。1994年，企业获得自营进出口权，产品主要销往日本、美国、台湾及香港等国家和地区。2002年8月，兼并华荣制衣有限公司，规模进一步扩大。2002年，企业完成工业产值2.95亿元，销售收入1.7亿元，实现利税989.6万元。

**栖霞市银云活塞液压件有限公司** 成立于2001年3月，其前身是20世纪70年代成立的农业机械厂、80年代成立的栖霞县液压件（活塞）厂。1998年，液压件厂进入山东省机械工业企业50强行列。1999年，获得ISO9002国际标准质量体系认证。产品“牙山” 牌齿轮泵和“银云” 牌活塞被评为山东省名牌产品。拥有活塞加工生产线12条，齿轮泵加工生产线5条，主要生产加工设备540台（套），年可加工各种活塞360万只、齿轮泵38万台、机油泵20万台。

公司主导产品φ50～φ150毫米活塞有160多个品种，为潍柴、莱动、泰柴、江淮、云内等各主机厂配套。生产3模数、4模数、5模数等40余种齿轮泵。其中CBN-E500系列齿轮油泵的各项经济技术指标已达到国际同类产品领先水平。

2002年，企业完成工业产值1.8亿元，销售收入8999.3万元，利税 515.5万元。

# 第十编
# 乡镇企业
# 个体私营经济

翠屏街道私营经济园区（2002年）

栖霞县乡镇企业起源于农村副业和手工业。1978年，中共十一届三中全会后，栖霞县委、县政府根据本地实际，提出“四个轮子（社办、队办、个体、联合体）一块转，种（植）养（殖）加（工业）一齐上，有水快流”的社队企业发展战略，全县陆续出现机械加工、采矿、酿造、糕点、家具制造、果品加工、建筑材料等100多个项目，同时兴办遍布城乡的建筑、运输、商店、饭店、旅馆、照相馆等企业。

1982年开始，社队企业第一轮较大规模发展。1982—1986年，党中央连续出台5个针对农村工作的“一号文件”，全县积极落实中央“积极扶持、合理规划、正确引导、加强管理”的指导方针，实行放开搞活的扶持措施，在税收、价格、信贷和资金上支持，在物资上支援，在科技人员的报酬上实行从厚从优。先后与国内130多家高层次的科研机构、院校和企业组成各种形式的联营实体，发展企业数量和质量都有一个较大提高。1987—1988年，栖霞县委、县政府在广泛深入调查研究的基础上，完善企业承包合同、企业内部经营承包责任制，引导乡镇企业健康发展。1990年，全县乡镇企业数量达到1525户，从业人员44990人，总产值达到86508万元，占全县社会总产值的51.3%，成为全县经济的“半壁江山”。

1990—1999年，乡镇企业进入第二轮发展阶段，栖霞县把乡镇企业作为经济发展的战略要点，提出发展“高、精、尖”产品，构筑“大、高、外”格局的指导方针。在全县乡镇企业中确定130个乡村企业给予重点扶持，实施“高字突破、二次创业”战略，开展产品创优、科技进步、发展高新技术企业、组建企业集团等一系列活动。栖霞镇城关村组建的山东大通集团公司成为山东省高新技术密集区，全县有6家企业成为省级高新技术企业，1家企业实际利用外资超过千万美元，桃村镇和桃村村分别成为烟台市利用外资第一镇和第一村，有3个产品获部级优质产品，8个产品获省级优质产品，野夼集团的复合材料钢模分别获国家乡镇企业科技奖和山东省科技进步奖，14家企业获农业部全面质量管理达标，9家企业获全省乡镇企业现代化管理成果奖。组建全国乡镇企业集团7个，省级乡镇企业集团11个。

产权制度改革是乡镇企业二次创业的重要举措。“八五”期间，栖霞县乡镇企业进行第一次改制，推行股份合作制，对效益低下的小企业实行兼并、租赁和拍卖，严重资不抵债的企业实行破产重组。1993年，大庄头乡对乡办水泥厂以2188万元的价格出售给私人经营，成为烟台市资产最大的私人企业。1997年，结合全市乡镇企业现状，市政府制定《关于深化乡村企业产权制度改革的试行意见》，全面推进以产权出让和组建股份制企业为核心的乡村企业改制工作，到1999年，乡镇企业改制面达到85%。

2001年9月，全市个体私营经济的管理职能由市工商局移交到市乡镇企业管理局，乡镇企业和个体私营企业共同构成全市私营经济的主体。2002年，市委、市政府制定《关于加快发展私营经济的意见》，鼓励私营经济发展。2002年末，全市共有私营企业547家，从业人员7367人，总收入14.6亿元，当年实际入库税收3089万元。其中，规模以上私营企业65家。全市共建成各类经济园区6个，入园企业281家。乡镇企业和个体私营经济增加值26.7亿元，占全市国内生产总值的46.4%，实际利用外资占全市的比重达到77.9%。乡镇企业、个体私营企业从业人员达到58192人，占全市农村劳动力总数的20.1%。

## 2002年栖霞市乡镇企业和个体私营经济主要指标统计表

表10-1　　　　单位：个、人、万元

| 指标名称 | 企业个数 | 员工年末数 | 增加值 | 总产值 | 营业收入 | 利润总额 | 上缴税金 | 其中所得税 | 固定资产原值 | 固定资产净值 | 劳动报酬 |
|---|---|---|---|---|---|---|---|---|---|---|---|
| 总计 | 10018 | 57590 | 267475 | 1029586 | 858098 | 41163 | 30455 | 4046 | 186608 | 132741 | 31752 |
| 一、按登记注册分组 | — | — | — | — | — | — | — | — | — | — | — |
| 1.内资企业小计 | — | — | — | — | — | — | — | — | — | — | — |
| 其中：(1)集体企业 | 93 | 29554 | 163163 | 642052 | 537159 | 25250 | 20166 | 2392 | 76097 | 50558 | 15906 |
| （2）私营企业 | 547 | 7367 | 50181 | 192083 | 146370 | 7342 | 4589 | 610 | 41285 | 34300 | 8250 |
| （3）个人独资企业 | — | — | — | — | — | — | — | — | — | — | — |
| （4）其他企业 | 9359 | 17504 | 30977 | 116212 | 100899 | 4936 | 3740 | 454 | 12100 | 11233 | 4901 |
| 2.港、澳、台商投资企业 | 3 | 960 | 9887 | 33409 | 32271 | 1589 | 738 | 233 | 16080 | 10076 | 597 |
| 3.外商投资企业 | 16 | 2205 | 13267 | 45830 | 41399 | 2046 | 1222 | 358 | 41046 | 26574 | 2098 |
| 二、按国民经济行业分组 | — | — | — | — | — | — | — | — | — | — | — |
| 1.农、林、牧、渔业 | 27 | 966 | 777 | 3683 | 3150 | 150 | 83 | 1 | 1568 | 1194 | 285 |
| 2.采矿业 | 280 | 5217 | 61488 | 221742 | 158761 | 7098 | 6252 | 683 | 21266 | 18964 | 5846 |
| 3.制造业 | 1478 | 29498 | 171076 | 666007 | 574364 | 25570 | 20045 | 2518 | 103368 | 65148 | 15043 |
| 其中：规模以上 | 43 | 10971 | 61063 | 237930 | 198198 | 10314 | 4771 | 1714 | 62990 | 36168 | 4826 |
| 4.建筑业 | 42 | 584 | 3284 | 13546 | 12089 | 780 | 442 | 81 | 3351 | 2217 | 1816 |
| 其中：资质等级以外企业 | 8 | 180 | 292 | 1019 | 1000 | 210 | 22 | 6 | 170 | 132 | 95 |
| 5.交通运输仓储业 | 1103 | 2950 | 13994 | 54224 | 46819 | 3247 | 569 | 114 | 10072 | 8188 | 1464 |
| 6.批发零售业 | 5490 | 10850 | 10035 | 41799 | 39450 | 2893 | 1884 | 483 | 25815 | 20355 | 3957 |
| 7.住宿及餐饮业 | 549 | 4174 | 5512 | 21713 | 17698 | 1049 | 591 | 120 | 9015 | 7055 | 1660 |
| 8.社会服务业 | 953 | 3044 | 1109 | 6144 | 5118 | 345 | 486 | 10 | 10428 | 8890 | 1512 |
| 其他 | 96 | 307 | 200 | 728 | 643 | 31 | 103 | 36 | 1725 | 725 | 169 |

# 第一章 生产经营

## 第一节 管理机构

栖霞乡镇企业管理机构始建于1975年。是年7月，成立栖霞县公社工业管理局，负责全县社队工业。1977年7月，栖霞县公社工业管理局改称栖霞县社队企业局，后又改称栖霞县第二工业局，职责不变。1984年，栖霞县第二工业局更名为栖霞县多种经营乡镇企业局，1986年，成立栖霞县多种经营办公室，栖霞县多种经营乡镇企业局更名为栖霞县乡镇企业局。1993年11月，在县级党政机构改革时，更名为栖霞县乡镇企业管理局，行政编制12人。2001年12月，全市市级党政机构改革，栖霞市乡镇企业管理局归设于经济贸易局，为副科级行政单位，内部不设科室，行政编制5人，负责全市乡镇企业、个体私营企业的规划、指导、协调、服务工作，增加对个体私营经济的规划、指导和政策管理职能。辖山东省乡镇企业职工函授中专栖霞函授站、栖霞市乡镇企业科技服务站、栖霞市乡镇企业资产评估事务所等3个事业单位和供销公司、栖霞市矿山建材公司、乡镇企业服务公司、栖霞市真空电镀厂4家企业。

## 第二节 经济结构与行业结构

**经济结构** 1978年，中共十一届三中全会以后，个体经济性质的农民合作企业和个体企业逐渐发展，经济结构出现集体经济和个体经济两种经济性质，形成乡镇办企业、村办企业为主体，农民联办企业、个体办企业为补充，以工业为主体，以农业、建筑、交通运输业、商业、服务业为补充，各行各业齐发展的经济格局。

1978年，全县有社办企业172家，占当时全部社队企业的3%；职工7949人，占职工总数的28.9%，固定资产原值347万元，实现总收入2360万元，占全部社队企业总收入的30.3%。改革开放以后，由于非集体经济性质企业的发展，乡镇办企业在整个乡镇企业中的比重虽有减少，但数量和规模却有很大提高。到1990年，全县有乡镇办企业204家，占全县乡镇企业的4.8%，职工14808人，占职工总数的28.5%，固定资产原值11295万元，实现总收入19669万元，占全县乡镇企业总收入的22.1%。

1978年，全县共有队办企业5473家，占社队企业总数的97.0%。到1990年，全县有村办企业1321家，占全县乡镇企业的31%；职工30183人，占职工总数的58%；固定资产原值11541万元；实现总收入64040万元，占全县乡镇企业总收入的72.1%。

经过“八五”“九五”计划期间的产权制度改革，大量的乡村集体企业改制成为私营企业，乡村集体企业数量减少，2002年，全市有乡村集体企业93家，从业人员29554人，实现增加值16.3亿元，实现营业收入53.7亿元，分别占全市乡镇企业和个体私营企业总数的0.9%、51.3%、61%、62.5%。

非集体经济性质的乡镇企业，包括农民联营企业、个体企业和其他形式的合作企业。这些企业发展时间较晚，一般规模较小，发展前期，在全市乡镇企业中所占的比重比较小。1997年以后，大量的乡镇、村办企业改制为私营企业，其比重大幅上升。1986年，全县共有联户和个体企业1468家，从业人员5922人，实现总收入2715万元。到2002年，全市有村以下企业9359家，从业人员17504人，实现总产值11.6亿元，占全市乡镇企业总产值的11.2%，实现增加值3.1亿元，占全市乡镇企业增加值的11.6%。

**行业结构** 栖霞县乡镇企业以兴办工业企业为起点，到20世纪70年代中期，逐步形成工业企业、农业企业、建筑企业、交通运输企业和商业、饮食服务业等5个行业体系。中共十一届三中全会以后，乡镇企业的五个行业继续发展，并不断进行结构调整。2002年，乡镇企业和个体私营企业实现增加值26.7亿元，其中农林牧副渔777万元，占0.3%；采矿业6.1亿元，占22.8%；制造业17.1亿元，占64%；建筑业0.3亿元，占1.1%；交通运输、仓储业1.4亿元，占5.2%；批发零售业1亿元，占3.7%；住宿及餐饮业0.6亿元，占2.2%；社会服务业0.11亿元，占0.4%；其他行业200万元，占0.7%。第一、二、三产业的比例为0.4:85.5:14.1。

## 第三节 工业企业

工业是栖霞县乡镇企业的主体。70年代以前，以制造、修理中小农具为主，80—90年代之后，逐步能够生产中小型农业机械和一些轻工、纺织、建材产品，生产工具逐步发展成半机械化、机械化为主。进入21世纪，发展到矿山采选、木材加工、食品加工、食品制造、饮料制造、纺织、服装鞋帽制造、皮革及其制品、家具制造、造纸及纸制品、印刷、文教体育用品制造、化学原料及化学用品制造、橡胶制造、塑料制造、冶炼及压延加工、金属制品、普通机械制造等30多个行业。其中，建材、纺织、服装、食品及农副产品加工、化工、机械及金属制品为五大支柱行业。2002年，在全市乡镇企业和个体私营企业中，有工业企业1758家，占全部企业数量的17.5%；从业人员34715人，占总人数的60.2%；实现工业总产值73.3亿元，占总产值的71.2%；实现工业增加值23.2亿元，占全部增加值的86.9%；实现利润3.2亿元，占全部利润总额的79.3%；工业企业固定资产原值12.5亿元；完成工业出口交货值5.8亿元。工业企业以制造业为主。2002年末，全市乡镇企业和个体私营企业中，有制造企业1478家；从业人员29498人，占全部从业人员的51.2%；实现营业收入57.4亿元，占全部营业收入的66.9%；完成增加值17.1亿元，占全部增加值的64%。在工业企业中，有规模以上企业65家，实现总产值31.3亿元，占工业总产值的30.4%；完成增加值8.1亿元，占全部工业增加值的30.3%；实现利润1.3亿元，占工业企业利润总额的31.7%。

**机械工业** 机械工业是栖霞乡镇工业的奠基行业，起源于农村的红炉锻造业，主要有农机修造、农业机械、工具配件、金属制品等门类。起源于农村的红炉锻造业，20世纪50年代末期，基本上是作坊式生产。60年代，机械工业虽有一定发展，但设备简陋，机械化程度低，仍以手工生产为主，产品以小农具制修和小五金工具制造等简单产品为主。服务的对象主要是当地公社和生产队。70年代中后期，由于经济环境的改善和城市工业向农村扩散，乡镇工业得以发展，生产方式和产品工艺逐渐发生变化，金属切削机床、锻压设备等较为先进的机器开始取代落后的生产工具，出现机床、小型拖拉机、农业机械、建筑机械、锅炉、钢构等技术含量较高的产品。

80年代，根据市场需求，加快新产品开发和技术改造，进一步调整优化产品结构，采用新技术、新设备、新工艺，乡镇机械工业的技术水平不断提高，形成一批骨干企业。1980年，全县社队办机械加工企业19家，从业人员765人，实现产值729万元。1983—1985年，臧家庄镇、亭口镇、观里镇在原镇办修配厂的基础上，新上小型拖拉机产品。小庄乡新上建筑机械产品，成为当时烟台地区较早的建筑机械企业。苏家店镇开发木工机械、农机配件等产品。

大庄头乡野夼村在80年代初期开发汽车驾驶室产品，组建汽车配件厂，到90年代，形成较大生产规模，在汽车配件厂的基础上，组建汽车模具研究所。1994年，模具研究所被山东省科委认定为山东省高新技术企业，野夼村被联合国开发计划署确定为成员单位。

从80年代后期，由于技术、设备等水平跟不上市场发展的需求，加上企业管理等方面的原因，相当数量的机械加工企业生产出现萎缩局面，许多企业实行转产。2002年末，全市有规模以上的乡镇机械加工企业8家，从业人员1878人，完成工业增加值6554万元，占乡镇规模工业增加值的8.2%。

野夼集团公司汽车模具制造车间（1994年）

野夼集团公司生产的汽车模具（1994年）

**建材工业** 建材工业是栖霞县农村的传统产业，也是栖霞县乡镇企业的龙头行业。20世纪50年代初期，作为一项农村副业，许多公社、生产队投入劳力和资金办起砖瓦厂、石灰窑厂，产品主要用于农村建房。60年代，仍以砖、瓦、沙、石等传统产品为主。70年代初，农村大搞农田基本建设，兴修水利，一些有条件的公社如大庄头乡、臧家庄镇陆续兴建起小型水泥厂。1980年，全县社队办建材工业企业73家，从业人员6865人。由于大批基建项目上马，城市工业基础建设、城市市政建设及城乡居民住宅建设等，对农村建材工业的发展产生强大的拉动力。国家进一步放宽发展建材工业的政策，调动广大农民发展建材工业的积极性，乡镇建材工业进入一个快速发展时期。继大庄头乡、臧家庄镇，1985年以后，寨里乡、松山乡、中桥乡、亭口镇又相继建起水泥厂，使全县乡镇办水泥厂达6家。

中桥宝桥水泥厂（1990年）

随着市场需求的变化和持续发展政策的实施，栖霞乡镇建材工业不断扩大企业规模，开发新产品。80年代初，栖霞东部的大庄头、铁口等乡镇发现大理石矿，石材加工业在栖霞县逐步兴起，到80年代中后期，大庄头、铁口、桃村、庙后、唐家泊、官道等乡镇相继建成大理石、花岗岩板材加工企业12家，其中乡镇办5家，村办7家。到90年代，桃村、唐家泊镇又发展了一批以出口为主的花岗岩型材、板材、雕塑制品的生产企业。在这期间，桃村镇还形成一批生产釉面砖、马赛克、内外墙涂料、建筑陶瓷等新型建筑材料的企业。随着科学技术的进步，栖霞乡镇建材工业广泛采用先进技术设备，优化产品结构。1984年，铁口乡大理石矿以补偿贸易的形式，从意大利引进第一套石材切割设备。1985年，大庄头乡大理石厂从日本引进第一套板材切割、成型、研磨自动化生产流水线。1993年，桃村三行实业总公司与港商李兆峰合资，投资2700万美元建立烟台三峰陶瓷有限公司，引进德国西门子陶瓷生产流水线。同时水泥生产企业也加大技术改造力度，开发高标号水泥、特种水泥等新产品。1995年5月，桃村引进印度尼西亚林氏集团在栖霞投资兴建、专业从事焊接H型钢、T字钢等及轻钢结构房屋设计、制作、安装的钢结构预制建筑企业。年承建和安装钢结构工程30万平方米以上，生产制作钢结构制品1万吨。

到90年代中后期，栖霞乡镇建材工业已形成一批规模大、效益好、技术装备先进、市场竞争力强的企业和名优产品，有3家企业的产品获部级优质产品称号，8家企业的产品获山东省优质产品称号。2001年，全市有乡镇建材工业企业65家，从业人员7559人，完成工业增加值2.4亿元，占全市乡镇工业增加值的21.4%。

**矿物、采选及矿产品加工业** 栖霞矿产资源丰富，主要品种有黄金、滑石、花岗岩、大理石、石英石、磷矿石等，农民采矿也有悠久的历史。20世纪70年代前建起的一些小矿，采矿条件简陋、技术装备落后、劳动强度大、安全条件差、生产水平低。80年代，乡镇采矿条件有所改善，机械化、半机械化采掘方式开始广泛应用，随着采矿业的发展，乡镇工业中出现采选业及矿产品加工业。

庙后滑石粉公司生产的滑石粉（1995年）

庙后乡的滑石生产在80年代初期形成较大规模，滑石矿点最盛时达到100多个，在此基础上，1982年，庙后乡组建年产10万吨的栖霞县滑石粉公司，1985年以后，在庙后乡和相毗邻的亭口镇相继建起20多家乡镇办、村办滑石及滑石粉加工厂。1990年，全县滑石粉产量17万吨，1995年达到25万吨，2002年，滑石粉产量32万吨，除国内畅销外，出口10多个国家。

80年代初期，随着黄金开采面的扩大和产量的提高，苏家店、松山、官道、金山、占疃、栖霞镇、刘家河等乡镇都建起中小型黄金采选企业。期间，观里、大庄头、金山等乡镇还分别建起乡镇办石英粉厂，观里镇建起一处磷矿加工企业。与建材工业配套的石灰石、大理石、花岗岩的开采加工业也发展很快。80年代中期，各级政府按照“放开、搞活、管好”“国家、集体、个人一齐上”和“有水快流”等加快开发地下资源的方针政策，推动乡镇矿物、采选及矿产品加工业的发展。但由于在政策掌握及指导上的偏差，也带来一些如违章开采、浪费资源，尤其是安全生产方面的问题。针对这些问题，1987年，对全县采矿企业实行整顿，强化对《中华人民共和国矿山法》《中华人民共和国安全生产法》的贯彻落实，加强企业管理，进一步优化企业结构，使采矿、选矿及矿产品加工业得到健康发展。90年

代以后，乡镇采矿、选矿及矿产品加工业稳定增长。

2002年末，全市乡镇采矿、选矿及矿产品加工企业有280家，从业人员5217人，实现产值22.2亿元，完成增加值6.1亿元，占全市乡镇工业增加值的22.8%。全市乡镇工业中采矿、选矿及矿产品加工业中有出口企业5家，完成出口交货值6179万元，占全市乡镇企业全部出口总额的10.6%。

**纺织工业** 主要包括针织、服装、印染等行业，20世纪70年代中期，栖霞镇城关村建立印染厂，桃村镇建立栖霞县第二针织厂，蛇窝泊镇建立毛巾厂，成为栖霞早期的、也是规模较大的纺织企业。

80年代，许多乡镇、村陆续新上一些小型的针织、服装企业。1985年，全县乡镇、村纺织工业企业发展到17家，从业人员895人，实现产值7737万元，占乡村工业产值的18.5%。当时，全县大多数小型工业企业的产品，主要是面对国内市场。1990年之后，规模较大的栖霞印染厂、栖霞县第二针织厂、栖霞县毛巾厂，则把产品销往国际市场，主要是日本、韩国、瑞典、德国、澳大利亚等国家和中国香港。栖霞县第二针织厂、栖霞县毛巾厂被指定为省外贸出口定点企业。栖霞县第二针织厂被国家商检局列为出口商品免检企业。栖霞县印染厂成为全县第一个获自营进出口经营权的乡镇企业。

2001年，全市乡镇纺织企业有36家，从业人员2673人，完成工业增加值1.4亿元，占全市乡镇企业和私营企业工业增加总额的2.4%。2002年，在乡镇工业门类中，全市较有规模的还有化工、塑料、纸制品等行业。化工行业主要有矿山药剂、农药化工、橡胶等产品。

**食品工业** 按门类分为粮食、罐头、饮料酒、糖果糕点及肉类、蛋类、乳品、调味品、豆制品加工等。其原料主要是境内丰富的农副产品资源。栖霞历史上就有油坊、粉坊、磨坊、豆腐坊等食品生产。

中共十一届三中全会以后，乡镇食品及农副产品加工业步入新的发展时期。80年代初期，寺口、观里、蛇窝泊、大柳家、唐家泊、亭口、占疃、庙后8个乡镇建起罐头厂，许多村庄也建起村办罐头厂。到1986年，全县年生产能力达到1000吨以上的乡村办罐头厂12个。乡镇办企业中规模较大的果酒厂有寺口镇果酒厂、大柳家乡酒厂。而一些村办小型酒厂则由于技术和管理上的原因，大多投产三、四年后倒闭。庙后乡后罗坡村建成一个年产2000吨的啤酒厂，由于设计工艺不合理，生产管理跟不上，只季节性生产一年左右即倒闭。庙后乡、寺口镇、唐家泊镇利用牛、羊奶资源各上一处奶粉厂，后因奶源严重不足而停产或转产。1986年，全县乡镇食品及农副产品加工企业共有17家，从业人员543人，完成工业产值683万元，占全县乡镇企业工业总产值的9.1%。90年代后期，栖霞乡镇企业以市场为导向，抓住国内消费结构升级和产业结构调整的有利时机，大力发展“农”字号企业。1994年，亭口镇新上樱桃谷鸭厂，观里镇建起较大规模的养牛厂。后来，由于种种原因未能发展起来。1995年，蛇窝泊镇办罐头厂生产的梨、桃罐头获山东省乡镇企业名牌产品称号。

1996年2月，臧家庄镇臧家庄村与原隶属解放军总参谋部的惠通公司、隶属于烟台市乡镇企业局的烟台供销公司和瑞士乌尼贝克宁公司合资，建立烟台源通果汁有限公司，注册资金1200万美元，引进国外先进的浓缩果汁生产线设备，加工浓缩苹果汁，年加工苹果40万吨，年生产浓缩果汁5万吨，产品全部出口，成为栖霞规模最大、技术最先进、发展最快、竞争力最强的农业产业化龙头企业。1998年，产品获美国KOSHER证书，1999年，该企业通过ISO9000及美国HACCP系列标准认证。2001

年，公司完成入库税收1995万元，其中完成国家税收1956万元，地方税收39万元，成为栖霞市入库税收最多的乡镇企业。

源通果汁公司加工果汁的苹果运输车队（1999年）

1996年，庙后镇前罗坡村引进蛋清溶菌酶生产技术，利用鸡蛋生产溶菌酶及卵磷脂等产品，并由此而带动当地养鸡业的发展，后由于合作方的原因未能形成生产规模。

烟台金茂食品有限公司，是由烟台市金茂投资有限公司与美国金茂国际投资公司于2002年4月合资兴建的。2002年11月正式投产。总投资400万美元，占地面积5万平方米，建筑面积21600平方米，并有自己的科研机构——金茂生物技术研究所。公司拥有6000吨的低温冷藏、恒温保鲜库。有冷冻、水煮、腌制、蔬菜加工四条流水线，年产量1万吨。配备日本公司生产的KW565A型重量检测仪，4104AW型重量选别机，KD8026A型金属检测仪和PTT—200型农残速测仪、美国安捷伦气相色谱议，自备蔬菜基地5000亩，是一个集种植、生产加工、冷藏、销售为一体的综合性食品加工企业，年实现利税200万元。产品主要销往日本、美国、韩国、英国等许多国家。

2000年，全市成功地引进利用苹果枝条种植香菇的技术，在广大农村兴起食用菌种植业，并相继建立许多食用菌加工企业，形成食用菌生产产业化。2001年，全市乡镇企业和民营企业中的食品与农副产品企业发展到119户，从业人员3582人，完成工业增加值3.4亿元，占全市乡镇企业工业增加值的15.1%。

2002年，全市各种食用菌生产总产量达到480万袋，其中香菇350万袋、姬菇50万袋、平菇50万袋、鸡腿菇30万袋，总投料5300吨、总产量6750吨，实现产值2149万元，建立加工业企业2个，年产各种食用菌6750吨。同时，蛋鸡、肉食鸡的养殖业及加工业也快速发展，是年，家禽年出栏量889.1万只，全市建起肉鸡加工企业1个，产量900吨。

六和公司肉鸡加工车间（2002年）

## 第四节 镇村建筑业

镇村建筑业是由农民中的泥瓦匠、木匠为主体的农村建筑队（组）逐渐发展起来的。20世纪60年代前期，农村建筑队大部分处于个体经营状态，没有长期的、固定的组织，生产经营主要是为农民修建住房，或从事一些简单的交通设施和农田水利建设。60年代后期，为适应农田水利基本建设的需要，一些生产大队开始组织小规模的农田水利专业队或建筑队（组），成为后来乡镇建筑业成长、发展的基础。1976年，烟台地区行署提出，每个公社都要建立自己的建筑企业，此后，建筑业作为乡

镇企业的一个重要产业在栖霞逐步发展起来。

70年代末，全县18处公社全都建立公社建筑队，大多数有条件的生产大队也成立小型建筑组（队）。自1984年起，全县23家乡镇建筑公司的业务，由承担农村公共建筑开始向城市发展，业务上受县建设委员会指导和管理。随着整个国民经济的发展，乡镇企业的建筑业也得到迅猛发展，建筑队伍的资质水平不断提高，到1998年，全市23家乡镇办建筑企业中，获得二级资质的4家，三级资质的8家，四级资质的11家。1998年以后，随着乡镇企业的产权制度改革，其中的建筑企业先后改制为私人企业或股份、股份合作制企业。

到2002年末，全市乡镇企业和民营企业中，有建筑企业42家，从业人员584人，完成增加值3284万元，占全市乡镇企业和民营企业增加值的1.1%。

## 第五节 镇村运输业

农村交通运输业源于农村民间运输。人民公社期间，一些公社和生产队从当地农业生产和农民生活需要出发，兴办搬运队、装卸队。主要的运输设施是马车，70年代中后期始有拖拉机。80年代初，全县18处公社全部成立拖拉机站。1980年，全县有营运拖拉机301部，1984年，增加到581部，一度占据全县货物运输市场的一半份额。

80年代中后期，农村交通运输业保持较快的发展势头，由单一的乡镇办拖拉机站，出现乡镇办、村办、个体运输业户一齐上，单个企业规模扩大的状况。1985年，全县有营运拖拉机450辆，全年货运量57.3万吨，是同期汽车货运量49.7万吨的1.15倍。进入90年代以后，由于拖拉机机械性能差，速度慢，成本高，无法经营长途运输，不适应运输市场发展的需要，在激烈的市场竞争中逐渐被大型货车和农用运输车取代。1997年，全市有营运拖拉机163部，到2002年末，从事营运的拖拉机仅余45部。

桃村镇利用境内有蓝烟铁路及火车站的优势，组建装运公司。在开展公路运输的同时，栖霞乡镇企业还涉足铁路运输。1990年，栖霞镇城关村投资400多万元，在山西省购买火车皮开展煤炭运输。

2002年，全市乡镇企业和私营企业中，交通运输从业人员2950人，实现营业收入4.7亿元，占全市乡镇企业总收入的5.5%。

## 第六节 其他行业

80年代初，全县各公社都普遍成立社办贸易货栈、物资站，采取个体承包经营的批发零售业、旅店及餐饮业也快速发展，分布较广。在乡镇企业总量扩张时期，由于工业企业的快速发展，这些行业在全市乡镇企业中的比重呈下降趋势。1990—1995年，随着小城镇建设的加快，个体私营经济结构的调整，产业结构不断优化，第三产业各行业得到快速发展。2002年末，从事第三产业的企业达到823户，占全部乡镇企业总数的19.2%；从业人员22875人，占39.7%；实现营业收入3.5亿元，占13.1%。果业是栖霞农村经济的支柱产业，果品生产在整个农业生产中占有较大比重。栖霞乡镇企业围绕为果品生产配套和服务，新兴一些新的行业，主要有纸箱加工、果袋生产和果品冷藏等。

**纸箱加工** 出现在80年代后期，随着果品市场对果品包装要求进一步提高而发展起来的。之前，果品包装使用的是条筐，因其编制粗糙、重量较大而逐渐被市场淘汰。为适应市场要求，全县建起一大批纸箱厂，到80年代末期，所有的乡镇都有几处规模不等的纸箱厂。其中规模较大的有寺口镇的宏富集团公司和桃村纸箱厂。这些纸箱生产企业不但能够满足当地的果品生产需要，产品还销往县外，种类也由单一的果品包装箱发展到工业用箱，规格也多种多样。

**果袋生产** 随着果品生产新技术的发展和果品质量的提高，90年代初期，兴起果袋生产项目。在推广苹果套袋技术时，果袋由外地购进。为满足果农的需求，降低果品生产的成本，栖霞一些企业开始学习、研究果袋生产技术。1995年，寺口镇纸箱厂第一个引进果袋生产技术和设备，开启果袋专业化生产的先河。以后全市陆续建立一大批果袋生产企业。到2002年，栖霞乡镇企业中，有纸箱、纸袋等纸制品企业44家，从业人员2835人，总产值3023.9万元，其中纸箱企业32家，年加工能力1100万个。

**果品冷藏** 90年代中期，乡镇企业中只有寺口镇一座2000吨冷风库，个别乡镇建设小型的地窖式的自然风库。从1999年开始，栖霞市政府采取鼓励措施，加快果品冷风库建设，当年新建千吨以上冷风库30多座，储存能力提高到4万多吨。2000年，野夼集团建成栖霞乡镇企业中第一座气调库，此后，全市掀起果品冷藏设施建设的高潮，单体冷风库的规模由小中型向大型发展，建成一批容量达5000吨以上的冷风库。投资主体由本地私人投资向外地客商独资、中外合资发展， 2002年末，全市各种果品冷藏保鲜库已达131座，其中，气调库发展到21座，总储藏量达到25万吨。内有外地客商独资建立的果品冷藏设施4座，储藏量1.9万吨，中外合资的冷藏设施2座，储藏量5000吨。

**1986—1995年栖霞市乡镇工商税收情况统计表**

表10–2　　　　单位：万元

| 乡镇 \ 年份 | 1986 | 1987 | 1988 | 1989 | 1990 | 1991 | 1992 | 1993 | 1994 | 1995 | 年均递增(%) |
|---|---|---|---|---|---|---|---|---|---|---|---|
| 总　计 | 1267 | 1576 | 1971 | 2132 | 2346 | 2512 | 2926 | 4076 | 3184 | 3649 | 12.5 |
| 苏家店 | 47 | 55 | 72 | 89 | 100 | 101 | 103 | 103 | 61 | 73 | 5.0 |
| 寺　口 | 51 | 59 | 65 | 40 | 26 | 29 | 33 | 53 | 33 | 51 | — |
| 小　庄 | 21 | 26 | 33 | 36 | 32 | 29 | 32 | 34 | 47 | 70 | 14.3 |
| 官　道 | 36 | 41 | 51 | 52 | 55 | 35 | 37 | 39 | 16 | 16 | –8.6 |
| 观　里 | 30 | 33 | 46 | 50 | 50 | 46 | 34 | 35 | 25 | 24 | –2.4 |
| 杨　础 | 31 | 26 | 33 | 36 | 26 | 30 | 21 | 27 | 24 | 23 | –3.3 |
| 蛇窝泊 | 57 | 75 | 112 | 135 | 103 | 78 | 54 | 73 | 53 | 56 | –0.2 |
| 连家庄 | 4 | 5 | 8 | 10 | 8 | 14 | 15 | 20 | 31 | 40 | 29.2 |
| 大柳家 | 38 | 58 | 41 | 45 | 45 | 32 | 22 | 35 | 27 | 35 | –0.9 |
| 唐家泊 | 41 | 65 | 67 | 67 | 44 | 63 | 56 | 61 | 110 | 131 | 13.8 |
| 桃　村 | 193 | 290 | 364 | 426 | 564 | 626 | 731 | 711 | 687 | 761 | 16.5 |
| 铁　口 | 28 | 38 | 53 | 64 | 80 | 80 | 87 | 125 | 97 | 105 | 15.8 |
| 大庄头 | 72 | 110 | 104 | 106 | 120 | 131 | 187 | 319 | 219 | 250 | 14.8 |
| 庙　后 | 203 | 190 | 222 | 190 | 154 | 136 | 185 | 341 | 93 | 110 | –6.6 |
| 亭　口 | 55 | 60 | 63 | 74 | 73 | 85 | 113 | 167 | 175 | 153 | 12 |
| 中　桥 | 48 | 47 | 64 | 73 | 87 | 114 | 198 | 542 | 293 | 221 | 18.5 |
| 臧家庄 | 87 | 108 | 132 | 135 | 179 | 199 | 213 | 329 | 294 | 411 | 18.8 |
| 寨　里 | 73 | 61 | 97 | 111 | 135 | 150 | 190 | 219 | 135 | 150 | 8.3 |
| 松　山 | 32 | 45 | 58 | 35 | 49 | 49 | 95 | 104 | 51 | 59 | 7.0 |
| 金　山 | 6 | 10 | 28 | 58 | 51 | 72 | 65 | 66 | 51 | 81 | 33.5 |
| 栖霞镇 | 114 | 174 | 258 | 300 | 365 | 413 | 455 | 673 | 662 | 829 | 24.7 |

## 2000年栖霞市各乡镇企业工商税收入库情况统计表

表10-3 单位：万元

| 类别 / 乡镇 | 国税 | | | 地税 | | | 合计 | | | 其中涉外税收额 |
|---|---|---|---|---|---|---|---|---|---|---|
| | 2000年 | 1999年 | 比上年+-% | 2000年 | 1999年 | 比上年+-% | 2000年 | 1999年 | 比上年+-% | |
| 总 计 | 4712 | 3905.5 | 20.7 | 2229.5 | 2081 | 9.3 | 6992 | 5986.5 | 16.8 | 259.9 |
| 苏家店 | 32 | 24.7 | 29.6 | 79.0 | 62.3 | 26.8 | 111 | 87.0 | 27.6 | — |
| 寺 口 | 14.9 | 49.6 | -70.0 | 42.7 | 27.5 | 53.1 | 57.6 | 77.1 | -25.3 | — |
| 西 城 | 41.7 | 20.0 | 108.5 | 91.7 | 72.0 | 27.4 | 133.4 | 92.0 | 45.0 | — |
| 官 道 | 5.5 | 4.4 | 25.0 | 8.0 | 14.8 | -46.0 | 13.5 | 19.2 | -30 | — |
| 观 里 | 37.3 | 23.1 | 61.5 | 75.6 | 61.5 | 22.9 | 112.9 | 84.6 | 33.5 | 12.8 |
| 杨 础 | 11.3 | 8.3 | 36.1 | 55.4 | 38.4 | 44.2 | 66.7 | 46.7 | 42.8 | — |
| 蛇窝泊 | 16.6 | 45.5 | -63.6 | 99.7 | 84.8 | 17.6 | 116.3 | 130.3 | -11.0 | — |
| 大柳家 | 12.6 | 11.3 | 11.5 | 12.5 | 16.4 | -23.8 | 25.1 | 27.7 | -10.0 | — |
| 唐家泊 | 142.1 | 60.3 | 135.7 | 135.0 | 101.7 | 32.7 | 277.1 | 162.0 | 71.0 | — |
| 桃 村 | 897.1 | 752.5 | 19.2 | 367.5 | 199.7 | 84.0 | 1264.6 | 952.2 | 32.8 | 345.4 |
| 铁 口 | 244.4 | 76.8 | 218.2 | 49.3 | 42.5 | 16.0 | 293.7 | 119.3 | 146.2 | — |
| 大庄头 | 247.5 | 223.6 | 10.7 | 64.4 | 66.0 | -2.5 | 311.9 | 289.6 | 7.7 | — |
| 庙 后 | 100.3 | 79.2 | 26.6 | 105.0 | 47.2 | 122.5 | 205.3 | 126.4 | 62.4 | — |
| 亭 口 | 35 | 61.9 | 37.3 | 19.9 | 16.0 | 24.4 | 104.9 | 77.9 | 34.7 | — |
| 臧家庄 | 1272.6 | 647.4 | 96.6 | 212.9 | 168.8 | 26.1 | 1485.5 | 816.2 | 82.0 | -341.3 |
| 中 桥 | 509.6 | 452.8 | 12.5 | 114.8 | 118.4 | -3.1 | 624.4 | 571.2 | 9.3 | 5.6 |
| 寨 里 | 64.5 | 57.6 | 12.0 | 55.3 | 48.2 | 14.7 | 119.8 | 105.8 | 13.2 | — |
| 松 山 | 65.6 | -3.3 | 141.2 | 65.2 | 75.6 | -13.8 | 130.8 | 72.3 | 80.9 | — |
| 栖霞镇 | 962.1 | 1309.8 | -26.6 | 575.6 | 777.8 | -26.0 | 1537.7 | 2087.6 | -26.4 | 237.5 |

## 2001年栖霞市各街道乡镇企业入库税收情况统计表

表10-4 单位：万元

| 类别 / 乡镇 | 国税 | | | 地税 | | | 合计 | | | 其中涉外税收额 |
|---|---|---|---|---|---|---|---|---|---|---|
| | 2001年 | 2000年 | 比上年+-% | 2001年 | 2000年 | 比上年+-% | 2001年 | 2000年 | 比上年+-% | |
| 总 计 | 5499.6 | 4762.7 | 15.5 | 2114.2 | 2229.3 | -5.2 | 7613.8 | 6992.0 | 8.9 | 101.6 |
| 苏家店 | 37.2 | 32 | 16.3 | 94.7 | 79.0 | 19.9 | 131.9 | 111.0 | 18.8 | — |
| 寺 口 | 21.8 | 14.9 | 46.3 | 37.9 | 42.7 | -11.3 | 59.7 | 57.6 | 3.6 | — |
| 西 城 | 28.4 | 41.7 | -31.9 | 78.5 | 91.7 | -14.4 | 106.9 | 133.4 | -19.9 | — |
| 官 道 | 4.2 | 5.5 | -23.7 | 10.2 | 8.0 | 28.8 | 14.4 | 13.5 | 6.7 | — |
| 观 里 | 42.5 | 37.3 | 13.9 | 90.9 | 75.6 | 20.2 | 133.4 | 112.9 | 18.2 | — |
| 杨 础 | 11.2 | 11.3 | -0.9 | 84.0 | 55.4 | 51.6 | 95.2 | 66.7 | 42.7 | — |
| 蛇窝泊 | 33.8 | 29.2 | 15.8 | 134.1 | 112.2 | 19.5 | 167.9 | 141.4 | 18.7 | — |
| 唐家泊 | 227.7 | 142.1 | 60.2 | 126.8 | 135 | -6.1 | 354.5 | 277.1 | 27.9 | — |
| 桃 村 | 1157.6 | 1389.0 | -16.7 | 361.1 | 481.2 | -25 | 1518.7 | 1870.2 | -18.8 | 22.4 |
| 庙 后 | 145.4 | 100.3 | 45.0 | 142.3 | 105 | 35.5 | 287.7 | 205.3 | 40.1 | — |

续表10-4

| 类别 乡镇 | 国税 | | | 地税 | | | 合计 | | | 其中涉外税收额 |
|---|---|---|---|---|---|---|---|---|---|---|
| | 2001年 | 2000年 | 比上年+-% | 2001年 | 2000年 | 比上年+-% | 2001年 | 2000年 | 比上年+-% | |
| 亭口 | 49.4 | 85 | -41.9 | 26.5 | 19.9 | 33.2 | 75.9 | 104.9 | -27.7 | — |
| 臧家庄 | 2529.4 | 1846.7 | 37.0 | 238.6 | 383 | -37.8 | 2768.0 | 2229.7 | 24.1 | 37.1 |
| 松山 | 47.2 | 65.6 | -28.1 | 51.8 | 65.2 | -20.1 | 99.0 | 130.8 | -24.4 | — |
| 翠屏 | 706.7 | 584.2 | 21.0 | 475.6 | 445.7 | 6.7 | 1182.3 | 1029.9 | 14.8 | 42.1 |
| 庄园 | 457.1 | 377.9 | 21.0 | 161.2 | 129.9 | 24.1 | 618.3 | 507.8 | 21.8 | — |

说明:2000年、2001年地税入库税收总额中包括教育附加费，各乡镇数字中未包括此项数额

## 2000年栖霞市纳税100万元以上的乡镇企业统计表

表10-5　　单位:万元

| 镇办、村办、联合体 | 实际入库税收额 | | |
|---|---|---|---|
| | 合计 | 国税 | 地税 |
| 大通集团公司 | 741.4 | 364.0 | 377.4 |
| 白洋实业总公司 | 1144.0 | 1130.2 | 13.8 |
| 三行总公司 | 342.1 | 264.5 | 77.6 |
| 宝桥水泥集团公司 | 259.3 | 194.8 | 64.5 |
| 塔峰实业公司 | 113.6 | 75.8 | 37.8 |
| 野乔集团 | 100.0 | 74.9 | 25.1 |
| 汇丰石材公司 | 195.5 | 180.0 | 15.5 |
| 西野石材厂 | 111.5 | 100.0 | 11.5 |

## 2001年栖霞市纳税50万元以上的镇、村企业及私营企业统计表

表10-6　　单位：万元

| 企业名称 | 性质 | 实际入库税收额 | | | 备注 |
|---|---|---|---|---|---|
| | | 合计 | 国税 | 地税 | |
| 烟台源通果汁有限公司 | 合资 | 1995.0 | 1956.0 | 39.0 | — |
| 栖霞市选矿药剂厂 | 村办 | 289.9 | 191.4 | 98.5 | — |
| 烟台宝桥锦宏水泥有限公司 | 镇办 | 214.3 | 214.3 | — | — |
| 栖霞澳通选矿药剂厂 | 村办 | 157.7 | 117.7 | 40.0 | — |
| 山东三行集团公司 | 村办 | 179.2 | 148.6 | 30.6 | — |
| 栖霞市唐家泊镇西野石材厂 | 私营 | 157.4 | 142.6 | 14.8 | — |
| 烟台汇丰石材公司 | 私营 | 126.4 | 109.4 | 17.0 | — |
| 栖霞市英炜房地产开发公司 | 私营 | 129.5 | — | 129.5 | — |
| 山东野乔集团公司 | 村办 | 119.4 | 90.2 | 29.2 | — |
| 烟台塔峰实业公司 | 私营 | 130.9 | 99.3 | 31.6 | — |
| 山东大通集团公司制桶厂 | 村办 | 87.2 | 76.6 | 10.6 | — |
| 烟台市工艺美术建材厂 | 村办 | 54.8 | 42.2 | 12.6 | — |
| 烟台三蝶塑料制品有限公司 | 合资 | 68.0 | 50.0 | 18.0 | — |

续表10-6

| 企业名称 | 性质 | 实际入库税收额 | | | 备注 |
|---|---|---|---|---|---|
| | | 合计 | 国税 | 地税 | |
| 栖霞通达选矿药剂公司 | 合资 | 50.3 | 50.3 | — | — |
| 唐家泊上牛蹄夼石材厂 | 私营 | 75.9 | 62.6 | 13.3 | — |
| 烟台市鑫源焊条有限公司 | 私营 | 64.1 | 48.0 | 16.1 | — |
| 烟台中大针织有限公司 | 私营 | 69.3 | 62.6 | 6.7 | — |
| 栖霞市印染厂 | 村办 | 52.8 | — | 52.8 | — |

# 第二章 企业管理

## 第一节 经营体制与产权制度改革

**承包经营** 1979年以前，社队企业普遍实行“厂评等级、队记工分、厂队结算、回队分配”的“管理上集中、工作上呼隆、分配上拉平”方式，中共十一届三中全会以后，国家对整个国民经济政策实行调整和改革。在调整比例关系、经济结构和改革管理体制的同时，进行扩大企业自主权试点，乡镇企业在借鉴农村改革经验的基础上，根据自身的特点，开始逐步推行多种形式的经营承包责任制。

1982年下半年，栖霞县乡镇企业在实行经济责任制过程中，首先把竞争机制引入企业承包经营，由定标大包干发展到用投标的办法实行大包干，这种办法为企业干部队伍“能者上、庸者下”开辟道路，打破干部队伍的“终身制”，在烟台地区乃至山东省首开乡镇企业所有权与经营权分离的先河。1983年1月5日，中共烟台地委、行署在栖霞县召开全地区社办企业经济责任制现场会，把投标承包作为社办企业推行经济责任制的主要办法在全地区范围推广。是年2月28日到3月4日，山东省社队企业管理局在栖霞县召开经营承包责任制经验交流会，在全省推广栖霞的经验。此后，乡镇企业的经营承包责任制开始进入逐步完善、提高的阶段。

1984年下半年，栖霞县乡镇企业根据山东省委、省政府《关于大力发展乡镇企业的决定》，普遍推行“一包三改”，即全面实行经营承包责任制；改干部任免制为聘任制，改固定工资制为浮动工资制，改固定工为合同工。企业承包形式，可以是厂长（经理）挑头集体承包、合伙承包，也可以个人承包，承包者的报酬，上不封顶，下不保底。1986年以后，在逐步完善、提高经济责任制中，针对存在的问题，完善承包形式，乡镇、村办集体企业提倡厂长牵头、集体承包经营的办法，坚决制止投标叫行，不搞简单承包；采用适当的承包形式；延长承包期，解决拼设备、搞掠夺性生产，只顾眼前利益、分光吃净的问题。为进一步完善、提高经济责任制，县乡镇企业局在学习、借鉴外地经验的基础上，1987—1988年，在全县乡镇办企业中推行厂长（经理）目标管理责任制，并首先在中桥镇水泥厂进行试点，然后推广到全县规模较大的乡镇办企业中，到

1988年底，全县乡镇办建材行业基本实行厂长（经理）目标管理责任制。

1987年，栖霞县政府为进一步完善乡镇企业经济责任制，提高企业经营管理水平，首先在蛇窝泊镇试点，在全县乡镇企业中开展以完善财务管理为主要内容的清仓查库活动。在此基础上，1988年，又在铁口乡试点，在全县乡镇企业中开展以完善承包合同、建章立制、强化财务管理的乡村企业整顿，使全县乡镇企业的经营管理体制进一步得到完善和提高，企业管理得到加强。

**企业改制** 1990年2月，农业部颁发《农民股份合作企业暂行规定》。1992年，农业部召开的全国乡镇企业工作会议指出，有条件的地方应积极稳妥地推进多种形式的股份合作制，提倡实行增量股份合作制，吸收企业职工、社会成员和其他企事业单位的资金、技术、设备、土地、劳力入股，鼓励个体、民营企业走股份合作的道路，壮大集体经济。根据上级政府的指示精神，学习外地的经验，结合栖霞乡镇企业的实际，1993年，栖霞乡镇企业进行第一轮产权制度改革。县政府组成有政府分管领导以及有关部门主要负责人参加的乡镇企业产权制度改革领导小组，成立23个工作队，在摸底调查、听取企业意见并进行试点的基础上，开展全县乡镇企业的产权制度改革工作。这次改制主要推行股份合作制、租赁经营制，并对少数管理不善、资不抵债、停产倒闭企业进行破产和出售，对大多数企业实行租赁经营。大庄头乡党委、政府解放思想，将拥有1700多万元净资产的乡办水泥厂以2188万元的价格出售给私人经营，组成有限责任公司，成为当时烟台市规模最大的民营企业，在烟台市引起较大的积极反响，这一举措不仅使政企职责分开，企业得到更好发展，而且使乡财政增加收入，为发展公益事业和扩大再生产积累力量。

1997年，中共十五大进一步确立非公有制经济在社会主义市场经济中的地位。栖霞市采取各种措施深化乡镇企业改革，产权制度改革取得阶段性突破。1997年12月，栖霞市人民政府印发《关于深化乡村企业产权制度改革的试行意见》，并召开栖霞市乡村企业产权制度改革工作会议，全市乡村企业改制工作进入新的阶段。这次改制，以产权转让为重点，以拍卖出售、股份制或股份合作制改造为主要形式，力求产权一次更新，资产一次变更，债务一次处理。转让出售实行“五不限制”，即对转让出售的企业的类型、转让出售的比例、对象、作价方式、资金回收期均不加限制。对改制企业工作，严格按法律法规和程序办事，严格把好方案制定关、资产评估关、企业经营者确认关，使改制做到公开、公正、公平。1998年8月，栖霞市人民政府印发《关于乡村企业改革优惠政策的补充规定》，提出一系列优惠政策，规定企业产权出让后需办理的有关手续，对有关收费项目和标准进行严格限定和优惠。针对全市村办企业的实际情况，提出村办企业改制原则上实行售租结合的改制形式，即流动资产、设备等资产出售，厂房、土地不动产出租。大庄头镇野夼村在对村办企业实行售租结合改制中，创造民主酝酿、全体党员和村民代表大会参与决策，严格按法律程序办事，科学确定改制方案，公正合理确定售租金，以投标保险金最高者为中标人以及企业集团统一进行财务管理的经验，保证企业改制后资产不流失，取得良好的效果。是年底，烟台市政府在栖霞市召开村办企业改制现场会，在烟台市推广这一做法。栖霞市乡村企业产权制度改革得到较快而稳定的发展。1997年前，栖霞市有乡村集体企业151家，2002年末，已完成改制企业125家，占企业总数的82.8%，其中，出售企业107家，租赁企业3家；另外破产、兼并、注销企业15家。

## 第二节 企业基础管理

**企业升级** 乡镇企业在发展初期，由于人才缺乏，规章制度不健全，标准计量手段不完备，基础管理非常薄弱，基本上是套用农业生产管理办法，简单、粗放，随意性较强。1989年后，农业部作出《关于在全国乡镇企业开展“企业管理年”活动的决定》，山东省和烟台市乡镇企业局先后制订出台先进企业评选办法，开展晋升先进企业的活动。栖霞的乡镇企业从企业自身发展和赶超先进的要求出发，开展企业升级活动。1991年，栖霞滑石粉公司、寨里水泥厂、桃村镇装运公司第一次被评为烟台市明星企业，臧家庄镇办水泥厂获得山东省乡镇企业现场基础管理一级合格，另有16家企业获二级合格。1992年，全县有14家企业被评为烟台市明星企业，1993年，又有19家企业被评为烟台市明星企业。通过开展企业升级，提高栖霞市乡镇企业管理水平，企业的产品质量、物质消耗、经济效益都有很大改善。经过几年努力，栖霞乡镇企业的基础管理工作有很大改观，管理日趋规范和科学。1994年，栖霞乡镇企业中又有12家企业获山东省乡镇企业现场基础管理一级合格。

1995年，在加强企业基础管理的同时，栖霞乡镇企业主管部门积极引导企业推广现代化管理方法，在全市乡镇企业中推广普及ABC管理法、市场预测、目标成本管理、量本利分析、网络技术等现代化管理办法，开展争创现代化管理成果的活动。先后有3家企业的成果获山东省乡镇企业现代化管理成果一等奖，5家企业的成果获省系统二等奖，1家企业的成果获省系统三等奖。

1996—1998年，全省开展评选管理示范企业活动。栖霞市出台全市乡镇企业评选管理示范企业活动的办法，制订市级和市系统管理示范企业标准，每年评出10家由市政府命名的市级管理示范企业，10家由市乡镇企业局命名的系统级管理示范企业，并实行动态管理。这一活动进一步完善、规范、提高企业管理，企业管理水平得到较大提高。烟台宝桥锦宏水泥有限公司于1997年被评为省系统级管理示范企业。

**企业质量管理** 乡镇企业发展初期，多以手工操作为主，主要生产为当地农业生产、生活服务的产品，多数没有形成规模化生产，产品的内在质量主要由从事生产、掌握主要技艺的工人凭经验把关，没有形成专业化管理。企业管理部门也没有设立专门负责技术质量管理的职能机构。1979年，全国第一次开展质量月活动，叫响“质量就是企业的生命”的口号。栖霞县乡镇企业开始推行质量管理活动，在水泥行业开展化验和检验设施建设，对乡镇办6个水泥厂进行旨在加强质量基础工作的化验室整顿工作。到1982年底，栖霞县的乡镇办水泥厂化验室建设全部达到国家规定要求。1986年，县乡镇企业局组织全县骨干企业的30多名厂长（经理）及质检人员参加由国家科技干部局、中国质量管理协会和中央电视台举办的“乡镇企业全面质量管理电视讲座”，并通过考试合格，为全县乡镇企业开展全面质量管理创造条件。同年，苏家店乡配件厂和中桥乡水泥厂在企业内部开展全面质量管理活动，并收到良好效果，县乡镇企业局及时抓住这些典型，在全县推广，推动全面质量管理活动的开展。从80年代后期到90年代末，根据山东省、烟台市主管部门的部署，栖霞乡镇企业广泛、持久地开展全面质量管理达标活动。这期间，全市乡镇企业中有32家企业的全面质量管理成果获得烟台市乡镇企业质量管理成果奖，其中优秀奖13个，一等奖19个。在国家采用国际ISO9000系列标准后，栖霞市一些管理基础较好的企业积极贯彻。桃村村的兆峰陶瓷（烟台）三峰有限公司、城关村的栖霞印染厂、臧家庄村的源通果汁有限公司、野夼集团公司于1998—2000年，先后通过ISO9000系列标准认证。2002年末，栖霞乡镇企业中通过质量体系认证的企业达到10个。

**创优与创名牌活动** 70年代末，全国在工业企业中开展产品创优活动，栖霞县乡镇企业积极参加各级优质产品的评选。乡镇企业主管部门按照规定程序和要求，帮助企业做好创优的技术基础工作，完善企业质量保证体系，初审申报材料，符合条件的产品。80年代，未有国家、部级优质产品。进入90年代以后，优质产品渐多。1991年，全县乡镇企业有3个产品分别获国家建材部、农业部优质产品称号，8个产品获山东省优质产品称号，2个产品获烟台市优质产品称号。

1993年以后，国务院在全国范围内停止产品创优活动，从1994年开始，根据农业部和山东省乡镇企业局的统一部署，栖霞县乡镇企业积极实施名牌战略，涌现出一批名牌企业和名牌产品。1995年，蛇窝泊镇果品综合加工厂的“明霞牌”烟台雪梨、黄桃罐头获山东省乡镇企业名牌产品，另有4家企业的产品获烟台市级名牌。栖霞市还在全市乡镇企业中评选出23个栖霞市名牌产品。另外，原金山乡南寨村绢花厂的产品荣获“中国第三届进出口商品展览优秀产品奖”，桃村村工艺美术建材厂、城关村澳通选矿药剂厂、野夼村模具研究所的产品荣获“中国首届新产品、新技术博览会金奖”。

## 第三节 财务与统计

**财务制度** 1977年以前，社队企业财务管理没有统一制度。1977年开始，根据山东省财政局、第二轻工业局颁布的《山东省人民公社工业会计制度（草案）》的规定，社办企业逐步建帐立帐，加强财务管理。在会计科目中设置固定资产、基建和专用资金、工程支出、材料、生产费用、待摊费用、产成品、银行存款、现金、应收款、利润分配、公社资金、联合资金、折旧、基本建设拨款、应付款、更新改造资金、其他专用资金、销售、利润等21个科目。记帐的方法，采用增减记帐法，会计报表有财务成本主要指标表、资金平衡表、成本表3种。财务成本主要指标表按月、季、年上报，其余两种表按季、年上报。队办企业普遍沿用农业收支记帐方法。1981—1985年，全县大多数乡镇办（社办）企业逐步改为执行国家农业部、财政部制定的《农村人民公社社办企业财务管理办法（试行草案）》《农村人民公社社办企业会计制度（试行草案）》和山东省公社工业局、财政厅制定的《关于〈农村人民公社社办企业会计制度、财务管理办法（试行草案）〉的补充规定》。到1985年底，全县乡镇办企业和少数规模较大、基础较好的村办企业，普遍按农业部、财政部文件和山东省的补充规定建立财务管理制度和会计核算制度。1987年1月，开始执行财政部和农业部制定的《乡镇企业财务制度》《乡镇企业会计制度》《关于乡镇企业成本开支范围的规定》和山东省制定的补充规定。1993年开始，贯彻执行财政部制定的《企业财务通则》《企业会计准则》和分行业的财务制度、会计制度（简称“两则”“两制”），到1993年底，全县所有乡、村企业基本上按“两则”“两制”的要求设置了会计科目，更换会计账簿，按照新的格式编报会计报表，实现新旧财务制度接轨，新的企业会计核算体系基本形成。

**利润分配** 1979年以前，社队企业税后利润分配形式没有统一规定，由当时的公社和生产大队自行安排使用，与农业的收益分配混在一起。1980年，农业部、财政部对利润的使用分配做出规定，企业的全部利润除上交公社部分外，其余部分用于企业扩大再生产的占45%左右，用于支援农业的占40%左右，用于企业

职工奖励和集体福利事业的占15%左右。1986年，山东省财政厅、山东省乡镇企业局制定《乡镇企业财务制度补充规定》，对税后利润分配规定“六、二、二”或“五、二、三”原则，即50%或60%用于企业扩大再生产；20%上交主管乡镇企业的乡村经济组织，统筹用于安排生产开发；20%或30%作为企业职工福利和奖励基金。1993年，实行统一的“两则”“两制”后，企业的利润除按规定提取盈余公积金、法定盈余公积金和公益金以外，原则上按照投资者权益进行分配。乡村集体经济组织作为投资者所分得的利润，主要用于新的生产开发、支援农业、小城镇建设和社会集体福利事业支出。

**统计制度** 1978年前，栖霞社队企业的统计制度和方法非常简单，统计指标仅限于工业企业个数、人数、工业产值，且只统计公社工业。1978—1983年，乡镇企业统计制度和方法逐步建立健全，范围由社队工业扩大到所有的社队企业，包括农业企业、工业企业、建筑企业、交通运输企业和其他企业。统计指标由规模速度方面扩大到财务效益方面。1984年以后，乡镇企业的统计制度和方法进入改革和完善阶段，范围进一步扩大到乡镇办、村办、联户办、个体办企业4个层次，分类增加到7大类，突出三产情况的统计。工业分类扩展36大类111个中小类，出口产品分类增加到12类，产品产量增加到123种，统计指标体系更加健全。1989年，增加乡村工业关停并转情况调查表和对停缓建项目的统计。1992年，增加对股份合作制的统计内容。1994年，增加企业增加值的统计内容。到1995年底，乡镇企业统计报表正表12个、附表7个、定期报表3个，共22个。1997—2000年，乡镇企业财务统计制度进行8次改革，严格按照《中华人民共和国乡镇企业法》和中发〔1997〕8号文件规定的标准与范围执行。从2001年开始，执行新的《山东省乡镇企业〈个体私营经济〉统计报表制度》，增加个体私营企业统计。2002年，对统计报表进一步调整，年报表由4个综合表、2个基层表和1个附表构成，财务会计决算表只统计规模以上企业，统计日报表为《乡镇企业和个体私营企业主要经济指标日报表》，财务日报改为季报。

**会计、统计管理** 栖霞县从成立公社企业管理局后，便在局内设立财务股（后改称财务科），负责社队（乡镇、村）企业的财务、统计管理工作，其职责是对全县社队（乡镇、村）企业的会计、统计进行业务指导，对国家和上级颁布的财务、统计制度和法规的贯彻落实进行监督，对企业及乡镇经济管理机构的会计、统计人员进行培训，并会同财政、统计部门开展乡镇企业会计、统计的资格进行审查和认定。国家和上级部门每次对财务管理、统计制度改革，都举办一次企业会计、统计人员培训班。1989年，按照上级主管部门的部署，在产值达到100万元以上的工业企业中开展会计达标升级工作。1990—1992年，开展工业企业统计基础工作规范化建设活动。分别与县财政局、统计局联合组织会计、统计岗位上岗培训及会计证、统计证的发放工作。

由于乡镇企业主管部门中的会计、统计人员大多是从基层企业抽调或借调来的，身份不明确，工作性质不稳定，1996—2001年，机构改革期间，乡镇机关精简机构，分流人员，造成乡镇主管部门大批财务、统计人员流失，给乡镇企业的会计、统计工作增加一定难度。

## 第四节 科技推广

乡镇企业发展初期，一个突出的矛盾就是专业技术人员缺乏，科技力量薄弱，制约企业的壮大和发展。为此一些有胆识的企业家尝试吸纳社会上的科技人才到企业工作。1975年，城关村党支部书记史桂开冒着政治风险，力排众议，保护并引进高科技人员——吉林大学内燃机系教师黎正中，为其科研工作提供条件，此举，受到国务院科学技术干部局的来信赞扬。由黎正中主持城关村研究开发的高新技术“转子发动机和蚌线泵”，受到中央领导同志的高度评价。20世纪80年代初期，栖霞乡镇企业结合实际，采取两条腿走路的方法，一方面加强自身人才的培养，一方面采取优惠政策，从社会上招聘科技人才，加强乡镇企业的科技队伍建设。通过培养深造和吸纳、招聘，乡镇企业职工队伍的科技素质明显提高。90年代初，栖霞县开展乡镇企业专业技术职务评聘工作，评聘工作在工程、经济、技术、会计、统计、工艺美术等几个系列中进行。累计评聘乡镇企业专业技术职务1500余人，其中中级职称以上的专业技术人员160人。

随着乡镇企业的发展，技术进步工作得到重视，乡镇企业在技术改造、技术创新、科技成果、专利实施、高新技术开发与应用等方面逐步深入，使乡镇企业整体技术水平得到较快提高。1989年，城关村创办全县乡镇企业中第一个综合性科研机构—山东省栖霞县综合技术应用研究所，1995年11月，更名为“山东大通集团公司高新技术研究所”。先后承担国家级重点新产品试制计划4项，国家火炬计划2项，获县级以上科技成果奖20余项。引进和开发新产品50多项，申报国家专利9项。1995年，山东大通集团公司被国家科委、国家统计局评为“全国民营科技企业技工贸总收入100强”单位。12月，被山东省科委批准为“山东省高新技术产业密集区”。

1991年，大庄头乡野夼村创办“栖霞县模具研究所”，1997年，更名为“山东野夼集团模具研究所”，自行研制、开发的“金属基复合材料钢模”，技术水平国内领先，填补国内空白。这个研究所累计获国家专利11项，进入山东省高新技术企业30强。先后被评为“烟台市十佳高新技术企业”“烟台市十佳民营科技企业”“山东省专利明星企业”。累计为国内100多个汽车厂家生产模具2000多套，与70多个汽车厂家签订专利许可合同，为全国汽车行业节省模具开发费用20多亿元。该专利技术获1995年山东省科技进步二等奖，被评为国家级新产品，在第二届中国专利新技术、新产品博览会上获得金奖。1995年，获国家农业部科技进步奖，1998年获山东省第五届专利技术金奖。野夼村被命名为“山东省专利村”，成为山东省第6个、烟台市第2个省级专利村。

澳通选矿药剂厂1993年5月和1994年10月，分别获得“棒粒状黄原酸盐的生产工艺和设备”两项专利，填补国内空白，产品出口年创汇800万美元以上。1994年，该专利技术获山东省科技进步三等奖，1995年，获山东省第二届专利技术金奖。

栖霞县乡镇企业在山东省、烟台市从1994年相继开始的两年1届的专利明星企业评选工作中，先后有栖霞市化工厂、山东宏富集团公司、山东野夼集团公司被命名为“中国专利山东省明星企业”。栖霞市选矿药剂厂、山东野夼集团公司被命名为“中国专利烟台明星企业”。1994—2002年，栖霞县（市）乡镇企业中共有7家企业被认定为山东省高新技术企业，为山东野夼集团公司模具研究所、山东大通集团公司无氧铜材厂、山东大通集团公司电子设备厂、山东大通集团公司选矿药剂厂、山东大通集团公司金刚石厂、桃村镇栖霞第二塑料厂、烟台金梓食品有限公司。

# 第三章 外向型经济

## 第一节 出口贸易

1980年前，栖霞县乡镇企业的出口产品档次低，基本上是以资源型的粗加工和初加工为主，出口渠道单一，全部集中于外贸系统。80年代后期，出口生产企业增加，创汇能力提高，出口渠道扩大，仍以资源密集型和劳动密集型为主。这时开始出现来料加工、来样加工、来件组装和补偿贸易（简称“三来一补”项目），出口产品涉及到化工、矿产、食品、建材、畜产、纺织等行业，但规模都不大。1988年，全县乡镇企业出口交货值仅为846万元人民币。进入90年代，随着高新技术企业的扩大，产品结构的调整以及“三资”企业的增加，乡镇企业的出口贸易有较大发展，1991年，全县乡镇企业出口交货值达4916万元人民币，是1988年的5.8倍。1993年，出口交货值突破1亿元，达16941万元人民币。年出口超百万美元的企业有源通果汁、选矿药剂、三蝶塑料、仁琪塑料、汇丰石材、新明电机等6家企业。1996年，城关村的栖霞印染厂和澳通选矿药剂厂获自营进出口权，之后，桃村镇的栖霞第二针织厂、臧家庄镇的源通果汁公司等企业陆续获自营进出口权。到2002年，全市乡镇企业及私营企业中获自营进出口权的企业达到24户。

## 第二节 利用外资

栖霞县乡镇企业利用外资始自80年代中期。1985年，铁口乡境内的栖霞县大理石矿采取补偿贸易的方式，从意大利引进一套大理石切割设备。但在1990年前，整个乡镇企业引进外资步伐比较缓慢，档次也比较低。1992年以后，乡镇企业利用外资逐步进入快车道。1993年，桃村三行公司与港商李兆峰签订合资建立烟台兆峰陶瓷有限公司合同，并开始进资建设，于1994年投产。这个企业前后共引进外资2485万美元，成为当时烟台市乡镇企业中利用外资最大的企业。桃村村还先后与日商合资建成三蝶塑料、仁琪塑料两个合资企业。1995年，烟台市政府授予桃村镇和桃村村“利用外资第一镇”“利用外资第一村”称号。1996年2月，臧家庄村的栖霞源通果汁公司，与瑞士UNIPECTIN公司合资组建烟台源通果汁有限公司，先后引进两条年加工生产10000吨浓缩果汁的生产线，成为当时亚洲最大的浓缩果汁生产企业，该厂先后共引进外资1400万美元。2002年末，全市乡镇企业和私营企业共批准利用外资项目198个，实际利用外资额达2948万美元，占全市实际利用外资额的77.9%。

# 第四章 个体私营经济

栖霞县个体私营经济的发展由于政治环境的变化经过一个曲折的过程。1966年“文化大革命”以前，允许个体工商业者在规定范围内经营，但在经营范围、经营规模和品种等方面有一定限制。1966—1976年，“文化大革命”运动期间，提出“大批（资本主义）促大干（社会主义）”的口号，开展斗私批修，对个体私营经济进行清理、取缔。善经营者、能工巧匠不得展其才施其技，私营经济无实也无名。1978年，中共十一届三中全会以后，国家放宽发展个体私营经济的政策，个体私营经济逐步发展起来。1984年开始，农村联合体、个体私营企业纳入乡镇企业统计。

1985年，栖霞县有个体工商户4303家，从业人员5104人，商品零售额1200万元。2002年末，全市有个体工商户9377家，从业人员17504人，注册资金13976万元，个体经济实现总产值50890万元。私营企业547家，其中个人独资企业110家、合伙企业32家、有限责任公司405家，从业人员6877人，注册资金46409万元，其中改制企业84家，私营企业年实现总产值27912万元，营业额10257万元，社会消费品零售总额24945万元。

## 第一节 规模与效益

1985年，栖霞县有个体工商户4303家，从业人员5104人，注册资金达到180万元，商品零售额1200万元。在1987年、1988年，国务院先后颁布《城乡个体工商户管理暂行条例》和《中华人民共和国私营企业条例》后，栖霞县委、县政府把鼓励、扶持、发展个体私营经济作为发展全县经济的战略目标，千方百计为个体私营经济发展创造良好的社会环境。

1988年3月，县政府印发《栖霞县关于鼓励发展私营经济的暂行办法》。是年5月统计，全县从事个体经济的11866家，从业人员25081人，拥有固定资产1673万元，流动资金1680万元。1992年，邓小平视察南方谈话发表后，全县上下对个体私营经济的认识进一步明确，个体私营经济走上健康发展的轨道。到1997年，全市个体工商户达到10857家，私营企业292家，从业人员21994人。

松山工业园区一角（2002年）

到2000年，全市私营企业发展到409家。个体私营经济的专业镇、专业村、专业户如雨后春笋，茁壮成长。桃村镇、蛇窝泊镇分别被烟台市政府命名为建材产业镇和果业产业镇。松山镇后铺村被烟台市政府命名为蔬菜专业村。桃村镇桃村村孙普被烟台市政府命名为个体工商大户。其他特色产业的还有西城镇、杨础镇的香菇、观里镇的“热得快”小电器等全市私营企业注册资金达到100万元以上的21家，其中3家达到1000万元以上。1995年，全县个体私营企业实际纳税额为1526万元。2000年，达到6001万元，比1995年增长393%。

2002年末，全市私营企业完成营业收入19.6亿元，入库税收3647万元。

## 第二节 行业与区域分布

**行业分布** 1988年，私营企业从无到有，当年申请登记注册的私营企业有5家。1997年，全市有私营企业292家，从业人员21994人。企业生产以果、菜、畜牧加工为多。

到2002年，私营企业主要以农业加工配套、资源加工和针织服装、机械加工等企业为主，这四类企业共416家，占私营企业总数的76%。

农业加工配套企业主要是围绕果、牧、菜、粮四大支柱产业发展起来的加工、贮藏、包装、化肥等配套企业，共有192家，占私营企业总数的35%。

资源加工型企业主要包括水泥、滑石粉、石材、 黄金选矿、饮用水、各种酒类等加工企业，共有104家，占总数的19%。

针织服装业共有企业60家，占总数的11%。

机械加工业包括机械维修、工具制造、机械加工、五金制造等企业，共有60家，占总数的11%。

**区域布局** 80年代，私营企业数量少，规模不大，分布不均，西部、南部私营企业较少，主要集中在县城周围乡镇和境域北部、东部乡镇。90年代以后，私营企业开始在全县各镇政府驻地发展。2002年，全市私营企业集中区域以翠屏街道、桃村镇、庄园街道、庙后镇、经济开发区5个镇、街道为多，共有私营企业380家，占总量的69%。全市私营企业中，规模以上企业共有64家，占私营企业总数的12%。64家企业实现营业收入8.8亿元，占全市私营企业营业收入的46%；入库税收1529万元，占总额的42%。销售收入过千万元的私营企业有75家，利税过百万元的有20家。

## 第三节 个体私营经济管理

1984年，中共中央、国务院《转发农业部〈关于开创社队企业新局面〉的通知》，把原社队企业的乡、村两个层次扩大为乡（镇）、村、联合体（合作）、个体4个层次，正式定名为乡镇企业。把联合体、个体企业纳入乡镇企业统计。联合体企业是指农民群众自愿联合组成的集体合作企业。企业实行资金入股，自主经营，自负盈亏，民主管理，共同劳动，按劳分配为主，适当分红的原则，并有公共积累；个体企业是指个体经济性质的企业，企业由农民个人投资举办，生产资料归投资者个人所有，包括由家庭成员参加经营和按国家政策允许雇请人员经营的企业。

1988年6月，栖霞县政府召开第一次全县个体私营经济工作会议，会上8个先进单位和个人交流经验，会议对250名私营经济先进经营者发奖，并成立栖霞县私营经济经营者协会，通过《栖霞县私营经济经营者协会章程》，对个体私营者协会会员权利、义务作出明确规定，要求个体私营经济经营者遵守国家的有关方针、政策和法令，文明生产、文明经商，对掺杂作假、哄抬物价、出售伪劣商品等损害群众利益的非法牟利行为，有关部门要加强监督检查，依法进行制裁。

1992年，县政府在县城建设特别商业街，1993年11月，县政府颁布《栖霞县特别商业街管理暂行规定》，鼓励个体私营业户进商业街兴办企业并提出优惠政策和管理办法。

1996年9月，为进一步推动全市个体私营经济发展，加快实现经济强市的目标，市政府印发《关于鼓励发展个体私营经济的暂行办法》，进一步推动全市个体私营经济的发展。

2000年4月，又印发《关于市乡党政机关事业单位副科级以上领导干部帮扶发展个体私营经济的试行意见》，提出凡在市乡党政群机关事业单位工作的副科级以上领导干部，每年每人都必须帮扶发展1处以上私营企业或个体工商户。帮扶的内容和要求是，宣传各级鼓励发展个体私营经济的有关政策；提供信息、引进项目、开拓市场、协助解决生产经营中出现的问题等，并明确考核及奖惩办法。

根据山东省、烟台市政府的统一部署，2001年9月，栖霞市个体私营经济的管理职能由市工商局移交至乡镇企业管理局。

2002年，市委、市政府颁布《关于加快发展私营经济的意见》，进一步确定私营经济在全市经济发展中的主体地位，从而加强领导，强化措施，促进私营经济的发展。

### 2002年栖霞市城乡个体工商业情况统计表

表10-7　　单位：万元

| 行业名称 | 户数 | 从业人数 | 注册资金 | 总产值 | 商品营业收入 | 商品零售额 |
|---|---|---|---|---|---|---|
| 合计 | 9377 | 17504 | 13976 | 50890 | 86920 | 54965 |
| 农牧业 | 15 | 41 | 106 | 56 | 161 | 88 |
| 采掘业 | 14 | 75 | 63 | 52 | — | 82 |
| 制造业 | 1363 | 3255 | 2828 | 50700 | — | 8014 |
| 建筑业 | 22 | 96 | 35 | 82 | — | 65 |
| 交通运输业 | 1118 | 2521 | 4367 | — | 12121 | 6527 |
| 批发零售业 | 5391 | 9985 | 5624 | — | 58760 | 31640 |
| 餐饮业 | 505 | 252 | 439 | — | 5515 | 2969 |
| 修理、服务业 | 949 | 1279 | 514 | — | 10363 | 5580 |
| 其他行业 | — | — | — | — | — | — |

### 2002年栖霞市私营企业情况统计表

表10-8　　单位：万元

| 行业名称 | 户数 | 投资人数 | 职工人数 | 注册资金 | 总产值 | 商品营业收入 | 商品零售额 |
|---|---|---|---|---|---|---|---|
| 合计 | 547 | 1332 | 7367 | 46409 | 27912 | 10257 | 24945 |
| 农牧业 | 5 | 15 | 40 | 260 | 362 | 310 | 228 |
| 采掘业 | — | — | — | — | — | — | — |
| 制造业 | 361 | 800 | 5698 | 32102 | 26035 | — | 16462 |
| 建筑业 | 21 | 49 | 161 | 5647 | 1515 | — | 958 |
| 交通运输业 | 3 | 8 | 24 | 153 | — | 188 | 137 |
| 批发零售业 | 109 | 292 | 938 | 5791 | — | 6775 | 4970 |
| 餐饮业 | 17 | 43 | 247 | 373 | — | 1057 | 776 |
| 修理、服务业 | 31 | 125 | 259 | 2083 | — | 1927 | 1414 |
| 其他行业 | — | — | — | — | — | — | — |

# 第五章 企业集团 企业家 企业选介

## 第一节 组建企业集团

根据1992年国家农业部印发的《乡镇企业组建和发展企业集团》和《乡镇企业集团示范章程》，栖霞县从1994年开始，积极引导和推动符合条件的乡镇企业组建企业集团。1994年，城关村大通公司经逐级申报、考核，被山东省人民政府批准为山东大通集团公司，1995年被农业部确认为全国乡镇企业集团。到2002年底，全市乡镇企业中经山东省人民政府批准的省级以上乡镇企业集团共有13个。其中农业部确认为全国乡镇企业集团的7个，省级企业集团的6个。

**国家级乡镇企业集团（7个）**

山东大通集团公司（翠屏街道城关村）

山东三行集团公司（桃村镇桃村村）

山东野夼集团公司（桃村镇野夼村）

山东雪光滑石粉集团公司（庙后镇）

山东三星集团公司（桃村镇国路夼村）

山东宏富集团公司（寺口镇）

山东宝桥水泥集团公司（经济开发区）

**山东省省级企业集团（6个）**

山东仙阁陶瓷集团公司（桃村镇）

山东霞玉集团公司　（桃村镇）

山东思达建筑集团公司（桃村镇）

山东潮颖针织服装集团公司（桃村镇）

山东金鸽集团公司（庙后镇前罗坡村）

山东白洋河集团公司（臧家庄镇臧家庄村）

1998年后，以上企业除个别集团公司外，多数经过产权制度改革，整体或切块转让给私人经营，改制成为有限责任公司。

## 第二节 培养企业家

改革开放以来，栖霞县乡镇企业迅速发展，造就和培养了一大批乡镇企业家。1989年3月，烟台市召开优秀乡镇企业家表彰大会，进行命名表彰。栖霞镇城关村大通集团公司总经理史桂开被烟台市政府命名为“烟台市优秀乡镇企业家”。此后，烟台市政府先后评选5批市级优秀乡镇企业家。栖霞市共有29名企业家被授予“烟台市优秀乡镇企业家”称号。从1989年开始，山东省人民政府在全省市以上的优秀乡镇企业家中评选“山东省优秀乡镇企业家”，栖霞先后有4名企业家被授予“山东省优秀乡镇企业家”称号。1991年，农业部印发《全国乡镇企业家评选管理办法》，开始选评全国乡镇企业家。1995年8月，县委、县政府颁发《关于加强现代企业家队伍建设的意见》。规定企业家标准和条件、评选办法和程序、奖励标准、管理办法，并要求各级各部门努力为企业家队伍建设创造良好的环境和条件。此后每年评选一批县级乡镇企业家。实行动态管理。到2002年，栖霞市有3名企业家分别被授予“全国乡镇企业家”“全国优秀乡镇企业厂长（经理）”称号。根据山东省委组织部、人事局、乡镇企业局《关于从省级优秀农民企业家中吸收录用干部的通知》精神，栖霞市有4名“山东省优秀乡镇企业家”转为国家干部。

**国家级优秀乡镇企业家、优秀乡镇企业厂长（经理）（3人）**

史桂开 山东大通集团公司总经理

孙厚连 山东三行集团公司总经理
牟忠义 栖霞白洋实业总公司总经理

**山东省优秀乡镇企业家（4人）**

史桂开 山东大通集团公司总经理
孙玉香 桃村三行实业总公司董事长
李尧林 龙口矿务局寨里水泥厂厂长
于世广 原山东野夼集团公司总经理

**烟台市优秀乡镇企业家（29人）**

史桂开 山东大通集团公司总经理
孙玉香 桃村三行实业总公司董事长
于世广 山东野夼集团公司总经理
牟忠义 栖霞白洋实业总公司总经理
林斐年 中桥镇水泥厂厂长
胡乃路 桃村镇陶瓷厂厂长
郭振西 中桥镇水泥厂副厂长
李国忠 臧家庄镇水泥厂厂长
李尧林 寨里镇水泥厂厂长
朱学忠 寨里镇水泥厂副厂长
刘智民 蛇窝泊镇毛巾厂厂长
孙厚连 桃村工艺美术建材厂厂长
唐功言 桃村镇建筑公司经理
王培卿 桃村镇装运公司经理
刘洪玉 松山镇装基公司经理
孙永才 塔峰实业有限公司总经理
李前强 中桥镇水泥厂厂长
孙祥云 山东三行集团公司董事长
王凤贤 野夼集团模具研究所所长
李宝禄 宝桥锦宏水泥有限公司经理
栾胜波 宝桥锦宏水泥公司副经理
常建富 山东三星集团公司董事长
柳树强 栖霞市线路器材厂厂长
林桂良 金鸽工贸有限公司总经理
米世祥 山东大通集团公司总经理
徐昌军 栖霞荣昌集团公司总经理
宋元章 山东宏富集团公司总经理
林镇波 栖霞市滑石粉公司经理
柳仁秋 宏富集团公司副总经理

至2002年，以上历届评选出的乡镇企业家，除少数在职外，有的因年事已高离开企业，有的成为改制后的民营企业厂长(经理)，有的成为乡镇、市直机关的领导干部。在各级党委、政府的关怀、培养下，此后，一批新的优秀乡镇企业家和私营企业家正在崛起，栖霞市的乡镇企业（民营企业）家队伍不断向前发展。

## 第三节 企业选介

**山东野夼集团公司** 是桃村镇野夼村村办企业，成立于20世纪80年代，企业占地面积10万平方米，建筑面积3.5万平方米，拥有固定资产6000万元，流动资金2000万元。公司辖7个企业。模具研究所是其龙头企业，创建于1989年，有员工680人，其中工程技术人员120人。

研究所下辖模具厂、冲压厂、车身厂三个分厂。研究所依靠科技创名牌、增效益，现已拥有4项国家专利权，分别是1992年研制的“金属基复合材料模具”专利项目获国家级新产品和省科技进步二等奖、1995年，研制的“轿车侧围一次成型模具”专利项目获国家级重点新产品和省科技进步三等奖、1997年，研制“可调试模具”专利项目、1998年，研制的“陶瓷型合金精铸模具”专利项目获国家级重点新产品和省科技进步三等奖。公司拥有Y1500-01型液压机2台，500A、B-Y127型500T-800T液压机3台，B01型2×6m龙头刨1台，C01-05型铣床5台，M01-03型磨床3台，Z01-05型钻床5台，可为汽车生产企业配套提供各种汽车和轿车模具、冲压件和车身等产品，先后为一汽集团、青岛汽车厂、济南重汽集团等国内大型汽车生产企业配套提供各种牌号的载重车、自卸车、油箱车车身、汽车顶盖和油箱等冲压件产品。

2001年4月，产品于通过ISO9002国际质量体系认证。2002年，公司完成工业增加值7541

万元，实现销售收入24476万元，实现利税1272万元，其中利润734万元。

**烟台源通果汁有限公司** 成立于1996年2月，是栖霞白洋实业总公司与瑞士UNIPEKTIN公司联合成立的合资企业，注册资金1200万美元，主营生产和销售苹果汁、梨汁、苹果香精、胡萝卜及浆果等产品，年生产能力5万吨的苹果浓缩果汁经检验质量已达到国际先进水平。1998年以后，一直是德国SGF（果汁行业保护协会）组织会员，产品获得美国KOSHER证书（美国犹太证明），通过ISO9002及美国HACCP（危害监界点控制）的认证，产品全部出口，先后出口到美国、日本、加拿大、澳大利亚等国家。2001年，公司完成入库税收1995万元。

**烟台市塔峰实业有限公司** 位于栖霞市桃村镇徐家村北，始建于1970年，原名栖霞县大庄头水泥厂。

1993年8月，进行公开招标拍卖，竞标价达到2188万元，同年8月，注册成立烟台市塔峰实业有限公司，属私营企业，注册资本1755万元。固定资产2500万元，占地面积4.9万平方米，职工320人，各类工程技术人员65人。主要产品有“塔峰”牌275砌筑水泥、普通硅酸盐水泥，年生产能力20万吨。公司先后通过ISO9002：1994标准认证、ISO9001：1995年，公司被国家工商总局和中国企业评价协会评为“中华人民共和国500家最大私营企业”，被山东省政府、烟台市政府分别评为“先进私营企业”；1997年，被省工商行政管理局评为“百强私营企业”。

从1999年开始，公司先后筹集资金680多万元，对主机设备、生产线进行改造，产品质量、产量显著提高，其中325R、425R普通硅酸盐水泥通过国家级产品质量认证，取得“山东省建设工业产品登记备案证明”“烟台市、青岛市建设工业产品准用证”，获得“无毒害（绿色）建筑材料”证书，并被评为“烟台市消费者满意产品”。2000年获国际质量体系认证，获得山东省出口水泥质量许可证书和自营进出口权，产品出口韩国及东南亚一些国家，累计出口交货值3000多万元；连续10年被评为烟台市“重合同、守信用”企业。2001年，被山东省人民政府授予“先进民营企业”称号。2002年，总产值达到3500万元，上缴税金200万元。

**烟台中林钢构工程有限公司** 成立于1995年5月，是由印度尼西亚林氏集团在栖霞投资兴建、专业从事焊接H型钢、T字钢等及轻钢结构房屋设计、制作、安装的钢结构预制建筑企业。公司生产工艺先进，生产设备全部由美国、印度尼西亚引进，是国内专业化程度最高、设备最先进、制造最精确的钢结构生产企业。成为世界著名钢结构制造商——美国巴特勒公司中国地区制作中心、安装施工配套服务单位。公司年承建和安装钢结构工程30万平方米以上，生产制作钢结构制品1万吨。

2002年，公司有员工120人，净资产1800万元，实现销售收入3600万元，利税660万元。

中林钢构车间（2002年）

**栖霞市澳通选矿药剂厂** 成立于1988年。主要生产黄原酸盐、黑药、乙硫氮等系列选矿药剂产品，年生产能力2万余吨。企业自投产以来，不断完善生产工艺，生产过程实行严格的科学管理，保证产品质量，提高市场占有率，各种产品在国内外享有很高的信誉。研制生产的棒粒状黄原酸盐被评为1992年度国家级新产品，并荣获中国专利新技术、新产品博览会金奖。

2002年，企业有职工390人，流动资产2914万元，固定资产1153万元，产品销售收入1.46亿元，完成入库税收289.9万元。

1992年选矿药剂厂产品获国家新产品博览会金奖

**栖霞市宝桥锦宏水泥有限公司** 成立于1970年，前身为栖霞县中桥水泥厂。企业主要生产“宝桥”牌325#、425#普通硅酸盐水泥，年产量40万吨。

2002年，企业职工650人，流动资产达到7300万元，固定资产7376万元，销售收入1.4亿元，完成入库税收214.3万元。

# 第十一编
# 国内贸易
# 对外经济贸易

座落在栖霞市霞光路南首的家家悦超市（2002年）

中共十一届三中全会以后，栖霞县对商品流通体制进行调整与改革，实行多种经济成分、多渠道流通、多种经营方式和少环节开放的商品流通体制，采取灵活多样的购销政策，扩大市场调节范围，城乡市场发生巨大变化。1978年，社会消费品零售额6938万元，到1985年，社会消费品零售额达到17718万元，比1978年增加2.6倍，增长速度平均每年为22.2%。

1985—1986年，栖霞县流通领域在部分效益低、债务不多的企业中实行承包或租赁。1987—1989年，商业企业改革进入全面推行时期，改制形式多种多样，根据企业性质不同、经营种类差异、面积大小、人员多少、资产情况等确定，基本形式有国有民营、集体民营、公私合营、个人经营等。1990—1995年，按照“以公有制企业为主体，多种经济成分共同发展”和鼓励发展第三产业的原则，全面放开粮油、肉蛋、果菜经营和价格，全面进入市场经济，个体、联合体商户发展迅猛，1995年末，社会消费品零售额达到104750万元，比1990年增长2.8 倍，社会消费品零售额平均每年增长36.1%。

1996—2002年，随着改革开放的不断深入和市场经济的不断完善，商品结构日趋合理，商品种类繁多，货源充足，城乡居民生活消费水平逐步提高，消费档次节节攀升。食品更为丰富，群众衣着色多款新，家用电器门类齐全。全市有集贸市场50处，批发贸易单位729处，零售贸易单位5276处，餐饮单位571处，社会消费品零售额达到246381万元，比1996年的131253万元增长1.9倍，社会消费品零售额平均每年增长22.8%。

栖霞对外经济贸易始于20世纪70年代。1978年，出口商品以花生、豆类、中药材、花边、刺绣等为主。进口商品主要是自行车、手表、电器、服装、化纤品、化肥等。进入80年代后，进口商品由日用商品发展到企业大型机械设备、医疗高技术设备等商品进口。1984年，首次引进13万美元外资。1986年以后，栖霞县对外贸易渐多，到1988年，引进外资296万美元，建立3个服装、工艺型小型合资企业。外贸商品收购额1.16亿元，出口商品货值2932.9万元。90年代以后，对外交流日益增加，贸易额逐年上升。1995年，引进外资3615万美元，出口创汇4643万美元。进入21世纪后，出口商品由工艺品、油类、食品类、针织类等发展到纺织类、服装类畜产品、矿产等，进口商品由日用品发展到企业大型机械设备、医疗技术设备等。

2002年，引进外资3782万美元，出口创汇8346万美元。

# 第一章 国营商业

## 第一节 管理机构

国内贸易管理机构。1961年成立财贸办公室，1966年撤销，1975年9月恢复，1984年撤销财贸办公室，1989年恢复，1993年11月改称对内贸易委员会，1996年8月改称贸易局，同时挂财贸办公室牌子，2001年改称财贸办公室。

商业管理机构。1956年11月，栖霞县人民委员会工商科改编为栖霞县商业局。1958年6月，商业局与县供销社合署办公。1961年10月10日，商业、供销分立。1968年2月28日，商业局被撤销。1969年12月30日，成立栖霞县革委生产部商业局（与供销社合署办公）。1975年7月1日，商业局与县供销社分立办公。1992年4月，栖霞县商业局组建为栖霞县商业集团公司。

## 第二节 商业体制改革

1978年以前，商业流通实行计划体制，主管部门集行政、业务、财务管理于一身，企业有责无权，体制呆板，生产、销售渠道不畅。1978年以后，国家政策逐步放宽，计划经济体制被渐渐打破，在发展国营商业的同时，大力发展多渠道商业经济，私人商户兴起。1981年，全县个体有证商户154个，1983年发展到1414个，1985年达到4303个，经商人数5104人。1985年末到1986年初，商业改革全面铺开，属于商业系统的计划管理商品还有10多种，其中，食用糖、火柴、肥皂、洗衣粉、镀锌铁丝、元钉、民用纯碱等为指令性品种，名酒、胶鞋、灯泡、生猪为指导性计划品种。百货、五金制品、副食品等首先实行以批发为主、批零兼营、独立核算、自负盈亏制度。1987—1989年，栖霞县政府对县属企业、商业企业全面推行承包责任制，打破固定工资制，实行效益工资。企业经理（厂）长实行竞争上岗，由任命制改为聘任制。承包期3年、5年不等，经营权和所有权适当分离，兼顾国家、集体、个人三者利益。1989年，商业零售机构达到6770个，从业人员11304人，其中个体有证商户5681户，从业人员6485人，社会商品零售总额达到33860万元。

1992年开始，计划体制逐步进入市场经济体制，商品从购销到价格由市场调节，改革进一步深化，大锅饭、铁饭碗、铁工资、铁交椅（“一大三铁”）被彻底打破，真正把企业推向市场，成为自主经营、自负盈亏、自我发展的商品经营者。4月，撤销县商业局，成立栖霞县商业集团公司。百货商店、酿造厂、五交化公司、饮食服务公司、蔬菜公司、纺织品公司、糖业烟酒公司、天工绣品厂等全部推行内部承包责任制、股份制或者被私人购买。对各乡镇食品站，亏损严重、资不抵债的公开拍卖或破产倒闭，能正常经营的实行承包、转让或拍卖。商业系统一些企业相继破产、拍卖或转产，国有民营、裂变重组、承包经营、股份制等陆续登上市场舞台。1996年，社会商品零售总额达到130083万元，批发贸易机构331个，零售贸易270个，从业人员25254人。2002年，全市社会商品零售总额达到246381万元，

## 第三节 商品经营

1985年以前，栖霞县境内商品来源主要靠计划供应，辅以自行采购。1985年，商业体制开始改革，百货、纺织、五金、副食品4个专业批发公司实行以批发为主、批零兼营，独立核算，自负盈亏，取消“三固定”（固定区域、固定对象、固定倒扣）模式。

1986年，商业局制定《关于贯彻商业改革若干政策规定的实施意见》，决定发展横向联合，设立对外窗口，发展地方联办商业，进一步放开国营小型企业。本着“风险共担，利润共沾”的原则，开展工商联合，全系统与全国500多家工厂建立联合经营关系。全年商品购进总额6951.7万元，商品销售总额7793.5万元，商品经营利润129.6万元。

1987年，推广国营第三饭店承包经验，在百货、五金、纺织、烟酒等批发单位实行利润包干、超额五五分成；百货商店实行利润包干、超额税后归己；蔬菜公司实行百元利润浮动工资含量经营；肉联厂、食品厂、酿造厂实行生产、销售大包干；国营小型商业如饭店、旅馆、理发等5家服务企业实行投标叫行，集

体、联合和个人租赁经营。对于中层干部改变过去主管部门任命的办法，实行投标叫行、民主选举、上级考核办法选拔经营人。全年销售总额7200万元，实现利润80.4万元。

1988年，根据桃村镇交通发达、与海阳、莱阳、乳山三县市交界的地理优势，大力开发桃村市场，将桃村镇的百货、五金、纺织、糖茶、饮食5个经营组升格为公司，成立栖霞县桃村百货公司、五交化经营公司、纺织品公司、糖业烟酒经营公司、饮食服务公司，均独立对外开展商品、服务经营业务。同时决定，对所属栖霞县食品厂、综合购销公司、酿造厂、五交化公司、百货商店、蔬菜公司等14个企业，实行为期三年的经营承包，利润承包标的共计428.9万元，经营情况较好的企业有百货商店、五交化公司、纺织品公司、糖业烟酒公司等。

桃村镇商业街（2002年）

为巩固和发展城区市场，1991年，投资300多万元对百货商店、五交化商店、杂品经营公司等14处老网点、老设施进行改造修建，新增营业网点12个，扩大营业面积4000多平方米，新增经营品种、经营项目1200多个。投资240万元，新购置白洋河东岸营业楼17座，营业面积1万平方米。1992年，投资200万元，新建和改造营业网点34个，增加经营面积近1万平方米。商业系统21个企业、2个商办事业单位，共有员工2037人，企业固定资产1650万元，营业房屋及仓库面积68500平方米，1991—1993年，第二轮承包中，商业企业完成销售产值18500万元，实现利润370万元，货款额累计3860万元。1994年，商业系统完成销售产值19874万元，实现利税108万元，1995年，完成销售产值10876万元，实现利税101万元。1996年，三级批发退出流通领域，商业系统实行国有民营改革，在市五交化公司实行股份制试点，成功运营后，五交化公司成为商业系统第一家股份制企业。是年，商业系统所有企业全部实行租赁柜台、租赁门店经营办法，把库存商品作价卖给职工，实行独立经营，自负盈亏。

2002年末，全市国有商业企业改制面达到100%，批发贸易机构73个，零售贸易186个，个体户5903家，从业人员20588人，实现利税137万元。

**1988—1990年栖霞县商业企业承包经营情况统计表**

表11-1

单位：万元

| 单位 | 销售产值 | | 利润 | |
|---|---|---|---|---|
| | 承包标的 | 实际完成 | 承包标的 | 实际实现 |
| 栖霞县食品厂 | 585.0 | 419.6 | 21.1 | 6.87 |
| 栖霞县综合购销公司 | 1230.0 | 2556.2 | 27.0 | -19.6 |
| 栖霞县酿造厂 | 165.5 | 160.3 | 10.0 | -15.38 |
| 栖霞县五交化公司 | 3022.5 | 4952.5 | 63.2 | 69.9 |
| 栖霞县百货商店 | 2550.0 | 3137.0 | 85.0 | 74.8 |
| 栖霞县蔬菜公司 | 1380.0 | 2005.8 | 7.0 | 7.2 |

续表11-1

| 单 位 | 销售产值 | | 利 润 | |
|---|---|---|---|---|
| | 承包标的 | 实际完成 | 承包标的 | 实际实现 |
| 栖霞县饮食服务公司 | 110.55 | 312.8 | 3.94 | 4.70 |
| 栖霞县纺织品公司 | 3193.5 | 5254.9 | 46.3 | 46.58 |
| 桃村纺织品公司 | 2257.0 | 1691.4 | 34.3 | -23.90 |
| 桃村糖业烟酒公司 | 1705.0 | 1819.4 | 39.5 | 30.60 |
| 桃村食品公司 | 250.0 | 359.0 | 6.0 | 8.10 |
| 桃村百货公司 | 1980.0 | 2048.0 | 34.7 | 34.70 |
| 桃村五交化公司 | 2217.0 | 2345.0 | 47.8 | 50.60 |
| 桃村饮食服务公司 | 90.5 | 75.2 | 3.06 | 3.060 |

1994—2002年栖霞市商业系统销售、利税情况统计表

表11-2 单位：万元

| 年 份 | 销售产值 | 实现利税 |
|---|---|---|
| 1994 | 19874 | 108 |
| 1995 | 10876 | 101 |
| 1996 | 17543 | 68 |
| 1997 | 18753 | 57 |
| 1998 | 10701 | 138 |
| 1999 | 14860 | 130 |
| 2000 | 19234 | 138 |
| 2001 | 19750 | 125 |
| 2002 | 19584 | 137 |

## 第四节 商业网点

1978年以前，商业网点仅限于国营商业，并且多集中在县城和乡镇驻地，1979年以后，个体私营经济快速发展，经营规模不断扩大，在市场中所占有的份额逐年增加。1985年末，全县商业网点5329个，其中国营商业87个，供销合作商业286个，其他集体所有制商业653个，个体有证商业4303个，主要国营商业公司9个，贸易中心1个，社会商品零售总额17718万元。

1988年后，商业改革进一步深入，商业活动全面铺开，商品流通更加广泛。到1990年，全县商业网点达到8182个，其中全民商业224个，集体商业816个，个体有证商户7142个，社会商品零售总额49553万元。1991年以后，加大城区商业设施建设力度，规划、建设、管理同步进行。先后规划建设文化路商业区、白洋河沿岸商业街，网点建设日趋合理。1997年，全市商业网点12123个，其中商业零售贸易网点达到10994个，批发贸易网点559个，餐饮业570个，从业人员31784人，社会商品零售总额145637万元。

1998—2002年，结合城市规划建设，开发迎宾路商业街、跃进路步行商业街和电业路商业街，全市商业网点达到13053个，其中零售贸易网点达到5276个，批发贸易网点729个，餐饮业577个，药材购销、粮油食品、蔬菜、水产品、五金化工等其他商品经营网点6471

个，从业人员20588人，社会商品零售总额246381万元。

1993年建成的白洋河沿岸“特别商业街”

2002年规划的跃进路步行商业街

# 第二章 供销合作商业

1983年前，供销合作商业实行计划供销业务和合同制度。1983年以后，供销系统开始经营体制改革。1992年下半年，县联社对18处基层社和县属企业推行风险抵押、招标承包经营责任制。对基层店、站、门市部，实行抽本租赁经营。1993年，对扭亏无望的基层门市部和农村零售点，实行公有私营、拍卖、租赁和撤并，以盘活资产，培植新的经济增长点。2002年，投资600万元，在天桥商厦后院建起5000多平方米的果都商城，引进威海“家家悦”连锁超市。

1983—1992年，栖霞县供销合作社联合社有下属企业36处，其中基层社18处，市直公司18处；1993—2002年，下属企业由36处减少到30处，其中基层社16处，直属公司14处。

## 第一节 管理机构

供销合作社联合社。1950年6月，由合作推进社改称栖霞县合作总社，1951年5月，改称栖霞县合作社联合社，1954年11月，改称栖霞县供销合作社。1958年供销合作社合并于商业局，1961年10月，恢复供销合作社，1966年被撤销，1975年7月，恢复供销合作社，1983年改称栖霞县供销合作社联合社。1996年，称栖霞市供销合作社联合社。

物资集团公司。1960年成立栖霞县物资局，1966年被撤销，1972年4月恢复，1984年3月，对外挂物资综合公司牌子，1993年11月，改称栖霞县物资集团公司。1996年称栖霞市物资集团公司。

## 第二节 供销体制改革

1983年，栖霞县供销社在经营上是按照国家计划进行农用生产资料和日用消费品统购统销业务的。5月，栖霞县供销社召开第五届社员代表大会，成立栖霞县供销合作社联合社。随后，各基层供销社也相继召开社员代表大会，选举产生理事会、监事会。全县供销社由“官办”变为“民办”，走上群众民主选举以及民主管理轨道。1987年后，供销合作社联合社将18处基层供销社理事会，由原来的执行机构改为行使所有权的集体领导机构，取消原来由地方政府和各部门人员组成的形同虚设的监事会，从而把检查、监督权融为一体。理事会成员中不脱产的农民占2/3以上，实行理事会聘任主任制和主任任期目标责任制，加强民主管理权力，理事会真正成为农民意志和利益的代言人。到1988年，入社农民达41.5万户，占全县总户数的85%，社员股金达620万元，比1982年增长3倍。

1984年起，县联社对辖属36家企业逐步落实经营承包责任制，责任制形式有，利润包干超额归已、利润包干超额分成、定额管理收入分成、浮动工资联销计利计奖等。是年，强化为农服务功能，对所辖有关企业进行改革，将单纯经营型的果品公司改为服务经营合一的果品购销服务公司。并将该公司命名为栖霞县果品公司，以基层社为依托，设立18处果品购销服务站，开展果品收购销售业务，提高自身经济效益。1991年果品公司从县供销社分离出去，成立栖霞县果品集团公司。1992年，对供销社进行一系列机构改革，采取精简机构、精简人员、工作目标量化管理等举措，规范内部运作程序，供销社内部经营转为租赁经营。从基层供销社到市直公司先后实行内部租赁经营，供销社靠收取租赁费运营。1993年，渤海酒厂从供销社划拨到栖霞县一轻公司，县供销社饮食服务公司一分为二，分为霞光宾馆和供销宾馆。1992—1995年，农业生产资料总公司进行一合一分二次改革。1994年，对家具厂进行股份制改革， 1995年，霞光宾馆以148万元价格对外出售。1996年，罐头总厂一分为三，分为制罐厂、罐头厂、冷藏厂3家。是年，撤销大柳家供销社。1999年，栖霞市家具厂实行整体转让。1999—2002年，供销企业先后有铁口供销社实行整体转让，果品冷藏厂实行股份制改革，桃村土产杂品公司实行整体转让。

## 第三节 商品供应

**农业生产资料供应** 1952年6月，成立农业生产资料供应机构，时称“栖霞县合作社生产资料经理部”。经营豆饼、化肥、农药、铁木制小农具、大耕畜、车马辕具等，并开始推广玉米脱粒机、地瓜切片机、解放式水车、七步犁等新式农具。1973年8月，栖霞县合作社生产资料经理部由县社大院内迁至县城西山，1978年11月，将大型农机具、拖拉机、三车零件等业务划出，成立农机公司，移交干部职工21名，货场、仓库由生资农机公司平分。生产资料供应坚持“统筹兼顾，适当安排，保证重点，照顾一般”的原则，支农物资做到“三早”（早调查、早备货、早供应）、“四前”（调查走在季节前，物资供应在需要前，农机具维修在使用前，技术指导在农时前）、“四送”（常用物资经常送，重点物资单独送，大宗物资直线送，急需物资昼夜送）、“四优先”（时间上优先考虑，物资上优先供应，运输上优先安排，技术上优先指导），不误农时，适时供应，并且做到包修、包换、包退。1985年，各级供销社转变作风下乡送货达1.2万人次，送货总额达248万元，送化肥、农药2万多吨，农机件5800件，粘胶、粘补塑料薄膜1500公斤，为生产队培训化肥、农药技术员300人次。1987

年，县生资公司增设农机和生资两个专业门市部，恢复过去的化肥、农药试验小组和病虫害防治小组，建立试验基地。全系统组织100多人的外采队伍，在货源紧缺的情况下，全年外采化肥32505吨、地膜385吨、农药812吨，满足了生产需要。

1990—1991年，以生资公司为依托，成立测报、化验、咨询、配方供应为一体的多功能农资科技服务中心和“庄稼中心医院”。各基层社相继成立庄稼医院分院和门诊部，配备28名庄稼医生，购买5台测土机，设立19处化肥、农药试验示范基地和3处虫情测服站。共进行化肥、农药施用试验1万公顷，推广新技术30多项，测土施肥240公顷，咨询服务350人次，培训农民技术员1000多人次，编发病虫测报10期。全系统年内供应化肥6万标准吨、农药520吨、农膜610吨、汽柴油18665吨，无一例假冒伪劣商品。

1992年，因县政府修筑栖招公路，拓宽西出口，将原生资公司办公楼、仓库拆迁，在迎宾路西投资130万元重新建起3层1300平方米的办公营业楼。1993年，将生资公司与基层社生资经理部组建为栖霞县生产资料总公司，下设18处分公司和1处人民商场。

1995年10月，生资公司分公司、人民商场、综合经营公司从生资总公司分离出来，重新划归基层供销社，人民商场、综合经营公司分别独立。全系统投入3000万元用于农资外采。先后采购化肥51328吨，农药1236吨，农膜815吨，燃油6195吨，农用机械4563台（套）。同时，严格执行专营政策，搞好省控和奖售化肥供应工作。对上级分配给的全市6856吨省控化肥和4520吨粮奖化肥做到及时调拨，及时分配，不拖欠，不克扣，不加价倒卖，保质保量及时供应到农民手中。1995年，全系统共经营农资额1.1亿元，实现经营利润520万元，创历史最好水平。

西山农用三轮车销售货场（2002年）

西山汽车销售货场（2002年）

1996年，市联社制定《农资服务承诺制》，开展社会化服务承诺活动。根据全市供销社所担负的社会化服务职能，以生资公司为龙头，以基层社为依托，建立农业生产资料连锁经营和优质服务网络，开展农资连锁经营，统一进货、统一价格、统一质量、统一网点设置和经营范围、统一结算方式和利益分配。减少流通环节，降低经营费用，平抑农资价格，打击假冒伪劣，强化服务功能。共建村级服务站和农资服务站82处，开展技术服务8000多人次，为农民供应生产资料1.5亿元。

1998年，生资总公司推行资产承租经营，压缩行政管理人员到基层，共计承租单位27

个，压缩行政管理人员30人。2002年，生资总公司因拖欠中国银行贷款，办公营业楼被依法抵债。1986—1996年，生资公司平均年销售化肥13万吨、农药1000吨、农机具5000套、农膜200吨。1996—2002年，平均年销售化肥80万吨、农药3000吨、农机具2万套、农膜5000吨。

**生活资料供应** 1950年，刚建立供销社时，由于缺乏资金，经营品种少，主要经营生活必需品，如火柴、煤油、食盐、棉布等；为国家代购代销粮食、油料。1985年，供销社不断扩大经营范围和服务领域，积极组织商品流通，并开展预约销售，送货上门，登门服务。经营品种主要有农副产品、日用杂货、日用百货、副食品、针纺织品、文化用品、五金交电、工业原料、化工原料、建筑材料等，经营方式为批零兼营，并开展代购代销业务。

1987年，为参与大市场、大流通竞争，以工业品总公司、综合贸易公司为依托，与基层供销社开展联合经营业务。至1990年，先后与全国各地100多家客商建立巩固的业务关系，购销网络辐射全国18个省、市。参加全国名优产品展销订货会500多人次，签订彩电、电冰箱、电风扇、录音机、收录机等购销合同额达6500万元，形成具有一定规模的全国名优家电产品集散地，辐射全国200多个大中小城市。1991年，根据商品经济过渡的新特点和改革开放的新形势，强化大市场、大流通、大竞争意识，“大、小、冷、热”商品经营并举，供销、经销、延期付款、期货贸易共进，突出抓好大宗名优产品和有特色的小商品经营。至1992年末，全系统有80%以上的经营单位组织承包经理到河北白沟、浙江义乌、温州及临沂、即墨等批发市场进货。全系统小商品经营额达1200万元，利润达400万元，利润率高出其他工业品2倍。1993年，各经营单位坚持向“名、优、新、特”商品要效益，开展“总经销、总代理”业务，以名牌商品经营带动大众化商品经营，以专业经营带动综合经营，不断研究新的促销措施，使全系统等额工业品经营达到名优化、特色化、规模化。当年还建成装饰材料商业街。至1998年末，先后在全国建立100多个名优日用工业品和装饰材料货源基地，名优产品经营和经济效益均占70%以上。

1993年建成的装饰材料商业街

1999—2002年，各经营单位广泛采取下乡送货，赶集摆摊，与厂矿、企业、村户联营等措施，大力开展店外销售，积极参与市场竞争，日用工业品经营出现回升势头，经营效益开始大幅度增长。

家家悦超市一角（2002年）

供销商场、天桥商厦、人民商场、桃村百货大楼等调整经营策略，实行多渠道、多品种、高质量、适应市场经济条件下的经营手段，销售面扩大到方方面面，促进各类工业品

经营。供销商场积极开展超市连锁经营，下设4个超市连锁店，经营品种1万多个，年销售额4000多万元，实现利税200多万元。

## 第四节 农副产品收购

农副产品收购，主要是粮、油、干鲜果品、条制品、水产品、畜产品等。在农副产品收购中，认真贯彻执行党的方针政策，按照国家、集体、群众三兼顾的原则，积极完成国家分配给的统购派购任务。对完成国家任务所余的产品和三类农副产品积极收购，大力推销。在总的收购业务中，除为国家代购外，其余均为自营业务。

中共十一届三中全会后，根据放宽政策，搞活经济的精神，大搞农副产品的收购推销，对农民完成国家任务后剩余的粮食、油料和其他农副产品，以高于市场价格大力收购，广找门路。1985年，根据上级指示，苹果由派购（供销社统一收购）转为议购，由独家经营变成多家经营。面对改革新形势，供销社在坚持支援生产发展生产的前提下积极开展竞争，大力收购，为完成农副产品收购计划和解决群众卖难问题，全县供销社系统积极扩大农副产品收购品种。1985年8月，全县遭受台风袭击，果品生产遭受很大损失，灾情发生后，供销社不到1个月的时间，就收购风落果553.5万公斤，收购额104.7万元，派人到北京、天津、济南等地推销被台风刮落的果品，由于风落果损伤面大，质量较差，全县供销系统21个推销单位，有15个单位亏损，共计亏损76774元。

1987年，为搞好农副产品经营，县联社成立60多处禽畜、粮油、果品收购站，各经营单位充分发挥专业划细的优势，积极开展粮、油、猪、蛋、果等购销业务，当年全系统农副产品收购完成5215万元，比上年同期增长30%，经营粮食2610吨，比上年增长1.5倍，收购花生米2215吨。仅粮油两项业务扩大收购额1000万元。是年，果品丰收但销路不佳，为解决果农卖果难问题，县联社充分发挥供销社的群体优势，积极帮助果农推销果品。县社罐头厂加工罐头消化果品350吨，超额完成县委、政府分配的任务，受到县委、县政府的表彰。

1988年，全县养殖业有较快的发展，供销社帮助农民养猪、养兔、养羊、养鸡鸭等，为农民增加收入2000多万元。在果品经营中，采取“统一领导，下达计划，统放结合，分类指导”的措施，搞好果品经营，帮助果农解决卖难问题。1990年，果品公司同3000多户果农签订合同，建立果品基地2万公顷，为果农提供系列化服务，传授生产管理技术和运送农资2000多人次，试验推广环状施肥等多项新技术。1993年，为切实搞好农副产品经营，增加规模效益，市联社指导各农副产品经营单位，把握市场规律，突出果品经营，由以往的坐门等客变为主动出击，各果品经营网点为外地客户开展代购业务。1993年，全系统农副产品经营额达5000多万元。

1999年，市联社以供销果品冷藏厂为依托，与基层社开展果品联合经营。先后在大庄头、官道、唐家泊等供销社建设冷风库6座，总库容量达2万多吨，成立与之相配套的纸箱厂、网套厂、纸袋厂等。2001年，为创栖霞果品品牌，在海南省海口市设立第一家烟台果品直销窗口，在当地建立南方果品销售市场，实现南果北调，北果南销，进一步扩大农副产品经营。2002年，农副产品购销额6000多万元。

## 第五节 废旧物资回收

供销社经营的废旧物资可分为12类，约200个品种。1985年6月，土产公司废品股分离出来，成立废旧物资回收公司，共有干部职工24人，拥有固定资产22.9万元，流动资金5万元。

各基层社采购站负担着废旧物资回收工作，为弥补供销社收购力量的不足，充分利用农村剩余劳动力和小商贩为供销社代购。

1986年，县联社抓住春节后的农闲时机，在全系统范围内广泛开展一次突击回收废旧物资活动，基本做法是：村镇设摊，挨户收购，一村不丢，一户不漏。基层供销社的干部职工走村串巷逐户收购，全县一季度完成全年废旧物资回收计划的50%。1989年，县联社系统回收废旧物资总额完成720万元。1990年，回收公司走联城镇居民户、联厂矿、联学校的新路子，与30多家生产加工企业开展以旧换旧业务，串换钢材800余吨。为调动干部职工的积极性，将承包责任制改为按收购额计发工资，促进回收工作全面展开，全年回收额完成210万元，比上年增长40%。1993年，随着经营机制改革的不断深入，基层供销社的店面大部分都实行资产出售、抵押、抽本或租赁经营，废旧物资回收工作基本上被个体商贩取代。

1997年，废旧物资回收公司迁到邢家疃村。市联社以物资回收公司为依托，加强物资回收网点建设，发展废旧物资收购站、点26家。在回收公司大院内建立废旧物资交易市场，占地4500平方米，主要为全市各地收购户提供收购回拢场所，为厂、矿企业提供挑选加工后的原材料零配件服务。

2002年物资回收公司回收的废旧物资

到2002年底，全市物资回收站、点发展到52家，扩大废旧物资购销业务，增加效益10万元。

## 第六节 物资经营

1962年之前，物资业务由商业供销部门经营。1962年以后，国家对物资实行集中统一，全面管理政策。1963年9月，栖霞县成立物资局，负责全县的物资供应。物资部门对物资实行管理型综合经营。1968年8月，物资局撤销，其业务移交工业局供销经理部。1970年4月，重设物资局。1993年11月，撤销物资局，成立栖霞县物资集团公司。经营项目主要是钢材、生铁、铜、银、锌、锡、铝、橡胶、烧碱、纯碱、煤炭、木材、机电、水泥、玻璃、汽车等。计划经济时代，有经营紧缺物资优势，经济效益好。

1992年钢材销售市场经销的线材

1978年以后，物资购销逐步由计划走向市场，由封闭的调拨型向多渠道转变，系统内先后成立燃料公司、机电公司、金属公司、木材公司等多个企业，这些企业均实行独立核算。在各乡镇成立物资站。1980年后，国家对物资的计划体制、价格、税收等进行调整和改革，对企业实行利润留成，企业连年购销两旺。1983—1985年，扩大企业自主经营权，建立多

种经济责任制，提高企业积极性。1986年，全县各种物资进货额达到11042万元，销货额12581万元，实现利润90万元。1992年，各种物资进货额达到20177万元，销货额21780万元，实现利润524万元。

1993年，国家取消指令性计划和统配物资，物资经营全面进入市场。1994年以后，物资需求量逐年减少，企业经营出现诸多困难，许多企业陷入停业、半停业状态。1986年，物资系统销售额1.26亿元；1990年，销售额2.69亿元；到1995年，销售额仅为6635万元，利润为-606万元；2000年，销售额1833万元，利润为-69万元；2002年，销售额1012万元，利润34万元。

按照国家政策，针对市场变化情况，栖霞许多物资经营企业纷纷进行改制经营，或破产、或拍卖，个人独资经营、合资经营形式渐兴，物资购销市场出现众人纷争，竞相经营局面。

## 1986—2002年栖霞市物资经营情况统计表

表11-3　　　　单位：万元

| 年 份 | 进货额 | 销售额 | 利 润 | 费用水平 |
|---|---|---|---|---|
| 1986 | 11042 | 12581 | 90 | 6.17 |
| 1987 | 14826 | 16249 | 183 | 4.01 |
| 1988 | 23058 | 25306 | 429 | 4.43 |
| 1989 | 24470 | 26566 | 288 | 5.4 |
| 1990 | 25892 | 26991 | -526 | 6.01 |
| 1991 | 27410 | 28228 | 210 | — |
| 1992 | 20177 | 21780 | 524 | 6.45 |
| 1993 | 15365 | 16407 | -81 | — |
| 1994 | 10928 | 11046 | -420 | 37.18 |
| 1995 | 5847 | 6635 | -606 | 9.73 |
| 1996 | 2457 | 2924 | -474 | — |
| 1997 | 1326 | 1472 | -499 | — |
| 1998 | 660 | 680 | -192 | 25.7 |
| 1999 | 1041 | 1211 | -106 | — |
| 2000 | 1713 | 1833 | -69 | 21.1 |
| 2001 | 863 | 1105 | 12 | — |
| 2002 | 560 | 1012 | 34 | — |

# 第三章 集市贸易

## 第一节 集贸市场建设

1984年以前，境内市场均为露天市场，没有任何硬件设施，场地狭窄，交易方式落后，以摆摊搭架经营为主。

1984年开始，对辖区内新设集市进行选点、规划和建设，原则是立足长远、全面规划、因地制宜、合理布局、分期建设、形式多样。1985年7月，栖霞县投资30万元，在山城一路北侧修建面积为2450平方米的振兴农贸市场。之后，全县集贸市场建设逐步向建售货台、地面水泥硬化、设施完善的棚顶式市场发展。主要采取多方筹资，多种形式建设的方式，坚持谁受益、谁投资，谁投资、谁受益的原则，以市场养市场。1985年，全县集贸市场共有35处，1990年，发展集贸市场48处。2002年末，全市各类集贸市场50处，其中农产品市场2处，工业品市场1处。县城集日为农历初三、初六、初九，乡（镇）集市几经更改，多为一周2天，乡（镇）集市日期不重叠。

东山早市（2002年）

栖霞市文化广场举办夜市活动（2002年）

## 第二节 集贸市场管理

1978年，中共十一届三中全会后，逐步放开对集市贸易发展的限制，上市商品品种及数量增多，交易活跃，市场繁荣。当年，栖霞上市物资品种有10个门类300多种，全县集市贸易成交额485.6万元。1985年，上市物资增加到15个门类，600多个品种，成交额达到2413.8万元。按照上市物品的性质，分类划市，预约摊位，分片管理，除对迷信物品、金银、文物、有色金属和淫秽书刊、录音录像带以及腐败变质有毒食品禁止上市外，都允许参与贸易，并对投机取巧、短尺少秤、经营假冒物品和欺行霸市等不法行为进行市场监督处理，维护市场经济秩序，保护消费者权益。

1986年，根据国家、省市《集贸市场管理“五好”标准》要求，加强集贸市场检查，当年，唐家泊集贸市场被评为烟台市“五好集市”。1989年，唐家泊集贸市场被评为省级“文明集贸市场”，松山、寺口集贸市场被评

为烟台市级“文明集贸市场”。

1987—1989年，对食品商贩和城乡集贸市场的食品卫生管理、对内容不健康的报刊和淫秽物品查处、对市场上销售的进口服装清查、对假冒伪劣及走私香烟查处以及对全县的劣质种子的清理等，实行商品明码标价，强化监督管理。

1990年，取缔市场上私下买卖粮票和用粮票换取物品等非法交易。当年上市物资增加到30多个门类，1000多个品种，成交额达到8432.9万元。

1993年，国家制定《商品交易市场登记管理暂行办法》，年末，对所有市场进行登记并核发市场登记证。1994年开始，限制使用和逐步淘汰杆秤，推广使用度量准确、稳定的电子秤、双面显示弹簧度盘秤。是年，对经纪人进行登记，经过培训考试，核发经纪人资格证书，全县登记发证市场达到50处。加强城乡集贸市场肉类检疫工作，对市场上出售肉类产品没有肉类检疫证明、无胴体验讫印章和出售病死畜肉类、注水肉类、掺杂使假的经营者予以处罚，直至吊销营业执照。

1995年，上市物资成交额达到1.01亿元。2000年，根据国务院的统一部署，开展整顿和规范市场经济秩序活动，加强对欺行霸市、强买强卖、乱设摊点、无证经营、传销和变相传销等扰乱市场经济秩序行为严厉打击，是年，共查处在市场扰乱市场秩序的各类案件384起。2001年，结合国家开展的专项打假行动，共查处假冒伪劣案件126起，查扣一批劣质饮料、假冒名酒和过期变质食品。

2002年，栖霞市集市贸易额达到2.44亿元，有唐家泊、桃村、振兴3处集贸市场被评为省级文明集贸市场。

## 2002年栖霞市主要山会、庙会情况统计表

表11-4

| 名称 | 会址 | 日期（农历） | 会期（天数） | 赶会人数（约） | 主要商品交易名称 | 备注 |
|---|---|---|---|---|---|---|
| 杨础 | 杨础 | 02.10 | 1 | 10000 | 工业品、农副产品 | 山会 |
| 连家庄 | 连家庄 | 02.15 | 1 | 3000 | 综合 | 山会 |
| 杨家洼 | 杨家洼 | 02.16 | 1 | 3000 | 综合 | 山会 |
| 寨里 | 寨里 | 02.20 | 1 | 7000 | 综合 | 山会 |
| 庙后 | 庙后 | 02.25 | 1 | 6000 | 综合 | 山会 |
| 臧家庄 | 臧家庄 | 02.26 | 1 | 15000 | 工业品、农副产品 | 北坝山会 |
| 下马家 | 下马家 | 02.27 | 1 | 6000 | 综合 | 回兵崖庙会 |
| 松山 | 松山 | 02.28 | 1 | 8000 | 综合 | 龙村庙会 |
| 栖霞城 | 南洞山 | 03.03 | 1 | 30000 | 综合 | 庙会 |
| 占疃 | 占疃 | 03.09 | 1 | 3000 | 综合 | 山会 |
| 蛇窝泊 | 蛇窝泊 | 03.17 | 1 | 10000 | 综合 | 山会 |
| 金山 | 金山 | 03.21 | 1 | 3000 | 综合 | 山会 |
| 亭口 | 亭口 | 03.27 | 1 | 6000 | 综合 | 庙会 |
| 桃村 | 英灵山 | 04.05 | 1 | 20000 | 综合 | 山会 |
| 大柳家 | 大柳家 | 04.06 | 1 | 8000 | 工业品、农副产品 | 山会 |
| 观里 | 观里 | 04.08 | 1 | 10000 | 综合 | 山会 |
| 赵格庄 | 赵格庄 | 04.23 | 1 | 12000 | 综合 | 山会 |
| 寺口 | 寺口 | 04.26 | 1 | 8000 | 综合 | 山会 |

## 2002年栖霞市农村集贸市场基本情况统计表

表11-5

| 集　名 | 建立时间 | 集　期（农历） | 集　址 | 市场类型 | 集市规模 | 经营方式 |
|---|---|---|---|---|---|---|
| 唐家泊集市 | 1901.02 | 03、08 | 唐家泊村 | 农副产品综合市场 | 中 | 零售 |
| 观里集市 | 1915.04 | 03、08 | 观里村 | 农副产品综合市场 | 大 | 零售 |
| 官道镇杨家洼集市 | 1925.02 | 02、07 | 杨家洼村 | 农副产品综合市场 | 中 | 零售 |
| 亭口集市 | 1949.02 | 02、07 | 亭口村 | 农副产品综合市场 | 中 | 零售 |
| 苏家店赵格庄集市 | 1951 | 03、08 | 赵格庄村 | 农副产品综合市场 | 中 | 零售 |
| 寺口集市 | 1953 | 01、06 | 寺口村 | 农副产品综合市场 | 中 | 零售 |
| 桃村集市 | 1954.02 | 05、10 | 桃村村 | 农副产品综合市场 | 大 | 零售 |
| 臧家庄集市 | 1956.06 | 01、06 | 臧家庄村 | 农副产品综合市场 | 大 | 零售 |
| 大庄头集市 | 1957.05 | 02、07 | 大庄头村 | 农副产品综合市场 | 小 | 零售 |
| 铁口集市 | 1958.01 | 01、06 | 铁口村 | 农副产品综合市场 | 中 | 零售 |
| 苏家店集市 | 1960.01 | 05、10 | 苏家店村 | 农副产品综合市场 | 中 | 零售 |
| 庙后集市 | 1965.02 | 05、10 | 庙后村 | 农副产品综合市场 | 中 | 零售 |
| 连家庄集市 | 1984 | 05、10 | 连家庄村 | 农副产品综合市场 | 小 | 零售 |
| 占疃集市 | 1984.03 | 04、09 | 占疃村 | 农副产品综合市场 | 小 | 零售 |
| 西城集市 | 1984.01 | 04、08 | 小庄村 | 农副产品综合市场 | 中 | 零售 |
| 观里镇大寨集市 | 1984.01 | 04、09 | 大寨村 | 农副产品综合市场 | 小 | 零售 |
| 桃村镇大庄集市 | 1985 | 04、09 | 大庄村 | 农副产品综合市场 | 小 | 零售 |
| 亭口镇下门楼集 | 1986 | 03、08 | 下门楼村 | 农副产品综合市场 | 小 | 零售 |
| 刘家河集市 | 1986 | 05、10 | 刘家河村 | 农副产品综合市场 | 小 | 零售 |
| 桃村大马夼集市 | 1986 | 03、08 | 大马夼村 | 农副产品综合市场 | 小 | 零售 |
| 蛇窝泊集市 | 1986 | 02、07 | 蛇窝泊村 | 农副产品综合市场 | 大 | 零售 |
| 金山集市 | 1986.02 | 01、06 | 金山村 | 农副产品综合市场 | 小 | 零售 |
| 中桥集市 | 1987.03 | 03、08 | 中桥村 | 农副产品综合市场 | 中 | 零售 |
| 苏家店镇苏家庄集 | 1988.09 | 04、09 | 苏家庄村 | 农副产品综合市场 | 小 | 零售 |
| 蛇窝泊镇朱留集市 | 1989 | 03、08 | 朱留村 | 农副产品综合市场 | 小 | 零售 |
| 松山镇郝家楼集 | 1989.01 | 04、10 | 郝家楼村 | 农副产品综合市场 | 小 | 零售 |
| 杨础集市 | 1989.03 | 05、10 | 杨础村 | 农副产品综合市场 | 中 | 零售 |
| 西城下马家集市 | 1990 | 02、07 | 下马家村 | 农副产品综合市场 | 小 | 零售 |
| 大柳家集市 | 1993.12 | 01、06 | 大柳家村 | 农副产品综合市场 | 中 | 零售 |
| 寨里集市 | 1993.12 | 05、10 | 寨里村 | 农副产品综合市场 | 中 | 零售 |
| 桃村农贸市场 | 1998 | 天天集 | 桃村村 | 农副产品综合市场 | 小 | 零售 |
| 松山集市 | 1989 | 03、08 | 松山村 | 农副产品综合市场 | 中 | 零售 |

1986—2000年栖霞市“文明集贸市场”情况统计表

表11-6

| 市场名称 | 荣誉称号 | 授予单位 | 授予年限 |
|---|---|---|---|
| 唐家泊集贸市场 | 烟台市五好集市 | 烟台市 | 1986—1988 |
| 唐家泊集贸市场 | 文明集贸市场 | 山东省 | 1989—1999 |
| 松山集贸市场 | 文明集贸市场 | 烟台市 | 1989—1990 |
| 寺口集贸市场 | 文明集贸市场 | 烟台市 | 1989—1990 |
| 寺口集贸市场 | 文明集贸市场 | 烟台市 | 1993—1994 |
| 寺口集贸市场 | 文明集贸市场 | 烟台市 | 1999—2000 |
| 庙后集贸市场 | 文明集贸市场 | 烟台市 | 1990—1991 |
| 庙后集贸市场 | 文明集贸市场 | 烟台市 | 1993 |
| 振兴农贸市场 | 文明集贸市场 | 烟台市 | 1990—1994 |
| 振兴农贸市场 | 文明集贸市场 | 山东省 | 1995—2000 |
| 工业小商品市场 | 文明集贸市场 | 烟台市 | 1993—1994 |
| 桃村集贸市场 | 文明集贸市场 | 烟台市 | 1993—1994 |
| 桃村集贸市场 | 文明集贸市场 | 山东省 | 1995—1996 |
| 桃村集贸市场 | 文明集贸市场 | 山东省 | 2000 |
| 亭口集贸市场 | 文明集贸市场 | 烟台市 | 1993—1994 |
| 蛇窝泊集贸市场 | 文明集贸市场 | 烟台市 | 1994 |
| 臧家庄集贸市场 | 文明集贸市场 | 烟台市 | 1994 |
| 臧家庄集贸市场 | 文明集贸市场 | 烟台市 | 1999—2000 |

# 第四章 餐饮与服务业

## 第一节 餐 饮

**饮食服务** 1961年，栖霞县城有3个国营饭店，营业面积510平方米，共有餐桌25张、110个座位，从业人员32人，年营业额40万元～50万元。1981年，第一、三饭店先后迁入新建房舍营业，营业面积1300平方米，餐桌60余张、250余个座位。1983年，推行经营承包制，同时开设黎明、向阳和曙光三个小吃部和一个水饺部，从业人员106人，营业额67万元。1984年，农民和个人开始在县城经营饭店，国营饭店受到冲击。1985年，国营饭店取消3个小吃部，增设糖酥伙食部，增加水饺、小屉包等风味食品，从业人员71人，年终营业额56.5万元，利润3.65万元。桃村火车站饭店，1975年4月，划给县饮食服务公司管理，营业面积300平方米，从业人员10多人，年营业额0.6万元～0.7万元。1984年，饭店增设包餐间，餐桌10余张，座位40余个，职工11人，年营业额10.04万元，1985年，营业额12.1万元，利润0.8万元。

1990年，全县共有餐饮业经营网点96个，其中，国有、集体性质32个。1995年，全县共有餐饮业经营网点191个，其中，国有、集体性质67个。2002年末，全县共有餐饮业经营网点577个，营业总额21084万元。

**旅（宾）馆** 1986年，栖霞县有旅馆31处。1987年之后，旅馆名称有了较大变化，有称旅馆，有称宾馆，还有的称招待所等等，但大部分称旅馆或宾馆，1990年，旅（宾）馆达63家，到2002年，旅（宾）馆总数达184家。

悦心亭宾馆前身是县政府机关招待所，成立于1952年，1987年，更名为栖霞悦心亭宾馆，是栖霞市政府所属三星级宾馆，总占地面积13000多平方米，建筑面积20000多平方米，固定资产7000万元，是栖霞市规模最大的一家旅游涉外宾馆。客房部拥有套房及各种商务标间165间，设施配套齐全的各种会议厅14个。悦心休闲俱乐部集保龄球、棋牌、桑拿、洗浴于一体，设有SPR咖啡厅，餐饮部，20多个豪华包房，300多平方米的中档餐厅，700多平方米的会议餐厅，容纳900多人就餐。

亨太大酒店位于栖霞市政府路西端，建于2001年9月，为二星级酒店。拥有中央空调，停车场、标准客房、豪华套间、会议室闭路电视系统、电脑网络、保龄球馆、歌舞厅、桑拿浴、护肤中心等，餐饮部主管粤、鲁、川菜系，名师主理。

## 第二节 洗 浴

1978年之前，栖霞城区有2处公共浴池，规模少，容量不大，1985年以后，随着改革开放的不断深入，人们生活水准越来越高，洗浴成为群众生活中必不可少的休闲方式，城区新上一个集体办人民浴池，个体办浴池也兴隆起来，到1995年，浴池总数达到23个。2002年末，全市城、乡、村共有规模不同的洗浴场所80多处，营业面积 4000多平方米，从业人员1300余人，浴池规模、档次都有巨大改善。

松山镇艾山汤村具有得天独厚的天然温泉条件，1985年之前，在村庄首建温泉浴池，每年到此洗浴的境内境外人员络绎不绝。为保护和开发这一资源，2002年开始，栖霞市着手规划艾山温泉系列项目。青岛融基集团下属企业—融基(烟台)旅游开发投资有限公司获取开发权后，投资3000万元兴建艾山温泉国际旅游度假村，度假村占地面积147公顷，建有极具北方特色的四合院，花园式特色客房及富有乡村气息的木屋区。其中康乐中心占地3万平方米，主要包括室内温泉浴区、桑拿浴、木炭浴、火玉浴、泥土浴、热带雨林、休息大厅、各种室外温泉池及国际标准温泉泳池，可容纳2000人同时沐浴。

艾山露天温泉浴池

栖霞市区工商局办公楼西部，个体业户也开办了一处设施优良、服务全面的“艾山温泉”浴池，专门把艾山汤的温泉水用保温车运到该处，方便市内人们洗浴要求。另有一处“大富豪”浴池建在原丝绸公司原址，由个人开发建设而成，容纳100多人同时洗浴。全市洗浴业多数兼有搓背、按摩、推拿以及修脚等服务项目，条件好的还增设治疗脚气病服务，还有的备用接送伤残和老顾客的服务车，全市洗浴业年收入200多万元。

## 第三节 美发美容

1985年，全县有理发店86家，理发员161人。到2002年末，全市乡镇和农村共有大小规模不同的理发店300多家，从业人员600多人。市区和镇政府驻地规模较大的理发店都进行了装修，更新设施1200多件（台），并引进多功能美容机、进口电动按摩椅，激光穿耳机，紫（红）外线消毒等一大批先进设施，理发创新发型200余种，新增服务项目有摩面、面膜、美容、化装、烫发、穿耳环、喷发胶定型等十几项，拓宽服务领域，丰富消费者生活。

80年代之前，全县无美容店。90年代出现美容店，主要服务对象为女性。到2002年，栖霞城乡美容店有60家，从业人员500多人，大部分集中在市区和乡镇政府驻地，具有美容师职称的有15人，美容店年收入在5万元~10万元不等。

## 第四节 影像服务

1985年，全县照像馆有65家，从业人员148人，有二级摄影师1名。2002年末，全市照像馆有50家，从业人员300余人，40%以上集中在市内，经营面积2000平方米左右，彩印机10台，价值300多万元。市内照像馆多数备有小型摄像机，为群众红白喜事服务。乡镇、村照像馆，多数为拍照底片，集中到市内具有冲印能力的照像馆冲印，人均年收入万元以上。

1983年8月，创办第一家美真婚纱摄影，至2002年末，全市有婚纱摄影服务店80个，从业人员300多人，营业面积3200平方米，每处年收入平均在2万元左右，多为青年婚礼服务，也为再婚青、壮年和老年人婚礼服务。

## 第五节 礼仪服务

鲜花服务，兴于90年代初，当时城区仅有10余家鲜花店，发展到2002年，全市设有规模不等的鲜花店70余家（包括镇、街道驻地），经营面积约4000多平方米，经营品种130余个，从业人员250余人，年收入300多万元。服务对象多为新婚夫妇、各类庆典人员、老人和儿童生日庆贺。每年教师节、老人节庆贺大会期间，雅兴、东顶等礼仪服务单位还开展“鲜花一篮子，温馨一篮子，芬芳一篮子”的祝福活动，为教师节和老干部活动献爱心。

婚礼服务，70年代之前，无婚礼服务功能，结婚仪式简单快捷，接送新娘全靠自行车。80年代初，始出现轿车服务，也仅是一辆车而已。80年代中期，市、乡、村青年婚礼的庆贺方式和水平逐年增多和升级，特别是90年代以后，自家办庆祝筵席走向饭店、宾馆。从长辈人主持仪式，改为邀请婚礼主持人服务仪式，这种婚俗礼仪的变革带动婚礼服务业的发展。2002年末，市、镇、村共有婚礼服务部50余家，而且形成主持、歌唱、舞蹈、乐器伴奏、鲜花奉送、车辆接送、花轿抬送等项目的一条龙服务。有的新婚夫妇还在结婚之日坐上轿车畅游栖霞百里公园、山城湖、牟氏庄园。这个行业年收入每家都在3万元～5万元左右。

# 第五章 粮油贸易

## 第一节 管理机构

1951年，设立栖霞县粮食局，1992年2月，以粮食局为主体组建栖霞县粮油集团公司，1993年11月，撤销粮食局，1995年12月，恢复粮食局称谓。1998年11月，成立粮食收储管理中心，副科级自收自支事业单位，1999年10月，成立军粮供应站。到2002年，栖霞市粮食局终为粮油管理机构。

1984年前，全县18个人民公社均设立粮食管理所，1984年4月，设立23个乡镇，辖23个粮食管理所，1992年9月，辖21处粮食管理所，并成立乡镇粮油公司，挂两个牌子。

2000年3月，撤乡设镇、街道，全市13个镇、2个街道有22个粮食管理单位，从事粮食经营业务人员407人，从事其他商业性经营业务人员1099人，粮食管理单位改革后，均实行自主经营，自负盈亏市场机制。

## 第二节 粮食流通体制改革

1985年，根据国务院决定，取消粮食统购统销，实行合同定购，定购的粮食按“倒三七”比例计价（三成按原统购价，七成按原超购价），定购以外粮食可以自由上市。并将粮食合同定购与供应化肥、柴油和发放预购金“三挂钩”，实行合同定购标志着实行32年的统购统销制度逐步退出历史舞台。

1993年，在国家宏观调控下放开粮食价格和经营，实行“保量放价”即保留定购数量，价格随行就市，取消了国家食用油收购计划和食用油定量供应政策。1994年，国务院批准财政部等六部门提出的《粮食风险基金实施意见》，组建以经营农产品收购资金为主要农业政策性金融机构——中国农业发展银行，对粮食实行省长负责制。从1955年开始发行长达40年的粮票至此终结。

1998年，进一步实行粮食流通体制改革。改革的根本原则是“四分开一完善”，即实行政企分开、中央与地方责任分开、储备与经营

分开、新老财务挂账分开，完善粮食价格机制。改革的重点是“三项政策、一项改革”，即按保护价敞开收购农民余粮、实行顺价销售、政策性资金封闭运行，粮食企业自身改革。1998年11月，栖霞市成立粮食收储管理中心，直接负责国家储备、省级储备和地方储备粮油的收购、储存、轮换、调拨、抛售，以及定购粮、议购粮的收购、储存、调拨、轮换、销售业务等。20个粮食管理所更名为收储管理站，为粮食收储管理中心报账单位。同时，将原粮食管理所的主营业务与附营业务分开。原粮食管理所的主营业务由粮食收储管理站承担，其附营业务从原粮食管理中剥离出来，成立13个附营业务企业。

2001年7月，根据国务院《进一步深化粮食流通体制改革的意见》，加快粮食购销市场化改革，放开粮食收购，粮食价格由市场供求形成。2002年4月，山东省对青岛、烟台、威海三地市实行“三放开”政策，即放开粮食收购、放开粮食市场、放开粮食价格，取消粮食定购任务，粮食企业完全走向市场。为顺应改革的要求，栖霞市将原20个粮食收储管理站全部撤销，粮食储备及原各收储管理站的资产由粮食收储管理中心统一管理，精简人员400余人；对粮食收储管理中心采取定岗、定责、定员、竞争上岗的方式，由原来的33人精减到8人，发放职工经济补偿金382万元。

## 第三节 粮油征购议购

80年代，为适应改革开放新形势变化，粮食部门在做好粮油征购的同时，按照“两大一高一外”（大贸易、大项目、高技术、外向型）的奋斗目标，因地制宜，因企制宜，积极开展粮油等商品经营。1986年，全县粮食征购30572吨，议购6277吨，油料征议购共计2755吨。1997年，建立粮油购销网点600多个，基地200多个，年购销粮油5万多吨；兴办起各类实业项目72个，其中商业实业项目63个，工业项目9个，年创利税600多万元。

1998年11月，成立栖霞市粮食收储管理中心，直接负责国家储备、省级储备和地方储备粮油的收购、储存、轮换、调拨、抛售，以及定购粮、议购粮的收购、储存、调拨、轮换、销售业务等。20个粮食管理所更名为收储管理站，为粮食收储管理中心报帐单位。全市粮食征购26637吨，议购13613吨，油料征议购共计10309吨。

2002年4月，将原20个粮食收储管理站全部撤销，粮食储备及原各收储管理站的资产由粮食收储管理中心统一管理，对粮食收储管理中心采取定岗、定责、定员、竞争上岗的方式，由原来的33人精减到8人，发放职工经济补偿金382万元。当年，全市粮食议购11761吨，油料征议购共计2396吨。

### 1986—2002年栖霞市粮油征购议购情况统计表

表11-7　　单位：吨

| 年份 | 粮食征议购 | | 油料征议购 | | | |
|---|---|---|---|---|---|---|
| | 征购 | 议购 | 征购 | | 议购 | |
| | | | 油脂 | 油料 | 油脂 | 油料 |
| 1986 | 30572 | 6277 | — | — | 202 | 2553 |
| 1987 | 28575 | 16212 | — | — | 215 | 1979 |
| 1988 | 27078 | 15702 | — | — | — | 1975 |
| 1989 | 23774 | 14282 | 265 | 3375 | 230 | 1977 |
| 1990 | 34057 | 23296 | 531 | 11963 | 156 | 1573 |

续表11-7

| 年份 | 粮食征议购 | | 油料征议购 | | | |
|---|---|---|---|---|---|---|
| | 征购 | 议购 | 征购 | | 议购 | |
| | | | 油脂 | 油料 | 油脂 | 油料 |
| 1991 | 31960 | 27832 | 37 | 9373 | 561 | 6401 |
| 1992 | 32321 | 19155 | — | — | 1585 | 11155 |
| 1993 | 29014 | 71009 | — | — | 933 | 15602 |
| 1994 | 28958 | 24620 | — | — | 330 | 8752 |
| 1995 | 28958 | 38752 | — | 4748 | 391 | 4331 |
| 1996 | 28958 | 19472 | — | 4590 | 4 | 1515 |
| 1997 | 28958 | 19646 | — | 2560 | 110 | 1531 |
| 1998 | 26637 | 13613 | — | 3790 | 583 | 5936 |
| 1999 | 26637 | 536 | — | 2656 | 22 | 27 |
| 2000 | 18434 | 5274 | — | 242 | 193 | 1961 |
| 2001 | 18479 | 12717 | — | 2860 | 109 | 2 |
| 2002 | — | 11761 | — | — | — | — |

## 第四节 仓 储

**仓库建设** 1986年5月，在连家庄乡粮所建设仓库2处共7间，仓容220吨；1990年，在刘家河乡粮站建设仓库3处13间，仓容650吨。1991年，在中桥乡粮站建设仓库3处12间，仓容1200吨。1992年，在桃村转运站建设仓库4处共12间，仓容4400吨；在松山乡粮所建设仓库4处16间，仓容1920吨。1993年，在占疃乡粮站建设仓库4处共16间，仓容1000吨。

桃村地方粮食储备库（2002年）

桃村大型粮食工具仓（2002年）

**粮食储藏** 80年代，粮食仓库建成后，基本的储粮技术有常规储粮、温控储藏、气调储藏、综合防治。

常规储粮，是待粮油干燥后，在常温常湿条件下，对粮油采用适时通风或密闭的办法进行保管。

温控储藏，控制粮堆生态系统中温度变量的储粮技术包括高温储藏和低温储藏。

气调储藏，是利用生物降氧或人工气调的方法，改变密闭粮堆内正常的气体成分比例，使之生产一种对防治储粮害虫、抑制霉菌繁殖、降低储粮生理代谢的气体。

综合防治，是控制粮堆温度、气体成分、化学剂量等多个因子的综合储粮技术，主要包括通风与密闭储藏、双低及“三低”储藏等。另外还有化学储藏、干燥储藏等。

1993年建成的市内粮食仓储库

20世纪90年代至21世纪初期，栖霞市各粮食收储站主要采用低温储藏的方法和机械通风低温储藏。

自然低温储藏，在储藏期间单纯地利用自然条件来降低和维持粮温，并配以隔热或密闭措施。自然低温虽对粮食的安全储藏起到一定的效果，但由于是完全利用自然条件，因此受地理位置、气候条件及季节的限制较大，其低温效果常常不能令人满意。

机械通风低温储藏，在秋冬季节，利用风机将冷空气打入粮堆使粮温下降。机械通风低温同样是受到气候条件及季节性的限制，但低温效果却明显好于自然低温，保管费用较高。

**1986—2002年栖霞市粮油销售供应情况统计表**

表11-8　　单位：吨

| 年份 | 粮食销售供应 | | 油料销售供应 | | | |
|---|---|---|---|---|---|---|
| | 平价销售 | 议价销售 | 平价销售 | | 议价销售 | |
| | | | 油脂 | 油料 | 油脂 | 油料 |
| 1986 | 23096 | 8009 | 299 | 14 | 223 | 833 |
| 1987 | 18043 | 7708 | 263 | 21 | 206 | 1316 |
| 1988 | 14712 | 7927 | 310 | 15 | 357 | 1473 |
| 1989 | 15887 | 9380 | 270 | 16 | 448 | 923 |
| 1990 | 15073 | 8605 | 294 | 19 | 266 | 2383 |
| 1991 | 21465 | 12911 | 483 | 9 | 645 | 3034 |
| 1992 | 12688 | 28772 | 499 | — | 1351 | 15918 |
| 1993 | 1048 | 65224 | — | — | 5990 | 10040 |
| 1994 | 20780 | 22732 | — | — | 1327 | 6517 |
| 1995 | 12568 | 14006 | — | — | 698 | 5368 |
| 1996 | 4858 | 22889 | — | — | 75 | 5103 |
| 1997 | 11933 | 17769 | — | — | 301 | 1592 |
| 1998 | 6193 | 15629 | — | — | 206 | 7939 |
| 1999 | 14338 | 601 | — | — | 468 | 2409 |
| 2000 | 2283 | 11705 | — | — | 205 | 3364 |
| 2001 | 43072 | 18943 | — | — | 130 | 3272 |
| 2002 | — | 27417 | — | — | 60 | 4893 |

### 第五节 粮油经营

1985年，全县设立粮油门市部38家，其中，城区18家，农村20 家。1988年以后，开始实行承包经营责任制，粮油经营单位全部进行改革。到1995年，非公有制粮油经营门市部、粮店遍布城市和农村，10年时间，全市粮油经营门市部、粮店达到430家，其中城区120家，农村310家。2002年，粮油经营门市部、粮店有198家，其中城区60 家，农村138家，年销售粮食27417吨，油料销售4893吨。粮油加工企业有面粉厂、花生制品总厂、植物油脂总厂3家，主要生产面粉、挂面、烤花生果、花生油等。

家家悦超市油类销售专柜

## 第六章 石油、烟草、盐业和医药经营

### 第一节 石油经营

1976年，成立栖霞县石油公司，1985年，石油公司上划中国石化总公司，主要承担栖霞县车辆运输和工农业机械等用油的保障供应。1986年以前，石油按计划批量供应。1990年开始，石油市场进入半开放时期。1993年2月，栖霞石油公司更名为山东省石油集团栖霞公司。1994年4月，国家石油市场全部放开，并取消对各省、地、县石油公司油品计划内统筹分配供应。2000年，公司收购市计划委员会辖属总容量10100立方米的桃村油库，公司所有油品储存、管理、批发等业务全部转到桃村油库。

**石油经销设施** 1971年，为适应战备和农业机械化需要，省石油公司资助栖霞县建土油池33个，储油量660立方米。1979年8月，烟台石油采购供应站拨给栖霞石油分站1辆旧布切奇油罐车。同年11月，栖霞石油分站油库建设竣工（1983年1月1日开业），1981年，石油分站新建水泥结构面积436平方米的桶装仓库1座，建容量100立方米的消防水池1个，1982年10月，安装50立方米金属油罐6个。2000年9月，收购栖霞市计划委员会辖属库容量10100立方米的桃村油库。

**石油销售** 70年代和80年代初期，栖霞石油公司油品销售一直是批发、零售双向经营，有汽油、柴油、煤油、润滑油等30多个品种。国家计划经济时代，油品从购进到销售全部执行国家统一定价。80年代中后期，市场放开后，公

司油品购进按各炼油厂价格出售。零售价格变动时，由公司统一组织调价，派专人逐加油站调价，详细盘点调价时的加油机和销售量。计划经济时代，油品大批量购进，由于栖霞无大型油库，均由省公司统一配送至烟台、龙口、莱阳等油库后，由公司派油罐车运回。市场放开后，所有油品购进全部由公司自行从炼油厂运回。栖霞石油公司所销售的油品全部采自大连七厂、齐鲁石化和青岛国家大型炼油厂，原油都来自大庆油田和胜利油田。1985年，石油产品销量11836吨，其中汽油1503吨，柴油9377吨，煤油956吨；1996年，石油产品销量25783吨，其中工业企业销量3507 吨（汽油2133吨，柴油1374吨）；2002年，石油产品销量34198吨，其中工业企业销量1768 吨（汽油577吨，柴油1138吨，煤油53吨）。

**经营网点** 1985年，栖霞石油公司仅靠一座4000平方立米小型油库和城区一座加油站，负责供应全县机械用油。油库建在公司驻地内，加油站在迎宾路南首公司办公楼对面。1988年，烟青一级路开通，石油公司在一级路桃村段建设1座加油站，后来随着各种车辆、机械的逐渐增多，为扩大业务，方便客户，公司于1992年7月，在城东南石岔村文三公路道东建设一座加油站，1992年12月，在杨础镇政府驻地原204国道路东建设一座加油站，1994年3月，在城区北出口处建设一座加油站，1997年9月，在市府路西收购1座加油站，1998年7月，在城区东北出口处栖张公路与城区结合部，以一台流动加油车为基础，建设一座加油站。至此，石油公司在城区各个出口处都有销售网点，零售量由1985年的日均7～8吨，增加到1998年的20多吨。

2000年，中石化集团公司重组上市，并提出抢占市场、扩大地盘、经营模式同国际石油市场接轨的战略规划。栖霞石油公司根据省、市石油公司关于发展经营网点的通知要求，结合实际，大力发展经营网点，当年，增加加油站11座，新发展的加油站都按中石化统一标识要求进行改造，并对前期原油的加油站也按标准要求进行标识改造，改造后的加油站，罩棚都标有醒目的“中国石化”字样和代表中石化标志的红朝阳图案。11月，根据经营需要，将第10加油站搬迁至第一加油站园内，与第一加油站合并。2001年，又新增加加油站5座，除一座是租赁的外，其余全部是全资收购的私人及集体营业性加油站。石油公司经营网点增加到23座（含合并的第10站），并全部营业，日加油量增加到70余吨。2002年12月，因松山工业园开发建设，经栖霞市政府与烟台石油总公司协商同意，将第18加油站拆除，由栖霞市政府在大柳家另批土地一宗另行建设。因此，2002年12月后，石油公司下设1个油库，除1座合并、1座拆除的加油站外，实际营业加油站变为22座。

2000年以前，各销售网点加油机全部是机械加油机，易损坏、性能差、无税控装置。2000年6月，加油机全部更换为电脑遥控加油机，提高精确度，增加透明度。加油机主要为沈阳产太空牌，部分为郑州产正星牌。各加油站都配齐灭火器、石棉被、消防锹、消防沙、消防池等消防设施，所有员工都进行安全培训，保证加油站经营安全。

### 2002年栖霞市石油经营网点情况统计表

表11–9

| 名　称 | 地　址 | 加油机数量（台） | 库存量储油设施／（米$^3$/罐） | 员工数(人) |
|---|---|---|---|---|
| 第一加油站 | 城区迎宾路南端 | 8 | 30/5 | 13 |
| 第二加油站 | 城区文化路南端 | 4 | 30/4 | 6 |
| 第三加油站 | 城区迎宾路北端 | 3 | 25/4 | 6 |
| 第四加油站 | 城区市府路西首 | 6 | 30/4 | 6 |
| 第五加油站 | 杨础镇驻地 | 6 | 30/4 | 6 |
| 第六加油站 | 铁口烟青一级路北 | 6 | 25/5 | 6 |
| 第七加油站 | 桃村烟青一级路北 | 4 | 30/5 | 6 |
| 第八加油站 | 桃村烟青一级路南 | 8 | 25/5 | 5 |
| 第九加油站 | 臧家庄镇东林村 | 4 | 30/3 | 6 |
| 第十加油站 | — | — | — | — |
| 第十一加油站 | 城区二中对面 | 8 | 30/5 | 6 |
| 第十二加油站 | 桃村烟青一级路南 | 4 | 25/4 | 4 |
| 第十三加油站 | 中桥村 | 4 | 50/4 | 5 |
| 第十四加油站 | 苏家店大韩家村 | 3 | 20/4 | 4 |
| 第十五加油站 | 西城镇驻地 | 6 | 20/4 | 6 |
| 第十六加油站 | 大庄头窑夼村 | 4 | 25/4 | 4 |
| 第十七加油站 | 松山镇汉桥村 | 8 | 50/5 | 5 |
| 第十八加油站 | 松山镇汉桥村 | 10 | 40/4 | 5 |
| 第十九加油站 | 庄园街道后夼村 | 3 | 20/4 | 5 |
| 第二十加油站 | 唐家泊镇驻地 | 4 | 20/4 | 5 |
| 第二十一加油站 | 桃村镇水有兰村 | 4 | 20/4 | 4 |
| 第二十二加油站 | 观里镇东南庄村 | 6 | 30/4 | 6 |
| 第二十三加油站 | 蛇窝泊镇前泥都村 | 6 | 30/4 | 6 |
| 合　计 | — | 119 | — | 125 |

说明：加油人员含临时工

## 第二节 烟草专卖

1962年7月，烟草业务归栖霞县商业局糖业烟酒公司经营，1983年12月，烟草业务从糖业烟酒公司分出，成立栖霞县烟草专卖局、山东省烟草公司栖霞县支公司。

栖霞县烟草专卖局与县支公司是一套机构、两块牌子，合署办公。县支公司属国有烟草专营商业企业，产权归山东省烟草公司。1995年12月，栖霞烟草划归颐中烟草集团公司，更名为“颐中烟草（烟台）有限公司栖霞分公司”，取消法人经营资格，内部实行劳动用工合同制，干部人事聘任制。2000年10月，公司更名为“山东烟台烟草有限公司栖霞分公司”。

**烟草专卖网点** 1983年12月到1997年，栖霞烟草分公司分别在城区、桃村、臧家庄驻地设立3个批发部，开展坐店式卷烟批发经营。其间，分别在其他各乡镇驻地设立卷烟代批点，有各地供销社代理卷烟批发业务。1998年，又陆续在杨础、蛇窝泊、庙后、苏家店、松山成立8个卷烟批发部，（其中桃村、城区、杨础、臧家庄为自有网点，蛇窝泊、苏家店、松山、庙后为租用供销社房屋的租赁网点）开展坐店及访送一体（送货上门）的卷烟批发经营。2002年8月开始，撤销除桃村以外的所有批发部，实行一库配货、访送分离、上门访送的卷烟批发服务模式。

**卷烟购进** 1983年11月至2001年9月，栖霞烟草分公司根据每年上级公司下达的任务指标，逐季、逐月提报计划，自行从各烟厂购进卷烟。主要从山东省济南、青岛、青州、烟台、滕州、菏泽等10个烟厂购进蓬莱阁、孔府、乐富门、双马、将军、九州、沂蒙山、哈德门、泰山、红金、八喜、青州等80多个牌号的卷烟；从上海、云南、长沙、南京、杭州等地购进中华、牡丹、红塔山、云烟、红沙、白河、南京等40个牌号的卷烟。

从2001年10月开始，栖霞分公司根据当年度的销售任务指标，每周向烟台烟草有限公司提报销售计划，由烟台烟草有限公司统一从烟厂购进后，按提报计划送达各分公司，所销卷烟主要来自济南、青岛、青州、上海、云南、江苏、浙江等18个烟厂，品种主要有将军、九州、哈德门、蓬莱阁、八喜、孔府、中华、红塔山、红河、南京等90多个牌号。

**卷烟销售** 1983年12月之前，卷烟销售一直由糖业烟酒公司经营，12月，烟草独立经营，栖霞县卷烟销售主要依靠城区、桃村、臧家庄3个批发部坐店批发，辅以全县各乡镇供销社代为批发卷烟业务。网点少，供应面广，卷烟销售极为不便。1983年，全县卷烟销售数量3502箱，销售收入22.3万元（均含未独立经营数量），亏损。1985年，卷烟销售数量12722箱，销售收入749万元，实现利润20.6万元。1990年，栖霞县卷烟市场出现活跃，销售数量达到18568箱，销售收入突破千万元，达到 1946.8万元，实现利润51.7万元。

针对网点少，卷烟市场活跃现实，1995年以后，烟草公司陆续在一部分乡镇设立销售网点，增加卷烟数量，提高卷烟档次，当年全县卷烟销售数量13934箱，销售收入 4013.9万元，实现利润135.4万元。为实行统一经营，统一配货，加强烟草市场管理，打击假冒伪劣商品，2002年8月，撤销所有烟草销售网点，实行一库配送。当年卷烟销售数量13873箱，销售收入6108万元，实现利润344万元。

**烟草市场管理** 1983年9月，国务院颁布《烟草专卖条例》，1988年，国家烟草专卖局发布《烟草专卖许可证暂行管理办法》，1991年6月，国务院颁布《中华人民共和国烟草专卖法》。

栖霞县烟草专卖局按照上述烟草专卖法

规，对烟草经营实行专卖管理，对卷烟零售市场实行“烟草专卖零售许可证”管理，对道路烟草运输车辆实行“烟草制品准购证、准运证”管理。1988年，要求辖区内所有经营卷烟业务的集体和个体户必须持有当地烟草专卖局核发的烟草专卖零售许可证，严禁私自进行卷烟经营活动。

1991年，对烟草专卖零售许可证实行年检和三年一换证制度。1992年，积极落实《中华人民共和国烟草专卖法》，严厉打击烟草违法经营分子。烟草专卖稽查人员根据有关法律法规对零售商户的卷烟经营行为进行监督检查，采取路查和市场访查的形式对违法经营假冒卷烟、走私烟、非法渠道卷烟的行为进行打击，查处违法违规商户16户，货值20多万元，在没收其违法违规销售香烟的基础上，对违法经营的单位和个人予以罚款处理。加强对烟草专卖零售许可证申领资格的审核，加大对无证经营行为的处罚力度。

1993年，对烟草市场进行分期分批检查，打击假冒伪劣烟草商品，没收假冒伪劣香烟300余条。1995年，对烟草市场进行16次突击检查。1998年以后，专卖队伍不断扩大，陆续成立4个专卖稽查中队，按乡镇行政区域分成4个片区，对栖霞市的卷烟市场进行分片管理，净化卷烟市场。2001年，根据上级局的统一部署，栖霞市烟草专卖局对辖区卷烟零售户实行“户籍化”管理，深化、细化对卷烟零售市场的管理，形成一套科学、规范、先进的卷烟市场进行管理模式，并开始向服务性专卖管理模式转变。

2002年初，栖霞市烟草专卖局开展以宾馆、酒店卷烟市场为整治重点的“百日行动”，使宾馆、酒店及其他娱乐场所经营非法卷烟的现象明显减少。3月，栖霞市人民政府成立“三烟”（假冒卷烟、非法渠道卷烟、超计划卷烟）治理领导小组，并设置领导小组办公室，形成“政府统一领导，烟草专卖主管部门负责，公安、工商等有关部门密切配合，各方齐抓共管”的卷烟市场综合治理长效机制。同时，烟草专卖主管部门建立对违法经营卷烟行为的信息举报及奖励机制，构筑起对非法经营卷烟行为的全社会监督网，并通过登台宣讲、发放资料、广播电视等形式，向社会广泛宣传有关烟草专卖的法律法规、政策和管理措施，对一些涉烟大案通过电视予以曝光，使栖霞市卷烟市场的净化率达到95%以上，卷烟零售户的守法经营自觉性普遍提高。

### 1983—2002年栖霞市烟草经营情况表

表11-10

| 年 份 | 销售数量（箱） | 销售收入（万元） | 实现利润（万元） | 从业人数（人） |
|---|---|---|---|---|
| 1983 | 3502 | 22.3 | -0.78 | 16 |
| 1984 | 8719 | 493.7 | 14.00 | 28 |
| 1985 | 12722 | 749.0 | 20.60 | 29 |
| 1986 | 17084 | 1033.0 | 27.00 | 30 |
| 1987 | 17534 | 1240.0 | 25.60 | 32 |
| 1988 | 19301 | 1573.9 | 37.30 | 37 |
| 1989 | 18113 | 1786.4 | 44.30 | 37 |
| 1990 | 18568 | 1946.8 | 51.70 | 45 |
| 1991 | 21021 | 2534.7 | 58.80 | 43 |
| 1992 | 20333 | 2700.0 | 62.30 | 34 |

续表11-10

| 年 份 | 销售数量（箱） | 销售收入（万元） | 实现利润（万元） | 从业人数（人） |
|---|---|---|---|---|
| 1993 | 21268 | 3640.0 | 69.6.00 | 39 |
| 1994 | 16512 | 3642.0 | 97.00 | 44 |
| 1995 | 13934 | 4013.9.0 | 135.4.00 | 45 |
| 1996 | 15654 | 5615.6 | 181.50 | 43 |
| 1997 | 12164 | 5008.0 | 78.70 | 44 |
| 1998 | 11145 | 5167.5 | 112.90 | 41 |
| 1999 | 13677 | 5018.0 | 150.00 | 47 |
| 2000 | 14681 | 5410.0 | 176.80 | 45 |
| 2001 | 14727 | 6048.0 | 474.00 | 44 |
| 2002 | 13873 | 6108.0 | 344.00 | 44 |

## 第三节 盐业专营

80年代，栖霞县盐业管理机构是烟台市盐业公司栖霞分公司，归栖霞县第一轻工业总公司管理。1993年7月，成立栖霞县盐务局，1993年10月，隶属于烟台市盐务局；1996年，改称栖霞市盐务局，盐务局与盐业公司属一套机构，挂两块牌子。

**法规、政策宣传** 80年代初期，盐业法律法规宣传，只在广播、集会、会议上进行，宣传渠道少，群众知情范围低。1985年以后，除利用广播、集会、会议宣传外，还利用宣传栏、宣传车、电视台进行宣传，播放“怎样识别真假碘盐”“碘盐的储存和妙用”等碘盐知识。

1990年，制作“如何识别真假碘盐”的牌子，印刷小册子，深入农村集贸市场，面对面向群众宣传食用碘盐的好处和非碘盐的危害，用典型事例教育群众如何识别真假碘盐，对查处盐业违法案件通过电视台进行报道，提高自觉抵制非碘盐的意识。

1995年以后，每年利用“3•15”“5•15”打假宣传活动，联合卫生防疫人员，在全市16个镇（街道、开发区）驻地进行宣传，对学校食堂、饭店进行清理整顿，每年发放宣传材料1万余份。2000年，对重点村庄现场识别真假碘盐，无偿用真碘盐置换群众手中的非碘盐，碘盐置换活动开展以来深受群众欢迎，至2002年末，已置换非碘盐2.12吨。

**食用盐专项整治** 80年代，根据省、市盐务局的统一部署，定期开展“食用盐安全专项整治”行动。1993年，成立食用盐安全领导小组，按照统一部署，与卫生防疫站一起对城区及各乡镇驻地的学校食堂、餐饮业、建筑工地、石材厂外来打工人员食堂进行彻底清查。检查单位45个，存有食用盐安全问题的6个，对检查中发现的问题，当场采取相应措施予以解决。1995年，由食盐专营科负责对城区及各乡镇驻地的学校食堂、饭店，尤其是建筑工地、石材厂等食堂进行登记造册，建立直销台账，定时将食盐送货上门，实现查销一体，确保学生、建筑工人等特殊人群的食用盐安全。

1996年以后，除继续加强学生、建筑工人等特殊人群的食用盐安全外，盐业市场专项整治活动扩大到三资企业、商业企业、供销合作企业、乡镇和农村集贸市场等，1996—2002年，栖霞市常年对全市乡镇、街道及所有村庄进行稽查，清除私盐、无碘盐、劣质盐，年查处盐业违法案件平均达40多起，建立1000多个食盐销售网点，建立健全覆盖全市的食盐专营网络，2002年，销售盐3000余吨，完成销售收入400多万元，实现利税70多万元。

库存食用盐(2002年)

**盐政执法** 根据世界儿童问题首脑会议宣言，在全世界范围内实现清除碘缺乏病的目标，1994年10月，国务院颁布《食盐加碘消除碘缺乏危害管理条例》；1996年5月，条例颁布实施，当年，执法人员采取“循环查、突击查、重点查、蹲点查”等方式，对栖霞市盐业市场进行治理整顿、执法检查。检查盐业销售商场、商店136家，抽查用盐聚集区如学校、工厂、建筑工地酒店、宾馆等单位70余家。1997年，积极争取地方政府的支持和各职能部门的配合，与工商、公安、卫生、防疫等部门建立长效联系机制，充分发挥各部门对盐业市场的监管作用。市卫生防疫人员在工作中查获某中学0.5吨粉碎盐，立即予以查封。市交通警察巡路执检时，查获12吨原盐，这些违法违规案件都按程序移交盐政管理部门处结。

2000年3月，国家颁布实施《盐业管理条例》，2000年12月，山东省政府颁布实施《山东省盐业管理条例》。当年，市盐务局根据食盐管理条例，围绕“3•15”消费者权益日、“5•15”全国消除碘缺乏危害宣传日，走村入户进行宣传，发放宣传材料1万余份。建立市、镇、村三级管理网络，层层负责，互通信息，聘请24名执法服务监督员，及时反馈执法及送销服务情况。2001年9月，成立盐政110，与公安110联动，同年12月，成立栖霞市盐政稽查大队，采取堵源头、查市场的方法，对全市15个镇（街道、开发区）、986个自然村进行面上稽查。2000—2002年，每年对盐务市场拉网式清查达3次以上，对重点镇、村和单位进行重点整治，清除私盐、无碘盐、劣质盐，有效地规范栖霞境内的盐业市场。

2002年末，全市合格碘盐覆盖率由1993年的30%达到98%，未出现一例安全事故。

2002年盐政执法检查现场

## 第四节 医药经营

1979年11月，栖霞县医药公司上划为省属企业。1988年5月以前，称山东省药材公司栖霞县公司，1988年5月，更名为烟台市医药公司栖霞县公司，隶属于烟台市医药国有控股有限公司。主要经营中药、中成药、西药、医疗器械、保健品等，2001年，撤销医药批发改医药零售。2002年末，经营品种2300多种。公司有桃村、臧家庄、杨础、苏家店4处药材经营组，经营形式为批发兼零售。

**医药储保设施** 80年代以前，医药储保工作靠主要手工操作。1992年，医药公司购进微机一台，主要是用于财务管理。1997年，投入资金6万多元购进10台微机，用于企业内部财务、

采购、贮存、销售等方面管理。2000年以后，为各零售药店配备微机，对全市各零售网点全部实行微机化管理。2001年6月，成立中药大药房，投资3.5万元购置自动煎药机一台，免费为病患者煎药。

为确保药品质量，1985年以后，医药公司先后投资20多万元，专为储存药品的阴凉库、常温库购置冷风机2台、空调17台、冰箱1台，使阴凉库的温度保持在20℃以下，常温库不超过30℃，需低温保存的在10℃以下，使仓库的温度、湿度始终保持在规定的范围内，达到不同药品不同的贮存要求。各零售药店均配备空调、冰箱，主要用于贮存药品。2002年，又投资11万元购保温车一辆，用于药品的统一配送，保证药品在运输过程中不受温度的影响，确保药品质量。至2002年末，公司共有各类医药储保设施45台套。

**医药品销售** 1985年以后，医药供应开始由计划经济向市场经济转变，医药商品三级批发逐步退出，大部分药品品种从厂家直接购入，主要医药商品有中草药、西药、中成药、化学试剂、医疗器械等，1985年，医药公司商品总销售额850万元，固定资产38.6万元；1988年，医药公司有桃村、臧家庄、杨础3处药材经营组，经营形式为批发兼零售。1990年，全县有药品购销网点16个，销售总额1120万元，1995年，全县有药品购销网点16个，销售总额1530万元。

2002年，按照《中华人民共和国药品管理法》规定，根据境内实际，栖霞市对医药市场管理实行“七统一”，即统一管理、统一采购、统一存储、统一配送、统一价格、统一核算、统一商号的管理模式，稳定医药市场，禁止哄抬医药价格，保证人民群众用药安全。到2002年末，全市有药品购销网点25 个，销售总额2932万元，实现利税127万元，资产总额1227万元，其中固定资产756万元。

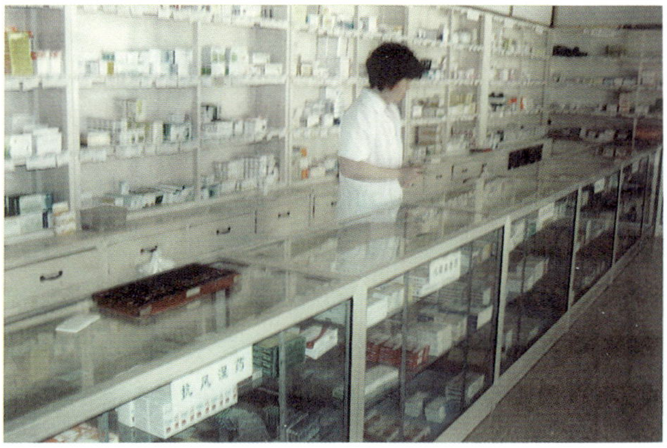

文化路北首医药公司经营门市部（2002年）

**药材资源调查** 1985年7月，根据国务院中药普查工作要求，栖霞县药材公司负责对本县的中药资源进行普查，经一年调查和普查，1986年11月，撰写出栖霞县中药资源名录，上报上级后通过验收。

据普查，栖霞县药材资源丰富，品种繁多，共有中药材710种，其中植物药材680种，动物药材27种，矿物药材3种。常见的主要药材品种有206种，其中黄芩、丹参、翻白草、茵陈、枣仁、葛根、益母草、全虫等品种产量最高，居山东省之冠。栖霞产的黄芩质量高、品质优，素有“栖芩”之称。历年收购的中药材除供本县广大群众用药外，还调销境外其他省、市。

**医药科研** 医药公司副经理吕锡岫承担的“东亚钳蝎试养科研项目”，于1985年9月，通过国家医药局鉴定，创造的隔离饲养、温室饲养和塑料大棚饲养法等受到专家的一致赞同。当年，“东亚钳蝎试养科研项目”获栖霞县科技进步一等奖、被北京科教电影制片厂拍摄成科教片《蝎子》，12月在栖霞举行首映式。

1986年5月，在烟台市药材站生产科的指导下，由栖霞县医药公司生产科科长蔡青林承担“伊贝母引种驯化及丰产技术的研究”，在翠屏街道办事处大河北村试种。1988年9月，该项目实验获得成功。1989年3月，被山东省医药总公司授予科技进步一等奖，同年12月，被山东省科学技术进步评审委员会授予科技进步三等奖。1989年，“运用目标管理降低生产成本，提高苡米出仁率”被评为烟台市医药系统现代化管理成果奖。1991年，“运用ABC管理加强医药商品购销活动管理”被烟台市经委、烟台市企业管理协会授予市级企业管理现代化优秀成果奖。

# 第七章 对外及对港澳台经济贸易

## 第一节 管理机构

1975年7月，栖霞县成立对外贸易局，1984年3月，撤销对外贸易局，成立对外贸易公司，主要业务是根据上级外贸部门出口计划，组织进出口产品，给有关进出口公司组织出口货源，同时经销进出口配货。1999年以后，由于计划经济向市场经济转变，对外贸易经营体制发生重大变化，自营出口企业和单位增多，对外贸易公司业务逐年下滑，到2002年末，对外贸易公司处于停产、半停产状态。

1987年，成立对外经济贸易委员会，主管全县对外经贸工作，1991年，改称对外贸易经济合作局，为栖霞县（市）对外贸易管理机构，市政府序列部门。2000年，设立招商引资促进局，与对外贸易经济合作局合署办公，为栖霞市人民政府招商引资工作小组办事机构，负责管理对外招商引资工作。

## 第二节 外贸经营体制

70年代和80年代初，实行计划经济下的县级外贸体制，1975年 ，成立栖霞县对外贸易局，业务范围仅限制在计划经营，外贸商品收购主要以农产品、手工艺品、抽纱类产品等为主，进口商品经营主要是省、市下拨的化肥、钢材、小型机械设备等物资。1984年，首次引进13万美元外资，1985年，进口商品总值6100万元人民币。1988年，引进外资296万美元，建立3个服装、工艺性质的小型合资企业。外贸商品收购额1.16亿元，出口商品货值2932.9万元。

进入90年代初，外贸体制发生变化，外贸公司实行承包经营，自负盈亏。1993年，栖霞县外贸公司获得进出口经营权，开始自主经营，完全走上市场，自由进行商品贸易。1995年以后，随着对外开放的不断深入，国家向国有企业和集体企业放权，让企业自营进出口业务，到1998年，栖霞市自营进出口业务的企业达到8个，其中，外贸公司已发展矿产品、粮油等6个进出口公司，拥有25个综合性企业，年创产值1.1亿元，进出口额2000万美元，一时成为栖霞市外向型龙头企业。

到2002年末，自营进出口业务的企业达到57家，出口创汇过百万美元的企业有10家。

## 第三节 出口贸易

栖霞县外贸局成立后，70年代和80年代，收购的外贸出口产品主要以农产品花生、粉

丝、烤生果等为主，食品以苹果脯、冻鸡、板栗为主，工艺品以柳制品、棒槌花边、玩具、丝毯、抽纱、丝绸为主，另有服装、纺织、轻工等产品，共有6大类商品76个品种。其中出口贸易量最大的是花生和工艺品，1978年，花生出口3245 吨，货值780 万元，棒槌花边2.3万套，货值298.5 万元，苹果脯197 吨，货值130.6万元，丝绸125 百米，货值28.6万元，服装24万件，货值82 万元。外贸收购值8123万元。1988年，农产品、工艺品、食品等出口产品出口量大为增加，有的十年增长10倍多，除此之外，出口商品品种结构发生重大变化，增加了畜产品、矿产品、机械产品等7大类120多个品种，出口产品形成13大类200多个品种。其中，滑石出口7.2万吨，货值636.7万元，滑石粉668吨，货值10.9 万元，两用扳手22.6万套，货值784.1 万元。外贸收购值10021.7万元，10年增长1.23倍。

进入90年代以后，大批外向型企业进入栖霞县，外向型经济得到迅速发展，对外贸易量快速增长。1990年，全市出口创汇仅有36万美元，有3家“三资”企业，当年完成出口商品交货值1.47亿元，1993年，出口创汇取得质的提高，一跃过千万美元，达到3572万美元，出口商品供货总值5.2亿元，“三资”企业发展到27家。1996年，全县外贸出口商品收购值 1.78亿元，出口创汇7500万美元，“三资”企业97家，出口产品品种78家。1998年，全市共建成总投资1000万美元以上的企业5家，年创产值4.8亿元。全市出口商品总额5435万美元，自营进出口企业11家（不含三菱水泥），这11家企业年创汇1000万美元。2000年，全市外贸出口商品收购值2.35亿元，出口创汇 4824万美元，“三资”企业减少到65个。

2002年，全市外贸出口商品收购值2.94亿元，进出口总值（含三菱水泥）9643万美元，出口创汇8346 万美元，新建“三资”企业35家，“三资”企业总数达到245家，出口产品品种260多个，涉及服装、纺织、建材、机械、化工、食品等28 个行业。其中，苹果这项农产品出口达到6万吨。自营进出口企业增加到57家，年出口创汇超百万美元的有栖霞市源通果汁公司、服装集团公司、三菱水泥有限公司、烟台亚通印染有限公司、烟台兆峰陶瓷有限公司、选矿药剂厂、三蝶塑料有限分公司、仁琪塑料有限公司、汇丰石材公司、新明电机有限公司等企业。其中，山东栖霞源通果汁公司、服装集团公司、烟台亚通印染有限公司出口创汇超千万美元。

1992年5月，成立栖霞服装集团公司。是年，与台湾信泉股份有限公司合资，双方投资500万元成立烟台青山服饰有限公司，开展自营出口业务。1992—2002年，投资1500万元，建起占地55000平方米，建筑面积65000平方米的现代化厂房，购进集服装设计、排料、制版等多功能于一体的法国LECTRACAD系列及服装制作、水洗、形态安定等日本BROTHER、JUKI，美国SUSSMAr牌系列配套设备1500台（套）。1995年5月，获得自营出口权。自1995年至2002年，自营出口平均每年以20%的速度递增，1998年，出口服装300万件，占烟台市服装总出口量的1/3，2002年，完成出口创汇2600万美元。

1993年，与香港玉祥实业贸易公司合资经营烟台亚通印染有限公司，总投资200万美元，总资产达到5390万元，年创产值1.7亿元，年出口创汇1000美元，产品远销美国、日本、韩国，是全国“三资”企业500强之一。

1996年7月，成立山东栖霞源通果汁有限公司，由栖霞白洋实业总公司与国内两家国有企业共同兴建，是最早从事果汁加工的生产企业。1998年8月，在栖霞源通果汁有限公司基础上，成立烟台源通果汁有限公司，企业重新组合后，果品加工能力大幅提高，每小时处理、加工新鲜苹果达40吨，加工果汁2万吨，创汇1300万美元，利税1300万元。

## 第四节 进口贸易

70年代，进口商品主要是自行车、手表等，到70年代末，增加电器、服装、化纤品、化肥等商品进口。进入80年代后，特别是1985年后，进口商品渠道增多，品种和数量增加，由日用商品发展到电子、企业大型机械设备、医疗设备、汽车及部件、包装材料、生产资料等商品进口。

1985年，进口商品总值6100万元人民币，以日用商品为多。1990年，进口商品总值1.47亿元，以日用商品、农用商品为多。

1995年，进口商品总值3.65亿元，除日用商品、农用商品外，各类企业进口国外大型机械设备、医疗设备1870台（套），进口各类生产原料和资料27万吨。是年2月，县人民医院进口一台美国GECT/e螺旋CT，价值255万元人民币。是年5月，县服装集团公司，获自营进出口权，进口美国SUSSMAr牌系列配套设备1500台。

2002年，全市外贸进口总值达到6277万美元，时值人民币5亿多元。进口商品多为具有先进技术的企业生产设备、医疗设备、矿山挖掘设备和生产原料、生活资料，这些具有市场竞争能力的进口商品，技术含量较高，对加快企业发展，保障企业生产活力和市场竞争能力具有重要意义。

## 第五节 加工贸易

80年代之前，栖霞县只有国内加工贸易，没有国外来料加工业务，到90年代，服装行业、手工艺品行业始有来料加工业务。1992年，服装集团公司首次与台湾、日本合作，进行服装加工业务，产品大部分出口国外。全市服装行业来料加工服装31万件。

1995年，参与来料加工、国内商品加工贸易的企业有36家，从业人员1.2万人，涉及服装、食品、五金、玩具、地毯、手工艺品、纺织品等产业，当年完成加工贸易额3620万元。1997年，食品加工除花生、粉丝、烤生果等以外，还增加果汁、板栗、冻鸡加工，丝绸加工增加白厂丝、柞蚕丝、桑丝绸，轻工类加工增加编织袋、汽车纱罩等，当年完成加工贸易额5700多万元。进入21世纪后，加工贸易的地位越来越突出，对全市发展外向型经济的贡献越来越大。2000年，全市加工贸易额突破1亿元，从事加工贸易的人员1.6万人，2001年，加工贸易额1.67亿元，从事加工贸易的人员2.45万人。

到2002年，全市加工贸易额达到2.15亿元，从事加工贸易的人员3.8万人，加工贸易单位230多个，工业企业占60%以上，农业、第三产业占40%左右，加工商品涉及方方面面，主要以食品、粮油类、丝绸类、纺织类、服装类、抽纱类、工艺美术类、机械类为主，加工企业规模较大的有工艺美术厂、地毯厂、抽纱厂、经编厂、绣花厂、食品公司、宇隆工艺服饰有限公司、经纬针织服饰公司、山东进出口公司栖霞抽纱厂等，职工都在200人以上。

## 第六节 招商引资

**优惠政策** 1988年3月，为鼓励外商到栖霞市投资办厂，栖霞县出台《栖霞县关于发展外向型经济若干试行办法》《栖霞县发展外向型经济规划纲要》。1991年5月，出台《栖霞县关于发展外向型经济的若干规定》。1996年4月，栖霞市政府下发《栖霞市招商有关优惠政策》的通知，1998年3月，出台《栖霞市鼓励外商投资优惠政策》，2000年3月，印发《栖霞市招商引资考核奖励暂行规定》。

栖霞出台的这些规定、政策和措施，无论从税收还是土地出让、系列服务等都给予外商优惠和照顾，是建县以来从未有过的大动作，旨在重点扶持高新技术产业和大项目，鼓励外商到栖霞投资办企业。1997—2002年，每年12

月，栖霞都召开招商引资工作大会，公布全市招商引资成果，表彰招商引资、出口创汇先进单位和先进个人。

**对外及港澳经济贸易** 1985—1991年，栖霞县对外经贸活动很少，1991年以后，统一组织参加国外经贸交流活动逐年增多，组团出访的地区和国家除日本、韩国、印度、新加坡等亚洲国家和地区外，还组团出访美国、法国、德国、澳大利亚、英国、俄罗斯等其他国家，出访人数一般在6～10人左右，年平均5～6批。进入21世纪后，对外交流日益频繁，到2002年，出访批次年平均20余次。

参加的主要国际贸易活动有20多批次，其中，1993年8月，参加烟台市“中韩进出口商品交易会”。1994年10月，参加烟台市“中韩投资贸易洽谈会”。1995年9月，山东——香港经贸洽谈会在香港举行，栖霞县政府抓住时机，立即派经贸团参加洽谈会，会议期间，签订合资合作协议2个，外资额达1.2亿美元。1996年6月，参加烟台市“东亚城市进出口商品交易会”。1998年10月8日，与日本鹿儿岛县国别市建立友好合作关系协议书签字。1999年3月，组团赴韩国参加“99（汉城）中国山东省加工贸易洽谈会”，签订利用外资项目3个，合同利用外资额135万美元，签订进出口贸易合同额349万美元。2001年11月，组团赴韩国、日本开展经贸洽谈活动，达成利用外资合作协议或意向3个，总投资额770万美元，签订贸易合同4份，出口额1186万美元。2002年8月，栖霞市政府组团赴韩国开展经贸洽谈和招商引资活动，并参加“2002中国（大邱）投资贸易推介暨展示会”。其间，共签订出口合同4个，出口额650万美元，引进外商投资1200万美元。2002年10月，栖霞市首次组团到台湾进行参观考察，在台湾期间，与各商会、企业共达成12个经济合作项目。

到2002年末，栖霞市已与60多个国家和地区建立了经贸合作关系。

2001年市政府代表成员与中外客商洽谈（图一）

（图二）

**引进外资** 1984年，通过华侨引荐，栖霞首次引进外资13万美元。1985年，建立合资企业1户，投资额10万美元。1988年末，引进外资30万美元，境内首次建立华荣服装厂、华兴织袜有限公司、通丰毛绒有限公司3个小型合资企业。

1991年以后，通过对外交往的增多，加上优惠的招商引资条件，先后引进新明电机有限公司、烟台城进铸造有限公司、烟台半岛机械有限公司等韩国投资企业。新明电机有限公司是由韩国新明电机株式会社投资兴办的独资企业，主要生产、销售80多个品种、规格的电动机，年产电动机15万台，产品通过ISO9001质量体系认证，全部出口韩国、美国、日本等国家。

1992年9月，引进烟台三菱水泥有限公

司，烟台市属企业，后归属栖霞市管理。公司总投资1.35亿美元，投资方包括日本国三菱materiais(株)、日本国三菱商社（株）、日本国（株）组合贸易、国际金融公司、中国烟台建材工业总公司和中国国投建化实业公司等六家企业。注册资金3909.6万美元，年生产水泥100万吨。

1993年，招商引资工作取得突破性进展，建立“三资”企业27家，实际利用外资由1992年的600多万美元，一直跃升到2664万美元，增长4.3倍。与香港玉祥实业贸易公司合资经营烟台亚通印染有限公司，总投资200万美元，年创产值1.7亿元，年出口创汇1000美元。

1995年以后，招商引资向纵深发展，外商投资企业向大项目、高技术含量挺进，1996年2月，栖霞白洋河实业总公司与瑞士UNIPEKTIN公司联合成立烟台源通果汁有限公司，注册资金1200万美元，生产和销售苹果汁、梨汁、苹果香精、胡萝卜及浆果等产品，年生产能力5万吨的苹果浓缩果汁经检验质量已达到国际先进水平，是德国SGF（果汁行业保护协会）组织会员，产品获得美国KOSHER证书（美国犹太证明），通过ISO9002及美国HACCP（危害监界点控制）的认证，产品100%出口，主要出口到美国、日本、加拿大、澳大利亚等国家和地区。

1998—1999年，受国际金融危机影响，外商投资也受到冲击，两年实际利用外资共计2738万美元。2000年以后，外商投资额度逐渐加大，投资领域逐步扩展，产品由服装、电机、机械制造、水泥等向电子、化工、有色金属、陶瓷、医疗设备、专用设备、控制设备、汽车部件、饮料等方面发展。2000年，实际利用外资1960万美元，2002年，合同利用外资6986万美元，实际利用外资达3782万美元。全市新批准利用外资项目35个。

1984—2002年，全市合同利用外资总计4.95亿美元，实际利用外资总计2.74亿美元。

## 1984—2002年栖霞市招商引资情况统计表

表11-11　　单位：万美元

| 年 份 | 合同外资额 | 实际利用外资额 | 出口创汇 |
|---|---|---|---|
| 1984 | 13 | 13 | — |
| 1985 | 6 | 6 | — |
| 1986 | — | — | — |
| 1987 | 170 | 170 | — |
| 1988 | 342 | 296 | — |
| 1989 | 18 | 32 | — |
| 1990 | — | — | 36 |
| 1991 | 474 | 114 | 44 |
| 1992 | 1932 | 623 | 717 |
| 1993 | 4598 | 2664 | 3572 |
| 1994 | 6029 | 3012 | 4935 |
| 1995 | 4114 | 3615 | 4643 |
| 1996 | 10769 | 3722 | 7500 |
| 1997 | 1539 | 2254 | 10162 |
| 1998 | 1311 | 1877 | 4413 |
| 1999 | 1399 | 861 | 3462 |
| 2000 | 3597 | 1960 | 4824 |
| 2001 | 4427 | 2361 | 7668 |
| 2002 | 6986 | 3782 | 8346 |

# 第十二编
# 交通运输

桃村镇境内公路铁路交叉桥（2002年）

栖霞地处山区，历史上交通条件落后，道路通行不便。中华人民共和国成立后，境内交通运输工具和公路铁路等交通基础设施不断完善。1955年，国家公路总局组织26人的工作组，视察烟青公路改善土路面情况，栖霞县为重点调查单位。1956年，全县制订并实施交通建设分期规划。至1965年，每年由县财政投资9万元～10万元用于公路建设，先后修建境内公路22条，公路里程达到343公里，全县18个人民公社都通行客车。到1986年，全县汽车数量达到1800辆，公路通车里程519公里。

改革开放以后，栖霞县委、县政府积极筹划建设栖霞大交通网络。1994年，栖霞县政府制订《栖霞县公路建设“九五”及2010年规划》，确立构筑“三横、五纵、三环”大交通网络的框架。1993—1995年，由县交通委员会负责设计和施工，亭口镇、庙后乡、臧家庄镇、中桥镇、连家庄乡、大庄头乡、栖霞镇、金山乡等乡镇完成10条沙土公路硬化建设和张栖线、中博线、刘山线等县乡公路硬化工程。1993—2002年，县乡公路建设累计投资额达到1.6亿元。2002年末，全市公路通车里程711.2公里（不含市区道路），高速公路和一、二级公路240公里，高级、次高级路面521.5公里，公路桥梁15546.41米/455座，公路密度35.07公里/百平方公里，境内铁路52公里。

1986年之前，栖霞县客货运输仅限于烟台市范围。1992年，增开4条至济南、临沂等跨区客运线路。1993年，客运出租车纳入正式管理。1995年3月，吉普车和三轮车退出出租车市场，代之夏利轿车和桑塔纳轿车。1997年，增开5条至北京、天津等长途线路，日发班车250班次。1998年7月，城市公交车开始运营，时有20辆公交车，2002年，公交车增加到48辆。全市有烟台交运集团栖霞、桃村2个二级汽车站，各类交通营运车辆达5580辆，其中出租车344辆，有896个村庄通行客车。

1985年，全县有专业运输车辆73部，352个吨位。1986年后，栖霞县果业发展较快，专业运输车辆增多，到1990年，专业运输车辆有2037部，13000个吨位。1995年，货运车辆达到2146部，1998年有2348部，2002年末，全市有载货汽车2664辆，完成货运量102.8万吨，货物周转量8759.9万吨公里。

# 第一章 公路管理机构

## 第一节 县乡公路管理机构

中华人民共和国成立初，交通事务由栖霞县政府建设科直接管理。1955年12月，县人民委员会设交通科。1958年1月，交通科与公路站合署办公。1962年2月，交通科升格为科级单位，称栖霞县交通管理局，1984年，栖霞县交通管理局改称栖霞县交通运输公司。1991年3月，桃村火车站联运办公室成立，为副科级事业单位，隶属于栖霞县交通运输公司。1993年6月，内设公路管理处，为副科级事业单位。是年11月，栖霞县交通运输公司改称栖霞县交通委员会。1995年10月，成立公安交通稽查中队。1997年2月，内设交通稽查大队，副科级事业单位。1998年7月，成立公共交通管理处，副科级自收自支事业单位。2001年12月，栖霞市交通委员会改称栖霞市交通管理局。

## 第二节 国省公路管理机构

1950年5月，境内设立莱阳专区公路管理段桃村公路站，1955年3月撤销。1952年1月，设立莱阳专区公路管理段栖霞公路管理站，1958年1月，栖霞县公路管理站与交通科合署办公。1962年9月，改属烟台专署交通局烟台地区公路管理段。1978年9月，隶属烟台地区公路管理段。1985年，公路管理站辖5个养路费征收所、23个公路管理分站。1993年10月，栖霞县公路管理站改称栖霞县公路管理局，辖4个养路费征收所、23个公路管理所、4个路政中队。2002年，烟台市栖霞公路管理局辖4个养路费征收所、13个公路管理所、4个路政中队。

## 第三节 高速公路管理机构

2000年8月，成立同三高速公路栖霞管理处，位于栖霞经济开发区大潘家村匝道，隶属山东省交通厅，规格为副处级单位。沿线设中桥、栖霞北、栖霞、栖霞南、莱阳5个收费站和栖霞、福山2个服务区。

# 第二章 道路 桥梁

## 第一节 公 路

1979年，铺筑县城至桃村段沥青路面43.5公里。1982年，拓宽县城至招远界路段，路基宽12米。到1985年底，栖霞县境内公路有栖桃路（栖霞至桃村）、栖招路（栖霞至招远）、蓬寨路（蓬莱至寨里）、蓬水路（蓬莱至水沟头）、海掖路（海阳至掖县）、福穴路（福山至莱阳穴坊），有支线公路19条，养护里程303.8公里。

1993年6月，对境内公路实行分级管理。14条县级路和4条乡级路共计296.9公里，正式由公路站移交县交通委负责管理与养护；国、省道的养护和路政管理由公路站（局）负责。

2000年8月，设立同三高速公路栖霞市筹备处（同三高速公路为黑龙江省同江市到海南省三亚市），负责同三高速公路福山大杨家立交桥至莱阳境内80.1公里的养护、管理与通行费征收工作。

2002年末，全市公路里程711.2公里（不含市区道路），按行政等级分，高速公路56.4公里，国道23.8公里，省道227.6公里，县级路285.7公里，乡级路93.9公里，专用路23.1公里。按路面等级分，高级路面400.4公里，次高级路面121.1公里，中级路面28.8公里，低级路面160.9公里。其中，高速公路56.4公里，一级公路60公里，二级公路132.4公里，三级公路59公里，四级公路213.1公里。公路密度为35.07公里/百平方公里或10.81公里/万人。

**高速公路建设** 同三高速公路 北起黑龙江省同江市，南到海南省三亚市，20世纪90年代后期开始建设。到2000年11月，栖霞市境内建成同三高速公路56.4公里，沿线设中桥、西城和观里3处互通式立交出口。该路段分两期竣工通车，第一期是栖（霞）莱（阳）段，于2000年11月30日通车收费；第二期是烟（台）栖（霞）段，于2001年9月1日通车收费，高速公

路段内宜林地绿化率达100%。

同三高速公路栖霞部分路段（2000年）

同三高速栖霞收费站（2000年）

**国、省级公路建设** 境内国、省级公路养护里程达到252公里，其中国道23.8公里，省道228.2公里。

烟台—上海（G204） 境内的国道，起止桩号31.4～51.9，54.8～58.1，23.8公里，一级路，在境内经铁口、桃村等镇村驻地，1988年1月修建，9月竣工通车，总投资2500万元，该国道路面宽26米，4车道，2002年改建。

境内省道共有7条，共计228.2公里，其中一级路29.4公里，二级路97.6公里，三级路101.2公里，全部为高级路面。

烟（台）青（岛）线（S209） 起止桩号50.9～85.2，34.3公里，其中一级路22.2公里，二级路7公里，三级路5.1公里，1972年1月修建，1999年进行加宽改建。

烟青线部分路段（1999年）

烟（台）凤（城）线（S210） 起止桩号31.3～57.6，26.2公里，其中一级路7.1公里，二级路19.1公里，2000年1月修建。

烟凤线部分路段（2000年）

蓬寨线部分路段（1998年）

蓬（莱）寨（里）线（S211） 起止桩号41.7～51.5，9.9公里，二级路，1997年10月修建。

文（登）三（山岛）线（S304） 起止桩号71.1～136.1，63.2公里，二级路，1958年10月10日修建，2002年后改扩建。

蓬（莱）水（集）线（S213） 起止桩号39.5～60.1，20.6公里，三级路，2000年10月修建。

海（阳）莱（州）线（S306） 起止桩号46.3～85.7，39.4公里，其中二级路18.4公里，三级路21公里，1987年1月修建。有大桥3座，长541.2米；中桥4座，长311.2米；小桥13座，长154.7米，2000年改建。

烟（台）栖（霞）线（S802） 起止桩号32.2～65.7，33.5公里，三级路，1972年1月修建。有中桥6座，长435.5米；小桥11座，长203.9米。

烟栖线部分路段（2002年）

**县乡公路建设** 1983—1985年，全县自筹资金与争取国家专项补助达100多万元，修建基本符合等级的县乡公路8条147.1公里，建成大庄头至宋家埠8.8公里、唐家泊至蛇窝泊19.1公里、曲家疃至桃村26.5公里、松山至十甲21.4公里、松山至九曲29.7公里、蓬寨路至丰粟8公里、北路家沟至莱阳35.3公里、山后初家至北桥2.8公里，路基宽度为7至12米，其中5条（段）达到三级路标准。新建桥梁59座1531米；其中大桥2座239.7米，中桥12座710.3米，小桥45座581米。

至1990年，除干线公路218.9公里外，全县拥有296.9公里县乡公路，23个乡镇全部实现晴雨通车，60%的乡镇通沥青路，51.7%的村庄通公路，95%以上的村庄通拖拉机和马车。“六五”期间，按照公路建设规划，改善重点县乡公路技术状况，延伸县乡公路和山区公路。到2002年末，全市共有县路13条，285.7公里，其中二级路46.3公里，三级路121.8公里，四级路117.6公里；高级路面82.1公里（含水泥路面5.6公里），次高级路面115.9公里，中级路面28.8公里，低级路面58.9公里。

张栖线 起点烟台市福山区张格庄镇，终点栖霞城，全长41.645公里，境内长33.4公里，桩号K8+266– K41+645，高级路面，二级路19.4公里，三级路14公里。1993年，县乡公路分级管理以前为三级砂土路，长33.8公里。1993年8—10月，县交通运输公司组织二级路改建测设工作。1994年4—11月，栖霞镇、金山乡、庙后乡分别对辖区内路段按二级路路基改建加宽。同年，县交通委完成庙后乡政府以北大街段路面硬化，底基层为15厘米手摆片石，基层为12厘米三合土，面层为4厘米三料两油沥青贯入式。1999年3—11月，交通委对栖霞境内33.8公里全部进行沥青混凝土路面硬化，二级路基层为15厘米路拌水泥稳定砂砾＋12厘米机拌水泥稳定砂砾，三级路为18厘米路拌水泥砂砾，面层为4厘米中粒式沥青混凝土＋2厘米细粒式沥青砼。该年度投资1983万元。该工程经交通委向省争取，列入省公路建设计划，获补助资金800万元。1994—1999年，全线共搬运土石68.86万立方米，新改建桥涵69座（道），防护工程6760立方米。工程先后被省交通厅评为“山东省质量管理优秀在建县乡路项目”，被烟台市质监

站评为“优良工程”。

曲桃线　起点烟台市福山区高疃镇曲家村，终点桃村镇雀刘家村，境内长24.6公里，其中重复张栖线1.748公里，桩号K1+158–K27+499，沥青路面5.2公里，砂土路19.4公里；三级路5.7公里，四级路18.9公里。该路栖霞段于1979年进行勘测设计，1980年，由县政府出资，庙后乡政府组织修建。1999年，庙后乡政府联合市公路局修建从福山交界与张栖交叉口全长5.2公里沥青砼路面。

蓬丰线　起点蓬莱城，终点臧家庄镇丰粟村，境内长3.6公里，桩号K47+304–K50+888，三级砂土路。

刘山线　起点翠屏街道刘家河村，终点莱阳市山前店村，境内长18.4公里，桩号K0+000–K20+985，沥青路面13.5公里，砂土路4.9公里，其中重复海莱线2.574公里；三级路13.5公里，四级路4.9公里。该线于1964年在原山区道路基础上，裁弯取直，加宽改造，桥涵配齐，达到四级路标准。2001年，刘山线改建工程列入全省公路建设计划，争取省交通厅补助资金400万元。2002年，投资920万元硬化三级路面13.5公里，完成二级路路基2.5公里。

路莱线　起点西城镇北路家沟村，终点莱阳城，境内长32.2公里，其中重复文三线0.135公里，桩号K0+000–K32+361，沥青路面19.9公里，砂土路12.3公里；三级路19.9公里，四级路12.3公里。该线于1956年在原山区道路基础上，裁弯取直，加宽改善，桥涵配齐，达到四级路标准，投资源于国家基建。西城至观里段17.3公里三级路，1995年，被山东省交通厅列入乳化沥青防尘路面试验路段，工程投资162.8万元。

松台线　起点松山镇松山村，终点招远市台上村，境内长26.7公里，其中重复蓬水线2.513公里，重复路莱线0.318公里，桩号K0+000–k29+492，沥青路面11公里，砂土路15.7公里；二级路1.3公里，三级路11公里，四级路14.4公里。1969年，开始修建桥涵，1970年，由栖霞县革命委员会投资修建栖霞境内的路基，1971年，桥梁相应配套，1972年，该路段竣工通车。经交通部门争取，该路部分路段被列入国防公路建设项目，2002年，硬化松山至回兵崖路段11公里，投资2530万元。

中博线　起点经济开发区中桥，终点蛇窝泊镇博地村，全长48公里，其中重复张栖线1.748公里，桩号K0+000–K49+800，沥青路面，二级路9.7公里，三级路14.5公里，四级路23.8公里。1990年4月，县交通运输公司完成中博路的勘测、设计、规划任务，5月开始修建。1994年，完成中桥至亭口段9.7公里二级路改建硬化，1996—1997年，完成亭口至下门楼段6.3公里三级路路面硬化，2000年，改建硬化下门楼至博地32.02公里，新改建桥涵16座（道），修建防护工程3494立方米，搬运土石8.1万立方米，投资1225.8万元，该工程列入山东省交通厅专项路建设，获得补助款300万元。

松十线　起点松山镇松山村，终点翠屏街道十甲村，全长23.7公里，其中重复张栖线0.088公里，沥青路面，有三级路13.3公里，四级路10.4公里。1957年，由地方投资修筑虎龙口至金山店子段。1969—1970年，由驻军部队投资修通十甲—北夼—金山店子段，至此全线通车，为部队专用路。1983年，由烟台公路段投资25.4万元，将虎龙口—金山店子段改造成三级公路。1998年，市交通委硬化虎龙口—金山店子段，1999年，硬化驻军部队南大门至十甲段，2000年，硬化部队北大门至金山店子段。该工程被国家列入国防路建设项目，补助资金1000万元，是栖霞市最早引进县外资金的县乡公路。

榆任线　起点苏家庄镇榆林头村，终点西城镇任留村，全长18.6公里，其中重复松台线0.071公里，有沥青路面13公里，砂土路5.6公里；二级路1公里，三级路12.5公里，四级路5.1公里。1958年，修建任留—苏家店段的路基，1969年春天，修建苏家店—榆林头路基，与蓬水线相接。1972年，由县财政拨款投资修建榆任线的桥涵配套，苏家店至任留段列入国防路建设项目，2001年，由交通委改建硬化，该路段共12公里。

道唐线 原起点蛇窝泊镇道西村，重合中博路4公里后改起点为大柳家村，终点唐山头村，全长9.7公里，四级砂土路。原为简易山路，1965年，为战备需要，经上报批准筑唐山头至榆林路基工程，1966年竣工。1967年，驻军部队将原榆林至道西马车路重修配套建成。

臧蛇线 起点臧家庄镇臧家庄村，终点蛇窝泊镇蛇窝泊村，全长40.9公里，其中重复中博路6.107公里，重复张栖线1.640公里，重复文三线0.683公里，有沥青路面30.3公里，砂土路10.6公里；二级路14.9公里，三级路12.9公里，四级路13.1公里。该路原为臧唐线、唐蛇线两条县路，1993年，交通委硬化唐家泊—蛇窝泊段15.2公里，是县乡公路中第一条油路。1994年，改建臧家庄至亭口段8.7公里为二级路，并进行沥青贯入式路面硬化，1997年，合并为臧蛇线，完成亭口至杏家庄段8公里路面硬化。同年，投资15万元改建硬化臧家庄至唐家泊3.5公里三级路，投资711万元，改建硬化16.6公里。

下西线 起点唐家泊镇下阁子村，终点西野村，全长5公里，四级砂土路。2002年，交通局按照市委创建“现代化生态型旅游城市”的要求，将路线延伸到牙山林场，长7.8公里，当年完成43座（道）桥涵，8000立方米防护工程。

龙北线 起点蓬莱市龙山店，终点栖霞经济开发区北桥村，境内长0.9公里，三级砂土路。1985年，栖霞段由地方筹资10万元，将燕地至中桥段重新改线1.1公里。

全市乡级路共11条，93.9公里，其中高级路1.5公里，次高级路5.2公里，低级路87.2公里；二级路5.2公里，三级路13.4公里，四级路75.3公里。专用公路共5条，23.1公里，其中高级路8.3公里，低级路14.8公里；二级路1.9公里，三级路1公里，四级路20.2公里。

**城区道路改建** 1985年，按照县城建设规划，对烟台至上海国道栖霞城区段进行改建。该路原为烟青公路栖霞城关三级路，与文朱公路平交，是全县南北交通枢纽，路基宽8.5米，于1974年秋改建成二级路，铺有7米宽沥青路面。经省批准按一级公路标准修建，全长5170米，路基拓宽至30米。工程由县公路站设计施工，投资500万元，于1985年4月动工，6月完工。共修筑大小桥涵14座、422米，修筑护墙3.32公里，砌埋横水泥管（直径280）109道，2943米。较大的开山劈石4处、2.78万立方米，搬运土石48.5万立方米，总用工220.38万工日。

1986年3月，经山东省交通厅批复，在现路基宽度30米的基础上延长里程至6700米，开始铺筑沥青路面。路面结构分快慢车分道行驶三块板式，基层加铺18厘米灰土级配砂砾，中间快车道宽14米，筑12厘米厚泥结碎石找平层；油层采用上拌下贯5厘米厚沥青碎石，设分隔带为2×1.2米，安装路灯214盏，两侧慢车道宽2×4米，两侧人行道为2×1.8米。是年10月全路段竣工，为境内第一条一级路。10月5日，山东省公路计划工作会议在栖霞县城召开，省及地市公路交通部门负责人参加会议。10月8日，县城万名群众隆重集会，举行通车典礼，庆祝城区文明路段沥青路面建成通车，省交通厅及13个地市公路、交通部门负责人、解放军代表和县委领导等出席剪彩仪式。

**公路养护** 20世纪50年代中期，烟青公路栖霞公路站盖洪友工班首创护肩坝养护法，在公路两侧路肩边缘筑泥土坝埂，用以护肩挡砂，改善公路技术状况，后加以发展改进，被推广到全省。1961年，对公路养护实行两条腿走路的办法，除大中修、水毁抢修、冬季扫雪、季节整修和采备养路用料必须发动群众参加外，采取具体措施经常性养护。交通量大的干线公路和经常通汽车的路线，继续由专业工人和群众共同养护，专业工人的配备，平均每公里不超过1人，并在沿公路两侧的生产大队内，按每公里1～1.5人组织社员，固定专人，配备工人进行经常性维护；一般公路和县乡公路，由公路两侧的生产大队按每公里配备1～2人组成结合生产的养路组织，进行经常维护；季节性通车公路，则按社队划段包干，根据运输需要，临时或季节性发动群众进行必要的整修和养护。1963年，开始在烟青、海掖等路线推行公路养护投资包干办法，公路站对工班实行“三定”，即定路线、定人员、定工具，工班对公路站实行“三保”，即保质量、保产值、保成本。是年，县公路站干线公路好路率达到90%以上。20世纪70年代、80年代基本沿用60年代做法。

1986年10月8日，烟青公路栖霞城区段改线拓宽工程竣工通车典礼
山东省交通厅厅长赵为武（右三） 烟台市委副书记李文全（左二）
栖霞县委书记王大海（右一）为通车典礼剪彩

20世纪80年代，公路养护费投入少，沥青路面不多，主要投入在路沙、人工费用和车辆费用。90年代以后，养路投入逐年加大。1998年，市公路局养路费过路费收入2050.81万元，重点支出为，小修保养237.3万元、中修89.4万元、一般改建1253万元、专项800万元等。是年1月，国、省道公路养护质量为82.4%，7月为89.9%，12月达到91.8%。

2002年，全市公路养护里程达到654.7公里，防护工程389处，达89499米，公路养护质量为95%以上。

**养护机械** 20世纪50年代和60年代，公路修建养护主要靠体力劳动和简单的工具。1958年，养路工人自制出多种人力、畜力简易养路机械，后陆续配备拖拉机、推土机、压路机等机具。1961年，县养路机械修配厂开始筹建，1966年建成，是烟台地区第一家机修厂。时有20多名工人，靠1台虎钳及一些手工工具进行小修小补。随着机具的增加，修配任务相应增多。1969年，厂内设修理、配制和驾驶3个班，充实人员，扩建厂房，添置车床和相关设备。70年代和80年代，公路养护机械设备有巨大改善，养路人员劳动强度下降。1996年10月，市交通委沥青站建成并投入使用，总投资238万元，占地16.88亩，生产能力为乳化沥青45吨/小时，拌合沥青混凝土30吨/小时。1998年，市公路局拥有推土机2台/250千瓦、压路机2台/139千瓦、自卸汽车11台/1634千瓦、拖拉机7台/193千瓦、沥青搅拌机1台/60千瓦、沥青摊铺机1台/35千瓦、装载机5台/775千瓦、铣刨机1台/40千瓦、洒水车2台/198千瓦，各种筑养路机具共计32台/3324千瓦。

**2002年栖霞市公路养护情况统计表**

表12-1

| 指标名称 | 单 位 | 年末实有数 |
|---|---|---|
| 公路通车里程 | 公 里 | 654.7 |
| 其中:雨晴通车里程 | 公 里 | 654.7 |
| 公路养护里程 | 公 里 | 654.7 |
| 有路面里程 | 公 里 | 654.7 |
| 现有桥梁总计 | 米/座 | 10449/315 |
| 现有涵洞总计 | 米/道 | 7742/667 |
| 漫水工程总计 | 米/处 | 263/6 |
| 防护工程总计 | 米/处 | 89499/389 |
| 公路绿化里程 | 公 里 | 588.7 |

## 第二节 铁路

蓝烟铁路　起自即墨市蓝村，经海阳市进入栖霞境内东部，后出境入烟台市福山区，终于烟台市芝罘区。按三级干线标准投资修建，境内全长20公里。线路经过的莱阳至桃村站间地形比较复杂，地质构造主要为砂岩、页岩互层；桃村至烟台站间多数地段有台地，裸露的岩石中有大理石结晶石灰岩。1952年8月，由铁道部设计局第三勘测设计总队勘测设计。1953年6月，由铁道部工程总局第五工程局承包修建，后由济南铁路局接办。

莱烟段于1954年10月开工，1955年7月，改两端相对铺轨为由莱阳向烟台单方向铺轨，12月，全线铺轨完成。1956年1月，举行通车典礼，7月正式交付运营，在境内桃村镇设火车站，为四等站。1978—1984年，正线每米43公斤和每米38公斤钢轨逐段全部换为每米50公斤重轨。

莱烟铁路栖霞路段（2002年）

1997年12月，烟台铁路公司桃村中心站区成立，为四等站，管辖旺远、回里、陈家疃、桃村、长沙堡5个中间站和工务、电务两个车间，境内设陈家疃、桃村两个站，铁路正线50公里。1998年6月，桃村铁路中心站迁入新建的面积为2600平方米的新办公楼办公。是年9月，桃村铁路中心站实现安全行车5500天。

1998年4月，蓝烟铁路复线栖霞段定测工作会议在桃村镇召开。9月，蓝烟铁路复线一期工程破土动工。工程总概算22.6亿元，需新增二线线路里程185公里，一期工程蓝村至桃村段工期为2年，2001年，该路段建设完成。

桃威铁路起自桃村，终至威海，栖霞境内全长6.767公里。始建于1990年11月，1995年3月竣工，1995年8月接轨试运行。该路为威海市地方铁路。1998年8月桃村火车站东站启用，每日通过客车3列，货车10列。1986年，旅客发送量为15.6万人次，1992年为6.4万人次，1997年仅为3.6万人次，是1986年的23.1%。1986年，货运发送量为21.9万吨，1992年为14.3万吨，1997年为24.5万吨，2002年为41.8万吨。

## 第三节 桥梁 隧道

1958年，是山区公路建设的高峰年，重点工程是劈山架桥建隧道。是年，修筑栖霞至桃村山区公路，完成大小劈石工程46处，修建桥涵97座，全路段总长35.9公里，仅用5个月就竣工通车。桃村至牙东公路修建起38座桥梁和4公里石砌护墙，内有两座跨径6米7孔的钢筋混凝土板桥和3座跨径7孔、9孔的石拱桥。桃村至招远公路修建两座石拱桥，其中刘家河桥为跨径20米2孔空腹式石拱桥，为当时省内较大石拱桥之一。

1967年10月，在臧家庄公社驻地白洋河上建成28孔跨径8米石台灌注桩墩、钢筋混凝土二铰平板拱桥，长259.3米，车行道宽7米，载重标准汽—13、拖—60，是当时烟台地区同类桥梁中最长的一座大桥。但由于设计有误差，通车后不久便发生桥体水平移位，且伸缩缝过宽，有5孔桥板严重下沉，经1972年5月和1979年5月两次修理加固，得以正常通车。

1970年，省交通厅拨付专项补助款，对栖霞至亭口段改线23公里，建桥涵81座。1971年，又建成石口子9孔路径10米石拱桥，长106.5米，加强车辆通过能力。

1958年劈山30米建成的十八盘公路（旧路段）

2002年以后建成的十八盘新路段

**大　桥**　1985—2002年，境内共有大桥16座，总长3288.27米，其中，同三高速路985.8米/4座，国省道1210.4米/7座，县乡专公路900.67米/5座。

同三高速公路栖霞境内修建有大桥4座，分建于臧家庄镇丰粟村、松山镇郝家楼村、庄园街道河南村和观里镇小观村。

1995年6月，烟栖超二级汽车专用路庵里水库大桥招标，铁道部第十三工程局中标，并于次月开工。1996年9月，大桥竣工。该桥全长202.6米，宽18米，4孔混凝土钢架拱桥，总造价1000万元，是当时全省第一座跨水库公路大桥。

同三高速公路郝家楼大桥（2002年）

**中　桥**　1985—2002年，境内共有中桥109座，总长7398.86米，其中，同三高速路2798.5米/49座，国省道2193.1米/27座，县乡专公路2407.26米/33座。

**小　桥**　1985—2002年，境内共有小桥329座，4859.28米，其中，同三高速路1026.8米/95座，国省道1578.2/98座，县乡专公路2254.28米/136座。

**立体交叉桥**　随着公路、铁路路线密度增大，不少平交道口修建立体交叉，以缓和交通阻塞状况。1955年，修建蓝烟铁路时，福穴公路桃村段利用铁路排水的桥涵通过车辆和行人，形成立体交叉。

1984年10月，在烟青公路与文朱公路相交的桃村镇接官亭村，建成接官亭立体交叉工程，时为省内第一座公路与公路互通式立体交叉工程，上通烟青公路，跨线桥为3孔跨径16米空腹式石拱桥，长69.2米，车行道宽10米，两侧人行道各1米，主拱厚65厘米，拱上设空腹拱12个，跨径1.5米，载重标准汽—20、挂—100；下跨文朱公路，桥下净高5.1米、净宽10米，两侧纵坡均为2%，由栖霞公路站设计施工，投资38.7万元。1987年，修建烟青一级公路时，将原桥按载重标准汽超—20、挂—120改建加宽，孔数和跨径不变，桥长为69.21米，跨线桥车行道宽24.3米，人行道宽2×1米，桥头纵坡起端1%、终端2%，桥下净空4.87米，净宽16米，于1989年1月竣工，由烟台公路段一处施工。

桃村公铁立体交叉桥，位于福山至战场泊公路与蓝烟铁路相交的桃村镇，上通福战公路，跨线桥为单孔跨径13米，钢筋混凝土空心板，长27.9米，车行道宽7米，人行道2×0.75米，载重标准汽—20、挂—100，铁路与公路桥交叉角为30° 17′，1985年10月，该桥建成通车。

**隧　道**　1985—2002年，栖霞公路建设跨山过沟，隧道建设是公路建设重要一环。境内国道204线，烟台—上海线，建设隧道2356.5米/68道；省道211线，蓬莱—寨里线，建设隧道717.1米/35道；省道306线，海阳—莱州线，建设隧道923.1米/96道；省道209线，烟台—青岛线，建设隧道1735米/62道；省道213线，蓬莱—水集线，建设隧道629.9米/54道；省道802线，烟台—栖霞线，建设隧道889.8米/68道；省道210线，烟台—凤城线，建设隧道495.5米/27道；省道304线，文登—三山岛线，建设隧道1853.1米/147道。共计8600米/557道。

## 2002年栖霞市国、省道大桥情况统计表

表12-2

| 路线名称 | 桥梁名称 | 所在地 | 桩 号 | 建桥年月 | 造价（万元） | 施工单位 | 上部结构 | 桥梁总长(米) | 桥面净宽(米) | 年日均交通量（辆） |
|---|---|---|---|---|---|---|---|---|---|---|
| 烟台—青岛 | 庵里水库大桥 | 松山镇庵里村 | 57.7785 | 1995.09 | 1000 | 公路局 | 钢 架 | 195.5 | 17 | 4033 |
| 蓬莱—寨里 | 南尹家河大桥 | 臧家庄镇南尹家村 | 46.76746 | 1990.08 | 21 | 同上 | 石 拱 | 102.5 | 11.7 | 2440 |
| 蓬莱—水集 | 榆林头南大桥 | 苏家店镇榆林头村 | 43.64902 | 1987.01 | 28 | 同上 | 板 拱 | 247.5 | 7 | 4332 |
| | 赵格庄大桥 | 苏家店镇赵格庄村 | 47.32562 | 1987.01 | 11.7 | 同上 | 石 拱 | 123.7 | 7 | 4332 |
| 海阳—莱州 | 清水河大桥 | 柳口村 | 54.15 | 2000.01 | 9.7 | 同上 | 板 梁(实心) | 220 | 7 | 4507 |
| | 前泥都大桥 | 蛇窝泊镇前泥都村 | 57.4145 | 2000.01 | 5 | 同上 | 板 梁(实心) | 102.5 | 7.1 | 4507 |
| | 杨础大桥 | 杨础镇 | 65.88745 | 2000.01 | 16.8 | 同上 | 石 拱 | 165.15 | 7.1 | 4507 |

## 2002年栖霞市县、乡公路大桥情况统计表

表12-3　　　　单位：万元、米

| 路线名称 | 桥梁名称 | 所在地 | 桩 号 | 建桥年月 | 造 价 | 施工单位 | 上部结构 | 桥 长 | 桥跨组合 | 桥 宽 |
|---|---|---|---|---|---|---|---|---|---|---|
| 中博线 | 泗水大桥 | 经济开发 区 | 4.055 | 1984.01 | 90 | 公路站 | 石拱桥 | 257.65 | 11*20.0 | 7.1 |
| | 连家庄大 桥 | 蛇窝泊镇 | 46.30 | 1984.07 | 60 | 公路站 | 石拱桥 | 124.25 | 11*10.0 | 7 |
| 松十线 | 裕富庄桥 | 松山镇 | 0.40 | 1983.07 | 70 | 公路站 | 石拱桥 | 119.82 | 10*10.0 | 7 |
| 臧蛇线 | 白洋河大 桥 | 臧家庄镇 | 1.19 | 1967.08 | 70 | 烟 台公路段 | 石拱桥 | 259.3 | 28*8.40 | 7.1 |
| | 河崖大桥 | 蛇窝泊镇 | 47.3 | 1979.06 | 4 | 公路站 | 石拱桥 | 139.65 | 10*10.0 | 7 |

说明：同三高速路4座大桥未列入表内

## 2002年栖霞市国、省道中桥情况统计表

表12-4　　　　单位：万元、米、辆

| 路线名称 | 桥梁名称 | 所在地 | 建桥年月 | 总造价 | 施工单位 | 主桥上部结构 | 桥面总长 | 桥面净宽 | 桥下净空 | 年日均交通量 |
|---|---|---|---|---|---|---|---|---|---|---|
| 烟台—上海 | 孔家庄 | 桃村镇孔家庄 | 1989.11 | 40.3 | 栖霞公路站 | 板梁(实心) | 73.9 | 25.0 | 4.0 | 8556 |
| | 界 河 | 桃村镇界河 | 1989.11 | 11.2 | 同 上 | 石拱 | 73.1 | 11.7 | 5.5 | 8556 |
| | 大楚留 | 桃村镇大楚留 | 1989.11 | 20.0 | 同 上 | 石拱 | 102.5 | 24.5 | 4.8 | 7128 |
| | 英灵山 | 桃村镇英灵山 | 1989.11 | 20.0 | 同 上 | 石拱 | 69.7 | 24.5 | 6.0 | 7128 |
| 烟台—青岛 | 朱元沟 | 松山镇朱元沟 | 1995.09 | 83.4 | 栖霞公路局 | 空心板梁 | 48.4 | 17.3 | 2.5 | 4033 |
| | 兴 利 | 松山镇兴利 | 1995.09 | 79.5 | 同 上 | 石拱 | 46.2 | 17.2 | 4.5 | 4033 |
| | 岩子口 | 庄园街道岩子口 | 1995.10 | 189.2 | 同 上 | 石拱 | 91.0 | 28.7 | 7.0 | 4033 |
| | 枣 行 | 翠屏街道枣 行 | 1995.09 | 8.0 | 同 上 | 石拱 | 39.4 | 25.0 | 3.2 | 4033 |
| 烟台—凤城 | 北楚留 | 桃村镇北楚留 | 1985.09 | 45.5 | 栖霞交通运输公司 | 石拱 | 73.0 | 10.8 | 2.7 | 3111 |
| | 瓦 屋 | 桃村镇瓦屋 | 1985.09 | 33.4 | 同 上 | 石拱 | 51.4 | 10.8 | 2.7 | 3111 |
| | 振 兴 | 桃村镇振兴河 | 1985.09 | 41.0 | 同 上 | 石拱 | 63.5 | 22.4 | 3.6 | 3111 |
| | 石剑铺 | 桃村镇石剑铺 | 2000.10 | 45.8 | 栖霞公路局 | 实心板梁 | 42.0 | 10.3 | 2.0 | 3111 |
| 蓬莱—水集 | 山阳院 | 苏家店镇山阳院 | 1987.10 | 5.3 | 同 上 | 石拱 | 51.5 | 7.0 | 3.7 | 4332 |
| 文登—三山岛 | 小庄河 | 西城镇 | 1982 | 3.8 | 同 上 | 石拱 | 44.7 | 33.3 | 2.5 | 3741 |
| | 毛家河 | 西城镇毛家 | 1982 | 4.8 | 同 上 | 石拱 | 62.7 | 9.6 | 9.0 | 3741 |
| | 院上河中 | 寺口镇院上 | 1982 | 4.8 | 同 上 | 石拱 | 57.3 | 9.6 | 5.0 | 3741 |
| | 寺口河 | 寺口镇 | 1982.08 | 3.6 | 同 上 | 石拱 | 37.9 | 9.6 | 4.1 | 2871 |
| 海阳—莱州 | 小陈家 | 观里镇小陈家 | 1998.08 | 57.5 | 北京城建 | 实心板梁 | 47.1 | 11.4 | 3.0 | — |
| | 柞岚头东 | 官道镇柞岚头 | 1998.08 | 138.7 | 同 上 | 实心板梁 | 116.7 | 11.3 | 4.8 | — |
| | 柞岚头西 | 官道镇柞岚头 | 1998.08 | 101.3 | 同 上 | 实心板梁 | 84.9 | 11.3 | 2.2 | — |
| | 阳 谷 | 杨础镇阳谷 | 2000.10 | 3.2 | 栖霞公路局 | 石拱 | 62.5 | 7.1 | 2.5 | 4507 |

续表12-4

| 路线名称 | 桥梁名称 | 所在地 | 建桥年月 | 总造价 | 施工单位 | 主桥上部结构 | 桥面总长 | 桥面净宽 | 桥下净空 | 年日均交通量 |
|---|---|---|---|---|---|---|---|---|---|---|
| 烟台—栖霞 | 北桥 | 经济开发区 | 1954.09 | — | 华东交通局第三工程处 | 实心板梁 | 69.40 | 8.0 | 2.2 | 6249 |
| | 吴家 | 臧家庄镇吴家 | 1954.10 | 10.4 | 同上 | 实心板梁 | 68.60 | 7.0 | 4.5 | 6249 |
| | 丰粟 | 臧家庄镇丰粟 | 1954.10 | 1.2 | 同上 | 实心板梁 | 83.50 | 7.0 | 6.5 | 6249 |
| | 郝家楼 | 松山镇郝家楼 | 1960.09 | 1.7 | 栖霞公路站 | 石拱 | 97.17 | 7.0 | 4.0 | 1534 |
| | 臧家庄 | 臧家庄镇 | 1966.08 | 6.9 | 同上 | 实心板梁 | 42.70 | 7.2 | 4.0 | 6249 |
| | 汉桥 | 松山镇汉桥 | 1999.09 | 112.6 | 蓬莱公路局 | 箱形梁 | 74.10 | 13.7 | 5.5 | 6249 |

## 2002年栖霞县、乡专用公路中桥情况统计表

表12-5　　单位：万元、米

| 路线名称 | 桥梁名称 | 所在地 | 桩号 | 建桥年月 | 造价 | 施工单位 | 上部结构 | 桥长 | 桥跨组合 | 桥宽 |
|---|---|---|---|---|---|---|---|---|---|---|
| 张栖线 | 庙后桥 | 庙后镇 | 10.900 | 1967.09 | 3.4 | 交通局 | 板拱 | 86.70 | 18*4 | 6.1 |
| | 山东河桥 | 亭口镇 | 22.558 | 1974.08 | 5.0 | 公路站 | 板拱 | 97.10 | 8*10 | 6.8 |
| | 金山店桥 | 松山镇 | 31.798 | 1976.05 | 3.0 | 同上 | 板拱 | 63.50 | 8*5.7 | 7.1 |
| | 庄园桥 | 庄园街道 | 41.579 | 1999.08 | 356.8 | 交通局 | 板拱 | 103.56 | 7*13 | 17 |
| 曲桃线 | 庙后桥 | 庙后镇 | 8.137 | 1981.08 | 2.5 | 公路站 | 石拱 | 77.80 | 5*10.00 | 15.2 |
| 蓬丰线 | 洛汤河桥 | 臧家庄镇 | 50.162 | 1987.10 | 3.0 | 同上 | 板拱 | 77.60 | 6*9.9 | 7.0 |
| 刘山线 | 窝乐桥 | 蛇窝泊镇 | 10.277 | 1976.11 | 3.0 | 同上 | 板拱 | 110.10 | 15*6 | 7.0 |
| 路莱线 | 观里立交桥 | 观里镇 | 15.596 | 1999.06 | 110.0 | 烟台公路局 | 钢架 | 64.15 | 2*16+2*13.5 | 7.5 |
| | 孟家立交桥 | 观里镇 | 19.638 | 1999.05 | 112.0 | 北京城建 | 钢架 | 64.15 | 2*16+2*13.5 | 7.5 |
| | 郭格庄桥 | 观里镇 | 20.597 | 1984.10 | 3.0 | 公路局 | 石拱 | 55.20 | 4*10.7 | 7.1 |
| | 慕家庄桥 | 观里镇 | 25.196 | 1984.12 | 3.5 | 同上 | 石拱 | 55.50 | 4*10.6 | 7.0 |
| 松台线 | 高速路桥 | 松山镇 | 1.052 | 1999.05 | 110.0 | 烟台公路局 | 板梁 | 64.15 | 2*16+2*13.5 | 7.5 |
| | 苏家店桥 | 苏家店镇 | 22.197 | 1971.09 | 0.6 | 公路站 | 板拱 | 53.00 | 4*10.25 | 12.0 |
| 中博线 | 山东河桥 | 亭口镇 | 18.412 | 1984.10 | 2.9 | 同上 | 石拱 | 55.10 | 4*10.40 | 7.1 |
| | 大柳家桥 | 蛇窝泊镇 | 34.577 | 1984.08 | 8.0 | 同上 | 石拱 | 80.15 | 6*10.45 | 7.0 |
| 松十线 | 金山泊桥 | 松山镇 | 6.419 | 1983.07 | 31.0 | 同上 | 石拱 | 65.90 | 5*10.35 | 7.0 |
| | 工业区桥 | 松山镇 | 21.245 | 2002.08 | 132.0 | 交通局 | 板梁 | 98.30 | 9*10 | 11.6 |

续表12-5

| 路线名称 | 桥梁名称 | 所在地 | 桩号 | 建桥年月 | 造价 | 施工单位 | 上部结构 | 桥长 | 桥跨组合 | 桥宽 |
|---|---|---|---|---|---|---|---|---|---|---|
| 榆任线 | 杨家河桥 | 苏家店镇 | 4.994 | 1978.07 | 1.5 | 公路站 | 石拱 | 88.40 | 9*8.00 | 7.0 |
| | 赵家庵桥 | 苏家店镇 | 11.401 | 1972.08 | 0.4 | 同上 | 石拱 | 37.40 | 4*8.50 | 6.0 |
| 道唐线 | 唐山头桥 | 蛇窝泊镇 | 9.689 | 1977.08 | 0.4 | 同上 | 石拱 | 42.30 | 6*6.00 | 7.0 |
| 臧蛇线 | 枣林河桥 | 亭口镇 | 6.277 | 1970.12 | 2.0 | 同上 | 石拱 | 63.60 | 5*10.0 | 7.2 |
| | 山东河桥 | 亭口镇 | 7.254 | 1970.12 | 3.5 | 同上 | 石拱 | 107.50 | 9*10.00 | 7.1 |
| | 群力桥 | 唐家泊镇 | 30.995 | 1976.10 | 1.5 | 同上 | 石拱 | 55.60 | 4*10.00 | 6.2 |
| | 凤凰圈桥 | 蛇窝泊镇 | 40.728 | 1978.06 | 2.6 | 同上 | 石拱 | 87.35 | 6*10.50 | 7.0 |
| | 连家庄桥 | 蛇窝泊镇 | 43.44 | 1982.07 | 2.0 | 同上 | 石拱 | 59.00 | 4*11.60 | 6.8 |
| | 范家河桥 | 臧家庄镇 | 3.433 | 1980.09 | 2.5 | 同上 | 石拱 | 66.00 | 3*10.90 | 7.0 |
| | 寨里河桥 | 臧家庄镇 | 8.580 | 1980.09 | 7.0 | 同上 | 石拱 | 99.00 | 7*11.50 | 7.0 |
| 大金线 | 占疃河桥 | 亭口镇 | 4.949 | 1985.09 | 3.5 | 同上 | 石拱 | 64.00 | 5*10.30 | 7.0 |
| 东出口 | 振兴桥 | 庄园街道 | 2.627 | 1983.08 | 8.0 | 同上 | 石拱 | 102.70 | 9*10.00 | 12.3 |
| 南古线 | 十里铺桥 | 庄园街道 | 0.780 | 1996.08 | 40.0 | 同上 | 板梁 | 78.10 | 6*13.00 | 12.0 |
| 寺南线 | 大丁家桥 | 官道镇 | 12.667 | 1984.10 | 3.5 | 同上 | 石拱 | 51.85 | 4*10.00 | 7.0 |
| 龙门口专用路 | 龙门口桥 | 观里镇 | 8.600 | 1987.09 | 42.0 | 同上 | 双曲拱 | 90.00 | 4*17.25 | 4.0 |
| 国路夼专用路 | 国路夼桥 | 桃村镇 | 2.905 | 1988.08 | 16.0 | 同上 | 石拱 | 42.50 | 5*7.15 | 8.0 |

# 第三章　公路运输

## 第一节　营运车辆

**营运客车**　1984年10月以前，栖霞县境内没有一辆栖霞籍的道路旅客运输车辆，境内客运车辆都隶属于烟台地区运输公司。是年11月，寨里乡吴家村吴桂祥购买43座大型客车1部，经营栖霞—青岛线路，为栖霞县营运客车之始。

道路运输市场政策实行后，一些有经营头脑的人立即进入客车运输市场展开竞争。1985年，个体客运业户达到5家，有客运车辆6部，221个座位。

1986年7月，县运输公司购进49座解放牌大客车1部，经营栖霞至烟台客运线路，此为境内专业运输企业经营客运业务之始。到年末，全县客车发展到79部。

随着道路运输市场政策的进一步放开，各行各业、个人或联户从事道路运输业务不断增多，很快形成“国营、集体、个人一齐上”的局面。1992年，客车132部，至1993年，境内线路班车增至196部。1994年末，有线路班车220部，4203个座位。1998年8月，线路班车增至325部，5945座。为配合旅游市场的开发，开通4部省际旅游客车。

2002年末，全市线路客车发展到446部，为1985年的74.3倍。车辆档次普遍提高，高级客

车和中级客车已分别发展到9部和32部。其中，旅游客车4部，客运包车1部。

**营运货车** 1985年，县内实行“国营、集体、个人一起上，各地区、各部门、各行业一起办”的道路运输开放政策，调动社会各界兴办道路运输的积极性。

1985年底，全县共有营运货车364部，其中专业运输企业67部。到1986年底，营运货车增至1463部。1992年，营运货车发展到2922部。1995年，营运货车降至2146部。1997年，又降至2031部。随着工农业的发展，特别是栖霞苹果业的迅速发展，给货运市场提供巨大的商机，营运货车又呈增长趋势，2002年末，全市营运货车达到4697部（其中农用运输车1851部），是1985年的12.9倍。

**营运拖拉机** 拖拉机运输经历起步、兴旺到衰落的历程。从20世纪80年代开始，拖拉机运输开始出现，1980年，全县有营运拖拉机301部。1984年，增加到581部，一度占据全县货物运输市场的一半份额。1985年，全县有营运拖拉机450辆，全年货运量57.3万吨，是同期汽车货运量49.7万吨的1.15倍。但由于拖拉机机械性能差，速度慢，成本高，无法经营长途运输，不适应运输市场发展的需要，在激烈的市场竞争中逐渐被大型货车和农用运输车取代。1997年，全市有营运拖拉机163部。2002年末，从事营运的拖拉机仅有45部。

## 第二节 客运

1985年以前，栖霞县旅客运输全部由烟台地区运输公司承担，在境内设有栖霞、桃村、臧家庄3个汽车站和榆林、寺口、杨础、松山、寨里、唐家泊等6个代办站，负责办理具体业务。1985年，栖霞汽车站日始发客车27辆次、接待往返客车65辆次，年完成客运量144.3万人次，周转量5243.2万人公里（含臧家庄站在内）。

中共十一届三中全会后，道路旅客运输政策逐步放宽，打破独家经营的格局，客运业快速发展。1986年，完成客运量59万人次；1992年，完成客运量187.5万人次；1997年，完成客运量302万人次；2002年，全年完成客运量379.1万人次，周转量22060.5万人公里。

1996年，经省交通厅核定，栖霞、桃村两汽车站同时定为二级站。1997年3月，桃村汽车站正式对外开放，66辆社会个体车辆进站经营。2001年8月，市万达运输有限公司取得省交通厅道路旅客运输企业三级经营资质，成为境内唯一取得客运资质的企业。2002年，全市境内共有栖霞汽车站、桃村汽车站2处汽车站，均为二级站，为烟台交运集团有限责任公司辖属单位。全市共有客运线路133条，其中省际线路2条，跨市地线路14条，跨县市区线路59条，市内线路58条，通客车的村庄达869个，占963个自然村的90.2%。

## 第三节 货运

境内的货物运输，初期以烟台地区运输公司的车辆为主，而货运计划的安排和管理则由以汽车站为主的联运办公室负责。随着货运汽车的增多，货运业务逐渐由烟台地区运输公司的车辆为主转为本县的车辆为主。1983年4月，撤销联运办公室，在县运输公司成立货运调度室，承担境内的货运业务。

**专业运输** 1985年，全县有专业运输车辆73部，352个吨位。1986年以后，栖霞县果业发展较快，专业运输车辆增多，到1990年，专业运输车辆达到2037部，13000个吨位，仅苹果运输车辆占三分之一强。1991年后，专业运输企业一直在货运市场中占主导地位，专业运输企业有县运输总公司、第二运输公司、桃村汽车二队等，全县年货运量98万吨。20世纪90年代中后期，随着市场经济机制不断完善，货运公司、车队等逐步实行企业改制，个人运输占据市场。至21世纪初，运输企业全部实行个人经营和联合经营，全部进入市场竞争。

**社会运输** 1985年之前，县供销社组建车队，后相继有工业、商业、食品、物资、外贸等单位组建车队，以自运为主，兼承部分社会运输。1985年，全县有社会运输车辆913辆，3171个吨位，其中，全民239辆，集体674辆。为发展农村经济，活跃农村市场，有的社队（镇、村）自购汽车，成立车队，承担县、乡之间的物资运输，当时较大的车队有桃村三行车队和臧家庄汽车队等。由于放开运输市场，竞争加剧，一些单位、村队的运输企业逐步转轨改制，有的被解散和淘汰。1990年，全县有社会运输车辆1033辆，4500个吨位。20世纪90年代中后期至21世纪，企业单位实行改制运输经营，个人运输渐兴。

**个体运输** 自1984年6月观里乡大疃村姜洪正自购解放牌汽车参加社会货物营运开始，1985年，又增加3部个体货运车辆，其后，个体货运得到迅速发展。

1995年，全县有货运车辆2146部，1998年有2348部，2002年末，全市客、货运输车辆发展到3678部，其中，载货汽车2664辆，完成货运量102.8万吨，货物周转量8759.9万吨公里。

### 2002年栖霞市交通运输情况统计表

表12-6

| 指标名称 | 单 位 | 年末实有数 |
|---|---|---|
| 客货运输量 | — | — |
| 公路客运量 | 万人 | 379.1 |
| 旅客周转量 | 万人公里 | 22060.5 |
| 公路货运量 | 万吨 | 102.8 |
| 货运周转量 | 万吨公里 | 8759.9 |
| 运输工具拥有量 | — | — |
| 汽车 | 辆 | 3444 |
| 载客汽车 | 辆 | 779 |
| 载货汽车 | 辆 | 2664 |
| 其中：大型 | 辆 | 2261 |
| 其他机动车 | 辆 | 219 |
| 轮胎式拖拉机 | 辆 | 45 |

## 第四节 运输管理

1984年，栖霞县运输管理所成立，为境内道路运输行业管理机构，有管理人员28人。主要承担货运管理、客运管理和运政管理三项职能。

1997年1月，市交通委规费征收营业厅建成，总投资23.5万元，购置微机8台，打印机14台，复印机、传真机各1台，设置服务窗口8个，为车主业户提供一条龙服务。5月，市机动车辆检测中心建成并投入运营。总投资140万元，占地4200平方米，年检测能力1.5万辆次。1998年，204国道杨础间隙式观测站观测，栖霞城—榆科顶路段年平均日交通量为汽车合计2113辆（折算1760辆），拖拉机合计244辆，非机动车88辆，总计折算2092辆。304省道寺口间隙式观测站观测，栖霞城—招远城路段，年平均日交通量为汽车合计3369辆（折算2598辆），拖拉机合计154辆，非机动车23辆，总计折算2775辆。11月4日，204国道埠上—栖霞路段，山岭微丘地形水泥砼路面，以跟车方式观测解放汽车的平均行驶速度为72.4公里/小时。11月6日，304国道接官亭—大柳家路段，重丘地形沥青贯入路面，以跟车方式观测解放汽车的平均行驶速度为42.1公里/小时；该省道栖霞城—西南疃路段，微丘地形相同路面相同车辆的平均行驶速度为56.3公里/小时。

**货运管理** 1987年，对全县营运车辆进行审核登记，符合营运条件的发放“公路运输经营许可证”和“公路运输营运证”。1988年10月，组织开展整顿道路运输市场活动，对无经营手续的业户进行清理和取缔，维护运输市场正常秩序。

1991年，针对一些个体业户冒充公有制单位的名义从事营运、骗取行业管理方面的优惠政策、损害国家利益的现象，开展集中清理整顿个体私营车辆和以单位名义从事营业性道路运输活动，维护政策的严肃性和国家利益。

1992年下半年，启用“中华人民共和国道路运输证”。1994年7月，为调动经营业户遵纪守法、文明经营积极性，开展评选“货运文明业户”活动。为搞好运输安全，将危险品运输车辆纳入专项管理。1995年，对危险品运输的从业人员开始进行上岗培训。1997年，办理发放货运出租车道路运输证，并废除货运车辆路审，启用“道路货物运单”。2001年，组织开展货运站场的检查验收和评定工作。2002年4月，配合上级运管部门对境内货运企业进行资质评定。

**客运管理** 80年代客运管理，主要是旅客和车辆安全管理。1993年3月，对所有参加道路客运的营业性车辆在审验时按普通、中级和高级3个级别进行定级定型，以便进行合理正规的票价管理。1995年，禁止农用车从事旅客运输。1996年，随着年度审验，换发新式线路标志牌。1999年，开通省际旅游客车。2000年9月，开始实施《山东省道路客运违章经营行为处理规定（试行）》。同年，对境内旅客运输企业进行经营资质评定。2002年12月，烟栖高速客运线路开通，客运车辆集约化经营模式开始运作。

**运政管理** 80年代，按公路运输管理规定，对营运车辆颁发“公路运输经营证”，查缴无证经营。1990年4月，对所有营运车辆换发新版“公路运输经营证”。1993年底，正式开放道路运输市场。1995年，对运政管理人员统一发放“中华人民共和国道路运输检查证”，对“三资”企业车辆从事道路运输进行立项审批，并将微型货运包车纳入行业管理。同年10月，为加强从业人员管理，对客运从业人员核发“经营证”“准驾证”和“乘务员证”。

1996年，开展清理整顿道路客运市场秩序活动，对不符合经营资质的车辆进行清理，让有资质的企业进行代理。1997年4月，对营运车辆驾驶人员开始上岗培训，实行《春节道路客运证》制度。1998年，对全市所有运输企业广泛贯彻《山东省公路规费征收管理条例》和交通部《道路运输行政处罚规定》。2001年7月，整顿运输市场秩序，打击无证经营活动，查缴无证经营车辆和违纪营运车辆60余部。2002年审验、换发新版“道路运输经营许可证”“道路运输证”“营业性驾驶员从业资格证”。

**机动车维修** 1986年，栖霞县共有18家汽车修理厂，负责境内车辆维修。1992年，汽车修理企业发展到37家，1993年以后，随着公路运输车辆、客运车辆及私人车辆迅速增加，汽车维修行业渐兴，到2002年末，汽车修理企业62家，十年内增加了25家。其中，规模较大、人员较多的汽车维修企业有劳动汽车大修厂、万达汽车修理厂等，这些企业技术力量雄厚，检测设备先进，服务网络完善。

劳动汽车修理厂维修车间（2002年）

# 第四章 城区公共交通

## 第一节 公交车

80年代，栖霞县无城市公共交通车辆运营，直至90年代后期，始上城市公共交通运输车辆。1998年7月1日，栖霞市城市公共交通车辆开通仪式在市体育场举行，投入车辆20部，结束市区无公交车辆的历史。公交运输按照谁投资谁受益的原则，分散经营，统一管理。至11月，第二批新上的20部公交车投入运营。1999年12月，增加第三批7部公交车。2002年末，全市共有公交车辆48部，从业人员96人，每路车10分钟一个班次。

**线路与站点** 1998年7月，境内公交车开通时，共设置6条城区短线，20条农村支线，城区内设168个站点。后随着经济的发展和人民生活需求的提高，公交车的线路与站点设置得到逐渐调整和完善。

1998年城市公交车前往开通仪式现场

1998年以后，开通方山蚕场学生专线，将2路城区短线延伸至杨础镇境内的山东六和集团栖霞冷藏厂，将艾山脚下的车夼线向南延伸至南交毛寨村，笏山线延伸至左家村，盘子涧线则延伸至桑家庄村，城北一带开通杜家庄线。公交线路逐步趋于合理，公交车的公益性更为突出。

2002年末，栖霞市共有6条城区短线，26条农村支线，178个站点，168个站牌，10个站亭，线路覆盖12个镇、街道的300多个村庄，日送旅客1万余人次，月发班次1.1万个。

**行业管理** 80年代，城区无公交车辆运行，1998年，城市公共交通车辆开通后，其管理由市交通委公共交通管理处负责。主要对申请从事公交经营的从业人员进行驾驶技术资格审查，对所有司乘人员进行岗前职业道德和服务规范等方面专门培训，不经考试、无证无牌不得上岗经营；按照行业统一规范，对城市公共交通车辆做到定线路、定班次、定站点，统一管理，统一车型，统一着装，实行优质服务。

2002年，开展"情满旅途"优质服务竞赛活动，经过民主评议和严格评选，共评出红旗车10辆次，评出服务明星3名。全行业涌现出拾金不昧事迹10余次，金额2万余元。

**设备配置** 2000年4月，公交管理处投资3万余元，新购两台微机和其他辅助设施，废除过去人工签证方式，率先在烟台市实现公交车签证管理上的微机自动化管理。2002年1月，又投资2万元，将原有的接触式微机签到程序更新为非接触式微机签到程序，使公交自动化管理程序更加科学、规范和适用。微机自动化签证管理，促进公交车运行正班正点，保证车辆密度，进一步方便广大市民乘车出行。

## 第二节 出租汽车

80年代末，栖霞县始出现车型以正三轮车为主的出租车行业。进入90年代以后，吉普车进入出租车市场开始营运，至1993年，全县共有出租车辆32部。

1994年开始，对全县出租车实行登记管理，是年，全县出租车发展到60部，299个座位，车型仍以正三轮、吉普车为主，普通轿车较少。由于吉普车耗油多、乘坐不舒适，三轮车档次低、车况差，安全系数少，吉普车和三轮车两种车型逐步被淘汰，至1995年3月，全县出租吉普车和三轮车仅剩30部，以夏利轿车和桑塔纳轿车等为主的出租车走上市场。

1998年7月，对全市出租车的租价标准进行调整，由过去的客、运双方讨价还价，统一确定出租价格，境内所有出租车的基本租价一律为3公里以内5 元，出租方不得擅自调价和加价，必须按照运输规定执行。8月，全市出租车增至226部，1246个座位。

2000年4月，针对蛇窝泊镇果品批发市场客流量日益剧增现状，经烟台市人民政府批准，栖霞市一次性在蛇窝泊镇投放出租车40部。2002年末，全市出租车发展到341部，1705个座位。

1995年栖霞更换的出租车

# 第五章 企事业单位选介

**栖霞市公路管理处** 成立于1993年6月1日，为副科级事业单位，负责全市县乡公路的建设、养护与管理工作，隶属于交通委。2001年，经建设部审批为三级公路工程建设资质。2002年末，总资产1450万元，其中固定资产1049万元，人均动力配备率10.65千瓦。有LB—30沥青混凝土搅拌机组、LR66A沥青乳化机、LT6C型沥青混凝土摊铺机、沥青撒布机、压路机、装载机等筑路机械共23台车。

1993年6月，公路实行分级管理。是年8月15日，公路处开工建设唐家泊至蛇窝泊路段的铺油改造工程，于9月27日建成通车，结束栖霞县乡公路无油路的历史。自1993年到2002年末，争取上级对松十、松任、张栖、刘山、中博5条县乡公路的立项支持，共获补助资金3500万元。共新建、改建公路17条，计223.6公里，累计投资达165712万元。油路从1992年的零公里增加到213公里，油路铺装比率达52.9%，县乡路通车里程达402.7公里，比1992年增加105.8公里，实现村村通公路的目标。

**栖霞市交通稽查大队** 1987年5月，成立栖霞县桃村、杨础两处交通检查站。1992年，省政府对交通管理体制进行改革，撤销杨础交通检查站，境内只保留桃村交通检查站，并更名为栖霞县交通局交通稽查站，编号为山东省41号检查站，仍驻桃村镇。1996年10月，41号稽查站被撤销。1997年2月成立栖霞市交通稽查大队，为副科级事业单位。

1987年到2002年末，依法检查车辆20万辆次，纠正处理违章2.9万多件次，为国家直接补、罚费款900余万元。1997—2002年，连续被山东省交通厅公布为甲级资质交通稽查大队。

**栖霞汽车站** 1951年3月，胶东兵站处在栖霞城西关南街设立栖霞汽车站，负责办理客、货运输业务。1964年11月，新建汽车站站房，总投资32万元，占地面积6.06亩，建筑面积590平方米，其中候车室476平方米。1989年5月，旧站改造扩建，工程总投资220万元，1991年12月9日，新站正式投入使用，总占地面积17740平方米，其中，候车大厅530平方米，售票厅210平方米，办公楼1400平方米，停车场7200平方米。

1996年9月，栖霞汽车站实行对外开放，引进境内社会、个体客运车辆256部进站经营，其中大客车32部、小客车224部，扩大车站经营规模。2002年末，客运线路增加到37条，其中跨省线路2条，跨市地线路16条，跨县市区线路9条，境内线路10条。客车最高车场停放量110部，旅客最高聚集人数840人次，全年旅客日均发送量达3600多人次。

**栖霞市万达运输有限公司** 1956年4月，成立栖霞、桃村两处马车站，1959年1月，合并为县运输公司，有马车183部，汽车2部，从事境内民间运输与搬运业务。1962年2月，县运输公司改为马车运输社，有营运汽车18部。1966年1月，县马车运输社与县交通局修配厂合并，成立栖霞县运输社，业务增加汽车维修、马车制造、铸造等。1969年9月，改称县运输公司，辖18处交通管理站，代管民间运输，车辆16部。

1980年7月，栖霞县运输公司在桃村火车站建立汽车货运二队，有车辆20部。1986年，组建小车、客车出租队，主要经营栖霞县境内及县城到烟台、蓬莱线路，有大小客车11部。1989年5月，运输公司兼并栖霞县汽车修理厂。1996年5月，栖霞县运输公司更名为栖霞市运输总公司。1998年9月，栖霞市运输总公司实行企业改制，组建栖霞市万达运输有限公司。是年6月，成立万达客运出租代理公司。2000年5月，成立万达汽车销售公司。2001年8月，取得道路旅客运输企业三级经营资质。2002年末，公司共有固定资产1800万元，职工160人，拥有长途客运车辆198部、出租车208部，其中5部豪华大客车参与烟栖高速路快客经营。

# 第十三编
# 邮政 通信

1997年栖霞市设立的联通通信城区营业厅

进入20世纪80年代，栖霞县邮政行业为适应信息快速发展的要求，大量投入和使用现代科技手段，邮政业务由传统的函件、包件、汇兑、集邮、报刊发行、特快专递、储蓄、机要八大业务种类，相继衍生出广告、商业信函、电子汇兑、中邮物流、代理保险、代办电信等新型业务，参与物流运输、金融、信息三大网络竞争，为社会提供更为多元化的邮政服务。1985年，全县有县外干线邮路3条，全长158公里，城区三个投递段，邮政业务只有投递、汇兑、报刊发行和机要通信等。到2002年末，邮政局共拥有营业网点27个、三级邮路3条、城乡投递段道55条、乡村服务站590个，形成全方位、立体式覆盖城乡的邮政服务网络，社会服务面积达2016平方公里，全市业务除投递、汇兑、报刊发行和机要通信外，扩大到特快专递、储蓄、集邮等等，业务总量比分营初期增长144.85 %，每人年均用邮量达到12.61件。

1991年3月，栖霞县开通无线通信业务，新上 150MHZ无线寻呼设备，1993年12月，建成电话本地网，实现电话交换由人工向自动、程控转变，传输由铁线向电缆、光缆转变，实现城乡电话交换程控化，传输数字化。1997年5月，开通280MHZ高速寻呼设备，是年，建成低频寻呼基站2座，高速寻呼基站6座。2002年10月，完成城区5个模块局小灵通RAIU及配套设备、195个小灵通基站安装调测工作，市区放号1500部。是年末，通信公司辖22个营业部，电话交换机总容量达到202336门。其中，市话交换机达到35024门，农话交换机达到167312门，新建村级模块局交换点146个。

1998年10月，电信业务由邮政分出，成立栖霞市电信局。1999年7月，移动通信公司由电信局析出，直属烟台市移动公司管理。分营后，栖霞市移动公司积极推进从规模型发展向规模效益型发展、从经验型管理向分析型管理转变、从条块式经营向团队经营转变，对各项工作实施精确管理，移动通讯业务得到顺利发展。2002年末，移动通信用户总数15万户，市场占有率80%以上。开通GPRS第2.5代移动通信技术，实现向3G（第三代移动通信技术）的平稳过渡。

1996年12月，成立中国联通（集团）栖霞市支公司，受烟台市分公司直接管理。1997年以后，先后在在城乡设立营业厅15处。到2002年，联通用户达到2.4万户，年收入1800万元。

# 第一章 邮 政

## 第一节 管理机构

1973年9月，邮政局、电信局合并恢复为栖霞县邮电局，隶属山东省烟台地区邮电局管辖。1984年，成立乡镇电话管理总站。1985年，设有市机、长机、封发、发行、话务、报务、营业、投递、机线等12个班（组）；全县23个乡（镇）共设有17个邮电支局，5个邮电所，1个代办所和23个乡（镇）电话站。1998年10月，邮政、电信分营，邮政局辖营业所25个，后增设臧家庄街里支局、桃村经茂街支局、储汇分局、邮政业务视察、多种经营办公室。2002年末，辖营业所26个。

栖霞市邮政大楼（2002年）

## 第二节 邮政设施建设

**邮　路**　1989年，烟台至招远自办干线邮车进寨里支局交换邮件。1990年7月，烟招线自办干线邮车进中桥支局交换邮件。1993年10月，县内各支局开通自办汽车邮路，邮件一律不再由委办汽车运输，从而结束长达几十年邮件由委办汽车托运的历史。当年自办邮路有3条，第一条由县局至大柳家、唐家泊、桃村、铁口、大庄头等乡镇，往返128公里。第二条由县局至金山、占疃、亭口、庙后等乡镇，往返66公里。第三条由县局至杨础、观里、官道、蛇窝泊、连家庄、刘家河等乡镇，往返80.5公里。1995年5月，烟台经桃村至海阳自办干线汽车邮路正式开通，桃村支局停接火车，改接自办汽车。2000年3月，自办汽车邮路由原来的3条调整为2条，同时，撤销市内趟班邮路1条。2001年10月，自办邮路调整为3条，总长320公里。2002年7月，自办邮路又由原来的3条调整为2条；同年8月，根据烟台市邮政局安排，自办邮路由2条调整为3条，原由烟招邮车转运的西城、寺口、松山、寨里、臧家庄、中桥、桃村7个支局的邮件改由栖霞经转，封烟台分拣处理。

**基础建设**　1988年以前，栖霞县邮电局邮政通信生产机械化程度比较低，大部分业务需要手工操作来完成，全局主要的邮政生产设备仅有摩托车1辆、汽车3辆、包裹收寄机1台。进入90年代，邮政生产机械化程度显著提高，至2002年，全市26处支局及市局营业室都实现电脑化，达到“一台清”作业。全市邮政生产用车达到8台。

1998年，邮政电信分营，全市23处农村支局，仅有蛇窝泊支局1处办公用房划归邮政局，1999年开始，自筹资金对22处农村支局局房进行新建或改造，到2002年，支局局房所有建设工作全部完成，总投资617.46万元，总建筑面积9256平方米，使用面积7405平方米，实现邮政经营场所完全独立。

## 第三节 投　递

**城区投递**　1985年10月，城区分3个投递段，为星期六自行车班。1988年，增加“邮政快件”业务。1990年，城区3个投递段调整投递时限，均改为投当日进局的报刊、信函，比以前提前24小时投送到收件单位。1999年7月，城市投递线由1996年以前的6条调整为3条，同时恢复从1998年6月被禁止的私人摩托车投递。2000年9月，为提高投递质量，城区从3个投递段增为7个，报刊、信函、包裹投递到户。2001年，为减员增效，城区投递段道由7个减为5个。

**农村投递**　1985年，农村投递线54条，单程长度2245公里，投递深度给据邮件亲投到户，平常邮件、报刊投送到转投点，均为周六班。1986年，全县农村投递实行“农村投递排单”制度。1998年，农村投递线为57条，遍及全市953个行政村1581个投递点，投递单程长度2225公里。1999年7月，随着投递速度的加快，全市农村投递线由1996年以前的57条调整为44条，同时，恢复私人摩托车投递，为周五班。2002年末，农村投递线44条，单程长度2225公里，采用私人摩托车投递。投递深度为给据邮件亲投

到户，平常邮件、报刊投到转投点（转投点大部分设在服务站、村支部书记家或学校），支局驻地实行逐日班。

## 第四节 邮政业务

**函　件** 1988年5月，开办“邮政快件”业务，1999年3月停办；2000年1月，恢复开办省内邮政快件业务。1991年12月，出售中国邮政发行的第一套贺年有奖明信片，此后，每年12月都进行销售。1999年7月，按照统一规定将《中国邮送广告（地方版）》，改用全国范围内统一使用的《中邮专送广告》刊头，办理邮送印刷品广告业务。2000年以前，栖霞局商业信函业务由各支局办理，主要以推销当地产苹果苗为主；2000年1月，成立栖霞市邮政局商函邮购公司，公司实行经济责任承包制，进行广告类、账单类、账单搭载广告类业务的开发。2000年9月，取消《中邮专送广告》县市区版，全市统一冠为“烟台版”编号制作发行，并在全省范围内试办函件式《中邮专送广告》业务。2002年10月，对中邮专送广告实行全市组版发行，是年，发展中邮专送广告10期。

**机要通信** 1985年，根据新颁发的机要业务处理规章要求，农村支局不办理机要文件业务，栖霞县邮电局停办县以下机要文件。驻栖霞县城以外的6处部队驻军，经过协商达成协议：单位交寄机要文件到县局机要室交寄，来的文件由邮局电话通知，单位派员到机要室自取。收寄办理机要文件，依据邮电部机要业务使用和处理规则办理，资费执行邮电部颁布的资费标准。

**包　裹** 1991年1月，栖霞县邮电局按照邮电部统一规定，凡收寄的民用包裹、商品包裹、大件商品包裹、贵重包裹一律实行保价。6月，为适应市场经济需要，执行邮电部对商品包裹资费上浮50%的规定，是年12月，执行邮电部颁发的新的《国内邮件处理规则》，其中对国内各类邮件的重量尺寸限度均做出新的规定。1996年12月，执行邮政总局规定的包裹资费在原包件资费的基础上上调50%；同时取消商品包裹、纸质品包裹，取消包裹处理费，增加挂号费，取消“大件商包”，加收特别处理费，取消航空业务。1999年8月，恢复国内包裹存局候领业务。2001年1月，开办寄往巴西、加拿大等6国SAL邮件业务。是年3月，施行《山东省快件寄递管理办法》，是年8月，开办快递包裹业务。

**汇　兑** 1988年，栖霞县邮电局和部分邮电支局开办快汇业务。1995年12月，每笔汇款最高限额调整为1万元（超过限额部分即分笔办理）。1999年1月，开办国内邮政入账汇款业务；2月，开办国内邮政礼仪汇款业务；6月，开办省内特快汇款业务；8月，开办电报入账汇款业务；2001年8月，开办西联国际汇款业务；10月，栖霞8个支局纳入电子汇兑联网网点，其进、出口汇票取消实物汇票（含汇款电报）的传递，汇款信息将通过计算机网络进行传递，并依据电子信息进行汇兑会计核算和资金清算。2002年2月，开办省内特快专递送款业务。10月，在电子汇兑系统联网网点开办省内2小时加急汇款业务（2小时后即可取款）。12月，开办省际间2小时电子汇款业务。

邮政业务厅（2002年）

**报刊发行** 1989年，《烟台日报》开始自办发行。1997年，乡镇的报纸收订移交邮电局发行；1998年，《烟台日报》《烟台晚报》又恢复自办发行。其他报刊仍由邮政局代为发行。2002年，全市经邮政局订阅报刊39646份，报刊流转额达到379万元。

**特快专递** 1992年，栖霞县邮电局开始为烟台市邮电局代办特快业务，翌年，停止代办改为自办。1994年，干线邮路沿途7个邮电支局配发速递专用日戳，也开办此项业务，直接封与烟台市局，其他支局均为县局代办。1995年9月，成立栖霞邮电局速递公司，开办国际国内特快专递业务，进出口特快邮件均由速递公司按规定处理。2000年8月，开办省内特快寄递护照业务。同年10月，开办省内特快送达法律文书业务。

**集　邮** 1985—1993年，栖霞县邮电局经营的集邮品、纪念邮票、特种邮票、邮折、集邮册及其他集邮品由营业厅兼办。1993年4月，成立栖霞县邮电局邮票公司，同年6月，成立栖霞县集邮协会，并召开第一次代表大会。1994年，栖霞县邮票公司更名为栖霞县集邮公司。2002年，扩大试办邮票个性化服务业务。

# 第二章 通信

## 第一节 管理机构

**栖霞市电信局** 1973年9月，邮政局、电信局合并恢复为栖霞县邮电局，1998年10月，邮政业务与电信业务分营。1999年7月，电信业务与移动业务分营。2001年3月，栖霞市电信局改组为烟台电信鲁通有限公司栖霞分公司。

**中国网通（集团）公司栖霞支公司** 2002年11月，烟台电信鲁通有限公司栖霞分公司，改组为中国网通（集团）公司栖霞支公司，辖22个乡镇营业部。

**中国移动山东省通信公司栖霞分公司** 移动通信业务始于1992年12月，原属栖霞县邮电局；1998年10月，邮政、电信分营，移动通信业务属栖霞市电信局。1999年4月，中国邮电电信总局，实施电信重组，移动电话、固定电话剥离。1999年7月，栖霞移动通信从原栖霞市电信局中析出，成立山东移动通信公司栖霞分公司，为山东移动通信公司辖属分支机构，负责经营栖霞境内的135、136、137、138、139网络。

2000年11月，山东移动通信等6省、市移动通信资产注入中国移动（香港）有限公司；中国移动通信集团全资拥有中国移动（香港）集团有限公司；控股的中国移动（香港）有限公司在国内省、自治区、直辖市设全资子公司，分别在纽约和香港上市，企业类别变更为“外商独资”企业。山东移动通信公司栖霞分公司更名为山东移动通信有限责任公司栖霞分公司。

**中国联通（集团）栖霞支公司** 1996年12月，成立中国联通（集团）栖霞支公司，受烟台市分公司直接管理。2002年，中国联通（集团）栖霞支公司设有综合部、数据部、客户服务部、大客户中心、代理商管理中心等机构，在城乡设立营业厅15处。

## 第二节 通信设备

**移动通信设备** 1992—1995年，栖霞移动通信采用美国摩托罗拉公司移动通信基站收发信设备，2001年12月，模拟退网工作结束，8处模拟基站设备关闭、停止运营。

1995年5月，开通GSM（数字）移动电话，移动通信基站收发主机采用爱立信（瑞士）公司设备。主要设备型号分别为RBS200、RBS2202。基站发射塔高50~60米。电源部分采用国产武汉洲际有限公司的开关电源设备。为保障停电状态下的设备持续运行，基站采用1000AH的蓄电池组，在临时停电情况下的设备能持续为用户提供不间断的服务。

1995 —2002年，共进行9期（GSM）基站工程建设，建设基站50处，直放站25处，全市95%的地域内的移动通信信号得到有效覆盖，移动通信硬环境建设在行业内处于领先地位。

1995年建成的移动基站发射塔

**联通通信设备** 栖霞联通公司拥有加拿大NORTEL移动交换机、美国MOTOROLA基站系统、美国DMC数字微波传输设备以及以色列ECI光传输设备等世界先进的国外进口设备。1996年以后，栖霞支公司网络建设先后投资3.8亿元人民币，GSM网络进行7期工程建设，CDMA网络进行3期工程建设。

2002年，公司拥有GSM基站40个、直放站10处，CDMA基站50个，直放站15 个，联通光缆环线600多公里。

1997年建成的联通基站发射塔

## 第三节 电 报

**电报电路** 1977年12月，栖霞至烟台电路改为一路载波专用电路。1979年，栖霞至莱阳幻线电路撤消。1985年12月，机务室增加一部BZP－01A四路插报载波机， 开通直达济南自动转报中心载波专用报路1条。1993年12月，至济南电路撤消，开通烟台报路，接至烟台64路转报系统，1997年，报房撤销。

**电报设施** *有线电报设施* 1976年12月，报房安装一台BD五五型电传打字收发机， 代替莫尔斯电报机， 收发电报实现半自动化，由完全靠听觉转变为视觉明码。1984年7月，又增加一台BD五五型电传机，并安装一台64-4B型双机头纸带发报机， 从而使发报一方达到自检发校正误的目的。1985年12月，安装上海产BZP－01A型四路插入话路载波电报机。随着科学技术的发展，通信设备不断更新，1987年11月，两部BDD4202型全电子电传机在栖霞局安装使用，取代“五五”型电传机。1988年3月，又增加一部BDD4202型电传机，同时，增设电报集中器，实现双机发报，一机收报。1988年7月，省局开通256自动转报机，县局电报并入全省自动转报网。1993年11月，电报设备又更新为天津讯通公司产YD－1000B电报终端机，同时县局与农村支局间的报文传递由机上话传，完全更新为真迹传真，加快支局的电报传递速度。

无线电报设施 1971年，配备D2155型供电整流器作为应急备用。1991年3月，设备更新为日本进口100瓦FT-80无线发报机，报务员每天按规定联络两次。

电报服务 1971年10月，邮电部将电报改为6类:特种、军政、新闻、公务、汇款、普通。1978年3月，又改为11类，即:防空、天气、特种、水情、军政、公益、新闻、公务、普通、汇款、公电。1987年，国内公众电报为8类:天气、水情、公益、政务、新闻、普通、汇款、公电。根据电报类别不同，排列传递顺序及处理时限。同年10月，为适应用户需要，开办礼仪电报，在投送给用户时附一张精致的折卡，礼仪电报的种类包括庆贺电报和吊言电报两种。

电报投递工作，1983年10月，恢复电报专送收费制度(基本营业区内不收费)，规定3公里(含3公里)以内，每投送一份电报收费0.30元；3公里以外至6公里，收费0.50元；6公里至10公里收费0.90元。本县按邮电部对山区电报投递的有关规定各加收0.10元。局里雇用临时工专送电报，按照专送电报所收款额提取报酬，邮电局从中收取管理费。1993年，电报专送费调整为3公里以内0.60元，3～6公里0.80元，6～10公里1.00元，10公里以上1.20元。1996年，市局撤销专送电报业务，改为邮送。市内仍由电报投递员直投，乡镇的邮送，不收费。

电报营业是由邮政营业结合办理，后来随着电信业务的逐渐增加，配备专职的电信营业员。县局报务值机员由1953年的1人增加至1988年的17人。由于通信手段的不断提高，电报业务量大大减少，人员也随之减少，至1996年，市局报务室只保留7人，1997年10月，邮电局报务室撤销，并入市局电信营业室，电报业务直接在营业窗口受理。

出租电路 1980年，栖霞县委根据烟台地委统一部署，租用电路一条，开通栖霞县委至烟台地委传真电报。1983年，县公安局租用一条载波电路开通至烟台市公安局传真电报。1989年，栖霞县政府租用电路一条开通至烟台市政府传真电报。同年，栖霞农业银行开通至烟台市农业银行的专用传真电报，1995年撤销。

1992年，栖霞县工商银行租用电路2条，开办通存通兑业务。中国银行栖霞支行租用电路一条开通至烟台市中行传真电报。1997年，栖霞市国家安全局租用电路一条开通到烟台市国家安全局传真电报，栖霞县桃村工商银行租用一条电路开办通存通兑业务。2002年，全市共有1502条出租电路。

## 第四节 固定通信

**长途电话** 1980年，撤销栖霞至莱阳载波电路，改开栖霞至烟台载波电路。1981年，桃村至海阳电路撤销。1982年，增开莱阳经栖霞、桃村至烟台载波电路，架通桃村至乳山一条实线电路。在栖霞至蓬莱实线电路上，开通ZM305型十二路载波电话终端机。1984年，增开一条至烟台载波电路和经烟台至济南载波电路，将一条栖霞至莱阳的载波电路改开为栖霞至青岛电路。

1985年，增开栖霞至福山载波电路。此时，县局拥有长话电路16条。1986年，县局又开通至莱阳、烟台、桃村ZT12型十二路载波机4端，增开栖霞至招远、龙口、海阳、烟台共计8条电路。使打长途难的问题得到缓和。

改革开放，长途电话业务量猛增，人工电

路日益紧张。1988年3月，开通栖霞至烟台4来4去半自动电路，6月，开通栖霞至牟平、乳山直达人工电路，8月，开通DD16全自动16来16去电路，增开栖霞至烟台长途高十二路载波2端，12月，开通栖霞至文登人工电路。1989年，又增开栖霞至烟台长途载波机一端，同时增开栖霞至荣成、威海、潍坊、莱洲、张店、长岛直达电路，长途电话蓬勃发展。

1990年，县局开始自己架设栖霞—莱阳长途线路，彻底脱离军方杆路。1992年10月，栖霞至莱阳光缆开通运行，至此长途电路达151条。

1995年，随着长途电话自动业务的飞速发展，人工长途长话业务不断减少，至1995年4月，人工电路全部取消，长途电话进入全国自动电话网。为满足用户需求先后又开通栖霞至招远长途光缆，经招远至龙口连通潍烟威光缆。1996年3月，随着北沿海光缆的架设，同时敷设栖霞至桃村12芯地下光缆，全长41.7皮长公里，接入北沿海光缆省内大网。至1996年，长途电路达到450条。至此，市邮电局建成南至莱阳、西接潍烟光缆、东接北沿海光缆的数字传输网路，不仅为栖霞市长途通信进入全国通信网打下坚实的基础，也为烟台市建设环型光缆数字传输网提供方便。

工作人员检修通信设备（2002年）

2002年末，电话中继电路达到24631路，其中本地网中继电路达到2821条，长途电话交换机中继电路达到870路。本地中继光缆417.68皮长公里，接入网光缆693.66皮长公里。

**长话业务** *设 施* 1978年7月，将原用的两部交换机更换为4座席JT502型共电式接续台，长话只用2席，总机示意信号由掉牌改不亮灯表示。1982年7月，又更换4席JT 508型共电接续台，长话仍用2席。1986年4月，又增加JT508型交换机100门。1987年，长话接续台增加为3席。

随着地方经济的发展，县内与外地的信息交换日益增多，长途人工话务量不断增加，为适应通信发展形势，1988年2月，随着2000门市内电话的开通使用，长话人工台与农话台分设。新进JT03型长途电话交换机5台，10座席。JTB01长途班长台1台，JTY02记查台1台，设长途接续台6座席。3月，与烟台开通DD14长途半自动拨号设备，8月，又开通全自动DD16对端设备，长途有权用户达70余部，缓解长途电路拥挤的状况。1991年12月，随着县局程控电话的开通，DD14半自动设备撤除（1993年7月调长岛），长途电话业务向着自动方向发展，长途人工业务逐步减少，人工电路也在逐步关闭。1995年4月，所有人工电路关闭，长途人工接续台撤销。

*话务服务* 1977年，邮电部对电报和长话业务规程进行修订，3月，开始执行八类长话业务规定：代号电话、特种电话、首长电话、紧急调度电话、军政电话、新闻电话、普通电话、业务和公务电话。1978年，市话实现自动接续，人工电话只剩下长话及农话，减轻了话务员的劳动强度。随着国家经济形势的好转，话务量日益增多，社会对话务的服务工作提出更高的要求。话务员在接续电话中要自报工号，以“您好”出应。同时恢复一条龙竞赛活动，做到全网协作配合，及时处理各种电话。1985年4月，邮电部对电报和长途电话业务规程进一

步进行修订，长话业务种类由八类改为六类：代号电话、特种电话、紧急调度电话、政务电话、普通电话、公务业务电话。此时电话通信设备大有改进，话务员业务水平日益提高，长话、农话分台，各有各的包机员和电路小组。

1988年，为提高接通率，方便用户，烟台局设立115特快台，使各县的长话交换速度加快。同年3月，栖霞开办长话特快业务，同时在全县话务员中开展争当王秀梅式话务员活动。要求每个话务员掌握王秀梅操作法，为此，局里专门买录像带供话务员学习。服务教育是话务工作的一项经常性的长期工作，每年都有一些改善服务的措施及活动出台。县局话务室自恢复“长话一条龙竞赛”开始到长途人工台撤销，一直保持栖霞—烟台红旗电路称号。1992年，S-1240程控电话开通，栖霞电话进入全国自动网，长途直拨用户不断增加，到1995年上半年，县局大部分用户进入自动网，栖霞本地网建成后，通过人工台的电话越来越少，栖霞长途人工台正式撤销，业务由烟台长途台负责。

**市内电话** 市话线路 1978年，安装400门纵横制交换机时，又对市话线路进行改造，铺设6孔地下管道40米，埋设地下电缆0.1皮长公里，架空电缆增至11皮长公里。随着市话业务的不断扩大，逐步从跃进路（山城二路）铺设6孔管道，共计2.9管公里，15孔公里。1983年，杆路增加到25杆公里，其中水泥杆15杆公里；电缆长度16.71皮长公里，其中地下电缆2.1皮长公里。1984年，市话电缆管道增至3.2管公里，16.0孔公里。

1985年，市话杆路长度为36杆公里，其中水泥杆路24杆公里，电缆长度22.7皮长公里，芯线长度1645对公里，架空明线长度8对公里，市话电缆管道4.5管公里，21.1孔公里。1986年，杆路39杆公里，电缆为31.6皮长公里，地下电缆5.2皮长公里。1987年，随着新的HJ921-2000门纵横制交换机开通，开始逐步铺设市内地下管道。1988年，市内电话杆路为44杆公里，电缆长度为36.2皮长公里。同年，开始敷设霞光三路、山城五路等段地下管道3.8管公里，29.2孔公里，达到51.2孔公里;敷设电缆7.7皮长公里，达到12.9皮长公里。1989年，电缆长度增加到42.2皮长公里，地下电缆增加到12.9皮长公里。1990年，整修市话电缆25杆公里，铺设电缆管道12.28孔公里，架设电缆12.5杆公里，至1991年，铺设电缆管道52.28公里。1992年，根据S1240-4000门交换机的配套需要，结合市话用户发展实际情况，开始铺设配套的管道工程，全长3.85管公里。到年底，市话杆路达到26杆公里，水泥杆24杆公里，电缆51.6皮长公里，地下电缆11.8皮长公里。

1993年开始，住宅电话猛增，由于施工力量跟不上，乱拉乱装情况严重，下户线非常混乱，个别有用5盘皮线（1000米）装一部电话，不仅障碍多，也影响市容。1994年开始，在金线岭小区搞户线工程，共计1960户，耗时3年，1996年完成。1995年，为适应通信形势发展，新增局前孔1个，增出局管孔36孔，负责局以西、北、南3方向出局电缆，原局前孔负责东方向的出局电缆。1996年，逐步建成霞光四路（文化路）、霞光二路（霞光路）、西出口、文明路段（迎宾路）、山城四路管道等遍布全市的地下管线网。同年8月，栖霞市电信局成立鸿雁通信有限公司。公司工程部，开始有计划地对市话线路进行改造，架设24列主干电缆3.0皮长公里，配线电缆2.64皮长公里，改造户线464户，投资82.78万元。改造17列主干电缆0.79皮长公里，架设配线电缆2.25公里，改造户线347户，投资45.87万元。改造郝家疃小区配线电缆户线工程，投资17.67万元，共布放电缆1.5皮长公里，户线至楼，共515户。完成市话22列主干及配线改造工程，户线到位919户。2002年末，电缆长度3985.47皮长公里，通话率100%。

市话交换机与话机的安装 1976年，市内

电话交换机容量发展到300门，装机146部。1976年后，工农业生产蓬勃发展，当时的电话设备已不适应通信的要求，1978年6月，县局为改变通信落后面貌，将市内交换设备更换为上海520厂生产的HJ905纵横制400门自动交换机设备，号长三位，甩掉多年来沿用的摇把子磁石交换机，市内电话由人工交换更新为自动交换，此时装机容量达400门，实装话机247部。为适应形势发展，1983年，又扩容400门，装机容量达800门，实占386门。到1985年底，市话装机容量800门，实占557门。1987年，由于地方经济的飞速发展，市话装机增多，交换设备超负荷，每天通话高峰期时常出现错号、忙音。为缓解需求矛盾，1988年2月，新装局用纵横制交换机HJ921-2000门，至年底增装用户223部，实占容量达819门，1989年底，实占1002门。1991年，开通县局长、市、农合一的800线程控汇接机，县局市话于同年12月28日进入国际大网。

随着改革开放的不断深入，地方经济日益繁荣，对邮电的需求也不断提高，为满足用户需要，决定使用当时国内最先进的设备。为此，组织人员先后到上海、北京等地考察、论证，根据需要订购S1240数字程控交换机。经过1个半月的艰苦努力，1992年12月，S1240-4000门数字程控电话正式开通投产。1993年1月，举行剪彩仪式，县六大班子领导及市局领导为大会剪彩，从而实现栖霞局由纵横制向程控交换的历史跨越，1993年底，4000门容量的S1240交换机实占3150门。为方便用户使用公用电话，1994年在悦心亭宾馆安装第一部磁卡电话，是年，正是商品经济大发展的年代，栖霞市商业街个体企业崛起，电话装机再度进入高潮时期。为满足用户装机需求，同年8月，扩容4000门，建成以8000门市话为龙头的全数字光缆传输本地网，当年市话装机1856部。1995年10月，又扩容6000门，总容量达到14336门，当年装机2547部，实占7774门，1996年底，实占10712门。1997年6月，又扩容6144门，市话容量达到20480门，市话用户由1988年的819户发展到1998年6月的13068部，2002年末，市话交换机达到35024门，电话装机达到29781户。

**电话号码编辑** 1978年，开通纵横制400门自动电话时，由于采用的是用户小交换机，号长仅为三位，电话号码从2××到9××。同时在话务室设114查号台，由长途台话务员应答用户查询。为方便用户查询号码，1979年，县局编印首部《栖霞县电话号码簿》。

1988年，市内电话开通局用纵横制交换机后，电话号码号长为六位，前2位为局号，采用烟台局（为建地区网统一编号）分配的局号77（桃村为78）。由于市话装机容量的迅速增加及部分用户的机构变动，1989年，县局又重新编印一部《栖霞县电话号码簿》。1992年，为建成县内自动电话本地网，遵照部、省有关规定，县局实行单独编号，号长六位。长途区号为05458，局号为20～90，号码资源为80万门。为方便用户查询电话号码，1992年12月，县局话务班设专职114查号员，引进北京长康公司114查号系统，实现微机查号。1995年4月30日零时，县局进入C3本地网。电话号码升为7位，前三位为局号，烟台局分配给栖霞的局号为521～555，长途区号改为烟台市统一区号0535。同年，为提高全市邮电服务水平，烟台市邮电局实现全市114查号台微机联网，各县市区统一引进华为公司设备及软件。1996年，为适应形势，栖霞市邮电局重新修订电话号簿，同年10月25日，栖霞查号台撤销，与烟台并网，由烟台局114台负责各县市局的用户查号业务，电话号码簿的编辑工作亦由烟台市邮电局统一负责。

**会议电话** 1977年8月，开始使用上海JH102电子管24路会议电话汇接机，到1985年，全县会议电话终端发展到23部，其中县委会议室和县邮电局会议室各安装2部会议电话终端机，各乡镇各装一部。1996年7月，县局为进一步提高会议电话质量，购进HDJ-S数字会议电话系统，会议电话终端机28部，其中，电话会议室二部，栖霞市委会议室二部，其他的安装在各邮电支局会议室。2002年末，全市共有会议电话23部。

**农村电话** *农话线路* 1977年春，陆续开通栖霞至大柳家、唐家泊、大庄头、铁口、杨础、观里、官道、蛇窝泊、松山、寨里、臧家庄、亭口、庙后、小庄、苏家店、寺口全县所有乡镇单路载波。1979年7月，架设栖霞至亭口7米水泥杆路，全长17.5公里，加挂4.0铁线一对，3.0F铁线一对（与亭口至庙后连接形成栖霞至庙后直达电路），至盘马金矿3.0铁线一对；同年11月，唐家泊至桃村杆路也更换为7米水泥杆，同时将栖霞至桃村线路更换为4.0铁线二对，共计30对公里。1980年末，农话杆路长度达252杆公里，架空明线长度558对公里。1981年，将栖霞至寺口杆路更换为7米水泥杆，将栖霞至松山杆路更新为8米水泥杆，同时加挂3.0F铁线。1982年11月，将松山至寨里杆路更换为7米水泥杆和3.0F铁线， 同年，又将寨里至臧家庄杆路更换为7米圆形水泥杆。

1984年，更新栖霞至小庄线路，加挂3.0铁线，干线全长29公里。同年9月，栖霞县新设连家庄、金山、占疃、中桥、 刘家河五处新乡镇，为解决5乡通信问题，县局于9月13日成立连家庄、金山、占疃、中桥、刘家河5处邮电所，同时，5乡镇电话线路也得到解决，连家庄乡电话线路，利用蛇窝泊镇办电话线路与蛇窝泊支局总机相接，干线长20公里；中桥乡电话线路，利用臧家庄镇办线路接入臧家庄总机，干线全长37公里；金山乡电话线路，利用松山乡办电话线路接入松山支局总机；占疃乡电话线路，利用亭口镇办电话线接入亭口支局总机。

1985年，为改变农村电话通信的落后面貌，开始进行农话设备整治，当年新建及改建连家庄等5处邮电所驻地线路，增加4条农话中继电路，增装电话94部。占疃乡电话，利用盘马金矿线路开通单路载波，与县局相通，干线全长15公里；同年5月，栖霞至刘家河电路，利用至大柳家的实线开单路载波。1986年，又整修、迁移5个支局、所的驻地线路，新架杆路104杆公里，明线184对公里，敷设电缆43皮长公里；架设栖霞至桃村杆路37杆公里，加挂3.0铜线3对，计123对公里；增开栖霞至桃村ZJ12-12路载波机、ZM205三路载波机各一套， 同时开通栖霞至铁口、大庄头、桃村、臧家庄、松山、蛇窝泊等10个支局的半自动拨号。1988年，在农村电话建设方面投资35万元，整修县局至3个支局的中继杆路，整修5个支局的驻地线路，重点整治12个支局的驻地线路。新开10端三路载波机、4端高六路载波机，增加磁石交换机4台/400门，增加电路17条。

1989年5月，相继开通栖霞至桃村ZZD04型高十二路载波机一套、栖霞至金山ZZD53型三路载波机一套、栖霞至唐家泊ZZD30高六路载波机一套，配备24V直流电源一套，同时更新金山交换机设备。同年11月，又陆续开通栖霞至苏家店、寺口、亭口、寨里ZZD30高六路载波机4套，新架蛇窝泊至连家庄农话中继杆路7杆公里，架设HYV6×0.6电缆7皮长公里。1992年，县局的工程技术人员自己设计，自己组织职工进行施工， 架设栖霞经松山、寨里、臧家庄至中桥的光缆线路，全长36皮长公里， 并开通5处乡镇程控电话。1993年，先后架设栖霞经金山、占疃、亭口至庙后，栖霞经观里、官道至蛇窝泊，栖霞经刘家河、大柳家、唐家泊、桃村、铁口至大庄头4条农话传输光缆，在架设光缆的同时，陆续开通栖霞至金山、占疃、亭口、庙后、观里、官道、蛇窝泊、刘家河、大柳家、唐家泊、桃村、铁口、大庄头支局的

光端机。与此同时，全县农村电话甩掉“摇把子”，建成高水平的数字交换、数字传输，长、市、农合一的本地网，比“八五”规划提前两年建成县内电话本地网。

自1994年开始，为提高农话网质量，乡镇至农村电话线路全部由明线改为电缆传输，1996年4月，臧家庄支局在全县率先铺设乡镇至农村600对管道电缆1.6管公里。为解决乡镇至农村远距离电话电缆衰耗大的问题， 首次试验开通苏家店至苏家庄、赵格庄2处村庄的光环路电话系统，农话、长途同步进入通信“高速公路”，形成以县城为中心，22处交换支局，有线、无线齐备的现代化通信网。

*农话交换机* 1978年7月，市内电话实现自动化，农话2台磁石交换机更换为JT502型共电式交换机，1982年7月，又更换为JT508型。

1988年2月，县局农话台交换设备又更新为JT03型，5台10座席，在小庄、桃村支局的总机上首次安装自动拨号盘，进入市话网，之后，22个支局中有17个支局实现半自动拨号，交换机容量增加到540门。1989年，县以下交换点为22处，磁石交换机27部，总容量为5030门，实占3554门。1990年8月，桃村支局500门长、市、农合一的程控交换机顺利割接开通，农村电话自动化建设开始纳入轨道，1990—1992年， 支局交换设备属空分制程控交换，传输为载波中继。1991年，继桃村程控电话开通之后，唐家泊、杨础支局及栖霞镇电话站陆续开通潍坊无线电三厂生产的PDS-20空分制程控交换机，1992年1月，庙后支局开通使用JKT-20自动电话交换机，同年4月22日，蛇窝泊支局PDS-1000型程控交换机顺利开通，同年8月，苏家店支局也开通HJD-21自动电话交换机。同年11月，臧家庄、中桥支局相继开通自动电话交换机。栖霞农村通信出现前所未有的好势头，农话交换机容量猛增到5904门。1993年开始，县局着手建设光缆传输、程控数字交换的全自动数字电话网。同年3月，臧家庄支局首先开通384门数字程控电话交换机，至1993年12月，全县22处乡镇全部实现程控交换。

为提高全网通信质量，1994年，将部分支局空分制程控交换机陆续更新为潍坊华光公司JSN-1型数字程控交换机，全网实现数字传输、数字交换，达到国内通信先进水平，建成以8000门市话为龙头的高水平数字交换、光缆传输的本地网，农话交换机容量达13822门。

1995年，随着通信事业的飞速发展，通信设备不断更新，农村电话交换设备统一选用上海贝尔公司SSA型程控交换机，小型独立局（桃村、臧家庄）选用S1240型交换机。农话扩容9000门，总容量达18012门，实占容量10094门。

1996年，投资1000多万元，对农话交换机进行扩容改造，使装机容量达29680门，实占容量15077门，1997年，先后完成寺口、官道、苏家店、杨础、蛇窝泊支局的交换机扩容改造工程共计12160门，对使用华光交换机的庙后等7处支局扩容1690门，农话交换机总容量达到36864门。1998年3月，对臧家庄、桃村支局的1240交换设备进行升版工作，到3月，两局顺利完成S1240交换设备E升J工程。同年7月，苏家店支局SSA交换设备改制为5ESS机型，共2048线;8月，寨里、亭口、中桥支局也相继完成从SSA到5ESS机型的改制。同时还开通东杏山村级模块局。

2002年末，局用交换机容量达到202336门，实占用量150970门。

*乡村电话* 乡村电话的发展，经历从利用广播线路，单线双机、二线三机的过程，逐步过渡到使用水泥杆，单机双线。1975年后，逐步改用电缆到村。1978年以后，对两户一体的电话邮电局按照规定，给予优惠价格。

1985年底，全县940个自然村中，有766个村通电话。话机1189部，其中，专业户18部。

杆路1193杆公里，其中水泥杆730杆公里。线条长2261公里，其中，双线化1876对公里，单线416公里，利用广播线路31公里，塑料电缆147皮长公里。1988年，全县乡村总杆路达到1153杆公里，电缆达到288皮长公里，村办交换机发展到56部，交换机容量达2230门，实装电话1687部。

1991年，栖霞局开始组建本地网，乡村电话作为全网的一部分纳入计划，对距乡镇支局5公里以内的大村、富村敷设100～200对电缆，直接进支局，5公里以外的乡村按人口密度经济基础设置村级交换点，全县规划村级交换点124个。1992年，全县乡话新架、改造杆路95杆公里，架挂电缆65皮长公里，增装话机258部，达到2054部。1993年，农村电话实现自动化后，乡话线路全部改为水泥杆电缆。投入线路更新改造资金500余万元，改造杆路904杆公里，改造电缆线路210皮长公里，全县乡村实现电缆到村，增装话机687部，达到2704部，所有乡村全部进入本地网。

1994年，是乡村电话发展的第二个阶段，县局在乡村交换点的设备选型上，力求技术先进，满足长远发展的要求。大庄头镇国路夼村电话交换机，在烟台市乡话中首开先河实现等位拨号进入全国自动网，全年乡话实现装机200部，是1993年的4倍。1995年，为适应农村经济发展的需要，大力发展乡村电话，又新架和改造电缆线路500皮长公里，村通电话达99％。

到2002年，全市到村电缆线路共有3985.47皮长公里，通话率100％。

## 第五节 其他通信

**无线寻呼** 1991年3月，开通北京京新公司TX8802A型无线数字传呼系统，发射频率是152.65兆赫，功率是100瓦，寻呼机号段15500～16000。同年3月，正式开办公众无线寻呼业务。无线寻呼台由长途台兼值，寻呼服务号码为771166，当年放号160部。1992年12月，开通程控电话，寻呼台服号码改为全国邮电通用的“126”，话务室配备专职的无线寻呼操作员。1993年底，全县BP机用户达到908户。1994年8月，开通数汉兼容系统，开始向用户推出汉字寻呼机。1995年3月，127自动无线寻呼系统开通，为实现无线寻呼无缝覆盖，栖霞县邮电局在县城东10公里处、海拔599.2米的庙顶山上租用广播电视发射塔，建成开通无线寻呼发射台（3个频点），塔高56米。5月，实现126、127寻呼台全省联网。12月，建成开通桃村邮电支局无线寻呼发射台（3个频点）。1997年2月，烟台市撤销各县市区的126人工台，栖霞局126人工台2月28日中午12点正式并于烟台市邮电局“宏达”寻呼台。1997年5月，栖霞相继在市局、桃村、臧家庄、苏家店、庙后、庙顶山开通280兆高速寻呼基站。

至1997年末，全市无线寻呼用户达到8933户。1998年上半年，对无线寻呼进行剥离，实行单独核算。2002年末，栖霞市已没有无线寻呼用户。

20世纪90年代使用的寻呼机

**真迹传真** 1988年8月，栖霞县邮电局与桃村支局首先开通威海无线电二厂生产的NEC/

NEFAX10型高速传真机，利用公用电话网为用户办理传真业务。同年，又陆续开通大庄头、臧家庄、观里、庙后、大柳家的电报传真业务，同时各支局利用公用电话网为用户办理传真业务。1989年，全县已有13个支局安装使用传真机，县邮电局也在营业和报房之间按装传真机，办理用户传真业务及报文传递。1993年，全县各支局均安装使用传真机。1997年末，全市共有传真机119部。

**数据通讯** 1994年5月，栖霞县邮电局开通投产分组交换设备（PAD），由于PAD接入规程单一，不能满足用户需求，1994年12月安装开通加拿大NORTHENTELECOM（北方电讯）公司生产的DPN100分组交换机（AM）。该设备采用微机控制处理的模块化结构，安装业务端口44个，其中G.703中继端口4个，V.35用户端口8个，V.24用户端口32个，可满足不同接入规程的用户入网。分组交换机(AM)上的第一个用户是1995年3月开通的中国人民保险公司，入网规程为X.28，接口速率为1200BPS。1997年6月，栖霞市邮电局对分组交换设备进行扩容，扩容后端口数量增加到92个。2002年末，有分组用户45个。电子信箱用户2个。第一个电子信箱用户是栖霞市气象局，入网规程为X.25，速率为9600BPS，利用电子信箱与烟台市气象局互传气象数据、图像等信息。

**数字数据通信网** 数字数据网是利用数字信道传输数据信号的传输网络，其特点是传输质量高、时延小，同时也为NO.7号信令网、会议电视网、分组交换网等提供高质量的数字专用电路。1995年12月，栖霞县邮电局安装一套由加拿大NEWBRTDGE（新桥）网络公司生产的3630集线器设备，配置用户业务端口20个。其中一期工程配置为E1端口4个、X.21端口16个。1996年7月，中国银行栖霞市支行申请接入DDN网，成为第一个用户。1997年，DDN设备扩容，在原3630集线器上增加3600带宽管理设备，扩容40个端口（DNIC端口36个、E1端口4个），使DDN用户端口容量达到60个。 到1998年6月，栖霞市邮电局已有DDN用户14个。

2000年2月，为满足桃村镇用户的需求，将原栖霞市局的3630集线器调到桃村支局，开通栖霞至桃村的DDN电路，配置为X.21端口12个、E1端口2个。同时，对栖霞市局的DDN进行第二次扩容，扩容后增加3600带宽管理器1套，

增加DNIC端口12个、V.24端口24个、V.35端口18个、E1端口4个。同年8月，对DDN设备进行第三次扩容，扩容后增加3600带宽管理器2套，增加E1端口4个、V.35端口18个、V.24端口24个。2002年10月，对DDN设备进行第四次扩容，新增加3600带宽管理器1套，增加V.35端口24个、E1端口16个。经过四次扩容，DDN共计有端口192个。2002年，实装DDN用户51户。

**中国计算机互联网（CHINANET）** 1997年3月，栖霞市邮电局开办CHINANET业务，共有用户4个，均利用电话拨号163入网，主要是利用互联网搜索各种信息资料。利用电话拨号上网经济实惠，适合业务量小的单位和个人使用。1999年8月，栖霞市电信局为让广大市民了解和使用互联网，在霞光路开通全市第一个网吧（网友之家），采用1条64kbps的DDN专线连接到INTERNET，共接入计算机6台。

2000年，有8800个用户申请加入互联网。2001年6月，开通ADSL宽带网，栖霞市人民检察院成为第一个ADSL宽带网用户。同年10月，栖霞市人民政府开通10Mbps宽带网，实现政府上网工程。同年，在栖霞市建设银行开通小区型城域网，接入速率10Mbps。2002年，ADSL用户达到1020户、城域网用户达到270户、发展经营性网吧46个。

## 第六节 通信业务

**移动通信业务** 经营范围 移动电话通信业务

（包括语音、数据、多媒体）、IP电话用互联网接入服务；移动通信、IP电话和互联网等网络的设计、建设、维修以及与之相关的系统集成、结算、技术开发、技术服务、设备销售及出租。

移动通信庄园营业厅（2002年）

开办业务　1992年10月，烟台市邮电局开始引进世界先进的美国摩托罗拉公司的TACS蜂窝式移动通信系统，并在各县、市、区分设基站。1993年1月，首批工程在栖霞邮电局开通10个信道，用户容量151个，烟台市邮电局分配给栖霞县邮电局的移动通信号码为904500～904999。

到1994年末，移动电话用户达到354户。1995年11月，在庙顶山建立模拟基站1座（10个信道），1995年11月，栖霞县邮电局在庙顶山开通GSM数字移动通信系统（瑞典爱立信公司产品）。1995年，模拟移动用户达到623个。1995—1998年，相继建成市邮电局、大庄头、蛇窝泊、官道、西城、桃村、苏家店、臧家庄、杨础、亭口、寺口、庙后、寨里、中桥、铁口、大柳家、唐家泊17个GSM基站。新建桃村、铁口、杨础、臧家庄、西城、寺口6个模拟移动通信基站，模拟移动通信基站达到8个，全市通信移动基站达到26个。1998年末，全市移动电话总数达到6485户。1999年7月，电信分营，实行移动业务剥离，完成电信重组。

1999年7月，移动电话独立运营。模拟与GSM两网、在网运行手机总量6140部，手机仍为少数人能够使用的移动通信终端。1999年9月，与烟台全市同步推出“亲情卡”业务。之后，“神州行”“新世纪神州行”“预付费亲情卡”“齐鲁行”等业务相继推出。业务结构日趋合理，满足市场和客户的需求。

2000年10月，移动通信短消息业务开通。之后，中文秘书、手机杂志、自由全球呼、WAP上网、移动IP等实用、方便、时尚、个性鲜明的移动声讯业务，数据业务服务相继推向市场。移动通信业务由单一的语音业务开始向数据、多媒体增值业务发展。

移动通信城区业务厅（2002年）

2000年末，全年移动电话放号（净增）9767部，在网运行手机总量18224部。2001年1月，臧家庄镇德林庄村成为栖霞市第一个“手机村”　。全村97户，59户家庭拥有手机，占村总户数的60.8%。2001年5月1日至12月31日24时，按照省公司的统一部署，522部模拟手机退网，按给予模拟手机用户适当补贴，免费换号转入GSM网。模拟移动通信业务退出网络运营，移动通信全面进入GSM数字时代。是年末，用户在网运行手机总量达到36834部。

2002年5月，GPRS（第2.5代移动通信，通用分组、无线业务）与移动梦网业务开通，成为移动通信发展的一个新的里程碑，移动通信开始跨入多媒体时代。移动无线上网、移动办公由梦想成为现实，移动无线上网理论速率可达171.2kdps。年末，用户在网运行手机总量达到54930部。

**联通通信业务** 1996年12月，联通公司首先开通GSM130移动电话业务，后兼营191/192无线寻呼业务。2001年1月，联通成建制地接管国信寻呼（126/127/198/199），公司成为拥有用户最多的无线寻呼经营商。2002年4月，联通新一代移动通信网络CDMA在全国100多个城市同时开通放号。2002年末，栖霞联通GSM130/131用户达1.8万户，CDMA133用户达6000户，市场占有率45%。

同时，联通的国际国内长途（193）业务、数据通信业务、互联网接入（165）业务、IP电话业务也迅速发展，193注册用户8000户，网吧业户占栖霞市场的75%。栖霞联通年通信收入达1800万元。

联通通信大楼（2002年）

联通通信城区业务厅（2002年）

# 第十四编
# 旅　游

春游牙山（2002年）

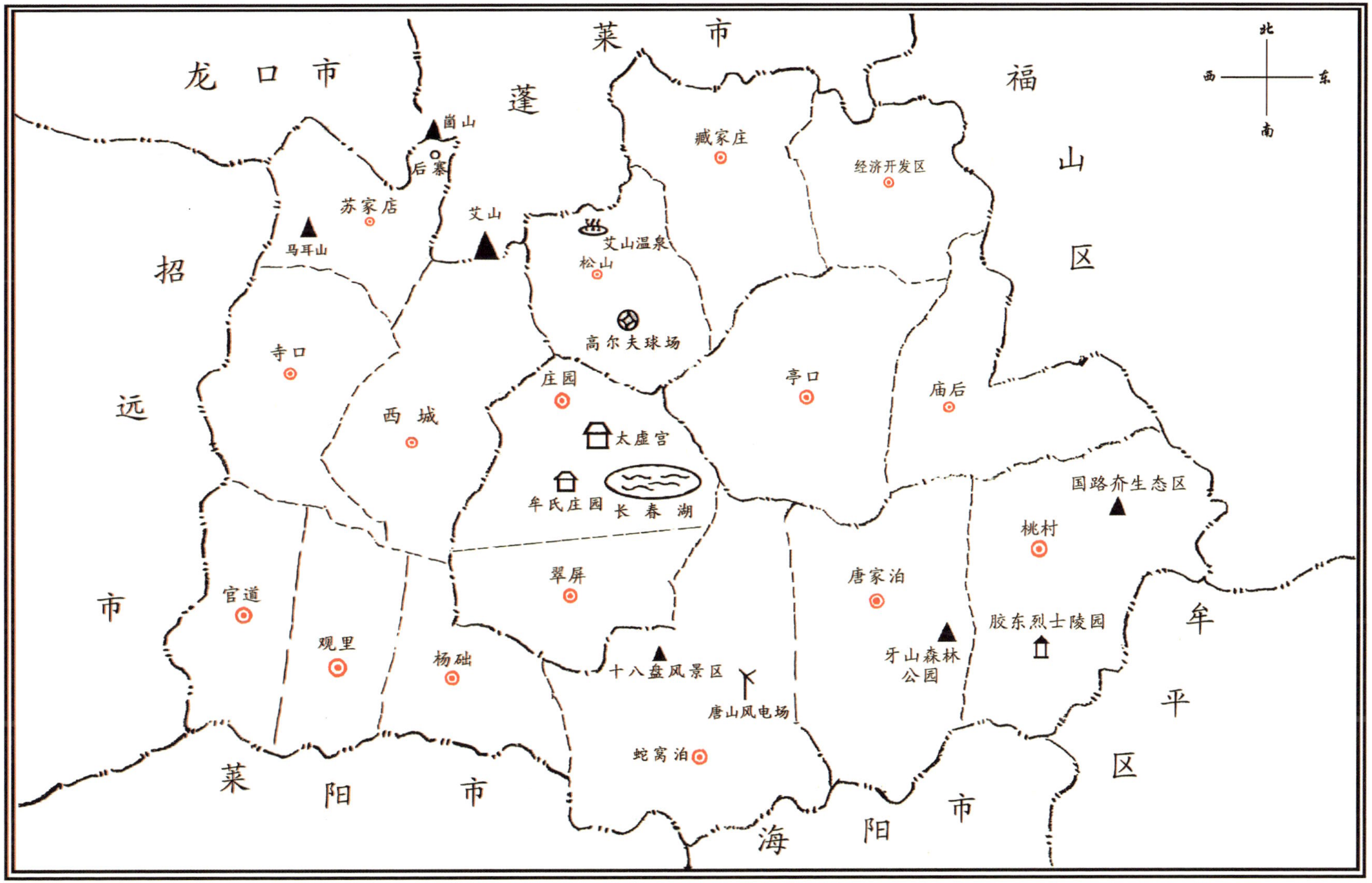


2002年栖霞市主要景区平面图

栖霞市地处胶东半岛腹地，冬无严寒，夏无酷暑，气候宜人。境内千山耸翠，风光崎旎，自然景观奇特，旅游业开发潜力较大。境内还有国家级重点文物保护单位、保护最完整的大地主庄园——牟氏庄园；有中国道教全真教龙门派发祥地、东方“道林之冠”——太虚宫；有国家级爱国主义教育基地、胶东最大的烈士陵园——英灵山革命烈士陵园等丰富的人文景观。另有许多古代遗址、革命遗迹成为现代参观、旅游景点。

20世纪70年代，栖霞开始对旅游资源进行开发和保护。80年代中后期，在保护牟氏庄园旅游景点的同时，利用山区森林优势，在艾山、牙山开辟山区绿色旅游景区，规划和设置旅游范围、线路及保护措施。进入90年代以后，旅游景区开发向更高层次迈进。1992年10月，成立栖霞县旅游公司，专门负责旅游规划、设计、开发、管理和接待工作。1995年，为弘扬传统道教文化，纪念著名道学家、养生学家丘处机，栖霞市在原地址、原轮廓的基础上对太虚宫进行恢复性修建，并作为宗教活动场所对外开放，成为山东省乃至全国又一座大型道教宫观。2000年4月，成立烟台栖霞交通旅行社，负责栖霞市旅游线路开发。2001年4月，成立栖霞市旅游局，为栖霞市人民政府序列部门。相继开辟了崮山红色旅游区，马耳山、方山、唐山、国路夼、唐山风力发电场等自然风景旅游区。在城区，相继建设文化广场、翠屏公园、山城湖游园、东山游园、艾山温泉、高尔夫球场等休闲旅游场所，庵里水库风景区建设水上乐园，添置游艇、画舫，建立垂钓场舍。境内各大宾馆、酒店陆续投资进行装修、改造，接待服务能力不断提高。

1978—1988年，年平均接待游客15万人次，1989—1999年，年均20万人次，2000—2002年，年均30万人次，创历史新高，仅牟氏庄园景点年旅游人数就达20多万人次，全市旅游业总收入近10亿元。旅游业成为栖霞市新兴的增值产业。

# 第一章 旅游规划

栖霞市位于山东省胶东半岛腹地，处于烟台地区几何中心，城区属于青岛市、烟台市和威海市三座大中型城市辐射范围，南距青岛120公里，北距烟台50 公里，东北距威海70 公里。是胶东各大旅游区的中心地界，南来北往必经之地。栖霞市旅游规划范围为市内全境，20世纪80—90年代，旅游规划目标范围小，21世纪，规划目标范围大且时间长，期限为2002—2020年。

## 第一节 旅游资源

**旅游资源特征** 栖霞市旅游资源丰富，有奇特的生态山水，历史悠久的观光农业，底蕴深厚的文物古迹，丰富多彩的民俗文化，清新洁净的生态环境，历尽沧桑的古树名木，险峻峭拔的奇石怪洞和丰富的矿藏资源等。

与其他地区相比，栖霞市旅游资源在总体上有许多独有特征。地理分布上，影响大、品位高的人文旅游资源主要集中在城区近郊。如中国北方最大、保护最完好的国家级重点文物

保护单位牟氏庄园，一代宗师、道教龙门派创始人丘处机创建的著名道观太虚宫等。

生态好、范围大的自然旅游资源分布在乡镇和远郊。如森林茂密、环境清新的艾山、牙山、方山、崮山、十八盘和国路夼自然生态风景区等。

在资源品牌上，既有中国北方最大的果品批发市场——山东栖霞果品批发市场、红旗岭无公害苹果示范区、胶东最大的大樱桃产地，也有全国闻名的栖霞棒槌花边、绒绣、剪纸等，还有丰富的黄金、理石、花岗石、滑石等矿藏等。

这些丰富的资源，为栖霞市打造旅游城市，提供了十分优越的条件。

**旅游资源类型** 栖霞市旅游资源在空间上具有多域性和地带性，其品位具有广域性和富集性。地处山区，境内千山耸立，风景优美，其中艾山、牙山胶东闻名。栖霞市人杰地灵，名人辈出，丘处机、牟墨林（牟二黑子）驰名中外。按照栖霞市实际情况，旅游开发必须走自然和人文旅游道路。

自然类型分地文景观类，如山川、洞穴等；水域风光类，如温泉、水库、河道、古树名木、奇花异草、古林、风景林、田园景观等；气候景观类，如天文景观、日照景观等。

人文类型旅游资源，分古迹与建筑类，如古人类文化遗址、宗教建筑、殿堂、陵园、古墓、历史纪念物、现代水工建筑等；人文景观类，如名胜、戏曲等民间文艺等；休闲类，如公园、游乐场所、疗养胜地等；购物类，如大型市场、购物中心等。

栖霞境内所有旅游资源按系统分属3个系9个类31个型，占全国旅游资源总类的60%以上，属于旅游资源丰富地区之一，旅游开发前景广阔。

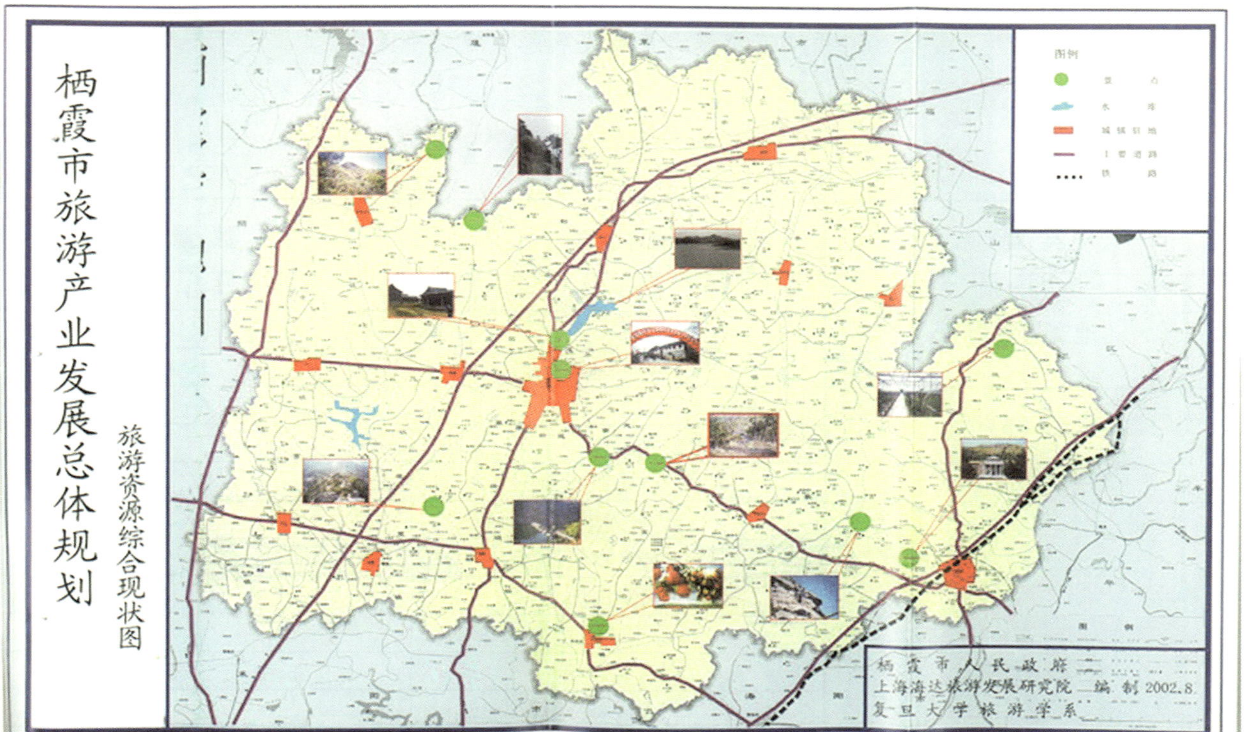


2002年栖霞市旅游资源综合现状图

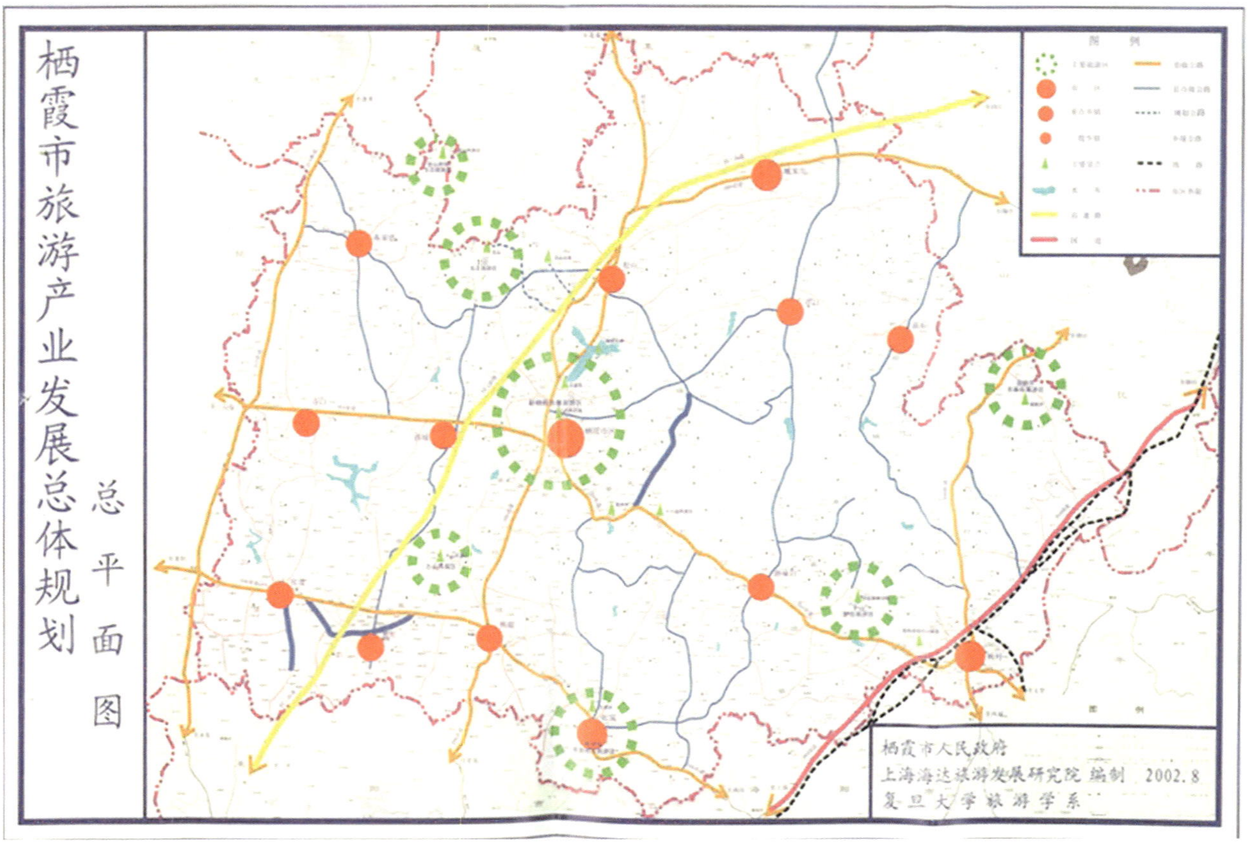


2002年栖霞市旅游产业发展总体规划平面图

## 2002年栖霞市自然旅游资源调查情况统计表

表14-1　　单位：处

| 类型 | 基本类型 | 数量 |
|---|---|---|
| 地文景观类 | 山地及名山 | 354 |
| | 洞穴 | 2 |
| | 地质现象 | 1 |
| 水域风光类 | 风景河段 | 6 |
| | 水库 | 3 |
| 气候景观类 | 天文/气象景观 | 2 |
| 古迹与建筑类 | 古人类文化遗址 | 1 |
| | 军事防御体系遗址 | 1 |
| | 传统聚落/田园景观 | 1 |
| | 宗教建筑 | 1 |
| | 殿（厅）堂 | 3 |
| | 古林 | 2 |
| | 陵园 | 1 |
| | 墓地 | 1 |
| | 历史纪念物 | 1 |

续表14-1

| 类 型 | 基本类型 | 数 量 |
| --- | --- | --- |
| 古迹与建筑类 | 城市现代建筑 | 5 |
| | 现代水工建筑 | 1 |
| | 物色聚落/平日活动景观 | 4 |
| 抽象人文景观类 | 名胜志/地方志 | 1 |
| | 戏曲/民间文艺 | 2 |
| 休闲健身类 | 科学教育文化设施 | 12 |
| | 普通公园 | 1 |
| | 游乐场所 | 1 |
| | 疗养度假地 | 1 |
| | 文艺团体 | 1 |

## 第二节 旅游总体规划

**发展目标** 80—90年代，旅游开发形象目标是扩大景区面积，开发旅游景点。21世纪后，开发目标是旅游建设要素完备、发展协调的新型旅游城市。

20世纪80—90年代，建设目标是以悦心亭宾馆、霞光宾馆为主，扩大床位数；旅行服务单位以旅游公司、交通旅行社为主；旅游景点景区以牟氏庄园、太虚宫、艾山等为龙头，发展5～10处景区景点。

2000—2002年，建设目标是，宾馆床位数达到1000张，以悦心亭宾馆、霞光宾馆、亨太大酒店为主；旅行服务单位以旅游公司、交通旅行社、温馨旅行社等为主；新增旅游景点景区5～10个。

2002—2005年，建设目标是宾馆总床位数1200张，其中三星级1～2家，二星级4～5家；国内旅行社3～4家；旅游景点景区国家AAAA级旅游景区1个，AAA级旅游景区2个。规划完成新城区、艾山、国路夼、中国苹果第一园，开发城区，完成牟氏庄园一期、国路夼一期、栖霞市旅游咨询服务中心建设，对牟氏庄园、太虚宫、悦心亭宾馆进行所有体制改革。

2006—2010年，建设目标是宾馆总床位达到2100张，其中三星级宾馆2～3家，一、二星级10～11家，“农家乐”3～4处；旅行社5～8家，国际旅行社代理1～2家。旅游景点景区国家AAAA级旅游景区2个，AAA级旅游景区3～4个。规划完成庵里水库、牙山、崮山风景区建设，完成庄园二期、三期、艾山、国路夼二期建设，完成栖霞市旅游纪念品生产和销售中心建设。

2011—2020年，建设目标是，宾馆总床位数达到4500张，其中，三星级宾馆5～6家，二星级20～22家，高档次“农家乐”3～4处，争取1～2个旅行社加入跨国公司，或成为栖霞市总代理。旅游景点景区AAAA级旅游景区2～3个，AAA级旅游景区4～5个。

**区域布局** 以栖霞城区为中心，以重点旅游景区为基础，向东南西北四个方向辐射，建设6条旅游线路，形成全方位旅游空间布局。

旅游中心区——“中国果都”形象旅游区。主要景点是栖霞新城区建设成就游，“中国果都”观光游；庵里水库山水风光游，创造“胶东天池”品牌；牟氏庄园文化游、胶东民俗游、建筑文化专题旅游，创造“中国北方第一庄园”品牌形象；太虚宫道教文化旅游；翠屏公园山水旅游。

南线旅游区——“中国苹果第一园”旅

游区。主要景点景区是红旗岭无公害苹果示范基地，以观光、采摘、品尝为主的农业观光旅游；唐山李世民东征遗迹、风力发电场生态、观光旅游、考古旅游；省级文物保护单位——杨家圈古遗址考察旅游。

北线旅游区—艾山生态旅游区、崮山红色旅游区。主要景点有艾山自然风光游，艾山汤温泉洗浴度假；苏家店崮山爱国主义教育基地红色旅游。

东线旅游区—国路夼农家乐旅游、自然风景旅游。主要景点有农家乐先进示范区——村民五区，进行家庭饮食、旅店农家游，塔顶山旅游开发区自然风光旅游。

东南线旅游区—牙山自然生态旅游。主要景点有牙山森林生态旅游、英灵山烈士陵园爱国主义教育基地、唐家泊于七起义遗址、十八盘森林自然风光、黄燕底水库连拱大坝旅游。

西线旅游区—方山自然风景旅游。主要景点有自然风光、洞穴探秘等。

## 第三节 开发规划

**优先开发项目** 按照旅游开发总体规划，为利用好现有的旅游资源，尽快形成旅游产业效益，栖霞市将所有开发项目分为优先发展、中期开发、后期壮大三个阶段。

牟氏庄园全国闻名，1978年、1988年，共投入资金295.5万元两次维修，保护较好，旅游参观人数居高不下，规划面积由2公顷扩展至29.45公顷，首批列入优先开发建设之中，分期实施，以吸引更多国内外游客，发挥旅游龙头作用。

艾山为胶东半岛名山，生态环境较好，建设生态旅游区增添休闲去处。此处有自然温泉两处，艾山汤村已经开发一处，在村庄建设了温泉洗浴，可建疗养胜地。

桃村镇国路夼村自然生态保护良好，有九顶五十峰，山高林密，山涧溪水清澈见底，亍台楼阁散落其间，自然景观十分优美，可扩大保护范围。

太虚宫是一代宗师、全真龙门派创始人金代丘处机亲自领人所建，是道教重要的活动场所，景区位置优越，恢复性重建后，可对外开放。

庵里水库被誉为“胶东天池”，总库容7000多万立方米，四周群山环绕，碧波荡漾，浩淼壮观，具有较大开发价值。可置建水上娱乐工具，如游艇、画舫、餐饮等。

中国苹果第一园——红旗岭苹果园，位于蛇窝泊镇三县交界处，交通发达，已栽植无公害苹果4600公顷，是著名的烟台苹果主产地，苹果交易旺季，国内外客商云集，日达4万人，开发以苹果产业为主的旅游、商贸前景广阔。

**旅游服务体系建设** 20世纪80年代，确定旅游服务发展规划并着手实施，90年代向旅游服务网络建设进军，21世纪，旅游服务向高档次、电子信息化方向挺进。

在旅游资源开发时期，酒店、宾馆建设，一开始就高点定位，向星级、涉外、定点方向发展，形成集住宿、餐饮、购物、健身、娱乐为一体的综合服务企业。

旅行社建设向不同投资主体拓展，除地方政府投资建设以外，支持外地区、外国旅行社进入栖霞市场，共同开发旅游资源。动员社会力量共同开发，鼓励发展民营旅行社、民营旅游投资企业，提高接待能力和服务水平。

建立统一的旅游景点景区管理机构，配备优秀的管理人员和导游，循序渐进开发建设新的景点景区。

加大促销力度，利用自身优势，加强与蓬莱、青岛、烟台、牟平、龙口等景区联合，形成统一的促销网络，相互增加旅游网点。

**精品线路建设** 内联线，由“中国果都”形象旅游区和艾山生态旅游区的主要景点组成，全程

14公里，旅游线内包括牟氏庄园、庵里水库、太虚宫、艾山温泉、艾山自然生态区，是栖霞人文旅游产品和自然旅游产品的精品组合，是一日游线路的最佳安排。

外联线，由青岛市崂山景区、蓬莱市蓬莱阁景区、八仙渡、栖霞太虚宫、牟平区昆嵛山景区组成仙道旅游干线，由青岛入境，经栖霞市至烟台市出境。

**开发旅游商品** 栖霞是“全国苹果第一市”，栖霞苹果享誉全国，走上了世界。栖霞民间剪纸蜚声海内外，面塑、根雕历史悠久，棒槌花边远销国外，还盛产黄金、理石、花岗石、黄芩、东亚蝎子等。开发小巧、新颖、质优、精美、便于携带的有当地特色的旅游产品有得天独厚的条件。基本思路是，以剪纸、绒绣、面塑等表现手法制作工艺美术品，以木制产品制作根雕、相框、表壳等古色古香旅游产品。以矿产资源雕刻、制作装饰产品。

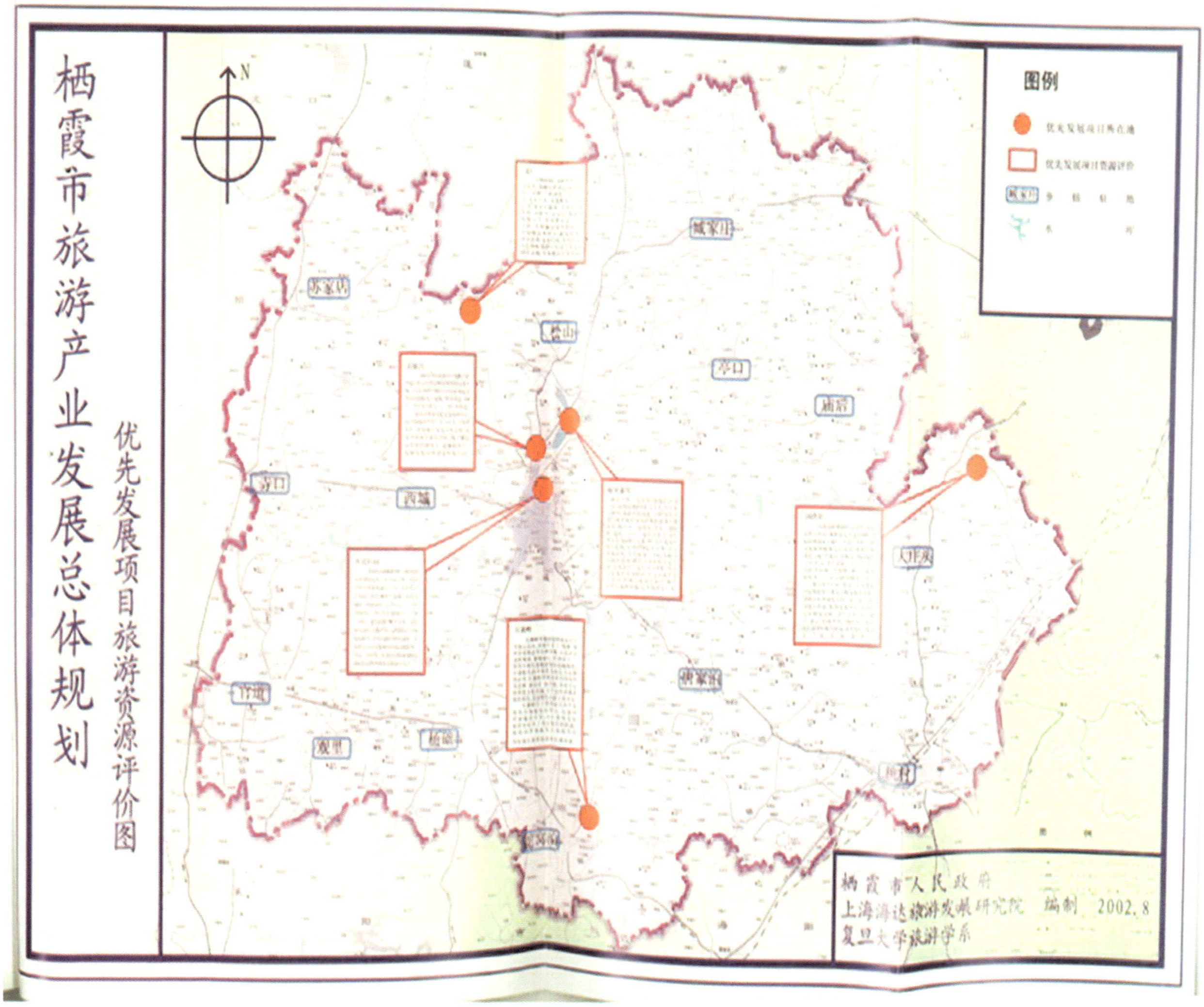


2002年栖霞市优先发展项目评价图

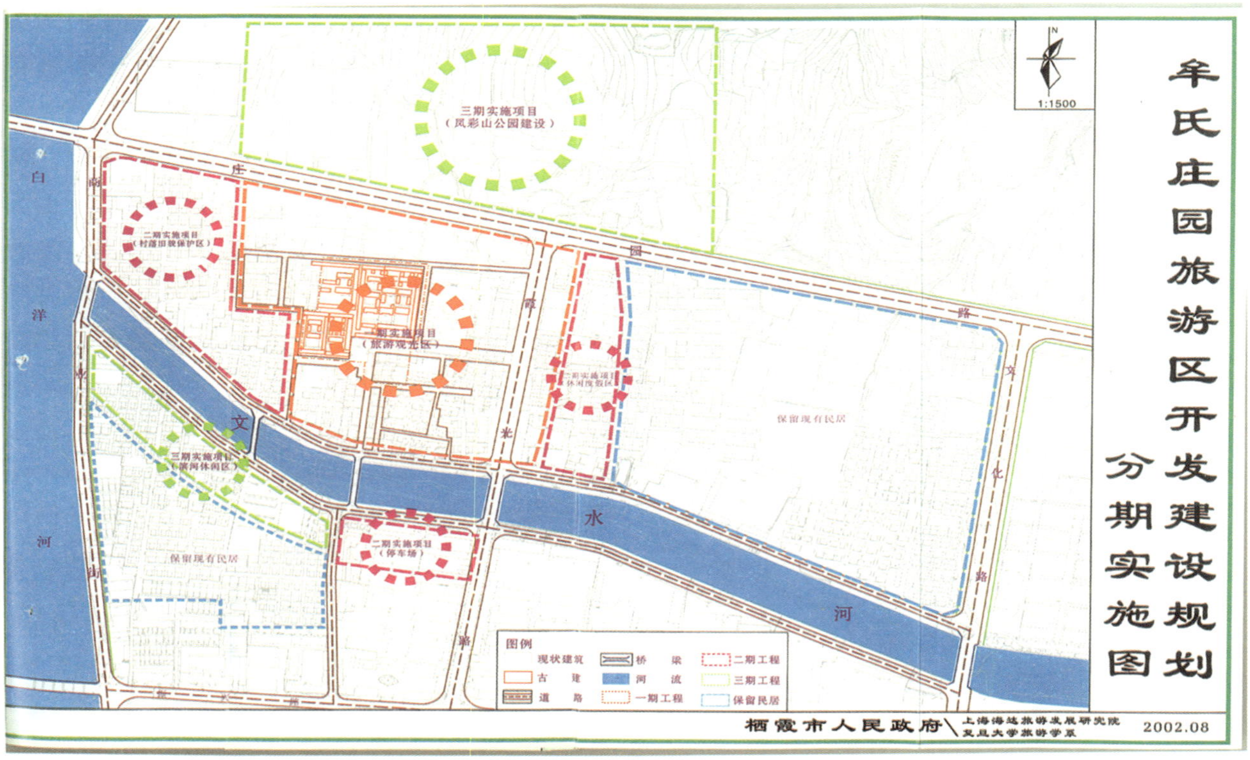


2002年牟氏庄园开发建设分期实施图

## 2002年栖霞市规划开发的旅游商品情况统计表

表14–2

| 品种<br>类别 | 日用品 | 纪念品 |
|---|---|---|
| 纺织品类 | 民俗服饰、休闲装、地毯、丝巾、背包、香包等 | 门帘、窗帘、挂帘、壁挂、挂毯、艺术品等 |
| 书画制品类 | — | 民间绘画、中国画、人物画、花鸟风景画、书法、剪纸、扇面、装饰画等 |
| 木制工艺品类 | 果盘、花盘、木碗、家具、躺椅、拐杖、鸟笼、花篮、化妆盒、木船等 | 根雕、木浮雕、屏风、诗刻、木板烙画等 |
| 石玩盆景类 | 晶体石、菊花石、大理石、自然石等 | 植物化石、彩色石、盆景、假山盆景、砚台等 |
| 雕塑工艺类 | 挂饰、笔筒、大理石镇尺、花岗岩镇尺、山水文具用品等 | 大理石雕像、工艺合成雕塑、玻璃雕塑等 |
| 金属工艺类 | 茶具、酒具、文房四宝、项链、手链、化妆盒等 | 纪念章、纪念币、山水风铃系列、摆设品等 |
| 邮品类 | 纪念邮册、首日封、纪念封、风光明信片、旅游景点明信片 | — |
| 食品类 | 特色小食品、特色果制品、精装小果篮、果汁、民俗风情餐等 | — |

# 第二章 旅游景点

牟氏庄园鸟瞰（2002年 下同）

## 第一节 人文景点

牟氏庄园西忠来南大门

**牟氏庄园** 牟氏庄园位于庄园街道古镇都村，俗称牟二黑子地主庄园，它是中国规模最大、保存最完整、最具有典型性的封建地主庄园。始建于清朝雍正年间，是栖霞大地主牟氏家族几百年来相继营建的宅地，历经几代人的不断扩充，方成规模。鼎盛时拥有城乡房屋5500多间，土地4000公顷，山岚8000公顷。庄园创始人是牟子仪，传自第三代牟墨林时，庄园宅地已逾2万平方米，豪华房舍480余间，分三组六院。

庄园的规划布局采用多进四合院形制，纵观重重四合院相叠，横看条条甬道相间，层次清晰，主次分明。

整个庄园建筑结构严谨，紧固敦实，雄伟

庄重，以其恢宏的规模、深沉的内涵，被诸多专家学者评价为“百年庄园之活化石”“传统建筑之瑰宝”“六百年旺气之所在”，有“中国民间小故宫”之称。1988年被国务院公布为全国重点文物保护单位。它吸取中国北方民族建设艺术风格的优秀建筑成果，具有极高的艺术价值和丰富的历史文化内涵，展现封建地主阶级产生、发展及其灭亡过程，是一部反映封建地主阶级生活的“实物百科全书”。

牟氏庄园宝善堂房舍鸟瞰

庄院“三大怪”　“穿堂门儿一线开”。六个大宅院的客厅前后门与主楼或大堂屋的院门、屏门均在一条直线上，突破了栖霞农村传统的“街门、房门不对开，房门不得前后开”的老规矩。每当有贵客来访或有重大节日时，牟家将所有的门都打开，以表示敬重及显示祥和富有。

穿堂门

“炕洞设在寝室外”。牟家将烧草木用以热炕的炕洞设在墙外，让佣人每天按时烧炕，既保持了室内卫生雅观，又避免让佣人进房烧炕的不方便，还可避免火灾。

“烟囱立在山墙外”。牟家480间厅堂楼房的近百个烟囱，都用精雕的石条托起，用青色的小方砖砌成，独立于墙体之外，造型美观，起到点缀、美化楼房的作用，上雕狻猊守之。狻猊属龙生九子之一，因酷爱烟火，故多雕香炉盖上。此设计抽力大、不倒烟，并且有防火的功能，同时，因烟囱不设在房坡上，使房坡上的瓦垅整齐美观，“竖看成垅，横看成面”，不渗漏雨水。

山墙外烟囱

庄园四瑰宝　“石雕门鼓”，在牟氏庄园“西忠来”大门两侧，有一对黑青色的造型别致、雕刻精细的石鼓。每个石鼓通高1.48米，主要有鼓座、鼓托和鼓体三部分。鼓体上雕刻有“福禄寿喜”“麒麟呈祥”“姜太公钓鱼”“刘海戏金蟾”等图案，鼓托呈荷叶状，精巧玲珑，栩栩如生，将大门衬托得庄重高雅，气派不凡。这对石鼓所用的石料为玄武岩，采之栖霞唐山，是主人于光绪年间聘用4个

著名石匠花费3年时间雕琢而成的。

石雕门鼓

“石砌花墙”，是宝善堂的东群厢外墙，清同治年间砌成，俗称“虎皮墙”，长百余米，高2米，其下部的三层錾墙石是色纯质好的花岗岩，每块錾墙石方方正正，表面光洁如镜，石缝严细如线，其腰线砖以上的石墙是专拣形状各异、色泽有别、表面平滑的河流杂石垒成的，放眼看去，群石密布，色彩斑斓；留心去看，竟隐藏着几十种由石块组成的有象征意义的图案，天然成趣，诱人遐想。如“制钱莲花图”象征着有钱而高洁，还有“莲生贵子”“花好月圆”“大吉大利”等图案，充分展现卓越的中国石砌工艺。

石砌花墙

“湘乡寿幛”，这是牟宗朴为庆祝自己60大寿，从湖南请来4个手艺不凡的湘绣女工，花费一年时间绣成的。寿幛高2.4米，宽1.3米，远看绣的是个“寿”字，近看，是两枝叶茂花俏的牡丹花。经考证，这个由牡丹花构成的寿字，高1米，宽0.7米，是用100多种颜色的丝线绣成的，为中国少见的刺绣精品，具有较高的艺术价值和观赏价值。

寿 幛

“九子碗”，这套组合餐具采用蝙蝠的形状，摆放成制钱造型；四周茶碗上描绘的是惟妙惟肖的“百子图”，表现出主人对多子多福的期盼。

牟氏庄园规模恢弘，文化氛围浓厚，以其建筑文化、农耕文化、民俗文化冠绝于世。

建筑文化　牟氏庄园的建筑文化博大精深。六个大院沿南北中轴线依次建为南群房、平房、客厅、大楼、小楼、北群庄园甬道房及东西群厢多进四合院落，以南北甬道连贯诸院，其建筑均为清式举架，木砖石结构，以泥质鱼鳞瓦覆顶，形成一套完整的具有典型北方民居建筑特色的古建筑群落。庄园建筑工艺独特，精雕细琢，工艺细腻精湛，明柱花窗，美妙绝伦。

西忠来楼阁

庄园甬道幽深，院落重重，森严恬静。主体建筑都是二层楼，檩壮梁重，廊柱挺劲，方砖作笆，上铺柞炭，居其内有冬暖夏凉之感。

幽深的庄园甬道

“木炭衬瓦”是庄园建筑独有的一大特色，在建筑上史无前例。所用青砖皆以豆汁浸泡，为求坚固耐久。屋脊饰有吉祥的龙头凤尾，脊边饰以避邪的屋脊六兽，从前至后依次叫做“走投无路”“邦子望月”“随风打旗”“为虎作伥”“赶尽杀绝”及龙生的第八个儿子“吻”。

牟氏庄园不仅注重建筑特色，而且非常注重环境的美化。院内多植名花异草，形成藤萝攀墙，翠竹掩窗，群芳争艳，淡青浓紫的盛景，进入庄园如同游苏州园林，闲步徜徉，令人赏心悦目，流连忘返。

牟氏庄园六大宅院坐北朝南，背靠凤凰山，南临文水河。在庄园内还设置各种铺园与作坊，如戏楼、花园、粉坊、油坊、粮仓、药铺、碾磨房、酿酒房、织布房等一应俱全，形成一个自我封闭、自给自足的小社会体系。

戏　楼

农耕文化　牟氏庄园的农耕文化独具特色，“学而仕则优”是绝大多数读书人所选择的道路，而牟氏族人却选择归隐田园，置地农耕。庄园内遗留的地契、酒缸、斗、簸箕、粮仓，以及其他一些农具都显现出牟氏家族的农耕史。庄园正门上“耕读世业、勤俭家风”的对联以及古槐树下牧童骑在耕牛上读书的雕塑，正是牟家人“耕读并举”的历史写照。

民俗文化　以牟氏庄园为载体，表现地域性、多样性和传承性，如大枣饽饽、抛绣球、迎亲娶亲、发大殡、剪纸、面塑、花边工艺、民间灯盏、大杆号演奏、各种鼓乐表演等等，生动地反映了栖霞的农业生产俗、家族俗、衣食住行俗、人生礼仪俗、节庆俗等古老民俗。自1999年始，栖霞市每年的“五一”“十一”都组织举办“牟氏庄园民俗文化旅游节”。

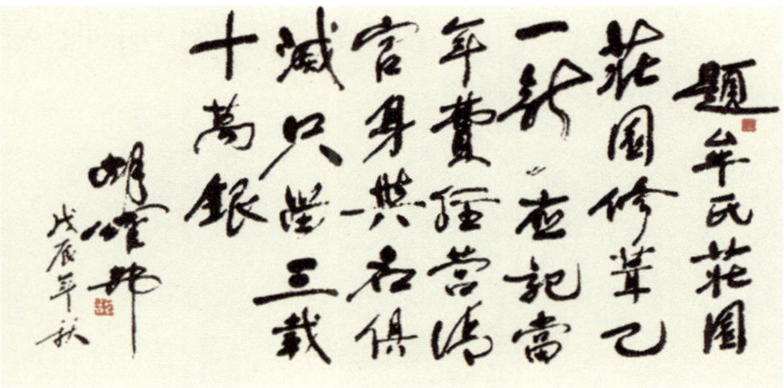

1988年9月7日中共中央政治局委员胡耀邦题词

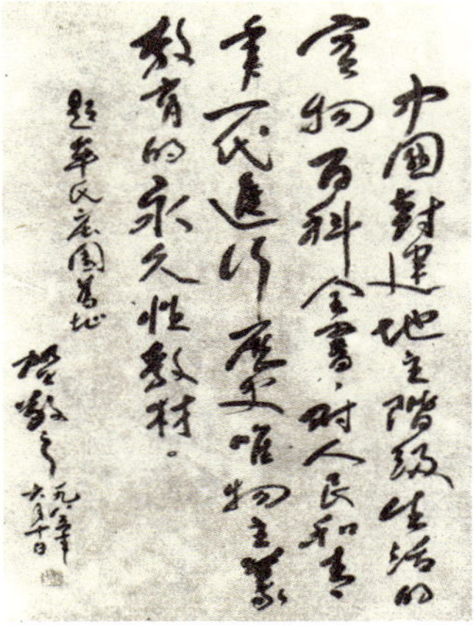

1985年6月10日
中宣部副部长贺敬之题词

1989年7月31日
全国政协副主席马文瑞题词
“一部了解封建社会的活教材。”

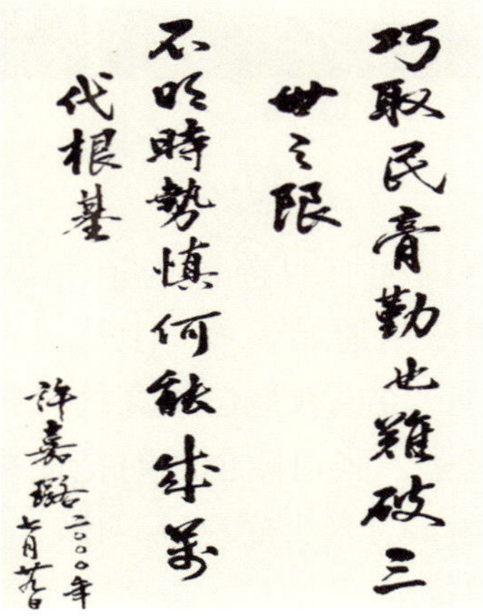

2000年7月29日
全国人大常委会副委员长
许嘉璐题词

**太虚宫** 位于公山前怀，原址在城北滨都里村，为中国道教著名道观。建筑面积5200平方米，拥有大小建筑72座，规模宏大，气势雄伟，蔚为壮观。

丘处机为道教全真教龙门派创始人，于金明昌二年（1191年）主持修建此宫殿，金章宗赐匾额“太虚观”，即为后来的“太虚宫”。泰和七年（1207年），元妃李师儿遥拜丘处机为师，并赠《道藏》6000余卷，驿送“太虚观”作为镇观之宝。其时，太虚宫成为“东方道林之冠”。后因战乱、失火等原因破坏殆尽。

为弘扬传统道教文化，纪念著名的道学家、旅行家、养生家和天文学家丘处机，1995年，栖霞市在原规模和轮廓的基础上对太虚宫进行复原性修建，占地面积18000平方米，建筑面积5200平方米，作为宗教活动场所对外开放，成为山东省乃至全国又一座大型道教宫观。拥有着天下第一“道”字大门，以“道”字为建筑造型设计，高20米，意在解释“道可道、非常道”的道义。进入太虚宫山门有1座单孔石桥，桥身桥面为叶青石所砌，桥栏采用汉白玉雕刻而成，是一座名副其实的旱桥，名为“窝风桥”。在窝风桥下挂1个大铜钱，钱眼内吊1个小铜钟，铜钟上写有“钟响兆福”4个大字，游人投掷硬币，击中钱眼内的小铜钟，将保佑投掷人一年顺利。

“道”字门

宫内拥有目前国内道教最大的三清殿，供奉着玉清原始天尊、上清灵宝天尊、太清道德天尊三位道教地位最高的尊神，太清道德天尊是老子，张道陵创教时把他尊为教祖。这三座神像高8.1米，底座高1.4米， 总高度达到9.5米，象征着“九五”至尊，是国内最大三清尊神的铜座像。

三清殿

大通明殿，也称玉皇殿，其中供奉的是玉皇大帝和二十八星宿。道教认为玉皇大帝为众神之王，主宰宇宙。二十八星宿为道教的星仙。古代的星象家观测日月运行，以28组恒星为坐标，用以断阴阳变化的规律。民间流传的“黄道吉日”，就来源于此。

丘祖殿，高大雄壮，略似三清殿而小。内有丘祖像一尊，弟子李志常和“抱一高士”王常月像两尊，对峙左右。丘祖系坐像，位于中央，王、李分立于东西。丘祖端坐神坛，右手抚膝，左手持一小锄，面貌和善，神态自然。宫内另有灵官殿、三官殿、财神殿、救苦殿、药王殿、四御殿、慈航殿、元辰殿、八仙殿等大小各式的33座殿堂。

**胶东革命烈士陵园** 位于市区以东40多公里的英灵山，1945年始建，1947年竣工，是胶东人民为纪念抗日英烈而修建的由纪念堂、纪念塔、群雕、铜像及烈士墓、碑、亭等大型烈士陵园。占地面积760亩，拥有各种纪念建筑物303处。其中建有胶东抗日烈士纪念塔，理琪墓、王文墓、于克恭墓、夏侯苏民墓、“三英墓”、任常伦铜像和群英亭、胜利亭、日观亭等。

胶东革命烈士纪念堂

胶东革命烈士陵园依山而建，陵园建筑掩映于苍松翠柏之中，碑亭林立，肃穆庄重，每年前来瞻仰的人达10万人次。 整个陵园林木葱茏，枫叶如丹，浮雕座座，碑亭林立，环境优雅。依山势分三路直通山顶。英灵山前麓，建

有气势恢宏的烈士纪念堂。为缅怀革命先烈，1980年，将纪念堂改建成革命战争历史展览室，共展出12位革命先烈的事迹。1991年又进行扩建，展示37位革命先烈的丰功伟绩，珍藏革命文物114件。

沿纪念堂后石阶而上，山顶高耸着胶东抗日烈士纪念塔。纪念塔高21.37米，塔身为六棱锥体，由960块豆青磨光花岗石组砌而成，塔上镌刻着胶东特委书记、胶东军政委员会主席、山东抗日救国军第三军司令员理琪等5716位烈士的英名。烈士芳名塔和永垂千古塔共镌刻着15134名烈士的英名。塔西屹立手握钢枪的山东军区一等战斗英雄任常伦烈士铜像。

英灵山松柏掩映，花草繁茂，各种纪念建筑物点缀其间，更显景色秀丽，如黛如染。每年多达几万人前来祭扫陵墓，缅怀先烈。1977年12月，胶东革命烈士陵园公布为省级重点文物保护单位。1988年1月，被列为山东省省级重点烈士纪念建筑物保护单位，1989年8月，被国务院批准列为第二批国家级重点烈士纪念建筑物保护单位。1995年1月，被命名为“国家级爱国主义教育基地”。

## 第二节 自然景点

**艾山自然风景区** 位于栖霞市区西北9公里处，总面积60平方公里，因产“灵艾”而得名。艾山自然风景区与“胶东天池”庵里水库、丘处机故里太虚宫、著名的胶东温泉艾麓温泉，组成一处山水相映、层次分明的风景带。

艾山山峰峭立，绝壁如削，沟狭涧深，林海松涛，集险、奇、幽、秀于一体，四季常绿，三季花艳。初春杜鹃盛开，万树吐绿映红霞；盛夏槐花漫天，群山叠翠飘香雪；金秋果满枝头，万紫千红溢果香；深冬凌寒挂树，银装素裹衬松翠，是名副其实的“人间仙境”后花园，气候宜人，空气清纯，是理想的天然氧吧和森林旅游、避暑胜地。其森林覆盖率达85%%，各类野生动物1008种，是天然的生态乐园。

艾山自然风景区景观全面，主峰挺拔高耸，气势雄伟。方圆60平方千米的山脉中，涧深林密，溪水潺潺，瀑布跌宕，花香馥郁。将军岭、点将台、卡石炮、菊花崖、插旗顶、雕鹘洞、皇姑塔、艾山庙、艾山石人，蕴含在景点当中，令人心旷神怡。艾山多奇石，石景30多处，如石人、石猴、海豚石、龟石、佛像等都给人栩栩如生的感觉。艾山有6处涌泉，其中温泉2处，冷泉4处，瀑布17处，壶口瀑布、迎仙瀑布落差达50多米，甚为壮观。

艾山瀑布

艾山三清观

艾山索道

牙山天鹅花

艾山景区内历史遗迹多，如西线的老君庙，中线的三清观、兵工厂，东线的山神庙、石围子等。21世纪初，修建艾山旅游索道，空中俯瞰，大自然美景尽收眼底。

**牙山自然风景区** 牙山位于栖霞城区东南22.5公里处，海拔805.8米。为胶东名山之一。因其主峰巨石耸立，形如锯齿，故称“锯齿牙山”。牙山是国家级森林公园，总面积10140公顷，森林面积6000多公顷，其中心游览区586.5公顷，森林覆盖率93.2%。景区内木本植物65科289种，草本植物600余种；鸟兽类200余种。牙山气候宜人，空气含氧量高，负离子多，湿度大，空气质量优，为天然氧吧，给人以清新、舒适的享受。

牙山林茂草丰，鸟语花香，溪流潺潺，四季如画，具有丰富美丽的生态系统和物种及景观特色。有省内最大面积的“山花”混交群，每年清明节前后，山杏花、山梨花、山桃花、山樱桃、野杜鹃、锦带花、天鹅花等山花相继绽放，万紫千红，招蜂引蝶，花期持续七个多月，整个牙山成为花的海洋；有国家重点保护树种水曲杉、鹅掌楸、紫椴、银杏和狗枣猕猴桃、坚桦、黄檗等稀有树种；有北方少见的大面积水杉林，有植于明清期间的古板栗，有各种松木。

在自然景观中，“三牙争雄”是必观之景。大牙居中，山势峥嵘，多奇石怪洞；二牙居右，为牙山主峰，两侧壁立，陡峭如削；三牙伏左前方，似蚕横卧，四面皆壁，山势险峻，俗有“大牙矮，二牙高，三牙只到二牙腰”之说。有隐仙洞、神龟石、羊头石、仙人石、风动石等，形态各异，形象逼真，引人入胜；有吃着中草药生长而肉质鲜美的牙山黑绒山羊和天然杏、桃、李、枣、樱桃、核桃、柿子、板栗、山菜等美味。

牙山有草庵庙、天宫院、永昌院、牙山寺等宗教庙宇遗迹，清初胶东著名的农民起义领袖于乐吾（于七）屯兵、鏖战留下的遗迹和遗址。

牙山庙宇

牙山可供开发利用于以森林氧吧为主的绿色养生生态旅游；以英灵山胶东抗日烈士陵园等为主的红色基地旅游；以奇石异景、区域特色为主的休闲观光旅游。具有秀美、幽静、古雅、奇险、美味的牙山国家森林公园正吸引着众多的客人来这里观光、探险、旅游、度假、养生，回归自然。

**崮山自然风景区** 位于栖霞市苏家店镇的东北部，北临龙口，东衔蓬莱，是蓬莱、龙口、栖霞的界山，分为南崮、北崮。

崮山山势跌宕，峰奇石怪，挺拔险峻，崮顶高耸入云，四周常有云雾缭绕，故有“南崮北崮，隔天一步”之说，山色空灵，景致壮观，被誉为“齐鲁小黄山”，又有“胶东小华山”之誉。由南崮、北崮和“香炉顶”组成的盆地，看山山青，观水水碧，林茂粮丰，瑞气充盈，成为历史兵家瞩目的战略要地。

崮山有众多颇具观光价值的景点，有“石臼”“石锅灶”“烽火墙”“崮山寺庙遗址”“石棋盘”等历史遗迹，也有“香炉顶”“神龟探头”“怪兽”“石青蛙”等惟妙惟肖的自然景观，伴有“龙王泉”“扳倒井”“点将台”“山神”“石龟奔海”“悟能拜佛”“虎龟竞技”等历史遗迹和自然景观的演义故事。

崮山“山神”

建国后经过封山育林，崮山栽松植果，崮山林地面积大增，乔木以黑松为主，随着树龄的增长，与崮山奇石相衬，观赏价值不断提高。林海茫茫，山花漫漫，景观引人入胜。春天逛崮山，胜似御花园；秋天逛崮山，胜过花果山。每当春夏之交，人们成群结队，前来登高望远，饱览胜景。崮山不但山清水秀、风景宜人，而且山上还有野葡萄、野樱桃和山核桃，还盛产富士苹果、板栗、山楂、红杏等优质干鲜水果。在游山同时品尝一下这些山珍，不但口味鲜美，而且清爽宜人，其乐无穷。

**马耳山生态旅游区** 位于栖霞市苏家店镇马耳山村，面积12平方公里。主峰马耳山海拔661米，山形如马耳，故名马耳山。这里沟壑幽深，草木葳蕤，层峦叠嶂，奇石林立，有胶东“张家界”之称。民谚曰：小柱山，宝珠顶，里三蹬，外三蹬；南北楼台隔涧望，灵落石对骆驼峰；将军帽，黑石帽，马头马牙连马腚；双蛙石，马奶泉，人参谷，雕鹘洞；石盆石缸、石门槛，天马湾里有石星。“马脖子”泥土厚实，山蒹子白茫茫的如厚厚的马鬃；“人参谷”泼绿凝翠，植物繁多，有人参生长于此；“白花谷”繁花似锦，姹紫嫣红，芬芳馥郁；“天马湾”清澈恬静，涟漪朦胧；“桃花坞”每年春天，野桃花、应山红盛开的时候，满山红遍，秀丽壮观。

马耳山秀色

**国路夼生态旅游区** 位于风光旖旎的国路夼村，村东有塔顶山，北有刁顶，西有盆子山，九顶五十峰，四季风光各不相同：春季百花争艳，夏日杨柳依依，金秋硕果累累，隆冬白雪皑皑。

在各级政府的大力支持下，国路夼人建起总面积为10.1平方公里的生态旅游区，包括“百果园”“山神谷”“仙人谷”3个景区，年接待游客6万人次。《喜临门》《山下那十八座坟茔》《苦柳》《生命跑道》《当家人》等十几部电影、电视剧在此地取景拍摄。

百果园景区占地14公顷，优质果树近百种，是供游客游览、观光、采摘、品尝为一体的大型木本植物园，是外地游人每年必到之处。春来赏花时，秋至品果天。身临国路夼，胜览桃花园。山神谷景区山石险峻，地貌奇特，怪石嶙峋，山间流水潺潺，空气清新，人文景观、自然景观美不胜收。有狼洞、南天门、绿野亭、松林氧吧、塔顶明珠、忆英亭、仙人指等美丽景观，有天然石雕动物园，园内有兔儿石、双龟石、鹰嘴石、卧虎石、九龙壁等怪石。

百果园景区鹰嘴石

仙人谷景区内有茶榭、扳倒井、饮马湾、仙人洞，有人面石、锦毛鼠、悟空受难崖、鹰嘴石、鹁鸪崖、万卷书等怪石，天造地设，鬼斧神工。

**唐山硼风力发电场** 位于市区东南5公里处翠屏街道十甲村南唐山硼顶上，东依十八盘自然风景区，西临著名的黄燕底连拱坝水库。2002年开始选址、勘探，此后，陆续在各个山头、平坡安装风力发电机组45台，总装机容量36950千瓦，总投资3亿元，年发电7500万千瓦时，实现销售收入5600万元。

唐山风力发电场的运行，使栖霞成为继烟台海岛——长岛县岛屿风力发电后一个非沿海地区风力发电县，给栖霞形成一道亮丽的风景线，每年春、夏、秋季节，到此旅游观景的人群络绎不绝。

唐山风力发电场

**十八盘自然风光** 位于栖霞城东栖桃公路中部，素有“百里公园”之称。十八盘公路位于栖霞城东15公里处，全长6华里，位于海拔508米的唐山东北峰。盘山公路蜿蜒曲折地旋于峰上岭间。电影《侦察兵》中的摩托车追赶场面就是在这里拍摄的。

中华人民共和国成立前，这里山高地险，交通十分不便。人称“要上十八盘，豁上筋骨断”。十八盘公路两侧林木茂盛，松柏参天，千岩竞秀，共有大小山沟417条。1980年始，在公路两侧搞小流域治理，共筑起石谷坊7000多

座，其中高标准的有300道。对两侧大小山岭进行绿化，现在的十八盘松柏参天，杨柳成荫。1999年，栖霞市政府将十八盘中心面积6400公顷区域划定为十八盘自然生态保护区。根据民间传说和神话传说中的十大景，建起蛇盘路、饮马湾、月明池、通天井及了望台等景观，乘车穿行其间，峰回路转，风光无限。

十八盘风光

## 第三节 休闲场所

**艾山温泉** 艾山以天然温泉著称，出自艾山东侧的艾麓温泉，常年水温保持在40℃左右，热效应好，日流量100多立方米。

据历史记载，“艾山东麓出如沸汤，澡可疗疾”。该泉含有钾、钙、铁、锡、碘、铜等多种微量元素及在医学上有重要价值的镭、铀、氡等微量放射性元素，对皮肤病、风湿性关节炎、腰肌疼痛等多种疾病疗效显著，艾山温泉有“神泉”之誉。

为保护和开发艾山旅游资源，2002年开始，栖霞市着手规划艾山温泉系列项目。青岛融基集团—融基(烟台)旅游开发投资有限公司获取开发权后，投资3000 万元兴建艾山温泉国际旅游度假村，度假村占地面积147公顷，是集旅游度假、温泉洗浴、休闲娱乐、客房餐饮、运动保健和会议培训为一体的三星级度假村。建有极具北方特色的四合院，花园式特色客房及富有乡村气息的木屋区。其中康乐中心占地3万平方米，包括室内温泉浴区、桑拿浴、木炭浴、火玉浴、泥土浴和热带雨林、休息大厅、各种室外温泉池及国际标准温泉泳池，可容纳2000人同时沐浴。

度假村有樱花苑、杏花苑、石榴苑、馨竹苑、桃李苑等园林式客房，床位220个。宴会大厅可供400人同时就餐。网球场、篮球场、足球场、排球场、门球场及高尔夫球练习场和133公顷山林狩猎场一应俱全。室外温泉水面积达1.1万平方米，分为露天风吕、艾山汤、露天风景、十二星座美女汤、七仙女汤及华清第二池等。

室外温泉浴

**高尔夫球场** 位于庵里水库旅游风景区内，周围群山苍翠，树木葱茏，库水碧蓝。进入21世纪后，该项目即着手规划筹建，2002年以后始成规模，球场集宾馆、温泉洗浴、游泳、健身、体育、水上娱乐于一体，是综合旅游度假观光乐园。27洞高尔夫球场，是改造自然起伏山坡设计建造的世界级国际标准的球场，自然落差50米穿山越谷的山地球道和人造湖中岛果岭，形成一道靓丽的休闲娱乐风景线。

高尔夫球场

**庵里水库** 位于栖霞市区北部，总库容7603万立方米，水域面积5.2平方公里，因海拔较高，人称“胶东天池”。水库四面环山，波光闪闪，宛若秀丽的江南水乡。水库盛产鱼虾，以白鲢居多，另有草鱼、鲤鱼、方鱼、罗非鱼等，每年捕捞5万多公斤。万花谷位于公山、母山之间，面积100公顷，峡谷幽深，树木苍翠。花果园位于观东村北侧，面积133公顷。漫山遍野种植苹果、桃树、山楂、葡萄等。

为做好渔业养殖和旅游结合工作，栖霞市充分利用庵里水库资源，建成了集旅游、垂钓、餐饮于一体的休闲旅游度假区，发展了网箱垂钓、驾船游钓、画舫餐饮等项目，日游客200多人，双休日近500人。

游 船

**翠屏公园** 在市区南端翠屏山，1988年始建，初为2公顷，后扩建至50公顷，于2002年10月1日正式对游人开放，规划为市级综合性公园，建有桥、亭、廊等建筑小品13处，雕塑8组40多座，栽植各种树木44400株。景区内森林茂密，楼阁掩映其中，沿石基缓步而上，随处可见繁花簇簇，香气扑鼻，站在山顶，栖霞城区一览无余。

翠屏出云是其一景，云出自翠屏山，该山四峰并立，苍松翠柏，郁郁如屏，每逢阴天，大雾漫天，烟云缭绕，似从山出，引人入胜。翠屏洞在翠屏山东峰，深两丈许，系明朝正德年间开凿，洞口朝北，砌有门楼、石门框、石窗，门上雕刻一个大“佛”字，洞内有一尊石雕南海观音像，盘坐莲花宝座。洞外有一石碑，阴刻“灵应如响”四字，系清同治十一年（1873年）栖霞县知事何立经题写。春、夏、秋，游人居多。

翠屏公园

**东山游园** 位于市区东山居民小区，1991年始建，1993年建成使用，游园占地4.7万平方米，规划居住区级小游园，有楼亭、健身器材、水池等建筑小品多处，环山路均为石质路面，周围栽植各种乔木15000余株，灌木7600余株。1999年3月，将东山游园东段占地约5600平方米的空地改建成露天广场，安装音响、高杆灯、

镭射灯等，成为市民锻炼身体场所，每天早晚，在此休闲、锻炼身体的市民络绎不绝。

东山晨练

**文化广场** 位于市中心区域，1998年建成，占地5352平方米。集露天影场、大型文体活动、健身活动于一体，安装有超大屏幕电视机，修建下沉式广场，安装镭射灯、流水灯等设施，增强夜色照明景观系统，游园周围安装各种不同型号、不同规格的健身器材。

文化广场

**山城湖游园** 位于文化路东侧，是城区内唯一湖泊。为搞好这一景区休闲旅游，1999年8月，市政府动员机关干部、广大市民以及栖霞驻军官兵对山城湖进行大力改造，清理淤泥，调换清水、周围进行安全加固，安装彩色灯光，新上音乐喷泉，布置了假山和奇形怪石，造就人造瀑布、水上走廊，购置了游船、动物形状人力水上玩具等，以水景为主， 因势就形建设成集水、电、声、光、色于一体的水上乐园。春夏秋季节，游人如潮。

山城湖游园一角

# 第三章 旅游文化

## 第一节 燕九节与民俗文化旅游节

**燕九节** 正月十九日为燕九节，是道教真人丘处机诞生纪念日。丘处机，栖霞滨都里村人，全真道教龙门派创始人。元朝开国皇帝成吉思汗念其道行深厚，并多次召见，还把北京白云观封赏给他。丘处机死后，尸骨葬于白云观邱祖殿香案下石座内。每年农历正月十九日，白云观都有燕九节盛会。“燕九”本意是“宴丘”，即用酒席祭祀丘处机，随着时间推移，叫白了，成为“燕九”。

北京白云观燕九节的风俗前后沿袭700多年，但其节日不知何时所终，栖霞的燕九节，直至1958年修庵里水库、村庄搬迁后才自然废除。20世纪90年代初，北京燕九节又兴起，节期3天，场面宏大。

栖霞县著名道观“滨都宫”，后称太虚宫，乃丘处机亲自带人所建。1958年，修建庵里水库将丘祖殿、范祖殿全部拆除，仙井也被夷平。1966年“文化大革命”时砖塔、石狮被毁，所有古迹荡然无存。1995年，为发展旅游事业，栖霞县投资3000万元，在原址、原基础上进行大规模复原性重建。进入21世纪后，栖霞市也恢复了燕九节，节期3天，为正月十九日至二十一日，地址在太虚宫。届时，节庆气氛浓郁，群众络绎不绝，广大艺人演出舞龙、旱船、高跷等传统节目，场面热闹非凡。

2002年群众参加燕九节盛况

**民俗文化旅游节** 栖霞民俗文化以牟氏庄园为载体，表现出自身的地域性、多样性和传承性，如大枣饽饽、抛绣球、迎亲娶亲、发大殡、剪纸、面塑、花边工艺、民间灯盏、大杆号演奏、各种鼓乐表演等等，都生动地反映了栖霞境内的农业生产习俗、家族习俗、衣食住行习俗以及人生礼仪习俗、节庆习俗等古老的民俗事项，这些民俗对继承和弘扬传统民族优秀文化，建设精神文明，都起到积极的作用。

为充分发掘这一宝贵遗产，自1999年开始，栖霞市每年的“五一”“十一”以及春节等重大节日，都组织举办特色独具的牟氏庄园民俗文化旅游活动。

节庆期间，旅游局、文化局等部门组织城乡广大艺人，开展多种有意义的节庆活动，主要包括，展现牟氏家族的历史和生活，组织艺人表演古装舞蹈，开展系列化的情景模拟活动，如老爷观灯、主仆出行、清妆表演、行旧礼等，真实再现牟氏家族兴盛时期的历史文化及生活情趣，营造浓郁的历史文化氛围；展现

牟氏家族的建筑文化，突出牟氏庄园的建筑特色；通过挂红灯笼、贴红门对、吹大杆号及剪纸比赛、织花边、扬花饽饽，增加和丰富地域文化和民俗文化的内涵。

2002年旅游节上举行清妆表演

## 第二节 旅游文化街建设

1988年1月，修葺一新的牟氏庄园经国务院批准，被列为全国重点文物保护单位。从此，牟氏庄园全面对外开放，年观光旅游者达20万人次。

1996年8月，香港《戏说乾隆》剧组专程到牟氏庄园，以庄园为背景，拍摄乾隆皇帝主持朝政及生活起居的镜头。

1997年以后，随着牟氏庄园影响力的不断加大，栖霞市委、市政府积极组织相关单位积极开发旅游产业，在牟氏庄园相继开发出多条旅游特色街，其中有风情街、文化街、百艺坊、农家乐等，各种不同的民俗文化风情尽现其中。届时，游客可以观看到艺人古装表演、大杆号表演以及古装舞蹈、跑旱船、舞龙等精彩演出。还会欣赏到老妈织布、毛驴推磨、丰收锣鼓和

著名民间艺人的棒槌花边、剪纸、刺绣等民俗工艺表演。游客还可以亲自参入，过一把少爷、小姐瘾，体验抢绣球、坐花轿的乐趣。

## 第三节 旅游服务

**旅行社** 栖霞市有交通旅行社、温馨旅行社、金乐源旅行社和金苹果旅行社，主要开辟国内外旅行业务，承接个人和团体旅行业务。

栖霞交通旅行社，是栖霞市成立最早的旅游业服务单位，建于2000年3月，属国有事业单位。经营雁荡山、千岛湖、普陀山、黄山、泰山、曲阜、厦门、拉萨、北京、庐山、青岛、海南岛、武夷山、南昌、井冈山、桂林、西安、洛阳、张家界、昆明、西双版纳、黄果树、成都、九寨沟、重庆和长江三峡等20多条国内主要旅游线路，承接齐鲁风光八日游的业务。

**悦心亭宾馆** 1952年，成立栖霞县政府机关招待所，1987年，更名栖霞县悦心亭宾馆，是栖霞市政府所属三星级宾馆，位于市区霞光路南繁华地带，总占地面积1.3万多平方米，建筑面积2万多平方米。宾馆拥有两幢客房大楼，两幢餐饮楼，是栖霞市规模最大的旅游涉外宾馆。拥有套房及各种商务标准间165间，设施配套齐全的各种会议厅14个。悦心休闲俱乐部集保龄球、棋牌、桑拿、洗浴于一体，设有SPR咖啡厅。餐饮部有20多个豪华包房，300多平方米的中档餐厅，700多平方米的会议餐厅，容纳900多人同时就餐。

悦心亭宾馆

**亨太大酒店** 建于2001年9月，二星级酒店。拥有中央空调，停车场、标准客房、豪华套间、会议室、闭路电视系统、电脑网络、保龄球馆、歌舞厅、桑拿浴、护肤中心等，餐饮部主营粤、鲁、川菜系，名师主理。

亨太大酒店

## 栖霞市主要景区旅游线路

1.牟氏庄园—太虚宫—庵里水库风景旅游区—高尔夫球场—艾山风景旅游区—艾山温泉度假村

2.牟氏庄园— 国路夼生态旅游区—胶东革命烈士陵园—牙山森林公园

3.牟氏庄园—崮山（南崮、北崮）—马耳山

4.牟氏庄园—黄燕底水库连拱坝—十八盘自然风景区—唐山硼风力发电场

主要景区旅游线路图

## 栖霞市主要景点民俗节日

表14–3

| 名 称 | 地 点 | 举办时间 |
| --- | --- | --- |
| 燕九节 | 太虚宫 | 农历正月19—21日 |
| 崮山寺庙会 | 苏家店镇 | 农历4月8日 |
| 牟氏庄园文化旅游节 | 牟氏庄园 | 4月28日至5月8日 |
| 牙山草庵寺庙会 | 牙山景区 | 农历6月19—21日 |
| 牟氏庄园金秋文化旅游节 | 牟氏庄园 | 9月28日至10月8日 |

## 栖霞市主要景区基本情况统计表

表14–4

| 景区名称 | 地 址 | 开放时间 | 景区联系电话 |
| --- | --- | --- | --- |
| 牟氏庄园 | 霞光路庄园南街6号 | 7:30—17:30（夏季）<br>8:00—17:00（冬季） | 0535—5228372<br>0535—5211694 |
| 太虚宫 | 迎宾路33号 | 7:30—17:30（夏季）<br>8:00—17:00（冬季） | 0535—5200799 |
| 高尔夫球场 | 松山镇母山后村东 | 9:00—22:00 | 0535—5479552 |
| 艾山温泉 | 松山镇艾山汤村 | 9:00—22:00 | 0535—5170777<br>0535—5070888 |
| 国路夼生态旅游区 | 桃村镇国路夼村 | 7:00—18:00 | 0535—5536003 |
| 胶东革命烈士陵园 | 桃村镇英灵山 | 全 日 | 0535—5494529 |
| 牙山森林公园 | 唐家泊镇牙山林场 | 7:00—18:00 | 0535—5060122 |
| 崮 山 | 苏家店镇后寨村 | 全 日 | 0535—5451001 |
| 马耳山 | 苏家店镇马耳山村 | 全 日 | 0535—5451001 |
| 十八盘自然风景区 | 翠屏街道十甲村东 | 全 日 | — |
| 唐山硼风力发电场 | 翠屏街道十甲村南 | 全 日 | — |

# 第十五编
# 金融业

中国工商银行栖霞市支行存储业务厅（2002年）

1978—1985年，栖霞县金融运行比较平衡，金融业取得稳步发展。全县有工商银行（与人民银行合并）、农业银行、建设银行、农村信用社、人民保险公司等5家支行（公司）级金融机构，全县各项存款余额为26229万元，其中居民储蓄存款余额为17863万元。

1994年，随着社会主义计划经济向市场经济过渡，金融行业实行体制改革，各专业银行开始向商业银行转轨，金融业务不断扩展，金融机构不断增加。银行业务由办理拨款、贷款、存款、结算等，增加到转账、信用卡、票据承兑、委托代理、国际存款、国际贷款、国际汇款、国际结算等。1998年，全市各项存款余额419443万元，其中居民储蓄存款余额达到347634万元。2000年，全市各项存款余额497054万元，其中居民储蓄存款余额396060万元。2002年末，全市支行（公司）级金融机构发展到15家，无证券业、典当业、信托业和拍卖行。全市各项存款余额650482万元，其中居民储蓄存款余额495282万元。

1952年9月，栖霞县成立保险支公司。1981年1月，中国人民保险公司栖霞县支公司成立，1996年4月，分别设立人寿保险公司栖霞市支公司和财产保险公司栖霞市支公司。到2002年，保险机构增加太平洋人寿、太平洋财产、平安人寿、平安财产、泰康人寿等公司。1989年，全县总保险金额129334.1万元，赔付金额230万元，1995年，全县总保险金额162023万元，赔付金额930万元，2000年，全市总保险金额520373万元，赔付金额1237万元。2002年，总保险金额461180.7万元，赔付金额1103万元。

# 第一章 金融管理机构

2002年，栖霞市共有支行级金融机构15个，支行级以下综合机构56个，储蓄所50个，包括银行、信用社、保险公司在内有各类机构116个，从业人员1723人。

## 第一节 银行管理机构

**中国人民银行栖霞市支行** 1985年，原人民银行人员全部划归工商银行，业务由工商银行代管，对外挂两个牌子。1985年，共有干部职工115人，下设桃村办事处、工业区分理处及城关、跃进桥、棉纺厂、144医院4个储蓄所。1986年7月，中国人民银行栖霞县支行独立行使中央银行职能，原来承担的储蓄存款、工商信贷业务全部划归中国工商银行栖霞县支行。

中国人民银行栖霞市支行办公大楼（2002年）

1990年8月，成立国家外汇管理局栖霞支局，与县人民银行合署办公，对外挂两个牌子。1995年3月，《中华人民共和国中国人民银行法》的颁布实施，用法律的手段确立了人民银行的地位、职能和性质。栖霞县支行依法监督管理金融业，防范金融风险，贯彻货币政策，作为基层中央银行的职能得到加强。1998年，人民银行管理体制改革，原由地方管理的党、团、工会工作划归中国人民银行烟台市中心支行，实行垂直管理。1999年，根据分业监管的要求，将保险业的监管工作上交保监会，人民银行专司对银行业监管。2002年末，内设7个科室，干部职工43人。

人民银行工作人员在办公（2002年）

**中国工商银行栖霞市支行** 1984年成立。1985年1月1日，由工商银行经办原人民银行办理的储蓄、结算、工商信贷业务。2002年末，除支行本部外，有桃村、臧家庄2个办事处，工业区、跃进桥、跃进路3个分理处和3个储蓄所，有营业网点9个，干部职工82人。

**中国农业银行栖霞市支行** 1980年7月成立。2002年末，除支行本部外，还有11个办事处、7个储蓄所，营业网点19个，干部职工244人。

**中国银行栖霞市支行** 1989年12月成立。当时主要行使外汇专业银行职能。随着专业银行商业化，其作为国有独资商业银行与其他银行已无区别。2002年末，除支行本部外，还有2个分理处、2个储蓄所，营业网点5个，干部职工74人。

中国银行栖霞市支行办公大楼（2002年）

**中国人民建设银行栖霞市支行** 1978年12月成立，主要负责基本建设拨款、贷款业务。1987年，归人民银行管理，开始办理储蓄、结算业务，成为真正的商业银行。1996年3月，改称中国建设银行栖霞市支行。2002年末，除支行本部外，尚有储蓄所3个，营业网点4个，干部职工94人。

**烟台住房储蓄银行栖霞市支行** 1992年6月，成立烟台住房储蓄银行栖霞县办事处，10月，改称为烟台住房储蓄银行栖霞县支行。2002年末，内设办公室、营业室、计划信贷科、会计出纳科、储蓄科、稽核科、票据管理中心7个职能科室。除支行本部外，下设4个分理处，5个营业网点，干部职工72人。

**中国农业发展银行栖霞市支行** 1996年11月8日，成立中国农业发展银行栖霞市支行，主要办理粮油收购企业存贷款业务的农业政策性银行，农业银行的粮油收购贷款业务归农业发展银行。2002年末，共有干部职工20人。

中国农业发展银行栖霞市支行（2002年）

## 第二节 信用合作社管理机构

**栖霞县（市）农村信用合作社联合社** 1976年设立，基层信用社与银行营业所合署办公。至1985年，全县有信用合作社23个，信用站546个。与农业银行合署办公，1994年3月，由县农业银行析出，独立办公，业务管理由中国农业银行烟台市分行管理。

1996年，根据《国务院关于农村金融体制改革的决定》，农村信用社与农行脱离行政隶属关系，农村信用社的业务管理和金融监管分别由烟台市农村金融体制改革领导小组办公室和人民银行承担。2002年，联社有5个乡镇信用合作社、19个信用分社、10个储蓄所，干部职工569人。

**栖霞县（市）城市信用合作社** 1993年6月成立。1999年1月，为适应金融体制改革要求，更名为栖霞市山城农村信用合作社，并划归栖霞市农村信用合作社联社管理。

## 第三节 保险业管理机构

1951年3月，成立中国人民保险公司栖霞县特约代理处，1952年9月，成立栖霞县保险支公司。1953年10月，县保险支公司撤销，成立莱阳专区中心支公司栖霞县营业所。1956年3月，营业所撤销，重设栖霞县保险支公司。1958年，县保险支公司再次撤销，其业务移交县财政局。1981年1月，重新成立中国人民保险公司栖霞县支公司，独立办理保险业务。1984年4月，升格为正科级公司，1985年末，公司下设25个代办站。1996年4月，中国人民保险公司栖霞市支公司分别设立人寿保险公司栖霞市支公司和财产保险公司栖霞市支公司。

**中国人寿保险公司栖霞市支公司** 1996年4月，财产、人寿险分业经营之前，中保人寿保险公司栖霞市支公司开办26 个险种，营销代理人员50人。1999年4月，中保人寿保险公司栖霞支公司更名为中国人寿保险公司栖霞市支公司。

2002年末，中国人寿保险公司栖霞市支公司下设庄园街道、松山镇、臧家庄镇、亭口镇、桃村镇、蛇窝泊镇、观里镇、苏家店镇8个营销服务部和4个城区展业区、4个直属展业部，有营销代办人员600多人。

**中国财产保险公司栖霞市支公司** 1996年4月，财产保险公司独立经营后，开办5个险种。1999年4月，中保财产保险公司栖霞市支公司恢复中国人民保险公司栖霞市支公司称谓。2002年末，财产保险公司有1个营销服务部。

# 第二章 货　币

## 第一节 人民币发行与管理

**人民币发行** 人民币发行方式是通过办理人民币存取款业务的金融机构的现金收付业务实现的。1962年4月，第三套人民币发行，共有7种券别，是国家第一次使用“水印”技术的人民币，该套人民币流通时间最长，2000年7月停止流通。1987年4月，第四套人民币发行，共有9种券别，第一次开始使用安全线技术。1999年10月，开始陆续发行第五套人民币，该套人民币增加20元券，取消2元、2角两个币种，采用一次公布分次发行的方式。市场流通的人民币除第四套、第五套外，还有第二套人民币的1分、2分、5分币仍参与流通。2000年4月，中国人民银行栖霞市支行发行库撤销，中国人民银行栖霞市支行停止办理人民币发行业务。流通纪念币是改革开放后由中国人民银行发行的一种新的货币品种，是既可以等价流通，又带有纪念性质的金属货币。自1984年10月，中国人民银行发行1套3枚“庆祝中华人民共和国成立35周年”的流动纪念币以来，至2002年，先后发行42套54枚，栖霞市每套都有发行。

**人民币管理** 是指人民银行对人民币纸币和硬币的流通、销毁、反假币等方面所作的一系列政策规定和建立的一整套监督执行机制。

残损人民币回收。中国人民银行栖霞市支行负责辖区内残损人民币的回收工作，1998年，全市回笼残损币12574万元，1999年，回笼残损币23111万元，2000年，回笼残损币7525万元。2000年4月，人民银行发行库撤销，不再办理此项业务。

禁止代币票券的发行和流通。根据《中国人民银行法》规定严厉打击印制、发售代币票券违法行为，维护人民币的法定地位和社会信誉。

反假人民币管理。80年代，对假人民币包括伪造的人民币和变造的人民币实行柜台收缴，当场没收。90年代以后，假人民币流通现象频发，损害人民币法定货币的地位和良好信誉，妨碍人民币的正常流通，损害国家和广大人民的切身利益。1993年，栖霞县缴获假币370张、17680元；1994年，缴获假币343张、23556元。人民银行针对假币上升势头，根据上级的要求，除经常进行反假宣传外，从1996年开始，每年6月份进行集中宣传，打击各种制假贩假行为，维护人民币的信誉和人民群众的利益。1997年，栖霞市缴获假币27张、335元；1998年，缴获假币723张、6925元；1999年，缴获假币1072张、11015元；2002年，缴获假币687张，共计19690元。

栖霞市人民银行组织各银行工作人员街头宣传人民币知识（2002年）

## 第二节 货币流通

人民银行对各金融机构下达现金投放和回笼计划，要求金融机构按计划执行。严格控制不合理的现金支付，建立健全大额现金支付登记备案制度。20世纪80年代初，人民银行制定《大额现金支付登记备案规定》，要求开户单位提取大额现金时，要如实填写登记表格，开户银行要逐笔登记，并定期向人民银行备案。1989年，根据经济形势和1988年颁布的《现金管理暂行条例》，加强现金管理工作，对全县违反《条例》的13家企业进行通报，罚款11380万元。加强银行账户的管理，堵塞现金支付的漏洞。

1993年以后，随着市场经济的不断发展，现金的流量逐步增大，货币投放额也越来越大，1995年，净投放达1亿元，1997年，净投放6.5亿元，1999年，净投放9亿元，2002年，净投放额达到8.5亿元。

## 第三节 金银管理

为加强对金银的管理，保证国家经济建设对金银的需要，1983年6月，国务院颁布《中华人民共和国金银管理条例》，规定金银由中国人民银行统一收购，除经中国人民银行许可、委托的以外，任何单位和个人不得收购金银，国家对金银实行统一管理、统购统配的政策。为促进金银生产企业的发展，1987年，人民银行开始对黄金白银生产企业发放金银专项贷款，到2002年末，有余额6505万元。

随着国家改革开放和国家政策的调整，金银市场逐步开放，金银价格与国际市场价格接轨。

**1985—2002年栖霞市银行现金收支情况统计表**

表15-1　　单位：万元

| 年 份 | 现金收入 | 现金支出 | 投放（+）或回笼（-） |
|---|---|---|---|
| 1985 | 74824 | 79252 | 4428 |
| 1986 | 87930 | 91210 | 5520 |
| 1987 | 103281 | 105233 | 3989 |
| 1988 | 157378 | 158576 | 1198 |
| 1989 | 181750 | 177989 | -3761 |
| 1990 | 192530 | 190984 | -1546 |
| 1991 | 264302 | 262066 | -2236 |
| 1992 | 373177 | 371101 | -2076 |
| 1993 | 516045 | 525746 | 9701 |
| 1994 | 499883 | 509385 | 9502 |
| 1995 | 818086 | 828366 | 10280 |
| 1996 | 908443 | 912840 | 4397 |
| 1997 | 1129204 | 1194264 | 65060 |

续表15-1

| 年 份 | 现金收入 | 现金支出 | 投放（+）或回笼（-） |
|---|---|---|---|
| 1998 | 1126192 | 1188086 | 61894 |
| 1999 | 1170640 | 1261119 | 90479 |
| 2000 | 1270009 | 1323988 | 53979 |
| 2001 | 1282490 | 1356003 | 73513 |
| 2002 | 1315611 | 1400429 | 84878 |

## 1986—2000年栖霞市黄金收购情况统计表

表15-2 单位：元/克

| 年 份 | 价 格 | 单价收购量 | 全年收购量 |
|---|---|---|---|
| 1986 | 28.8 | — | 13777 |
| 1987 | 32.0 | — | 44699 |
| 1988.01—06.30 | 32.0 | 2855 | 5992 |
| 1988.07.01—12.31 | 38.3 | 3137 | |
| 1989.09.30前 | 38.3 | 12150 | 34485 |
| 1989.09.30—12.31 | 48.0 | 22335 | |
| 1990 | 48.0 | — | 53525 |
| 1991 | 48.0 | — | 51474 |
| 1992 | 48.0 | — | 119816 |
| 1993.08.31前 | 48.0 | 86699 | 32305 |
| 1993.08.31后 | 96.5 | 23606 | |
| 1994 | 96.5 | | 165751 |
| 1995.08.20前 | 96.5 | 211515 | 311299 |
| 1995.08.20—12.31 | 92.7 | 99784 | |
| 1996.02.01前 | 92.7 | 9176 | 295595 |
| 1996.02.01—12.31 | 95.7 | 286419 | |
| 1997.07.01前 | 90.5 | 192259 | 1114798 |
| 1997.07.01后 | 88.0 | 922539 | |
| 1998.02.20前 | 88.0 | 13483 | 177667 |
| 1998.02.20—08.18 | 80.5 | 92226 | |
| 1998.08.18—10.12 | 78.2 | 23882 | |
| 1998.10.12—12.31 | 81.4 | 48076 | |
| 1999.05.31前 | 81.4 | 39511 | 87254 |
| 1999.05.31—6.30 | 71.6 | 38461 | |
| 1999.06.30—12.31 | 68.9 | 9282 | |
| 2000.01.01—02.29撤库前 | 68.9 | — | 5290 |

1986—1997年栖霞市白银收购情况统计表

表15-3　　单位：元/克

| 年份 | 单价 | 收购量 |
|---|---|---|
| 1986 | 0.40 | 2995 |
| 1987 | 1月0.45<br>2月0.55 | 4949 |
| 1988 | 7月0.85<br>10月0.65 | 575 |
| 1989 | — | — |
| 1990 | 0.65 | 1577 |
| 1991 | 0.65 | 144 |
| 1992 | 0.65 | 162954 |
| 1993 | 0.65 | 54787 |
| 1994 | — | — |
| 1995 | 1.33 | 92778 |
| 1996 | 1.25 | 3114 |
| 1997 | 1.17 | 7225 |
| 1998 | 市场放开 | — |

# 第三章 存　款

随着经济的不断发展，企业经济效益日趋好转，企业存款数量不断增加。同时，居民储蓄也得到快速增长。1985年，全县各项存款余额为26229万元，其中，居民储蓄存款余额为17863万元。到2002年末，全市各项存款余额达到650482万元，是1985年的18.3倍，其中居民储蓄存款余额为495282万元，且保持稳定的增长趋势。

1985—2002年，随着城乡经济体制改革的不断深入和多种经济成分的发展，商品经济发展日趋成熟，市场经济逐步建立和发展，城乡居民收入大幅度提高，居民生活开始从温饱型向小康型发展，除去日常开支外，手中结余资金越来越多。企业在对外改革开放的环境下，得到长足的发展，自有和可支配资金日趋增多，企业数量、规模不断发展和壮大，促进了各项存款业务的快速发展。近20年时间，各项存款共增加624253万元，年平均增加34681万元，其中，2002年，比上年增加84617万元。

## 1985—2002年栖霞市各项存款情况统计表

表15-4　　　　单位：万元

| 年 份 | 各项存款 | 其 中 | | | | |
|---|---|---|---|---|---|---|
| | | 居民储蓄 | 企业存款 | 财政存款 | 农村存款 | 外汇存款 |
| 1985 | 24377 | 17863 | 4634 | 1880 | — | — |
| 1986 | 28721 | 22434 | 4665 | 1622 | — | — |
| 1987 | 36415 | 29326 | 6717 | 372 | — | — |
| 1988 | 44555 | 37427 | 5962 | 1166 | — | — |
| 1989 | 60268 | 49735 | 5795 | 1564 | 3174 | — |
| 1990 | 75596 | 63766 | 8609 | 259 | 2943 | 19 |
| 1991 | 93952 | 78674 | 10739 | 552 | 3939 | 48 |
| 1992 | 115556 | 97186 | 13996 | -162 | 4472 | 64 |
| 1993 | 142916 | 123305 | 15424 | -418 | 4491 | 114 |
| 1994 | 196552 | 169532 | 22310 | 1089 | 3502 | 119 |
| 1995 | 261703 | 224453 | 32445 | -81 | 4752 | 134 |
| 1996 | 327334 | 283121 | 39913 | 1024 | 3067 | 209 |
| 1997 | 367315 | 312294 | 47865 | 2530 | 4184 | 221 |
| 1998 | 407687 | 347634 | 55142 | 1702 | 2855 | 354 |
| 1999 | 432096 | 364508 | 60782 | 1836 | 4674 | 296 |
| 2000 | 481475 | 396060 | 74203 | 3805 | 7008 | 399 |
| 2001 | 540212 | 444888 | 81923 | 6367 | 6470 | 564 |
| 2002 | 594745 | 495282 | 86692 | 5233 | 6854 | 684 |

## 第一节 居民储蓄

**银行储蓄** 1985年，全县居民储蓄存款余额为17863万元。从1991年开始，经济发展较快，城乡居民的收入渠道增多，储蓄存款迅猛增长。1992年，储蓄存款达到97186万元，1995年，达到224453万元，是1985年的12.6倍。

1996年始，存款利率连续下调，居民投资渠道拓宽，导致储蓄资金开始分流，除原有的国库券外，投资股票、保险、房产等也日趋增加，储蓄仍保持稳步增长。2000年4月1日，个人存款实名制开始实行。到2000年底，全市储蓄存款达到396060万元，比1996年增加14939万元，2002年末，余额达495282万元。

工商银行储蓄营业厅（2002年）

**邮政储蓄** 1986年11月，栖霞县邮电局设立邮政储蓄业务，吸收社会存款，利率执行国家统一标准。1987年，储蓄收入仅为1.57万元，1988年，储蓄收入达到10.1万元。1992年，储蓄余额首次突破亿元，达到13661万元，到2002年，储蓄余额8.5亿元。

### 1985—2002年栖霞市邮政储蓄统计表

表13-1　　单位：万元

| 年 份 | 储蓄余额 | 年 份 | 储蓄余额 |
|---|---|---|---|
| 1985 | — | 1994 | 14793.4 |
| 1986 | — | 1995 | 25243.7 |
| 1987 | 1.6 | 1996 | 35269 |
| 1988 | 10.1 | 1997 | 37207 |
| 1989 | — | 1998 | 42058 |
| 1990 | 3363.3 | 1999 | 49534 |
| 1991 | 7924.0 | 2000 | 60102 |
| 1992 | 13661 | 2001 | 74788 |
| 1993 | 13446 | 2002 | 84585 |

## 第二节 企业存款

1985年，全县的企业存款只有4634万元，主要是国营企业的存款。从1985年到2002年，存在着两个明显的发展阶段。

1985—1990年，企业存款仅增加1577万元，年均300多万元，企业存款增长乏力。1989年，栖霞成立清仓挖潜工作领导小组，从企业和专业银行抽调人员，在人民银行设置办公室，全年共排查出不合理占用资金4600万元，处理2990万元，协助企业清理三角债，全年共清理拖欠款9245万元，其中清理欠人款4403万元，清理人欠款4842万元。1990年，成立清欠办公室，人民银行发放贷款800万元，协调清理拖欠款1000多万元，是年，清理拖欠款16793万元，占全部拖欠款的81%。

1991—2002年，企业实力不断壮大，存款快速增长，11年增加50131万元，年均增加4557万元，是第一阶段的15倍。1991年，企业存款首次突破1亿元，达到10739万元，1998年，企业存款55142万元，比上年增加7277万元。2002年末，企业存款达到86692万元，比上年增加

4769万元。

### 第三节 农村存款

20世纪80年代，由于农村经济薄弱，村办企业没有形成规模，乡镇以下仅有部分大集体企业效益尚可，农村集体企业存款很少，到1989年，农村存款3174万元。1990年，农村存款2943万元，比上年减少231万元。20世纪90年代中后期，农村存款有所上升，1995年达4752万元。1998年，下降到2855万元。

到2000年，随着乡镇村以下的民营企业逐步增多，农村存款不断增加，2000年末，农村存款达到7008万元，创造农村存款历史最高点，2002年末，农村存款6854万元。

### 第四节 财政存款 外汇存款

栖霞财政存款一直不足，1985年，财政存款1880万元，此后几年陆续下降，到1990年，仅有259万元。1992年、1993年、1995年甚至出现赤字，到1999年，财政存款恢复到1985年的水平，余额1836万元。从2000年起，栖霞市财政存款余额达到3805万元，2002年，上升到5233万元。

20世纪80年代，栖霞县外汇存款很少，90年代，是栖霞市“三资”企业增加和发展较快的时期，外汇存款稳步增长。1990年末外汇存款余额19万元，1993年达114万元，1996年209万元，1998年354万元，1999年回落到296万元，2000年外汇存款399万元，2001年564万元，2002年外汇存款余额达684万元。

# 第四章 贷　款

### 第一节 贷款政策

80年代，贷款的管理执行计划管理模式，专业银行的贷款主要以限额管理为主，当时的贷款管理方式和经济发展状况造成贷款缓慢增长，1985年栖霞县贷款总额仅有1.9亿元，从80年代末，随着地方经济的发展和国家支持经济发展的一系列政策的出台，专业银行逐步调整经营策略，增大贷款投放力度，栖霞县的贷款每年都以1亿多元的规模增长，到1989年末达到5.6亿元，1992年贷款额首次突破10亿元。

90年代后期，随着专业银行向商业银行过渡，特别是1995年《中华人民共和国商业银行法》和新《中华人民共和国担保法》的出台以及1996年《中华人民共和国贷款通则》的实行，更加调动金融机构信贷投放的自主性和能动性，栖霞市的贷款规模每年都以2亿元速度增长，到1998年，贷款余额达到20.7亿元。1999年，由于资产管理公司的成立，栖霞市4家商业银行共剥离不良资产3.3亿元，在贷款规模回落的同时，栖霞市金融机构的资产质量有很大提高。2002年，配合地方政府旧城改造规划，栖霞市金融机构的信贷投放达到最高点，当年新增贷款5.5亿元，余额达到26.8亿元。

### 第二节 贷款种类

1985年，金融机构的贷款主要分为流动资金贷款和固定资产贷款，流动资金贷款再按项

目分类，分为农业、工业、商业、乡镇企业、建筑业等。同时，金融机构的贷款分类逐步过渡到按期限分类，即短期、中期和长期贷款，短期贷款再按项目进行分类。

**农业贷款** 由于经济发展和金融统计的需要，人民银行对农业贷款的口径进行多次调整，农业贷款主要包括农业企业贷款、农村集体贷款、农户贷款等。

1985—1988年，发放的农业贷款，主要是帮助农村集体购置农业机械、支持农田水利建设和农业多种经营发展，贷款需求不大，增加较少。1985年，贷款余额2201万元，1988年为966万元。从1989年起，农业贷款投向从支持购买农业生产资料、加强农田水利建设转向支持农业产业化调整，即支持农副产品加工业的发展，促使农业及农产品向附加值高、科技含量高方向发展，同时贷款也开始以较快的速度增长。

在1989—1994年的第一个快速增长期，每年的增加额都在1000万元以上，1990年达到1.2亿元，1994年达到2.2亿元。随着结构调整和金融机构贷款统计项目的变化，1995年农业贷款余额降到6391万元，成为1989年以来的最低点。

1996—1999年，4年间贷款进入第二个快速增长期，年均增加额在2000万元以上，1999年，贷款余额达到2.4亿元。

栖霞市农业银行营业厅（2002年）

2000年始，农业贷款除继续支持农业产业化调整外，又推出一个新的贷款品种——小额农户贷款，从而带动农业贷款继续保持高速增长。2000年贷款余额为2.5亿元，2001年达到4.7亿元，2002年达到6.4亿元。2000—2002年，3年增加的农业贷款达到3.8亿元，其中，小额农户贷款新增3亿元。

**工业贷款** 20世纪80年代初期，银行统管流动资金以后，企业发展生产所需流动资金由于留利水平过低，得不到相应补充，这一时期生产所需流动资金，全部由银行贷款解决，1985—1987年，贷款增长平稳，但数额不大，3年间共增加贷款3691万元，年均增加1200万元。

1988年，工业贷款首次突破1亿元，达到10634万元；1993年，突破2亿元大关，余额为23206万元；1996年，余额达到33574万元，1997年，余额达到44726万元；1998年，贷款为46209万元。此后几年，工业短期贷款陆续下降，剔除各家银行按照国家政策剥离的不良贷款外，还有统计项目两次调整的因素，统计中反映的仅是工业贷款中的短期部分，一年（含）以上的工业贷款反映在中长期贷款中基建和技改贷款中，2002年末，工业短期贷款余额为30972万元。

**商业贷款** 按照新的金融统计口径，商业贷款主要包括商业企业贷款、粮食贷款、收购农副产品贷款和其他商业贷款等。

1985年，全县的商业贷款余额为10154万元，随后商业贷款逐年增加。从1987年起，随着粮食流通体制的改革，商业贷款出现一些新的变化。由于栖霞是一个农业县，加上农副产品加工业的兴起和发展，商业贷款呈现出快速增长的发展态势。1987—1997年11年间，每年都有较大的增加，1990年商业贷款余额达到20528万元，1993年为29992万元，1996年为36748万元，1997年为42393万元，1999年达到历史最高点，贷款余额为50768万元。2000年商业贷款余额降到39138万元，2002年商业贷款余额降到36349万元。

**基本建设贷款** 基本建设贷款由于受信贷规模的限制，自从开办业务以来，发展缓慢。1985年，基本建设贷款余额仅有27万元，直到1989年才发展到1259万元。1991年余额增长到3144万元，1993年余额为4019万元，1994年余额达到4475万元。1995年基本建设贷款开始投向重点企业，支持其发展和壮大，增长速度逐渐加快。1995年余额为5537万元，1996年余额为9602万元。1998年余额为20738万元，达到历史最高点。2001年余额为3955万元。

至2002年，基本建设贷款新增8967万元，主要用于支持全市重点项目建设。

**消费贷款** 80年代，没有消费贷款，至90年代初，个人消费信贷业务开始发展，金融企业对个人的贷款主要是住房贷款、汽车消费贷款等，贷款客户不多，数额不大。进入21世纪后，发展势头强盛，2001年贷款余额达到3885万元，2002年末消费贷款余额达到9788万元，增长151.9%。

### 1985—2002年栖霞市各项贷款情况统计表

表15-5　　单位：万元

| 年份 | 各项贷款 | 其中 | | | | |
|---|---|---|---|---|---|---|
| | | 农业贷款 | 工业贷款 | 商业贷款 | 基建贷款 | 个人贷款 |
| 1985 | 17468 | 2201 | 5086 | 10154 | 27 | — |
| 1986 | 20338 | 2905 | 7358 | 9975 | 100 | — |
| 1987 | 25474 | 3352 | 8777 | 13175 | 170 | — |
| 1988 | 27580 | 966 | 10634 | 15040 | 940 | — |
| 1989 | 39331 | 9512 | 12601 | 15959 | 1259 | — |
| 1990 | 50850 | 11717 | 16944 | 20528 | 1661 | — |
| 1991 | 58403 | 12705 | 18999 | 23555 | 3144 | — |
| 1992 | 65280 | 14815 | 19218 | 27408 | 3839 | — |
| 1993 | 72500 | 15283 | 23206 | 29992 | 4019 | — |
| 1994 | 79389 | 21746 | 24769 | 28399 | 4475 | — |
| 1995 | 74324 | 6391 | 25648 | 36748 | 5537 | — |
| 1996 | 95181 | 11090 | 33574 | 40915 | 9602 | — |
| 1997 | 106228 | 13166 | 44726 | 42393 | 5943 | — |
| 1998 | 120380 | 20688 | 46209 | 32745 | 20738 | — |
| 1999 | 121928 | 23731 | 43472 | 50768 | 3957 | — |
| 2000 | 107436 | 25438 | 38779 | 39368 | 3851 | — |
| 2001 | 133977 | 46794 | 40205 | 39138 | 3955 | 3885 |
| 2002 | 153593 | 63562 | 30972 | 36349 | 12922 | 9788 |

# 第五章 结 算

## 第一节 结算方式

**现金结算** 80年代，现金结算主要是个人之间及单位支付给职工的工资、奖金等数额相对较少的资金收付行为，通过现金交易的数额大约占交易总额的10%左右。90年代以后，电子货币增多，现金结算呈下降的趋势，占交易总额的比重越来越小。

**转账结算** 在现实经济生活中，除现金结算外，有90%以上是通过银行办理转账结算。

1989年以前，栖霞的结算办法受计划经济体制影响，支付工具品种单调、结算方式单一，除支票外，汇票、本票基本退出结算领域，带有计划经济特点的托收承付方式被广泛采用。

随着改革开放的不断深入，各种交易活动引发的商业信用大量涌现，单一的支票流通难以满足信用发展的迫切需要。1989年，中国人民银行颁布《银行结算办法》，支付工具、结算方式开始增多，新的《银行结算办法》首次强调结算工具“方便、通用、迅速、安全”功能，开始向国际通行做法靠拢。

在结算改革中废止托收承付、托收无承付、付款委托书、保付支票、国内信用证、省内限额结算及信汇自带等7种结算方式和做法。由于存在着国家计划运转的一部分商品交易货款结算，于1990年又恢复托收承付结算方式。

1996年1月，《中华人民共和国票据法》正式颁布实施，随后中国人民银行也相继颁布《票据管理实施办法》和《支付结算办法》等结算规章，全市支付工具的使用和管理步入法制化轨道。这一时期的支付结算工具广义上分为票据类、信用卡类、信用证类、结算方式类。其中票据类分为汇票、本票、支票；信用卡类包括国有独资商业银行和股份制商业银行发行的各类信用卡；信用证分为国际跟单信用证和国内信用证；结算方式分为汇兑、托收承付、委托收款3种，栖霞市票据结算在全部结算业务中占比70%以上，是主要的支付结算工具。

## 第二节 联行清算

1985年，银行实行“实贷实存”的信贷资金管理体制，与之相应联行制度也进行配套改革。1985年4月，联行改为“自成联行系统，跨行直接通汇，相互发报移卡，及时清算资金”的办法。1987年，又将跨行直接通汇，相互发报移卡改为“跨行汇划款项，相互转汇”的办法。

1993年，人民银行担负着住房银行、城市信用社等大联行业务划转，同时各专业银行50万元以上的大额转汇、汇票解付全部通过市人民银行办理，共办理联行来账1525笔，金额129873万元，联行往账11233笔，金额125381万元。

2000年，中国人民银行济南分行开通特约联行汇兑清算系统后，中国人民银行栖霞市支行作为分中心参与，为辖内农村信用社、住房储蓄银行等区域性中小金融机构提供方便快捷的电子结算服务。

### 第三节 结算管理

80年代，结算管理为宏观管理，企事业单位多头开户。1991年，人民银行对企业多头开户进行清理整顿，共验收1651个存款账户，查出多头开户108个。1992年开始，广泛运用计算机处理会计账务，彻底摆脱手工记账方法。是年，对城区范围内各专业银行及农业银行24个营业所进行清理发证工作，共审批核发许可证9336个，清理多头开户246个。1996年，对全市62个办理综合业务的金融机构账户进行整理归类，实行微机管理，建立统一、完整、有序、科学的银行账户档案，当年共建立微机账户档案基本户3148个，一般账户304个，专用账户1054个，撤销违规建立基本账户265个。

### 第四节 票据交换

栖霞采取的是区域性票据交换，1987年始，当年票据交换153069笔，金额110022万元。1989年，扩大票据交换范围，增加3个基层处直接参加票据交换，由7家金融机构11个单位参加。1994年，修订完善《同城票据交换试行办法》和《票据交换工作质量奖惩办法》，提高同城票据清算质量和工作效率。2002年末，全市有13个单位参加票据交换，各票据交换单位提出票据56557笔，金额560297万元，汇划款2298笔，金额236985万元。

## 第六章 资金管理

### 第一节 工资基金管理

工资基金是一定时期国家或企事业单位支付给全体职工劳动报酬货币的总称。1960年始，银行配合有关部门实行工资基金支付监督，联合制发《工资基金监督管理暂行办法》。1989年，针对社会消费基金失控的状况，国务院再次发出《关于进一步加强工资基金管理监督的通知》。全县全民所有制的企事业单位、机关团体由劳动人事部门核准工资计划，并抄送开户银行，发放全国统一制发的《工资基金管理簿》，开户银行对工资支付进行监督。随着国家经济体制向社会主义市场经济的过渡，《工资基金管理簿》自动停止使用。

### 第二节 信贷资金管理

1949—1979年，信贷资金管理体制是“统存统贷”，即省以下的人民银行将吸收的存款全部上缴总行，贷款由总行层层分配计划。各基层银行只是上级银行计划的执行者，缺乏搞好业务经营的积极性。

1980年， 随着国家经济体制向有计划的商品经济的转变，人民银行对信贷资金管理体制进行改革，由“统存统贷” 改为“差额控制”，即人民银行总行对各地区只控制存贷款差额，在差额不突破的前提下允许多存多贷。1985年， 人民银行开始独立行使中央银行职能后，栖霞县的信贷资金管理体制大致经历两个阶段，即“实存实贷”和“比例控制”。

**实存实贷管理** “实存实贷”管理办法，是适应中国以中央银行为领导、专业银行为主体、多种金融机构并存的金融体系而建立的，并从1985年开始实施。“实存实贷”信贷资金管理办法的基本内容是统一计划、划分资金、实存实贷、相互融通。

**比例控制管理** 根据建立社会主义市场经济体制后新的金融体制的需要，90年代初，人民银行总行印发《信贷资金管理暂行办法》和《对商业银行实行资产负债比例管理的通知》。1994年，实行新的资金管理办法。

1995年以后，随着《中华人民共和国商业银行法》等一系列金融法律法规的出台和实施，比例控制管理办法更加完善。这个办法的主要内容是总量控制、比例管理、分类指导、市场融通。

## 第三节 利率管理

利率管理是国家的一项重要经济政策，随着市场经济的发展和金融体制改革的不断深入，利率作为调节国民经济的经济杠杆，其作用和影响越来越大。在20世纪80年代，国家为调节资金供应量和积聚更多的资金，逐步提高存贷款利率，到1989年，一年定期存款利率11.34%，八年期定期存款利率达到17.64%。

1990—1991年，为抑制储蓄高速增长，刺激经济增长，国家又先后三次调整利率，逐步下调利率水平。1993年，针对当时的物价上涨情况，又先后两次提高利率水平，并于1993年7月，对三年期以上定期存款实行保值，在90年代初期，利率政策在国家调控经济发展中发挥积极作用。

90年代后期到2002年，根据国家的经济发展形势，为刺激居民消费，扩大内需，国家多次调整利率，利率水平逐年下降，并于1995年7月1日，取消了八年期定期存款利率档次，1996年4月1日，取消三年期以上定期存款保值贴补政策。

到2002年2月，一年定期存款利率为1.98%，比1989年下降9.36个百分点。

# 第七章 外汇管理

## 第一节 管理体制

1979年以前，栖霞县对外贸易业务由外贸公司专营，外汇业务由中国银行独家经营，1983年9月，中国人民银行专门行使中央银行的职能，外汇管理成为中国人民银行管理职能的一部分，当时中国人民银行栖霞县支行承担全县的外汇管理职能。1990年，随着国家改革开放不断深入，外商投资企业渐多，成立外汇管理局栖霞支局，与中国人民银行栖霞县支行合署办公，从此，栖霞县外汇业务和外汇管理工作得到健康发展。

## 第二节 外汇兑换券

国家外汇体制改革前，新的汇率制度尚未建立，曾经发行过外汇兑换券，外汇兑换券具有准货币的性质。经国务院批准，1980年4月，中国银行开始发行外汇兑换券。外汇兑换券有100圆、50圆、10圆、5圆、1圆、5角和1角7种面值，分为1979年和1988年两个版别，其中，

1988年版只有100圆和50圆两种面值。外汇兑换券于1994年1月1日起停止发行，于1995年1月1日起停止流通。

## 第三节 外汇调剂业务

为改革统收统支的外汇分配制度，调动创汇单位的积极性，扩大外汇收入，改进外汇资源分配，从1979年开始实行外汇留成办法。留成外汇的用途须符合国家规定，有留成外汇的单位如本身不需用外汇，可以通过外汇调剂市场卖给需用外汇的单位使用。调剂外汇的汇率，原由国家规定在官方汇率的基础上增加一定的幅度，后逐渐放开外汇调剂市场汇率，随市场供求状况浮动。

1994年，外汇体制进行重大改革，实行人民币经常项目有条件可兑换。当年1月1日起，取消各类外汇留成、上缴和额度管理制度，对境内机构经常项目下的外汇收支实行银行结汇和售汇制度。境内机构经常项目外汇收入，除国家规定准许保留的外汇可以在外汇指定银行开立外汇账户外，都须及时调回境内，按照市场汇率卖给外汇指定银行，建立统一、规范、有效率的外汇市场。1994年1月1日，中资企业退出外汇调剂中心，外汇指定银行成为外汇交易的主体。对外商投资企业的外汇收支仍维持原来办法，准许保留外汇，外商投资企业的外汇买卖仍须委托外汇指定银行通过当地外汇调剂中心办理，统一按照银行间外汇市场的汇率结算。1996年7月1日起，外商投资企业外汇买卖纳入银行结售汇体系。

## 第四节 外汇经常项目业务

**进出口收付汇核销** 1991年1月1日，开始实行出口收汇核销制度；1994年8月1日始，实行进口付汇核销制度。出口收汇核销是指货物出口后，由外汇局对相应的出口收汇进行核销；进口付汇核销是指进口货款支付后，由外汇局对相应的到货进行核销。出口收汇核销和进口付汇核销制度，成为监督进出口外汇资金流动，进行经常项目下银行结售汇真实性审核，防范外汇资源流失和违规资本流动冲击的重要手段。

**账户管理** 境内机构经常项目下的外汇收入，除国家规定准许保留的外汇可以在外汇指定银行开立外汇账户外，都须及时调回境内，按市场汇率卖给外汇指定银行。1996年7月1日，外商投资企业外汇买卖纳入银行结售汇体系，同时外商投资企业的外汇账户区分为用于经常项目的外汇结算账户和用于资本项目的外汇专用账户。外汇局核定外汇结算账户的最高金额，外商投资企业在核定的限额内保留经常项目的外汇收入，超过部分必须结汇。2001年12月，允许具备一定条件的中资企业开立外汇结算账户。2002年9月，进一步统一放宽中外资企业经常项目外汇账户的开户条件，凡经有权管理部门核准或备案具有涉外经营权或有经常项目外汇收入的境内机构（含外商投资企业），经注册所在地国家外汇管理局及其分支机构批准均可开立经常项目外汇账户，在核定的最高金额内保留经常项目外汇收入。

**出国用汇管理** 1996年以前，出国用汇需经国家外汇管理局审批并办理核销手续。1996年12月，实现人民币经常项目可兑换后，取消出入境展览、招商等非贸易非经营性用汇限制，将出国用汇交由外汇指定银行管理。

**贸易真实性审核** 1999年1月1日，海关、外汇指定银行和外汇局之间的进出口报关单联网核查系统正式启动，便利企业进出口项目下结、售、付汇的真实性审核。

1998—2002年栖霞市出口收汇情况统计表

表15-6　　　　单位：美元

| 年 份 | 出口额 | 收汇额 | 其中结汇额 |
|---|---|---|---|
| 1998 | 12134314 | 10139510 | 10123531 |
| 1999 | 18549942 | 16472972 | 16409386 |
| 2000 | 36330083 | 36330083 | 39279564 |
| 2001 | 38926445 | 31042832 | 31042552 |
| 2002 | 58379656 | 51093171 | 51093171 |

## 第五节 国际收支统计申报

1996年1月1日起，国家实行国际收支统计申报制度。中国居民与非中国居民之间发生的一切经济交易都按照《国际收支统计申报办法》进行申报。1999年，栖霞市国际收支统计笔数共319笔，金额1111万美元；2002年866笔，金额3287万美元。其中，对公730笔，金额3204万美元。

栖霞市中国银行业务厅（2002年）

1999—2002年栖霞市国际收支情况统计表

表15-7　　　　单位：万美元

| 项目<br>年份 | 对 公 | | 对 私 | | 进口付汇 | |
|---|---|---|---|---|---|---|
| | 笔 数 | 金 额 | 笔 数 | 金 额 | 笔 数 | 金 额 |
| 1999 | 239 | 1095 | 80 | 16 | — | — |
| 2000 | 460 | 1769 | 39 | 16 | — | — |
| 2001 | 516 | 1935 | 129 | 59 | 29 | 74 |
| 2002 | 730 | 3204 | 136 | 83 | 30 | 164 |

# 第八章 服务业务

## 第一节 经理国库

1950年3月国家政务院颁布的《中央金库条例》，1985年7月国务院发布的《中华人民共和国国家金库条例》，1995年出台的《中国人民银行法》，都明确中国人民银行具体经理国库、组织管理国库是人民银行的一项重要职责。人民银行栖霞市支行，设有中华人民共和国国家金库栖霞市支库，其主要职责是准确及时地办理各项国家预算收入的收纳划分与报解，及时办理同级财政库款的支拨，按照国家财政制度的规定办理库款的退付。2002年末，财政预算收入共计3.287亿元，其中，地方收入1.665亿元，中央、省、地（市）三级收入为1.622亿元，全年实际支出为1.9亿元，退库4181万元。

## 第二节 代发工资 代收费用

1990年，中国建设银行栖霞支行开始代发工资，是境内最早代发工资的银行，当年为360户代发工资，月均代发工资10万元。2002年，工行、农行、中行、建行、住房行（恒丰银行）、农村信用社6家金融机构全部开办此项业务，每月代发工资增为19041户，月均代发工资额增为2948万元。

市内开办代收费用业务最早的是中国工商银行栖霞市支行，始于1996年。2002年，工行、农行、建行三家金融机构也开办此项业务，共为8家企业代收费用，月均代收金额264万元。

## 第三节 信用卡发行

1991年，中国银行栖霞支行发行信用卡，当年发行71张。到2002年，栖霞工行、农行、中行、建行、住房行（恒丰银行）、农村信用社都开始发行信用卡，共发行各种信用卡56079张，余额12116万元。

# 第九章 保　险

## 第一节 保险业务

1951年，县内开始牲畜保险，当年承保大牲畜1.91万头，承保额1338.61元，并对国家机关、国营企业和县以上合作社财产实行强制保险。1952年，增加自愿保险、财产保险。牲畜保险业务亦迅速扩大，财产保险费收入由1951年的2000元增加到4540元，牲畜承保数量发展到6.52万头，投保额达475.17万元。1953年，新增汽车运输保险、人身保险和普通火灾保险三项业务，保险费收入7.14万元。1954年，取

销农村保险业务。1956年，重新恢复农村保险业务。

1958年，增加公民养猪保险业务，12月，保险机构撤销，业务停办。1981年，重新恢复保险业务，首先开办企业财产保险，当年承保148户，投保额达1.8亿元。1982年，企业财产保险单位增至198户，并增加汽车及第三者责任保险，承保汽车218辆，投保额达379.7万元。1983年，新增一般家庭财产保险，其余两项亦发展较快，承保数量由1982年的416辆（户）增至716辆（户），投保额较1982年增长119.6倍。1984年，恢复停办31年之久的人身保险，新增运输保险及农业保险，运输承保数量增至2466辆（户），较1983年增长2.4倍，投保额达31728.7万元，比1983年增长18.5%。

1985年，全县保险业务增加到7种，其中企业财产保险承保数量389户，占85%，投保额达35亿元；汽车及第三者责任保险承保数量1666辆，占80%，投保额为3297.1万元；家庭财产保险承保户数183户，投保额为123.1万元；运输保险投保额为7639.3万元；农业保险投保额为8.8万元。其中大耕畜179头，奶牛15头，生猪6338头，家禽30428只，奶山羊、兔789只。种植业297642亩；自行车保险承保数642辆，投保额6.5万元；人身保险承保数4157人，投保额1726.3万元。全年共发生理赔案7536起，赔付金额119万元，占保险费收入的96%。

人寿保险公司栖霞支公司业务宣传（2002年）

1989年，全县保险金额129334.1万元，其中财产险106499.4万元，农业险160.3万元，人身意外险22674.4万元；保费收入553.7万元，其中财产险488.2万元，农业险8.5万元；赔付款支出230万元，其中财产险205.2万元，农业险3.5万元，人身意外险21.3万元。

1995年，保险金额162023万元，其中，财产险136591万元，农业险90万元，人身险19653万元，涉外业务5689万元；保费收入1901万元，其中财产险1385万元，农业险11万元，人身险477万元，涉外业务28万元；赔付款支出930万元，其中财产险889万元，农业险11万元，人身险9万元，涉外业务22万元。

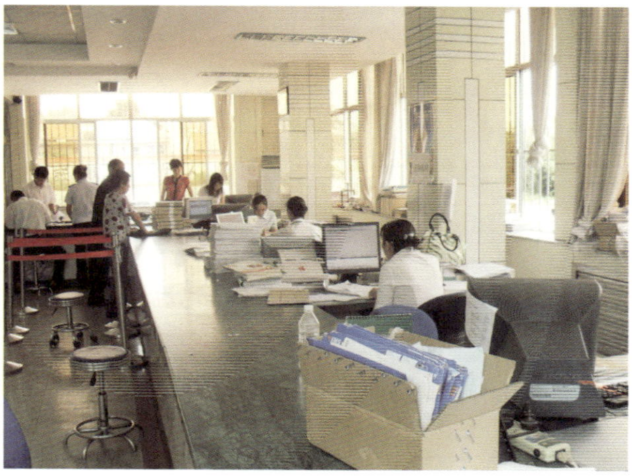

人寿保险公司栖霞市支公司业务厅（2002年）

财产保险公司栖霞支公司业务厅（2002年）

2002年末，国内业务合计保险金额461180.7万元，涉外业务保险金额225.7万元。财产保险公司全年保险金额101056.7万元，其中，财产险47321万元，机动车辆保险40571万元，货物运输保险12939万元；保费收入1658.4万元，其中财产险362万元，机动车辆保险1258万元，货物运输保险38万元，涉外业务0.4万元；赔付款支出766万元，其中财产险177万元，机动车辆保险587万元，货物运输保险2万元。人寿保险公司营销、直销长期保险金额8312.117375万元，短期保险金额473.348247万元。赔付款支出527.370851万元。1990年，全县投保金额达到144203.5万元，保费收入659.8万元，赔款支出378.7万元，2002年，全市投保金额达到461180.7万元，保费收入10443.4万元，赔款支出1103万元。

### 中国人寿保险股份有限公司栖霞支公司险种情况统计表

表15-8

| | |
|---|---|
| 老版险种 | |
| 1997版 | 88鸿利、99鸿福、鸿寿养老、66鸿运A、66鸿运B、重大疾病定期、重大疾病终身、个人养老金、养老还本、子女教育婚嫁金、福寿安康、独生子女两全 |
| 1998版 | 88鸿利、99鸿福、鸿寿养老、66鸿运A、66鸿运B、重大疾病定期、重大疾病终身、子女教育婚嫁金、福寿安康 |
| 新版险种 | |
| 1999版 | 安居定期、康宁终身、康宁定期、松鹤养老、松柏养老、英才少儿、祥和定期、子女教育A、子女教育B、如意两全、祥瑞终身、祥瑞终身还本 |
| 2000版 | 国寿99鸿福、金色夕阳养老 |
| 分红险 | 鸿泰两全、鸿瑞两全、鸿运少儿、鸿寿年金、鸿福相伴、千禧理财 |
| 意外险 | 团体人身意外伤害、人身意外伤害、学生、幼儿定额保险、温馨卡、君安卡、安通卡、全家福B、建筑工程意外险、司乘险 |

### 1989—2002年中国人寿和财产保险公司栖霞市支公司业务情况统计表

表15-9　　单位：万元

| 年 份 | 总保险金额 | 总保费收入 | 总赔付金额 |
|---|---|---|---|
| 1989 | 129334.1 | 553.7 | 230.0 |
| 1990 | 127862.4 | 566.5 | 269.7 |
| 1991 | 144203.5 | 659.8 | 378.7 |
| 1992 | 177477.0 | 785.0 | 654.0 |
| 1993 | 176436.0 | 1942.0 | 1334.0 |
| 1994 | 1544928.0 | 16563.0 | 8174.0 |
| 1995 | 162023.0 | 1901.0 | 930.0 |
| 1996 | 253760.0 | 2098.0 | 902.0 |
| 1997 | 191299.0 | 2706.0 | 1053.0 |
| 1998 | 401129.0 | 3850.0 | 1208.0 |
| 1999 | 846930.0 | 4993.0 | 1325.0 |
| 2000 | 520373.0 | 5748.0 | 1237.0 |
| 2001 | 531163.0 | 7347.0 | 1247.0 |
| 2002 | 461180.7 | 10443.4 | 1103.0 |

## 第二节 赔案选介

2002年5月，蛇窝泊镇荷叶村保户林某家中盖房子，房屋不慎倒塌，将蒋某砸成重伤，经抢救无效死亡。1999年，林某在中国人寿保险公司投保99鸿福保险5万元、鸿寿养老保险5万元、重大疾病保险2万元。栖霞支公司接到报案后，迅速组织人员进行现场查勘，确认事故原因和责任，立即向上级公司汇报，只用15天时间，就全部结案赔付。按照保险条款规定，99鸿福保险给付5.75万元、鸿寿养老给付双倍共10万元、重大疾病给付6万元，另外，鸿寿养老保险还全额退还所交保费，共计赔付24.5万元。

2002年7月，臧家庄镇中学生保户范某，不幸患上白血病，治病花费2万多元后，再无钱继续治疗，学生家长拿着“学生团体平安保险”保单找到中国人寿栖霞支公司要求理赔，栖霞支公司当天便将2万元预付赔款送到烟台毓璜顶医院。

1999年8月1日，栖霞市鲁FE2137号平头解放大货车车主向中国人民保险公司栖霞市支公司投保，车损保险金额12万元，第三者责任保险金20万元，并投保相应附加险，向保险公司交纳保险费6660元。该车于1999年12月3日自栖霞向广州运苹果。12月4日晚，经湖北黄冈武穴市高速路段时，因驾驶员不太熟悉路线，跑错方向，调头时，与顺行的闽H80282号皇冠车迎头相撞，造成皇冠车当场报废，车上人员死亡2人、重伤3人（八级伤残2人、十级伤残1人）。大货车车损1万余元，损失总额70余万元。经武穴市交警部门认定，大货车车主负主责，皇冠车负次责，大货车负责经济损失总额的70%，皇冠车负责30%。根据保险条款、保险合同的规定以及大货车车主的投保情况，人民保险公司查勘后预付大货车车主赔款10万元，结案后再付赔款近11万元，共计赔款近21万元。由于大货车车主第三者责任保险只投保20万元，因此还要承担交警部门认定的保险公司赔付后的损失。

1999年8月15日，栖霞市栖霞镇南丁家沟村孙某向中国人民保险公司栖霞市支公司投保家庭财产保险，保险金额9万元，交付保险费360元，2000年4月27日20时左右，孙家因烟囱周围倒火引起房屋着火，发生火灾。大火烧毁房屋3间、冰箱1台、彩电1台、组合柜1套及衣服行李等物品。经人民保险公司查勘定损，共赔付孙某损失22520元。

2002年9月6日，栖霞市蛇窝泊镇鲁FF0020号机动车车主向中国太平洋财产保险股份有限公司栖霞营销部承保机动车辆保险，期限1年，交纳保费2137.11元，承保项目为车损3万元、第三者责任10万，不计免赔及其他。10月19日18时10分，车主驾车行驶至观里收费站附近时，与鲁F26117车相撞，造成双方车辆受损。在接到报案后，理赔人员迅速赶往现场，帮助保户协调相关事宜。该事故经交警处理后，认定该车车主负全部责任，标的车和第三者车损失约2万元。鲁FF0020号机动车车主是一位农民，车辆系贷款所买，每月要向贷款银行还款，家庭经济拮据。针对这一情况，营销部多次催交单证。一个工作日将案子办结，并于次日将该案送交烟台中心支公司审批，车主7日内得到赔付19367.64元。

## 其他保险公司营业情况

**中国平安人寿保险股份有限公司烟台中心支公司栖霞营业区** 成立于2001年1月，开办传统保险、分红保险、投资保险、健康保险等4大保险品种，其中传统保险有平安育英年金保险、子女教育保险等17个险种；分红保险有平安鸿利、鸿鑫、鸿盛、世纪彩虹等10个险种；投资保险有世纪理财投资联结保险、平安智富人生终身寿险（万能型）两个险种；健康保险有平安康泰、康盛、康顺、常青树、康乃馨等5个险种。2002年末，共有1万多名客户，总业务规模达1000多万元，累计支付各类生存金、赔偿金200多万元。

**中国平安财产保险股份有限公司烟台中心支公司栖霞营销服务部** 成立于2001年2月，2002年末，总业务规模达1000多万元，累计支付各类赔款近200万元。开办5大类60多个险种。

**中国太平洋人寿保险股份有限公司烟台中心支公司栖霞营销服务部** 成立于2002年12月，开办人寿、年金、健康、意外伤害等保险品种，形成太平盛世、老来福等系列产品。

**中国太平洋财产保险股份有限公司烟台中心支公司栖霞营销部** 成立于2001年8月，2002年末，共有干部职工8人，内设办公室、业务科、理赔科3个科室，并在桃村、臧家庄、蛇窝泊设立3个代办点，开办险种10余个。成立之初，主要开办险种有机动车辆保险、企业财产保险、雇主责任险、家庭财产保险等。2001年，共承保车辆179辆，承保金额50万元；企业财产3家，承保金额5.1万元；雇主责任险1家，承保金额1万元；家庭财产10家，承保金额0.8万元。共实现保费收入56.9万元，赔付支出1万元，占保费收入的1%。

2002年，增设意外险、个体工商户保险、建工险等险种。年内承保车辆增加到683辆，投保金额达180万元；企业财产保险单位增至14家，承保金额达22万元；雇主责任险增至2家，承保金额达1.5万元；家庭财产保险增至59户，承保金额1万元，其他险种承保金额16万元。共实现保费收入220.5万元，发生理赔案162起，赔付金额57万元，占保费收入的25%。

**泰康人寿保险股份有限公司烟台中心支公司栖霞营销服务部** 成立于2002年9月，辖5个营业部，现有业务人员130人，其中管理人员3人。主要经营养老、大病、储蓄、医疗、保障等五个大类、20多个险种。

# 第十六编
# 财政 税务

栖霞市地方税务征收大厅（2002年）

1985年之前，栖霞县的财政收入主要依靠农业。1985年之后，栖霞开始拓宽财政收入渠道，加强财源建设，壮大地方财力，收入结构逐步转变为主要取之于工商业。1985年，全县财政收入完成4277万元，财政支出2293万元。

1986年之后，栖霞县财政管理工作不断适应经济体制改革新形势，细化预算编制，强化收入入库协调与调度，科学安排不同经费供给办法，加强支出管理，保证地方公益事业发展和公务人员工资待遇的正常支出。1993年，全县财政收入完成8613万元，财政支出7327万元。1995年，全县财政收入完成7156万元，是1985年的1.7倍，财政支出10656万元，是1985年的4.6倍。1998年，全市推行乡镇党委书记、乡镇长财源建设标志工程；1999年，市政府制定《栖霞市财源建设考核奖励办法》。这些举措，有效地促进了财政收入的增长。2000年，省政府把栖霞列为全省转移支付县，当年调减栖霞体制上解基数800万元，补助200万元，2001年又调减上解基数1100万元。2002年，全市完成财政收入16052万元，财政支出32162万元。

1995年以后，进行税收征管改革，国税、地税均加强税收网络建设，推行网上监督、监管，集中征收，全面申报，重点稽查的征管模式。建立岗位目标管理考核和优质高标准的服务体系，按照国家税收法律法规，规范执法工作标准，不断加大税收征管工作力度，税收入库得以顺利实现。1985年，全县完成税收3795.9万元。1990年，全县完成税收5693.5万元。1994年，国税局完成税收10731.9万元，地税局完成2779万元。2002年，国税局完成税收2.16亿元，地税局完成1.012亿元。

# 第一章 财　政

## 第一节 管理机构

1956年10月，栖霞市财政局成立。1988年8月，栖霞县财政局成立山东烟台会计师事务所栖霞分所，副科级自收自支全民事业单位；成立栖霞县控制社会集团购买力领导小组办公室，为副科级事业单位，1993年11月撤销，1998年改建为山东烟台栖霞会计师事务所，同时与财政局脱钩，为独立企业法人。1990年，栖霞县税收、财务、物价大检查办公室成立，为副科级事业单位，1993年11月撤销，1996年重新成立，1999年8月30日改称栖霞市财政监督管理处。1991年，国有资产管理局成立，为副科级单位，1993年11月撤销。

1992年，栖霞县资金管理处成立，副科级事业单位；1994年8月，重新成立国有资产管理局，为正科级单位。栖霞县国有资产经营公司成立，2001年4月撤销，同年11月重新成立，为副科级事业单位；成立栖霞市住房资金管理处，副科级事业单位，与国有资产经营公司合署办公，编制7人。1996年，栖霞市预算外资金管理处成立，为副科级事业单位；成立栖霞市农税征收管理处，副科级事业单位；栖霞市产权交易所成立，为副科级事业单位。1998年，栖霞市行政事业性收费征收管理处成立，正科级事业单位。1999年8月，栖霞市政府采购办公室成立，副科级事业单位。2001年，国资局改为副科级行政单位；栖霞市会计事务管理处成立，副科级事业单位。2002年，栖霞市财会培训中心成立，为副科级事业单位。

## 第二节 财政管理体制

**县级财政体制** 1982—1987年，烟台市对栖霞县实行“总额分成”的管理体制。凡原实际分成比例低于省对市分成比例的，按县（市、区）的实际分成比例确定，凡原实际分成比例高于省对市分成比例的，一律按省对市的分成比例分成，不足部分给予定额补助。

1988—1993年，实行“定额上交加比例递增”的体制办法。栖霞县收入基数为3266万元，支出基数为1942万元，定额上交基数为1324万元，递增上交比例为8%。

1994年以后，实行“分税制”的财政管理体制。栖霞县仍继续递增上交，包干上交递增比例为8%，收入增长8%以上的部分，市里不再参与分成。

**乡镇财政体制** 1986年，设立乡镇级财政，栖霞县乡镇财政管理体制是，1986—1987年，核定收支、总额分成加增长分成，一年一定。具体解释为，按核定的收支基数，确定总额分成比例。凡分成比例低于烟台市对栖霞分成比例44.9%的乡镇，按总额分成比例分成，实际收入比基数增长部分再按烟台市对栖霞的分成比例的80%给予增长分成；凡分成比例高于烟台对栖霞分成比例的乡镇，按烟台对栖霞分成比例44.9%分成，分成收入不足支出基数的部分，由市财政给予定额补助。实际收入比基数增长部分也给予烟台对栖霞分成比例的80%的增长分成。

1988—1994年，乡镇财政体制为核定收支，总额分成加增长分档分成。具体解释为，凡分成比例高于烟台对栖霞分成比例的乡镇，按烟台对栖霞的分成比例执行，执行比例与实际分成比例的差额由市给予定额补助；凡分成比例低于烟台对栖霞分成比例的乡镇按实际分成比例分成。为调动乡镇组织收入的积极性，在烟台市对栖霞增长分档分成办法的基础上增加乡镇的增长分成比例。增长分档分成的比例确定为，比上年增长10%以内部分，增加分成10%，增长10%以上的部分，按全留一半比例增加乡镇分成（即按增长10%部分的比例与全留之差的一半的比例再增加分成）。此法不仅将增长分成全部留给乡镇，而且烟台市还拿出相当一部分财力补贴乡镇的增长分成。

1995—2002年，乡镇财政体制为核定收支，包死基数，短收不补，超收分成。具体解释为，财力基数大于支出基数部分，全额上交，财力基数少于支出基数，差额部分除连家庄、占疃、刘家河按100%定额补助外，其余乡镇按90%予以定额补助；当年收入达到收入基数的乡镇，市财政不补，当年收入比收入基数增长8%以内的部分乡镇不分成，超8%以上部分乡镇分成60%（其中，增值税的25%增长部分按80%分成），烟台市分成40%。

## 第三节 财政管理

**行政事业财政管理** 1949—1978年，栖霞实行统收统支的财政支出管理体制。1980年，为适应“分灶吃饭”的财政支出管理体制，对不同类型的行政事业单位实行不同的预算包干办法。

全额预算管理单位实行“预算包干，超支不补，结余留用”办法。即财政部门核定的年度经费预算（个人经费按照实际人员的工资项目计算，公用经费按照经费定额计算）全部包干给使用单位，超支部分财政不予补助。年终包干结余全部留归单位支配，主要用于弥补经费支出。没有收入的行政部门和党政机关实行这种办法。

差额预算管理单位实行“定收入、定支

出、定补助，超支不补、结余留用”的办法。即由财政部门全面核定单位的收入支出，对收支相抵的差额部分，实行定项或定额补助，增收节支结余留归单位使用，减收超支财政不予补助。医院、剧团、机关幼儿园等单位实行这种办法。

有稳定的正常性收入，可以解决本单位正常性支出，但不具备企业管理条件的单位，实行自收自支管理。对自收自支单位，实行“核定收支、增收节支留用、减收超支不补”的办法。

主体从事经营服务的单位实行“企业化管理”，事业单位实行企业化管理的单位，财政部门不予拨款，但享受国家对事业单位的优惠政策，单位性质不变，任务不变，会计核算方法可参照同类企业，工资待遇可继续执行原事业单位的规定，也可参照同类企业的办法，但不得同时享受两种待遇。

对行政事业单位实行不同方式的财务管理模式一直沿用到1997年。

**预算外资金管理** 1986年12月至1998年11月，栖霞县人民政府先后制定《栖霞县县级预算外资金管理试行办法》《栖霞县预算外资金管理暂行规定》《栖霞市预算外资金管理暂行规定》《栖霞市预算外资金管理实施办法》《栖霞市人民政府关于行政事业性收费、罚款收入实行统一征收管理的暂行规定》。

1999年1月，栖霞市实施“票款分离”收支两条线管理。2001年10月，清理106个行政事业单位的银行账户，撤消账户113个，保留账户212个，颁发《栖霞市行政事业单位银行账户管理办法》。

**控制社会集团购买力** 主要是对机关、团体、部队、学校、企业、事业单位等在市场上购买非生产性商品进行控制，以减少非生产性支出。

1981—1998年，对社会集团购买力一直采用指标控制、专项审批的办法，即上级控办每年下达社会集团购买力控制指标，各单位在购买规定的控购商品时，填报社会集团购买力审批表，由财政部门按照审批权限逐级上报审批，批准后方可购买。县控办负责审批收录机、多用机、电唱机和家具等6种专控商品，其余高档专控商品由省控办和烟台控办审批。1994年，为适应社会主义市场经济新形势，控购工作在坚持适度从紧政策的同时，把工作重点逐步转向抑制超前消费、保证财政收支平衡和工资发放、促进党风和廉政建设上来。1996年以后，根据上级统一部署，配合纪检部门清理整顿行政事业单位超编、超标准小汽车，整顿控购秩序，减轻财政和企事业单位的负担，有效控制消费性支出的增长，对抑制通货膨胀，促进廉政建设，保持经济健康发展起到积极作用。

**公费医疗管理** 1985年以前，一直实行全额报销的办法，随着机关事业单位人员的增加，公费医疗支出压力逐年增大。

为控制公费医疗支出，1992年9月，栖霞县印发《栖霞县公费医疗管理办法》，成立公费医疗管理委员会，由县政府分管领导和县财政局、卫生局、人事局、老干局等有关部门的主要负责人组成，负责领导全县的公费医疗管理和改革工作，明确公费医疗经费的开支范围。实行定点医疗制度，确立公费医疗定点医疗机构和转诊制度，将县级享受公费医疗的单位划分为A、B、C三个类型。其中，A、B两个类型为统一管理单位，C类型单位实行“单位管理、定额包干、超支不补、结余留用”的管理办法。

对统管单位的公费医疗实行“医院管理、定额包干、超支分担、结余留用、个人适当负担”的管理办法。对统管单位经组织人事部门批准，安置在县外居住的离休、退休人员的医疗费用由所在单位管理。“定额包干、超支不补、结余留用”。

对享受公费医疗的统管单位医疗费用，按年龄实行定额包干，超支部分由超支单位和医疗单位、县财政共同负担。包干基数内的结余全部留给定点医院作为职工奖励。在职职工本人负担医疗费的20%，退休职工负担个人负担10%，个人负担总额超过100元以后，其自负比例改为3%，离休人员和二等乙级以上革命残废军人医疗费实行实报实销，不与个人挂钩。后在实际执行中根据实际情况有所调整。

**工资管理** 1985年以后，各个单位设会计，工资由各单位分散发放。1998年6月，市直单位工资实行统一发放，市财政在建设银行设立个人帐户，建立个人工资卡，每月定时将工资打入工资卡，个人随时可以提取当月工资。对各单位增加人员实行“市长一支笔”审批制度。2001年前，乡镇教师工资由所在乡镇财政负担。因部分乡镇财政收入过低，赤字较大，教师工资时有拖欠，为改善这种状况，2001年以后，乡镇教师的工资由市财政统一代发，保证教师工资及时、足额发放，解除教师的后顾之忧。

**农业财务管理** 1985年之前，农业财务管理机构是农业科，1985年后，改为农财股，其职责包括管理农业特产税、农业税、契税、耕地占用税等农税业务；1997年，农财股改名农财科，农税单独成立机构；2000年，农财科改名为农业科。

1985—1997年，财政支农方式主要为争取和发放有偿周转资金，包括财政支农周转金、农发周转金和国际农发基金贷款。1991年，陆续争取到国际农发基金贷款，协议总贷款额达到1696万元，主要用于农业企业项目和农业生产服务项目。1992年，针对农业、林业、水利等部门安排农业综合开发专项资金，特别是从1995年开始，每年安排100余万元专项用于农业综合开发项目。1997年，全市实施粮食自给工程，总计投入财政资金225万元，发展一批高效、优质粮食产田，提高全市的粮食自给能力，确保粮食安全。

1997年以后，按照上级政策，支农方式转变为无偿拨款，加大对农、林、牧、副、渔业的扶持力度。2000年，安排300多万元的专项资金用于果品宣传，促进了果业发展，树立栖霞市的果业品牌。2002年，上级财政在栖霞市实施“双增工程”，官道镇为省级“双增工程”镇，苏家店镇、亭口镇为烟台市级“双增工程”镇，为促进财政增效、农民增收奠定良好的基础。年末，全市征收农业税、农林特产税5064.3万元，其中，特产税3198.5万元。

### 1990—2002年栖霞市农业税、农林特产税征收情况统计表

表16-1　　单位：元

| 年份 | 农业税 | | | 农林特产税 | | |
|---|---|---|---|---|---|---|
| | 小计 | 正税 | 附加 | 小计 | 正税 | 附加 |
| 1990 | 3473515 | 3020448 | 453067 | 5016000 | 4560000 | 456000 |
| 1991 | 3573143 | 3107081 | 466062 | 6743000 | 6130000 | 613000 |
| 1992 | 4419549 | 3843086 | 576463 | 8684500 | 7895000 | 789500 |
| 1993 | 5407416 | 4702101 | 705315 | 8503000 | 7730000 | 773000 |
| 1994 | 8319684 | 7234508 | 1085176 | 11400000 | 11400000 | — |
| 1995 | 8141953 | 7079959 | 1061994 | 17850000 | 17850000 | — |

续表16-1

| 年 份 | 农 业 税 | | | 农林特产税 | | |
|---|---|---|---|---|---|---|
| | 小 计 | 正 税 | 附 加 | 小 计 | 正 税 | 附 加 |
| 1996 | 12043710 | 10472791 | 1570919 | 20495000 | 20495000 | — |
| 1997 | 10086712 | 8771054 | 1315658 | 27262083 | 27262083 | — |
| 1998 | 11512329 | 10010721 | 1501608 | 32160000 | 32160000 | — |
| 1999 | 10622672 | 9237106 | 1385566 | 39380000 | 39380000 | — |
| 2000 | 9138450 | 7946478 | 1191972 | 52327370 | 52327370 | — |
| 2001 | 7545771 | 6561540 | 984231 | 50918585 | 50918585 | — |
| 2002 | 18658009 | 13327149 | 5330860 | 31984705 | 26653921 | 5330784 |

**住房资金管理** 1994年8月设立住房资金管理处，负责全县住房出售收入、住房公积金的归集、运营和管理工作，确保资金的保值和增值；负责全县住房资金、住房补贴的财务收支预决算与收支月报表等工作。1994年8月，栖霞县人民政府制定《栖霞县住房资金筹集、使用和管理暂行办法》。1997年3月，栖霞市人民政府制定《栖霞市住房公积金管理暂行办法》。1997年8月，栖霞市人民政府制定《栖霞市公有住房出售收入管理办法》。栖霞住房公积金收取是按职工工资总额的10%比例逐月缴纳，职工个人和所在单位各负担5%，由财政局负责辖区内职工住房公积金的开户、收缴、提取、转移、对账等业务审批、办理及会计核算与住房公积金计划、管理、执法监督等工作，实行专人、专户、专账管理。

1994年，成立栖霞县住房资金管理处，至2002年底，共筹集代管单位、个人各项住房资金12380万元，支付6373万元，其中，统筹代管单位售房款6100余万元，支付5900余万元；代管单位职工住房维修基金690余万元，支付职工维修基金利息14万元；归集职工住房公积金5590万元，支付职工离退休、调离、购买住房支出459万元。

**政府采购管理** 80年代，政府采购由县政府行政管理部门负责，财政资金使用效益不高。1999年以后，栖霞市政府采购主要是执行国家、省、市政府采购的政策、制度和办法，按照《栖霞市政府采购管理办法》，审核政府采购计划，负责对政府采购的全过程实施监督管理，监制招标文件，审定中标结果，对政府采购定点单位进行监督、检查，收集、统计和发布政府采购信息。1999—2001年，对栖霞市行政、事业单位的冬季取暖用煤及新购车辆进行统一招标采购。2002年，对栖霞市行政、事业单位的新购车辆及日常办公设施到工程主要材料和设备等进行统一招标采购。全年监督采购金额达3000万元，节约资金600万元。

**财政驻厂员制度** 80年代和90年代，一直实行财政驻厂员制度。其主要任务是协助企业建立健全各项财务会计制度，实行严格的经济责任制和经济核算制度。检查企业是否按规定提取、使用基本折旧基金、大修理基金、留利资金等各项专用基金以及贷款的使用、归还情况，监督企业把应上缴国家的利润、所得税、调节税、固定资金和流动资金占用费等，及时足额地缴入国库。

财政驻厂员有权检查企业的会计凭证、账簿、报表，检查企业资金、财产的管理、使用情况。对检查企业财务中发现的问题，有权向有关单位和人员进行调查了解，并索取证明材料。发现企业有违反财政制度和财经纪律的行为，有权督促企业按照国家规定纠正。违纪问题比较严重的向财政部门和企业主管部门报告。对触犯刑律的案件，督促企业提请司法机关依法查处。

随着市场经济体制取代计划经济体制，2001年，烟台市取消财政驻厂员机构，栖霞市也随之取消财政驻厂员机构和财政驻厂员制度。

**会计师事务** 1988年8月，山东烟台会计师事务所栖霞分所经烟台市财政局批准成立，业务范围为财务审计、查账、验资、企业清算和会计培训。1998年，经栖霞市机构编制委员会同意，并经山东省财政厅批准，注销山东烟台会计师事务所栖霞分所，改建成独立的山东烟台栖霞会计师事务所，为独立企业法人，注册资本30万元人民币。其单位性质、隶属关系、机构规格、人员编制、经费开支渠道均不变。

1999年12月，根据财政部《关于印发〈会计师（审计）事务所脱钩改制实施意见〉的通知》精神，报经山东省财政厅批准，山东烟台栖霞会计师事务所与栖霞市财政局在人员、财务、业务、名称四个方面实行脱钩，改制为以注册会计师为投资主体的有限责任公司，2000年1月，在栖霞市工商行政管理局注册登记，名称为栖霞新联有限责任会计师事务所，注册资本30万元人民币。从业人员19人，具有大专以上学历的17人，占从业人数的89.47%，具有中级以上专业技术职称的14人，占从业人数的73.68%，其中3人具有高级专业技术职称，占从业人数的15.79%。从业人员中有7人取得注册会计师执业资格、4人取得注册资产评估师执业资格、4人取得注册造价工程师执业资格。

新联有限责任会计师事务所的业务从建所时以财务审计、查账、验资业务为主，逐步发展为集财务审计、资产评估、基建审计、司法鉴定、会计代理、会计咨询服务等为一体的综合性服务，是栖霞市唯一一家同时具有山东省财政厅颁发的“执业证书”“山东省建设工程审价业务资质证书”(二级)、财政部颁发的“资产评估资格证书”、山东省建设厅颁发的“工程造价咨询单位乙级资质证书”的社会中介服务机构。建所后至1999年12月脱钩改制前，共完成财务审计262项，审计资产总额397591.64万元；验资863项，验证注册资本178780.12万元；资产评估204项，评估资产价值100297.76万元；基建工程审计90项，审计工程造价14191.59万元。2000年1月改制后至2002年12月，共完成财务审计168项，审计资产总额321707万元；验资175项，验证注册资本50179.05万元；资产评估41项，评估资产价值67404.63万元；基建工程审计42项，审计工程造价6572.43万元。

## 第四节 财政收支

**财政收入** 随着栖霞县经济的不断发展，县乡两级政府大力培植财源、发展经济、增加财政收入。特别是分税制体制改革以后，更加注重征管，深挖增收潜力，使县乡两级政府财政的基础日益稳固，地方财政收入日益增多。1985年末，栖霞县地方财政收入4277万元，1986年，乡镇级财政当年完成收入1541万元，占全县财政收入的比重达到32.7%。1995年，全县地方财政收入7156万元，2002年，全市地方财政收入完成16052万元，平均每年递增10.3%，镇级财政收入完成7808.7万元，占全市财政收入的比重达到45.2%。

财政收入的构成发生重大变化。从预算级次看，市镇两级财政部门大力培植财源、发展经济、增加收入，特别是分税制体制改革以后，更加注重收入征管，深挖增收潜力，“一级政府，一级财政”的基础日益稳固，县乡财政作为财政体系的主体也日益牢固。从行业看，第一产业、第三产业增长较快，第二产业

增长较平稳，在财政收入中居主要地位。对农业，既保农民致富、又保财政增收。通过重点扶持“三高一优”农业，尤其是苹果产业发展链条，大力培植农业特产，落实配套资金，增加农业税收，稳固农业基础财源。

1990年，农业税和农业特产税收入完成849万元；1995年，农业税和农业特产税收入完成2599.2万元；2000年，农业税和农业特产税收入达到6146.5万元。对工业企业，落实各项财税优惠政策，减轻企业负担，统筹安排各项财政资金，支持企业技术改造、技术进步和生产投入，不断提高经济效益。2002年，农业税和农业特产税收入达到5064.3万元，占当年地方财政收入的31.2%。

**财政支出** 随着财政收入的增加，地方财力逐年增多，财政支出有较快增长，基本满足经济建设、事业发展支出的需要。1985年，全县地方财政支出2293万元；1990年，地方财政支出6563万元。预算内支出中，以教育为主的各项事业费逐渐加大，支出渐多。1995年，地方财政支出10656万元。行政管理费和基本建设投资加大。

到2002年，全市地方财政支出32162万元，是1985年的14倍，平均每年递增15.8%。教育事业费达到9328万元，比1985年增长13倍，年均递增15.6%，行政管理费达到3997万元，比1985年增长12倍，年均递增15.4%，用于司法方面的支出达到1461万元，比1985年增长15倍，年均递增16.6%。

**1985—2002年栖霞市财政收入、支出情况统计表**

表16-2　　单位：万元

| 年 份 | 财政收入 | 财政支出 |
|---|---|---|
| 1985 | 4277 | 2293 |
| 1986 | 3628 | 2774 |
| 1987 | 4116 | 3840 |
| 1988 | 4794 | 5138 |
| 1989 | 5666 | 5005 |
| 1990 | 6270 | 6563 |
| 1991 | 6812 | 6157 |
| 1992 | 6778 | 6073 |
| 1993 | 8613 | 7327 |
| 1994 | 5933 | 10161 |
| 1995 | 7156 | 10656 |
| 1996 | 9206 | 14971 |
| 1997 | 10690 | 15477 |
| 1998 | 11846 | 17509 |
| 1999 | 13852 | 19693 |
| 2000 | 16080 | 21566 |
| 2001 | 18237 | 25845 |
| 2002 | 16052 | 32162 |

### 第五节 国有资产管理

1991年，栖霞县成立国有资产管理局，主要以基础管理为主。1993年11月，撤销国有资产管理局。1994年8月，复设国有资产管理局，其主要工作是加强国有资产监管力度，对县属国有企业进行清理，对产权进行界定，指导企业做好财产清查并对企业进行资产评估。实行国有资产管理、监督，进行营运体系和运行机制建设。

80年代，在全县工商企业中全面开展清产核资，颁发合格证书。进入90年代以后，对行政事业单位清资检查，对企业和行政事业单位国有资产进行产权登记，颁发产权登记证书。1996年，国务院出台《企业国有资产产权登记管理办法》，栖霞市产权登记工作步入法制化、规范化轨道。经普查，2002年，全市国有资产总量共计36587万元，其中，国有企业12241万元，行政事业单位24346万元。21世纪，国有资产始有效益，2000年国有资产经营收益120万元，2001年150万元，2002年达200万元。

## 第二章 国家税务

### 第一节 管理机构

1950年4月，栖霞县税务局成立，下设城镇、观里、赵格庄、蛇窝泊4个税务所。1968年，税务局撤销，税务工作归属县革委生产指挥部领导。1983年，复设税务局。1985年，辖城镇税务分局和桃村、亭口、臧家庄、松山、蛇窝泊、唐家泊、苏家店、观里8个税务所。1994年，国务院实行分税制，成立国家税务局和地方税务局。9月，成立栖霞县国家税务局，为垂直领导管理部门，负责全市1160户企业和3210户个体业户的税收征管工作。1996年10月，进行农村征收机构改革，撤销农村原有的分局和税务所，收缩合并为桃村分局、中桥分局、西城分局、杨础分局，原第一征收分局、城关分局合并成立直属分局，原稽查大队更名为稽查局，保留涉外分局。1999年，进行机构、人事和征管“三改革”，直属分局更名为城区分局，撤销涉外分局，税务咨询所与国税机构脱钩，成立独立的社会中介机构。2002年，国税局设稽查局、城区分局、桃村分局、臧家庄分局、西城分局和杨础分局。

### 第二节 税收体制

80年代以后，企业向国家上缴利润改为向国家上缴税金。

1983—1984年，进行“利改税”；1994年，全国工商税收制度改革，建立以增值税为主体的流转税体系。分设国家税务机构和地方税务机构，建立符合社会主义市场经济要求的税制体系，主要包括流转税改革、企业所得税改革、个人所得税改革和其他税种改革。

流转税包括增值税、消费税和营业税等，适用国内企业和外商投资企业。企业所得税改革，建立了新的规范的企业还贷制度，取消对国有大中型企业征收的调节税及其他有关基金。个人所得税改革，主要是调节个人收入差距，征收高收入者税金，与低收入者缩小收入

差距。

## 第三节 税收收入

栖霞市国家税务主要征收和管理增值税、消费税、出口产品消费税、增值税、直接对台贸易调节税（委托海关代征）、铁道、各银行总行、保险总公司集中缴纳的营业税、所得税和城市维护建设税、中央企业所得税、地方银行和外资银行及非银行金融企业所得税等20余种税费。

2002年，国税税源有一般纳税人488户，小规模纳税人（包括个体工商业者）3877户，其他为金融保险业。国税税收收入主要来自于增值税、消费税、利息税和所得税，1994—2002年，累计完成税收收入13亿元。

栖霞市国税局税收业务厅（2002年）

## 第四节 税收税政管理

1994—2000年，实行分税制后，栖霞国税税收征管工作主要包括税收宣传、经济信息、税源变化；按照国家税收法律、法规，确定纳税义务人、课税对象、适用税率、征收方法及办理减免税，核定应纳税额；办理税务登记，督促申报纳税，进行纳税检查，组织税款入库以及建立健全档案资料等；根据国家税收法律法规，办理税务复议和处理违章案件等。

2001年1月，金税工程开通运行，栖霞市国税局作出确保金税工程连年保持增值税专用发票存根联采集率100%，抵扣联重号率、一般纳税人档案漏采率、报表差错率为零，各项考核指标名列第一的计划并制定措施。

税政工作主要负责增值税、消费税、出口产品消费税、增值税、直接对台贸易调节税及铁道、各银行总行、保险总公司集中缴纳的营业税、所得税和城市维护建设税、中央企业所得税等20余种税种税收政策的执行管理。

2002年，国税局为全市322 户纳税人辅导配置360余台电脑并安装防伪税控系统，辅导25户纳税人通过因特网申报，培训3838户个体工商业户运用电话申报纳税。举行电脑培训班12期，义务培训纳税人网络操作人员400多名，义务为100余家企业安装财务管理软件，实行微机记账。累计为企业办理出口退税8800万元，办理免抵调库7535万元。

栖霞市国税工作人员办理税收业务（2002年）

2001年，栖霞市有出口经营权的企业34户；2002年，出口经营权企业增加到57家。按“先征后退”改“免、抵、退”政策，为三菱水泥、服装集团、天誉果品、选矿药剂厂等骨干企业争取出口退税集中清算退还超缴税款800多万元。对发展潜力大、纳税意识好、资金暂时有困难的企业累计帮助申请缓缴税款1.5亿多元；为个体私营企业优先办理出口退税4000万元。仅2002年1—10月，就为42家企业提供税收优惠8000万元。

## 第五节 执法检查

1994年，国、地税务机构分设后，国家税务检查，主要看是否执行国家有关税收政策、法令，做到依法管理、依法纳税、以率计征；各项应纳税款的计算是否正确、是否按征税环节、纳税依据、适用税目、适用税率计算征收，有无多征少征漏征的问题；应征税款是否按规定期限及时、定额缴纳入库，有无隐瞒、截留、挪用、贪污国家税款的行为；税务部门有无违反规定、超越权限任意扩大范围或违反政策擅自决定减税、免税；税务部门是否依法严肃处理违纪违法行为。罚款、滞纳金等处理是否符合国家有关规定；对纳税单位或纳税人的纳税义务履行情况进行检查。纳税人严重拖欠税款或偷税、抗税、骗税等行为所进行的专项法纪检查。期间，进行税收大检查4次，1994—2002年，共查补入库税款8670万元。

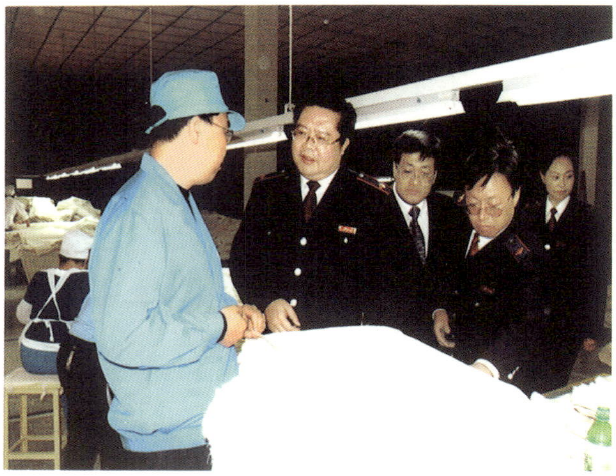

栖霞市国税工作人员深入企业调查（2002年）

**1985—1987年栖霞县工商税收完成情况统计表**

表16–3　　单位：元

| 项目＼年份 | 1985年 | 1986年 | 1987年 |
|---|---|---|---|
| 产品税 | 2106003 | 18877100 | 19217076 |
| 增值税 | 775567 | 4367174 | 4724831 |
| 营业税 | 6173237 | 8805949 | 11373503 |
| 集体所得税 | — | 6210018 | 5475100 |
| 车船使用税 | — | — | 394232 |
| 房产税 | — | — | 845831 |
| 工商所得税 | 5701202 | — | — |
| 其他工商税 | 1001371 | — | — |
| 屠宰税 | 152681 | 37782 | 18728 |
| 牲畜交易税 | 59987 | 4352 | 16787 |
| 城建税 | 1094065 | 1429389 | 1559050 |
| 国营奖金税 | 147991 | 4530 | 4530 |
| 集体奖金税 | — | 55766 | — |
| 建筑税 | 975298 | 984398 | 1360591 |
| 补税罚款 | 14406 | 10707 | 3541 |
| 合计 | 35849105 | 40805949 | 45009130 |
| 集贸市场税收收入 | 211311262 | 408175556 | 5911673 |

1988—1994年栖霞县税收收入情况统计表

表16-4　　　　　　　　　　单位：万元

| 1988年 | | 1989年 | | 1990年 | | 1991年 | | 1992年 | | 1993年 | | 1994年 | |
|---|---|---|---|---|---|---|---|---|---|---|---|---|---|
| 集贸税收 | 工商税收 | 集贸税收 | 工商税收 | 集贸税收 | 工商税收 | 集贸税收 | 工商税收 | 集贸税收 | 工商税收 | 集贸税收 | 工商税收 | 集贸税收 | 工商税收 |
| 939.5 | 5069.3 | 838 | 6086.7 | 978.3 | 6752.8 | 992.5 | 7461.4 | 992.5 | 8212.4 | 1912.9 | 9706.7 | 1376.1 | 9355.8 |

1995—2002年栖霞市工商税收情况统计表

表16-5　　　　　　　　　　单位：万元

| 年 份 | 1995年 | 1996年 | 1997年 | 1998年 | 1999年 | 2000年 | 2001年 | 2002年 |
|---|---|---|---|---|---|---|---|---|
| 税 收 | 10443.1 | 10547.2 | 11198.1 | 12884.9 | 13932.1 | 13174.1 | 17866.4 | 21570 |

# 第三章 地方税务

## 第一节 管理机构

1994年9月，栖霞县地方税务局成立。下辖征收分局、稽查局和城关、桃村、臧家庄、亭口、蛇窝泊、苏家店、松山、观里8个税务所。1995年5月，撤销城关、桃村、臧家庄3个税务所，成立城关、桃村、臧家庄3个分局。1996年5月，涉外征收分局成立。1999年9月，撤销寺口、蛇窝泊、苏家店、松山、观里5个税务所，成立唐家泊、蛇窝泊、寺口3个分局。2002年，辖直属分局、稽查局、涉外分局和城关、桃村、臧家庄、唐家泊、寺口、蛇窝泊6个分局。

## 第二节 税收收入

1994—2002年，征收税种营业税、资源税、企业所得税、个人所得税、土地使用税、房产税、印花税、车船使用税、土地增值税、城市维护建设税、教育费附加、文化事业建设费等。

1994年以后，组织地方税收2779万元，其中县级收入2436万元，1997年，组织地方税收5075万元，其中县级收入4278万元。到2002年，组织地方税收10120万元，其中县级收入7666万元。1994—2002年，累计组织地方税收53290万元，其中县级收入48066万元。

栖霞市地方税务局办公楼（2002年）

## 第三节 执法检查

1994年以后，为积极组织税收，打击偷税漏税现象，税务机关每年都要进行多次税务检查。

主要检查纳税人账簿、记账凭证、报表和有关资料，检查扣缴义务人代扣代缴、代收代缴税款账簿、记账凭证和有关资料；到纳税人的生产、经营场所和货物存放地检查纳税人应纳税的商品、货物或者其他财产，检查扣缴义务人代扣代缴、代收代缴税款有关的经营情况；责成纳税人、扣缴义务人提供与纳税或者代扣代缴、代收代缴税款有关的文件、证明材料和有关资料；询问纳税人、扣缴义务人与纳税或者代扣代缴、代收代缴税款有关的问题和情况；到车站、码头、机场、邮政企业及其分支机构检查纳税人托运、邮寄商品、货物或者其他财产地有关单据、凭证和有关资料。

按规定经县以上税务局（分局）局长批准，凭全国统一格式的检查存款账户许可证明，查询从事生产、经营的纳税人、扣缴义务人在银行或者其他金融机构的存款账户。

税务机关在调查税收违法案件时，经设区的市、自治州以上税务局（分局）局长批准，可以查询案件涉嫌人员的储蓄存款。1994—2002年，通过税务检查，查补税款3860万元。累计组织地方税收53298.18万元，其中县（市）级收入48066.3万元。

栖霞市地税工作人员进行市场检查（2002年）

### 1994—2002年栖霞市地方税收情况统计表

表16-12　　单位：万元

| 年 份 | 总收入 | 省级收入 | 市级收入 | 县级收入 |
|---|---|---|---|---|
| 1994 | 2779 | 343 | — | 2436 |
| 1995 | 3459 | 406 | 16 | 3037 |
| 1996 | 5038 | 400 | 11 | 4627 |
| 1997 | 5075 | 345 | 3 | 4728 |
| 1998 | 5457 | 238 | 5 | 5214 |
| 1999 | 6044 | 244 | 10 | 5790 |
| 2000 | 6873 | 370 | 15 | 6488 |
| 2001 | 8445 | 334 | 31 | 8080 |
| 2002 | 8869 | 810 | 393 | 7666 |

# 第十七编
# 经济管理

栖霞市工商管理局登记业务厅（2002年）

# 第一章 计划管理

1985—2002年，制定《栖霞市国民经济和社会发展第七个五年计划纲要》（1986—1990年）、《栖霞市国民经济和社会发展第八个五年计划纲要》（1991—1995年）、《栖霞市国民经济和社会发展第九个五年计划及2010年远景目标纲要》（1996—2000年）、《栖霞市国民经济和社会发展第十个五年计划纲要》（2001—2005年），并付诸实施。

## 第一节 管理机构

1954年12月成立计划委员会，1966年3月，计划委员会改为计划委员会与统计局。1967年3月，计划委员会与统计局划归革命委员会生产指挥部，1972年4月，恢复成立计划统计局，1979年4月，统计局析出，恢复计划委员会。2001年12月，更名为栖霞市发展改革局。

## 第二节 计划管理体制

1978年，中共十一届三中全会后，对农业生产、主要农副产品收购分别实行指导性计划和指令性计划，对工业企业的管理逐步放权。1984年，山东省政府制定《关于改革计划体制的若干暂行规定》，进一步压缩指令性计划范围，指导性计划和市场调节范围扩大，计划管理权限下放，统一管理的130多种年度计划减少到40余种。1985年，计划工作转变为下达年度计划、确定当年经济发展目标、固定资产投资方向、投资规模、计划物资分配使用。之后，计划管理工作经历指令性计划与指导性计划相结合、指导性计划向宏观导向性计划的转变。

1985—1992年，实行的是以计划经济为主，市场经济为辅的宏观调控政策。1992年以后，经济管理体制改革全面展开，逐步改变原来单一计划经济结构，形成以公有制为主体，多种经济成分共同发展的经济格局，改变了高度集中的计划经济管理体制，形成以政府宏观调控，市场调节为主的管理体制。计划管理权限进一步下放，计划部门统一管理的年度计划除保留国民经济社会发展年度计划和中长期计划等小部分外，其余全部下放到各乡镇、部门和企业。

1990—1995年，“八五”期间，宏观经济调控指标体系与社会主义市场经济体制相适应的计划管理体制逐步走向成熟。除粮食、花生产量以及煤炭、钢材、水泥、化肥供应实行指令性计划外，其他指标以预测性、指导性计划为主。1995—2000年，“九五”计划职能不断调整和改革，国民经济和社会发展年度及中长期计划的重点，转变到国民经济和社会发展各种重大比例关系的调整和指导上，计划成为经济和社会发展综合平衡的一种预测性指导，与市场经济体制相适应的新的计划管理模式基本建立起来。

## 第三节 计划制定与执行

**“七五”计划** 1985年，制订“七五”期间国民经济和社会发展的奋斗目标，制成《栖霞县国民经济和社会发展第七个五年计划纲要》，经县第九届人民代表大会第三次会议审议通过，并组织实施。

计划到1990年，财政收入6000万元，年均增长7.9%，农业总产值5.2亿元，年均增长11.9%，工业总产值8.5亿元，年均增长15.5%，社会消费品零售额3.8亿元，年均增长10.5%，农民人均纯收入800元，年均增长9.12%。

1990年末，实际完成财政收入6300万元，年均增长8%，农业总产值6.4亿元，年均增长11.8%，工业总产值15.3亿元，年均增长29.1%，社会消费品零售额3.72亿元，比计划减少800万元，农民人均纯收入712元，比计划减少88元。

### 栖霞县“七五”主要计划指标及执行情况统计表

表17-1

| 指标 | 单位 | 1985年 | 1990年 | | | |
|---|---|---|---|---|---|---|
| | | | 计划 | 年均±% | 实际 | 年均±% |
| 国内生产总值（当年价） | 亿元 | 5.28 | — | — | 11.96 | 17.8 |
| 工农业总产值（不变价） | 亿元 | 7.97 | 13.7 | 14.10 | 21.70 | 22.2 |
| 农业总产值 | 亿元 | 3.67 | 5.2 | 11.90 | 6.40 | 11.8 |
| 工业总产值 | 亿元 | 4.26 | 8.5 | 15.50 | 15.30 | 29.1 |
| 地方财政收入 | 亿元 | 0.43 | 0.6 | 7.90 | 0.63 | 8.0 |
| 粮食总产量 | 万公斤 | 23451.00 | 35500.0 | 8.60 | 33210.00 | 7.2 |
| 花生总产量 | 万公斤 | 6748.50 | — | — | 4585.00 | -7.4 |
| 果品总产量 | 万公斤 | 121000.00 | 2500.0 | 15.70 | 12050.00 | -0.1 |
| 社会消费品零售额 | 亿元 | 1.77 | 3.8 | 10.50 | 3.72 | 16.0 |
| 农民人均纯收入 | 元 | 454.00 | 800.0 | 9.12 | 712.00 | 9.4 |
| 人口自然增长率 | ‰ | 5.50 | 11.4 | — | 9.10 | — |

**“八五”计划** 1990年，经广泛调查和征求意见，制成《栖霞县国民经济和社会发展十年规划及第八个五年计划》讨论稿，

并通过各个部门和单位征求意见，经县委、县政府、常务会议讨论，多次修改，经县第十一届人民代表大会第二次会议审议通过，并组织实施。主要任务是在搞好治理、整顿、调整的基础上，合理优化产业结构，大力加强基础产业，积极培植主导产业，不断提高产业的整体效益。强化农业基础地位，实行倾斜政策，保证重点建设、重点技术改造和智力开发。加快对外开放步伐，积极开拓国际市场，外向型经济达到一个新水平。

计划到1995年，财政收入1亿元，年均增长9.8%，农业总产值9亿元，年均增长7%，工业总产值31亿元，年均增长15.2%，社会消费品零售额10亿元，年均增长15.1%，农民人均纯收入1100元，年均增长9.1%。

到1995年末，实际完成财政收入7100万元，比计划减少2900万元，农业总产值17.3亿元，年均增长22%，工业总产值70.3亿元，年均增长35.7%，社会消费品零售额10.48亿元，年均增长22.9%，农民人均纯收入1949元，年均增长33.8%。

## 栖霞县“八五”主要计划指标及执行情况统计表

表17–2

| 指　标 | 单 位 | 1990年 | 1995年 | | | |
|---|---|---|---|---|---|---|
| | | | 规 划 | 年均±% | 实 际 | 年均±% |
| 国内生产总值（当年价） | 亿 元 | 11.96 | 25.0 | 16.8 | 35.30 | 24.2 |
| 工农业总产值（不变价） | 亿 元 | 21.70 | 40.0 | 12.9 | 87.60 | 32.2 |
| 农业总产值 | 亿 元 | 6.40 | 9.0 | 7.0 | 17.30 | 22.0 |
| 工业总产值 | 亿 元 | 15.30 | 31.0 | 15.2 | 70.30 | 35.7 |
| 农村经济总收入 | 亿 元 | 10.10 | 25.0 | 19.9 | 89.50 | 54.7 |
| 其中：多种经营收入 | 亿 元 | 7.90 | 22.0 | 22.6 | 83.10 | 60.0 |
| 农民人均纯收入 | 元 | 712.00 | 1100.0 | 9.1 | 1949.00 | 33.8 |
| 粮食总产量 | 万公斤 | 33210.00 | 35000.0 | 1.1 | 36829.00 | 2.1 |
| 花生总产量 | 万公斤 | 4585.00 | 6500.0 | 7.2 | 6115.00 | 5.9 |
| 果品总产量 | 万公斤 | 12050.00 | 55000.0 | 35.5 | 52113.00 | 34.0 |
| 社会消费品零售额 | 亿 元 | 3.73 | 10.0 | 15.1 | 10.48 | 22.9 |
| 地方财政收入 | 亿 元 | 0.63 | 1.0 | 9.8 | 0.71 | 2.7 |
| 人口自然增长率 | ‰ | 9.10 | 9.5 | — | 3.70 | — |

**“九五”计划** 1995年，编制出《栖霞市国民经济和社会发展第九个五年计划及2010年远景目标纲要（草案）》，由市第十二届人民代表大会第四次会议审议通过，并组织实施。主要内容是进一步完善投资环境，全方位扩大对外开放；产业结构基本实现合理化，三次产业协调发展，进一步推动产业结构优化升级；继续实施“科教兴栖”战略；基本实现城乡一体化，农村城镇化。

计划到2000年，财政收入1.44亿元，年均增长15%，农业增加值15亿元，年均增长3.9%，工业增加值47亿元，年均增长24.4%，社会消费品零售额30亿元，年均增长23.4%，农民人均纯收入4000元，年均增长15.5%。

到2000年末，实际完成财政收入1.6亿元，年均增长17.5%，农业增加值16.6亿元，年均增长5.3%，工业增加值17.2亿元，比计划数少许多，社会消费品零售额19.8亿元，年均增长13.5%，农民人均纯收入3345元，年均增长9.8%。

栖霞市“九五”主要计划指标及执行情况统计表

表17-3

| 指　标 | 单 位 | 1995年 | 2000年 | | | |
|---|---|---|---|---|---|---|
| | | | 规 划 | 年均±% | 实 际 | 年均±% |
| 国内生产总值 | 亿 元 | 35.30 | 100.00 | 20.0 | 51.8 | 8.1 |
| 第三产业增加值 | 亿 元 | 10.90 | 35.00 | 26.5 | 18.0 | 10.6 |
| 工业增加值 | 亿 元 | 12.00 | 47.00 | 24.4 | 17.2 | — |
| 规模以上工业利税 | 亿 元 | 2.16 | — | — | 3.5 | — |
| 农业增加值 | 亿 元 | 12.80 | 15.00 | 3.9 | 16.6 | 5.3 |
| 粮食总产量 | 万公斤 | 36829.00 | 35000.00 | — | 25689.9 | -7.0 |
| 花生总产量 | 万公斤 | 6115.00 | 5000.00 | — | 4120.2 | -7.6 |
| 果品总产量 | 万公斤 | 52113.00 | 10.00 | 9.2 | 98656.9 | 5.7 |
| 农民人均纯收入 | 元 | 1949.00 | 4000.00 | 15.5 | 3345 | 9.8 |
| 地方财政收入 | 亿 元 | 0.71 | 1.44 | 15.0 | 1.6 | 17.5 |
| 合同利用外资（五年累计） | 亿美元 | 1.70 | 5.00 | — | 1.9 | — |
| 实际利用外资（五年累计） | 万美元 | 1.00 | 3.00 | — | 1.1 | — |
| 社会消费品零售额 | 亿 元 | 10.48 | 30.00 | 23.4 | 19.8 | 13.5 |
| 人口自然增长率 | ‰ | 3.70 | 3.80 | 3.0 | -1.0 | — |

**“十五”计划** 2000年，编制出《栖霞市国民经济和社会发展第十个五年计划纲要》，经市第十三届人民代表大会第四次会议审议通过，并组织实施。主要内容是以提高综合经济实力和人民生活水平为目标，全面提高农业产业化水平，打好工业翻身仗，放手搞活第三产业，加快发展民营经济，推动社会全面进步。

计划到2005年，财政收入3亿元，年均增长16%，农业总产值27亿元，年均增长6%，工业总产值212亿元，年均增长12%，社会消费品零售额35亿元，年均增长12%，农民人均纯收入5000元，年均增长8.3%。

## 第四节 投资管理

20世纪80年代，投资主要放在基础设施上，到90年代，投资主要放在重点企业、重点项目上。1991—1995年，重点项目投入16亿元。相继完成化肥厂4万吨合成氨、棉纺织厂200台布机和60台喷气织机、服装厂200万件出口服装、轮胎厂30万标套轮胎、液压件厂活塞、针织厂引进西班牙高档针织设备、野夼汽车模具、县水泥厂等项目的扩建和改造；新建桃村三峰瓷业、大通选矿药剂、栖霞金刚石

厂、中桥水泥、合成材料等重点项目。

基础设施建设进一步加强。相继完成204国道栖霞段、文招公路栖霞段以及部分市乡公路的拓宽和硬化，全市公路网密度达到25.56公里/百平方公里；完成市区和桃村电讯枢纽工程，新上移动通讯，开通23处乡镇程控电话，电话机总部数达到1.3万部，电话普及率达到2部/百人。电力建设，完成桃村和臧家庄输变电工程，全市供电能力达到14万千伏安。市区建设，开通并硬化城区街道23公里，建成全长5公里的环城商业街；完成市区调水、市医院病房大楼、中医院搬迁改造、电视发射台、体育场、南山公园等基础工程，将一个昔日山区小城改造成为独具风格的省级卫生城。

1996—2000年，固定资产投资大幅度增加，重点项目建设得到加强，全社会固定资产投资累计完成25.8亿元，比“八五”增长84.2%。重点生产性项目建设取得重大进展。相继完成6万吨尿素、2万吨浓缩果汁、10万套西服、1.6万吨选矿药剂和三蝶塑料、庙后溶菌酶、农电网改造等重点项目。基础设施建设进一步加强，经济发展的瓶颈制约明显改善。形成以市区为中心，以204国道、烟青一级公路、蓝烟铁路为骨架的四通八达的综合交通网，相继完成烟栖路、张栖路、中博路、海莱路栖霞段等重大基础设施项目。全市水利基本建设累计投入1.7亿元，完成各类水利工程6106项，60万亩苹果节水工程按计划组织实施，已完成节水灌溉10万亩；庵里水库干渠实现建渠以来第二次全线通水。

2001—2005年，计划累计完成固定资产投资146亿元，年均增长50.8%，是“九五”期间投资总额的5.7倍。特别是园区建设取得根本性突破，总体框架基本形成，基础设施日趋完善，“十五”期间进园入区项目达到310个，总投资96亿元。一批投资规模大、科技含量高、拉动能力强的大项目相继开工和投产，为实现赶超发展打下坚实基础。

# 第二章 统　计

栖霞市统计工作在20世纪70年代和80年代初，收集国民经济统计资料，统计分析和统计监督等逐步走上正轨。80年代中后期、90年代和21世纪初，国民经济和社会发展的综合统计，采取编印《统计月报》《统计公报》《统计年鉴》3种形式提供统计资料。

## 第一节 管理机构

1953年5月，成立栖霞县统计科，1956年4月，成立计划统计科，10月，计划委员会析出，恢复统计科称谓。1958年10月，与计委合并成立计划统计局，1963年6月，成立统计局，1966年撤销。1972年恢复成立计划统计局，1979年撤销。1981年12月，成立栖霞县统计局，1996年1月，更名为栖霞市统计局。主要负责国民经济和社会发展工作情况统计。

## 第二节 国民经济统计

统计职能分核算、综合、农业、农经、工业、交通、能源、邮电、外经外贸、商业、建筑、固定资产投资、劳资、科技、城调、旅游等16个专业，各专业人员，负责本专业统计资料的搜集上报任务。乡镇设有专职统计人员，负责各乡镇统计资料的搜集及上报任务。基层企事业单位根据实际情况分别设有专、兼职统计人员，负责本单位统计资料的搜集及上报任务。

统计调查主要有定期报表、普查、抽样调查、重点调查、典型调查等，常用的主要是定期报表和抽样调查两种方法。对于比较规范的单位和部门，如规模以上工业企业及机关、事业单位，通常采取定期报表的方法搜集统计资料；对于比较分散和不规范的单位，如个体工商户、城乡居民家庭户、规模以下小企业、旅游等采取抽样调查的方法搜集统计资料。通过抽样调查取得的统计数据，由统计部门依据一定的科学计算方法进行加工推算出全市的统计数据。

为确保统计数据的真实可靠和及时上报，统计局每年都要进行一次统计执法大检查，核实统计数据，查处违反统计法的行为，以确保统计报表渠道的畅通。

**农业统计** 1985年，统计局设立农业股，主要职责是负责全市农林牧渔业生产及农村人口等基本情况统计工作。主要计算工具是用算盘，统计信息资料编排主要是采用油墨手工印刷。1987年，成立栖霞市农村抽样调查队，负责全市农村居民居住、收入、支出等农民日常生活状况，每个乡镇抽出30个样本户，全县23个乡镇计960户，以此来推算出全市农民现实生活状况，与农业科合署办公。

2001年，撤销农业科，其职能由农村抽样调查队负责，农业、农村经济统计和农村居民住户调查，农林牧渔业及农村居民生活情况，采用抽样调查，其中农村住户调查由原来960户调整为抽取5个镇100户，农林渔业抽取7个镇450户进行抽样调查，计算工具主要是计算机，2002年，报表形式主要是季报和年报两种。

**工业统计** 1985年，纳入定期工业统计报表的是乡（镇）及乡（镇）以上工业企业；至1998年，调整为限额以上工业企业，统计范围为全部国有企业和年销售收入500万元以上的非国有工业企业。2001年开始，为规模以上工业企业，统计范围是全部国有企业和年销售收入500万元以上的非国有工业企业，主要是对工业企业生产和经营情况进行统计。2002年，以月报、季报和年报三种形式上报。主要报表有工业总产值、主要产品产量、工业企业主要经济指标等近30种。

**交通统计** 20世纪80年代至21世纪初，定期统计报表范围为县以上交通企业。主要是对客运、货运运输、货运工具、公路养护情况进行统计。2002年，以季报和年报两种形式上报。

**能源统计** 1985年，物资统计的范围是全县的物资购进、消费，随着计划经济向市场经济的发展，物资统计改为物资能源消耗统计，主要统计工业企业物资能源消费情况，至1998年，正式改为工业企业能源统计，定期报表的范围与工业统计报表范围一致。能源统计主要是对煤、原油及其制品、天然气、电力等消费情况进行统计，2002年，以季报和年报两种形式上报。

**贸易统计** 20世纪50—60年代，只有商业统计，到80—90年代，贸易形式出现多种格局，流通渠道、经营方式、交易形式、个体商业的发生巨大变化，贸易统计逐渐形成更加完善的统计指标体系。主要是全市消费品品零售额统计、批发零售贸易业、餐饮业统计，反映批发零售贸易、餐饮业经济发展的基本情况。主要报表单位为全部限额以上贸易、餐饮企业。2002年，以月报、季报和年报三种形式上报，主要报表有20余种。

**外经贸统计** 1978年之前，只统计外贸出口、进口数量，面窄，范围少。1978年以后，国际经济交往渐多，统计范围扩大，主要包括对外

贸易、利用外资、对外承包工程、劳务合作、对外援助、国际旅游、国家外汇和国际收支统计等。

2002年，报表单位为外资企业和相关涉外部门，以季报和年报两种形式上报。

**劳动工资统计** 20世纪80年代，对机关、事业、企业实行全面统计报表。80年代末90年代初，为适应市场经济体制的发展与变化，根据上级政府统一部署，劳动工资实行分行业抽样调查，反映机关、事业、企业人员变动、工资收入情况。2002年，全市劳动报表单位400多个，报表一直采用季报和年报二种形式。

**人口统计** 1980年之前，人口统计主要统计总户数、总人口、人口出生、死亡数。1982年第三次人口普查，除上述统计外，增加出生率、死亡率、农业人口、非农业人口、人口自然增长率、劳动力人数、行业构成、年龄构成、文化构成、民族构成、婚姻状况等指标。

1990—2000年的第四次、第五次人口普查，新增加了一些项目，但总的统计指标无大的变化。

## 第三节 专项统计调查

专项统计调查分临时性统计调查和长期统计调查。临时性统计调查，如人口普查、农业普查、工业普查等一般10年普查一次；工业普查、基本单位普查、投入产出调查等一般5年调查一次。调查时组成临时普查机构，由统计局牵头，有关部门配合组成普查办公室，负责全市各项调查资料的搜集及上报任务。长期统计调查，如农村住户调查、城市居民调查、旅游调查、规模以下小企业调查等，分别由农调队、城调队及专职人员负责调查资料的搜集上报。

**人口普查** 1982年，第三次人口普查，全县有637097人，男女性别比为102.49。1990年，第四次人口普查，全县669958人，男女性别比为102.12。2000年，第五次人口普查，全县651357人，男女性别比103.42。普查内容包括年龄、职业、文化程度、婚育、家庭规模、民族构成等。

**农业普查** 1996年12月，栖霞市进行第一次农业普查，在成立普查领导组织的基础上，在有关部门抽调2500名农业普查员，普查栖霞市农业发展状况。全市农业生产单位12.17万个，按部门分组，从业人员共计23.85万人，其中，农业从业人员21.99万人。

**工业普查** 1986年，全国第二次工业普查，栖霞县经过细致准备，查清1985年全县工业情况。全县乡镇及以上工业单位187个，国有工业单位26个，集体工业单位161个，全部工业总产值41302万元。

1996年，全国第三次工业普查，查清栖霞市1995年工业情况。全市乡镇及以上工业单位219个，国有工业单位59个，集体工业单位129个，全部工业总产值702940万元。

## 第四节 统计资料整理

为做好保密工作和便于对外服务，统计局对统计资料进行集中整理和管理，各专业不得随便对外提供统计资料。统计资料的对外发布由统计局综合部门统一负责，保密资料不对外提供，其他资料主要通过《统计月报》《统计公报》《统计年鉴》三种形式对外公布。

**《统计月报》** 始编于1985年，每月一期，每期200份，发放给市领导、主要部门。内容包括各主要经济指标，如规模以上工业产值、规模以上销售收入、规模以上工业利税、财政收支、社会消费品零售总额、固定资产投资、外经外贸等每月完成情况及发展速度。1985—2002年，共编印《统计月报》204期。

**《统计公报》** 始编于1985年，每年一期，每期

200份，在年度统计资料汇总完成后对外发布。主要以文字的形式对国民经济各部门的发展情况作综合评价。

除上报上级业务主管部门外，一般发往市、镇两级政府及各经济主管部门。1985—2002年，共编印《统计公报》17期（3400份）。

**《统计年鉴》** 栖霞的统计年鉴始编于1987年，发往市委、市政府、经济主管部门有关企事业单位，每年出版一期，每次印刷数量为200册，在全年统计资料完成后编辑出版。《统计年鉴》是内容最完整、数字最全面的境内年度统计资料。主要以数字的形式反映当年国民经济综合实力及各行业、各企事业单位的经济指标完成情况。1987—2002年，共编印《统计年鉴》15本（3000册）。

1987—2002年出版的《栖霞市统计年鉴》

## 第五节 统计执法

1983年12月，《中华人民共和国统计法》于第六届全国人民代表大会常务委员会第三次会议通过，对统计工作的执法也随即展开。

1985年，统计执法主要采取统一执法大检查和专项检查相结合的形式。统一执法大检查由统计局、司法局、法制办联合行动，对查处的违法行为主要是采取通报批评、纠正违法行为等形式。1990年，实行统计管理登记和统计持证上岗制度。1985—1996年，进行9次统计执法大检查。

1996年5月，第八届全国人民代表大会常务委员会第十九次会议对《统计法》进行重新修正。是年，栖霞市统计局成立法规科，职责是对本地的统计违法行为进行依法处理。统计执法采取执法大检查、定期或不定期对机关、企事业单位的统计数据进行统计执法检查的方式，对统计数据进行执法监督。对违法案件查处的原则是以教育为主，经济处罚为辅；对不重视统计工作，故意违反统计法的单位或个人，并造成严重后果的，进行严肃处理，并处以经济罚款；对那些没有违法故意、改正及时、没有造成影响的单位和个人，采取批评教育和通报批评等处理方式，达到查处一案，教育一片的目的，以提高统计数据质量，保障统计工作顺利进行。

1996—2002年，进行4次统计执法大检查。

# 第三章 审　计

1983年成立审计机构，行使维护国家法律和财经纪律、强化经济管理职能。主要开展预算、企业、固定资产、乡镇和社会审计等工作，具体审计过程中，突出重点领域、重点单位、重点资金和主要行业的审计监督。

1985—2002年，共审计单位5848批次，审计重点项目346个，查处违规违纪行为金额87366万元，上缴财政4093万元，促进增收节支4127万元。

## 第一节 管理机构

中华人民共和国成立前，栖霞县未设审计机构。1949年至1983年11月，未设专门的审计机构，审计监督寓于财政财务管理中。1983年12月，成立栖霞县审计局。1989年3月，成立审计师事务所副科级事业单位，1999年11月26日，改制为栖霞信益有限责任会计师事务所，2000年1月，与审计局脱钩。1993年11月，成立栖霞县机关实体管理服务处，副科级事业单位，隶属县审计局，1996年3月，撤销机关实体管理服务处。2000年3月28日，成立栖霞市经济责任审计办公室，为全额拨款的副科级事业单位，隶属市审计局。

## 第二节 国家审计

国家审计范围，包括全县（市）各乡镇政府财政财务收支、机关事业单位的财政财务收支、国有集体企业的资产负债财务收支及经济效益、各有关专项资金管理使用、固定资产投资项目资金来源、竣工决算和投资效益等。

**财政审计**　本级财政预算执行审计 始于1995年10月，审计局组织13名业务人员对栖霞县财政、税务机关、县级国家金库和1/3以上预算执行部门进行审计。至1995年末，对17个预算执行部门前9个月执行预算情况进行预审，1996年1—3月，对上述单位第四季度及财政、税务、金库全年执行预算情况进行审计，查出违纪金额579万元，全部按国家财政法规进行处理。

1996年后，改分段审计为年初一次审计上一年度预算执行情况。同时，改革审计方法，运用内控制度测评方法，1996年末，审计单位20个，查纠违纪资金579万元。进入21世纪后，采用辅助技术审计。

2001年开始，采用计算机辅助审计方法，提高工作效率和审计质量。先后对教育、公检法、工商、卫生、农业、林业、水力等48个一级预算部门（单位）进行许多次审计。

1996—2002年，共查纠违纪资金8191万元。

## 1996—2002年栖霞市本级预算执行情况统计表

表17-4　　单位：万元

| 年 份 | 审计单位（个 数） | 违 纪 资 金 | 其 中 应交财政 | 已交财政 | 其 他 处 理 |
|---|---|---|---|---|---|
| 1996 | 20 | 579 | — | — | 579 |
| 1997 | 18 | 281 | — | — | 281 |
| 1998 | 19 | 1893 | — | — | 1893 |
| 1999 | 11 | 1719 | — | — | 1719 |
| 2000 | 12 | 1261 | 1226 | 1226 | 35 |
| 2001 | 15 | 1323 | 429 | 412 | 894 |
| 2002 | 14 | 1135 | 951 | 635 | 184 |
| 合 计 | 109 | 8191 | 2606 | 2273 | 5585 |

**乡镇财政决算审计**　1988年，审计局对大柳家、寨里两个乡镇财政决算进行审计。审计两个乡镇1987年财政收支全部资料，清查资产，并延伸审计部分乡镇属事业单位和乡镇办企业，取得审计乡镇财政决算经验。当年审计单位2个，查出违纪违规金额2万元。

1989—1992年，每年由审计局和财政局共同抽调人员组成联合审计组，对乡镇进行财政决算审计。

1993年开始，由审计局独立进行乡镇财政决算审计，对全县所有乡镇实行“3年审一次，一次审3年”，扩大审计覆盖面。当年审计单位11个，查出违纪违规金额25万元。

1988—2002年，查出违纪违规金额4297万元。

## 1988—2002年栖霞市乡镇财政决算审计情况统计表

表17-5　　单位：万元

| 年 份 | 审计单位个(次)数 | 查出违纪违规金额 | 其 中 应交财政 | 已经上交财政 | 其他处理 |
|---|---|---|---|---|---|
| 1988 | 2 | 2 | — | — | 2 |
| 1989 | 1 | 3 | — | — | 3 |
| 1991 | 3 | — | — | — | — |
| 1992 | 2 | 1 | — | — | 1 |
| 1993 | 11 | 25 | 8 | 8 | 17 |
| 1994 | 6 | 38 | — | — | 38 |
| 1995 | 6 | 3 | 3 | 3 | — |

续表17-5

| 年 份 | 审计单位个(次)数 | 查出违纪违规金额 | 其 中应交财政 | 已经上交财政 | 其他处理 |
|---|---|---|---|---|---|
| 1996 | 6 | 85 | — | — | 85 |
| 1997 | 6 | 451 | — | — | 451 |
| 1998 | 7 | 1188 | — | — | 1188 |
| 1999 | 6 | 770 | — | — | 770 |
| 2000 | 7 | 1184 | — | — | 1184 |
| 2001 | 4 | 238 | — | — | 238 |
| 2002 | 6 | 309 | 76 | 76 | 233 |
| 合 计 | 73 | 4297 | 87 | 87 | 4210 |

**金融审计** 自1986年起，县审计局先后对人民银行、工商银行、农业银行、建设银行、中国银行、保险公司在栖霞的分支机构进行财务收支专项审计，到2002年，共查处违纪资金67万元。

**行政事业审计** 财务收支审计 1986年2—5月，审计局对农业局、林业局、水利局进行试审，查出违纪金额38万元。1987年，对7个行政事业单位进行审计。1988年，审计局制定《行政事业单位定期审计实施办法》，开始实施行政事业单位定期审计制度，至1993年，共对县直所有行政事业单位进行231次定期送达审计，纠正违纪金额357万元。之后，审计局逐步由普审改为重点行业审计。每年从有执收执罚权的行政执法部门、司法部门和经济管理部门进行行业审计，先后对计划生育、粮食、水利、城建、交通、公检法、工商、卫生、教育、民政等系统进行行业审计，有效遏制乱收费、乱罚款、乱摊派等违纪问题的发生，保证财政资金合理有效使用，促进廉政建设。到2002年末，共查处违纪资金16577万元。

**1986—2002年栖霞市行政事业审计情况统计表**

表17-6 单位：个、万元

| 年 份 | 审 计单 位 | 查出违纪违规金额 | 其 中应交财政 | 已经上交财政 | 其他处理 |
|---|---|---|---|---|---|
| 1986 | 3 | 38 | — | — | 38 |
| 1987 | 7 | 80 | — | — | 80 |
| 1988 | 45 | 52 | — | — | 52 |
| 1989 | 60 | 161 | — | — | 161 |
| 1990 | 59 | 29 | — | — | 29 |
| 1991 | 61 | 74 | 74 | 74 | — |

续表17-6

| 年 份 | 审 计<br>单 位 | 查出违纪<br>违规金额 | 其 中<br>应交财政 | 已经上交财政 | 其他处理 |
|---|---|---|---|---|---|
| 1992 | 95 | 3 | — | — | 3 |
| 1993 | 80 | 99 | 28 | 28 | 71 |
| 1994 | 34 | 31 | 22 | 22 | 9 |
| 1995 | 47 | 142 | 130 | 103 | 12 |
| 1996 | 38 | 30 | — | — | 30 |
| 1997 | 49 | 375 | — | — | 375 |
| 1998 | 15 | 4324 | 36 | — | 4288 |
| 1999 | 41 | 3321 | 5 | 2 | 3316 |
| 2000 | 29 | 4892 | 15 | 9 | 4877 |
| 2001 | 22 | 1949 | 256 | 255 | 1693 |
| 2002 | 17 | 977 | 60 | 45 | 917 |
| 合 计 | 702 | 16577 | 626 | 538 | 15951 |

**专项资金审计** 1986—2002年，县审计局先后对教育经费、科研事业费和科技三项费用、救灾捐赠款物、希望工程捐款、社会福利基金、养老保险基金和待业保险基金、城建基金、国际农发基金、各项农业专款、林业事业费及专款、科教经费、机关事业单位行政事业性收费和罚没收入等进行专项审计，共查纠违纪资金3286万元，有效地促进专项资金的正确管理和使用。

**企业审计** 企业审计，主要包括县属国有和集体性质的工业、交通、基建、商粮供企业及“三资企业”。1985—2002年，共查纠违纪资金49419万元。

### 1985—2002年栖霞市企业审计情况统计表

表17-7 单位：个、万元

| 年 份 | 审 计<br>单 位 | 查出违纪<br>违规金额 | 其 中<br>应交财政 | 已经上交<br>财 政 | 查出损失<br>浪 费 | 促进增收<br>节 支 |
|---|---|---|---|---|---|---|
| 1985 | 2 | 14 | — | — | — | — |
| 1986 | 24 | 188 | 49 | 47 | — | — |
| 1987 | 53 | 388 | 130 | 130 | 8 | 2 |
| 1988 | 30 | 340 | 36 | 36 | 16 | 1 |

续表17-7

| 年 份 | 审计单位 | 查出违纪违规金额 | 其 中应交财政 | 已经上交财 政 | 查出损失浪 费 | 促进增收节 支 |
|---|---|---|---|---|---|---|
| 1989 | 67 | 667 | 147 | 147 | 44 | 39 |
| 1990 | 91 | 470 | 211 | 211 | 75 | 219 |
| 1991 | 51 | 221 | 101 | 101 | 436 | 533 |
| 1992 | 47 | 139 | 139 | 139 | — | 287 |
| 1993 | 21 | 21 | 21 | 21 | — | 152 |
| 1994 | 20 | 150 | 150 | 150 | 59 | 80 |
| 1995 | 48 | 528 | 178 | 166 | 62 | 560 |
| 1996 | 9 | 85 | — | — | — | 641 |
| 1997 | 8 | 66 | — | — | — | — |
| 1998 | 10 | 20982 | 82 | 82 | — | 236 |
| 1999 | 11 | 15920 | 64 | 64 | 495 | 524 |
| 2000 | 4 | 8666 | — | — | — | 140 |
| 2001 | 1 | 574 | — | — | — | — |
| 2002 | 2 | — | — | — | — | — |
| 合 计 | 499 | 49419 | 1308 | 1294 | 1195 | 3414 |

财务收支审计　1984年8月初，对县锅炉厂进行试审，纠正企业乱挤乱摊成本、应转未转收入、截留应交收入等违反财经纪律问题。1986年，审计10家企业，查处违纪金额40万元。1987年，审计35家企业，查处违纪金额388万元。

承包经营审计　1987年，企业开始第一轮承包，同年12月，县政府确定县针织厂进行对外公开招标试点，审计局负责承包前核实企业资产审计。审计发现账面盈亏不实，账面亏损2万元，实际亏损应为110万元，另外原毛皮厂合并过来后集资款，每年需负担利息10万元，存在10万元有问题库存原料，17万元长期呆账等，为合理确定承包底标提供依据。

1988年2—4月，对县液压件厂、水泥厂等最早实行承包经营的8户工业企业进行承包经营年度审计，核实承包标的实现情况，同时针对承包初期存在的承包合同不完善、履行合同不严肃、企业内部控制制度不健全等问题提出建议，不仅被县政府采纳，而且被山东省审计厅和烟台市审计局转发。

1988年11月，县政府印发《关于对承包经营企业年度奖惩兑现实行审计制度的报告》《关于搞好县属企业第二轮承包审计的意见》，县审计局印发《关于承包经营审计程序有关问题的补充规定》。1990年企业实行第二轮承包，县人民政府印发《关于搞好第二轮承包审计的意见》，县审计局组织力量，对承包经营企业进行全面审计监督，维护了国家、企业、经营者和企业职工的合法权益，促进承包经营责任制的健康发展。

资产负债审计　1993年7月，县审计局印发《关于进行资产负债基础审计的意见》，把企业审计逐步转向以资产负债审计为基础，同时兼顾其他方面的审计。至2002年，先后对113个企业进行审计，共查纠违纪资金46971万元。

**固定资产投资审计**　开工前审计　审计局于1987年开始对自筹基建项目资金来源进行审计监督。1990年，与县计划委员会联合转发国家审计署、国家计划委员会《关于开展基本建设项目开工前审计的联合通知》。2002年末，先后对300个工程项目进行开工前审计，对其中31个不符合国家有关政策或手续不完备、资金不到位的工程项目出据不准开工的意见。

竣工决算审计　1988年8月，对液压件厂办公楼项目进行试审。之后，每年都对2至3个投资项目进行审计，2002年末，共对46个工程项目进行决算审计，核减工程造价2650万元。

### 1987—2002年栖霞市固定资产投资项目审计情况统计表

表17-8　　单位：个、万元

| 年份 | 审计项目 | 其中开工前审计 | 投资总额 | 审计核减金额 | 违纪违规金额 | 不同意开工项目 |
|---|---|---|---|---|---|---|
| 1987 | 19 | 19 | 103 | — | — | — |
| 1988 | 18 | 17 | 738 | 8 | 3 | 2 |
| 1989 | 17 | 16 | 4755 | 1 | 21 | 1 |
| 1990 | 44 | 32 | 5236 | — | 4 | — |
| 1991 | 65 | 62 | 6114 | 14 | 1 | 9 |
| 1992 | 46 | 42 | 6985 | — | 28 | — |
| 1993 | 42 | 40 | 8501 | 47 | 24 | 17 |
| 1994 | 35 | 30 | 10310 | 20 | 31 | — |
| 1995 | 3 | — | 3897 | 176 | — | 1 |
| 1996 | 20 | 18 | 4938 | 64 | — | — |
| 1997 | 3 | — | 5224 | 234 | 176 | 1 |
| 1998 | 3 | — | 3976 | 378 | 7 | — |
| 1999 | 26 | 24 | 9085 | 1126 | 827 | — |
| 2000 | 2 | — | 1496 | 270 | 270 | — |
| 2001 | 2 | — | 7797 | 57 | 484 | — |
| 2002 | 1 | — | 866 | 255 | — | — |
| 合计 | 346 | 300 | 80021 | 2650 | 1876 | 31 |

**任期经济责任审计** 1986年3月，栖霞县人民政府印发《关于实行乡镇主要负责人及国营、县属大集体企业厂长（经理）调离和晋升提职等奖励时实行审计公正的通知》，开始试行乡镇主要负责人、国有集体企业厂长（经理）离任、提升、晋级审计评价制度。1986年，对7名企业厂长（经理）进行离任审计公正，同年对3个乡镇主要负责人离任进行审计公正。

1987年7月，县人民政府印发《栖霞县厂长离任经济责任审计评议实施办法》，对县属国有(集体)企业厂长(经理)全面推行离任经济责任审计评议制度。1991年，县委组织部和县审计局联合做出《关于厂长(经理)经济责任审计的补充规定》，改变原领导人调任新职后进行跟踪审计的作法，试行领导人离任未经审计，干部管理部门原则上不安排新职务的办法。2001年3月，中共栖霞市委、市政府办公室联合转发由审计局、纪委、组织部、监察局、人事局六部门联合作出的《关于领导干部任期责任审计实施意见》，使全市领导干部经济责任审计工作走上法制化、制度化、规范化轨道。1986—2002年，对185个乡镇、机关、企事业单位主要负责人离任进行经济责任审计，查出并纠正违纪资金1758万元。

**1986—2002年栖霞市任期经济责任审计情况统计表**

表17-9 单位：个、万元

| 年份 | 审计单位 | 其中乡镇领导 | 查出违纪违规金额 | 领导人变动情况 | | | |
|---|---|---|---|---|---|---|---|
| | | | | 提升 | 平调 | 降职 | 免职 |
| 1986 | 7 | 3 | 10 | — | 7 | — | — |
| 1987 | 28 | 10 | 34 | 6 | 17 | — | 5 |
| 1988 | 13 | 4 | 38 | 1 | 6 | — | 6 |
| 1989 | 14 | 6 | 3 | 1 | 9 | 1 | 3 |
| 1990 | 22 | 9 | 169 | — | 18 | 1 | 3 |
| 1991 | 7 | — | 61 | 2 | 4 | — | 1 |
| 1992 | 8 | — | 175 | — | 3 | 1 | 4 |
| 1993 | 6 | — | 85 | — | 3 | — | 3 |
| 1994 | 2 | — | 427 | — | 1 | — | 1 |
| 1995 | 3 | — | 113 | 1 | — | — | 2 |
| 1996 | 4 | — | 43 | — | — | 1 | 3 |
| 1997 | 2 | — | — | — | — | 1 | 1 |
| 1998 | 8 | — | 36 | — | — | — | 8 |
| 1999 | 13 | — | 64 | — | 7 | — | 6 |
| 2000 | 11 | 1 | 152 | — | 4 | — | 7 |
| 2001 | 6 | 1 | 39 | 1 | 3 | — | 2 |
| 2002 | 31 | 6 | 309 | | 10 | — | 21 |
| 合计 | 185 | 40 | 1758 | 12 | 92 | 5 | 76 |

## 第三节 内部审计

内部审计，包括部门内部审计和单位内部审计。1986年，全县建立内部审计机构20个，内部审计人员26名。1994年以后，由于企业改制和机构改革，部分企业和企业主管部门的内部审计机构被撤并，部分行政机关和事业单位的内部审计机构相对得到加强，2002年，全市有内部审计机构49个，其中专职机构29个，配备内部审计人员91名，其中专职人员46名。

1986—2002年，共查出并纠正违纪资金5248万元。

### 1986—2002年栖霞市内部审计情况统计表

表17-10　　单位：个、万元

| 年 份 | 审计单位(项 目) | 查出违规违纪金额 | 查出损失浪费金额 | 促进增收节支金额 |
|---|---|---|---|---|
| 1986 | 37 | 28 | 6 | 19 |
| 1987 | 42 | 34 | 21 | 45 |
| 1988 | 244 | 72 | 218 | 80 |
| 1989 | 282 | 264 | 120 | 391 |
| 1990 | 445 | 627 | 543 | 600 |
| 1991 | 508 | 441 | 544 | 178 |
| 1992 | 492 | 869 | 291 | 362 |
| 1993 | 293 | 86 | 81 | 131 |
| 1994 | 442 | 57 | 116 | 110 |
| 1995 | 174 | 23 | 53 | 44 |
| 1996 | 502 | 265 | 29 | 873 |
| 1997 | 195 | 381 | 64 | 433 |
| 1998 | 105 | 117 | 61 | 143 |
| 1999 | 218 | 836 | 164 | 353 |
| 2000 | 120 | 540 | 238 | 162 |
| 2001 | 132 | 578 | 280 | 182 |
| 2002 | 49 | 30 | 60 | 21 |
| 合 计 | 4280 | 5248 | 2889 | 4127 |

## 第四节 社会审计

社会审计业务主要包括，注册资金验证年检、基建工程预决算验证、资产评估、经济责任审计评价、经济案件鉴定、企业农村及其他经济单位财务查证、咨询服务。

1991年，完成委托审计项目188个，验证金额37632万元，1999年，完成委托审计项目289个，验证金额24160万元，10年间，共完成委托审计项目2635个，验证金额20.6亿元。

### 1990—1999年栖霞市社会审计情况统计表

表17-11　　　　单位：个、万元

| 年份 | 完成委托项目 | 验资年检 | | | 工程预决算验证 | | | 资产评估 | | | 咨询 | 财务 |
|---|---|---|---|---|---|---|---|---|---|---|---|---|
| | | 项目 | 验证金额 | 核减金额 | 项目 | 验证金额 | 核减金额 | 项目 | 评估金额 | 评估增值 | 服务项目 | 查证项目 |
| 1990 | 70 | — | — | — | 12 | 278 | 27 | — | — | — | 4 | 54 |
| 1991 | 188 | 113 | 37632 | 726 | 5 | 301 | 139 | — | — | — | 11 | 59 |
| 1992 | 318 | 188 | 18914 | 398 | 22 | 784 | 201 | — | — | — | 13 | 95 |
| 1993 | 346 | 111 | 11405 | 275 | 49 | 2111 | 328 | 25 | 10739 | 3519 | 5 | 156 |
| 1994 | 330 | 130 | 16944 | 432 | 43 | 3159 | 483 | 39 | 10379 | 2433 | 4 | 114 |
| 1995 | 279 | 112 | 15823 | 241 | 51 | 3658 | 689 | 20 | 24489 | 5541 | 2 | 94 |
| 1996 | 264 | 89 | 19495 | 1037 | 40 | 2149 | 351 | 28 | 25289 | 2149 | 1 | 106 |
| 1997 | 298 | 128 | 25629 | 7079 | 57 | 2986 | 538 | 9 | 9077 | 1682 | 2 | 102 |
| 1998 | 253 | 65 | 16445 | 3342 | 46 | 2712 | 519 | 28 | 15533 | 2150 | 1 | 113 |
| 1999 | 289 | 114 | 24160 | 5412 | 18 | 1369 | 306 | 15 | 11237 | 1964 | 2 | 140 |
| 合计 | 2635 | 1050 | 186447 | 18942 | 343 | 19507 | 3581 | 164 | 106743 | 19438 | 45 | 1033 |

# 第四章 物 价

1978年以前，栖霞县按照计划价格为主、市场调节为辅的原则管理物价，多数商品实行计划价格。1978年以后，价格管理体制转变为国家定价、国家指导价、市场调节价三种价格形式并存的新体制，逐步放开统购、派购以外的农副产品和日用工业品价格，有计划地提高粮、棉、油、肉、蛋、菜等主要农副产品收购价格和煤炭、石油等部分基础工业产品销售价格，价格管理重点由对具体商品价格管理转变为对整个市场进行宏观管理，国家定价商品和服务项目大为减少。

## 第一节 管理机构

1981年12月，成立栖霞县物价局，与计划委员会合署办公，全县设有19个物价检查组，共有检查员109人。1982年，物价局从计委中析出，为县政府行政部门，管理全县物价工作。

1993年11月，物价局撤并于县工商管理局，所属农产品成本调查室和物价检查所成建制移交给工商局，工商局内设物价科，工作人员4人。

1995年2月，物价局从县工商局析出，为正科级行政单位，农产品调查室和物价检查所成建制移交物价局。2001年12月，物价局调整为发展计划局内设机构，为副科级行政单位。

## 第二节 价格管理体制

1978年以前，栖霞县90%以上商品价格形式单一，计划价格一统天下。1978年12月以后，为适应经济体制改革的需要，从放开三类工业小商品和三类农副产品的价格开始，陆续扩大范围，由小商品扩大到大商品，由生活资料扩大到生产资料，由非计划商品扩大到计划商品，逐步使高度集中的单一的计划价格管理体制转变为国家定价、国家指导价、市场调节价三种价格形式并存的新体制。

1986年，根据“巩固、消化、补充、完善”的方针，栖霞县调整粮食、食盐、丝绸以及部分西药等商品价格；放开自行车等7种工业消费品价格；调高部分高档服装及鲜活商品的质量差价和季节差价；进一步放开日用小商品价格。同年11月，继续扩大工业消费品实行浮动价格的范围，新增实行浮动价格的国家管价工业消费品60类388种。

1987年，按照“坚持改革，稳步前进，保持基本稳定”的指导方针，有升有降地对重要商品不合理价格作出调整。调高粮油等主要农副产品合同定购价格，并扩大议价收购比重；在零售价格方面，提高进口手表、黄金饰品的价格，同时降低国产机械手表、收录机的价格。

1988年，基本放开理顺肉蛋菜糖等4种主要副食品零售价格，改暗补为明补；扩大生产资料双轨制价格范围。1989年，适当提高部分粮油收购价格；对彩色电视机实行专营并征收特别消费税和国产化基金；对农业生产资料实行专营；下浮13种名烟名酒价格；提高原盐出厂价和食盐零售价；整顿棉纺织品价格及铁锅、铝锅、保温瓶、毛线4种日用工业品价格。

1990年，本着“既要稳定物价，又要振兴经济”的物价工作方针，提高糖料、油脂油料收购价格；调整原油、成品油、铁路货运价

格；调高洗衣粉、肥皂的零售价和邮政资费价格；还相继放开行业用粮价格；提高民用煤价格等。1992年5月至1993年7月，依照国家、省、市的统一要求，先后放开化工、轻工、重工、药品等商品价格324种。

2001年7月，放开107种商品和服务价格，实行市场调节，由生产经营者自主定价。

2002年，国家定价的商品和服务项目已减少、归并为15种（类）。到2002年末，农产品收购总额中政府定价、政府指导价的比重分别为6.7%、2.9%，较1986年的37.0%、 23.0%，分别下降30.3%、20.1%，市场调节价比重为90.4%， 较1986年的40.0%上升50.4%； 社会消费品零售总额中政府定价、政府指导价的比重分别为3.7%、1.5%，较1986年的47.0%、19.0%，分别下降43.3%、17.5%，市场调节价比重94.8%，较1986年的34.0%上升60.8%。

**1990—2002年栖霞市生活费用指数和零售平均指数表**

表17–12

| 项目 / 年份 | 生活费用指数 | 零售平均指数 |
|---|---|---|
| 1990 | 103.7 | 101.0 |
| 1991 | 103.2 | 102.6 |
| 1992 | 103.9 | 102.3 |
| 1993 | 107.4 | 106.5 |
| 1994 | 112.2 | 112.3 |
| 1995 | 109.1 | 109.8 |
| 1996 | 106.0 | 106.0 |
| 1997 | 101.9 | 101.7 |
| 1998 | 96.1 | 96.1 |
| 1999 | 98.3 | 99.3 |
| 2000 | 99.3 | 99.4 |
| 2001 | 100.3 | — |
| 2002 | 100.1 | — |

说明：1. 1990年之前不统计生活费用指数和零售平均指数

2. 从2001年停报零售指数

## 第三节 收费管理

栖霞县行政事业性收费管理始于1987年8月。1987年8月至1989年5月，采取自查自清、审核发证、建章立制3个步骤，在全县范围内系统地开展行政事业性收费的清理整顿工作，先后分4批公布44个部门196个收费项目的1878个收费标准，并帮助收费单位健立健全收费许可证制度、收费票据管理制度等各项收费管理制度，强化收费管理。

1989年6月至1990年3月，遵循“治理整顿，深化改革”的方针，以“控涨治乱”为目的，重点整顿与人民生活关系密切、群众反映强烈的医疗、教育、土地管理等收费；统一中小学学费、杂费、借读费和住宿费的收费标准。

1990年，栖霞县人民政府印发《栖霞县收费管理暂行办法》，栖霞收费管理工作走上规范化、法制化的轨道。针对部分部门和单位越权审批收费项目和标准，擅自提高收费标准等问题，按照国家和省有关废止和停止部分收费项目的通知要求，物价局于1991年3月、7月，分两批废止和停止收费项目101项，涉及26个部门。1993年8月、12月取消收费项目92项，其中涉及农民负担项目31项。1997年9月，对14个部门的48项不合理收费予以公布取消。1998年1月、9月，两次公布取消涉及企业的收费项目17项。1999年6月，落实取消涉及企业的行政事业性收费8项，落实取消收费、基金项目73项，降低、合并收费项目21项。

1998—2000年，为优化个体经营环境、保护个体私营经济健康发展，建立个体私营业户收费登记卡制度；1998—2002年，物价局先后印制《收费登记卡》1.1万余份，全市个体私营业户人手一册，增加收费的透明度，规范15个系统、37个项目的收费。

为加大收费管理力度，2001年市政府颁发《栖霞市行政事业性收费管理实施办法》，第一次把行政事业性收费情况纳入机关岗位责任制考核，对违规、违章收费单位的主要负责人和直接责任人取消评先选优资格。

2002年，在搞好收费单位的收费资格审查、对收费项目和收费标准清理复核、换发收费许可证、开展收费年审等日常收费监管的同时，重点围绕“环境建设年”活动，开展专项清费治乱工作，印发《关于加强停车场管理整顿停车场收费秩序的通知》，在停车场的醒目位置设立统一的停车标志，公示收费标准、举报电话等。共制作停车场收费公示牌15个，整顿规范停车场13处；建立和完善涉农价格和收费公示制度，将与农民和农村经济关系密切的中小学校、交通、农机、计生、公安等11个系统的23类125个与农民交费密切相关的收费项目、标准、依据及投诉电话，以公示栏的形式在15个镇（街道）的涉农收费场所和966个自然村进行公示。发放《公示栏》1100份、公示手册400册。推行教育收费公示制度和收费公开卡制度，将幼儿园到高中的收费共17个大项89个标准在全市所有中小学校进行公示，并注明20项被取消的教育收费项目；全面清理取消专门面向农民收取的88项收费、基金和集资。

为制止乱收费行为，规范收费秩序，2002年，开展收费年审工作。共审验收费单位200多个，审验收费额1.5亿多元。建立收费年审情况档案，并完成行政事业性收费分类统计工作。共统计收费部门23个、大项收费113项，其中，行政管理类47个、资源补偿类11个、鉴定类17个、考试类9个、培训类1个、其他类28个。贯彻落实对家禽业减免部分行政事业收费、减轻出租车司机负担等政策，年减负80多万元。对7个物业公司所辖25个物业小区的管理服务收费情况进行考核，出台新的收费标准。

## 第四节 监督检查

1985年1月至1987年9月，价格监督检查工作以市场物价检查为主，同时加强生产资料价格检查。先后组织开展铁路、电力、石油、化工、化肥、农药等专项价格检查。自1985年起，连续13年组织开展物价大检查。

1987年9月，《价格管理条例》的颁布，价格行政执法日益法制化、制度化、规范化。价格行政执法以治理通货膨胀、控制物价上涨、查处乱涨价、乱收费为重点，坚决稳定群众生活必需品价格，坚决制止生产资料乱涨价，加强对重要生产资料和交通运输价格监督。整顿城市公用事业和服务收费，大力查处各种价格违法行为。

1993年4月至2002年，把开展行政事业性收费检查工作为重点，先后对土地、建设、交通等开展专项检查。开展农村计划生育、教育、土地、民政、医疗等涉农收费检查。

2001年5月，开通全国统一的价格举报电话“12358”，认真受理价格举报，查处价格举报案件。2002年 6月，从人大代表、政协委员、村（居）民委员会代表、离退休干部、教师、农村价格成本调查员、会计员和其他有一定政策水平和文化素质、能坚持原则并热心价格监督工作的人员中聘请141名价格义务监督员，初步建立起市、镇（街道）、村三级价格监督网络。

2002年末，累计查处各类价格违法案件366件，实现经济处罚总额2161万元，其中退还用户1849万元，上缴财政312万元。共受理各类价格举报378件，查处退还消费者167万元，上缴财政11万元，罚款11万元，实施经济处罚178万元。

市物价局工作人员在进行市场物价检查
（2002年）

## 第五节 农产品成本调查

市物价局以《全国农产品成本调查簿》为基础，建立起覆盖6个镇7个调查点21个调查农户的专职调查网络，按年度、季节进行调查汇总，并定期向国家、省、市成本调查队上报成本收益等调查资料。

1985年，调查品种包括粮油类、水果类、蔬菜类、林产品类4类，小麦、玉米、大豆、花生、地瓜、高粱、谷子、小果光、青香蕉、香水梨、大白菜、芹菜、柞蚕茧等14个品种。

1987—1998年，先后3次对调查品种、调查表格和核算方法进行调整，到2002年，调查品种由1985年的4类调整为粮油类、水果类2类，粮油类调减了高粱、谷子，水果类由传统品种小果光、青香蕉、香水梨调整为红富士。

1998年开始，对“三农”（农业、农村和农民）问题，开展专项调查项目，包括农户种植意向调查、农户农资购买情况调查、农户存粮情况调查、农户售粮情况调查等，同时，为有利于科学合理地制定农产品价格政策，引导农民做出正确的生产决策，还开展成本预测工作，及时对下一个生产周期或下一个年度农产品生产成本变化情况做出预测。

2002年，建立政府定价为主的有关商品和服务成本、价格及供求状况定期报告制度。把中小学校义务教育阶段的年生均实际公用经费和非义务教育阶段的年生均实际培养成本、城市供水成本、环境卫生服务成本、物业管理服务成本价格纳入监审范围，及时掌握相关行业生产经营变化情况，为政府定价提供快捷、准确的成本与价格资料，增强价格决策的科学性。

市物价工作人员在进行农产品成本调查
（2002年）

## 第六节 涉案物品价格鉴证

1992年，栖霞县开展价格鉴证工作，全市价格鉴证正式展开，当年，制定《价格鉴证操作规范》，从鉴证原则、鉴证程序、鉴证方法、一般涉案物品价格鉴证、刑事案件物品价格鉴证、事故损坏物价格鉴证、鉴证结论文书等方面均作出规范规定，有6名注册价格鉴证师专司价格鉴证。

1992—2000年，价格鉴证同社会中介服务业务合署办公。为保证价格鉴证工作公平公正，按照国务院对价格鉴证机构提出治理整顿要求，2001年，栖霞市成立价格认证中心，为股级事业单位，编制5人，实行全额预算管理，隶属于市物价局。

1992—2002年，共受理各类市场主体和当事人委托鉴证业务4690多起，鉴证金额3300多万元，其中交通事故车物损失鉴证3760起，鉴证金额1900多万元；涉案物品价值鉴证930多起，鉴证金额1400多万元。

市物价工作人员在对交通事故车物损失进行鉴证（2002年）

# 第五章 工商行政管理

20世纪70年代，全县通过第一批商标注册核准的有5个企业，6种产品商标。80年代，栖霞工商管理对象主要是集贸市场、企业登记、规范市场交易行为等。1987年3月，首次举办假冒伪劣产品展览，让广大群众辨识。进入90年代以后，1991年3月，首次当众销毁假冒伪劣产品。工商行政管理逐步转变为运用法律、行政手段进行市场宏观监督调控，其管理范围扩展到各个领域和各个行业。对集贸市场监管，全面推行分行划市、编号定位、对号入市的管理方法，落实市场管理岗位责任制，3处集贸市场达到省级“文明集贸市场”标准。对经营业户的登记监管，一边抓规范登记，一边抓鼓励发展。

到2002年末，全市个体工商户达到9359户，从业人员17504人。私营企业由1985年的15户发展到2002年的547户，从业人员8699人。全市注册商标总数达到200件。对商标广告监管和经济合同监管，重点查处虚假宣传、以假充真、以次充好等违法行为，保护合法经营。

## 第一节 管理机构

1942年12月，栖霞县抗日民主政府设工商管理局，1943年栖东行署设工商管理局，均负责工商管理和税收。1944年秋，撤销工商管理局设立工商事务所。1949年11月，栖霞、栖东两县政府分别设置工商科。1953年9月，栖霞、栖东两县合并后称栖霞县工商科。1956年11月，成立县商业局，工商行政事务划归商业局管理。1971年5月15日，称栖霞县革命委员会生产部工商行政管理局（与商业局合署办公）。1977年11月，工商行政管理局从商业局析出，单独设立。1993年12月，县物价局并入工商局。 1995年11月30日，物价局从工商局析出，独立办公。1998年12月，栖霞市工商行政管理局上划省工商行政管理局管理，为烟台市工商行政管理局的直属机构。

1984年10月25日，成立县个体劳动者协会；1991年1月31日，成立县个体劳动协会办公室；2002年3月，成立公平交易局；1990年5月，成立县消费者协会；2002年3月11日，成立企业注册局。

## 第二节 企业登记管理

**工商企业登记管理** 1978年以后，恢复对工商企业进行登记管理和核发营业执照。1979年6月，国家工商管理局、公安部等7部门联合发出《关于特种行业进行登记管理的通知》后，开展对旅馆、饭店、浴池、修理、印刷、废品收购等特种行业企业登记发证工作。通过对全县国营和社队经营的162家特种行业进行清理整顿和登记发证，共核发营业执照151家，其中印刷1家、刻字1家、旅馆21家、饭店22家、维修业86家、废品收购19家、委托商店1家。随后对社队饮食业和修理业进行清理整顿和登记发证，原为472家，核发营业执照468家。

1982年8月，国务院发布《工商企业登记管理条例》，同年底，国家工商局颁布《〈工商企业登记管理条例〉实施细则》，企业登记管理工作开始步入法制化、规范化的轨道。1984年，放宽对企业登记的管理政策，放宽商业经营范围和经营方式。是年11月，给核准登记的企业换发全国统一营业执照副本。1985年底，工业企业核发营业执照者，全民28户，从业人员5600人；集体1749户，从业人员56992人。交通运输企业，全民1户，从业人员10人；集体14户，从业人员552人。建筑企业，集体60户，从业人员5072人。商业企业，全民74户，从业人员2255人；集体920户，从业人员5286人。饮食业，全民2户，从业人员142人；集体77户，从业人员540人。服务业，全民5户，从业人员104人；集体205户，从业人员935人。

1988年5月，国务院颁布《企业法人登记管理条例》，同年11月，国家工商总局发布《〈企业法人登记管理条例〉施行细则》，将企业登记区分为法人登记和营业登记，并规定了相应的法律地位。1991—1993年，国务院号召全民经商办企业，机关办实体，房地产开发企业一拥而上，掀起全社会办企业的高潮。至1993年，全市企业达到1086家，比1990年增加269家。从1996年开始，对机关办实体进行清理整顿，办理脱钩手续。至1997年底，规范各类公司690家，国有集体企业1359家。

1990年以后，企业登记管理工作发生较大变化。对企业全面换发“企业法人营业执照”和“营业执照”，按《中华人民共和国民法通则》要求建立健全企业法人制度，企业登记工作由对企业经营权和许可登记变为依法确立企业的法人资格和合法经营权的企业法人登记。登记范围由过去的十大行业扩大到所有从事生产经营和有偿服务活动的各类性质的企业、实行企业化经营的事业单位和从事经营活动的科技性社会团体。设置企业法人登记注册程序，对企业的登记发照实行受理、审查、核准、发照、公告5个环节。新增登记公告内容，取得法人资格的企业由登记机关统一向社会发布公告。

工商管理部门设立注册大厅，实行登记管理人员与企业办事人员柜台办公，政务公开。营业执照正、副本开始利用微机打印，并用封塑机封塑，执照正本使用主管部门统一配发的镜框，由企业在主要办事场所悬挂。通过年检换照、清理整顿和日常监督检查等不同形式，实行对企业的监管检查。2002年末，全市共有国有、集体登记企业1327家，其中法人登记530家，注册资本118568万元。

**外商投资企业登记管理** 工商部门对外商投资企业登记管理主要是初审和监督管理。通过日常监督管理和年度检验两个方面，监督企业按规定办理开业登记、变更登记和注销登记；监督企业按照核准的登记事项、章程、合同开展经济活动；监督企业按规定办理年检手续；监督企业和法定代表人遵守国家有关法律、法规和政策；查处违反登记管理法规的行为。

1984年以前，栖霞县无一处外商投资企业。1985年8月，栖霞县与香港合资成立烟台华荣制衣有限公司，为全县首家合资企业。1988年底，全县登记注册外商投资企业3家，投资总额1828万元，注册资本1828万元，其中外方认缴额397万元。

1989年8月，山东省工商局印发《关于支持和促进外向型经济发展的意见的通知》，提出从工商行政管理的职能出发，全方位促进对外开放。栖霞县工商管理部门重点加强外商投资企业投资各方出资情况的回访检查，依法督促中外投资者按合同如期出足资本，对未履行合同规定出资义务的，按照政策规定进行处理。

1990年3月，建立外资企业出资情况台帐，出资检查转入日常监督。2002年末，完成全部企业新版营业执照更换，实有外商投资企业76家，其中合资企业44家，合作企业2家，独资企业30家，累计投资总额为23669万美元，注册资本15727万美元，其中外方投入9040万美元，占注册资本58.3%。外商投资总额500万美元以上的有5户。有18个国家和中国港台地区的外商投资本市，其中韩国14家，香港32家，日本3家，中国台湾地区2家，印度尼西亚1家，越南1家，芬兰1家，奥地利1家，瑞士1家，洪都拉斯1家，马来西亚1家，新加坡3家，美国2家，澳门1家，德国1家，英国1家，澳大利亚3家，菲律宾1家。

## 1985—2002年栖霞市外商投资企业发展情况表

表17-13　　单位：万美元

| 年份 | 企业类型 | 户数 | 投资总额 | 注册资本 | 其中 | |
|---|---|---|---|---|---|---|
| | | | | | 中方 | 外方 |
| 1985 | 合资 | 1 | 10 | 10 | 8 | 2 |
| | 合计 | 1 | 10 | 10 | 8 | 2 |
| 1988 | 合资 | 2 | 30 | 30 | 15 | 15 |
| | 合计 | 2 | 30 | 30 | 15 | 15 |
| 1991 | 合资 | 2 | 402 | 302 | 108.53 | 193.5 |
| | 独资 | 2 | 45 | 40 | — | 40 |
| | 合计 | 4 | 447 | 342 | 108.53 | 233.5 |
| 1992 | 合资 | 8 | 2734 | 2165 | 1217.8 | 947.2 |
| | 合计 | 8 | 2734 | 2165 | 1217.8 | 947.2 |
| 1993 | 合资 | 12 | 4695 | 3637 | 1249.5 | 2387.5 |
| | 独资 | 4 | 224 | 214 | — | 214 |
| | 合计 | 16 | 4919 | 3851 | 1249.5 | 2601.5 |
| 1994 | 合资 | 2 | 58 | 53 | 33 | 20 |
| | 独资 | 2 | 452 | 330 | — | 330 |
| | 合计 | 4 | 510 | 383 | 33 | 350 |
| 1995 | 合资 | 3 | 2142 | 1764 | 818 | 946 |
| | 独资 | 1 | 160 | 120 | — | 120 |
| | 合计 | 4 | 2302 | 1884 | 818 | 1066 |
| 1996 | 合资 | 1 | 10 | 8.8 | 5.8 | 3 |
| | 合作 | 1 | 2000 | 900 | 79 | 821 |
| | 合计 | 2 | 2010 | 908.8 | 84.8 | 824 |
| 1997 | 合资 | 2 | 86.7 | 73 | 44 | 29 |
| | 独资 | 1 | 28 | 28 | — | 28 |
| | 合计 | 3 | 114.7 | 101 | 44 | 57 |
| 1998 | 合资 | 2 | 105 | 105 | 57 | 48 |
| | 合计 | 2 | 105 | 105 | 57 | 48 |
| 1999 | 合资 | 3 | 202 | 144 | 49 | 95 |
| | 合作 | 1 | 12 | 10 | 3 | 7 |
| | 独资 | 3 | 143 | 123 | — | 123 |
| | 合计 | 7 | 357 | 277 | 52 | 225 |
| 2000 | 合资 | 3 | 2819 | 1616 | 578 | 1038 |
| | 独资 | 2 | 1900 | 825 | — | 825 |
| | 合计 | 5 | 3189 | 2441 | 578 | 1863 |
| 2001 | 合资 | 1 | 16 | 14 | 8 | 6 |
| | 独资 | 7 | 756 | 672 | — | 672 |
| | 合计 | 8 | 772 | 686 | 8 | 678 |
| 2002 | 合资 | 44 | 17793 | 12641 | 6687 | 5954 |
| | 合作 | 2 | 3105 | 1344 | — | 1344 |
| | 独资 | 30 | 5341 | 1742 | — | 1742 |
| | 合计 | 76 | 26239 | 15727 | 6687 | 9040 |

**个体私营经济登记管理** 1984年10月，栖霞县成立个体劳动者私营企业协会。协会是由全县个体工商户、私营企业及有关人员组成的社会团体，具有独立社团法人资格。1985年，国务院发出《关于进一步活跃农村经济的十项政策》，决定改革商品流通体制，粮食、棉衣取消统购，改为合同定购，放开生猪、水产品和蔬菜的市场价格等，促进个体经济的发展。1980—1985年，全县个体工商户发展迅猛，逐年递增，由1979年的1640户发展到1985年的4303户，从业人员由1979年的1768人发展到1985年的5104人，注册资金达到180万元，商品零售额1200万元。1987年，国务院颁布《城乡个体工商户管理暂行条例》，有计划地指导个体经济发展，全县个体工商户止跌回升。1988年4月，全国人大通过宪法修正案，确立私营经济的法律地位。是年底，全县个体工商户达到9034户，从业人员13600人，注册资金460万元，私营企业从无到有，申请登记注册的私营企业5户。1989—1992年，全县个体劳动者私营企业协会会员认购国库券9.8万元；支教、扶贫、救灾、修建医院向社会义务捐款总额达48万元，其中仅1992年向希望工程捐款20万元；

1993年11月，栖霞县人民政府办公室印发《栖霞县特别商业街管理暂行规定》，三年免费，任何部门不得进街检查，确需进行检查，需经特别商业街办事处批准。此后，个体私营经济进入快速发展时期。1997年7月，全市有个体工商户10857户，私营企业292家，个体、私营从业人员21994人，其中下岗职工4660人，占个体私营企业人数的21.19%。是年8月，省工商局、省总工会、省妇联在济南召开支持再就业工程表彰大会上，栖霞工商局被省工商局、省总工会、省妇联授予“支持再就业工程”先进单位；10月，被烟台市政府授予“支持再就业工程”先进单位。苏家店个体劳动者私营企业分会获山东省工商局个体劳动者协会系统先进单位称号。1998年，栖霞市委、市政府加大扶持引导力度，出台一系列优惠政策，把发展个体私经济作为推动地方经济新的增长点。1999年3月，栖霞市委、市政府组织乡镇党委书记及有关部门负责人一行30人到福建、浙江等地参观学习，工商局组织个体私营企业负责人参观学习即墨、莱州等地的民营经济典型，联系实际学习龙口市南山集团经验。2000年，栖霞市个体劳动者协会与城关分会，获山东省工商局个体劳动者协会系统先进单位称号。

2002年，翠屏个体劳动者私营企业分会和桃村分会获山东省工商局个体劳动者协会系统先进单位称号。当年，工商部门协助劳动部门做好下岗失业人员再就业和“4050”（男女40岁、50岁人员）再就业工程，鼓励这一年龄段人员从事个体私营经济，下岗职工从事个体私营经济的人员达5010人。是年6月，推行企业诚信守法提醒制、警示制、公示制，又在栖霞视窗网上构筑企业信用平台，设立良好行为（红榜）公告，不良行为（黑榜）公告窗口，推行企业经营信用记录公示制，在“红榜”窗口公示48家“重合同、守信用”企业的名单，同时也在“黑榜”窗口公示一批失信企业名单。

2002年末，全市有个体工商户9377户，从业人员17504人，注册资金13976万元，个体经济实现总产值50890万元，营业额86923万元，社会消费品零售额54965万元。私营企业547家，其中个人独资企业110家、合伙企业32家、有限责任公司405家，从业人员6877人，注册资金46409万元，其中改制企业84家，私营企业年实现总产值27912万元，营业额10257万元，社会消费品零售总额24945万元。

## 第三节 合同、商标和广告管理

**经济合同管理** 1984年，栖霞县工商局设经济合同管理股，对全县经济合同实行统一管理，主

要负责贯彻经济合同法律法规，监督检查经济合同的订立和履行，确立无效合同，查处违法合同，仲裁合同纠纷，经济合同管理工作初步走上依法管理的轨道。是年5月，工商局成立经济合同仲裁委员会，依法对经济合同实行全面管理。根据省工商局《关于实行凭〈法定代表人证明书〉〈法人授权委托书〉签订经济合同的通知》要求，1985年6月，开始签订经济合同制度，要求双方当事人在签订经济合同时，互相审查《法定代表人证明书》或《法人授权委托书》后方可正式签订，并将证书作为合同附件交予对方保存。1985年10月，各县、乡企业成立经济合同领导小组，并配备专兼管人员154人。1985年，共鉴证各类合同276份，总金额1207万元。

1988年，栖霞工商局开始管理企业承包、租赁经营合同和技术合同。对企业承包、租赁经营合同主要是进行鉴证和纠纷的仲裁，对技术合同主要是确认和查处无效技术合同、仲裁技术合同纠纷。是年3月，开始管理建筑工程承包合同。1990年10月，实行经济合同统一文本制度。1992年，栖霞工商局在企业中开展经济合同管理达标活动，即合同管理工作做到机构落实、制度落实、人员落实、经济合同往来化、订立履行程度化、合同管理与生产经营一体化、合同台账档案规范化、合同文本统一化、纠纷处理法律化、管理制度标准化、管理手段现代化。1993年，栖霞县工商局帮助建立合同管理机构175个，为其培训持证上岗人员680人。1995年9月，《中华人民共和国仲裁法》正式施行，经济合同仲裁职能从工商行政管理部门分离。10月，宣传贯彻《中华人民共和国担保法》《企业动产抵押物登记管理办法》，办理企业厂房等建筑物的抵押登记。2002年7月，根据山东省人民政府《关于对企业房产等建筑物抵押登记主管机关进行调整的通知》，工商部门不再办理企业厂房等建筑物的抵押登记。

1995—2002年，全市共办理动产抵押登记963件，抵押担保值105232 万元。办理房产抵押登记101件，抵押担保值9833万元。

1995年，国家工商总局发布《关于查处利用合同进行的违法行为的暂行规定》，1996年，开展打击合同欺诈的专项执法行动。1999年，集中开展合同欺诈整治活动，主要查处加工承揽、技术转让、中介服务、商品房购销、建筑工程承包等合同，规范企业交易行为，维护合同秩序，有力地遏止合同欺诈行为，市场经济秩序明显好转。1997年1月，《中华人民共和国拍卖法》正式施行。栖霞县工商开展拍卖业监管工作，建起拍卖企业档案、拍卖活动备案、拍卖现场监督管理，异地拍卖审批、违法拍卖行为查处等管理制度。2002年末，共对全市2户拍卖企业进行13次拍卖活动，实施拍卖现场监督管理，确保拍卖活动双方当事人的合法权益。

1984—2002年，工商部门组织工商法规培训260期，经培训考核后共有360人取得省工商局统一制作的合同管理员证书。鉴证各类经济合同75846份，金额412371万元，通过鉴证协查为企业避免经济损失6975万元。全市各级重合同、守信用企业发展到32家。

## 1995—2000年栖霞市获山东省级、烟台市级“重合同守信用单位” 一览表

表17-14

| 企业名称 | 获奖年份 | 级别 |
|---|---|---|
| 安泰建安工程有限责任公司 | 1995.4 | 市级 |
| 粮油集团公司修建公司 | 1995.5 | 市级 |
| 烟台宝桥锦宏水泥有限公司 | 1997.1 | 省级 |
| 栖霞市银云活塞液压件有限公司 | 1997.1 | 省级 |
| 烟台火焰山锅炉有限公司 | 1998.12 | 省级 |
| 烟台白洋河酿酒有限公司 | 1999.2 | 省级 |
| 核工业华东烟台机械厂 | 1999.2 | 省级 |
| 山城建筑工程有限公司 | 2000.5 | 市级 |
| 金隆建筑工程有限公司 | 2000.6 | 市级 |
| 英炜建筑安装工程有限公司 | 2000.8 | 市级 |
| 宏宇城建综合开发有限公司 | 2000.9 | 市级 |

## 1995—2002年栖霞市各类合同签证情况统计表

表17-15　　单位：份

| 年份 | 合计 | 工矿产品购销 | 农副产品购销 | 加工承揽 | 建设工程承包 | 货物运输 | 财产租赁 | 企业租赁 | 其他 |
|---|---|---|---|---|---|---|---|---|---|
| 1995 | 26013 | 8279 | 14892 | 2715 | 23 | — | 35 | 12 | 57 |
| | 93316 | 34019 | 43829 | 13383 | 1033 | — | 30 | 22 | 1002 |
| 1996 | 26013 | 8279 | 14892 | 2115 | 623 | 35 | — | 12 | 57 |
| | 93318 | 34019 | 43829 | 10383 | 4033 | 30 | — | 22 | 1002 |
| 1997 | 14737 | 6019 | 5981 | 1560 | 973 | — | — | — | 204 |
| | 92868 | 24720 | 23030 | 9594 | 14724 | — | — | — | 20800 |
| 1998 | 4214 | 3106 | 850 | — | 24 | — | — | 2 | 232 |
| | 37052 | 4022 | 1451 | — | 1516 | — | — | 300 | 29763 |
| 1999 | 1904 | 1562 | 127 | — | 5 | — | — | — | 210 |
| | 26159 | 2798 | 410 | — | 1350 | — | — | — | 21601 |
| 2000 | 2154 | 1726 | — | — | 5 | — | 98 | — | 325 |
| | 40775 | 9655 | — | — | 670 | — | 150 | — | 30300 |
| 2001 | 675 | 356 | 200 | — | 15 | — | — | — | 104 |
| | 13541 | 689 | 127 | — | 1050 | — | — | — | 11675 |
| 2002 | 254 | 120 | — | — | | — | — | — | 134 |
| | 13122 | 12906 | — | — | | — | — | — | 216 |

## 1996—2002年栖霞市抵押签证登记情况统计表

表17-16

| 年 份 | 抵押份数 | 抵押金额（万元） | 签证登记金额（万元） |
|---|---|---|---|
| 1996 | 33 | 2310 | 1980 |
| 1997 | 204 | 21664 | 20714 |
| 1998 | 221 | 29763 | 25746 |
| 1999 | 210 | 27038 | 21601 |
| 2000 | 71 | 9670 | 8300 |
| 2001 | 104 | 21265 | 11675 |
| 2002 | 120 | 21576 | 12906 |

**商标管理** 1949年中华人民共和国成立前，栖霞老字号商标有饮食业的永盛馆、老张记、人和、梁家馆；理发业的瑞新、冠玉堂、爽玉堂；商业的恒和、义丰德、顺兴隆、华泰、天德兴；花边艺品的华和成、恒元记、魁昌、同聚福、福顺成等；缝纫的新生、意华、万新等，也有一些手工业主在其生产或经销的商品上（或外包装上）打上商号名称或符号作为标记。县境内虽然创办一些工商企业，但由于生产规模小，发展缓慢，再加上连年战争，时局动荡，境内无一个企业在全国注册商标。

1978年中共十一届三中全会以后，国家加强商标注册工作，并于1979年11月1日起，正式恢复全国商标集中注册、统一管理制度。栖霞县工商局注重商标注册及管理工作，鼓励企业创名牌产品，保产品声誉，提高企业知名度。

1979年栖霞第一批商标注册核准的有5个企业、6种产品商标，分别是县酿酒厂的“栖霞”牌白酒、县雪茄烟厂的“栖霞”牌和“山城”牌雪茄烟、县无线电厂的“山城”牌扩音机、县轮胎厂“巨轮”牌轮胎、县针织厂的“牙山”牌针织衣。栖霞县的商标工作从此步入正轨。

1983年3月《中华人民共和国商标法》（以下简称《商标法》）的实施，把保护专用权提到重要位置，把全面注册改为由企业根据专用商标的实际需要，自主申请注册。同时，对少数商品（如卷烟、药品等）使用的商标实行强制注册，申请注册的商标，经初审合格的，必须公告3个月后才能正式办理注册，注册商标专用期限为10年。同年，国务院颁发《商标法实施细则》，商标注册和商标管理工作纳入法制化的轨道。栖霞工商部门印制数千份宣传材料，发放到企业进行普及教育，提高企业的商标法律意识。同时，在企业科配备专人分管商标工作，建立起商标档案，不断完善各项制度。从1983年《商标法》施行到1985年，全县共有38个企业68种产品取得商标注册。为更好地适应商品经济发展的需要，方便商标国际注册和交流，1988年11月，商标注册实行新的商品国际分类（42类），原《商品分类（组别）表》（78类）同时废止。1990年，对商标印制行业进行清理，实现“两证一牌”的管理模式。在保护注册商标专用权方面，严格审查商标印制单位资质，加强日常监督检查，有效杜绝假冒商标标识的源头，规范商标印制行为，净化商标印制市场。

1993年2月，全国人大会常委会对《商标法》修改，增加对服务商标的注册保护内容，完善商标注册程序。7月，实行商标代理制，工商机关对商标管理工作的重点转移到对商标专用权的保护。在商标使用、印制管理方面，1994年，对辖区内的商标使用合同情况进行大规模的清理，撤销一部分单位的商标使用资格，对继续使用的商标规范其使用行为，对个别使用混乱的单位进行整改。

1996年8月，围绕《驰名商标认定和管理暂行规定》，实行重点企业联系点制度，对经济效益好、知名度高的企业商标予以重点培育，积极帮助企业申报全国驰名商标和山东省著名商标，提高企业的市场竞争能力。1998年，对辖区内的注册商标进行验证，对商标印制实行规范化，加强12家商标印制行业的内部制度建设。银云活塞液压件有限公司的“银云”商标、烟台白洋河酿酒有限公司的“白洋河”商标，1998—1999年，连续两年被评为烟台市著名商标。2001年，根据上级部署，成立“打假维权协作网络”，将著名商标和骨干企业列入重点保护范围，严厉打击侵权、仿冒等违法行为。2002年，全国开始启用尼期分类第八版，编定新的《类似商品与服务区分表》。10月，《商标法》第二次修正，扩大商标专用权主体和客体的保护范围，允许自然人申请商标注册，商标注册人的成分呈现多元化的趋势。栖霞市根据有关政策规定和形势发展的要求，适时引导注册农产品商标，个人注册商标，加强对民营企业商标注册的引导和服务，使民营企业成为商标注册的主力军。全市注册服务商标3件，分别是烟台宝通包装印刷制品有限公司的“图形”商标，山东栖霞宏昌武校的“宏昌”商标和栖霞市机关服务公司雅兴鲜花礼仪分公司的“YAXING”商标。

1993—2002年，共查处商标侵权假冒案件105件，收缴和消除侵权假冒商标标识2000万件（套）。注册商标200个，其中，个体私营企业140个，占40%。共受理成员企业打假维权申请7 起，先后协助3家企业查处商标侵权案件12起，有力地保护企业的合法权益。

**广告管理** 境内广告使用历史较早，最早的广告形式有叫卖、音响、旗帜、招贴、路牌、灯笼等，随着时间的推移又逐渐增加报纸、杂志、霓虹灯等新兴广告形式，但无管理法规。

1982年2月，国务院颁布《广告管理暂行条例》，栖霞工商局按照该条例规定，针对前期广告经营中缺乏统一管理的现状，全面清理整顿广告经营秩序。同时，对户外广告的内容、张贴地点进行检查清理，会同有关部门对路牌广告的设置进行统一规划安排；进行广告营业的登记发证。

栖霞最早开展广告经营的单位是山城摄影部和县广播事业局。山城摄影部于1980年1月开始，以摄影形式开展广告业务。1983年1月，对山城摄影部核发营业执照，共有美术设计等从业人员5人。1981年，县广播事业局以有线广播的形式开展广告业务，1982年10月，经县工商行政管理局核准登记，1983年1月，核发营业执照，共有从业人员7人。

1982—1986年，进行监督检查广告经营活动，5次对广告行业进行清理整顿，整顿重点是无证经营、虚假广告。1987年10月，国务院正式颁布《广告管理条例》，次年1月，国家工商总局颁布《广告管理条例实施细则》，全县开始对广告经营单位进行年检登记。1989—1991年，县工商部门按照各级通知要求，进行宣传发动、自查、普查、验收工作，对广告业务进行多次全面检查、清理和整顿。整顿的主要内容是取缔非法经营活动，制止以不正当竞争手段招揽广告业务，广告宣传和广告经营秩序有明显好转。

2002年末，栖霞市广告经营单位由1980年的2户，发展到12户，广告经营额从20多万元发展到300多万元；户外广告牌达到426块，车体

广告标识45块。

## 第四节 保护消费者权益

**打击假冒伪劣产品** 1983年2月，国务院颁布《城乡集市贸易管理办法》，提出打击经营伪劣商品、假冒名牌违法行动。1987年3月，工商管理部门首次进行假冒伪劣商品展览咨询活动，展览假冒伪劣烟酒、日用工业品、劣质药品、假冒化肥、变质食品等，让市民认假、打假。

1991年3月，加强和改进经济监督检查工作，推进治理整顿。组织对化肥、农药、种子、农机、农用地膜五类农资等重要生产资料市场检查整顿，开展打击制售假冒伪劣商品等违法行为的专项整治，设立“12315”投诉举报电话，形成一个齐抓共管，人人参与的打假打私举报网络。同时，坚持集中打击与日常打击相结合，通过开展“执法月”“红盾打假护农月”“打假保名优”等一系列专项执法检查，确保全市经济秩序的稳定。当年，首次对假冒伪劣商品进行当众销毁活动，在社会上引起良好反响。

2002年末，共举办15次展览、咨询活动和假冒伪劣商品销毁活动。

栖霞市工商人员进行物资市场检查（2002年）

工商工作人员进行食品市场检查（2002年）

**保护消费者利益** 1990年5月，成立栖霞县消费者协会，协会开设投诉电话“12315”，受理消费者购买、使用商品或接受服务其合法权益受到损害的申诉；消费者对经营者未履行相关的法律、法规、工商所规定义务的申诉；农民购买、使用农业生产的种子、化肥、农药、农机具等生产资料，其合法权益受到损害的申诉。接受销售假冒伪劣商品、销售不合格产品、侵害消费者合法权益、走私贩私、不正当竞争、违反商标、广告、合同、企业、个体登记管理等规定的违法违章行为的举报。

工商部门开展消费维权咨询（2002年）

1991年开始，栖霞市每年都举行“3•15”纪念活动，宣传消费知识、消费保护政策，展示名优产品，同时开展咨询服务活动和假冒伪劣商品展览，以此提高消费者的辨别能力和自我保护能力。每年都举行消费者满意单位评选活动，促使经营单位不断改善服务态度，提高服务质量。1991—2002年，处理消费者投诉，投诉案件结案率在95%以上。

## 1990—2002年栖霞市消费者满意单位统计表

表17-17

| 单 位 名 称 | 授予单位 | 授予时间 | 备注 |
|---|---|---|---|
| 栖霞县百货商店 | 栖霞县消协 | 1990.11 | — |
| 栖霞县纺织品公司门市部 | 栖霞县消协 | 1990.11 | — |
| 栖霞县供销社副食品门市部 | 栖霞县消协 | 1990.11 | — |
| 栖霞县工业品公司供销商场 | 栖霞县消协 | 1990.11 | — |
| 桃村供销社百货大楼 | 栖霞县消协 | 1990.11 | — |
| 栖霞县百货商店 | 烟台市消协 | 1991.11 | — |
| 桃村供销社百货大楼 | 烟台市消协 | 1991.11 | — |
| 栖霞县五交化公司门市部 | 栖霞县消协 | 1991.11 | — |
| 臧家庄供销社大百货门市部 | 栖霞县消协 | 1991.11 | — |
| 粮油供应公司 | 烟台市消协 | 1992.12 | — |
| 电力物资公司 | 烟台市消协 | 1992.12 | — |
| 农机公司 | 烟台市消协 | 1992.12 | — |
| 石油公司 | 烟台市消协 | 1993.12 | — |
| 西山液化气站 | 烟台市消协 | 1993.12 | — |
| 粮油供应公司 | 栖霞县消协 | 1994.12 | — |
| 栖霞县邮电局 | 栖霞县消协 | 1994.12 | — |
| 桃村商业公司 | 烟台市消协 | 1994.12 | — |
| 农机公司 | 烟台市消协 | 1994.12 | — |
| 悦心亭宾馆 | 烟台市消协 | 1995.12 | — |
| 福利家电维修部 | 烟台市消协 | 1995.12 | — |
| 生资总公司 | 烟台市消协 | 1995.12 | — |
| 桃村纺织品批发公司 | 烟台市消协 | 1996.12 | — |
| 邮电局 | 烟台市消协 | 1996.12 | — |
| 桃村供销社 | 烟台市消协 | 1996.12 | — |
| 国营眼镜店 | 烟台市消协 | 1996.12 | — |
| 白洋河酒厂 | 烟台市消协 | 1997.12 | 产 品 |
| 新嫂子洗衣膏厂 | 烟台市消协 | 1997.12 | 产 品 |
| 百货商店 | 烟台市消协 | 1997.12 | — |
| 华东珠宝行 | 烟台市消协 | 1997.12 | — |
| 康复药店 | 烟台市消协 | 1997.12 | — |
| 金城专场店 | 烟台市消协 | 1997.12 | — |

续表17–17

| 单　位　名　称 | 授予单位 | 授予时间 | 备注 |
| --- | --- | --- | --- |
| 石油公司 | 烟台市消协 | 1997.12 | — |
| 塔峰实业有限公司 | 烟台市消协 | 1997.12 | — |
| 国营眼镜店 | 烟台市消协 | 1998.12 | — |
| 邮电局 | 烟台市消协 | 1998.12 | — |
| 桃村供销社 | 烟台市消协 | 1998.12 | — |
| 粮油供应公司 | 烟台市消协 | 1998.12 | — |
| 白洋河酒厂 | 烟台市消协 | 1999.12 | — |
| 电信局 | 烟台市消协 | 1999.12 | — |
| 悦心亭宾馆 | 烟台市消协 | 1999.12 | — |
| 西山液化气站 | 烟台市消协 | 1999.12 | — |
| 康复药店 | 烟台市消协 | 1999.12 | — |
| 纺织维修部 | 烟台市消协 | 1999.12 | — |
| 金叶酒店 | 烟台市消协 | 1999.12 | — |
| 栖霞市铁口秀真瓜子厂 | 烟台市消协 | 2000.12 | 产 品 |
| 烟台市烟霞酿造有限公司 | 烟台市消协 | 2000.12 | 产 品 |
| 良友液化气站 | 烟台市消协 | 2001.12 | — |
| 桃村三保液化气站 | 烟台市消协 | 2001.12 | — |
| 烟台市三和内燃机动力公司 | 烟台市消协 | 2001.12 | 产 品 |
| 栖霞市铁口秀真瓜子厂 | 烟台市消协 | 2001.12 | 产 品 |
| 烟台市烟霞酿造有限公司 | 烟台市消协 | 2001.12 | 产 品 |
| 栖霞国营眼镜店 | 山东省消协 | 2002.12 | — |
| 栖霞市百货大楼 | 烟台市消协 | 2002.12 | — |
| 栖霞石油分公司 | 烟台市消协 | 2002.12 | — |
| 山东网通公司栖霞分公司 | 烟台市消协 | 2002.12 | — |
| 桃村广联购物超市 | 烟台市消协 | 2002.12 | — |
| 核工业华东栖霞珠宝行 | 烟台市消协 | 2002.12 | — |
| 栖霞金城商贸有限公司 | 烟台市消协 | 2002.12 | — |
| 烟台东阳百货有限公司 | 烟台市消协 | 2002.12 | — |
| 栖霞市康复大药房 | 烟台市消协 | 2002.12 | — |
| 栖霞市巧媳妇食品厂 | 烟台市消协 | 2002.12 | 产 品 |
| 烟台白洋河酿酒有限公司 | 烟台市消协 | 2002.12 | 产 品 |

# 第六章 质量技术监督

栖霞市质量技术监督局办公楼（2002年）

栖霞市质量技术监督工作，承担栖霞境内标准、计量、质量、锅容管特管理和行政执法工作，技术机构主要开展20个项目的计量器具检定，35个大项125个小项质量检测，10个项目特种设备检验及特种作业人员的培训业务。

企业新产品投产前抓标准审查，投产后抓产品质量的监督检验，按周期对企业在用的计量器具进行检查，重点开展“查农资、促春耕，查食品、保健康，查建材、保安全”的执法活动。在执法中，建立质量、计量、标准、特种设备四位一体的执法体系，培育出4个山东省名牌产品，3个国家免检产品，2个省免检产品。

## 第一节 管理机构

1975年10月，成立栖霞县标准计量所，1984年5月，升格为副科级事业单位，隶属县经济委员会。1987年8月，成立栖霞县标准计量局，正科级事业单位，1989年3月，栖霞县标准计量局列政府序列，为正科级行政单位。1993年11月，栖霞县标准计量局改称为栖霞县技术监督局。2000年1月，更名为栖霞市质量技术监督局。

## 第二节 计量管理

1975年10月，栖霞县标准计量所成立后，对全县计量器具进行检修、实行挂牌使用制度。1985年，衡器检定1300台件，合格率89.9%。1986年7月，重点开展计量政策、法规的宣传、教育，并对全县计量器具销售、使用单位进行摸底登记，先后开展企业计量定级评审工作，实施加油站“计量认可合格”制度和企事业单位“强制检定计量器具使用证”制度。1987年，标准计量所升格为局。1989年，

对集贸市场、所有商店、各类摊点的计量器具进行大检查，维护经营秩序。衡器检定1800台件，合格率89%。

20世纪90年代以后，每年以“3·15”“世界计量日”“质量月”“安全月”等活动为切入点，不断加大食品和特种设备及农资产品监管力度。1990年，国家技术监督局发布《企业计量工作升级管理办法》，栖霞县开始对企业计量管理工作进行评定分级。

1995年，设立计量所，副科级单位，专门负责计量监督管理，对生产、流通领域的计量器具全部登记造册，实行鉴定与维修结合，按时按期依法监督鉴定，并对不标准的器具进行维修。衡器检定3000台件，合格率92.8%。1996年，技术机构主要开展计量器具检定和160个项目质量检验，10个项目特种设备检验及特种作业人员的培训业务。1998年，对全市130多个单位的计量器具进行检定，实行强制检定计量器具使用证。衡器检定3600台件，合格率91.3%。2000年，对从事生产和销售计量器具的企业、个体户检查检定3次，共计16项50多种，对检查出的问题现场解决，对违法生产、销售假冒伪劣产品予以没收，并给以经济处罚。2001年，重点对衡器、电能表、水表容重器具等进行检定，检查180多批次，其中衡器检定3700多台件，合格率96.3%。

2002年，检查企业466家，抽检产品1420个批次，合格率达93%，检定计量器具1.1万台件，检验检定特种设备1100台件，检验率达100%，发放组织机构代码979个。全市社会公用计量标准和企事业单位最高计量标准周期受检率达100%，强制检定计量器具周期受检率达93%。全市共有6家企业获得质量体系认证书。

检验人员作实验（2002年）（图一）

（图二）

1985—2002年栖霞市计量器具检定情况统计表

表17-18　　单位：台、件

| 年份 | 衡器检定 | 合格率% | 其他计量器具检定 | 合格率% |
|---|---|---|---|---|
| 1985 | 1300 | 89.9 | 1600 | 90.0 |
| 1986 | 1500 | 88.3 | 1700 | 89.4 |
| 1987 | 1500 | 88.0 | 1800 | 90.3 |
| 1988 | 1700 | 89.3 | 1900 | 91.0 |
| 1989 | 1800 | 89.0 | 2000 | 90.0 |
| 1990 | 2100 | 89.6 | 2200 | 90.1 |
| 1991 | 2100 | 90.0 | 2300 | 91.8 |
| 1992 | 2200 | 92.8 | 2400 | 95.0 |
| 1993 | 2500 | 93.0 | 3000 | 94.3 |
| 1994 | 2800 | 94.7 | 3100 | 95.3 |
| 1995 | 3000 | 92.8 | 3200 | 91.4 |
| 1996 | 3200 | 90.0 | 3600 | 91.0 |
| 1997 | 3500 | 91.6 | 3800 | 89.9 |
| 1998 | 3600 | 91.3 | 4000 | 90.7 |
| 1999 | 3000 | 90.8 | 5000 | 91.6 |
| 2000 | 3500 | 92.1 | 6000 | 94.3 |
| 2001 | 3700 | 96.3 | 6200 | 93.5 |
| 2002 | 4000 | 94.6 | 7000 | 95.0 |

## 第三节 标准化管理

20世纪80年代之前，标准化管理由科技部门兼管。1989年4月，《中华人民共和国标准化法》颁布实施，标准化管理工作开始步入法制化建设轨道。1993年，在全县范围内推行组织机构统一代码工作，1998年，实施代码年检制度，代码库实行动态管理，保证代码数据的准确性和代码在社会经济活动中应用的有效性。代码在统计、工商、税务、银行、车辆管理、劳动保险、人事、教育等部门得到广泛应用。1996年，全市实施工业产品标准年审证书制度。当年验收市属企业100多家，近400个产品。2000年，栖霞被列为全国消灭无标准生产县（市），2000年12月，通过国家苹果标准化示范区验收。2001年10月，通过“消灭无标准生产县（市）”验收。至2002年，全市代码审办率达90%，有1个企业、1个镇获得无公害农产品标志使用权。

## 第四节 产品质量监督检验

20世纪80年代，成立专门的产品质量监

督检验机构，对产品质量进行监督检验。1985年，质量检验285批次，合格率96%。1988年，通过省计量认证，年检产品近50种，质量检验295批次，合格率94%。。1990年，对机械、电器、化工、食品等120多个产品进行执法检查，查处假冒案件10起，案值2.5万元。1995年，针对农业产品销量大的特点，为保护农民切身利益，重点检查境内化肥、农药等产品475批次，合格率93%。对销售假冒产品予以销毁，对生产、销售企业和个人予以经济处罚。查处假冒案件53起，案值33万元。1998年，重点监督检验轻工、颜料、燃料、建筑用产品490批次，70多个产品。查处假冒案件81起，案值51.5万元。2000年，对消费品市场进行监督检验，重点是化妆品、冷饮食品、针织品、鞋类、服装类、各种酒类产品，抽样检测439批次。查处假冒案件82起，案值53.3万元。

2002年1月，栖霞市质量技术监督局推行质量、计量、标准、锅容管特“四位一体”综合执法体制，将全市分为5个执法责任区，执法力度、深度得到加大，其经验被国家质监总局借鉴，在全国推行“区域监管责任制”。

为开展监督检验工作，产品质量监督检验所内设食品室、化工室、轻工室、石油室、建材室、电器室6个检验室，从事机械、电器食品、化工产品、轻工产品、农药、化肥、燃料、建材、眼镜、皮革、建筑材料等253种产品的检验，年检验样品543批次。

2002年末，全市产品质量监督抽查合格率达90%。查处假冒案件234起，案值113.8万元。

市质量技术监督工作人员在街头进行质量工作宣传（2002年）

市质量技术监督工作人员检查农用物资市场（2002年）

## 1985—2002年栖霞市打击假冒伪劣情况统计表

表17-19

| 年 份 | 打假案件数（起） | 案 值（万元） | 年 份 | 打假案件数（起） | 案 值（万元） |
|---|---|---|---|---|---|
| 1985 | 4 | 0.8 | 1994 | 47 | 26.7 |
| 1986 | 5 | 1.1 | 1995 | 53 | 33.0 |
| 1987 | 7 | 0.9 | 1996 | 68 | 36.2 |
| 1988 | 8 | 1.5 | 1997 | 72 | 42.4 |
| 1989 | 11 | 2.1 | 1998 | 81 | 51.5 |
| 1990 | 10 | 2.5 | 1999 | 79 | 49.6 |
| 1991 | 12 | 3.2 | 2000 | 82 | 53.3 |
| 1992 | 26 | 8.1 | 2001 | 87 | 59.1 |
| 1993 | 35 | 13.6 | 2002 | 234 | 113.8 |

## 1985—2002年栖霞市质量检验情况统计表

表17-20

| 年 份 | 批 次 | 合格率% | 年 份 | 批 次 | 合格率% |
|---|---|---|---|---|---|
| 1985 | 285 | 96 | 1994 | 423 | 95 |
| 1986 | 275 | 95 | 1995 | 475 | 93 |
| 1987 | 280 | 92 | 1996 | 485 | 94 |
| 1988 | 295 | 94 | 1997 | 511 | 95 |
| 1989 | 289 | 96 | 1998 | 490 | 90 |
| 1990 | 305 | 95 | 1999 | 483 | 92 |
| 1991 | 350 | 94 | 2000 | 439 | 94 |
| 1992 | 410 | 93 | 2001 | 491 | 91 |
| 1993 | 438 | 92 | 2002 | 543 | 93 |

## 第五节 名优产品评选与质量体系认证

1979年6月，国家经济委员会发布《中华人民共和国优质产品奖励条例》，建立国家奖励制度，设工业产品质量奖、工艺美术品百花奖、质量管理奖等7项奖励，分为国优、部优、省优3个级别。

1983年，栖霞开始优质产品评选工作，共有15家企业的17种产品获奖。其中，白洋河牌水泥获国家银牌，抽纱厂的抽纱产品获中国工艺美术品百花奖（金杯），另有15种产品分获部优、省优。1991年，停止评优工作。

1997年，栖霞市开始质量体系认证工作。至2002年，分别是栖霞白洋河水泥有限公司、烟台白洋河酿酒有限公司、山东德棉集团栖霞纺织有限公司、烟台卷烟厂、栖霞市银云活塞液压件有限公司、山东野夼集团模具研究所、核工业华东烟台机械厂、烟台火焰山锅炉有限公司、山东省栖霞市服装集团公司、烟台源通果汁有限公司、三菱水泥有限公司、烟台新明电机有限公司等24家大中型企业获得质量体系认证证书。烟台宝桥锦宏水泥有限公司、烟台市塔峰实业有限公司等6个民营企业获得质量体系认证书。

# 第七章 国土资源管理

20世纪80年代以前，土地利用未形成科学细致的发展规划，80年代以后，土地利用逐步走上科学发展之路。土地使用实行申报登记、确权发证、用地必须审批，确保每一寸土地得到合理使用。

2002年，栖霞市土地总面积为201602.47公顷，其中，农业用地面积171107.71公顷（耕地54958.55公顷，占全市土地总面积的27.3%，人均0.08公顷；园地45841.21公顷，占全市土地总面积的22.7%；林地45364.67公顷，占全市土地总面积的22.5%；其他用地24943.27公顷），建设用地面积17945.64公顷（其中，农村居民点及工矿用地11307.35公顷，交通4935.20公顷，水利设施1703.09公顷）。全市未利用地面积为12549.12公顷。

## 第一节 管理机构

1987年6月，设立栖霞县土地管理局，县农牧局土地管理科即行撤销，与县农牧局合署办公，一个机构两个牌子。1997年2月，内设土地稽查大队，为副局级全民事业单位。2000年7月，成立国土资源有偿使用费征收处，为副科级自收自支事业单位。2000年7月，撤销栖霞市土地市场交易中心，成立土地储备交易中心，为副科级自收自支事业单位。

1989年10月，成立栖霞县矿产资源管理局，为正科级事业单位。1995年12月，撤销栖霞县矿产资源管理局，成立栖霞县地质矿产局。1991年7月，撤销各乡镇原矿管所（矿办），成立8个乡镇矿管所，属县矿管局派出机构。

2001年12月，撤销栖霞市土地管理局和地质矿产局，组建栖霞市国土资源局，负责全市土地资源、矿产资源等自然资源的规划、管理、保护与合理利用等。

## 第二节 土地利用总体规划

20世纪80年代，土地利用规划只限于局部，规划面积小，周期短。进入90年代以后，开始进行长期的总体规划。1996年10月至1998年9月，按照《中华人民共和国土地管理法》（以下简称《土地管理法》）的规定，编制完成《栖霞县土地利用总体规划》。规划基期为1996年，目标年为2010年，规划期限为14年，规划近期为2000年，并延展到2030年。

规划农业用地，1996—2010年，全市耕地调整到80907.1公顷，净增1100.86公顷；园地由45756.23公顷，调整为45841.21公顷，其中各项非农业建设占用地667.56公顷，农业用地结构调整1182.03公顷；林地由45222.49公顷调整为45364.67公顷，净增6898.41公顷，增加原因主要是荒山的开发和土地的结构调整。

规划农村居民点及工矿用地，1996—2010年，全市农村居民点及工矿用地由10893.76公顷调整为11307.35公顷；期内城市用地增加458.85公顷，建制镇用地增加504.33公顷，独立工矿用地净增加60.46公顷；同期农村居民点整理改造减少588.39公顷，特殊用地减少20.66公顷；增减相抵，净增加413.59公顷。

规划交通用地，1996—2010年，交通用地由4433.57公顷调整到4935.20公顷，净增加501.63公顷。其中，公路用地净增加484.18公顷，铁路用地净增加20.00公顷，农村道路用地净减少2.55公顷。

规划水利设施用地，1996—2010年，水利设施用地由1700.46公顷调整到1703.09公顷。

## 第三节 土地登记

**地籍调查登记** 1988年9月初，对全县952个行政村进行地籍调查，1990年12月结束。1990年，栖霞县进行第一次城市地籍调查，1993年结束，由核工业部262地质大队承担栖霞市建成区的地籍测量工作。测量分14个街坊，面积2.5平方公里，1223宗地，绘制1:500地籍图43幅，宗地图1223幅。

1990年开始，每年都进行土地变更调查，调查截止日期为每年的10月31日。主要调查本年度各类土地变化情况，重点是耕地增加或减少情况。2001年以前，变更调查的地类主要分8个一级地类，46个二级地类。一级地类为耕地、园地、林地、牧草地、居民点及独立工矿用地、交通用地、水域、未利用地。2002年开始，启用新的《国家土地分类》标准（过渡期间适用），将土地分为3个一级地类，10个二级地类，52个三级地类。

**农村集体土地申报登记** 1989年，进行农村宅基地登记发证试点，然后各乡镇在驻地村试点，全面推开。至1993年5月全部结束。全县952个行政村，发放村民宅基地使用证（即“集体土地建设用地使用证”）171268个，处结宅基地纠纷325起。

1992年，农村其他集体土地申报登记，对农村集体所有权及国营农、林、牧、渔场等单位国有土地使用权登记发证进行试点，1993年，集体土地所有权初始登记结束。

**城镇土地申报登记** 1988年开始城镇土地申报登记，1990年6月结束。共涉及全县国有土地（国有荒山、河流及城镇内的街道用地暂不申报）1837宗。申报登记工作由具有法人资格的使用土地单位和个人提出申报。这些土地管理资料归为7大类，耕保类，地籍类，财务类，规划类，农民宅基地类，文书类，宣教科技、图片、声像类。

至2002年末，共立卷2330卷、8102宗、2720盒、图片264张、航片143幅，其中，耕保类档案1083卷；地籍类档案8102宗；财务类档案364卷、159盒；规划类档案695卷、123盒，图片264张，航片143幅；农民宅基地类档案2112盒；文书类永久性档案129卷，长期性档案59卷；矿管类档案326盒。土地局档案室被省档案局认定为省二级档案室。

“国有土地使用证”应发证共计6224本、“集体土地使用证”225980本、“集体土地所有证”1896本、“土地他项权利证”85本。2002年，发证6121本、171528本、1896本、85本，其中宅基地应发证223275本，已发证168823本。

## 第四节 土地开发整理

1984—1996年，由于实行分户联产承包责任制，地块分割零散，个体农民无力对土地进行大面积整理，破堰毁渠种地现象十分严重。1997—2000年，栖霞市根据国家《关于进一步加强土地开发整理管理工作》的通知精神，对全市的土地利用现状进行综合评价，并编制出2001—2010年度土地开发整理规划。

国家级土地开发整理项目11个，共8553.28公顷。有蛇窝泊镇、唐家泊镇、观里镇、臧家庄镇、桃村镇、亭口镇、西城镇、杨础镇、松山镇、苏家店镇、翠屏街道。

**2001—2010年栖霞市国家级土地开发整理项目规划表**

表17-21　　单位：公顷、万元

| 项目名称 | 项目所县（市） | 地貌类型 | 总规模 | 新增耕地 | 比例（%） | 项目预算 | | | 单位投资 |
|---|---|---|---|---|---|---|---|---|---|
| | | | | | | 总投资 | 第一年 | 第二年 | |
| 蛇窝泊镇土地整理项目 | 栖霞市 | 丘陵 | 963.10 | 113.65 | 11.80 | 2648.53 | 1318.20 | 1330.33 | 2.75 |
| 唐家泊镇土地整理项目 | 栖霞市 | 丘陵 | 879.00 | 106.36 | 12.10 | 2443.62 | 1230.50 | 1213.12 | 2.78 |
| 观里镇土地整理项目 | 栖霞市 | 丘陵 | 863.00 | 93.20 | 10.80 | 2416.40 | 1211.00 | 1205.40 | 2.80 |
| 臧家庄镇土地整理项目 | 栖霞市 | 丘陵 | 925.18 | 106.39 | 11.50 | 2544.25 | 1358.00 | 1186.25 | 2.75 |
| 桃村镇土地整理项目 | 栖霞市 | 丘陵 | 903.00 | 113.78 | 12.60 | 2492.28 | 1409.38 | 1082.90 | 2.76 |
| 亭口镇土地整理项目 | 栖霞市 | 丘陵 | 958.00 | 109.21 | 11.40 | 2634.50 | 1334.20 | 1300.30 | 2.75 |
| 西城镇土地整理项目 | 栖霞市 | 丘陵 | 782.00 | 96.19 | 12.30 | 2150.50 | 1150.00 | 1000.50 | 2.75 |
| 杨础镇土地整理项目 | 栖霞市 | 丘陵 | 650.00 | 75.40 | 11.60 | 1787.50 | 1002.00 | 785.50 | 2.75 |
| 松山镇土地整理项目 | 栖霞市 | 丘陵 | 550.00 | 74.25 | 13.50 | 1512.50 | 789.30 | 723.20 | 2.75 |
| 苏家店镇土地整理项目 | 栖霞市 | 丘陵 | 430.00 | 64.50 | 15.00 | 1182.50 | 650.30 | 532.20 | 2.75 |
| 翠屏街道办事处土地整理项目 | 栖霞市 | 丘陵 | 650.00 | 94.90 | 14.60 | 1787.50 | 890.30 | 897.20 | 2.75 |
| 合　计 | — | — | 8553.28 | 1047.83 | — | 23600.08 | 12343.18 | 11256.90 | — |

省级土地开发整理项目11个，共4717公顷。有观里、亭口、官道、蛇窝泊、唐家泊、臧家庄、松山、杨础镇、桃村镇、苏家店镇、翠屏街道等镇街。

### 2001—2010年栖霞市省级土地开发整理项目规划表

表17-22　　单位：公顷、万元

| 项目名称 | 地貌类型 | 总规模 | 新增耕地 | 比例（%） | 项目预算 | | | 单位投资 |
|---|---|---|---|---|---|---|---|---|
| | | | | | 总投资 | 第一年 | 第二年 | |
| 观里镇土地整理项目 | 丘陵 | 508.00 | 55.9 | 11.00 | 1397.0 | 680.30 | 716.70 | 2.75 |
| 亭口镇土地整理项目 | 丘陵 | 345.00 | 41.8 | 12.10 | 948.8 | 460.60 | 488.20 | 2.75 |
| 官道镇黄口等村土地整理项目 | 丘陵 | 150.00 | 16.3 | 10.86 | 412.5 | 210.70 | 201.85 | 2.75 |
| 蛇窝泊镇土地整理项目 | 丘陵 | 425.00 | 46.8 | 11.00 | 1168.8 | 568.00 | 600.75 | 2.75 |
| 唐家泊土地整理项目 | 丘陵 | 600.00 | 66.0 | 11.00 | 1650.0 | 864.50 | 785.50 | 2.75 |
| 臧家庄土地整理项目 | 丘陵 | 412.00 | 54.4 | 13.20 | 1133.0 | 630.00 | 503.00 | 2.75 |
| 松山镇土地整理项目 | 丘陵 | 440.00 | 56.6 | 12.87 | 1210.0 | 605.60 | 604.40 | 2.75 |
| 杨础镇土地整理项目 | 丘陵 | 513.00 | 69.3 | 13.50 | 1410.8 | 785.30 | 625.45 | 2.75 |
| 桃村镇土地整理项目 | 丘陵 | 463.00 | 57.4 | 12.40 | 1273.3 | 673.00 | 600.25 | 2.75 |
| 苏家店镇土地整理项目 | 丘陵 | 527.00 | 71.7 | 13.60 | 1449.3 | 756.00 | 693.25 | 2.75 |
| 翠屏街道办事处土地整理项目 | 丘陵 | 334.00 | 42.8 | 12.80 | 918.5 | 450.00 | 468.50 | 2.75 |
| 合 计 | — | 4717.00 | 578.8 | — | 12971.8 | 6684.00 | 6287.80 | — |

地级土地开发整理项目有寺口镇宋家沟村、唐家泊镇泊子北、臧家庄镇水道观村、观里镇小观村等村、西城镇西陡崖村、官道镇大花园村、杨础镇佛落顶村、翠屏街道黄家庄等村、蛇窝泊镇下马家河等村、松山镇艾山汤等村、苏家店镇西店等村，共378公顷。

## 2001—2010年栖霞市地级土地开发整理项目规划表

表17–23 单位：公顷、万元

| 项目名称 | 地貌类型 | 总规模 | 新增耕地 | 比例（%） | 项目预算 | | | 单位投资 |
|---|---|---|---|---|---|---|---|---|
| | | | | | 总投资 | 第一年 | 第二年 | |
| 寺口镇宋家沟土地开发 | 丘陵 | 8.3 | 8.0 | 96.0 | 24.6 | 24.6 | — | 3.00 |
| 唐家泊镇泊子北土地整理 | 丘陵 | 70.0 | 7.0 | 10.0 | 192.5 | 192.5 | — | 2.75 |
| 臧家庄镇水道观土地整理 | 丘陵 | 74.6 | 6.0 | 8.0 | 205.0 | 205.0 | — | 2.75 |
| 观里镇小观等村滩涂开发 | 滩涂 | 20.2 | 19.1 | 95.0 | 68.5 | 68.5 | — | 3.40 |
| 西城镇西陡崖村土地整理 | 丘陵 | 12.0 | 1.2 | 10.0 | 33.0 | 33.0 | — | 2.75 |
| 官道镇大花园村土地整理 | 丘陵 | 30.0 | 3.0 | 10.0 | 82.5 | 82.5 | — | 2.75 |
| 杨础镇佛落顶村土地开发 | 丘陵 | 10.0 | 6.7 | 68.0 | 30.0 | 30.0 | — | 3.00 |
| 翠屏街道办事处黄家庄等村土地整理项目 | 丘陵 | 25.0 | 3.0 | 12.0 | 68.8 | 68.8 | — | 2.75 |
| 蛇窝泊镇下马河等村土地整理项目 | 丘陵 | 38.0 | 5.1 | 13.3 | 104.5 | 104.5 | — | 2.75 |
| 松山镇艾山汤等村土地整理项目 | 丘陵 | 60.0 | 7.2 | 12.0 | 165.0 | 165.0 | — | 2.75 |
| 苏家店镇西店等村土地整理项目 | 丘陵 | 30.0 | 3.5 | 11.8 | 82.5 | 82.5 | — | 2.75 |
| 合　计 | — | 378.0 | 69.8 | — | 1056.9 | 1056.9 | — | — |

经山东省国土资源厅批准的项目有，龙门口库区滩涂开发项目，该项目是2001年度省投资、地方承担的土地开发补助项目，总规模100公顷，规划新增耕地90公顷，总投资750万元，其中省级投资80万元，县乡配套资金670万元。

杨础镇土地整理项目，是2002年度省投资、地方承担的土地开发补助项目，总规模200公顷，规划新增耕地100公顷，总投资450万元，其中，省级资金135万元，地方配套315万元。

土地保护工作宣传车队（2000年）

## 第五节　建设用地管理

1956年，农业合作化以后，境内始有集体建设用地管理，包括农民宅基地管理。

1987年10月，按照上级指示精神，编制《1988—1995年对建设用地实行年度计划管理计划方案》，对占用耕地实行指令性计划，对占用非耕地实行指导性计划。1995年12月起，全市建设用地指标纳入总体规划，年度计划依据总体规划编制执行。

**国家建设用地**　征用土地　1954—1982年，按照政务院《关于国家建设征用土地办法》征用土地。1982年后，按《国家建设征用土地条例》征用土地。1987年实施《土地管理法》。1995年后，按《土地利用总体规划》限额报批。1999年，按照新的《土地管理法》对农用地转用的审批从严管理。

补偿安置　1986年8月，遵照上级文件规定，征用耕地（包括粮食作物田和棉花、花生、黄烟等经济作物田）亩年产值250～500元，产值较高的，其每亩年产值不得超过600元；征用商品菜地，一般亩产值800～1200元，最高不超过1600元，特殊设施按地面附着物给予补偿；征用果园池（包括树木）亩年产值800～1300元；征用有收益的非耕地每亩补偿200～500元。地面附着物，平房根据结构每平方米补偿20～100元，楼房每平方米120～150元，水井根据深度每眼机井补偿2600～3200元，砖井根据直径、深度每眼补偿800～2600元，树苗每株付移栽费0.3～1.5元，用材树根据胸径大小每株补偿10～20元，果树幼龄树每株补偿5～20元，结果树每株补偿150～250元。

国家建设征用土地和乡镇企业、公用设施、公益事业建设使用土地的补偿费标准：国家建设征用耕地（宅基地视同耕地），土地补偿费标准为该耕地亩年产值的5倍；征用其他土地补偿费标准为该地亩产值的3倍。

乡镇企业建设使用耕地，土地补偿费标准为该耕地亩产值的4倍；乡镇公共设施，公益事业建设使用耕地，土地补偿费标准为该耕地亩年产值的3倍；乡镇企业，公共设施，公益事业建设使用其他土地，土地补偿费为该地亩年产值的2倍。

亩年产值的确定和被征用、使用土地上的青苗、树木补偿费标准：亩年产值的确定：耕地，亩年产值为泊地700元，山、丘地500元；商品菜地（连续种植3年以上的菜地），亩年产值为1000～1500元；果园地，幼龄树园地（包括桑树园地）亩年产值为600～800元，成龄树园地亩年产值为1200～1800元；其他土地，绿化率50%以上的亩年产值为300元；绿化率49%以下的亩年产值为200元。

被征用、使用土地上的青苗、树木补偿费标准：耕地，地上青苗年产值的50%补偿；其他土地，树木覆盖率50%以上的（含50%），亩补偿费1000元；覆盖率不足50%的，亩补偿费800元。

2002年末，清欠土地补偿费和安置补偿费1000多万元。

审批权限　1989年6月，征用、划拨耕地3亩以下，其他土地10亩以下，由县（市、区）人民政府批准，超过这个权限范围的分别报市、省、国务院审批。1999年1月1日以后，按照修改后的《土地管理法》执行。

划拨土地　1982年后，对国有土地的划拨，由用地单位给原使用单位以该土地年产值的4倍上地补偿费，不付安置补助费。

**镇村集体建设用地**　乡镇（区）企事业建设用地　1982年2月，国务院《关于发布〈村镇建房用地管理条例〉的通知》后，乡镇企事业用地急增，各项占地数报县人民政府审批，但大部分没有履行具体审批手续。1986年3月，乡镇

村办企业、兴建公共设施和公益事业使用村集体所有的土地按《土地管理法》执行，纳入计划管理，向土地管理部门提出申请用地，坚持先批后建。土地补偿为年亩产值的3～4倍，安置补助费为需要安置的农业人口的年亩产值的2倍。批准后，土地所有权由村集体所有转为乡镇集体所有，土地使用权归批准的土地使用者。

随着企业体制的改革，乡镇企业成为各自独立的法人单位。根据省人大常委会文件精神，1992年9月，乡（镇）办企业建设使用村农民集体所有的耕地，其土地补偿费标准为该耕地被征用前三年平均亩年产值的3～4倍，每一个需要安置的农业人口安置补助费标准亩年产值的2～3倍，每亩安置补助费标准，最高不得超过该地亩年产值的2倍。乡（镇）公共设施、公益事业建设使用村农民集体所有的土地，应当给予被占地单位适当补偿。使用耕地的，土地补偿费标准为该耕地被占用前三年平均年产值的5～8倍，每一个需要安置的农业人口安置补助费标准，为该地被占用前三年平均年产值的4～6倍；使用其他土地，土地补偿费标准为该地邻近一般耕地前三年平均年产值的4～6倍；安置补助费标准为该土地相邻一般耕地前三年平均年产值的3～5倍。

农民住宅建设用地 1987年后，按照《土地管理法》有关规定，农村居民申请宅基地的条件是，因统一规划建新村、居民点需安排宅基地的；农村居民年满18周岁以上，确需新建结婚用房的（包括女娶男）；回乡安家的离休、退休干部职工和转业、退伍军人确无住房的；回家定居的海外侨胞、港澳台和台湾同胞、外籍华人建住宅的；原宅基地影响村镇规划、交通或因国家建设和乡（镇）企事业建设需要搬迁的。具备上述条件之一者，均可申请建房用地。1997年开始，每年由计委和土地部门联合下达上级批准的各镇农民建房指标。平原地区的村庄，每户宅基地面积0.2～0.35亩，最多不超过0.4亩。

临时用地 临时使用土地的使用者应按照临时使用土地合同约定的用途使用土地，并不得修建永久性建筑物。临时使用土地期限一般不超过2年。确需要超过2年的，应当重新办理临时使用审批手续。

村级干部土地法律知识培训（1997年）

土地工作咨询（2002年）

## 第六节 土地复垦与土地市场管理

**开发复垦** 需开发复垦的土地主要有临时用地、砖瓦窑场用地、取土坑用地等。1989年前，砖瓦窑场乱占滥用耕地、浪费土地的现象较为严重。1989年2月，印发《一九八九年土地管理工作要点》，严格控制窑厂用地，并责成各窑厂拿出用地计划和复垦计划，办理用地手续。

征收砖瓦窑厂复垦基金2000元／亩，一律上缴市土地局做为抵押，然后根据复垦程度返还原单位。1990年调查，全市共有80个砖瓦窑厂，占地235.75公顷(耕地201.41公顷，非耕地34.34公顷)。其中，县办1个，镇(乡)办12个，村办67个，年浪费耕地66.67公顷。治理整顿后，停产、转产6个砖瓦窑场，退耕8.67公顷，复垦耕地52.4公顷。1991年，复垦31.6公顷。

1997年2月，就如何加强对各类临时用地的管理做出明确规定，对砖瓦厂、采石及露天石料加工场、其他堆料场、取土坑、路边店、路边亭等所需临时用地，都绘制用地平面图，实地界定位置，丈量面积，签订临时用地合同及复垦合同。对砖瓦厂等临时用地要限定取土深度(不超过1.5米)，颁发临时用地许可证，并收取1000元/亩的土地开发基金，2000元/亩的土地复垦基金。收取的土地复垦基金由各所代管，临时用地期满，能保质保量按期复垦的，复垦基金返还临时用地单位或个人。

1998年4月，对临时用地审批程序和临时取土用地合同签订内容等做了详细规定，制定详细的奖惩标准及考核办法，54座砖瓦窑场(违法建设25座)占地146.56公顷(非法建设84.25公顷)，正常经营17座，占地55.53公顷，全部按规定补办用地手续，并签订复垦合同，对转产和倒闭的37座砖瓦窑场，除窑池外，其余95.03公顷土地已全部复垦。2002年，进一步规范管理砖瓦窑厂临时用地，建立健全规章制度，有效维护砖瓦窑场临时用地秩序。是年，全市共有砖瓦窑厂20座，批准临时取土用地4.33公顷，年底全部按要求复垦。

**土地交易**　20世纪80—90年代，土地市场交易没有专门管理机构，进入21世纪后，土地交易走上市场。2000年，栖霞市政府成立栖霞市国土资源经营中心，副科级单位，统一负责土地储备和招标拍卖挂牌出让工作。2001年，出台《栖霞市土地储备交易办法》《栖霞市国有土地使用权招标拍卖办法》，明确土地资产经营在城市经营中的作用。划定土地储备控制区40平方公里，对储备区的土地实行集中供应。建立统一规划、统一征用、统一储备、统一开发、统一配置“五统一”管理体制，抓土地 统一收购权、 统一批发权，强化政府对土地一级市场的高度垄断，初步形成“一个口子进，一个池子蓄，一个龙头放”的土地收购、储备、供应新机制。

在城区，原电大土地每亩拍卖价高达192万元，是栖霞县历史土地出让的最高价，位居当年烟台市土地使用权拍卖第二位，敲响栖霞市国有土地使用权拍卖第一槌，在社会引起强烈反响，同时也为紧张的财政经济注入新的活力。

2002年，已储备土地33公顷。同时，坚决扎住经营性用地协议出让的口子，对商业、旅游、娱乐、经营性房地产用地实行“招拍挂”。市政府在桃村镇敲响全省乡镇国有土地使用权拍卖第一槌，并以超过底价67万元成交，拉开乡镇国有土地使用权拍卖的序幕。全市土地收益1.12亿元，是2001年的20倍。

## 第七节 土地执法与矿产管理

**土地执法**　20世纪80年代初期，土地乱占乱用或只占不用现象频繁发生，管理松懈，到80年代中后期后，国家对土地使用制定了许多法规和条例，地方政府也开始出台土地相关治理措施。1992年3月，栖霞县政府根据国家土地管理法律法规制定发布《栖霞县土地管理办法》，对土地利用市场检查2次。1995年7月，制定发布《栖霞县保护基本农田，稳定粮油生产的若干规定》，对滥占乱用粮田情况进行查处。先后在镇（街道）明显位置张贴基本农田保护区图，并设置基本农田保护标志牌65块；全市各镇(街道)和行政村都签订耕地保护目标责任书。

1999年8月，制定出台《关于复垦宜耕地土地的若干规定》，对复垦土地作了硬性规定，出台奖励政策，对复垦土地贡献较大的单位和个人予以重奖。2000年6月，印发《关于深化土地使用制度、改革强化土地市场管理工作的暂行规定》，加强对土地市场的宏观调控，规范土地交易行为，确保土地资源的优化配置和合理利用。

1997—2002年，查处违法占地186宗，处结131宗，挽回经济损失1000多万元。

## 第八节 矿产资源管理 地质勘查行业管理

1989年10月，栖霞县矿产资源管理局成立后，矿产资源管理走上正轨，采取日常监执法督与年度集中检查的方法，对全县所有矿业项目实行全过程监督。1990年，编写绘制的《栖霞县地质矿产概论》和《栖霞县地质矿产图》积极为合法探矿权人提供各种合理服务。严厉查处各种以采代探、越界勘查、无证勘查及侵犯他人合法探矿权益的案件19起。

1995年，境内已发现各类矿产34种，其中贵金属2种，有色金属矿产5种，黑色金属矿产1种，建筑材料及其非金属矿产17种，冶金辅助原料3种，此外还有地热、矿泉水、地下水。为合理安排地质探矿项目，1996年开始，积极筹措社会资金加大地勘投入。2002年，已探明储量的矿种13种，共探明矿产地32处，现保有总矿石量7亿吨。其中金属矿产7种，保有矿石量1.3亿吨；非金属矿产有6种，保有矿石总量5.7亿吨。其中有4个矿种在国家、省和烟台市占有重要地位；滑石储量居全国第五位，全省第一位；有色金属储量居全省第一位。

2002年末，全市共发证矿区65处，矿区总面积12.04平方公里，矿山企业59个，矿石总产量332.87万吨，矿业总产值46073万元，销售收入75509.75万元，利润874.05万元，从业人数3348人。

**地质环境保护** 为加强对地质环境保护，1992年开始，栖霞市在境内划定十八盘林区为县内重点保护区。1998年，又划定牙山、艾山等7个地质地貌景观保护区，设立界碑，清除保护区内的违法采矿活动，使地质地貌景观得到有效保护。1999年，对于易引发地质灾害的庙后滑石矿区、百里店金矿区进行集中清理，并划定为地质灾害易发区，设立警示界碑，制定相应措施，建立起群策群防网络，使国家和人民的生命财产得到有效保护。

2000年以后，组织专业技术人员，对全市所有矿区进行调查，评价地质状况，确定重点治理项目，摸清采空区、塌陷区等地质环境现状，采取措施予以重点治理。到2002年，先后普查矿区200多次，治理重点项目15处。

**矿产资源综合管理** 1989—1992年，对矿产资源管理，主要是强化“三率”（回采率、回收率、贫化率）管理，定期检查，限期整改。1993年，对全县矿山企业进行年检，围绕“证、界、费、率”四个重点进行检查，促进全县矿产资源的开发利用和监督管理。1997年，对境内所有金矿、银矿、滑石矿进行大面积普查，查资源是否浪费，查回收再生效果，查污染整治。

2002年，制定矿山企业考核办法，以提高矿产资源的回采率和回收率，降低贫化率。矿山企业持证率达到98.3%，收费额度在上一年度的基础上净增17个百分点，使国有资源在一定程度上得到补偿。对矿产品的运销管理，实施准运证制度，加强营销市场正常有序运营，矿业产品流通纳入法制建设轨道。

**矿产开发监督管理** 1989年开始，按照《中华人民共和国矿产资源法》，对矿产开发实行审批许可证制度，禁止无证开采、乱开采。为确保矿产资源合理开发，减少资源浪费，打击非法采矿和冶炼活动，矿管部门每年都集中进行整治整顿活动。1991年4月，查封违法开采选冶黄金点331处，处罚私造选冶工具厂家10家，没收一批违法作业工具，使黄金生产中的“三乱”现象得到基本解决。

1993年10月，由县委、县府领导亲自挂帅，与公安、政法、黄金、工商、环保、劳动等部门组成联合工作队，集中3个月的时间对全县所有采选点进行治理整顿，共查封无证采矿点217处，取缔土法选冶户1291家，没收汞碾子741台，摧毁小氰化池465个，清除污染，保护资源。

1997年，取缔非金属采矿点30处，查处无证开采并没收违法所得案件3起，扣压设备16台，维护全市矿业生产秩序的稳定，矿业生产秩序得到明显好转。

2000年，从“除隐患、清突发、防回潮”入手，对违法行为进行重点突击整顿，共查处违法探采矿35起，取缔非法采金船15条，查封设备32台（件），有效巩固矿业秩序整顿成果。

2002年，组织开展矿业违法行为集中整治活动9次，下达《责令停止违法行为通知书》102人（份），立案查处违法案件17宗，取缔无证矿点44个，查封开矿设备70多套，炸药1000多公斤，追究刑事责任1人。组织砂道采砂、采金专项清理活动4次，查封砂金船26条，砂场19处，依法查处越层越界开采2处。

2000年执法人员对矿山矿点进行检查

2002年执法人员查封非法淘金船

# 第十八编
# 中国共产党
# 栖霞市地方组织

1987年中国共产党栖霞县第七次代表大会召开

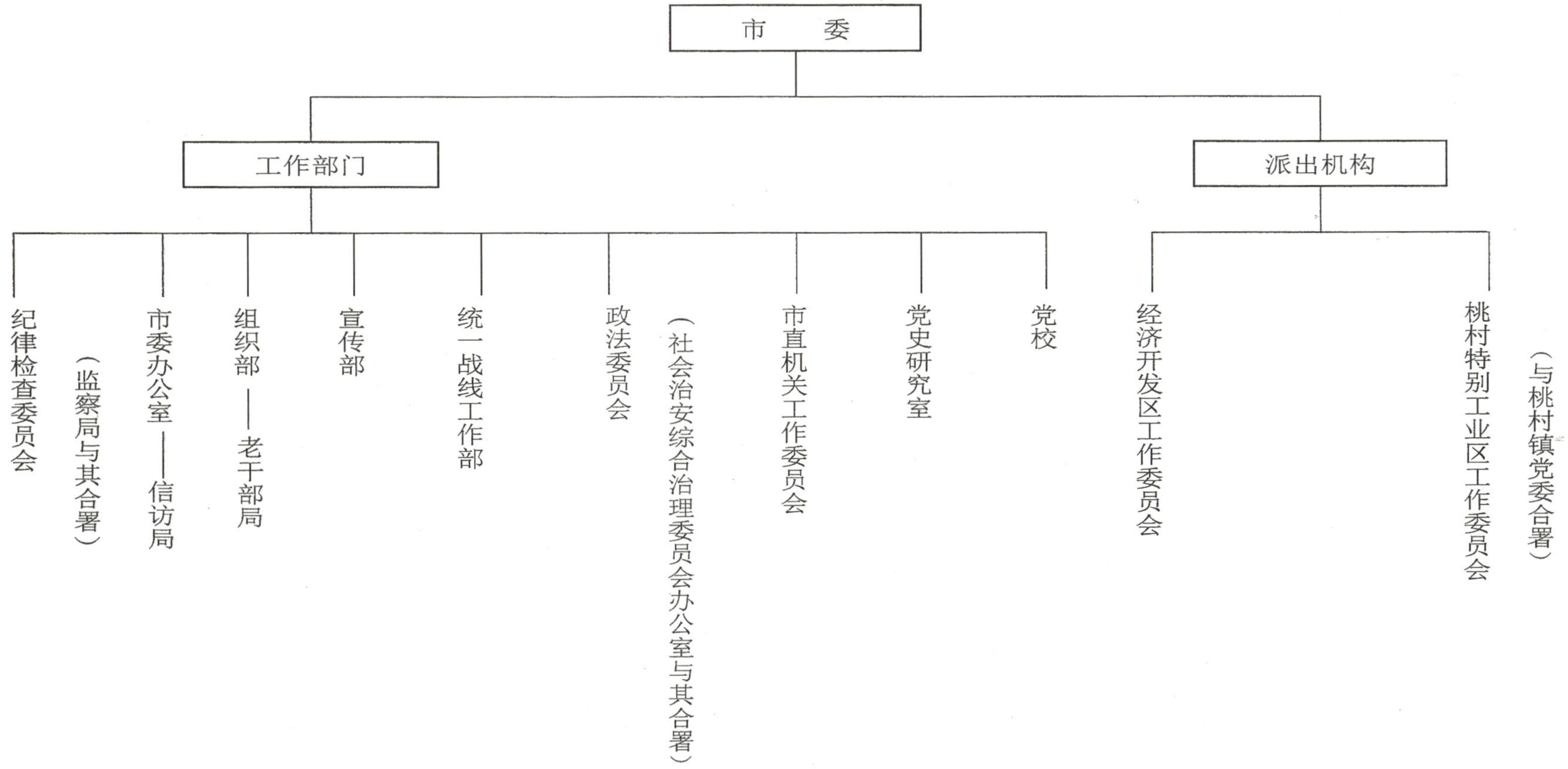


2002年中共栖霞市委工作机构设置示意图

# 第一章 中共栖霞市委员会

## 第一节 市委及其工作机构

1966年，县内“文化大革命”运动开始。1969年9月，中共栖霞县革命委员会核心领导小组成立，1970年12月，召开中共栖霞县第四次代表大会，选举产生中共栖霞县委员会。1974年11月，恢复组织部、宣传部，1978年8月恢复党校。是年，县委辖20个基层党委（其中公社党委18个）、25个党总支部、1362个党支部，29321名党员。1980年12月，撤销栖霞县革命委员会，恢复栖霞县人民政府，县委和政府分设，同年恢复县委办公室。1982年1月，恢复统战部、政法委员会，1983年10月，设立老干部局，1984年3月，撤销人民公社，18处公社党委改为乡镇党委，随后设立企业政治部，恢复农村工作部，工业、财贸系统相继建起党委。1984年5月，设立党史资料征集研究委员会。到1985年，县委工作机构有办公室、组织部、宣传部、统战部、农村工作部、政法委员会、企业政治部、机关党委、老干部局、组织员办公室，另有县委党校和党史资料征集研究委员会2个科级事业单位。

1993年11月，县级党政机构改革，县委工作机构设办公室（包括政策研究、机要、保密、档案和信访工作）、组织部（包括组织员办公室）、宣传部（包括对外宣传、精神文明建设和广播电视工作）、统战部（包括对台、民族、宗教工作；对外可挂台湾事务办公室的牌子）、政法委员会（包括社会治安综合治理办公室、打击严重经济犯罪斗争的组织协调等工作），另外设老干部工作办公室，不列县委工作部门序列，为正科级行政单位，归口组织部门管理。按党章设置机关党委。党校隶属于县委，正科级事业单位。1995年11月30日，撤县设市，中共栖霞县委员会改称中共栖霞市委员会，县委工作机构改为市委工作机构。

2001年12月，党政机构改革，市委工作机构设市委办公室（内设市委机要局、市委保密委员会办公室，保密办挂市政府保密局牌子）、市委组织部（内设组织员办公室）、市委宣传部（包括对外宣传工作，内设市精神文明建设委员会办公室）、市委统战部（挂市委台湾工作办公室、市政府台湾事务办公室牌子，不再挂市政府民族宗教事务办公室的牌子）、市委政法委员会（市社会治安综合治理委员会办公室与其合署），机关党委改为机关工委。市信访局由市委办公室、市政府办公室管理，以市委办公室管理为主；市委老干部局由市委组织部管理；市委政策研究室并入市委办公室。设档案馆、党校、党史研究室等事业单位。另设市委外向型工业加工区委员会、桃村特别工业区委员会，为市委派出机构。

## 1984—2002年中共栖霞市委领导任职情况统计表

表18-1

| 届 次 | 职 务 | 姓 名 | 任 职 时 间 | 籍 贯 |
|---|---|---|---|---|
| 第六届 | 县委书记 | 王大海 | 1984.11—1987.02 | 招 远 |
| | 县委副书记 | 曹英之 | 1984.11—1987.02 | 龙 口 |
| | | 韩向利 | 1984.11—1987.02 | 栖 霞 |
| | 常 委 | 王大海 | 1984.11—1987.02 | 招 远 |
| | | 韩向利 | 1984.11—1987.02 | 栖 霞 |
| | | 曹英之 | 1984.11—1987.02 | 龙 口 |
| | | 崔大忱 | 1984.11—1987.04 | 蓬 莱 |
| | | 王德元 | 1984.11—1987.02 | 栖 霞 |
| | | 林世忠 | 1984.11—1987.04 | 栖 霞 |
| | | 崔常香（女） | 1984.11—1987.02 | 栖 霞 |
| 第七届 | 县委书记 | 韩向利 | 1987.02—1990.04 | 栖 霞 |
| | 县委副书记 | 于 迅 | 1987.04—1990.11 | 牟 平 |
| | | 王修伯 | 1987.04—1989.07 | 招 远 |
| | | 于玄德 | 1987.04—1989.12 | 龙 口 |
| | | 吕在模 | 1989.08—1989.12 | 乳 山 |
| | | 吕志海 | 1989.12—1990.04 | 蓬 莱 |
| | | 慕 旭 | 1989.12—1990.04 | 栖 霞 |
| | 常 委 | 韩向利 | 1987.04—1990.04 | 栖 霞 |
| | | 于 迅 | 1987.04—1990.11 | 牟 平 |
| | | 王修伯 | 1987.04—1989.07 | 招 远 |
| | | 于玄德 | 1987.04—1989.12 | 龙 口 |
| | | 崔大忱 | 1987.04—1989.02 | 蓬 莱 |
| | | 林世忠 | 1987.04—1990.04 | 栖 霞 |
| | | 刘玉法 | 1987.04—1990.04 | 莱 西 |
| | | 王春萍（女） | 1987.04—1990.04 | 栖 霞 |
| | | 曲顺民 | 1987.04—1990.04 | 栖 霞 |
| | | 慕 旭 | 1987.04—1990.04 | 栖 霞 |
| | | 张以谦 | 1987.04—1990.04 | 栖 霞 |
| | | 王春亭 | 1989.07—1990.04 | 招 远 |
| | | 吕志海 | 1989.12—1990.04 | 蓬 莱 |

续表18-1

| 届 次 | 职 务 | 姓 名 | 任 职 时 间 | 籍 贯 |
| --- | --- | --- | --- | --- |
| 第八届 | 县委书记 | 韩向利 | 1990.04—1991.03 | 栖 霞 |
| | | 于 迅 | 1990.11—1991.10 | 牟 平 |
| | | 吕志海 | 1991.10—1995.03 | 蓬 莱 |
| | 县委副书记 | 于 迅 | 1990.04—1990.11 | 牟 平 |
| | | 吕志海 | 1990.04—1991.10 | 蓬 莱 |
| | | 慕 旭 | 1990.04—1993.02 | 栖 霞 |
| | | 王春亭 | 1991.03—1993.01 | 招 远 |
| | | 吴继祥 | 1991.10—1994.09 | 莱 州 |
| | | 林学敏 | 1992.11—1995.03 | 莱 西 |
| | | 王瑞祥 | 1992.11—1995.03 | 莱 阳 |
| | | 曲顺民 | 1995.01—1995.03 | 栖 霞 |
| | 常 委 | 韩向利 | 1990.04—1991.03 | 栖 霞 |
| | | 于 迅 | 1990.04—1991.10 | 牟 平 |
| | | 吕志海 | 1990.04—1995.03 | 蓬 莱 |
| | | 慕 旭 | 1990.04—1993.02 | 栖 霞 |
| | | 王春亭 | 1990.04—1993.01 | 招 远 |
| | | 张以谦 | 1990.04—1993.02 | 栖 霞 |
| | | 刘玉法 | 1990.04—1995.01 | 莱 西 |
| | | 王春萍（女） | 1990.04—1993.01 | 栖 霞 |
| | | 曲顺民 | 1990.04—1995.03 | 栖 霞 |
| | | 阎宝章 | 1990.04—1995.01 | 栖 霞 |
| | | 王胜科 | 1990.04—1992.12 | 栖 霞 |
| | | 丁德海 | 1991.03—1991.10 | 栖 霞 |
| | | 吴继祥 | 1991.10—1994.09 | 莱 州 |
| | | 宋振国 | 1991.10—1993.01 | 牟 平 |
| | | 林学敏 | 1992.11—1995.03 | 莱 西 |
| | | 王瑞祥 | 1992.11—1995.03 | 莱 阳 |
| | | 郑 云 | 1992.11—1995.03 | 海 阳 |
| | | 刘玉耀 | 1993.01—1995.03 | 栖 霞 |
| | | 史本胜 | 1993.01—1995.01 | 栖 霞 |
| | | 柳素莉（女） | 1993.01—1995.03 | 栖 霞 |
| | | 邵玉进 | 1995.01—1995.03 | 招 远 |
| | | 赵功利 | 1995.01—1995.03 | 龙 口 |
| | | 李来雁 | 1995.02—1995.03 | 栖 霞 |

续表18-1

| 届 次 | 职 务 | 姓 名 | 任 职 时 间 | 籍 贯 |
|---|---|---|---|---|
| 第九届 | 县（市）委书记 | 吕志海 | 1995.03—1997.12 | 蓬 莱 |
| | | 王瑞祥 | 1997.12—1998.02 | 莱 阳 |
| | 县（市）委副书记 | 林学敏 | 1995.03—1997.12 | 莱 西 |
| | | 王瑞祥 | 1995.03—1997.12 | 莱 阳 |
| | | 曲顺民 | 1995.03—1997.12 | 栖 霞 |
| | | 郑 云 | 1997.12—1998.02 | 海 阳 |
| | | 刘玉耀 | 1997.12—1998.02 | 栖 霞 |
| | | 王建安 | 1997.12—1998.02 | 文 登 |
| | 常 委 | 吕志海 | 1997.12—1998.02 | 栖 霞 |
| | | 林学敏 | 1995.03—1997.12 | 莱 西 |
| | | 王瑞祥 | 1995.03—1998.02 | 莱 阳 |
| | | 曲顺民 | 1995.03—1997.12 | 栖 霞 |
| | | 郑 云 | 1995.03—1998.02 | 海 阳 |
| | | 刘玉耀 | 1995.03—1998.02 | 栖 霞 |
| | | 柳素莉（女） | 1995.03—1998.02 | 栖 霞 |
| | | 李来雁 | 1995.03—1995.09 | 栖 霞 |
| | | 邵玉进 | 1995.03—1998.02 | 招 远 |
| | | 赵功利 | 1995.03—1998.02 | 龙 口 |
| | | 王建安 | 1995.09—1998.02 | 文 登 |
| | | 张玉江 | 1995.09—1998.02 | 蓬 莱 |
| | | 曹 礼 | 1997.12—1998.02 | 莱 州 |
| | | 王克文 | 1997.12—1998.02 | 龙 口 |
| | | 张克坤 | 1997.12—1998.02 | 蓬 莱 |
| 第十届 | 市委书记 | 王瑞祥 | 1998.02—2001.09 | 莱 阳 |
| | | 王国祖 | 2001.09—2003.01 | 海 阳 |
| | 市委副书记 | 郑 云 | 1998.02—2000.12 | 海 阳 |
| | | 郭尊东 | 2000.12—2002.12 | 莱 西 |
| | | 刘玉耀 | 1998.02—2001.01 | 栖 霞 |
| | | 王建安 | 1998.02—2000.12 | 文 登 |
| | | 王克文 | 2001.01—2003.01 | 龙 口 |
| | | 李宁（女） | 2001.01—2003.01 | 莱 阳 |
| | | 宫 权 | 2001.05—2003.01 | 乳 山 |
| | | 杨君亭 | 2002.02—2003.01 | 招 远 |
| | | 邢顺峰 | 2002.05—2002.07 | 昌 邑 |

续表18-1

| 届次 | 职务 | 姓名 | 任职时间 | 籍贯 |
|---|---|---|---|---|
| 第十届 | 市委副书记 | 张克坤 | 2002.06—2002.12 | 蓬莱 |
| | | 孙业宝 | 2002.12—2003.01 | 安徽 |
| | 常委 | 王瑞祥 | 1998.02—2001.09 | 莱阳 |
| | | 郑云 | 1998.02—2000.12 | 海阳 |
| | | 刘玉耀 | 1998.02—2001.01 | 栖霞 |
| | | 王建安 | 1998.02—2000.12 | 文登 |
| | | 曹礼 | 1998.02—2001.01 | 莱州 |
| | | 邵玉进 | 1998.02—2001.01 | 招远 |
| | | 赵功利 | 1998.02—2001.01 | 龙口 |
| | | 张玉江 | 1998.02—1999.09 | 蓬莱 |
| | | 王克文 | 1998.02—2003.01 | 龙口 |
| | | 张克坤 | 1998.02—2002.12 | 蓬莱 |
| | | 刘翠兰（女） | 1998.02—2003.01 | 栖霞 |
| | | 徐勤素 | 1999.01—2001.12 | 新泰 |
| | | 郭尊东 | 2000.12—2002.12 | 莱西 |
| | | 李宁（女） | 2001.01—2003.01 | 莱阳 |
| | | 丛卫光 | 2001.01—2002.06 | 海阳 |
| | | 杨君亭 | 2001.01—2003.01 | 招远 |
| | | 刘忠义 | 2001.01—2003.01 | 招远 |
| | | 王玉生 | 2001.01—2003.01 | 栖霞 |
| | | 宫权 | 2001.05—2003.01 | 乳山 |
| | | 王国祖 | 2001.09—2003.01 | 海阳 |
| | | 孙显顺 | 2001.12—2003.01 | 莱州 |
| | | 于进生 | 2002.06—2003.01 | 栖霞 |
| | | 孙业宝 | 2002.12—2003.01 | 安徽 |

## 第二节 市委日常工作处理

1938年7月，中共栖霞县委员会成立后，设秘书1人，处理日常事务。1949年3月，设立中共栖霞县委员会秘书处。1953年9月4日，秘书处改称县委办公室。1967年3月12日栖霞县革命委员会成立，县委办公室被撤销。1980年10月，恢复中共栖霞县委员会办公室。1987年9月增设信息科，1988年6月，设立政策研究室，1989年11月增设行政科，1990年8月增设督查科，1991年6月，设立保密局，均属办公室管理，1993年撤销政策研究室，1997年2月恢复。1996年增设文管科，2001年6月，设立保密委员会办公室，与保密局合署，设立机要局，隶属办公室管理。2001年12月，撤销政策研究室，设立调研科。

信息科负责全市经济和社会发展重要信息及国内外重要经济动态的收集、整理、报送工作。

秘书科主要为书记、副书记的政务活动提供服务，组织起草重要文稿，完成书记、副书记交办的工作任务。

督查科负责县（市）委重要工作会议决定事项、重要文件、领导批示的督办工作。

政策研究室（调研科）负责市委重大问题调查研究工作，起草重要事项调查成果和建议。

文管科负责以市委名义发出文电的审核、送签和制发，负责文电收发、机要保密、印鉴管理、档案资料等工作。保密单位和机要部门主要做好保密事项和机密文件管理。

## 第三节 党员代表大会

1950年2月至1983年8月，栖霞县共召开了9次党员代表会议。

1984年6月11—13日，中共栖霞县第六次党代表大会在影剧院召开。会议确定代表400人，实际出席代表369人。张仁家代表县委作《关于加强团结、立志改革、全面开创栖霞县社会主义现代化建设的新局面》报告。会议选举中共栖霞县委员会委员35人，候补委员5人，常务委员9人。王大海为县委书记，韩向利、曹英之为副书记。选举中共栖霞县纪律检查委员会委员14人，常务委员8人，姜永成为县纪委书记。

1987年4月22—24日，中共栖霞县第七次代表大会在影剧院召开。确定会议代表400人，实际出席364人。会议审议并通过中共栖霞县委员会工作报告、中共栖霞县纪律检查委员会报告，选举产生中共栖霞县第七届委员会和中共栖霞县纪律检查委员会。会议选举出中共栖霞县委员会委员35人，候补委员5人，常务委员11人。韩向利为县委书记，于迅、王修伯、于玄德为副书记。选举出中共栖霞县纪律检查委员会委员13人，常务委员6人，张以谦为县纪委书记。

1990年中国共产党栖霞县第八次代表大会

1990年4月15—18 日，中共栖霞县第八次代表大会在影剧院召开。确定会议代表421人，实际出席386人。会议审议并通过中共栖霞县委员会工作报告、中共栖霞县纪律检查委员会报告，选举产生中共栖霞县第八届委员会和中共栖霞县纪律检查委员会。会议选举出中共栖霞县委员会委员26人，候补委员4人，常务委员11人。韩向利为县委书记，于迅、吕志海、慕旭为副书记。选举出中共栖霞县纪律检查委员会常务委员6人，张以谦为县纪委书记。

1995年3月15—18日，中共栖霞县第九次代表大会在影剧院召开。确定会议代表420人，实际出席407人。会议审议并通过中共栖霞县委员会工作报告、中共栖霞县纪律检查委员会报告，选举产生中共栖霞县第九届委员会和中共栖霞县纪律检查委员会。会议选举出中共栖霞县委员会委员24人，候补委员5人，常务委员10人。吕志海为县委书记，林学敏、王瑞祥、曲顺民为副书记。选举出中共栖霞县纪律检查委员会委员15人，常务委员9人，刘玉耀为县纪委书记。

1998年2月13日，中共栖霞市第十次代表大会在影剧院召开。确定会议代表400人，实际出席394人。会议审议并通过中共栖霞市委员会工作报告、中共栖霞市纪律检查委员会报告，选举产生中共栖霞市第十届委员会和中共栖霞市纪律检查委员会。会议选举出中共栖霞市委员会委员25人，候补委员5人，常务委员11人。王瑞祥为市委书记，郑云、刘玉耀、王建安为副书记。选出纪委委员15人，常务委员9人，邵玉进为县纪委书记。

## 第四节 市委主要决策

1985年1月1日，县委作出《关于县委常委革命化建设的决定》，提出“七个坚持”。即坚持党性原则，坚持民主集中制，坚持尊重人才，坚持岗位责任制，坚持实事求是，坚持扎实的工作作风，坚持廉洁奉公，严肃党风党纪。

1986年1月，县委作出《关于加强精神文明建设的决定》，提出“两个文明一起抓”，“两个指标一起下”，“两副重担一起挑”，加强思想、道德、法制、文化和环境建设。

1987年4月，县委、县政府决定从县属企业中选拔骨干人员到乡镇企业任职，充实加强乡镇企业的管理队伍和技术队伍。首批到乡镇企业任职的34名骨干成员，有3人担任乡镇经委副主任，7人担任厂长，24人担任副厂长。

1987年9月，全县工业企业开始推行企业承包经营责任制。本着积极稳妥并能取得成功经验的原则，进行租赁经营和承包经营责任制试点。试点工作结束后，企业承包责任制面上展开。实施企业承包责任制提高企业经济效益，改变任命制、“铁交椅”的干部管理制度，增强企业干部职工的责任感和创业意识。

1989年4月，县委制订《关于政务公开工作的暂行规定》，旨在使全县政务公开工作进一步规范化、制度化，以消除权力与金钱交易的温床，促进全县物质文明与精神文明建设。《规定》公布政务公开的范围、内容、要求与检查监督方法。

1990年3月，县委制订《关于1990年至1995年多种经营生产发展规划》。提出全县多种经营5年发展规划指标、实施措施。包括制定发展布局、完善经营体制、落实鼓励政策、建立服务体系、强化科技队伍。

1990年8月，县委作出《关于进一步深化农村改革的决定》。主要目的是保证农村经济持续稳定发展，健全双层经营体制，发展壮大集体经济，建立健全社会化服务体系，引导农民建设有中国特色的社会主义新农村。

1990年10月，县委制定《栖霞县乡村企业承包经营责任制实施办法》。旨在进一步稳定完善乡村企业承包经营责任制。《办法》包括承包人员、承包经营合同、经营指标、分配与考核、对遗留问题的处理、承包经营合同双方的权利和义务等，适用于实行第二轮承包经营的乡村企业。

1991年4月，县委作出《关于进一步加快乡镇企业发展的决定》。确立“重工强农活贸”的思想，把乡镇企业放在突出的位置上去抓，撤销乡镇经委，成立工商企业总公司；培养乡镇企业家；搞好新产品开发和技术改造，发展横向联合和外向型企业，促进城乡一体化。

1991年6月， 县委、县政府制定《关于在全县实行治安综合治理一票否决制的意见》，将社会治安责任制同经济责任制、领导任期责任制结合起来，将社会治安综合治理目标管理同责任人的政治荣誉、政绩考核、职级提升和经济利益挂钩，同评选文明单位、企业晋级挂钩，以促进治安综合治理。

1991年12月，县委制定《关于进一步深化改革 搞活企业的若干规定》。《规定》适用于县属工商企业，鼓励其大力抓好技术进步、新产品开发、产品销售，扶持和发展重点骨干企业。

1992年7月， 县委、县政府制定《关于县直机关、事业单位兴办经济实体的试行意见》。要求用三年左右时间使县直机关真正走上“简政放权、转变职能、优化服务”的路子，经济实体步入良性循环、健康发展轨道。三年内，逐步对进入实体的工作人员停拨办公费和人头费。

1993年3月，县委、县纪委作出《关于表彰全县党风廉政建设先进单位和先进个人的决定》。授予栖霞镇、商业局等31个党委，苏家店化工厂、县水产公司等124个党（总）支部1992年度“党风廉政建设先进单位”称号，授予王墨松、徐元生等218名党员1992年度“党风廉政建设先进个人”称号，并通报表彰。

1993年3月，县委作出《关于表彰1992年消灭荒山荒滩先进单位和个人的决定》。1992年，全县造林6667公顷，18处乡镇全面消灭荒山荒滩和疏林地，是中华人民共和国成立以来造林面积最多、质量最好的一年。对提前一年消灭荒山的大庄头、庙后、亭口3个乡镇各发锦旗一面，奖金1万元，党委书记、乡镇长、分管林业的副乡镇长和林业站长分别记大功一次，各发奖金200元；对按期消灭荒山的桃村、铁口、占疃、中桥、臧家庄、寨里、松山、金山、栖霞镇、寺口、官道、观里、杨础、蛇窝泊、连家庄15个乡镇各发锦旗一面，党委书记、乡镇长、分管林业的副乡镇长和林业站长分别记功一次，各发奖金100元；对完成1992年度造林计划的苏家店、小庄2个乡镇的党委书记、乡镇长、分管林业的副乡镇长和林业站长，各发奖金100元。

1993年3月，县委、县政府制定《关于组织鼓励党政机关、事业单位的专业技术人员和管理人员到乡镇、村企业工作的暂行办法》。凡调入乡镇、村企业工作的，工资在原基础上上浮三级，连续工作满三年的，在原标准工资的基础上固定一级，记入本人档案，再继续向上浮动一级。

1993年5月，县委制定《栖霞县推行农村股份合作制的实施意见》，旨在深化农村经济体制改革，加快农村股份合作制的推进步伐，增强农村经济活力，实现“八五”奋斗目标。推行农村股份合作制的模式包括多方入股、直接组建，老厂作东、吸收新股，出售产权、卖老建新，卖分结合、量化到人，个体私营企业扩张转变5种。8月，县政协分4个组对8个乡镇推行股份合作制情况进行视察，提出政策引、工作促、典型带、领导抓4点建议。年底，县委、县政府召开总结大会，交流经验，部署今后的任务。

1993年8月，县委制定《栖霞县实施〈全民所有制工业企业转换经营机制条例〉的意见》。内容是，全面落实企业生产经营自主权；明确企业盈亏责任；深化企业改革，调整企业结构，转换经营机制。包括合并、兼并、分立、解散、破产、全放开经营、股份制改造、比照“三资企业”管理、出租和出售、发展企业集团等形式。

1993年10月，县委制定《关于切实减轻农民负担的意见》：抓好农民负担清理整顿；坚决刹住向农民乱收费问题；制止各类达标评比活动；压缩乡镇编外人员和农村享受工资补贴人员；严格执行农民负担预决算制度、“农民负担卡”制度、专款专管专用制度、农民负担审计制度。

1994年2月，县委制定《关于1994年农业经济工作意见》：调整优化农业内部结构，奠定市场农业基础；抓好优质苹果出口、干杂果、吨粮田、大花生出口、商品菜、苗木药材、黄牛、肉食鸡、牛蛙养殖、珍禽养殖十大基地建设，形成规模优势；大力推广农用科技，提高农副产品的科技含量；加强农业设施建设，大力改善生产条件；培植龙头企业，加快农村产业化进程。

1995年3月，县委制定《关于县直部门包帮贫困村的实施意见》和《关于整顿后进村的实施意见》。包村部门主要领导要亲自包帮贫困村，并由1名副职具体负责，组成工作队，一包3年。

1995年3月，县委作出《关于加快交通现代化建设的决定》。以栖霞县城为中心，以国道为龙头，以“二高三一”（204国道、高速公路、蓬寨高速公路、文朱一级公路、烟凤一级公路、海莱一级公路）为重点，以县乡道为基础，构筑“三横、五纵、三环”的现代化交通网络，2000年前，实现所有乡镇通柏油路，到2010年，全县公路通车里程1003.9公里，公路密度达到每平方公里50公里。

1995年8月，县委、县政府作出《关于加快科学技术进步的决定》。基本目标：到2000年，初步建立起适应社会主义市场经济体制和科技自身发展规律的科技体制，科技进步对国民收入的贡献率达到60%。到2010年，科技进步对国民收入的贡献率达到70%以上。

1996年5月，市委制定《栖霞妇女发展纲要（1995—2000）》。总目标是，进一步提高妇女的整体素质，在全面参与全市经济建设和社会发展，参与国家和社会事务管理的过程中，使法律赋予妇女在政治、经济、文化、社会及家庭生活中的平等权力得到更好的落实。

1997年3月，市委作出《关于切实做好减轻农民负担工作的决定》。要求严格执行国家的农业税收政策，农村提留、乡镇统筹费不超过上年农民人均纯收入的5%，明确农村“两工”的提取标准和使用范围，坚决制止“四乱”和各项达标活动，减少乡镇机构和人员的开支，落实对贫困户的减免政策，减轻乡镇企业的负担，对村3项提留和乡镇5项统筹费及义务工、积累工的提取和使用，严格审批程序。

1999年1月，市委、市政府制定《栖霞市乡镇财源建设标志工程考核暂行办法》《栖霞市财源建设考核奖励暂行办法》。考核奖励范围是各乡镇党委、政府，中央、省市属驻栖企业，所辖市、乡、村的国有、集体企业，股份制企业，合资、合作企业，私营企业及个体工商业户和依法纳税的事业单位。决定对供电公司等18个单位和个人进行物质奖励，并向供电公司、服装集团公司、源通果汁有限公司、卷烟厂调拨站、选矿药剂厂、德棉集团栖霞纺织有限公司、金兴矿业有限公司、工商银行栖霞支行、液压件厂、农业银行栖霞支行、三菱水泥有限公司等11个单位授予“财税贡献大户”荣誉称号。

1999年3月，市委、市政府制定《关于进一步加强农村“两公开一监督”的意见》。公开内容包括党务、村务两个方面，凡属村里的重大问题和群众关心的热点问题，都要向村民公开。各村对党务、政务、财务情况一般每季度公开一次。全市统一规定4月20日、7月20日、10月20日、次年1月20日为公开日。

1999年4月，市委制定《关于延长土地承包期，稳定完善土地承包关系的意见》。要求把土地承包期延长至30年，整顿“两田制”，严格控制和管理“机动地”，准确核实承包土地的人口，逐步建立土地承包经营权流转机制，加强对农村承包合同和承包费的管理。

1999年12月，市委作出《关于加快栖霞外向型工业加工区发展的暂行规定》。对栖霞外向型工业加工区的区域范围、管理体制、机构设置、职责职权、劳动人事管理、财政、税费及工商管理、土地和规划建设管理、招商引资、外经外贸等方面作出明确规定。

2000年6月，市委制定《关于民主评议监督重点部门和行业作风的实施意见》。重点评议监督与改革开放、经济发展和群众生活密切相关的执法监督部门、公共服务部门，包括教委、建委、交通委、卫生局、环保局、土地局、技术监督局、法院、检察院、公安局、国税局、地税局、工商局、电业局、电信局、邮政局共16个部门和行业。评议监督的主要内容包括服务意识和服务态度、办事效率和服务质量、依法行政和依法收费、廉政建设和秉公办事。

2000年8月，市委制定《关于进一步加强培养选拔优秀年轻干部工作的意见》。目标是，到2003年，培养选拔出150名左右的优秀年轻干部（年龄30～35岁；文化程度大专以上，其中大学本科以上的占60%），进入乡镇党政领导班子、市直部门领导班子和市属重点企事业单位领导班子。

2001年11月，市委制定《栖霞市科级领导干部选拔任用工作细则（试行）》和《关于实行领导干部任前公示制的意见（试行）》。包括选拔任用条件、干部推荐、组织考察、酝酿与讨论决定、公布任免与依法推荐提名、交流回避与辞职降职、纪律与监督等。实行领导干部任前公示制旨在进一步扩大民主监督，切实增强干部选拔任用工作的透明度，确保干部选拔工作质量。公示对象是拟提拔担任镇（街道）、市直部门、事业单位正、副科级职务（含非领导职务）的干部。

2001年12月，市委制定《党政机构改革意见》。改革范围是市委、市政府工作机构，人大、政协机关，群团组织，检察、审判机关和涉及职能移交划转的有关单位。改革调整后，市委设工作部门7个，部门管理机构2个。市委外向型工业加工区工作委员会、桃村特别工业区工作委员会（与桃村镇党委合署），仍为市委派出机构，市委工作部门和部门管理机构均为正科级，各部门内部科室精简20%左右。

市政府设工作部门25个，均为正科级，部门内设机构7个，均为副科级，外向型工业加工区管理委员会（挂栖霞经济开发区管理委员会牌子）、桃村特别工业区管理委员会（与桃村镇政府合署），仍为市政府派出机构，各部门内部科室精简20%左右。市级党政群机关行政总编制为577名。

2002年4月，市委制定《栖霞市利用外资及出口创汇奖励暂行规定》《栖霞市引进内资奖励暂行规定》。包括奖励范围、奖励标准、奖金来源、奖励程序等。

2002年6月，市委制定《关于进一步加快园区建设的意见》。要求加强宏观管理，促进园区规模迅速膨胀，对园区的总体规划、园区政策、办事程序、筹措资金等提出具体意见。

2002年7月，市委制定《关于进一步加快发展民营经济的意见》。放宽经营范围，放开经营方式，鼓励民营业主积极参与公有制企业改革，建立和完善城镇民营经济从业人员的社会保险制度，拓宽融资渠道，改善生产经营环境，支持民营企业从事外经贸业务，发展科技型企业，加快农业产业化。

# 第二章 纪检监查

1966年5月，“文化大革命”中，中共栖霞县委监察委员会撤销。1979年5月，恢复中共栖霞县委纪律检查委员会称谓，1983年11月，中共栖霞县委纪律检查委员会改称中共栖霞县纪律检查委员会（副县级）。1987年12月，县政府监察局成立。

1993年5月，栖霞市监察局与中共栖霞市纪律检查委员会合署。1996年1月，中共栖霞县纪律检查委员会改称中共栖霞市纪律检查委员会。内设教育研究室、执法监察室、信访室、党风廉政建设室、纪检监察室、企业投诉办公室。

1986年7月，栖霞县在各乡镇开始设立乡镇纪律检查委员会。全县时有23处乡镇（8镇15乡），均设立纪律检查委员会。1995年11月，乡镇合并，全县15镇、6乡设立纪律检查委员会。2000年12月，撤销铁口镇、大庄头镇、中桥镇、寨里镇、大柳家乡、栖霞镇，设立翠屏街道和庄园街道。全市共辖13个镇、2个街道办事处纪律检查委员会。

## 第一节 案件查办

20世纪80年代，是拨乱反正时期，也是改革开放年代，部分党员、干部要求解决历史遗留问题。栖霞县纪委恢复后，除对党员、干部在“文化大革命”时有关案件进行复议外，主要精力放在抓党风廉政建设和党员干部纪律、作风建设上，查办违纪违法案件，纠正不正之风，净化干部队伍。1985年，查处党员违纪案件15起，处理党员干部15人，其中开除党籍4人，留党察看4人，撤销职务1人，严重警告和警告6人。1988年，查处党员违纪案件20起，其中开除党籍2人，留党察看5人，严重警告和警告7人，查处科级干部3人。从查处案件的性质看，以权谋私贪污受贿的案件占57.8%，失职渎职案件占19.1%，道德败坏、违法乱纪的案件占23.1%。审理现行案件13起，复议历史案件12起。

进入90年代以后，随着经济发展和改革开放不断深入，经济案件、贪污受贿案件不断增加，处理人数也在上升。1991年，查处党员违纪案件56起，处理党员干部56人，其中开除党籍3人，留党察看16人，严重警告和警告32人，撤销职务5人。1993年，共查违纪案件55起，查结51起，其中，自办案件36起；共处分54人。受到党纪处分的43人，其中，开除党籍的7人，留党查看12人，撤销党内职务3人，党内严重警告11人，警告10人。受到政纪处分11人，其中行政开除1人，行政开除留察1人，撤销行政职务3人，记大过6人。从受处分的党员干部职务情况看，科级干部2人，副科级干部2人，股级干部8人，一般干部13人，一般党员29人。1994年，立案查处党员干部违纪案件63起，其中，大要案5起，查结63起，63人受到党政纪处分，复议案件8起，为9名党员恢复权力，接待申诉40人次。共受理县级信访127起，同比下降36%。1995年，立案查结党员、干部违法违纪案件66起，其中，大要案10起。党员干部受撤职以上处分的38人。1996年，共查处、审结违纪案件118起；处分109人。86人受到党纪处分，其中，警告22人，严重警告22人，撤职5人，留党查看24人，开除党籍13人。1997年，全市共查处党员、干部违法违纪案件38起，其

中，经济案件15起，对33人给予党纪处分，其中警告5人，严重警告9人，撤职4人，留党查看7人，开除党籍8人。1999年，查处违法违纪案件66起，其中，党政机关案件5起，行政执法机关1起，司法机关5起，经济管理部门1起，副科级以上领导干部5起。66人受到党纪、政纪处分。2000年，共查处违法违纪案件72起，72人受到党纪政纪处分，其中大案要案7起。

2002年，处结案件53起，53人受到党纪政纪处分，其中，大要案7起，副科级以上干部4人。

## 第二节 党风廉政建设

**纠风正纪** 1985年，全县进行党风大检查，各党委、县直部、委、办、局和企事业单位，首先以12天时间进行自查，然后由县纪委牵头，抽调组织部、宣传部、企业政治部、部分乡镇的纪检委员共20人，组成5个抽查小组，以15天时间，对确定的12个县直党委、4个乡镇党委和6个国营企业进行抽查，对检查出的问题限期改正。

1988年，向全县科级以上党政干部每人致一封信，要求干部以身作则，倡廉肃贪，以实际行动管住自己，管住亲属子女，此做法在全县引起强烈反响，认为警钟敲的及时，人人都在警示范围内。当年，还建立县纪委、县人民检察院、县人民法院、县监察局、县公安局5个部门的联席会议制度，互通信息，联合办案。1990年，下发《关于对基层党委党风廉政建设实行目标管理责任制的通知》，县纪委按责任制的规定在半年和年终进行全面检查，并把检查情况作为评选党风廉政建设先进单位的主要依据。

1991年，制定《基层纪委（纪检组）目标管理岗位责任制（试行）》。1993年，县纪委与监察局合署，提出“秉公执纪、廉洁自律、贴紧经济、保驾护航”的部门精神，制定“议事规则”“政治学习制度”“值班制度”“车辆管理制度”“学习点名制度”等20多个规章制度。开展《全民所有制工业企业转换经营机制条例》《农民负担管理条例》贯彻实施情况的监督检查和党政机关无偿占用企业人财物情况的监督检查以及对县委重大改革措施执行情况的监督检查。1994年，制定《关于检查清理违纪购买、多占、装修住房问题的处理意见》，在全县范围内，对违纪购买、多占、装修住房问题进行全面检查清理。同年对全县农村教育费附加征收、管理、使用情况进行专项执法监察。

1995年，集中对51所民办中、小学校和12所公办中、小学4月份以前的教育收费情况进行检查，共查出乱收费199.42万元。其中超标准收费2.28万元，废而不止的收费167.83万元，自立项目收费额29.31万元。对超标准的收费予以全部没收；对废而不止的收费按15%予以没收；对自立项目的收费按10%予以没收，剩余部分留给各学校以抵顶1995年下半年学生应交学费或杂费款。是年，制定《党政机关、事业单位工作人员住宅电话管理的暂行规定》，集中1个月时间，共清查家庭电话1598部，其中利用公费安装的652部，清退资金30.6万元。

1996年，召开全市重点企业挂牌保护会议，印发《关于对重点企业实行挂牌保护的意见》。

1997年，制定《农村党支部、村委会重大事项报告和农村干部个人生活重大事项报告的规定》，公示上墙。1999年，开展基层站所作风整顿活动。由市纪委、监察局牵头，组织、人事、财政、审计、检察院等有关部门参加，全市共查缴小金库9.3万元，不合理收费8.6万元，挪用公款3.6万元。查清公款私存6.4万元，违规收取药品回扣10.78万元，挤占计生押金

27.46万元，纠正违规票据98张，计3.6万元。在全市范围内开展对干部职工多占公有住房进行专项清理活动，全市共清查公有住房14571套，查出干部多占公有住房168套，清退168套多占住房。其中，副科级以上干部退房35套。

2000年，对全市19个乡镇、67个市直部门执行住宅电话、移动电话及招待费管理情况进行检查，通报检查情况。对全市党政机关的干部、职工借用小汽车进行一次集中清理。2001年，成立栖霞市企业投诉办公室，接受企业投诉。

2002年，开展“千人评机关”活动，组织老干部、基层职工、普通工作人员等不同层面的1000多人，对参与“环境建设年”活动的89个部门和单位进行民主评议，排出前10名和后6名，位次在后的立即查纠整改。先后召开3次职能部门联席会议，两次对36家企业征求意见座谈会，向全市各类企业发放调查表500余份，查处加重企业负担的案件14起，查处公路乱收费案件2起，受理群众举报9起，查处9起，处结率达100%。

**党风廉政教育和培训** 1988年，举办栖霞县党风建设展览，展出43个正面典型，10个反面典型，共展出225场次，观展的党员干部4万余人次。1989年，在全县推广《党性教育十六法》。

1990年，开展“学党章、正党风”教育活动，召开教育活动经验交流会。1993年，历时12天，在全县23个乡镇，进行模范党员勤政廉洁事迹巡回报告，并举办“以案说纪”巡回展。1998年，在全市纪检监察干部中开展优秀论文及调查报告活动，共评选出优秀论文和调查报告15篇。1999年，对1998年底任乡镇纪委书记的干部，分期分批进行为期一个月的培训活动。2000年，开展以《中国共产党纪律处分条例（试行）》《中国共产党党员领导干部廉洁从政若干准则（试行）》等为主要内容的学习教育活动。选用300多幅照片，20多个反面典型，在文化广场举办栖霞县党风廉政建设展览，展出15天，观展的党员干部3万余人次。2002年，开展机关作风整顿活动。同年，深入基层讲授廉政教育课15场次，受教育的党员干部达400人次，举办廉政教育培训班5期，参加人数820人次。

# 第三章 组织工作

1938年7月，中共栖霞县委成立，设组织委员1人，1939年10月，成立县委组织部，负责全县组织工作。1967年2月被撤销，1974年11月恢复组织部，后内设干部科、组织科。1985年2月设组织员办公室，副科级，1988年7月升格为正科级。1989年增设企业干部科、知识分子工作科，1991年7月增设调研科，1992年10月增设党员电化教育中心，1998年1月电教中心增挂市委组织部党员电教科牌子。2002年，撤销知识分子工作科，增设干部教育监督科。

## 第一节 党员队伍建设

1985年，全县有党员33297名，高中以上文化程度的4313名，其中大专以上文化程度的333名；35岁以下的8274名，其中25岁以下的976

名。是年，全县共发展党员409名，其中发展女党员50名。1988年，全县有党员35112名，其中男党员31373名，女党员3739名。1990年，全县有党员36361名，其中男党员32604名，女党员3757名，大专以上文化程度的1076名，高中（中专）文化程度的7346名。1991年，县委向基层党委转发中组部《中国共产党发展党员工作细则（试行）》的通知，对发展党员工作进一步进行细化。1993年，全县有党员37518名，其中男党员33735名，女党员3783名，大专以上文化程度的1741名，高中（中专）文化程度的8837名。

1995年1月，为适应改革开放和经济建设的需要，有利于流动党员参加党的组织生活，接受党组织的教育管理，更好地发挥先锋模范作用，县委组织部转发省委组织部《关于加强流动党员教育管理的暂行规定》的通知；是年12月，县委、县政府批转县委组织部等部门《关于认真做好农村老党员、老干部、老英模和城镇无职业老党员生活困难补贴工作的意见》。1997年，市委组织部转发中组部《关于几起违反党章规定发展党员问题的通报》，要求迅速传达到各基层党组织和全体党员，从中汲取教训，做好党员发展工作。1999年，全市共有党员40146名，其中男党员35778名，女党员4368名，大专以上文化程度的3036名，高中（中专）文化程度的11242名。

2001年，结合庆祝建党80周年，市镇两级领导干部对全市3956名中华人民共和国成立前入党的老党员进行走访慰问。是年，全市发展党员普遍实行“两推一公示”（党员推荐、群众推荐，单位内公示）制度，进一步增强发展党员工作的透明度。是年5月，在杨础镇党委进行试点。在发展党员工作中，进一步落实好群团组织“推优”制度、入党积极分子集中培训制度、预审制度、发展党员报告单制度、预备党员教育管理制度、责任追究制度等六项制度，保证新发展党员的质量。同时，将力量薄弱的后进村、长期不发展党员的村、女党员“空白”村、新型经济组织作为发展党员工作的重点，继续做好优秀青年、妇女、农村和企业生产一线发展党员工作，不断改善党员队伍的年龄、文化和分布结构。2001年，市委组织部转发省委组织部《关于进一步加强新时期党员组织关系管理工作的暂行规定（试行）》的通知，进一步加强新时期党员组织关系管理工作。

2002年，全市共有党员41102名，其中女党员4497名，35岁以下党员7856名，60岁以上党员8349名，中华人民共和国成立前入党的党员4807名，高中以上学历党员16904名。

1985—2002年栖霞市党组织建设情况统计表

表18-2 单位：个、人

| 年份 | 党委 | 党组 | 党总支 | 党支部 | 党员数 |
|---|---|---|---|---|---|
| 1985 | 47 | 9 | 22 | 1499 | 33297 |
| 1986 | 38 | 10 | 31 | 1552 | 33877 |
| 1987 | 38 | 10 | 34 | 1586 | 34754 |
| 1988 | 38 | 12 | 37 | 1620 | 35112 |
| 1989 | 49 | 9 | 41 | 1625 | 35732 |
| 1990 | 50 | 9 | 46 | 1662 | 36361 |
| 1991 | 53 | 57 | 48 | 1712 | 36813 |
| 1992 | 57 | 58 | 50 | 1721 | 36868 |
| 1993 | 48 | 44 | 50 | 1737 | 37518 |
| 1994 | 48 | 46 | 53 | 1771 | 38040 |
| 1995 | 44 | 48 | 49 | 1752 | 38545 |
| 1996 | 50 | 52 | 51 | 1756 | 39028 |
| 1997 | 40 | 52 | 51 | 1729 | 39639 |
| 1998 | 41 | 46 | 50 | 1705 | 39798 |
| 1999 | 40 | 46 | 52 | 1710 | 40146 |
| 2000 | 38 | 38 | 53 | 1690 | 40624 |
| 2001 | 44 | 31 | 47 | 1609 | 40683 |
| 2002 | 44 | 31 | 51 | 1659 | 41102 |

## 第二节 党员教育

**整党与正常教育** 1985年4月，根据中共中央决定，全县47个党委、22个党总支、1499个党支部、33297名党员，开始全面进行整党工作，到1987年2月结束，历时1年10个月。这次整党活动分4个批次进行，首先是学习文件、对照检查，然后集中整改、组织处理和党员登记。这次整党较好地完成“统一思想、整顿作风、加强纪律、纯洁组织”的任务，增强在思想上、政治上同党中央保持一致的自觉性，检查、解决党风方面存在的一些突出问题。1985年12月，开展冬季农村党员教育，全县共有26000余名农村党员参加教育活动，占农村党员总数的90%以上。至1986年6月，全县23处乡镇全部办起乡镇党校，共有教师154名（其中专职教师84名），校舍399间。共办学习班47期，其中半年以上长期班28期，培训学员1560名。

1987年1—10月，开展农村党员干部培训

工作。县委党校举办8期培训班，对农村和乡镇企业党支部书记轮训；全县23处乡镇党校举办80期培训班，对全县农村和乡镇企业2182名党支部书记和委员进行培训，培训青年党员、妇女党员4656名。1990年6月至11月，在全县党政机关和厂矿、企业、党校党员中开展党的“三基”知识学习竞赛和“学党章、正党风”活动，针对党员思想、作风方面存在的问题，向党员进行马列主义、毛泽东思想基本理论、党的基本路线和党的基本知识教育；7月，县委下发《关于党员教育工作制度》，落实好党的“三会一课”、党校轮训、党员活动日、农闲“小集中”及检查评比等制度，使全县党员教育工作走上经常化、制度化、规范化轨道；8月，在全县农村深入开展社会主义思想教育活动，组织党员集中进行党的历史、传统、作风、纪律、宗旨和任务教育。

1993年，县委制订《栖霞县农村基层干部、党员实用技术培训三年规划》，用三年时间，分期分批对全县农村干部和50岁以下的农民党员普遍进行培训，使他们掌握一至两项适合本地特点的先进生产技术和经营管理技术，并使其中50%的人达到农民技术员水平，10%的人达到农艺师的水平。是年7月，在全县范围开展党员夏训。夏训期间，县委和各党委共举办各种培训班119期，其中，乡镇党委书记、乡镇长和县直部门负责人读书班1期，参加人员210人；农村党支部书记培训班28期，参训人数1213人次；农村两委成员培训班39期，参加人数4513人次；农村党员培训班51期，参加人数24000多人次。重点整顿28个村党支部班子。是年12月至1994年1月，在全县开展农村党组织集中整顿和民主评议党员活动。全县各党委共举办农村党支部书记培训班26期，受训人数1160人次，调整支部班子22个；农村两委成员培训班31期，受训人数4113人次；农村党员培训班23期，受训人数1.9万多人次。

1995年1—6月，根据烟台市委组织部统一部署，在全县开展“学党章、树形象”活动，全面提高党员队伍素质。是年8月到1997年底，根据党的十四届四中全会通过的《中共中央关于加强党的建设几个重大问题的决定》精神，在全县（市）党员中组织开展建设有中国特色社会主义理论和党章学习活动，着重解决三个方面的问题：树立共产主义理想，坚定走有中国特色社会主义道路的信念，模范执行党的各项政策；坚持全心全意为人民服务的宗旨，密切联系群众，廉洁奉公，遵纪守法，自觉抵制拜金主义、个人主义和腐朽生活的侵蚀；按照党章规定认真履行义务，正确行使权利，在改革和建设中建功立业。1997年上半年，全市40个党委、1729个党（总）支部、39639名党员参加学习活动。

1997年5—12月，在全市党员中深入开展“两学一树”活动，即学习党章、学习邓小平建设有中国特色社会主义理论，树立新时期共产党员的光辉形象。1998年7月中旬至8月中旬，在全市开展农村党员夏训。以中共十五大精神和邓小平理论教育、党的宗旨教育、党风党纪教育、艰苦创业教育、政策法规教育等5个方面教育为主要内容，重点解决党性观念不强，宗旨观念不强，纪律观念不强，法制观念不强等问题。是年11月至1999年1月，在全市农村开展思想教育和基层组织整顿活动。从市乡机关选调1300名干部，采取面上包、重点蹲的形式，下乡指导教育整顿活动，确保教育整顿活动按期圆满完成。

2000年3—5月，根据中央、省、市关于在县级以上党政领导班子和领导干部中深入开展“讲学习、讲政治、讲正气”为主要内容的党性、党风教育的指示精神，市委、市政府组织市级领导班子、领导干部开展“三讲”教育，进一步解决理想观念、全局观念、群众观念、精神状态、民主集中制、廉洁自律等方面的问题。全市共有10个领导班子、70名领导成员参加本次学习教育活动。

2001年1月，为深入贯彻落实中共十五大和十五届五中全会精神，进一步加强全市农村思想政治工作和基层组织建设，以创建“五好”农村党支部为目标，以思想政治建设和领导班子建设为重点，在全市农村集中开展教育整顿活动。主要开展形势任务、加快发展、民主法制、维护稳定、“三个代表”重要思想等5个方面教育，重点解决思想、作风、班子、发展、制度等5个方面的突出问题。活动以乡镇为单位开展，采取分散与集中相结合、学习教育与思想整顿相结合，民主评议与组织考核相结合的办法进行，坚持先党内后党外、先干部后群众的原则，对村级领导班子、党员队伍、一般群众3个层面进行教育整顿。

2002年1月，在全市部门、乡镇、村领导班子和基层干部中开展“三个代表”重要思想学习教育活动。分动员培训、集中学习、对照检查和整改提高四个阶段，按照先乡镇和市直部门，后农村的顺序，分两个层次进行。活动中，重点检查和整改在市直部门领导班子和党员干部队伍中存在的理想信念、全局观念、群众观念、精神状态、民主集中制、廉洁自律等方面的问题，在乡镇、村领导班子和党员干部中存在的宗旨观念和群众路线，带领农民群众调整经济结构、发展经济、增加农民收入的自觉性和本领，在新的历史条件下做好农民工作、化解人民内部矛盾的能力和水平，领导班子和干部队伍的自身建设等问题。其间，发放征求意见表8100多份，征求意见建议18120条；市镇两级领导干部共下基层调查研究2500多次，召开各种不同类型的座谈会1400多次；镇（街道）和市直部门为群众办实事3120多件，解决热点难点问题1870多个。村级“学教”活动重点解决农村班子凝聚力、战斗力不强，少数党员党性观念不强等问题。其间，上党课30次，处结各类信访案件41起，解决干部作风方面问题16个，27个影响农村稳定和发展的矛盾得到有效化解，对67个农村党支部班子进行调整，调整党支部书记51人，处理不合格党员63名，29个“两委”关系不顺的村得到有效理顺。

国有企业集中教育活动主要解决思想观念和精神状态、转换机制、群众观念、党的建设、廉洁自律等5个方面的问题。其间，发放征求意见表900份，其中填写具体意见的482份，充实完善和建立健全有关规章制度30多项、410多条。

2002年12月，开展中共十六大教育活动，活动历时2个月。要求全市上下全面贯彻“三个代表”重要思想，全面建设小康社会。集中教育活动在全市农村、企业、机关、学校、社区五个层面展开。教育重点是学习大会文件、江泽民报告、胡锦涛在十六届一中全会上的讲话、中纪委报告和新党章。活动方法是，部门学、集中学、党校培训。

2002年在党校进行青年党员理论培训

**党员电化教育** 1993年11月，县委组织部下发《关于进一步加强基层党员电化教育工作的意见》和《关于党员电化教育中心“三定”方案的报告》，要求各乡镇和市直各党委年底建立党员电化教育站，基层单位设立电教

播放点。确定党员电化教育中心的人员、级别、职能。1998年1月，党员电化教育中心增挂市委组织部党员电教科牌子，按内部机构管理，其他不变。

1993年2月，购置PD-327专业摄像机和专业编辑放像机各1台，索尼VO-9850P和索尼EVO-9800P专业编辑录像机2台。2000年11月，购置索尼dsr-300vp摄像机，索尼DV，戴尔CY-797非线编各一套。各乡镇和市直各党委自成立教育站后，也都按要求配套电视机、录像机等电教设施。

1993年8月，拍摄制作首部电教专题片《山里人》，在社会上引起较大反响。1994年4月，在栖霞电视台开办《在党旗下》专栏节目。1995年5月，全市城市党员电化教育现场会在市公安局会议室召开，市直党委政工负责人及相关单位领导参加会议。1996年5月，省委组织部下发《关于在全省农村中实施“电教科技工程”的通知》，在全省农村中实施“电教科技工程”，其中，1996年为“育种年”，1997年为“开花年”，1998年为“结果年”，1999年和2000年为“普及年”。

栖霞电教中心先后有《淡水鱼的制约养殖》《风力扬水》《新农村建设的节能产业—沼气》《法与情之间》等32部课件在烟台市党员电教片观摩评比会上分别获奖。

1996年9月，原栖霞镇被评为全省电教科技示范乡镇，庙后镇被评为烟台市电教工作先进乡镇。1997年9月，杨础镇被评为烟台市电教工作先进乡镇。

## 第三节 干部政策落实

1985年3月，根据烟台市委组织部《关于在整党期间和工资改革前原则上暂缓提拔干部问题的通知》，及时召开县直各部门负责人会议，传达烟台市委组织部通知精神，重新学习县委组织部关于干部管理权限下放后加强干部管理的意见，对严格执行干部备案制度进行详细说明。在此基础上，对1984年10月，下放干部管理权限以来提拔的乡镇正副职、部委办局正副职，重新进行检查总结。1986年3月，县委下发《关于公布中共栖霞县委落实政策解决历史遗留问题领导小组的通知》。到1986年8月，在落实干部政策方面，已平反纠正历史遗案44起，纠正“文化大革命”案件131起，纠正错划右派209人，对需落实政策的285人全部落实政策，为全县起义投诚的73人全部发放证书；在平反纠正刑事案件方面，全部纠正的327起，改判无罪的94起，减刑的51人，免予刑事处分的10人；在落实下放户和老知青政策方面，安排烟台下放户子女工作的700人，安排受株连右派子女工作的200人，安排“文化大革命”期间从城市遣、返户子女工作的90人，安排老知青工作的600人，对710名精简退职的干部职工发放生活救济费。11月，县委组织部下发《关于检查落实干部政策工作的通知》，明确检查内容和检查方法，对全市落实干部政策工作进行全面检查。

1987年，根据中央组织部规定，为39人更改参加革命工作时间，其中更改为抗日战争时期的29人，解放战争时期的10人。1988年，为220人更改参加革命工作时间，其中更改为抗日战争时期的59人，解放战争时期的41人。

1989年，为18名老干部更改入伍时间，其中，更改到老红军的1人、抗日战争时期的5人、解放战争时期的12人，落实政策由退休退职改办离休的9人。为1957年、1958年退职的33名干部增加生活补助款（由原来每月20元增加到每月45元）。1990年，对更改中华人民共和国成立前参加革命工作时间的干部进行一次彻底检查，共核查458人，其中更改为抗日战争时期的265人，解放战争时期的193人。

1991年，按规定为106名工资改革前行政十八级的离休干部报批享受县（处）级待遇，为6名县（处）级离休干部报批办理享受司（局）级待遇，为1名科级离休干部报批副县级待遇。为16名干部更改入伍时间，落实有关待遇。对“文化大革命”中犯严重错误的12人表现情况进行跟踪考察，考察结果上报烟台市委组织部。1994年6月，县委组织部、老干部工作办公室、人事局、财政局联合下发《关于提高离休干部护理费标准的通知》，将离休干部护理费标准，由原每人每月51元，提高到70元。1995年，由专人负责，经查阅干部档案，摸清情况后，先后为36名干部上报《明确50年代职级和更改离休时间的请示》，其中，正处级18人，副处级6人，更改离休时间1人，另外还为6名要求更改参加工作时间的干部上报请示。

## 第四节 干部管理

1985年，根据上级党委要求，对干部管理实行“管少、管好、管活”，改革长期实行的下管两级的干部管理体制，原则只管下一级主要领导。即县委管理的干部只有县直部门、科级、副科级企事业单位、各乡镇主要领导。1987年，县委制定《栖霞县干部管理实施意见》，对干部教育管理提出明确规定和处理意见。

1992年3月，县委制定《关于实行领导干部诫勉制度的意见》，对存有突出问题的领导干部进行告诫、劝勉，向其郑重地指出问题，促使其在一定期限内改正错误缺点。6月，县委制定《关于干部审查工作有关制度（试行）》，建立干部调配任用审查制度、联系沟通制度、调查核实制度、谈话反馈制度、管理教育制度、建档立卡制度等6项制度。同年，下发《关于严肃机构改革期间干部人事工作纪律的通知》，确保机构改革的顺利开展。坚持与纪检、监察、信访、执法部门干部监督工作联系制度，定期互相通报情况，凡是干部考察、调整、交流、任免、奖惩前，都及时到有关部门了解干部的廉洁勤政情况和执纪、执法情况，有效地避免用人上的失误。1993年，加强对因公出国人员的政审和管理工作，会同有关部门建立健全出国联审制度，规范政审工作程序，全年共为34批83人办理出国政审手续。研究建立领导干部更改工龄审批登记制度和领导干部奖惩登记制度，增强干审工作的严肃性和科学性。

1996年3月，市委组织部下发《关于做好领导干部回复组织函询工作的通知》。同年，制定《关于组织人大代表对市直部门部分领导班子进行评议监督的意见》，提交市人大常委会组织实施，对具有执法职能的领导班子贯彻执行党的路线、方针、政策和上级的指示决议、坚持民主集中制原则和思想作风建设等情况进行评议监督。制定《关于清理领导干部从事第二职业的实施意见》，会同市纪委筹备召开清理整顿工作会议，对全市领导干部经商办企业情况进行调查摸底，对个别干部违反规定经商办企业问题进行及时纠正。

1997年，市委制定《关于实行市级领导包班子制度的意见》，要求市五个班子领导成员，根据工作分工，对所负责的市直部门、乡镇领导班子及其成员实行包思想、包作风、包纪律、包团结、包工作的五包责任制，加强对各级领导班子及其成员的监督指导。

市委组织部、市纪委联合制定下发《关于在局级领导干部中试行个人生活重大事项报告制度的意见》《关于实行领导干部公款购建住宅、购换小汽车、购置移动电话许可证制度的通知》，对群众普遍关心的领导干部住房、购车、经商办企业等方面问题都做出具体规定。

1998年，切实加大干部教育管理力度，严格落实干部谈话、诫勉和培训制度。结合市镇

班子年度考察，对存在不团结、工作不力、群众威信较低等问题的1个领导班子和12名领导干部进行重点谈话；对整体素质较低、工作打不开局面、社会反响较大的3个领导班子进行集体诫勉，要求被诫勉的领导班子针对存在的问题，制定整改措施，定期向市委汇报整改情况，限期一年改正。

7月上旬，对687名领导干部半年工作情况进行民主评议，采取发放反馈通知单的形式向领导干部进行反馈结果，对评议较差的领导成员，采取帮教措施，进一步增强干部的事业心、责任感，机关作风有明显改变。定期在党校进行科级干部培训、轮训和集中学习。

2002年栖霞市科级干部在党校进行轮训

1999年，市委组织部制定《关于实行领导干部经济责任审计制度的意见》，把经济责任审计方法引入干部考察、选拔和使用工作中。同年，制定《关于企业领导干部任职回避的暂行办法》，明确企业干部任职回避的具体标准和措施。2000年10月，市委下发《中共栖霞市委印发〈关于实行领导干部试用制和聘任制的意见（试行）〉〈关于加强乡镇、市直部门党政主要负责人监督管理的意见（试行）〉〈关于调整不称职领导干部的意见（试行）〉的通知》，进一步规范党政主要负责人从政用权行为和工作程序，促进干部监督管理工作走向制度化、规范化。

2001年11月，市委下发《中共栖霞市委批转市纪委〈关于建立市纪委常委同科级领导干部谈话制度的实施意见〉的通知》，按照主动监督、关口前移的要求，围绕加强党风廉政建设、保证廉洁从政，同党员领导干部沟通思想，交流情况，研究问题，交换意见。12月，结合市镇机构改革干部调整，对25名科级领导干部进行重点谈话、降免职处理，其中重点谈话9人，免职保留副局级待遇9人，低职安排11人，解聘1人。

2002年，市委组织部制定《关于加强机关企事业干部管理工作的意见》《科级领导干部选拔任用工作细则》《关于实行领导干部任前公示制的意见》《关于实行领导干部试用制和聘任制的意见》，有效规范干部选拔任用程序。对中层干部管理权限进行调整，将10个执法和行政管理部门、178个关键岗位的中层干部划归组织部管理，有效地加强对全市重要岗位、关键岗位中层干部的宏观调控和监督管理；加强中层干部管理监督和轮岗交流，对交通、国土资源、规划建设、环保及教育卫生等部门217名中层干部进行调整，其中提拔44人、留任81人、轮岗交流48人、不予任用10人、免职34人。

## 第五节 基层组织建设

1985年，县委为提高广大农村干部的马克思主义理论水平，加深对中共十一届三中全会以来的路线、方针、政策的理解，增长发展商品生产的知识，增强组织领导能力，制订下发《1985—1988年农村干部培训规划》。采取党校办培训班、乡镇办干校、村办专业学校、技术训练班和夜校等方式，对农村干部进行培训，并规定，今后凡未经过专门培训的，一般不能进领导班子。是年12月，开展了冬季农村党员教育和党支部领导班子调整改选活动。按照新形势的要求和干部“四化”标准，改选调整农村党支部班子。改选后，全县942个农村党支部，支部成员2783人，减少1039人；平均2.95职，压缩了1.05职；平均年龄37.4岁，下降4.9岁；35岁以下人员由21.4%上升到40.2%；初中以上文化程度的达到56.9%，提高21.4%；有高中生的支部达到56.9%，占支部总数的45.5%。同年，举办为期半年的农村后备干部培训班、农村基层干部培训班和为期1个月的乡镇办干校教师培训班。

1988年1月，开展农村党员教育和党支部领导班子换届改选工作。在教育整顿的基础上，按照干部“四化”要求，本着“保持相对稳定，局部充实调整，完善优化结构，提高整体素质”的原则，进行党支部领导班子的换届改选工作。改选后，党支部领导班子平均职数3.03职，增加0.05职；平均年龄39.3岁，下降0.3岁；初中以上文化程度的达到66.2%，提高7.8%。是年12月，为加快农村经济平衡发展，县委、县政府制定优惠政策，鼓励县、乡党政机关干部到农村任职，任期3年。经过层层推荐选拔和组织考察，共选派62名干部职工到农村任村党支部书记和村办企业厂长（经理），促进城乡人才交流，加强农村领导班子建设。

1989年11月，组织开展基层党组织领导班子换届改选。结合农村基层组织整顿工作，按照“面上稳定、局部调整、优化结构、提高素质”的原则，对基层党组织领导班子进行换届改选。通过改选，农村党支部成员的年龄、文化、知识结构得到进一步改善，平均职数达到3.1职，增加0.07职；支部成员中，初中以上文化程度的达到70.4%，增加4.2%；有高中生的支部班子达到653个，占69%。1990年5月，烟台市委在栖霞召开农村党建工作现场会。各县市区委副书记、组织部副部长及部分乡镇党委书记参加会议，烟台市委副书记巴忠鼎、市委常委、组织部部长张仁家，省委组织部农村组织处副处长李延海到会并讲话。会议推广蛇窝泊镇党委密切联系群众的经验，提出在整个烟台市开展创建“农村党的建设工作先进县市区和先进乡镇”活动。8月，山东省委在全省农村工作会议上，再次介绍蛇窝泊镇党委密切联系群众的经验。《烟台日报》《大众日报》及烟台电视台、山东电视台先后多次对该镇的经验转载和报道。

1991年，组织开展机关干部包村活动。县委、县政府成立由县直23个部门89人组成的包村工作队，帮助所包帮村引进人才、引进技术、沟通信息，为包帮村排忧解难。是年11月，结合深化农村社会主义思想教育活动开展，组织开展农村党（总）支部委员会换届选举工作。到12月底，全县950个农村基层党支部按期换届选举915个，暂缓选举35个，调整支部书记88名。换届选举后，农村党支部书记平均年龄41.1岁，减少0.16岁；初中以上文化程度达到75.18%，提高2.64%。1994年，开展党建先进村活动。在全县确定100个党建先进村，作为全县农村经济建设的带头村，要求这100个村全年办1000件实事，影响带动更多的村进入党建和经济建设的先进行列。1995年，实施农村党建“两项工程”，即重点抓100个经济强村工程和100个贫困后进村整顿改造工程。按照全国农村基层组织建设要求，本着“全面展开、重点突破”和“促强帮弱带中间”的思路，在全县构筑实施农村党建“两项工程”，以此来推动先进班子上水平，中游班子升档次，后进班子甩帽子。结合活动开展，从县直机关选派70名干部，从乡镇机关抽调110名干部组成县乡党建工作队进驻41个后进村，同时确定55个县直部门的165名干部与55个贫困村结对帮扶。是年，100个经济强村，共为群众办实事1160件，其中50多个村开发荒山种植干杂果1040公顷；60多个村改造老果园发展新果园373公顷；38个村共

修水利设施168处；52个村新上工副业项目113个；有78个村整街、修路、筑桥，为群众安装闭路电视、自来水等。100个贫困后进村的包帮整顿工作也收到明显效果，41个后进村验收合格34个，充实支部班子38个，解决历史遗留问题210个；55个贫困村全部制定3年脱贫规划和年度实施计划，帮扶物资折款380多万元，新上工副业项目31个。

1997年1月，为强化各级领导干部抓农村基层组织建设的责任意识，促进领导作风的转变，密切党群、干群关系，市委和乡镇党委的领导成员，深入基层开展调查研究和包村蹲点工作。市委常委每人联系1个乡镇、包1个村作为农村党建工作联系点；乡镇党委成员每人联系1个工作片、包1个村，乡镇党委书记包本乡镇最落后的村。同时，对领导干部包村蹲点的主要任务作出明确规定，要求领导干部包后进村一包3年。是年3月，在全市开展创建"五好"农村党支部活动。"五好"农村党支部的标准条件是：有一个好的领导班子，尤其要有一个好书记；有一支好的党员干部队伍；有一个好的经济发展路子；有一个好的经营体制；有一套好的管理制度。要求各乡镇党委对所辖村进行全面的调查摸底和分类排队，制定三年创建规划，保证每年都有一批党支部跨入"五好"行列；树立一批典型村，作为全市农村党建示范基地，统一命名挂牌；每年进行一次"五好"农村党支部的命名表彰，颁发牌匾；对"五好"农村党支部实行动态管理，每年考核一次，对不符合条件的，撤销荣誉称号，收回牌匾。

1998年3月，开展创建"六好"乡镇党委活动。"六好"乡镇党委的标准要求和条件是好班子、好队伍、好路子、好制度、好作风和好的工作格局。

1999年3月，市委、市政府制定《关于进一步加强农村"两公开一监督"的意见》，公开内容包括党务、村务两个方面。22日，市委、市政府命名表彰蛇窝泊镇、杨础镇、亭口镇、臧家庄镇、观里镇、桃村镇等"六好"乡镇党委和栖霞镇枣行村等129个"五好"农村党支部。是年12月，组织党政机关、企事业单位干部职工到农村任职，任期3～5年。任职期间，每年初签订目标责任状，完成目标任务、成绩突出、所驻村变化大的，授予"市级优秀选派干部"称号，在干部使用等方面优先考虑。

2001年5月，为把"三个代表"重要思想学习教育活动引向深入，进一步转变机关作风，密切党群干群关系，切实解决农村存在的突出问题，促进农村的稳定与发展，开展部门包帮后进村活动。对全市排查的100个后进村，安排相关市直部门进行结对包帮。主要实行"五包""两定"，即包班子建设，包扶贫开发，包社会稳定，包办实事，包贫困户与贫困学生。定时间，实行一包两年不变，半年一调度，一年一评议；定职责，部门主要领导是第一责任人，每半年固定1名领导和1名工作人员具体负责包帮工作。

2002年3月下旬至6月上旬，组织全市第七届村委会换届选举工作。换届选举的行政村中，书记、主任1人兼的比例达66.5%，比上届提高40.6%；村委主任连选连任的占45.5%。

## 第六节 机关党建

1958年3月，设立中共栖霞县直属机关委员会，1967年2月撤销，1974年11月恢复，主要负责县直机关党建工作。2001年12月，中共栖霞市直属机关委员会改称中共栖霞市直机关工作委员会。

1985年，所属12个党总支部，127个党支部，9个党组，党员2379人。当年发展党员46人。4月，根据中共中央整党决定，全市33297名党员，开始全面进行整党工作。机关党委组织2379名党员全部参加整党，整党工作到1987年2月结束，历时1年10个月。1987年以后，通过整党教育，先后建立和完善党内民主生活制度、民主评议党员制度和党员领导干部监督制度。

1990年，所属8个党总支部，111个党支部，9个党组，党员1988人。当年发展党员55人。1991年，组织所属党支部（总支）和党员学习中组部《中国共产党发展党员工作细则（试行）》，对发展党员工作进一步进行细化。

1995年1月，为适应改革开放和经济建设的需要，开展党的组织生活活动，进行党组织教育管理，鼓励广大党员发挥先锋模范作用。当年，所属10个党总支部，105个党支部，45个党组，党员2241人。发展党员46 人。1997年，组织基层党支部（总支）学习中组部《关于几起违反党章规定发展党员问题的通报》，要求迅速传达到各基层党组织和全体党员，做好党员发展工作。

2000年，为纯洁党员队伍，保持党的先进性，提高党的战斗力，组织学习组织部《关于妥善处置不合格党员工作有关问题的通知》，开展所属各党支部（总支）党员夏训、冬训，举办党员学习班3期，举办入党积极分子学习班1期。当年，所属党总支部10个，103个党支部，39个党组，党员2409 人。发展党员70人。2001年，落实市委、市政府党员 “两推一公示” 制度（党员推荐、群众推荐，单位内公示），增强发展党员工作的透明度。组织学习省委组织部《关于进一步加强新时期党员组织关系管理工作的暂行规定（试行）》。

2002年，所属10个党总支部，81个党支部，33个党组，党员2294人。当年发展党员43人。

## 第七节 老干部工作

1980年10月，在组织部设立老干部管理科，1983年10月成立老干部局，1984年3月，改称老干部工作办公室，并成立干部休养所，1985年2月，恢复老干部局称谓。1989年成立老干部学校，1990年成立老干部活动中心。

栖霞市老干部分两部分管理。离休干部由组织部直接管理，退休干部由机关事务处设置老干部科，专人专门管理。

1985年末，全市共有离休、退休改办离休干部1214人，机关事务管理局管理的退休干部5人。1990年末，全市离休干部达到历史最高峰1537人，后随着自然减员人数逐年下降，至2002年末，全市离休干部963人。其中，按参加革命工作时间划分，1937年7月6日以前的1人，1937年7月7日至1942年12月31日的120人，1943年1月1日至1945年9月2日的259人，1945年9月3日至1949年9月底的583人；按享受待遇划分，厅局级的4人，县处级的264人，其他干部695人。

1990年，机关事务管理局管理的退休干部14人，1995年28人，2002年131人。

**离退休干部政治待遇** 老干部离退休后基本政治待遇不变。1985年，举办全市第一届离退休干部运动会，以后每年都举办全市老干部运动会、门球赛；领导干部定期走访看望老干部。每年新春佳节之际，各级领导都走访看望离退休干部。市五个班子领导分组登门看望在栖霞担任过县处级实职的离退休干部及老红军；党委、政府每半年向老干部通报本地经济和社会发展情况，市委、市政府分别在半年、年终召开全市工作情况通报会议，主要领导向老干部通报全市工作情况。

1985—2002年，离退休干部的政治待遇主要是，授予“老干部离休荣誉证”“老干部退休证”；按同级在职干部规定的范围阅读文

件、听重要报告、参加重要会议和政治、文化活动；根据离退休干部的居住情况，就近建立学习小组，组织学习活动。党员人数较多，居住比较集中的地方，建立离退休干部党支部，三人以上党员建立党小组，建立党的活动制度，保证老干部过好党的组织生活。

至2002年末，全市共有党员离休干部787人，设立离退休干部党总支1个，党支部32个，党小组171个。建立老干部活动室，保证离退休干部开会、学习、活动有固定场所；参加集体组织的参观活动。每年组织在栖霞担任过县处级实职的离退休干部观摩县域经济发展情况；参加有益于身心健康的文化、体育活动等。

1993年老干部工作会议现场

1994年春节慰问老干部会议现场

**离休干部生活待遇** 增发生活补贴。离休干部按1937年7月6日以前、1937年7月7日至1942年12月31日、1943年1月1日至1945年9月2日参加革命时期每年分别增发两个月、一个半月、一个月工资。

乘车费发放。从1985年8月起，厅局级（含享受待遇）和1937年7月6日前参加革命工作的离休干部，每人每月发放乘车费15元，县处级8元，一般离休干部5元。包干到人，节约归己，超支自负。从1991年2月起，厅局级、县处级及一般离休干部乘车费分别提高到30元、15元、10元。从1995年起，分别提高到40元、30元、20元。

公用经费。从1983年起，对易地来栖安置仍由原单位发工资的离休干部，每年收取公用经费200元。从1991年起，每人每年收取650元。

特需经费。从1983年起，离休干部每人每年提取150元，2002年起，调整为500元。

特需补助费。从1986年起，离休干部每人每月发放12元特需补助费。

护理费。自1980年8月起，凡因瘫痪等原因生活长期完全不能自理、饮食起居必须有人扶助的，经地市以上组织、人事部门批准，由发工资单位每月发给36元护理费。1986年11月，护理费标准提高到51元，是年末，老干部局会同公安、粮食等部门，共为离休干部家属、子女1042人办理“农转非”手续。1994年5月，护理费标准调整为70元。1996年9月起，对抗日战争时期参加革命工作的离休干部发放护理费，每人每月70元，1998年7月，调整为100元。1999年，又为离休干部再婚配偶是农业户口的26人办理农转非手续。2000年12月起，对抗日战争时期参加工作离休干部和解放战争时期参加工作、已享受护理费的离休干部，护理费标准提高到每人每月200元；解放战争时期参加工作，没享受护理费的离休干部，每人每月发给护理费100元。2001年9月起，凡解放战争时期参加工作离休干部每人每月调整到200元。是年，市委、市政府下发《栖霞市企业离休人员医疗费管理办法》，规范企业离休人员医药费报销制度。

2002年4月，下发《栖霞市关于建立和完善离休干部离休费、医药费保障机制的实施意见》《栖霞市机关事业单位离休人员医疗费管理办法》，将全市工资范围内的离休干部全部纳入在保障体系之中。护理费、特需费、乘车费列入离休费项目，离休费、医药费实行全市统一发放和实报实销，缺口资金由市财政负担，实现离休干部“离休费按时足额发放，医药费按规定及时报销、不再发生新的拖欠”的目标。

退休干部生活待遇均按国家规定和栖霞市委、市政府规定执行。

# 第四章 宣传工作

1938年7月，中共栖霞县委成立，设立宣传委员1人，1939年10月，成立县委宣传部，负责全县党的宣传工作。1967年2月撤销，1974年11月，恢复成立县委宣传部。1996年5月，成立精神文明建设委员会办公室，与宣传部合署办公。

## 第一节 理论教育

20世纪80年代，按照“理论武装、指导实践、推动工作”的要求，围绕马列主义、毛泽东思想指导全县理论学习，每年年初下达全年理论学习实施意见，完善并组织实施县委中心组、县直部门主要负责人和县乡机关干部学习日制度。

进入90年代以后，理论学习正轨化、系统化。1990年，建立健全干部考学、评学、述学制度，采取定期检查、重点抽查、调阅读书笔记、组织理论考试等措施，对县乡机关干部的学习进行综合考评。1992年，县委举办夏季读书会，邀请高等院校专家教授进行辅导，科级领导干部每两个月集中学习一次，由县委宣传部理论骨干结合国际国内形势进行辅导讲课。

1995年，县乡机关干部坚持每周二晚学习日制度，围绕不同时期的学习内容重点进行集中学习。广泛持久地开展全民思想道德教育。采取宣讲团、报告团、征文比赛、演讲比赛、成人宣誓等灵活多样的形式，向广大干部群众宣讲党的路线、方针、政策和重大会议精神，进行理想信念教育、爱国主义教育、艰苦奋斗教育、无神论和科学精神教育。1998年，主要开展学习十五大精神和邓小平理论教育、党的宗旨教育、党风党纪教育、艰苦创业教育、政策法规教育等6个方面教育。2000年，组织市级领导班子、基层领导干部开展“三讲”教育，进一步解决理想观念、全局观念、群众观念、精神状态、民主集中制、廉洁自律等方面存在的问题。2002年，主要开展形势任务、加快发展、民主法制、维护稳定、“三个代表”重要思想等5个方面教育。

1985—2002年，全县（市）举办理论培训420期，受教育的党员、干部以及普通职员4万人次。

## 第二节 思想品德教育

1987年，栖霞县委、县政府制订“七五”精神文明和社会道德建设规划，在全县实行道

德规范教育。1989年，围绕党的十三大确定的“一个中心，两个基本点”，利用多种形式广泛开展热爱党、热爱社会主义思想品德教育活动，鼓励全县人民艰苦奋斗、无私奉献、移风易俗，崇尚新风。

1990年开始，每年冬季集中时间在全县进行群众品德教育，1992年，县委、县政府组织实施《关于提高全民素质的三年培训规划》，分党员干部、企事业单位职工和农民群众3个层面进行教育培训。1995年实施第二轮培训规划，形成全民参与的学习培训体系。在全县农村广泛开展以“三爱三普及”为主要内容的爱国主义集中教育活动，并组建宣讲团到各乡镇巡回报告。

2000年，开展创建文明城市活动。组织6000多名学生、家长开展共同签名“告别不文明行为”活动。清明节，分批组织中学生到英灵山接受爱国主义教育。

2000年青少年在英灵山接受爱国主义教育

2001年，围绕学习贯彻《公民道德建设实施纲要》，对各级各部门思想道德教育的目标任务作出具体部署。2002年，在全市实施道德教育“五个一”活动，即道德教育一条街、一张卡、一组歌、一个竞赛、一个专栏。制作公益灯箱60个，发放公德教育卡1.5万份，制作《道德组歌》光盘200张、录音带1000盘，印发公民道德知识竞赛答卷2万份。

## 第三节 新闻宣传

1985年以后，新闻宣传主题是围绕农村体制改革和法制建设进行，年发稿数量最多时达到3000多篇次，《烟台日报》平均每天采用栖霞的稿件3～4篇；《大众日报》最多的年份采用栖霞的稿件120多篇；《人民日报》每年采用栖霞的稿件10多篇。1990年以后，新闻宣传主题是基层建设、领导干部教育、基本建设和法制建设。

1990年5月，《栖霞抓紧培训乡镇长》在《大众日报》头版头题刊登并加编辑按语。1991年，《一场攻坚战》获全国水利好新闻二等奖，1992年3月，《一把“尚方宝剑”，十种刁难退却》在《法制日报》头版头题刊用；1992年以后，新闻宣传围绕农业改革、国有、集体、乡镇企业体制改革进行，全国每年采用栖霞稿件的新闻媒体达60多家。《山东栖霞——“中国苹果第一县”新貌》，被《瞭望》周刊海外版于1993年第24期采用并配发4幅新闻照片。1995年，《土专家柳理华捧回国际大奖》获得1995年度烟台广播奖一等奖、山东广播奖一等奖和中国广播奖一等奖。《烟台掘起百万吨水泥厂》《产权改革进深山》也获得较大反响。1997年，《走出官场闯市场 不当局长当厂长》获第十二届中国地方报新闻奖一等奖，《栖霞市不向优秀企业经营者“奖”官》，获山东新闻奖二等奖。1998年，长篇通讯《打开山门》和《不送乌纱送资产》先后在《烟台日报》头版重要位置发表；2002年，《栖霞新年工作诚请市民评说》被《烟台日报》和《大众日报》刊于头版头题。

1991—1998年，县委宣传部新闻宣传工作连续6年名列烟台市各县（市、区）第一名；1987—2002年连年获《大众日报》新闻先进单位称号；1987—2002年连年获《烟台日报》新闻最佳或先进单位称号。到2002年末，新闻宣传平均每年在《烟台日报》显要位置发稿80多篇，最多的年份在《大众日报》头版头题位置发稿5篇，在省广播电台发早新闻头条5篇。全市获得烟台市以上新闻宣传奖励46项，20多人次获得烟台市以上新闻宣传先进个人。

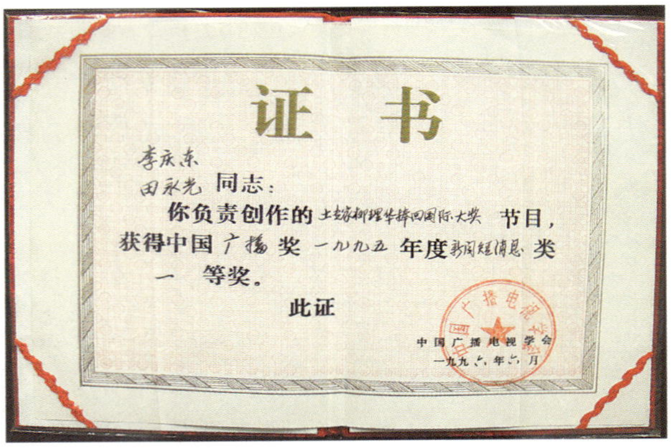


1995年李庆东、田永光获中国广播奖一等奖证书

## 1990—2002年栖霞市新闻宣传获得山东省以上奖项情况统计表

表18-3

| 年 份 | 篇　　目 | 获奖等次 | 作 者 |
|---|---|---|---|
| 1990 | 《“神剪刀”栾淑荣》 | 山东省优秀外宣品三等奖 | 牟文敏 |
| 1991 | 《一场攻坚战》 | 全国水利好新闻二等奖 | 牟文敏 |
| 1995 | 《土专家柳理华捧回国际大奖》 | 中国广播奖一等奖 | 李庆东<br>田永光 |
| 1997 | 《栖霞市不向优秀企业经营者“奖”官》 | 山东新闻奖二等奖 | 冯宝新 |
| 1997 | 《走出官场闯市场 不当局长当厂长》 | 第十二届中国地方报新闻奖一等奖 | 冯宝新 |
| 1999 | 《中国民间小故宫——牟氏庄园》 | 山东省对外传播奖三等奖 | 林新忠 |
| 1999 | 《栖霞生态景观如诗如画》 | 山东省对外传播奖三等奖 | 林新忠 |
| 1999 | 《“雪桃王”三长闯世博会》 | 山东新闻奖二等奖 | 林少卿 |
| 1999 | 《“123”民告警专线电话威力大》 | 中国电视新闻奖二等奖 | 牟文敏 |
| 2000 | 《俩农民受聘国企当老总》 | 山东新闻奖二等奖 | 林新忠 |
| 2000 | 《野夼农民向百家大型国企转让技术》 | 山东新闻奖三等奖 | 林少卿 |
| 2001 | 《1·11山城灭火记》 | 全国地市好新闻三等奖 | 林新忠 |
| 2001 | 《农村党支部书记的公仆形象》 | 中国广播电视优秀节目一等奖 | 牟文敏 |
| 2001 | 《现代农村的建筑师》 | 中国广播电视优秀节目二等奖 | 牟文敏 |
| 2002 | 《八旬老党员自费写党史》 | 山东省地市报新闻奖三等奖 | 林新忠 |
| 2002 | 《一样的黄金梨结出两样的果》 | 山东省地市报新闻奖三等奖 | 林新忠 |

# 第五章 统战与对台工作

## 第一节 统战工作

1942年3月，成立县委统战部，1967年2月撤销，1982年恢复成立县委统战部。1988年8月，对台事务办公室成立，负责统战和对台工作。

**落实统战政策** 1978年，中共十一届三中全会以后，县委对错划右派的人员全部予以改正。1980年，对1960年1月1日至1965年底被精简退职的446人，发给生活困难补助费。发展知识分子入党885人，为知识分子解决住房面积26925平方米，为73人颁发起义投诚证书，为因受“台湾关系”影响而错受处理的3人恢复公职，对华侨721间私房落实政策，复审各类刑事案件91件，落实需要改判纠正的22件，落实水利建设伤残人员263人。

1986年，应落实政策的4354件案件全部予以落实，解决历史遗留问题案件2310件。其中落实干部政策1166人，为错受处理被株连的家属子女办理农转非278人，恢复原职级待遇7人，受株连家属子女恢复公职3人，解决1人因“右派言论”受处理的工龄问题。改正知识分子错划右派120人，改正受处分的知识分子结论和复审总结中留有尾巴的98人，对53名有历史问题的知识分子改正了结论，清理在历史上受处分的知识分子档案1393起，已改正154人。

2001年5—10月，组织力量，对非党知识分子分布情况进行普查。大学以上学历的非党知识分子720人，副高以上职称的非党知识分子79人，对这些知识分子分别建档立卡，并从中筛选出50名符合“四化”条件的优秀分子，建立档案，定期考察了解。从而为做好非党知识分子工作，壮大党外后备干部队伍奠定基础。

**“三胞联谊活动”** 1982年，县政协和统战部门利用传统节日召开茶话会、座谈会、联谊会和走访“三胞”眷属、接待回乡观光和考察的国外侨胞和港澳台胞，多渠道、多形式开展团结联谊工作，向“三胞”宣传“一国两制，和平统一”的方针政策，鼓励其为栖霞的繁荣发展献计出力。

1985年，为充分发挥县内“三胞”眷属多、海外关系广的优势，县政协和统战部门从5月开始，在经过充分酝酿，吸取外地先进经验的基础上，报请县委、县政府同意，决定发动“三胞”眷属集资兴办企业，经过一段时间筹备，成立栖霞县爱国实业股份有限公司。

1989年，根据形势和任务要求，政协和统战部门及时召开有海外关系的政协委员座谈会，统一思想。政协还协同统战部一起走访部分“三胞”眷属，通过多种形式宣传国家政策。全县“三胞”眷属共向海外写信1800多封，使“三胞”及外籍华人增强对祖国的向心力。

1991年10月，为不断拓宽团结渠道，发挥书画会友联谊作用，县政协、统战部门筹备成立栖霞县政协书画联谊社，政协委员为主体，同时吸收全县书画界知名人士和业余爱好者以及栖霞籍在外地工作的书画家参加。联谊社通过举办作品展览、为社会服务、向社会和国际友人赠送作品等形式，扩大影响，拓展同各界人士和海外朋友的联谊渠道，进一步增强人民政协的团结功能。

1994年4月，在全县对外开放三级干部会议之后，分5个片召开“三胞”眷属座谈会，发动“三胞”眷属多渠道、多形式、全方位地与“三胞”扩大交往，增进友谊，开展好“写好一封书信，引进一个项目”活动。

2001年3月，市政协、统战部门召开政协委员中“三胞”眷属座谈会，鼓励各委员及其眷属，充分发挥联系广泛的优势，积极同自己的港、澳、台胞和海外华侨亲属联系，大力宣传栖霞的优惠投资政策和优越的投资环境，争取其回家乡发展事业。

2002年，组织120名“三胞”眷属，到市重点工程、主要企业参观、交流，使“三胞”眷属了解栖霞发展状况，增强“三胞”眷属投身栖霞经济发展信心。

## 第二节 对台工作

1985年以来，栖霞对台湾工作实施政策统一、归口管理，发挥组织、指导、管理、协调作用。主要围绕对台宣传和抓好涉台教育进行。对台宣传，利用经贸、交往、交流等时机走访、接待台胞，做好对台胞的面对面宣传，向台胞宣传“和平统一、一国两制”的方针政策，建国以来全县经济建设和改革开放的伟大成就，宣传投资环境和优惠政策，以及两岸交流合作的前景，批驳台湾当局的“台独”言论。利用元旦、春节、国庆节、中秋节召开台胞茶话会、发放慰问信做好对台宣传工作，通过宣传，增强台胞对祖国大陆的向心力和民族自豪感。

抓好涉台教育，包括台属在内的对广大干部群众的宣传教育。向广大党员干部群众宣传党的对台方针政策和台湾形势。每年召开一次全市对台工作会议，把党中央和各级党委对台工作会议精神传达到广大干部群众。通过广泛宣传教育，使广大干部群众了解台湾情况，认清对台工作形势，明确工作任务，掌握有关政策，积极主动地开展对台工作。

1985—2002年，共编印涉台宣传教育材料8600余份，举办广播讲座20多次，召开各种形式的座谈会、研讨会、报告会60多场，在党校开设对台工作课7次，应邀为老干部做对台工作报告3次，举办对台培训班27次。

**交流交往** 1985年以来，认真贯彻执行党中央国务院的一系列对台方针政策，除做好台胞接待、定居台胞安置和人员赴台工作外，还做好台胞来信来访、遗产继承等工作，帮助台胞处理好房产、坟墓等问题和家庭矛盾纠纷，处理好台胞突发事件。县委、县政府5次调整充实对台工作领导小组。1988年8月，成立对台办公室，科级单位，全县原23个乡镇配齐统战委员和专（兼）职对台工作干部，县企事业单位均确定一名政工干部兼做对台工作；1986年成立县台属联谊会。

1987年2月，台湾开放台胞赴大陆探亲，栖霞县本着“从严审批，妥善安置”的原则，共安排18名台湾同胞在境内定居。1990年召开台联换届会议，调整充实台联会委员，各乡镇也建立相应的台属联谊组织。

牟宗三是在台湾的新儒学的代表人物。1998年9月，在蛇窝泊镇召开“牟宗三与当代新儒学国际学术会议栖霞访谈会议”。与会人员有中国内地、台湾、香港地区及美国、日本、韩国、新加坡、德国、瑞典等国学者70人。9月11日上午，与会人员到蛇窝泊镇牟家疃村访问牟宗三故居，参观两个梨园和红旗岭苹果园、参观蛇窝泊镇一中和市实验小学。对推动两岸文化的认同，促进祖国统一有重大意义。

2002年8月，由山东大学哲学与社会发展学院、台湾丹道文化教育基金会主办、栖霞市人民政府承办的丘处机与中国文化学术研讨会在栖霞市亨太酒店举行，与会人员有台湾专家学者32人，山东大学专家学者10人，北京、浙江、四川、湖南、南京等地专家13人。通过学术研讨，坚持以唯物主义史观深刻了解丘处机生活的时代背景、生平事迹、历史地位和功绩，弘扬中国传统道教文化，增进海峡两岸文化交流，共同推动国家优秀文化事业。

2002年10月，栖霞赴台考察团——栖霞市食品工业协会，前往台湾岛内进行经贸考察。在台期间通过接触多方面人士和朋友，向台湾同胞、同乡、友人，介绍祖国大陆的美好前景及栖霞市的现状、未来和招商引资的优惠政策，10天内就达成投资合作意向12项。

2002年台湾同胞参观桃村镇建设

1985—2002年，共接待探亲、旅游、洽谈经贸和从事学术交流活动的台胞1310人次。其中，中上层人士23人次、党政军公职人员78人次、退役老兵907人次、工商经济界人士167人次，其他人员135人次。栖霞赴台探亲、探病、奔丧的人员共287人次。批准台资企业14个，利用台资327万美元。接受台胞捐资35万元。

**台胞普查** 1988年4月至10月，以对台湾事务办公室和统战部为主，各乡镇党委和对台联合会配合，组成5个调查小组，深入农村逐户进行走访，逐人逐项进行摸底。经过7个月的普查，全县时有去台户数2744户、3200人，台属共计30000余人，遍布全县各个乡镇和部分农村。普查目的是宣传党的对台政策，密切同台属的关系，加强与台胞联系，沟通感情，为进一步开展对台工作打下有力的基础。

1991年，对台湾事务办公室和统战部组织有关单位，对县直机关和驻城厂矿企事业单位的台属台胞情况进行登记造册，建立健全2700余份去台人员档案。

# 第六章 党史、党校和档案工作

## 第一节 党史研究

1983年9月，栖霞县党史资料征集、地方史志编纂委员会成立，下设办公室。1984年2月，成立县党史办公室（设在县委党校），股级事业单位。1984年5月，撤销原党史办公室，成立党史资料征集研究委员会，科级事业单位，同时成立县志办公室，归政府办公室管理。1993年11月，撤销县委党史委、县志办公室，成立栖霞县史志办公室。1997年3月，撤销史志办公室，8人成建制合并到县委党校，改称为党史资料办公室。1997年11月，成立栖霞市委党史研究室，为科级事业单位。

**《中国共产党栖霞县组织史资料（1931.9—1987.10）》** 由栖霞县委组织部、县委党史委员会、县档案局合编。16开本，130万字，插页4张，印数1600册。山东省出版总社烟台分社出版。该书从1985年开始征集资料，至1988年9月编成出版。该书记录1931年9月至1987年10月间，中共栖霞县、区、村三级组织机构与领导人名录。

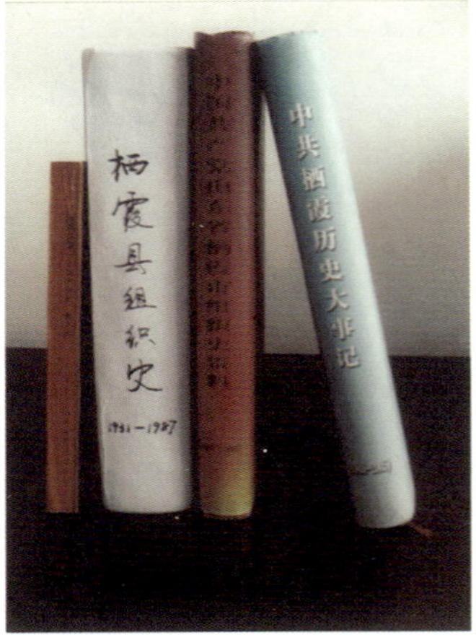


**《中共栖霞县党史大事记（1929—1949）》** 栖霞县委党史委员会编。全书453条、10.4万字，1991年1月出版发行。该《大事记》记述1929—1949年10月这一历史时期栖霞县（含栖东县、牙前县）党组织及其领导下的政权、军事、群众团体的重要活动、重要事件；上级党组织、政权、军事、群众团体与栖霞县有直接关系的重要活动。收录的人物除县级党、政、军、群负责人外，还收录部分较有影响的党员、战斗英雄、劳动模范、革命烈士等。

**《栖霞县党史资料集》**（第一辑） 栖霞县委党史委员会编，该书 32开本，13万字，1991年10月出版。全书收集党史资料29篇，分概述、回忆录、抗战纪实等。

**《栖霞县第一个共产党员李子民》** 栖霞县委党史委员会编，该书分序言、照片、传、回忆录4部分，共计14万字。1991年始编，1993年9月由山东新闻出版社准印出版。

## 第二节 党校工作

党校教育始于1941年春，1962年成立县委党校，1968年改为“五七”干校，1978年恢复党校。1992年8月，中共栖霞县委党校按副县级配备领导班子。当年，党校被山东省委干部教育工作领导小组、省委组织部和省编委批准为中等专业学校。1995年，在全省“创一流党校”活动中获省级先进党校称号。

至2002年末，栖霞市委党校共举办各类培训班262期，其中，举办主体班次223余期，举办中专班6期、大专班27期、本科班16期，培训各类干部达20余万人次。

**教学设施** 1980年秋，县委、县政府投资380.5万元始建党校办公楼，1983年春完工，建筑面积3216平方米。购置300张铁床和木床，添置被褥，教学条件得到极大改善。

1989年，投资15万元建设一幢宿舍楼，建筑面积1059平方米。1999年，投资50万元进行教学设施改造，购置电教设备和图书，图书拥有量达到1.5万册。2000年，建成开通中央党校远程教学C级站。

**教师队伍** 党校建设初期，校内专职教师较少，培训班的学习辅导由县委领导和组织部、宣传部等部门的领导担任。1978年有教师16人，1984年26人，1987年46人。2002年末，有教职工48人。其中，高级讲师8人，讲师14人，助理讲师5人。在领导干部的配备上，1993年前党校校长由市（县）委副书记兼任。1993年后党校校长由市委书记兼任，常务副校长主持日常工作。

1985—2002年，党校教员在烟台市级以上报刊发表科研论文140余篇，其中28篇获市级以上奖励。

**干部培训** 1986年，举办干部培训班8期，培训干部500人。1987年，举办干部培训班18 期，培训干部1792人次。1990年，培训对象是轮训担任副职的科局、乡镇的领导干部和农村党支部书记、县属企事业单位的主要领导干部、科级后备干部和农村基层后备干部。1991年，举办农村支部书记培训班6期，培训农村干部850人，举办全县第一期中青年后备干部培训班1期，培训干部59人。

1993年，举办干部培训班13期，培训干部1642人，主要培训农村党员干部、青年党员干部。1996年，举办干部培训班4 期，培训干部 374人，主要培训乡镇领导干部和青年后备干部。

1999年，举办农村干部和乡镇干部培训班18 期，培训干部2262人。2000年，举办各级干部培训班11期，培训干部3166人。2001年，为亭口镇农村党支部书记、村委主任专门举办培训班，120名农村党支部书记和村委主任全部参加培训。

2002年，对全市镇、街道1600名新当选的村委会成员和农村支部书记及200名镇政府、街道办事处副科以上的领导干部进行培训。开设“怎样当好村官、领导艺术与领导方法、法律法规知识”等课程，集培训、教育、整顿于一体，培训效果明显。

2002年入党积极分子接受党史教育

## 1986—2002年栖霞市委党校干部培训情况统计表

表18-4

| 年 份 | 班 次 | 期 数 | 培训人数 |
|---|---|---|---|
| 1986 | 乡镇党校师资班 | 1 | 40 |
| | 干部正规化理论教育学习班 | 4 | 300 |
| | 局级干部普法学习班 | 3 | 160 |
| 1987 | 农村、乡镇企业党支部书记培训班 | 9 | 923 |
| | 乡镇合同制干部培训班 | 1 | 189 |
| | 领导干部十三大文件学习班 | 2 | 206 |
| | 军转干部培训班 | 1 | 60 |
| | 纪检干部培训班 | 1 | 80 |
| | 乡镇干部正规化理论教育班 | 2 | 214 |
| | 乡镇党校师资班 | 1 | 40 |
| | 乡镇妇女干部培训班 | 1 | 80 |
| 1988 | 全县新任党支部书记培训班 | 1 | 87 |
| | 十三大文献学习培训班 | 3 | 110 |
| | 村委主任授课教师培训班 | 1 | 69 |
| | 新任农村党支部书记培训班 | 1 | 87 |
| 1989 | 农村党支部书记党建培训班 | 6 | 753 |
| | 文秘培训班 | 1 | 55 |
| | 县直部门新党员培训班 | 2 | 320 |
| | 副局级以上领导干部培训班 | 4 | 480 |
| | 县属企业党支部书记十三届四中全会文件轮训班 | 2 | 1080 |
| | 农村科技人员职称培训班 | 3 | 450 |
| 1990 | 党建研讨班 | 4 | 200 |
| | 全县新任村委主任培训班 | 1 | 109 |
| | 农村党支部书记培训班 | 6 | 850 |
| 1991 | 第一期中青年后备干部培训班 | 1 | 59 |
| | 企业政工书记马克思主义理论培训班 | 1 | 59 |
| | 农村党支部书记培训班 | 2 | 240 |
| | 全县非党干部培训班 | 1 | 30 |
| 1992 | 第二期中青年后备干部培训班 | 1 | 80 |
| | 全县妇女干部进修班 | 1 | 50 |
| | 全县学习党建理论骨干培训班 | 1 | 150 |
| | 第一期副科级干部进修班 | 1 | 60 |
| | 农村党支部书记培训班 | 3 | 310 |

续表18-4

| 年 份 | 班 次 | 期 数 | 培训人数 |
|---|---|---|---|
| 1993 | 第三期中青年后备干部培训班 | 1 | 72 |
| | 农村党支部书记培训班 | 2 | 260 |
| | 全县农村股份合作制培训班 | 1 | 400 |
| | 全县第二期副科级领导干部培训班 | 1 | 50 |
| | 全县市场经济法制干部培训班 | 1 | 80 |
| | 全县“两论”教育骨干培训班 | 1 | 60 |
| | 农村村委主任培训班 | 6 | 720 |
| 1994 | 邓小平理论学习班 | 1 | 113 |
| | 领导干部市场经济知识培训班 | 1 | 165 |
| | 普法骨干培训班 | 1 | 88 |
| 1995 | 副科级干部培训班 | 1 | 102 |
| | 第四期中青年后备干部培训班 | 1 | 54 |
| | 党员中级知识分子培训班 | 1 | 73 |
| | 党支部书记培训班 | 3 | 362 |
| | 公务员基础知识骨干培训班 | 1 | 180 |
| 1996 | 全市乡镇领导干部轮训班 | 2 | 160 |
| | 全市农村党支部书记培训班 | 1 | 172 |
| | 栖霞市第五期中青年后备干部培训班 | 1 | 42 |
| 1997 | 全市农村党支部书记培训班 | 6 | 1800 |
| | 栖霞市党政干部进修班 | 2 | 108 |
| | 第六期中青年后备干部培训班 | 1 | 56 |
| 1998 | 全市党政干部进修班 | 1 | 50 |
| | 农村党支部书记培训班 | 3 | 287 |
| | 乡镇领导干部培训班 | 2 | 151 |
| 1999 | 第六届村委会换届选举培训班 | 6 | 800 |
| | 优秀中青年知识分子培训班 | 1 | 50 |
| | 邓小平理论培训班 | 2 | 123 |
| | 全市农村党支部书记培训班 | 6 | 972 |
| | 乡镇政工干部培训班 | 1 | 47 |
| | 农村综合整治工作队培训班 | 1 | 120 |
| | 农村党支部书记、村委会主任培训班 | 1 | 150 |
| 2000 | 全市副科级领导干部进修班 | 1 | 48 |
| | 全市厂长经理培训班 | 1 | 120 |
| | 全市中级知识分子培训班 | 1 | 60 |
| | 第七期中青年后备干部培训班 | 1 | 46 |

续表18-4

| 年 份 | 班　　次 | 期 数 | 培训人数 |
|---|---|---|---|
| 2000 | 农村党支部书记培训班 | 2 | 300 |
| | 农村干部培训班 | 4 | 545 |
| | 企业领导干部培训班 | 1 | 47 |
| | 宣讲十五届五中全会精神 | — | 2000 |
| 2001 | 亭口镇农村党支部书记、村委会主任培训班 | 1 | 120 |
| 2002 | 乡镇副科级领导干部培训班 | 2 | 200 |
| | 全市思想宣传干部培训班 | 1 | 120 |
| | 全市政工纪检干部培训班 | 1 | 120 |
| | 全市妇女干部培训班 | 1 | 78 |
| | 环境建设年中层干部培训班 | 2 | 280 |
| | 全市农村两委干部岗前培训班 | 14 | 1800 |
| | 与工商、税务、农业、林业部门联合办学 | 6 | 800 |

**干部学历教育** 1983年，党中央作出《关于实现党校教育正规化的决定》，指出："各级党校干部要实行考试、考核制度和学历制度，经过考试合格者，取得国民教育体系相当的学历和待遇。"根据中央的规定，栖霞党校在办好主体班次的前提下，开办以党员干部为主要对象，与党校职能相应的函授教育，先后开办中专、大专、本科学历函授班。

1984年秋，举办党政干部高中文化补习班，1985—1988年，举办干部脱产中专班4期，毕业学员180人，举办中专业余函授班、专修班3期，毕业学员193人。1989年，首次举办中央党校函授学院经济管理大专班，118名学员。1989—1991年，共举办中央党校函授学院经济管理大专班5期，培训学员433名。1993年，举办省委党校大专专修班，学员187名，举办辽宁省委党校刊授经济管理大专班，学员176名。1994年，举办首届省委党校经济管理本科班，学员96名；举办首届农村干部经济管理大专班，学员178名。1998年，举办中央党校函授学院政法专业大专班，学员89名。2000年，举办山东省委党校法律专业本科班，学员66名。

1984—2002年，党校共举办高中文化补习班、干部脱产中专班、中央党校函授学院经济管理大专班、政法专业大专班、山东省委党校干部业余教育学院经济管理专业大专班、本科班，法律专业大专班、本科班，山东省农村干部大专班等各类班次53个，培训学员3899人次。

党校函授班次与主体班次一并纳入党校教育的统一规划，有明确的建编立制、设置相应的领导班子和管理机构。1992年，中共山东省委干部教育工作领导小组、省委组织部和省编委批准栖霞党校为中专体制，同年，设立中央党校函授学院栖霞函授辅导站，函授班次与主体班次的教学采取师资共享形式，以党校教师为主体，教学安排由党校统一要求、统一进行师资培训，学科实行有计划的专业互补。

青年干部在市委党校认真听课（2002年）

## 1985—2002年栖霞市委党校学历教育和专业培训情况统计表

表18-5

| 年份 | 院校 | 学历 | 专业 | 学制（年） | 人数 |
| --- | --- | --- | --- | --- | --- |
| 1985 | 干部中专脱产班 | 中专 | 普通 | 2 | 53 |
| 1986 | 干部中专脱产班 | 中专 | 普通 | 2 | 49 |
| 1987 | 干部中专脱产班 | 中专 | 普通 | 2 | 41 |
| 1988 | 干部中专脱产班 | 中专 | 普通 | 2 | 37 |
| 1989 | 干部中专业余函授 | 中专 | 普通 | 3 | 26 |
| | 干部中专专修 | 中专 | 普通 | 1.5 | 51 |
| | 中央党校函授学院 | 大专 | 经济管理 | 3 | 118 |
| 1990 | 干部中专业余函授 | 中专 | 普通 | 1.5 | 116 |
| | 中央党校函授学院 | 大专 | 经济管理 | 3 | 96 |
| 1991 | 中央党校函授学院 | 大专 | 经济管理 | 3 | 59 |
| 1993 | 中央党校函授学院 | 大专 | 经济管理 | 3 | 96 |
| | 山东省委党校干部业余教育学院 | 专修班 | 经济管理 | 3 | 187 |
| | 辽宁省委党校刊授 | 大专 | 经济管理 | 3 | 176 |
| 1994 | 中央党校函授学院 | 大专 | 经济管理 | 3 | 64 |
| | 山东省委党校干部业余教育学院 | 本科 | 经济管理 | 2.5 | 96 |
| | | 大专 | 农村干部经济管理 | 3 | 178 |
| 1995 | 山东省委党校干部业余教育学院 | 大专 | 经济管理 | 3 | 46 |
| | | 大专 | 农村干部经济管理 | 3 | 89 |
| 1996 | 山东省委党校干部业余教育学院 | 大专 | 经济管理 | 3 | 57 |
| | | 本科 | 经济管理 | 2.5 | 67 |
| 1997 | 山东省委党校干部业余教育学院 | 大专 | 经济管理 | 3 | 65 |
| | | 本科 | 经济管理 | 2.5 | 75 |
| | | 大专 | 农村干部经济管理 | 3 | 50 |
| 1998 | 山东省委党校干部业余教育学院 | 大专 | 经济管理 | 3 | 93 |
| | | 大专 | 农村干部经济管理 | 3 | 14 |
| | 中央党校函授学院 | 大专 | 政法 | 3 | 89 |
| 1999 | 山东省委党校干部业余教育学院 | 大专 | 经济管理 | 3 | 67 |
| | | 大专 | 法律 | 2.5 | 18 |
| | | 本科 | 经济管理 | 2.5 | 97 |
| 2000 | 山东省委党校干部业余教育学院 | 大专 | 经济管理 | 3 | 114 |
| | | 本科 | 经济管理 | 2.5 | 84 |
| | | 本科 | 法律 | 2.5 | 66 |
| 2001 | 山东省委党校干部业余教育学院 | 大专 | 经济管理 | 3 | 127 |
| | | 大专 | 法律 | 3 | 81 |
| | | 本科 | 经济管理 | 3 | 101 |
| 2002 | 山东省委党校干部业余教育学院 | 大专 | 经济管理 | 3 | 85 |
| | | | 法律 | 3 | 30 |
| | | 本科 | 经济管理 | 2.5 | 76 |
| | | | 法律 | 2.5 | 57 |

## 第三节 档案管理

1984年9月，档案局改称档案科，为副科级事业单位，与档案馆合署办公；1985年10月，恢复档案局称谓，列入县政府序列，与档案馆合署办公。1993年11月，撤销县档案局，其行政职能移交县委办公室，县档案馆隶属县委办公室，正科级事业单位。1994年8月，栖霞县档案馆对外挂栖霞县档案局的牌子，隶属县委办公室，档案行政管理职能由县委办公室移交档案局。2001年12月，档案馆对外挂栖霞市档案局的牌子，隶属市委办公室管理，行使行政管理职能。

**馆藏档案** 县（市）档案馆是国家综合档案管理机构，档案来源，主要接收机关具有保存价值的档案；已撤销单位的全部档案和中华人民共和国成立前栖霞县委、县政府各部门的革命历史档案；由省档案馆移交的档案，凡与档案有关的书刊、报纸、文件汇编、统计表等都在收藏范围之内。

1985年，馆藏档案90多个全宗，3万余卷，到2002年，馆存档案数量增大，门类多种多样。有1949年中华人民共和国成立前的历史档案，有中华人民共和国成立后县（市）政府、县（市）直部门、乡镇党委档案及录音、录像、照片档案等。档案131个全宗，44169卷，其中历史档案324卷；资料28460册；音像档案141盘；照片档案1869张；旧印章3977枚；1952年以前全县土地房产证存根；创刊以来的党报、党刊保存齐全。

2002年部分卷宗

馆藏古籍书籍

馆藏《栖霞县志》（光绪五年）

**档案利用** 1985年，档案馆编制不同形式和多种用途的检索工具，制定有关借阅、查询等规章制度，充分发挥档案为社会和经济发展服务的作用。当年利用、阅览档案2600人次，档案借阅4100卷次、资料150余册。

1986年，制作档案编制检索工具，有以全宗为对象的《案卷目录》《卷内文件目录》《文件字号索引》；有以全部档案为对象的《档案存放索引》《全宗名册》《文书档案分类卡》；有以专题为对象的《人名卡片》《机构人员名单索引》《历次政治运动专题人名索引》等。1987年，编写整理20多种参考资料和利用档案典型实例汇编，有200多万字，为系统利用提供方便，当年接待利用者2639人。1990—1995年，编写整理80多种参考资料，接待利用者1.7万人次，借阅档案2.7万卷次。1995—2000年，编制革命历史开发目录3700多条。

1985—2002年，接待利用者共计5万人次，利用档案、资料共计7万卷次（册）。为领导决策、两个文明建设、编史修志、落实政策、民事调解工作提供可靠的依据，充分发挥档案的重要作用。

2002年读者在档案馆查阅档案

**1985—2002年栖霞市档案利用情况统计表**

表18-6

| 年 份 | 利用、阅览档案（人次） | 档案（卷次） | 资料（册） |
|---|---|---|---|
| 1985 | 2600 | 4100 | 150 |
| 1986 | 2655 | 4189 | 220 |
| 1987 | 2639 | 4177 | 268 |
| 1988 | 2688 | 4202 | 303 |
| 1989 | 2701 | 4299 | 342 |
| 1990 | 2767 | 4350 | 358 |
| 1991 | 2805 | 4400 | 360 |
| 1992 | 2745 | 4378 | 427 |
| 1993 | 2833 | 4506 | 467 |
| 1994 | 2856 | 4589 | 501 |
| 1995 | 2848 | 4438 | 525 |
| 1996 | 2769 | 4245 | 651 |
| 1997 | 2878 | 4671 | 589 |
| 1998 | 2937 | 4808 | 450 |
| 1999 | 3060 | 4900 | 553 |
| 2000 | 3128 | 4856 | 456 |
| 2001 | 3202 | 4909 | 567 |
| 2002 | 3269 | 5122 | 679 |

**档案管理** 1985年11月，建设完成总面积1340平方米档案楼，其中库房面积700平方米，整个建筑从设计、施工到装修，均达到档案库馆标准。

库房采取自动记录温湿度，自动控制湿度，达到国家规定标准。1988年，国家《档案法》颁布实施后，坚持依法治档、管档，协同人大、法制办公室每年进行档案执法检查，有计划、分步骤抓好市、镇机关年度文书立卷工作，达到档案整理统一化、标准化、规范化。

1990年，开展褪变档案的复制、破损档案的修裱，到2002年，共复制档案4036页，236万字，修裱档案2292页，将馆藏建国前的324卷革命历史档案全部进行文件级著录，计5452件，并全部输入电脑，实行微机管理。

2002年，规范化目标管理，有7个单位获山东省档案管理一级先进称号，19个单位获山东省档案管理二级先进称号，3个单位获山东省档案管理三级先进称号。

# 第七章 信访工作

信访局的前身是县委办公室信访科和县政府办公室信访科，1986年5月，设立县委信访办公室。1987年，23个乡镇均成立信访领导小组，配备23名信访助理员。1990年，建立县、乡和部门三级信访领导网络，县级有18人组成信访领导小组，23个乡镇和县级部门，成立3～6人不等的信访领导小组。1993年10月，县委信访办公室撤销，设立县委办公室信访室，1994年9月，恢复为县委信访办公室，科级单位，1995年12月，改称栖霞市信访局，受市委、市政府共同领导。

2002年，13个镇、2个街道和经济开发区，均设立信访机构，配备信访干部。

## 第一节 受理人民来信来访

**受理来信** 80年代初期，信件反映的大部分是历史遗留问题，要求解决个人待遇、子女上学、就业、房产归还等。80年代中下期，反映的多是土地改革、农村房屋建设、果业土地分配、从事第三产业经营等方面出现的问题。

1985年，受理人民来信440件，为信件最多的一年，大部分要求解决历史遗留问题。1986年278 件，1987年167 件，1988年110件，1989年109件。

90年代至21世纪初，人民来信反映的大部分是就业、工资待遇、劳动保障、上学、妇女权益、住房、环境污染、经济纠纷、果业合同纠纷等热点问题。这些问题直接关系群众切身利益，有的多次信访，有的越级信访。

1990年，受理人民来信96件，1992年117件，1993年，受理署名信87件，为信件最少的一年，并全部处结。1994年，共受理人民来信127件，比上年增加40件，1995年，全年共受理人民来信206件，1997年，共受理人民来信183件。1999年195件，2002年，全年共受理人民来信147件，越级信占多数。其中，反映村干部、企业负责人问题的占35%，城镇职工、居民要求解决工作、工资、保险、集资、污染、城建侵占住房要求增加补贴的占40% ，其他方面问题占25%左右。

**接待来访** 1985年，接待人民来访 160人次，

1987年，接待人民来访 156人次，1989年，接待人民来访 108人次。其中，集体访5批次。这些来访，主要是20世纪80年代要求落实历史遗留问题，要求解决个人工作和待遇、农村土地承包引起的矛盾、农民住房建设出现的纠纷等。

进入90年代和21世纪，人民来访逐渐增多，集体上访成为新特点。集体访量由1985年的2～3批，增加到2002年的十几批次。

1990年，接待人民来访187人次，其中，集体访7批次，1993年接待人民来访238人次，其中，集体访11批次，1996年，接待人民来访241人次，其中，集体访9批次，1999年，接待人民来访107人次，其中，集体访13批次。重大的集体访多是企业工人失业下岗，要求解决劳动保障、工资待遇等，而农民则反映农村干部经济不纯、住房建设和果业合同纠纷等问题。这些集体访中，企业工人失业下岗，要求解决劳动保障、工资待遇的占年集体访总量的30%左右，反映农村干部经济不纯不明的占25%左右，其他占45%左右。

2002年，由于加大落实力度，积极做好群众工作，来人来访大幅度下降，全年接待人民来访67人次，其中集体访仅有3批次。

## 第二节 来信来访处理

20世纪80年代，是纠正错案、假案和冤案时期，人民来信来访较多。1985年，人民来信440件，当年处结232件。1986年9月，制定《关于处理匿名信的暂行办法》，同时开展一次纪检信访达标大检查。1988年3月，开展信访“三无”（无进京访、无越级访、无重大集体访）活动规划，当年处结人民来信56件。

1990年，县委、县政府建立领导接访、阅信、包案制度，每月下旬第一天由县委书记接访，第二天由县长接访，第三天由县委副书记接访，副县长第四天接访。接访日，由有关部门随同，牵扯到那个部门，由那个部门解决。当年处结来信96 件，处结来访178人次，其中7起集体访全部处结。1993年2月，栖霞县制订《关于信访工作目标管理实施规划》，该规划涉及内容广泛，目标明确，单位落实，责任清晰，对完不成目标的也制定惩罚措施。年末，大部分单位完成既定目标规划，处结来信83件，处结来访223起，清理积案8起，解决群众切身困难112 件。1995年，针对提请上级撤县设市实际，防止上访面扩大，县委、县政府共召开信访、人访专题会议11次，全县性质的稳定工作会议和信访工作会议3次，将大量的矛盾化解在基层，消灭在萌芽状态。全年处结来人来访164起，化解重大集体访3批次。

1998年8月，建立市、乡（镇）领导公开集中接待群众来访制度。对来访问题的处理原则是分级负责，归口办理。市委常委、副市长接访每月中旬一次（1天），乡镇领导接访每月上旬或中旬一次（1天）。当年处结集体访4起，处结4起，这些集体访多是反映村干部独断专横、说一不二和经济来源不明、不纯的，这些来访，人数众多，情绪激动，有的围堵政府办公场所，有的在村口、公路拦截公务用车，影响较大。

1999年以后，面对信访总量增加、越级访增多和信访问题日趋复杂的严峻形势，各级各部门把信访工作列入党委、政府工作的重要日程，加强领导，明确责任，建立健全一系列规章制度。为防止激化矛盾，2000年2月，市委、市政府在全市实行信访双向承诺制度，建立信访承诺报告制度。除坚持领导接访日活动外，在政法系统、信访系统、乡镇系统建立一把手公开接访日活动，实行包案、包人、包事件解决结果，一包到底，切实解决好来人来访事件平息工作。

2001年和2002年，为着力解决人民群众的实际问题，市委、市政府相继制定《关于进一步加强信访工作的决定》《关于进一步加强信访基层基础工作的意见》《领导包案制度》《领导公开集中接访制度》等规章制度。在工作措施上，建立信息报告、信访工作联系点、信访接访立案交办、信访工作目标考核、一票否决等制度，开展争创信访工作“三无”机关、“三无”乡镇、“三无”企业活动，争创文明接待室，建立“调研、督查、回访”制度，密切党群、干群关系。2002年，处结人民来信147件，集体访3批次、处结来人来访67人次。创立文明接待室和文明接待窗口68个，有18人次获得烟台市以上“信访工作先进个人”。

2002年人民法院信访接待现场

# 第十九编
# 政权 政务 政协

1990年4月栖霞县第十一届人民代表大会第一次会议召开

# 第一章 人民代表会议

人民代表大会机构前身是参议会，成立于1939年底，1949年改称各界人民代表会议。1954年7月，栖霞召开首届人民代表会议。1980年12月，成立人民代表大会常务委员会。

1984—2002年，栖霞县九届至十三届人民代表大会共召开会议20次，人大常委会履行重大事项决定、监督、人事任免73项，审议地方条列和视察法律、法规落实130多次，任免国家工作人员1265人次，办理代表建议、批评和意见1084件。

## 第一节 历届人民代表大会

1949年12月10日至1953年9月18日，栖霞县召开了11次各界人民代表会议，1954年7月至1984年5月，召开了9次人民代表会议。1985—2002年，召开了4次人民代表会议。

**栖霞县第九届人民代表大会** 第一次会议 1984年5月21—24日，在栖霞县委礼堂召开。会议确定代表349人，实际出席代表333人，县人民政府及政府各委、办、局的主要负责人和县政协二届一次会议的全体委员38人列席会议。会议期间，代表们听取并审议林长友作的国民经济“六五”计划前三年执行情况和1984年计划安排意见及“七五”规划设想的报告；县财政局作1983年度财政决算和1984年度财政预算执行情况的报告；姜同仁作的人大常务委员会工作报告；战洪春作的人民政府工作报告；县人民法院工作报告；县人民检察院工作报告。代表们一致通过大会决议。

会议选举姜同仁为第九届人民代表大会常务委员会主任，宫德禄、刘丰庆、曲建绪、崔斌、王奎为副主任。选举王大海为人民政府县长，崔大忱、刘洪斌、王春亭为副县长。

**栖霞县第十届人民代表大会** 第一次会议 1987年4月13—17日在栖霞县委礼堂召开。会议应到代表292人，实到代表278人，因事因病请假14人。会议听取并审议代县长于迅作的政府工作报告、县计划委员会主任王守仁作的关于栖霞县1986年国民经济和社会发展计划执行情况及1987年至1988年计划安排意见的报告、县财政局局长于守仁作的关于栖霞县1986年财政决算和1987年财政预算的报告、人大常委会主任姜同仁作的人大常委会工作报告、县人民法院院长衣竞尧作的法院工作报告、县人民检察院检察长张荷仙作的检察院工作报告，并通过相应的决议。

会议选举姜永成为栖霞县第十届人民代表大会常务委员会主任，刘丰庆、刘洪斌、王奎、王守仁为副主任；选举于迅为人民政府县长，崔大忱、王春亭、隋贵廷、牟秋、曲学道为副县长；选举衣竞尧为县人民法院院长，张荷仙为县人民检察院检察长。

第二次会议 1987年12月10—12日在栖霞县委礼堂召开。会议应出席代表296人，因事、因病请假69人，实到代表227人。会议听取县委书记韩向利关于学习十三大文件的辅导报告，听取县长于迅关于答复代表建议、批评和意见的讲话，选举栖霞县出席烟台市第十一届人民代表大会的代表。

第三次会议 1988年4月16—19日在栖霞县委礼堂召开。会议应到代表296人，实到代表257人，因事因病请假39人。会议听取并审议县长于迅作的政府工作报告、县财政局副局长连曰传作的关于栖霞县1987年财政决算和1988年财政预算草案的报告、县计划委员会副主任冯作成作的关于栖霞县1988年国民经济和社会发展计划草案的报告、县人大常委会主任姜永成作的人大常委会工作报告、县人民法院院长衣竞尧作的法院工作报告、县人民检察院检察长张荷仙作的检察院工作报告，并通过关于依法治县等相应决议。会议补选衣竞尧为栖霞县第十届人民代表大会常务委员会副主任，选举牟志南为栖霞县人民法院院长。

第四次会议　1989年4月12—15日，在栖霞县影剧院召开。应到代表293人，实到代表265人，因病因事请假28人。会议听取并审议县长于迅作的政府工作报告、县计划委员会主任冯作成作的关于栖霞县1989年国民经济和社会发展计划草案的报告、县财政局局长于守仁作的关于栖霞县1988年财政决算和1989年财政预算草案的报告、县人大常委会主任姜永成所作的人大常委会工作报告、县人民法院院长牟志南作的法院工作报告、县人民检察院检察长张荷仙作的检察院工作报告，并通过相应的决议。

**栖霞县第十一届人民代表大会**　第一次会议　1990年4月6—8日，在栖霞县影剧院召开。出席会议的代表293人。会议听取并审议县长于迅作的政府工作报告、县计划委员会主任冯作成作的关于栖霞县1989年国民经济和社会发展计划执行情况及1990年计划草案的报告、县财政局局长于守仁作的关于栖霞县1989年财政决算和1990年财政预算草案的报告、县人大常委会主任姜永成作的人大常委会工作报告、县人民法院院长牟志南作的法院工作报告、县人民检察院检察长张荷仙作的检察院工作报告。

会议选举曲建绪为栖霞县第十一届人大常委会主任，刘丰庆、衣竞尧、曲声达、崔常香、杜永献、王奎为副主任。选举于迅为人民政府县长，王春亭、宋振国、王典文、丁德海、宫文全为副县长；选举牟志南为县人民法院院长，张荷仙为县人民检察院检察长。

第二次会议　1991年4月2—4日在栖霞县影剧院召开。会议应到代表319人，实到299人，因事因病请假20人。会议听取并审议代县长吕志海作的关于栖霞县国民经济和社会发展十年规划及“八五”计划报告、县计划委员会主任冯作成作的关于栖霞县1990年国民经济和社会发展计划执行情况及1991年计划草案的报告、县财政局局长于守仁作的关于栖霞县1990年财政决算和1991年财政预算草案的报告、人大常委会主任曲建绪作的人大常委会工作报告、县人民法院院长牟志南作的法院工作报告、县人民检察院检察长张荷仙作的检察院工作报告，并通过相应的决议。会议选举吕志海为人民政府县长。

第三次会议　1992年3月17—20日在栖霞县影剧院召开。出席会议的代表298人。会议听取并审议代县长吴继祥作的政府工作报告、县财政局局长于守仁作的关于栖霞县1991年财政决算和1992年财政预算草案的报告、县计划委员会主任冯作成作的关于栖霞县1991年国民经济和社会发展计划执行情况及1992年计划草案的报告、人大常委会副主任衣竞尧所作的人大常委会工作报告、县人民法院副院长张兆君作的法院工作报告、县人民检察院检察长张荷仙作的检察院工作报告，通过相应的决议。会议选举吴继祥为人民政府县长。

**栖霞县第十二届人民代表大会**　第一次会议　1993年2月9—13日在栖霞县影剧院召开。本次会议应到代表316人，实到304人，因事因病请假12人。会议听取并审议县长吴继祥作的政府工作报告、县计划委员会主任冯作成作的关于栖霞县1992年国民经济和社会发展计划执行情况及1993年计划草案的报告、县财政局局长于守仁作的关于栖霞县1992年财政决算和1993年财政预算草案的报告、县人大常委会副主任曲声达作的人大常委会工作报告、县人民人民法院院长牟志南作的法院工作报告、县人民检察院检察长张荷仙所作

的检察院工作报告，并作出相应的决议。

会议选举慕旭为栖霞县第十二届人民代表大会常务委员会主任，刘丰庆、崔常香、杜永献、柳耀连、范永福、李晋丰为副主任；选举吴继祥为人民政府县长，郑云、宫文全、孙承荣、于旭华、于基明为副县长；选举牟志南为县人民法院院长，崔洪敏为县人民检察院检察长。并选举出50名烟台市人大代表。

第二次会议 1994年3月24—25日在栖霞县影剧院召开。出席会议的代表共297人。会议听取并审议县长吴继祥作的县政府工作报告、县计划委员会主任冯作成作的关于栖霞县1993年国民经济和社会发展计划执行情况及1994年计划草案的报告、县财政局局长于守仁作的关于栖霞县1993年财政决算和1994年财政预算草案的报告、县人大常委会主任慕旭作的人大常委会工作报告、县人民法院院长牟志南作的法院工作报告、县人民检察院检察长崔洪敏作的检察院工作报告，并通过相应的决议。

第三次会议 1995年3月8—11日在栖霞县影剧院召开。出席会议的代表共289人。会议听取并审议代县长林学敏作的县政府工作报告、计划委员会主任冯作成作的关于栖霞县1994年国民经济和社会发展计划执行情况及1995年计划草案的报告、县财政局局长于守仁作的关于栖霞县1994年财政决算和1995年财政预算草案的报告、县人大常委会主任慕旭作的人大常委会工作报告、县人民法院院长牟志南作的法院工作报告、县人民检察院检察长崔洪敏作的检察院工作报告，并通过相应的决议。会议选举林学敏为人民政府县长，补选闫宝章为县人大常委会副主任，程少亭为县人大常委会委员。

第四次会议 1996年3月20—22日在栖霞市影剧院召开。出席会议的代表共278人。会议听取并审议市长林学敏作的关于栖霞市国民经济和社会发展第九个五年计划及2010年远景目标纲要的报告、市计划委员会主任冯作成作的关于栖霞市1995年国民经济和社会发展计划执行情况及1996年计划草案的报告、市财政局局长李国明作的关于栖霞市1995年财政决算和1996年财政预算草案的报告、市人大常委会主任慕旭作的人大常委会工作报告、市人民法院院长牟志南作的法院工作报告、市人民检察院检察长崔洪敏作的检察院工作报告，并作出相应的决议。会议补选宫文全为市人大常委会副主任。

第五次会议 1997年2月26—27日在栖霞市影剧院召开。会议听取并审议市长林学敏作的政府工作报告、市计划委员会主任冯作成作的关于栖霞市1996年国民经济和社会发展计划执行情况及1997年计划草案的报告、市财政局局长李国明作的关于栖霞市1996年财政决算和1997年财政预算草案的报告、市人大常委会主任慕旭作的人大常委会工作报告、市人民法院院长牟志南作的法院工作报告、市人民检察院检察长崔洪敏作的检察院工作报告，并通过相应的决议。

**栖霞市第十三届人民代表大会** 第一次会议 1998年2月5—8日在栖霞市影剧院召开。出席会议的代表共249人。会议听取并审议代市长郑云作的政府工作报告、市计划委员会主任冯作成作的关于栖霞市1997年国民经济和社会发展计划发展计划执行情况及1998年计划草案的报告、市财政局局长李国明作的关于栖霞市1997年财政决算和1998年财政预算草案的报告、市人大常委会主任慕旭作的人大常委会工作报告、市人民法院院长牟志南作的法院工作报告、市人民检察院检察长崔洪敏作的检察院工作报告，并通过相应的决议。

会议选举曲顺民为栖霞市第十三届人民代表大会常务委员会主任，闫宝章、崔常香、柳素莉、李晋丰、宫文全、衣龙祥为副主任；选举郑云为栖霞市人民政府市长，曹礼、丛卫光、李宁、林江、臧奎欣为副市长；选举孙林平为法院院长，刘长安为检察院检察长。

第二次会议 1999年2月2—27日在栖霞市影

剧院召开。会议听取并审议市长郑云作的政府工作报告、市计划委员会主任冯作成作的关于栖霞市1998年国民经济和社会发展计划执行情况及1999年计划草案的报告、市财政局局长李国明作的关于栖霞市1998年财政决算和1999年财政预算草案的报告、市人大常委会主任曲顺民作的人大常委会工作报告、市人民法院院长孙林平作的法院工作报告、市人民检察院检察长刘长安作的检察院工作报告，并通过相应的决议。

第三次会议　2000年1月20—22日在栖霞市影剧院召开。出席会议的代表共236人。会议听取并审议市长郑云作的政府工作报告、市计划委员会主任冯作成作的关于栖霞市1999年国民经济和社会发展计划执行情况及2000年计划草案的报告、市财政局局长李国明作的关于栖霞市1999年财政决算和2000年财政预算草案的报告、市人大常委会主任曲顺民作的人大常委会工作报告、市人民法院院长孙林平作的法院工作报告、市人民检察院检察长刘长安作的检察院工作报告，并通过相应的决议。会议补选张玉江为市人大常委会副主任。

第四次会议　2001年2月10—13日在栖霞市影剧院召开。出席会议的代表共249人。会议听取并审议代市长郭尊东作的关于栖霞市国民经济和社会发展第十个五年计划纲要的报告、市计划委员会主任冯作成作的关于栖霞市2000年国民经济和社会发展计划执行情况及2001年计划草案的报告、市财政局局长李国明作的关于栖霞市2000年财政决算和2001年财政预算草案的报告、市人大常委会主任曲顺民作的人大常委会工作报告、市人民法院院长孙林平作的法院工作报告、市人民检察院检察长刘长安作的检察院工作报告，并通过相应的决议。会议补选郭尊东为栖霞市人民政府市长；补选李国明为市人大常委会副主任，王国谊为市人大常委会委员。

第五次会议　2002年1月23—25日在栖霞市影剧院召开。出席会议的代表共248人。会议听取并审议市长郭尊东作的政府工作报告、市计划委员会主任冯作成作的关于栖霞市2001年国民经济和社会发展计划执行情况及2002年计划草案的报告、市财政局局长姜振斌作的关于栖霞市2001年财政决算和2002年财政预算草案的报告、市人大常委会主任曲顺民作的人大常委会工作报告、市人民法院院长孙林平作的法院工作报告、市人民检察院检察长刘长安作的检察院工作报告，并通过相应的决议。

## 1985—2002年栖霞市人大常委会领导任职情况统计表

表19-1

| 届 次 | 职 务 | 姓 名 | 任 职 时 间 | 籍 贯 |
|---|---|---|---|---|
| 第九届 | 主 任 | 姜同仁 | 1984.05—1987.02 | 栖 霞 |
| | 副主任 | 宫德禄 | 1984.05—1987.02 | 栖 霞 |
| | | 刘丰庆 | 1984.05—1987.02 | 栖 霞 |
| | | 曲建绪 | 1984.05—1987.02 | 牟 平 |
| | | 崔 斌 | 1984.05—1987.02 | 栖 霞 |
| | | 王 奎 | 1984.05—1987.02 | 上 海 |
| 第十届 | 主 任 | 姜永成 | 1987.04—1990.04 | 栖 霞 |
| | 副主任 | 刘丰庆 | 1987.04—1990.04 | 栖 霞 |
| | | 刘洪斌 | 1987.04—1990.04 | 栖 霞 |
| | | 王 奎 | 1987.04—1990.04 | 上 海 |
| | | 王守仁 | 1987.04—1990.04 | 栖 霞 |
| | | 衣竞尧 | 1988.04—1990.04 | 栖 霞 |
| 第十一届 | 主 任 | 曲建绪 | 1990.04—1993.02 | 牟 平 |
| | 副主任 | 刘丰庆 | 1990.04—1993.02 | 栖 霞 |
| | | 王 奎 | 1990.04—1993.02 | 上 海 |
| | | 衣竞尧 | 1990.04—1993.02 | 栖 霞 |
| | | 曲声达 | 1990.04—1993.02 | 蓬 莱 |
| | | 崔常香（女） | 1990.04—1993.02 | 栖 霞 |
| | | 杜永献 | 1990.04—1993.02 | 栖 霞 |
| 第十二届 | 主 任 | 慕 旭 | 1993.02—1998.02 | 栖 霞 |
| | 副主任 | 刘丰庆 | 1993.02—1998.02 | 栖 霞 |
| | | 崔常香（女） | 1993.02—1998.02 | 栖 霞 |
| | | 杜永献 | 1993.02—1998.02 | 栖 霞 |
| | | 柳耀连 | 1993.02—1995.12 | 栖 霞 |
| | | 范永福 | 1993.02—1995.12 | 栖 霞 |
| | | 李晋丰 | 1993.02—1998.02 | 栖 霞 |
| | | 阎宝章 | 1995.01—1998.02 | 栖 霞 |
| | | 宫文全 | 1996.03—1998.02 | 栖 霞 |
| 第十三届 | 主 任 | 曲顺民 | 1998.02—2003.01 | 栖 霞 |
| | 副主任 | 阎宝章 | 1998.02—2001.01 | 栖 霞 |
| | | 崔常香（女） | 1998.02—2001.01 | 栖 霞 |
| | | 柳素莉（女） | 1998.02—2003.01 | 栖 霞 |
| | | 李晋丰 | 1998.02—2003.01 | 栖 霞 |
| | | 宫文全 | 1998.02—2003.01 | 栖 霞 |
| | | 衣龙祥 | 1998.02—2003.01 | 栖 霞 |
| | | 张玉江 | 1999.09—2003.01 | 蓬 莱 |
| | | 李国明 | 2001.01—2003.01 | 栖 霞 |

## 第二节 人大常委会工作

重大事项决定权、监督权、人事任免权是地方人大常委会的法定职权，栖霞县（市）人大常委会认真履行法定职权，努力促进栖霞县经济社会发展和民主法制建设。

**重大事项决定** 十届人大常委会作出决议、决定19项，其中有1987年《关于把“双增双节” 运动不断引向深入的决议》，1988年《关于深入贯彻婚姻法改革婚姻旧习俗的决定》，1989年《关于加强农村财务管理的决议》《关于深入贯彻党的十三届三中全会精神保障建设和改革顺利进行的决议》等。

栖霞县十一届人大常委会作出决议、决定14项，其中有1990年《关于深入开展反贪污贿赂斗争的决议》、1991年《关于在全县公民中进行第二个五年法制宣传教育的决议》《进一步贯彻实施义务教育法的决议》，1992年《关于县城总体规划的决议》《关于小石岭村南石崖山规划为自然保护区和加强牟氏庄园管理的决定》《关于深化流通体制改革的决议》等。

十二届人大常委会作出决议、决定15项，其中有1993年《关于进一步贯彻执行〈国务院关于发展高产优质高效农业的决定〉的决议》《关于深入开展反腐败斗争加强廉政建设的决议》，1995年《关于撤销栖霞县设立栖霞市有关问题的决定》《关于栖霞市公路建设“九五”及2010年规划的决议》，1996年《关于〈栖霞市总体规划修编大纲〉〈栖霞市城市风景风貌规划〉〈栖霞市城市消防规划〉的决议》《关于批准栖霞市科技发展“九五”及2010年远景目标纲要的决定》《关于批准〈栖霞市新一轮城市规划〉的决定》等。

十三届人大常委会作出决议、决定17项，其中有1998年《关于批准市政府变更财政收支预算报告的决定》，1999年《关于批准改革法庭设置的决定》等。

**法律监督** 人大常委会在法律监督中，首先制定年度计划，在审议、视察前认真学习相关法律法规，并加强调查研究，不断提高监督实效。

十届人大常委会于1987年对《中华人民共和国计量法》《中华人民共和国土地管理法》《中华人民共和国食品卫生法》《中华人民共和国药品管理法》《中华人民共和国婚姻法》《中华人民共和国审计工作暂行条例》和《中华人民共和国治安管理处罚条例》等贯彻实施情况进行审议或视察。

1988年，对《中华人民共和国会计法》《中华人民共和国统计法》等贯彻实施情况进行审议或视察，贯彻省人大常委会关于执法大检查的决定，开展以宪法为核心内容的“十法一条例”大检查。

1989年，对《中华人民共和国食品卫生法》《中华人民共和国森林法》《中华人民共和国义务教育法》等贯彻实施情况进行审议或视察。

十一届人大常委会于1990年，对《中华人民共和国环保法》《中华人民共和国水法》《中华人民共和国标准化法》《中华人民共和国行政诉讼法》《中华人民共和国看守所条例》《中华人民共和国计划生育条例》《山东省保护消费者合法权益条例》等贯彻实施情况进行审议或视察。

1991年，对《中华人民共和国矿产资源法》《中华人民共和国义务教育法》《中华人民共和国统计法》《中华人民共和国城市规划法》《中华人民共和国全民所有制工业企业法》《中华人民共和国审计条例》《中华人民共和国道路运输管理条例》《中华人民共和国军人抚恤优待条例》《中华人民共和国种子管理条例》等贯彻实施情况进行审议或视察。

1992年，对《中华人民共和国国务院农民承担费用和劳务管理条例》《山东省农民负担

管理条例》《中华人民共和国企业法》《中华人民共和国土地管理法》《中华人民共和国环保法》《中华人民共和国民事诉讼法》《中华人民共和国计划生育条例》等贯彻实施情况进行审议或视察。

1993年，十二届人大常委会于对《中华人民共和国森林法》《中华人民共和国税收征管法》《中华人民共和国计量法》《中华人民共和国标准化法》《中华人民共和国治安管理处罚条例》等贯彻实施情况进行审议或视察。

1994年，对《中华人民共和国农业法》《中华人民共和国矿山安全法》《中华人民共和国义务教育法》《中华人民共和国统计法》《中华人民共和国水土保持法》《中华人民共和国土地管理法》《中华人民共和国归侨、侨眷权益保护法》《中华人民共和国消费者权益保护法》《中华人民共和国行政诉讼法》等贯彻实施情况进行审议或视察。

1995年，对《中华人民共和国税收征管法》《中华人民共和国教师法》《中华人民共和国水土保持法》《中华人民共和国劳动法》《中华人民共和国科技进步法》《中华人民共和国审计法》《中华人民共和国文物保护法》《中华人民共和国道路交通管理条例》《中华人民共和国计划生育条例》等贯彻实施情况进行审议或视察。

1996年，对《中华人民共和国消费者权益保护法》《中华人民共和国中国人民银行法》《中华人民共和国渔业法》《中华人民共和国体育法》《中华人民共和国药品管理法》《中华人民共和国防汛条例》《中华人民共和国种子条例》《中华人民共和国治安处罚条例》《中华人民共和国人民调解员条例》等贯彻实施情况进行审议或视察。

1997年，对《中华人民共和国农业技术推广法》《中华人民共和国邮政法》《中华人民共和国矿产资源法》《中华人民共和国电力法》《中华人民共和国动物防疫法》《山东省农民负担管理条例》《中华人民共和国计划生育条例》《中华人民共和国农业机械管理条例》《中华人民共和国种子管理条例》《中华人民共和国植物检疫条例》等贯彻实施情况进行审议或视察。

1998年，十三届人大常委会对《中华人民共和国矿山安全法》《中华人民共和国科技进步法》《中华人民共和国土地管理法》《中华人民共和国母婴保健法》《中华人民共和国档案法》《中华人民共和国城市规划法》《中华人民共和国职业教育法》《中华人民共和国律师法》《中华人民共和国公路法》《中华人民共和国消费者权益保护法》《中华人民共和国环保法》《中华人民共和国劳动法》《中华人民共和国农药管理条例》《中华人民共和国防汛条例》《中华人民共和国广播电视管理条例》等贯彻实施情况进行审议或视察。

1999年，对《中华人民共和国农业技术推广法》《中华人民共和国义务教育法》《中华人民共和国水土保持法》《中华人民共和国刑事诉讼法》《中华人民共和国城市规划法》《中华人民共和国食品卫生法》《中华人民共和国村民委员会组织法》《山东省农民负担管理条例》《中华人民共和国生猪屠宰条例》《中华人民共和国农民负担条例》等贯彻实施情况进行审议或视察。

2000年，对《中华人民共和国军人抚恤优待条例》《中华人民共和国宗教场所管理条例》《中华人民共和国森林防火条例》《山东省农业机械管理条例》《中华人民共和国城市供水条例》《中华人民共和国河道管理条例》《中华人民共和国森林资源管理条例》《中华人民共和国气象管理条例》等贯彻实施情况进行审议或视察。

2001年，对《中华人民共和国未成年人保护法》《中华人民共和国消防法》《中华人民共和国种子管理法》《中华人民共和国税收征收管理法》《中华人民共和国消费者权益保护法》《中华人民共和国体育法》《中华人民共和国国家公务员暂行条例》《中华人民共和国水资源管理条例》《中华人民共和国城市规划法》《中华人民共和国盐业管理条例》《中华人民共和国传染病管理条例》等贯彻实施情况进行审议或视察。

2002年，对《中华人民共和国动物防疫法》《中华人民共和国产品质量法》《中华人民共和国工会法》《中华人民共和国商业银行法》《中华人民共和国药品管理法》《中华人民共和国食品卫生法》《中华人民共和国民事诉讼法》《中华人民共和国林地管理条例》等贯彻实施情况进行审议或视察。

**人事任免** 1987年6月，栖霞县十届人大常委会第二次会议审议通过《栖霞县人民代表大会常务委员会人事任免办法》，规范人事任免的范围、程序，当年任免142人。1990年，栖霞县第十一届人民代表大会任免63人。1993年，按照全国人大常委会办公厅《关于县级以上地方各级人大常委会对通过任命的干部发给任命书的通知》要求，开始发放任命书，当年发放任命书109份。

2000年2月，栖霞市十三届人大常委会第十五次会议作出《关于修改〈栖霞市人民代表大会常务委员会人事任免办法〉的决定》，进一步规范人事任免工作，并开始实行任前公示制度，当年任免14人。2002年，任免91人。

### 1987—2002年栖霞市人大常委会任免干部情况统计表

表19-2

| 届次 | 年份 | 任免人数 | 届次 | 年份 | 任免人数 |
|---|---|---|---|---|---|
| 十届 | 1987 | 142 | 十二届 | 1995 | 34 |
| | 1988 | 53 | | 1996 | 87 |
| | 1989 | 41 | | 1997 | 83 |
| 十一届 | 1990 | 63 | 十三届 | 1998 | 89 |
| | 1991 | 84 | | 1999 | 27 |
| | 1992 | 55 | | 2000 | 14 |
| | 1993 | 109 | | 2001 | 123 |
| | 1994 | 44 | | 2002 | 91 |

**代表评议工作** 栖霞县（市）人大常委会高度重视代表工作，每年都通过召开座谈会、走访代表等形式加强与代表的联系沟通，征求代表的意见建议。每次换届后，都及时组建代表小组，组织代表学习和参加有关活动。

代表评议始于20世纪90年代。1991年，评议卫生、防疫、粮食、交通、房管等10个与群众生活密切相关的部门和单位。1992年，针对

公安局、检察院、法院、司法局、工商局、税务局以及其他有关执法部门的执法工作情况，对13个部门和单位进行评议。1994年，单独评议公安局、检察院和法院3个部门。1996年，为加强对行业管理，强化人大监督机制，对市政府14个序列部门进行综合评议，通过打分的形式，排列名次。1999年，评议公检法3个部门，2000年，评议土地局等5个部门。2001年，针对市场管理、税费征收等，对工商、国税、地税等10个垂直部门进行评议，评议内容主要是工作业绩、执法情况、队伍建设情况和群众反映。2002年，评议20个政府序列部门，评议内容达10余项，排名后位的要求限期整改。

**代表议案工作** 历届人民代表议案，均由议案审查委员会审查立案，并向大会作议案审查报告。每次人代会后，都会同县(市)政府把代表建议转交有关部门，限期办理，每年都召开人大常委会会议，听取县(市)政府关于代表建议办理工作情况的汇报，代表建议能够按期办理并答复代表。1987—1989年，第十届人民代表大会共收到代表建议、批评和意见共计166件，办结166件。代表建议、批评和意见，主要反映的是工业企业集资、群众负担过重、教育经费提出与管理、环境污染等群众普遍关心的问题。1990—1994年，第十一届人民代表大会共收到代表建议、批评和意见共计203件，全部办结。代表建议、批评和意见，主要反映的是乡镇企业资源浪费、环境污染、农业投入、矿产资源保护、加大工业企业投资、招商引资等。1995—1997年，第十二届人民代表大会共收到代表建议、批评和意见共计109件，办结109件。代表建议、批评和意见，主要反映的是农业税、特产税征收、社会治安管理、娱乐市场清理整顿、学生就读、职工住房等。1998—2002年，第十三届人民代表大会共收到代表建议、批评和意见共计360件，全部办理结束，办理质量和速度都有较大提高。代表建议、批评和意见，主要反映的是科技投入、环境治理、水资源保护、工业、商业发展政策制定、招商引资奖励、林业开发与森林保护等。

### 1987—2002年栖霞市人民代表建议情况统计表

表19-3

| 届次 | 年份 | 建议件数 | 届次 | 年份 | 建议件数 |
|---|---|---|---|---|---|
| 十届 | 1987 | 110 | 十二届 | 1995 | 20 |
| | 1988 | 37 | | 1996 | 41 |
| | 1989 | 19 | | 1997 | 48 |
| 十一届 | 1990 | 42 | 十三届 | 1998 | 64 |
| | 1991 | 51 | | 1999 | 45 |
| | 1992 | 43 | | 2000 | 55 |
| | 1993 | 42 | | 2001 | 68 |
| | 1994 | 25 | | 2002 | 128 |

# 第二章 地方人民政府

1985—2002年，栖霞第九届、第十届、第十一届、第十二届、第十三届县（市）政府组成人员多有变动，王大海、韩向利、于迅、吕志海、吴继祥、林学敏、郑云、郭尊东、孙业宝先后担任县（市）长。

### 1984—2002年栖霞人民政府领导任职情况统计表

表19-4

| 届 次 | 职 务 | 姓 名 | 任 职 时 间 | 籍 贯 |
|---|---|---|---|---|
| 第九届 | 县 长 | 王大海 | 1984.05—1984.11 | 招 远 |
| | | 韩向利 | 1984.11—1987.02 | 栖 霞 |
| | 副县长 | 崔大忱 | 1984.11—1987.04 | 蓬 莱 |
| | | 刘洪斌 | 1984.11—1987.04 | 栖 霞 |
| | | 王春亭 | 1984.11—1987.04 | 招 远 |
| | | 隋贵廷 | 1986.09—1987.09 | 招 远 |
| 第十届 | 县 长 | 韩向利 | 1984.11—1987.02 | 栖 霞 |
| | | 于 迅 | 1987.04—1990.04 | 牟 平 |
| | 副县长 | 崔大忱 | 1987.04—1989.02 | 蓬 莱 |
| | | 王春亭 | 1987.04—1990.04 | 招 远 |
| | | 牟 秋 | 1987.04—1989.12 | 栖 霞 |
| | | 曲学道 | 1987.04—1989.12 | 栖 霞 |
| | | 丁德海 | 1987.04—1990.04 | 栖 霞 |
| | | 隋贵廷 | 1987.11—1989.9 | 招 远 |
| | | 隋文增 | 1988.06—1990.04 | 文 登 |
| | | 王培山 | 1989.12—1990.04 | 海 阳 |
| | | 王典文 | 1989.12—1990.04 | 福 山 |
| | | 宋振国 | 1989.12—1990.04 | 牟 平 |
| 第十一届 | 县 长 | 于 迅 | 1990.04—1990.12 | 牟 平 |
| | | 吕志海 | 1991.04—1991.09 | 蓬 莱 |
| | | 吴继祥 | 1991.09—1993.02 | 莱 州 |
| | 副县长 | 王春亭 | 1990.04—1991.03 | 招 远 |
| | | 宋振国 | 1990.04—1991.01 | 牟 平 |
| | | 王典文 | 1990.04—1991.01 | 福 山 |
| | | 丁德海 | 1990.04—1991.09 | 栖 霞 |
| | | 隋文增 | 1990.04—1990.09 | 文 登 |

续表19-4

| 届次 | 职务 | 姓名 | 任职时间 | 籍贯 |
|---|---|---|---|---|
| 第十一届 | 副县长 | 宫文全 | 1990.04—1993.02 | 栖霞 |
| | | 吕志海 | 1990.12—1991.04 | 蓬莱 |
| | | 葛枫安 | 1991.03—1992.12 | 荣成 |
| | | 孙承荣 | 1991.03—1993.02 | 龙口 |
| | | 吴继祥 | 1991.09—1992.03 | 莱州 |
| | | 林学敏 | 1991.09—1992.11 | 莱西 |
| | | 王玉枝（女） | 1992.08—1993.02 | 河北 |
| | | 郑云 | 1992.11—1993.02 | 海阳 |
| | | 于旭华 | 1992.11—1993.02 | 招远 |
| | | 于基明 | 1992.11—1993.02 | 牟平 |
| 第十二届 | 县长 | 吴继祥 | 1993.02—1994.09 | 莱州 |
| | | 林学敏 | 1994.09—1997.12 | 栖霞 |
| | | 郑云 | 1997.12—1998.02 | 海阳 |
| | 副县长 | 郑云 | 1993.02—1997.12 | 海阳 |
| | | 宫文全 | 1993.02—1995.12 | 栖霞 |
| | | 孙承荣 | 1993.02—1995.12 | 龙口 |
| | | 于旭华 | 1993.02—1995.12 | 招远 |
| | | 于基明 | 1993.02—1995.12 | 牟平 |
| | | 王玉枝（女） | 1993.02—1994.10 | 河北 |
| | | 翟桂福 | 1993.05—1995.01 | 栖霞 |
| | | 徐承舜 | 1993.05—1994.10 | 文登 |
| | | 韩陆平 | 1993.05—1994.10 | 文登 |
| | | 林学敏 | 1994.09—1995.03 | 莱西 |
| | | 曹礼 | 1995.01—1995.12 | 莱州 |
| | | 刘曙光 | 1995.04—1995.12 | 文登 |
| | | 张义海 | 1995.04—1995.12 | 文登 |
| | | 衣玉祥 | 1995.12—1997.12 | 栖霞 |
| | | 丛卫光 | 1995.12—1998.02 | 海阳 |
| | | 李宁（女） | 1997.12—1998.02 | 莱阳 |
| | | 林江 | 1997.12—1998.02 | 福山 |
| | | 臧奎欣 | 1997.12—1998.02 | 海阳 |
| | 县长助理 | 翟桂福 | 1993.02—1993.05 | 栖霞 |
| | | 衣玉祥 | 1993.11—1995.12 | 栖霞 |

续表19-4

| 届次 | 职务 | 姓名 | 任职时间 | 籍贯 |
|---|---|---|---|---|
| 第十三届 | 市长 | 郑云 | 1998.02—2000.12 | 海阳 |
| | | 郭尊东 | 2000.12—2002.12 | 莱西 |
| | | 孙业宝 | 2002.12—2003.01 | 安徽 |
| | 副市长 | 曹礼 | 1998.02—2001.01 | 莱州 |
| | | 丛卫光 | 1998.02—2001.01 | 海阳 |
| | | 李宁（女） | 1998.02—2001.01 | 莱阳 |
| | | 林江 | 1998.02—2003.01 | 福山 |
| | | 臧奎欣 | 1998.02—2002.12 | 海阳 |
| | | 李丰广 | 1998.09—2001.01 | 牟平 |
| | | 林乐杰 | 1998.09—2000.12 | 文登 |
| | | 杨君亭 | 2000.01—2003.01 | 招远 |
| | | 邢顺峰 | 2000.07—2002.05 | 昌邑 |
| | | 宫权 | 2001.01—2001.05 | 乳山 |
| | | 吕春松 | 2001.01—2003.01 | 海阳 |
| | | 刘洪光 | 2001.01—2003.01 | 江苏 |
| | | 于培超 | 2001.08—2003.01 | 龙口 |
| | | 孙业宝 | 2002.12—2003.01 | 安徽 |
| | | 姚秀霞（女） | 2002.12—2003.01 | 招远 |
| | | 周俊 | 2002.12—2003.01 | 江苏 |
| | 市长助理 | 徐学军 | 1999.06—2003.01 | 栖霞 |
| | | 李春燕 | 2000.07—2000.12 | 西安 |
| | | 田长青 | 2000.11—2003.01 | 莱西 |

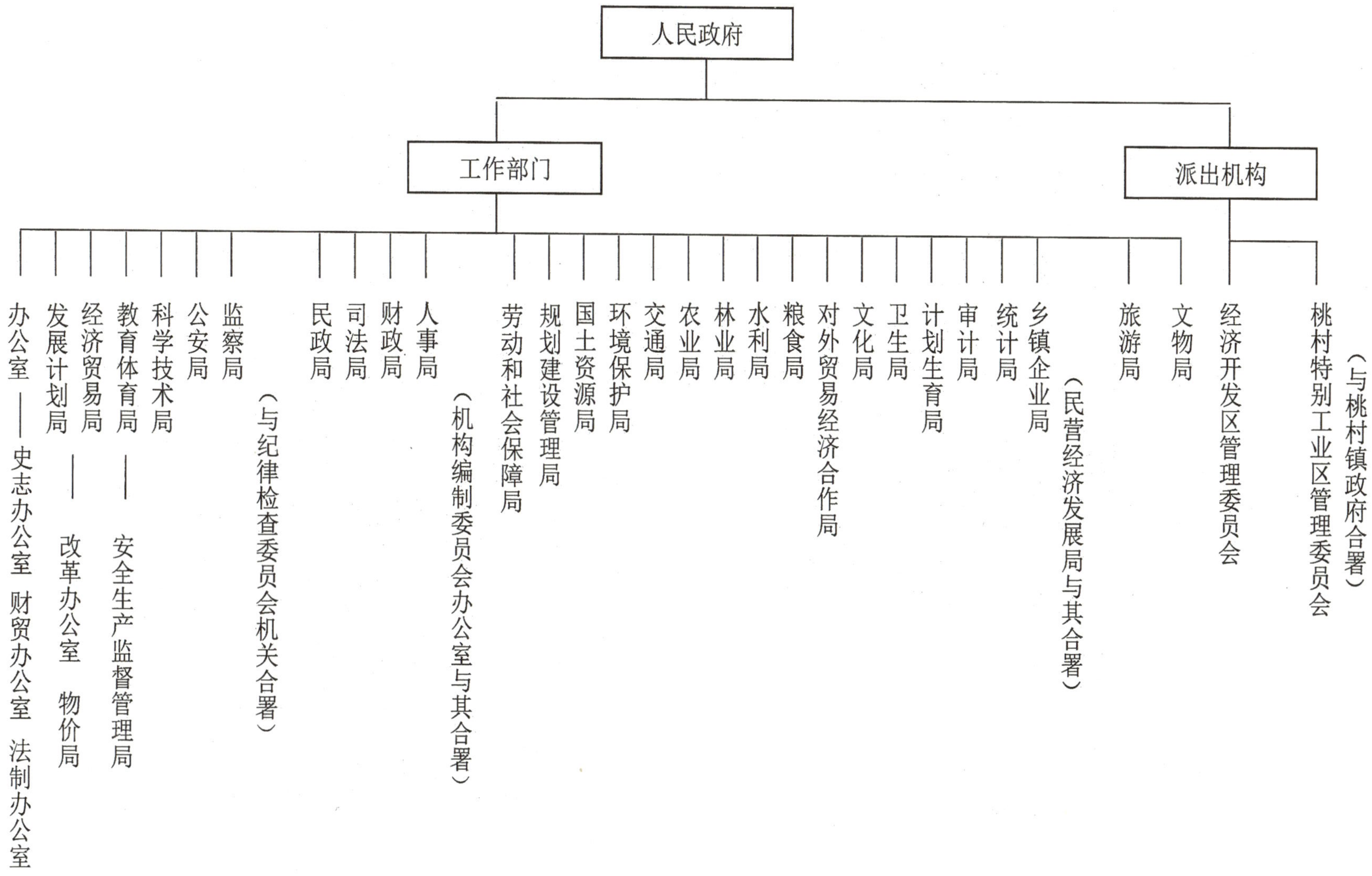


2002年栖霞市人民政府工作机构设置示意图

## 第一节 工作机构

1967年3月，成立栖霞县革命委员会，1980年撤销革命委员会，恢复栖霞县人民政府。

1985年，县政府设立政府办公室、民政局、公安局、司法局、人事局、档案局、计委、劳动局、统计局、物价局、经委、工业局、二轻局、化工局、纺织局、乡镇企业局、交通局、电业局、城乡建设环境保护委员会、财政局、税务局、审计局、粮食局、商业局、县联社、工商局、外贸局、物资局、农牧局，林业局、水利局、水产局、农机总站、气象站、广播电视局、卫生局、计生委、县志办、职教办、科委、侨办、邮电局。

1993年，县级党政机构改革时，政府工作部门调整为，政府办公室、经委、内贸委员会、农业委员会、计划委员会、城乡建设委员会、计划生育委员会、公安局、国家安全局、司法局、监察局、民政局、人事局、劳动局、财政局、水利局、卫生局、审计局、工商局、土地管理局、环保局、技术监督局、乡镇企业局、统计局。

2001年，栖霞市市级党政机构改革时，市政府工作机构有，政府办公室（内设法制办公室）、财政局（内设国有资产管理局）、人事局、监察局、劳动和社会保障局、农业局、林业局、水利局、粮食局、公安局、司法局、环保局、民政局、文化局、旅游局、卫生局、统计局、审计局、经贸局（内设贸易局、乡镇企业管理局、安全生产监督管理局）、计生局、发展计划局（内设物价局）、外经贸局、规划建设管理局、交通局、科技局、国土资源局、教育体育局。至2002年4月，设立行政审批中心、文物事业管理局。

政府派出机构为栖霞经济开发区管理委员会、桃村特别工业区管理委员会（与桃村镇人民政府合署）。

## 第二节 政府工作会议制度

1988年8月，栖霞县人民政府印发《栖霞县人民政府关于县政府会议制度和领导同志工作制度的规定》，对县政府会议制度和领导同志工作制度作出规定。

栖霞县政府实行全体会议、常务会议、县长办公会议和专题会议制度。

县政府全体会议，每年召开1～2次，由县长、副县长和政府序列部门负责人组成，会议由县长或县长委托常务副县长负责召集和主持。县政府全体会议的内容主要是传达上级指示和县委、县人大的重要决议；通报重要情况；研究部署一年或半年的政府工作；讨论需要由县政府全体会议决定的其他事项。

县政府常务会议，由县长、副县长组成，县长或常务副县长召集和主持。县政府办公室正、副主任列席会议，部门的负责人可列席有关问题的讨论。县政府常务会议的内容，主要是研究、贯彻上级党委、政府的路线、方针、政策、指示及县委、县人大及其常委会的决定和决议；听取各副县长和县政府部门的重要工作汇报；审定向上级和县委、县人大及其常委会的重要报告；制定县政府一个时期的工作计划，讨论县政府工作报告和县长的重要讲话稿；审议关系国民经济和社会发展的重大问题及其长远规划、年度计划、财政预决算等，研究制定重大改革方案和措施；制定县政府职权范围的重要法规和政策规定；研究处理县政府有关部门和乡镇报请解决的重要问题；讨论城区建设规划、重要机构设置以及重大工程项目安排意见；讨论需要由县政府决定的国家工作人员的任免和奖惩；讨论需由县政府常务会议决定的其他事项。

县长办公会议，由县长或常务副县长负责

召集和主持，所研究问题有关的副县长、县政府办公室正副主任及部门的负责人参加。主要研究落实县政府常务会议决定的一些事项和研究处理县政府日常工作中的一些问题。

县政府专题会议，分别由县长、副县长召集，或委托县政府办公室主任、副主任召集，研究处理各自分管的工作和其他需要协调落实的问题。

2001年5月，栖霞市政府印发《市政府工作规则》，对市长、副市长的职责，会议制度、行文制度、请求报告制度、廉洁勤政制度和宣传报道制度做出规定。

市政府全体会议。由市长、副市长、市政府办公室主任和市政府序列的各委（办）局主任、局长组成，由市长召集和主持。必要时召开扩大会议，吸收镇长、街道办事处主任、市以上与市双重领导部门的负责人参加。总结和部署市政府一个时期的工作时，邀请市委有关部门、市人大和市政协专门委员会以及群众团体的负责人列席。市政府全体会议一般每年召开一次。

市政府常务会议。由市长、副市长和市政府办公室主任组成，由市长或市长委托常务副市长召集和主持。市政府办公室副主任列席会议。市政府部门负责人列席有关问题的讨论。必要时邀请市人大、市政协领导列席会议。

市长办公会议。由市长、副市长组成。市政府办公室主任列席会议。必要时请有关部门负责人列席有关问题的讨论。由市长或市长委托常务副市长召集和主持。

市政府专题会议。由市长、副市长或由市长、副市长委托市政府办公室主任、副主任召开，研究协调市政府工作中的一些专门问题，处理具体业务工作。

## 第三节 政府决策

1985年6月，县政府作出《关于加强果树苗木管理的通知》，对专业户（组）的育苗工作登记造册，进行技术指导。

1987年3月，县政府制定《关于龙门口水库水源保护的暂行规定》。旨在防止龙门口水库水源污染，保护人民群众身体健康，合理利用水源。该规定共4章16条，对水源保护机构的职责、水质保护标准与原则、水源保护范围、奖励与惩罚等作出明确规定。

1989年2月，县政府制定《企业资产有偿转让办法》和《企业股份制办法》，完善和发展承包经营责任制，建立健全企业竞争机制、风险机制和自我约束机制；制定优惠政策，开办特区企业；按照产权有偿转让原则，积极稳妥地推行企业兼并，加快生产要素流动，重点扶持和培育企业集团；有计划、有领导地稳步试行股份制，选择部分工商企业进行拍卖试点；搞好企业内部配套改革，进一步启动企业活力。

1989年5月，县政府第十次常务会议通过《栖霞县水资源管理实施办法》，6月，栖霞县人民政府第2号令公布。该办法共8章34条，自1989年7月1日起施行。栖政发《栖霞县水资源管理试行办法》同时废止。

1989年8月，县政府制定《关于复垦宜耕土地的若干规定》和《栖霞县农业发展基金征集使用管理试行办法》。对各级复垦宜耕土地的，从农业发展基金中给予适当经济补助，每复垦1亩土地补助100～200元，三年内免征农业税。用地单位在申请用地的同时，必须制定复垦措施，并向土地管理部门每亩缴纳1000～1500元的押金，逾期不复垦的，除没收押金外，并按每亩每年200～1000元处以罚款。

农业发展基金实行县、乡（镇）和村三

级管理体制，按照“增强农业发展后劲，重点支持粮油生产”的原则安排使用，主要投向粮食的提价补贴和增产粮油的奖励、农田水利建设、土壤改良和土地复垦、农业技术推广、农业综合开发资金配套、农副产品基地建设，由财政部门为主管理。

1989年11月，县政府第十四次常务会议通过《栖霞县农林特产税征收管理暂行办法》。从是年起全面开征农林特产农业税。该办法对农林特产农业税的纳税人、征收范围、计税收入的核定、适用税率、减免税范围、具体的征收和管理等作出明确规定。

1990年3月，县政府作出在全县范围内开展社会主义劳动竞赛的决定。竞赛范围与内容是，23个乡镇之间，赛粮食生产，比丰产效果；赛花生生产，比增长幅度；赛果业开发，比果品产量、质量和经济效益；赛资源开发与利用，比多种经营收入；赛乡村企业增产增收，比完成产值和实现利润、赛出口创汇，比出口产值的增长速度和增加的绝对值、赛经济效益，比利润增长和绝对值的增加等。7月，栖霞县第十一届人民政府第三次常务会议通过《栖霞县收费管理暂行办法》，该暂行办法旨在加强收费管理，制止乱收费现象，维护国家利益，保护企事业单位和公民的合法权益。包括定费原则、定费权限、管理监督、奖励与处罚等。8月，栖霞县第十一届人民政府第四次常务会议通过《栖霞县房产交易市场管理暂行办法》。该暂行办法旨在加强房产交易市场的管理，保护房屋买卖、租赁双方的合法权益。包括房产交易、交易价格与管理费用、租赁、房屋互换、处罚等。10月，县政府制定《栖霞县乡村企业承包经营责任制实施办法》。该办法包括承包经营合同、承包经营指标、分配与考核、对遗留问题的处理、承包经营合同双方的权利和义务等，适用于实行第二轮承包经营的乡村企业。

1990年12月，栖霞县第十一届人民政府第五次常务会议通过《关于设立教育奖励基金的规定》，对奖励范围、获奖条件、奖励等级、颁奖办法等作出明确规定。

1991年3月，县政府作出《科技兴县决定》。规定科技兴农、科技兴工、科技兴社会的具体内容与科技兴县的政策与措施，以不断提高经济效益、社会效益、环境生态效益，促进栖霞全面发展和振兴。

1991年5月，县政府制定《栖霞县基本农田保护区管理暂行规定》。旨在加强基本农田保护区的管理，切实保护耕地，稳定全县农田面积，增加农业发展后劲，保证全县人民基本生活的需求。

1991年6月，县政府制定《栖霞县加强工业企业质量管理的有关规定》，全面推动全县的质量管理工作，增强企业素质，提高经济效益，保证全县国民经济长期、持续、协调地发展。

1991年8月，县政府制定《关于严格执行财经纪律的有关规定》，制止一切乱摊乱列成本费用、隐瞒截留应上交利润和其他收入的行为，制止一切虚报浮夸行为，严禁以任何形式滥发钱物，严格执行国家关于控制社会集团购买力的规定，制止违控滥购小汽车现象。罚没收入必须按规定及时解交财政，不得搞账外账，私设“小金库”，严禁挪用流动资金和其他专用资金搞基本建设或购置固定资产，严格执行会计核算制度，加强往来款项的控制，严格按国家的财经法规提取企业的工资基金和其他各项基金。

1992年7月，县政府制定《栖霞县鼓励外商投资的优惠政策》，旨在吸引更多外资，引进先进技术，提高产品质量和出口创汇能力，振兴栖霞经济。《栖霞县鼓励外商投资的优惠政策》对外商投资方向和重点、土地开发政策、税收优惠政策、奖励政策等作了明确规定。

1992年8月，县政府第十八次常务会议通过《栖霞县抚恤优待烈属军属和伤残军人的若干规定》，栖霞县人民政府第17号令公布。对国家和社会保障烈属、军属和伤残军人优抚给予政策确定。9月，栖霞县作出《关于筹集重点企业建设资金的决定》，党政机关、企事业干部职工筹资750万元，向社会筹资750万元，三年内还本付息。县政府统一组织、经委牵头、财政担保。10月，县政府制定《栖霞县科学技术进步奖励办法》。设立栖霞县科学技术进步奖评审委员会，负责栖霞县科学技术进步奖的评定、批准和授予工作。奖励分三等：一等奖600元，二等奖400元，三等奖200元，奖金由县财政经费中支付。

11月，县政府制定《关于鼓励发展个体私营经济的若干规定》。旨在进一步鼓励发展个体私营经济，繁荣城乡市场，方便群众生活，促进全县经济发展。该规定对从事个体私营经济的人员范围、经营范围、生产经营方式、优惠政策等作出明确阐述和规定。

1993年2月，县政府制定《关于加快实施九年制义务教育的意见》。到1992年底，全县已全面实现初等义务教育，栖霞镇、中桥、蛇窝泊、庙后、苏家店等乡镇实现初级中等义务教育，成为全县首批实现九年义务教育单位。根据省、市政府的要求，1993年所有乡镇全部实现初级中等义务教育。民办教师工资月均120元，学生平均公用经费小学33元，初中65元。4月，县政府发出《关于清理整顿农民负担问题的通知》。要求集中一个月的时间，在全县范围内开展清理与农民负担有关文件、负担项目（包括统筹、集资、收费、罚款、摊派）、各项提留和承包费、义务工、劳动积累工的数量及以资代劳款项，坚决废止各种不合理的农民负担，切实保护农民的切身利益。清理整顿从4月26日开始，至5月15日结束。5月，县政府制定《栖霞县推行农村股份合作制的实施意见》。旨在深化农村经济改革，加快农村股份合作制推进步伐，增强农村经济活力。其模式包括多方入股、直接组建、老厂做东、吸收新股、出售产权、卖老建新、卖分结合、量化到人、个体私营企业扩张等。9月，栖霞县第十二届人民政府第七次常务会议通过《栖霞县农民负担管理办法》，栖霞县人民政府第2号令公布。旨在减轻农民负担，维护农民的合法利益，调动农民的生产积极性，促进农村经济持续稳定发展。村提留和乡（镇）统筹费的人均负担比例，以乡（镇）为单位，应控制在上年农民人均纯收入的5%以内。村提留和乡（镇）统筹费各占2.5%。农村每个劳动力每年承担义务工5～10个、劳动积累工10～20个，除个人自愿外，不得强行以资代劳。

1993年9月，县政府制定《栖霞县黄金生产管理暂行规定》。县矿产资源管理局主管全县范围内黄金矿产资源的勘查、开采与保护工作，负责矿产资源管理法规的实施和监督检查。黄金工业局是全县行业生产主管部门。黄金生产实行统一规划，行业管理，走“分散采、定点收、集中选、国家炼”的路子。组建县黄金稽查大队，负责查处违法选冶黄金、黄金走私等案件。严禁无证采矿，严禁黄金生产单位将金矿石销往外地或个体土法选冶点，严禁个体采金，严禁利用土机磨、土汞碾等工具私自选冶黄金，严禁氰化提金。

1994年3月，县政府制定《关于县属企业出售产权的暂行办法》。对出售企业的范围、购买对象、出售企业产权的审批、出售企业产权的形式与价格、购买企业的资金的来源及付款方式、出售收入的管理、出售企业职工安置等作了明确规定。县属企业的产权（全民企业、集体企业）原则上都可以出售（国家禁止出售的除外）。可以整体出售，也可以部分出售。凡具备一定的经营能力和资金的国外客商，国内集体、个人均可购买。

1996年8月，市政府制订《栖霞市国民经济和社会发展第九个五年计划及2010年远景目标纲要》。明确提出“九五”及后十年全市和社会发展的任务目标、发展重点及主要措施。

1999年8月，市政府制定《栖霞市引进高层次人才暂行规定》，对高层次人才的标准、流动形式、工作安排、工资福利待遇、创办企业等作了政策规定，以吸引高层次人才到栖霞建功立业。

2000年1月，市政府制定《栖霞市加强集团单位购置非生产性小汽车审批管理暂行规定》。集团单位申请购置非生产性小汽车必须符合规定条件、办理审批手续，公开招标，统一采购。

2000年10月，市政府制定《关于进一步深化城镇住房制度改革的实施方案》。自1998年10月，改住房福利性实物分配方式为工资性货币分配方式，按职工工资的一定基数发放住房补贴，按职工工龄给予住房资金补偿，不断完善住房公积金制度。

2001年7月，市政府制定《关于进一步优化经济发展环境意见》。提出优化经济发展环境的工作目标，依法规范行政和司法行为，努力创造一流的经济发展环境。

2002年6月，市政府制定《栖霞市个人住房公积金贷款管理暂行办法》。旨在推进全市住房制度改革，支持职工个人购买自用住房，加快住房商品化进程，不断规范职工住房公积金贷款业务，维护借贷双方的合法权益。《办法》对贷款对象和条件、贷款额度期限和利率、贷款的程序、职工个人住房组合贷款、贷款的偿还、贷款担保和保险、贷款合同的变更和终止、违约与处置作出明确规定。

2002年7月，市政府制定《栖霞市农村税费改革（试点）实施方案》。按照“规范、减轻、稳定、发展”的要求，全面理顺农村分配关系，规范农村税费制度，减轻农民负担，确保农村社会稳定，推动全市农业产业结构调整，促进农村社会生产力和农村经济持续健康发展。农村税费改革的主要内容，概括为“三取消、两调整、一改革”。即取消镇（街道）统筹费、农村教育集资等专门面向农民征收的行政事业性收费和政府性基金、集资，取消屠宰税，逐步取消统一规定的劳动积累工和义务工，调整农业税政策，调整农业特产税政策，改革村提留征收使用办法。

## 第四节 政府日常事务处理

1945年，栖霞县政府设秘书处，1947年8月，改称秘书室，1956年4月，改称政府办公室。1988年6月，设立法制办公室，2001年，隶属政府办公室管理。2002年4月，史志办公室从市委党史研究室析出，隶属政府办公室管理。

20世纪80年代初，政府办公室仅有行政科和秘书科，中期增加信息科。90年代以后，秘书科改为综合科，除行政科、信息科外，增加外事侨务科、体改科、宗教科、调研科、督查科（督查科内设市长公开电话）。进入21世纪后，又增加文管科。

政府办公室行政科负责办公室日常值班、保卫、后勤服务和县（市）政府车辆管理工作，负责政府重要会议、重要活动的行政服务工作以及上级领导及外省、市、县政府负责人到栖霞县（市）的接待服务工作。

信息科负责全市经济和社会发展重要信息及国内外重要经济动态的收集、整理、报送工作。秘书科（综合科）主要为县（市）长的政务活动提供服务，组织起草重要文稿，完成县（市）长交办的工作任务。调研科负责政府系统重大问题调查研究工作，组织、考核有关调研活动，参与有关重要事件和应急事项的协调、调查与处理。

督查科负责县（市）政府重要工作会议决

定事项、重要文件、领导批示的督办工作，人大代表议案、政协委员提案及人大、政协建议、意见的督办落实工作，兼办市长公开电话有关事项。负责答复、解释和协调解决群众通过电话向市政府反映的问题、提出的意见和建议。

文管科负责以市政府名义发出文电的审核、送签和制发，负责文电收发、机要保密、印鉴管理、档案资料等工作。

## 第五节 地方史志

1982年6月29日，栖霞县党史资料征集、地方史志编纂委员会成立，下设办公室。1984年2月1日，成立县党史办公室（设在县委党校），股级事业单位；1984年5月19日，撤销原党史办公室，成立党史资料征集研究委员会，同时成立县志办公室，归政府办公室领导；1993年11月，撤销县委党史委、县志办公室，成立栖霞县史志办公室。设主任1名，副主任2名，在编人员10人。1997年3月，撤销史志办公室，其中8人成建制合并到县委党校，改称党史资料办公室。1997年11月，成立栖霞市委党史研究室、栖霞市史志办公室，均为科级事业单位，合署办公。2002年4月21日，史志办公室从市委党史研究室析出，设立栖霞市地方史志编纂办公室，副科级事业单位。

1960年编纂的《栖霞县志》（手抄本）

**地方志编纂** 《栖霞县志（1960年）》，整理出五册手抄本，未定稿印刷，现存市档案馆。编修人员：刘荣堂、林天有、马志敏、林洪杰、李元章、王戒轻、牟来公、王德奎、李世琪、鲁桂芝。主编：王德奎，主审：刘荣堂。

《栖霞县志（1840—1985）》由栖霞县志办公室编纂。该志上限为1840年、下限为1985年。全书分建置、自然地理、人口、农业、林业、果业、水利、工业、商业、工商管理、财税、金融、交通邮电、城乡建设、党派群团、政权政协、军事、民政、政法、人事劳动、文化体育、教育、医药卫生、科技、民俗、人物等26编、111章、441节，共99.4万字。1990年10月，山东人民出版社出版，印数4000册。1993年获全国地方志书一等奖。

1990年出版的《栖霞县志》

《栖霞市志（1985—1999）》由党史研究室（与史志办公室合署）编纂。该志系1990年出版的《栖霞县志》之续志，上限1985年，下限为1999年，共设33编，74万字。该志2000年开始编写，2001年10月，未经上级人民政府和业务部门审查，擅自出版发行。2002年3月被烟台市人民政府查封。

2002年4月，栖霞市地方史志办公室从党史研究室析出后续修《栖霞县志》，因1995年撤县设市而定名为《栖霞市志》。上限1985

年，适当追溯至1978年，下限为2002年，大事记下延。

被查封的2000年版《栖霞市志》

**部门史志编纂** 《栖霞县城乡建设志（1840—1985）》 栖霞县城乡建设委员会编。全书分大事记、自然地理、建制区划人口、机构、县城规划、县城建设、县城公用事业、村镇建设、建筑施工、企业与职工、环境保护、风景名胜、人物、附录，共计13万字。附图29幅、照片102幅。1985年4月始编，1988年10月出版。

《栖霞县民政志（1840—1985）》 栖霞县民政局编。全书插页20，文分概述、大事记、县行政区划、民政机构沿革、参军支前、优抚、复员退伍安置、烈士褒扬、救灾与救济、婚姻登记、殡葬改革、民政信访、民政事业费的管理与使用等。1985年5月始编，1989年7月出版，16开本。

1989年出版的《栖霞县民政志》

《栖霞县商业志（1913—1985）》 栖霞县商业局编，1986年10月30日出版。全书插页19幅，文分大事记、概述、所有制形式、机构沿革、购销业务、企业管理、职工教育、职工福利、人物等，共11.23万字。

《栖霞县水利志（1839—1985）》 栖霞市水务局编。书中照片15幅，文分大事记、概述、水资源、水利建设、水土保持、水利管理、水利教育与科技、局属水利企业、水利先进集体和先进个人，7.1万字，2004年7月出版。

《栖霞县供销合作志（1940—1985）》 栖霞县供销合作社联合社编。全志有彩色图片16幅、黑白照片24幅，文分大事记、概述、机构沿革、供销业务、发展农村商品生产、民主管理形式、经营管理、基建安全、干部职工队伍、农村私营商业、社会主义改造、先进典型等，共计28万字。1983年下半年开始编写，1986年12月出版。

《栖霞市人民医院志（1945—1999）》 栖霞市人民医院编。全书分沿革、党群组织、行政机构设置、医疗、护理、科研与教学、援外与支农、主要统计资料、人物、职工等，24万字，2000年9月出版。

2001年出版的《烟台桃村中心医院志》

《烟台桃村中心医院志（1942—2002）》烟台桃村中心医院编。全书有插页43幅，文分大事记、医院的创建与发展、党群组织、行政管理、医疗、医技、护理、科研教学、人物传记、统计资料等，共20万字，2001年12月出版。

**其他地情资料编纂** 《牟氏庄园兴衰史》 栖霞县文物事业管理处编。全书分官吏家室与发家基础、兴盛、衰亡、庄园文史资料考，1989年11月由山东省出版总社烟台分社出版。

《牟氏庄园史实写真》 作者崔学明，全书分上篇概况纵览（九代庄主、住宅建筑、经营运作、家风习俗、文物珍宝）、下篇事件聚焦（主仆恩怨、民事纠纷、族内矛盾、社会冲突、末日遭遇），25万字，2001年6月由新华出版社出版发行。

《栖霞人杰》（第一集） 由原史志办公室编印，39.2万字，1992年10月出版。该书收录境外工作的栖霞籍副处级、军队副团级以上党、政、军、企业、科技、文化领域的领导干部和高科技人才，以及相当于以上职别的其他方面的人物。

《栖霞人杰》（第二集） 原史志办公室编印。28.5万字，1993年11月出版，印数1500册。

1992年10月出版的《栖霞人杰》

《栖霞县地图册》 栖霞县人民政府地名办公室编。图册收图28幅，其中省政区图、烟台市政区图、栖霞县政区图、栖霞城聚落状态略图、栖霞城区中心图、栖霞县交通图、栖霞县文物保护点分布略图各1幅，栖霞镇、苏家店乡、寺口镇、小庄乡、官道乡、观里镇、杨础乡、蛇窝泊镇、连家庄乡、大柳家乡、唐家泊镇、桃村镇、铁口乡、大庄头乡、庙后乡、占疃乡、亭口镇、中桥乡、臧家庄镇、寨里乡、松山乡、金山乡、刘家河乡图各1幅。为方便部门工作和人民生活，地图册还附录栖霞县、乡概况，各村人口及居民姓氏表，乡土地名知识，驻城单位、主要产品等。1987年10月由山东省地图出版社出版、32开本、21万字。

1987年出版的栖霞县地图册

《战时民兵生活琐记》 作者刘典奥，文中列“日本鬼子侵占烟台，国民党军弃城逃跑”“大救星从天而降，老百姓翻身解放”“参加全区公审会处决汉奸秃和尚”“深秋夜袭烟青路，挥掀填平葫芦壕”“反扫荡空舍清野，仿鲫鱼滑网脱险”“众民兵一齐上阵，鬼子兵狼狈逃窜”“反封锁严防查私，戒烟、赌维持治安”“栖、福、牟三县比武演石雷荣获头名”“北大山一战失利，五壮士为国捐躯”“‘八一五’日寇投降，军、政、民欢庆胜利”“国民党发动内战，反内战集体参军”“女民兵巧布地雷，蒋匪兵触雷丧命”等

12个小标题，2.27万字，2002年6月出版。

## 第六节 法制建设

1988年6月15日，成立栖霞县人民政府法制办公室，科级行政单位。1989年，更名为法制局，下设综合科、法规科、行政复议应诉科，编制9人。1993年，并入栖霞县人民政府办公室，设法制科，股级单位，编制2人。1995年，成立栖霞县人民政府法制办公室。2002年，降格为副科级单位。

**培训、咨询、宣传** 1989年开始，每年对全县1000多名行政执法人员进行培训和轮训。根据上级党委、政府的指示精神，1999年开始对全市所有行政执法人员进行培训考试，办理发行行政执法证。

2002年末，建立重大决策法制咨询长效机制，制定《法制咨询工作规则》。市政府及各部门（单位）在制定规范性文件，作出行政许可、行政处罚、行政确认、行政裁决、遇到涉及社会公众或重大疑难问题等，都要向法制办公室咨询论证，杜绝盲目决策、独断决策和随意决策行为。如矿山整顿、税收征管、房屋开发、减轻农民负担、医疗卫生改革、农民医疗保障、规范涉企收费、生猪屠宰市场管理、旅游市场开发管理、台湾农民创业园合同规范等社会民众关心的重大问题和具体行政行为，市政府都组织市法院、市法制办等相关部门全程参与，使重大决策更加科学化、民主化、法制化。

1988—2002年，培训各级各类执法人员达2万人次，行政执法人员在执法过程中必须持证上岗。

1986年，开始“一五”普法教育，自此，每五年制订《栖霞县在公民中开展法制宣传教育规划》和《栖霞县依法治市规划》，每一年制定《栖霞县普法依法治理工作要点》，保证普法依法治理工作的顺利开展。从“一五”普法启动，每五年普法教育开始年都召开全市普法依法治理启动大会，每五年末进行普法效果大检查及举行大规模的普法总结表彰。按照上级要求，普法期间重点抓领导干部、公务员、司法行政执法人员、企业经营管理人员、青少年学生、农民及流动人口的普法教育。市五个班子中心组每年都坚持举办法制讲座，先后学习《中华人民共和国行政许可法》《中华人民共和国行政复议法》等法律；市科级干部学习组每年学习时间均超过40课时；市内后备干部、妇女干部、企业领导干部、农村基层干部则在市委党校进行法制培训，系统学习与工作相关的法律、法规。

1985—2002年，共举办法制培训班80期，3800人次听讲；举办科级干部脱产轮训班16期，1900人次参训；从1997年开始，坚持每年度进行一次股级以上干部普法考试，每年参考人数均达1500人次，合格率98%以上，并且坚持“一考试一通报”制度，以考促学，提高领导干部的法律素质。1998年，举办消夏司法宣传2次，参观人数1000多人次。

1997年法制宣传现场

全民普法期间，与司法部门共同普及、宣传国家的法律法规，包括宪法、刑法、刑事诉讼法、民事诉讼法、劳动法、合同法、消费者权益保护法、未成年人保护法等重点法律法规。2002年，发放各类普法教材和宣传材料1500多本（份）。

**行政复议、投诉、应诉** 1988—2002年，栖霞市政府共受理行政复议案件121起，行政应诉案件13起，涉及公安、税务、土地、劳动保障等执法行为。为抓好案件落实，维护合法的行政行为，增进人民群众和政府及政府部门之间的相互信任，减少社会不安定因素，促进社会的和谐稳定。

在行政执法责任制推行工作中，突出抓“一单、一表、一图、一状、一栏、一册”，即列出“权力清单”、制作“职责分解表”、制作“执法流程图”、签订“责任状”、建立“执法公示栏”、统一“汇编成册”。对全市72个执法单位的行政执法责任制资料汇编成76册，共计170余万字。共审核法律75部，法规183部，规章220部，涉及行政许可320项，行政处罚1868项，行政强制85项，行政征收66项，其他行政行为79项，通过审核共删除相关内容44项，补漏5项。审查、备案规范性文件18件，指导各部门行政处罚备案1288件。

## 第七节 行政审批

1993年12月，全市第一轮收费项目清理审查，废止收费项目3项，停止收费项目2项，取消审批项目21项。主要是房屋确权费、暂住人口验证费、房屋拆迁测量费、个体板房土地出让金、办理托运服务费、建筑申报费、出国旅游手续费、外事资料翻译费、自行车销售盖章费、机动车安全学习费、引产胎儿焚烧费、学校收取的水电费、流动费、维修费、烤火费、考试费、补考费、仪器费、招生费、实习费、

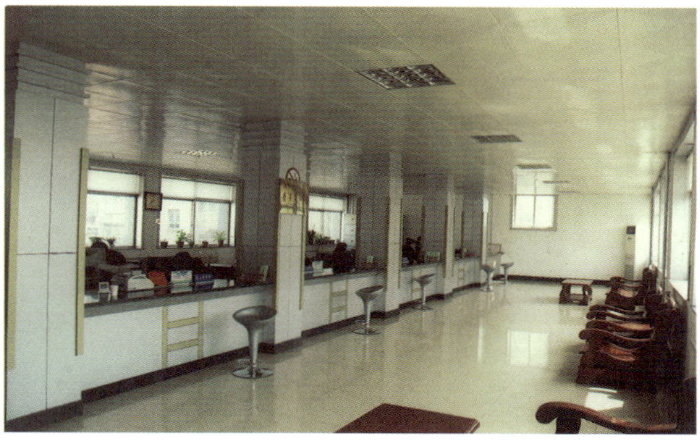

2002年新成立的行政审批中心服务大厅

公物折旧费、校舍修缮费、留级费、绿化费、医药卫生费、转学费、培养费等。涉及物价、公安、医院、学校、建设等热点单位。

1994年5月，第二轮收费项目清理审查，取消不合理收费项目62项。涉及特种行业、文化娱乐场所审查费、开业费；刑事案件、治安案件办案费、交通安全宣传费、交通事故风险抵押费、建筑工程消防保证金；劳务许可证费；安置军队转业干部过程中的各种收费、退伍军人安置手续费；托幼园所维修折旧费；托幼园所被褥费、毛巾费、取暖费；专业或专科门诊挂号费、诊疗费、处置费、传染病人床边隔离费或消毒费；省以下人民政府批准的邮电附加费、汇票兑付业务附加费；银行开户许可证费、汇票取现款收取的手续费等。

取消的不合理项目多是群众反映强烈的热点，主要涉及公安、建设、民政、医院、邮政、银行、学校等有关热点行业。为加强收费管理，对保留的收费项目，统一集中到行政审批中心办理，并制定配套的规章制度进行监督，规范运作程序。

为加强收费管理和行政审批管理，2002年4月，栖霞市行政审批中心管理办公室成立，正科级事业单位，实行全额预算管理，其主要职责是开设服务窗口；制定行政审批中心各项规章制度、管理办法、运作程序，并组织实施；对行政审批项目的办理进行协调和督查，受理

相关投诉和举报。进驻行政审批中心开设服务窗口的主要是有审批权、管理权、收费权、安置权等部门和单位。

## 第八节 外事 侨务

1986年7月，成立栖霞县外事办公室，与栖霞县侨务办公室合署办公，科级单位。1992年7月，外事办公室划归县政府办公室管理。1993年11月，撤销外事办公室和侨务办公室，其职能移交县政府办公室，设置外事侨务科，由科级单位降为股级单位。1997年2月，恢复侨务办公室，政府办公室设置外事科。2001年12月，设置外事宗教科，管理职能主要是协调外事工作和涉外活动，负责受理、协调解决外商投诉事宜以及因公出国的审查、办理出国人员签证和护照等。

**外事、侨务工作措施** 1987年，栖霞县外事办公室成立后，与侨务办公室联手进行外事协调和侨务活动，制定《栖霞县外事管理工作职能》和《栖霞县侨务工作管理办法》，对管理办法、接待、安排、注意事项、问题解决、联络方法等作出详细说明和规定。1989年，制定《栖霞县外事接待工作细则》，对外事活动和华人华侨接待作出具体、明确规定。

为贯彻落实全国外事管理工作规定，加强出入境人员审查和管理，1998年11月，转发烟台市《关于境外人员子女入我市中小学就读的学籍管理意见》；2002年2月，制定《栖霞市外事管理工作的若干规定》。对外事工作作出管理原则、申请程序、出国和入境审批、纪律与监督等规定，加强外事工作的组织领导，规范有关工作程序，外事管理工作进入科学发展轨道。

**来 访** 1979—2002年，接待美国、日本、韩国、澳大利亚、德国等80多个国家和地区的代表团。其中，接待的主要团体和个人有德国联邦园艺研究院、新加坡温德尔远东纺织公司奥都、休斯曼、新加坡锦宏工程有限公司、美国ABACA管理集团经理梅里先生、韩国春元水产株式会社代表团、德国温德尔远东纺织有限公司、智利工商企业代表团、澳大利亚联邦市长理事协会、印度尼西亚林氏企业有限公司、日本国际劳务管理财团、美国加州大学伯克利分校栖霞籍华侨罗永博士章、日本大阪汉方医学振兴财团、日本蝶理株式会社、奥地利中央合作银行驻华首席代表卫安德、印度尼西亚阿利姆集团、美国纽约山东同乡会、日本国际劳务管理财团、韩国木浦市经贸考察团、法国华侨华人会等。

2002年国外友好人士在苹果艺术节上

**出 访** 1979年，艺品厂工人王春荣应邀赴日本进行棒槌花边技术表演。1985年，王瑞华、胡艳、林淑珍、万淑芹等先后8次赴泰国、希腊、美国等国家进行棒槌花边技术表演。1988年，栾淑荣、王桂凤赴巴西参加中国举办的艺术节，作剪纸、织花边技术表演。到1989年末，全县因公出国10批7人次。1990年，为加强出国出访管理，对审批、权限、程序、人数控制等作出规定。1996年，市政府制定《栖霞市关于加强出国人员管理规定》。

1997年4月，栖霞市人民政府组团赴瑞士、德国考察果汁市场，并参观考察德国

HERMANN WINDEL有限公司，与外商商讨了棉纺、印染等项目合作。1998年7月，栖霞市人民政府组成经贸代表团，赴澳大利亚进行经贸洽谈活动，其间，与澳大利亚利顿市达成建立友好合作关系意向，与澳大利亚环球贸易公司、亚康通公司进行了接触和洽谈。

1999年3月，赴韩国参加99（汉城）中国山东省加工贸易洽谈会。共签订利用外资项目3个，合同利用外资额135万美元，签订进出口贸易合同额349万美元。

2001年11月，赴韩国、日本开展经贸洽谈活动，达成利用外资合作协议或意向3个，总投资额770万美元；签订贸易合同4份，出口额1186万美元。

2002年8月，赴韩国开展经贸洽谈和招商引资活动，并参加2002中国—韩国投资贸易推介暨展示会。其间，共签订出口协议4个，出口额650万美元；达成投资协议、意向7个，投资额1200万美元。12月，栖霞市人民政府组成经贸团，在日本冈山市和大阪市举行招商会，达成合作协议8个，进出口贸易额共计1300多万美元。

1979—2002年，栖霞市共组织出访团组193次，600多人次，平均每年出访11次，加大了与国外的经贸关系，对提高栖霞市知名度，对栖霞市的企业、产品宣传都起到巨大推动作用。

# 第三章 政协地方组织

1983年5月22日，政协栖霞县委员会成立。1988年8月，县政协增设经济技术联络工作委员会、文史资料研究工作委员会。

1990年11月，增设学习文教工作委员会、提案工作委员会、三胞联谊工作委员会（与提案工作委员会合署）；经济技术联络工作委员会更名为经济科技工作委员会。1991年5月，政协办公室增设秘书科、行政科。

## 第一节 历届政协会议

1984—2002年，分别召开了五届政协委员会。

**政协栖霞县第二届委员会** 第一次会议 1984年5月21—24日在栖霞县委礼堂召开，出席会议的委员113名。会议听取并审议政协副主席郭可宜《团结起来，同心协力，为开创我县政协工作新局面而奋斗》的工作报告。

会议选举郭可宜为第二届政协委员会主席，刘炳琏、张以谦、鲁芝、吕锡岫、陶永娣（女，1985年5月离职）为副主席，21名常务委员。

第二次会议 1985年3月9—11日在栖霞县委礼堂召开，出席会议的委员112名。会议听取并审议政协主席郭可宜《高举爱国主义旗帜，紧紧围绕改革开放做好政协工作》的工作报告。

第三次会议 1986年3月28—30日在栖霞县委礼堂召开，出席会议的委员113名。会议听取并审议政协主席郭可宜《高举爱国主义旗帜，紧紧围绕党的工作中心，坚持两个文明建设，做好政协工作》的工作报告。

**政协栖霞县第三届委员会** 第一次会议 1987年3月20—23日在栖霞县委礼堂召开，出席会议的委员183名。会议听取并审议政协主席郭可宜《更新观念，立志改革，把政协工作推向一个新阶段》的工作报告。

会议选举曲建绪为第三届政协主席，林天有、门曰欣、王发明、李克芳为副主席，27名常务委员。大会通过本届委员会的各项决议。

1987年政协栖霞县第三届委员会第一次会议

第二次会议　1988年4月16—18日在栖霞县委礼堂召开，出席会议的委员182名。会议听取并审议政协主席曲建绪关于《在中共十三大精神指引下齐心协力，团结奋斗，努力把人民政协工作提高到一个新水平》的工作报告。会议增选曲声达为政协栖霞市第三届委员会副主席。大会通过本次会议的各项决议。

第三次会议 1989年4月12—14日在栖霞县委礼堂召开，出席会议的委员180名。会议听取并审议政协副主席林天有关于《围绕治理整顿、深化改革，充分发挥政协职能作用》的工作报告。大会通过本次会议的各项决议。

**政协栖霞县第四届委员会**　第一次会议　1990年4月4—7日在栖霞县影剧院召开，出席会议的委员177名。会议听取并审议政协副主席曲声达关于《发挥政治协商、民主监督职能作用，为我县社会稳定、经济发展贡献力量》的工作报告。选举刘洪斌为第四届政协委员会主席，林世忠、王洪山、门曰欣、王发明、李克芳为副主席，27名常务委员。大会通过本届委员会的各项决议。

1990年政协栖霞县第四届委员会第一次会议

第二次会议 1991年4月1—3日在栖霞县影剧院召开，出席会议的委员176名。会议听取并审议政协主席刘洪斌关于《和衷共济，团结奋进，为全县社会稳定、经济发展贡献力量》的工作报告。大会通过本次会议的各项决议。

第三次会议　1992年3月10—12日在栖霞县影剧院召开，出席会议的委员177名。会议听取并审议政协主席刘洪斌关于《总结经验，开拓进取，为全县奔小康献计出力》的工作报告。大会通过本次会议的各项决议。

**政协栖霞县第五届委员会**　第一次会议　1993年2月8—11日在栖霞县影剧院召开，出席会议的委员181名。会议听取并审议第四届政协委员会主席刘洪斌关于《和衷共济，开拓进取，努力开创政协工作新局面》的工作报告。选举张以谦为第五届政协委员会主席，林世忠、门曰欣、王发明、李克芳、娄诚然、孙青松为副主席，39名常务委员。大会通过本届委员会的各项决议。

第二次会议　1994年3月19—22日在栖霞县影剧院召开，出席会议的委员195名。会议听取并审议政协主席张以谦关于《解放思想，团结一致，为振兴栖霞而努力奋斗》的工作报告。大会通过本次会议的各项决议。

第三次会议　1995年3月7—10日在栖霞县影剧院召开，出席会议的委员194名。会议听取并审议政协主席张以谦关于《团结奋进，继往开来，为繁荣栖霞做出积极贡献》的工作报告。会议增选刘玉法为政协栖霞县第五届委员会副主席，增补常务委员6人。大会通过本次会议的各项决议。

第四次会议　1996年3月18—21日在栖霞市影剧院召开，出席会议的委员198名。会议听取并审议政协主席张以谦关于《团结一心，奋发进取，满怀信心，夺取新胜利》的工作报告。大会通过本次会议的各项决议。

第五次会议　1997年2月24—27日在栖霞市影剧院召开，出席会议的委员200名。会议听取并审议政协主席张以谦作的常务委员会工作报告。大会通过本次会议的各项决议。

**政协栖霞市第六届委员会**　第一次会议　1998年2月3—6日在栖霞市影剧院召开，出席会议的委员188名。会议听取并审议政协主席张以谦《高举邓小平理论伟大旗帜，开创政协工作新局面》工作报告。

1998年政协栖霞市六届一次全委会议

会议选举张以谦为第六届政协委员会主席，林世忠、刘玉法、王发明、孙青松、衣玉祥、崔美俊（女）、范美芹（女）、衣龙起为副主席，40名常务委员。大会通过本届委员会的各项决议。

第二次会议　1999年2月23—26日在栖霞市影剧院召开，出席会议的委员193名。会议听取并审议政协主席张以谦作的常务委员会工作报告。大会通过本次会议的各项决议。

第三次会议　2000年1月18—21日在栖霞市影剧院召开，出席会议的委员192名。会议听取并审议政协主席张以谦作的常务委员会工作报告。大会通过本次会议的各项决议。

第四次会议　2001年2月8—11日在栖霞市影剧院召开，出席会议的委员198名。会议听取并审议政协主席张以谦作的常务委员会工作报告。大会选举刘玉耀为政协栖霞市第六届委员会主席，增选衣玉祥、衣龙起为政协栖霞市第六届委员会副主席。大会通过本次会议的各项决议。

第五次会议　2002年1月21—24日在栖霞市影剧院召开，出席会议的委员196名。会议听取并审议政协主席刘玉耀作的常务委员会工作报告。会议表彰优秀政协委员，听取部分委员的大会发言。大会通过本次会议的各项决议。

## 1984—2002年栖霞市政协委员会领导任职情况统计表

表19-5

| 届 次 | 职 务 | 姓 名 | 任 职 时 间 | 籍 贯 |
|---|---|---|---|---|
| 第二届 | 主 席 | 郭可宜 | 1984.05—1987.03 | 浙江如东县 |
| | 副主席 | 刘炳琏 | 1984.05—1987.03 | 栖 霞 |
| | | 张以谦 | 1984.05—1987.03 | 栖 霞 |
| | | 鲁 芝 | 1984.05—1987.03 | 芝 罘 |
| | | 吕锡岫 | 1984.05—1987.03 | 青 岛 |
| | | 陶永娣 | 1984.05—1985.05 | 上 海 |
| 第三届 | 主 席 | 曲建绪 | 1987.03—1990.04 | 牟 平 |
| | 副主席 | 林天友 | 1987.03—1990.04 | 栖 霞 |
| | | 门曰欣 | 1987.03—1993.02 | 蓬 莱 |
| | | 王发明 | 1987.03—1990.04 | 上 海 |
| | | 李克芳 | 1987.03—1998.02 | 莱 阳 |
| | | 曲声达 | 1988.04—1990.04 | 蓬 莱 |
| 第四届 | 主 席 | 刘洪斌 | 1990.04—1993.02 | 栖 霞 |
| | 副主席 | 林世忠 | 1990.04—2001.02 | 栖 霞 |
| | | 王洪山 | 1990.04—1993.02 | 栖 霞 |
| | | 门曰欣 | 1990.04—1998.02 | 蓬 莱 |
| | | 王发明 | 1990.04—2002.06 | 上 海 |
| | | 李克芳 | 1990.04—1998.02 | 莱 阳 |
| 第五届 | 主 席 | 张以谦 | 1993.02—1998.02 | 栖 霞 |
| | 副主席 | 林世忠 | 1993.02—1998.02 | 栖 霞 |
| | | 刘玉法 | 1995.01—1998.02 | 莱 西 |
| | | 门曰欣 | 1993.02—1998.02 | 蓬 莱 |
| | | 王发明 | 1993.02—1998.02 | 上 海 |
| | | 李克芳 | 1993.02—1998.02 | 莱 阳 |
| | | 娄诚然 | 1993.02—1998.02 | 栖 霞 |
| | | 孙青松 | 1993.02—1998.02 | 栖 霞 |
| 第六届 | 主 席 | 张以谦 | 1998.02—2001.02 | 栖 霞 |
| | | 刘玉耀 | 2001.02—2003.01 | 栖 霞 |
| | 副主席 | 林世忠 | 1998.02—2001.02 | 栖 霞 |
| | | 刘玉法 | 1998.02—2003.01 | 莱 西 |
| | | 王发明 | 1998.02—2002.06 | 上 海 |
| | | 孙青松 | 1998.02—2003.01 | 栖 霞 |
| | | 衣玉祥 | 2001.02—2003.01 | 栖 霞 |
| | | 崔美俊（女） | 1998.02—2003.01 | 栖 霞 |
| | | 范美芹（女） | 1998.02—2003.01 | 栖 霞 |
| | | 衣龙起 | 2001.02—2003.01 | 栖 霞 |

## 第二节 参政议政

1985年以后，栖霞县政协“发挥优势，积极参政议政”，通过大型议政会、咨询会和恳谈会，围绕全市的工作中心，听取情况通报和汇报。1985—1989年，组织政协委员22人次，到21个重点国有企业、9个重点乡镇企业参观，提出企业发展意见和建议30多条。1990—1992年，到教委、银行、医药等视察6批次，委员提出合理化建议、发展、改进意见和建议60多条。1993年8月、1996年11月、1997年6月、2002年度，先后就栖霞的住房制度改革、医疗卫生、果品生产、销售与深加工、全市经济发展环境、环境治理等问题，提出可行性意见和建议20余条。

1985—2002年，共收到委员提案1102件，立案1084件，办复率100%。一些优秀提案，如1987年3月的“加强幼儿师资队伍建设，提高幼儿教师教学水平的问题”，通过办理落实，取得良好的经济效益和社会效益。

1989年4月至2002年1月，关于尽快解决居民吃菜难的问题；改造县医院病房，解决人民群众住院难问题；减轻农民负担，合理确定油料差价；选择新校址，扩建教学楼；关于加紧改造老品种果园；加大农业投入，重视农田水利建设；关于加强农村财务管理；关于在电视台开设果树技术宣传栏目；关于启动政府采购机制；关于调整高中布局；关于加大宣传力度，解决苹果销售难；关于开通栖霞至牙山森林公园旅游车；关于建设实验小学教学办公综合楼等20余个重要提案得到市委、市政府重视和采纳，大部分得到落实。

## 第三节 调查视察

1985—2002年，市政协围绕人民群众关注的热点、难点问题进行86次调查、98次视察，提出了可操作性的意见和建议。重要的调查和视察活动有，1986年8月，对全县23个乡镇，46个村的卫生室进行考察，1988年3月，视察实验小学，1990年8月，会同经委等有关业务部门的负责人，对8个有代表性的县属企业进行详细的专题调查。1991年7月，视察县幼儿活动中心，同年9月，由政协牵头会同市委办公室、政府办公室及政策研究室、体改委、乡镇企业局等部门组成60多人的联合调查组，集中7天时间，对全县209个乡镇办企业进行全面调查，1992年4月，对城区特别商业街进行为期2天的视察，1993年7月，组织4个视察组，视察8个乡镇推行股份合作制的情况。

1994年5月，县政协领导陪同省政协主席陆懋曾、烟台市政协主席巴忠鼎视察栖霞县高产高效农业工作。

1995年4月，会同总工会、外经委对全市“三资企业” 的现状进行15天的专题调查。1996年5月，市政协分4个调查组，深入4个乡镇12个村540个农户，对全市“三农”情况进行调查。

1998年4月，市政协组成调查组对全市个体私营经济的发展情况进行调查研究。1999年7月，市政协常委视察西城镇、蛇窝泊镇农业建设。

2000年3月，市政协组成调查组对全市农村“直选”后两委班子建设情况进行专题调查。2001年3月，市政协组成5个调查组，利用1个多月的时间，深入各镇、街道进行专题调查研究，同年 6月，市政协会同工商局，深入4个镇（街道）以及城区的9个民营企业进行专题调查。

2002年3月，会同畜牧中心、卫生局，对全市畜牧业发展情况、医药市场经营、管理进行广泛调查。所有调查结论均进入市委、市政府决策中。

2002年市政府、市政协联合视察医药市场

## 第四节 文史资料征集

1985—2002年，共编辑出版了8辑文史资料，发挥了文史资料存史资政育人作用。

1988年12月，出版第一辑文史资料《抗日空军英雄梁鸿云》，通过英雄生平和业绩以及战友亲属撰写的纪念文章，广泛宣传了爱国统一战线。1990年出版《牟墨林地主庄园》，详细介绍牟氏家族兴起、暴发、衰落的过程。1991年出版《海外赤子情》，概述弘扬了海外侨胞和港澳同胞的爱国主义精神，宣传了他们热爱家乡动人事迹。1993年出版《抗日战争专辑》，该书记载了1939年12月至1944年12月5年间，栖霞人民英勇斗争的事迹。1995年出版《工业专辑》，讴歌奋斗在工业战线干部职工创业、敬业精神。1997年出版《解放战争专辑》，该书记载了栖霞人民踊跃支前，抗击国民党反动派的动人故事。1999年出版《委员风采录》，记录了41名政协委员的典型事迹。2001年出版《综合辑》，辟有“南下追踪”“抗美援朝”“往事回忆”“历史人物”“春秋考录”“建置沿革”等栏目，8辑资料共计160多万字。

部分文史资料（2002年）

# 第二十编
# 群众团体

1991年10月共青团栖霞县委第十一次代表大会召开

# 第一章 总工会

## 第一节 工作机构

栖霞市总工会最初名为栖霞县职工抗日救国会（简称工会），成立于1940年，1953年9月，成立栖霞县工会联合会，1963年11月，改称栖霞县总工会。1985年，全县共有基层工会156个，会员17442人。1990年，基层工会185个，会员2.1万人。1991年6月，设立总工会党组。1995年，基层工会256个，会员2.87万人。1996年8月，设立工人文化宫，副科级事业单位。2002年末，全市共有基层工会410个，会员42408人。

1985—2002年，栖霞市共有126人被评为栖霞市劳动模范，76人被评为国家、省、市级劳动模范和先进个人，34人获得烟台市以上“五一劳动奖章”。

## 第二节 职工代表大会

1985—2002年，先后召开4次工会代表大会，与会代表1079人次。

**第六次代表大会** 于1984年5月31日至6月2日在县委礼堂召开。出席会议的正式代表269人。会议审议和通过栖霞县工会第五届委员会工作报告和经费审查委员会工作报告，选举产生栖霞县工会第六届委员会，委员32人、常委7人，主席1人、副主席3人，经费审查委员会委员5人。刘志正当选主席，刘富泮、任道顺、邹秀君（女）当选副主席。

**第七次代表大会** 于1987年7月31日至8月1日在县委礼堂召开。出席会议的正式代表345人，列席代表47人。会议审议和通过栖霞县工会第六届委员会工作报告和经费审查委员会工作报告，选举产生栖霞县工会第七届委员会，委员35人、常委5人，主席1人、副主席2人，经费审查委员会委员5人。刘志正当选主席，杨可良、任道顺当选副主席。

**第八次代表大会** 于1994年4月8—9日，在栖霞县委礼堂召开。出席会议的正式代表257人，列席代表36人。会议审议和通过栖霞县工会第七届委员会工作报告、经费审查委员会工作报告；选举产生栖霞县工会第八届委员会，委员33人、常委5人，主席1人、副主席2人，经费审查委员会委员7人。柳素莉（女）当选主席，董秀贞（女）、李泮明、王继胜当选副主席。

总工会八届四次全委会议和八届五次全委会议分别补选贾春兴、谭旭哲为副主席。

1998年3月，因原总工会主席柳素莉调任市人大常委会副主任，同月召开的总工会八届六次全委会议补选刘翠兰为总工会第八届委员会主席。同年10月，总工会主席刘翠兰出席中国工会十三次代表大会，并当选为中华全国总工会十三届执行委员会委员。

**第九次代表大会** 于2001年12月29—30日在市影剧院召开。出席会议的正式代表208人，列席代表27人。会议审议和通过栖霞市工会第八届委员会工作报告、财务工作报告和经费审查委员会工作报告；选举产生栖霞市工会第九届委员会，委员29人、常委7人，经费审查委员会委员5人。主席刘翠兰、副主席谭旭哲、娄庆良、滕洪珠。

## 第三节 工会组织发展

按照“三个最大限度”（最大限度地把职工组织到工会中来，最大限度地维护职工合法权益，最大限度地发挥调动职工的积极性）的要求，在抓好国有、集体改制企业工会组织巩固、调整、重建的基础上，积极推进非公有制企业工会组建工作。1985年，全县共有基层工会134个，会员19500人，1986年，全县发展基层工会组织216个，增加60个。

到20世纪90年代，按照边组建、边规范的原则，抓规范促发展，抓质量促提高，深入开展基层工会“星级管理创建” 活动，率先在全省实施以“六有（办公有场所、活动有阵地、工作有制度、法人有登记、经费有保障、学习有资料。）、六簿（提案登记簿、建议登记簿、上级来文登记簿、会议记录簿、好人好事登记簿、来信来访登记簿。）、五档（下岗和困难职工档案、先模人物档案、集体合同档案、劳动竞赛档案、职工卡片档案。）、两册（职工花名册和职工代表花名册）”为主要内容的工会工作规范化管理，推动工会整体工作上档次、上水平。1990年，全县工会组织发展到185 个，会员21000人。1995年，全县工会组织发展到256个，会员28675人。到2000年，全市近60%的基层工会达到“六有”标准，240个企业被评为“星级职代会”，6个镇街工会被评为烟台市级“工会工作示范镇街”，桃村镇工会被评为省级“工会工作示范镇”。

2002年，围绕“建一流队伍、树一流形象、做一流工作、创一流业绩” 的目标，加大干部教育培训力度，全面加强工会自身建设。累计培训工会干部2100多人次。市直局（公司）全部建立工会组织，配备专职工会主席，16个镇（街道、开发区）全部成立工会工作委员会，工委主任全部由党委成员兼任；80%以上的企业工会主席进入同级领导班子，80%的改制企业的工会主席进入董事会、监事会。2002年末，非公有制企业建立工会的有387家，会员38619人。全市建立基层工会组织410 个，发展会员42408 人。

## 第四节 主要活动

**维护职工合法权益** 80年代初，国家实行计划经济，企业实行计划生产、计划分配，职工待遇相同，工资收入一样。工会职能是监督检查职工福利和劳保，维护职工安全和身体健康，特别是维护女职工的合法权益。1985年以后，企业实行承包责任制，职工利益与企业分配的矛盾日益突出出来。有的收入减少，有的职工下岗。工会组织建立劳动协商制度，为170多名职工争得岗位权、收入权和保险待遇相同权，维护职工合法权益。1987年，坚持在推进改革的进程中，把建立平等协商集体合同制度、推动形成多层次劳动关系协调机制，作为促进社会稳定和维护职工合法权益的重要手段，以贯彻实施《中华人民共和国工会法》《中华人民共和国劳动法》和《中国工会章程》为总抓手，全力推进多层次劳动关系协调机制建设，工会组织参与劳动争议案件280多起。

90年代，逐步推行与经济责任制挂钩的安全生产责任制，建立劳动争议协调委员会，建立集体合同制度。1999年，为提高职工与企业合同履行质量，规范合同签订程序，实行企业提前报告制度、职工培训制度和监督检查制度，使企业步入严格、科学、民主管理的轨道。

至2002年末，全市建立平等协商集体合同制度的企业达377 家，签订工资集体协商企业97家，覆盖职工4.2万多人，其中国有、集体及控股企业集体合同建制率达98%以上。建立职代会制度的企事业单位达431家，国有、集体及控股企业职代会建制率、厂务公开率均达到

100%。大部分基层工会还普遍建立劳动关系预警机制和工会劳动法律监督组织。以“安康杯”竞赛为载体，充分发挥工会监督职能，促进企业稳定和各项政策法规的落实，为创造和谐稳定的劳动关系发挥积极作用。

**实施再就业帮扶** 80年代，企业逐步实行体制改革，承包、转让、拍卖等形式的改革体制进入施行阶段，职工有的下岗，有的参与承包，有的自寻出路。困难职工增加。1985年，帮助370名职工重新就业，1987年，建立新的就业渠道，鼓励职工开展个体私营经济。540多人从事纸箱制作、水产品经营、百货销售、糖茶经营等。

进入90年代以后，有的企业经营困难，企业破产、停产、转产的较多，职工利益受到侵害，保险费缴纳不及时，有的企业甚至不缴纳保险费。针对这一情况，1990年以后，工会组织积极呼吁，奔走于企业、劳动部门，使68个企业为下岗职工足额缴纳保险费，职工利益得以保障。自1998年起，连续3年发动84个市直党政、事业单位对343名困难职工开展结对包帮，使267名困难职工摆脱贫困。1999年，开展“心连心、手拉手”帮、救助活动，先后走访慰问困难职工3700多人次，帮扶资金130多万元，资助70名困难职工子女圆了大学梦。2000年，积极做好下岗失业人员再就业工作，建立健全526户困难职工家庭和1568名下岗职工档案，实行动态管理。2002年，帮助580多名下岗失业职工实现再就业，共向困难职工发放救助金17万元，工会组织协调企业为职工缴纳保险费350万元。

培训 1986年，为适应市场经济下劳动制度改革和劳动关系新变化，开展职工岗位培训和下岗职工再就业培训13次。1989年，广泛开展“建文明班组、创文明岗位、做文明职工”“创建学习型组织、争做知识型职工”“职业道德建设”和各类岗位练兵、职业技能大赛等活动。邀请种植、养殖、工艺制作等各类专家15人次，培训下岗职工230多人，大部分都找到新的就业岗位。1992年，深入贯彻《公民道德建设实施纲要》，增强广大职工恪守职业道德、提高职业技能和增强职业纪律的自觉性。1995年，会同有关部门建立起“培训、练兵、比武、晋级”的人才培养机制，举办各类培训班11期，培训在岗职工和下岗职工650人次。

进入21世纪后，建立健全各类培训机制和再就业帮扶机制，有针对性的抓好在岗和下岗职工培训。到2002年末，举办各类培训50次，培训职工2.3多万人次，各类技术比武、技能竞赛50多场次，280多名职工被评为各级职业道德建设标兵，为全市经济社会快速健康发展提供人力保障。

**开展技术创新活动** 80年代，工会组织在国有企业内部，组织职工开展岗位练兵，对从事特殊工种职工进行培训和技术更新。1985年，培训特殊工种职工170人，职工新技术改造项目63项。1988年，实施“科技创新、管理创新、产品创优、效益创佳”为主要内容的群众性经济技术创新工程，不断更新技术培训、技术协作、合理化建议和女职工建功立业活动内容，群众性经济技术创新活动取得显著成效。职工新技术开发164项，技术攻关97项，230名职工获得技术能手称号。1992年，开展特殊工种职工技术比赛活动，焊接、电气、机床、锻造、冶炼等岗位职工360人参加比赛，有126人获得操作能手称号。1998—2002年，全市职工新技术开发520项，技术攻关230项，提出合理化建议1800多条，广大职工的聪明才智得到充分发挥。

**民主管理** 80年代，县总工会在全县企业中建立厂级职工代表大会制度和职工民主管理制度。1985年，在国有工业企业建立厂级职工代表大会26个，县以上集体企业43个，车间职工代表大会178个，民主管理小组1860个，民主管理组织逐步建立健全。1986年以后，建立职工代表大会下的生产经营、劳动保护、工资、福利待遇、人身安全等联席会议制度，职工代表参与企业生产、职工生活等各种方案的讨论、决定、实施和监督全过程。1988年，全县企业职工代表制度得到进一步统一和规范，特别是《山东省实施〈企业法〉加强民主管理办法》颁布后，企业工会民主管理组织得到加强，职工参与企业获得地位得到进一步提高。1990年，职工提出合理化建议1380多条，大部分建议和意见被采纳。1995年，全县企业经职工代表大会通过和审议企业经营承包、转产等方案3780多件，提出合理化建议和意见780多条，大部分进入决策之中。2000年以后，总工会不断探索体制改革后企业职工代表大会运作模式，理顺各种关系，建立健全市场经济下职工代表大会制度，推行厂务公开，聘请监督员和信息员，使职工的合法权益得到更好的保护。2002年，在国有工业企业建立厂级职工代表大会21个，县以上集体企业95个，股份制企业36个，车间职工代表大会348个，民主管理小组2700多个。

## 第五节 企业工会选介

**供电公司工会** 供电公司属国有中一型企业，2002年末有职工476人，职工入会率达到100%。供电公司工会坚持“标准求高、管理求细、考核求严、工作求实”，努力建立“以人为本、利益兼顾、共谋发展、共享成果”的和谐劳动关系，切实维护广大职工的合法权益。在工会组织建设、民主管理、平等协商、集体合同、政务公开等各项工作均取得新的进展。公司工会被评为“山东电力一流县供电企业工会”“山东电力集团公司先进基层工会”“烟台市工会工作先进单位”“烟台市先进职工之家”“烟台市安康杯竞赛优胜单位”“烟台市群众体育先进单位”“烟台市三八红旗集体”。

**黄金集团公司工会** 栖霞市黄金集团公司2002年有职工3000人，固定资产1.5亿元，为国有中型企业，下属主要企业有金兴矿业公司（由盘马金矿、流口金矿、山城金矿、庄子金矿组建而成）、滑石矿、东发化冶公司等企业。主要从事黄金探矿、采矿、选矿、冶炼、滑石生产及滑石精加工。黄金产量20109两，销售收入1亿元，利润790万元。公司工会认真贯彻落实《中华人民共和国工会法》，坚持以职代会为基本形式的民主管理制度，推进厂务公开制度规范化，企业重大事项和职工切身利益的大事，必须经职代会通过，做到全职参与监督；建立平等协商和集体合同制度，切实维护职工的合法权益；每年组织职工开展社会主义劳动竞赛，召开职工运动会、文艺晚会、演讲比赛等，增强广大职工的主人翁意识，增强企业的凝聚力、向心力、战斗力，促进了企业和谐、稳定、健康发展。公司先后被烟台市总工会评为“先进职工之家”，被栖霞市总工会授予“工会工作红旗单位”等称号。

**德棉集团栖霞公司工会** 德棉栖霞公司工会委员会于1998年3月成立。公司工会紧紧围绕企业生产经营中心，从实际出发，积极开展工会工作，带领职工积极参加公司的建设和改革，组织职工参与企业民主管理，加强“四有”职工队伍的建设，调动广大职工积极投身企业建设的积极性。公司工会先后荣获烟台市总工会“先进职工之家”、栖霞市总工会“工会工作先进单位”“工会工作红旗单位”。公司女工委分别荣获烟台市和栖霞市总工会“女职工工作先进集体”称号。

**银云活塞液压件有限公司工会** 栖霞市银云活塞液压件有限公司是在原栖霞液压件厂、栖霞活塞厂的基础上，于2000年10月改制组建成立的

新公司，2002年末有职工1300人。年生产内燃机活塞系列产品500万只，液压齿轮泵系列产品80万台，机油泵系列15万台。公司工会坚持以职代会为基本形式的民主管理制度，进一步健全、完善和发展厂务公开制度，建立健全以平等协商和集体合同为主题的依法协调劳动关系机制，切实维护职工的合法权益，公司工会先后被省、市总工会授予“模范职工之家”。

# 第二章 共青团及青少年组织

## 第一节 工作机构

栖霞共青团组织初名为栖霞县青年抗日救国会（简称青救会），成立于1940年，1949年3月，建立中国新民主主义青年团栖霞县委员会，1957年7月，改称共青团栖霞县委员会，1996年1月，称共青团栖霞市委员会。

2002年，全市涌现出省级青年文明号岗位10个，烟台市级青年文明号岗位60个。团市委被团中央、林业部、全国绿化委员会授予“全国青少年绿化祖国先进集体”称号。

## 第二节 团组织、少先队组织发展

**共青团组织** 1985年，栖霞县发展基层团委41个，团总支129个，团支部1696个，团员35803名，团员占青年总数的21%。1986年，团县委共辖41个基层团委，129个团总支，1696个团支部，35803名团员，团员占青年总数的21%。1988年，乡镇教育团委从乡镇团委中分离出来，成立23个乡镇教育团委，全县共有基层团委71个，69个团总支，1457个团支部，35104名团员。1993年，乡镇团委发展到87个，团总支79个，团支部1320个，31480名团员。1995年，基层团委88个，团总支106个，团支部1026个，团员31720名。2000年，基层团委75个，团总支部112个，团支部1086个，团员33800名。2002年，基层团委75个，团总支部223个，团支部1986个，共有团员37954名。

**少先队组织** 20世纪50年代，开始在全县小学建立少年先锋队组织，设大队、中队和小队。60年代，少先队改称“红小兵”，70年代，恢复少先队称谓。

1985年，全县816所小学全部建立少先队组织，5.74万名学生中有4万多名加入少先队，全县校内外辅导员2000多人。

1986—1991年，各级少先队组织坚持共产主义教育方向，以爱国主义教育为主旋律，以培养社会主义事业接班人为目标，以素质教育为主要任务，不断深化教育思想，加强基础建设，开创全市少先队工作的新局面。全县1000多个基层少先队组织参加“万枚四有小金星”活动，6000多名少先队员戴上“金星奖章”，涌现县级以上“金星大队”29个，全县有25个少先队活动获全国“勤巧小队奖”，涌现“全国好少年”14人、省好队员8人、烟台市好少年22人。

1991年后，各级少先队组织，根据《中国少年跨世纪雏鹰行动计划》要求，在少先队员中开展“五自”学习实践和技能达标争创活动，推动少先队员的素质培养和能力锻炼。1996年11月，于西城镇小河南村建成烟台西城希望小学，成立少先队组织。1997年，为增强少先队员的自主、自强、自立能力，举办97少年军事夏令营，全县170多名少先队员参加活动。1998年、1999年又举办两次98烟台–西城手拉手夏令营、99山城–海岛少年军事夏令营，有300多名少先队员参加活动。

2000年，全面加强少先队辅导员队伍建设，举办县级辅导员培训班8期，培训800多人，全市有200多名辅导员参加烟台市少工委举办的辅导员学习班，有4人被评为“山东省优秀辅导员”，有50余名辅导员被评为“烟台市优秀少先队辅导员”，评选县级优秀少先队辅导员600多名。

2002年，不断加强少先队组织、阵地、制度等多项基础建设，在市乡（镇）校层层建立少先队工作委员会。4月，在亭口镇下门楼村建成烟台汉高希望小学，成立少先队组织。至此，全市132所小学全部建立少先队组织，有少先队员3.12万人。先后有30多个少先队大队被评为烟台市级以上“红旗大队”“金星大队”“雏鹰功勋大队”等，50多个中队被评为山东省和烟台市级自主中队、国旗中队，全市90%以上少队大队建起队室和鼓号队。

## 第三节 共青团代表大会

1951—1985年，先后召开了9次栖霞县共青团代表大会，1986—2002年，召开3次代表大会。

**共青团栖霞县委第十一次代表大会** 于1991年10月28—30日在县委礼堂召开，346名来自全县各行各业的代表参加会议。会议总结第十次团代会以来的各项工作，安排部署今后几年的工作；选举产生共青团栖霞县第十一届委员会，由44人组成，其中委员35人、候补委员9人，常务委员9人，书记1人、副书记1人。

大会号召团员青年紧密团结在党中央周围，为实现“八五”计划、振兴栖霞贡献青春和力量。

**共青团栖霞县委第十二次代表大会** 于1994年10月22—23日在县委礼堂召开，参加会议的代表300人。会议总结十一席团代会以来的各项工作，安排部署今后几年的工作；会议以无记名投票的方式，选举产生共青团栖霞县第十二届委员会，由46人组成，其中委员35人，候补委员11人，常务委员5人，书记1人、副书记1人。大会号召以党的十四大精神为指针，动员带领广大团员青年积极投身跨世纪伟大工程，在改革开放和社会主义市场经济的伟大实践中，艰苦奋斗，再建新功，再创新业，努力培养和造就跨世纪的一代合格人才。

**共青团栖霞市委第十三次代表大会** 于1998年10月19—20日在市委礼堂召开，参加会议的代表300人。会议总结十二次团代会以来的各项工作，安排部署今后几年的工作；会议以无记名投票的方式，选举产生共青团栖霞市第十三届委员会，由46人组成，其中委员35人，候补委员11人，常务委员5人，书记1人、副书记1人。大会号召高举邓小平理论伟大旗帜，紧密团结在党中央周围，在市委的领导下，解放思想，振奋精神，艰苦创业，开拓进取，为实现栖霞市国民经济与社会发展跨世纪的宏伟目标而努力奋斗。

## 第四节 主要活动

**团员青年教育活动** 1985—1989年，栖霞团县委广泛开展普法教育、社会主义道德教育。5次组织1200多名团员青年到英灵山祭扫革命烈士，接受爱国主义教育，举办普法学习班3期，580名团干部、优秀青年接受培训。1990年，开展“爱中华，迎亚运，做奉献”主题教育活动，全县青少年捐款3万多元，购买亚运寄语6万多张。团县委被团中央、中央宣传部和国家奥林匹克体育中心表彰为亚运宣传活动先进单位。

1995年，以服务经济建设为中心，认真组织团员青年开展文化进农户、法律进企业、文明进城市活动。共建起设施功能较为齐全的青

年文化大院160多个，建成千册以上企业图书室、阅览室40多个，建立法律宣传栏、阅报栏80多处。2000年，全市开展窗口服务行业创优质服务和市容环境卫生整治等工作，团员青年一马当先，冲在优质服务最前沿。全市“十佳服务明星”均是团员青年，有4名团员青年还被评为烟台市“十佳服务明星”。

2002年，开展以团员青年为重点的爱国主义教育活动，进行青少年百部爱国主义影片展，举办爱国主义故事演讲比赛4次、进行爱国主义歌曲演唱比赛6次、成人宣誓1次、“爱我中华、兴我栖霞”演讲比赛2次、瞻仰烈士陵园1次，校园歌曲比赛2次、栖霞市百名杰出青少年评比等活动1次，参加活动的团员青年1300人次。

2002年成人宣誓仪式在英灵山举行

**开展“七五建功杯”竞赛活动** 1985—1987年，青工战线广大团员青年积极投身经济建设，在第七个五年规划中，347个企业和2.5万名青年工人参加不同层次、不同形式的技术比武，2万名青年工人参加“五小”活动（小发明、小创造、小革新、小设计、小建议），提合理化建议6000多条，进行小改造小革新7400多项，24项成果分别受到全国、省、市团委、经委、科委、科协等部门的联合表彰。在农村，全县有15万名农村青年经过培训获得一技或多技之长，500多名成为科技星火带头人，1名获得“全国青年星火带头人”称号。

1988—1990年，团县委开始与有关部门联合组织以植树造林、小流域治理改造为重点的“青年绿化工程”建设，5年之中完成各类青字号工程1000多项。金山乡团员桑忠福还被中央绿化委员会、团中央授予“全国青少年绿化祖国突击手”光荣称号。到1990年，全县有6.4万余名青年先后加入团组织；245名团干部获得县级以上“优秀青年工作者”称号。先后开展了“活跃的团支部”“优秀团支部书记”“优秀团员”“青年之家建设达标”等活动。

**“青春立功”活动** 1991—1994年，进行为期4年的“青春立功”活动。把经济建设放在共青团工作首位，引导团员青年积极投身经济建设主战场。企业团组织围绕经济、社会、人才效益三个重点开展“双岗双提高”活动。全县240多个企业的近3万名青工踊跃参加“五小智慧杯”竞赛活动，取得各类成果1600多项，涌现出县级以上“新长征突击队”100多支，新长征突击手400多人，创建“青年全优岗”600多个，市级青年全优岗20多个。

1991年“青春立功”活动动员大会会场

乡镇和农村团组织紧紧围绕建设“山上栖霞”“科技兴农”和发展“田园经济”的目标，重点开展了实用农业技术现场培训，培养农业科技星火带头人。2002年，全市共创建青年科技培训基地45处，创建“青字号科技示范工程”86处，有重点地培养青年科技示范带头人20多名，其中有6人获得“山东省青年星火带头人”称号。

**创业与帮扶** 在农村，1983年实行家庭联产承包责任制后，团县委发动农村青年带头致富，发展青年专业户、重点户、带头致富户和农业技术能手。1985年，发展大棚蔬菜、水产养殖、良种繁育、特种养殖等青年专业户46个，培养农业技术能手180多人。在城市，针对企业改制的现状，团组织鼓励团员青年岗位创业、自主择业，利用自身优势，进行市场竞争。1985年，有130多名下岗青年职工自行谋职、创业，开办小型企业和公司的有32人，办商店、搞批发、进行商品生产的有90多人。

1990—1994年，团组织开展团员青年致富工程，推介筛选出18个致富典型，形成书面资料和图板，在青年人中广泛宣传。在农村，将典型致富能手的图板张贴在村头宣传。在县城，利用宣传车、刊板、广播、电视上宣传，反响较大。到1994年末，农村青年致富大户纯收入3万元以上的达到120多户，建立青年科技示范户23个。在县城，培训下岗青工280多人次，帮助青年自主立业234处，从事水产品经营、烟酒糖茶批发、百货贸易、针织品生产、服装经营等。

1994—1999年，在农村，扎实开展农村青年科技创新行动，培养农村青年科技标兵、青年星火带头人300多名，创建3处烟台市农村青年科技示范团（区）、10处青年科技示范基地，1处省级青少年绿化基地。

在企业，开展争创“青年文明号”、争当青年岗位能手和自主创业活动。全市有250多个企业的2万名青工参加各种不同行业、不同形式的岗位技术比武活动，100多支青年突击队活跃在重点工程建设主战场。实施下岗青工创业行动和“结对包帮活动”，引导下岗青工自强自立，艰苦创业，推动下岗青工基本生活保障和再就业工作的健康发展。

2000—2002年，在新世纪之初，开展“领导干部结对救助贫困青年学生活动”，全市有688名副科级和36名副县级以上领导干部与744名贫困学生结成对子，开展“一助一”帮扶活动，受到全社会赞誉。全市有1万多名青年参与志愿服务活动，建立青年志愿者服务站、基地120多处，与老干部、老军人、老职工、孤寡老人结对子2000多对。“青年文明号”创建活动促进青年职工职业道德建设和经济的发展，全市窗口行业、工业企业有300多个岗位参加文明号创建活动，涌现出省级青年文明号岗位10个，烟台市级青年文明号岗位60多个。

2002年青年志愿者文艺演出

# 第三章 妇女联合会

## 第一节 工作机构

1972年11月，栖霞县妇联改称栖霞县革命妇女委员会（简称妇委会），1975年5月，县妇委会复称妇女联合会。1985年，有乡镇妇联23个，专职乡镇主要妇女干部23人。全县各行政村均建有妇联组织。1995年11月，撤销刘家河乡和占疃乡后，两个乡妇联随之撤销，乡镇妇联21个，专职乡镇主要妇女干部21人。2000年，乡镇合并，乡镇妇联组织19个，2002年末，乡镇合并为13个镇、2个街道，有乡镇妇联组织15个、街道妇联组织2个，农村妇代会953个。

1985—2002年，栖霞市有乡镇妇女组织15个，农村妇女组织953个。其间，召开妇女代表会议4次，出席会议代表共计1212人。县乡妇女广泛开展了“双学双比”“巾帼建功”和创建文明家庭、和睦家庭活动，涌现出技术能手49人，技术拔尖人才28人。创建“十星级文明家庭”10户、“五好文明家庭”30户。解决了200多起妇女儿童权益受到侵害案件，帮助350名失学女童重返校园，妇女儿童权益得到有效保障。

## 第二节 妇女代表大会

1951年8月至1984年8月，栖霞县妇联召开了11次妇女代表大会，1985年至2002年召开了4次妇女代表大会。

**十一次妇女代表大会** 1988年4月7—8日在县城影剧院召开，出席会议的代表300人。主要议题是，审议通过王春萍所作的《自强自立团结奋斗，为富民兴栖建功立业》的工作报告；表彰栖霞县“巾帼精英”和“三八红旗集体”，选举产生栖霞县妇联第十一届执行委员会，主任1人，副主任2人，委员32人。

**十二次妇女代表大会** 1988年8月22日在县城影剧院召开，出席会议的代表466人。主要议题是，审议通过崔常香所作的《奋发图强 团结一致 努力开创我县妇女工作新局面》的工作报告。选举产生栖霞县妇联第十二届执行委员会，主任1人，副主任2人，委员37人。

**十三次妇女代表大会** 1994年5月6日至7日在县城影剧院召开，出席会议代表300人。主要议题是，审议通过蔡凤所作的《团结求实，自强不息，为开创栖霞妇女工作新局面而努力奋斗》工作报告；表彰栖霞县妇女先进集体和个人，选举产生栖霞县妇联第十三届执行委员会，主任1人，副主任2人，委员38人。

**十四次妇女代表大会** 2000年3月10日在市影剧院召开，出席会议代表146人。主要议题是，审议通过李爱娜所作的《认真贯彻落实男女平等基本国策，努力开创我市妇女工作新局面》的工作报告；表彰栖霞市妇女工作先进集体、先进个人；选举产生栖霞市妇联第十四届执行委员会，主席1人，副主席1人，委员28人。

## 第三节 主要活动

**“双学双比”竞赛活动** 1985年以后，栖霞县妇联通过采取召开“三八”妇女节座谈会、举办妇女干部培训班、积极参加上级妇联组织的各种培训等方式，组织全县妇女干部系统学习

《中华人民共和国妇女权益保障法》《中华人民共和国劳动法》《中华人民共和国婚姻法》等与妇女生产生活密切相关的法律法规，妇女干部队伍素质明显提高。1989年以后，县妇联在全县妇女中开展“双学双比”（学文化，学科技，比发展，比贡献）竞赛活动。在农村，有13万农村妇女参与以发展庭院经济为主的“双学双比”竞赛活动。

1989年栖霞县建立全国“双学双比”食用菌示范基地揭牌仪式

1990年6月，县妇联举办“全县农村妇女第三届工艺品技术能手”8个项目的大奖赛，参赛选手164名，年龄18~60岁，共评出一等奖9名、二等奖19名、三等奖21名，有力地推动“双学双比”活动的深入开展。

1991年10月，为帮助广大妇女掌握先进的庭院致富技术，开拓勤劳致富技术及道路，促进“双学双比”（学文化、学科技，比发展、比贡献）活动的深入发展，县妇联编写出版《庭院致富实用技术手册》。1992年10月，县妇联举行一次全县庭院经济博览，共展出399个庭院，400多件作品，11人分别获得一、二、三等奖，栖霞县庭院经济得到全面发展。

1995年4月，开展妇女岗位技术比武活动，在农村比致富，看谁是农业技术能手，在城镇，比革新，看谁是岗位技术能手。通过比武，赛出了精神，赛出了成效。全县评出28个技术拔尖人才，其中农村评出大棚种植、养殖能手16个，城镇评出铆焊、机床等特殊岗位技术能手12个。

2001年7月，在寨里镇召开“科技进万家”活动现场会，全市各乡镇政工书记、妇联主席及相关部门负责人60余人参加会议，推动全市“科技进万家”活动的深入开展。

2002年，全市共创建“三八”科技示范基地21处，评选出烟台市级“科技进万家”活动先进单位5个，科技致富女状元20名。

**“巾帼建功”活动** 1998年开始，在全市女职工中开展“巾帼文明示范岗”创建活动。城镇6万名女职工参与“巾帼建功”竞赛活动，共开展岗位练兵40多场次、技术比武20多场次，促进了女职工岗位技能的提高。1999年，为推动“巾帼建功”竞赛上新台阶，在全市开展“科技进万家、法律进万家、美德进万家”，创建“十星级文明家庭”“五好文明家庭、“文明楼院”的三进三创活动。创建“十星级文明家庭”10户、“五好文明家庭”30户。为喜迎澳门回归，充分展示栖霞妇女的风采，市妇联举行“迎澳门回归展巾帼风采”摩托车环城表演，350余名妇女组成13个方队参加表演。

2000年，市妇联在全市妇女中开展各式各样的文体活动15次，举办演讲比赛2次，参加各种活动的妇女干部和青年能手1000多人次。2002年10月，市妇联在市进修学校举行“国税杯”迎“十六大”巾帼健身舞比赛，有24个代表队600余人参加，比赛共评出一等奖3名，二等奖6名，三等奖15名。到2002年底，全市共建“巾帼文明健身队”630个，文化活动站点100多个。

2002年妇女工作表彰大会会场

**家庭建设** 80年代，栖霞县妇女先后开展增产节约、尊老爱幼、婆媳互爱和勤俭持家等活动。1985年，在全县开展五好文明家庭评比。在农村，达到五好标准的有23户，在城镇，达到五好标准的有28户，年末，对51户五好家庭给予隆重表彰，大张旗鼓的进行宣传。

进入90年代以后，家庭建设向创建文明家庭、和睦家庭发展。1990年，全县开展精神文明建设活动，妇联组织及时抓住时机，在乡村、城镇开展文明家庭、和睦家庭活动，利用多种形式进行艰苦奋斗、无私奉献和民主与法制、移风易俗等教育。创建文明家庭、和睦家庭60户，年末召开表彰大会予以表彰奖励。1996年，全市开展“增强城市意识，创建文明城市”活动，妇联组织妇女200多人走上村头、街道、广场进行宣传，带头告别不文明行为。

2001年，全市妇女积极参与创建“平安家庭”“孝行天下”和睦家庭活动。市妇联组织巾帼文明队成员，在现场发放印有“家庭美德”内容的明白纸、发放《中华人民共和国妇女权益保障法》《中华人民共和国未成年人保护法》《栖霞市妇女发展纲要（2001—2010）》《栖霞市儿童发展纲要（2001—2010）》及有关法律法规等各种宣传资料1万余份，并结合这些知识内容进行现场互动问答。

家庭建设活动中涌现出许多敬老爱老先进典型，在烟台市妇联举办的“移动情”优秀家庭成员评选中，获得“十佳”好婆婆、“十佳”好女儿、“十佳”好媳妇、“十佳”好妯娌的荣誉称号。

2001年烟台市“孝行天下”和谐家庭建设先进事迹报告会在栖霞召开

**维权工作** 1985年，全县23处乡镇都建立维权领导组织，进行妇女法律知识讲座3次，培训妇女干部180人次。1987年，建立健全信访、投诉网络，建立妇女儿童维权投诉信箱，对侵害妇女儿童案件，积极与有关部门核准、合作，加以解决。当年，接待来人来访70余次，接受群众来信89封，对反映的问题都予以圆满解决。1990年，接待来访103次，反映家庭暴力、婚姻纠纷、虐待老人和儿童的占绝大多数，均一一解决，无重访现象。

1992—1998年，为维护妇女儿童合法权益，市妇联结合妇女权益保障法的颁布实施，在全市开展“维权宣传周年”“维权宣传月”“维权宣传周”。举办法律讲座14次，开展集市宣传11次，解决婚姻家庭纠纷123起。

2002年，通过“妇女儿童发展纲要宣传月”、层层举办培训班等活动大力宣传与妇女有关的法律知识，营造浓厚的依法维权的氛围。同时各级妇女组织充分发挥职能作用，认真接待来信来访，对危害妇女儿童合法权益，一经查实，协调有关部门坚决查处，共有200多起自身权益受到侵害的妇女儿童案件得到较好解决。

2002年开展为困难儿童送温暖活动

**春蕾计划** 1990年，栖霞县妇联在全县实施“春蕾计划”，其主要目的是帮助特别困难家庭，帮助濒临失学的女童完成学业。1990—2002年，全市有350多名失学女童重返校园，重新背上了书包认真学习。帮助贫困妇女脱贫致富2000多名，帮助600多名下岗女工重新找到工作岗位。

# 第四章 科学技术协会

## 第一节 工作机构

1980年9月，栖霞县科学技术协会成立，与县科学技术委员会合署办公，1982年12月，科学技术协会从科委析出，成为独立部门。

1980—2002年，全市建有各种科技协会22个，953个行政村都建成村级科协，乡镇村科普夜校450处，开展科普讲座500多次，发放科教资料5万余份，受益人口6万人次。

## 第二节 基层组织发展

1985年，先后建立环境保护研究会、果蔬贮藏保鲜研究会和医学会。是年底，栖霞县共有县级学会、协会14个，会员801人，乡（镇）专业技术研究会、协会发展到52个，会员373人。1986年，撰写科技论文225篇，全县各乡（镇）建立农民专业研究会、协会118个，发展会员2000多人，县级学会、协会、研究会共开技术交流会32次，参加人员达1715人。1987年，县级学会、协会和研究会发展到19个，有会员1119名。1988年，发展农民专业研究会1个，全县共建85个，有会员1680人，开展技术交流69次，共计2150多人，全县各学会、研究会共撰写科技论文544篇，交流344篇，其中在国家级刊物上发表29篇，在省级刊物上发表34篇，在市级刊物上发表58篇。1988年8月，成立栖霞县山东密刺黄瓜育种研究会，1988年11月，成立栖霞县医学会、电影协会、果树园艺学会、蚕学会等10个学会、研究会。1989年，新建农村科协120个，农民专业技术研究会20个，至年底共有县级学会、协会、研究会80个，厂科协19个，有会员1000多人。

1990年，开展栖霞县首届厂矿企业科技人员技术法规知识竞赛，并成立9个厂矿科协，建立1个气功研究会，同时调整1个学会和1个厂子科协，新建村级科普夜校201所，推广新品种7个。1991年，全县已建立农村专业研究会100多个。1994年，全县共有933个农研会，有会员24800人，能够正常活动的有559人，评选出1994年度科普乡镇7个，科普村166个，成立中国农村致富函授大学栖霞分校，各乡镇成立农函大辅导站， 1994年12月，成立8个厂矿科协。

2002年，除农民研究会、电影协会、果树园艺学会、蚕学会、村庄科协、厂矿科协外，还有12个果品流通、食用菌、渔业、大樱桃、苗木技术等乡镇专业技术协会。有4个市直部门研究会，即环境保护研究会、果蔬储藏保鲜研究会、中医学会和医学会。

## 第三节 科普宣传

1980年，科学技术协会成立后，组织基层采取科普集市宣传、科教电影宣传等形式，在全县大力普及科学技术。1982年，组织医疗、卫生、农业、畜牧、果业、林业、水利等技术人员110人，按各自分组分工，分头在23个乡镇巡回进行技术讲座，指导技术工作，让农民掌握农业新技术、养殖新技术。1986年，放映科教电影4006场，举办技术讲座304次，受益人口2万人次。1987年，在全县建立村科普夜校356所，参加技术学习人口1万多人。1988年，开展科普讲座259次，发放科教资料4.6万份，总结编写致富典型7个，并发行5000册，不仅宣传致富典型，而且为农村拓宽致富之路。

1992年，在山城二路举办科普一条街活动，共有350多人参加科普宣传和科技服务活动，受教育人口2.5万多人。是年末，全县953个行政村均建成村科协，由村委主任兼任科协主任，发展委员若干人，乡镇村都设有科普夜校，两级科普夜校达450处。

1993—1995年，实施“5321”工程，即在全县23个乡镇创建5个科普乡镇，321个科普村。通过乡镇积极努力，狠抓科技普及，上新创新，层层筛选，桃村、蛇窝泊、臧家庄、栖霞镇、松山镇5个乡镇被评为科技普及先进乡镇，国路夼、城关村、野夼村等321个村庄被评为科技普及先进村庄。是年，科协订阅《山东科技报》和《烟台科技信息报》6000多份，其中《山东省科技报》的征订名例全省第二名。1996年以后，科技普及活动更加深入进行。举办科技下乡服务167次，受益人口1.7万人，发放科技资料1.2万份。

1996年科协组织科普集市宣传

2000年，市科协举办《崇尚科学文明，反对迷信愚昧》大型展览，展览时间3天，参展2000多人，市五大班子亲临参观指导，大力推动了科学技术的普及和发展。

2002年，科协经过各方努力建立起省、市级农业科普示范基地8处，以镇（街道）、市直有关部门为主体，举办“崇尚科学、反对迷信，树立新风”的大型科普展，参展挂图146套，组织参与参展的镇（街道）14个，市直部门54个，充分实现参展的广泛性、针对性、实效性。

## 第四节 科技培训

1986年，全县举办各种专业技术培训班338期，培训人数3.78万人，主要培训科技带头户、科技示范户。1987年，举办各种专业技术培训班1665期，受训人数5000人次，主要培训种养业专业户、果树技术员和村委主任、副主任。1988年，全县23个乡（镇），都成立“三结合”科普学校，并有三分之一的学会有专职教师，制度健全，科技培训活跃，全年共举办短期培训班270期，培训人员2.15万人次。1990年，举办畜牧养殖、大棚种植、果业技术讲座211次，受益人口1.32万人次。1995年，培训高效农业、农副产品加工、淡水养殖、花卉培育等培训班136期，受益人口7600多人。1996年，开展农函大招生和科技培训工作，自主招生254人。

2000年以后，科学普及工作以推进农业标准化生产知识为重点，以现代农业发展为主线，侧重于农民培训。2002年，聘请专家讲课90多场，受训人数达7000多人，并首次印发信息咨询资料6000多份，科技小册子5000多份。

## 第五节 科技推广

1985年，召开科技探索研究会议40多次，重点加大科技普及力度和科普宣传、科技培训办法等。1989年，农民专业技术研究会探索棚养、水养、地栽等养植新技术，年创经济效益达250万元以上。1991年，科协在原寨里乡创建20亩科技试验农场，当年培育优质苹果苗6万株，为发展栖霞县果业生产起到科技推广的作用。1993年，推行“金桥工程”。其主要任务是，推动科技成果转化对企业和广大农村进行科技创新服务和技术服务，在科技与企业之间、在科技与农村之间、在科技成果向现实生产力之间架“金桥”，当年，推广企业科技、农业科技成果60多项，为企业、为农民创造直接经济效益960多万元。1995年以后，围绕县委、县政府“创名牌、上档次增效益、促发展”的目标，开展“五个一”（穿一身整洁的衣服、讲一口文明的语言、写一本干净的作业、做一个守纪的公民、创一个优美的环境）竞赛活动，狠抓科技阵地和干部队伍建设。1998年，在桃村、臧家庄、蛇窝泊镇举办大型科普宣传，推广滴灌、微喷等果业节水新技术。

2002年，在市实验中学、实验小学举行为期2天的“科学发展观”“国防警示教育”大型科普展，100多块刊版，共展出两大专题，参观展览的师生达4000多人次。

# 第五章 工商业联合会

## 第一节 工作机构

1953年9月，栖霞县工商业联合会成立，具体办理私营手工业和商业管理工作。1955年，对私营工商业进行社会主义改造结束后，其职能逐渐减少。1958年8月，工商联撤销。1997年4月，重新成立栖霞市工商业联合会，隶属于栖霞市委。

## 第二节 执行委员会会议

栖霞市工商联合会成立后，1997—2002年，共召开两届会员代表大会，5次执行委员会会议和扩大会议。

1997年5月，召开执委会会议，传达烟台市工商联第九届会员代表大会一次会议精神，部署栖霞市工商联工作。

1997年11月，召开执委会会议，传达中华全国工商业联合会第八届会员代表大会精神和《中国工商业联合会章程》。

1998年10月，召开执委会扩大会议，选举产生新一届工商业联合会组织，会议聘请郑云为名誉会长，传达烟台市工商业联合会会议精神。

1999年7月，召开执委会会议，主要学习《八联大章程》。

11月，召开执委会会议，传达《关于印发中国农业银行山东分行与山东省工商业联合会业务合作书的通知》，研究如何帮助私营企业发展问题。

2000年5月，召开执委会会议，研究深入开展先进单位和优秀民营企业会员评选工作；决定开展“致富思源，富而思进”教育活动。

2002年11月，召开第二届会员代表大会，选举产生第二届会员代表大会执行委员会。

## 第三节 主要活动

1997年，工商联合会成立后，对会议进行登记，搜集、整理、传递各种经济信息，促成非公有制企业之间合作，把会员企业基本情况制作图片、说明进行广泛交流。

1998年，工商联采取各种方式，实行专题对口方法，向广大非公有制经济人士宣传栖霞市经济发展政策和措施。先后组织骨干会员、机关干部100多人次参加省、市组织的党的“十六大精神知识竞赛”活动。2000年，组织学习国务院《关于鼓励支持和引导个体私营等非公有制经济发展的若干意见》（以下简称《若干意见》），并与政府15个部门联合，召开专题会议，对今后如何贯彻落实《若干意见》进行研究和部署。通过广播、电视、编发画册等形式，开展各种宣传活动，宣传民营企业发展状况。2002年，会同市委统战部、总工会、劳动和社会保障局、地税局、环保局等部门联合对“纳税、环保、就业”“社会主义优秀建设者”“关爱员工、实现双赢”“双爱双评”“五好商会、先进个人”等活动中涌现出的30多个先进典型进行表彰，树正气，激发会员企业争先创优热情。

### 第四节 参政议政

1997—1998年，工商联进行为期一年调查，将“加快民营经济发展”作为重点调研课题研究，形成《进一步优化非公有制经济发展环境》参阅件送市委、市政府参阅，得到市委、市政府肯定，主要领导签署意见，转发有关部门研究实施。1999年，栖霞市党代会和人代会期间，市工商联就非公有制经济发展、城建环保、下岗职工基金等方面的问题提交4份提案，有关部门均予以落实。

2000年，开展“民企联村” 活动，下发《关于在全市工商联会员企业中开展“民企联村” 共建社会主义新农村活动的实施意见》，有20家会员企业分别与20个村庄建立共建关系，对村庄的路面、水电、就医、学校及村舍、公共场所等农村基础设施进行建设和改造，共投入资金280万元，安置农村富余劳力400多个。市工商联副会长林文海出资6万元为村修路，硬化街道；市工商联常委林利民出资5万元为村创建生态文明村作贡献。

2002年，市工商联通过召开座谈会、报告会等形式，听取政府有关部门和会员中的人大代表、政协委员意见，对反映出的意见、建议和存在的问题，进行认真解决。当年，会员中的人大代表、政协委员向各级党委、政府提出合理化建议30多条，均落实到有关部门予以解决。3次组织会员企业到广东、浙江、上海和省内各地考察、交流，2次分别到韩国、日本进行经贸考察。2次组织会员企业参加“环渤海地区合作论坛、经贸合作洽谈会” “华东六省一市经贸洽谈会” 。 到年末，市工商联联络或拆借资金等达1000多万元。会员企业引进项目10个，引进外资500万美元，引进内资8000多万元。

## 第六章 残疾人联合会

### 第一节 工作机构

1991年1月，栖霞县残疾人联合会成立，为副科级事业单位，1994年5月，升格为科级事业单位；同时成立栖霞县残疾人工作协调委员会。1994年6月，成立聋儿语训所，1996年9月，成立劳动服务部，均为市残联的事业单位。2002年，在英炜社区、安泰社区等社区建立残疾人康复示范点，在人民医院、中医院等市级医院建立康复指导站，其中中医院为烟台市级康复指导站。

### 第二节 残疾人就业

栖霞县残疾人联合会成立后，开展“访百家用人单位，安排百名残疾人就业”活动，按比例安排残疾人就业。工作人员深入各镇街开展残疾人就业需求调查，对残疾人基本状况（包括具备技能、联系方式等）进行动态管理，每季度末上报一次，建立残疾人从业就业库，为提供从业就业打下良好的基础。

1991年之前，残疾人救助、从业等由民政部门予以解决和帮助。1992—2000年，组织各类残疾人培训班21期，培训2000余人次，其中

镇（街）培训16期，培训1800多人次；依托扶贫基地培训4期，培训160人。残疾人培训内容涉及种植业、养殖业、服装加工、计算机、工艺品加工、盲人按摩等技术，进一步提高残疾人参与社会的能力。

2002年，集中与分散安排残疾人从业就业400多人，个体从业就业人数达2100余人。全市有盲人按摩诊所7个，从业人员19人。向烟台大三元等单位推荐安排残疾人劳动就业[illegible]0多人。对残疾人从事个体加工业、服务业等经营活动给予减免税收的扶持政策，并提供相关服务。先后组织60余人开展4次残疾人技能比赛，进一步坚定残疾人自强、自立的信心。

## 第三节 扶贫 救助

**扶　贫**　1994年，开展“百户残疾人脱贫工程”，每年对有一定劳动能力、有脱贫愿望的贫困残疾人家庭进行重点扶持，重点帮扶400余户有劳动能力的贫困残疾人家庭，帮助他们购买生产资料，为尽快让他们脱贫致富提供物质基础和条件。1991—2002年，全市先后建立9处残疾人就业扶贫基地，其中栖霞市泰源服饰有限公司和栖霞市金明制衣有限公司被评为烟台市级基地；安置32名残疾人就业，辐射带动700多户残疾人家庭从业就业，户均年收入在2000—[illegible]000元左右。至2002年末，全市95%以上受助的贫困残疾人户实现脱贫。全市贫困残疾人危房改造项目累计投资88.1万元（其中烟台市残联帮扶39万元，市财政从残疾人就业保障金中拨付21万元，镇村和残疾人亲属自筹28.1万元），圆满完成55户贫困残疾人危房改造任务，其中新建房18户，修缮房37户，顺利通过烟台市的检查验收。烟台市残疾人安居工程入住仪式在栖霞市举行。

**救　助**　1991—1995年，对残疾人救助主要发放救济金和慰问品，数额不大，款物不多。1996年以后，认真落实市委、市政府残疾人福利政策，积极组织救助和帮扶活动，实施《烟台市关于救助特困残疾人的实施意见》，救助工作向深层次、高标准进行。2000年，将贫困残疾人1161人，纳入最低社会生活保障，其中城镇693人，农村468人。2001年，在全市开展副科级以上领导干部帮扶贫困残疾人活动，帮扶时间为3年，每人每年帮扶款物300元，并协调解决有关问题，有900余户残疾人家庭得到帮扶。

2002年末，纳入政府救助的贫困残疾人有3000多户，救助款物达60多万元。先后走访200多户特困残疾人家庭，救助款物10万余元。

**残疾人康复**　1991—1992年，对有白内障、聋哑儿童、少儿麻痹患者、手腿残疾、视力低下、弱智、精神病患者等残疾人进行调查登记。1993—1995年，购置部分康复器材发放给部分严重患者，与3所市直医院联系，分期分批对60多名残疾人进行康复治疗。1996—1999年，分期投资2万多元，在市中医院建立康复训练基地，配备专（兼）职康复指导员，对110名残疾人进行康复治疗。2000年，在全市16个镇（街道）建立康复指导站，聘请康复指导员，依托庄园街道的安泰社区和英炜社区，建立社区示范点，投资5万元配备康复器材和办公设施。

2002年栖霞市在文化广场举行轮椅捐赠仪式

2002年末，共救助白内障患者500多例，免费发放用品用具600多件，为200名肢体残疾人免费发放轮椅，为30名肢体患者安装普及型假肢，资助贫困聋儿配戴助听器20副；全市进行聋儿语训60多名，培训聋儿家长100多名，为精神病患者提供医疗救助4万余元。

## 第四节 残疾人文体活动

1991—2002年，在烟台市残疾人科技成果展示活动中，栖霞获得总分第四名的好成绩，其中吴洪生服装制作“剪出七彩人生”获三等奖，“中国第一金剪”栾淑荣获剪纸优秀奖。

以聋哑学校为基地，先后举办过多次文体活动，不断丰富残疾人的文化生活。在烟台市第二届残疾人运动会中，栖霞市被评为优秀组织奖，并有2名栖霞选手代表烟台市参加山东省第七届残疾人运动会，栖霞籍运动员共获得4块金牌，为栖霞市争得了荣誉。在烟台市市委宣传部、残联等单位举办的“烟台市残疾人事业好新闻奖”评选活动中，电视专题片《风雨丽人》被评为三等奖，广播文字类《中国第一金剪栾淑荣》被评为优秀作品奖。

# 第二十一编
# 民政 人事 劳动

1996年1月8日，栖霞召开撤县设市庆祝大会

# 第一章 民 政

栖霞市民政工作承担基层民主政治建设、社会救助和社会福利、服务军队和国防建设、管理专项社会事务4个方面。1978年开始，对全县的优抚对象进行全面普查，1981—1983年，对残疾军人、五保户、烈士家庭换发、补发相关证件，调整提高残疾军人、参战民兵、民工牺牲、病故抚恤标准。对特等、一等残疾军人和对越自卫反击战牺牲的烈士家属及伤残军人配偶、子女的有关政策进行落实。

1984年和1987年，根据中共中央、国务院《关于政社分开，建立政府的通知》精神和山东省《村委会选举纲要》要求，对农村进行两届村委会换届选举。1990—2002年，根据《中华人民共和国村民委员会组织法（试行）》进行5次换届选举。全市953个行政村换届选举取得成功。

1993—1994年，对乡镇区划进行调整，寨里、杨础、小庄、官道撤乡设镇，对占疃、刘家河撤乡并镇。1995年11月30日，经国务院批准，撤销栖霞县，设立栖霞市（县级）。

构筑社会救助保障体系，是社会福利事业的重要组成部分，1997—1998年，在原救助制度的基础上，实行农村居民和城市居民最低生活保障，为低收入群体解决生活中的实际困难。

1999年10月，通过开展“爱心献功臣”“双拥互助”等活动，栖霞市“双拥共建”工作进入新的发展时期，被山东省委、省军区评为“山东省双拥模范城”。

2000年，再次对全市乡（镇）区划进行调整，将大庄头、铁口两镇并入桃村镇；将寨里、中桥两镇并入臧家庄镇；将大柳家、连家庄两乡镇并入蛇窝泊镇，对松山撤乡设镇，把栖霞镇分设为翠屏街道和庄园街道。

进入21世纪后，栖霞市经济蓬勃发展，优抚对象的抚恤和生活补助标准得到极大提高，2002年7月，优抚对象的抚恤和生活补助，在烟台市率先实行社会化统一发放，优抚对象持专用存折到委托银行营业储蓄网点领取现金。

## 第一节 管理机构

1961年栖霞县民政局成立。1979年9月，成立地名普查工作领导小组，政府分管副县长任组长，邮电、民政、交通、公安、文化、教育、建委等部门的负责人为小组成员，地名普查工作领导小组在民政局内设地名管理办公室，具体负责地名管理和地名普查工作。1988年1月，成立老龄工作委员会办公室，正科级，与民政局合署办公。1990年11月，军队离退休干部休养所升格为副科级单位。

## 第二节 优抚 安置

**优 待** 政社合一的人民公社化时期，栖霞县优待形式为补贴工分。1978年，中共十一届三中全会以后，优待形式改为发放现金。1985年4月，栖霞县政府下发《关于进一步做好农村优待工作的通知》。从1985年开始，实行以乡镇为单位统筹统优，规定：烈士的父母、妻子及未成年的子女，实行按户计算，每户每年优待所在乡镇一户2人的平均经济收入；一户3人以上（含）者，可优待所在乡镇2人的平均经济收入；孤老烈残可优待所在乡镇一户5人的平均经济收入；孤老改嫁烈残，本人可优待所在乡镇1

人的平均经济收入。每个义务兵每年优待其家属所在乡镇1人的平均经济收入。

在乡的二、三等革命残废军人和年满60周岁（女满55周岁）和虽未满60周岁而确系带病回乡丧失劳动能力的复员军人，每户每年优待所在乡镇半个人的平均经济收入。对因带病回乡丧失劳动能力、长期不能参加劳动的退伍军人，优待形式、优待标准也作出明确规定。1985年，全县烈属、军属、革命伤残军人、复员军人和带病回乡的退伍军人共计11134户，优待7705户，发放优待金303.8万元，平均每户394元。

对城镇非农业户口入伍义务兵的优待随着形势的变化而改变，1994年前，城镇非农业户口义务兵的优待主要通过财政拨款，民政局代发。1994年12月，栖霞县政府《关于改变城镇农业人口义务兵优待金筹集办法的通知》中规定，1993年县政府发布的《烟台市征兵暂行规定》确定的年800元优待金标准继续执行。从单位应征入伍的义务兵，由入伍前所在单位发放优待金。入伍前无工作单位的待业青年，入伍后优待金由其父母双方单位各负担50%，父母只有一个有工作的，由一方单位全部负担，父母无工作单位的，由所在街道办事处负担。

1999年，在庆祝中华人民共和国成立50周年之际，中共栖霞市委、市政府转发烟台市双拥工作领导小组、烟台市民政局《关于在全市深入开展“爱心献功臣行动”的实施意见》，全市开展送温暖献爱心活动，共捐款61万元，对194户“三老”优抚对象（老烈属、老伤残军人、老复员军人）进行重点结对帮扶，解决或缓解“三老”扰抚对象生活难、住房难、医疗难问题。为减轻“三老”优抚对象的负担，栖霞市政府制定《栖霞市拥军优属若干规定》。革命烈士家属、革命伤残军人，在乡老复员军人及带病回乡基本丧失劳动能力的退伍军人免义务工，免缴村提留和乡统筹款，并不得摊派各类集资，在实施城乡最低生活保障制度中，优抚对象的抚恤补助金不计入家庭收入。

2002年，栖霞民政部门对全市烈军属、伤残军人、带病回乡的退伍军人等进行普查登记，全市优抚对象共计8400户，当年优待7832户，发放优抚金5632万元。

### 1985年栖霞县统筹优待情况统计表

表21-1 单位：户、元

| 对　象 | 总户数 | 优待户数 | 优待现金数 | 平均每户所得 |
|---|---|---|---|---|
| 烈　属 | 1456 | 1004 | 616377 | 614 |
| 军　属 | 3269 | 2540 | 1275318 | 502 |
| 残　废 | 2586 | 2101 | 547943 | 260 |
| 复　员 | 3449 | 1962 | 571442 | 291 |
| 带病退伍 | 374 | 98 | 26536 | 270 |
| 总　计 | 11134 | 7705 | 3037616 | 394 |

**2002年栖霞市统筹优待情况统计表**

表21-2 单位：户、万元

| 对 象 | 总户数 | 优待户数 | 优待现金数 |
|---|---|---|---|
| 烈 属 | 815 | 776 | — |
| 军 属 | 1015 | 1015 | 111.6 |
| 伤 残 | 2293 | 1756 | — |
| 复 员 | 2401 | 2401 | — |
| 带病退伍 | 1876 | 1876 | — |
| 总 计 | 8400 | 7832 | 5632 |

**抚 恤** 1985—2000年，烈属定期抚恤金进行9次调整，定期抚恤金由1985年的月补25元提高到130元，增幅15%；伤残抚恤金从1984年7月到2000年7月进行8次调整，提高抚恤金标准，其中特等伤残军人伤残抚恤金由原来的每年570元提高到7000元。

为确保优抚对象及时足额领取抚恤金，促进优抚工作健康顺利发展，2002年7月，栖霞市在烟台市率先推行优抚金社会化发放改革，市政府专门下发《关于转发〈栖霞市优抚对象抚恤补助金统一发放暂行办法〉的通知》，规定抚恤补助金的发放由原乡镇民政所代发改为优抚对象持专用存折到委托银行营业储蓄网点领取现金，对抚恤补助金进行统一发放，方便优抚对象。抚恤金社会化发放办法被烟台市全面推广，并在全省民政系统介绍交流。

在中越边境自卫反击作战中，1979年栖霞共293人参加战斗，王殿国、丁言龙、林振友、林树平、陈旭红、肖建光、崔杰利、韩学尊8人在战争中壮烈牺牲。其中，林振友记二等功，王殿国、丁言龙、林树平、陈旭红记三等功。为褒扬革命烈士，抚慰烈士家属，栖霞县人民政府和民政局等有关部门到烈士家，看望慰问烈士家属，并按政策发给各位烈属一次性抚恤金，安排烈士弟妹1人就业。烈士骨灰安放在英灵山胶东革命烈士陵园，供人民群众瞻仰。

**退伍义务兵、转业志愿兵和部队复员干部安置**

栖霞市是烟台市每年征兵数量较多的县（市、区）之一，为此，每年退伍回栖霞市的退伍军人较多，安置困难大。1985—2002年，栖霞市共接收退伍义务兵5300人，转业志愿兵980人，其中所有转业志愿兵都安排工作。属于城镇的因战、因公致残二等以下的退伍义务兵和家庭变迁的退伍义务兵有640人，全部由政府安排工作。

为适应形势发展要求，栖霞市于2001年，在烟台市率先实行对城镇退伍义务兵和转业士官的“阳光安置”方法，按照“公开、公平、公正”的原则，引入竞争机制，进行档案考核和文化考试、综合评定、公开公示、择优安置，受到社会的欢迎。

2002年，安置工作主要采取政府指令性安排和自谋职业相结合的方式，根据考核和考试的综合成绩，由政府指令性安排工作；对自谋职业者实行一次性经济补助，转业士官标准为10000元/人，其他退役士兵标准为6000元/人。

**军队离退休干部、无军籍退休退职职工安置**

1981年，栖霞县开始筹建军队干部休养所，建宿舍楼4幢，建筑面积2600平方米，投资33.87万元。1985—1988年，建设2幢宿舍楼及办公、会议、游艺、医务室等附属工程。

1985年，军休所为股级事业单位，归口民政局管理，1986年，根据国家、省、市有关规定，军队离休干部移交县老干部局管理，接收的45名军休人员有21名转到老干局，民政局管理的24名军休人员有12名居住农村，12名居住城区。是年12月，根据上级指示精神，原属县人民武装部管理的23名军队离、退休干部及家属一并移交民政局管理。1990年，军休所升格为副科级事业单位，隶属关系不变。

2000年军休所干部给驻军官兵讲军史

2002年军休所离退休干部太极拳表演

1985—2000年，军休人员按批次接收，从2001年后，按年度接收，至2002年末，全市共接收安置离退休干部64名，大部分居住在军休所，个别居住在农村，由民政局分散管理。市军休所由于积极落实军休工作“两个待遇”，成绩突出，被国家民政部和中国人民解放军总政治部、总后勤部联合评为“全国军队离退休安置建房服务管理工作先进单位”。

**双拥共建** 20世纪80年代，栖霞驻军各军兵种有10多个单位。全县人民发扬光荣传统，积极参加拥军活动，国防观念不断增强。栖霞县政府每年都提高财政投入，支持部队建设，每年“八一”建军节、元旦、春节等重大节日，栖霞县（市）政府都举办军政座谈会、联欢会，并组织有关部门走访慰问驻栖霞部队官兵，发放慰问品，解决部队的困难。

1985年，投资70万元用于部队训练、建设之需。1990年，投入130万元，用于部队训练场地、办公设施建设以及生活补助和医疗补贴。1996年，驻栖54751部队进行国防光缆工程施工，全市各级各部门、各界人民群众积极支持部队施工，全市用于拥军的物品折款约10万元。1999年，全市各级各部门开展争创“双拥模范城”活动，栖霞市人民政府在市民政局设立创建工作办公室，统一协调全市的创建活动。经过全市上下不懈努力，栖霞市双拥模范城创建活动获得圆满成功，1999年10月，栖霞市首次被山东省委、省军区授予“山东省双拥模范城”荣誉称号。

2000年8月，栖霞市在全市范围内开展科技拥军活动，为驻栖29个建制连队的每个连队配备计算机、200本科技图书和一套电化教学设施，资助资金约30万元。社会拥军活动也一直保持良好传统，涌现出电业局、国税局、地税局、电信局等拥军先进单位。

驻栖霞市各部队也大力支援地方基础建设和经济建设，重大活动纷纷出车、出人、出

物。1999年，栖霞市对山城湖和白洋河进行整治，驻栖霞54694部队、海军导弹技术保障大队出动官兵4000多人次、车辆120辆次，清理淤泥3万多立方米。

2000年6月，栖霞市艾山发生特大山火，千亩山林受损，驻栖霞54694部队、武装部、预备役团、预备役高炮团、86877部队、松山教导队等部队组织近3000名官兵参与灭火，奋战三天三夜终将大火扑灭，为地方挽回巨大的经济损失。

2000—2002年，为适应新形势发展需要，军队与地方人民政府联合举办培训班160多期，主要培训计算机业务，农村养殖、蔬菜种植、淡水养殖和厂矿企业技术岗位培训等，军地互相培育人才1200多人，共同开发和使用军地两用人才1800多名，开发使用率达98%。

## 第三节 救灾 救济 扶贫

**赈灾救灾** 1985—2002年，栖霞市旱灾、风雹、洪水、低温冷冻等多种自然灾害频繁发生，经济损失比较严重。

1985年7月，县内发生两次冰雹袭击，大面积农作物和果树受灾，县政府组织干部到23处乡镇指导救灾，抽调180人到北京、天津、济南等地帮助果农销售苹果，10个果品厂积极加工水果罐头，减少灾害损失。

1991年6月，亭口、唐家泊、桃村、蛇窝泊、连家庄、苏家店、寺口、松山、大庄头等9个乡镇120个村遭受雹灾，受灾农户达2.3万户，人口7.9万人，直接经济损失2851.7万元。同年10月，亭口、大柳家、占疃等3个乡镇遭雹灾，直接经济损失600余万元。面对灾情，栖霞市委、市政府立即组成救灾领导班子，集中人力、物力、财力，投入抢险救灾工作，组织恢复生产，开展生产自救。对重灾区、重灾户采取以工代赈，减免税赋，贷款支持，拨发救济款、救济粮等方式进行救灾扶贫，并捐赠衣被，调拨化肥、种子、农药等救灾物资。政府拨付救济款100多万元，减免农业税300多万元。

2000年10月，西城、寺口、苏家店、观里、杨础5个乡镇119个村遭受严重雹灾，其中重灾村63个，果树受灾面积3470公顷，损坏房屋370间，直接经济损失1.94亿元，损失较大，涉及范围较广。市政府发动全市干部群众积极投入抗灾斗争中，干部群众主动捐款200多万元，政府拨付300多万元用于抗灾扶贫之中。

1997—2000年，栖霞市连续4年遭遇百年不遇的干旱，给全市工农业生产造成极大损失，其中农业损失2.5 亿元，工业经济损失2.4亿元，2000年化肥厂、轮胎集团等大批企业因“水饥荒”导致无法开工，大批工人待业。

2002年4月24日夜至25日凌晨，栖霞市15镇913个村普遍遭受低温冷冻灾害。当时最低温度为零下2.9 ℃，全市果园受灾面积25467公顷，直接经济损失17.6亿元。1997—2002年，发放自然灾害救济款总额达650多万元。

为体现中华民族“一方有难，八方支援”的传统美德，栖霞县委、县政府还动员全县人民踊跃捐款捐物支援全国其他受灾地区。1991年，江苏、安徽两省发生特大水灾，全县捐款29.82万元、捐助粮食2230.3公斤。1993年，山东菏泽、临沂、枣庄等地发生水灾，全县捐款65.3万元；1994年，对口支援沂南县，捐助衣物31494件。1996年，东营、菏泽、滨州等地发生水灾，全市捐款18.78万元元。1997年，募集衣被82478件对口支援新疆。1998年，松花江流域特大水灾，全市捐款86.1万元，募集捐献棉衣棉被88660件。1991—2002年，全市人民援助各类灾害受灾地区捐款捐物以及各类物资，共计折合人民币890万元。

1998年栖霞市民向灾区捐助现场

**社会救济和最低生活保障** 1985年，栖霞县大胆改革，打破过去临时救济的做法，对70个农村常年基本生活无法维持的特殊困难户，实行定期定量救济，按月供给，每户年平均60～70元。1995年，发放救济款11万元，救济特困户500多户、2100多人。1996年，全市发放救济款16万元，救济特困户890多户、3000多人。

1997年以后，对贫困户的救济，实行凡家庭人均纯收入低于550元的农户，都可享受最低生活保障，对家庭年人均收入低于保障标准的实行差额补助。市财政负担所需资金30%，乡镇财政负担30%，村负担40%，并在村提留、乡统筹、治病和子女上学入托等方面给予优惠照顾。

1998年10月，栖霞市开始实行城市居民最低生活保障制度，保障城市贫困家庭基本生活。凡家庭月人均收入低于120元居民都可享受这一制度，实行差额补助，所需资金由市财政负担，并在子女上学入托、治病等方面给予优惠。

2002年，全市农村有821户1803人享受到最低生活保障，年发放保障金33.3万元。全年发放农村生活保障金72.4万元。城市最低生活保障标准调整为180元，并扩大保障范围，实现"应保尽保、应保全保"。年末，全市享受城市低保的有1542户3425人，年发放保障金398.4万元。

**扶贫与扶持** 栖霞地处山区，又是一个农业县，生活水平相对较低。80年代，扶贫的主要对象是孤老、残疾、重大病灾家庭，以户为单位救济，县乡两级政府每年拨付救济款平均在200万元以上。

进入90年代以后，扶贫工作实行救济辅助，政策拉动，社会互动，向深层次发展，不仅仅依靠资金支持，而是用技术、项目扶持。1997年，栖霞市在全市农村开展"手拉手"扶贫活动。市、乡、村三级干部及农村党员干部，签订帮扶协议，结成帮扶对子。通过传一门技术、指一条路子、上一个项目、提供一条信息、帮扶一定资金等"五个一"活动，用三年的时间，使贫困户达到或接近当地人均收入水平。全市共有5000多名党员干部和富裕户与3700户贫困户签订协议，脱贫率80%以上。

1998年10月，栖霞市在全市城市开展"心连心"社会帮扶活动，共落实252户城市贫困居民与市直部门结成帮扶对子，每年帮扶资金17.5万元，帮助贫困家庭寻找就业渠道，用优惠政策鼓励其自主创业，城市脱贫率75%以上。

2002年6月，栖霞市开展爱心捐助活动，建立爱心捐助资金，用于救助困难群众，共接收社会各界爱心捐款3000万元。

## 第四节 社会福利

**敬老院建设** 最早建设敬老院的是原栖霞镇（2002年为翠屏街道辖区），1991年10月筹建，1993年建成，总投资120万元。规划面积3公顷，民房砖瓦建筑结构，共81间，有床位40张，吃、住、供、养为一体。凡是确定为五保对象的，经本人申请，村委会同意，乡镇政府批准即可入院居住。敬老院实行依靠政府、

集体赡养、民主管理、勤俭办院办法，入院自愿，出院自由。

1994年6月，招收首批院民。2000年，房屋扩建到112间，床位增加到60张，入住院民51人。

到2002年，全市建有乡镇敬老院13所，其中一级敬老院1所，二级敬老院3所，三级敬老院2所；床位375张，供养“五保”老人316人，全市投入敬老院建设资金1300多万元，“五保“老人入院率70%以上。

为适应新的养老事业的需求，敬老院利用闲置床位向社会开放，有偿代养社会老人。2002年末，各镇（街道）将敬老院全部过渡到老年公寓，对外挂敬老院和老年公寓两块牌子，由原来单一的“五保”对象集中供养走向集“五保”对象供养与社会代养于一体的“一院两制”的路子。

位于翠屏街道大霞址的老年公寓（2002年）

西城镇开办的老年公寓（2002年）

所有老年公寓内，娱乐室、卫生室、伙房、餐厅等各种设施齐全，成为老人的乐园。翠屏街道敬老院是栖霞市规模最大、设施最完备的市重点敬老院，被省民政厅评为“一级敬老院”和烟台市“文明窗口敬老院”。

**农村“五保”供养和老龄人待遇** 1986年，栖霞县60岁以上老年人口占总人口的比例达到10%，老年人口呈逐年上升趋势。1987年8月，栖霞成立老龄问题委员会，1988年1月，成立老龄问题委员会办公室，1993年8月，撤销老龄委办公室，其工作交民政局管理。2002年5月，恢复老龄委办公室，与民政局一个机构两块牌子。

1990年，对70岁以上的老年人颁发“老龄优待证”，老年人免费乘坐公交车、免费参观旅游景点等。1991年10月，栖霞县在烟台市率先实行对百岁老人每人每月发放30元补贴，1994年1月，提高到每人每月60元，1999年1月，百岁老人补贴提高到每人每月100元。7月，栖霞市政府制定下发《优待老年人规定》，农村70岁以上老年人免交村集资提款、乡（镇）统筹款；60岁以上老年人免义务工、劳动积累工，免交集资；老年人进公园免购门票，免费使用公厕；70岁以上老年人免费乘坐公交车辆，就医免收挂号费等。每年“九九”老人节期间由市民政局、市老龄办、市监察局牵头，组织市交通局、市卫生局、市建设局、市林业局等单位组成检查组，对老年人持优待证乘车、就医、入厕、参观旅游景点等情况，采取明察暗访的形式进行督查，对检查中发现的问题及时予以纠正。

1985年，全县五保户700多户，集体供给支出4万多元，生活水平与普通群众相等，口粮略高于普通群众。1996年，对农村困难户发放最低生活保障金。1999年11月，推行“五保”费用乡镇统筹，解决应保未保和供养标准偏低的问题，对符合条件的“五保”对象进行登记，发放“农村五保供养证书”。2002年，在全社会组织妇联、共青团对“五保”对象开展送温暖献爱心活动等，全市捐助资金30多万元。

至2002年末，全市60周岁及以上老年人口107526人，占全市总人口数的17.1%，其中百岁老人18人，全部享受高岁补助，为每人建立医疗健康档案；“五保”老人1867人，供养率达到100%。全市共签订家庭赡养协议书4.7万户，签订率达96%，改建完成高标准的老年人活动室30余个，其中4个村被烟台市老龄办授予“老年人活动室示范点”称号。投资500余万元，在市区建成一处建筑面积1500平方米，集老年人读书、健身、娱乐为一体的老年福利服务中心，共有各类图书1万余册，健身娱乐设施60台（套），丰富全市老年人的文体生活。全市有7个村的老年人工作委员会被烟台市老龄办授予“先进村居老年人工作委员会”称号。

**残疾人安置** 1980年开始，国务院提倡大力兴办社会福利企业，妥善安置有劳动能力的残疾人就业，栖霞县抓住机遇发展县、乡、村各种形式的福利企业。1991—2002年，全市发展福利企业25处，建立残疾人就业扶贫基地9处，主要涉及包装印刷、玻璃制品、五金电镀、橡胶制品、汽车修理等行业。这些企业年产值达4200万元，实现利税460万元，安置残疾人375人，辐射带动700多户残疾人家庭从业就业，户均年收入3000元左右。

## 第五节 婚丧 收养

**婚姻登记** 1980年，修订的《中华人民共和国婚姻法》，补充“实行计划生育”的条款。婚姻登记管理机关是乡（镇）人民政府，由乡（镇）民政助理负责办理。

1997年1月，栖霞市婚姻登记管理工作收归市民政局。1997年7月，成立栖霞市婚姻登记管理处，婚姻登记由乡镇办理改为全市集中办理，改变长期存在的无专门机构、无专职人员、无专设场地的“三无”状态，也改变婚姻登记和婚姻管理脱节问题，依法登记，维护婚姻法的严肃性和婚姻当事人的合法权益，登记合格率、晚婚率、宣传教育率均达到100%。被山东省民政厅评为“山东省婚姻登记管理先进单位”。2002年，依法婚姻登记460对。

婚姻登记服务厅（2002年）

**殡葬管理** 根据国务院提出的“积极的有步骤的推行火葬，改革土葬，破除封建迷信的丧葬习俗，提倡节俭、文明办丧事”的方针，栖霞县于1975年8月筹建火化场，10月全部完工，12月正式开始尸体火化，当月火化尸体249具。1981年，火化场改称栖霞县殡仪馆。1985年，全县的火化率达95%以上。1994年，投资130万元，新建殡仪馆办公大楼，建筑面积8000平方米。投资60万元，增设殡仪厅、会客厅、骨灰寄存室及工作人员办公设施，建筑面积2400平方米，并购置5辆专用运尸车。1997年，殡仪馆被国家民政部批准为国家三级馆。1998年，投资60万元，改造火化炉，新上4组尸体冷冻柜。

2000年，投资158万元，在桃村镇宋家埠村东新建殡仪馆分馆，设3台火化炉，其中有高档火化炉1台，1组尸体冷冻柜，分馆建筑面积4000平方米。2000年以后，全市的火化率一直保持在100%，每年的化尸量在4000具左右。

**收养登记** 1992年4月1日，《中华人民共和国收养法》颁布实施，栖霞县民政局为收养登记管理部门。是年6月，烟台市将收养子女登记管理权收归烟台市民政局。1999年6月，按照新的收养法和《中国公民收养登记办法》，栖霞市民政局又接管全市中国公民的收养登记管理工作，当年登记16对，收养弃婴和孤儿8人。

到2002年末，全市依法收养登记共计198对，共收养弃婴和孤儿99人，登记合格率为100%。

## 第六节 地名管理

**地名普查** 1979年9月，成立地名普查工作领导小组，从有关单位选调8人组成地名领导小组办公室。通过学习、培训后，于当年12月对全县展开地名普查。1980年，经过一年多时间，全县2507条地名全部普查结束。

第一类地名，大队以上行政区划、自然村、社办企事业等共1950条。第二类地名，厂（场）、站、所、矿、校等24条。第三类地名，人工建筑物、古迹、纪念地等共93条；第四类地名，自然地理实体363条。另有县城街巷40条，各类注销地名37条，并将上述各类地名普查材料，进行“内业”整理和标准化处理工作，将所形成的图、表、文、卡和地名索引五项内容，通过质量检查和验收后完成复制上报成果的任务。

2002年， 根据国家、省、市关于在城乡设置地名标志的统一布署，按照市政府要求，经过科学规划、普查登记、命名更名、编排号码、收费设标、建立档案、检查验收等，共设置立杆式街路标志280余块，街巷牌300余块，户牌15万余块。

**地名命名、更名** 1982年5月，根据国务院《关于地名命名、更名的暂行规定》和山东省人民政府通知规定“一个县内生产大队不重名”“文化大革命”中乱改的地名，原则上要恢复原名的精神，经县人大常委会第十一次会议通过，决定将县内17个公社75个重名大队（村庄）进行更名。1995年6月，将栖霞镇、寺口镇、官道镇等8个乡镇13个村庄进行更名。

**勘 界** 1996年6月至11月，栖霞市完成与周边招远、莱阳、海阳、牟平、福山、蓬莱、龙口7个县（市、区）之间372.03公里的行政区域界线的实地勘定和命名，其中与海阳市边界设双面桩7个，与招远市边界设双面桩10个。栖霞市牵头的栖霞—海阳线和蓬莱—栖霞线，获全省县级行政区域界线勘定优秀成果三等奖。

1985年，对城区拓展后新开通的12条主要街路予以命名。其中南北走向5条，分别命名为“霞光一路、二路、三路、四路、五路”，东西走向7条，分别命名为“山城一路、二路、三路、四路、五路、六路、七路”。1996年借撤县设市之机，在广泛征求社会各界人士意见的基础上，将市区内6个居民小区、14条路 、54条街和10条巷进行命名、更名，同时废止旧名称使用。根据其功能和位置，将城区内南北走向的5条路，由西向东更名为迎宾路、商业街、霞光路、文化路、向阳路；东西走向的9条路，由南向北命名、更名为翠屏路、跃进路、涌泉路、市府路、山城路、锦绣路（新建的路）、金岭路、振兴路、庄园路。6 个居民小区命名为“金岭、东山、西台、向阳、文水、枣行小区。

**地名标志设置** 根据国务院、山东省人民政府和烟台市人民政府指示，1990年，栖霞县首先在桃村镇西庄、前埠两村开展设置村名标志试点工作，1991年之后在全县推开。至1997年，全市设置农村地名标志 842块，占全市农村总数的88%，其中国道两侧和公路两侧的村庄设标率达100%。村名标志正面刻标准名称和汉语拼音，背面刻名称来历、含意及本村概况。随着城区规模的日益扩大和经济的不断发展，地名使用频率越来越高，迫切要求实现地名标准化、序列化和层次化，借撤县设市之际，1995年，对城区地名标志及各单位牌匾、印鉴进行统一整顿。市区共设置街巷牌、大门牌、楼牌、单元牌、户牌共18641块，消灭牌匾及印鉴繁体字、别字、自造字。1998年春，采取“公益事业社会办”的方法，与工商银行、运输总公司签订合同，合同期内合作方可在路标栏内自由设计安装本单位的广告，从社会筹集资金11.4万元，一次性高标准完成市区61块路街标志的设置工作，结束栖霞市区有街无名、有名无牌的历史。2001年11月，对市区内已建成的2个居民小区（翠屏小区、文化小区）、10座桥梁（市府桥、振兴桥等）、2处公园（翠屏公园、凤凰岭公园）及山城湖、体育场等进行命名。市行政中心北移，实现城区第二次大规模拓展。

2002年，立足栖霞实际，争取财政拨款5.8万元，运用市场运营形式筹集资金1.2万元，按照国颁《地名标牌•城乡》标准对市区66块街路标志进行重新设置。

1991年设立的村名标志

1998年设立的路标

**地名研究及成果** 1987年，编辑《栖霞县地名管理规定与标准地名资料》《栖霞县地名释文》，并汇编栖霞县第一部地图集《栖霞县地图册》，该图册汇集山东省、烟台市政区略图和栖霞县政区、公路、城区、23个乡镇共29幅图，记载县内全部山水名称、公路交通、市集山会、人口姓氏、土产特产等多方面的乡土知识。该图册获山东省优秀地名成果三等奖。

1996年，编印出版《栖霞市地图》和《栖霞市区图》，两图设计新颖，资料丰富，是1995年撤县设市后第一份较为详细的地图。2002年，编辑新版《栖霞市地图》，该图由山东地图出版社公开出版发行，是建国以来栖霞市第一份公开出版的彩色行政挂图。

栖霞市地名研究论文《谈新形势下如何开展地名工作》，2000年9月，在全省地名优秀研究成果评选中获论文一等奖。

## 第七节 民间组织管理

**社团管理** 中共十一届三中全会以后，政治生活民主化进程大大加快，栖霞县社团组织得到迅速发展。

1989年，民政局内设立社团管理科，1990年，社团管理工作开始走上规范化、法制化发

展轨道。1990年3月至1991年2月，对栖霞县214个社会团体情况进行调查摸底，1991年3—11月，社会团体登记管理办公室对社团进行全面清理整顿。同年11月，召开全县清理整顿工作会议，对登记的102个社团颁发证书。

1991年底，标准登记的社团达到126个。其中法人社团57个，非法人社团69个。1997年7月，撤销“栖霞市张维祥人字特能功研究会”。同年11月，召开全市清理整顿社团工作会议，至1998年5月，清理工作结束，继续保留社团24个。1998年5月，撤销“栖霞市武术协会”“继续教育协会”“经纪人协会”“商业经济协会”等4个社会团体。

2002年末，全市主要社会团体30个，全部为法人社团。

计划生育协会，1991年11月注册登记；消费者协会，1990年5月成立，1991年12月注册登记；个体劳动者协会，1984年9月成立，1991年11月注册登记；职工思想政治工作研究会，1986年4月成立，1991年9月注册登记；电信局职工技术协会，1992年3月成立，1992年7月注册登记；基督教三自爱国运动会，1991年12月注册登记；医学会，1985年12月成立，1991年6月注册登记。此外，还有企业家协会、中医学会、食品工业协会、红十字会、集邮协会、书画家协会、美术家协会、救灾扶贫储金会、丘处机研究会、老年人体育协会、私营企业协会等。

**民办非企业单位管理** 1998年9月，国务院通过《民办非企业单位登记管理暂行暂行条例》。10月，栖霞市下发《栖霞市民办非企业单位登记工作意见》，对民办非企业单位进行复查登记。民政部门在统一登记发证的同时，还对民办非企业单位加强规章制度建设，先后建立起政务公开、档案管理、联络负责等制度，理顺民办非企业单位管理体制。

2002年末，栖霞市依法登记的各类民办非企业单位有563个，登记率100%。这些单位主要涉及教育、文化、卫生、民政、司法等部门，具体指民办幼儿园、学校、门诊部、医院、体育场馆、法律事务所、援助中心等。

## 第八节 群众自治组织建设

**村委会建设** 1984年，栖霞县改大队管理体制为村民委员会管理体制。村民选举产生村民委员会，村委会由主任、副主任以及村民委员组成，中小村庄3～5人、千人以上的大村庄3～8人不等。1988年，《中华人民共和国村民委员会组织法》试行，村委会建设走上正轨。全县自然村庄968个，建设村民委员会951个。2002年，全市自然村庄966个，建设村民委员会953个，增加2个。

农村村委会受所在乡镇政府领导和指导，接受工作安排。在本村单独建设办公场所。

1988年，开始探索村庄实行村民自治路子，1990年，开始制定村民自治制度和章程，规范村民代表条件、议事范围和村民代表权利及义务。1990年，建立村民代表议事小组968个，2002年，因村庄合并或划出，全市农村村民代表议事小组有953个。

**村委会换届选举** 1984—2002年，共进行7次村民委员会换届选举。1984年和1987年的两届村委会换届是根据中共中央、国务院《关于政社分开，建立政府的通知》精神和山东省《村委会选举纲要》要求进行的。1990年、1993年、1996年3次换届选举是根据1988年颁布的《中华人民共和国村民委员会组织法（试行）》进行的。

1996年，新的《中华人民共和国村民委员会组织法》和《山东省村民委员会选举办法》颁布后，1999年1月，全市第六届村委会换届选举开始，并于年底前结束。选举过程实行村民不提名民主选举方法，村委会班子成员由原来村民小组提名推荐候选人，改为村民直接投票选出候选人，全市村民参选率达到95%以上，有的村庄达到98%以上。

2002年1月，第七届农村村委会换届选举开始，于年底结束，选举过程同第六届一样自主选举。全市953个村委会全部进行换届选举，民主产生4638个村民小组、3638个下属工作委员会、23889个村民代表。这次换届选举共选出党支部成员3029名，平均职数3.3个；新当选的党支部成员中，年龄在45岁以下的1787名，占59%；高中以上文化程度的1945名，占64.2%；妇女当选支部成员272名，其中任党支部书记的23名；支部成员平均年龄45.2岁，党支部书记的平均年龄43.3岁，分别比换届前下降0.6岁和2.1岁。

农村基层群众自治组织，实行村民自我管理、自我教育、自我服务，坚持民主选举、民主决策、民主管理、民主监督。镇（街道）政府（办事处）对村委会指导、支持、帮助和监督。

1999年松山镇虎龙口村委会进行换届选举

2002年新当选的村干部接受培训

# 第二章　人事管理

1985—2002年，全县清理清退县乡机关事业单位中借调、混岗和私招人员2245人。县乡机构改革中，县级党政机构由99个精简为45个，县直党政群机关考录工作人员410名，其中，1996年，国家实行公务员制度以来，栖霞市共考录国家公务员65名。事业单位公开考试录用工作人员1193人。其中，录用公办教师1181人，其他事业单位12人。首次在企事业单位中推行补充干部聘用制工作，共有4243人被聘用，其中企业单位聘用2361人、事业单位聘用1882人。

全市专业技术人员达到11243人，其中副高级以上专业技术人员793人。

## 第一节　管理机构

1967年2月，栖霞县人事监察局被撤销，1979年4月恢复。1982年1月成立机构编制委员会办公室，正科级，与人事局合署办公。1988年7月成立人才交流服务中心，1991年3月成立科技干部管理办公室，1994年5月成立科技人才考试培训中心。

## 第二节 编制管理与机构改革

**机构编制控制** 为加强机关事业单位编制管理的制度化，1988年2月，实行增人计划审批制度。机关事业单位一般工作人员的调入，必须有主管部门填写增人计划审批表，报经编委办公室审核批准，持批准手续到调配部门办理相关调入手续，未经批准一律不得擅自调入。之后，机构编制和人员调入管理一直按此制度执行。

1998年，栖霞市人民政府制定《关于清理清退市乡机关事业单位非在编人员的意见》，清理清退的对象是县乡机关事业单位中借调、混岗和私招的人员。清理工作自1998年5月开始，至1999年8月结束。全市共清理清退机关事业单位非在编人员2245人，其中市直机关492人，乡镇768人，农村代课教师985人，撤并82所乡镇中、小学。

2002年，为切实加强机关事业单位用人管理，年初在调查研究的基础上，市政府下发《关于加强机关事业单位人员编制管理的通知》，严格用人程序，对用人单位实行部门申请、编委会研究、市委、市政府审批、编委主任审签制度。

**党、政机构改革** 1993年，进行县、乡机构改革。

县级党政机构改革 县委工作部门设置5个。办公室、组织部、宣传部、统战部、政法委员会，另外设置老干部工作办公室，不列县委工作部门序列，归口组织部管理。

政府工作部门设置30个。办公室、工业经济委员会、对内贸易委员会、对外经济贸易委员会、农业委员会、计划委员会、城乡建设委员会、交通委员会、科学技术委员会、教育委员会、文化体育委员会、计划生育委员会、公安局、国家安全局、司法局、监察局、民政局、人事局、劳动局、财政局、税务局、水利局、卫生局、审计局、工商行政管理局、土地管理局、环境保护局、技术监督局、乡镇企业局、统计局。

按党章、宪法及有关规定设置的机构有纪律检查委员会、机关党委、人民法院、人民检察院、人民武装部、人大、政协。

人民团体有工会、共青团、妇联，继续列入党政群机关序列。

经山东省委、省政府批准设置的栖霞外向型工业加工区，其管理委员会为县政府的派出机构。

乡镇管理体制改革 乡镇党政群机关人员编制核定28～38人。统一规范设置机构、岗位和名称，设置党政办公室、农业办公室、经济贸易办公室、科教文卫办公室。设置政工、信访、财政、民政、司法、计划生育、统计经营、乡（镇）村建设等8个助理员岗位。

**精简机构和人员** 按照栖霞县实际情况，共保留31个县委、县政府议事协调机构和临时机构，其中县委16个，县政府15个。县级党政机构由原来的99个精减为45个，精减比例54.5%。县级党政机关工作人员由原来的1213人精减为639人，精减比例47%，其中副局级以上领导干部由279人精减为170人，精减比例39%；乡镇机关工作人员由原来的729人精减为666人，精减比例8.6%，其中副镇级以上领导干部由原来的277人精减为258人，精减比例6.9%；清理清退借调人员、混岗人员389人，其中县级党政机关314人，乡镇机关75人。

1995年，县乡两级党政群机关正式核定人员编制，共核定县直党政群机关编制702人，乡镇806人，分别比市编委下达的编制总数缩减28人和99人。

1997年11月，人民法院共核定人员编制115名，内设12个职能科室，领导职数设1正3副，中层领导职数28名；人民检察院共核定人员编制74名，内设12个职能科室，领导职数 1 正3副，中层领导职数30名。

2001年，市、镇（街道）党政机构改革，共撤并机构17个。市委设工作机构7个，部门管理机构2个。另设市委外向型工业加工区工作委员会，市委桃村特别工业区工作委员会（与桃村镇党委合署），为市委的派出机构。

政府工作机构，共设工作部门25个，栖霞外向型工业加工区管理委员会（挂栖霞市经济开发区管理委员会的牌子）、栖霞市桃村特别工业区管理委员会（与桃村镇政府合署），仍为市政府派出机构。

根据编制核定标准，镇（街道）行政编制由905人精减为724人，精减比例为20%。

市人民法院、人民检察院分别设立11个内部机构，法院编制由117人精减为106人，检察院编制由74人精减为67人，精减比例为10%。

人大常委会内部机构设置7个，行政编制由17人精减为15人，精减比例为12%；政协内部机构设置5个，行政编制由12人精减为11人，精减比例为12%。工会、共青团、妇联、残联、侨联、科协6个部门，人员编制由43人精减到36人，精减比例15%。

**事业单位清理整顿** 企业化管理事业单位清理整顿 1989年，对26个实行企业化管理的事业单位进行清理整顿。撤并2个企业化管理单位，对5个经营不善、管理混乱的单位进行限期整改。

乡镇事业单位清理整顿 1991年初，市政府制定《栖霞县乡镇事业单位机构编制管理意见》《栖霞县清理整顿乡镇事业单位意见》。4—9月，对全县23个乡镇414个事业单位进行整顿。各乡镇制定《事业单位机构编制管理办法》《机关事业单位工资基金管理办法》《事业单位经费管理办法》《事业单位人员编制花名册》。撤并事业单位11个，辞退临时工52人，调整不合理人员80人，160个单位实行自收自支的经营体制。

事业单位分类划型 1994年，全县234个事业单位按照严格全额、把住差额、发展自筹、鼓励其向企业化管理过渡的原则，划定全额拨款事业单位69个，差额拨款事业单位33个，自收自支事业单位72个，实行企业化管理事业单位60个。

事业单位登记管理 事业单位登记管理工作自1997年6月开始，至1998年4月结束，全市共受理登记事业单位673个，其中法人单位206个，事业单位467个，暂缓登记单位53个。

2002年，对事业单位重新进行登记管理，纳入登记范围的共有540个单位，核准登记并使用全国统一事业单位法人证书的事业单位共139个，登记为山东省事业单位证书的共289个，全市共登记428个单位，登记率达到79.3%。

教育系统布局调整 1999年4月，《栖霞市职业学校和普通高中结构布局调整方案》经市长办公会议研究通过，这次调整将原属劳动部门管理的技工学校资产划转给市教委，技工学校合并到高级职业学校；撤销第一职业高中、二中、八中，学校房产、土地的使用权和管理权分别移交当地乡镇政府；在技工学校原址上组建可容纳2000名学生的正科级规格的新栖霞市第二中学。通过学校布局调整，优化教育资源配置，解决栖霞西部8个乡镇学生上高中难的问题，对撤并学校的270名教职工通过竞争上岗进行分流安置，使原技工学校长期以来的养老保险、工资等问题得到妥善解决，稳定了教师队伍。

事业单位转为企业 1999年制定《栖霞市事业单位转为企业的实施意见》，按照“统一规划、分批实施、稳妥推进”的原则，从1999年开始，有计划地将企业化管理事业单位转为企业。1999年，首批转为企业的事业单位19个，其中农业系统2个，水利系统9个，建委系统4个，农机系统1个，百业开发公司3个。这19个单位共809名职工成建制转为企业后，取消事业编制，其隶属关系不变，在职人员按管理权限，干部由组织人事部门管理，工人由劳动部

门管理。2000年以后，黄金集团公司所属职工培训基地、农机中心所属拖拉机站等共21个事业单位转为企业。

2001年，镇（街道）事业单位机构改革时保留交通管理所，作为市交通局的派出机构，由交通局管理；成立国土资源管理站，作为市国土资源局的派出机构，由国土资源局管理，同时撤销土地管理所、矿管所。将劳动管理站、农村养老保险管理所、文化站合并组建社会服务站；将农业技术服务站、林业服务站、水利服务站、渔业技术推广站合并组建农业技术综合服务中心；保留财政所（农税所与其合署）、民政所、司法所、计划生育服务站、果树技术推广服务站、广播电视站；统计经营管理站更名为农村经济管理站；镇村建设管理站更名规划建设站；撤销农业机械管理站、畜牧兽医站，成立农业机械服务站、畜牧兽医服务站，为经济服务实体。

改革后，镇（街道）财政拨款事业单位人员编制为525人，财政供养人员减少516人，减少比例为54.2%。

卫生、畜牧兽医、广播事业改革　2002年，为理顺卫生、兽医、广播事业管理体制，更好的为社会服务，将镇（街道）卫生院、畜牧兽医服务站、广播电视站上划到市有关部门管理。2002年4月，乡镇属事业单位上划工作结束，共移交人员1281人，其中广播站59人，畜牧兽医服务站238人，卫生院984人。

事业单位转为中介组织　相关评估、咨询服务等机构与原主管部门脱钩，转为社会中介组织。1998—2002年，财政局会计师事务所、审计局审计师事务所、司法局华业兴律师事务所、乡镇企业资产评估所、房地产评估所、国土资源局地产评估所6个事业单位转为社会中介组织。划转为社会中介组织后，收回事业编制，彻底与原主管部门脱钩，其人事关系转到人才交流服务中心。

## 第三节 人员录用

**考试录用**　公务员考试录用　1989年制定《栖霞县党政群机关补充工作人员实行考选制的暂行办法》，首次为县直党政群机关考选工作人员13名，吸收录用财税干部3人。1990年，为县直党政群机关考选工作人员36人。1991年，吸收录用干部18人；1992年，制定《企业内部管理人员聘用办法》，将4名工人身份的企业优秀厂长吸收录用为国家干部，从优秀农村青年中选聘46名乡镇合同制干部。1994年，从政法系统以工代警人员中录用93名人民警察，面向社会选招40名巡警和8名交警，从乡镇优秀协税员中录用14名聘用制干部，为乡镇机关考选19名合同制干部，从乡镇派出所、司法所、法庭中选招67名合同制干部。

1996年10月，在市镇党政群机关推行实施和参照试行国家公务员制度。

全市64个部门、单位列入首批实施和参照试行范围，共设置职位1266个，编制职位说明书64份，全市列入首批过渡范围的工作人员1200人，经过资格审查、过渡考核等工作，有1168人过渡为公务员，25人暂缓过渡，7人不予过渡。

1997—2002年，全市共组织3次公务员录用考试，其中1997年，录用公务员（机关工作者）33人，2001年，录用人民警察7人，2002年，录用公务员（机关工作者）20人，招录警察5人。在招录工作过程中，严格按规定的程序进行，坚持公开、平等、竞争、择优的原则，把握好宣传发动、报名、资格审查、理论考试、面试、考核、体检7个环节的工作，保证公务员招考质量。

事业单位考试录用　1985—2002年，全市为机关事业单位公开考试录用部分工作人员。其中1988年，选聘乡镇合同制干部50名，计划生育员55名，为工商、税务等13个部门招收录用干部159名。

1994年，从优秀民办教师中录用108名公办教师；1998年，从民办教师中选招公办教师631人，从师范类毕业生中考试录用教师170名。1999年，劳动监察处录用人员6人。2000年，从师范类毕业生中录用教师189名，面向社会为招商局考试录用工作人员6名。2001年，从师范类毕业生中考录教师71名，2002年，从师范类毕业生中考录教师12名。

**聘　用**　1996年开始，在全市企事业单位中实行补充干部聘用制。聘用的范围和对象是，在全民所有制企事业单位和市以上集体所有制企事业单位担任正、副职以及被聘任为专业技术职务的工人身份（含农民合同制工人，不含民办教师）的人员。

3—6月，栖霞市首次在企事业单位中推行补充干部聘用制工作。经过宣传、报名、考试、考核、审批、聘用6个环节，共有4243人办理聘用手续，其中企业2361人，事业1882人。从1999年开始，陆续对符合条件人员办理续聘手续，聘期3年。

1999年，市政府制定《栖霞市事业单位分配制度改革试行意见》，把竞争机制引入事业单位，通过竞争上岗、优化组合，实行聘约管理，扩大人事代理的范围和领域，充分调动事业单位工作人员和积极性，建立能上能下的用人机制；搞活津贴分配。在执行国家现行工资政策的基础上，引入激励机制，本着以岗定资，自主分配的原则，打破平均主义，搞活津贴分配，推行绩效挂钩，合理拉开分配档次，建立按贡献大小决定收入高低的分配机制。11月，首先在教育系统开展用人制度和分配制度改革，全市中小学和职业学校教职工共有6696人参与竞聘，通过竞岗、测评、考核，择优聘用6351人，未聘用345人，占参加竞聘总人数的5.2%，另有697人办理内退手续，65人办理病休手续。同时，各类学校改革分配制度，全部实行绩效挂钩、津贴浮动，拉开教职工分配档次，新的津贴分配制度从2000年1月正式执行。

2000年3—4月，对全市各类事业单位全面推行用人制度和分配制度改革。全市共有443个单位、2569人参与改革，通过竞争上岗，有2500人与单位签订聘用合同，有60人落聘和试聘，有61人调整工作岗位。

2002年6—10月，按照2001年机构改革和定员要求，镇（街道）党政群机关工作人员和事业站所负责人竞争上岗。全市共有330人，参加221个职位的竞争。

**职务任免**　根据干部管理权限，严格按照上级规定的程序，选拔任用干部。1985—2002年，任命政府部门副科级以上领导干部1415人，免职466人。任命部门股级干部4680人，免职1829人。

## 第四节　公务员管理

1996年，国家推行公务员制度，栖霞市根据省、市指示精神，结合本地实际，制定《栖霞市国家公务员制度实施方案》，对公务员推行工作总体要求、实施范围、方法步骤、组织领导等予以明确。全市有64个列入首批实施和参照实行范围的部门、单位，经过资格审查、考试、考核，1000多人过渡为国家公务员。结合公务员推行，栖霞市有计划、有步骤地加强公务员管理工作，突出抓录用、考核、奖励、纪律、任免、培训、交流和辞职辞退。

**公务员工作考核**　1996年，按照《国家公务员考核暂行规定》要求，对机关事业单位工作人员进行年度考核。1998年，制定《栖霞市机关工作人员考核暂行办法》，对考核工作细化，实行平时考核与年度考核相结合。平时考核每半年一次，采取记名考核和民主评议方式进行，

对位次居后者重点考察，问题严重的由组织人事部门集体谈话，年终仍居后的，待岗3个月。

考核工作内容包括德、能、勤、绩4个方面，重点考核工作实绩。考核结果机关工作人员分为优秀、称职、不称职；事业单位工作人员的考核结果分为优秀、合格、不合格。考核奖励分为嘉奖、记三等功，记二等功3种形式。对考核工作成绩突出，在干部职工中反响较好，业务能力较高的优秀公务员和机关工作者予以奖励。

1996—2002年，全市共涌现出997个先进单位，涌现出烟台市级以上先进个人1432人，其中省级115人，国家级6人。共嘉奖5527人，记三等功1948人，记二等功95人。奖励机制的建立，提高了市镇机关工作人员积极性和创造性。

**竞争上岗** 为把激励竞争机制引入公务员管理体制，创作一个公开、平等、择优的用人环境，在推行公务员制度过程中，栖霞市实现机关中层干部竞争上岗，实施中，明确范围、基本条件、工作程序和方法。1996—2002年，全市691名工作人员参加竞争上岗、双向选择，通过竞争上岗，任免机关中层干部647人，其中，正职490人，副职157人。原任中层副职当选正职的24人，原为一般工作人员当选正职的38人、当选副职的6人，原任中层正副职落选为一般工作人员的34人。

**干部培训与交流** 根据《国家公务员暂行条例》和《栖霞市公务员管理办法》，1996年开始，重点抓公务员初任培训、专门业务培训和知识更新培训。培训考试不合格者进行补考，补考仍不过关者待岗整顿。1997年10月，对招考录用的53名公务员进行2次初任培训。

1998年5月，集中30天对全市1900名机关工作人员进行知识更新培训，7月，对680名具有行政执法职能的公务员进行法律知识培训，每次培训结束，组织考试，对连续2次不合格者实行待岗整顿。2002年10月，对360名招考录用的公务员和从事行政执法的工作人员进行培训，为期15天。

栖霞市干部交流和回避制度始于1996年，市委、市政府下发《关于做好机关事业单位工作人员有关情况调查工作的通知》，对属于交流回避范围的工作人员进行摸底调查，确定交流回避对象，严明组织纪律，把握轮岗时机，进行干部轮岗交流。1996—2002年，共有185人进行轮岗交流。

**辞职辞退** 为使国家公务员纪律惩戒规定具体化，1996年7月，制定《栖霞市关于机关工作人员辞职辞退暂行办法》，对公务员的行为规则作出详细规定，违反工作纪律，轻者进行教育，以观后效，重者实行辞职辞退。1998年7月，在市镇机关开展签订机关工作人员履行基本行为守则协议活动，对社会普遍关注的7个热点问题作出规定，接受社会举报和监督。

至2002年末，辞退机关工作人员1名，辞退事业单位工作人员1名。

## 第五节 职称管理

1987年6月，在全县全民所有制事业单位中实行职称改革。全县共有116个全民所有制事业单位或部门，涉及15个职务系列，3930名专业技术人员（其中中小学教师2592名）。共聘任（任命）高级职务117名，占专业技术人员总数的2.97%，中级职务1048名，占专业技术人员总数的26.67%，初级职务2765名，占专业技术人员总数的70.4%。

1991年3月，职称改革工作由县科学技术委员会移交给人事局，成立县科技干部管理办公室，对第一次职称改革工作作全面清查清理，将全县12500名专业技术人员，按其所在单位、隶属关系、职务系列立卷装盒，为全县科技干部管理走上正规打下基础。制订《栖霞县1991

年专业技术人员继续教育工作计划》，建立黄金培训中心、县委党校等5处培训基地，全年举办各种形式的培训班185期，培训各类技术人员532名。职称改革首次实行“以考代评”，当年有470名人员报名参加考试。

1992年开始，增加会计、审计等专业考试和职称评定。

1999年4—9月，对事业单位全面推行专业技术职务岗位竞争、评聘工作。全市共有10117名专业技术人员参加竞聘，聘用9169人，占专业技术人员总数90.6%，降聘、解聘948人，占9.4%。

2000年3月，人事部门成立计算机培训处，为晋升专业技术职务人员进行计算机培训。

2002年，共培训各类人员4268名，其中专业技术人员3457名，其他人员811名，参加考试的专业技术人员5650名。晋升职称专业技术人员计算机考试共举办7次，考试合格率达92%以上。在所有系列职称的评审中试行社会化评审，逐步建立个人申报、社会评价、单位聘任的新机制，专业技术人员打破身份和所有制界限，按条件个人自主申报，不受指标和单位限制，更好地适应市场经济和人才社会化趋势的要求。

2002年末，全市专业技术人员达到11243人，其中，副高级以上专业技术人员797人。

**2002年栖霞市副高级以上专业技术人员情况统计表**

表21-3 单位：人

| 级别＼系列 | 教育 | 卫生 | 农业 | 经济 | 统计 | 会计 | 讲师 | 艺术 | 新闻 | 工程 | 图资 | 群文 | 出版 | 文博 | 总计 |
|---|---|---|---|---|---|---|---|---|---|---|---|---|---|---|---|
| 正高 | — | 6 | 3 | — | — | — | — | — | — | — | — | — | | 1 | — |
| 副高 | 653 | 67 | 19 | 4 | 1 | 5 | 5 | 8 | 1 | 19 | 2 | 1 | 1 | 1 | — |
| 合计 | 653 | 73 | 22 | 4 | 1 | 5 | 5 | 8 | 1 | 19 | 2 | 1 | 1 | 2 | 797 |

**2002年栖霞市农业、文学、工程系列正高级职称取得者一览表**

表21-4

| 姓名 | 性别 | 籍贯 | 职称名称 | 取得时间 | 所在单位 |
|---|---|---|---|---|---|
| 李子臣 | 男 | 栖霞市 | 农业技术推广研究员 | 1998.12 | 种子公司 |
| 林红宾 | 男 | 栖霞市 | 文学创作一级 | 1999.10 | 栖霞市文学创作室 |
| 杨文豪 | 男 | 栖霞市 | 工程技术应用研究员 | 2000.3 | 供电公司 |
| 林隆山 | 男 | 栖霞市 | 工程技术应用研究员 | 2000.3 | 供电公司 |
| 赵敦田 | 男 | 即墨市 | 农业技术推广研究员 | 2001.12 | 农业技术推广服务中心 |
| 林洪永 | 男 | 栖霞市 | 农业技术推广研究员 | 2001.12 | 农业技术推广服务中心 |

### 2002年栖霞卫生系统正高级职称取得者一览表

| 姓名 | 性别 | 出生年月 | 籍贯 | 职称名称 | 取得时间 | 所在单位 |
|---|---|---|---|---|---|---|
| 王之尊 | 男 | 1933.9 | 山东栖霞市 | 主任医师 | 1989.11 | 栖霞市人民医院 |
| 张汇海 | 男 | 1933.10 | 山东栖霞市 | 主任医师 | 1989.11 | 栖霞市人民医院 |
| 林宝奎 | 男 | 1932.1 | 山东栖霞市 | 主任医师 | 1989.11 | 栖霞市人民医院 |
| 王亚东 | 男 | 1934.3 | 山东栖霞市 | 主任医师 | 1989.11 | 栖霞市人民医院 |

## 第六节 人才交流

**引进人才** 1988年3月，栖霞县委、县政府制定《关于引进智力招聘人才若干问题的暂行办法》，开始有组织、有计划地引进人才。

1988—1992年，栖霞县有计划地采取组团、分队招聘等形式，组织用人单位外出选聘人才。1992年，接待应聘人才4000余人，携科技成果、专利寻求合作项目的应聘人员有320人。1993年，栖霞县正式组建人力资源市场，3月，制定《栖霞县关于开办栖霞县人才市场的试行办法》，参加招聘会180多场次，自主招聘16场，引进本科以上人才100人。

1998年，制定《栖霞市人事代理暂行规定》，将人才引进后纳入人事管理权限。1999年，制定《栖霞市高层次人才引进暂行规定》，对其引进办法、管理措施、人才待遇等都做出相应规定。1988—2002年，引进国内人才1380名。

1994年开始，人才引进向国外延伸，对国外人才的引进，本着实用、高效、专业的原则进行，实行需求单位上报计划，组织、人事部门按计划有目标的进行考察、招聘，避免盲目性、随意性。

1994—2002年，先后引进荷兰、日本果树专家鲁森和菅井功以及以色列、德国、意大利、保加利亚等10多个国家的果树、农业、机械、环境保护专家43人次。

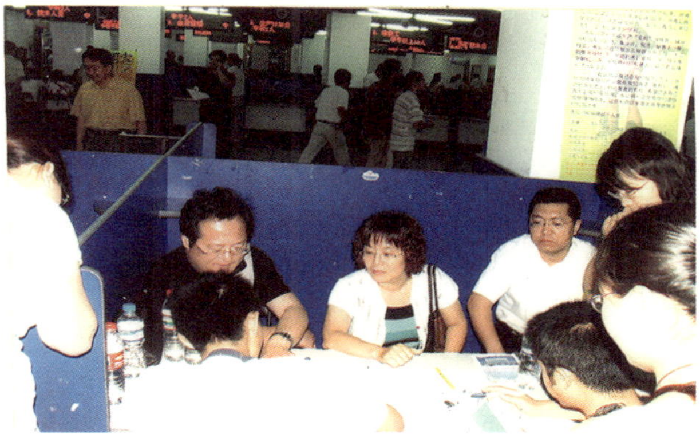

1993年人才市场招聘现场

2002年日本专家菅井功（左一）现场传授果业技术

**国外智力项目筛选申报** 1994年，开始国外智力项目筛选申报工作，到2002年，《果树优良植草品种引进培育与推广》《灌溉系统的微喷节水技术》《世界名优果树品种繁育技术》等11个项目，先后被山东省和国家外专局列入国外智力项目引进计划，国外智力项目引进工作取得成效，为促进社会经济快速发展，提高农民收入打下坚实基础。

## 第七节 工资福利

**1985年工资改革** 1985年7月1日起（中小学从1985年1月1日起），国家机关事业单位进行工资制度改革，废止实行近30年的等级工资制，改称以职务工资为主的结构工资制。

工资结构为基础工资、职务（岗位）工资、工龄津贴、奖励工资4部分。1985年，全县共有6117人参加工资改革，月增加127796元，人均增加20.89元。其中国家机关社会团体1300人，月增加24613元，事业单位4643人，月增加28723元；列入改革范围的专业公司174人，月增加3256元。1986年至1992年，共进行9次调资。

**1993年工资改革** 1993年10月起，对机关事业单位工作人员执行工资制度进行建国以来的第四次工资改革。1993年工资改革政策，分为机关工资制度改革政策和事业单位工资制度改革政策。

机关工作人员实行职级工资制，机关技术工人实行岗位技术等级工资制，普通工人实行岗位工资制。全县参加机关工资制度改革的有3098人，月增资293302元，人均增加94.67元。其中，列入机关工资制度改革范围，主要行使行政管理职能，使用事业编制的742人，月增资60053元。具有行政管理职能的经济组织共250人，月增资额为25234元。

事业单位根据工作特点和经费来源不同，在执行国家统一的工资制度和工资标准前提下，对全额、差额、自收自支3种不同类型的事业单位实行分类管理。全县全额事业单位参加工资制度改革的人员4796人，月增资467389元，人均增加97.45元；差额事业单位参加工资制度改革的人员1383人，月增资额69698元，人均增加50.40元；自收自支事业单位参加工资制度改革的人员1794人，月增资额为301489元，人均增加168.05元。

1994年至2002年，分别于1997年7月1日、1999年7月1日、2001年1月1日、2001年10月1日，按照人均月增20元、120元、100元、80元的增资幅度提高工资标准。

晋升级别工资。1997年9月，部分机关工作人员按工作年限自然晋升级别工资；1997年部分机关工作人员首次连续三年考核优秀晋升级别工资。此后，每年都有一部分机关工作人员连续三年考核优秀晋升级别工资。1998年年度考核连续五年称职以上，正常晋升级别工资。

晋升工资档次。1993年工资改革后，机关事业单位工作人员先后于1995年、1997年、1999年、2001年4次晋升工资档次。

# 第三章 劳动与社会保障

1985年以后，栖霞县实行职工劳动合同制度，1988年，开办劳务市场，实行职工就业双向选择。1992年，下放企业招工权，取消招工指令性计划，企业可根据生产需要，自主招工。1993年，全面推行全员劳动合同制度，国有和集体企业职工全部与企业签订劳动合同，从此打破原有的固定工制度。1996年，栖霞市全民和集体企业全部实行岗位工资制。263个全民、集体企业4.1万名职工，由等级工资改为岗位技能工资，不分干部和工人，统一执行岗位技能工资标准。1997年，开始在全市企业中实行最低工资保障制度。

2002年，注重加强劳动监管、劳动力市场建设和职工权益保障，全市共有2493名下岗职工进入再就业服务工作范围，实现再就业1848人，为下岗职工发放基本生活费220万元。检查用人单位150户，对95个单位下达整改指令，行政处罚32个单位，追缴社保费350万元，清欠工人工资150万元，补办用工手续200份。

全市企业职工养老金保险费收入3035万元，保险费支出4533万元。有11334位农民开始领取养老保险金，累计发放养老金382万元。机关事业单位养老保险收费达到543万元。

## 第一节 管理机构

1956年成立劳动科，1958年合并于计划委员会，1960年成立劳动局，1967年撤销，1979年恢复。1983年4月，成立栖霞县劳动服务公司，副科级事业单位，隶属劳动局管理。1986年12月，成立社会劳动保险事业处，副科级事业单位，主要职责是负责社会保险（养老、医疗、生育、失业、工伤）的征缴与发放。1992年3月，成立农村社会养老保险事业管理处，属民政局管理，1994年更名为农村社会保险事业处。1993年11月，成立机关事业养老保险处，属人事局管理。1995年5月，成立劳动和社会保险监察处， 1997年6月，栖霞市劳动服务公司，升格为正科级事业单位；1998年7月，成立栖霞市再就业服务中心，劳动服务公司与再就业服务中心一套机构，两块牌子。1999年5月，劳动局改称栖霞市劳动和社会保障局。

1999年5月，农村社会保险事业处和机关事业养老保险处转入劳动和社会保障局。撤销劳动和社会保险监察处，成立劳动和社会保障监察处，副科级事业单位，其主要职责是负责对用人单位遵守劳动纪律、法规情况进行监督检查。

## 第二节 劳动就业

1985年，栖霞县开始在新招收的职工中实行劳动合同制度，废除“子女顶替”和“内招”职工子女的办法，招收工人实行面向社会公开招录，全面考核，择优录用，按照有关规定将2700多名计划外用工转为计划内临时工，并签订用工合同。1987年，将400多名农民合同制工人转为城镇合同制工人。1988年开始，县劳动局首次开办劳务市场，安置城镇待业青年就业，实行双向选择的用工制度。

1992年，进一步简政放权，下放招工权，取消招工指令性计划，企业可根据生产工作需要，自主确定招工简章，自主决定招工数量；下放工人调配权，县属企业内工人调动改为职工流动；扩大企业自主权，厂长有辞退违纪职工的权力。建立健全合同制工人养老保险和职工待业保险制度。根据国务院关于改革劳动制度的规定，下放企业内部分配权，开始实行“一脱两挂”，即工人收入与档案工资脱钩，与岗位技能、贡献挂钩，与劳动价值量和成果挂钩。

1993年，全面推行全员劳动合同制度，县属企业职工全部与企业签订劳动合同，从此打破原有的固定用工制度，打破全民工与集体工的身份界限。

1995年，《中华人民共和国劳动法》实施，实行劳动合同制度的范围由原来的国有、集体单位扩大到适用《中华人民共和国劳动法》调整的全部用人单位和劳动者，并在有条件的企业中，推行集体合同。

1996年以后，随着企业产权制度改革的不断深入，劳动部门开始实施再就业工程，积极开展职业介绍、就业指导，妥善安置下岗职工和失业人员，健全失业保障体系。

2002年末，在加大劳动监管力度、强化劳动力市场建设、保障职工权益的同时，不断解决职工的劳动收益，解决职工困难。全市共有2493名下岗职工进入再就业服务工作站，实现再就业1848人，为下岗职工发放基本生活费220万元，发放职工职业资格证464本。

## 第三节 劳动工资

1985年，按照国务院《关于国营企业工资改革问题的通知》和《山东省企业工资改革实施方案》，逐步对工资分配进行改革，打破八级工资制度，消除工资分配中吃“大锅饭”的平均主义弊端，开始建立较好地体现按劳分配原则的新的工资制度。此阶段工资改革是在计划经济和市场调节相结合的经济体制下进行，还没有真正彻底实行多劳多得、按劳分配。1986年，按照国务院《关于深化企业改革增强企业活力若干规定》，在国家规定的工资总额（包括增资指标）和政策范围内，企业内部职工工资、奖金分配的具体形式和办法，以及调整升级的时间、对象等，由企业自主确定。企业建立与经济效益挂钩的等级工资制和计件工资制，全县106家全民所有制企业和141个集体所有制企业，实行工人岗位八级制和干部岗位十五级制工资标准。

1988年8月，印发《栖霞县企业实行工资总额同经济效益挂钩浮动的实施意见》，企业可自主决定内部工资分配形式，1994年，根据省劳动厅《关于适当解决企业职工工资问题的通知》精神，将现行的工人岗位八级制和干部岗位十五级制工资标准套改为统一的四十级技能工资标准。全县187个全民所有制企业和121个集体所有制企业均实行这一标准。

1995年，为加强企业工资总额弹性计划管理，县劳动局编发《栖霞市企业经营者工资收入管理试行意见》，并选择4家企业进行试点，试点成功后在全县推广。1996年，根据省劳动厅通知精神，实行岗位工资制。全市263个全民、集体企业4.1万名职工，由等级工资改为岗位技能工资，不分干部和工人，统一执行岗位技能工资标准，由技能工资、岗位工资以及奖励工资等组成。1997年，开始在全市企业中落实最低工资保障制度。2000年，首次发布栖霞市企业部分职位（工种）工资价位，供劳动力市场供需双方选择。

2001年，根据省政府文件精神，指导企业为职工套改岗位技能工资标准，为部分企业职工晋升一级技能工资。

## 1985—2002年栖霞市职工工资情况统计表

表21-5

| 年份 | 企业总数（家） | 其中 | | 职工总数（人） | 其中 | | 工资总额（万元） | 其中 | |
|---|---|---|---|---|---|---|---|---|---|
| | | 全民所有制企业 | 集体所有制企业 | | 全民所有制企业 | 集体所有制企业 | | 全民所有制企业 | 集体所有制企业 |
| 1985 | — | — | — | 30132 | — | — | 29660 | — | — |
| 1986 | — | — | — | 35846 | — | — | 37948 | — | — |
| 1987 | 247 | 106 | 141 | 29698 | 14177 | 15521 | 3280.4 | 1667.3 | 1623.1 |
| 1988 | 114 | 114 | — | 33121 | 15378 | 17743 | 4532.8 | 2317.1 | 2215.7 |
| 1989 | 119 | 119 | — | 34804 | 16481 | 18323 | 4924.7 | 2531.8 | 2392.9 |
| 1990 | 237 | 113 | 124 | 38142 | 16464 | 21678 | 6068.5 | 3077.1 | 2991.4 |
| 1991 | 267 | 131 | 136 | 43137 | 18827 | 23918 | 6120.7 | 3137.2 | 2943.5 |
| 1992 | 281 | 151 | 130 | 44111 | 19835 | 23409 | 7241.5 | 3690.3 | 3394.3 |
| 1993 | 606 | 245 | 361 | 45615 | 21783 | 23832 | 8680 | 4579.4 | 4198.1 |
| 1994 | 308 | 187 | 121 | 46700 | 22321 | 24379 | 12285.3 | 6792.5 | 5349.2 |
| 1995 | 250 | 190 | 60 | 44500 | 26611 | 17889 | 19562.3 | 8760.5 | 3687.7 |
| 1996 | 263 | 211 | 52 | 41360 | 25161 | 16199 | 22830.6 | 8935.5 | 3574.6 |
| 1997 | 349 | 180 | 169 | 38917 | 19772 | 19145 | 14777.4 | 7349.5 | 5565.7 |
| 1998 | 252 | 147 | 105 | 36367 | 13865 | 22502 | 135398 | 68593 | 52646 |
| 1999 | 273 | 141 | 132 | 35367 | 15853 | 19514 | 160958 | 88436 | 59453 |
| 2000 | 275 | 141 | 134 | 28563 | 15978 | 12585 | 180190 | 110820 | 53576 |
| 2001 | 207 | 108 | 99 | 23960 | 14012 | 9948 | 165095 | 100091 | 46212 |
| 2002 | 187 | 102 | 85 | 23339 | 12618 | 10721 | 177578 | 106544 | 51578 |

## 第四节 技能鉴定

1993年7月，劳动部颁布《职业技能鉴定规定》，首次提出职业技能鉴定实行政府指导下的社会化管理基本原则。1994年3月，劳动部、人事部联合颁布《职业资格证书规定》，对职业资格证书制度的基本内容作出明确规定，对推行职业资格证书制度作出总体部署。

1997年3月，栖霞市职业技能鉴定所成立，负责对本行政区域内车工、电工、钳工、商品营业员等专业（工种）的初级、中级、高级技能的鉴定工作。

2002年4月，栖霞市职业技能鉴定中心成立，其主要职责是组织指导全市职业技能鉴定工作，参与组织制定职业技能鉴定技术性管理文件和规定，开展职业技能鉴定有关问题的研究和咨询服务，推动全市职业技能竞赛和职业技能表演活动，负责全市鉴定考评员的培训、考核管理工作。

2002年末，全市共有3561人参加职业资格鉴定，累计发证人数为3364人。其中2002年发放职业资格证464本，包括初级证22本、中级证347本、高级证95本。

## 第五节 就业培训

1986年，栖霞县创建劳动就业训练中心，建筑面积2325平方米，一次可容纳400名学员参加培训。

1987年以后，先后办起东方大酒店、服装厂、劳动实习商场和中型实习基地，还设有车工、电焊等实习车间，每期安排实习学员500～600名。当年，培训2期，培训学员1200名。

1990年以后，训练中心主要以待业青年就业前培训为主。1990—1998年，培训待业青年17期，1.1万人。

1998年以后，培训工作主要以下岗失业职工技能培训为主，同时，积极开展农村劳动力转移、提升培训、外来务工人员培训和创业培训。1998—2002年，待业青年就业前培训7000多人，失业职工技能培训3000人，农村劳动力转移就业培训3.4万人，外来务工人员培训8000多人。先后开设市场营销、服装缝纫、宾馆服务、计算机应用、商品营业等17个专业，培训合格率、结业就业率分别达到96%和89%。

## 第六节 社会保障

**企业养老保险** 80年代中期，国家进行经济体制改革，改革之前，职工养老金由企业自行负担，有的企业和非国有经济组织职工养老金得不到保障。1985年开始，栖霞县实行职工社会养老保险制度，社会统筹养老保险费，职工也开始缴纳退休养老保险费。

1985—1986年，企业养老金保险费收入159万元。1989年，全县所有固定工、合同制职工、城镇户口临时职工的养老保险金统一提取和使用。1990年，企业养老金保险费收入989万元，保险费支出420万元。1995年，实行基本养老保险社会统筹与个人账户相结合制度，个人缴费和企业缴费同时划入个人账户，当年企业养老金保险费收入1938万元，保险费支出1974万元。1997年，企业离退休人员离退休费由差额缴拨改为全额征缴，由劳动保险处统收统支，委托有关金融机构实行社会化发放。1999年，将个体私营企业的职工纳入社会保险范围，社会养老保险制度由单一和局部向全社会铺开，逐渐建立起国有企业、集体企业、个体私营企业和外资企业职工同等待遇的社会养老保险体系，不分企业性质、不分职工身份、不分驻地和户口关系、不分工作时间长短，只要在企业工作，就必须参加养老保险，以维护所有职工的合法权益。

2000年，职工的养老保险、失业保险、医疗保险、工伤保险等各项保险费用实行统一征收。2002年，企业养老金保险费收入3035万元，保险费支出4533万元。

## 1985—2002年栖霞市劳动保险费收支情况统计表

表21-6 单位：万元

| 年 份 | 项 目 | 保险收入 | 保险支出 |
|---|---|---|---|
| 1985—1986 | 养老金 | 159 | — |
| 1987 | 养老金 | 292 | 104 |
| 1988 | 养老金 | 463 | 229 |
| 1989 | 养老金 | 578 | 282 |
| 1990 | 养老金 | 989 | 420 |
| 1991 | 养老金 | 1136 | 490 |
| 1992 | 养老金 | 1327 | 614 |
| 1993 | 养老金 | 1565 | 1100 |
| 1994 | 养老金 | 1707 | 1491 |
| 1995 | 养老金 | 1938 | 1974 |
| 1996 | 养老金 | 2098 | 2440 |
| | 医疗金 | 268 | 83 |
| | 生育金 | 44 | 17 |
| 1997 | 养老金 | 1918 | 2969 |
| | 医疗金 | 239 | 207 |
| | 生育金 | 39 | 43 |
| 1998 | 养老金 | 1589 | 3206 |
| | 医疗金 | 158 | 169 |
| | 生育金 | 25 | 26 |
| 1999 | 养老金 | 1925 | 3116 |
| | 医疗金 | 210 | 180 |
| | 生育金 | 32 | 27 |
| 2000 | 养老金 | 2480 | 3222 |
| | 医疗金 | 266 | 282 |
| | 生育金 | 41 | 22 |
| 2001 | 养老金 | 2837 | 3407 |
| | 医疗金 | 198 | 116 |
| | 生育金 | 33 | 14 |
| 2002 | 养老金 | 3035 | 4533 |
| | 医疗金 | 357 | 300 |
| | 生育金 | 36 | 27 |

**农村社会养老保险** 1992年，成立栖霞县农村社会养老保险事业管理处，当时属县民政局管理。农村社会养老保险事业管理处具体承办全县的农村社会养老保险业务，农村社会养老保险的收费工作在县政府的领导下，由各乡镇人民政府统一组织收费。保险对象为农村户口的公民，保费一般实行年交。

1992年末，农村社会养老保险收费748万元。

1993年，民政局与教育局、乡镇企业局、武装部联合制定关于中小学民办教师、乡镇企业职工、义务兵等群体的加入社会养老保险有关文件和规定，开展乡镇企业职工、中小学民办教师、义务兵、农村党支部书记、村委会主任和村会计三职干部入保工作，当年收保险费708万元。

1995年，全县各乡镇均成立农村社会养老保险管理所，由民政所长兼任管理所所长，设1名农村社会养老保险专管员，农村社会养老保险的业务开展范围主要针对60岁以下的农村村民，当年农村社会养老保险收费809万元。

1998年以后，农村入保人数下降，农村社会养老保险费收缴每年均在400万元~500万元左右，1999年农村社会养老保险收费最少，仅281多万元。

2002年，全市共有22.6万名农民参加农村社会养老保险，当年收费543万元，1992—2002年，农村养老保险收费总额6852万元，养老保险基金积累总额8683万元，全市有11334位农民开始领取养老保险金，累计发放养老金382万元。

1992—2002年
栖霞市农村养老保险金收费情况统计表

表21-7 单位：万元

| 年 份 | 保险收费 |
|---|---|
| 1992 | 748 |
| 1993 | 708 |
| 1994 | 797 |
| 1995 | 809 |
| 1996 | 823 |
| 1997 | 835 |
| 1998 | 477 |
| 1999 | 281 |
| 2000 | 418 |
| 2001 | 413 |
| 2002 | 543 |

**机关事业单位养老保险** 1994年，实行机关事业单位养老保险。按照“以支定收、略有结余、留有部分积累”和国家、单位、个人共同负担的原则，实行全市统筹。单位按全部工作人员上年度月平均工资总额的23%缴纳，个人按上年度本人月平均工资总额的2%缴纳。

1999年8月，市直全额拨款机关事业单位的离退休人员实行养老金社会化发放；2002年5月，全市离休人员的护理费纳入统筹，养老金和护理费实行社会化发放。

2002年9月开始，对全市机关事业单位养老保险费征缴比例予以调整，即养老金比例在原来25%的征缴基础上（单位23%，个人2%），调整为30%（单位28%，个人2%）。

**1994—2002年栖霞市机关事业单位保费收入、支出情况统计表**

表21-8 单位：万元

| 年份 | 养老金 | | | 失业金收入 | 备注 |
|---|---|---|---|---|---|
| | 收入 | 支出 | 结余 | | |
| 1994 | 519 | — | — | — | 由劳动保险转入 |
| 1995 | 722 | 916 | 325 | — | — |
| 1996 | 3265 | 3035 | 555 | — | — |
| 1997 | 2243 | 2198 | 600 | — | — |
| 1998 | 2716 | 2606 | 710 | — | — |
| 1999 | 3680 | 3956 | 434 | — | — |
| 2000 | 3534 | 3614 | 354 | — | — |
| 2001 | 4568 | 3980 | 942 | 78 | 2001年4月开征失业金 |
| 2002 | 5464 | 6051 | 355 | 160 | — |

**医疗保险** 80年代末期，为控制医疗费过快增长，增强个人节约费用意识，企业在医疗管理方面主要采取医疗费用与个人利益挂钩的办法，具体做法是对企业职工因病住院规定了医疗期，一年内累计不超过180天的，发给本人标准工资60%～95%的病伤假期工资；超过180天的，改发本人标准工资60%～70%的病假工资。职工因病住院的医疗费用根据职工年龄和工龄长短，确定报销80%～95%。也有的企业实行医疗费全额包干，随工资定额发给，超资自负。

为减轻企业压力，保障职工医疗待遇，1995年12月，市政府制定《栖霞市企业职工医疗保险暂行规定》，建立医疗保险社会统筹与个人账户相结合的管理机制，医疗保险基金由社会统筹医疗、职工个人医疗账户金和企业调剂金三部分组成。医疗保险基金按上年底本单位在职职工工资总额与离退休人员离退休费用总额二者之和的10%提出，在提出的医疗保险基金中30%用于缴纳统筹医疗费；50%用于分配职工个人医疗账户金由企业记账管理，20%作为企业医疗调剂金。职工个人按缴费工资的1%提出医疗保险基金进入个人医疗账户，由企业管理使用。职工患病住院费在1500元以上的部分劳动保险处在统筹基金按80%报销，职工患有12种大病的住院费和门诊医疗费按95%报销，剩余部分个人负担。

为适应社会主义市场经济改革的需要，维护和保障职工医疗待遇，在总结前5年统筹医疗管理经验教训的基础上，2001年11月，栖霞市人民政府印发《栖霞市企业职工基本医疗保险制度实施办法及配套办法》，对基本医疗保险费的筹集实行用人单位和职工个人共同负担，统账结合，用人单位按上年度在职职工工资总额的6%缴纳；职工个人按本人工资收入的2%缴纳由用人单位从其工资中代扣代缴。统筹基金与个人账户金分别核算，专款专用专户管理，单位缴纳的基本医疗保险费70%划入统筹基金，30%划入个人账户，由劳动保险事业处建细账管理，职工个人支付使用节余归己。

职工患病住院及统筹病种的门诊在国家规定的用药目录。诊疗项目的医药费用，在统筹基金中分段报销；在起付标准至5000元的部分，按70%支付；5000元以上至10000元的部分按75%支付；10000元以上至最高支付限额的部分按80%支付，退休人员在上述支付比例的基础上再提高5%。一个医疗年度最高支付额为上年度职工平均缴费工资的4倍，超出最高支付限额以上的部分实行大额医疗救助办法解决，企业职工基本医疗保险县、市区统筹。

为确保离休人员病有所医，落实其医疗保险待遇，市政府于2002年4月对机关企事业单位的离休人员，建立基本医疗统筹管理机制，根据全市上年度离休人员医疗消费水平统一确定上缴统筹医疗基金，由劳动保险事业处专户管理，专款专用，从根本上解决部分单位拖欠离休人员医疗费的问题。

**失业保险** 1986年，栖霞县政府按照国务院发布的《国营企业职工待业保险暂行规定》的规定，制定失业保险基金的筹集、管理、发放以及失业职工的管理、转业训练、生产自救、促进再就业等一套完整的工作体系。其适用范围为，宣告破产的企业的职工；濒临破产的企业法定整顿期间被精简的职工；企业终止、解除劳动合同的工人；企业辞退的职工。

1992年12月，针对失业保险社会覆盖面小、实施范围窄、救济标准低、项目单一、资金运用不活等问题，栖霞县政府根据山东省人民政府《山东省职工待业保险办法》规定，进行扩大失业保险范围的改革，将享受失业保险的人员由原来的4种对象扩大到8种对象。适用范围是，依法宣告破产的企业的职工；濒临破产企业法定整顿期间被精简的职工；根据国家规定，经县（市、区）以上人民政府或市地以上主管部门批准撤销、解散企业的职工或者停产整顿的企业被精简的职工；终止、解除劳动合同的劳动合同制职工；企业辞退、除名的职工；企业按规定开除的职工；实行全员劳动合同制企业转到社会待业的职工；本人申请，经企业同意辞职或提前解除劳动合同的职工。

1999年1月，国务院发布《失业保险条例》，将事业单位纳入失业保险费征缴范围。事业单位失业人员依照本条例的规定，享受失业保险待遇。2002年末，全市参加失业保险39932人，缴费金额348万元。享受失业保险待遇1900人（含农民合同制工人524名），发放金额485万元。失业人员领取失业保险金期间，劳动就业部门免费为其提供职业介绍和再就业技能培训，促进失业人员再就业。

社会保障服务大厅（2002年）

## 第七节 劳动监督监察

1995年5月，劳动监督监察室成立，首要工作是宣传劳动保障法律法规和劳动政策。当年，发放宣传资料10万份，接待劳动咨询2800多人次。年末，检查用人单位30户，下达整改指令5个单位。

1996年，以招工用工、劳动合同、工资分配、工时制度、休息休假、社会保障、劳动保护、安全生产为内容，结合普法宣传活动，检查用人单位50户，涉及职工7000人次，下达整改指令5个单位。

1998年，围绕保障金缴纳、劳动管理不规范等问题，检查用人单位70户，促缴社会保险费10万元，下达整改指令20个单位，行政处理5个单位，行政处罚1个单位。1999年，与经贸局、外经贸局、工商局、总工会等有关部门联合，对企业用工、职工保障、权益保护、执业资格、工资支付等情况进行大检查。发放宣传资料、检查内容、整改通知书等1200多份，清缴上来所欠职工工资130多万元，追缴社会保障金300多万元。

2000年，围绕劳动保障工作热点、难点和广大职工关心的问题，检查用人单位120户，下达整改指令60个单位，行政处理14个单位，行政处罚4个单位，追缴社保费250万元，清欠工资120万元，补办用工手续300份。

1995—2002年，共检查用人单位710户，补签劳动合同200份，下达整改指令292户、行政处理79户、行政处罚16户，追缴社会保险费940万元，清欠工资300万元，补办用工手续200份、720人。

### 1995—2002年栖霞市劳动监察情况统计表

表21-9

| 年份 | 检查用人单位户数 | 下达整改指令户数 | 行政处理户数 | 行政处罚户数 | 追缴社保费（万元） | 清欠工资（万元） | 补办用工手续（份） |
|---|---|---|---|---|---|---|---|
| 1995 | 30 | 5 | — | — | — | — | — |
| 1996 | 50 | 6 | — | — | — | — | — |
| 1997 | 60 | 11 | 4 | 1 | — | — | — |
| 1998 | 70 | 20 | 5 | 1 | 10 | — | — |
| 1999 | 80 | 25 | 5 | 2 | 30 | — | 120 |
| 2000 | 120 | 60 | 14 | 4 | 250 | 120 | 300 |
| 2001 | 150 | 70 | 19 | 6 | 300 | 130 | 100 |
| 2002 | 150 | 95 | 32 | 2 | 350 | 150 | 200 |

# 第二十二编
# 公安 司法 军事

2002年栖霞市检察院干警进行街头反腐倡廉宣传

# 第一章 公　安

20世纪80年代以后，公安机关坚持打防并举，严厉打击各种犯罪。1985—2002年，共查处治安案件1.2万起，收缴枪支24支、子弹309发、雷管16820支、炸药6009公斤。查处走私16起，各类刑事案件1.28万起。破获各类经济犯罪案件139起，挽回和避免经济损失700多万元，处理交通肇事案件2949起，社会治安秩序越来越稳定。

## 第一节 管理机构

1973年恢复成立栖霞县公安局。1988年3月，成立公安局城关分局、桃村分局。1989年3月成立保安服务公司，10月，成立交通监察大队。1994年8月成立治安巡查大队。1995年5月，成立刑事警察大队、汽车驾驶员培训学校。1996年8月，成立黄金矿业稽查大队（1999年8月撤销）。1997年11月，成立110指挥中心，1998年成立经济犯罪侦察大队。2001年4月，成立治安监察大队、公安局蛇窝泊分局、臧家庄分局。

## 第二节 队伍建设

为培养一支政治立场坚定、业务精通、纪律严明、作风过硬的公安队伍，公安局采取多种措施加强民警队伍建设。1991年，利用4个月的时间对全体民警进行纪律作风整顿。1993年，以开展“无违纪年”活动为主线，以实行警衔制为契机，深入开展队伍集中整顿和“反腐败”斗争。1995年10月，在公安机关中开展“树人民警察形象、创一流公安业绩”大讨论和“爱民为民”活动，推行50句文明用语和80句服务禁语，重点解决“冷、硬、横、推”问题。1996年3月份，开展以“制止刑讯逼供”为主要内容的整纪纠风整顿工作，其次是号召全局民警开展“学济南交警 树人民警察形象”学习活动，提高民警服务群众意识的自觉性、主动性。1998年3月6日至5月上旬，公安机关开展思想、纪律、作风、组织教育整顿，制定《队伍管理若干规定》，重点解决要特权、违规扣押、查封、冻结、没收财产、违规责令停业整顿、吊扣证照以及刑讯逼供、超期羁押、滥用强制措施等伤害群众感情、漠视群众疾苦、侵犯群众利益等问题。2000年2—3月中旬，开展讲学习、讲政治、讲正气活动，重点解决理想信念、宗旨观念、精神状态、廉洁守纪、工作作风等方面的问题。2001年3—6月，开展为期3个月的以“全心全意为人民服务的宗旨教育、实事求是的思想路线教育和严格、公正、文明执法的法制教育”为主要内容的“三项教育”，通过“自已找、群众提、上级点、互相帮”等方式查摆出群众观念淡薄、服务意识不强、公仆意识淡薄等具体问题。同时，通过综合测评，对22名人员进行分离培训。

2002年7月至12月底，开展“最佳窗口单位评选活动”。各派出所、指挥中心调度科、交警大队、治安大队、刑警大队、经侦大队、巡警大队、户籍科、消防科、外事科、计算机管理监察科以及市局便民服务中心参加，围绕履行职责、执法行政、简政提速、警务公开、热情服务、纪律作风、警容仪表及环境卫生等情况进行查摆剖析，并采取社会评议、内部评议、内部考核的方式评选出“最佳窗口单位”“最差窗口单位”，对“最佳窗口单位”通报表扬，予以奖励；对“最差窗口单位”通报批评，责令整改，并挂牌警告，提高民警严格执法、依法行政的能力。通过一系列的整改，公安系统警风警容得到彻底改观，涌现出许多先进单位和优秀个人。组织民警参加国家计算机操作等级考试，252名民警取得计算机初级证书。实行等级化管理，将民警按考核结果划分为A、B、C、D4个等级，将单位按派出所、机关科队两个序列划分为甲、乙、丙、丁4个等级，通过奖优罚劣，提高民警的工作积极性，增强队伍战斗力。

## 第三节 治安管理

**基层治安管理** 1982年，栖霞县934个生产大队治保会共有治保人员4000余人。同年底，成立以治保会为主体的治安巡逻队768个。1984年，大队改制后，村委会内设治安保卫委员会。同时，按照公安部《机关、团体、企业、事业单位保卫组织工作细则》和《关于内部安全保卫责任制的暂行规定》，机关、企业、学校等单位治保会也相继建立，设主任1人，委员3～4人。1987年，全县有治保会524个，治保人员2221人；设治保小组1687个，治保人员2171人；治安巡逻队737个。至2000年，栖霞市90%的村治保会达到规范化建设标准。2002年，全市共有基层治保组织918个，治保人员2854人，其中城市社区治保组织4个、治保人员40人；农村治保组织914个、治保人员2814人。

1987—1993年，为落实“打防并举、标本兼治、重在治本”和“以打预防、打防结合、以防为主”的工作方针，公安局坚持不懈地开展严打整治和安全防范工作。在审定经济要害单位部位时，本着“动静结合，以动为主”的原则，随有随定、随审随管。全县被确定为经济要害部位有300余个。在要害部位预防措施的落实上，按照“物防是基础，人防是关键，技防是导向，三者有机结合，互为补充”的工作思路，有针对性地抓人防、物防、技防为主的“三防”措施的落实，避免各类案件的发生。1994年10月，栖霞县公安局巡逻警察大队成立，成立后的巡警大队主要负责城区东至向阳路，西至商业街，南至跃进路，北至振兴路范围内的治安巡逻、接受群众报警求助。成立之初，巡警以徒步巡逻为主，机动车巡逻为辅，昼夜轮换巡逻。在巡逻中，按照“预防为主，快速处结”的要求，对发现的可疑人员和物品进行盘问检查，对抓获的违法犯罪人员，经审查情节轻微的，依照《中华人民共和国治安管理处罚条例》，给予批评教育和治安处罚，涉及刑事案件的移交刑警大队处理。

1996年2月，开始在中小学开设法制教育课。全市的中、小学均以不同形式地聘请法制副校长，每年作法制报告60余场，提高中小学生的法制观念。派出所、单位与家庭组成帮教小组，对有劣迹的青少年进行教育感化、挽救，减少再犯罪。

按照“属地管理”和“谁主管、谁负责”的原则，把矛盾纠纷排查调处的重心放在基层，镇街、村居、厂企每半月排查一次，全市及市直部门每月排查一次，建立重点矛盾纠纷排查调处台账制度，共调处各类民事纠纷1578起，成功率达到96.8%，实行领导包案的44起重点矛盾纠纷全部解决。

2000年，公安机关在较短的时间内，投入大量人力、物力，在全市金融系统全部和部分经济要害部门安装与公安机关110联网的自动报警系统110余套及科技含量较高的电视监控系统23套，提高经济要害单位部位的控防能力。同年4月，根据全市城区防范工作会议的部署，依托巡警大队组建专职巡逻队，调整加强城区各村以治保会为主体的巡逻队，强化巡逻看护力量。

2002年初，巡警大队配备机动车，巡逻方式改为机动车巡逻为主，根据城区中小学校密集实际情况，在学校门前设立“学生服务岗”，护送中小学生上学、放学和高中学生下晚自习；在市委、市政府机关和商业、金融密集区设立流动岗，进行巡逻守护。同时，根据需要成立110备勤中队，配备警车，随时对报警求助的群众给予帮助或处置各类突发事件。2002年末，共处理各类治安违法人员870余人；移交刑事犯罪人员170余人；调解纠纷和制止突发事件1650余起；帮助群众排忧解难800余次，缴获赃款赃物折款达10余万元。城区共建成住宅安全小区8处，分户防盗门安装率达95%以上；城区有包括出租车在内的各种小型车辆1200余辆，75%的车辆安装报警器，建立3处停车场。

2002年，开展17次不安定因素和矛盾纠纷排查调处活动，共收集各类情报信息673条，及早疏导各类矛盾纠纷51起，妥善处置20余起群体性事件，破获邪教违法犯罪案件7起，查获团伙3个，抓获违法犯罪分子40人，刑事拘留17人，劳动教养7人；抓获违法犯罪嫌疑人307人，其中刑事拘留270人，提请逮捕187 人；打掉犯罪团伙16个、成员69名；抓获网上在逃人员37名。查处治安案件1902起，处罚违法人员1516名。推广安装电视监控系统2000余套。

2002年夏季公安民警夜间巡逻

**枪支管理** 1981年4月，县公安局开始对全县公民个人持有的猎枪、气枪、火药枪等进行清理登记，经审验合格发持枪证1600余个，其中猎枪、土枪各1200余支，气枪200余支，步枪51支，各类手枪42支。同时对法院、检察院、公安系统及金融等单位的枪支均登记发证或换证。至1987年，全县的各类枪支均实行枪证管理。1996年9月，根据《中华人民共和国枪支管理法》的规定和省政府《关于我省境内不设猎区的通知》精神，山东省属非猎区，任何单位和个人不得配置和持有猎枪，栖霞市公安局在全市开展“缉枪治爆”专项行动，全面收缴社会上的枪支弹药。共收缴制式猎枪1600余支，子弹2000余发，处理涉枪涉爆违法犯罪人员986人，对32名犯罪嫌疑人采取强制措施，其中提请逮捕2人，对全市207个涉枪涉爆单位进行全面清理整顿。2002年，持续开展“治爆缉枪”行动，共收缴枪支24支、子弹309发、炸药980余公斤，减少了事故隐患。

**爆炸物品管理** 1981年8月，针对爆炸物品管理中存在的问题，在全县范围内开展“爆炸物品管理专项整治行动”，全面收缴散存在社会上的民用爆炸物品。县公安局指定爆炸物品由县化建部门统一采购、供应分配，各公社均由社办物资供应站供应。

1984年1月，按照《中华人民共和国民用爆炸物品管理条例》，对爆炸物品的生产、储存、销售、购买、运输、使用等环节进行严格管理，减少不安全因素。1987年9月，改革民用爆炸物品管理办法，落实集中统一管理。同时，在各乡镇和5个县属以上矿区单位成立民用爆炸物品管理服务站13处，建设爆炸物品储存专用库，并建立健全一系列规章制度。考试选拔招用专职管理人员47人、爆破员378人。1995年，对规划不合理或不合格的民爆站进行合并、撤换，并加强业务管理，全市民用爆炸物品管理服务站11处，年使用炸药1500余吨，雷管100余万支，导火索500余万米。由于管理严谨，未发生1起安全事故。

至2002年，共收缴雷管16820支、炸药6009公斤、导火索26968米、及数量不等的手榴弹、子弹、炮弹头、地雷等。在此基础上，制定和完善爆炸物品管理规章制度，购买爆炸物品一律由县公安局办理审批手续。

2002年冬季公安民警销毁禁用物品

**特种行业与公共场所管理** 80年代，公安机关对特种行业、公共场所管理，采取登记、审发证、日常检查和加强从业人员培训等，进行严格控制，发现问题及时纠正。1987—1989年，全县48家旅馆实行挂牌营业制度，对从事旅馆业的256名服务人员进行培训。由于严格的管理，服务人员向公安机关提供违法犯罪线索110余条，抓获违法犯罪嫌疑人152人。

90年代，采取审发证的日常管理和专项治理相结合的管理模式，进一步强化对特种行业及公共场所管理。在业户申请领证开业后，各派出所户籍外勤民警除按规定每月定期进行安全检查、召开例会、年审验管理外，还根据不同时期的突出问题，会同工商、文化等部门开展专项治理活动，对发现不合格的业户，责令其停业整顿，达到要求，方可续业；对有严重违规违法的予以取缔。在1992年专项治理中，调查、检查全县140余家旅馆业、图书业，查处非法经营业户6家，取缔黑窝点3处。对63处不安全场所进行整改。1993—2002年，先后共取缔无证娱乐场所2家，查封1家，责令其整改的2家，共查出涉丑案件92起，处理违法犯罪人员161人，其中逮捕7人，收容教育6人。2002年末，全市持证经营旅馆业的89家，床位1300余个；印刷业19家，打字复印业8家；刻字业9家，其中刻制公章的1家；理发美容店40余家，机动车修理业142家。公共场所有影院1家、录放厅4家；歌舞厅4家，浴池（场）5家；图书馆、公园、溜冰场、体育馆（场）、车站各1家；大型商场（店）3个；集贸市场6处。由于管理到位，这些特种行业和公共场所，基本做到合法经营。

**缉 私** 1984年，境内发现有走私香烟和非法销售假牌香烟等违法行为，公安机关会同有关部门积极查处。至2002年末，烟草专卖局协同公安机关、工商等部门查处走私香烟的业户（个人）16户，查扣走私香烟19000余条，按规定如数上缴，并对非法销售业户按《中华人民共和国烟草专卖法》等法规予以处理。

## 第四节 刑事侦查

**刑事犯罪侦查** 自1983年始，随着社会经济的发展，侵财类犯罪呈逐年递增趋势，年发案总数和重大案件发案数逐年增加，特别是进入90年代，案件发案总数上升幅度较大。

1983年8月至年末，栖霞县公安机关开展大规模的肃毒、禁娼、查赌工作，赌博、嫖娼行为基本得到控制。进入90年代，随着娱乐场所、游戏厅、美容美发店、旅馆、歌舞厅等娱乐服务业的兴起，黄、赌、毒、嫖死灰复燃。1992年，在专项治理中，查获卖淫嫖娼者80余人，淫秽书刊2万余册，非法出版物600余套，收缴淫秽图片200余张。

1997年，公安机关在城区开展“严厉打击

黄、赌、毒及社会丑恶现象”专项行动，共查获各种案件108起，其中卖淫嫖娼案件78起，赌博案件14起，其他案件16起。查获违法人员231人，其中卖淫嫖娼128人，容留介绍卖淫11人，赌博72人，其他20人。治安拘留50余人，罚款147人，劳动教养2人。1998年7—10月，公安机关在全市范围内再次开展清理、整顿和打击黄、赌、嫖的违法活动，查处各类案件108起，其中，卖淫嫖娼55起，赌博和其他案件各53起。查获违法人员260余人，其中卖淫嫖娼136人，容留介绍卖淫10人，赌博64人，其他50人。

从2000年4月起，公安机关开展为期3年的严打斗争。按照“追逃犯、打团伙、抓现行”的工作方针，相继攻破一批大案要案。市公安局先后破获“4•25”桃村孙某某雇凶伤害案 、“7•7”张某某团伙花山商店抢劫案 、“8•29”、招远黄某某团伙持枪绑架杀人案 “11•13” “11•18”倪某某等4人入室抢劫栖霞第三、第四中学40余名学生案及“宋某某桃村、铁口系列爆炸案” 。在各类刑事犯罪案件中，比较突出的是抢劫、盗窃、伤害、强奸等。

2000年9月，公安机关在贯彻落实上级有关加强娱乐场所管理、严厉打击社会丑恶现象指示的同时，结合栖霞的实际情况，制定《栖霞市加强娱乐服务场所管理、严厉打击卖淫、嫖娼、赌博、吸毒贩毒等社会丑恶现象工作意见》，本着“打击违法，取缔非法，保护合法”的原则，会同监察局、文化局、工商局，采取多管齐下、诸措并举、综合治理，规范经营活动，严厉打击卖淫嫖娼、赌博、吸毒贩毒等社会丑恶现象，消除不安全隐患。

2001年，着重加大危害公共场所严重暴力行为，查处暴力、抢劫、强奸等严重犯罪行为。2月4日，栖霞市翠屏街道南石岔村村民牟某某家平房上有一爆炸物发生爆炸，屋顶被炸毁。爆炸后约5分钟，当闻讯而来的10余名村民在牟某某家门前围观时，停放在其门前的白色“聚宝”牌农用车下又有爆炸物发生爆炸，农用车被炸毁，致1人当场死亡，10人受伤，其中4人重伤，4人轻伤，2人送医院抢救无效死亡，周围20余户住宅玻璃全部破碎。案件发生后，市公安局40余名侦技人员赶赴现场，至2月5日4时，对全村绝大部分居民在案发时所处位置进行确认；获取案发前在现场西南方向有人跑动等重要线索；对与牟某某有矛盾、案发时行踪不能确认、案发后行迹可疑的村民潘某某（男，43岁，汉族，小学文化程度，智能较低，栖霞市翠屏街道南石岔村农民，未婚独居）进行传唤。2月5日凌晨，烟台市公安局13名侦技人员赶赴栖霞，亲临现场，对勘查和调查工作进行指导。同时，地市两级公安机关成立“2•4”特大爆炸案破案指挥部，从各警种抽调70余名精兵强将，全力侦破。经过全体人员的共同努力，根据调查情况，专案组认定潘某某为第一嫌疑对象，立即对潘某某进行重点审查。2月9日，此案告破。

1985—2002年，栖霞市重大案件发案2687起，破案1788起，破案率66.5%。摧毁1个带有黑社会性质的犯罪团伙，召开公审处理大会10余次。

1992年栖霞县公开审判大会现场

**经济犯罪侦查** 1999年之前，栖霞市公安系统未设立经济犯罪侦查机构，1999年8月，设立经济犯罪侦查大队，之后，按照“预防为主，确保重点，严厉打击，保障安全”的方针，健全基层安全保卫组织，落实人防、物防、技防措施，并在银行及其他要害单位安装110联网报警系统，确保要害单位和要害部位的安全。

1999—2002年，共破获各类经济犯罪案件139起，挽回和避免经济损失700多万元，维护了全市经济秩序的持续稳定。

## 第五节 看 守

**监所设置** 1983年8月，栖霞县投资37万元，在栖霞镇小雾滋夼村南动工建设看守所。看守所设监室10间，南北方向呈一字排列，监室面积440平方米，并设有放风场，有民警6人。

1996年7月，栖霞市增加监室7间、劳动车间2间、禁闭室1间，内设值班巡视室3间及会见室、医务室，另有哨兵岗楼2处及哨兵巡逻通道，监室面积达748平方米，能容纳人犯170人左右。同时，武警栖霞中队正式由内转外担负外界警戒任务，公安民警负责内看守任务和管理工作。

1998年8月，投资20万元，每个监室安装监控设备，实现监室电化教育、微机管理。2002年末，看守所占地8600平方米，建筑面积1900多平方米，全所有民警18人。

栖霞市看守所（2002年）

**监所管理** 看守所建成后，编印各种规章制度，各监室内张贴《监规》《行为规范》和《合法权益》，使在押人员时刻熟知、熟记内容，自我约束，规范行为。规定在押人员保持室内被服放置、洗涮用具等“五统一、五规范”，每天上午统一训练，做广播体操；充分利用广播、电视、报刊、图书等多种形式及手段对在押人员进行监规、法制、道德、有关政策、形势前途、文化知识等教育；每月集体上课教育两次以上，每天组织在押人员收看电视新闻，进行自我反思，自我改造。同时，根据不同时期开展的不同形式、不同内容的专项斗争，有针对性地对在押人员开展政治攻势和专项攻势活动，敦促在押人员主动检举揭发提供犯罪线索和坦白交待余罪，争取政府宽大处理。

加强生活、卫生管理。1988年以前，在押人员的伙食标准为每人每月34元，1995年，伙食标准增加到60元，1996年，伙食标准提高到95元。1998年，改以粗粮为主、细粮为辅。在饮食调剂上做到平时有食谱，逢年过节按群众习俗改善生活，保证在押人员吃够标准、吃熟、吃热、吃得卫生。

进入21世纪以后，在押人员的健康检查、疾病治疗、危重病人抢救、住院看护及自备药品使用保管等一系列规章制度十分完善，对患有一般病症的在押人员，由看守所医生治疗，病情严重的送市医院检查治疗。经常性地开展卫生防疫工作，严防在押人员食物中毒和传染病的发生。定期安排在押人员理发、洗澡、洗晒衣被、消灭蝇蚊，减少各种疾病的传染。

## 第六节 交通管理

**机动车辆管理** 实行机动车辆登记制度，包括新车注册、过户转籍、变更改装、停驶复式驶、报废注销、临时入境等登记入网，并按车辆购买月份实行年检制度，1985—1990年，西城机动车检测线年检车辆平均3500辆次左右，1991—1995年，年检车辆近4000辆次，1996年至2000年，随着车辆增加，年检车辆上万余辆次。检测时，每年都对机动车进行技术等级评定，强制二级维护后车辆综合性能技术检测。

1985年，全县机动车辆仅 2716辆，其中，汽车1771 辆。2002年末，全市共有机动车辆89227辆，其中，汽车15650 辆，年审验车辆均在10万辆次以上。

交通指挥（2002年）

**驾驶员培训和管理** 1985年，全县拥有各类汽车驾驶员2475人，摩托车驾驶员1043人。驾驶员年身体适应性检验在3000人次以上。1989 年4月，成立栖霞县汽车驾驶员培训学校，从事驾驶员统一培训。1996年，学习驾驶技术的学员按照规定，统一到烟台市汽车驾驶员培训基地进行理论培训及业务考试，考试不合格者可以复试。2000年，驾驶员桩考、路考到烟台市汽车驾驶员培训基地进行，烟台市公安局车辆管理所收回县级考试权。

随着车辆增加和驾驶员队伍不断扩大，车辆管理和驾驶员管理的任务不断加重。1985年，举办安全教育培训班11期，违章驾驶员学习班5期，培训驾驶员3400人次。1990年，举办安全教育培训班18期，违章驾驶员学习班8期，培训驾驶员6200人次。此后，驾驶员教育培训形成制度化、程序化、必须化。2000年以后，交警部门对违章驾驶员实行12分记分考核管理，扣完12分，驾驶员必须重新考试方可驾驶车辆。

**非机动车管理** 始于70年代，其牌照由公安派出所负责办理。1985年末至1986年初，对全县自行车进行全面普查验证，1990—1992年，开展自行车普查、登记、更换牌照、收费统一管理等一系列工作。

**交通事故及处理** 1985—1986年，查纠各类违章3000余起。1987年，发生交通事故198起，死亡47人，受伤149人；1988年，发生交通事故215起，死亡37人，受伤167人。

1991年8月1日，在烟上线东柳村东78KM+930M处，青岛客运公司一场司机刘某某驾驶大客车由北向南行在路中与对面行车司机吕某某驾驶的大客车在弯道处相撞，造成双方死亡9人、重伤12人、轻伤21人，两车严重损坏。接到报案后，民警迅速出动，调集救护车、消防车赶到现场立即救援，迅速减少事故带来的严重后果和损失。

2001年11月26日，烟台经济开发区奇章村于某驾驶鲁F64882小型客车，沿同三高速由南向北行驶，行至56KM+700M栖霞市郝家楼大桥时，发现前方有肇事现场，处理情况时，因路面湿，车辆发生侧滑，撞前方在紧急停车道内车后检查车的青州市郑母镇山李村孙某、郑母镇西郑村于某后，左侧又撞前方紧急停车道内的昌乐县北岩常家庄村秦某驾驶的鲁G72144大型货车尾部，致孙某等七人受伤死亡。

民警接到报案后，赶到现场迅速勘查，立即抢救伤员，经现场勘查，于某某负事故全部责任。

1987—2002年，全市共发生交通肇事2949

起，死亡1187人，受伤2325人，造成直接经济损失193.71万元。

1991年烟上线公路事故现场

救助伤员

## 1987—2002年栖霞市交通事故情况统计表

表22-1　　单位：起、人、万元

| 年 份 | 事故起数 | 死亡人数 | 受伤人数 | 经济损失 |
|---|---|---|---|---|
| 1987 | 198 | 47 | 149 | 3.9800 |
| 1988 | 215 | 37 | 167 | 7.4420 |
| 1989 | 170 | 24 | 156 | 4.1595 |
| 1990 | 168 | 62 | 137 | 3.3580 |
| 1991 | 191 | 79 | 190 | 10.6445 |
| 1992 | 143 | 49 | 105 | 2.0000 |
| 1993 | 147 | 44 | 125 | 3.0000 |
| 1994 | 121 | 54 | 89 | 2.6870 |
| 1995 | 145 | 76 | 97 | 2.1230 |
| 1996 | 160 | 83 | 129 | 3.2450 |
| 1997 | 154 | 98 | 132 | 3.5820 |
| 1998 | 172 | 105 | 150 | 4.2680 |
| 1999 | 189 | 126 | 167 | 4.7520 |
| 2000 | 282 | 119 | 127 | 34.9236 |
| 2001 | 221 | 99 | 145 | 26.6255 |
| 2002 | 273 | 85 | 260 | 76.9174 |

## 第七节 户政管理

**常住人口管理** 1982年，各公社户口管理全部移交当地公安派出所，单位或村设户口兼管员，实行二级户口管理办法，负责进行出生、居住（含常住、暂住）、迁徙（含迁入、迁出）、变更等4项户口变动和一年一次的户口变动情况统计上报工作。1987年，按照《中华人民共和国居民身份证条例实施细则》要求，栖霞县公安局在全县范围内广泛开展颁发居民身份证的宣传发动工作，并按规定对全县年满16周岁的常住人口全部进行编码。1987年10月，开始在城关镇、县直机关、厂矿企事业单位进行发放居民身份证试点。

1991年，组织实施全县人口分层次管理办法，调整重点人口列管范围，增加8种列管对象。会同建委、规划局、编制委员会办公室等部门对城区村按城市化管理规划，东西为街，南北为路，统一格式编制门牌号码，城区户口进入城市化管理。1998年，居民户口簿全部更换为山东省统一印制的“中华人民共和国居民户口簿”。1999年10月，建立全市人口信息数据库，户口档案全部实现微机管理。

**暂住人口管理** 1985年4月，栖霞县始对暂住人口进行登记管理。是年，全县暂住人口385人。暂住人口中混杂的违法犯罪分子，给社会治安带来一定危害。同年，各乡镇公安派出所设立暂住人口管理站，加强对暂住人口的管理。

1990年，全县按照政府颁发的《关于暂住人口管理规定》，在暂住人口达到300人以上的村或厂企单位，分别设有暂住人口专、兼职管理员，管理暂住人口9800人。1995年，暂住人口10182人，用工单位和主管部门签定治安防范责任合同书，对暂住人口一律采取登记办证管理。在加强对暂住人口管理的同时，公安机关还对暂住人口进行法律、法规和遵纪守法教育，使暂住人口的犯罪率下降到万分之二以下。1996年以后，理暂住人口逐渐减少，1997年，有暂住人口7653人，2000年，暂住人口1821人，到2002年，全市暂住人口仅有1513人。

**1985—2002年栖霞市暂住人口情况统计表**

表22-2　　　　单位：人

| 年份 | 数量 | 年份 | 数量 |
|---|---|---|---|
| 1985 | 385 | 1994 | 10336 |
| 1986 | — | 1995 | 10182 |
| 1987 | — | 1996 | 10314 |
| 1988 | 7528 | 1997 | 7653 |
| 1989 | 12394 | 1998 | — |
| 1990 | 9800 | 1999 | — |
| 1991 | 11219 | 2000 | 1821 |
| 1992 | 9280 | 2001 | 1593 |
| 1993 | 10006 | 2002 | 1513 |

## 第八节 出入境管理

**公民因私出境管理** 1985年至1988年以前，出入境管理工作由公安局政保科负责，此阶段，境内出国人员主要是外出留学，寥寥数人。1985年，栖霞县共办理出国护照18本，主要是出国探亲。1989年，栖霞县公安局成立出入境管理科，负责全县公民因私出国（境）申请的受理、调查工作，对公民因私出境实行政务公开、办事程序公开、出国时限公开“三公开”制度，1997年，栖霞公安部门根据上级统一指示，依法直接受理本市公民出国旅游的申请，报上一级公安部门备案、审批。

2002年，公安部门规范公民出境手续和内部报批手续，并公开审批办法、收费标准、服务标准，境内公民因私出国实行按需申领护照，申请护照更加简单、方便，出国人数明显增多。是年，受理因私出国 525 人，获准525人。其中探亲访友84人，旅游303人，劳务研修57人，自费留学42人，商务37人，定居2人。

1985—2002年，共办理出国护照3723本，通过调查出国（境）申请材料，查处弄虚做假、骗取出国证件的136起，不准出境人员156人。

**外国人和港、澳、台人员入境管理** 1985年，临时到栖霞的外国人和港、澳、台人员17人次，此后，外国人和港、澳、台人员到栖霞的逐渐增多。1988年5月，烟台市所辖县市除长岛外，全部对外开放，外国人和港、澳、台人员到栖霞不需要办理旅行证。是年，到栖霞的外国人和港、澳、台人员48人次。其中，外国人17人次，港、澳、台人员31人次，主要开展技术交流、旅游和探亲访友。1991年，经上级授权，栖霞县可以直接办理外国人F、L签证的延期和外国人居留证、临时居留证的审批和延期。

1992年以后，对境外人员管理，必须做到户口申报登记、居住地址落实、访问单位清晰，去留时间明确，出入境管理始终坚持管理与服务相结合的原则，到栖霞临时居住的各类入境人员，在城区的24小时以内、在乡镇的72小时内都要向当地派出所申报临时住宿登记。对那些年老体弱、身体有病及不了解有关规定的人员，登门为其办理临时住宿登记，对那些因工作需要及其他有正当理由不能按期离境的外国人、港澳台同胞，为其办理签证、签注延期、签证变更或者多次出入境手续。

1995年以后，为确保境外人员的生活与安全，将设施完备、管理规范、服务质量好的城区悦心亭宾馆、桃村华苑大酒店设为涉外宾馆，供境外人员住宿生活。

2000年以后，公安出入境管理科还协同有关部门对有接待任务的涉外宾馆，定期和不定期地进行检查指导，组织从业人员进行法律法规及文明礼貌、安全防范知识学习。涉外宾馆从未发生任何问题，受到外国友人、港澳台同胞的好评。

1985—2002年，到栖霞探亲访友、旅游、商务、技术交流和投资办厂的境外人员共计8700余人次，其中外国人7200余人次，港、澳、台同胞1500余人次，以投资办厂和旅游人员居多。2002年，办理边防证280个。

## 第九节 “110”报警服务

1996年11月，公安局设立“110”报警服务台，每天24小时接待处理群众的报警求助电话，有警必接、有难必帮、有灾必救、有求必应。“110”报警服务台，1999年被栖霞市委、市政府授予“十佳窗口单位”荣誉称号；2000年，公安机关为110报警服务台增加“预约服务”和“投诉”2项职能，即群众可以通过“110”和“123”两条专线提出“预约”事项和“投诉”的要求。是年，“110”报警服务台被栖霞市委、市政府授予“人民满意政法单位”荣誉称号、获“烟台市110报警服务工作先进集体”称号。

2002年4月15日，4岁的张某某到蛇窝泊镇大帽顶村的姑姑家玩耍，不小心掉进深达7米的枯井中。接到报警后，蛇窝泊派出所民警仅用10分钟就赶到事发地点。与此同时，市公安局领导高度重视，继续增派警力，全力投入抢救。此井为机钻深井，井口的直径只有25厘米，张某某挤压在离井4.2米处动弹不得。民警经过7小时的努力在离井口15厘米的边上挖开一条长5米、深4.5米的深沟，于下午4时30分，救出张某某。

涉及民众安全的“110”服务甚多，每接求助电话，工作人员立即赶往出事地点，圆满完成任务。1996—2002年，“110”共接群众报警求助电话62599起，指挥调度出警62599起，其中，刑事案件3946起，治安案件17072起，群众求助10297起，救助服务群众10273人次，处置各类纠纷3475起。

## 第十节 消 防

**消防队伍与装备设施** 1980年栖霞县成立消防队，1988年，成立消防中队，与消防科合署。消防中队占地面积2100平方米，建筑面积1440平方米。配备东风牌水罐消防车3部。1989年，撤销消防科，成立栖霞县公安消防大队（人员为武警现役编制），干部4人、公安干警1人，负责全县重点单位监督管理、建筑防火审核与验收、化学危险物品管理、公共场所开业前的消防安全检查、消防宣传等工作。2000年，市政府拨出专款为消防中队购配包括救援顶杆、无齿锯、扩张器、避火服、防化服在内的抢险救援器材，将城区内的公共消火栓增至106个。2001年，购配22米东风牌平台举高车1部。2002年，消防大队有14人，其中干部2人，战士12人。有桑塔纳轿车1部、松花江面包车1部、吉普车2部、偏斗三轮2部。全市共有义务消防队284个，3140余人，拥有手抬机动泵和各类灭火器7960余件。各企业主要配备的灭火器有干粉灭火器、1211灭火器、二氧化碳灭火器和泡沫灭火器。

**火灾预防与消防管理** 自1988年以来，公安消防部门坚持“预防为主，防消结合”的消防工作方针，按照“谁主管，谁负责”的原则，将232家重点单位实行备案管理，全面推行企业消防目标管理；对薄弱环节，深入开展化学危险品、公共场所、建筑工程等专项治理活动；坚持每年对消防重点单位检查不少于4次，累计检查出火灾隐患1万余条，全部进行整改；对新建、改造、扩建工程的防火工作，严把图纸审核、施工检查和竣工验收关，共审核建筑项目362项，提出审核建议89条，保证各项防火措施的落实；按照“三不放过”的原则，严肃查处火灾事故，对发生的每起火灾都及时进行火场勘查，准确认定火灾起因和火灾事故责任。

消防车赶往火灾现场（2002年）

栖霞县消防队自1980年成立到2002年，先后参与灭火及抢险救援2000余次，救助群众3000余人次，保护和挽救群众财产价值1000余万元，成功处置了“9·9魔戒咬手”“11·1马蜂蛰人”“11·8”“6·12水井塌方”以及交通事故等多起紧急事件。中队先后有3名官兵荣立三等功，64名官兵受嘉奖，32名战士被评为优秀士兵。

**火灾扑救** 20世纪80年代，火灾起数不多，仅有11起，情况也不严重，到了90年代，由于工厂增多，易燃物品增加，发生火灾量随之增多。

1990年3月13日，栖霞县轮胎厂火灾，财产损失2.7万元；1991年11月30日，栖霞县芝罘化工厂火灾，财产损失3万元；1995年8月21日，栖霞县聚氨脂厂车间火灾，烧毁设备及原材料，直接财产损失9.8万元；1996年7月15日，白洋河大酒店火灾，过火面积500多平方米，损失价值5万余元；1997年7月28日，王海宾打火机厂火灾，烧死1人，烧伤2人，财产损失1.5万元；1999年2月11日，玉军摩托车维修部火灾，造成4人死亡，1人重伤，财产损失6000余元；2000年1月14日，栖霞粮荣商场火灾，烧毁一楼家电公司与广联宾馆一、二、三层粮荣商场部分财物，财产损失21.4万元。

每次火灾发生后，公安消防人员都能在第一时间赶到现场，冒着生命危险进行扑救，抢救财产，救护人员，成功地解决一次次险情。1985—2002年，全市共发生各类火灾2341起，死亡5人，伤13人，财产损失近400万元，其中工厂火灾和车辆相撞引起的火灾约占60%。

2002年消防队员在市区交通事故救助现场

### 1985—2002年栖霞市火灾发生情况统计表

表22-3

| 年 份 | 火灾起数（起） | 死亡人数（人） | 受伤人数（人） | 直接经济损失（万 元） |
|---|---|---|---|---|
| 1985 | 76 | 0 | 0 | 7 |
| 1986 | 92 | 0 | 4 | 5 |
| 1987 | 105 | 0 | 0 | 11 |
| 1988 | 89 | 0 | 0 | 6 |
| 1989 | 95 | 0 | 0 | 7 |
| 1990 | 87 | 0 | 0 | 10 |
| 1991 | 109 | 0 | 1 | 12 |
| 1992 | 160 | 0 | 1 | 21 |
| 1993 | 113 | 0 | 0 | 14 |
| 1994 | 156 | 0 | 0 | 30 |
| 1995 | 190 | 0 | 0 | 46 |
| 1996 | 125 | 0 | 2 | 9 |
| 1997 | 142 | 1 | 2 | 24 |
| 1998 | 135 | 0 | 0 | 18 |
| 1999 | 239 | 4 | 1 | 51 |
| 2000 | 143 | 0 | 2 | 21.4 |
| 2001 | 87 | 0 | 0 | 25 |
| 2002 | 198 | 0 | 0 | 48 |

# 第二章 检 察

1978年，栖霞检察机关重建后，积极履行工作职责，加大各类犯罪查处力度，协同有关部门共同进行严打整治和社会治安综合治理。1985—2002年，受理各类经济案件1211起，给国家和集体挽回经济损失3758.88万元。处理重大责任事故97起、非法拘禁44起、玩忽职守18起，受理公安机关提请批准逮捕的案件1694件2359人，共处理来信来访5400余件次，办理申诉案件5起。提请控诉案件132件，监所检察1500余次。

1998年，在全国民事行政检察工作会议上，栖霞市人民检察院受到表彰。2002年，栖霞市人民检察院获得“全国检察机关先进检察院”“山东省检察机关先进检察院”称号。

## 第一节 管理机构

1954年栖霞县人民检察院成立。1968年撤销人民检察院。1978年6月，恢复成立栖霞县人民检察院。1995年以后，相继成立反贪污贿赂局、反渎职侵权局。

2002年建设的检察院办公大楼

## 第二节 经济检察

1978年以后，栖霞县检察院设立经济检察股。经济检察的主要内容包括偷税抗税、挪用公款、非法所得、假冒商标、贪污及巨额财产来源不明、隐瞒境外存款、私分国有资产、私分罚没财物等。

**案件查处** 1984年5月至1990年，亭口镇水利站会计王某某，利用职务之便，采取伪造单据、收入不记账等手段，贪污公款15900元，接受贿赂款4220.86元，检察机关提起诉讼，法院以贪污罪判处有期徒刑6年。

1985年，执行中央、山东省委和最高人民检察院关于严惩经济犯罪活动的决定和指示，大力查处经济案件，当年受理经济案件9 起，立案侦查4 起，为国家和集体挽回经济损失1.88万元。1988年，围绕“治理经济环境、整顿经济秩序、全面深化改革”，依法从严惩处以贪污受贿犯罪为重点的严重经济犯罪活动。

1989年建立健全经济案件侦、捕、诉分开的办案制度。1990年，受理经济案件 133起，立查50起，追缴赃款 58 万元。 1991年，经济检察科改为贪污贿赂犯罪检察科，直接把反贪污贿赂斗争提到打击经济犯罪的第一位，设立经济办案组，加强反贪办案力量。县农行官道信用社记账员张某某，自1991年9月至1992年12月任职期间，利用职务之便，采用空加定期存款利息支出和收入贷款利息不记账的手段，先后5次贪污公款103343元。1992年12月8日，提起公诉后，以贪污罪判处有期徒刑15年，是栖霞县第一起银行单位经济犯罪案件。

1993年3月，设立反贪污贿赂工作局，进一步加强经济检察工作力度。全年立案查处经济犯罪案件48 起，为国家和集体挽回经济损失300万元。是年，栖霞酿酒厂亏损1000余万元，根据群众举报，查出以徐某某为首的8人有经济问题，其中3人被立案侦查，并对原厂长徐某某、原供销科长范某某依法行事拘留，后逮捕。起诉到法院后，徐某某被依法判处有期徒刑9年，为企业挽回经济损失13万余元。

1994年，检察院制定《关于奖励举报有功人员的规定》，对直接向检察院署名举报贪污贿赂等经济犯罪案件，经侦查属实，使犯罪分子受到应有惩罚的举报有功人员，按认定犯罪数额及收缴赃款赃物金额的一定额度给予奖励。是年，受理经济案104起，查处立案41起，其中大要案24起，挽回经济损失200万元。

1996年，农村信用合作社主任李某某利用其手中权力，在人事调动、发放贷款、基础设施建设等方面，收受他人现金1万余元，金银首饰1宗，1996年，李某某以受贿罪被法院依法判处有期徒刑9年。

1998年，受理经济案件40起，立案24起，其中大要案22起，为国家和集体挽回经济损失380万元。2000年，受理经济案件59起，立案37起，其中大要案26起，为国家和集体挽回经济损失750万元。

2002年，受理经济案件42起，立案28起，其中大要案17起，为国家和集体挽回经济损失200万元。

1985—2002年，共受理经济案件1211起，挽回经济损失3758.88万元。

**1985—2002年栖霞市经济检察情况统计表**

表22-4　　　　单位：起、万元

| 年　份 | 受理经济案件 | 立 案 案 件 | | 挽回经济损失 |
|---|---|---|---|---|
| | | | 其中：大要案 | |
| 1985 | 9 | 4 | — | 1.88 |
| 1986 | 20 | 6 | — | 5 |
| 1987 | 47 | 16 | 2 | 28 |
| 1988 | 45 | 18 | 3 | 29 |
| 1989 | 125 | 31 | 6 | 56 |
| 1990 | 133 | 50 | 5 | 58 |
| 1991 | 52 | 39 | 3 | 18 |
| 1992 | 46 | 17 | 2 | 63 |
| 1993 | 48 | 23 | 17 | 300 |
| 1994 | 104 | 41 | 24 | 200 |
| 1995 | 131 | 46 | 33 | 230 |
| 1996 | 116 | 50 | 37 | 400 |
| 1997 | 93 | 62 | 47 | 400 |
| 1998 | 40 | 24 | 22 | 380 |
| 1999 | 51 | 34 | 5 | 340 |
| 2000 | 59 | 37 | 26 | 750 |
| 2001 | 50 | 38 | 22 | 300 |
| 2002 | 42 | 28 | 17 | 200 |

**犯罪预防** 20世纪80年代中期，随着打击经济领域严重犯罪活动深入开展，提出打防并举的工作方针。1987年，建立综合治理联系点5个，提出检察建议20多条，帮助乡镇企业追回拖欠款110多万元。

1991年，检察院先后协助27个单位建章立制，整顿纪律。1993年反贪污贿赂工作局成立后，内设预防犯罪科，预防犯罪工作始有专人负责。在有关单位建立联系点30多个，提出检察建议60余条，协助企业追回拖欠款400多万元。

1994年，市政府实施政府采购制度，检察机关制定一系列工作制度和程序，实施同步监督。1999年，在金融、财政、税务、黄金等系统建立预防职务犯罪工作网络。2001年3月，预防职务犯罪工作中心成立，与金融、财政、税务、保险、黄金、供销、粮食、公路、城建等系统建立预防犯罪网络，将预防职务犯罪内容纳入市委党校基层干部培训必修课，大力开展预防警示教育和法制教育。2002年，预防网络建设深入到8个系统20多个单位。

## 第三节 法纪检察

1978年，县人民检察院重建后设立法纪检察股，专司法纪检察。1989年5月，县检察院接县安全办公室报案称，庙后乡发生一起重大责任事故，法纪检察科立即赶赴现场，经查证，1988年8月，被告人林某伙同庙后乡李博士矿村于某和本村林某雇用十几名雇工，没办采矿证到该井开采。开采后，乡矿办先后对该井封过3次，林某等都置之不理。1989年5月15日晚11时45分，该井冒顶滑下约1吨滑石，把正在打钻的于某、胡某砸伤，经抢救无效死亡。林某等人无证采矿违犯矿山开采的有关规定，其行为触犯《中华人民共和国刑法》，构成重大责任事故罪。提起公诉后，判处林某有期徒刑二年缓刑二年，于某有期徒刑一年缓刑一年。

1991月18日上午9时，县检察院接到举报电话称：1月18日早晨5时30分，在县公安局看守所发现于1月17日收审的1990年“12·16”杀人嫌疑犯死在狱室。接报后，县检察院即派员参加尸验，对有关现场进行勘查。经检察委员会研究决定于1月29日以刑讯逼供罪立案侦查，查明这一起涉及8人的刑讯逼供案。林某、王某在这起刑讯逼供案中负主要责任，分别被判处有期徒刑三年缓刑五年、有期徒刑二年缓刑三年；其余人员鉴于情节较轻微，或免予起诉、或建议有关部门给予行政和纪律处分。

1998年11月，法纪检察科改名为栖霞市人民检察院渎职犯罪侦查局，加强法纪检察和刑事诉讼监督，重点监督纠正有案不立、有罪不纠、以罚代刑、遗罪漏犯以及责任事故追究上出现的问题。在办理王某销售伪劣产品一案时，提前介入，依法追捕1人，追诉1人，使3名被告人分别被判处3年至9年有期徒刑，罚金45万元至60万元不等，有力地打击犯罪，维护群众的合法权益。对民事行政诉讼监督以纠正显失公平的民事行政裁判为重点，对确有错误的民事行政判决、裁定，提请抗诉10件，法院经再审改判5件。到2002年末，监督立案9件10人，追捕2人，追诉19人，追漏罪3条；对不符合逮捕条件的，依法决定不批准逮捕53件70人，维护法律的统一正确实施。对人民法院的民事行政判决、裁定并无不当而当事人提出申诉的案件，耐心地做好解释工作，使38起案件的申诉人息访服判。加强对监管场所的监督检查，提出检察建议11条，纠正违法5次，使3名依法不应负刑事责任的未成年人免予刑事追究。加强对监外执行罪犯的有效监督，办理假释、缓刑考验期内重新犯罪案件8件12人，共批准逮捕5人，追捕2人，法院均作出有罪判决，维护法律的尊严。

1985—2002年，检察院共受理处理重大责任事故97起、非法拘禁44起、玩忽职守18起、刑讯逼供8起、滥用职权10起、非法入侵住宅3起、包庇1起、徇私舞弊3起、徇私枉法1起、其他7起。

## 第四节 刑事检察

1978年，恢复行使审查批捕职权，办案程序及方法沿用“文化大革命”前的做法，对刑事案件实行专人审查，集体讨论，检察长审查决定的办案制度。1980年，《中华人民共和国刑法》《中华人民共和国刑事诉讼法》实施，审查批捕和审查起诉工作走上正轨。

1985年，检察机关积极参加严厉打击刑事犯罪活动，贯彻依法“从重从快、一网打尽”的工作方针，与其他司法机关密切配合实行办案责任制，办案人员对案件一包到底，做到事实清楚，证据确凿，定性准确不枉不纵。当年，共受理公安机关提请案件112件，呈捕人犯133 人，批准逮捕101 起，114人，受理公安机关移送案件102件，起诉97件，111人。检察院自侦案件5件，5人。

1987年，检察机关配合反盗窃、反流氓滋扰专项斗争，快捕快诉，提前参与现场勘验、侦查、预审，缩短办案时间。1988年始，参与整顿社会治安专项斗争，对聚众斗殴、寻衅滋事、调戏妇女和扰乱公共秩序的流氓滋扰活动集中给予严厉打击。对重大刑事案件提前介入，对倾向性犯罪案件、严重危害社会治安案件和影响生产力发展案件从快批捕、从快起诉。

1991年，对破坏农村经济、破坏厂矿企业生产和工作秩序、扰乱社会治安的团伙犯罪等重大疑难刑事案件做到优先批捕起诉，从严打击。实行检察错案追究制和检察长阅批制，防止错案出现，保证案件质量。当年，共受理公安机关呈捕人犯 183 人，批准逮捕案件110起，159人，受理公安机关移送案件111件，起诉106件，160人。1992年，检察院对公诉人员定期考核，组织庭前预演和观摩，提高出庭公诉整体水平。

1994年，把打击重点放在打现行、挖团伙、破大案、追逃犯等环节上，重点打击那些带有“霸”字色彩的地痞流氓、犯罪团伙骨干和杀人、抢劫、伤害等暴力犯罪。1994年10月，检察院受理公安机关提请批捕栖霞镇第一中学九年级学生李某某故意伤害一案。经调查证实：李某在校表现良好，遵守纪律，与社会上一些不法青年没有接触。10月30日中午，刘某、刘某2人在向七年级五班一同学勒索10元钱以后，各持一榄子腿找到李，李因刘某向他“借”20元钱而没有给他，知道若去非挨揍不可，就不去。刘某某走上前来朝李的腿部打了一榄子腿。李伸左手去夺刘手中的榄子腿将其挣倒。在刘再殴打李时，李右手掏出随身带的水果小刀朝刘刺去，刺在刘耳后脖子上，刘某某倒地。

检察院检察委员会经过认真研究认为，社会青年刘某2人的行为属犯罪行为，李某某在受到不法侵害的情况下进行的防卫行为，是为制止正在进行的不法侵害，属于正当防卫。于是依法对李某作出不捕决定。随后，检察院在该校召开法制宣传大会，以案讲法，使广大师生受到一次深刻的法制教育。

1995年12月25日，人犯车某听其兄说本村车某领人来打架，遂从其姐家拿菜刀找到车某，殴斗中，车某某用菜刀将车某的同伙孙某的头部、左手及左臂砍伤，公安认定构成了伤害罪。受案后，检察院办案人员对有关材料和当事人进行认真审查、询问，发现有4处疑点：孙某的病历中有3 处被涂抹；提供的病历是复印件且无医院盖章；本案证人对殴斗时的关键情节讲不清；提请的准逮捕书中引用法律

条文不当。经查，病历中被涂抹处均为“不慎摔”3字；本案属轻伤；孙某受伤时间较长，且伤后左臂做过手术，是摔伤还是砍伤无法鉴定。经检委会研究决定不予逮捕，防止一起错捕案件。

1995年末，受理提请批捕案件128 起，171人，批准104 起，168人，受理公安机关移送审查起诉案件102件，198 人，起诉79件103人。检察院自侦案件14件，15人。

1997年1月，修订的《中华人民共和国刑事诉讼法》实施，免于起诉权被取消。刑事检查工作以打击杀人、抢劫、团伙盗窃、重大流氓及重大团伙犯罪为重点，在批捕、起诉环节上态度坚定，反应迅速。是年，受理提请批捕案件114 起，167 人，批准108 起，151人，受理公安机关移送审查起诉案件107 件，155 人，起诉 80件116 人。检察院自侦案件7件，7人。1999年，刑事检察工作围绕严打整治斗争主线，只要基本事实清楚，基本证据确凿，做到快审查、快批捕、快起诉。坚持“一要坚决，二要慎重，务必搞准”的原则，严格依法办案，努力把案子办成铁案，经得起历史检验。

2002年，受理提请批捕案件211起，285人，批准177 起，243 人。检察院自侦案件9件，9人。

1985—2002年，检察机关共受理公安机关提请批准逮捕的案件1694件2359人，经审查，批准（决定）的1551件2103人，不批准逮捕的143件256人，并纠正多起错案；受理移送起诉的案件1627件2319人，经审查，决定提起公诉的1404件1927人，免予起诉的223件390人。共受理群众来信来访3673件。

## 1985—2002年栖霞市刑事检察情况统计表

表22-5

| 年份 | 受理批捕 | | | | | | | | 受理起诉 | | | | | | | | 免诉 | | | |
|---|---|---|---|---|---|---|---|---|---|---|---|---|---|---|---|---|---|---|---|---|
| | 公安局 | | | | 自侦 | | | | 公安局 | | | | 自侦 | | | | 公安局 | | 自侦 | |
| | 提请 | | 批准 | | 提请 | | 批准 | | 移送 | | 起诉 | | 移送 | | 起诉 | | — | | — | |
| | 件数 | 人数 | 件数 | 人数 | 件数 | 人数 | 件数 | 人数 | 件数 | 人数 | 件数 | 人数 | 件数 | 人数 | 件数 | 人数 | 件数 | 人数 | 件数 | 人数 |
| 1985 | 112 | 133 | 101 | 114 | 5 | 5 | 5 | 5 | 102 | 117 | 97 | 111 | 2 | 3 | 1 | 2 | 1 | 1 | 1 | 1 |
| 1986 | 95 | 118 | 86 | 106 | 18 | 18 | 17 | 17 | 85 | 109 | 81 | 103 | 7 | 7 | 7 | 7 | 1 | 5 | 7 | 8 |
| 1987 | 96 | 111 | 86 | 90 | 3 | 3 | 3 | 3 | 88 | 101 | 83 | 98 | 9 | 11 | 7 | 8 | 5 | 6 | 14 | 14 |
| 1988 | 103 | 125 | 91 | 109 | 1 | 1 | 1 | 1 | 81 | 97 | 77 | 92 | 2 | 2 | 2 | 2 | 10 | 10 | 12 | 12 |
| 1989 | 129 | 190 | 115 | 169 | 10 | 10 | 10 | 10 | 106 | 160 | 102 | 146 | 7 | 10 | 7 | 10 | 1 | 5 | 28 | 29 |
| 1990 | 107 | 150 | 95 | 132 | 4 | 6 | 4 | 6 | 109 | 156 | 106 | 156 | 12 | 13 | 12 | 13 | 1 | 3 | 55 | 57 |
| 1991 | 125 | 183 | 110 | 159 | 4 | 5 | 4 | 5 | 111 | 166 | 106 | 160 | 45 | 50 | 8 | 9 | 21 | 22 | 36 | 39 |
| 1992 | 102 | 153 | 97 | 145 | 5 | 6 | 4 | 4 | 106 | 162 | 106 | 157 | 23 | 28 | 21 | 25 | 1 | 2 | 13 | 15 |
| 1993 | 84 | 120 | 75 | 108 | 11 | 13 | 11 | 13 | 111 | 151 | 86 | 122 | 10 | 14 | 8 | 10 | 6 | 8 | 5 | 5 |
| 1994 | 109 | 165 | 97 | 145 | 15 | 17 | 13 | 15 | 130 | 185 | 65 | 95 | 47 | 54 | 24 | 30 | 7 | 10 | 22 | 22 |
| 1995 | 128 | 171 | 104 | 168 | 14 | 15 | 13 | 14 | 102 | 198 | 79 | 103 | 48 | 56 | 22 | 25 | 1 | 1 | 8 | 10 |
| 1996 | 141 | 234 | 116 | 203 | 7 | 7 | 7 | 7 | 123 | 237 | 104 | 181 | 44 | 51 | 9 | 9 | 35 | 43 | 35 | 43 |
| 1997 | 114 | 167 | 108 | 151 | 7 | 7 | 5 | 5 | 107 | 155 | 80 | 116 | 32 | 34 | 15 | 15 | 1 | 1 | 7 | 7 |
| 1998 | 120 | 141 | 105 | 119 | 15 | 15 | 15 | 15 | 100 | 117 | 98 | 121 | 22 | 26 | 18 | 20 | — | — | — | — |
| 1999 | 153 | 201 | 141 | 182 | 17 | 17 | 17 | 17 | 166 | 208 | 134 | 166 | 31 | 31 | 30 | 30 | — | — | — | — |
| 2000 | 210 | 259 | 179 | 217 | — | — | — | — | — | — | — | — | — | — | — | — | — | — | — | — |
| 2001 | 201 | 245 | 191 | 233 | — | — | — | — | — | — | — | — | — | — | — | — | — | — | — | — |
| 2002 | 211 | 285 | 177 | 243 | 9 | 9 | 8 | 8 | — | — | — | — | — | — | — | — | — | — | — | — |

## 第五节 控告申诉检察

1978年检察机关重建后，处理人民来信来访为检察机关一项经常性的重要工作，1984年，县检察院设立控告申诉检察股（后改科），负责处理人民群众来信来访，受理涉及刑事问题控告、检举、申诉、自首等案件，惩处违法犯罪，纠正冤假错案，实行法律监督，控告申诉检察工作开始走上正轨。

1986年控告、申诉工作坚持方便群众和服务于检察业务的原则，受理来信来访32件，处结32件。1988年10月，设立经济罪案举报站（后改称举报中心），直接接受和受理公民对国家工作人员违法犯罪行为的控告检举，惩治和预防犯罪，为廉政建设发挥法律监督作用。1989年，受理来信来访120件，办结120件。

1993年，开展文明接待室创建活动，建立健全工作制度和检察长接访制。4月15日，连家庄乡凤彩前村30多人集体到检察院上访，反映村干部40多条经济问题。4月19日，由控申科3名干警牵头，会同县纪委1人、乡党委3人，组成工作组，经过20多天的工作，查明村干部假公济私经营、贪污、受贿、违法乱纪和干部工作作风问题。先后查了50多个账簿，走访200多人，取调查材料200多份。初步查明现任村支部书记衣某某和前任书记衣某某及其他人的违法违纪问题。在乡党委的支持下，在该村召开村民大会，对问题责任人做出相应的结论和处理意见。

1995年1月，《中华人民共和国国家赔偿法》实施，控告申诉检察部门负责受理举报、信访、刑事申诉和刑事赔偿等工作。1996年，受理举报线索19 件，受理群众来信来访64 件，处结64件。

1999年，在检察机关举报制度创立10周年之际，组织干警走上街头、集市、深入农村、厂矿企业，大力开展举报宣传活动。全年共接待来信来访437 件，其中集体上访10 起，处结70件（起），接受群众法律咨询200多人次。

2001年，检察院实行控告申诉“三卡制”（连心卡、关心卡、交心卡），随时为群众提供法律咨询和法律援助，对群众上访、举报、申诉意见现场解答，帮助企业、乡村建章立制，搞好预防犯罪，维护社会稳定。

1986—2002年，共处理来信来访1774件次，集体访96起，告急访23起，处结1314起，办理申诉案件5起。

## 1986—2002年栖霞市控申检察情况统计表

表22-6 单位：件、起

| 年 份 | 处理来信来访数量 | 集体访 | 告急访 | 处 结 | 办理申诉案件 |
|---|---|---|---|---|---|
| 1986 | 32 | — | — | 32 | — |
| 1987 | 47 | — | — | 47 | — |
| 1988 | 36 | — | — | 36 | — |
| 1989 | 120 | — | — | 120 | — |
| 1990 | 115 | — | — | 115 | — |
| 1991 | 47 | — | — | 47 | — |
| 1992 | 152 | — | — | 152 | — |
| 1993 | 59 | — | — | 59 | — |
| 1994 | 55 | 5 | — | 55 | — |
| 1995 | 58 | 9 | — | 58 | — |
| 1996 | 64 | 15 | — | 64 | 5 |
| 1997 | — | — | — | — | — |
| 1998 | 70 | 36 | 14 | 70 | — |
| 1999 | 437 | 10 | 5 | 70 | — |
| 2000 | 203 | 13 | — | 203 | — |
| 2001 | 154 | 3 | 1 | 154 | — |
| 2002 | 125 | 5 | 3 | 125 | — |

## 第六节 民事行政检察

1994年3月，成立民事行政检察科，开始做民事行政检察工作。1994年，全年查结民事行政案件6起，1995年，受理民事行政案件8起，1998年，建立民事行政监督联系点20多处，当年受理各类民事行政案件21起，其中提请抗诉13 起。

2000年，注重做好民事行政案件的服判息诉工作，着眼于审判监督效果，以达到提高监督质量、服务群众的目的，保证抗诉再审案件的改判率，全年提请抗诉24起，法院再审10起，改判5起。

1994—2002年，检察院共提请控诉132件、提出建议19件、法院再审14件、改判60件。1998年，全国民事行政检察工作会议上，最高检察院民事厅向全国介绍栖霞市检察院民事行政检察的事迹。

1998年部分农民答谢检察院的民事服务

**1994—2002年栖霞市民事行政检察情况统计表**

表22-7　　　　单位：件

| 年 份 | 提请抗诉 | 建立提请抗诉 | 检察建议 | 法院再审 | 改 判 |
|---|---|---|---|---|---|
| 1994 | 3 | 1 | — | — | 2 |
| 1995 | 2 | — | 3 | — | 3 |
| 1996 | 10 | — | 8 | 4 | 8 |
| 1997 | 14 | — | 8 | — | 11 |
| 1998 | 13 | — | — | — | 8 |
| 1999 | 24 | — | — | — | 10 |
| 2000 | 24 | — | — | 10 | 5 |
| 2001 | 18 | — | — | — | 7 |
| 2002 | 24 | — | — | — | 6 |

## 第七节 监所检察

1980年，设立监所检察院（后改为科），全面履行监所检察的各项工作。1983年起，加强对监管场所执法活动、外执人犯、犯人申诉案件、监狱安全、人民法院刑事判决和裁定执行情况的检察和对在押人犯法制教育工作，对外执人犯运用各种手段进行帮教，鼓励他们走勤劳致富道路。

1986—1987年，加强对监所、外执人犯的检察和犯人申诉案件的查处、监狱安全检察和对在押人犯法制教育工作，两年内监所检察419次，纠正违法13件。1988—1989年，加强对法律手续、法定时限、法制教育、安全关押等各个关口的监督检察，监所检察共计504次，纠正违法15件。

1990年，对在押罪犯进行安全检察和法律政策教育，全县共有监外执行罪犯187人，分布在全县23个乡镇和企事业单位。针对监外罪犯逐年增多，容易发生监管失控和重新犯罪的情况，监所部门为切实预防监管失控和减少重新犯罪，强化监外罪犯管理中的“三管齐下”，即向监外罪犯发一封公开信；向监管组织进行重新犯罪情况通报；强化自行监督检察，强化监外罪犯的管理力度。全年监所检察260次，纠正违法6件。

1991年，县人民检察院把对外执犯的检察与社会治安综合治理有机地结合起来，促进监外罪犯的改造。观里镇小观村是全县被逮捕、判刑人数较多的村，县检察院组成由监所科为主的工作组，进驻小观村，访干部、访党员、访罪犯家属、访监外执行犯，找到问题症结后，对村里的500多户1800多人进行摸底排队，对有一般违法行为的和受到刑事处罚的100多人分别登记造册，制定帮教计划。经过一段时间的检察、治理后，24名刑释人员无一重新犯罪，小观村成为全县有名的富裕村，全村人均收入2000多元。全年监所检察247次，纠正违法5件。

1992年，检察院成立驻看守所检察室，加强对看守所的文明管理和监狱安全检察工作，当年监所检察260次，纠正违法6件。1996年，加强对收押、释放人员的法律监督和对刑事判决裁定的执行、看守所干警执法的监督，监所检察522次，纠正违法43件。1998年，监所检察271次，纠正违法20件。2000年，纠正违法5件，违纪违法案件逐渐减少。

1985—2002年，监所检察共计1500余次，发现纠正各种隐患和违纪问题160余件，提出改进意见和建议380余条。给在押人员上法制课100余场次，受教育人犯3900余人次，预防重大事故25起。

## 1985—2002年栖霞市监所检察情况统计表

表22-8　　　　　　　　　　　　　　　　　　　　单位：次、件、条

| 年 份 | 监所检察 | 上法制课 | 检察建议 | 防止事故 | 办理案件 | 纠正违法 |
| --- | --- | --- | --- | --- | --- | --- |
| 1985 | — | — | — | — | — | — |
| 1986 | 183 | 18 | — | — | — | 9 |
| 1987 | 236 | — | — | — | — | 4 |
| 1988 | 254 | 12 | — | — | — | 2 |
| 1989 | 250 | 18 | — | — | — | 13 |
| 1990 | 260 | 13 | 38 | — | — | 6 |
| 1991 | 247 | 19 | 35 | — | — | 5 |
| 1992 | 260 | 17 | — | 2 | — | — |
| 1993 | 250 | 25 | — | 3 | — | 3 |
| 1994 | 246 | 23 | — | — | — | — |
| 1995 | 266 | 18 | 34 | — | — | — |
| 1996 | 522 | 35 | — | 3 | — | 43 |
| 1997 | 328 | 25 | 140 | — | 3 | 54 |
| 1998 | 271 | 21 | — | 8 | — | 20 |
| 1999 | 263 | 23 | 48 | 6 | 7 | 19 |
| 2000 | — | — | — | 3 | 5 | 11 |
| 2001 | — | — | — | 3 | 3 | 7 |
| 2002 | — | — | — | — | — | — |

# 第三章 法 院

1985—2002年，审结各类刑事案件3073件，判处犯罪分子3107人，受理民事案件20045件，经济案件1200件，行政诉讼案件74件，执行非诉讼行政案件100件，执行案件15474件，执结15186 件，执结率99%，案件标的额23252.31 万元。

2002年栖霞市人民法院工作人员在院门外进行法制宣传

## 第一节　管理机构

1950年7月，成立栖霞县人民法院，1968年实行军事管制，撤销法院。1973年7月，恢复人民法院。1985年，栖霞县人民法院共有派出人民法庭11处。1986年春，栖霞县人民法院增设县法院纪检组。1987年11月，为方便群众诉讼，全县达到“一乡（镇）一庭”的设置模式，在全县23处乡镇中设立23处人民法庭。1989年，人民法院被山东省高级人民法院荣记集体三等功。

1998年6月，市人民法院对所有人民法庭机构精简，将原有的23个乡镇人民法庭合并，设立城镇、桃村、臧家庄、杨础、官道5处人民法庭。1999年，市人民法院被山东省高级人民法院授予先进集体称号。2001年6月，成立栖霞市人民法院执行局。

## 第二节　刑事审判

依据《中华人民共和国刑法》和《中华人民共和国刑事诉讼法》，1985年以来，栖霞县人民法院在刑事审判过程中始终坚持“以事实为根据，以法律为准绳” 和“有法可依，有法必依，执法必严，违法必究”的司法原则，将严肃执法与执行刑事政策有机结合，充分发挥打击职能，严厉打击各类刑事犯罪行为。

1985—1989年，刑事审判工作在打击犯罪的同时，积极纠正“文化大革命”时期的冤假错案，使一大批蒙受不白之冤的当事人得到平反昭雪。1985年，审结案件89件，其中严重犯罪11件，挽回经济损失1.2万元。1989年，审结案件121件，其中严重犯罪25件，挽回经济损失2.57万元。

1990年，为搞好对被判处缓管免人员的回访帮教工作，对60多名缓、管、免人员全部进行回访，帮助解决困难20多件。深入乡镇、企业、农村、学校以多种形式进行以案讲法和法律宣传。共在城区、乡镇召开宣判大会7次；进行法制宣传讲座9场；利用新闻媒体，发表各类法制宣传稿件80多篇。共接待来信来访案件156件，处结率达到82%。审结案件152件，其中严重犯罪41件，挽回经济损失1.35万元。

1992年，继续开展专项严打活动，审结案件158件，其中严重犯罪57件，挽回经济损失

3.93万元。1993—1995年，共审结刑事案件433件，其中，严重犯罪案件63件，未成年犯罪案件7件。

1996年，开展严厉打击杀人、抢劫、流氓犯罪、黑社会性质团伙犯罪的严重危害社会治安犯罪，当年审结各类严重犯罪案件217件，其中严重犯罪61件，全市严打斗争取得重要成果。

1998—2000年，重点打击暴力犯罪、抢劫犯罪、走私犯罪、金融诈骗犯罪。1998年，审结案件154件，其中严重犯罪55件，未成年犯罪2件，挽回经济损失51.77万元。2000年，审结案件274件，其中严重犯罪81件，未成年犯罪10件，挽回经济损失117.75万元，有力维护了社会治安秩序。

2002年，全力打造平安栖霞建设活动，依法从重从快惩处抢劫、抢夺、入室盗窃以及爆炸、放火、故意伤害等严重危害社会、影响群众安全的刑事犯罪案件，维护全市政治安定和社会稳定。全年审结各类刑事犯罪案件235件，其中严重犯罪133件，挽回经济损失227.59万元。判处犯罪分子389人，其中判处“两抢一盗”和故意伤害刑事犯罪案件133件，判处犯罪分子162人。

1985—2002年，法院共审结各类刑事案件3073件，判处犯罪分子3107人，挽回经济损失875.91万元。

2002年刑事审判现场

## 1985—2002年栖霞市刑事案件审理情况统计表

表22-9　　单位：件、万元

| 年 份 | 审结案件 | 其中：严重犯罪 | 未成年犯罪 | 挽回经济损失 |
|---|---|---|---|---|
| 1985 | 89 | 11 | — | 1.20 |
| 1986 | 103 | 13 | — | 1.45 |
| 1987 | 113 | 21 | — | 2.46 |
| 1988 | 117 | 19 | — | 3.10 |
| 1989 | 121 | 25 | 1 | 2.57 |
| 1990 | 152 | 41 | 2 | 1.35 |
| 1991 | 162 | 47 | 3 | 2.86 |
| 1992 | 158 | 57 | 2 | 3.93 |
| 1993 | 133 | 22 | 2 | 3.84 |
| 1994 | 123 | 20 | 1 | 3.45 |
| 1995 | 177 | 21 | 4 | 34.08 |
| 1996 | 217 | 61 | 3 | 34.50 |
| 1997 | 171 | 59 | 1 | 15.39 |
| 1998 | 154 | 55 | 2 | 51.77 |
| 1999 | 282 | 60 | 8 | 178.55 |
| 2000 | 274 | 81 | 10 | 117.75 |
| 2001 | 292 | 137 | 5 | 189.35 |
| 2002 | 235 | 133 | 13 | 227.59 |

## 第三节 民事审判

1985—1990年，在民事审判活动中，县人民法院按照“依靠群众、调查研究、就地解决、着重调解”的民事审判方针，提高民事案件的调解率，力求实现民事案件“无积案、无上访、无上诉、无民转刑”的“四无”目标，坚持“调解工作第一”。其间，民事案件每年平均受案150件左右，案件的调解率也均达到90%以上，为维护社会稳定发挥重要的作用。

1985年，审结民事案件155件，其中，婚姻家庭案件64件，房屋产权案件5件，财产继承案件4件，赔偿案件13件。1990年，审结民事案件947件，其中，婚姻家庭案件371件，房屋产权案件15件，财产继承案件68件，赔偿案件82件，呈上升趋势。

1991年以后，栖霞县法院在烟台市法院系统中率先进行以“公开审判、一步到庭”为主要内容的民事审判方式改革，结束在此前法院审理民事案件中包揽调查取证、庭外认证、庭外判决的审判模式，均由当事人双方提供证据，当庭质证、当庭认证、法官居中当庭判决，民事审判活动逐步趋向公正和规范。1995年，审结民事案件1552件，其中，婚姻家庭案件629件，房屋产权案件39件，财产继承案件4件，赔偿案件151件。

1998—2002年的5年间，为切实实现“公正与效率”的目标，在坚持审判全面公开原则的基础上，进一步加大民事审判改革的力度和深度，先后推行民事审判庭前调解、庭前证据交换、证据展示以及普通程序简易审等一系列重大改革措施。1998年，审结民事案件1471件，其中，婚姻家庭案件592件，房屋产权案件24件，财产继承案件9件，赔偿案件138件。

2000年，为打破审判行政化管理模式，实现法院审判队伍精明、强干，素质高的目标，栖霞法院推行审判长、独任审判人员选任制，在全院87名具有审判资格的人员中，经过三个阶段、八个环节的选任程序，竞争选任出30名审判长或独任审判员。审判长、独任审判员选任后，一方面，“还权于审”，赋予审判长、独任审判员充分的管理办案权、组织案件审理权、决定案件裁判权签发法律文书权、对合议庭成员分工与管理权和独任审判案件权，改变过去领导层层研究、签发、审批案件的作法。通过改革，提高审判工作效率。全年审结民事案件1754件，其中，婚姻家庭案件672件，房屋产权案件30件，财产继承案件24件，赔偿案件372件。

2001年，为建立适合社会司法需求的民事审判工作目标，栖霞市人民法院进行“大民事”审判工作格局改革，首先，进行立案改革，强化立案庭的工作职责，对案件管理实行流水化作业、一体化管理、窗口服务，所有案件均由立案庭统一审查、统一立案，实行大厅立案；由立案庭全面负责案件排期、送达、调查取证及庭审记录；对每一个案件，从立案、送达、开庭、合议审核、裁判、执行直到案卷归档等各个阶段的情况都由立案庭输入微机，并根据案件审理的时限要求，按时、提前对审判人员的审判工作情况进行跟踪监督和催办。通过改革，彻底改变各审判业务庭对案件自审自立、自审自备、自审自管的作法，解决案件管理混乱的问题，使审判管理步入规范。

为推进民事审判工作专业化步伐，建立适合社会司法需求的审判工作目标，推进民事审判机构改革，撤销民事审判庭和经济审判庭，设立民事审判第一庭、民事审判第二庭，将原来的经济审判纳入民事审判范畴，初步建立起“大民事”的审判工作格局。这一系列改革措施的推行，使人民法院在确保公正的前提下，提高审判工作效率，更为及时、有效地保护公民、法人和其他组织的合法权益。全年审结民事案件1664件，其中，婚姻家庭案件742件，房屋产权案件31件，财产继承案件19件，赔偿案件371件。

2002年，栖霞市人民法院三天审结寿光一客商提起的苹果赔偿案；四天审结河南安钢汽运公司林某重大交通肇事刑事附带民事赔偿案，显现出法院审判方式改革所带来的快速、高效成果。为此，市委领导先后两次做出批示，对栖霞市人民法院的做法予以充分肯定，要求全市各部门、各单位学习市人民法院的做法。全年审结民事案件1322件，其中，婚姻家庭案件788件，财产继承案件45件，赔偿案件292件。

1985—2002年，共受理民事案件20045件，审结率在85 %以上。

**1985—2002年栖霞市民事案件审理情况统计表**

表22-10 单位：件、万元

| 年份 | 审结案件 | 其中 | | | |
|---|---|---|---|---|---|
| | | 婚姻家庭 | 房屋产权 | 财产继承 | 赔偿 |
| 1985 | 155 | 64 | 5 | 4 | 13 |
| 1986 | 167 | 78 | 6 | 7 | 15 |
| 1987 | 176 | 83 | 4 | 5 | 23 |
| 1988 | 743 | 280 | 9 | 8 | 29 |
| 1989 | 846 | 351 | 13 | 56 | 34 |
| 1990 | 947 | 371 | 15 | 68 | 82 |
| 1991 | 1212 | 491 | 17 | 54 | 94 |
| 1992 | 1380 | 555 | 23 | 40 | 67 |
| 1993 | 1310 | 450 | 24 | 30 | 50 |
| 1994 | 1248 | 480 | 35 | 31 | 45 |
| 1995 | 1552 | 629 | 39 | 4 | 151 |
| 1996 | 1563 | 617 | 2 | — | 95 |
| 1997 | 1251 | 638 | 5 | — | 74 |
| 1998 | 1471 | 592 | 24 | 9 | 138 |
| 1999 | 1284 | 656 | 39 | 16 | 262 |
| 2000 | 1754 | 672 | 30 | 24 | 372 |
| 2001 | 1664 | 742 | 31 | 19 | 371 |
| 2002 | 1322 | 788 | — | 45 | 292 |

## 第四节 经济审判

1981年，成立经济审判机构，那时候经济案件少，工作压力不大，工作人员也不多。随着改革开放的不断深入，社会经济逐渐发达，经济案件随之增多。1988—1989年，经济案件以企业间经济纠纷为主，为解决企业“三角债”问题，县法院先后派出24个流动法庭，分赴全国14个省、市、自治区的100多个县，直接或间接帮助企业追索外欠款500多万元。

1990—1995年，经济案件以土地承包合同纠纷、购销合同纠纷、借款、工程承包合同等为主，并呈逐年上升的趋势，每年收案200～300件以上。

1996—1998年以来，为规范社会主义市场经济秩序，促进全市企业跨越发展，人民法院积极贯彻“依法规范、及时保护、积极促进、特效服务”的工作方针，在依法快速审理各类经济纠纷案件的同时，积极拓宽对全市企业的法律服务领域，先后开展“联百家企业”“提千条司法建议”和“企业法律扶贫”“特困企业专项扶贫”等一系列活动，通过这些活动，不仅提高企业依法参与市场经济竞争的法律意识，而且为企业解除大量的难解之忧，促进企业的健康发展。3年间，法院平均每年审理经济案件730件。

1999—2002年，随着农村改革的不断完善，土地承包期延长，农村经济合同关系得到理顺，合同纠纷下降。与此相反，城市发展，建筑业升温，工程承包纠纷增加，市场销售活跃，而购销合同纠纷上升，期间，收案1200件，这二者经济纠纷占到60%以上，在审结的经济案件中，二者占据首要位置。

## 第五节 行政审判

1988年9月，栖霞县人民法院设立行政审判庭专司行政审判。1989年4月，《中华人民共和国行政诉讼法》公布。1990年11月，观里镇小院村农民马某某因不服观里镇政府对其作出的非法建房处理决定，向县法院提起行政诉讼，要求撤销观里镇政府作出的行政决定，法院经审理，依法维持观里镇人民政府的处理决定。这是栖霞县人民法院审理的第一起行政诉讼案件。

1991—1997年，由于各方面因素的影响，行政审判工作一直处于低谷时期，行政案件平均每年受案在10件左右，1991—1992年，行政案件的受案仅有5～6件。1998年以来，随着依法治国方略的深入人心，公民的法制意识显著增强，“民告官”案件日趋增多，平均每年受案50 件左右。

2000年以来，为促进全市行政机关依法行政，实现“依法治市”目标，结合行政审判工作中发现的问题，栖霞市人民法院致力于对全市行政机关依法行政的工作指导，大力倡导全市行政机关依法行政，规范行政行为，并通过举办培训班、以案讲法的形式，加强对行政机关的行政执法培训，其间共举办培训班20多期，接受培训的乡镇、行政机关干部1000余人。

2002年行政案情调查

2002年，法院受理行政诉讼案件74件，执行非诉讼行政案件100件，栖霞市人民法院的行政审判工作首次位居烟台市法院系统第一名。

## 第六节 审判监督

1989年8月，栖霞县法院设立的告诉申诉审判庭，除负责接待当事人来信来访工作外，还承担审判监督工作。主要负责刑事、民事、经济、行政案件的申诉，立案审理各类再审案件。随着执法工作水平不断提高，刑事案件服判率增加，申诉率逐年下降，1990年，受理刑事案件12件，审结12件，受理民事案件7件，审结7件。1995年，受理刑事案件3件，审结3件，受理民事案件52件，审结52件，受理经济案件3件，审结1件。到1996年末，每年的刑事案件申诉大幅度下降，当年，无刑事案件，受理民事案件6件，审结2件。

1997年以后，刑事案件申诉上升，民事案件、经济案件降低。当年受理各种申诉案件22件，结案23 件。其中，刑事案件16件，审结17件，民事案件4件，审结4件，经济案件2件，审结2件。为加强审判监督工作，确保司法公正，栖霞市法院撤销告诉申诉审判庭，分设立案庭和审判监督庭。两庭成立后，接待和处理当事人来信、来访工作由立案庭承担，审判监督庭专门负责对全院审判监督工作。审判监督庭设立后，以审理当事人不服本院已发生法律效力的判决、裁定、调解的申诉案件和本院院长发现确有错误、上级法院依照审判监督程序指令再审和发回重审的案件为主要形式，加强对全院案件审判质量的监督，及时纠正确有错误的案件，通过加强审判监督，保证法院裁判文书的公正。

1998年以后，审判监督实行各类案件评查制度，对案件质量实行等级评定和通报，按照审判监督程序对确有错误的案件，及时启动再审程序予以纠正，年处结信访积案60余件。刑事案件申诉下降，民事案件、经济案件上升。年受理刑事案件1件，审结1件，民事案件36件，审结26件，经济案件14件，审结4件。

1989—2002年，法院共受理刑事申诉案件124件，结案138件。受理民事申诉案件209件，结案212 件。受理经济申诉案件66件，结案63 件。

## 第七节 执 行

1985年9月，栖霞县法院设立执行庭，配备人员2名。当年执行案件143件，执结143件，标的额113.8万元。

1987年，为加强法院执行工作，确保已生效的法律文书得以执行，法院一直不间断地加强对执行工作的改革，使法院的执行机构、执行机制以及执行力量、执行装备日益完善，并得以加强，长期困扰法院工作的“执行难”问题得到有效缓解。当年执行案件161起，执结161起，标的额123.3万元。1990年，执行案件205件，执结205件，标的额249.6万元。1992年，执行案件439起，执结461起，标的额285.69万元。

1994年，在法院内部成立司法警察大队，执行人员和法警共同负有执行任务。当年执结案件519 件，执结519件，标的额280.3万元。

1996年，执行案件1160起，执结1160起，标的额791.91万元，执行案件和执结案件首次突破千件。

1998年，为确保法院司法公正，实行“审执分离”改革，将执行工作从审判工作当中分离出来，解决过去审判人员既搞审判又搞执行，案件自审自执的问题，当年执结案件1048件，执结1018件，标的额1466.4万元。

1999年，面对“审执分离”后，日益显现的巨大执行工作压力，市人民法院重点加强执

行力量和执行装备建设，执行装备得到较好地改善。

同时，围绕提高工作效率，相继进行一系列的改革措施，使执行机制开始不断完善，2000年，为进一步规范执行工作管理，法院实行执行大组管理，执行庭统管法院的执行案件，将案件执行权收归执行庭统一行使，法庭不再执行案件。

2001年6月，市人民法院撤销执行庭，设立执行局，在执行局下设执行一庭、执行二庭和执行三庭，由执行局统一指挥全院的执行力量，形成以执行局为主体，案件执行统一管理、统一指挥、统一协调的管理模式，增强执行工作的快速反映能力和执行工作效率。

2002年，市人民法院共配备执行人员32人，比1985年增加30人。此后，为进一步提高执行工作效率，确保执行公正，市人民法院在执行工作中先后推行开庭执行、执行分权制约、发放债权凭证等一系列有效的执行改革措施，提高执行工作效果。当年受理执行案件2241件，执结 2248件，标的额10231.66 万元。

1985—2002年，法院共收案65110件，结案63658件。其中受理强制执行案件15474件，执结15186 件，执结率99%，案件标的额 23252.31万元。

**1985—2002年栖霞市执行案件情况统计表**

表22-11　　　　单位：件、万元

| 年 份 | 执行案件 | 当年执结 | 标的额 |
|---|---|---|---|
| 1985 | 143 | 143 | 113.80 |
| 1986 | 148 | 148 | 115.60 |
| 1987 | 161 | 161 | 123.30 |
| 1988 | 172 | 172 | 191.00 |
| 1989 | 182 | 182 | 235.70 |
| 1990 | 205 | 205 | 249.60 |
| 1991 | 516 | 516 | 260.50 |
| 1992 | 439 | 461 | 285.69 |
| 1993 | 420 | 231 | 260.80 |
| 1994 | 519 | 519 | 280.30 |
| 1995 | 713 | 713 | 588.60 |
| 1996 | 1160 | 1160 | 761.91 |
| 1997 | 1113 | 1113 | 1482.47 |
| 1998 | 1048 | 1018 | 1466.40 |
| 1999 | 2549 | 2178 | 1720.08 |
| 2000 | 1791 | 1931 | 1996.00 |
| 2001 | 1936 | 2087 | 2806.30 |
| 2002 | 2241 | 2248 | 10231.66 |

1985—2002年栖霞市人民法院收案、结案情况统计表

表22-12

| 年份 | 收案（件） | 结案（件） | 结案率（%） | 年份 | 收案（件） | 结案（件） | 结案率（%） |
|---|---|---|---|---|---|---|---|
| 1985 | 571 | 563 | 98.60 | 1994 | 4355 | 4355 | 100.00 |
| 1986 | 587 | 562 | 95.74 | 1995 | 6040 | 5978 | 98.97 |
| 1987 | 596 | 622 | 104.36 | 1996 | 6261 | 6262 | 100.02 |
| 1988 | 691 | 654 | 94.65 | 1997 | 5610 | 5536 | 98.68 |
| 1989 | 1587 | 1620 | 102.08 | 1998 | 3633 | 3618 | 99.59 |
| 1990 | 2393 | 2382 | 99.54 | 1999 | 5267 | 4808 | 91.29 |
| 1991 | 3549 | 3547 | 99.94 | 2000 | 5523 | 4720 | 85.46 |
| 1992 | 4106 | 4164 | 101.41 | 2001 | 4570 | 4747 | 103.87 |
| 1993 | 4894 | 4583 | 99.81 | 2002 | 4877 | 4937 | 101.23 |

# 第四章　司法行政

1985—2002年，发放各类普法教材8万多册，调解处结各类纠纷31185起，办理各类公证事项24250余件，其中涉及港澳台公证事项3100件，律师执业案件9989件，法律援助案件167件，解答法律援助咨询2000余人次。“148”法律咨询996人次，求助案件133起，接待来人来访357人次。

## 第一节　管理机构

1981年2月，成立栖霞县司法局。1998年11月，增设法律援助中心。2001年6月29日，成立“148”协调指挥中心。司法局辖栖霞县公证处、栖霞县法律顾问处。2002年，栖霞市有公证处1处，律师事务所3处，法律服务所14个，法律工作者58人。镇司法所15个，工作人员103人。全市共有调解委员会964个，调解人员3180名。

## 第二节　普法教育

1986年，栖霞县开始“一五”普法教育，自此，每五年制订《栖霞市在公民中开展法制宣传教育规划》和《栖霞市依法治市规划》，

每年制定《栖霞市普法依法治理工作要点》，保证普法依法治理工作的顺利开展。

从“一五”普法教育启动，每个五年普法教育的第一年，市政府都召开全市普法依法治理启动大会，第五年末进行普法效果大检查及举行大规模的普法总结表彰。按照上一级政府要求，普法期间重点抓领导干部、公务员、司法行政执法人员、企业经营管理人员、青少年学生、农民及流动人口的普法教育。市五个班子中心组每年都坚持举办法制讲座，先后学习《中华人民共和国行政许可法》《中华人民共和国行政复议法》等法律；市科级干部学习组每年学习时间均超过40课时，学习与工作相关的法律、法规。

1997年开始，栖霞市坚持每年度进行一次干部普法考试，参考人数均达1500人次，合格率98%以上，并且坚持“一考试一通报”制度，以考促学。

从“一五”至“四五”20年普法期间，全市共普及法律法规68部，发放各类普法教材8万多册，宣传材料20万份，培训各级普法骨干1万余人。开展各类法制宣传月（周、日）活动240次，接受教育的群众达16万人次。举办法制讲座180场次，参加人员2万余人。开展法律“三下乡”活动320次，受益群众30万人次。

2002年司法机关在文化广场进行法制宣传

## 第三节 民事调解

1985年，围绕保证国家长治久安的任务，加强基层调解组织建设。1986年后，全县23处乡镇都设立司法所。1990年，在桃村、臧家庄等镇推广司法调解中心工作模式，形成“村、片、镇”三级调解网络格局，确保纠纷不出村，杜绝纠纷隐患。

1992年，对村级调解委员会进行标准化建设，落实人员，制定调解制度和规程。1995年，落实《人民调解委员会组织条例》，开展基层调解组织和基层工作设施建设，制定调解工作管理办法和管理措施，95%以上的基础调解机构，组织健全，工作设施良好，调解队伍齐备。

1997年，杨础镇司法所总结“快、稳、息、清、细、准、托、和、评、议”的十字调解法，调解工作取得重大突破，取得显著成效，当年，杨础镇司法所所长李宏，被山东省司法厅记个人二等功。

1998年，开展基层调解创优活动，加大调解工作力度，使各种矛盾化解在基层，消灭在萌芽状态。是年，杨础镇解家沟村人民调解委员会被山东省司法厅授予“优秀人民调解委员会”称号，大庄头乡国路夼村被烟台市委、市政府授予“社会治安综合治理先进村”和“先进人民调解委员会”称号，全市调解成功率达98%以上，防止民间纠纷激化3200起。山东省司法厅厅长梁德超视察栖霞市中心法律服务所后，对中心法律服务所的工作给予充分肯定。

1999年，重点抓刑释解教人员安置帮教工作，对全市300名刑释解教人员进行摸底调查，并建立档案，先后帮助10人妥善安置工作。2001年，由于栖霞市基层调解工作成绩突出，烟台市在栖霞市召开全市司法行政工作现场会，学习栖霞市调解工作经验。

2000年，抓基层调解网络建设以及刑释解教人员的安置帮教工作，全市95%以上农村调委会实现组织、制度、工作、报酬四落实，75%以上的调委会达到省级规范化建设的标准。

2002年，烟台市在栖霞市召开烟台市司法行政基层基础工作现场会，观摩臧家庄镇司法调解中心、中桥调解片、燕地村调解室，学习栖霞市基层调解组织建设经验。

1985—2002年，各基层调委会、调解中心，共调处各类纠纷31185起，成功率95%以上，接待来访10万余人次，解答法律咨询12万人次。先后有100余个基层调委会，3个司法调解中心被授予全省防激化先进集体，14名基层调解主任被评为全省防激化先进个人。

**1985—2002年栖霞市民事调解情况统计表**

表22-13

| 年份 | 件数 | 年份 | 件数 |
|---|---|---|---|
| 1985 | 896 | 1994 | 2902 |
| 1986 | 1476 | 1995 | 1061 |
| 1987 | 1865 | 1996 | 2664 |
| 1988 | 2502 | 1997 | 1190 |
| 1989 | 2237 | 1998 | 1350 |
| 1990 | 1964 | 1999 | 1738 |
| 1991 | 2317 | 2000 | 2274 |
| 1992 | 2119 | 2001 | 2341 |
| 1993 | 2072 | 2002 | 1310 |

## 第四节 公证业务

1982年，成立栖霞公证处，主要办理合同、委托遗嘱、继承、财产赠与与分割、收养关系、出国合同等公证业务。1985年，针对栖霞果业发达、林木丰富现状，相继开展了林果公证业务，当年办理各类公证1587件。1987年，公证业务实行审查申请人身份、事实、能力和事项制度，提高公证透明度和履约率，办理各类公证981件。

1990年，组织开展公证质量活动，主要内容以“加强质量意识教育、规范办证程序、强化档案管理、提高服务水平”为主，当年办理公证业务1254 件。1991年以后，相继开展房屋、赡养、抵押贷款、计划生育合同等多项新公证事项。1993年以后，又开展婚前财产登记、企业股份制章程、涉外经济等公证业务，建立法律联系点、法律服务处15个。1995年，加强对建设工程的公证办理，积极为建筑市场提供法律保障，全程参与太虚宫重建工作，稳妥办理规划、建设、资金运作等公证业务。1990—2000年，10年共办理各类公证1.6万件，代写各类公证合同、法律文书1000余份，解答各类公证咨询2800多人次。

2001年，公证处共办理各类公证735件，全过程参与牟氏庄园规划及周围房屋拆迁、安置工作，从签订协议到审查合同，从未出现任何差错。加强公证管理制度规范化建设，在提高公证员质量意识、加强职业道德自律方面取得积极效果。

2002年末，公证系统有三级公证员2人、四级公证员5人，全部经统一考试取得公证员资格。

1985—2002年，共办理经济民间等各类公证事项24250余件，其中涉及港澳台公证事项3100件，业务收费200万元。

**1985—2002年栖霞市各类公证情况统计表**

表22-14

| 年份 | 件数 | 年份 | 件数 |
|---|---|---|---|
| 1985 | 1587 | 1994 | 2600 |
| 1986 | 855 | 1995 | 1560 |
| 1987 | 981 | 1996 | 1480 |
| 1988 | 867 | 1997 | 2300 |
| 1989 | 1100 | 1998 | 1700 |
| 1990 | 1254 | 1999 | 820 |
| 1991 | 1115 | 2000 | 940 |
| 1992 | 1030 | 2001 | 735 |
| 1993 | 1466 | 2002 | 1860 |

## 第五节 律 师

20世纪80年代初，形成法律顾问业务，主要开展法律咨询、代书法律文书和经济代理业务。1985年，栖霞县始有厂矿企业和经济组织聘请法律顾问，法律顾问在3～5人，数量较少。1988年以后，栖霞法律顾问处为10多家厂矿企业和经济组织提供法律服务，到1990年，为60多个单位担任常年法律顾问，担任代理、诉讼、调解、仲裁90余次。

1994年，成立山东经联律师事务所，5名律师从事法律服务。1996年，成立山东正韬律师事务所，7名律师从事法律服务。

当年组织32名基层法律工作者、17名执业律师、5名公证员，到烟台市进行一周培训。1997年，依据《中华人民共和国律师法》，清查出非法执业者25名，非法办案150件，取缔5名非法执业者，没收非法所得3000元。为加强律师队伍建设，坚持开展律师职业道德和执业纪律评查，在年检注册中对问题较多的律师进行全面检查，对违反规定的进行行政处罚。

1998年，司法局推出在全市律师事务所实行“五统一”管理模式，即统一办案、统一收案、统一纳税、统一分配、统一归档。1999年，开展向社会推荐优秀法律工作者活动，以全面提高法律工作者素质，促使他们以娴熟的法律知识和良好的职业道德为社会提供优质的法律服务。2000年2月，成立山东华业兴律师事务所。

1999—2002年，在原有律师机构的基础上，组建9个法律服务所。翠屏第二法律服务所被司法部与中国残联授予“残疾人维权示范岗”称号，这是山东省唯一被授予此称号的单位，翠屏第二、第三法律服务所被烟台市授予“示范法律服务所”的称号，第三法律服务所为维护当事人合法权益，被省消协、省妇联授予维护消费者权益“双十佳”志愿者称号。2002年6月，市公证处、庄园第一法律服务所被烟台市授予“优秀青少年维权岗”称号，同年8月，翠屏第一法律服务所被烟台市政法委、烟台市妇联授予“优秀妇女维权岗”称号。

1985—2002年，全市共有律师事务所3处，执业律师20名，法律服务所13处，法律工作者54人。律师机构共办理各类案件9989件，担任法律顾问110处，避免、挽回经济损失5000万元，办理法律援助案件167件。各法律服务机构参与各类案件代理11150件，创收1120万余元，“12348”服务专线解答法律咨询1635起，接待来访336人次，提供上门服务180人次，参与解决投诉代理215起。

律师楼（2002年）

**1985—2002年栖霞市律师事务所办案情况统计表**

表22-15

| 年份 | 件数 | 年份 | 件数 |
|---|---|---|---|
| 1985 | 612 | 1994 | 1831 |
| 1986 | 525 | 1995 | 824 |
| 1987 | 864 | 1996 | 744 |
| 1988 | 1212 | 1997 | 1950 |
| 1989 | 1050 | 1998 | 985 |
| 1990 | 984 | 1999 | 1015 |
| 1991 | 844 | 2000 | 1100 |
| 1992 | 941 | 2001 | 894 |
| 1993 | 850 | 2002 | 988 |

## 第六节 法律援助

1998年11月，栖霞市成立法律援助中心。法律援助工作服务人员按照“弱者必援、贫者必帮、残者必助”的服务宗旨，大力承办各类法律援助案件，切实维护社会弱势群体及特殊人群的合法权益。

1999年1月8日，开通“148”（5227148）法律服务专线，司法局选调2名业务水平高、工作能力强的工作人员到省司法厅专门学习培训，投资2万多元装修办公场所。以“法律给群众、送法进万家”为宗旨，文明用语、有询必答、积极交流、送法进家。年底，各乡镇均开通“148”法律服务电话，建立市、乡、村、企业、部门、机关司法联动网络。

2000年，为确保《法律援助条例》的贯彻落实，结合法制宣传、法律服务、法律援助“三下乡”活动，加大对法律援助的宣传力度。共发放《法律援助条例》1000余册，发放法律援助宣传纸5000余张，烟台电视台、栖霞电视台先后进行跟踪报道，收到良好效果。同时，还利用“3•16”“12•4”法制宣传日开展咨询活动，提高人民群众对法律援助工作的认识。

2002年，“148”共解答法律咨询996人次，分流求助案件133起，接待来人来访357人次，避免经济损失70万元。

1998—2002年，5年来共办理各类法律援助案件167起，公证案件18件，解答法律援助咨询2000余人次，公证员和律师及法律工作者基本完成法律援助义务，结案归档率达到90%以上。

2000年“148”法律服务宣传现场

# 第五章 军　事

1949年中华人民共和国成立后，栖霞军事工作继续保持和发扬了革命战争年代的光荣传统，涌现出一大批优秀人物和先进典型。1950年抗美援朝全县有754名青年踊跃报名参加人民志愿军，252名战士壮烈牺牲在朝鲜战场上。1979—1986年，全县有600多名官兵参加中越边境自卫反击战，138人荣立战功，壮烈牺牲11人。1987年以后，栖霞县有基层军事机构34个，其中乡镇23个，厂矿企业10个，全县民兵预备役人员参加大型工程建设10个，抢险救灾40余次，累计投入人力3万人次。进入90年代至21世纪初，各级人武部门和民兵预备役人员在正规化建设、军事训练和参加地方经济建设等各项工作中做出来突出贡献，多次受到上级表彰。

军事演习指挥现场（2002年）

## 第一节 军事机构

**武装部** 1960年恢复人民武装部。1986年6月之前，栖霞县人民武装部一直为军队建制，正团级单位，县人民武装部下设军事科、政工科、供管科。1986年6月，县人武部改归地方建置，接受地方和军队双重领导，为副县级单位。1989年10月，增配一名副部长，增设后勤科，同时成立民兵训练基地。1991年增设县民兵武器装备仓库。1996年4月，栖霞市人民武装部改归部队建制，称中国人民解放军山东省栖霞市人民武装部。

2002年，全市基层武装部包括镇、街道武装部、开发区武装部、厂企武装部。

专武干部春季训练（2002年）

**基层武装部** 1985年以前，栖霞县基层武装部共有25个，其中23个乡镇武装部，2个企业武装部（铅锌矿武装部、棉纺厂武装部）。

1986年以后，又先后成立县水泥厂人民武装部、化肥厂人民武装部、液压件厂人民武装部、工具厂人民武装部、酒厂人民武装部、滑石矿人民武装部、百里店金矿人民武装部、毛皮厂人民武装部、供电公司人民武装部。2002年末，全市基层武装部有所减少。

## 第二节 驻 军

20世纪80年代，栖霞境内海、陆、空三军陆续驻防县内。其中有师团级领导机构，也有驻军医院、兵工厂及各种军需仓库等军事单位。到2002年末，仅剩武警烟台市支队栖霞中队、栖霞消防队、某部队、山东陆军预备役步兵某团、地空导弹营、某工厂等少数部队和军事单位。

**海军青岛基地栖霞综合仓库** 隶属于北海舰队后勤部，为独立营级单位；1978年10月，改建制为海军烟台基地，升格为团级单位，代号为37426部队；1985年8月归建于海军青岛基地，仍为团级单位。1998年12月单位整体撤销。

**54723部队** 即原26集团军77师。1976年2月，部队进行整编，77师与76师对调防务，师部由栖霞移驻文登。

**54751部队** 即原26集团军步兵第76师。1976年2月,76师和77师对调防务进驻栖霞。1985年11月，改番号为“步兵第76师”。1998年11月,步兵第76师和烟台陆军预备役步兵师合编组建山东陆军预备役步兵第76师,移防离开栖霞市区。

**武警烟台市支队栖霞中队** 1983年1月，正式成立中国人民武装警察部队栖霞中队。主要担负栖霞市看守所外围武装警戒任务。

**栖霞消防队** 1980年，栖霞县公安局成立消防大队，1988年9月，成立栖霞公安消防中队。

**54754部队** 即原步兵第76师227团。1985年迁至桃村镇卧龙营房。1998年11月, 227团和烟台陆军预备役步兵师第2团合编组建山东陆军预备役步兵第227团,移防至莱阳市。

**72489部队** 即栖霞油料仓库，驻栖霞桃村镇。1987年5月，改代号为55292部队；2000年10月改代号为72489部队。

**山东陆军预备役步兵第228团** 由原步兵第76师228团和原烟台陆军预备役师步兵第3团于1998年11月合编组建而成。驻防在山东栖霞市、龙口市两市。

**地空导弹营** 隶属空军高射炮兵独立第六师，部队代号为中国人民解放军空字927部队。1979年1月，部队进驻栖霞县。

**144医院** 原是华东第七野战医院1982年3月至1985年，医院归26军接管。人员减至110余人，床位减至100张。1987年，144医院代号撤销，改归145医院（驻莱阳城）分院。1988年，145医院撤离。

**330工厂** 1977年10月，成立中国人民解放军4330工厂。1994年8月，编为海军导弹技术保障大队，代号为37225部队，隶属于海军青岛基地后勤部，为正团级单位。1998年12月，隶属于海军青岛基地装备部。2000年10月，改代号为91880部队。

除上述部队和单位外,栖霞还先后进驻苏家店镇马儿山仓库、991药材仓库（驻桃村镇石字线村，原牙山铜矿旧址）、626仓库（储存军事地图，驻唐家泊镇下阁子村）、烟台警备区民兵装备仓库（驻西城镇徐家沟村）、道西机务站等军事单位，因部队调整精简，2002年末，这几个单位均已撤销。

## 第三节 军事训练

**专武干部训练** 1986年，主要加强军事知识和作战指挥训练，训练30天，所有专武干部都参加。1989年，突出军事技能和作战指挥基础训练，掌握基本技能，训练30天。

进入90年代以后，军事训练强度加大，科目增多。1990年，加强射击、军事理论训练，强化素质培养，提高专武干部的组训能力，参训专武干部47人，训练25天；1992年，山东省军区组织专武干部进行比武专项训练，参训50天，栖霞专武干部获“军事训练汇报表演奖”金杯。1997年，进行射击、军事教学等军事训练，突出军事高科技和信息化知识学习培训，提高干部作战指挥能力，参训43人，训练15天。

2000年，烟台警备区进行比武专项训练，栖霞参训46人，训练40天，获警备区考核第二

名、省军区考核第一名好成绩。2001年，5名专武干部进行15天队列、战术、射击等训练，参加烟台警备区组织的训练考核，获警备区考核第一名。

2002年，增加训练时间，落实训练科目，开展训练成绩评定活动。要求专武干部年训练天数必须达到40天以上，不少于280小时，其中，专武干部体能训练不少于160小时。成立专门的训练考核领导小组，对每位参加训练的专武干部进行达标考核。考核内容涉及每个课目，对每一个科目训练结束时，按照优秀、良好、及格、不及格4个层次进行成绩评定。凡是达不到合格标准及要求的，进行“回炉”训练，直到达到标准为止。

1986—2002年，参加各种科目训练的专武干部达210人次。

2001年专武干部集训

2002年专武干部科技练兵

**民兵训练** 按训练任务落实参训对象，避免重复和顶替训练，加强教练员培训，每个科目训练前组织教练员进行备课示教，根据需要建立和培训示范分队配合教学，整修训练场地，领取训练弹药、购置训练器材等，搞好训练物资经费准备和生活保障。

1987年，烟台警备区组织开展专业训练和比武专项训练，训练期间，各级专武干部和民兵干部跟班作业，与参训人员同吃、同住、同训练，参训280人，训练30天，栖霞参加比赛的民兵荣获警备区团体比赛第3名，3人获个人比赛前3名。1989年，进行15天民兵应急和技术分队专业训练。

90年代以后，民兵训练增加训练科目和时间，参训人数较往年多。1991年，进行民兵教练员训练，参训8人，训练10天；进行民兵干部训练，参训60人，训练30天。1992年，进行侦察兵训练，参训60人，训练50天，县人武部获山东省军区颁发“军事训练汇报表演奖”金杯。

1994年，进行应急分队、民兵干部、基干民兵快速反应和业务训练，参训人员799人，其中应急分队400人，民兵干部207人，基干民兵192人。1995—1999年，参训人员都在400人以上，训练科目有十多种。2001年，山东省军区举行队列、射击、紧急集合演练，栖霞参训330人，经省军区考核验收，演练成绩为优秀等次。是年，烟台警备区举行战术基础、射击、表演等课目训练，栖霞480人参训，获警备区表演课目第二名、单项比赛第一名成绩。

2002年，抓安全，促训练，提高训练质量。各级领导干部深入训练现场及时发现和解决训练中的问题，把安全工作放到训练的重要位置。严格执行武器操作规程，加强对训练武器弹药的管理，训练期间武器一律集中保管，随用随取，训练弹药随用随领，剩余弹药及时入库，确保枪弹安全。当年参训人员626人，训练项目由业务、射击、队列训练向战术、武器装备、信息技术等高科技训练发展。民兵应急分队队员在当年警备区组织的考核中，获警备区表演课目第二名、单项考核第一名的好成绩。

1986—2002年，全市参加各种训练的民兵干部、基干民兵、应急分队队员共计9000余人次。

1995年民兵机械化方队集训

1995年进行民兵防暴演练

**训练基地建设** 1988年4月，专武干部、民兵训练基地动工建设，1989年8月1日建成使用。训练基地占地1公顷，建筑面积1800平方米。由教学生活区和训练场两部分组成，教学设施和生活设施配套完善。

教学设施有170平方米电化教室，内有配套的桌凳、录相机、电视机、幻灯（投影机）、录音机，及各种电教软件；有容纳44人上课配套齐全的教室；有训练资料齐全的专修室；有放有各种教器材的教器材室；有教学资料齐全的教员办公室；有墙挂民兵训练计划和基地主任职责的基地办公室等。

训练场总面积4000平方米，设有石砌靶壕、固定靶台和显示装置的射击场，有石砌的固定防御战壕，低桩铁丝网、土包、土坑等战术设施。

基地生活楼内设单人床位50张，双人床位100张，可供150人住宿。楼内有食堂、篮球场、文化娱乐室、乒乓球台以及扑克、象棋等生活、娱乐场所。

### 1986—2002年栖霞市专武干部、民兵训练情况统计表

表22-16 单位：人、天

| 年份 | 训练对象 | 参训人数 | 训练天数 | 训练内容 | 训练成果 |
|---|---|---|---|---|---|
| 1986 | 预备役分队 | 689 | 30 | 专业训练 | — |
| 1987 | 民兵预备役 | 280 | 30 | 专业训练<br>比武专项训练 | 警备区团体第3名，3人获个人前3名 |
| 1988 | 专武干部<br>民兵连长 | — | 30 | 军事知识<br>指　挥 | — |
| | 民兵应急<br>技术分队 | — | 15 | 专业训练 | — |
| | 基干民兵 | — | 30 | 专业训练 | — |
| 1989 | 专武干部<br>民兵连长 | — | 30 | 军事技能<br>指　挥 | — |
| | 民兵应急<br>技术分队 | — | 15 | 专业训练 | — |
| | 基干民兵 | — | 20 | 专业训练 | — |
| 1990 | 专武干部 | 47 | 25 | 射击、军事理论 | — |
| | 民兵干部 | 439 | 20 | 专业训练 | — |
| | 基干民兵 | 206 | 30 | 专业训练 | — |
| 1991 | 民兵教练员 | 8 | 10 | 教学法训练 | — |
| | 民兵干部 | 60 | 30 | 专业训练 | — |
| | 基干民兵 | 340 | 30 | 专业训练 | — |
| | 专业技术分队 | 86 | 30 | 专业训练 | — |
| 1992 | 专武干部 | 12 | 15 | 队列、教学法等 | — |
| | 侦察兵 | 60 | 50 | 比武专项训练 | 省军区颁发“军事训练汇报表演奖”金杯 |
| 1993 | 民兵干部 | 206 | 20 | 民兵业务、兵役登记 | — |
| | 基干民兵 | 78 | 25 | 队列、射击等 | — |
| | 通信专业技术兵 | 38 | 30 | 专业训练 | — |
| 1994 | 应急分队 | 400 | 15 | 快反业务训练 | — |
| | 民兵干部 | 207 | 20 | 民兵业务训练 | — |
| | 基干民兵 | 192 | 20 | 专业训练 | — |
| 1995 | 民兵干部 | 207 | 15 | 队列、射击等 | — |
| | 基干民兵 | 316 | 15 | 专业训练 | — |
| | 应急分队 | 260 | 25 | 队列、射击、防暴等 | — |
| 1996 | 民兵干部 | 110 | 20 | 民兵业务集训 | — |
| | 基干民兵<br>技术分队 | 391 | 25 | 专业训练 | — |
| 1997 | 专武干部 | 43 | 15 | 射击、教学法等 | — |
| | 民兵连长 | 83 | 30 | 队列、射击等 | — |

续表22-16

| 年份 | 训练对象 | 参训人数 | 训练天数 | 训练内容 | 训练成果 |
|---|---|---|---|---|---|
| 1997 | 基干民兵 | 153 | 30 | 队列、射击等 | — |
| | 专业技术分队 | 100 | 30 | 专业训练 | — |
| 1998 | 专武干部 | 6 | 8 | 警备区业务集训 | — |
| | 民兵干部 | 50 | 15 | 整组、征兵等 | — |
| | 基干民兵 | 110 | 20 | 队列、射击等 | — |
| | 应急分队 | 330 | 15 | 单兵战术、射击等 | — |
| 1999 | 专武干部<br>民兵干部 | 50 | 20 | 战术、教学法等 | — |
| | 应急分队 | 330 | 15 | 军体拳、射击、战术等 | — |
| | 基干民兵 | 290 | 20 | 队列、射击等 | — |
| | 中学军训 | 330 | 30 | 队列训练 | — |
| 2000 | 专武干部 | 46 | 40 | 比武专项训练 | 警备区考核第二名省军区考核第一名 |
| | 民兵干部 | 120 | 30 | 业务学习 | — |
| | 基干民兵 | 108 | 20 | 专业训练 | — |
| | 民兵应急分队 | 330 | 15 | 队列、单兵战术等 | — |
| | 中学军训 | 330 | 30 | 队列训练 | — |
| 2001 | 专武干部 | 5 | 15 | 队列、战术、射击等 | 警备区考核第一名 |
| | 民兵干部 | 50 | 30 | 基本技能、教学法等 | — |
| | 基干民兵 | 99 | 20 | 专业训练 | — |
| | 民兵应急分队 | 330 | 15 | 队列、射击、紧急集合演练等 | 省军区考核验收成绩优秀 |
| | 中学军训 | 330 | 30 | 队列训练 | — |
| 2002 | 民兵应急分队 | 480 | 60 | 战术基础、射击表演课目等 | 警备区表演课目第二名、单项第一名 |
| | 民兵干部 | 47 | 3 | 业务学习 | — |
| | 基干民兵 | 99 | 20 | 队列、射击和战术等 | — |
| | 中学军训 | 400 | 30 | 队列训练 | — |

## 第四节 军事行政管理

**基础管理** 1985年，依照山东省军区《县（市、区）人民武装部战备工作暂行规定》，制定战备教育计划，对干部职工进行时事政策、战备形势教育，学习战备规定内容，熟悉作战方案及各项战备规定；修改完善各种战备方案；及时整理各种资料，完善“五室一库”（作战室、值班室、保密室、动员资料室、退伍军人档案室、战备器材库）建设，实行“三分四定”（携行、运行、后留、定人、定物、定车、定位），使武器装备始终保持良好的技术状态。1986—1990年，落实训练计划，坚持依法治训，科学施训，确保参训人员、时间、内容、效果四落实。及时分析训练形势，探索改革训练方法，提高训练质量。建立正规工作秩序，工作计划、总结报告、重要文件在报警

备区的同时，抄报市委、市政府，争取地方支持。按照军人生活要求，严格进行军容风纪检查，始终做到军容严整，举止端庄。1991—1997年，突出抓好安全建设。为更好地贯彻执行总参谋部《关于预防车辆事故暂行规定》，最大限度地减少车辆事故的发生，部党委制定加强车辆管理的具体细则，对车辆派遣、行车速度、车辆检查等方面作出明确规定；1998年，根据总部和军区《关于对司机队伍进行集中教育整顿的通知》精神，对部里驾驶人员进行以“五查”（查思想、查作风、查制度、查纪律、查技术）为主要内容的教育整顿。2002年，开展保密工作宣传教育，建立和健全组织机构、规章制度、实施奖惩等。

**基层建设** 1985—1988年，以搞好民兵“部、家、室”的典型引路，对全县23个基层武装部正规化建设进行检查。并重点抓桃村镇、杨础乡两个民兵带建示范点，成立扶贫组、科普组、治保组、文体队。1989—1991年，围绕落实民兵预备役各项工作任务，对基层武装部正规化建设、民兵带建、“民兵之家”建设等各方面进行检查督导，抓好民兵之家和民兵连50%的面上普及。1992—1994年，对全县32个基层武装部“民兵号”工程及“部、家、室”建设进行检查验收。1995年，成建制地组织民兵成片营造“民兵林”“国防林”，完成每人3～5棵的植树任务，并立碑纪念。1996—1999年，共发动民兵2万余人参加荒山开发、农田水利基本建设、公路拓宽等重点工程建设。在桃村镇桃村村、大庄头乡国路夼村、栖霞镇前阳窝村建立3个示范点，以点带面，发动民兵开展带建活动。通过民兵之家开办科技学校10余所，建起科技种植基地10多个，种植大棚400多座，各种养殖示范区58处。全市民兵成立帮工队700多个，学雷锋小组1015个。2000年以后，重点抓好翠屏街道、杨础镇、臧家庄镇、宝桥水泥厂“部、家、室” 建设，抓好供电公司、液压件厂“民兵号” 改组和法律咨询站建设。按照新大纲训练考核要求，对新任职的基层专武干部进行为期1个月的封闭式军事训练，对民兵应急分队进行为期20天的集中训练。

**军地两用人才培养** 1987年5月，栖霞县军地共育人才指导委员会成立，并制定下发军地育才协作规划。同年，山东省科学技术委员会、山东省军区司令部联合下发《关于利用民兵训练基地为乡镇、企业和农村培训实用人才的通知》，培训对象以青年民兵为主，培训内容主要以提高种植、养殖、加工等生产技能以及基层干部和企业管理人员的技术和管理水平。1987—1995年，栖霞共开发使用军地两用人才1800多名，开发使用率98%。1996—2000年，为适应新形势发展需要，军地联合举办微机、养殖、蔬菜种植等培训班160多次，军地共育专业人才1200多人，军人转到地方后都能尽快适应事业发展的需要 。2002年末，王兴芝等36名栖霞籍专武干部和民兵干部，被济南军区授予中国人民解放军“功勋”荣誉。

## 第五节　国防后备力量建设

**民兵预备役建设** 1981年，按照中央指示精神，对全县民兵组织进行全面整顿和改革，着眼于减轻人民经济负担和提高质量，民兵年龄再次降低，范围在18～35岁之内，其中基干民兵，男18～28岁，女18～23岁。

1986年，农村民兵仍然以行政村为单位建立民兵连，基干民兵和普通民兵分别编组。基干民兵以乡镇为单位编连、营，行政村编班、排；普通民兵以村民小组为单位编排、班。1988年，乡镇和村办企业，凡生产比较稳定，行政组织健全，可组建民兵排的，都单独组建民兵组织，直接受乡镇武装部或村民兵连（营）领导；不建立民兵组织的乡镇企业，适龄青年，符合民兵条件者编入户口所在地民兵组织中。

1990年以后，城市民兵以国有大中型企业为主体，组建民兵团、营，基干民兵单独编组，组建营、连。小型厂矿企业以厂为单位编民兵连、营和基干民兵连、排。商业、财贸、饮食、服务等行业，根据规模大小编组。1995年，对规模较大、人员集中的单位独立组建民兵组织。对分散经营、适龄青年较少，不具备单独建立基干民兵组织的企业，以街道、行业系统或企业管理部门为单位编组基干民兵。栖霞市根据企业规模和人数，在银云活塞液压件厂、供电公司等企业中建立民兵组织。在卫生防疫、邮电通信、防化救援和车辆维修等专业领域组建成技术分队。

1998年，建立民兵应急分队，选择民兵工作基础好、领导能力强、人员集中、交通条件便利的单位单独编组。2000年，按照就近、快速集中的原则，依托城区翠屏、庄园两个街道和西城镇组建1个民兵应急连，在其他12个镇和经济开发区各组建1个民兵应急排。民兵编组之后，由于行政、生产组织的调整，民兵年龄的增长、身体、政治情况的变化以及人员变动和干部更换，需要适时进行组织调整和整顿。民兵组织整顿坚持一年一度，一般从当年12月开始，于第二年2月结束。

**预备役部队** 1984年5月，原烟台陆军预备役师步兵第3团在栖霞组建，与县人武部合署办公。1985年11月，改番号为烟台陆军预备役步兵师步兵第三团。1986年1月，开始独立办公。1998年11月，原步兵某师某团和原烟台陆军预备役师步兵第3团合编组建山东陆军预备役步兵某团，驻防栖霞市城区。

预备役部队建立团、营、连兵员和武器装备管理数据库，完成司令部“三室两库”、后勤“两室一库”和装备“一室五间”配套建设。2000年，在龙口组织首长机关带步兵第三营的快速动员集结演练，历时一个月。

**兵役征集** 1985年，县乡均成立征兵领导小组及人民政府征兵办公室，领导、办理征兵工作。征兵领导小组正、副组长分别由县政府和人武部主要领导担任，成员由政府办公室、县委宣传部、共青团、妇联、工会、公安、民政、卫生、财政、教育、计划、劳动、交通等部门的领导组成。

1985年之后，年满18周岁的男性公民，于当年9月30日前进行兵役登记，初审合格称应征公民。每年从应征公民中征集18～22岁人员服现役。应征公民符合政治审查、身体检查标准和征集政策的方可入伍。

1985年9月，为贯彻山东省《关于进行兵役登记和结合兵役登记确定预征对象的通知》，栖霞县开始义务兵征集。1990年，为进一步落实兵役登记工作，摸清适龄公民政治身体情况，确定是否服兵役，以此增强公民依法服兵役的观念和国防战备观念，作出如下规定：当年年满18—20岁的男性公民，范围是农村、城市、厂矿、企业、事业、机关和群众团体，符合条件者，都要按兵役法规进行兵役登记。各基层单位适龄公民到户口所在地登记站进行登记。依据上一年征兵人数，按1∶3的比例，由基层单位推荐，乡（镇）审批。在确定的预征对象中，非农业户口青年不得超过总人数的25%。农村为初中毕业以上文化程度；非农业户口青年都必须具有高中毕业文化程度，年龄18周岁至20周岁；企事业单位的青年职工可放宽到21岁；应届高中毕业生本人自愿，17岁的也可以确定为预征对象。

1995年，根据《山东省征兵工作若干规定》的要求，在户口簿中统一标注兵役登记情况，将适龄青年服兵役、免服兵役和不服兵役的情况，用钢笔填写在户口簿的“兵役状况”栏目中，并压盖兵役登记专用章。

1998年2月颁布修改后的兵役法，对兵役登记有更严格的规定和具体要求。此后，每年

6月15日前，以市人民政府的名义，发布兵役登记通告，组织兵役登记机构在普通高中设立兵役登记站，对适龄男性应届毕业生进行兵役登记，收集统计兵役登记情况，审批各单位上报的预征对象。参照上年度本市征集数，按1：3的比例下发预征通知书，上报本年度兵役登记情况。

**军官预备役登记** 栖霞转业军官预备役登记统计工作于1996年2月开始至3月结束，对1992年9月1日以后，被授予中国人民解放军军衔的转业军官，符合年龄规定的进行登记统计。排级职务35岁以下，连级职务40岁以下，营级职务45岁以下，团级职务50岁以下，师级职务55岁以下。初级专业技术职务45岁以下，中级专业技术职务55岁以下，高级专业技术职务60岁以下。

1996年4月1日以后转业干部，凡符合登记条件的，由所在部队在批准其转业的同时，批准转服预备役，确定专业名称，专业编号码，到地方单位报到前，到市人武部办理预备役登记手续，至此，预备役军官登记工作走向科学化、正规化的轨道。

**士兵预备役登记** 1991年开始，结合每年退伍军人接收安置工作，对部队确定服预备役的退伍军人，填写退伍军人预备役卡片，并在退伍军人证明书上盖“服预备役”专用章。对部队确定免服预备役的退伍军人，在退伍军人证明书上盖“免服预备役”专用章。退伍军人预备役登记卡片一式两份，市人武部保留一份，退伍军人单位保存一份。

1992年开始，退伍军人在被捕、负刑、被剥夺政治权力期间，不进行服预备役登记。退伍军人年龄在35岁以下可以服士兵预备役，身体残废、身患影响正常训练等慢性疾病的退伍军人，不服预备役。1993—2002年，士兵预备役登记均按此规定予以登记。

**学生军训** 1990年始，对学生军训工作陆续展开，每年暑假开学前对高级中学进行学生军训，1995年，初级中学部分学校也开始学生军训。

2001年6月，根据国家《关于在普通高等学校和高级中学开展学生军事训练工作的意见》，栖霞市学生军训工作全面展开，训练对象主要是初中、高中、中等专业学校学生，军训多在暑假开学之初进行，每年训练1次。军训的形式主要有基地训练和学校训练两种，军训时间在每年开学前10天左右对新招收的初、高中学生进行7～10天的军训。至2002年，军训学生达2万多人。

1991年高中学生军训（图一）

1998年高中学生军训（图二）

**人防工程建设** 人防工程亦称“人防工事”，是为保障人民防空指挥、通信、人员和物资掩蔽的防护建筑。栖霞市人防工程建设，始于60年代后期。全县共挖成各种国防坑道13条。

1976年之后，栖霞县组织人民防空工程专项建设，将各单位的防空工程纳入统一管理，以按比例筹集资金，抽调人员的方式进行坑道建设。至1979年4年间，参加施工人数常年保持在60~100人，每年集中资金5~8万元，购置空压机和风镐等设备，最多时有5个洞口同时施工。到80年代初期，全县大部分人防工程建设项目相继停止。

2000年以后，栖霞市加快城区改造，国防动员委员会不失时机地抓住这一机遇，积极向市政府和建设单位宣传人防法律法规，提出同步修建地下防空方案，得到批准并开始实施。某宾馆建设1100平方米的防空地下通道，某机关驻地建设6000平方米的人防工程，某广场建设1400平方米防空地下通道。

## 第六节 支援地方建设

20世纪80年代以来，驻栖霞部队共出动兵力1.8万人次，民兵预备役人员3万多人次，各种车辆2千多台次，帮助地方完成重点工程项目20多个，参加抢险救灾活动40余次，为地方挽回经济损失4000多万元。

**社会服务** 1989年，烟台警备区下发《关于积极发动民兵预备役人员参与维护社会治安的通知》，按照通知要求，在各基层武装部建立了民兵维护社会治安分队和应急分队，积极开展值勤巡逻，在护厂、护矿、护路、护店、护村等方面发挥了积极的作用。

1990年，根据山东军区和烟台警备区的指示，在全县开展了“民兵应对突发事件，维护社会治安”专项活动，重点抓好“五落实”，即：组织落实、任务落实、训练落实、政治落实、指挥落实。全县凡有民兵组织的乡镇、村庄、厂矿企业都成立了民兵应急小分队，参与维护社会治安活动。1991年，组织民兵积极参与维护社会稳定工作，先后协助公安部门破获案件16起。1994年，组织民兵深入后进村庄参与社会治安综合治理。

**抢险救灾** 1981年5月27日，栖霞县物资局仓库因气温过高，漂白粉燃烧起火，附近7米远处堆放20吨炸药，10多米远处的另两座仓库里，还有10万支雷管、导火索和上百吨易燃易爆物品受到威胁。某师指挥连的指战员们听到火警信号，迅速赶赴火场。师领导闻讯后立即调部队和医务人员，组成灭火指挥组、突击组、救护组，干部战士冒着炸药随时爆炸的危险，忍受着漂白粉燃烧后散发出的有毒气体的刺激，冲进仓库，切断火路，抢运炸药和物资，有14名战士中毒昏倒在现场。经过紧张的抢救，避免了一场重大的爆炸事故，山东省人民政府和栖霞县委分别对指挥连进行嘉奖。

1997年夏季，龙门口水库通往城区自来水管道被大雨冲毁，造成全城供水中断，工厂停产，居民用水告急，驻栖部队400多名官兵和上千名民兵预备役人员，与地方群众一起，冒雨抢修了40多个小时。同年，西城镇一个小（二）型水库大坝背水面滑波50多米，直接危及到水库下游4个村庄700余户群众生命财产安全，驻栖部队出动600余名官兵，与西城镇民兵预备役人员300多人，冒着生命危险，在齐腰深的泥水中，挖通一条宽5米、深2米的溢洪道，避免了水库垮坝事故。

1999年清明节前，桃村牙山林场失火，驻栖官兵和民兵应急分队600多人迅速奔赴火场，经过12小时的奋力扑救，终将山火扑灭。2000年6月，栖霞市艾山发生特大山火，几千亩山林受损，驻栖霞部队组织近3000名官兵参与灭火，奋战3天3夜终将大火扑灭，为地方挽回了

巨大的经济损失。

**参加地方建设** 1996年，人武部协调驻军3000多人次，参加了白洋河治理工程。

1999年7月，驻军官兵参加美化城市环境活动，帮助地方完成了山城湖清淤、白洋河城区段综合治理、城区垃圾清理三大工程。山城湖清淤工程历时10天，驻军官兵出动400余人次，出动车辆700多台次，清淤1800立方米，清除街道垃圾800多吨，运送山石2800多吨。白洋河市区段综合治理工程全长2000米，治理的重点是治污、防汛、绿化，部队官兵和民兵预备役人员承担了最艰巨的挖基和土石方整平任务，共出动4000多人次，车辆120台次，清理淤泥3万多立方米，同地方群众一起平整堤基2公里。1999年9月，驻栖霞某部利用野营拉练时机，帮助金山乡开垦荒地13.3公顷，挖果树坑3000多个，修山路10公里，植树4万株，栽种草坪6万多平方米。

栖霞驻军参加地方建设

**扶贫与希望工程建设** 1996年，先后扶贫帮困30户，投入资金3万余元。1997年，通过民兵之家开办科技学校10余所，建起各种种植基地20个，高效科技大棚600多座，各种养殖示范基地58处。此后，在每年的“三夏”期间，武装部及时发动全市民兵投入到“三夏”工作中去。全市民兵成立帮工队700多个、学雷锋小组1015个，先后帮助烈军属、困难户、五保户收种农田2万多亩。

根据栖霞市委、市政府的部署安排，武装部常年帮扶臧家庄镇乐家沟村。先后数次派出科技人员帮村民提高果园生产能力，筹措资金购买水泥30吨，用于村路硬化，兴建娱乐室，购买图书、简易健身设施、电视音响等文化设施器材，受到干部群众的广泛赞誉。

# 第二十三编
# 科学技术

1997年建设的野奔汽车模具生产车间

1978年12月，栖霞县人民政府首次对全县51项优秀科技成果奖进行奖励（不分等级）。1980年，栖霞县开始专业技术人员职称套改、晋升工作。1988年4月，县委、县政府召开“栖霞县‘三先’工作会议”，对涌现出的科技工作先进集体、先进个人、先进科技成果进行表彰、奖励。对做出突出贡献的科技人才进行重奖，科技工作和科技人才越来越受到重视。

1991年，县委、县政府作出《关于科技兴县的决定》，“科技兴县”活动在全县广泛开展起来。1995年9月，栖霞县科技大会召开，大会印发《中共栖霞县委、栖霞县人民政府关于加快科学技术进步的决定》《中共栖霞县委、栖霞县人民政府关于进一步加强高科技人才队伍建设的实施意见》《关于印发〈栖霞县科学技术发展基金管理办法〉的通知》《关于转发县科委〈关于评选“科技工作先进乡镇”“科技先导型企业”的暂行办法〉的通知》，表彰21个“科技兴栖先进集体”和40名“科技兴栖先进工作者”，并对21项县科技进步奖进行奖励。是年，栖霞县被评为“全国科技工作先进县”，并被烟台市委、烟台市人民政府授予“科教兴烟先进集体”称号。1996年5月，栖霞市被评为“全国科技实力百强县”。

1998年11月，市委办公室、市政府办公室印发市委组织部、市科委、市人事局《关于市、乡镇党政领导科技进步目标责任制考核的实施意见》，进一步加大对乡镇科技工作的考核力度。1995—2002年，全市共有12个乡镇、街道26次被评为科技工作先进集体。

2000年，栖霞市委、市政府把实施“科教兴市”战略作为三大战略（工业强市、生态立市、科教兴市）之一列入工作议事日程，对工业强市、生态立市、科教兴市涌现出的先进单位、先进个人进行大张旗鼓表彰。年末，表彰科技先进单位28个、先进个人260人。

2002年末，全市申请专利31项，新发展民营科技企业10个，累计达到46个，省高新技术企业1个，累计达到8个，共获得各级各类科技成果奖574项，其中国家级1项、省级55项，烟台市级99项、栖霞市级419项，农业新技术、新成果覆盖率和主要农作物良种覆盖率分别在95%和98%以上，科技进步对国内生产总值的贡献份额达到47.5%。

# 第一章 科技管理和研究机构

## 第一节 科技管理机构

1978年以前，科技管理部门为栖霞县科技办公室。1978年6月，栖霞县科技办公室更名为栖霞县科学技术委员会。

2001年12月，栖霞县科学技术委员会更名为栖霞市科学技术局。在乡镇成立科教文卫办公室，为乡镇科技管理机构，2002年1月撤销。

## 第二节 气象管理机构

1958年12月，栖霞县气象站成立。建站时，名称是栖霞县气候站。1978年7月，改称为栖霞县革命委员会气象站，内设预报组和测报组。1980年7月，恢复栖霞县气象站称谓，隶属于烟台市气象局。1981年8月，改称栖霞县气象局，设预报组、测报组和农气组。因撤县设市，1996年1月，更名为栖霞市气象局。2002年，内设预报科、测报科和气象服务中心。

## 第三节 地震管理机构

栖霞县的地震工作，是从1969年7月18日渤海7.4级大震发生后开始的，当时由县科委办公室负责，主要是搞渤海地震宏观调查和地震知识宣传工作。

1970年7月，地震工作移交栖霞县气象站负责管理。1975年1月，成立栖霞县地震办公室，编制3人，为股级事业单位。其主要职责负责全县的群测群防工作，地震知识的宣传、普及、宏观、微观的观测纪录等工作。

1979年，撤销栖霞县地震办公室，地震工作由县科委1名工作人员兼职管理。1991年7月，成立栖霞县地震办公室，为股级全民事业单位，编制3人，隶属县科委。

1993年12月，撤销栖霞县地震办公室，地震工作由县科委1名工作人员兼职管理。1996年8月，恢复栖霞市地震办公室，为副科级事业单位，人员编制3人。

## 第四节 科技研究机构选介

80年代，栖霞县直属科研机构有科技情报所和胃癌研究所。1985年以后，每个乡镇建立1处科学技术服务站，470个村庄建立科技服务组织。厂矿企业普遍建有科研机构，有的称科技研究所、研究室，或称技术研究中心。90年代，企业改制转型工作步子加快，科研机构有的随之转制，有的撤销，数量大幅度下降，随之而起的是私营科研机构数量上升。2002年，市属研究机构有2个，国有、集体企业有56个，私营科研机构102个，村集体科研机构2个。

**栖霞市科技情报所** 成立于1987年8月，为全民所有制事业单位，隶属科委管理。2001年7月，创建栖霞市科技信息网，组建栖霞科技项目库，共收集最新科技成果1万余项和省内有关高等院校教授级以上的专家资料239份。10月，在全国范围内筛选116个科技项目，编印《最新科技成果及专家信息汇编》，召开“全市科技信息发布会”。2002年末，该所已与国际互联网连接。主要从事科技信息的收集、储存、传递、推广、转让、咨询服务。

**栖霞市胃癌研究所** 成立于1978年11月，为全民所有制事业单位，由县卫生局管辖，所址设在卫生局，1984年10月，迁至县人民医院门诊大楼，主要研究胃癌的预防和治疗。该所在国内首次发现并报道鲜大蒜有降低胃液内亚硝酸盐含量的作用，大蒜可作为预防胃癌发病的保护因素。该项成果获栖霞县科技进步二等奖。

1989年，镇村开始建立科研机构和科技产业。1995年，全县民营科技企业11家，至2002年，全市民营科技企业达到46家。其中，规模型民营科技企业有山东大通集团公司高新技术研究所和山东野夼集团模具研究所。

**山东大通集团公司高新技术研究所** 前身是“山东省栖霞县综合技术应用研究所”，创建于1989年，是翠屏街道城关村创办的一个集精细化工、机电、印染、新材料等为一体的综合性研究所，1995年11月，更名为“山东大通集团公司高新技术研究所”。

该所拥有资产12260万元，其中固定资产6200万元，流动资金5500万元，职工310人，专业技术人员78人，先后承担国家级重点新产品试制计划4项，国家级火炬计划2项，获县级以上科技成果奖20余项。1995年，被国家科委、国家统计局评为“全国民营科技企业技工贸总收入100强”，名列64位。2000年，山东大通集团公司注销，该所随之撤销。

1995年大通集团科技人员在做化学实验

**山东野夼集团模具研究所** 原名“栖霞县模具研究所”，1991年，由原栖霞县大庄头乡野夼村创办（2002年隶属桃村镇）。主要从事汽车模具精密铸造、工装夹具的研究开发。1997年，更名为“山东野夼集团模具研究所”。有职工210人，其中专业工程技术人员65人。研究所占地面积10万平方米，建筑面积2.5万平方米，拥有资产总额6600万元。1995年，自行研制、开发的“金属基复合材料钢模”，技术水平国内领先，填补国内空白，获山东省技术进步二等奖，中国首届新产品、新技术博览会金奖。

1995年野夼模具研究所研制的汽车模具

2002年末，该所累计获国家专利11项，为全国20多个省市的100多个汽车厂家加工模具或转让技术。进入山东省高新技术企业30强，名列第23位。先后被评为“烟台市十佳高新技术企业”“烟台市十佳民营科技企业”“山东省专利明星企业”。

# 第二章 科技管理

## 第一节 科技队伍

80年代，栖霞县科技队伍主要由大中专毕业生组成，自学成才和自主培训培养的科技人员占少数。1985年，全县4000多名科技人员中，大学和中等专业学校毕业的科技人员达到2600名，自主培养的有1000多名，引进人才700多名。1987年，栖霞县政府成立职称改革小组，开始对专业技术人员职称套改、晋升工作。6月，在全县全民所有制事业单位中实行职称改革。全县共有116个全民所有制事业单位或部门，涉及15个职务系列，3930名专业技术人员（其中中小学教师2592名）。共聘任（任命）高级职务117名，占专业技术人员总数的2.97%，中级职务1048名，占专业技术人员总数的26.67%。1988年，重新调整组织领导小组，加强全县技术职称评定工作，职称评审严格有序，杜绝弄虚作假行为，提高科技人员的地位。栖霞县政府制定《关于引进智力招聘人才若干问题的暂行办法》，开始有组织、有计划地引进人才。1988—1992年，有计划地采取组团、组队外出招聘科技人才。1992年，接待携带科技成果、专利寻求合作项目的应聘人才300多人。1993年，栖霞县组建人力资源市场，3月，制定《栖霞县关于开办栖霞县人才市场的试行办法》，参加招聘会180多场次，自主举办招聘会16场，引进本科以上科技人才100人，其中有高级职称的32人。

1995年以后，全市科技队伍建设走引进、招聘、培养等相结合的路子，引进高技术人才，招聘有科研成果的人才，培养本企业、本单位的科技人才。1995—2002年，国有集体企业引进科技人才86人，乡镇企业引进、招聘专业技术人员160人，引进荷兰、日本、以色列、德国、意大利、保加利亚等国外专家43人。全市专业技术人员达到11243人，其中，副高级以上职称专业技术人员799人。

## 第二节 科技政策

**奖励政策** 1978年，县委、县政府首次对涌现出来的51项科技成果进行奖励。从1982年开始，县政府每年都组织专家对上年度涌现出的优秀科技成果进行评审，并对评出来的优秀科技成果进行奖励。

1985年，栖霞县科技成果奖一、二、三等奖的奖金分别为150元、100元、60元。1988年，分别调整为300元、200元、100元，1989年，分别调整为400元、200元、100元。1992年，根据新制定的《栖霞县科学技术进步奖励办法》规定，栖霞县科技进步一、二、三等奖奖金分别调整为600元、400元、200元。1993年，栖霞县成立科技进步奖评审委员会，具体负责全县科技进步奖评审。

1995年以后，根据《中共栖霞县委、栖霞县人民政府关于加快科学技术进步的决定》，县科技进步一、二、三等奖奖金分别调整为3000元、2000元、1000元，并对获取国家级科技成果奖的项目匹配原奖金额的50%，获省和烟台市科技成果奖的匹配原奖金的20%，对获国家级奖的单位主要负责人奖原奖金额的20%，对获省、烟台市奖的单位负责人奖原奖金额的10%，对承担国家级和省级科技发展计划，经鉴定或验收后，分别给承担单位主要负责人1000元、500元的奖励。

**投入政策** 栖霞县科技三项经费投入是从1984年开始的。1985年，县直科技三项经费5万元，1988年，增加到7万元，1990年8万元，1993年达到10万元。1994年，根据创建全国科技工作先进县的要求，县委、县政府大幅度增加对县直科技三项经费的投入，当年投入达到49.4万元，2002年，科技三项经费投入达到226万元，占同级财政预算支出的1.7%。

**技术贸易政策** 1991年以前，栖霞县没有制定关于促进技术贸易方面的政策。1991年8月，县政府印发《栖霞县技术市场管理办法》，制定一系列维护技术市场秩序、促进技术贸易的政策。规定企业进行技术交易提取的酬金比例为纯收入的5%～10%；社会团体及其他部门所属的独立技术开发机构从事技术交易活动，酬金提取比例为纯收入的10%～15%；促进技术交易的中介方可以从该技术成交额中提取一定的中介服务费；单位转让的可提取5%～10%，个人转让的可提取10%～15%。

**民营科技政策** 1999年前，栖霞市没有鼓励民营科技企业发展的政策。1999年，制定《中共栖霞市委 栖霞市人民政府关于加快科学技术进步的意见》，规定新创办的民营科技企业自开业之日起，三年内企业所得税的地方收入部分，第一年返还；民营科技企业投资建设的固定资产投资项目，凡符合产业政策、用于科研的，其固定资产投资方向调节税实行零税率，其技术转让以及与技术转让有关的技术性净收入在

30万元以下的免征所得税，技术转让收入免征营业税。

**技术入股政策** 1999年，市委、市政府制定《关于加快科学技术进步的意见》，规定：以科技成果、专利、专有技术等知识产权向有限责任公司或非公司制企业出资入股的，其知识产权作价金额最高可占公司或企业注册资本的35%。

## 第三节 科技计划管理

栖霞县科技计划管理工作始于1984年。1985年，有15个项目列入国家、省、市、县科技发展计划。1990年，有15个项目列入国家、省、市、县科技发展计划。1995年，共有45个项目列入国家、省、市、县科技发展计划。其中，国家计划2项，省计划11项，烟台市计划8项。

2000年，有35个项目列入国家、省、市、县科技发展计划。其中，国家计划1项，省计划3项，烟台市科技攻关计划7项；县科技攻关计划24项。

2002年末，共有659个项目列入国家、省、市、县科技发展计划。其中，国家计划21项（含国家重点新产品计划17项）；国家火炬计划2项；国家星火计划2项；省计划125项（其中科技攻关计划97项）；火炬计划8项；星火计划20项；烟台市科技攻关计划116项；县科技攻关计划397项。

重点项目中，苹果优势产区资源循环利用综合技术研究与开发，列入山东省科技富民强县专项扶持计划；TC型精密陶瓷真空过滤机，列入省科技型中小企业创新基金项目；KIPD系列高压齿轮泵、抗乳腺癌抗体工程药物研究与开发，列入省科技攻关计划；复方三七骨康胶囊研究与开发，列入省科技攻关专项计划；含氟液晶显示材料研制与开发、抗乳腺癌抗体工程药物研究与开发，列入烟台市科技攻关计划。栖霞被列为烟台市实施科技特派员示范工程试点市，2002年，争取上级科技扶持资金212万元。

## 第四节 科技成果管理

**成果鉴定** 科技成果管理始于60年代，到1984年，栖霞县鉴定优秀成果145项。1985年，以乡镇为单位进行成果管理，建立科技成果管理档案，实行专人专管。1990年，科研成果鉴定、申报按国家规定，由栖霞县科委组织实施，分国家级、省级、市级和县级。到2002年，栖霞市通过组织鉴定，取得优秀科技成果574项，其中达到国际先进水平的4项，达到国内领先水平的83项，达到国内先进水平的209项。这些科技成果中，工业科技成果188项，农业科技成果195项，环保、卫生等科技成果53项。

**成果推广** 1985—2002年，栖霞市共组织推广优秀科技成果425项，累计增加经济效益40亿元。

农业方面，以提高农作物单产、增加总产和实现农业增产、增效、农民增收为目标，重点培育、引进、繁育和推广一大批高产优质高效的粮油、蔬菜、畜禽、果品新品种和新技术，全市共推广应用农业科技成果283项，主要农作物良种覆盖率和新技术、新成果覆盖率分别达到98%和95%以上。粮油产量大幅度提高，农牧渔业总产值稳步增长，1997年，双双进入全国油料总产值百强县和全国农牧渔业百强县行列，分别名列29位和97位。果品产量2001年达到10.3亿公斤，2002年，在严重自然灾害形势下仍达到7.3亿公斤。果品质量显著提高。1995年在第二届全国农业博览会上获11个奖牌、名列全国第一。1996—1997年，连续两年在全省名优特果品鉴评会上取得获奖总数和金奖总数两个全省第一。培育出“宇冠”“天誉”“华洋”3个苹果新品牌，栖霞市1997年度被山东省政府评为“果品先进市”，1994年度被中国果品流通协会评为“中国苹果第一市”，1996年度被全国供销总社确定为全国“标准化苹果示范市”，2002年9月，被中国果品流通协会授予“中国苹果之都”称号。

工业方面，以提高工业科技含量和经济运行质量为目标，积极进行工业先进技术的推广应用，重点围绕电子、机械、化工、纺织、建材、食品等行业，先后推广了金属基复合材料钢模、金属选矿、棒粒状黄原酸钠、铝钛碳硼四元合金晶粒细化剂、CAD技术采用、节能技术等142项具有国际、国内先进水平的新产品和技术。2002年，上述工业传统产业改造覆盖面70%以上。科学技术、新成果在卫生、环保、广播、气象、电信、电业、城建等社会领域也得到广泛推广和应用。

**科技成果奖励** 1985—2002年，栖霞市科技成果达到国际先进水平4项，国内先进水平209项，省内先进水平121项。共获得烟台市以上各级、各类科技成果奖212项。其中国家奖1项（国家发明三等奖）；省奖55项（科技进步奖46项，星火奖9项）；烟台市奖99项（科技进步奖96项，星火奖3项）。其中，栖霞县丝绸公司、栖霞县方山柞蚕原种厂研制的“柞蚕卵期控光解除滞育蛹的方法”，于1992年获国家发明三等奖，这也是栖霞市2002年前获得的唯一的国家发明奖。

## 1985—2002年栖霞市科技成果及获奖情况统计表

表23-1　　　　单位：项

| 年份 | 成果 | | | | 成果水平 | | | | | 获奖情况 | | | | |
|---|---|---|---|---|---|---|---|---|---|---|---|---|---|---|
| | 总数 | 其中 | | | 国际先进 | 国内先进 | 省内先进 | 国内领先 | 其他 | 总数 | 其中 | | | |
| | | 工业 | 农业 | 其他 | | | | | | | 国 | 省 | 市 | 县 |
| 1985 | 30 | 15 | 13 | 2 | — | 14 | 10 | 2 | 4 | 38 | — | 3 | 5 | 30 |
| 1986 | 27 | 12 | 10 | 5 | — | 13 | 14 | — | — | 31 | — | 1 | 3 | 27 |
| 1987 | 29 | 11 | 13 | 5 | — | 13 | 12 | 1 | 3 | 37 | — | 4 | 4 | 29 |
| 1988 | 27 | 6 | 17 | 4 | 1 | 12 | 6 | 2 | 6 | 30 | — | 2 | 1 | 27 |
| 1989 | 26 | 6 | 16 | 4 | 1 | 8 | 11 | 3 | 3 | 33 | — | 3 | 4 | 26 |
| 1990 | 31 | 15 | 15 | 1 | — | 16 | 11 | 4 | — | 36 | — | 2 | 4 | 30 |
| 1991 | 25 | 13 | 12 | — | 1 | 10 | 9 | 2 | 3 | 34 | — | 2 | 5 | 27 |
| 1992 | 25 | 12 | 13 | — | — | 10 | 15 | | — | 41 | 1 | 6 | 6 | 28 |
| 1993 | 45 | 20 | 25 | — | — | 21 | 19 | 5 | — | 48 | — | 3 | 5 | 40 |
| 1994 | 25 | 11 | 9 | 5 | — | 11 | 8 | 6 | — | 46 | — | 7 | 8 | 31 |
| 1995 | 21 | 10 | 9 | 2 | — | 13 | 3 | 5 | — | 23 | — | 3 | 1 | 19 |
| 1996 | 18 | 12 | 5 | 1 | 1 | 12 | — | 5 | — | 28 | — | 6 | 7 | 15 |
| 1997 | 17 | 8 | 6 | 3 | — | 11 | — | 6 | — | 27 | — | 5 | 6 | 16 |
| 1998 | 17 | 4 | 9 | 4 | — | 8 | 1 | 9 | — | 25 | — | 3 | 6 | 16 |
| 1999 | 23 | 11 | 8 | 4 | — | 12 | 2 | 9 | — | 27 | — | 3 | 6 | 18 |
| 2000 | 17 | 6 | 7 | 4 | — | 7 | — | 10 | — | 25 | — | 1 | 7 | 17 |
| 2001 | 14 | 4 | 5 | 5 | — | 8 | — | 6 | — | 24 | — | 4 | 6 | 14 |
| 2002 | 19 | 12 | 3 | 4 | — | 10 | — | 9 | — | 25 | — | — | 6 | 19 |
| 合计 | 436 | 188 | 195 | 53 | 4 | 209 | 121 | 84 | 19 | 578 | 1 | 58 | 90 | 429 |

## 1985—2002年栖霞市获烟台市级以上科技奖励项目统计表

表23-2

| 年份 | 国家级 | 山东省级 | 烟台市级 |
|---|---|---|---|
| 1985 | — | 大面积亩产吨粮试验<br>花生蛋白应用研究<br>强化婴儿奶粉 | 双向阀式水锤消除器研制<br>芝罘绸新工艺研究<br>萨能奶山羊提前配种试验研究<br>ф100立式高频震动水泥压力管试制 |
| 1986 | — | — | Z211S型五色自动调线棉毛机<br>东方钳蝎人工饲养研究<br>大面积推广春花生地膜覆盖栽培技术<br>苹果覆盖地膜综合效益研究<br>低度白酒——大吉酒<br>涤棉纺丝绸烤花产品 |
| 1987 | — | 新杀线剂防治花生根结线虫病的研究<br>超大型双头呆板手 | 氨纶弹力纺织品<br>山城牌全晶体管收录扩三用机<br>优质细颗粒金刚石工艺研究<br>旱薄地小麦增减产技术开发试验 |
| 1988 | — | 奶山羊精液冷冻技术研究<br>栖霞县十八盘小流域综合治理<br>JQ—85、JQ－100型秸杆切碎机的研制<br>《组合聚醚》试制 | 选择性除草地膜<br>半干山楂酒、半红山楂酒<br>微机对水泥机械化立窑烧过程的自动化控制<br>葡萄立体种植早产高产高效益技术研究<br>内燃机节能消声器 |
| 1989 | — | 柞蚕卵感光与出现滞育蛹的研究<br>“注浆——真空”法制作三阶段管保护层工艺及设备<br>伊贝母引种驯化及丰产技术研究 | 山东密刺黄瓜良种繁育推广 |
| 1990 | — | 万亩苹果优质丰产开发试验<br>柞蚕优质原种繁育配套技术规范研究及柞蚕新品种‘烟6’‘789’的育成<br>种衣剂4号增产技术开发试验<br>柞蚕多丝量新品种‘方山黄’的选育研究 | 重茬花生增产技术开发研究<br>SZG0.2（0.5）－0.69－A三型双 锅筒纵置式水管锅炉<br>红富士和烟青苹果早期丰产修剪技术研究<br>Z3040X16（1）型摇臂钻床 |
| 1991 | — | 改善水泥立窑中心通风技术研究<br>CB3系列高压齿轮泵生产技术开发 | 多功能地膜研制及应用<br>高产玉米简化栽培技术研究<br>简易气调贮藏保鲜技术开发<br>玉米增产综合机械化技术开发<br>KB40－75型防火卷帘门开闭机 |

续表23-2

| 年份 | 国家级 | 山东省级 | 烟台市级 |
|---|---|---|---|
| 1992 | 柞蚕卵期控光解除滞育蛹的方法 | 复合罗纹机调线机的研制<br>鲁花10号花生品种选育及耐旱品种资源的筛选与研究<br>植物蛋白‘康赛宝’的研制<br>MLJ2—Z型直检脉冲漏电继电器<br>双U系列单端内启动荧光灯的研究<br>实木弯曲装饰家具试制 | 山城牌SLK系列调频调幅收录扩音机<br>透辉石、褐煤粘土低温快烧釉面砖<br>栖霞县香夼组石灰岩岩溶裂隙水开发研究<br>95系列中凸变椭园活塞<br>真丝重绉<br>新型果脯专用烘干房研究 |
| 1993 | — | 纸印品AJ设计及其检验<br>金属选矿捕收剂棒粒状黄原酸钠盐<br>95系列中凸变椭圆节能活塞 | 复合材料钢模<br>发生炉煤气马蹄型窑生产玻璃玛赛克节能新技术研究<br>金光釉面砖研制<br>茎线灵防治地瓜茎线虫病开发试验<br>除草地膜系列产品开发 |
| 1994 | — | 复合材料铜模<br>蛋白质凝胶电泳测玉米杂交种纯度的应用研究<br>网格法物探选井技术应用研究<br>高效大口井开发浅层地下水试验研究<br>IG－125F旋耕秸杆深埋机<br>铝钛碳硼四元合金晶粒细化剂的研究<br>花生小麦新品种繁育与开发 | “刻、剥、拉”在苹果幼树早树丰产应用研究<br>万亩地榎香椿丰产技术研究<br>SDH三相电动机断电相保护器<br>Z3050×16/1型摇臂钻床<br>新星高效杀菌剂防治梨黑星病兼治赤星病应用技术研究<br>折线堰在拦河工程中的应用技术研究<br>多丝量柞蚕茧制丝技术及工艺装备研究<br>放射状角膜切开术 |
| 1995 | — | 4YBX－3披挂式玉米收获机<br>乙醇胺 | 高分子粘结材料在电力混凝结构件上的应用<br>4102QB镶环活塞 栖霞县活塞厂<br>香蕉李子早期丰产技术开发<br>煤矿井用双抗塑料布<br>YGS113M－4高频繁正反接电机<br>西门塔尔杂交牛肉奶综合利用技术开发试验<br>花生根结线病防治新技术开发研究<br>过敏性紫癜患者脑电图异常及临床意义的研究<br>普乐林治疗缺血性脑血管病临床研究<br>腹壁下动脉插管行化疗药物区域性灌注治疗妇科晚期恶性肿瘤 |

续表23-2

| 年份 | 国家级 | 山东省级 | 烟台市级 |
|---|---|---|---|
| 1996 | — | 超大吨位自卸车半金属无石棉制动衬片<br>胶东岩群变质岩地下水开发技术研究与推广<br>SDGE056电子提花机试制<br>多功能检测仪<br>单开缝管模具悬辊法生产预应力管蕊工艺及设备 | CBN－E550齿轮泵<br>萨能奶山羊纯种繁育效果研究<br>选择性肝动脉化疗栓塞治疗肝癌的临床研究<br>12%高渗灭杀净乳油<br>全能消毒杀菌清洁剂<br>苹果树多头高接换种早实丰产配套技术研究<br>自动化微喷灌节水技术在苹果生产中的应用和研究 |
| 1997 | — | 4100QB转子机油泵<br>山城牌YSLK－50A摇控收录扩音机<br>超微细滑石粉试制<br>ф95缸径节能活塞开发<br>刹车盘系列产品 | 残次板栗林改造技术开发<br>管上补偿式滴灌节水技术在苹果生产中的应用与研究<br>防病虫、防殘毒果品纸袋<br>DWYJ系列单相自动交流净化稳压电源<br>山城牌YSLK－50A摇控收录扩音机<br>高龄急性心肌梗塞患者静脉溶栓及延迟溶栓的临床研究 |
| 1998 | — | 华星神酒研制<br>电力泄流特性测试仪<br>花生根结线病防治新技术开发 | 6170Z活塞<br>C—WNS1.4－90＼70Y型锅炉<br>KBQ系列轻型防火卷帘门开闭机<br>应用果形剂生产高档优质新红星苹果研究<br>烟台地区病毒性脑膜炎流行及临床研究<br>体外循环下心脏直视手术的临床研究 |
| 1999 | — | 轿车侧围一次成型模具<br>PSUP交直流不间断电源<br>地堰香椿丰产技术开发 | 负控终端多功能保护器<br>紫外线照射自血输与尿激酶颈动脉注射溶栓治疗急性脑血栓形成临床研究<br>玉米粗缩病发生规律与防治技术研究<br>老年高血压患者心率变异性临床研究<br>皮质激素吸入治疗慢阻性塞性肺疾病的临床研究<br>4100QB机油泵 |
| 2000 | — | 6170Z活塞 | KBZ450开闭机<br>锌合金合成印模<br>含碳氨水集成分离技术<br>苹果施用钙肥技术开发试验<br>红富士苹果不同纸袋套袋试验<br>冬枣配套增产技术研究与开发<br>GF－1型吻合器行食管胃吻合加围领式缝合预防胸内吻合口瘘临床应用 |

续表23-2

| 年份 | 国家级 | 山东省级 | 烟台市级 |
|---|---|---|---|
| 2001 | — | 抗渗硅酸盐水泥<br>陶瓷型合金精铸大型拉延模具<br>PCQC高容量负脉冲电脑快速充电机<br>胶东地区大樱桃病虫害种类及主要种类发生规律和防治方法 | DJL系列卷帘机 烟台电机有限公司<br>C40S×40S（40D）×60 67“光边弹力布<br>红富士苹果优株选育及栽培技术研究<br>影响母猪繁殖障碍因素的综合防制研究<br>延迟溶栓对AMI长期预后及心功能影响的研究<br>内镜下螺旋型两点法套扎治疗食管曲张的临床研究 |
| 2002 | — | — | 172.5厘米、162.5厘米毛边弹力布<br>环保保墒型有机肥<br>经动脉介入导管溶栓治疗下肢重症深静脉血栓形成临床研究<br>尿激酶、地塞米松颈动脉溶栓联合肝素静脉用药治疗急性脑梗死的研究<br>珠网膜下腔出血心理社会因素的研究<br>红富士苹果防治技术 |

## 第五节 专利管理

1985年4月1日，《中华人民共和国专利法》颁布实施，栖霞专利工作经历从无到有、从小到大的发展过程。

**专利管理机构** 1985—1990年，在县科委内部设一名兼职管理人员。为加强对专利工作的领导和管理，1991年6月，县科委设1名专职专利管理人员。1996年，经栖霞市编委批复，市科委内设机构增加专利管理科，有2人工作人员从事专利管理工作。

**专利申请** 1985年6月18日，栖霞县水利局申报申请第一件专利“双向阀式水锤消除器”（职务发明），1986年2月4日获得专利权。1986年3月18日，第一件非职务发明的专利申请是海军4430工厂（原1168工厂）吴建华申请的“家庭多用热管水炉”，1987年7月15日，获得专利权。到1990年底，全市专利申请总量为20件。

1991年下半年，全市专利申请量开始有较大幅度的增长，当年专利申请量达到15件，是1990年的3.75倍，1992年，申请量为20件，比1991年增长33.3%。1991—2000年的10年间，年平均增长率为27.4%。到2002年，全市专利申请总量为414件。其中，发明专利55件，占35.5%，实用新型专利212件，占51.2%，外观设计专利147件，占35.5%；职务发明163件，占39.4%，非职务发明251件，占60.6%。市国有集体企业申请专利19家，全市专利授权总量为304件。

**专利实施** 1985—2002年，全市有200多件（包括引进专利）专利得到不同程度、不同规模的实施。累计创工业产值21亿元，实现利税2.5亿元，出口创汇8346万美元。

澳通选矿药剂厂 于1991年11月21日申请“棒粒状黄原酸盐生产工艺”和“棒粒状黄原酸盐生产设备”，分别于1993年5月13日、1994年10月16日获得专利权，两项专利均填补国内空白，其工艺方法解决了中国自60年代以来致力攻关而未能解决的技术难题，产品出口到澳大利亚、欧洲等国家和地区，创汇最高年份达到8000万美元以上，年创汇量和创汇总额居栖霞专利技术和产品的首位。1995年，专利技术获山东省第二届专利技术金奖，该厂由此被山东省科委认定为山东省高新技术企业。

1995年澳通选矿药剂厂生产药剂出口产品

山东野夼集团公司　1992年5月23日申请，1993年7月24日，获得专利权的“金属基复合材料钢模”为中国汽车工业制模技术创出一条新路。利用该技术可使中国汽车模具开发周期缩短4/5，研制费用节省9/10，汽车改型换代步伐加快5/6。该专利技术填补国内空白。

至2002年，山东野夼集团公司累计为国内100多个汽车厂家生产模具2000多套，制模收入1.6亿元，与70多个汽车厂家签订专利许可合同，获得800多万元的经济收益，利用该专利技术生产的汽车覆盖件产品顺利地进入为中国一汽集团汽车产品配套的行列。该专利技术累计为野夼集团公司创产值10多亿元、利税1亿多元，为全国汽车行业节省模具开发费用20多亿元。该专利技术获1995年度山东省科技进步二等奖，被评为国家级新产品；在第二届中国专利新技术、新产品博览会上获得金奖，1998年又获山东省第五届专利技术金奖。

1994年开始，山东省和烟台市相继开展两年1届的专利明星企业的评选工作，至2002年，专利明星企业评选已举办7届，栖霞市先后有栖霞市绣品厂、栖霞市检测仪表厂、栖霞市化工厂、山东宏富集团公司、山东野夼集团公司、栖霞市供电公司6家企业被命名为“中国专利山东省明星企业”，栖霞市选矿药剂厂、山东野夼集团公司、水利部烟台水工机械厂3家企业被命名为“中国专利烟台明星企业”。2002年，对现有的专利明星企业进行整顿，保留栖霞市绣品厂、栖霞市检测仪表公司、栖霞市化工厂、山东野夼集团公司、栖霞市供电公司等5家企业获“山东省专利明星企业”称号，水工机械厂获“烟台市专利明星企业”称号。新增加“烟台市专利明星企业”——烟台市电机厂。

1992—2002年，栖霞市共有“中国专利山东省优秀发明者”（未命名“发明家”）1名，“中国专利烟台优秀发明家”3名，“中国专利烟台优秀发明者”3名。有40项专利技术、专利产品参加由中国专利局举办的6届全国专利新产品、新技术博览会，共获金奖25个、银奖6个、优秀奖9个。

**专利保护**　1985—2002年，栖霞市科技局（科委）单独或配合烟台市专利管理局（知识产权局）共处理5起专利侵权案件，其中，2起是栖霞市被请求人侵外地的专利权，1起是外地的被请求人侵犯栖霞市的专利权，2起是栖霞市地域范围内的专利侵权案件。

1999—2002年，栖霞市科技管理部门，按照上级专利管理部门的统一部署，连续4年在全市范围内开展“专利打假”活动。对全市上一年度生产的专利产品进行认定，对一些专利权已失效，但仍有专利标识的产品进行查处和纠正；对商品流通领域中带有专利标识的商品进行登记造册，共查处80余种带有专利标识的商品，对明显的假冒专利商品当即责令停止销售。“专利打假”活动的开展收到较明显的社

会效果。

**专利宣传与培训** 从1992年开始，专利普法宣传与咨询活动普遍开展起来。栖霞县确定，每年的4月1日，为专利普法宣传日（《中华人民共和国专利法》实施纪念日）。宣传日活动中，通过城区、街头设摊、宣传车过街下乡、企事业单位自制宣传刊板、举办宣传专栏、电视滚动字幕宣传等形式进行专利工作宣传。在“三下乡” 活动中，把《中华人民共和国专利法》的宣传咨询作为科技宣传的主要内容，编印、发放专利知识资料1万余份。随时接待企业和群众的专利来电来访咨询，解答咨询人提出的相关法律知识和技术问题。

2002年末，接受专利宣传和咨询的群众达8万人次。

对专利知识的培训，重点是学习《中华人民共和国专利法》。1992—2002年，先后培训专利业务骨干人员1000余人。企业职工的专利培训面达30%以上，其中专利明星企业的职工培训面达85%以上。

## 第六节 高新技术开发与应用

**技术研发** 栖霞县高新技术开发与应用，始于70—80年代。栖霞镇城关村研制的“转子发动机和蚌线泵”，中央领导视察时给予高度评价。香夼铅锌矿研制的“金属碎块检测分检装置” 技术水平国内领先，在国内冶金系统推广。无线电厂研制的“高精度稳压电源”技术指标先进，获烟台市科技进步奖。机床厂承担机械工业部的重点科研计划“YZX系列油炸花生米自动生产线” 研制，产品造价低、自动化程度高，其各项指标均达到日本同类产品技术水平，完全可以替代进口产品。

90年代，栖霞市高新技术研究开发工作又有较快发展。市、乡、村三级工业企业中先后有10家企业承担国家和省火炬计划项目，其中国家级火炬计划2项，省级火炬计划8项。

至2002年末，通过计划实施，野夼汽车模具研究所研制开发成功“金属基复合材料钢模”、栖霞金刚石厂研制开发成功“表面改性金刚石及制品”、矿山药剂厂研制开发成功“铝、钛、碳、硼四元素合金晶粒细化剂”“棒粒状黄原酸盐”、原庙后乡研制开发成功“蛋清溶菌酶及制品”及检测仪表厂“电容位置瞄准器”、烟台大金圆纺机有限公司开发成功“ZFLS复合罗纹机” 等具有国际或国内先进水平的高新技术产品10多种，产品涉及到新材料、电子技术、生物技术等高新技术领域，并给项目承担单位带来较好的经济效益。同时，提高产品在国内的知名度，其中“表面改性金刚石及制品” 被评为国家火炬重点项目，“棒粒状黄原酸盐”被评为国家火炬优秀项目，“ZFLS复合罗纹机” 在泰国举办的高新技术产品博览会上被评为金奖。

进入21世纪，栖霞市的高新技术工作又有进一步的发展。2001—2002年，烟台大金圆纺机有限公司和核工业烟台同兴实业有限公司先后研制出“GEO18型高速罗纹机”“大型水平真空胶带过滤机”“TC型精密陶瓷真空过滤机”“智能化电力无功补偿装置”“高效节能环保合金熔铸技术” 等高新技术产品，有的填补国内空白，有的技术水平居国内领先，通过开发形成一定的生产规模。

全市高新技术产品年产值达到13 .1亿元，高新技术产品产值占规模以上工业总产值的比重达到9.76%。

**高新技术企业认定** 90年代至21世纪初，栖霞县（市）许多企业进入高新技术产业圈。1995年12月，大通集团公司，被山东省科委批准为“山东省高新技术产业密集区”。烟台天合三元电子设备有限公司，被认定为省高新技术企业，烟台中洲制药有限公司，被批准为“山东省中药现代化科技示范企业”。全市先后有14

家企业被省科技厅（科委）认定为高新技术企业。

**技术贸易** 1985年以前，栖霞县技术贸易活动较少。1991年以后，栖霞县政府为加强技术市场管理，促进技术成果转化为生产能力，根据国家有关法规、政策，制定《栖霞县技术市场管理办法》，以搞活技术市场，促进技术贸易的发展和技术贸易额的增长。

1991—1995年，全县技术贸易登记合同106项，合同交易额9700万元。1996—2002年，全市技术贸易合作机构达到35个，技术合同登记额达到1.68亿元，其中专利技术交易额3500万元。

# 第三章 科技服务

## 第一节 科技咨询

1985—1987年，科技工作主要通过栖霞县科委编印的《栖霞科技》向农民提供农业科技新知识、新成果，组织人员定期到各乡镇巡回开展义务咨询服务活动。1988年，栖霞县科委加入“山东省物资交流信息网”，并建立“山东省物资交流信息网栖霞联络站”和《传真快讯》资料网，通过《传真快讯》为社会提供科技信息服务。1991年，停发《传真快讯》，撤销“山东省物资交流信息网栖霞联络站”。1993年7月，县科委加入联合国开发计划署主办的TIPS信息网，并在全市进行信息网员发展工作，向信息网员单位提供来自国际市场的工业、农业、经济方面的TIPS信息。1994年9月，TIPS信息停止工作。1994年11月，县科委创办《科技快报》，面向企业和农村提供科技政策、法规、科学技术的发展方向、短平快项目等科技信息。

2001年，栖霞市科委通过参加项目洽谈会、与大专院校座谈等形式，搜集10000多项技术含量高、具有开发价值的科技项目，组建《栖霞市科技项目库》，搜集省内有关院校教授级以上的专家资料239份，并录入项目库。从项目库中筛选出116项科技含量高的项目，编印成《最新科技成果及专家信息汇编》。

2002年5月，根据形势发展需要，将《科技快报》改版为《科技信息》，面向企业和农业提供科技信息服务。

## 第二节 理论研究

栖霞县是一个农业县，又是一个山区县，农业发达，林业资源丰富、水利建设成果显著，科技理论研究的主攻方向主要放在农业发展与环境改善上。1986年，栖霞县农业区划办公室开展“农业资源调查与区划”研究，重点对农业资源，包括农作物品种、林木资源、水利资源以及耕地等进行全面调查，并在此基础上进行科学规划，对于指导栖霞县的农业发展具有重要意义。该项目经鉴定验收后，1987年度，获栖霞县科技进步一等奖。

1995年，栖霞市环境保护局开展“城市区域环境噪声标准适用区域划分研究”，主要对城区内办公、生产、生活、商贸等不同区域的环境噪声进行调查，并根据国家标准提出环境噪声的控制范围。1996年度，该项研究获栖霞市科技进步三等奖。

## 第三节 学术交流

20世纪80年代，科技学术交流仅限于栖霞县境内。1985年，开展农业、工业、果业学术交流3次，交流研究课题共有6项。1990年以后，随着改革开放不断深入，国内国际学术交流日益增多。1990年，开展农业、工业、果业、外向型经济发展、医学等国内学术交流18次，交流研究课题共有36项，开展企业新技术应用、设备更新、果蔬加工等国际学术交流2次，交流研究课题6项。1995年，共开展水产养殖、电器制造、金属冶炼、纺织技术、矿业勘探等国内、国际学术交流24次，撰写论文31篇。

1996—2000年，开展国内、国际学术交流53次，举办企业高新技术研讨会、专利技术产品研究推介会、高新技术产业研讨会、果业新技术应用介绍会等15次，均针对栖霞市的实际情况探讨和研究。

2001年9月，“第四届国际果蔬加工与产业化国际研讨会”在栖霞市臧家庄镇设分会场，由北京农业大学教授黄卫东、中国果品流通协会会长刘洪禄授课，议题是“果品加工及果品产业化”。参加人员有市科技局、果树中心、各镇、街道分管农业副镇长、果树站站长、果树重点镇的农民技术员等300余人。

# 第四章 气　象

## 第一节 气象预报

**气象观测** 1978年以后，气象观测除业务预报天气变化情况、气温变化情况外，业务增加农业气象专业预报、农业气候资源调查及区划服务工作，为农业、工业、交通、矿山以及有关科研部门提供气象数据。

气象观测项目分为山东省确定的基本观测项目和烟台市确定的基本观测项目。1978年以后，除使用风向仪、风速计、温度表、气温百叶箱等常规仪器外，陆续增置气象图像传真接收机、警报发射机、高频电话等先进设备。

1999年11月，地面测报业务实现微机化管理。2000年3月，建成卫星云图接收系统，提高天气测报的可靠性。到2002年，常规观测仪器有水银气压表、干湿球温度表、最高温度表、最低温度表、毛发湿度表、地面温度表、风向风速计、雨量器、虹吸雨量计、日照计、温度计、湿度计气压计、小型蒸发器等。观测项目有气温、湿度、气压、风向、风速、云、降水、能见度、积雪深度、日照、地表温度、蒸发、天气现象等，实行每日8时、14时、20时3次观测，观测记录和自己记录均以20时为日界。

已建立卫星云图接收系统、天气预报微机处理系统、“12121”天气预报自动答询系统、测报报表制作微机处理系统、气象信息服务网站，形成由气象观测、天气预报、气象情报、气象资料积累、人工增雨及各种专业气象等手段组成的气象服务大系统，基本适应全市经济建设和社会发展需要。

**天气预报** 60年代，天气预报主要是通过县广播站向广大群众发布，遇有重要天气过程，用书面形式向党政领导机关报告。70年代，普通应用数理统计预报方法。到1985年，定时向省、烟台市气象台拍发每天小天气图报告和雨情、墒情、农业气象的旬、月报告，并通过县广播站、电台和电视台发布未来24～72小时以及旬、月天气预报和农业气象预报。

1996年5月，建成“12121”电话天气预报自动答询系统。1997年8月，建成天气预报影视制作系统。2002年9月，气象信息服务网站建成后，为政府和有关部门提供全新的气象服务。2002年，建成天气预报微机处理系统、测报报表微机处理系统，实现办公自动化。

气温百叶箱（2002年）

## 第二节 人工增雨

80年代至90年代初，由于技术、资金等原因，栖霞县没有人工增雨业务。1996—1998年，栖霞市政府和烟台市气象部门陆续拨款给当地气象部门，购置人工增雨作业车辆和增雨设备。1996—2002年，共开展人工增雨作业50多次，发射人工增雨火箭弹200余发，每次作业增加降水量在30%左右。

## 第三节 情报和资料服务

20世纪70—80年代，气象部门分别整编自1958年建站到1970年和1980年的地面气候资料，取得一批气候分析成果，提供给有关部门使用。1983年，编写《栖霞县农业气候资源和区划报告》，对全县农业生产结构调整和农村经济发展起到积极作用。1985年开始，气象站每年都向各部门和有关企业提供气象资料，以满足科研、生产需求。1986年以后，与23个乡镇、部分村庄、所有矿山企业、水产部门、粮食部门等有关单位，签订专业气象技术合同，利用超短波天气警报系统、电话和书面报告等形式，向特殊、专业和对气候特需用户提供天气预报和气象情报。

1986—2002年，向栖霞市委、市政府、乡镇、厂矿企业、村庄发放各类气象情报，平均每年达2500余份，为防止灾害发生，保护群众生命安全和集体财产安全，起到重要作用。

# 第五章 地震测报

## 第一节 地震宏观监测

1975年8月，全县18处人民公社都建立地震测报站，每站2至3人，当时列人民公社战山河编制。每站除了安装1～3种土仪器（土地电、土地磁、土应力等）进行观测外，还建立一部分宏观观测点，主要进行动物和井水的观测工作。

1979年，撤销公社地震观测站和部分观测

点，只保留臧家庄公社翰甲疃大队、城镇公社小石岭、城镇公社路家、庙后公社祝家夼、官道公社教育组和县农业局红旗牧场观测点，除翰甲疃鲁07号井通过自动纪录仪进行水位观测外，其余各观测点都是利用土法观测，即观察“地震前兆”。

1995年，全县地震观测点经过认真规划调整后，保留5处观测点：臧家庄镇翰甲疃鲁07井、松山乡艾山汤温泉、官道乡霞泊完小、栖霞镇小石岭、栖霞镇路家。2001年，观测点仍为5处，其中能够进行数据纪录的地震骨干观测点2处（臧家庄镇翰甲疃村鲁07井地下水动态观测点、艾山汤温泉水温观测点），以动物和井水观测为主的宏观观测点3处（官道镇霞泊完小、翠屏街道五里后村养牛场、松山镇赤巷口村养猪场）。其中，臧家庄镇翰甲疃鲁07井位于莱阳、栖霞、福山断裂交汇部分，含水层埋深20～600米，为古代花岗岩裂隙承压水。1980年，该井经国家地震局组织专家验收合格，安装SW-40型水位自记仪1台。

投入观测以来，观测资料连续、及时、可靠，为探索地震预报、研究震源机制、地震成因、地壳内部结构等提供第一手资料。观测资料在全省年度评比中，1996年、1997年、2000年获得第二名，1998年、2002年均为第三名，其余均获优秀等次。

1997年，观测资料获省地震局科技进步三等奖，2001年，获栖霞市科技进步二等奖。

## 第二节 有感地震

1970年10月到1983年11月，栖霞境内发生地震25次，其中 > 1.0级 < 2.0级的地震6次， > 2.0级 < 3.0级的地震16次，3.0级以上的3次。

1970年10月22日，桃村公社（今桃村镇）（东经121°10′、北纬37°11′）发生3.0级地震。1971年5月25日，小庄公社（今西城镇）（东经120°40′、北纬37°18′）发生3.4级地震。1974年12月29日，桃村公社（今桃村镇）（东经121°09′、北纬37°15′）发生3.0级地震。

1983年12月至1991年10月无地震记录。

1991年11月至2002年11月，在栖霞境内共发生有感地震6次，均未造成人员伤亡和经济损失。

臧家庄镇翰甲疃村地震观测点和测试仪器（2001年）

## 1991—2002年栖霞市6次有感地震情况统计表

表23-3

| 地震发生时间（年月日） | 震中位置 | | 震级 | 地点 | 备注 |
|---|---|---|---|---|---|
| | 经度 | 纬度 | | | |
| 1991.11.23 | — | — | 2.8 | 寺口东南 | 寺口有震感 |
| 1996.4.2 | 120°45′ | 37°25′ | 2.7 | 艾山 | 震中附近有震感 |
| 1997.2.10 | 120°43′ | 37°14′ | 2.1 | 方山西 | 官道、观里2乡镇有震感 |
| 1999.2.15 | 120°48′ | 37°10′ | 2.7 | 杨础南部 | 杨础、观里、官道3乡镇有震感 |
| 2002.9.22 | 120°56′ | 37°08′ | 3.7 | 蛇窝泊附近 | 蛇窝、杨础、观里、官道4乡镇有震感 |
| 2002.11.22 | 120°13′ | 37°13′ | 2.8 | 官道附近 | 官道镇普遍有震感观里镇有震感 |

# 第二十四编
# 文　化

栖霞市电视台电视直播厅（2002年）

20世纪80年代以后，境内文化活动日渐增多，城区有影剧院、新华书店等文化设施，有京剧团、吕剧团等专业文化队伍。乡镇有电影放映队、文艺宣传队等巡回演出，送文化下乡，活跃农村文化生活。

1990年开始，举办摄影、器乐、书法、美术、声乐、舞蹈、写作等业余培训班100多期，培训各类艺术人员1万人次。1995年，成立栖霞县业余艺术团，聘请业余演员30多人，演出近百场次，观众达30万人次。1996年，组织民间剪纸、绒绣、棒槌花边、面塑、根雕、烙画等参加济南齐鲁民间文化广场展演，获山东省委宣传部和文化厅颁发的绿牡丹奖。

广播电视事业由初级到高级，逐步发展到广播电台、电视台、有线电视台多种形式的媒体宣传网络，广播内容涉及广泛，电视节目形式多样，丰富多彩。文艺创作新颖繁荣，成果档次较高。小说、散文、诗歌等作品多见于国家级、省级报刊以及国外杂志。1992年，成立栖霞县文艺创作室，至2002年，共发表各类文学作品600余篇（首），其中小说220篇，出版文学专著6部。书法、绘画、雕刻、摄影等艺术创作屡屡获国家级、省级大奖，群众文化活动活跃。

# 第一章 文化、广播和电视管理机构

## 第一节 文化管理机构

1956年4月，栖霞县文化科成立，1962年5月，与教育局合并成立文教局。1974年5月设立文化局。1951年3月，成立栖霞县人民文化馆，1953年9月，与栖东县人民文化馆合并，成立栖霞县文化馆，副科级事业单位，内设文艺创作室，专司文艺创作。1955年7月成立电影放映队。1974年5月，成立文化局，专司全县文化管理工作。1980年，建设了全县第一座影剧院，1982年放映队改称电影发行放映公司。1985年2月，以文化馆图书室基础上成立栖霞县图书馆，股级单位。1996年，升格为副科级事业单位，时有工作人员6人。设图书外借室、阅览室。2002年，图书馆成为国家三级图书馆。

## 第二节 广播、电视管理机构

1956年，成立栖霞县广播站，1975年11月，成立栖霞县广播事业局，亦局亦站。1984年，改称栖霞县广播电视局。1993年11月，广播电视局改称栖霞县广播电视中心，下设栖霞县人民广播电台、栖霞县电视台。

1995年12月，将栖霞县人民广播电台、栖霞县电视台合并成立栖霞县广播电视台，对外挂栖霞县广播电视局牌子。1996年1月，改称栖霞市广播电视局。

# 第二章 文学创作

## 第一节 小说创作

80年代至21世纪初，栖霞籍文学作家和文学爱好者的创作进入快速发展时期，大量优秀作品出版发行。

张炜，系山东省作家协会主席，万松浦书院院长，获第八届茅盾文学奖。著有长篇小说《古船》（1996年出版）、《九月寓言》《柏慧》《家族》《远河远山》《张炜作品选》（5卷）、《张炜文集》（6卷），中篇小说《秋天的愤怒》《蘑菇七种》《瀛州思想录》等，部分作品译有英、法、日、德等外文版本。《九月寓言》获上海第二届中长篇小说大奖一等奖、全国优秀长篇小说奖，《古船》获人民文学出版社1985—1996年长篇小说奖，《生命的呼吸》获全国第九届城市图书奖。张炜作品在海内外获奖30余项，其传略被收入香港编的《中华文化名人传》一书。

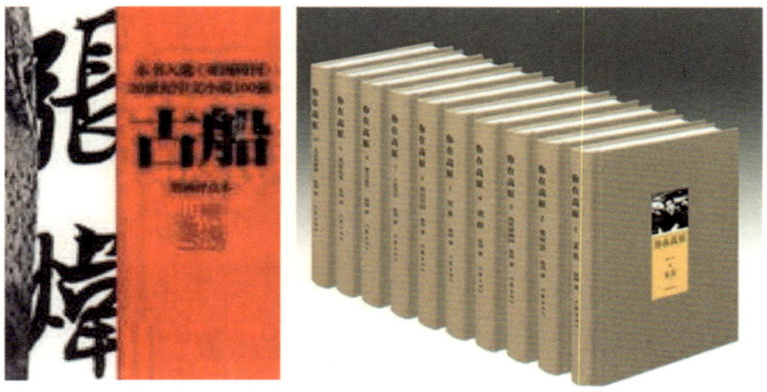


张炜作品

刘强，国家一级作家，发表文学作品100余万字，其中，中篇小说《断裂带》载1989年第12期《当代小说》，获《当代小说》创作奖。短篇小说《离婚》载1991年第12期《当代小说》，获山东省文学作品二等奖，济南市作品一等奖。中篇小说《黄昏中的枪声》载《当代小说》1990年第12期。

邢可，郑州《百花园》原主编，中国作家协会会员，中国微型小说学会理事。在《奔流》大型文学月刊上发表小说《找连长》《进城》等。在《人民文学》《人民日报》等70多家报刊上发表中短篇小说220余篇（部），近百万字。已出版《邢可小小说集》《生活的舞台》《爱的王国》等小说集，小说入选全国17种书籍。其中《一个妻子的二十四小时》被上海电影制片厂改成电视剧《妻子》在中央电视台播出。曾选编《1985—1987年全国优秀小小说选》，多次获省、市文学奖。

牟崇光，1979年加入中国作家协会，曾任省作家协会副主席、中国作家报刊协会副会长。出版短篇小说集《银色的夜晚》《田园新色》。《邮鸡蛋》篇被译为英、俄、阿拉伯文在国外期刊发表。短篇《在大路上》收入多种全国性小说集中，并被收入《中国新文艺大系》。长篇小说《烽火》产生广泛影响。

林红宾，2000年加入中国作家协会，文学创作一级。小说入选《1989年全国优秀少年小说选》《1983～1993年全国儿童文学优秀作品选》《1949—1989年山东作家儿童文学集》。1992年以后，出版小说集《最后一只山鹰》《鬼谷》《童俑》《山神》《望月》《魔谷》等。1995年2月，小说《鬼谷》荣获山东省庆祝新中国成立50周年（1949—1999年）优秀儿童文学奖。

林红宾作品

衣向东，系中国作家协会会员，北京作家协会签约作家。1994年出版中、短篇小说集《老营盘》。出版发行长篇小说《一路兵歌》《在阳光下晾晒》《跟着阳光走》等，计400余万字。发表的中、短篇小说多被各种选刊转载，小说连续5年被收入《中国优秀中、短篇小说精选》和《中国年度最佳中、短篇小说选》。中篇小说《吹满风的山谷》获第二届鲁迅文学奖、全国优秀中篇小说奖和北京市政府大奖；中篇小说《初三初四看月亮》获第二届老舍文学奖；短篇小说《列兵的回忆》获第九届中国人民解放军文艺奖；中篇小说《过滤的阳光》获《小说月报》百花奖（全国读者投票第一名）、中国小说排行榜“十部最佳中篇小说”。

## 第二节 散文、诗歌创作

牟崇理的散文《春芽》《浪漫的海滨》《老猎户的悲哀》等深受读者的好评。《家乡的小河》被选入中国文化出版社出版的《中国当代微型作品选》第二卷。

刘正的散文、杂文有50余篇散见于《检察日报》《方圆》《中华作家》《华夏文学》等报刊，部分篇目入编《相约1998》《阳春白雪》《华夏魂》等多部选集。《亦喜亦忧说犬子》《木秀于林的悲哀——论董阳现象》等作品获国家级和省、市优秀奖。

刘同琦的《春风》《暮色》《旧友》等作品分别发表于《解放日报》《中国纺织报》《农村大众》等报刊，2000年3月，结集出版散文集《回首望竹》，收入作者散文作品70篇。

林红宾《故乡的云》被选入人民教育出版社出版的教科书，并结集出版散文集《故乡的云》。

孙照明发表诗歌400余首，有作品被《散文选刊》《中国新时期二十年诗选》《2000年诗典》《1949—2000年烟台作家作品选》《红色史诗——中国共产党八十年诗词选》等十余种选刊收入。曾获全国第二届新田园诗歌大赛三等奖和首届“红塔杯”全国诗歌大赛三等奖。2000年3月，出版《感情的家园》获第七届烟台文艺创作三等奖。

王秀科2001年出席在北京召开的全国校园作家创作研讨会及第二届“世纪杯”大赛颁奖大会，其散文《心中的红叶》获创作二等奖。

张荣起的散文《英灵山烈士陵园》被选入全省通用的《小学五年语文乡土教材》。《夸女赞媳》《闲话燕九节》《咏竹》《艾山石人》《春韵》等作品发表于省内外各类报刊。

王增志诗歌《远行》《电话》，2000年获全国“新世纪”杯大奖赛二等奖。

## 第三节 报告、传记及民间文学

**报告文学** 蒋洪斌著有《宋庆龄》《宋庆龄的足迹》《女杰宋庆龄》《陈毅传》等。其中，1991年出版发行《女杰宋庆龄》一书，全面介绍宋庆龄传奇式人物的一生。《宋庆龄》和《宋庆龄的足迹》为向中华人民共和国成立40周年献礼的重点图书。

崔学明1993年8月出版报告文学集《栖霞骄子风采录》。

李崇仁1998年出版8万余字的自传《曲折的路》。

衣文奇报告文学《热血男儿》《跻身世界一流》双获中国文学艺术基金会和中央电视台等联合主办的《中流砥柱》大型征文活动二等奖。出版报告文学集《辉煌人生》。

孙铭浩8篇报告文学、通讯特写在全国“中华大地之光”征文活动中获奖。2万多字的报告文学《星的轨迹》在国务院发展研究中心组织的征文活动中获大奖，并被收入《中国经营大师》文集，2000年10月，出版报告文学集《胶东风流》。

**传 记** 谢玉乐2002年1月出版长篇传记《布谷依旧》。

慕旭出版长篇人物传记《丘处机》，《联合日报》等发表书评给予高度评价。

王守志山东省党史学会会员、青岛市党史学会理事，曾为30多位名人立传，其中1985—1987年5月出版《李伯颜传》《刘兰芳传》《左武堂传》《刘坦传》《张咨明传》《常溪萍传》《孙春林传》《李佐民传》《解文卿传》《林浩将军》。1987年6月至2002年，出版《姜茗传》（与臧志敏合作）以及《曹聚魁传》《马水如传》《吴胜令传》《张静源传》《梁辑卿传》《李子民传》《北大英烈董文田》（与姜作忠合作）、《任常伦传》《战车传》《苗雨村传》《崔书景简介》《常德山简介》等。还主编出版了《中共栖霞县党史大事记》《栖霞县第一个共产党员李子民》等著作。另有《论王安石的人才观》《清明上河图新析》（与王博祥合作）见诸《人民日报》和《学术月刊》，并撰有《花园头抗日纪念碑》碑文。

崔学明出版传记《牟氏庄园史实写真》。

**民间故事** 李元章在《山东教育》刊发《丘处机与王石老爷》《于七抗清十二月》等民间故事36篇。

柳晓春经数年调查挖掘，编辑出版崮山民间传说《秀丽传奇的历史名山——崮山》。

陈文亚编辑出版《云上艾山》，创作和汇集艾山的大量民间故事。

**民 歌** 栖霞民歌是山区人民在劳动和生活中逐步形成的具有民俗特色和地域特色的一种民歌体裁，风格独特，语言通俗易唱易传。种类主要有山歌、小调、情歌、秧歌、习俗歌、劳动号子、革命历史体裁民歌等，种类甚多。

古老山歌、小调有《旱车调》《牙山山歌》《叨叨花》《放春蚕》《十二月对花》等，收集记谱的民歌有100余首，能演唱的具有代表性的艺人队伍主要有三支，一是黑陡硼村百岁老人姜玉民及女儿，还有徒弟高喜进等艺人。二是西柳村的衣殿才、宋文汉等艺人。三是邹家村的王勤洲等艺人。

## 第四节 影视文学

1986年夏季，北京科教电影制片厂根据医药公司副经理吕锡岫的科研成果摄制大型科教片《蝎子》。1986年，山东电影制片厂拍摄纪录片《胶东屋脊百里行》，拷贝全省发行，并

在山东电视台播出，影片利用1个小时的时间艺术地展现栖霞县的山水风光。

1987—1988年，山东电视台拍摄电视音乐风光片《山城畅想曲》，采取歌曲和风光相结合的新颖形式展示栖霞的风土人情和山水风光。此片在中央电视台播出后，又多次在山东电视台播出，并获山东电视台4项奖励。

衣文敏撰稿并执导《天伦》《基石》《跨越》《大道之行》《大路通天》《人间蓬莱》《风雨圣路》《牟氏庄园》等大型电视纪录片、电视散文、电视政论片10余部30多集，多部作品在中央电视台、山东电视台播出。电视片《人间蓬莱》《甲骨探秘》等作品荣获首届全国电视纪录片“中华荟萃”奖。

1999年，林少卿等创作的《中国小故宫》，崔振军、林少卿、吴国富、于国军创作的电视艺术片《巍巍艾山风光秀》，分别荣获山东省电视学会三等奖和山东省首届旅游风光片大赛二等奖。

# 第三章 艺术创作

栖霞的艺术创作来自民间。其书法、绘画、摄影、雕刻、绒绣、剪纸等艺术源远流长，民间艺术人才辈出，艺术创作在全国及以国际上都有较大影响，有“艺术之乡”之称。80年代至21世纪初，优秀作品层出不穷。

## 第一节 书 法

国家一级书画艺术家、中国名家书院名誉院长崔凤蒲，其行书、隶书、草书、篆书、正楷、美术体字书等多体书法，在全国、省、市书法大展中，七次评为金奖，5次评为银奖，2次评为铜奖。许多作品被收入《中华当代书画宝典》《中国老干部书画家大辞典》《中国老干部书画摄影作品大典》《当代中华儿女书画艺术全集》等十几部大型书画中。

柳志光，中国书法家协会会员，原山东省书协副主席，烟台书协主席，其书法以行草见长，追求隽逸、典雅、自然书风，作品被国内外许多艺术馆、纪念馆、博物馆收藏，作为政府礼品赠送国际友人，被社会各界人士收藏不计其数。1986年，参加中国书协历史书法展，1992年，参加中国书协主办的中日自咏诗书法展等，在日本展出时获特别奖。曾赴新加坡、韩国举办书法

2002年6月栖霞市老干部书画展

展。出版有《柳志光楹联书法集》《柳志光书法》《柳志光魏笙筠伉俪书画作品集》。主编出版《烟台市书法篆刻作品选》《烟台市书法家协会会员作品选》。

刘鸿渝，中国书法家协会会员，书法作品曾经在日本、新加坡、中国大陆及台湾展览会上展出，有作品被湖南、四川、宁夏有关部门收藏，并多次在省内外获奖。

刘鸿田，中国书法家协会会员，作品获第五届烟台文艺创作奖书法一等奖、山东省第三届书法篆刻展一等奖；作品还入选中国书协主办的全国首届正书展、首届行草书大展（获精品奖）、第二届楹联展、首届扇面书法艺术大展（获二等奖）、七届全国展（获全国奖）和首届当代书法名家精品展，被中南海和多家博物馆、美术馆收藏；作品在《中国书法》《书法》《书法报》《书法导报》《中国书画报》等多种专业报刊上发表。

王斌进修于山东师范大学书法系，中国书法家协会会员，山东黄河艺术研究院特聘教授。1998年，其楷书获全国欧阳询书法艺术大赛金奖，1999年，获全国书画交流一等奖。

柳华国书法作品，1988年7月6日荣获中国书法家协会和陕西书法家协会主办的首届“九成宫”杯全国书法、篆刻大赛优秀奖，是当时栖霞县唯一获得的中国书协奖项。2002年，为纪念毛泽东《在延安文艺座谈会上的讲话》发表50周年，其书法作品获得书画大奖赛优秀作品奖。“精英杯”中国书画名家邀请展一等奖、“少林功夫杯”全国书法展金奖。柳华国作品还入编《国际书法艺术大观》《中国书法家墨迹》等多部典籍。

林凤云的篆、隶、楷三体书法参加山东省青年书法篆刻竞赛展和国际青年山东省青年艺术奉献展，获《书法报》第二届黄鹤奖提名奖、第三届优秀作品奖、现代国际书法大赛优秀作品奖、第四届世界华人书法大展特别奖，被中国文联评定为特别等级作品。

刘崇文作品和事略被载入《中国现代书法名家墨迹》《当代书法篆刻辞典》《中国历代书法家人名大辞典》等多部书法典籍。1999年9月出版书法作品集《刘崇文书法集》。

林书华书法作品曾多次在全国和省市及韩国的汉城、巴西的圣保罗和日本东京展出并被收藏；获上海举办的《世界名人艺术大典》金奖和中华民族杯一等奖、北京举办的“首届中国老年书法展”优秀奖，文化部举办的“老骥伏枥志在奥运”金奖。

鲁晓兵书法作品获省书画大奖赛二等奖，在全国纪念“九成宫杯”全国书法大赛中获优秀奖。

李峙武大型展览《李峙武辑毛泽东诗词一百首》在延安展出受到专家和观众的广泛好评。1999年12月，出版《李峙武书法精迹》《李峙武辑毛泽东诗词一百首》。

刘志正书法作品多次在全国、国际大展中获优秀奖、佳作奖、铜奖、金奖等。入选中日书法交流大展、纪念孔子诞生500周年书画展、2001年，庆祝中华人民共和国成立52周年“中华魂”书画邀请展、首届“牡丹杯”当代名家书画大展、中国近现代名家书画展等重大展项。

鲁世龙书法获第二届“红军杯”书法展二等奖。2001年，纪念中国共产党建党80周年书画展获优秀作品奖，2002年，纪念中国人民解放军建军75周年书法展获三等奖。

徐志君书法作品获海内外书画名家作品入选证书、国际书画交流收藏证书、20世纪90年代海峡两岸书画展喜报。参展纪念毛主席诞辰一百周年书画展，并被书法研究院收藏。获全国青少年书法品段级位精品奖。书法作品多次在美国、泰国和中国香港、台湾地区展出，并在《艺舟导报》和《书画报》发表。

刘洪斌作品曾入选十六城市联展、中国南

珠杯书画大展赛优秀奖。

1985年以后，栖霞硬笔书法逐渐兴起，出现许多硬笔书法爱好者。以慕旭、徐滋明、徐志君、牟珍、范会泉、宋良石、牟旭辉等硬笔书法较有成绩。任山东省硬笔书法家协会副主席、中国现代汉语硬笔书法家协会常务理事的慕旭，其作品多次获全国硬笔书法大赛奖项。徐志君硬笔书法作品获国际硬笔书法家精品展银奖、国际青少年硬笔书法邀请赛优秀奖。牟珍出版硬笔书法专集。

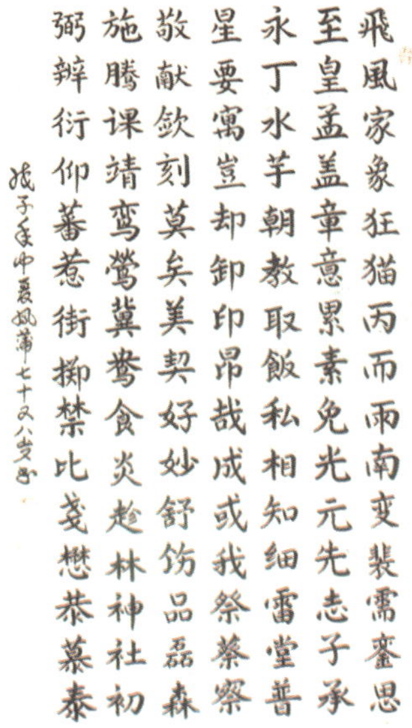

崔凤蒲书法作品

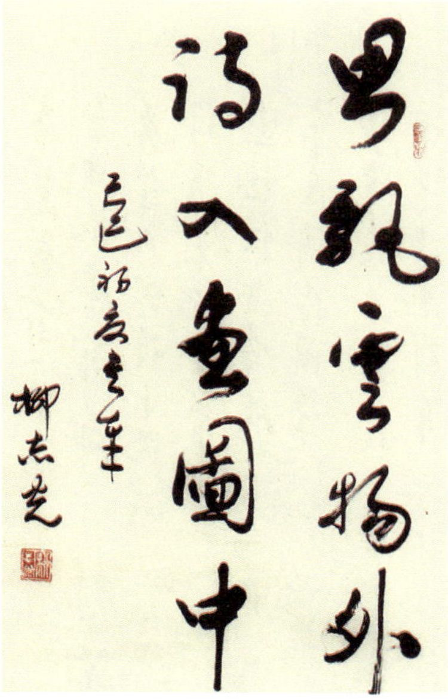


柳志光书法作品

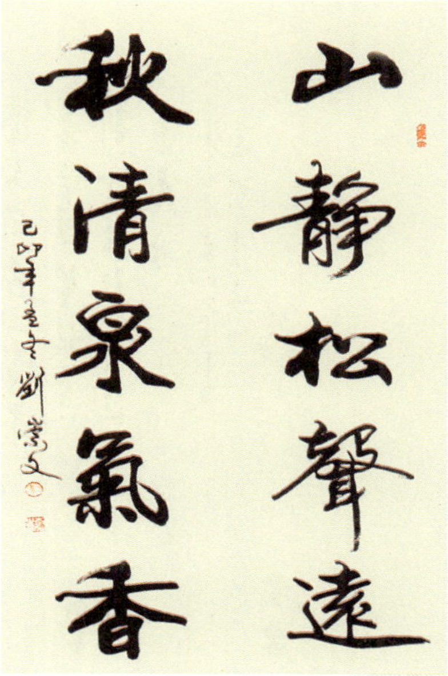


刘崇文书法作品

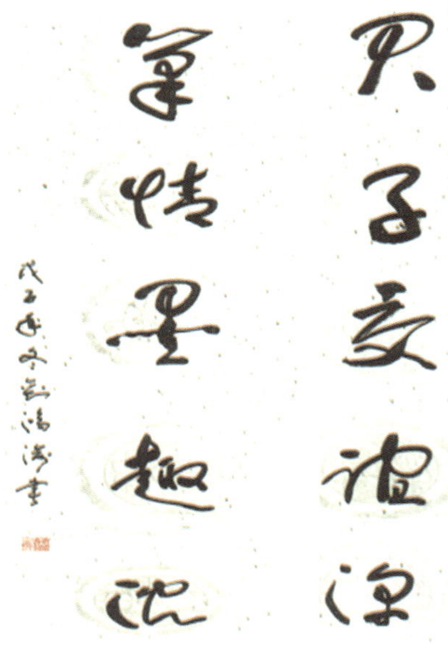

刘鸿渝书法作品

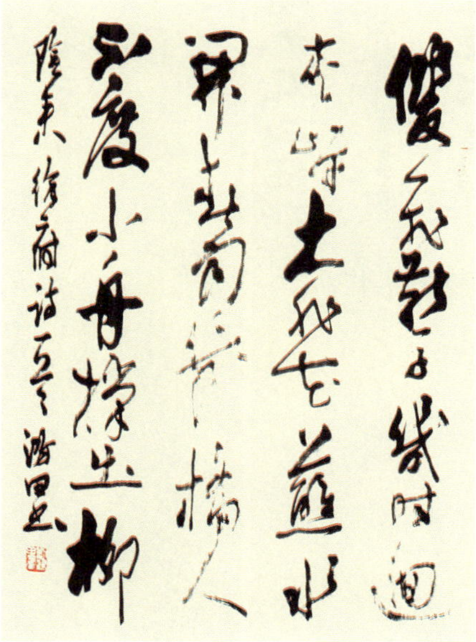

刘鸿田书法作品

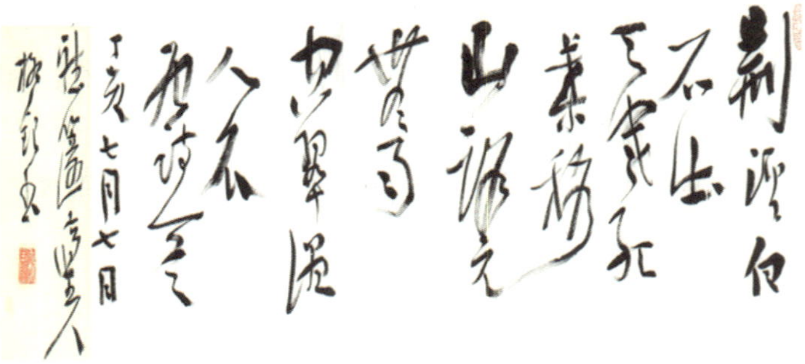

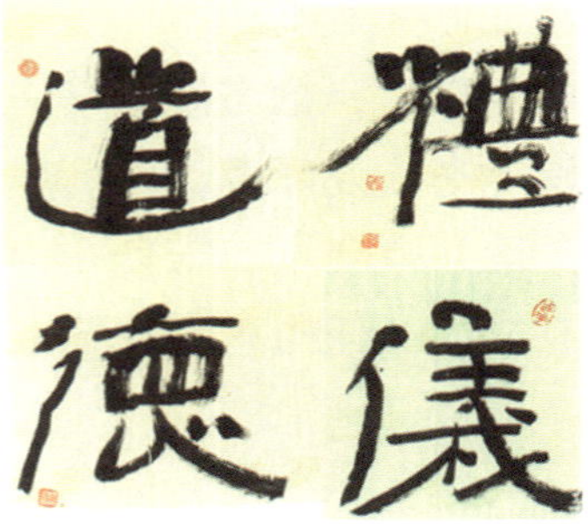

柳华国书法作品

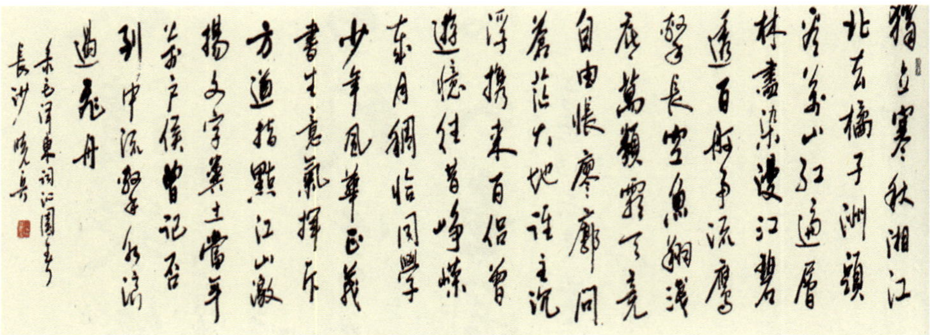

鲁晓兵书法作品

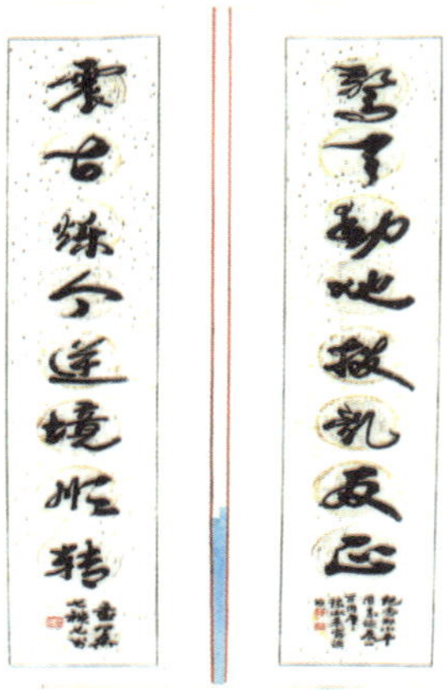

林书华作品

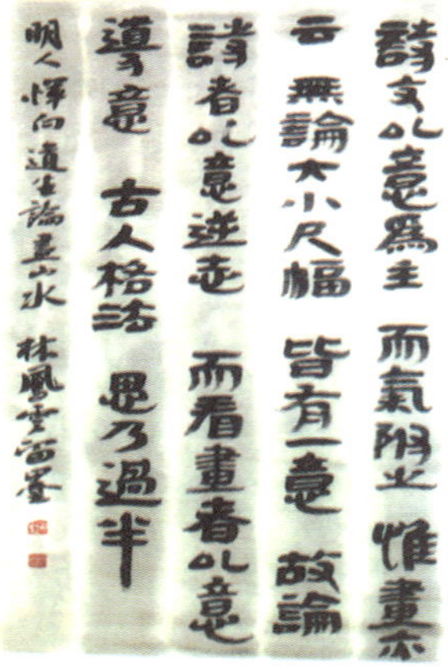

林凤云书法作品

刘洪斌作品

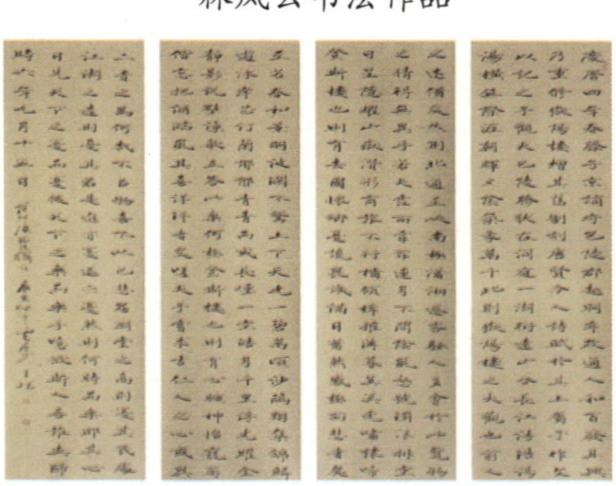

王斌楷书《岳阳楼记》四条屏

## 第二节 绘 画

20世纪80年代至21世纪初，栖霞籍画家辈出，成绩斐然。

孙日晓，系中国美协会员，荣宝斋高级美术师。对云雾画法的驾驭与表现有重大的突破，在中国画坛上独树一帜，在美术界有“白石虾”“悲鸿马”“日晓云”之誉。先后在《人民日报》《光明日报》等报刊发表大量画作，国家领导人多次将其作品作为贵重礼物赠送世界多国领导人。中南海、人民大会堂、中国美术博物馆也都藏有精品佳作。曾在加拿大、新加坡、马来西亚、日本及中国香港、北京等地多次举办个人画展，主要大型画集有《孙日晓画集》（1992年出版）、《孙日晓山水画选》《孙日晓新作》（1996年出版）等5部，并有理论著作《中国木板水印技法》。

苗再新，中国武装警察部队创作员，一级美术师。作品获第八届全国美展大奖、第九届全国美展银奖、第二届全国中国画展银奖、第二届中国美术金彩奖优秀奖、中国艺术研究院黄宾虹学术奖、解放军文艺奖新作品一等奖、全国首届中国画大展佳作奖、全国首届山水画大展优秀奖、全国青年国画大展一等奖、中国人口文化奖金奖、国际中国书画周金奖、全国电视书法大赛铜奖、全军书法大赛银奖。1997年，被中国文联评为当代中国画坛百杰之一，作品被中国美术馆、军事博物馆、人民大会堂、国家图书馆、中央电视台等诸多文博机构及海内外人士收藏。多件作品作为胡锦涛等中央领导人出访时的国家礼品馈赠外国领导人。

刘大海，总政文化部美术出版社编辑。擅长油画、国画，后潜心探索山水花鸟。作品曾发表于《解放军画报》《东北日报》《老人天地》《军事学术》等多种报刊；多次参加全国性大型画展，作品被收入《中国书画选》《墨情》等多种画集。

王平曾获“桂陵杯”国际书法美术作品大展赛一等奖，庆祝中国工会成立70周年全国书画摄影艺术大展一等奖，北京、深圳、峨眉山、都江堰、烟台和“孔孟家乡博物馆”等地都有作品刻石或收藏。其笔下的“国宝”熊猫画，扬名国内外。

吴建华系中国版画家协会会员、中国书画家协会常务理事，其作品多次发表于《当代中国美术》《中国素描》《当代中国画》等专业杂志，获得中国书画家协会终身成就奖、绘画特别金奖。

孙林慧是国家二级美术师，1996—2002年，有12件作品获省以上大奖，《紫荆花》在文化部主办的中国书画作品展中获优秀奖并被收藏；《郁金香》入选中国美协主办的“首届岩彩画展”。有《孙菁画集》《牟氏庄园的传说》等出版。

蒋伟作品入选天津文联中国画作品展、山东省庆祝建党80周年书画作品展；2000年6月，出版《蒋伟图画选》《孙其峰蒋伟师生书画作品选》。

范万喜是栖霞一中美术教师，曾进修于中央美术学院国画系和北京师范大学研究生课程班。其美术作品《雪山泪》入选山东省庆祝建国50周年美术展，获山东省第三届全省中学教师美术作品一等奖。其他作品有的获得美术银奖、精品工程奖。

范万喜作品《丰收年》

刘大海作品《佳色》

孙林慧人物画

苗再新作品《赶墟》

吴建华作品《映日》

蒋伟作品《春雪》

王平作品《国宝》

## 第三节 摄 影

李泮明在全国各级报刊上发表新闻作品400余幅。《共商致富路》《身残志更坚》等多幅作品被省农业展览馆和中国革命军事博物馆采用。《吊装石料》获全国“星花杯”科技影赛鼓励奖；《无题》入选山东省第六届新闻影展；《苹果丰收》获“青龙杯”影赛三等奖；《重任在肩》获山东省“金秋看交通”影赛优秀奖；2001年，《春风满面》获“爱我中华，照我大地”全国摄影大奖赛鼓励奖。

李玉光有《虬蟠千仞》《希望的田野》《步步高》《纵横看今朝》等十多件作品在省、市展览和比赛中获奖。其中《虬蟠千仞》获全国摄影创作活动三等奖、《步步高》获全国摄影大赛鼓励奖。

苏春君摄影作品《姐妹同春》在全国摄影大赛中获最佳作品奖；《崛起》在全省摄影大赛中获铜牌奖；2001年7月，作品《傲骨》获全省纪念建党80周年书画、摄影展一等奖。

林浩1988年以后，在《烟台日报》《山东邮电报》《人民邮电报》《中国摄影报》《山东画报》《摄影与摄像》等报刊发表摄影作品100余幅。1998年，作品《独舞》获《摄影与摄像》杂志三等奖。《牙山秀色》《山乡春色》均获山东省摄影大奖赛、摄影作品展二等奖。

张伯奎的摄影作品《宝刀不老》入选1988年中日联合举办的“劳动与生活”摄影大赛展览；摄影作品《肖像》入选1989年国际大赛和山东省首届黑白摄影展，并在《中国摄影报》发表。

姜峰岩有50多幅作品在各级摄影大赛中获奖、入选和展览。其中《静物》在全国摄影爱好者大赛中获中国摄影协会颁发的最佳作品奖。《跨越》《赶路》在专题摄影大赛中获山东省摄影家协会颁发的优秀作品奖。

李明生发表摄影作品30余幅，2001年，摄影作品《舞》被中国摄影家协会评为优秀奖，其摄影作品《黄山风光》等十多幅在《山东检察》等杂志封面发表。

李汉杰的摄影作品《通达》《给爸爸打电话》分别获山东省第八届摄影艺术展优秀奖；《云蒸霞蔚》获《大众摄影》杂志影友联谊赛优秀奖。

陈文亚创办《艾山风光摄影》专题展，出版摄影集《艾山风光》。

李泮明作品《春风满面》

李玉光作品《步步高》

苏春君作品《傲骨》

苏春君作品《姐妹同春》

## 第四节 篆 刻

中华人民共和国成立前，栖霞篆刻艺术创作者甚少。中华人民共和国成立后，随着文化事业的发展，栖霞篆刻艺术作品渐多，并且其艺术性、欣赏性以及收藏价值都有较大的提高，涌现出许多在栖霞、烟台及省外有一定影响力的篆刻爱好者。

祝庆选潜心治印，渐入佳境，形成独特风格，其作品在烟台及省内外具有较高影响力。出版《祝庆选印谱选》一书。

柳光铎1992年参加中国书协举办的首届刻字讲习班学习。其艺术刻字木、竹、石、瓷诸材皆能，其木、竹石刻字作品被誉为“柳氏三刻”，书画并茂，笔意浓郁，刻石作品参加全国首届艺术刻字展。艺术葫芦创作，融绘画、书法、诗联于一体，吸收古瓷、民俗纹饰，整体装饰，高雅华贵，人称“柳公葫芦”。

衣培焕于1962年以篆刻作品《发奋图强》参加栖霞市首届美术作品展，有大量的篆刻艺术作品在《山东画报》等报刊发表。1994年，在烟台举办个人综合艺术展，1996年在栖霞举办文艺及汉字源流艺术展。

林卫国篆刻作品2002年入选全国篆刻艺术展。

祝庆选治印

柳光铎艺术葫芦

## 第五节 民间艺术

剪纸组图（2002年）

**剪 纸** 栖霞县剪纸艺术源远流长，在中国剪纸艺术中久负盛名，独具特色。除贴在窗上的窗花、贴在门上的门签、贴在灯上的灯花外，还有天棚花、纸盒花、纸缸花、刺绣花、纸斗花等剪纸作品。这些剪纸作品，有表现对美好事物的喜爱和对幸福生活的憧憬，如“竹报平安”“喜上眉梢”“福禄寿禧”“事事如意”等；有表现纯真爱情的，如“苏小妹三难新郎”“牛郎织女”“鸳鸯戏水”“张生鸳鸯”等；有表现人物生产、生活的，如渔业生产、田间劳作等，还有栩栩如生的花、鸟、鱼、虫和日月星辰等精巧实用的装饰图案。剪纸作品涉及到生活的方方面面。

2002年，栖霞市组织开展“美丽的栖霞我的家园”剪纸创作大赛，全市300多名剪纸能手参加比赛，有120多幅作品获奖，作品从不同的侧面反映改革开放以来两个文明建设的新成就，展望21世纪栖霞的美好前景，并通过描绘自然风光、风土人情、物产资源等，展示“中国生态示范区”“中国苹果第一市”的风采，推动民间剪纸艺术发展。

2002年栖霞市百人剪纸表演

著名剪纸女艺人、山东省民间手工艺制作大师栾淑荣曾代表中国艺人到巴西作现场表演，被外国人称为“神剪”，中央电视台将她的剪纸技术摄入《中国一绝》系列片。《刘海戏金蟾》《喜娃》《麒麟送子》《鱼美人》等作品获中国民间剪纸展金奖；《金鱼满堂》获中国剪纸世纪回顾展一等奖。她创作的剪纸《龙》被山东省人民政府赠送给来访的新加坡总理李显龙。

栾淑荣作品《鱼美人》

衣培娟有大量作品在国家 、山东省获奖，其中，剪纸作品《动物聚子》1995年被国家旅游局授予银奖。主要代表作还有《飞天》《盆菊》《喜鹊登梅》《凤 凰》《石榴》等。

衣培娟作品《凤凰》　　《石榴》

栾淑梅作品《熊猫》

孙晓燕作品《渔归》

**绒　绣**　栖霞是全国闻名的绒绣之乡，绒绣艺品在栖霞有一百余年的历史，既有西方风格，又有着浓厚地方特色。在20世纪初，绒绣采用各种颜色的毛线，在特制的网眼麻布上进行图案绒制，所用毛线有1300多种，绒制针法达60余种，在风格上吸取现代油画特点，构思巧妙，题材广泛，画面虚实分明，脉络清晰，色彩千变万化，图案精致典雅。此类工艺品多被中外文人雅士悬挂镶嵌于殿堂居室之内，作为高品位的艺术品予以观赏品评。

**十字绣**　工艺与绒绣相似，不同是用线为细纱线，专用钢针绣制，一般为白底，图案根据色彩需要，可以绣出书法、山水、花鸟、动物等五彩缤纷、栩栩如生的作品，题材广泛，精致典雅，是家室、宾馆等装饰物品，具有较高的艺术欣赏价值。

牟瑞兰十字绣作品《清明上河图》

**根　雕**　根艺是中国民族文化中的一支奇葩，也是美术领域中的一门独特艺术，根艺作品是利用枯木断根为素材，通过艺术家的慧眼发现及精心制作，变废为宝，化腐朽为神奇，创作出神形各异、意境深邃、含蓄典雅，集奇、巧、美等特点于一身的艺术精品。

衣培焕从事根雕艺术多年，创作的大量根雕艺术品在全国和山东省内有较大影响。根雕《驼鸟》获国际荣誉金奖。他创作的苹果根雕作品已成系列，有较高的艺术价值。

徐景春的根雕形式广泛，特点鲜明，其作品神形独特，含蓄有趣，深受人们喜爱。

牟世昌根雕艺术探索20余年，创作出栩栩如生的十二生肖、老人拐杖、活灵活现的飞禽走兽、高耸挺拔的“上海东方明珠塔”和“高山流水”等60多件根雕艺术品。

衣培焕作品《驼鸟》

徐景春作品《中国龙》

# 第四章 文化馆、图书馆和工人文化宫

## 第一节 文化馆

栖霞县文化馆建于1951年3月，文化馆原设文物组、音乐舞蹈组、美术摄影组、文学创作组、图书组。1989年，美术摄影组改称画院。1992年，文化馆升格为副科级事业单位。

文化馆通过组织、举办讲座、培训班、展览等方式培养一大批美术、书法、摄影、剪纸爱好者，成立牙山书画协会、刘家河书法协会、苏家店书画协会、小庄剪纸研究会等艺术协会，先后邀请钱绍武、费新我、郑正、蒋峰等书画名家授课。举办各类艺术作品展览200多个，其中有山东省7位书法家作品联展、全市民间艺术作品展、纪念建党80周年书法展、盛世之春书画展，范瑞年画展、刘志书画展等。

1990年以来，举办表演、摄影、书法、器乐、美术、声乐、舞蹈、写作等业余培训班100多期，培训各类艺术人员1万人次，1～9级电子琴学员有100多名，1～6级书画学员60多名，1～2级舞蹈学员60多名。

1996年6月，文化馆组织民间剪纸、绒绣、棒槌花边、面塑、根雕、烙画等参加济南齐鲁民间文化广场展演，获省委宣传部和文化厅颁发的绿牡丹奖。

2002年末，文化馆先后有20多篇论文在市以上发表和获奖。其中柳进忠的论文《公益性文化产业与经营性文化产业有机结合，是文化馆改革发展的根本方向》获文化部优秀奖，《红了樱桃，绿了芭蕉》获《中国文化报》征文二等奖。

## 第二节 图书馆

**藏　书** 1985年2月，栖霞县图书馆成立，时有藏书5000多册。1986年以后，图书馆图书主要从县新华书店购进，当年藏书1.1万册，出借图书4600册。1990年，图书馆开始逐年增加馆藏图书数量，对外实行借书证件管理，藏书2万多册。1995年以后，图书馆逐步增设采编辅导室、资料室、期刊室、成人阅览室和儿童阅览室，藏书3.1万册。2000年以后，为丰富藏书内容，增加图书品种，开始向社会各界征集图书，当年向社会各界征集图书2500余册，收藏各种图书4.05万册。

2002年，向社会各界征集图书征集图书3000册。馆存古藉图书4300册，有明田汝成撰，明万历四十七年(1619年)商浚刻本《西湖志余》二十六卷、明陈仁锡辑，明天启三年（1623年）刻本《明文奇赏》四十卷和宋朱熹，撰明天启六年(1626年)蒋之翘刻本《楚辞集注》八卷、《辨证》二卷、《后语》八卷入选《山东省第一批珍贵古籍名录》。

1986—2002年，平均每年购进新书500余种，订购期刊110种，报纸16种。其中不少图书有较高的史料价值、学术价值和实用价值。

2002年末，馆藏图书9.5万册，其中普通图书7.5万册。馆藏期刊7000册，报纸合订本4000册，地方文献3500册。

栖霞市图书馆馆藏古籍图书（图一）（2002年）

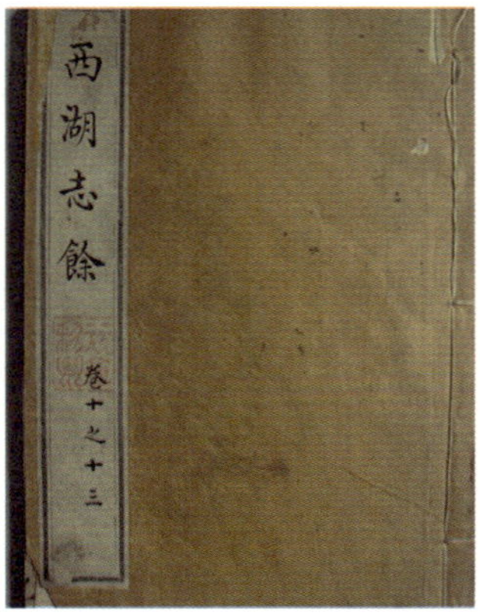


《西湖志余》

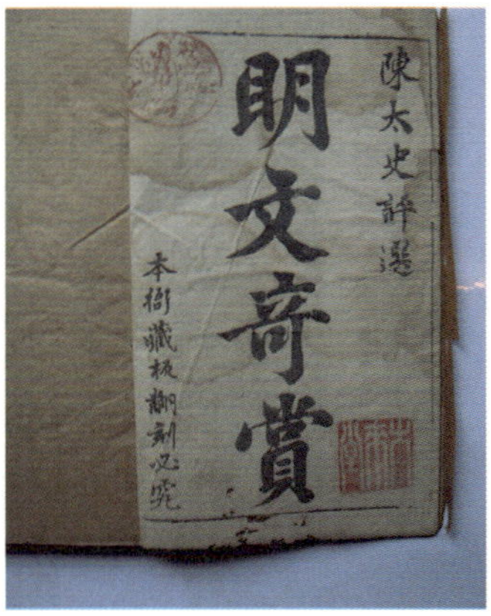


《明文奇赏》

**阅　览** 1985年，外借室年接待读者4000人次，外借图书达3200册次；阅览室年接待读者5000多人次；资料室年接待查询读者1000多人次。

1990年，外借室年接待读者9100多人次，外借图书达8200册次；阅览室年接待读者1.12万人次；资料室年接待查询读者1800多人次。1995年，开办青少年新世纪读书俱乐部，面积100平方米，阅览席位80个，服务对象从学龄前儿童到中学生。图书馆持证读者4018人，外借室年接待读者1.7万人次，外借图书达1.23万册次。1998年，采购音乐、书法、绘画、艺术等方面书籍10万册。

到2002年，外借图书达3.8万册次；阅览室年接待读者2.5万人次；资料室年接待查询读者1.78万人次。举办基层图书馆管理人员培训班4期，培训基层图书管理人员200多人。全市发展5000册以上图书馆、室30个，其中万册以上图书馆、室15个。

**服务社会** 1986—1990年，主要增加图书品种，开放阅览场次，延长阅览时间，增加服务内容。

1991—1995年，结合自身信息资源特点，

面向社会需求，形成各层次读者需求的全方位、多元化的服务方式，建立干休所、军休所、敬老院、机关老干部活动中心、教育局老干部活动中心、武警中队等10个服务网点，定期送书上门，解答咨询。

1996—2000年，在科技、文化、卫生“三下乡”活动中，5年共向农民赠送科技图书1000余册。继续参与科技、文化、卫生“三下乡”活动，向广大农民赠送图书3000多册。

2000年送图书下乡活动现场

2001—2002年，建立图书服务网点30多个，对老干部定期上门服务，到学校、厂矿企业、驻栖霞市部队等指导图书管理知识300多次，培训基层图书管理人员11期，600多人次。

**图书管理** 80年代初期，图书管理手工操作，登记、造册、排序、分类等全部人工完成。1989年，实行计算机资料输入，节省大量的人力、物力。当年，栖霞县图书馆被山东省文化厅评为“先进图书馆”。

1990年以后，图书管理进入现代化操作，采用文化部推荐的ILAS图书馆自动化集成管理系统，对馆内所有图书均输入计算机，在烟台市率先实行借书、检索、查询等微机管理。2002年末，有图书管理人员15人，图书管理全部实现现代化管理模式。

栖霞市图书馆阅览室一角（2002年）

## 1985—2002年栖霞市图书馆图书利用情况统计表

表24-1

| 年 份 | 阅览（人次） | 图书租、借（册数） | 向社会征集图书（册） |
| --- | --- | --- | --- |
| 1985 | 5000 | 4000 | — |
| 1986 | 5600 | 4600 | — |
| 1987 | 6000 | 5200 | — |
| 1988 | 7000 | 6200 | — |
| 1989 | 7500 | 7000 | — |
| 1990 | 9100 | 8200 | — |
| 1991 | 9300 | 9500 | — |
| 1992 | 10800 | 16000 | — |
| 1993 | 12900 | 15600 | — |
| 1994 | 13600 | 16700 | — |
| 1995 | 14000 | 17000 | — |
| 1996 | 15100 | 17900 | — |
| 1997 | 17200 | 18600 | — |
| 1998 | 18600 | 19200 | — |
| 1999 | 20000 | 19900 | — |
| 2000 | 22000 | 26300 | 2500 |
| 2001 | 23900 | 30900 | — |
| 2002 | 25000 | 38000 | 3000 |

## 第三节 工人文化宫

1981年，栖霞县工人俱乐部改称为栖霞县工人文化宫。1997年，为加强对工人文化宫的领导，强化其社会功能，充分发挥其文化中心辐射作用，文化宫由股级单位升格为副科级事业单位，隶属栖霞总工会领导。2001年8月，文化宫从工会中分离出来，独立自主地开展工作。

1989年，工人文化宫成功举办“栖霞县职工书画展”“青年歌手大奖赛”“戏剧选段大奖赛”等文化活动13次。1990年，举办“雷锋一生事迹展”，参观者2万多人，全县重新掀起学习雷锋热潮。1993年，举办“栖霞县公关礼仪大奖赛”，600多人参加大奖赛。1994年，举办“庆祝中国工会成立70周年五一文艺晚会”“女职工迎接世界妇女代表大会健身操比赛”。1996年，举办职工“爱岗敬业”演讲比赛，有各行各业60多名职工参加演讲。1997年，举办“庆五一迎回归”大型文艺晚会、“迎回归兴栖霞做贡献”演讲比赛，参加活动的职工达800多人。1998年，举办“五一”文艺晚会。2000年，举办“大华杯”职工计算机大赛，有200多人参加比赛。2002年5月，在全市干部职工中，6次组织开展文艺、演讲、体育比赛、健身操表演等系列业余文体活动。

# 第五章 广播 电视 电影放映 出版物

## 第一节 广播

1985年，栖霞县广播站对全县广播采用500瓦广播发射机组，将广播信号放大，每天播音1次，通过有线杆路传输至乡（镇）广播放大站。广播放大站再放大信号，通过广播线路传至农户喇叭。时年全县有广播小喇叭16万余只。

1987年12月，经国家广播电影电视部批准，成立栖霞县人民广播电台，广播传输、接收方式不变。

1992年7月1日，栖霞广播由有线广播改为无线广播，采用千瓦发射机调频传送广播节目，频率为97.1兆赫。

广播电台，每天分早、中、晚3次播音。共计时间7小时。播出的节目栏目有《栖霞新闻》，每天首播1次，重播2次。每次播出时间为20分钟。播出的稿件有自采和通讯员供稿。

2002年，全年播出新闻2500余条。举办的其他节目还有《今日栖霞》《听众园地》《科技知识》《气象预报》《文艺节目》等。

广播员在播音（2002年）

## 第二节 电 视

1985年，栖霞电视采用1台50瓦差转机，转播中央电视台1套节目，城区用户需安装室外天线接收电视节目。

1986年，新上千瓦电视发射机，增加转播山东电视台节目。1988年，又配上300瓦电视发射机，增加转播烟台电视台节目。

1992年7月，经国家广播电影电视部批准，建立栖霞县电视台。栖霞县电视台采用3频道千瓦发射机发送自办节目；20频道千瓦发射机转播中央电视台1套节目；26频道300瓦发射机转播山东或烟台电视台节目。

栖霞市电视台每天从18时30分开机至23时30分结束。2002年12月，栖霞市电视台播出节目划归在山东电视台公共频道播出，同时增加了上午、中午播出节目时间。开办《栖霞新闻》栏目，每次播出时间为10余分钟，每周一、三、五晚上19时40分首播；二、四、六白天、晚上重播。全年播出新闻约1500余条，均由栖霞市电视台记者采拍制作。电视节目还设有《信息广告》《农民之友》《致富报道》《每周要闻》《天气预报》《电视剧场》。

1998年10月，栖霞市与省、市联网，城区开通有线电视，可以收看23套电视节目。1999年1月，全市各乡镇驻地开通有线电视，2002年末，栖霞市80%的村庄开通有线电视，可以收看30套清晰的电视节目。

栖霞市电视台电视节目传输中心（2002年）

电视台演播大厅（2002年）

**2002年栖霞市广播电视事业情况统计表**

表24-2

| 项　　目 | 单 位 | 年末实有数 |
|---|---|---|
| 广播电视基本情况 | — | — |
| 　广播电视台 | 座 | 1 |
| 　广播电视站 | 个 | 18 |
| 　通广播电视乡镇 | 个 | 15 |
| 　通广播电视村 | 个 | 966 |
| 无线电视播出制作情况 | — | — |
| 　节目套数 | 套 | 1 |
| 　平均每年播出时间 | 时：分 | 37：10 |
| 　本年自制电视节目 | 时：分 | 149：00 |
| 　本年购买电视节目 | 时：分 | 111：36 |
| 　节目被中央电视台采用时间 | 时：分 | 1：00 |
| 电视覆盖情况 | — | — |
| 　覆盖人口数 | 万人 | 63.7 |
| 　覆盖率 | % | 98 |
| 广播覆盖情况 | — | — |
| 　覆盖人口数 | 万人 | 63.7 |
| 　覆盖率 | % | 98 |

## 第三节 电影放映

1955年7月，栖霞县电影放映队成立。1980年，栖霞县建设第一座影剧院，可容纳观众1388人。1982年电影放映队改称电影放映发行公司。之后，桃村、臧家庄、苏家店、唐家泊等乡镇相继建设影剧院。1985年，全县电影放映单位达到414个，年放映电影35584场次。1986年，栖霞影剧院实现新光源（高效放映氙灯），放映过程实现自动化。1987年3月，栖霞电影公司被广播电影电视部授予全国电影发行放映系统先进单位称号。1988年，电影事业严重滑坡，农村电影放映难、收费难，影剧院上座率逐年下降。

1991年，改革16毫米影片发行和结算办法，影片拷贝由计划排映改为出售场次。1993年，广播电影电视部下达16毫米影片拷贝全部放开的通知，16毫米影片从此走向市场。同年，电影公司被山东省科委、农业厅、林业厅评为科教影片汇映先进单位。1994年，乡镇电影站划归乡镇政府管辖，电影放映队伍渐渐减少，到1995年，全县农村16毫米放映队剩20个。

1999—2002年，放映电影1060场，举办个人演唱会、大型歌舞晚会20余场次。

## 第四节 出版物发行

1984年11月，新华书店公布为副科级事业单位。1995年，人事管理移交烟台市新华书店，1997年8月，山东省栖霞市图书音像发行公司成立，与新华书店一套机构，小型（一）类企业，1997年3月，晋升为中型

（二）类企业。

**图书发行** 图书发行有门市销售、流动供应、社会集团供应、邮购服务、书市展销、集市销售及机关、学校、厂矿和农村预订等方式。建国初，图书发行主要是《党章教材》《论共产党员的修养》《论领导方法》《毛泽东人生观与作风》《建国文集》等政治图书和自然科学图书及学生课本。

1966—1976年，“文化大革命”期间，栖霞县新华书店大批图书被查封，主要销售《毛泽东选集》《毛泽东著作选读》《毛主席语录》及毛泽东文章单行本。1976年9月9日，毛泽东主席逝世，栖霞县新华书店发行大量各种开张毛泽东像和《伟大领袖和导师毛泽东主席永垂不朽》一书，后又发行大量华国锋像。1977年，发行《毛泽东选集》第五卷。

1978年以后，栖霞县新华书店图书发行量逐年增长，工具书、农业科技书销售良好。中小学教材供应“课前到书，人手一册”。党的第十二次全国代表大会文件《全面开创社会主义现代化建设的新局面》《中国共产党章程》《十二大文件汇编》等书发行量最大。

1979年，图书发行总量为212万册，1989年，图书发行总量310万册，1999年，图书发行总量突破450万册。2002年，新华书店发行各种图书451万册，销售金额2181万元，利税156万元。

**音像发行** 1997年以前，栖霞市新华书店没有专门经营音像制品，只是发行销售与英语课本配套的英语录音带。1997年1月，山东省图书音像城开业后，栖霞市新华书店增设音像服务项目，经营录音带、录相带、VCD等，品种有1000余种。2000年，销售录音带、录相带、VCD等16721册（支、盒），2001年，销售音像等文化用品41896盒（支、册），2002年，销售音像等文化用品56880盒（支、册）。

栖霞市新华书店营业厅（2002年）（图一）

栖霞市新华书店营业厅（2002年）（图二）

## 1987—2002年栖霞市新华书店销货情况统计表

表24-3

| 年 份 | 册 数 | 码 洋（元） |
|---|---|---|
| 1987 | 3577416 | 2077466.00 |
| 1988 | 3267585 | 2406879.00 |
| 1989 | 330236 | 3103231.00 |
| 1990 | 1523991 | 1278494.00 |
| 1991 | 3456101 | 4294264.00 |
| 1992 | 4296558 | 5080603.00 |
| 1993 | 3461318 | 5708657.00 |
| 1994 | 3965288 | 7439655.00 |
| 1995 | 5895560 | 12037070.00 |
| 1996 | 6217058 | 18268524.00 |
| 1997 | 5217653 | 19273596.00 |
| 1998 | 5978466 | 19456083.00 |
| 1999 | 4569215 | 20006639.00 |
| 2000 | 5318797 | 21577251.00 |
| 2001 | 3784532 | 20030510.00 |
| 2002 | 4517422 | 21812691.00 |

# 第六章 戏剧、歌舞和音乐创作

## 第一节 戏剧创作与演出活动

1985—2002年，栖霞市戏剧创作较多，戏剧演出颇受欢迎，极大地丰富了群众的业余生活和文化生活。

剧作家贾殿彬共发表戏剧作品30余个。创作的广播剧《梦圆》《孩子》《呼唤》被中央人民广播电台播出，并获山东省“精品工程奖”。小品《对症下药》获曹禺戏剧文学奖。出版《贾殿彬剧作选》。

**吕剧演出** 栖霞县吕剧团成立于1958年，原名栖霞县文工团，分京剧、吕剧两个表演队，1966年5月改称栖霞京剧团。1982年5月又改为吕剧团。80年代以来，栖霞吕剧团的专业演出影响较大，年演出均在200场以上，演出的剧目在全省夺得数次大奖，并多次进京为国家有关部委演出。

1989年，剧团排演的吕剧《孟姜女》获山东省第二届艺术节所设8项奖项中的7项大奖。1990年，吕剧团下乡演出20多场次。2000年11月，吕剧团应邀到济南进行20天慰问演出，受到社会各界热烈欢迎。2001年吕剧团应邀到章丘市进行慰问演出，2002年9月，进京为国家经贸委离退休老干部慰问演出，10月，参加栖霞市在北京举办的苹果艺术节，为中外客人进行现场表演。是年，吕剧团演出的大型吕剧《孟姜女》《窦娥冤》《荆钗记》列入吕剧精品原人原唱系列，由山东文化音像出版社出版发行。

1990年栖霞吕剧团下乡演出

**京剧演出** 清末，京剧由京、津一带传入栖霞。1906年，寺口村柳忠殿、柳喜秋等人组织20余名戏剧爱好者，首次在本村演出《辕门斩子》《二进宫》等传统京剧剧目。80年代，草庵村徐连弟组织了一个专业戏班，在整个胶东演出颇受欢迎。寺口镇纸房村演出的《秦香莲》一剧，颇有名气，历久不衰，1982年，获全县汇报演出二等奖。进入21世纪后，大型京剧节目演出较少，多为综合性演出演唱选段。

## 第二节 歌舞演出活动

1995年，成立栖霞县业余艺术团，投资3万多元购置灯光、音响、服装等设备，聘请业余演员30多人，截止到2002年，栖霞市业余艺术团先后在城乡集贸市场、厂矿单位、部队、参加文化下乡演出近百场次，观众达30万人次。

为提高文艺演出档次，1996—2002年，先后邀请董文华、赵本山、严顺开、周艳红、屠洪刚、杨洪基、李谷一、江涛、耿连凤、克里木等著名影视明星、歌星到栖霞市演出，收到良好的社会效益和经济效益。

2002年举办歌舞演出（图一）

2002年举办歌舞演出（图二）

## 第三节 音乐创作

80年代以后，来源于生活的民歌创作更加丰富多彩。栖霞籍著名作曲家徐沛东创作大量作品，其中有歌剧《将军情》、舞剧《枣花》等。代表作有《我热恋的故乡》《十五的月亮十六圆》《亚洲雄风》《篱笆墙的影子》《苦乐年华》《不能这样活》《命运不是辘轳》《乡音乡情》《大地飞歌》《爱我中华》《辣妹子》《红月亮》《久别的人》等。其作品多次获得全国各类比赛金奖，连续三年名列中国音乐家协会举办的《全国十大金曲》榜首。

刘红枫先后有70多件作品在全国及省、市获奖。1993年，《腾飞的巨龙——中国》获中华全国总工会银奖；1995年，《战士的爱》获中国音协颁发的三等奖；1996年12月，作品集《红枫之歌》由广西民族出版社出版，著名作曲家、中国音协副主席时乐蒙为该书作序。1997年，《妈妈送我到村边》被制作成MTV在中央电视台播放；《黄土地•幸运人》获“山东省第四届精品工程奖”，1998年，获山东省“孔孟乡音音乐电视创作大赛金奖”；《人往高处奔》获山东省音协颁发的音乐创作金奖；1999年，作品《亲不过老百姓》获文化部颁发的“全国第九届群星奖”，同时获得山东省选拔赛一等奖。

吕英翱创作的歌曲《苦苦菜》等在山东省、烟台市文艺创作会演中多次获奖。

# 第七章 社会文化

## 第一节 创建文化先进活动

按照中共中央两个文明一起抓的方针，1990年，山东省政府开展创建“全省社会文化先进县”活动。1991年2月，烟台市政府在全市开展创建“社会文化先进县”活动。栖霞县按照省、市两级人民政府的指示精神，加大社会文化建设力度。在市区，举行各种各样的社会文化宣传活动和专题文艺活动。1990年3月，组织大型文艺表演，全县所有乡镇、市直有关部门、文艺团体均参加文艺会演。1991年6月，开展社会文化系列表演和竞赛，其中大鼓、戏剧表演不仅得到群众的广泛称颂，而且吸引许多群众的普遍参与。10月，举办首届苹果节文艺调演。1994年10月，举办庆祝中华人民共和国成立45周年文艺晚会，1997年7月，举办庆“七一”、迎香港回归大型文艺调演，1999年12月，举办迎澳门回归文艺晚会。2000—2002年，举办各种文艺活动16次，参与活动的艺人、普通群众2万人次。

此外，1990—1993年，3次组织有关单位举办灯谜一条街活动，在霞光路安装2000盏彩灯，附有2000幅灯谜，其内容突出科技、教育、天文、卫生、医学等知识。1990—2002年，举办书法、剪纸、绘画、面塑等各种展览30余次，其中，1996年6月，剪纸、绒绣、棒槌花边、面塑、烙画等民间工艺作品在省城济南展出，荣获山东省“绿牡丹”奖，省人大常委会主任赵志浩、省长李春亭观看后给予高度评价。

在乡镇和农村，组织各种文艺竞赛。1990—1997年举办歌手大奖赛，1998—2000年，6次举办民乐大奖赛和全民健身表演比赛。

通过“双创”（创省、创市文化先进单位）社会文化活动的开展，栖霞市文化网络和文化队伍建设得到加强和扩大，先后涌现出许多文化先进乡（镇）、先进村。1992年，桃村镇、苏家店镇被烟台市人民政府命名为第一批“烟台市社会文化先进乡镇”，1994年，栖霞镇、观里镇、蛇窝泊镇、唐家泊镇、臧家庄镇、寨里镇、中桥镇、杨础镇8个乡镇被命名为第二批“烟台市社会文化先进乡镇”，1997年，西城镇被命名为第三批“烟台市社会文化先进乡镇”，桃村村、城关村、野夼村、国路夼村被命名为“烟台市文化模范村”，1996年，苏家店镇被山东省文化厅、人事厅联合命名为“全省农村文化工作先进集体”。

## 第二节 民间文艺

**秧　歌** 栖霞秧歌又称歌舞、扭秧歌或唱秧歌，又唱又舞，生动活泼，形式多样，有浓郁的生活气息，战争年代多反映解放的喜悦，生活好转的兴奋。80年代以后，秧歌内容多反映生产劳动、庆贺丰收、民间传说和对幸福生活的向往等。演出时间多在春节和重大活动期间，很多村庄办起秧歌队，庆贺新年或丰收景象，活跃文化生活，深受群众欢迎。

栖霞秧歌开始是坐唱、走唱，后来发展到锣鼓伴奏，并配以唢呐和丝弦。唱词多是短小质朴的《四句调》。秧歌主角一般是左手拿灯笼，右手拿彩巾，唱词是事前编排好的，大多是《七句调》和《跑四川调》，后来又增加《杂耍调》。《七句调》句幅多，唱词有七字句或十字句，多是一韵到底，最后一句加锣鼓

点，名叫“花板”。

栖霞秧歌带有武术架子，女角大都男扮。形式有走八字、跑四门斗、串剪子股、蛇退皮、别帐子、转圆场等多种形式，可根据节目内容采取不同的形式。好的秧歌队还增添《狮子舞》《龙灯舞》《蝴蝶舞》《踩高跷》《跑旱船》等群众喜爱节目。

**耍龙灯** 每年春节、元宵节期间，民间习耍龙灯。龙灯分头、腹、尾三部分，舞龙时，表演者驱使龙体作摆动翻腾各种活动，往往配合焰火，以增加欢乐热烈的气氛。

**跳花灯** 舞者手持木制贴彩的四方花盆，盆边书有“喜”“福”一类吉祥字样，盆中插四季花卉，正中点燃红烛，边舞边唱《对花十二月》（即一个月唱一种花），并配合以剪子股、8字图等舞步，特别是在夜间，管弦齐鸣，烛火照耀，光彩闪耀，气氛热烈，艺术性和观赏性俱佳。

**狮子舞** 俗称耍狮子，是一种难度较大的集体舞，表演时，除有一个持绣球的指挥者外，一般有两狮或三狮以上配合表演，每狮由两人搭配，前者擎狮头，一般直立，后者曲身成狮身狮尾，随着绣球的逗引和鼓点节奏，作跳跃、翻滚动作。

该舞节奏明快，铿锵有力，欢快愉悦，绣球表演者时而大步上前，时而小步后退，左右逗引，上下跳跃，指挥狮子扮演者随鼓点和节奏共舞，观众甚多，是节假日常见的娱乐节目。

狮子舞（2002年）

**八卦鼓** 舞者头扎红、白英雄巾，身系紧身腰带，脚登黑色布靴，左肩斜披彩色绸带，绸带拴三尺扁平大鼓悬于胸前，鼓上绘丰收吉祥图案。舞者为四至八人，左手叉腰，右手执木制鼓槌。击鼓时，手腕转动，鼓槌飞舞，绸带翻腾，显得英姿飒爽，粗犷豪放。抬鼓舞的舞步多呈“八”字形，“×”转身，或呈八卦图阵势，由领舞者击鼓边为号，变换步法。2002年，成为国家级非物质文化遗产保护项目。

2002年栖霞苹果艺术节时八卦鼓表演

**腰 鼓** 80年代，腰鼓表演比较单一，以走方阵打鼓为主，鼓点统一。90年代，腰鼓表演形式变化较大，出现搭人梯、走蛇路、交叉走等表演形式。表演者一般着红装，不仅将鼓系在腰上，而且可以系在腿上、挂在脖子上，击鼓难度加大，但形式多样化，群众十分喜爱。

2002年栖霞苹果艺术节时腰鼓表演

**大鼓书** 大鼓书演唱，在栖霞已流传数百年。早前音调呆板，多为盲艺人演唱，经与关外传人的“靠山调”“满州调”以及京韵大鼓、西河大鼓等融合渗透，渐渐演变成具有独特风格的“胶东大鼓”。

栖霞县著名大鼓书艺人王志步、刘志明、董日清等人，在境内解放前和解放后初期，经常演唱的曲目有《战斗英雄任常伦》《劝懒汉》《庆胜利》《送郎参军》《牙山战役》《孤胆英雄宋大夭》等。60年代后，演唱曲目多是反映美好生活、家庭生活和社会生活的现实作品，有赞美、有讽刺、有向往。90年代，中国音协副主席李纲曾到栖霞采风，对栖霞大鼓书给予较高评价。烟台文化馆长魏邦家到栖霞采访，写出4篇介绍栖霞大鼓书文章，在《山东群众文艺》上连续发表，引起社会关注。

## 第三节 协会组织

1985—2002年，栖霞市建立书法家协会、美术家协会、摄影家协会、剪纸研究会、齐鲁书画研究会栖霞分会、栖霞画院等，其中书法家协会会员60多人，美术家协会会员70多人。

全市有文学骨干16人，其中，中国作家协会会员1人、山东省作家协会会员3人。有艺术创作骨干100多人，其中，中国美术家协会会员1人、山东省美术家协会会员3人、省摄影家协会会员7人、中国书法家协会会员2人、山东省书法家协会会员9人，中国书画研究会会员1人，中国剪纸研究会会员2人。全市有10件文化作品获国家级奖励，有18件作品获山东省奖励。

# 第二十五编

# 教育 体育

1993年建设的栖霞市实验中学教学大楼

1985年，栖霞县将部分公办初级中学下放到乡镇。将栖霞镇中学改为栖霞县实验中学（初级中学），收归县办。

1986年，建立幼师培训基地，为幼儿教育培养骨干师资队伍。县直机关托儿所更名栖霞县机关幼儿园。1987年8月，栖霞县实施《山东省中小学学籍管理条例》，开始学制改革，栖霞县是全国“五四”学制改革首批县市之一。1988年，成立桃村幼儿中心。1990年，全面实施六年义务教育，分期分批实施九年制义务教育。1990—1994年，中学学制改革走向深入。1990年和1991年，分三步两批完成23个乡镇36处初中的改制任务，至1994年，全市初中毕业生全部为四年制，取消小学留级制度。

1993年1月，栖霞县城乡幼儿园（所）开始实行分等定级、按级收费制度。

1997年，全市进行农村幼儿园（所）布局调整。农村幼儿园（所）由1996年的652所调整为631所，并建成烟台市级示范园2所。到2002年，全市共有幼儿园（所）379所。

到2002年末，中小学教育布局全部调整完毕，全市共有学校174所，其中普通高中5所，职业学校5所，初级中学32所，完全小学132所（市直小学2所，完小130所），盲聋哑学校1所。在编教职工7897人，学生93605人。全市中、小学教师学历达标率分别为95%和100%。建成国家级重点职业学校1所、省级重点职业学校1所、省级规范化学校2所、省级电教示范学校2所、烟台市级以上规范化学校85所、明星学校4所。

80年代中期，随着人民群众生活水平逐渐提高，强身健体越来越为广大群众所重视。栖霞市人民政府全面推进《全民健身计划纲要》，全民健身和竞技体育均取得前所未有的业绩。1985年，蛇窝泊镇、庙后镇、西城镇、杨础镇、大庄头镇、大柳家乡等被山东省体委命名为体育先进乡镇。

竞技体育运动水平日益提高。1985—1999年，竞技体育运动学校先后向全国大专院校及运动队输送优秀运动员180名，这些运动员在国际国内的各项大赛中，共获得金牌157枚、银牌140枚、铜牌98枚。栖霞市被山东省体委命名为“山东省中长跑重点基地”，2000年又被山东省体育局和山东省教育厅命名为“山东省优秀体育后备人才基地”。

学校体育教育成绩突出。学生国家体育锻炼标准达标率99.8%，1985—2002年，为高校输送体育专业人才306人，其中3人分别被清华大学、北京体育大学、上海体育学院录取。学生罗家全在全国大学生运动会上获全能冠军，被山东大学破格录取。学生荆永杰、胡维成参加山东省高水平运动员测试，分别获男子铁饼、男子1500米赛跑两个项目冠军，被山东大学和山东经济学院录取。

# 第一章 学前教育

## 第一节 幼儿园（所）设施建设

1985年，省政府颁发《关于加强托幼工作的意见》，栖霞县根据该意见规定，对托幼工作的管理、经费渠道、园所建设、保教队伍等问题作具体安排和部署，各乡镇成立家庭教育研究会，提高家长对科学育儿的认识，促进全社会对幼儿教育的重视。栖霞镇城关村投资40余万元建成1处2层楼房3000平方米幼儿园。

1986年8月，栖霞县在第四职业高中建立幼师培训基地，成立幼师班，为幼儿教育培养骨干师资队伍。同年7月，省教育厅转发国家教委《关于进一步办好幼儿园学前班的意见》，1987年4月，栖霞县委、县政府在蛇窝泊镇召开栖霞县托幼工作现场经验交流会。1988年5月，栖霞县对40处达市级一类的园所进行检查验收。同年，桃村投资140万元，建成占地4000平方米的“桃村幼儿中心” 大楼，室内外设施配备齐全。1989年9月，国家教委颁布《幼儿园管理条例》。1990年，栖霞县政府筹资191万元，建成占地9200平方米的现代化的机关幼儿园，同年10月，200余名幼儿搬迁至新园。是年，栖霞县学前教育工作由妇联主管改为教育行政部门主管。是年，县乡两级普遍成立由党政负责人任职的儿童少年工作委员会和托幼工作领导小组，县委、县政府把儿童少年工作列入各级党委及主要负责人的任期目标，作为考核其政绩的重要标准之一。

1991年3月，栖霞县重新调整托幼工作领导小组，10月，在教育局内部设立专门机构——学前教育科，行政、教研合署办公，形成行政、教研和科研于一体的管理体系，学前教育得到长足发展，园所规模、数量、幼儿入园率、园长和教师持证上岗率等普遍得到较大的提高。机关幼儿园改称栖霞县幼儿活动中心，划归教育部门管理。1992年1月，栖霞县转发烟台市《关于城市、农村以及乡镇中心幼儿园办园若干基本条件》。1993年1月，栖霞县城乡幼儿园开始实行分等定级、按级收费制度，幼儿收费专款专用，主要用于幼儿园的建设和解决幼儿教师工资待遇，幼儿园开始向以园养园的方向发展。3月，全市幼儿园建设工作现场会在桃村镇召开，主题是研讨幼儿园规范化建设问题。7月，栖霞县幼儿活动中心被山东省财政厅、物价局、教育厅验收为首批省级实验幼儿园。

1993年末，全县共投资 450多万元，新建园所27所，改扩建园所136所；投资80多万元，购买大型玩具和图书资料，建成市级一类园所72处。1994年，在连家庄乡召开全县学前教育工作现场会，栖霞县政府印发《关于加强幼儿园建设的意见》。1994—2002年，又相继建成烟台市级一类幼儿园所63所。

## 第二节 幼所布局调整

由于计划生育政策的落实和大量农村人口流向城里，农村幼儿数量逐年减少，不足20人的幼儿园（所）越来越多，甚至最小的幼儿园（所）仅有4名幼儿。根据这种情况，1997年5月，市政府在唐家泊镇召开学前教育工作现场会，全市开始进行农村幼儿园（所）布局调整。农村幼儿园（所）由1996年的652所调整为631所，并建成烟台市级示范园2所。

1998年6月，农村幼儿园（所）调整为584所，在园幼儿23651人，办园率达到98.5%，3～6周岁幼儿入园（所）率达到98%，建成烟台市级一类园（所）15所，示范园（所）5所。1999年4月，市政府印发《关于进一步加强农村幼儿园布局调整工作的通知》，并在桃村镇召开全市学前教育工作现场会，农村幼儿园（所）调整为507所。

2002年，全市共有幼儿园（所）379所，村级办园率97.2%，入园幼儿10020人，3～6周岁幼儿入园率为94.3%，省级实验园1所，市级示范园7所，市级一类园所96所，教师、职工568人。

## 第三节 幼所选介

**栖霞市幼儿活动中心** 1951年，创建县直机关托儿所，入所儿童30多人。1985年，入所儿童100名，分大中小4个班，为全日制财政拨款事业单位。1986年，机关托儿所更名为栖霞县机关幼儿园，并投资191万元，在县政府路西建设新园址，面积9200平方米，1989年交付使用，机关幼儿园由政府院内搬迁至新园，教室增加到10个，入园幼儿200人。1991年，栖霞县机关幼儿园更名栖霞县幼儿活动中心，入园幼儿300人。承担国家教科所智力学具实验、全国幼、小、中学生一条龙教育实验。1995年，栖霞县幼儿中心有教师、职工30人，在校幼儿390人。1996年，幼儿中心承担国家“九五”计划幼儿、小学、中学现代教育实验，大班幼儿智力达到小学一年级水准，取得显著成效。

2000年，栖霞市幼儿活动中心被国家教科所确定为幼、小、中现代科技教育实验基地。2002年，被国家教科所授予幼儿教育实验先进单位，山东省托幼工作先进集体。

1989年投入使用的幼儿活动中心

**桃村三行幼儿中心** 成立于1988年，建设总投资135.8万元，建筑面积3224平方米，设3个幼儿大班、3个中班和3个小班，中心共有学生200人。1997年，被国家教科所列为全国幼儿教育研究实验基地，被评为烟台市幼儿教育工作先进单位。2002年，桃村三行幼儿中心被评为山东省级示范幼儿园、烟台市托幼工作先进集体。

# 第二章 小学教育

## 第一节 学校设置

1980年12月，中共中央、国务院印发《关于普及小学教育若干问题的决定》，提出在20世纪80年代全国应基本实现普及小学教育的历史任务，有条件的地区还可以进而普及初中教育。1985年全县小学816所。1987年8月，栖霞县教育局依据《山东省中小学学籍管理条例》，规定小学一年级新生班额原则上不准突破45人。决定小学留级率控制在5%以内，未升入初中的五年级学生一律做留级处理。为照顾弱智儿童的学习，决定1988年和1989年实施五年义务教育的乡镇要安排八周岁以上的轻弱智儿童就近入学。

1989年3月，栖霞县教育局颁布有关规定，新生入学后，填写“学籍卡”，除丧失学习能力外，小学生不准退学。自6月份起，除按普通教育规划招收7周岁以上儿童入学外，再从6周岁儿童中招收50%左右入学，1989年秋季入学的一年级学生比1988年增加1607人。全县小学共有735所。

1994年6月，取消小学留级制度，小学毕业后直接升入初中。同年9月，小学开始增设微机课。1995年，全县所有小学执行国家教委调整后的九年义务教育“五四”学制全日制小学课程设置。全县小学共有417所。

2000年，学校进一步调整，全市小学共有215所。

到2002年，全市小学调整到132所，在校学生38158名，教师、职工2315人。

## 第二节 课程设置

1985—2002年，栖霞市小学课程改革及研究分为两个阶段进行。

1985—1993年为拓展阶段。1985年5月，中共中央、国务院颁布《中共中央关于教育体制改革的决定》。此时，栖霞县小学课程执行教育部颁布的《全日制五年制小学思想品德课教学大纲（试行草案）》。1986年4月，《中华人民共和国义务教育法》颁布后，进一步加快课程改革的步伐。广大教育工作者围绕课程改革进行多角度、全方位的探讨。课程的时代性、乡土性及农村课程改革等问题也得到初步探讨，综合课程成为这一阶段课程改革研究的热点。同年，成立全国中小学教材审定委员会，同时制定中小学教材审定标准。小学开设的课程分为学科类、活动类。学科类包括思想品德、语文、数学、社会、自然、体育、音乐、美术，1987年增设劳动课；活动类包括自习、班会、队会、体育活动、兴趣活动及集体教育活动。1989年秋，栖霞县实验小学与大庆路学校小学部的三年级增设英语课，栖霞县各小学正式启用思想品德课本。

1994—2002年为深化阶段。随着义务教育课程改革的全面推进，关于义务教育课程与普通高中课程衔接的改革；课程的编排设计如何辩证地反映社会、知识和学生三个因素的客观要求，正确处理和摆正课程的社会价值和育人价值之间的关系及活动课程的理论研究和实践探索，成为这一段课程改革的主题。1999年，中共中央、国务院颁布《关于深化教育改革全面推进素质教育的决定》，试行国家课程、地方课程和学校课程三级管理体制。2000—2002年，全国面上展开“运用新理念，走进新课程”的课程改革。栖霞市小学教育课程设置，从一年级开始将劳动、自然学科合并为现代科技。

## 第三节 教法改革

自1985年开始，栖霞县小学教育教学，着重普及“三个面向”及“素质教育”，坚持“面向全体、人人参与、全面发展原则，注重个性培养，学为主体，自主学习”。1985—1989年，开展小学幼、小、中一条龙整体教学改革。从幼儿学前培养，进入小学正式学习，到进入中学之前，对音、体、美，学、写、画等全方位教育。

1990—1995年，小学教学实行愉快教育、布卢姆目标教学、音体美巡回教学方法，承担山东省“八五”规划重点研究课题，开展读写个性培养。1996—2000年，承担省“九五”规划重点研究课题，开展语文“双轨”教学 、语文训练组教学、语文“自主识字”教学。课堂教学着重以自主学习为主，实行激情、明理、导行“三步”教学法，重点抓自觉读、细心品、认真学、领悟快导读教学。1998—2002年以后，进行数学411工程、“数学大课堂”教学和异步教学，实行自主、合作、探究式及多媒体辅助教学等教改试验，并取得显著实验效果。

小学生成绩评价工作始于90年代中期。1996年，进行学生成绩改革研究，按照素质教育要求，取消期中考试和百分制，实行等级制，每学期考试1次，考试成绩实行等级加评语予以认定，这一改革，冲淡了学分观念，保障小学生身心健康成长，减轻小学生心理压力，教师可以全身心的投入素质教育中去。

## 第四节　实验小学简介

1945年1月，创办城关完全小学，1968年，设立栖霞县城镇联中，有初中部和小学部。1983年8月，城镇联中迁出，小学部称“栖霞县城镇小学”。1985年，学校收归县办，改“栖霞县城镇小学”为“栖霞县实验小学”。1985年，学校规模扩大，教学班级发展到24个。

1988年2月，栖霞县委、县政府筹资147万元，就地兴建新校。1989年12月，教学大楼竣工。1991年3月，又投资80余万元，在教学大楼东侧，增建办公大楼。至此，学校占地19.1亩，活动场地4170.8平方米，大楼两幢，面积为6393平方米。1991年8月26日，经山东省校改检查验收团验收，学校办学条件达到优秀标准。

2002年，市政府投资750万元，在学校教学大楼前新建一座8560余平方米的教学大楼，学校面积达14860余平方米，教学班级增至57个。新建学生计算机室2个，改造旧计算机室1个，建多媒体教室2个，语音室2个，舞蹈室、书法室、科技室、劳技室、合唱室、美术室、德育室、图书室、教工活动室等各种师生特种教室20余个。

2002年建成的实验小学综合教学楼

## 1985—2002年栖霞市小学教育情况统计表

表25-1

| 年 份 | 学校数（所） | 在校学生数（人） | 入学率（%） |
|---|---|---|---|
| 1985 | 816 | 57429 | 99.30 |
| 1986 | 777 | 53244 | 99.91 |
| 1987 | 745 | 51198 | 99.90 |
| 1988 | 741 | 51087 | 99.46 |
| 1989 | 735 | 55837 | 99.44 |
| 1990 | 736 | 58869 | 98.92 |
| 1991 | 733 | 57631 | 99.70 |
| 1992 | 569 | 55027 | 99.90 |
| 1993 | 455 | 54318 | 100 |
| 1994 | 435 | 54209 | 100 |
| 1995 | 417 | 53083 | 100 |
| 1996 | 419 | 54503 | 100 |
| 1997 | 395 | 56250 | 100 |
| 1998 | 353 | 54129 | 100 |
| 1999 | 265 | 48450 | 100 |
| 2000 | 215 | 44346 | 100 |
| 2001 | 132 | 41280 | 100 |
| 2002 | 132 | 38158 | 100 |

# 第三章 中学教育

## 第一节 学校设置

1985年，根据《中共中央关于教育体制改革的决定》和《山东省分级办学分工管理的规定》，栖霞县政府决定，将栖霞县第九中学、第十一中学、第十三中学、第十六中学、第十七中学、第十八中学6所公办初级中学下放到乡镇，由乡镇政府开办。将栖霞镇中学改为栖霞县实验中学（初级中学），收归县办。为尽快普及初中教育，调整乡镇初中布局，县政府决定建设正规化初中，按每16000人口左右设一所初中的原则，大乡镇和条件好的小乡镇设一所正规化初中，其余乡镇设两所普通初中，1985年做好规划，1987年完成调整和建设任务。1985年底，栖霞县共设公办高级中学7所（第一中学驻地县城），公办初级中学1所（驻地县城），乡镇办初级中学100所。

1986年，继续对初级中学布局进行调整，时有初级中学89所，乡镇正规初级中学10所。同年9月，将第十四中学改为栖霞县第五农业技术学校。1987年，初级中学调整为35所。1990年9月，栖霞县大庆路学校撤销高中部设立初中部。全市普通高中由原来的7所调整为6所。1991年7月，将栖霞县第六中学改为栖霞县第一职业高中。1999年4月，将栖霞市第二中学和第八中学合并迁到城区成立新的栖霞第二中学，普通高中由原来的6所调整为5所。2002年，全市有各类普通中学32所，其中普通高中5所。

## 第二节 教材、教法、学制改革

**教材改革** 1978—1982年，全国恢复高考后，教育要解决的问题很多，但最主要的是全县师资水平较低，教育质量不高，外语师资缺乏。针对这种情况，栖霞县教育局把疏通教材、抓师资培训、提高教学质量作为工作重点。利用寒、暑假集中全体教师疏通中学教材，研究教法。这期间，除外语课以外，其他教材没有大的改变，统一执行国家教育部规定教材。随着全国改革开放进程加快，栖霞县针对当时学校不开外语课的现状，积极创造条件，培训外语教师，率先在烟台地区县级高中开设外语课。当时共开设俄语、英语、日语3个语种。由于对开设外语工作高度重视，并积极培训师资，研究教材教法，提高教学质量，因而此时期内，全县高考外语成绩和学生录取率一直居烟台地区领先地位，外语教学工作走在烟台市前列。1982年，烟台其他县市区先后到栖霞学习经验。教育局教学研究室还被邀请参加山东省教育厅召开的教学工作会议，并在会议上作“如何抓好外语教学工作”的经验介绍。

**教法改革** 1983—1989年，伴随着教育工作逐步走向正规，教育改革的重点也转移到各学段、各学科教材教法的研究和改革上来。当时大多数教师的教法比较单一，“满堂灌”“填鸭式”教学方法比较常见。为此，县教育部门下大气力抓教学方法改革，以栖霞一中、实验中学、实验小学3所重点学校为主，加大学科教法改革研究，并及时把改革经验推广到全县。这一阶段县实验中学的学科教法走在烟台市前列，成为烟台地区重点实验初中。该校语文、物理、化学学科教法改革经验比较先进，其化学“四课型”教学法尤为突出。烟台市教研室曾在栖霞县实验中学先后召开3次现场会，推广其经验。

随着学科教法改革的不断深入，教育工作者们越来越感到教法改革是局部优化，急切需要教育进行整体大的改革。教育部副部长张承先提议把烟台设立为教育改革实验区。1985年，烟台教科所提出“幼、小、中‘一条龙’整体改革”实验。该实验把幼儿园、小学、初中看作一个整体，除各学段自身搞好本学段教育改革和学校管理之外，还要重视和加强幼儿与小学、小学与初中的衔接工作。这项实验历时4年，烟台市有两个该实验搞得好的典型，一个是栖霞县，一个是海阳县。1989年，栖霞县作为先进单位参加全国新疆乌鲁木齐会议，并在会上介绍经验。

**学制改革** 学制改革是从1987年开始的，栖霞县是全国“五四”学制改革首批县市之一，此时进行改制实验和试点，未进入全面实行。普通教育改革探索前进，职业教育也得到高度重视。1989年开始，栖霞县职业中专，根据全县农村经济结构变化特点和果业成为农村经济支柱产业实际，进行学校联乡、教师联村、学生联户的“三联” 教改探索，取得明显效果。1990年3月，《中国教育报》报道“三联” 教改经验，是年，职业中专被评为“全国科教兴农先进单位”。1990—1994年，普通中学学制改革进入实际操作阶段。本着“充分准备，稳妥过渡，以条件定发展”的原则，在1990年、1991年分三步两批完成23个乡镇36处初中的改制任务，至1994年末，全县初级中学毕业生全部改为四年制学籍。

在实验和改制过程中，加强正规化初级中学的规范化建设，通过师资培训，领导队伍与教师队伍政治业务素质得到进一步提高，新课程方案的实施和“五四”学制新教材实验得到较好落实。到2002年，全市投入6800多万元，改建和扩建30所初级中学校舍，增加大型教学设备500多台（套），办学条件得到进一步改善。

1996年建成的栖霞一中多媒体教室

2002年建成的栖霞三中学生阅览室

## 第三节 素质教育

1995—2000年，随着义务教育课程改革的全面推进，义务教育课程与普通高中课程衔接、课程的编排设计、社会价值和育人价值之间的关系及活动课程的理论研究和实践探索，成为课程改革的主题。

1995年，国家教委召开全国高中教育工作会议，1997年，国家教委决定在两省一市实验普通高中新课程方案，并成立全国课程专业委员会，

重点是全面推进素质教育。栖霞市主要采取舆论宣传、学习发动、面上启动、规范行为，全面推进、依法治教、完善深化、全面优化等措施，素质教育取得丰硕成果，为烟台市乃至全国提供区域成功经验。《东方讯报》曾以《百年大计看栖霞》整版报道栖霞推进素质教育情况。栖霞教委编写的《未来的呼唤——素质教育在栖霞》一书被推广到烟台市其他县、市（区）。1998年开始，栖霞市积极参与烟台市教育局推行的“创造学习工程”，栖霞二中等高级中学积极进行“高中语文创造学习工程” 的理论研究与实践探索，逐步建立起“自读-研讨-创造” 的阅读教学模式，形成以“感悟、积累、创造”为基本特征的大语文教学格局，全国中学语文学会会刊《中学语文教学》2001年第11期刊登栖霞二中的改革经验。

2000年6月，烟台市召开“深化教育改革，全面推进素质教育”会议，栖霞市为会议提供实验中学、寨里中心完小两个参观学习现场，栖霞市教委在会议上就栖霞市推进素质教育情况作典型发言。9月，高中各学科开始使用新版教材，栖霞一中、栖霞二中成为首批参与省“新教材实验”改革的县（市）级中学。

2001—2002年，进行地方教育课程建设，在全市高中一年级开设“学会学习当代科技、经济知识读本”等课程，在高中二年级开设“人文知识读本、数学模型”等课程。是年，为进一步推动素质教育改革，把素质教育落实到课堂上，市教育局开始推行以改革教法和学法为主的“两主课堂教学” 改革，其核心就是突出学生在教学过程中的主体地位，让学生主动发展。这一改革从根本上改变课堂上教师讲、学生听的旧的教学模式，有效解决以往课堂教学费时、费力、效率低的问题，提高学生学习兴趣，培养学生良好的学习习惯，为学生终身学习、终身发展奠定基础。

## 第四节 中学选介

**栖霞市第一中学** 1989年8月，栖霞一中为科级事业单位，在编教职工183人，1992年11月，升格为副县级事业单位，在编教职工220人。2002年，有71个教学班、5200名学生、347名教职工，教师中，研究生学历的有6人，高级教师106人，国家和省级优秀教师21人，省级以上优质课获奖教师38人。山东省重点高中、规范化学校、烟台市明星学校、烟台市星级优生培养先进高中。

学校占地10.7公顷，建有教学楼、图书馆、科技楼等，总建筑面积6万平方米。2002年末，共考入大学本科生2672人，其中国家211工程重点大学890人，录取总数、比率以及尖子生总数均居山东省前列。在全国中学生奥林匹克竞赛中，有26人获全国一、二等奖，42人获山东省一、二等奖。艺术类考生连续两年本科上线率100%。

**栖霞市实验中学** 学校前身是1945年1月创办的城关完全小学，1968年12月，改为城镇联中。

1985年5月，城镇联中与城镇小学分离，成立栖霞县实验中学和栖霞县实验小学。学校占地1.27公顷，栖霞一中搬入新校址后，实验中学搬迁一中原校址，学校建筑面积1万多平方米。1993年4月，投资300多万元新建教学楼，10月建设完工，建筑面积8600平方米，拥有46个教学班。1997年1月，实验中学升格为副科级事业单位。

2002 年，46个教学班共有学生2900人，教职工247人。学校连年获得不同层次奖项，其中，烟台市以上奖项共计12项。

2002年建成的栖霞市第一中学教学楼

1993年建成的栖霞市实验中学

## 1985—2002年栖霞市中学教育情况统计表

表25-2　　　　单位：所、人

| 年份 | 学校数 | | 在校学生 | | 毕业生数 | |
|---|---|---|---|---|---|---|
| | 初中 | 高中 | 初中 | 高中 | 初中 | 高中 |
| 1985 | 101 | 7 | 35635 | 5599 | 6530 | 1396 |
| 1986 | 89 | 7 | 35411 | 5093 | 9212 | 1871 |
| 1987 | 35 | 7 | 33931 | 5096 | 11441 | 1713 |
| 1988 | 35 | 7 | 30330 | 5137 | 10708 | 1622 |
| 1989 | 34 | 7 | 25194 | 4683 | 10440 | 1655 |
| 1990 | 37 | 6 | 25024 | 4616 | 8309 | 1555 |
| 1991 | 35 | 6 | 24985 | 4335 | 7908 | 1508 |
| 1992 | 35 | 5 | 27080 | 4630 | 7414 | 1394 |
| 1993 | 35 | 5 | 34635 | 4560 | 3562 | 1461 |
| 1994 | 35 | 5 | 43122 | 4450 | 4979 | 1513 |
| 1995 | 35 | 6 | 46709 | 4903 | 8586 | 1547 |
| 1996 | 35 | 6 | 46407 | 5422 | 9535 | 1500 |
| 1997 | 35 | 6 | 43015 | 6218 | 11563 | 1340 |
| 1998 | 35 | 6 | 46976 | 7118 | 16159 | 1914 |
| 1999 | 35 | 5 | 40848 | 8155 | 11872 | 2101 |
| 2000 | 27 | 11 | 39936 | 9028 | 11344 | 2432 |
| 2001 | 32 | 5 | 36160 | 9470 | 5439 | 2679 |
| 2002 | 32 | 5 | 42421 | 10612 | 10153 | 3049 |

# 第四章 师范教育和职业教育

## 第一节 师范教育

1973年2月，设在臧家庄第三中学的栖霞“五七”学校改为工读师范，5月，改为栖霞县师范学校，1974年，迁入县城新建校址，招生列入山东省计划。1977年，经考试择优录取高中毕业生，学制2年，1981年，改为3年制，招收初中毕业生。1982年始，改为招收小学民办教师，学制2年，为中等专业学校性质。1984年，设6个班，共有学生216人。1985年，栖霞师范学校有教职工54人。春季，在校6个班261人(1983级2个班91人，1984级4个班170人)；秋季，1983级毕业后，又招收民师两个班79人（其中栖霞籍27人，海阳籍33人，乳山籍19人）。

1985年5月，烟台市政府决定栖霞师范学校筹建新校址。同月，烟台市计委下达建校计划，拨款30万元，第一期工程建教学楼1座，计2400平方米。在城东征地0.6公顷，在小流口村征地0.5公顷，当年盖平房36间。12月，学校建新建设暂停。由于栖霞师范的办学条件差、规模小，1986年4月，山东省政府批复撤销栖霞师范学校。5月，烟台市教育局与栖霞县教育局完成交接手续。6月，1984级学生毕业。7月，1985级学生迁往牟平师范学校，原师范学校的人、财、物全部移交栖霞县，合并入栖霞教师进修学校。山东省栖霞师范学校，自1958年9月成立至1986年6月，共培养中级、初级师范学生16届1714人，培训中小学教师1800多人次。

## 第二节 教师进修与培训

**教师进修学校** 栖霞县函授学校成立于1956年，当时只有数学、语文2个教师，1966年“文化大革命”时学校解散，中小学教师培训工作由栖霞师范函授部负责组织实施。随着中小学教育的进一步普及和教师队伍的不断扩大，教师培训任务越来越重，1982年11月，栖霞师范函授部从栖霞师范独立出来，成立山东省栖霞县教师进修学校，把原栖霞一中的部分校舍拨给教师进修学校，校址位于文化路和跃进路交汇处的东南侧，教职工30人，教职工在教育局办公楼办公。学校规格为股级事业单位，1989年9月，升格为副科级事业单位，下设教务处和总务处。

1986年4月，栖霞师范学校撤销后，其财物全部划归教师进修学校，部分外籍教师调离，其余教职工亦全部归并教师进修学校，学校迁入原栖霞师范校址（文化路533号）。

90年代初，教师进修学校的工作重点由学历补偿教育转为学历后继续教育，这种教育形式全部为短期培训，时间安排在寒、暑假。学校的师资、校舍、仪器设备闲置时间较长，为使其发挥最大的效益，为发展当地经济建设服务，学校经过缜密的考察论证，决定在搞好师训干训的前提下，兼办职业教育。

1988年1月，县政府投资68.9余万元进行校舍改造。1993年5月，成立“栖霞县成人中等专业学校”，一校两牌，以教师培训和干部培训为主，兼办职业教育。自筹资金200余万元又对校舍进行改造、购买教学设备，学校的办学条件和办学水平得到较大提高，1996年，又增加计算机培训，学校逐步由单一的师训基地发展成为一所综合性的专业人才培养基地。1998年11月，烟台市教育局在学校召开烟台市教师进修学校系统现场会。

1996—2002年，对学科教材、教学方法进行培训，主要内容是主要是英语、音乐、体育、美术等学科，学习形式主要以短期培训班为主，学习时间1～3个月，实行轮训制度。

**脱产进修教育** 70年代末80年代初，教育系统进入300多人因父母退休而接班的教职员工，这部分人大都未受过正规师范学校教育，因而，接受师范正规教育势在必行。为尽快提高这部分顶替接班人员的文化、道德和素质水平，教育部门组织他们参加脱产进修，1984—1986年，教师进修学校承担这一任务，连续举办3期中等师范脱产进修班，共培训307人。此后，国家停止职工子女接班，此类培训终结。

**中、幼师范函授教育** 1982年8月，从小学教师中招收学员1489人，进行中等师范函授教育，学制四年，开设语文、数学、教育学、心理学、自然、历史、地理等7门课程。为方便学员学习，解决工作学习矛盾，分片设教学点，教师轮流面授辅导。1986年，取得中师函授学历的有889人。1987—1995年，每年招收一级中师函授学员150人。

1990年开始，中师函授的门类、学制及开设的课程有新变动，学制分为三年制和两年制，三年制招收初中毕业生，开设课程是，小学教材教法（语文、数学）、心理学、教育学、“六项”基本功（普通话、简笔画、毛笔字、钢笔字、粉笔字、教具使用与制作）；二年制招收高中毕业生，开设课程是语文教材教法、数学教材教法、音乐训练、教育学、心理学、普通话训练、手工制作训练、“三笔字”（毛笔字、钢笔字、粉笔字）训练、体育训练。1995年，共有2004名小学教师取得中师函授学历。

1995年进修学校教师形体训练

1990年，从幼儿教师中招收幼师函授学员，每年招收1个或2个班，学制亦分为二年制和三年制。二年制招高中学历教师，开设课程是语文基础知识、音体美教法、语文常识计算教学法、幼儿文学、幼儿教育学、幼儿心理学、美术、舞蹈；三年制招收初中学历的教师，开设课程为，文选与写作、语文基础知识、音体美教学法、幼儿文学、幼儿卫生学、语文常识计算教学法、幼儿教育学、幼儿心理学、美术、舞蹈。

1997年，幼师函授因缺乏生源停止招生。1998—2002年，有500余名幼儿教师取得幼师函授毕业学历。

**学历教育辅导与服务** 1985年，为尽快提高初中教师的学历达标率，根据上级教育部门指示，决定扩大师范专科函授教育招生规模，在教师进修学校设辅导点，由省、市教育学院为教师进修学校培训辅导教师，再由教师进修学校的辅导教师对学员进行面授辅导，省教育学院统一组织命题考试，考试合格后，由烟台教育学院颁发专科学历证书。这种培训形式称之为“二级函授”。

1986年，学校正式承担“二级函授”的面授辅导教学任务，当年只承担中文、数学两个专业的面授辅导任务。1987年，学校购置卫星

电视接收设备，开展国家卫星电视高等师范专科教育（以下称卫电师专），组织学员直接收看卫电师专各科教学节目或观看教学节目录像片，并根据需要进行辅导。

1992年，省教委鼓励学历未达标的中学教师都参加卫星电视高等师范的专科或本科学历教育。专科学历教育的组织辅导仍由教师进修学校负责，本科学历教育教学辅导点亦设在教师进修学校，由师范学院负责辅导，并把以往各师范院校、教育学院举办的脱产进修、自学考试、函授（音像）教育、专业合格证书考试与卫电师专同层次的相同学科考试相沟通，对教师参加这些形式培训考试取得的成绩在卫电师专考试中予以承认，修完规定课程并考试合格后，发给自学考试学历证书。这种培训方式称之为“三沟通教育”（即：卫星电视高等师范教育、自学考试、广播电视大学教育取得的学分相互承认沟通的培训方式）。“三沟通教育”中，教师进修学校任务加重，承担初中语文、数学、外语、物理、化学、历史、地理、生物、音乐、体育、美术等11个学科、1300余人专科学历教学辅导任务。对人数较多的中文、历史、政治等学科在乡镇分片设点辅导。

2001年9月，进修学校设立研究生教学点，招收政治专业研究生60人，由山东师范大学教授授课。随着因特网远程教育网站的开通，年底小学教育专业和本科自学助考的教学辅导改为网上进行。

2002年，有2000多人通过接受教师进修学校的辅导服务取得大学专科以上高等学历证书。

**学历后的继续教育** 80年代，完成小学教师学历补偿教育，学校的工作重点开始转移到学历后继续教育上来。

1990年春季开始，进行新教师岗前培训、小学骨干教师培训、小学班主任培训、中小学教师普通话培训等。1992年，对小学校长上岗前培训、小学校长提高培训、小学教师及部分中学教师晋升专业技术职务培训。1995年，对中小学教师信息技术全员培训，主要是计算机培训。学历后继续教育上了一个新台阶。1996年以后，根据办学需要举办学历后教育培训班，每年办班期数和人数不等，旨在让受训教师转变教育观念，了解教学改革动态和教育政策法规、掌握现代化教学手段，提高教育科研能力和教学艺术水平，实现科学管理、科学育人。对中小学教师进行信息技术全员培训，让所有中小学教师熟练掌握计算机操作技能，运用现代化教学手段进行教学。

1990—2002年，有2万人次接受教师进修学校的学历后继续教育培训。

## 第三节 中等专业教育

1985年，唐家泊农业技术中学撤销，学校合并到第十五中学，更名为栖霞县第四农业技术中学。开设财会和文秘专业。1986年，栖霞第十四中学改为第五农业技术中学，开设幼师专业，从事幼儿教师教育培训。1987年4月，第一农业技术中学更名为“栖霞县职业中等专业学校”，蛇窝泊农业技术中学更名为“栖霞县第一职业高级中学”，松山农业技术中学更名为“栖霞县第二职业高级中学”，第四农业技术中学更名为“栖霞县第三职业高级中学”，第五农业技术中学更名为“栖霞县第四职业高级中学”。这些学校主要开设农业技术多种专业，培养农业技术人才。

1991年9月，栖霞县校舍改造任务结束后，将第一职业高级中学改为“栖霞县第五中学”，第一职业高级中学搬迁到栖霞第六中学，第六中学更名为“栖霞县第一职业高级中学”。1993年，第二职业高级中学更名为栖霞第二职业中等专业学校，同年在县进修学校设立栖霞县成人中等专业学校，开设机电一体化专业。1995年8月，第三和第四职业高级中学改称为栖霞市第三职业中等专业学校和栖霞市第四职业中等专业学校，开办专业有机电、财会、文艺等达10余种。

1997年，经国家和省检查验收，第一职业中等专业学校被确定为“国家级”重点职业学校；第二职业中等专业学校被确定为“省级”重点职业学校。同年，栖霞电视大学、栖霞职工中等专业学校合并到栖霞市高级职业学校。校址在西城镇驻地。1999年4月，第一职业高级中学在市直学校布局调整中被撤销，师资和设备合并到栖霞市第三职业中专。同年4月26日，栖霞市技工学校合并到栖霞市高级职业学校。该校针对不同群体、不同爱好，开设专业门类较多，涉及方方面面。

至2002年，全市共职业教育、培训毕业学生达3万多人次。

## 第四节 职业教育

**技术工人教育** 1986年6月，成立栖霞县劳动技工学校，由劳动局管理。县机床厂作为技工学校实习工厂，同年8月，招收第一批学生。刚成立的劳动技校无固定校舍，教室、办公室、宿舍，只能附设在机床厂内，后又租借县工会的房屋作宿舍，租借果品冷库办公楼做教室。1987年6月，筹划建设新校，地址选在栖霞镇南岩子口村南。同年9月破土动工，次年4月竣工，校园占地面积5.3公顷，校舍面积2530平方米，宿舍面积2500平方米，办公室面积450平方米，容纳14个教学班。

学校招生，由烟台市劳动局下达招生计划，县劳动局根据本县各企业、用工单位需求人数确定招生计划。由于是计划经济体制，就业简单容易，很多初中毕业生、高考落榜生和社会青年踊跃报考技工学校，1985—1989年，毕业学生4500多人。从1990年至1992年，学校先后办起3个工厂、2个公司作为实习基地。1993年以后，随着市场经济发展，学校招生困难。1999年4月，技工学校合并到栖霞高级职业学校，仍保留原学校名称，技工学校不动产划给新组建的栖霞市第二中学。

**普通职工教育** 1985年，县职工教育委员会办公室牵头，全县办起3届职工中等专业培训班，培训人员2100人。1986年，有1650人参加高中文化函授学习，1988年，有1353名职工领取函授高中毕业证书。

职工教育主要抓岗位培训和学历教育培训，对供销、财会、企业管理人员培训、特殊工种培训、新工人岗前培训。

1994年，职工教育工作由教委接管。其工作主要是依据市场经济要求，由教委安排，企业自主培训，年培训骨干人员达2万人。同年，教委职工科与山东农业大学联合举办财会专业大专班，招生21人。1995年和1996年与山东省教育学院联合举办2个文秘大专、大本班，招生200多人。1996年，栖霞市政府报请上级有关部门批准，撤销县联社、商业局、二轻局、总工会、粮食局、桃村化肥厂、磷肥厂7处职工学校。1997年，教委职工科与有关单位联合，对1500名45岁以下职工、党政干部和专业技术人员计算机知识及应用进行培训，有1000多人参加山东省计算机应用能力初级考试，95%以上的人员领取省初级证书。1985—2002年，有1.02万名职工取得高中、中专和大专以上学历，应急性培训，培训面达85%。

**专长教育** 1998年10月，成立“栖霞市永安特训学校”，主要为企事业单位培训保安工作人员。学校租赁劳动技校南院，后转租外贸公司8间平房作校舍。2000年5月，成立“烟台市交通安全教育学校栖霞分校”，行政主管部门为市公安局，校址在迎宾路1082号院。教学内容主要是对驾驶员进行安全教育、业务培训等。

**农民技术教育** 1985年，采取由教师发动、学生教授、包教到人的识字方法，对全县农村15～45周岁的文盲和半文盲进行文化知识和科技知识培训，共扫除文盲半文盲7485人，经烟台市教育局检查验收，达到无盲县的标准。1986年，县农业局成立中央农业广播学校栖霞分校，学校主要是对在职的农村干部、社会青年进行农业科技知识教育和培训。县农业局经管站与财政局联合成立“中华会计函授学校”栖霞分校，学校主要培训农村会计。

1987年，栖霞县教育委员会成立职业教育科，专门抓职业教育和成人教育工作。此时，全县共有13个乡镇办起农业中学，有700个村办起农民文化夜校。每个乡镇农业中学招长班学生25～30人，办短班20多期，共培训2500人次。

1988年2月，国务院颁发《扫除文盲工作条例》。9月，国务院办公厅批复国家教委《关于组织实施“燎原计划”的请示》。是年，全县乡镇农业中学改为乡镇成人学校。全县办起乡镇成人学校23所，办学面达100%，村办农民学校735所，办学面达77%。全县培训农民达10万人次。

1989—1992年，实施“燎原计划”，4年中，乡镇成人学校和村办农民学校年平均培训农民16万人次。1991年6月，国家教委发出《关于大力发展乡（镇）、村农民文化技术学校的意见》。是年，全县有14处乡镇成人学校达到烟台市甲级乡镇成人学校标准。1992年，栖霞镇、桃村镇成人学校被山东省教委评为省级规范化乡镇成人学校。10月，烟台市实施“燎原计划”现场会在栖霞县召开。

1993年1月，国务院办公厅转发国家教委《关于进一步改革和发展成人高等教育的意见》，提出成人高等教育发展的方针及任务。8月，国务院发布《关于修改〈扫除文盲工作条例〉的决定》。1994年9月，国家教委发出《关于在90年代基本普及九年义务教育和基本扫除青壮年文盲的实施意见》。1995年5月，山东省人民政府对栖霞县基本普及九年义务教育和基本扫除青壮年文盲“两基”工作进行验收，非文盲率为99.75%，达到高标准扫除文盲的要求。同年，寨里、庙后、刘家河3处乡镇成人学校被评为省级规范化成人学校。1997年，中桥、臧家庄、松山、亭口、蛇窝泊5处乡镇成人学校被评为省级规范化乡镇成人学校，唐家泊、大柳家2处乡镇成人学校被评为烟台市规范化乡镇成人学校。

1998年，各乡镇成人学校和村办农民学校，根据当地经济建设和市场经济需要，开展政治、文化、科技、法律知识培训，每年培训人数达10万人（次）以上，其中，桃村、中桥、寨里、唐家泊4处乡镇成人学校都举办职业中专和成人中专班，年招生300人左右，先后有36人考取职业大学。

2002年11月，栖霞市通过山东省“双基”复评检查，共有省级规范化乡镇成人学校10处，在烟台市名列第二。

## 第五节 高级职业学校简介

坐落于西城镇的高级职业学校教学楼
（2002年）

学校始建于1968年7月，时称小庄中学。1986年7月，改办为栖霞县职业中等专业技术学校，招收初中毕业生，学制三年。学校级别为科级事业单位，隶属于栖霞县教育局。1996年3月，被国家教委评定为“国家级重点职业学校”，跻身全国“职教五百强”。1997年1月30日，栖霞电大和职工中专与其合并，102名在编教职工（栖霞电大55人、职工中专47人）随之移交。1997年2月14日，正式成立栖霞市高级职业学校，规格为副县级全民事业单位，隶属于市教委，由财政全额拨款。

1999年4月，栖霞技工学校合并到栖霞市高级职业学校，5月1日，原技校31名教职工合并到高职。2000年，栖霞高职通过“国家级重点职业学校”复评。2002年，高职再次通过“国家级重点职业学校”复评，成为首批“千所国家级重点职业学校”。

# 第五章 特殊教育和民办教育

## 第一节 特殊教育

聋哑学校是栖霞市特殊教育唯一的学校，1973年5月，在小庄乡（西城镇）成立。由于基础差，办学条件不高，当年只招收听障学生48名。

1973—1983年，特殊教育处于办学初期，由于各方面条件较差，加上教育信息闭塞，教育教学方法主要采用传统的手语教学方法。1984—1994年，通过不断的教学实践，逐渐从手语教学为主转变为口语教学为主，纠正手语多、较繁杂和地方性的弊端，步入全国统一的通用手语体系。

1985年，县委、县政府把聋哑学校划归给小庄职业学校，聋哑学校由小庄乡迁至唐家泊镇，将原第十中学（原唐家泊镇第二中学）改造成为聋哑学校。学校占地2.4公顷，建筑面积3000平方米，活动场地0.13公顷，学生66名，教师17名。建校之初，由于听障教育教材缺乏，暂时采用普通小学教材，1986年，改用上海版的聋校全日制教材。开设科目有语文、数学、常识、美术、体育、律动、职业技术教育（木工、缝纫）等课程。1993年，根据国家教委新颁发的特殊教育计划，听障教育使用全国统一的实验教材。开设的主要科目有语文、数学、常识（自然常识、社会常识）、品德（思想品德、思想政治）、美工、体育、律动、职业技术（木工、缝纫）、理科（生物、物理、化学）等。1995年，特殊教育教学中运用各种现代教学设备及助听设备，增强学生直观感受，弥补学生听力缺陷。积极开发学生语言能力，挖掘自身存在的学习潜力。培智班的教学方法，注重日常生活能力的训练，加强周边环境知识学习，从生活入手反复让学生熟知所学的知识，注重智障学生从小养成生活自立能力。1997年4月，聋哑学校迁入城区北王格庄村原职工中专学校校址。

2001年，聋哑学校增设培智教育班，智障学生共招收1届9人，听障学生有6人升学深造，有3人已取得专科学历。是年，1992级学生王凯和李建忠均考取济南特殊教育学院工艺美术专科。2002年，聋哑学校增设培智教育班，学制9年，采用全日制培智教材。聋哑学校共招收听障学生17届，已毕业10届，合格毕业生共计174名。1992级学生王海峰考取济南特殊教育学院工艺美术专科，是栖霞市第一个听障大学生。

1997年栖霞聋哑学校迁入城区新校址

1997年改建的聋哑学校教学楼

## 第二节 武术学校

1985年，山东省人民政府颁发《山东省社会力量办学暂行办法》，1987年7月，国家教委颁发《关于社会力量办学的若干暂行规定》给予鼓励和支持。

1993年底，经县教育委员会批准，成立“栖霞县少林武校”，校址在刘家河乡前阳窝村，学校占地1.33公顷，招收小学、初中学生。以文化学习为主，业余时间练武，在校生最多时曾达到140多人。1994年6月，成立“栖霞县宏昌武校”，校址在栖霞镇店西沟村。学校占地0.67公顷，建筑面积800平方米，招收小学、初中学生，以学习文化为主，业余时间练武，在校生100人。1997年7月，国务院颁布《社会力量办学条例》，自10月1日起施行。国家、省、市对社会力量办学实行积极鼓励、大力支持、正确引导、加强管理的方针和政策，为发展社会力量办学提供可靠依据。

1998年，栖霞市少林武校自行停办。1998年10月，成立“栖霞市建华武校”，校址在庙后乡楼底村，后因种种原因自动停办。2002年，成立栖霞市武术学校，租赁高级职业学校校舍，招收小学、初中学生，以学习文化为主，以练武为辅，当年在校学生120人。

## 第三节 社会办学

1995年10月，共青团烟台市委和希望工程烟台助学金办公室共同资助20万元，栖霞县配套30万元，在栖霞县西城镇成立烟台市第一所希望小学。该小学由1996年交付使用。1997年11月，旅澳华侨王家珉捐资26万元，建设中桥完全小学。1998年4月，香港华人华侨协会名誉会长胡国赞资助60万人民币，用于栖霞市文教事业设立奖学基金和文艺基金。

2002年6月，栖霞市政府发布《栖霞市关于社会力量办学的暂行规定》。是年，发展各种短训班6个，成立“栖霞市卓越儿童外国语学校”，租赁大庆路学校教室，利用休息日对中小学生进行英语特长教育；成立“烟台维也纳栖霞假日学校”，租赁实验小学教室，利用节假日对小学生进行多种特长培训，开设英语、音乐、美术、体育等课程。

# 第六章 教师队伍

## 第一节 师资来源与构成

1985年，全县共有小学教师2785人，其中高中及中专文化程度2617人，占93.97%；初中文化程度168人，占6.03%。共有初中教师2357人，其中大专文化程度44人，占1.87%，中等师范及高中文化程度2105人，占89.31%，初中文化程度208人，占8.82%。共有高中教师365人，其中大专文化程度248人，占67.95%，中等师范及高中文化程度117人，占32.05%。

1985年以后，通过师范院校培养新的师资队伍和培训在职教师，全县中等学校的师资素质有显著提高。1987—1991年，全县通过“三沟通”教育、成人高考、高等教育自学考试等方式，有400多人先后参加中专以上学历教育。

1992年开始，全县积极通过高等师范、中等师范、特别是通过北京师范大学、烟台师范学院及一些中等师范，每年定向培养教师达200多名，加上国家计划内师范生，全县每年增加新教师300人左右，其中本科生占6%，大专生占30%。1995年，全县加大教师的学历教育、岗位培训、专业知识技能培训和职务培训，中小学教师学历水平明显提高。到1999年，全市小学教师学历达标率99.5%，其中专科以上学历占35%；中学教师学历达标率88%，其中初中本科以上学历的占32%。

1999年以后，对全市中小学教师实行专业技术职务评聘分开和竞争上岗改革，全市8000余名教职工中解聘200多名，优化教育用人机制。同年还实行师范类毕业生考选择优录用制度。到2002年9月，从600多名师范类毕业生中考选录用410名教师，新教师队伍结构得以优化。

## 第二节 教师培训

1982年11月，栖霞县函授部改为县教师进修学校，成为培训教师的专门机构。每年抽调部分中小学教师到校培训，举办各种专业班8～12期。县教育局组织部分教师参加高等师范函授学习和广播电视大学学习。1984年，参加高等师范函授进修的教师有149人。到1990年，获高等师范函授本科毕业证书的138人，获专科毕业证书的481人。1989年，增设卫星电视高等师范自学，1990年，共有410名教师参加10个专业学习。

1995—2002年，通过卫电、“三沟通”、高师函授、自学考试，有2000多人获本科、大专学历。通过分学段、分学科培训，中小学教师的实际教学水平有较大提高。

在重视学历教育的同时，注重实际教学能力的提高。1983年以后，每年寒、暑假期举办教师培训班、中小学校长读书班；组织优质课评选、骨干教师评选；开展职务培训、岗前培训、校长培训；进行基本功、现代教学技能训练，全市中小学教师学历达标率和实际教育教学能力大幅度提高。1984年，教育局编印《师德教育讲话》，在全县巡回宣讲。

1986年以后，随着学校正规化的建设，各种规章制度的制订，教师的品行纳入竞争机制，对师德进行严格的评估、考核，对提高师德起到极大的促进作用。“教书育人，以身为范”成为全县教师的行为准则。

1988年12月，中共中央发出《关于改革和加强中小学德育工作的通知》，要求中小学必须把德育工作放在首位。1989年以后，德育教育迅速开展起来。1990—1995年，所有学校主要是传达精神，进行德育教育宣传，动员师生提高认识，成立组织，建立领导体系，将德育教育列入议事日程。

1996年，开展“敬业爱岗”教育，对教师提出德育教育要求。1997年，开展“尊师爱生”教育，师生之间相互尊重、相互爱护。1998年，开展“三爱”(爱事业、爱学习、爱学生)教育，师生相互关爱，共同进步。1999年，开展“学、访、论、纠、树”（学，学习教育法规；访，组织老师进行家访；论，写师德教育论文；纠，查纠师德方面存在的问题；树，树立师德典型），对教师提出更高的师德教育标准。2000年，开展“三让一树”（即让学生成才、让家长放心、让人民满意；树文明新风），2001年，开展“四法一规”（即教育法、教师法、义务教育法、未成年人保护法；中小学教师职业道德规范）；学、查、评、树（学四法一规，查不规范行为，评选师德标兵，树先进典型和教师良好形象）。

1999年以后，对全市中小学教师实行专业技术职务评聘分开和竞争上岗改革。2000年1月，对全日制中小学、职业学校、教师进修学校、哑校、体育中学在核定编制的基础上实行工资总额包干。乡（镇）教师工资开始实行市财政统一发放。

2002年，开展“师德建设年” 主题教育活动，调动全市中小学教师参与。此活动以主题讲座、问题讨论、事迹报告为载体，将中小学教师的师德水平提高到一个新的层次。

## 第三节 “教师村”建设

栖霞市委、市政府根据国家规定和本地实际，大力提高教师的社会地位和生活待遇，使教师这一职业逐渐为人尊重。

1985年，栖霞县委、县政府召开第一个教师节庆祝大会，表彰和奖励优秀教师和优秀教育工作者，社会各界开展尊师重教活动。

1990年，为鼓励教师安心工作，解除后顾之忧，提高教师的生活待遇，县政府筹资6000余万元，建造住宅811套，使城区教师住房成套率达98%，人均居住面积达17.5平方米。建成564户规模的教师住宅小区—“教师村”。1991 年，“教师村”被山东省社会治安综合治理办公室评为“安全文明住宅小区”。

## 1985—2002年栖霞市教师情况统计表

表25-3　　单位：人

| 年份 | 合计 | 高中、职高 | 初中、小学 | 民办 |
|---|---|---|---|---|
| 1985 | 2902 | — | — | — |
| 1986 | 3056 | — | — | — |
| 1987 | 3406 | — | — | — |
| 1988 | 3591 | — | — | — |
| 1989 | 3802 | 955 | 2487 | — |
| 1990 | 3802 | 1043 | 2759 | 2985 |
| 1991 | 3916 | 1083 | 2833 | — |
| 1992 | 4145 | 1130 | 3015 | — |
| 1993 | 6603 | 1122 | 5481 | 2604 |
| 1994 | 6725 | 1142 | 5583 | — |
| 1995 | 4931 | 1226 | 3705 | — |
| 1996 | 5262 | 1265 | 3997 | — |
| 1997 | 6012 | 1422 | 4590 | 1986 |
| 1998 | 6975 | 1417 | 5558 | — |
| 1999 | 7097 | 1482 | 5615 | — |
| 2000 | 7077 | 1483 | 5594 | — |
| 2001 | 6987 | 1440 | 5547 | — |
| 2002 | 7100 | 1392 | 5708 | — |

# 第七章 学校基础设施建设

## 第一节 校舍建设与改造

1980年，县委、县政府把优先发展教育摆在战略地位来抓，先后下发《关于改善农村中小学办学条件问题的通知》《关于筹集办学资金发展教育事业的决定》等一系列校改文件，全县开始校舍改造。1982—1987年，农村中小学校舍改造。全县共投入3.3732亿人民币及大量人力、物力和机械设备，完成615所农村中小学校改任务。

1988—1991年，公办学校校舍改造。县委、县政府共筹资金2231.5万元，建成农村正规初中35所，改造11所县属学校校舍，新建校舍43010平方米，维修校舍24417平方米；硬化路面6782平方米，绿化校园25万平方米，砌院墙3210米，建炉渣跑道8条，按照“五达标”（校舍达标、操场达标、仪器达标、绿化达标、体育设施达标）的要求完成仪器等设备配套工作。1991年经省教委、财政厅、建委、人事局一次验收合格。

1992—1999年，优化办学条件及教职员工居住条件。（县）市委、（县）市政府先后筹资1000多万元，用于农村小学布局调整，农村小学由798所调整为366所，加强哑校、栖霞第二中学、大庆路学校等学校建设，合并高职、电大、职工中专、技工学校，撤销栖霞一职、第八中学。筹资1000万元，建成市高级职业学校，使其达到烟台市教委规定的“二、四、二”标准，成为国家级重点职业学校。筹资800万元为实验中学新建8400平方米教学楼和9200平方米综合楼，使其成为省级规范化学校；投资600万元为栖霞一中新建4700平方米餐厅、2000平方米电教楼，配备大量内部设备，栖霞一中成为省级规范化学校；筹集500多万元为大庆路学校建成教学办公楼；筹资300多万元，为4所职业学校建成4幢办公楼。

2000—2002年，进行危房改造会战。根据国务院指示精神和省政府《关于实施中小学危房改造工程意见的通知》，市委、市政府召开全市党员、干部大会，制定《栖霞市人民政府关于全市中小学危房改造工作的意见》《栖霞市中小学危房改造办法》《栖霞市中小学危房改造标准》等8个相关文件，成立由市长为组长，分管教育副市长为副组长，财政、建设、计划、教育、工商、国土资源等单位为成员的危房改造领导小组，对全市70.8万平方米的校舍，先后进行3次“地毯式” 的排查。对施工质量、施工进度，进行3天一调度、7天一通报，对“危改”中出现的好人好事和工作标兵，市委、市政府给予记功嘉奖。3年间，市委、市政府和全市人民共投资3000余万元，改造危房20余万平方米，其中市第一中学投资1000万元将4700平方米危房改造成11000平方米新的教学大楼；桃村楚留店小学改造成1处640平方米新的“花园式”学校；亭口镇门楼完小将其40余间平房改造成1座别墅式学校。全市校舍改造工作得到上级党委、政府的高度评价。

2001年7月16日，副省长邵桂芳对此作出批示，要求抓紧搜集全省类似于栖霞市高度重视中小学危房改造工作的好做法、好经验、好思路、好措施以及好的筹资渠道，加以推广，栖霞市的做法得以全省推广。

## 第二节 教学设施

1986年，栖霞一中、实验中学、栖霞镇初级中学率先建起符合国家标准的实验室，1989年，部分乡镇中学始建实验室。1987—1991年，县直属学校开始配备幻灯机、投影仪、收录机等电教仪器，市第一中学建起微机室、语音室。

1992年，乡镇学校开始加强电教器材配备。到1998年，全县（市）乡（镇）两个以上中心学校，基本上建起微机室、语音室和音像备课中心，实验中学建起全市第一个校长评价系统和多媒体教室。1999年，开展创建实验教学、电化教学达标县（市）活动，全面加强仪器设施配备与使用，着重加强多媒体教学设施建设。至2000年10月，全市中小学普教仪器基本配齐，现代教育技术水平有很大提高，全市中心完小以上学校共建多媒体教室45个，全市中小学微机拥有量达到3000台，仪器设备价格达2500余万元。

2002年，为适应现代教育技术的需要，全市先后投资150余万元购买教育软件，投资120余万元购买各类学具，各级各类学校新购买电脑2000余台。由于教育技术“软”“硬”件的大量配备，为创建栖霞教育城域网储备大量资源。

# 第八章 教育行政管理

## 第一节 教育管理机构

1940年成立教育科四科，1942年改称教育科，后与 文化科合并为文教科，1957年10月改称教育局，1967年撤销，1974年12月恢复成立教育局。1982年3月，设职工教育委员会办公室，正科级，1984年3月，降格为副科级，1987年，降格为股级。1991年3月，教育局内设教学研究室，副科级单位。1993年11月，教育局改称教育委员会。1995年5月，设立栖霞县人民政府教育督导室，副科级单位。2001年12月体委并入教育局，称教育体育局。

1955年9月，设立中华全国体育总会山东省栖霞分会，1956年11月改称体育运动委员会。1967年撤销，1976年5月恢复体育委员会称谓。1993年并于文化体育委员会，1994年5月恢复体育运动委员会，2001年12月并于教育局。

## 第二节 学校规范化管理

主要抓好抓义务教育和素质教育两个方面工作。1986年，全市开展“两基”达标活动，教育部门和全社会广泛参与，取得明显成效。到1993年，全市小学学龄儿童入学率、毕业率均达到100%，小学毕业生升初中率达到100%。1993年，栖霞市通过省政府“两基”验收，1995年，采取有力措施，提高中小学生巩固率，小学巩固率为100%，初中巩固率为99.76%，毕业率为100%，被国务院公布为“全国首批‘两基’达标市”。

在巩固“两基”成果的基础上抓好素质教育。1997年，全面推进素质教育改革，在全市中小学推行烟台市小学“三制一管两提高”和

初中“两全两分四改革” 素质教育改革方案，制定中小学素质教育一系列配套方案，在全市付诸实施。

1998年，创建烟台市素质教育先进乡镇、先进学校，全市涌现出烟台市实施素质教育先进乡镇7个、素质教育先进学校8个、素质教育明星学校1个，素质教育步入烟台市先进行列。

2000年6月，烟台市教委在栖霞市召开烟台市中小学素质教育现场会，参观实验中学、栖霞镇一中、寨里中心完小3处现场，与会人员给予较高评价。义务教育水平的提高和素质教育的推进，促进中小学教育教学质量的提高，栖霞市历年高考、中考成绩均居烟台市各县（市、区）前列。

通过两基达标和素质教育改革，1991年开始，各级学校创建省、市规范化学校，1995年，实验中学首先被评为省级规范化学校。1997年，又被评为烟台市首届明星学校，同年，栖霞一中被评为省级规范化学校。1999年，又被评为烟台市第二届明星学校。

至2002年末，全市共建成省级规范化学校2所，烟台市明星学校2所，烟台市规范化学校69所。通过创建规范化学校活动，促进全市基础教育办学上档次，教学上质量，管理上水平。

## 第三节 教育经费

1985年8月，县政府印发《关于筹集资金解决农村中小学经费问题的通知》，规定按每生每年400元、全县人均0.6元的标准，由乡镇负责筹集，交县财政帐户专项管理使用。1986年11月，县人民政府印发《关于征收教育费附加的暂行规定》，规定从当年2月起按“三税”（增值税、产品税、营业税）的1%计征教育费附加，主要用于县城以上公办中小学的图书、仪器设备和校舍修缮等改善办学条件的支出。1987年11月，县政府制定《关于征收农村教育费附加的实施意见》，征收比例为乡村两级企业按上年利润总额的5%计征，个体企业按利润的3%税前计征，农户按上年人均纯收入的2%以内计征，当年增加投入700余万元。1988年5月，县政府印发《关于为解决城区教师家属宿舍筹集资金的通知》，要求从1988年起到1992年止，从县直机关、厂矿企事业单位（文教卫生单位除外）建宿舍总造价中提出7%，用于城区教师家属住房建设。

1988年12月，县政府印发《关于公办中小学校舍改造意见》规定，校舍改造资金通过以下渠道解决：财政预算内拨付校舍改造专款；城市教育费附加由原“三税”的1%提高到3%；城镇综合开发费要安排25%用于中小学校舍改造和建设；县及县以上所有单位按年度固定资产投资额中建筑、安装工程预算投资的3%（宿舍建设的按7%）加收基本建设教育费；学校从勤工俭学收入中安排部分资金用于校舍改造；鼓励个人和集体捐资助学。先后筹资1100多万元，历时3年完成全县16所公办中小学校舍改造。1990年12月，县财政拨款50万元存入工商银行，作为教育奖励基金，其当年利息为本年度教育奖励基金奖，每年教师节前发放。

1990年12月，县政府第五次常务会议讨论通过《栖霞县人民政府关于设立教育奖励基金的规定》，县财政拨款30万元存入工商银行，作为教育奖励基金，教育奖励基金当年所得利息为本年度教育奖励基金奖。1991年2月，县政府制定《关于筹资搞好公办校舍改造工作意见》，提出进一步拓宽校改筹资渠道，从教育费附加提留部分中拿出70万元；从“三税”的2%中拿出70万元；从城区单位建造宿舍工程总造价的7%中拿出30万元；从黄金补贴中拿出50万元；当年和次年在收取全县生产和生活用电电费的同时，每度电加收0.01元，作为校改资助金；当年和次年对全县所有交通运输车辆加收校改资助费；动员社会力量捐资助教。

全县城镇学校校舍改造，从1988年开始到1991年结束，共完成投资总额2231.5万元，新建校舍43010平方米，维修校舍24417平方米，硬化路面67842平方米，实现“五达标”。1992年4月，省政府表彰奖励栖霞县等29个校改先进县（市、区）人民政府和两个省直单位，栖霞县获奖金40万元。1993年3月，县政府第三次常务会议议定，在实验中学原址新建1处8000平方米教学、实验为一体的综合楼，总投资470万元。资金来源是，由教育局从勤工俭学专款中拿出20万元；由县政府统一协调筹措资金200万元；全部免收新校舍建设工程的各种税费，校建资金余额部分30万元作为教育局退还毕业生借款的流动资金，不得挪作它用。该工程竣工后，城区学生上学难的问题得到缓解。

1993年11月，根据县委、县政府关于印发《栖霞县县级党政机构改革实施方案》的通知和《关于机构改革中财务处理和档案移交工作的意见》的规定，原县职工教育办公室合并到县教委，接收资产95784元。

1994年7月，县政府第六次常务会议研究决定，对学校收费标准进行调整：学费，职业中专、城区高中每生每学期80元，职业高中、农村高中每生每学期70元；杂费，职业中专、城区高中每生每学期120元，职业高中、农村高中每生每学期100元，农村初中每生每学期50元，城区初中每生每学期80元，农村小学每生每学期40元，城区小学每生每学期60元；住宿费。11人以上房间每生每学期25元；10人以下房间，每生每学期30～35元。

1994年12月，县政府印发《增加教育投入的实施办法》，规定，对宾馆、旅社、招待所、饭店按住宿费标准加收3%的基本建设教育费；每度电加收0.01元的校改资助金；对新购置的小轿车、面包车和吉普车，一次性加收教育费，排气量在2.0以上3.0以下的每辆收取1万元；县财政每年从城市增容费中拨出一部分专款用于教育事业；对学校建设实行五项免费，各级各类学校的教学设施免交公共设施配套费、用水用电费、增容费、征地配套费和商业网点费。

1995年5月，县政府常务会议决定，高职图书楼、大庆路教学楼加层工程建设资金来源是，从教委上缴的预算外资金中追还一部分；从学生借款中解决一部分。7月，为充分发挥教育资金使用效益，成立县教育结算服务中心。10月，县教委制定《栖霞县中小学学生助学金发放规定》，规定思想品德表现较好、勤奋好学、家庭经济困难、无力负担书本费、杂费、住宿费而可能辍学者可申请享受助学金，助学金以抵减书本费、杂费、住宿费为基本发放形式，原则上不发给学生本人。助学金经费来源由财政安排的教育事业费统筹解决，不足部分可通过教育基金、学校勤工俭学收入等多渠道解决，助学金要建立财务专账，专款专用。12月，国家从教育事业预算内基建资金中拨付15万元用于栖霞一中实验楼建设。

1996年4月，市政府常务会议决定，在大庆路学校现址教学楼东侧新建一座教学楼，建设资金筹资解决，特别是通过电业代征的校改资助金、教育费附加等解决。9月，省拨付职业教育专款5万元，用于加快职业教育发展。1997年10月，市政府常务会议决定：每年从农村教育费附加集中部分拿出27万元，分10年逐期偿还学生集资款，不足部分由教委补充。11月，市政府常务会议决定，由供电公司从电力基金中拿出100万元用于一中餐厅建设；建委和建筑公司要在保证工程质量的前提下，尽量降低工程造价；缺口资金由教委、财政通过教育费附加解决。12月，省拨付受灾专款9万元；省拨付职工教育奖励专款10万元。

1998年6月，经市第十三届人民政府第一次常务会议研究决定，从1998年6月1日起，市直学校教师统一由市财政发放工资。1998年8月，在全市乡镇中小学推行财务统一管理机制。1995—1998年，市政府投入1100万元，筹建第一中学4500平方米的餐厅楼、1600平方米的图书楼；筹建大庆路学校4000平方米的综合楼；筹建高级职业学校3000平方米的餐厅楼、2000平方米的图书楼。

2000年10月，省财政厅、教育厅拨付学前教育补助经费10万元、职业教育经费40万元、薄弱学校专款15万元。2001年7月，省政府办公厅、财政厅、教育厅拨付危房改造专款140万元；9月，市政府拨款30万元用于基本建设；11月，省拨付九运会专款11万元；12月，中央拨付特殊教育建设专款15万元，省财政厅拨付四中教学翻建专款10万元、教育补助专款10万元、改善办学条件专款20万元、救灾专款10万元，省体育局拨付建游泳池专款5万元，烟台市财政局拨专款10万元，市政府拨危房改造奖励专款9.5万元。

2002年10月，栖霞一中贷款300万元，用于教学楼建设；11月，国家安排国债专款150万元，用于一中教学楼建设，省体育后备人才基地拨建设专款6万元；12月，省政府拨危改专款25万元，省拨一中校园网专款10万元、二中实验楼建设专款10万元，山东省体育俱乐部拨建设专款4万元，省、市拨薄弱学校建设专款20万元。烟台师范学院捐赠语音设备、青岛建材学院捐赠微机设备、省实验小学捐赠教学设备，价值共计45万元。

# 第九章 体 育

## 第一节 体育设施

**体育场** 栖霞县体育场始建于1989年12月，竣工于1992年7月，占地3.06公顷，建筑面积28233平方米，总投资300万元，可容纳观众1万人，是集多种功能于一体的标准体育场。

2000在体育场举办首届职工运动会

**学校及群众活动场地** 随着全民健身活动的深入开展，栖霞市形成竞技体育、学校体育、群众体育齐头并进的局面，体育设施建设不断加强。80年代末投资80万元改建体校办公楼。1991年，投资10多万元为实验小学建成300米标准跑道体育场，并配备各种体育器材，达到国家规定的“体育设施一类学校”标准。投资80多万元为栖霞一中建成300米标准田径场1处，篮球训练馆1个，篮球场地5个，体育教学设施达到国家规定标准。

在全民体育方面，各级政府也加大投入力度。原中桥镇政府为中学投资30余万元，建成300米环形跑道体育场，建成灯光篮球场1个，足球场1个，按国家“九五”二类标准配齐所有体育器材。蛇窝泊镇每年由财政拨款10万元，专门用于体育设施建设，全镇体育设施健全，村有篮球场76个、乒乓球室67个，许多村都成立“青年文体活动之家”，配备羽毛球、象棋、乒乓球、台球等体育器材。投资50万元为镇第一中学建成300米体育场1处，足球场1处，灯光球场2个，体育器材齐全，达到国家规定的体育设施二类标准。杨础镇先后投入52万元建体育场7处，排球、篮球场42处，足球场3处，乒乓球、台球室54处。

实验中学操场（2002年）

1991年建成的实验小学操场

## 第二节 学校体育

1978年始，栖霞县学校体育场地、设施从无到有，发展很快。到2002年，全市共有体育运动场60多处，篮球场100多处，学校体育器械设备也日趋完备。体育师资力量也日趋雄厚，全市共有专职体育教师267人，其中大专以上学历152人，占总人数的57%。

**教学与研究** 20多年来，中国学校体育逐步走出前苏联军事体育模式，走上素质教育轨道，广大学校体育工作者大胆探索，勇于创新，思索并实践适应素质教育要求的学校体育教学模式。

至2002年末，共有8人在统一组织的讲课观摩中被评为烟台市“十百千万工程”体育优质课，在烟台市举办的1999年全市中小学体育教师教学基本功大赛中，栖霞市获得团体总分第三名的优异成绩。

**体育竞赛** 1991年，史建英在全国女子摔跤比赛中获得女子组第四名。1992年，史建英在全国女子摔跤比赛中获得第三名。常蓬波在全国摔跤锦标赛上获男子组摔跤比赛第二名。1995年，史殿波在省十七届运动会上获男子组柔道比赛第一名。1997年，烟台市中小学生田径运动会比赛，栖霞市获甲组团体总分第8名。2000年，在山东省中小学生“学校杯”田径比赛中，栖霞市一中获团体总分第二名。在烟台市“学生杯”中小学生田径运动会比赛中，栖霞市高级职业中学获职专组团体总分第五名，并获体育道德风尚奖。2002年，洋强在省二十届运动会上获男子组摔跤比赛第一名。

1985—2002年，学校为上级优秀运动队和有关体育部门培养输送优秀体育人才300多人，有70余人在省以上国际国内重大体育比赛中获得奖牌。为高校输送人才306人。

2000年栖霞市中学生夏季运动会入场式

长跑比赛（2000年）

**2002年栖霞市体育事业情况统计表**

表25-4

| 指标名称 | 单位 | 数量 |
| --- | --- | --- |
| 各级举办运动会 | 次 | 10 |
| 市 级 | 次 | 2 |
| 乡镇级 | 次 | 8 |
| 参加的运动员 | 人 | 6600 |
| 市 级 | 人 | 2800 |
| 乡镇级 | 人 | 3800 |
| 少年儿童业余体校 | 所 | 1 |
| 在校学生数 | 人 | 106 |
| 专职教练员 | 人 | 16 |
| 当年输送及考入高等院校人数 | 人 | 9 |
| 传统项目布局学校数 | 所 | 16 |
| 其中：中学 | 所 | 9 |
| 参加传统项目活动学生数 | 人 | 28000 |
| 《国家体育锻炼标准》达标人数 | 人 | 89115 |

## 第三节 群众体育

1978年，改革开放以后，随着生活水平的提高，人们普遍对健康长寿有越来越强烈的追求。全民健身活动悄然兴起，不同职业的群众选择不同内容和不同形式的体育锻炼项目。

武术是栖霞的传统体育项目之一。1985年，全县城乡常年习武者有3000余人。1984年3月，举行全县武术观摩表演，参加者上至81岁高龄老人，下至13岁儿童，由80名武术爱好者表演近30个武术项目，成为建国后栖霞县最大规模的一次武术大检阅。

健身舞是深受欢迎的体育锻炼项目之一。2002年7月，在文化广场进行集体健身表演活动，参加人员达600多人。表演项目多种多样，有双人舞（交谊舞）、集体舞、太极拳、球操、扇子舞、剑舞等。

在栖霞市区，有20处锻炼场地。台球兴起于80年代中期，因其竞技性强，一直深受青少年欢迎，迄今不衰。

2002年末，全市共有台球室300多处。呼啦圈，1993年传入栖霞并迅速遍及城乡，特别在中小学生中，几乎达到人手一圈的程度，这种锻炼方式简单可行，且锻炼效果极佳。棋类，包括中国象棋和五子棋，或二人席地而坐，或三五围观助阵，在栖霞城乡盛行不衰。太极拳、跑步、爬山、散步之类体育运动方式，无须借助于器械，可根据锻炼者自身条件量力而行，极见功效，深受群众喜爱。篮球、乒乓球、羽毛球、毽子、陀螺等， 在城乡都有继承沿袭，群众体育项目异彩纷呈。

2002年文化广场集中演出时扇子舞集体表演

2002年文化广场集中演出时太极拳集体表演

**职工体育** 职工体育运动有较长历史。篮球是职工体育运动的主要项目，2000年以后每年都举行职工运动会和篮球比赛。1985—2002年，栖霞市举办厂矿企事业单位篮球比赛40多场，市政府每年组织机关工作人员举办篮球比赛4场。2000年春季，栖霞市举办新世纪首届职工运动会，参赛单位120多个，参赛人数1000多人，规模之大，人数之多，创栖霞体育运动会之最。另外，系统之间、单位之间年年举办规模不等、形式不同的职工运动会，活跃广大职工的业余文体生活。如台球赛、托球赛、自行车慢速赛、环城跑等。

**农民体育和老年体育** 1985—2002年，农民体育运动主要内容是武术、田径、篮球、乒乓球等。蛇窝泊镇、杨础镇、西城镇、庙后镇、桃村镇、翠屏街道、庄园街道等镇（街道），体育设施完备，参加体育活动的积极性较高，每年这些乡镇都举办不同形式、不同内容的体育比赛，参加者均受到所在镇政府表彰奖励。

2000年春季栖霞市首届职工运动会入场式

1997年，栖霞市成立老年体育协会，之后，相继开展老年象棋、门球、乒乓球、太极拳、太极剑、太极扇、健身秧歌、健身球、健身操等一系列比赛活动。

既丰富老年人的生活，又增强人们的体质。有些常见病、慢性病，收到不药而愈的效果。

市干休所老年乒乓室（2002年）

## 第四节 竞技学校

**宏昌武校** 系烟台卷烟厂车间主任郝美创办。1977年，郝美开始拜师习武，1993年，取得山东省民间武术馆教练员上岗证书，为国家一级武术裁判。1994年5月，辞去厂内职务，创办全日制民办宏昌武术学校，隶属栖霞市教育体育局管理。

宏昌武术学校位于栖霞城南郊，占地面积2万平方米。有教职工22人，学生100多人。教师队伍中，有高级职称的3人，中级职称的6人。设办公室、教务处、政教处，有一至九年级9个教学班和1个中专班。教学设备齐全，共有各类教学仪器200多台（件），各类运动器材和武术器械300多台（套），微机26台。1999年，参加省“蓬莱阁杯” 武术套路竞标赛取得1金2银4铜；2000年，参加省“莱州电力彩虹杯”武术套路锦标赛，夺得7枚金牌，学校被山东省武术院确定为 “山东省武术队宏昌培训基地”。2001年，参加省“临烟杯” 武术套路锦标赛，又获1金4银2铜。2002年，参加省“宝源杯”螳螂拳锦标赛，一举夺得19金18银14铜，获团体总分第一。

**武术学校** 1997年，经教育部门批准，成立武术学校，实行独立办学。创办人马庆杰，系业余体校武术教师。学校位于西城镇高级职业学校院内。学校师资力量雄厚，训练设施齐全。文化课按国家教育部全日制义务教育教学计划规定的课程开设，按教学大纲组织教学，建校以来为大专院校、专业运动队、武警部队输送了大批优秀人才。

1994年，任武术教师时，学生臧进才参加由省运动学院举办的全国武术比赛，获得剑术、棍术两枚银牌。1997年，自创武术学校后，学生李雪参加“超赛杯第三届国际武术交流大会”获得金牌；衣永杰参加 “棠溪宝剑杯全国武术散打擂台邀请赛”，获60公斤级第二名。

1985—2002年，全市参加省级以上武术竞技比赛达26人次，共获得各种等级奖牌75枚。

2002年太虚宫燕九节上武术表演

## 1985—2002年栖霞市获山东省级以上武术比赛成绩表

表25-5

| 姓 名 | 比赛时间及项目 | 名 次 |
| --- | --- | --- |
| 史建英 | 1989年山东省业余体校武术比赛女子少年乙组规定拳 | 第一名 |
| | 1990年11月全国女子自由式摔跤冠军赛 | 第六名 |
| | 1992年4月第五届全国女子自由式摔跤比赛 | 第三名 |
| | 1992年9月山东省第十六届运动会国际式摔跤比赛 | 第三名 |
| 李 雪 | 1997年全国超赛得杯第三届国际武术交流大会 | 第一名 |
| 常蓬勃 | 1992年6月全国青年锦标赛62公斤级 | 第六名 |
| | 1993年全国男子摔跤比赛 | 第四名 |
| 徐永峰 | 1997年棠溪宝剑杯全国武术散打擂台邀请赛70公斤 | 第三名 |
| 史殿波 | 1994年山东省第十七届运动会柔道 | 第一名 |
| 刘 磊 | 2000年山东省青少年武术散手锦标赛85公斤 | 第三名 |
| 姜海林 | 2001年山东省维力特杯武术散手锦标赛85公斤 | 第二名 |
| 臧振才 | 1994年全国少年武术杯比赛 | 第二名 |
| 衣永杰 | 1997年全国武术散打擂台邀请赛60公斤 | 第二名 |
| 崔建军 | 1991年山东省萌芽杯男子举重比赛 抓举 | 第一名 |
| | 1991年山东省萌芽杯男子举重比赛 挺举 | 第一名 |
| | 1991年山东省萌芽杯男子举重比赛 个人总分 | 第一名 |
| | 1992年山东省第十六届运动会举重比赛乙组 | 第一名 |
| | 1994年山东省希望杯举重比赛 抓举 | 第二名 |
| | 1994年山东省希望杯举重比赛 挺举 | 第二名 |
| 孙立华 | 1992年全国举重比赛 | 第三名 |
| 李世杰 | 1985年山东省希望杯武术比赛 | 第三名 |
| 王芳芳 | 1999年山东省希望杯武术比赛传统拳 | 第一名 |
| 闫春丽 | 1994年山东省第十七届运动会女子自由式摔跤比赛 | 第三名 |
| 宋炳南 | 2001年山东省希望杯武术散手比赛 | 第一名 |
| | 2002山东省希望杯武术散手比赛90公斤 | 第三名 |
| 马炳坤 | 1985年全国武术邀请赛70公斤 | 第一名 |

**竞技体育运动学校** 1974年，成立栖霞县业余体校，隶属县体委管理，年末学生30余人。设短跑、中长跑、投掷、跳跃4个项目，由2名田径教练员指导训练。1977年，增设男女篮球2个项目，增加2名篮球教练员和1名田径教练员。1982年，教职工有18人，学生70人，设体育、文化2个教研组。1995年12月，业余体校改称栖霞县竞技体育运动学校，同时称体育中学，为副科级事业单位。1998年，有教职员工50人，学生100人，设田径、举重、武术、散打、摔跤、跆拳道6个训练项目。2002年，学校拥有1200平方米的教学办公楼1座和400米跑道的标准体育场1个。开设田径、举重、武术、散手、拳击、跆拳道等10个训练项目，专项训练设备和基础训练设备较齐全，配备骨龄机、红白肌测试仪和放像机等科研设备及电教设施。内设办公室、训练处、科研处、教导处、总务处，在编干部职工共57人，是一所拥有小学部、初中部共6个教学班、150余名学员的三集中（集中食宿、集中学习、集中训练）形式的教学训练基地。有高级教练5人，一级教练3人，二级教练5人，三级教练2人。其中，具有大专以上学历的12人，中专以上学历的3人。建校20多年来，向全国各大专院校及优秀运动队先后输送了180多名优秀运动员。2002年，学校中长跑班被山东省体委命名为“山东省中长跑重点班”。

**1985—2002年栖霞市体校输送人才情况统计表**

表25-6

| 姓 名 | 性别 | 项 目 | 送往单位 | 输送时间 | 参加比赛 | 名 次 |
|---|---|---|---|---|---|---|
| 万得臣 | 男 | 田 径 | | 1986 | 山东省十三届比赛 | 第二名 |
| 慕洪光 | 男 | 举 重 | 烟台市体校 | 1987 | 山东省比赛 | 第一名 |
| 王美玲 | 女 | 田 径 | 山东省体工队 | 1987 | 全国越野比赛 | 第六名 |
| 刘宝英 | 女 | 田 径 | 山东省体工队 | 1987 | 全国第二届城运会 | 第四名 |
| 王国荣 | 女 | 田 径 | 烟台市体校 | 1987 | 烟台市比赛 | 第二名 |
| 鲁世超 | 男 | 田 径 | 烟台市体校 | 1987 | 烟台市比赛 | 第二名 |
| 谭小春 | 男 | 篮 球 | 烟台市体校 | 1988 | 山东省比赛 | 第一名 |
| 王德胜 | 男 | 举 重 | 山东省体工队 | 1988 | 山东省十四届运动会 | 第二名 |
| 李冬梅 | 女 | 田 径 | 烟台市体校 | 1988 | 烟台市比赛 | 第一名 |
| 刘春燕 | 女 | 篮 球 | 烟台市体校 | 1988 | 山东省比赛 | 第一名 |
| 王惠娟 | 女 | 田 径 | 山东省体工队 | 1988 | 山东省十届运动会 | 第三名 |
| 初红霞 | 女 | 武 术 | — | 1988 | 山东省武术比赛 | 第一名 |
| 李世杰 | 男 | 武 术 | — | 1988 | 山东省武术比赛 | 第一名 |
| 韩利明 | 男 | 篮 球 | 烟台市体校 | 1989 | 山东省比赛 | 第一名 |

续表25-6

| 姓 名 | 性别 | 项 目 | 送往单位 | 输送时间 | 参加比赛 | 名 次 |
|---|---|---|---|---|---|---|
| 吴永庆 | 男 | 田 径 | 烟台市体校 | 1989 | 山东省十六届比赛 | 第一名 |
| 王惠燕 | 女 | 田 径 | 烟台市体校 | 1989 | 全国农民运动会 | 第三名 |
| 刘桂荣 | 女 | 田 径 | 烟台市体校 | 1989 | 烟台市比赛 | 第三名 |
| 臧世才 | 男 | 武 术 | 山东省体工队 | 1990 | 山东省武术比赛 | 第二名 |
| 常蓬勃 | 男 | 摔 跤 | 山东省体工队 | 1990 | 山东省武术比赛 | 第二名 |
| 杜红举 | 男 | 田 径 | 山东省体校 | 1990 | 山东省十六届比赛 | 第二名 |
| 李喜成 | 男 | 田 径 | 烟台市体校 | 1990 | 烟台市比赛 | 第三名 |
| 崔化龙 | 男 | 举 重 | 烟台市体校 | 1990 | 烟台市比赛 | 第一名 |
| 史建英 | 女 | 摔 跤 | 山东省体工队 | 1991 | 全国摔跤比赛 | 第三名 |
| 林 江 | 男 | 田 径 | 山东省体工队 | 1991 | 全国业体比赛 | 第一名 |
| 牟先胜 | 男 | 田 径 | 山东省体工队 | 1991 | 全国中学生比赛 | 第二名 |
| 李德刚 | 男 | 田 径 | 山东省体校 | 1991 | 山东省越野赛 | 第一名 |
| 宋红旗 | 男 | 举 重 | 烟大体育学院 | 1991 | 全国业体比赛 | 第二名 |
| 孙立华 | 女 | 举 重 | 山东省体工队 | 1992 | 山东省十六届比赛 | 第五名 |
| 崔建军 | 男 | 举 重 | 山东省体工队 | 1992 | 山东省十六届比赛 | 第一名 |
| 杨海梅 | 女 | 田 径 | 烟台市体校 | 1992 | 山东省希望杯 | 第一名 |
| 柳玉星 | 男 | 田 径 | 山东省体校 | 1992 | 山东省希望杯 | 第三名 |
| 史大磊 | 男 | 篮 球 | 山东省体校 | 1992 | 全国少年篮球比赛 | 第六名 |
| 郝 兵 | 男 | 篮 球 | 烟台市体校 | 1992 | 山东省比赛 | 第一名 |
| 郝敬华 | 男 | 武 术 | 烟台市体校 | 1992 | 烟台市比赛 | 第一名 |
| 杨 成 | 男 | 摔 跤 | 烟台市体校 | 1992 | 烟台市比赛 | 第一名 |
| 蒋延义 | 男 | 田 径 | 山东省体校 | 1992 | 山东省比赛 | 第四名 |
| 杨海英 | 女 | 田 径 | 山东省体校 | 1992 | 烟台市比赛 | 第三名 |
| 柳少帅 | 男 | 举 重 | 烟台市体校 | 1992 | 烟台市比赛 | 第二名 |
| 于晓红 | 女 | 田 径 | 烟台市体校 | 1992 | 烟台市比赛 | 第三名 |
| 史殿波 | 男 | 柔 道 | 烟台市体校 | 1993 | 山东省十七届比赛 | 第一名 |
| 柳海光 | 男 | 田 径 | 烟台市体校 | 1993 | 山东省十七届比赛 | 第四名 |
| 马炳坤 | 男 | 武 术 | 武汉体育学院 | 1993 | 烟台市比赛 | 第一名 |

续表25-6

| 姓 名 | 性别 | 项 目 | 送往单位 | 输送时间 | 参加比赛 | 名 次 |
|---|---|---|---|---|---|---|
| 刘洪汛 | 男 | 田 径 | 烟台市体校 | 1993 | 烟台市比赛 | 第一名 |
| 徐国锋 | 男 | 举 重 | 烟台市体校 | 1993 | 烟台市比赛 | 第一名 |
| 李春刚 | 男 | 田 径 | 牟平师范 | 1993 | 烟台市比赛 | 第三名 |
| 衣 燕 | 男 | 举 重 | 烟台市体校 | 1993 | 烟台市比赛 | 第二名 |
| 祝芳涛 | 男 | 举 重 | 烟台市体校 | 1993 | 烟台市比赛 | 第二名 |
| 刘春晓 | 男 | 举 重 | 烟台市体校 | 1993 | 烟台市比赛 | 第二名 |
| 孙广红 | 女 | 田 径 | 山东省体工队 | 1994 | 世界青年锦标赛 | 第二名 |
| 刘延林 | 男 | 田 径 | 山东省体工队 | 1994 | 全国少年分龄赛 | 第一名 |
| 王京伟 | 男 | 举 重 | 牟平师范 | 1994 | 烟台市比赛 | 第一名 |
| 高笑艳 | 女 | 举 重 | 山东省体工队 | 1995 | 世界杯女子举重 | 第一名 |
| 林军波 | 男 | 摔 跤 | 烟台市体校 | 1995 | 山东省比赛 | 第一名 |
| 李 雪 | 女 | 武 术 | 山东省体校 | 1995 | 国际武术邀请赛 | 第一名 |
| 林国栋 | 男 | 篮 球 | 山东省体工队 | 1996 | 第三届全国城运会 | 第三名 |
| 于兴波 | 男 | 田 径 | 山东省体工队 | 1996 | 山东省第十九届比赛 | 第一名 |
| 衣永杰 | 男 | 散 打 | 武汉体院 | 1997 | 全国擂台赛 | 第二名 |
| 徐永峰 | 男 | 散 打 | 武汉体院 | 1997 | 全国擂台赛 | 第三名 |
| 范富建 | 男 | 射 击 | 山东省体工队 | 1998 | 山东省第十届射击比赛 | — |
| 潘淑梅 | 女 | 武 术 | — | — | 山东省比赛 | 第四名 |
| 徐兰秋 | 女 | 田 径 | — | — | 烟台市比赛 | 第二名 |
| 郝华春 | 女 | 田 径 | — | — | 烟台市比赛 | 第三名 |
| 林彩娟 | 女 | 田 径 | — | — | 烟台市比赛 | 第三名 |
| 刘美娥 | 女 | 田 径 | — | — | 烟台市比赛 | 第三名 |
| 柳凤玲 | 女 | 田 径 | — | — | 烟台市比赛 | 第三名 |
| 李日善 | 男 | 田 径 | — | — | 烟台市比赛 | 第一名 |
| 孙明太 | 男 | 田 径 | — | — | 烟台市比赛 | 第三名 |
| 陈民生 | 男 | 武 术 | — | — | 烟台市比赛 | 第一名 |
| 王彩红 | 女 | 武 术 | — | — | 烟台市比赛 | 第三名 |

续表25-6

| 姓 名 | 性别 | 项 目 | 送往单位 | 输送时间 | 参加比赛 | 名 次 |
|---|---|---|---|---|---|---|
| 林 丽 | 女 | 武 术 | — | — | 烟台市比赛 | 第三名 |
| 孙大庆 | 男 | 田 径 | — | — | 烟台市比赛 | 第一名 |
| 马成坤 | 男 | 武 术 | — | — | 烟台市比赛 | 第二名 |
| 谢 琼 | 男 | 武 术 | — | — | 烟台市比赛 | 第二名 |
| 马淑苹 | 女 | 武 术 | 烟台市体校 | — | 烟台市比赛 | 第一名 |
| 徐志德 | 男 | 田 径 | — | — | 烟台市比赛 | 第一名 |
| 刘前进 | 男 | 武 术 | — | — | 烟台市比赛 | 第一名 |
| 张玉娟 | 女 | 田 径 | — | — | 烟台市比赛 | 第二名 |
| 王小梅 | 女 | 武 术 | — | — | 烟台市比赛 | 第一名 |
| 徐 杰 | 男 | 田 径 | — | — | 烟台市比赛 | 第三名 |
| 李志香 | 女 | 田 径 | — | — | 烟台市比赛 | 第一名 |
| 胡维成 | 男 | 田 径 | 山东大学 | — | 山东省比赛 | 第一名 |
| 于青梅 | 女 | 田 径 | 胜利油田体校 | — | 烟台市比赛 | 第三名 |
| 张光明 | 男 | 田 径 | — | — | 烟台市比赛 | 第二名 |
| 徐海燕 | 女 | 武 术 | — | — | 烟台市比赛 | 第一名 |
| 牟战友 | 男 | 武 术 | — | — | 烟台市比赛 | 第二名 |
| 刘志阳 | 男 | 武 术 | — | — | 烟台市比赛 | 第二名 |
| 孙晓燕 | 女 | 田 径 | 烟台师院 | — | 烟台市比赛 | 第三名 |
| 陈丽艳 | 女 | 田 径 | 牟师校外班 | — | 烟台市比赛 | 第三名 |
| 张晓妮 | 女 | 举 重 | 烟台师院 | — | 山东省比赛 | 第三名 |
| 梁丰春 | 男 | 田 径 | 胜利油田体校 | — | 山东省比赛 | — |
| 陈淑爱 | 女 | 篮 球 | 胜利油田 | — | 山东省比赛 | 第一名 |
| 梁 伟 | 男 | 举 重 | 牟平师范 | — | 烟台市比赛 | 第一名 |
| 常志明 | 男 | 田 径 | 济宁师专 | — | 山东省比赛 | 第四名 |
| 林伟华 | 男 | 田 径 | — | — | 烟台市比赛 | 第三名 |
| 栾劲强 | 男 | 田 径 | — | — | 烟台市比赛 | 第二名 |
| 林春芬 | 女 | 田 径 | — | — | 烟台市比赛 | 第二名 |
| 张永喜 | 男 | 田 径 | 烟台体校 | — | 烟台市比赛 | 第二名 |

# 第二十六编
# 医疗 卫生

栖霞市人民医院（2002年）

1978年，中共十一届三中全会以后，栖霞县卫生事业进入改革、调整的发展时期。1986年，全县医疗卫生单位实行院（站、所）长负责制。1988年，全县计划免疫工作达到国家第一个85%目标，栖霞县被省爱国卫生运动委员会命名为“省级卫生城市”，被烟台市爱国卫生运动委员会评为“农村自来水建设先进县”。1990年，栖霞被山东省人民政府命名为“全省食品卫生示范县”，当年提前实现国家计划免疫工作第二个85%目标，被山东省政府确定为“全省初级卫生保健工作试点县”。

1991年，栖霞镇、桃村镇、唐家泊镇、蛇窝泊镇、杨础乡等5个乡镇通过烟台市爱国卫生运动委员会验收，被命名为“卫生乡镇”。1992年4月，栖霞县通过山东省政府初级卫生保健审评团检查验收，提前实现“2000年人人享有卫生保健”目标，被山东省政府授予“初级卫生保健达标县”称号。6月，全县人民集资建设的县人民医院1.1万平方米病房投入使用，设床位400张。其间，烟台桃村中心医院新建6875平方米的病房楼和5280平方米的门诊楼，市卫生防疫站新建1566平方米的办公楼，市妇幼保健院新建1860平方米的业务楼。

1994年，栖霞县麻风病防治工作通过国家级达标验收，达到“基本消灭麻风病”标准，卫生局被山东省卫生厅授予“全省基本消灭麻风病先进集体”称号，全市妇女儿童的各项健康指标均达到国家规定标准。

1995年，卫生局从计划经济体制下的“办卫生”转向“管卫生”，依照国家有关卫生法律法规将全市各种卫生资源统一纳入行业管理。1996年6月，市中医院新建5502平方米的门诊楼。改建房屋的同时，各级医疗机构还增加设备投资，装备大型X光机、B超、半自动生化仪等设备。1997年7月，市卫生局对全市一级医院进行评审，评出一级甲等医院1所，一级乙等医院11所，一级丙等医院8所。2000年，按照国家统一要求，全市实行医疗机构分类管理，共核定非营利性医疗机构751个，营利性机构259个，由政府有关部门依据机构性质依法管理。1999年4月，全市开始实施无偿献血活动，到2002年，累计献血人数11650人，献血总量9488400毫升。

1999—2002年，全市打破长期以来的垄断体制，对符合法律法规和规章规定条件的医疗要素实行准入制度，全市形成以公有制为主体，多种所有制办医成分共同发展的局面，城乡医疗卫生服务新体系基本形成。2002年，全市共有各级各类医疗卫生机构1004个，市、镇两级医疗卫生单位共有干部职工2467人，其中专业技术人员1890人，占人员总数的80.46%。卫生技术人员中，有高级职称83人，中级职称267人，初级职称1426人。全市共有乡村医生847人，个体开业医生103人。

# 第一章 医疗管理

## 第一节 管理机构

1984年4月，设立爱国卫生运动委员会办公室，副科级，与卫生局合署办公。1985年10月成立县医学会，下设11个分会。1988年，成立栖霞县红十字会，办公室设在卫生局。1993年12月，撤销县爱国卫生运动委员会办公室，其职能划归卫生局。1996年，全市成立红十字会急救机构，市人民医院为市红十字急救中心；桃村中心医院、市中医院、市妇幼保健院、各乡（镇）卫生院（所）为红十字会急救站。2002年5月，市药品检验所从卫生局析出，成立市药品监督管理局。2002年末，卫生系统辖人民医院、烟台桃村中心医院、中医院、卫生防疫站、妇幼保健院、皮肤病防治所、精神病防治院、结核病防治所、胃癌研究所、公费医疗办公室、卫生学校、红十字会门诊、医疗器械修理所门诊等13个卫生医疗单位、14处镇卫生院、6处卫生所。红十字会基层组织26个，会员3975人。

乡镇卫生院改革始于1989年。1985年，全县时有10所县分院、8所乡镇卫生院、5个乡卫生所，隶属于县卫生局。1989年8月，撤销栖霞镇卫生院，并以该院为基础建立栖霞县中医院。原栖霞镇卫生院防保站析出，建立栖霞镇卫生防疫妇幼保健站，负责栖霞镇的社会卫生工作。1992年，栖霞县人民政府将乡镇卫生院人、财、物等管理权属由卫生局下放到乡镇政府，卫生局负责业务指导、专业技术人员职称评定工作。1995年，全县共有21个乡镇医院或卫生所。2000年，全市再次调整乡镇区划，设13个镇2个街道，镇、街道卫生院名称随之发生变化。连家庄、大柳家、金山、铁口、大庄头、中桥、寨里7处卫生机构改为卫生所，栖霞镇卫生院改称翠屏街道卫生院，庄园街道无卫生院，其卫生工作由翠屏街道卫生院负责。2002年5月，镇、街道卫生院人事管理权限上划市卫生局，但财产、物资管理权限仍属镇、街道所有。

## 第二节 医疗体制改革

1978年，中共十一届三中全会以后，卫生事业全面拨乱反正。1980年8月，卫生部制定《建立健全党委领导下院长负责制试行意见》，突显行政业务领导地位。1981年5月，中央组织部、卫生部印发《关于加强与改进对全国卫生工作队伍管理的通知》，强调充实、发展、培养和提高卫生技术队伍。1982年1月，卫生部制定《全国医院工作条例》，提出医院工作正规化方案，强调运用经济手段促使医院合理化使用人力、物力和财力，提高医疗和服务质量。对此，栖霞县均进行了宣传和落实。

1983年2月，栖霞县转发山东省人民政府《关于个体开业行医的通知》，要求各分院、卫生院向社会宣传上级通知精神，并组织社会闲散医务人员填写申请表开业行医。4月上旬，栖霞县卫生事业按照“独立核算、自负盈亏、按劳分配、民主管理”原则进行改革、调整。首先在松山、臧家庄、观里3所卫生院进行改革试点，取得成功经验后，先后在寺口、苏家店、小庄、蛇窝泊、铁口、大庄头、庙后、亭口、唐家泊、寨里等10所分院（卫生院）铺开。5月上旬，第三次召开全县卫生改革会议，官道、杨础、城镇、大柳家、桃村等5所分院（卫生院）相继进行体制改革。同时，县医院、防疫站、妇幼保健院也实行“联医计酬、责任承包”岗位责任制。1985年7月，落实《中华人民共和国药品管理法》，加强药品管理法制建设。1986年，全县医疗卫生单位实行院（站、所）长负责制。1995年，依照国家有关卫生法律法规，将全县各种卫生资源统一纳入行业管理。2000年，按照国家统一要求，栖霞市实行医疗机构分类管理，共核定非营利性医疗机构751个，营利性医疗机构259个，由市政府有关部门依据机构性质依法管理。

## 第三节 医政管理

1985年以来，栖霞县医政管理工作始终坚持“多形式，多渠道，全方位，横向联合，发挥特长，突出专科”的办医办院思路，加强医政管理，提高医疗水平，扩大医疗规模，健全县、乡、村三级医疗网络，医疗卫生工作不断发展、巩固、壮大。医疗机构由1985年的396个发展到2002年的1004个，其中各类医院13个，乡镇卫生院14个，村级各类卫生机构803个，个体医疗机构103个，市直门诊部36个，厂矿企事业卫生室35个，床位1750张。

**医院达标管理** 1985年开始县、乡、村级卫生机构的改革和科学管理工作，1987年，试点“五化”管理，即工作制度化、操作常规化、基本设施规范化、统计资料档案化、绿化美化；健全院、科两级管理，制定质量管理方案、各项质量指标、标准及质量监控措施，印发《关于门（急）诊工作首诊负责制的若干规定》。实行三级医师查房制、疑难病例讨论会诊制，开展医疗护理文书书写工作，举办培训班，全县统一医疗护理文书标准。每年进行一次优秀医疗病历书写评比活动。1989年，根据山东省乡镇卫生院建设试行标准，县卫生局印发《关于转发〈山东省乡镇卫生院建设试行标准〉的通知》，要求在2年内全县达标，并按一、二、三级标准分别制定一、二、三等奖惩措施。2002年，市直医疗机构、乡镇卫生院、市直门诊部全部达到标准管理模式。

**医院分级管理** 1992年，卫生局根据《山东省医院分级管理办法实施细则（试行）》，首先在县人民医院开展二级甲等医院达标试点活动。1993年9月，人民医院首先被命名为“二级甲等医院”。之后，第二人民医院、中医院分别在1995年11月和1996年2月，被命名为“二级甲等医院”。

1995年，根据国务院《关于加强医疗机构管理条例》，卫生局制订《关于在全市加强医疗机构整顿意见》和《医疗机构设置规划》。1996年，对辖区各类医疗机构进行证照换发工作，验收1000多个，换发新证830个，查处并取缔无证行医57家，处罚65家，限期整改41家。2001—2002年，对各级各类医疗机构进行营利性和非营利性界定，实施分类管理，暂定集体所有制办医的机构为非营利性，民营形式办医的机构为营利性。

**行政村卫生室管理** 1986年，栖霞县政府印发《关于加强行政村卫生室建设的通知》，到1987年底，全县甲级卫生室覆盖率达到80%以上。甲级卫生室基本标准是“七有”“三结合”。“七有”即有房屋，200户以上村设立四室一房（门诊室、观察室、妇保室、治疗室和药房），200户以下设三室一房，100户以下设二室一房；有医有药，西药100种以上、草药200种以上；有设备，调剂台、诊断床、消毒设施，具备一般器械，各种规格注射器30支以上；有流动资金，500人以下的村，人均不少于2元，500人以上的村，总额不少于1000元。并且还要有机构，有专门领导班子，有制度。“三结合”是与防病治病结合，与妇幼保健结合，与计划生育指导结合，加强对乡村医生的业务培训。县卫生局医政科定期、不定期对村卫生室建设进行检查指导，每年进行两次全县性大检查，制定评分标准，严格奖惩制度，并与经济挂钩，推动乡村卫生室建设。

1988年10月，在烟台市组织的达标验收检查中，村卫生室建设获全市第二名。1990年，全县947个行政村，村村有卫生室，其中甲级卫生室780个，甲级室率82%，跨入全国先进行列。1992年，县政府将乡镇卫生院下放到乡镇政府管理。2002年5月，市政府将卫生院的人事管理权限上划，通过对卫生院的领导班子进行调整，开展镇、村卫生组织一体化管理，农村卫生基层组织建设渐有起色。2002年末，全市有村级卫生室803个。

**执业医师注册管理** 1998年1月9日，根据山东省卫生厅下发的《关于规范医疗机构行为的暂行规定》，组织医疗卫生单位对医师培训学习摸底、登记、考试和注册工作，每年组织一次报名考试。2001年，市人民医院、烟台桃村中心医院申请设立住院医师培训基地，并按要求进行培训。到2002年末，全市执业医师、执业助理医师注册人数达422人。

**医疗事故鉴定** 根据国务院发布的《医疗事故处理办法》，1990年6月29日，栖霞县成立医疗事故鉴定委员会。1993年4月，对医疗事故鉴定委员会成员进行调整。至2002年末，市医疗事故鉴定委员会共处理医疗纠纷90起，事故鉴定90起，全部处结。

## 第四节 药政管理

1985年以来，药品监督检验工作围绕加大药品监管、抽验力度，严厉打击制售假劣药品的违法犯罪行为，保证人民群众用药安全，逐步形成一个组织机构完善、专业技术力量较强、具有较先进的检测仪器设备、有严格的规章制度、实行标准化、规范化管理的药品质量监督检验中心。1987年，被山东省卫生厅授予“山东省卫生系统先进集体”、被国家卫生部授予“全国药品监督检验先进集体”，1992年，被山东省卫生厅授予县级药检所达标单位。

**检测 检查** 70年代，成立栖霞县药品检验所，当时，药品检测检验工作单一，技术落后，设备少，质量不高。到80年代和90年代以后，药品检验工作进入快速发展时期。增加工作人员，上新设备，扩大检验范围和检测检验次数。1985年，检查药品市场3次，抽检药品60个品种。1990年，对全县680多个乡镇卫生院、村庄卫生所（室）、厂矿企业卫生所（室）进行全面普查，共查处不合格药品、过期药品、已淘汰药品等28个品种200多件（包），全部予以销毁。1997年，药检所主要检测仪器增加紫外分光光度计、旋光仪、分析天平、净化工作台、酸度计、崩解仪、永停滴定仪、干燥箱、培养箱等。有中药材标本300余种，各种药品标准、图书杂志250册，办公实验用房300平方米。1998年以后，坚持“质量第一、科学公正”的质量检验工作方针，推行全面管理。对检测进程中影响检测质量的各种因素，如温度、湿度、光线、无菌等条件，严格按要求执行。对每名检验人员进行技术培训和考核，做到持证上岗。

2002年人大代表视查医药市场经营

2002年药检工作人员检查医药市场

2000年，检测的药品类型有化学及生化药品、中药和抗生素药品3类。其中化学及生化药品检测剂型分原料、片剂、注射液、栓剂、胶囊剂、眼膏剂、滴眼剂、糖浆剂、颗粒剂、酊剂、软膏剂、口服液、气雾剂和膜剂等14种。

检测项目分含量均匀度、澄明度、重量差异、装量差异、含量或效价、微生物限度检查等24项。中药检测剂型为中药材、丸剂、片剂、冲剂、合剂、散剂、茶剂、橡胶膏剂、胶剂等16种，检测项目分相对密度、旋光度等22项；抗生素药品检测剂型为原料、丸剂、注射剂、滴眼剂、软膏剂、胶囊剂和冲剂等7种，检测项目分旋光度、一般鉴别等21项。当年，对全市所有药品经营单位和使用单位进行检查，共查处不合格药品300多批次，没收假冒伪劣药品货值1.9万元。2002年，对药品经营和使用单位有关人员进行2次培训，检查药品市场6次，接受群众举报18次，全部处结。

**药品市场管理** 按照《中华人民共和国药品管理法》《药品管理法实施条例》《医疗器械监督管理条例》规定，对辖区内药品、医疗器械的研制、生产、经营、使用单位进行监管。

1985—1990年，卫生系统配合工商、公安等部门5次检查医药经营市场，共查处不法药贩110人，查处无证行医、非法行医13起，没收低劣医疗器具29件（套）。

1996—1999年，对全市所有社会办医、160个体行医、所有企事业单位医疗所（室）进行检查和整顿。查处非法行医38人次，取缔58个诊所。做到以监督为中心，监、帮、促相结合，严厉打击假劣行为，取缔无证经营，规范有证行医市场。

2000—2002年，对药品市场管理实行抓“准入关”，从药品生产、经营、使用单位的资质入手，严格市场准入，严厉打击无证经营或超范围经营的违法行为。抓药品购进“源头”，对药品经营企业、乡镇以上医疗机构药库实施重点监控，从进货渠道、验收、记录、发票等各个环节抓起，严格控制药品质量，

从源头上杜绝假劣药品，保证药品质量。抓毒、麻、精、放等特殊药品管理，从购进、储存、保管、发放、登记、处方、管理制度、安全管理等各个环节，重点对镇以上医疗机构、医药公司经营、使用特殊药品进行拉网式专项检查。

2002年4月，对18个乡镇以上医疗机构、药品经营企业进行大检查，大部分单位做到制度健全，双人双锁管理，采购、保管、发放、登记、处方、安全管理等严格按规定执行。6月，对全市医疗秩序、药品经营市场、药品使用单位进行清理和整顿，对103个个体医疗机构进行全面监督检查。全市取缔非法诊所（室）8处，取缔非法经销药品摊点7处，查处游医、药贩31起，整顿医疗机构32处，没收不合格药品86种，销毁假冒伪劣药品1070多件（箱），货值5000多万元。严厉打击制售假劣药品的违法犯罪行为，对查获的假劣药品当众销毁，定期对国企药品进行回收处理，严把药品质量检查监督。

2002年销毁假冒伪劣药品现场

2002年对过期药品进行回收现场

# 第二章 公共卫生

## 第一节 公共卫生管理

**食品卫生管理** 1983年7月，《中华人民共和国食品卫生法（试行）》公布实施，卫生防疫站食品卫生科人员由原来的5人增加到13人。当年开始建立全县食品行业卫生档案，在全县范围内开展食品从业人员的卫生知识培训和食品监督检验，并集中力量对集贸市场摊贩、冷饮摊点进行整治，全县食物中毒事件逐年下降。

1987年10月，组织驻城食品生产经营单位200余人参加食品卫生法和食品卫生知识竞赛。1988年，完成全县不符合标准的食品单位整改工作，通过"省级卫生城"的验收。

1991年，栖霞县通过省级"食品卫生示范县"的验收。1992年，在原食品卫生科的基础上，将学校卫生科、劳动卫生科、环境卫生科合并成立综合执法办公室，并与栖霞县人民法院在防疫站联合设立卫生执法巡回法庭，加强食品卫生执法力度。

1999年，对全市食品卫生监督员集中业务培训，举办培训班2期，培训人员100余人，检查食品经营单位特别是肉、蛋类食品单位53家。

2002年，全市卫生许可证发证率、许可证审验率以及食品从业人员查体率，食品、餐具抽检率均达到98%以上，无食物中毒案件发生。

2002年食品检疫人员检查猪肉销售市场

**环境卫生管理** 80年代初，环境卫生管理由城建部门主抓，卫生部门负责检疫。80年代后期至90年代，卫生部门主抓环境卫生，主要包括公共场所、化妆品、生活饮用水的监督检测。1985年以后，卫生检查管理增加仪器有CO2、CO监测仪，温湿度计，噪声监测仪，照度计等。1987年，公共场所卫生监督着重对宾馆、旅店、书店、候车室、理发店、美容店、公共浴池的卫生进行监督检测。共抽查38个公共场所，检查项目16个。1993年以后，对担负市区饮用水供应的自来水公司的水源水、末梢水，按枯水期、丰水期、平水期三期监测。对从业人员每年开展卫生知识培训及健康查体、培训，查体率98%以上。1995年，对特殊岗位的有疾患的工作人员进行调离，对有关营业场所进行整顿。"五病"（近视眼、沙眼、贫血、肠道寄生虫病、龋齿病）调离率、符合发证条件的营业场所发证率、持证率均达到100%。2000年，环境卫生科开始对全市范围内商场、超市及理发美容店出售及使用的化妆品进行抽样监测，监测率达到95%以上。2002年，城区

环境卫生监督科与城区食品卫生监督科合并，业务实行人员分工合作。

**劳动卫生、职业病防治及放射防护** 1987年，在卫生系统设立劳动卫生科，配有1台ND10型声级计和1台FC—A—3粉尘取样器，有专业技术人员2人。主要负责辖区内的接害企业监督监测、职业病防治及放射工作单位的监督监测工作。当年开展职业健康查体920人，举办1期防治农药中毒培训班和1期由21名放射医生参加的放射防护培训班。1988年，设立卫生科，劳动卫生科附设在卫生科，专业技术人员6人。主要对全县12个接触粉尘严重的厂矿开展尘肺流行病学调查，共开展职业健康查体644人，查出香夼铅锌矿Ⅰ期矽肺4人，滑石矿Ⅰ期矽肺1人，县抽纱厂Ⅰ期进Ⅱ期矽肺1人，县针织厂Ⅰ期矽肺1人。1990年，根据《山东省乡镇企业劳动卫生管理办法》，为124个乡镇企业办理劳动卫生许可证。协助烟台市职业病防治院对栖霞县水泥厂、栖霞县滑石矿进行职业病危害调查，查体554人。1992年，实行综合执法，劳动卫生附设在综合执法办公室，开展职业性查体965人。

1995年，综合执法办公室撤消，劳动卫生科、学校卫生科合并为厂校卫生监督科，专业技术人员4人，科内新配备江苏产AKF—92A型矿用粉尘采样器1台。1995—1996年，共开展职业性体检2052人。1997年，举办1期劳动卫生与职业病法规教育培训班。1998年，重新设置独立的劳动卫生科，专业技术人员3人，开展职业性健康查体1100人。是年，栖霞市水泥厂发生1起放射源丢失事故。该企业自1997年6月间断停产，疏于管理，次年9月19日，在检修设备时发现3号窑放射源丢失，经查为铯—137活度7、4×106Bq（32MCI）。公安局、卫生局组织人员查找未果，上报烟台市公安局、卫生局。22日，在厂办公楼北侧围墙外找到放射源。2000年，查体450人，查出职业禁忌症3人，予以调离。2001年，栖霞市人大常委会法制工作委员会、市卫生局、市政府法制办公室联合对有关企业贯彻落实《山东省职业病防治条例》进行检查，并通报检查情况。

2002年5月，《中华人民共和国职业病防治法》颁布实施，开展为期1周的职业病防治法宣传活动，职业性查体776人，并对全市接触苯及其化合物的单位进行专项整顿。

**学校卫生管理** 1988年以前，由卫生科负责，设专人负责组织开展城区内县直中小学生健康体检、生长发育和健康状况调查，“五病”监测及矫治、校医和兼职保健教师培训，以及对监测点学校的采光、照明、课桌椅进行卫生学监测评价等。1988年，开展普服复方甲苯咪唑片驱肠道寄生虫工作。

1990年，随着国家教委、卫生部《学校卫生工作条例》发布施行，学校卫生工作从卫生科析出，成立学校卫生科。相继开展普服驱虫药物及含氟牙膏、保健牙刷的推广使用，并建立健全学校卫生工作档案和学生健康档案。1994年，开始对学生学习用品、保健品以及学校内食堂、商店进行卫生监督。1996年，对市直所有学校在校学生进行健康体检，并开始对眼镜生产经营单位进行卫生监督管理。1997年，为迎接全国学生常见病综合防治中期考评，栖霞市人民政府成立栖霞市学校卫生工作领导小组，协调全市学校卫生工作，并顺利通过省级验收。

2001年，栖霞市卫生局、栖霞市教委成立栖霞市学生常见病综合防治终期考评领导小组，是年，通过省级考评；委托臧家庄等17处卫生院进行中小学生预防性健康体检，实行“八统一”（检查时间、检查标准、检查项目、检查用表、标记方法、查体通知卡、报表、体检费）。是年，栖霞市政府对市学校卫生工作领导小组进行调整。2002年，市教育体育局、市卫生局联合印发《栖霞市学校食品卫生管理规定》，加强学生饮食管理。

**卫生检验** 1986年，检验科有检验人员7人，其中具有中专学历者3人。1990年，检验人员增至13人，其中检验技师7人、检验技士6人。同年，省卫生厅拨专款10万元装备实验室，购买原子吸收分光光度计、紫外分光光度计和超净工作台；站内投资购买气相色谱仪；1996年，经山东省技术监督局计量认证评审组技术考核，共有297个检验项目获准通过认证，取得计量认证合格证。1998年，新购1架电子天平和1台荧光显微镜。是年10月，被山东省卫生防疫站评审委员会评定为“县级一等防疫站”。依托卫生检验技术优势，卫生防病科研工作得到较好开展。1994年，参加中国医学科学院环监所《农村饮水卫生监测》课题研究，2002年，参加国家科技部主持的《中国居民营养与健康状况调查》项目。检验科有检验人员9人，其中主管检验技师4人、检验技师5人。

1985—2002年，随着检验装备的更新以及检验新技术的应用，实验室检验项目逐年增加，每年为社会提供3万余个检验数据。

**卫生宣传** 1984年，县卫生防疫站成立宣传教育股，设专职宣教人员2名，配备“海鸥牌”照像机1架、“三洋牌收录机1台，建卫生宣传栏3处。1985年，更名宣传教育科。建立起县、乡、村三级卫生宣传教育网络，有专兼职卫生宣传教育人员1156人。1986年，宣教科专职宣教人员增至3人，分工负责文编、美工和摄影，购置“柯尼卡”照像机1架、收录扩大机1台、高音喇叭2个，汽油发电机1台。1987年，建立健全县、乡、村三级健康教育网络，全县共有宣教专（兼）职人员940人。1990年，购进日本“富奈”录像机一台。1991年，宣教专职人员增至5人，新置日本“美能达”照像机一架。1994年，宣教专职人员减至3人。

2002年，投资2万余元购置“索尼”数字摄录一体机1台，至此宣教工作可提供出直观的声像素材。初期的宣教工作主要采取印发各种宣传材料、宣传画，与县广播站联办《卫生防疫专题栏目》，建立卫生宣传栏，开展卫生科普一条街活动，以及开展电化教育等形式，宣传防病和保健知识。同时，积极倡导社会各界订阅《医学科普》。

1990年9月，栖霞县卫生防疫站被山东省健康教育协会、山东省卫生防疫站评为“医学科普工作先进集体”。1991年，宣教科牵头在中桥乡吕家庄村开办烟台市第1所农民健康教育夜校，每月授课1次。1992年，对食品生产从业人员进行卫生知识培训1250人（次），举办首届《传染病防治法》知识竞赛活动，开展了电化教育，播放卫生防病电影40场（次），放电视录像60余场（次），协助指导县教委在全县808所中小学开设健康教育课。通过采取与广播电视台联合开办《卫生知识》《杏林园地》等专题节目以及放影卫生知识电影、编印宣传材料、发放各种宣传品、卫生咨询等形式，宣传卫生知识，强化人们自身保健意识。1997年，与市电视台联办《防疫园地》栏目，定期播放卫生防疫信息。

1998年，由于全市病毒性肝炎在成年人群呈上升趋势，防疫站邀请电视台制作播放乙肝预防专题节目，印发预防病毒性肝炎宣传单2万余份，增强广大群众预防病毒性肝炎的卫生意识。

2000年始，加大对全市桶装饮用水市场的整顿力度，对不合格的桶装饮用水厂家及时通过电视媒体公开曝光。2001年，在整治规范食品卫生生产经营秩序活动中，邀请上级资深宣教人员和地方电视台记者做了跟踪报道，对那些问题严重而又拒不服从监督检查、态度蛮横、恶语威胁执法人员的“钉子户”，利用声像手段取证，并予以曝光，起到震慑作用，保证整治活动的顺利开展。2002年，市卫生防疫站开始定期印发《卫生监督与疾病控制信息》，向社会各界介绍防疫站职能、工作信

息、工作动态。

## 第二节 爱国卫生运动

1985年以来，爱国卫生工作不断得到加强和完善。在城区开展以创建和巩固卫生城为重点的爱国卫生运动，在农村开展以改水改厕、建设卫生乡镇、卫生村为主要内容的爱国卫生活动。

**城市爱国卫生** 1984年以来，先后规划、开通主干道12条，总长度22公里，铺装路面98%以上，完善上下水设施，共设水冲式公共厕所460处。成立城市稽查管理大队，主要负责城区街道的清扫保洁和市容监督，道路完好畅通，集贸市场逐步退路进厅。城区清扫保洁队伍每日清扫主要街道2万余平方米，中间拣扫，全日保洁；绿化美化基本形成点、线、面、体的绿化系统，人均公共绿地9.39平方米，达到“路路有树，处处有荫，三季有花，四季常青”要求。城区爱国卫生工作深入发展，使城市卫生面貌有较大改观。

1988年10月，经山东省爱国卫生专家组考评，栖霞县城达到《山东省卫生城市（县城）命名标准》要求，被省政府命名为“卫生县城”。之后，每两年省爱国卫生运动委员会复检一次，均取得较好的成绩。1998年9月，第四次全国城市卫生大检查活动检查团，在对栖霞检查后反馈检查意见认为，栖霞市委、市政府十分重视卫生城创建工作，组织健全，责任落实，管理手段科学，具体措施得力，整体卫生水平显著提高，巩固发展“省级卫生城”的创建成果。

**污染控制** 1999年，加大对排放废水的污染大户进行重点整治，先后投入大量资金治理废水污染，市人民医院污水处理经检测符合国家卫生标准。2000年，对以烟尘为主的大气污染进行全面控制，大气污染指数达到国家二级标准。

**行业卫生** 2000—2001年，对宾馆、饭店、美容美发店、影剧院、商店等公共场所进行整顿，经营单位累计达标率均为85%以上。2002年，以学习、宣传、贯彻落实《食品卫生法》为主线，加强食品卫生监督监测和对违反行为的行政处罚力度，食品生产经营单位受检合格率均在95%以上。

**消毒杀虫** 1986年，辖区内共有5个鼠种，即大家鼠、小家鼠、大仓鼠、黑线姬鼠和社鼠，室内以小家鼠为主。是年，开展灭鼠“一役达标”活动，县、乡村成立灭鼠领导小组，室内、田间同时灭鼠，灭鼠监测室内鼠密度0.25%，田间鼠密度0.26%。城内蝇类共有5类19属33种，常见的有12种，以绿蝇属占第一位（29.2%），家蝇占第二位（13%），全年6月、8月、10月为成蝇高峰季节，通过采取管理孳生地、消杀喷药等综合措施，1988年以来，蝇密度平均为0.08只/间。蚊种以淡色库（占95%）和中华按蚊（0.5%）为主，孳生场所以白洋河居多。通过采取清除明沟，填平污水坑、疏通沟渠、药物喷洒等综合性防治措施，成蚊密度逐年下降。1988年8月，监监测数据表明，环境平均每处4.5只/人工小时，室内外成蚊平均密度2.85只/人工小时。1990—2002年，鼠害、蝇虫逐渐达到控制标准。

**农村爱国卫生** 创建卫生镇、村 80年代，农村卫生管理较松懈，仅靠村委自行组织检查、督促，效果不明显。1991年开始，全县开展创建“卫生乡镇”“卫生村”活动，当年，桃村、唐家泊、蛇窝泊、杨础和栖霞镇5个乡镇驻地基础设施、镇容镇貌、绿化美化、道路硬化、街道保洁、行业卫生、改水改厕等各项工作均达到或超过卫生镇命名标准中各项指标的要求，通过烟台市爱卫会组织的专家鉴定，被命名为“卫生乡镇”。1992—1998年，有7个乡镇被命名为“卫生乡镇”，16个村庄被命名为“卫生村”。到2002年，全市15个镇、街驻地基础设施完备，镇容镇貌卫生整洁，绿化美化达标，政府驻地道路硬化率都在100%以上，行业卫生、农村改水改厕等各项工作均达到指标的要求。

**开展农村供水活动** 1986年，全县新建村级自来水厂31座，受益人口24251人。1988年，投资140万元，建起8000平方米污水处理场。是年，实行西水东调工程，从西部龙门口水库向城区用户调水，西水东调供水量300万立方米，用水大户增加197户。栖霞县被烟台市爱国卫生运动委员会评为农村自来水建设先进县。

1990年，西水东调供水量365万立方米，比上年增长7%。1991年，投资226万元，进行自来水二期水处理建设，新安装管道2756米，扩大新用户260户，新增用水人数2000多人。当年，建自来水村庄383个。1995年，完成供水量460万立方米，比1994年增长2.4%。2002年，全市累计建自来水村500多个，自来水受益人口24.09万人，占农村人口的40.86%。

**卫生厕所普及** 1988年，县城共建有6处公共厕所。1991年，全县共建成3079个“三连通”厕所、485个双瓮漏斗式厕所。到2002年，农村19.23万家农户，累计建成卫生厕所18.21万座，当年新增500座，卫生厕所普及率94.70%。

# 第三章 传染病和地方病防治

## 第一节 传染病防治

**霍乱防治** 霍乱是全市重点控制的甲类传染病。1985年以来，按照省、市要求，每年对县、乡（镇）两级医疗机构从事腹泻病防治人员进行培训。1986年，要求县、乡（镇）两级医疗机构在流行季节设立腹泻病门诊（专桌）；对来自霍乱疫区的流动人口进行服药管理。1987年以后，对腹泻病人做SPA快检，定期对龙门口、庵里、桃村营盘水库采水进行霍乱弧菌检测。1990年，在桃村火车站设立留置站，对流动人口进行检查、检测。1994年，境内发现1例霍乱传入病例，患者来自江西省梓树市，因剧烈腹泻入住桃村卫生院，SPA快检呈阳性，疑为霍乱，经桃村二院、栖霞市卫生防疫站、烟台市卫生防疫站检验室培养，确定为小川型埃尔托弧菌。栖霞市卫生防疫站派员协同桃村卫生院，按要求对疫情进行调查处理，杜绝霍乱续发。1999年，境内出现2例霍乱病人，病人为儿童，经过防疫人员采取有效预防措施，无续发病例发生。2000年以后，境内无霍乱病例发生。

**病毒性肝炎防治** 病毒性肝炎一直为全县重点防治的传染病。1985—1986年，发病例数略低于痢疾。1987—1992年，发病例数列全县各类传染病首位，每年有数起至数十起肝炎爆发点发生。其中，1990年，为病毒性肝炎发病高峰年，全县报告发病1172例，发病率172.48/10万。为有效降低肝炎发病率，防疫科对每个病毒性肝炎个案病例和爆发点进行调查处理，有效降低肝炎病人的续发。1992年开始，全市开展乙肝疫苗接种。1994年，开展甲肝疫苗接种。随着疫苗接种工作的逐步开展，人群免疫屏障逐渐形成，发病率逐年下降。

2002年，全市病毒性肝炎发病率由1990年的172.48/10万降至36.37/10万。

**麻 疹** 1966年，栖霞县卫生防疫站开始在全县开展麻疹疫苗接种，逐渐控制麻疹的流行，发病率逐年降低。1985年，麻疹仅在县内分散发生，境内仅有13例。1986—2002年，境内再无一例麻疹病例。

**性 病**（淋病、梅毒）是一种性传染病，经过普查普治，到1964年，性病在县境内绝迹。1990年，境内首次发现3例淋病患者。1991年，首次发现1例梅毒患者。1999年，境内淋病患者97例。为杜绝性病蔓延，卫生防疫部门加大宣传力度和控制力度，性病发病率逐年降低，到2002年，淋病患者29例，梅毒患者3例，性病得到控制。

**计划免疫** 1985年前，计划免疫工作由流行病科组织实施。1986年初，县政府成立计划免疫工作领导小组，并对预防接种异常反应诊断处理小组人员调整充实。卫生防疫站设计划免疫科，担负着全市免疫规划和免疫策略的制定，冷链和生物制品的管理，基层计划免疫专业人员的技术培训，预防接种的组织与实施，疫苗接种率、免疫效果和人群免疫状况的监测以及疫苗相关传染病监测与调查处理。建立健全计划免疫工作制度，规范卡、表、册使用和管理，冷链管理，生物制品管理，接种统计报告，免疫监测等制度，计划免疫工作逐步走上制度化、程序化。改革旧的突击式接种方式，实行单月接种。是年8月，在国际卫生组织和政府资助下，全县原23个乡镇均配备冷链设备（包括冷链运输车一辆，速冻器10台，冰箱23台，冷藏包329个，冰排2160块）。9月，全县冷链运转正式启动。

1987年8月，全县推行计划免疫保偿，当年1～12周岁适龄儿童入保人数达7724人，入保率81%，基础疫苗接种率大幅度提高。1988年12月，经分层随机抽样，栖霞做为被检县之一，迎接卫生部对山东省计划免疫工作第一个85%目标的达标审评，并取得较好的成绩，为全省计划免疫提前实现第一个85%目标做出重要贡献。1989年9月，全县实施预防接种证制度，并积极推行“一人一针一管”，提高预防接种质量和安全性。1990年10月，联合国基金会、世界卫生组织、卫生部以县为单位，组织开展第二个85%达标工作审评。1991年3月，栖霞县计划免疫工作实现第二个85%目标。当年，在全县相继开展以乡镇为单位的定点接种或划片定点接种工作。1992年5月，对辖区内适龄儿童普及乙肝疫苗接种，并将乙肝疫苗纳入计划免疫管理程序，当年全县共接种乙肝疫苗1.8万人次，接种率达70%。同年，在全县推广使用一次性注射器。1993年4月，开展成人白破二联疫苗接种，共接种6万人次。1994年3月，开始接种甲肝疫苗，当年接种1.48万人次。

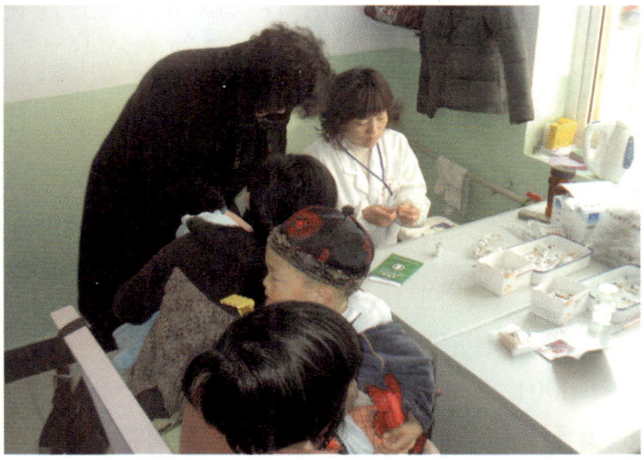

1994年防疫单位进行免疫登记

1995年，将风疹疫苗纳入计划免疫管理，当年全县接种2.79万人次。1996年，腮腺炎疫苗纳入计划免疫管理，当年全县接种1.48万人次。1996年1月，经卫生部和省卫生厅对全市计划免疫工作以乡镇为单位第三个85%达标审评，提前实现第三个85%目标。同年4月，首次开展麻疹疫苗强化免疫活动，接种36928人次，接种率97.21%。1997年，全市实行以乡镇为单位定时、定点接种工作。

2001年4月，开始在全市开展规范化预防接种门诊创建工作。是年，省卫生厅重新配备冷链设备，更新21台冰箱，保证全市计划免疫冷链系统的正常运转。2002年，在创建规范化门诊的基础上，制定栖霞市儿童计划免疫信息化管理系统方案，为全市实现计划免疫信息化管理奠定基础。

1991—2002年，对全市适龄儿童每年开展两轮脊髓灰质炎强化免疫活动，历年强化免疫接种率均95%以上。

2002年儿童免疫信息化管理普登记

## 第二节　地方病防治

**碘缺乏病**　1985年，经山东省地方病防治办公室组织的考核验收，栖霞县碘缺乏病防治工作达到省级基本控制标准。

1987年，选择1978年全民普查患病率和7～14岁中小学学生肿大率较高的寨里乡、小庄乡、连家庄乡的完小及初中7～14岁中小学生1074人，进行甲状腺肿大率调查，甲状腺肿大率由1978年的32.43%，下降为16.85%，下降15.58个百分点。1989年，协助山东省地方病研究所对松山、寨里、苏家店、杨础、亭口、小庄等6处乡镇部分村的1025名村民，进行碘缺乏病复查，其中生理性肿大835人，Ⅰ度Ⅱ度肿大11人，Ⅲ度1人，肿大率为9.6%，调查结果显示碘盐防治效果可靠。

1991—1992年，分别对杨础、唐家泊2处乡镇各1处学校的7～14岁儿童，进行甲状腺肿大调查和尿碘、水碘检测。1993年，制定《栖霞县碘缺乏病防治规划（1993—1999年）》。

1994年，栖霞县成立消除碘缺乏病领导小组，制定分级管理责任制，对全县3处乡镇7～14岁儿童进行病情监测，全县特需人群92683人补服碘油丸。1995—1999年，每年均开展病情监测、碘盐的监督管理，特需人群补服碘油胶丸等工作，并与市盐务局联合对全市食盐营销情况进行检查。2000年6月，经国家碘缺乏病评估组评估验收，栖霞市碘缺乏病防治工作达到国家基本控制标准。

**地方性氟中毒**　1982年底，全县5个高氟村全部完成除氟改水工程。此后每年按枯水期、丰水期、平水期3个水期对其进行氟含量检测，并对7～14岁儿童氟斑牙进行动态观察。1987年，水质检验和氟斑牙观察结果显示，氟含量一直稳定，符合国家规定饮用水标准，氟斑牙患病率明显下降；1990年，境内无新发氟骨症病人。改水前7～14岁儿童氟斑牙患病率为60.97%，改水后患病率为11.52%。

1990年后，防疫站除按枯水期、丰水期、平水期三期进行采水检测外，同时对高氟村供水工程管理情况进行监督检查，以保证正常供水，2002年末，5个高氟村供水正常，水氟含量符合国家规定饮用水标准。

**流行性出血热**　1985年，栖霞县发现1例输入性流行性出血热病人，病人为栖霞运输公司司机，到德州出差返回后发病，病人症状典型，由栖霞县卫生防疫站和县医院传染科确诊为流行性出血热，经过精心治疗，病人痊愈。病例发生后，全县开展全民灭鼠活动，县卫生防疫站开展鼠密度调查，以指导全县灭鼠活

动。1991—1992年，组织开展健康人群血清学监测。1993年3月，官道乡安乐庄村又发生1例流行性出血热病人，系莱阳中心医院报告的疫情，病人死亡。经调查，病人发病前2个月内无外出史，系当地感染病例。从1995年开始，流行性出血热在县境西部毗临招远的部分乡镇散发，当年发病者9例。到2002年末，全市累计发生流行性出血热75例，均治愈。

**狂犬病** 中华人民共和国成立初期，县内时有狂犬病发生。20世纪50年代末，经采取以捕杀病犬为主的综合性预防措施，加之60年代初三年自然灾害导致家犬数量锐减因素的影响，县境内狂犬病一度绝迹。1981年，狂犬病由县境西部毗邻地区传入栖霞县，境内出现狂犬病患者。1985年，《山东省家犬管理办法》发布后，全县加大对家犬的管理力度，每年对家犬进行兽用狂犬疫苗注射。1990年，县卫生防疫站制定《栖霞县狂犬病防治方案》，告知群众被犬咬伤后及时处理伤口，注射人用狂犬疫苗等措施，提高群众重视程度。1981—1993年，境内狂犬病患者有36人死亡。1994—2002年，全县再未发生狂犬病病例。

**肠道寄生虫病** 1994年，制订《栖霞县寄生虫防治五年规划》。1995年，对桃村镇方格庄和唐家泊镇刁崖后两村进行人体寄生虫感染率调查，调查人口411人，检出带虫卵人数233人，总感染率56. 7%，鞭虫感染率38.7%，蛔虫感染率37.2%，钩虫感染率1.9%。1～12岁儿童蛲虫感染率35%。1997年，对桃村镇方格庄和唐家泊镇刁崖后两村进行全民预防服药试点。1999—2002年，在部分人群中开展普服驱虫药工作，取得良好效果。

**疟 疾** 1985—2002年，境内疟疾防治主要是对有疟疾史者和疑似病人采用氯伯八日疗法进行休止期治疗，对从高疟区回来的转业复员军人，进行预防服药，在流行季节，对来往高疟区人员用乙安嘧啶进行预防性服药。各级医院均开展“三热”（疟疾、疑似疟疾、发热）病人镜检工作。到2002年末，全市无当地疟疾病人发生。

## 1985—2002年栖霞市法定甲乙类传染病发病情况统计表

表26-1　　单位：人、病率%

| 年份 | 霍乱 | | 乙脑 | | 斑疹伤寒 | | 痢疾 | | 猩红热 | | 流脑 | | 麻疹 | | 百日咳 | | 狂犬病 | | 病毒性肝炎 | | 流行性出血热 | | 伤寒 | | 疟疾 | | 淋病 | | 梅毒 | | 肺结核 | | 合计 | |
|---|---|---|---|---|---|---|---|---|---|---|---|---|---|---|---|---|---|---|---|---|---|---|---|---|---|---|---|---|---|---|---|---|---|---|
| | 发病数 | 发病率 | 发病数 | 发病率 | 发病数 | 发病率 | 发病数 | 发病率 | 发病数 | 发病率 | 发病数 | 发病率 | 发病数 | 发病率 | 发病数 | 发病率 | 发病数 | 发病率 | 发病数 | 发病率 | 发病数 | 发病率 | 发病数 | 发病率 | 发病数 | 发病率 | 发病数 | 发病率 | 发病数 | 发病率 | 发病数 | 发病率 | 发病数 | 发病率 |
| 1985 | – | – | 7 | 1.0 | 6 | – | 600 | 92.08 | 9 | 1.3 | 25 | 3.8 | 13 | 2.0 | 54 | 8.2 | 2 | 0.3 | 541 | 83.03 | 1 | – | 1 | 0.1 | – | – | – | – | – | – | – | – | 1258 | 193.0 |
| 1986 | – | – | 4 | 0.6 | 5 | – | 986 | 150.1 | 2 | 0.3 | 30 | 4.5 | – | – | 23 | 3.5 | 1 | 0.1 | 585 | 89.09 | – | – | – | – | 1 | 0.1 | – | – | – | – | – | – | 1638 | 249.4 |
| 1987 | – | – | 1 | 0.1 | – | – | 269 | 40.54 | 2 | 0.3 | 18 | 2.7 | – | – | 26 | 3.9 | 1 | 0.1 | 674 | 101.5 | – | – | 2 | 0.3 | – | – | – | – | – | – | – | – | 1992 | 149.6 |
| 1988 | – | – | – | – | – | – | 462 | 69.16 | 3 | 0.4 | 30 | 4.4 | – | – | 8 | 1.2 | 5 | 1.7 | 550 | 82.33 | – | – | – | – | – | – | – | – | – | – | – | – | 1058 | 158.3 |
| 1989 | – | – | 1 | 0.1 | – | – | 222 | 32.94 | – | – | 13 | 1.9 | – | – | 16 | 2.3 | 8 | 1.1 | 946 | 140.3 | – | – | – | – | – | – | – | – | – | – | – | – | 1206 | 178.9 |
| 1990 | – | – | 1 | 0.2 | – | – | 217 | 31.94 | 3 | 0.4 | 22 | 3.2 | – | – | 14 | 2.0 | 1 | 0.1 | 1172 | 172.4 | – | – | – | – | – | – | 3 | 0.44 | – | – | – | – | 1433 | 210.8 |
| 1991 | – | – | 2 | – | – | – | 254 | 37.37 | 2 | 0.2 | 14 | 2.0 | – | – | 7 | 1.0 | 1 | 0.1 | 855 | 125.7 | – | – | – | – | – | – | – | – | 1 | 0.1 | – | – | 1136 | 167.1 |
| 1992 | – | – | – | – | – | – | 354 | 52.20 | 2 | 0.2 | 8 | 1.1 | – | – | – | – | – | – | 498 | 73.43 | – | – | 1 | 0.1 | – | – | 2 | 0.29 | – | – | – | – | 865 | 127.5 |
| 1993 | – | – | – | – | – | – | 150 | 22.21 | 43 | 6.8 | 7 | 1.0 | – | – | – | – | 1 | 0.1 | 229 | 33.91 | 1 | 0.1 | 1 | 0.1 | – | – | 1 | 0.15 | – | – | – | – | 433 | 64.56 |
| 1994 | – | – | – | – | – | – | 264 | 39.18 | 18 | 2.6 | 4 | 0.5 | – | – | 4 | 0.5 | – | – | 165 | 24.49 | – | – | – | – | – | – | 1 | 0.15 | – | – | – | – | 456 | 67.82 |
| 1995 | – | – | – | – | – | – | 152 | 22.84 | 4 | 0.5 | 4 | 0.5 | – | – | – | – | – | – | 123 | 18.25 | 8 | 1.1 | – | – | – | – | 5 | 0.74 | – | – | – | – | 296 | 44.65 |
| 1996 | – | – | – | – | – | – | 144 | 21.32 | 6 | 0.8 | 2 | 0.3 | – | – | 1 | 0.1 | – | – | 129 | 19.10 | 12 | 1.7 | 13 | 1.9 | – | – | – | – | – | – | – | – | 307 | 45.45 |
| 1997 | – | – | – | – | – | – | 202 | 30.32 | 3 | 0.4 | 4 | 0.5 | – | – | 3 | 0.4 | – | – | 164 | 24.26 | 7 | 1.0 | – | – | – | – | – | – | – | – | 138 | 20.4 | 521 | 77.50 |
| 1998 | – | – | – | – | 3 | 0.4 | 129 | 19.20 | 24 | 3.5 | 7 | 1.0 | – | – | 1 | 0.1 | – | – | 190 | 28.28 | 13 | 1.9 | – | – | – | – | – | – | – | – | 106 | 15.7 | 470 | 70.41 |
| 1999 | 2 | 0.3 | – | – | 1 | 0.1 | 210 | 31.48 | 22 | 3.3 | 1 | 0.1 | – | – | – | – | – | – | 178 | 28.21 | 11 | 1.6 | – | – | – | – | 97 | 14.5 | 1 | 0.1 | 108 | 16.1 | 631 | 94.59 |
| 2000 | – | – | – | – | 4 | 0.6 | 178 | 26.87 | 2 | 0.3 | – | – | – | – | 1 | 0.1 | – | – | 202 | 30.50 | 10 | 1.5 | – | – | – | – | 43 | 6.49 | 1 | 0.1 | 68 | 10.2 | 509 | 76.85 |
| 2001 | – | – | – | – | – | – | 268 | 40.80 | 2 | 0.3 | – | – | – | – | 1 | 0.1 | – | – | 212 | 32.28 | 10 | 1.5 | – | – | – | – | 35 | 5.33 | 4 | 0.6 | 87 | 13.2 | 619 | 94.24 |
| 2002 | – | – | – | – | 1 | 0.1 | 113 | 17.39 | 4 | 0.6 | – | – | – | – | – | – | – | – | 238 | 36.63 | 2 | 0.3 | – | – | – | – | 29 | 4.46 | 3 | 0.4 | 102 | 11.0 | 492 | 71.10 |

注：发病率为1/10万。

# 第四章 中 医

## 第一节 医疗机构

1989年前，栖霞县未有专门中医医疗机构，1989年8月，成立栖霞县中医院，是境内主要中医医疗单位，当年，开放床位30张，拥有万元以上大型医疗设备X光机1台，实现业务总收入83万元，门诊量为2.5万人次，住院病人600余人次。

1990—1995年，内部科室设置突出中医特色，设置骨科、肛肠科、胃病科等特色专科专病门诊，硬件设施、大型医疗设备不断增加，开放床位增加到80张，中医医疗管理逐步完善和规范。1996年，经山东省中医药管理局评审，确定为二级甲等中医院。1997年，被山东省卫生厅确定为山东省重点中医院建设单位，被世界卫生组织、联合国儿童基金会、卫生部确定为爱婴医院。

1998年后，注重加强中医学术研究，每年制定科研计划，汇总各科新技术、新项目，从中筛选有价值的科研项目，进行重点攻关。

2002年，医院设11个临床科室、4个医技科室，业务收入1300万元，成为全市中医医疗、教学、科研的中心，并先后被有关部门确定为企业职工医疗保险定点医院、全市交通肇事伤员抢救中心、全市法医伤害治疗中心和山东省中医药学校教学医院。

全院医护工作者在国家级学术刊物共发表学术论文139篇，省级学术刊物发表论文44篇。参加各种学术会议、短期培训300余人次。

1989年建设的中医院病房大楼

## 第二节 临床技术

**内 科** 1989年，县中医院除收治各种常见病、多发病外，利用中医中药活血通络治疗心血管疾病和各类慢性胃炎、胃窦炎及十二指肠溃疡病，疗效显著。1990—1993年，针对全县多见的缺碘性甲状腺系列病，县中医院自行研制开发的“海藻消瘿丸”纯中药制剂，被山东省科委定为科技兴海开发项目。1995年，县中医院研制的中药制剂“龙马回春饮”系列产品，被确定为省级科研项目。同期，研制开发的纯中药制剂“消糖灵”应用于临床，治疗糖尿病。1999年，市中医院与中国中医药学会糖尿病研究中心合作，成立糖尿病治疗中心。根据中医辨证论治的原则，研制的纯中药制剂“三原胶囊”系列产品用于临床，取得较好效果。2000年，市中医院糖尿病科被山东省卫生厅确定为省重点中医专科，采用中西医结合治疗糖尿病及其并发症，有效率达97.4%。是年，开展颈动脉药物滴注术、血疗、选择性血管内溶栓术治疗脑血栓病。2001年，市中医院成立核医学放免实验室，开展胰岛素释放、胰岛素抗体、C-

肽、C-肽释放等放免检测。

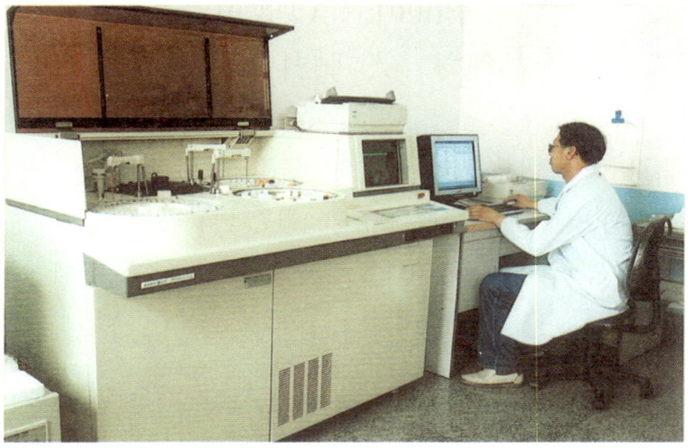

中医院化验室（2002年）

**外 科** 1989年，县中医院只能做少量的阑尾切除术、疝修补术及清创缝合、四肢体表等一些小手术。1990年后，人员、技术、设备力量逐步增强，高难度手术也随之开展起来。1993—1996年，开展胃大部切除术、巨脾切除术、肠破裂修补术、胃癌根治术、甲状腺次全切、前列腺摘除术等。采用痔瘘洗剂外洗坐浴治疗各种痔疮、肛瘘，中药灌肠治疗各种类型结肠炎，有效率均达100%。1997—2002年，开展颅脑手术、开胸手术、普外手术、泌尿手术、血管手术、肛肠手术（如直肠前突修补术、复杂肛瘘切开术）等。其中，2000年，运用中药通脉胶囊系列治疗急性期、慢性期下肢深静脉血栓形成，取得较好疗效。

**妇 科** 1989年，县中医院可接平产，处理简单的难产、小月份流产、放取环、女扎等。流产间及产房共用1间，检查床及产床共用1张，仅有额头听诊器、负压吸引器和脚踏吸引器3种医疗器械。1992—1995年，开展剖宫产及腹部横切口剖宫产手术、卵巢肿瘤切除、子宫脱垂悬吊术、子宫全切术、宫外孕等妇科手术。难产方面，开展胎头负压吸引及产钳的助产。计划生育方面，开展利凡诺羊膜腔内、外注射引产，米非司酮配伍米索前列醇或卡孕栓抗早孕，皮下埋植避孕，3月孕以下的钳刮术。其间，增设病房、产房、待产室、检查床，购进了电熨器、新生儿喉镜等设备。1996年，采用西医诊断，中医中药治疗不孕症，治愈好转率80%以上。增设了新生儿抢救间、洗澡间、待产室、治疗室，购进特种光治疗仪、负压吸引器、胎儿监护仪、胎心多普勒、新生儿保温箱、红外线灯等器械。

1997—2002年，主要开展子宫肌瘤挖除术、卵巢肿瘤剥除术、会阴口裂伤修补术、子宫颈机能不全缝合术、治疗习惯性流产、经阴阴道前后壁修补加子宫全切术、米非司酮配伍卡孕栓、丙酸睾丸酮代替钳刮术、米非司酮配伍利凡诺引产技术，减轻病人痛苦及危险。运用中西医结合技术，开展输卵管造影、中药治疗各种原因引起的不孕症。特种光治疗宫颈糜烂、盆腔炎，取得较好效果。胎儿监护仪用于临床监测胎儿安危，运用中药灌肠治疗盆腔炎。

**骨伤科** 1993年，县中医院开始骨伤中医传统手法整复，以骨皮牵引、小夹板外固定治疗四肢骨折为主，开展手术治疗不稳定性、开放性、关节内骨折。1996—2002年，开展腰椎、四肢骨折、关节、髋臼、骨肿瘤、骨不连植骨、皮转移等大、中型手术，均取得很好效果。其中2000年，开展小针刀治疗全身软组织损伤、颈椎病、项韧带钙化、网球肘、肩周炎、第三腰椎横突综合症、梨状肌综合症、腰肌劳损、骨关节病、跟痛症，运用侧隐窝注射胶原酶治疗腰椎间盘突出症，有效率90%以上。

**眼 科** 1992年，县中医院开展中西医结合治疗角膜炎、虹膜炎、玻璃体及眼底病等。1993年，开展白内障囊外摘除加人工晶体手术和RK手术。1995年，购置裂隙灯显微镜、手术显微镜、周边视野计、角膜曲率仪、角膜测厚仪及显微手术器械等。2002年，开展超声乳化白内障摘除加人工晶体手术。

**耳鼻喉科** 1998年3月，市中医院耳鼻喉科从眼

科析出，除诊治各种常见病、多发病外，对常见的鼻窦炎采用中西医结合治疗。2000年，采用微波治疗顽固性过敏性鼻炎有独特疗效。开展耳鼻喉科常见手术，对耳鼻喉创伤、顽固性鼻出血均能进行诊治。同时，兼顾口腔科疾病的诊治，中医辨证治疗复发性口疮临床效果明显，并开展甲状舌骨囊肿切除术、腮腺混合瘤切除术以及颌面部外伤的处置。

**儿　科**　1989年，县中医院主要治疗小儿常见病、多发病，对新生儿窒息、新生儿硬肿症、肺炎、急性肾炎、肾病综合症等均能正确处理与诊治。1997年，开展小儿头皮针行胸骨穿刺。1999年，开展中西医结合治疗新生儿黄疸的研究。2000年，采用中医辨证施治治疗小儿反复呼吸道感染，采用推拿疗法治疗小儿厌食、泄泻。2001年，成功抢救1例颅内出血并呼吸暂停新生儿，随访未留下后遗症。

## 第三节 中西医结合技术

80年代至21世纪初，中医院在充分发挥祖国传统中医疗法的同时，把中西医结合技术广泛应用于临床。

1989—1999年，院内科对收治的心血管病人以及呼吸系统病人，运用中西医结合疗法，疗效显著。眼科采用中药内服、配合尿激酶球周注射治疗玻璃体积血。外科利用手术治疗各种类型静脉曲张，配以中草药活血化瘀。骨伤科采用中西医结合，治疗各种类型的骨折与脱位，以及开展手术治疗不稳定性、开放性、关节内骨折。妇科相继开展中药、西药配合治疗习惯性流产及先兆流产，中西医结合治疗功能失调性子宫出血，运用中药、西药灌肠相配合的方法治疗宫颈糜烂及盆腔炎，运用西医诊断、中西药治疗不孕症。糖尿病科采用中西医结合治疗糖尿病及其并发症，有效率达94.7%。脑血管病科开展颈动脉药物滴注术、血疗、选择性血管内溶栓术配以针灸治疗脑血栓病，在烟台市内同级医院处于领先水平。儿科主要开展中西医结合治疗新生儿黄疸的临床研究。疼痛科中药口服、中西医结合治疗颈腰椎及关节的急性疼痛。2000—2002年，采用中西医结合治疗病毒性脑炎脑膜炎，疗效较好，手术前后配合中药内服，缩短疗程。腹部手术，尤其是感染性腹部手术，术后用粘连松解汤，有效预防肠粘连，减轻患者痛苦。

# 第五章 西　医

## 第一节 医疗机构

**人民医院**　1985年，栖霞县人民医院有病床242张。1992年6月，1.1万平方米病房大楼落成投入使用，医院先后购进高压氧舱、纤维支气管镜、彩色B超、动态心电监护仪等一批先进的医疗设备，在县级医院率先开展体外循环下心脏直视手术，医院综合势力得到增强。1999年，全年成功施行肾脏移植手术21例，累计手术总数达到40例，年无偿献血达45.34万毫升，为临床提供充足的血源。是年，在山东医科大学附属医院指导下，为1名终末期扩张型心肌病患者成功施行原位心脏移植手术，开创全国县市级医院开展这一手术的先河。是年，被评为省级“文明单位”。

2002年10月，医院影像大楼工程施工和装修完毕，正式启用；12月，被中华医院管理学会评为首批全国“医疗优质高效百姓放心医院”。2002年末，编制床位500张，实际开放床位460张，年门诊量19万人次，住院病人1.4万人次，年开展大中手术3500例次。

2002年建设的人民医院影像大楼

**烟台桃村中心医院** 前身为文登专区疗养所，1981年1月，下放到栖霞县管理，时有床位280张。肿瘤科是该院的重点专科，设立于1972年，是胶东地区开展肿瘤治疗最早的单位，拥有钴60远距离治疗机及伦琴机等先进肿瘤治疗检测设备。形成了集放疗、化疗、手术、中药、免疫等为一体的系统的治疗体系。对宫颈癌、皮肤癌、食道癌、鼻咽癌、脑癌等各种恶性肿瘤有较好的治疗效果，治愈率、生存率等各种指标均达到国内先进水平，特别是“腹壁下动脉插管行化疗药物灌注治疗妇科晚期恶性肿瘤”达到国内领先水平，引进的回转式钴60远距离治疗机可进行多角度、多方向照射，其功能效果与加速器相似。至2002年底共收治肿瘤病人1万余例，治愈率97%以上。

2002年末，医院开放床位240张，固定资产2480万元，拥有美国CT/e全身螺旋CT、LDGQ及400Pro彩超、TV-IV胃肠机、R-500拍片机、钴60后装机等万元以上先进医疗设备68台件。

烟台桃村中心医院（2002年）

**第三人民医院** 是山东省中医药学校教学医院，栖霞市公安、法院、交通肇事、职工和人寿保险定点医院，集医疗、教学、防保于一体的以骨科医疗为特色的综合性医院。设有骨伤、骨病、内、外、妇产、小儿、五官、中医、药、检、放、急诊、麻醉等13个临床科室和1处防保站。其中骨科、脑血管病科、三叉神经科、肛肠科为烟台市级特色专科达标科室。骨伤科运用小夹板外固定或手术内固定等中西医结合疗法治疗各类新旧骨伤，并开展椎间盘髓核摘除、人工髋关节置换、断指（趾）再植、手再造等新技术项目。2002年，获山东省“示范化免疫注射门诊”达标单位和烟台市级“文明单位”荣誉称号。

**精神病防治院** 1986年6月，成立栖霞县精神病防治院，设办公室、门诊、药房、社会防治、检验、理疗、治疗等8个科室。由于精神病人是比较特殊的群体，对其进行管理和治疗较为困难，因此，院内护士多为青壮男同志，数量占护士总数的80%左右。对不能入院治疗的精神病人，由县乡两级医院分管精神病防治的防疫医生设立家庭病床，建立病历档案，由乡村医生负责送药，进行系统治疗。1986年，县精神病防治院年门诊量1030人次，收住院病人91人次，全县累计建立精神病家庭病床248张。1993

年，县精神病防治院在栖霞镇小雾滋夼村征地5.26亩，投资120余万元，建房56间，新院址于1996年末投入使用。

2002年末，院内设男、女和综合科3个病房，床位35张，院外设7个综合门诊，采用特护措施收治各种精神病人，年收住院病人130人次，年门诊量11830人次。

**结核病防治所** 1983年10月，县结核病防治所成立时有专业技术人员4人。至1991年，内设办公室、门诊部、社会预防科3个科室，不设病房和床位。门诊部内设门诊、药房和检验室，负责对全县新发结核病人进行检查和确诊。社会预防科有防疫人员7人，常年分片包干，到各乡镇卫生院督导检查结核病防治情况，并深入家庭病床检查乡镇“三病”（结核病、麻风病、精神病）医生对病人诊治情况。乡镇卫生院防保站内设有一名“三病”医生，定期对结核病人进行家庭诊视，轻病人每月走访1次，重病人每月走访2次。

1992年，中国政府启动“世界银行贷款中国结核病控制项目”。该项目于当年11月在栖霞正式启动。县政府成立结核病控制项目领导小组，项目办公室设在结防所内。1994年迁入文化路428号新址。2002年末，有专业技术人员19人。所内设办公室、门诊、病房，有7张床位，配置30mA、50mAX光机各1台。当年实际使用世界银行贷款为81093.7元（药品），共检查出活动性结核病人1020例，其中传染性结核病人480例，全部得到免费抗结核药物的治疗。结核病人的当年死亡数仅为7人，病人的治愈率98%以上。

**个体医疗机构** 1987年，栖霞县卫生局制定印发《个体开业行医管理试行办法》。到1996年，累计审批个体行医执照160个，并按照上级有关要求进行管理。1997年，根据烟台市卫生局《关于社会办医疗机构实行挂牌上岗规范执业管理的通知》要求，对全市个体开业行医机构进行整顿，取缔58个诊所，对62个符合条件的个体诊所的执业人员，一律佩带胸牌上岗。上面贴有本人照片，标明佩带者的姓名、职称等，并盖有发证机关印章。在诊所悬挂由烟台市卫生局统一制作的医疗机构执业登记标志牌。2002年末，全市有个体医疗机构103个。

## 第二节 诊疗技术

**内科疾病诊疗** 1985年，县级医院对内科常见病、多发病以及心血管、泌尿、呼吸、神经系统和少见疑难病症均能进行有效诊治。

1992年，开展胃镜、结肠镜诊断技术。1993年，应用遥控心脏监护仪、动态心电图和心脏彩色B超及声学造影技术。开展胸膜活检术、独立行胸腔插管、引流术、气管插管行纤维支气管检查。

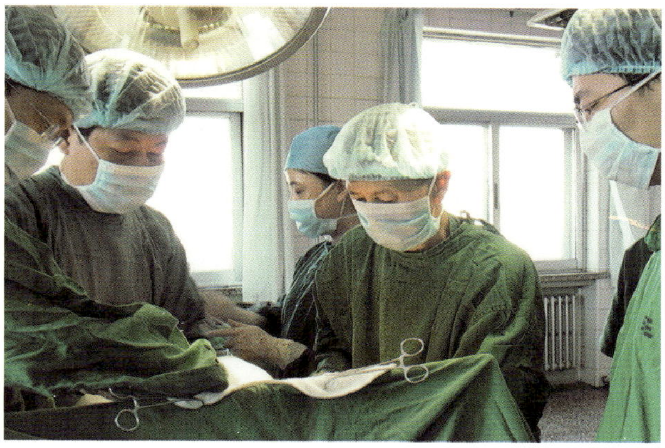

栖霞市人民医院医生在抢救病人（2002年）

1994年，开展急性心肌梗塞的静脉溶栓治疗、按需型心脏临时起搏器的安装、支气管动脉灌注化疗肺癌、经皮肺活检术，以及应用皮质激素吸入治疗哮喘。1995年，开展经食道心脏电生理检查及治疗。1996年，引进纽帮多功能呼吸机运用到临床，治疗各种急慢性呼吸衰竭及慢性阻塞肺气肿。1999年，开展胸膜粘连术及纤支镜代胸腔镜进行胸膜疾病检查。开展支气管灌洗术，解决胸外科心肺手术后肺不张的问题，同时应用于肺部重症感染的治疗，使难治性肺部感染的治愈率90%以上。2001年，开展微创穿刺抽吸引流术治疗重症高血压脑出血，取得良好效果。

**外科疾病诊疗** 1985年，县级医院能够开展胆总管十二指肠吻合术、胃癌扩大根治术、皮条法尿道成形术、手部肌腱移植术、肾下极肾盂肾盏切开取石术、椎板切除椎管减压术、颈椎前后路手术和拇指离断再植术等。

1987年，开展脾肾静脉吻合术、耻骨部分切除保留阴茎悬韧带后尿道修补术、规范性半肝切除术和精索静脉转流术等。

1990年，开展中上段食管癌切除术、心脏二尖瓣闭式扩张术。1991年，开展纵隔肿瘤切除术、食管癌切除术、结肠代食管术、全肺切除术。1992年，开展气管断裂吻合术、气管内肿瘤切除术。1993年，引进体外循环设备，开展体外循环心脏室缺修补术，建立ICU病房，开展人工股骨头置换术。1994年，开展心脏双瓣膜置换术、全髋关节置换术、髓核摘除术、甲状腺癌根治术、规范性左半肝切除术。首次应用电刀、双极电凝成功施行侧脑室内脑膜瘤切除术。对肝胆胰脾、结肠多发性破裂、严重的胸腹联合伤、重症胆管炎、重症胰腺炎、中毒性休克及多器官功能衰竭等急危重病症的抢救成功率90%以上。1995年，开展法乐氏四联症根治术，心脏起搏器用于临床。1995年3月，县人民医院成功抢救1例“脑动脉栓塞、股动脉栓塞、冠心病并房颤、急性出血性胰腺炎、急性肾衰”病情复杂的80岁高龄的危重病人。

1996年，开展重症肌无力胸腺切除术、主动脉弓人工血管置换术、高血压脑出血的手术治疗、切吸治疗腰椎椎间盘突出症、外固定架治疗四肢骨折、胃癌扩大根治术和经腹根治性全胃切除术等。是年3月，人民医院成功抢救1例失血性休克、胃破裂、肝破裂、膈肌破裂、肺破裂、心脏破裂及左股部皮肤裂伤的多发性刀刺伤急危重病人。

1997年，开展结肠癌扩大根治术、规范性脾切除、贲门周围血管离断、XF胃壁钉合术治疗门脉压症并大出血。1997年6月30日成功开展首例同种异体肾脏移植手术。

1999年开展皮瓣游离移植术、手再造术。是年8月24日，市人民医院经过多次狗心脏移植试验和各项工作的充分准备，成功地为1名扩张性心肌病患者施行同种原位心脏移植手术。该手术为全国县市级医院首例、山东省第二例，填补胶东地区空白。

2002年末，全市共开展肾移植手术168例次，医院的柳东夫、王存仁等组织开展的《县级医院对终末期同种异体肾脏移植手术的临床研究》达到国内先进水平。

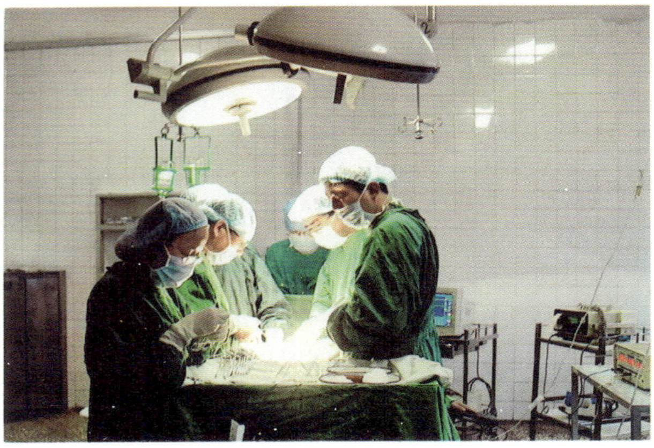

2002年人民医院实施肾移植手术现场

**妇产科疾病诊疗** 1985年，县级医院能诊治妇产科常见疾病、做计划生育4种手术、接生、剖宫产、子宫切除术、腹膜外子宫切除术、阴式子宫切除术、阴道前后壁修补术、阴道成形术、会阴Ⅲ°裂伤修补术、卵巢囊肿切除术、附件切除术、腹壁下动脉插管术、盆腔淋巴造影、宫颈癌根治术、子宫内膜癌根治术、外阴癌根治术、卵巢癌根治术、膀胱阴道瘘修补术、宫颈机能不全缝合术、显微镜下行输卵管吻合术等。

1987年，胎儿监护仪应用于临床。1992年，开展腹腔化疗术、习惯性流产宫颈缝扎保胎术、宫外孕保留输卵管术、多发性子宫肌瘤剜除术。其中，妇科肿瘤合并高血压、心脏病、糖尿病等并发症、合并症的重大手术处理取得较好效果。

1993年，实行母婴同室。1994年，应用电离子治疗外阴尖锐湿疣、宫颈糜烂，并开展卵巢囊肿剥除术、氨甲喋呤肌肉注射治疗异位妊娠。1995年，开展乙状结肠代阴道治疗先天性无阴道。

1997年，开展改良式新法剖宫产术。1998年，开展切撕法子宫下段剖宫产术。

1999年，开展腹壁横切口行子宫全切术及卵巢肿瘤切除术。2000年，开展新式子宫全切术、微波巴氏腺囊肿开窗术。2001年，开展筋膜内子宫全切术、腹部小的横切口子宫全切术、切撕法腹膜外剖宫产术。2002年开展无痛分娩。

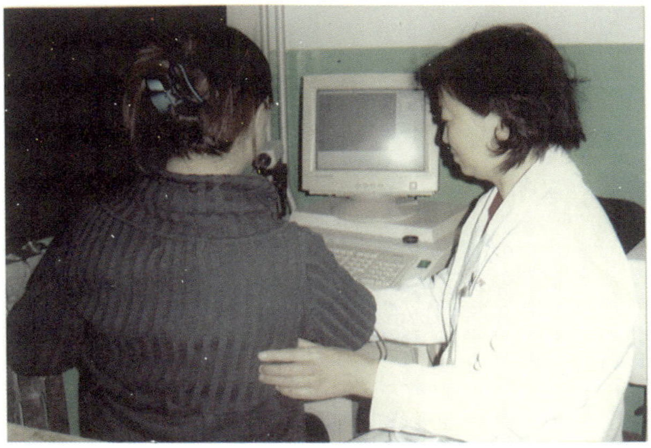

妇保院医生在为妇女查体（2002年）

**儿科疾病诊疗** 1985年，县级医院主要治疗小儿常见病、多发病，新生儿硬肿症、猩红热、重症肺炎、胸腔积液、急性肾炎、尿毒症、肾病综合症等。1986年，开展急性白血病、再生障碍性贫血、范可尼氏综合症等的治疗。1987年，开展654-2足三里穴位封闭治疗婴儿腹泻。1993年，运用氧疗器、雾化吸入器治疗哮喘患儿。开展小儿头皮针行胸骨穿刺、心肌炎、病毒性脑炎、小儿惊厥、感染性腹泻、用环孢霉素A治疗再生障碍性贫血等疾病。2000年，运用大剂量球蛋白冲击疗法治肾病、纳络酮治疗新生儿缺血缺氧性脑病、鱼腥草治疗小儿肺炎、莪术油治疗病毒性脑炎。

**眼科疾病诊疗** 1985年，县级医院能够开展眼底病、青光眼、眼外伤、职业病、角膜病、眼肌、眼屈光等方面的治疗。1995—1999年，相继开展白内障囊外摘除术、人工晶体植入术、青光眼小梁切除术、义眼台植入术、眶内肿瘤切除术等。2002年，开展超声乳化加人工晶体植入术。

**耳鼻喉科疾病诊疗** 1985年，县级医院主要诊治耳、鼻、咽、喉各种常见病、多发病，尤其在耳鼻喉肿瘤的诊断，化脓性及非化脓性中耳炎的治疗，过敏性鼻炎、鼻窦炎的治疗等方面有新的特色。1988年，购置电测听、导光纤维气管镜、食道镜、高速耳用电钻。

1992—2002年，主要开展乳突根治术、鼓室成形术、上颌窦、筛窦、额窦、蝶窦手术、鼻内窥镜手术、头颈部肿瘤的放、化疗手术的综合治疗以及耳鼻咽喉创伤、鼻出血、食道异物、气管异物、耳源性、鼻源性颅内外并发症等病症的诊治。

**口腔科疾病诊疗** 1985年，县级医院主要开展口腔多发病、常见病的诊治。

1992—2002年，开展隐性义齿修复技术、牙齿整畸、全瓷贴面修复、种植牙技术、口腔粘膜病、甲状舌骨囊肿切除术、腮腺混合瘤切除术、唇腭裂修复术、口腔肿瘤切除术等。1999年，购置牙科综合治疗机，开展离体牙再植术、原发性三叉神经埋线治疗术、牙颌畸形的活动及固定矫正器矫正技术。

**皮肤科疾病诊疗** 1985—1989年，县级医院能够对皮肤常见病、多发病进行治疗。1990—2002年，开展疑难杂症的临床治疗、临床观察治疗，对银屑病、天疱疮等顽疾治疗效果显著。

**麻醉科疾病诊疗** 1985—1989年，县级医院能够开展小儿气管内异物取出术、股神经阻滞术、穴位封闭麻醉。1990—1999年，开展肝硬化脾切除、胃底静脉离断术、胰头癌、胆管癌、双腔支气管插管、单肺痛气、脊髓穿洞引流术、垂体瘤摘除术等大型手术病人的麻醉。同期，开展体外循环下施行心内直视手术，在同级医院处于领先地位。2001年，开展胸腺瘤合并重症肌无力病人施行胸腺瘤摘除术的麻醉手术。

**急重危症抢救** 1985—1992年，县级医院急救工作主要开展科室医疗工作及急、危、重症病人的抢救，并调配各科室医生对观察病人进行查房及抢救工作。1993年开始，急救管理工作日趋完善。设置诊断室、抢救室、洗胃室、治疗室、注射室、处置室、主任办公室、护士办公室、值班室、观察室。拥有心电图机、心电监护除颤仪、呼吸机、电动吸引器、电动洗胃机、全自动洗胃机、开胸包、中心静脉压包，各种抢救药品齐全。

1995—2002年，独立完成心肺脑复苏操作，熟练掌握吸氧、吸痰、洗胃、气管插管、各式穿刺、除颤起搏、呼吸机等各项抢救技术。成功抢救各种中毒、急性大出血、心脑血管意外、昏迷、休克、呼吸循环衰竭、心肌梗死、高热惊厥、溺水、触电及各种外伤、急腹症等病人。

**检验诊断** 1985年，县级医院只能做一些常规检验项目，以手工操作为主。用于分析的仪器只有721分光光度计、电冰箱、显微镜、水浴箱、恒温细菌培养箱等。1986—1987年间，购进尿液分析仪及半自动生化分析仪。1990年，引进血球计数仪。1992—1994年，相继购进白细胞计数仪、F—820两分类血液分析仪及K+、Na+、Cl—离子分析仪。1993年，建立放免室，检查项目有T3T4、STH、AFP、CEA、胃泌素等。

1996—1998年，医院临床检验、生化室、细菌室、免疫室质控连续3年在省级评比中成绩优秀。1997年，购进全自动生化分析仪。1998年，购进血液成份血分离设备及相关配套设备、空气净化台、酶标仪、洗板机及血库存贮血冰箱，进行成份血分离。2000—2002年，引进分类血液分析仪、全自动电解质分析仪、布氏镜诊断仪、血液流变仪、血凝仪等设备。

**病理诊断** 1985—1991年，县级医院能够开展常规病理切片及细胞学诊断，少数快速石蜡切片及特殊染色工作。设备主要有切片机、单口自然光显微镜、电冰箱、恒温箱、离心机。1992年，购进自动磨刀机。

1993—2002年，设备增加双口电光源显微镜、病理组织漂烘处理仪，开展计算机病理图文报告分析系统，对病理诊断操作医务人员进行外出培训，病理诊断水平上了一个新台阶。

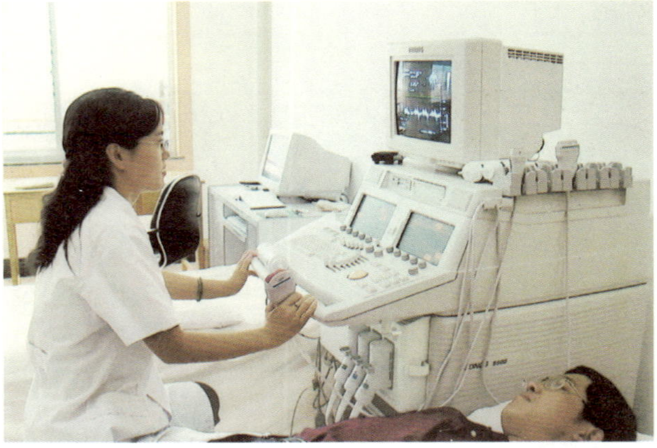

人民医院医生在做病情诊断（2002年）

**影像诊断** 1985年，县级医院可开展上消化道钡餐造影、全消化道钡餐造影、钡剂灌肠、口服胆囊造影、静脉胆囊造影、腮腺造影、脑血管造影、脑室造影、支气管造影、膝关节造影、胃肠及膀胱双重造影，子宫输卵管造影、普通拍片（头颅、胸部、腹部、脊柱、骨盆、四肢）及体层摄影。

1987年，购入国产500mA大型遥控胃肠机

及500mA拍片机。开展四肢深静脉造影、淋巴造影及脊髓造影。能配合骨科完成透视下股骨颈骨折整复及内固定术等一系列骨伤科手术。1988年，开展经皮肝穿胆管造影（PTC）。1991年，引进日本东芝株式会社生产的500mA遥控X光机，主要用于胃肠检查、造影及特殊检查，解决胃肠道检查需要预约问题。

1992年，开展膝关节空气造影诊断半月板损伤、膝关节平片诊断副韧带损伤。1993年，开展四肝血管造影、支气管造影、脑血管造影。1994年，开展介入放射学（肝癌、肺癌化疗）。

1995年，购进日本岛津制作所生产的4500TECT机和柯尼卡洗片机。1996年，开展自膨金属支架植入术治疗良性及癌性食管狭窄。

1997年，开展介入溶栓治疗股骨头无菌坏死、介入治疗晚期胃癌、子宫癌。1998年，开展钢圈栓塞治疗顽固性鼻衄、置埋永久性起搏器治疗窦起搏器治疗窦房结综合症、四肢深静脉溶栓治疗等。2002年，引进螺旋CT，对颅脑、胸腹部、盆腔、四肢等系统、脏器疾病进行准确诊断。

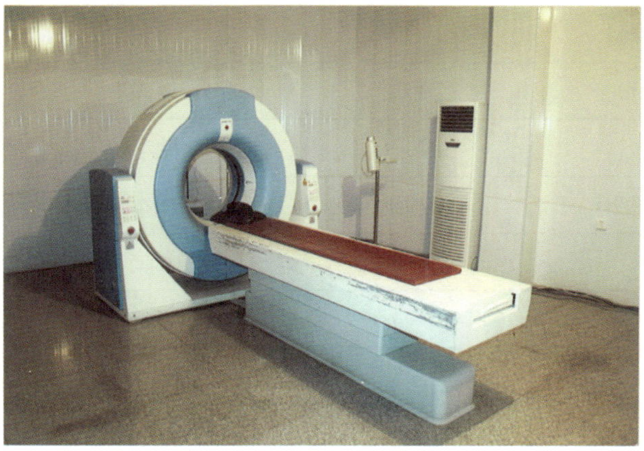

2002年人民医院引进的美国GECT/e 螺旋CT

**药剂与临床药学** 1986年，县人民医院筹建灭菌制剂室厂房，房屋面积560平方米，投资13.2万元。1987年，购进浏阳医药设备总厂的输液流水线，当年投入生产。1991年，省卫生厅组织的药剂科工作达标检查团到县人民医院检查，一次检查验收合格，成为烟台市首批县级药剂科达标单位。1992—2002年，药剂科设置中西药房、中西药库、制剂室，增设药检室、中药煎药室、临床药学室、药事管理委员会。

**临床用血** 1995年，县人民医院成立中心血库，属检验科兼管。拥有冰箱、水浴箱、小型离心机，可满足临床输全血。1996年，购进LC—6M大容量冷冻离心机，同年开展了成份输血。1997年，购进医用冰箱、洗板机，净化台。1999—2002年，中心血库分设化验室、储血、发血室、成份血室、质检室、采血室、体检室6个科室。能开展各种成份输血，年采供血量达100万毫升，能够满足市人民医院、烟台桃村中心医院、市中医院、市妇幼保健院临床用血需要。

## 第三节 医院感染管理与消毒技术

**医院感染管理** 1993年，根据《综合医院分级管理办法》和山东省卫生厅《关于预防医院内感染的暂行规定》的要求，县人民医院成立医院感染管理科，与护理部同室办公。医务人员3人，其中护师1人、主治医师1人、兼职检验师1人。

1994— 1998年，在城区、乡镇和农村进行感染管理工作宣传，对县直医院、乡镇卫生院、村庄卫生所（室）的所有医护人员进行分3期6批感染管理知识培训。1999—2002年，各医院主要对院内感染监控、隔离消毒、污物污水处理，医院内消毒剂、抗生素和一次性医疗用品的监督和管理工作。

**消毒技术** 1985年，县级医院供应室拥有卧式高压消毒器。1991年，应用121℃化学指标卡技术。1992年，购进耐酸设备和有孔消毒器，解决注射器、输液器去热源的问题。1993年，使用生物监测即嗜热脂肪杆菌芽胞片，加强对灭菌的效果监测。1994年，完善各种高压灭菌效能的检测手段——采用121℃化学灭菌批示卡热源监测及生物监测。1997年，应用3M胶带。1998年，购进真空压力蒸气灭菌器，并施行B-D试验。1999年，采用132℃化学指示卡，用于判断是否达到预真空灭菌条件。2000年，将一次性输液器、注射器由药库转到供应室发放，实行统一回收，并购进新型YY系列一次性注射器毁形机，对回收的注射器进行毁形处理，杜绝一次性医用品回流社会。

## 第四节 医疗设备

1985年以来，各医疗单位为满足临床诊断和治疗的需要，不断提高医疗服务水平，逐步加大医疗设备的购置力度。1985—1990年，主要在国内购置医疗设备，1991年之后，为提高医疗水平，检测疑难病症，高端医疗设备购进向国外延伸，1991—2002年，共购进10万元以上大型医疗设备79台（套），其中，80%的设备是从国外引进，多是日本、美国、德国等技术先进、诊断率较高临床高端设备，诊断准确率得到大幅度提高，患者赴外就医的数量大为减少。

**1985—2001年栖霞市各医院购置10万元以上大型医疗设备情况统计表**

表26-2

| 名　　称 | 型　号 | 购置时间 | 产　地 |
|---|---|---|---|
| B超 | SSD-256 | 1985 | 日本 |
| 体外反搏机 | WFB-12B | 1989 | 广州 |
| X光机 | F30-II | 1990 | 北京 |
| 高压氧气舱 | IMC-A490-00531 | 1991 | 烟台 |
| 500mAX光胃肠机 | DFW-10B | 1991 | 日本 |
| 高压氧舱 | G-2200-14 | 1992 | 烟台 |
| 彩色经颅多普勒超声诊断仪 | MT-1000 | 1993 | 美国 |
| 血液分析仪 | F-800 | 1993 | 日本 |
| 纤维胃镜 | OLMPUSQ20 | 1993 | 日本 |
| 动态心电图机 | KOZIN | 1993 | 美国 |
| 呼吸机 | E-150 | 1994 | 美国 |
| 超高速计算机断层扫描装置（全身CT） | SCT-4500TE | 1995 | 日本 |
| 全自动生化分析仪 | SPBCIFIC-PRO | 1995 | 芬兰 |
| B型超声诊断仪 | SSD-1100 | 1995 | 日本 |
| 24小时心电图机 | RZ-150 | 1996 | 美国 |
| B超机 | Prcina-LC | 1996 | 德国 |

续表26-2

| 名　　称 | 型　号 | 购置时间 | 产　地 |
|---|---|---|---|
| 心电工作机及平板系统 | ECG-LAB | 1996 | 北京 |
| 多功能麻醉机 | SA-C | 1996 | 德国 |
| 气体、空流动力监护仪 | — | 1996 | 德国 |
| 人工肾透析装置 | HEB-D | 1996 | 德国 |
| 多参数监护仪 | PXD9511 | 1996 | 美国 |
| X光机 | 500MA | 1996 | 北京 |
| 颈颅多普勒 | MT-3000 | 1997 | 南京 |
| 血球分析仪 | F-820 | 1997 | 日本 |
| 全自动生化分析仪 | RA-1000 | 1997 | 美国 |
| 彩色超声多普勒诊断仪 | M2410A | 1997 | 美国 |
| 人工心肺机 | GD-3A | 1998 | 广东 |
| 呼吸机 | I50 | 1998 | 美国 |
| 电子胃镜 | EVIS-240 | 1998 | 日本 |
| 血球计算仪 | KX-21 | 1998 | 日本 |
| 呼吸机 | RLV-102 | 1998 | 美国 |
| C臂X光机500MA | SX-10 | 1998 | 南京 |
| 彩　超 | LOGIQ-400MD | 1991 | 美国 |
| C T机 | 2400ELECT | 1999 | 以色列 |
| B型超声诊断仪 | SSD-1400 | 1999 | 日本 |
| 碎石机 | NE-5B | 1999 | 深圳 |
| 血透仪 | HEB-C | 1999 | 德国 |
| 心肺机 | HLA | 1999 | 德国 |
| 全自动生化仪 | 日本737 | 1999 | 日本 |
| 动态心电图机 | DMS | 1999 | 深圳 |
| 酶联免疫分析仪 | Bio-KingEi2000 | 2000 | 意大利 |
| 富士能电子胃镜 | WG-88FD | 2000 | 日本 |
| 腹腔镜 | STORZ | 2000 | 德国 |
| 血液细胞流变仪 | R90 | 2000 | 北京 |
| 钴60远距离治疗机 | GWGP80 | 2000 | 成都 |

续表26-2

| 名　　称 | 型　号 | 购置时间 | 产　地 |
| --- | --- | --- | --- |
| 电子胃镜 | Gif-v | 2000 | 日本 |
| 体外碎石机 | TS-153B | 2000 | 湛江 |
| 超高速计算机断层扫描装置CT | BALANCE | 2000 | 德国 |
| 洗瓶机流水线 | SYL-XP500F | 2000 | 湖南 |
| 麻醉机 | Fabius2000 | 2000 | 德国 |
| 多效蒸馏水机 | LD500-4 | 2000 | 潍坊 |
| 500MA胃肠机 | GE-XT-III | 2001 | 美国 |
| 500MA拍片机 | R-500B | 2001 | 北京 |
| 500mAX线拍片机 | VR | 2001 | 美国 |
| 超声乳化治疗仪 | 华人-II型 | 2001 | 北京 |
| 彩色多普勒超声诊断仪 | LOGIQ-400 | 2001 | 美国 |
| 全自动生化仪 | RA-1000 | 2001 | 美国 |
| 呼吸机 | SAVINA | 2001 | 德国 |
| 黑白B超 | SSA-240A | 2001 | 日本 |
| 数字检影机 | DSA | 2001 | 德国 |
| 四通道血凝仪 | 400C-PLUS | 2001 | 德国 |
| 全自动生化分析仪 | CX-3 | 2001 | 美国 |
| 骨　钻 | 蛇牌GA620S | 2001 | 德国 |
| 无影灯 | ML600D | 2001 | 台湾 |
| 关节镜及动力系统 | 蛇牌 | 2001 | 德国 |
| 球　管 | DU1505 | 2001 | 大连 |

# 第六章 护 理

## 第一节 护理管理

1980年，烟台地区桃村中心医院设立护理部。1988年3月，县人民医院设立护理部。1992年11月，县卫生局医政科设护理专干，负责全县医疗机构的护理管理工作。

1993年3月，县中医院设立护理部。护理部设主任、副主任，负责组织、管理医院的护理工作。1980—1993年，护理工作只限制在本医院内，全县护理工作管理、考核没有统一规定。1994年1月，《中华人民共和国护士管理办法》正式实施。4月，按照护士管理办法的有关规定，全县318名取得护士执业证书的护理专业技术人员进行护士注册，其中县直卫生单位264人，乡镇卫生院43人，厂矿企事业单位卫生所11人。之后，每年度举行一次护士执业考试，双年度进行连续注册。

2000年4月，市妇幼保健院设总护士长。各乡镇卫生院设护士长，负责组织、管理本单位的护理工作。每年年终，卫生局对各乡镇卫生院进行护理工作质量检查。2002年，全市有连续注册护士人数479人。

## 第二节 护理业务

1993年3月，县卫生局医政科护理专干派驻县人民医院护理部，指导、协助护理部创建“二级甲等医院”。1994年，《中华人民共和国护士管理办法》正式实施后，护理工作业务走上正轨。

1993年5月，将护士帽由圆顶白帽改为具有护士身份标志的白色燕帽，并举行授帽仪式。1993年11月，制订栖霞县乡镇卫生院护理工作考核评分标准。1994年4月，为加强乡镇卫生院护理工作的规范化管理，为全县乡镇卫生院统一制定规范6种护理临床常用表格。6月，医政科护理专干参加烟台市卫生局一级医院评审培训班，并取得一级医院评审员资格。8月，举办护士执业考试考前辅导班，为全县70名不具备学历的护理人员进行理论知识辅导。11月，医政科护理专干作为烟台市卫生局医院分级管理评审委员会护理组评审员，参与对两家二级甲等医院护理工作质量的评审、验收。1994—2002年，每年5月12日护士节期间，在辖区范围内开展“优秀护士”“十佳护士”的评选、表彰和各种庆祝活动。

1995年10月，根据市政府《关于开展全县职工业务技术大赛的通知》精神，与县职工业务技术大赛组委会联合举办全县护理技术比赛活动，4所县直医院、6所乡镇卫生院参加比赛，决赛特邀烟台市毓璜顶医院护理部3位主任任评委，评出护理技术标兵6人。12月，在烟台市护理学会换届选举中，医政科护理专干被推选为本届护理学会理事。

1996年5月，组队参加烟台市护理学会组织的“护理专业知识、技术操作竞赛”，获得团体总分第三名，理论知识团体第三名，技术操作团体第四名，理论知识个人单项第三名。1997年5月，全市3名护士长获“烟台市优秀护士长”称号。1998年5月，栖霞代表队参加烟台市卫生局组织的“络欣通” 杯演讲比赛，获二等奖。2000年5月，举办医疗、护理文书学习班，规范医疗、护理文书的书写。2001年5月，全市46名护理人员加入中华护理学会。2002年5月，举办“院内感染知识”巡回讲座，共培训医护人员、乡村医生662人。7月，对市直医院进行“医疗质量效益年”护理工作质量检查。12月，举办卫生系统“法律、法规知识抢答赛”。

市人民医院住院部（2002年）

## 1994—2002年栖霞市护士执业注册情况统计表

表26-3　　单位：人

| 年 份 | 注册人数 | 单年度注册人数 | 连续注册人数 |
|---|---|---|---|
| 1994 | 318 | — | — |
| 1995 | — | 40 | — |
| 1996 | — | 39 | 318 |
| 1997 | — | 7 | — |
| 1998 | — | 46 | 368 |
| 1999 | — | 52 | — |
| 2000 | — | 32 | 437 |
| 2001 | — | 29 | — |
| 2002 | — | 14 | 497 |

# 第七章 妇幼保健

## 第一节 保健机构及网络建设

**市级妇幼保健机构** 1989年，栖霞县妇幼保健院投资130多万元，建设面积2322平方米的妇幼保健楼，1990年5月，保健楼正式启用。妇产科病床增加到24张，开展计划生育各种手术及剖宫产、子宫全切，各种卵巢肿瘤、子宫外孕等手术；妇女、儿童疾病的诊治、口腔、颈椎病、性病的治疗等30多个医疗项目。1991—1992年，为加快人才培养，派各科室业务骨干人员先后到北京妇产医院、青岛医学院附属医院、烟台毓璜顶医院进修学习，以提高业务人员的自身业务素质，并将所学知识带回院里应用于临床。1993年，在全市率先开药物流产，1994年，开展激光治疗宫颈糜烂、性病等；1996年，开展无痛分娩，并开展宫外孕保守治疗，效果良好。1998年12月，增设儿科病房，增设小儿床位12张。1999—2000年，市妇幼保健院为提高医院的治疗水平，适应现代化卫生改革环境的需求及广大患者的就医条件，先后购置新B超及彩色显示系统、半自动生化分析仪、全自动血球分析仪、尿液分析仪、微机胎儿监护仪、X光机、多普勒胎心监护仪、早产婴儿培养箱、蓝光治疗箱、听力监测仪、口腔治疗仪、微波治疗仪、红外线乳腺诊断仪、接送孕产妇的救护车等。1999年，开展外阴白斑的治疗。

2000—2002 年，开展妊娠期糖尿病的筛查与治疗，有效地控制妊娠合并症的并发症发生，同年在栖霞市率先开展药物无痛流产，并将笑气应用于分娩、流产、钳刮等止痛，减轻孕产妇的痛苦。妇保院成为集预防、保健、治疗于一体的具有专业特色的妇幼保健专科医院，固定资产达300万元，配备电视、冰箱、微波炉、电话等设施的家庭温馨病房，使病人、产妇在住院期间既能进行治疗，又能进行娱乐、休息和生活，陪护方便，得到社会及病人的认可。

**基层妇幼保健网络** 1985年，全县县、乡两级妇幼保健人员不足50人，村级妇幼保健机构更为薄弱。1986年，开始注重健全县、乡、村三级保健队伍，首先加强三级网络建设。从各卫生单位抽调专业技术人员，设立妇女保健门诊和儿童保健组，进行妇幼卫生保健技术指导。1987年底基本建立健全县、乡、村三级妇幼保健网络，逐级落实岗位责任制。全县分7个片，县妇幼保健站每片固定 1 人，各乡镇卫生院固定2～3人进行妇幼卫生保健工作的实施，建立4簿4卡，逐级对妇幼保健各项工作及计划生育技术进行指导。妇幼保健站作为考核单位，每年对各乡、村妇幼保健工作进行2次考核，考核结果与工资挂钩。1990年，全县妇幼卫生网络已趋完善，全县947个村，村村都有女乡医，坚持县、乡两级例会制度，女乡医到会率达88.8%。1992年，乡镇卫生院划归乡镇政府管理，对县、乡、村三级妇幼保健网络建设产生一定负面影响。乡镇妇幼医生更换太频、素质下降、服务滞后，影响妇幼保健工作的开展。1995—2002年，妇幼保健院在组织、发动创建爱婴卫生院活动中，采取一系列有力措施，稳定妇幼保健医生队伍，妇幼保健三级网络作用得到较好发挥。

## 第二节 妇女卫生保健与疾病防治

**妇女病的普查** 1985年，县妇幼保健站设立妇幼保健门诊，开展妇女病诊治、围产期检查、妇女卫生保健知识咨询等服务项目。1986年，对部分轻工行业女工与部分乡村妇女首次进行以预防宫颈癌为主的流行病学调查、普查工作，共查3700余人。1987年以后，每年对全县厂、矿企事业单位进行1次妇女病普查，对30岁以上的妇女均进行宫颈巴氏分级，做到对宫颈癌的早期发现及治疗，对妇女常见病、多发病做到有效地控制、预防及治疗。1990年，妇女普查人数2800人，1995年，普查3200人。2000年，各乡镇卫生院妇科对辖区内的妇女，进行一次普查，检查6300多人，普查情况上报市妇幼保健院，由市妇保院进行汇总统计，并上报烟台市妇保站。

到2002年末，全市妇女病普查人数总计2.1万人次，检查出各类疾病10余种，登记造册后，按病情轻重分期分批单独调度患病人员及时治疗。

1985—2002年栖霞市妇女病普查情况统计表

表26–4

| 年 份 | 普查人数 | 患病人数 | 患病率% | 治疗人数 | 治疗率% |
|---|---|---|---|---|---|
| 1985 | 11988 | 4437 | 37 | 4437 | 100 |
| 1986 | 26456 | 9197 | 34.8 | 9197 | 100 |
| 1987 | 21731 | 6159 | 28.3 | 6159 | 100 |
| 1988 | 29691 | 9350 | 31.5 | 9350 | 100 |
| 1989 | 36469 | 14211 | 39 | 14211 | 100 |
| 1990 | 38066 | 16203 | 42.6 | 16203 | 100 |
| 1991 | 31194 | 9778 | 31.3 | 9778 | 100 |
| 1992 | 40468 | 10340 | 25.6 | 10340 | 100 |
| 1993 | 10964 | 2970 | 27 | 2970 | 100 |
| 1994 | 5765 | 1823 | 31.6 | 1823 | 100 |
| 1995 | 7110 | 2016 | 28.4 | 2016 | 100 |
| 1996 | 12780 | 4164 | 32.6 | 4164 | 100 |
| 1997 | 21621 | 6532 | 30.2 | 6532 | 100 |
| 1998 | 22932 | 8088 | 35.3 | 8088 | 100 |
| 1999 | 58890 | 17497 | 29.7 | 17497 | 100 |
| 2000 | 45969 | 17752 | 38.6 | 17752 | 100 |
| 2001 | 90981 | 39151 | 43.0 | 39151 | 100 |
| 2002 | 72535 | 32117 | 47.3 | 32117 | 100 |

**妇女五期保健** 栖霞县劳动妇女保健措施始于1952年，当时提倡和推行妇女月经期、孕期、产期及哺乳期“四期”卫生保护。1978年，增加更年期保护。1993年，省卫生厅、劳动局、总工会、妇联等联合下发《关于做好妇女“五期”保健和常见病查治工作的通知》，是年，县妇幼保健院重新制定女职工“五期”保健制度，妇女常见病、多发病的防治措施。1995年，分批组织2次女职工查体工作，并利用各种形式加强妇女“五期”保健宣传及指导，1600多名职业妇女接受检查。2000年，对特殊岗位职业妇女进行查体，检查580多人。2002年，对全市妇女五期保健工作进行分类登记，常见病归为一类，多发病归为一类，特殊病症归为一类，定期检查，跟踪服务。

**围产期保健** 围产期（即怀孕28周到产后4周）保健，是实现优生、优育、母婴健康安全的重要措施。1985年前，围产期管理率仅占20%。1986年，随着妇幼保健三级网络建立健全，围产期管理率达到85%。1987年8月，国家卫生部下达《全国城市围产期保健管理办法》试行草案，县卫生局成立围产期危重病人抢救小组，制定会诊制度，死亡病历讨论制度，明确规定，农村产妇死亡24小时内报乡（镇）卫生院，48小时内由乡镇卫生院及其他医院连同原始病历报妇幼保健站。

1988年，母婴保健保偿在全县推广施行后，充分发挥妇幼保健三级网络的作用，对早孕者建立保健手册，产前定期检查，并通过检查，筛选出高危妊娠者进行监护和管理，基层妇幼医生做到及时转诊。为大力推广科学接生，取缔老接生员，县计生委、公安局、卫生局联合下发《关于提高住院分娩率的联合通知》，县妇保站组织人员，分片包干，乡镇妇保医生参与，分期分批对女乡医进行科学接生培训，把“一躺三消毒”作为消毒规程。新法接生率为100%，彻底取缔老法接生。各卫生室均配备提式高压灭菌器，接生产物品达到灭菌的目的，有效地提高接产质量，滞产、感染、产伤、出血及婴儿窒息率明显下降，杜绝新生儿破伤风，孕产妇死亡率由1985年的3／万降到1.61／万。新生儿死亡率由16.2／千下降为6.33／千。1988年，全县有18处乡镇卫生院建起“三室、二房、一门诊”，全县住院分娩率由1985年的50.04%升至为1991年的96.5%，1996—2002年为100%。

**计划生育技术指导与服务** 1985—1987年，县妇幼保健站因设施不足，不能施行计划生育技术服务，将全部精力放在对乡镇卫生院的计划生育技术指导及培训上。主要以《节育手术常规及并发症的防治》《计划生育技术管理办法》《计划生育技术操作规程》等为主要内容，举办各种培训班100余期，培训3000余人（次）。在规范乡镇卫生院产科“三室”“两房”的基础上，使计划生育技术服务质量得到明显提高，计划生育手术并发症下降到8%，基本达到无手术死亡。1988—1990年，进一步加强计划生育服务管理工作，对女乡医进行普及育龄妇女各种避孕措施、避孕药具等知识的工作质量考核，减少引产、流产的人数及次数，确保育龄妇女身心健康，减少或降低手术并发症的发生。

1990年8月，对计划生育技术人员进行登记及业务知识考试考核，10月，对考试及考核合格单位及155人发放计划生育手术许可证。到2002年，计划生育技术人员全部持证上岗，无一例手术事故。

## 第三节 儿童卫生保健与疾病防治

**集体儿童保健** 1985年，为加强儿童保健工作，县妇幼保健站专设儿童保健组，各乡镇卫生院分别设立儿童保健门诊。对儿童佝偻病、营养性贫血进行普查普治工作。1987年，乡镇卫生院配备专职儿保医生，县、乡、村三级妇幼保健人员做到逐级掌握学龄前儿童的基本情况，建立4簿4卡，儿童“四、二、一”管理，即0～1岁婴儿每季度查体1次，1～3岁幼儿每半年查体1次，4～7岁儿童每年查体1次。查体率逐年上升，1989年，儿童查体率95%以上，查出各类疾病患病率达40.97%，并进行体弱儿专案管理，管理率达100%。

1995年，国家教委印发《托儿所幼儿园卫生保健管理办法》，市妇幼保健院组织儿保人员对全县所有托儿所、幼儿园进行各项卫生保健技术及设施等方面的指导，进行监督管理。

1999—2002年，卫生局与教育局联合发出通知，有计划地安排儿童保健查体工作，期间，儿童查体1.2万人次，托幼园所卫生保健管理工作，逐渐走向科学化、规范化、标准化轨道。

2002年妇保院为市区儿童检查身体

**散居儿童保健** 1985—1987年，全县散居儿童保健工作未进行单独管理。1988年，全县各乡镇开展妇幼保健保偿工作，散居儿童保健工作得到落实，重点为3岁以下婴幼儿。从出生后42天至3周岁，由乡镇儿保医生进行管理；县厂矿、企事业单位由县妇幼保健站儿保科进行管理。从生后42天，由妇女保健科转卡至儿童保健科，进行转卡登记。1周岁内每年查体4次；1～3周岁，每半年查体1次；每年免费查血色素1次。发现体弱儿进行专案管理，并追踪观察治疗，直到转归为止。对正常新生儿于生后第2、7、14、28天各访视1次，其内容指导母乳喂养、宣传饮食、卫生、保健等知识与体检（如测身长、体重、脐带脱落）等。对出生低体重儿、早产儿进行专案管理，恢复正常后，转健康管理。2002年，散居儿童保健查体680人次。

**儿童系统化管理** 始于1988年。栖霞县妇幼保健站固定妇、儿保健医生14人，分片对妇幼保健保偿工作进行指导及管理，各乡镇卫生院妇保、儿保科、乡村卫生室均统一建立4簿4卡、按照妇幼“七五”规划要求，将优生优育、儿童系统保健工作作为中心任务。充分发挥妇幼保健三级网络作用，各卫生室对本村学龄前儿童基本情况登于簿、卡，有计划地进行“四、二、一”查体管理及体弱儿管理。到1990年，完成“七五”规划儿童系统化管理目标要求。

1991—1995年，根据《栖霞县“八五”期间儿童少年事业发展规划》要求，县卫生局成立儿童系统化管理工作领导小组，由县妇幼保健人员每半年对全县乡（镇）卫生院进行考核一次，考核结果，与年终奖惩挂钩。

1996—2002年，重新调整儿童系统化管理工作领导小组，妇幼保健保偿工作管理更加系统，县、乡、村三级保健服务网络更加完善。期间，对乡镇卫生院、乡村卫生所（室）进行3次大检查，主要检查簿、卡是否健全，管理是否规范，儿童查体是否正常进行，有无漏查现象。

**儿童“四病”防治** 1987年，栖霞县妇保站制定全县儿童保健工作考核标准，各乡镇卫生院配备一名专职儿保医生，每月保证三分之一的时间深入农村，进行儿童保健指导及管理。1988年，县妇保站利用各种形式，对乡镇儿保医生进行业务培训，重点讲授儿童保健知识及

小儿“四病”(佝偻病、营养性贫血、肺炎、腹泻)的防治方案，以提高全县儿保医生的业务水平。1992年，利用各种形式，对农村广大群众进行儿童保健、母乳喂养、科学育儿等知识的培训，发放儿童“四病”健康处方。1995年，县妇保站还筹资充实及更新宣传设备，购置电视机、放像机，专门设立宣教科、配备宣教人员，制作专题刊板，配以模型、实物、图表等进行宣传，提高广大群众的自我保健能力。在“四、二、一”查体中筛选出的“四病”，进行病原学调查，根据发病原因制定出有效的防治措施。1995—2002年，全市佝偻病发病率下降30%，营养性贫血基本控制了Ⅱ度，消灭了ⅢⅡ度，肺炎、腹泻发病率也逐年减少。

**新生儿疾病筛查** 为认真贯彻实施《中华人民共和国母婴保健法》，市妇幼保健院于1998年7月，派3人参加烟台市新生儿疾病（先天性甲状腺功能低下，苯丙酮尿症）筛查培训班。市妇幼保健院人员对全市市直各医院及乡镇卫生院妇产科医护人员，进行新生儿疾病筛查有关知识及方法的培训。8月，全市新生儿疾病筛查工作正式启动。成立栖霞市新生儿疾病筛查领导小组，新生儿疾病筛查站设在市妇保院，各市直医院及乡镇卫生院均成立领导小组，并设一名质检员。市妇保院妇保科对新生儿疾病筛查工作进行程序化管理，从预约、采血、血片保存递送、标本验收、追踪复查等均制定了管理制度，并实行单位、筛查站验收双签字。为提高筛查率，市妇保院加强了对医学出生证明的管理，坚持新生儿疾病筛查与出生医学证明一对一地发放。

1998年11月，烟台市卫生局在市妇保院召开新生儿疾病筛查现场会，会上栖霞市妇保院介绍开展新生儿疾病筛查的经验，并示范血片采集的方法。新生儿疾病筛查的开展，进一步推动优生优育工作，提高人口素质，有效地控制残疾婴儿发病率。1998年，筛查率达99.78%，采血标本合格率达98.4%，可疑患儿复查人数4人，追踪复查率为100%，查出TSHI1人，患病率为9/万，治疗率为100%。

**新生儿听力筛查** 2002年5月，市妇保院新购1台新生儿听力筛查仪、1辆面包车，由监测仪器厂家技术人员对医院妇产科医生进行了筛查知识及技术的培训。6月，新生儿听力筛查工作在全市全面铺开。

2002年末，共对全市2256名新生儿进行听力筛查，筛查率为100%，查出可疑人数2人，均及时转往烟台市妇保院进行确诊及治疗，并对这些可疑人员进行追踪随访，随访率达100%，确诊1人。对患儿实行以家庭为中心，早期听力康复的干预及适应发育水平的语言能力训练，半年配戴助听器，使患者在耳聋的情况下，不出现语言障碍。

### 1985—2002年栖霞市儿童查体情况统计表

表26-6

| 年 份 | 查体人数 | 患病人数 | 患病率% | 治疗人数 | 治疗率% |
|---|---|---|---|---|---|
| 1985 | 57052 | 17968 | 31.50 | 17968 | 100 |
| 1986 | 45211 | 18195 | 40.20 | 18195 | 100 |
| 1987 | 74427 | 28192 | 37.90 | 28192 | 100 |
| 1988 | 68366 | 30612 | 44.78 | 30612 | 100 |
| 1989 | 69545 | 28491 | 41.00 | 28491 | 100 |
| 1990 | 59650 | 27444 | 48.00 | 27444 | 100 |
| 1991 | 64561 | 24998 | 30.70 | 24998 | 100 |
| 1992 | 57089 | 18497 | 32.40 | 18497 | 100 |
| 1993 | 40413 | 13781 | 34.10 | 13781 | 100 |
| 1994 | 45631 | 14511 | 31.80 | 14511 | 100 |
| 1995 | 15289 | 5443 | 35.60 | 5443 | 100 |
| 1996 | 27979 | 10968 | 39.20 | 10968 | 100 |
| 1997 | 23439 | 8790 | 37.50 | 8790 | 100 |
| 1998 | 24858 | 8377 | 33.70 | 8377 | 100 |
| 1999 | 22280 | 8489 | 38.10 | 8489 | 100 |
| 2000 | 21402 | 8625 | 40.30 | 8625 | 100 |
| 2001 | 40413 | 14912 | 36.90 | 14912 | 100 |
| 2002 | 21489 | 7005 | 32.60 | 7005 | 100 |

## 第四节 开展爱婴活动

**创建爱婴医院** 1993年5月，栖霞县妇幼保健院组织人员到济南市妇幼保健院参观后，即申请并筹备创建爱婴医院活动。县卫生局印发《关于进一步做好创建爱婴医院工作的意见》，作出创建活动的规划。县妇保院成立母乳喂养领导小组和技术指导小组，负责领导、组织实施母乳喂养工作。

1994年4月，组织全院中层以上干部到潍坊、昌邑县妇保院参观学习后，立即制定促进母乳喂养规定和母乳喂养十条措施等，与国际母乳喂养措施及母乳代乳品销售守则一起制成50多块镜框，悬挂于门诊、病房、产房及有关科室，制作50多块宣传刊板，设立孕妇学校，母乳喂养咨询门诊分3期对全院职工进行母乳喂养知识培训，并自制教具演示母乳喂养的方法与技巧。每人接受培训时间在18小时以上，技巧训练3小时以上，每期培训完毕进行考试，全

体职工考试及格率达100%。对产房进行三区分开，建立康乐乐产室、无痛分娩室、隔离分娩室，设隔离接产床。病房实行母婴同室，增设婴儿床，取消婴儿室。

采取四个步骤，对每个孕产妇进行母乳喂养知识培训。门诊宣教，由接诊医生进行母乳喂养知识宣教，并进行孕期检查，筛选出乳头平坦、凹陷者给予纠正方法的指导。

孕妇学校固定专人管理，组织就诊孕妇、住院孕产妇及家属到孕妇学校看录像，给她们讲解母乳喂养的好处、意义、方法、技巧等，并向孕、产妇发放宣传单与《母乳喂养知识》小册子。

孕产妇、婴儿住院期间，由妇、儿科医护人员对孕妇、产妇及家属进行母乳喂养知识培训，进一步强化孕产妇对母乳喂养知识的好处的理解与认识。协助新生儿早吸吮、母婴皮肤接触，实行母婴同室，教会产妇喂奶、挤奶方法等。

建立母婴喂养支持组织，由乡镇卫生院妇产科医生、女乡医、家属组成，利用产后访视、咨询门诊、咨询电话随时与产妇保持联系，解决母乳喂养中出现的问题及困难，产后42天回院检查。1994年9月，省爱婴医院评估团对创建爱婴医院活动一次验收合格。

在妇幼保健院的协助指导下，1995年，栖霞县人民医院、第二人民医院创建成爱婴医院，1996年，中医院也建成爱婴医院。

在乡镇，1996年，开始开展创建爱婴卫生院活动。3月11—13日，对全市乡镇妇幼医生、医院护士长进行一次系统的母乳喂养知识、方法与技巧培训，并进行考试，有60多人参加培训。培训后，各卫生院进行创建爱婴医院筹备工作，首先成立医院母乳喂养领导小组，在本单位内进行不少于18小时的母乳喂养知识培训及3小时的技巧培训。妇保科人员亲临指导，帮助乡镇卫生院制定完善产科制度，改建产房、病房，产房做到三区分开，病房实行母婴同室。将医院制定的母乳喂养10项措施及全球母乳喂养标准、母乳代乳品销售守则制成镜框悬挂于走廊、病房、产房、门诊等地方。对孕产妇利用发放宣传单、小册子，现场示教等方法进行母乳喂养知识的培训及技术指导，使所有孕、产妇及家属基本掌握母乳喂养的好处、方法，明显降低乳胀、乳头皲裂、乳腺炎、新生儿腹泻等并发症发病率。

至2002年末，先后有庙后、翠屏、臧家庄、中桥、苏家店、杨础、蛇窝泊、桃村、西城、唐家泊、大庄头等11所卫生院（所）建成爱婴卫生院（所）。

**建设爱婴市** 1996年，栖霞市政府印发《关于开展创建爱婴市活动的实施意见》，并成立创建爱婴市领导小组，在全市各部门进行层层宣传发动，逐级落实责任，广泛掀起创建爱婴市活动。

栖霞市广播电视台定期定时播放《母乳喂养好》《全民重视母乳喂养》《孕妇五十问》等电视知识录像，市工会、各医疗卫生单位利用宣传版、宣传材料、图片、录像等，大力宣传母乳喂养的好处、方法。市卫生局、商业集团公司、工商局、供销社、广播电视局、一轻工业公司联合下发关于执行《母乳代用品销售管理办法》（以下简称《管理办法》）的通知，禁止发布母乳代用品广告，生产者、销售者不得向医疗卫生保健机构、孕妇、婴儿家庭赠送产品、样品，减价销售产品，对违反《管理办法》的单位和个人，依照法律和法规予以处罚。

市卫生局编印母乳喂养健康教育材料，制定创建爱婴医院计划及实施细则，成立培训中心，配备师资队伍，由市妇保院承担并组织对乡镇妇、儿科医护人员的培训；市人民医院承担并组织对城区所有母乳喂养支持组织（即工矿企业单位卫生所）从事保健人员的培训；乡镇妇、儿科人员担负乡镇卫生院各类人员及村级母乳喂养支持组织的培训任务；各厂矿企业卫生所和卫生室担负对各自服务范围内的产妇给予正确的母乳喂养技术指导。充分发挥妇幼保健三级网络作用，建立母乳喂养定期随访制度，对产后4～6个月的妇女、婴儿进行随访并给予母乳喂养技术指导，各医疗卫生单位及妇保院成立母乳喂养咨询门诊，设咨询电话，产妇出院发放访视联系单，遇到困难或问题可进行咨询及联系。

1996年末，建设爱婴市活动取得重大成效，培训乡镇卫生人员140人次，检查婴幼儿食品市场2次，没收假冒伪劣婴儿食品货值1.2万元，发放母乳喂养技术指导手册和资料6000多册（本）。市政府授予卫生局、商业集团、电视台、工商局等单位“爱婴工作先进单位”荣誉称号。

## 第五节 母婴保健

**监督管理** 1988年，栖霞县开始母婴保健监督管理工作，主要是对产前至婴儿出生4周岁期间的妇女扶婴指导、儿童系统化技术管理和全县从事妇幼保健工作人员的业务技术培训。

指导与培训分两种形式，办培训班和专业培训。办培训班，每期授课多个专题。专业知识培训是利用卫生局卫校，对非正规学校毕业人员进行系统的专业知识培训。1988—1989年，共举办培训班6期，共培训妇女、技术人员3600人次。

1990年，省卫生厅、烟台市、栖霞县卫生局先后下发文件，不得任意鉴定胎儿性别，规定凡私自对胎儿性别进行预测，引起不良后果者一律追究单位领导及检查者的责任。从此，全县禁止用B型超声鉴别胎儿性别。

1994年，省卫生厅颁布《山东省婚前健康检查管理办法》，检查工作由各县妇保机构承担。县妇保院派2人参加烟台市婚前医学检查学习班，当年在县、镇驻地开展婚前健康检查工作。1997年，妇保院派4人参加烟台婚前医学检查第二期学习班。1995年，《中华人民共和国母婴保健法》颁布实施，开始对辖区妇幼医生进行执法培训，先后举办母婴保健法培训班9期，参加学习1482人，考试及格率达93%。

1997年3月，栖霞市政府下发通知，要求进一步加强对母婴保健医学技术鉴定工作的管理，成立市母婴保健医学技术鉴定委员会，依法对母婴保健技术服务工作进行规范，对全市从事母婴保健专项技术服务的医疗保健机构进行整顿和资格审查登记。卫生系统与公安、民政部门相互配合，加强对“婚前医学检查证明”和“出生医学证明"的使用管理，规定婚前医学检查证明由市妇保院出具，出生证明由市妇保院、市人民医院、市第二人民医院、市中医院、唐家泊卫生院、杨础卫生院6家发放，市妇保院负总责，严格把关，保证“一对一”发放使用，从根本上取缔家庭接生和非法接生单位。11月，依照卫生部《母婴保健专项技术服务许可及人员资格管理办法》，卫生局组织全市从事母婴保健专项技术服务的人员进行专业知识和“母婴保健法”知识考试。12月，对全市各类医疗保健机构从事母婴保健技术服务在职卫生技术人员进行职业资格统一考试，考试项目为终止妊娠手术、结扎手术和助产技术。考证合格颁发全国统一的“母婴保健技术考核合格证书”。考试不及格及新从事母婴保健技术服务的人员随同1998年执业资格考试进行补考。

至2002年末，全市有155人取得“母婴保健技术考核合格证书”，全部持证上岗。

**婚前健康检查** 1994年4月，根据山东省政府通知，栖霞县成立婚前健康检查技术指导小组，主要负责婚前健康检查的技术指导和疑难病症的技术鉴定工作，并开始对栖霞镇范围内申请结婚的公民进行婚前健康检查，其他乡镇公民

可自愿参加婚前健康检查。

1996年，市政府印发《关于在全市实行婚前健康检查的通知》。1998年，婚前健康检查工作在全市范围内全面展开。1999年，婚前健康检体率99%以上。

2002年8月，山东省民政厅下发文件，为减轻农民负担，对农村申请结婚的公民，不实行婚前健康检查，全市婚前健康检查人数急剧下降。

### 1994—2002年栖霞市婚前医学检查情况统计表

表26-7

| 年份 | 应检人数 | 实检人数 | 检出疾病人数 | 患病率% | 指定传染病人数 | 严重遗传病人数 | 精神病人数 | 生殖系统疾病人数 | 内科及其他系统患病人数 | 暂缓结婚人数 | 不宜生育人数 |
|---|---|---|---|---|---|---|---|---|---|---|---|
| 1994 | 4943 | 652 | 94 | 14.4 | 23 | 0 | 0 | 54 | 17 | 23 | 0 |
| 1995 | 5553 | 2737 | 265 | 9.7 | 90 | 12 | 0 | 117 | 47 | 65 | 0 |
| 1996 | 4675 | 4675 | 404 | 8.6 | 135 | 0 | 0 | 208 | 61 | 35 | 0 |
| 1997 | 5002 | 4065 | 478 | 11.7 | 171 | 2 | 0 | 195 | 110 | 46 | 3 |
| 1998 | 3605 | 3605 | 64 | 1.8 | 1 | 0 | 2 | 13 | 40 | 2 | 0 |
| 1999 | 4061 | 4061 | 222 | 5.5 | 22 | 0 | 1 | 30 | 30 | 24 | 1 |
| 2000 | 3239 | 3239 | 64 | 2 | 9 | 0 | 1 | 37 | 7 | 9 | 0 |
| 2001 | 3620 | 3620 | 62 | 1.7 | 2 | 0 | 3 | 34 | 33 | 8 | 3 |
| 2002 | 2547 | 1559 | 24 | 1.5 | 0 | 0 | 1 | 14 | 12 | 1 | 0 |

**母婴保健保偿** 全县母婴保健保偿工作始于1988年，在全县23个乡镇开展不同形式的妇幼保健保偿服务。

具体采取三种形式进行。系统保偿，根据妇幼保健程序化管理的要求，从孕12周到产后访视，实行全过程保偿服务，内容包括孕期检查、住院分娩、产后访视。

分段保偿，将妇幼保健程序划分成若干阶段，根据入保对象的具体情况，对其中一段或几段实行保偿。

重点保偿，从对母婴健康影响最大的孕12周开始至产后一个月实行保偿。是年7月，在大柳家乡召开全县妇幼保健保偿现场会，8月，又在寺口镇召开全县妇幼保偿现场会，寺口镇入保率达到100%。11月27日，省卫生厅在《山东卫生情况》第23期中介绍并推广栖霞市全面实行妇幼保健保偿服务的做法。是年，全县入保人数达到6124人，入保率达到93.7%。1992年开始，乡镇卫生院下放乡、镇政府管理，乡镇妇幼保健网络队伍削弱，妇幼保健保偿率下降。1993年，妇幼保健保偿工作停止。1999年，妇幼保健保偿工作重新启动，并进一步规范保健措施，进行环节质量控制，2002年，全市入保率达到99%。

**孕产妇系统化管理** 1986年4月，妇保站组织人员到荣成县妇保站参观学习，对妇保工作进行大胆探索和改革，对妇幼保健整个程序分为三个层次十个阶段进行系统化管理，即为“十、二、一管理”。“十”是十期保健，即孕前期、孕早期、孕晚期、分娩期、产褥期、六期及儿童新生儿期、婴儿期、幼儿期、学龄前期四期；“二”是对高危妊娠专案管理，对体弱儿专案管理；“一”是资料统计档案化。

1987年，在全县范围内实行“四簿”“四卡”，“四簿”即新生儿出生登记簿，围产儿、婴儿、新生儿死亡登记簿，孕产妇围产期管理登记簿，孕产妇死亡登记簿；“四卡”即新生儿出生报告卡，围产儿、婴儿、新生儿死亡报告卡，孕产妇死亡登记卡，妇女病查治卡。1990年，在完善县、乡、村三级保健网络的同时，全面加强妇女保健系统化管理。逐级进行监督、检查，县妇保站经常深入到乡、镇、村，检查工作落实情况，查对乡、镇、村簿卡填写是否一致。村医每月2日前将新生儿出生、死亡，孕产妇死亡，高危妊娠管理等情况报所在乡镇卫生院，每月5日由乡镇妇幼医生将上述情况上报县妇保站，并明确责任，层层落实。

1991年，县卫生局下达《关于在全县进一步加强孕产妇、儿童系统化管理的意见》，并成立领导小组，依照“十期”保健内容，进一步开展孕产妇系统化管理，提高高危妊娠筛选率和监护质量。到2002年，高危妊娠住院分娩率达到100%。

# 第八章 基层卫生管理

## 第一节 农村卫生管理

中华人民共和国成立后，党和政府重视农村卫生，关心农民身体健康和生命安全，广泛开展除害灭病活动，推行合作医疗制度，农民健康状况不断得到改善。农村实行家庭联产承包责任制后，农村卫生工作一度出现无序状态，村级卫生机构得不到有力支持，农民、妇女儿童卫生保健得不到有力保障。针对这种情况，栖霞县政府，连续出台有关政策和措施，加大农村卫生整治工作力度。

1985年，栖霞县开展以创建农村卫生室、卫生防疫、妇幼保健为重点的农村卫生工作。对有卫生所（室）的村庄，完善管理体系，无卫生所（室）的村庄，创造条件建设卫生所（室），保障农民就近治病。1990年8月，山东省人民政府确定栖霞县为全省初级卫生保健示点县。全县建立健全以县级医疗卫生单位为技术指导中心，乡镇卫生院（所）为枢纽，行政村卫生室为网的县、乡（镇）、村三级医疗预防保健网络。建立县、乡、村三级健康教育网络，成立健康教育领导小组，办公室设在县卫生防疫站宣教科，有关部门配备专职或兼职健康教育人员；23个乡镇均成立健康教育领导小组，并配备专（兼）职健康教育人员；878个行政村卫生室皆配备兼职健康教育人员，全县有健康教育专（兼）职人员1624人。县卫生防疫站与中桥卫生所协作，在中桥乡吕家庄村开办烟台市第一所农民健康教育夜校。

到1991年，全县23个乡镇952个村开办健康夜校，累计授课16926学时，51.47万人参加学习，卫生防病知识得到普及和提高。1995年以后，规划农村卫生所（室）管理方案，对农村医护人员进行技术指导、培训。2002年末，全市镇（街道）卫生院（所）14所，行政村卫生室820个，其他医疗机构127个。

## 第二节 初级卫生保健

**指标与任务落实** 1990年10月，县政府制定《栖霞县超前实现2000年人人享有卫生保健规划目标及实施方案》，成立县初级卫生保健协调委员会，设立办事机构，将《2000年人人享有卫生保健》纳入政府工作目标和责任制考核内容，并与各乡镇签定目标责任状。各乡镇政府也制定规划和实施方案，成立领导协调组织，将初级卫生保健纳入政府工作目标和责任制考核内容，与辖属各行政村签定目标责任状；县、乡镇两级每年制定初级卫生保健工作计划，对初级卫生保健工作定期（每年1～2次）组织检查考核。

县、乡镇两级财政不断加大对卫生事业的经费投入，卫生事业费增长比例高于同期财政收入增长比例；县、乡（镇）、村三级多渠道筹措资金，加快三级医疗卫生机构建设。到1991年底，居民卫生保健知识普及率、健康行为形成率及中小学校健康教育普及率分别达到93.9%，70.76%和100%。1992年4月，栖霞县的初级卫生保健工作通过山东省政府考评，全面达到标准要求，提前实现“2000年人人享有卫生保健”规划目标。

到2002年末，全市粉尘作业点监测合格率92.2%，毒物作业点监测合格率100%，有害物理因素监测合格率98.5%；抽查中、小学生和居民口腔卫生保健知识合格率分别是85.4%、86.1%和79.0%；中、小学生和居民每日至少刷牙一次的比例分别是92.9%、80.9%和69.5%；全县精神病人管理率达到94.9%。

**行政村卫生室建设** 80年代，全县85%的村庄建立卫生所（室），有的有1名医生，大的村庄有2～3名医生，卫生所（室）不够规范。80年代中后期，县卫生局派出40多人的工作队进住乡（镇）、村庄，开展创建卫生室和举办合作医疗活动，规范农村卫生管理。90年代，对有卫生所（室）村庄的所有医生进行多次培训，帮助无卫生所的存在建立卫生所（室），农村卫生所（室）建设和管理走上正轨。

到2002年，全市953个行政村，村村建起卫生室。甲级卫生室巩固发展到371个，合作医疗组织恢复发展到41个，覆盖率分别达到38.9%和4.3%。

## 第三节 乡镇卫生院建设

1985年，全县有8所乡镇卫生院、5个乡卫生所，隶属县卫生局管理。1989年8月，撤销栖霞镇卫生院，并以该院为基础建立栖霞县中医院。1992年，栖霞县人民政府将乡镇卫生院人、财、物等管理权属下放到乡镇政府，卫生系统负责业务指导。1994年，栖霞县按照烟台市人民政府《关于加快农村卫生事业发展的意见》文件要求，着手对乡镇卫生院进行屋舍分期分批改造。1995年，全县共有21个乡镇医院或卫生所。2000年，连家庄、大柳家、金山、

唐家泊卫生院化验室（2002年）

铁口、大庄头、中桥、寨里7处卫生机构改为卫生所，栖霞镇卫生院改称翠屏街道卫生院。2002年5月，各镇、街道卫生院人事管理权限又上划卫生局，但财产、物资管理权限仍属镇、街道所有。

2002年末，唐家泊、杨础、桃村、庙后、西城、中桥、臧家庄7处卫生院完成改造任务，共投入资金762.10万元，新建14479.80平方米的门诊、病房综合业务楼。另外，唐家泊、杨础、桃村3处卫生院共投资220万元，新建了3858平方米职工宿舍楼。其他乡镇卫生院改造在进行中。

# 第九章 医学教育与科研

## 第一节 教 学

**卫生学校** 始建于1960年7月，是一所系统内职工学校，原址在烟台地区桃村中心医院，校舍17间（平房），面积145平方米，教师由桃村医院临床医生担任，隶属卫生局管理，“文化大革命”期间撤销。1984年，重新成立栖霞县卫生学校，有教学和管理人员4名。1984年到1987年，对已就业在卫生系统的“文化大革命”期间毕业的高、初中毕业生进行为期3个月的文化补习，开设数学、化学、语文3门课程，共举办5期，参加补习300人。

1984—1988年，在系统内举办12期普法教育短期学习班，学习内容是《中华人民共和国宪法》《中华人民共和国刑法》《中华人民共和国刑事诉讼法》《中华人民共和国民事诉讼法》《中华人民共和国治安管理处罚条例》《中华人民共和国婚姻法》《中华人民共和国兵役法》《中华人民共和国经济法大全》《中华人民共和国民法通则》和《中华人民共和国继承法》等，参加学习的共有1233人。1987年6月到12月，对就业在卫生系统没有医学专业学历的人员组织举办为期半年的卫生专业学习班，设置解剖、生理、药理、微生物、内科、外科、妇产科7门课程，共培训47人。1988年，举办为期1年的岗前培训班1期，接受培训人数36人。

1993—1996年，与莱州职工中专联合举办在职职工教学班，生源为在职工作1年以上、无中专以上学历的职工，学制2年，设医士、放射技士、护理（含中医护理）、检验技士、药剂士（含中药剂士）、中医士6个专业，教学实行教材、教学计划、考试命题、批卷和学籍管理五统一。学员学业完成考试合格由莱州职工中专颁发由省职教办验印的国家承认学历的卫生职工中专教育毕业证书，共有344人获得毕业证书。1999—2002年，与莱阳卫校联合举办2年制乡医函授中专班，共有320人毕业。

2002年，为增强和提高基层卫生技术人员的法律意识和专业技术水平，组织为时9天的卫生法律法规暨急诊急救学习班和专题培训班，共有323人参加学习。至2002年末，共培养培训卫生技术人员1020人。

1984—2002年，除有计划的进行培训外，还根据国家有关规定和卫生工作需要，先后组织在职职工26人函授初中、高中学历（学制二年）。与山东医学院、山东中医学院、潍坊医学院、济宁医学专科学校、山东省中医药学校、莱阳卫生学校、威海卫生学校、烟台护士学校等院校以委培、代培方式，联合举办学制

为2～3年的医疗、公共卫生大专班，共有67人参加学习。学制为3～4年的医士、中医士、卫生医士、妇幼士、检验技士、放射技士、药剂士、中药士、针灸推拿、护理专业中专班，共有231人参加学习。通过组织考试有94名在职职工被山东省中医药学校、莱阳卫校、威海卫校、青岛卫校、乳山卫校、莱州卫校等中等专业学校录取，学制为3～4年。国家开办自学、函授、成人高考以来，先后组织参加高考大专以上学历学习671人、已毕业388人；协助基层卫生院联系到上级医院进修19人。

**人民医院教学实习医院** 1993年7月，县人民医院被省卫生厅确定为莱阳卫生学校教学实习医院。2000年10月，被省卫生厅确定为潍坊医学院教学实习医院。

1985年，医院成立医务科，除接收基层医院的临床医师到院进修学习外，每年还接受一定数量的外地医学院校学生到院实习。至2002年，接收莱阳卫生学校、潍坊医学院、山东中医药学校、烟台护士学校、乳山中医药学校、烟台中医药专修学校、海阳护士学校等医学院校实习生1000多人次。

烟台桃村中心医院教学基地80年代后期至90年代，烟台桃村中心医院是莱阳卫生学校、山东中医药学校、青岛医学院、文登卫生学校、烟台护士学校等院校教学与实习基地。

1992—1994年，医院接收莱阳卫校实习生共计79人。1995—2000年，共接受进修人员、实习人员231 人。2001年有5人分别在内科、妇科、五官科、麻醉科进修，接收山东省中医药学校、莱阳卫生学校、烟台护士学校、海阳中医职专等实习人员45人。2002年，有6人分别在心电图室、超声科、妇科、五官科等科室进修，接收西藏在职学员分别在药剂科、B超、妇产科进修学习，接收湖北新华医专、山东省中医药学校、山东中西医结合学院、烟台护校、莱阳卫校、海阳中医职专等学校实习人员共有48人。

**毕业后再教育** 80年代后，通过培训、自学、函授等形式，对医疗系统专业技术人员进行毕业后再教育，既要达到要求学历，又要提高技术水平。1985年，卫生系统专业技术人员有1985人，学历水平多种多样，初中、高中（中专）、大专、大学等层次皆有，技术水平也不同。为保证医疗效果，当年送出去进修160人，培训380人次。1990年，卫生系统技术人员有2867人，外出进修212人，培训345人次，参加自学考试102人，函授学习306人。到2002年，卫生系统专业技术人员有1985人，工作时学历结构分别为，初中以下229人，高中478人，中专1001人，专科161人，本科116人。通过培训、自学、函授等形式在原学历基础上获得第二学历并已毕业的中专生有671人，专科生344人，本科生44人。以在校函授自学等形式毕业的专科生有185人，本科生97人，硕士生1人。

卫生系统参加县级学术研讨会议者236人次，地级学术研讨会议者279人次，省级学术研讨会议者233人次，国家级乃至世界性学术会议者206人次。参加二级以上医疗卫生机构业务培训32895人次，县级业务培训2129人次，地级业务培训236人次，省级以上业务培训228人次。

全系统大部分专业技术人员通过自学、培训班等形式参加微机、外语等科目学习，并取得合格证书。

## 第二节 科学研究

1985—2002年，医疗卫生专业技术人员，在烟台市级医学刊物发表论文和综述378篇，在省级医学刊物发表926篇，在国家级以上刊物发表623篇。一部分专业技术人员还参与撰写医学论著。

全市有36项医学科研课题先后经县级、市级、省级科委和有关部门鉴定，获县级三等奖12项，二等奖10项，一等奖4项；获烟台市级三等奖12项；省级三等奖3项，省内先进水平3

项，省内领先水平2项。科研项目获国内先进水平的1项；国际首创水平1项，有10人先后获得个人发明专利项目。先后直接参与科研项目研究工作的专业技术人员达300余人。

## 1992—2002年栖霞市人民医院主要科研项目情况统计表

表26-8

| 年 份 | 课题名称 | 主要研究人员 | 获鉴定水平 | 授奖单位及等级 |
|---|---|---|---|---|
| 1992 | 石碳酸窄平面硬膜外阻滞止癌疼痛研究 | 张典学 王发明<br>冷学勇 | 国内领先 | 栖霞县科技进步二等奖 |
| 1994 | 过敏性紫癜患者脑电图异常及其临床意义的研究 | 柳志浩 谢富芝<br>柳忠叶 王志强<br>宋翠花 | 国内先进 | 栖霞县科技进步二等奖 |
| 1994 | 普乐林治疗缺血性脑血管病的临床研究 | 宋翠花 吴世新<br>柳志浩 刘玉美<br>柳忠叶 | 省内领先 | 烟台市科技进步三等奖<br>山东省医学科技进步<br>三等奖 |
| 1994 | 选择性肝动脉化疗栓塞治疗肝癌的临床研究 | 吴世新 李永坤<br>徐晓东 柳志浩<br>宋翠花 | 国内先进 | 栖霞县科技进步二等奖<br>烟台市科技进步三等奖 |
| 1995 | 高龄急性心肌梗塞患者静脉溶栓及延迟溶栓的临床研究 | 韩风君 徐月荣<br>王胜龙 柳忠叶<br>王志强 | 国内领先 | 烟台市科技进步三等奖栖<br>霞县科技进步一等奖 |
| 1996 | 烟台地区病毒性脑膜——脑炎流行病学及临床研究 | 柳志浩 范庆祥<br>谢光亮 马香娥 | 省内领先<br>国内先进 | 栖霞市科技进步二等奖<br>烟台市科技进步三等奖 |
| 1997 | 病房空气消毒效果的监测 | 冷学勇 韩世锦<br>李学民 孙绍军<br>王存仁 | 国内领先 | 栖霞市科技进步二等奖 |
| 1997 | 体外循环下心内直视手术的临床研究 | 娄德剑 孙绍军<br>衣涛源 于佳生<br>雪 伟 | 国内先进 | 栖霞市科技进步一等奖<br>烟台市科技进步三等奖 |
| 1998 | 内镜下螺旋性两点法套扎治疗食管曲张静脉的临床研究 | 杨华进 王志强<br>柳冬梅 张文志<br>史翠珍 | 国内领先 | 栖霞市科技进步一等奖 |
| 1998 | 老年高血压患者心率变异性临床研究 | 吴志强 王惠杰<br>林宝琪 米瑞卿 | 国内领先 | 栖霞市科技进步一等奖 |
| 1998 | 皮质激素吸入治疗慢性阻塞性肺疾病的临床研究 | 徐月荣 韩风君<br>杨玉香 郭作超<br>刘玉兰 | 国内领先 | 烟台市科技进步一等奖 |
| 1999 | 蛛网膜下腔出血心理社会因素的研究 | 宋翠花 吴克谅<br>王志强 刘淑芬<br>曲川珍 | 国内领先 | — |
| 2000 | 延迟溶栓对急性心肌梗塞长期预后及心功能影响的研究 | 韩风君 乔华娥<br>柳忠叶 王胜龙<br>林海玲 娄艳霞<br>牟秀娟 | 国内先进 | — |

续表26-8

| 年 份 | 课题名称 | 主要研究人员 | 获鉴定水平 | 授奖单位及等级 |
|---|---|---|---|---|
| 2000 | 冲洗吸引法治疗颌面部严重污染伤口的临床研究 | 衣 国 张爱珍 隋世娜 刘淑萍 李全行 包京川 隋 岩 | 国内领先 | — |
| 2001 | 经动脉介入导管溶栓治疗下肢重症深静脉血栓形成临床研究 | 吴世新 柳志浩 曲川珍 刘素芬 王志强 杨文卿 | 国内领先 | — |
| 2001 | 早期小骨窗开颅血肿清除加尿激酶治疗老年脑出血临床研究 | 王运华 杨华进 徐 杰 张海军 刘文强 万绍杰 | 国内领先 | — |
| 2001 | 应用国产吻合器施行胃肠道手术的临床研究 | 孙炳祥 林回春 范永胜 刘振平 孙基伟 | 国内先进 | — |
| 2001 | 尿激酶、地塞米松颈动脉溶栓联合肝素静脉用药治疗急性脑梗死的研究 | 吴克谅 吴世新 衣美玉 孙 超 牟秀娟 郝 春 | 国内先进 | — |
| 2002 | 血活素注射液联合倍他乐克治疗老年慢性充血性心力衰竭临床研究 | 吴志强 林宝琪 台延赢 谢光亮 周建路 栾翠舰 | 国内领先 | — |
| 2002 | 县级医院对终末期肾病同种异体肾移植术的临床研究 | 柳东夫 王存仁 徐滋代 郑雪松 史本国 衣瑞玲 徐君华 刘 静 | 国内先进 | — |
| 2002 | TGF－α、EGF－R与HPV在阴茎癌及宫颈癌组织中的表达及意义的研究 | 刘淑皎 林桂芹 李怀国 李玉平 曲德志 杨玉香 | 国内领先 | — |

## 1989—1999年栖霞市桃村中心医院主要科研项目情况统计表

表26-9

| 年 份 | 课题名称 | 主要研究人员 | 获鉴定水平 | 授奖单位及等级 |
|---|---|---|---|---|
| 1989 | 遗传性球形红细胞增多症X线表现的研究 | 宿秀峰 | — | 栖霞县科技成果三等奖 |
| 1990 | 按摩磁枕 | 李志坚 | 国家专利 | — |
| 1992 | 白内障摘除人工晶体植入术 | 张淑珍 王继先 | — | 栖霞县科技成果二等奖 |
| 1993 | 胎盘血采集、血液成份探讨临床应用 | 谷 光 张庆悦 | — | 栖霞县科技进步二等奖 |
| 1993 | 腹壁下动脉插管行化疗药物区域性灌注治疗妇科晚期恶性肿瘤 | 张庆悦 | — | 烟台科技进步三等奖 |
| 1994 | 蒸馏器与锅炉除垢装置 | 郝光浩 | 国家专利 | — |
| 1994 | B超导向穿刺器 | 孙晓东 | 国家专利 | — |

续表26-9

| 年 份 | 课题名称 | 主要研究人员 | 获鉴定水平 | 授奖单位及等级 |
|---|---|---|---|---|
| 1998 | 紫外线照射自血回输与尿激酶颈动脉注射溶栓治疗急性脑血栓形成 | 张桂森 | — | 烟台市科技二等奖 |
| 1999 | GF—I 型吻合器行食管胃吻合加围领式缝合预防胸内吻合口瘘临床应用 | 赵春燕 | 国内领先 | — |

## 1993—2000年栖霞市中医院主要科研项目情况统计表

表26-10

| 年 份 | 课题名称 | 主要研究人员 | 获鉴定水平 | 授奖单位及等级 |
|---|---|---|---|---|
| 1993 | 海藻消瘿丸 | — | 定为科技兴海开发项目 | 省科委 |
| 1993 | 近视眼手术治疗的临床研究 | — | — | 栖霞县科技成果一等奖 |
| 1993 | “龙马回春饮”系列产品 | — | 定为省级科研项目 | 省科委 |
| 1996 | 龙马回春饮 | — | — | 栖霞市科技进步一等奖 |
| 1996 | 扶正祛邪治疗迁延期慢性支气管炎临床观察 | 王维刚（第2位）<br>李功乐（第4位）<br>童家祥（第5位） | — | 山东省科技进步三等奖 |
| 1999 | 颈椎病外敷方临床疗效观察 | — | — | 栖霞市科技进步二等奖 |
| 2000 | 通脉胶囊治疗下肢深静脉血栓形成慢性期的临床研究 | 李华岐 衣卫东<br>刘福堂 张 霞<br>李金泰 | 国内先进 | 栖霞市科技进步一等奖 |

## 2000—2001年栖霞市卫生防疫站主要科研项目情况统计表

表26-11

| 年 份 | 课题名称 | 主要研究人员 | 获鉴定水平 | 授奖单位及等级 |
|---|---|---|---|---|
| 2000 | 栖霞市疟疾防治效果评价 | 路新华 李存强<br>刘尚鹏 冯万新 | 国内同类课题研究领先水平 | 栖霞市科技进步三等奖 |
| 2001 | 病毒性肝炎血清流行病学研究 | 路新华 李忠政<br>林岷山 刘春峨<br>张振军 | 国内先进 | 栖霞市科技进步二等奖 |

# 第十章 支边、支农及社会救助

## 第一节 支边 支农

**支 边** 2001年3月，栖霞市人民医院选送内科主治医师李奎运，参加烟台市组织的对口支援西藏自治区日喀则地区聂拉木县医疗救助活动。2001年9月，烟台桃村中心医院接受日喀则地区聂拉木县的3名医务人员进修学习3个月。

**支 农** 从1999年10月起，市直11个医疗单位从人力、物力、技术各方面对11个乡镇卫生院进行帮扶。同时接受烟台毓璜顶医院、烟台山医院、烟台传染病医院和口腔医院、莱阳心理康复医院对亭口卫生院、臧家庄卫生院、大庄头卫生所、精神病防治院的支农工作，时间3年。

2002年5月，镇（街道）卫生院人事权上划卫生局。根据《关于栖霞市卫生支农工作意见的通知》精神，市人民医院、烟台桃村中心医院、市中医院分别支援亭口卫生院、桃村卫生院、西城卫生院建设，支援单位各派出1名中层干部到指定的镇卫生院挂职副院长，负责全面工作，时间2年。卫生局与挂职人员签定《卫生支农目标责任书》，明确挂职期间权利、义务及应达到的工作目标，实行年度考核、周期验收。

## 第二节 社会救助

**赈 灾** 1994年7月3—4日，全县3个乡镇67个行政村遭受风雹灾害袭击，受灾人口9.7万人，毁田面积3700公顷，倒塌房屋186间，经济损失2813.3万元。灾情发生后，市红十字会组成30人防治队伍，分赴受灾乡镇、村进行疾病防治及消杀工作，安置受灾居民，发放药品14箱、面粉7吨、棉衣100件、棉被58床。

2000年10月4日，苏家店、西城、寺口、观里、杨础等镇遭受冰雹袭击，受灾7.5万人，毁田面积3470公顷，损坏房屋370间，直接经济损失1.94亿元。灾情发生后，市委、市政府主要领导及红十字会的负责人立即赶赴灾区，查看灾情，慰问受灾群众，发放救灾方便面627箱。

2002年4月24日、10月15日，境内分别遭受低温冷冻和风雹灾害的袭击。全市果园受灾面积40933公顷，直接经济损失17.6亿元。灾情发生后，市政府组织救灾队伍时赶到受灾严重的的乡镇查看灾情，慰问受灾群众，红十字会向灾民发放救灾面粉12吨、T恤衫2880件。

**义务献血和无偿献血** 栖霞县医疗机构临床用血业务始于1964年，血源主要来自个体助血员。1971年，烟台地区桃村中心医院派员专程赴烟台毓璜顶医院血库就血液管理业务学习半个月。返回后按烟台毓璜顶医院血库的设置格局建起了血库。1972年，县人民医院也按同样的格局建起血库。血液的管理日趋规范，但血源仍来自个体卖血。这种运行模式一直沿续到20世纪90年代末。

1997年12月29日，《中华人民共和国献血法》颁布，1998年10月21日，市卫生局印发《栖霞市临床科学用血的有关规定》。11月16日，开展全市贯彻献血法无偿献血宣传周活动，市献血办公室印发2万份有关无偿献血意义和科学知识的宣传材料，通过各种方式向社会宣传；12月16日，成立栖霞市血液质量管理委员会。同时，市中心血库（挂靠市人民医院）也正式开展工作，并在技术人员、设备、业务用房、工作制度的建立等方面进行充分调整、补充和完善。

1999年4月2日，市委、市政府召开全市无偿献血工作动员大会，同时印发《栖霞市无偿献血活动实施方案》。至此，全市无偿献血工作正式启动。2002年4月，召开1999—2002年全市无偿献血工作表彰大会，对14个先进单位、2个驻栖霞先进部队、31名先进个人进行通报表彰。

2002年末，共向社会发放宣传材料10万余份，宣传画30套，有关献血内容的各种书籍30册；解答群众咨询6000余人次，办宣传栏6期，深入工矿企业、农村、机关、学校、部队组织、宣传、发动献血活动320余次，献血者11650人，献血总量9488400ml。

### 1999—2002年栖霞市无偿献血情况统计表

表26-12

| 年份 | 查体人数 | 查体合格人数 | 总献血人数 | 总献血量（ml） | 其中 | | | | | |
|---|---|---|---|---|---|---|---|---|---|---|
| | | | | | 计划献血人数 | 献血量（ml） | 部队献血人数 | 献血量（ml） | 自愿献血人数 | 献血量（ml） |
| 合计 | 18177 | 13516 | 11650 | 9488400 | 9043 | 1812200 | 272 | 54400 | 2327 | 472200 |
| 1999 | 7035 | 4433 | 3220 | 644000 | 3200 | 641600 | 12 | 2400 | — | — |
| 2000 | 4138 | 2998 | 2345 | 469000 | 2333 | 466400 | — | — | 12 | 2600 |
| 2001 | 2160 | 1836 | 1836 | 367000 | 1365 | 272800 | 123 | 24600 | 348 | 69600 |
| 2002 | 4844 | 4249 | 4249 | 858800 | 2145 | 431400 | 137 | 27400 | 1967 | 400000 |

## 第三节 其他重点卫生单位

**卫生防疫站** 1966年，防疫站并入县人民医院，1972年，恢复建制。1978年，内设行政办公室、检验股、流行病股、卫生股、计划免疫股、地方病股、防疫股。1982年11月，增设食品卫生股。1983年10月，防疫股析出，成立县结核病防治所。1984年，增设宣教股。1985年，撤股设科，内设办公室、检验科、食品卫生科、卫生科、地方病科、流行病科、宣教科，有干部职工36人，其中专业技术人员33人。1997年12月，确定为正科级全民事业单位。2002年末，内设科室为1室1部12科，即办公室，门诊部，卫生监督一、二、三、四科，学校卫生科，劳动卫生科，防疫科，计划免疫科，检验科，消杀科，宣教科和财务科。有干部职工113人，其中卫生专业技术人员93人。

**皮肤病防治所** 前身是1958年冬成立的栖霞县麻风病防治站，1971年12月，改为栖霞县皮肤病防治所。1987年9月，由官道镇岗山麻风村迁至城区山城路78号，时有专业人员11人。2002年末，皮肤病防治所设办公室、社防科及7处医疗诊所，有床位6张。卫生专业技术人员25人。

**胃癌防治研究所** 成立于1979年初，当时全国胃癌协作组在完成对栖霞市的肿瘤流行病学、病因学等综合考察后，确认栖霞市是胃癌高发地区，建议栖霞市成立专门机构对胃癌的发病原因进行进一步研究，并确定将综合考察用的部分仪器留在栖霞。研究所设在文化路276号，内设办公室、流行病室、胃镜室、电诊室、胃病门诊、生化室等科室，有床位6张。职工8人，其中专业技术人员7人，主要设备有胃镜、肿瘤探诊仪、胃电图仪及生化室有关设备。

# 第二十七编
# 文　物

牟氏庄园西忠来南门外景（2002年）

中华人民共和国成立以后，境内文物保护和文物管理由文物管理所负责。1989年，撤销文物管理所，成立栖霞县文物管理处，副科级事业单位。2002年4月，撤销栖霞市文物事业管理处，成立栖霞市文物事业管理局，正科级事业单位，与栖霞市旅游局合署办公。

栖霞县有800多年的置县历史。自杨家圈古遗址发现、发掘以来，境内陆续发现并发掘了一大批历史古迹和文物。列为栖霞市以上重点保护的古遗址有16处，古墓葬（群）13处，古石刻14处，古建筑12处，收藏珍贵历史文物多宗（本志介绍31件）。

20世纪30年代以来，栖霞县众多优秀儿女投入到抗日战争和解放战争中，有的成为革命功臣，有的为革命献出宝贵的生命，他们之中留下许多珍贵物品。从1977年开始，栖霞县人民政府陆续从民间收集革命先烈的遗物和纪念品，到1999年，收集、收藏抗战时期、解放战争时期重要物品及具有代表性的革命文物和先烈遗物40多件。

为保护历史文物和先烈遗物，大力进行爱国主义教育和传统教育，栖霞县（市）加强对历史文物的发掘、对现代革命文物的收集收藏，并加以保护。至2002年，共投入发掘、维修资金1763.54万元，建设、保护历史遗迹和革命遗迹45处。其中牟氏庄园被列为国家级重点保护单位，胶东革命烈士陵园、杨家圈古遗迹、北城子古遗迹被列为省级重点保护单位，后铺等6处古遗迹被列为烟台市级重点保护单位。雀儿崖、灵山等33处革命烈士纪念碑、纪念地被列为县级重点保护单位。

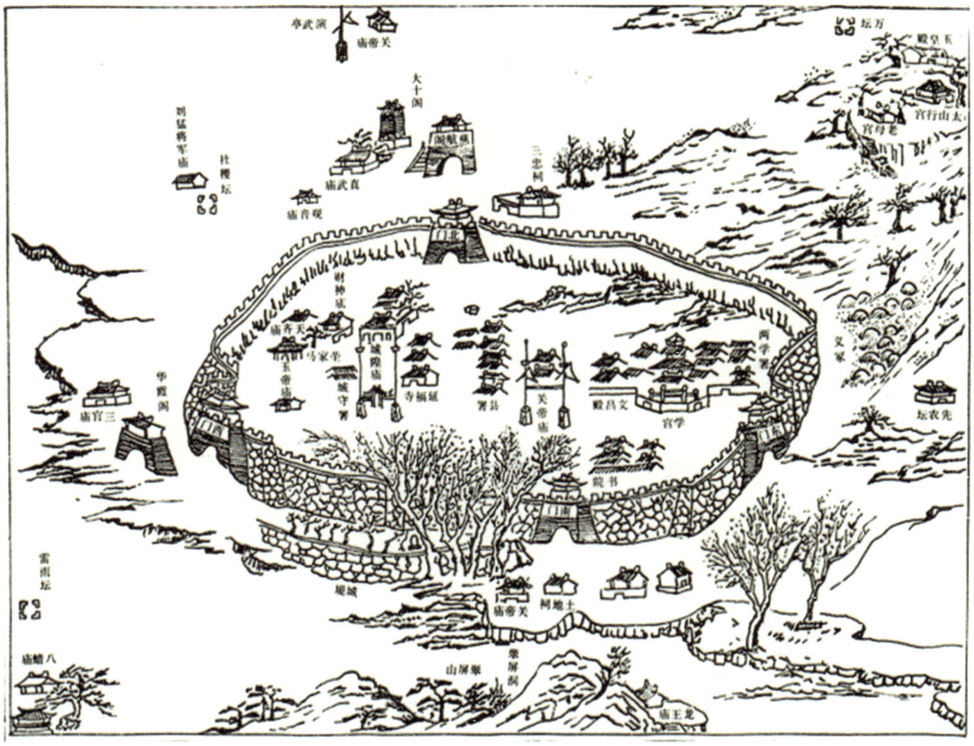

栖霞古城图

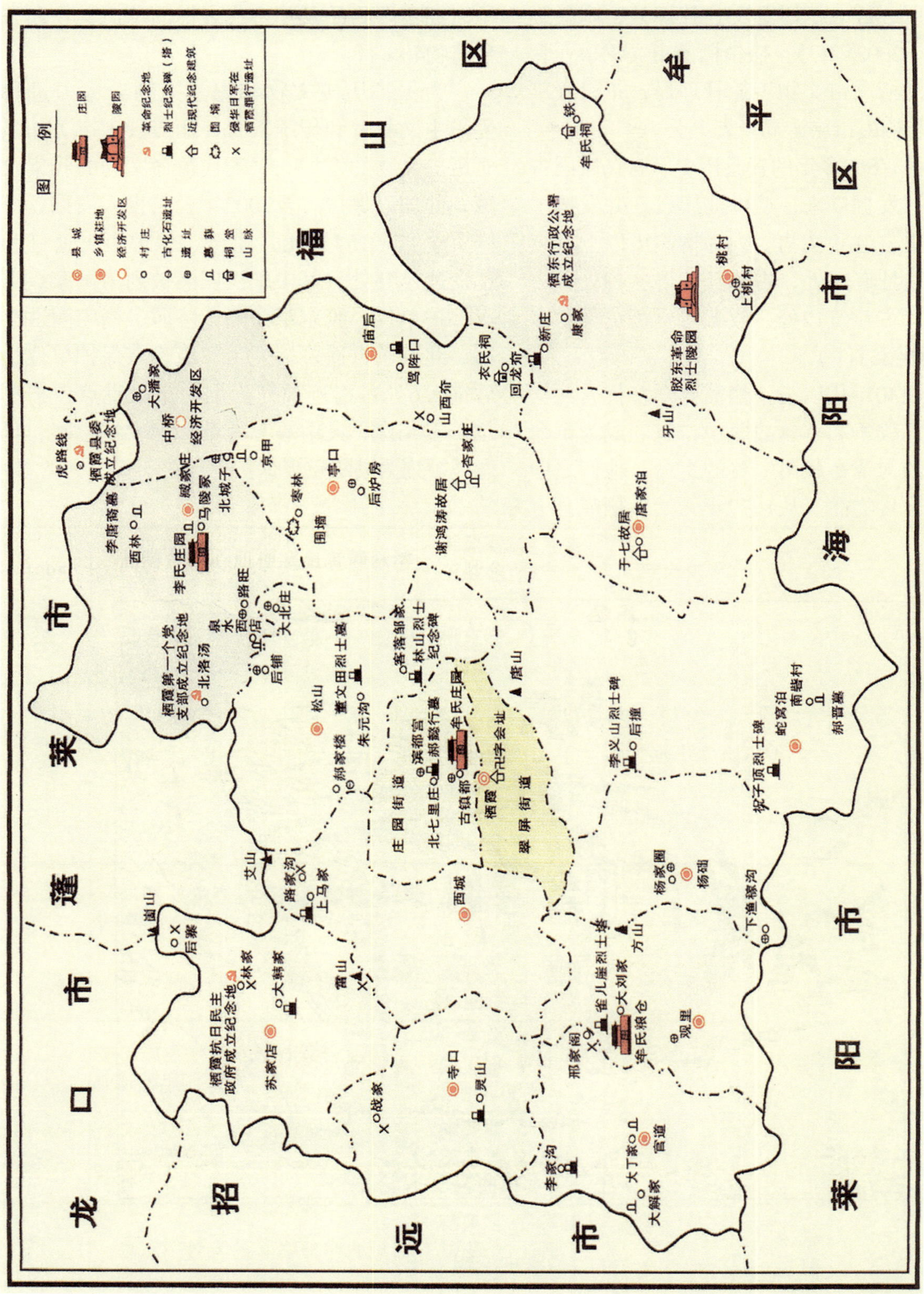


栖霞市文物保护单位分布图

# 第一章 古遗址 古墓葬 古建筑

## 第一节 古遗址

**杨家圈古遗址** 1956年发现。遗址东西长400米，南北宽250米，总面积10万平方米。位于杨家圈村村东河边二级阶地上。从发现到发掘，先后搜集出土文物800余件，其中较完整的500余件，分别有石器、玉器、骨器、陶器。其中，采集到一组5件陶器，器形特殊，具有很高的收藏价值。

1956年杨家圈古遗址发掘现场

从文物考察中发现，胶东地区第一次出现龙山文化和大汶口文化的直接地层关系，为研究龙山文化与大汶口文化的早晚关系增添新的地层学证据。建筑遗迹丰富，共发掘房屋6座。在夯土面上开挖基槽和柱洞坑，地面起建式，木骨泥墙，这种深基槽式房屋建筑在史前遗迹中少见，填补胶东考古史上的一项空白。在大汶口文化层和灰坑中，发现粟和水稻的皮壳，这一发现，不仅是研究大汶口文化时期的农业经济结构、生产力水平等问题的重要资料，也是探讨黄河流域新石器时代的农业经济乃至水稻农业在中国的产生、发展、传播提供新的线索。遗址中出土的残铜器、铜渣，说明当时人们已经发明和使用铜一类的金属器具，表明龙山文化时期的生产力水平比大汶口文化时期有长足进步。

**郝家楼古化石遗址** 1985年8月发现，位于松山街道郝家楼村南山北麓。1991年8月，由北京大学、烟台市博物馆、栖霞县文管处组成联合考古发掘队，对该遗址进行发掘，开探方4个，出土牛、鹿、猪、獾、犀牛等化石120余件。

**下渔稼沟遗址** 位于杨础镇下渔稼沟村西北高地上。东西长约300米，南北宽约200米，总面积 6万平方米。采集的遗物有石器斧7件，磨制较粗糙，其中最大的一件刃部已残，长14.4厘米、厚3.6厘米。镞2件，研磨器6件，柱础形残石器3件。基本属大汶口文化中晚期和龙山文化的早期。

**古镇都遗址** 1976年春发现，位于庄园街道古镇都村北，白洋河东阶地上。西距白洋河500米。遗址东西宽155米，南北长165米，总面积2.6万平方米。

1979年11月，对古镇都遗址进行调查。采集的陶片器形有鼎、罐、钵、支脚和纺轮等；石器有斧、凿、锤、锛、刀和研磨棒等，从采集的遗物分析，文化性质和年代都与蓬莱紫荆山遗址下层相当。1999年4月，烟台文物管理委员会和栖霞文物管理处联合对遗址进行发掘。发掘总面积400平方米，清理房址6所，墓葬15座，沟渠3条。出土一大批大汶口文化时期和龙山文化时期的石器、陶器和骨、角、牙器。这次发掘，为研究大汶口文化向龙山文化过渡提供新的证据。

**观里遗址** 1981年10月发现，位于观里镇观里村西北750米的台形高地上。遗址东西长350米，南北宽200米，面积7万平方米。地面上暴露有陶片、石器、兽骨等。采集的石器有磨盘、磨棒、砺石、斧、凿、锤、环等。陶器有鼎口沿，鼎足有圆锥形和扁凿形；罐，圆唇、高领、饰短横条附加堆纹，蘑菇状把手。经考证，遗址属新石器时代，延续的时间较长，包括福山邱家庄、长岛北庄二期、龙山文化3个时期。

**后铺遗址** 1982年5月发现，位于松山镇后铺村北的丘岭上。东西长约300米，南北宽约250米，总面积约7.5万平方米。采集的陶器有鼎、盆、罐口沿，石器有斧、锤、镞、研磨盘、研磨棒等，属大汶口文化。1987年4月17日，公布为烟台市级重点文物保护单位。

1987年立后铺遗址标志

**唐山遗址** 位于蛇窝泊镇唐山村东1.5公里山岗顶部。1972年发现，采集的陶片以红褐为主，器形有鼎、罐、盆、杯、豆和纺轮。石器有斧、凿、锤、刀、镞等。遗址属大汶口文化晚期和龙山文化早期。

**后炉房遗址** 1966年10月发现，位于亭口镇后炉房村北。遗址南高北低，现存面积约2万平方米，文化层厚约1米左右。出土遗物有陶片、石器、骨器、鹿角、牛角等。器形有罐、鼎、碗等，较完整的器形有甗、器盖等，石器有斧、半月形双孔石刀和镞，其中半月形石刀也是岳石文化的典型器物。骨器有两件镞。

**北城子遗址** 1981年秋发现，位于臧家庄镇北城子村北。遗址东西长300米，南北宽150米，总面积4.5万平方米。1982年，复查时出土陶片823件，常见纹饰有附加堆纹、绳纹、刻划纹、竹节纹、弦纹。鼎有盆形、罐形。鼎足有圆锥形、扁凿形。陶罐的鼻子横置于肩部，腹部饰弦纹，器壁较薄。

1988年10月26日至11月14日，中国社会科学院考古研究所山东工作队、烟台文管会及栖霞、福山、牟平等县文物干部20余人组成工作队，对北城子遗址进行发掘。出土文物202件：其中陶器70件，石器109件，骨器23件。

**上桃村遗址** 1957年发现，位于桃村镇上桃村村，遗址面积约3万平方米。

1981年11月15日至20日，北京大学考古队与山东省文物考古研究所对遗址北部进行试掘，出土石器有斧、凿、铲、刀、镰、矛、镞等。陶器有罐、鼎、尊形器、杯、钵、碗等。罐2件，杯2件，其余均1件。鼎足多为扁铲形，有的饰附加堆纹或沟槽纹。这是单纯的龙山文化遗址。

**朱留遗址** 位于蛇窝泊镇朱留村西南，属河岸台地遗址，总面积4.6万平方米。

1966年发现，1973年和1982年，烟台地区文管会与县文化馆先后作过复查。采集的陶器有鼎、鬶、盆、罐、瓮、豆等。石器有斧、磨棒、砺石等。铜器有剑、齐刀币等。该遗址包含龙山、战国、汉代三个时期的遗物，是一处面积较大、文化遗产较丰富的遗址。

**大北庄遗址** 1957年发现，位于松山镇大北庄村北。东西宽300米，南北长400米，总面积12万平方米。为西周时期遗址，1973年和1982年又

作过两次调查。遗迹有灰坑、墓葬，遗物有兽骨、陶器、铭文铜鼎等。

1965年11月，在该村遗址发现一古墓，1966年3月，对该墓进行清理。古墓随葬器物有10件，全是陶器，有鼎、罍、罐、盂、盆、璧各1件，簋、豆各2件。

1972年3月，栖霞县文化馆在遗址北边又清理出一座古墓，古墓墓室与第一个古墓相同，随葬陶器有8件，其中：罐1件，簋、钵各2件，豆3件，石璧1件，铜镞3件。在周围群众捡拾的文物中征集到陶器有罐3件，钵、豆、鼎各1件，铜器有剑、戈、凿各1件。

1987年立大北庄遗址标志

**大潘家遗址** 1982年5月发现，位于栖霞市经济开发区大潘家村北，遗址呈两块分布，一块5万平方米，另一块在其西边，面积12万平方米，属台地遗址。从北断崖观察，文化堆积层厚度0.5米。采集到的标本主要是陶器，有盆、罐、罐口沿、豆盘口沿、豆把、瓦当等，泥质灰陶，饰弦纹。该遗址属东周时期。

**金山遗址** 位于松山镇金山村北的黄土台地上。遗址东西250米，南北200米，总面积约5万平方米。1958年秋出土陶器和铜器。1993年春，在金山村北先后又发现10余座古墓。烟台市文管会和栖霞文管处于同年8月进行发掘。清理发掘灰坑3个，墓葬3座。出土遗物除一件残铜削外，均为陶器残片，能看出器形的有罐、豆、鬲、甗、盆、瓮等。葬式为仰身直肢。墓室内棺底中部随葬有陶钵2件和残陶豆座1件。棺内有铜剑、铜戈、铜镦、铜镞等7件。3座墓葬共出土随葬器物70件，其中陶器13件（豆5件、钵6件、壶2件），铜器52件（剑2件、戈2件、镞8件、镦1件、铨11件、璜6件、带钩1件、环19件、器纽1件），水晶环1件，骨环2件，牙饰2件。该遗址属东周时期。

**路旺遗址** 1973年发现，位于臧家庄镇路旺村西南100米处，东西宽约150米，南北长约200米，总面积约3万平方米。采集的陶器有罐、盆、豆、瓮、筒瓦、板瓦、花纹砖等；石器有斧、敲砸器等；铜器有剑、镞、齐刀币、五铢钱范等。1982年3月，在遗址东发现一座古墓，墓室东西向，全部用花纹砖砌成，砖长29.5厘米、宽13.8厘米、厚6厘米。一边饰三组尖三角，中间加一圆圈纹，一端饰一鸟二亭，这种花纹砖在栖霞出土尚属首次。该遗址属于战国、汉代两个时期。

**泊子古井** 1998年4月，在臧家庄镇泊子村发现4眼古井。烟台市博物馆与栖霞县文管处进行发掘。其中3眼古井共出土陶器29件，其中罐16件、壶3件、盂3件、盆1件、盘1件、瓮1件、豆1件、鬲1件、釜2件。古井的年代属东周时期，这也是在栖霞首次发现。第4眼古井座落于村东300米处。出土陶罐15件，均为大粗砂的平底罐，肩饰鼻一对。根据出土陶罐与素面砖的风格看，此井属唐代。

## 第二节 古墓葬

**吕家埠西周墓群** 1981年春，在松山镇吕家埠村北发现一座古墓，墓室遭破坏，室内的陶器被砸碎，铜器献给县文管处。1982年4月7日至1983年4月23日又发现两座古墓。文物人员对这两座古墓进行发掘。

第一座古墓为竖穴土坑墓，随葬器物放置

很有规律，大部分放置于头部。墓主人右侧腰间放置铜戈、铜剑各1件，铜镞12件。在北二层台中部放置铜舟、铜车、铜锛、铜凿、铜刀、铜盖弓帽、石圭、砺石、石块等。该墓出土文物共计65件，其中铜器28件（鼎1件、罍1件、匜1件、舟1件、戈1件、剑1件、镞12件、刀2件、锛1件、凿1件、车 2件、盖弓帽3件、T形饰1件）；陶器34件，其中：鬲8件、簋16件、豆8件、罐2件；石器3件，其中：圭1件、砺石1件、石块1件。

第二座古墓为土圹竖穴墓。出土铜器、陶器、木器57件，均放在墓室东端二层台上，多数器物内有腐朽的猪、鸡骨和谷壳。其中铜器2件：鼎、鍪各1件；陶器55件：鼎8件、簋12件、豆8件、罍8件、罐14件、碗1件、匜1件、盆1件；木器2件。墓葬属西周时期。

**栾家夼东周墓** 1988年春，庄园街道栾家夼村发现土坑竖穴墓4座，出土陶器已被砸碎，只有一件铜剑交县文物管理所。9月又发现土坑竖穴墓一座。墓葬长3.3米、宽2.2米、深2.2米，为一棺、一椁。椁长约2.6米、宽1.6米、高0.96米，棺大小不详，人骨架1具。该墓出土遗物18件，其中：陶罐2件、豆2件、钵2件；铜剑1件、匕首1件、戈1件；石环8件、柱形器1件。为东周时期。

**杏家庄古墓群** 1975年冬至1976年春，在臧唐公路亭口镇杏家庄村西南1公里处，发现三座古墓。烟台市文管会与栖霞文管所进行发掘，第一座墓发掘随葬遗物46件。铜器8件（马衔2件、马镳4件、车 2件），陶器38件（鼎1件、豆33件、罐3件、钵1件）。

第二座墓，随葬遗物168件，其中铜器90件，陶器74件，有鼎、豆、壶、罐、盆等5种，绝大部分是冥器；木器4件。

第三座墓， 随葬遗物111件，其中铜器11件，匜1件，舟1件，敦1件，车2件，马衔2件，马镳4。陶器87件，鼎7件，豆61件，罐12件，钵2件，盘1件，盆1件，壶2件，匜1件。石器13件，石饰4件，石贝9件。古墓属战国时期，墓主人当是士大夫阶层。

**大丁家古墓群** 位于官道镇大丁家村，集中分布在村中及村东60米的窑场西断崖处。在窑场东南100米处有一新石器时代龙山文化遗址。1974年3月发现，4月1日至6月12日，栖霞县文化馆对该墓群进行抢救性清理，共清理4座墓葬。墓葬地表面均无封土。出土陶器、铜器等共45件。其中陶器 43件。有鼎3件、豆7件、盖豆8件、壶6件、钵8件、盘6件、匜2件、敦1件、罐2件、铜矛1件、石镞1件。墓群属战国早期。

**大解家古墓群** 位于官道镇大解家村西北。1957年3月，文物普查时发现五座古墓，分布在6万平方米的范围内，自西北向东南。1984年春，村民在墓内挖出铜印1枚。墓群属战国时期。

**马陵冢古墓群** 位于臧家庄镇马陵冢村北。这里原有1个大冢子，四周呈东南、西北向和西南、东北向配置4个小冢子（即陪冢），村以冢得名。1973年文物普查时，大冢子的封土高12米，周长150米，小冢子的封土高3米，周长40米。1979年11月，大冢子封土高仅剩8米，周长50米。大冢子向正北100米处，又发现了三座古墓，均系砖室墓，随葬的遗物有陶豆、陶罐和五铢钱，为古代汉墓群。

**峨山庄汉画像石墓** 1987年7月发现，位于桃村镇峨山庄村东南山坡顶部，属汉代古墓。墓室为花岗石板砌成的石棺，长2.28米、宽1.07米、高0.84米，棺内人骨已朽，未发现任何随葬品。画像刻在石棺的北壁板上，是车马人物图，自左向右分为三组，一组是人着短衣长裤，裤腿扎起，脑后挽髻，持戟作行走状，似正躬迎乘车主人，一组为车马出行图，一组是妇人汲水图。

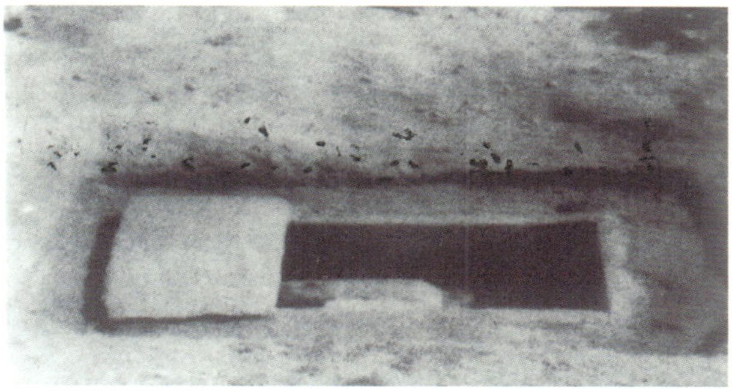

1987年发掘的峨山庄汉墓石棺

1987年发掘的峨山庄汉画像石拓片

**观里汉墓** 观里镇观里村东有3个冢子，呈三角形位置。1993年，栖霞文管处对其中一座古墓进行清理。该墓葬长方形土坑竖穴，在0.7～2.5米深处发现灰陶片、木炭、粗布纹瓦片、漆片等，有石椁1具，石椁内有木棺1具，棺内有人骨架1具。出土随葬遗物有：青瓷壶2件，陶高领壶2件，陶盘口壶3件，漆器1宗，耳杯1件，木笄1件，五铢钱70 余枚（较完整的有44枚，皆是汉代五铢铜钱）。该墓属汉代。

1993年观里汉墓出土的青瓷壶

**慕家店古墓群** 位于观里镇慕家店村东北100米处，面积2000平方米。1958年，石碑、石坊、华表、翁仲、 玃马等被砸毁，墓群封土被推平。1980年3月，在村东北100米处发现两座古墓。1982年7月25日，又发现一座古墓，县文化馆对3座古墓进行清理发掘。

第一座墓出土器物有龙凤形鎏金簪1件，银簪2件，白瓷罐2件，青瓷扣盒1件，白瓷盂1件，白瓷碗1件，铜镜1件，铜钱38枚。铜钱除南唐开元通宝2枚外，其余36枚都是北宋时期的，为宋太宗至宋哲宗6个皇帝的14种年号钱，数量最多。年代最晚的为元祐通宝。第二座墓出土器物有鎏金簪8件。第三座墓出土文物有39件。

**京甲石坟** 位于亭口镇京甲村北150米处。地上部分为塔式，圆锥体，全部用花岗岩石砌成，故名石坟。塔顶为圆笠顶，表面刻有仰莲、柱状面和宝瓶。塔尖的压石已挪位，地面至塔尖总高3.30米。该石坟属元代墓葬。

京甲石坟（2002年）

**郝晋墓** 位于蛇窝泊镇南砦村东南三乐山北麓，坐南朝北。该墓原有石碑两通，一是清康熙三十三年（1694年）三月三日立，雕刻有盘龙和“钦命”二字，前刻阴文：“皇清通议大夫巡抚保定等处兵部侍郎兼都察院副都察御史郝公讳晋墓”。二是“功德碑”，民国25年（1936年）八月立，碑首上端雕刻“月日星”

三字图案，中间刻“明兵部侍郎郝公墓碑”，碑身前刻生平事迹，后刻墓铭，皆阴刻。两通碑均系郝晋后人在其去世39年和281年后立。1984年，“功德碑”由县文管所保存。

郝晋曾与栖霞知县钟其伟于明崇祯十一年（1635年）增修栖霞县城墙高3尺，并建角台4座。

郝晋墓（2002年）

**李唐裔墓** 位于臧家庄镇西林村东南500米的李氏东茔。系砖石墓，墓前立一石碑，碑首浮雕龙头，前面阳刻“奉天诰命”4个篆字。碑身高1.72米，宽0.68米，厚0.18米。碑前面阴刻楷书：

诰授奉直大夫赐进士出身历任兵部郎中礼科给事中

皇清　　　　　　　　　　西林李公墓

例赠中宪大夫翰林院检讨特授贵州贵东清军粮驿道

墓碑右侧镂刻的是李唐裔的官职，左侧为李唐裔之子李日更的官职。

李唐裔的父母葬于西林村西的李氏西茔，墓前立一诰命碑，镂刻着清顺治十四年（1657年）二月十日的诏旨。

李唐裔（1620—1688）字硕果，号西林，臧家庄镇西林村人。26岁中举，次年考中进士，28岁授陕西省平凉府推官、兵部督捕主事、兵部员外郎中等职。

**郝懿行墓** 位于庄园街道北七里庄村东北金钩寨，系砖室墓，坐东向西。郝懿行（1757—1825），字恂九，号兰皋，栖霞城人，清代著名的经学家。清嘉庆四年（1799年）中进士后，任户部额外主事，后钦点户部福建司主事，前后达25年，清道光五年（1825年）病逝于北京，享年69岁。

郝懿行一生治学严谨，著作甚丰，一生留下50余种，近400卷著作。《尔雅义疏》19卷为郝懿行的代表作，《辞海》收录其68条。

李唐裔墓（2002年）

郝懿行墓（2002年）

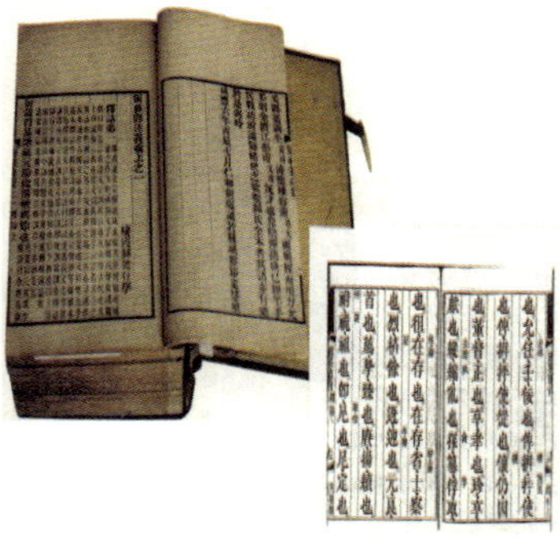

《尔雅义疏》

## 第三节 古建筑

**牟氏庄园** 原名“牟二黑子地主庄园”，座落于城北古镇都村，始建于清雍正年间，是中国北方最大的地主庄园。庄园占地2万平方米，房屋480余间，3个单元、6个居住单位，由牟二黑子（牟墨林）的6个孙子分别居住。6个居住单位各自立有堂号，坐北朝南，均沿南北中轴线建门厅、客厅、寝室及厢房等，构成多进院落，以南北甬道连贯诸院。每单元又以群厢或院墙相密封，结为整体四合院。其建筑均为清式举架，木砖石结构，以泥质鱼鳞瓦覆顶。

第一单元包括“日新堂” “东忠来” “西忠来”3个居住单位，位于整个庄园的东半部，东西并列，东西宽65.2米，南北长98.2米。

西忠来楼阁（2002年）

第二单元包括“南忠来” “阜有”两个居住单位，位于庄园西南隅，亦为东西并列，占地东西宽55.2米，南北长59.2米，“南忠来”居西，“阜有”居东。

第三单元“宝善堂”，一个居住单位，占地东西宽37.2米，南北长64米，大院内东半部建门厅、客厅、屏门（已毁），双层寝楼、寝室、单厢及东群厢等。其建筑费用支出，约需白银43万两。

1977年12月，山东省革命委员会将牟二黑子地主庄园公布为省级重点文物保护单位。1988年1月，国务院批准牟氏庄园为国家级重点文物保护单位。

东忠来客厅（2002年）

**太虚宫旧址** 太虚宫位于城北滨都里村，坐北朝南，为全真教龙门派创始人丘处机于金明昌二年建。

太虚宫鼎盛时期有建筑物72座，分东、中、西三组并列。东组有山门、三清殿、玉皇殿、滨都宫，中组沿中轴线建有药王庙、三官庙、阁楼、钟楼，其西北尚有老母庙、鲁班庙。西组主要有丘祖殿、范祖殿和墓塔等。1945年，栖霞解放时，太虚宫古建筑只剩下丘祖殿、范祖殿、砖塔、长春仙井等古迹。1957年，被列为山东省重点文物保护单位。

1966年被砸毁拆除前的太虚宫旧影

1958年，修建庵里水库时，因太虚宫位于库区，经省有关部门批准，将丘祖殿、范祖殿全部拆除，仙井也被夷平。1966年“文化大革命”时将砖塔、石狮砸毁，所有古迹荡然无存。1995年，为发展当地的旅游事业，投资3000万元在原址基础上进行复原性重建。

1995年以后重建的太虚宫（图一）

（图二）

**李氏庄园** 座落于臧家庄镇马陵冢村。庄园由5个大院组成，属于李绪尧、李绪埙、李绪田兄弟三人，因为他们是在海参崴经商发迹，故称“大崴”“二崴”“三崴”。5个大院中，李绪尧和李绪埙分别各占有1个大院，李绪田占有3个大院。

清末民初，李家鼎盛时期拥有土地467公顷，房屋500间，其中李绪田（三崴）一家拥有土地267公顷，房屋325间。庄园坐北朝南，共建厅堂楼厢229间。

李氏大院正房（2002年）

李绪尧（大崴）大院，始建于清光绪二十七年（1901年），历时6年，耗资白银22万两。五进院75间，东西宽22.5米，南北长60米，占地1350平方米；李绪埙（二崴）大院，东西宽13. 5米，南北长35米，占地面积472平方米，仅有门厅和北正房共10间房屋，两边有东西院墙，围成一个长方形的院落；李绪田（三崴）在外地开设的大商号有绸缎庄、钱庄、五金行、日用百货、粮店等18处之多。他有3个大院，分东院、西院、西南院。

1946年5月，栖东县委、县政府及相关部门自臧家庄村迁驻马陵冢村李氏庄园。1953年9月，栖东和栖霞合署后，原栖东县的所有部门迁出，李氏庄园由臧家庄粮管所使用和管理。

李氏大院拱门（2002年）

**西阳庵** 俗称庵坡庙，位于观里镇方山西麓。该庙始建于唐代，建筑物几经损坏，住持人僧、道几易。自元皇庆二年（1313年）重修后，无再修记载。

西阳庵坐东朝西，属四合院，山门、大殿、南北厢房，为北方密封式建筑。砖石结构，五檩梁架，方砖铺笆，暴垅灰瓦覆顶，硬山鱼鳞脊两端饰大鳌。梁檩有彩绘，墙壁上绘“云中游仙图”，现仅剩庙基遗址。

**牟全祠** 位于桃村镇铁口村，坐北朝南，面阔5间。东西长15米，南北宽6.3米，高7.1米。砖木结构，五檩梁架，明暗排柱，前后出檐，前有回廊。暴垅灰瓦覆顶，鱼鳞脊，中有钢杈，两端饰大鳌，硬山四斜脊饰吻与小兽。该祠堂系元代水军都督牟全的后裔所建，故正门竖书匾额为“都督府”。据《栖霞县志》和《牟氏谱书》记载：元代至元二年，中书省令宁海州保委能干官一员，管领船只平倭寇。州尹姜公，推荐牟全任此军务。牟全出身将门，为人刚直，“竭忠诚而报国，尽勤孝以荣亲”。任管军千户，一生抗倭，功劳卓著，是受人民尊敬的民族英雄。牟全第三次征倭寇取得胜利后，被奸细所害，谋刺于河北省桃花店。

**衣氏祠** 位于庙后镇回龙夼村偏西，坐北朝南，四合院，有南北两厅，南厅面阔5间，北厅面阔5间，大门口有一对石鼓，通高0.58米，宽0.54米。两厅砖木结构，五檩梁架，花门花窗，方砖铺笆，包垅灰瓦覆顶，鱼鳞脊，两端饰大鳌，山墙四斜脊饰吻与小兽。

《衣氏全谱》记载：自明崇祯元年（1628年）至清康熙六十年（1721年），衣惟孝、衣景和、衣三捷祖孙三代都在官府内任过职。本族为收集官府赠送的匾额，怀念祖辈，于清光绪二年（1876年），捐资兴建该祠堂。

衣氏祠（2002年）

**于七故居** 于七（1607—1701），名乐吾，字孟熹，因在族兄弟中排行第七，故习称于七，栖霞唐家泊村人。明崇祯二年（1629年）考取武秀才，次年又中武举。清顺治五年（1648年），于七率众牙山起义，并建立以牙山为中心，以栖霞岠嵎山、文登昆嵛山、海阳招虎山、平度朱毛城、即墨崂山为据点的起义队伍，屡战清兵，震惊清廷。康熙元年（1662年），清廷重兵围困牙山，于七因寡不敌众而失败，到崂山华严寺当了和尚。康熙四十年（1701年）于七病逝，享年94岁。

于七故居位于唐家泊村，总面积3762平方米。房屋分东西两处，东边是顺治初年建，四进四合院，西边是两进院。西边的两进院现仅存老故居1幢5间，东西长15米，南北宽12米。故居属明代末年的建筑。

**谢鸿涛故居** 位于亭口镇杏家庄村，故居分南北两个大院，均为四合院，5檩梁架，灰瓦覆顶。南院是住宅，共16间，北院15间，有正房5间，用作客屋，东厢是二层楼房共10间，用作书斋。

谢鸿涛（1873—1954），本名丰焘，字一尘，又作翊臣。亭口镇杏家庄村人。光绪三十年（1904年），偕夫人马秋仪去日本留学，次年成为孙中山先生的首批同盟会会员。

谢鸿涛是孙中山担任临时大总统选举和就职典礼的山东代表，山东省议员，烟台“卍”字会的主要负责人。编著有《怀虚诗草》。

谢鸿涛故居（2002年）

**栖霞“卍”字会会址** 位于栖霞城南门外，该会于1925年成立，原驻大寺庙内。

1932年山东省“卍”字会拨专款，在栖霞城南门外建瓦房51间，东西宽31米，南北长31.4米，总面积973.4平方米，1933年迁往新址。“卍”字会是一个慈善机构，曾建有孤儿院和医院。栖霞分会的首任会长是谢鸿涛，副会长是城关村的郝恩桂（字子圭）。境内解放后，“卍”字会的房产收归国家所有。

栖霞“卍”字会会址（2002年）

**翠屏洞** 翠屏山（原名霞山），四峰并立，苍松翠柏，郁郁如屏，故曰翠屏山。每逢天阴，大雾满天，烟云缭绕，似从山出，遂名“翠屏出云”，是栖霞旧八景之一。清《栖霞县志》记载“翠屏洞位于翠屏山之阴。明正德年间，居民凿石壁深丈余，以栖神”。翠屏洞口朝北，洞长4.7米，宽2.8米，高3米。洞外，砖砌门楼，石门框，门上雕一“佛”字。门用柏木制作，门板厚2寸余。洞内山石砌壁，青砖拱顶。洞的最深处有一尊石雕南海观音菩萨，盘坐莲花宝座。洞外立一石碑，阴刻“灵应如响” 4字，系清同治十一年（1872年）栖霞县知事何立经题写。1933年神像被砸毁。

解放前，翠屏山下筑有戏台，每年农历三月十五日为翠屏山会。其时，大戏连唱数天，附近各县商贾云集，熙熙攘攘。还有众多人竞放风筝，热闹非凡。1989年，依翠屏洞旧址又进行重建，恢复原来的面貌，洞前出檐，并增加了4根柱子，柱上有瓦联，阴刻：山生曦霞但在翠屏栖息，洞吐云烟欲浮白洋河去。

1989年重建后的翠屏洞

**枣林围墙** 亭口镇枣林村西北1公里的酸枣顶上，构筑一座密封式围墙，因地处枣林村，故名枣林围墙。同治元年（1862年）为防捻军入境，建造了有内、外两层的围墙。外墙东西长130米，南北宽75米，高5米，墙厚2

米。墙内有两座山头，并构筑24条长5米～8米、宽2米～2.5米、高0.3米～5米的更道。围墙内的西山头上，又筑有1处南北长29米、东西宽22米、高2.9米的小围墙。内建有玉皇庙1座，坐北朝南，小庙的四壁由石板砌筑，四阿头覆顶，庙内有1泥塑神像。东山头筑1戏台。解放前，每年的正月初一赶庙会，拜庙时还要唱戏。解放以后，围墙内的小庙和东山头的戏台已被拆除。

**大刘家牟氏粮仓** 位于观里镇大刘家村，是牟氏家族在全县分设的13处粮仓中规模、储量最大的一处。为保护粮仓的安全，周边构筑围墙，并配备土炮35门，火枪80支，大刀80把，盛火药的瓷缸、瓷罐子若干。

解放前，大刘家村共有43户，属于他们自己所有的土地不足13公顷。但牟氏家族在该村的土地达110.8公顷，建有房屋164间，其中粮仓43间，容纳粮食1380石，计40万公斤。大刘家围墙始建于清同治元年（1862年），围墙周长767米。围墙顶部有垛口，高5尺，厚2尺，留有方形枪（炮）眼。1939年农历5月，中共栖霞县委为防止日寇在大刘家村建立据点，发动周围群众将围墙拆除。1943年冬，栖霞县抗日人民政府没收牟氏粮仓的粮食，用作支援军需。1946年10月，土地改革时，将粮仓交给粮库管理使用，后交给大刘家村委会。

现在牟氏庄园展室内陈列的土枪和盛火药的大瓷缸，都是大刘家粮仓中的实物，是研究牟氏地主家族历史的重要证据。

大刘家牟氏粮仓（2002年）

牟氏家族在大刘家村土地、房屋、粮仓情况统计表

表27-1

| 堂 号 | 柜 名 | 土地亩数 | 房屋间数 | 仓库间数 |
|---|---|---|---|---|
| 日新堂 | 西南柜 | 480 | 38 | 5 |
| 宝善堂 | 东北柜 | 332 | 59 | 10 |
| 东忠来 | 东南柜 | 270 | 13 | 9 |
| 西忠来 | 东南柜 | 180 | 12 | 6 |
| 南忠来 | 西北柜 | 260 | 20 | 7 |
| 师古堂 | 北 柜 | 140 | 22 | 6 |
| 合 计 | — | 1662 | 164 | 43 |

# 第二章 金铭石刻

## 第一节 人文石刻

**成吉思汗敦请丘处机诏书石刻** 为元太祖成吉思汗诏书。

此石刻原镶嵌于太虚宫内丘祖殿的东山墙上。1958年，栖霞县修建庵里水库时将太虚宫拆除。诏书石刻拆下后，收藏文化馆，现藏于栖霞市文物局。

石刻为青花岗岩材质，呈长方形，高48厘米，宽79厘米，厚6厘米，阴刻26行，满行18字，计430字。

石刻为颜体楷书，字迹清晰，书刻整齐，圆润遒劲，深受篆刻爱好者的欣赏。

成吉思汗诏书石刻（2002年）

**范全生墓志** 范全生墓，俗称范祖墓，位于栖霞城北5公里，滨都宫丘祖殿之偏西。墓系砖室石棺。墓志藏栖霞市文物局。墓志为红色石质，呈长方形，高70厘米，宽40厘米，厚14厘米。碑首竖刻阴文4行“清虚纯德辅教真人”。碑身竖刻阴文10行，满行11字，计97字。首题“登州栖霞县太虚宫”，末题“至元二十八年岁在辛卯十一月”。

范全生（1178—1245），号清虚真人，济阳县范家庄人，15岁出家，受教于长春真人，是丘处机的得意弟子。人称范祖（即二范），后其兄与族弟亦到栖霞滨都宫出家，故有大范、二范、三范之称。

**李东儒诰命碑** 李东儒（1585—1667）字振庵，臧家庄镇西林村人，为清兵部郎中礼科给事中李唐裔之父。

李东儒之墓坐落于西林村柳木山麓，西林村西偏南15米的李氏祖茔，诰命碑立墓前的左侧。碑身高213.5厘米，宽88厘米，厚20厘米。碑首为双龙头，高87厘米，宽97厘米，厚28厘米，中间镂刻“奉天诰命”。

李东儒诰命碑（2002年）

**李氏祠堂刻石** 杨础镇下渔稼沟村李氏祠堂，位于村东，坐北朝南。清同治五年（1866年）建，有北正房3间，南屋3间，大门居中，砖木结构，硬山实脊，五檩梁架，暴垅灰瓦覆顶，前出厦，明柱石础，木雕花门花窗。街门上方匾额题“李氏先祠”，北正房门上方匾额题“典隆望溯”，室内北墙上方匾额题“爱见慨闻”，皆正楷阳刻金字。

李氏祠堂土改时收归村有。原东、西山墙各嵌一块莱阳后家夼产的绿色大理石刻石。东为“祭田记”，西为“祠内条例”。祭田记刻石竖写楷书阴刻34行，满行11字计338字。文中记载李氏祭田设置的数量、用途以及祭田的管理办法。此石刻是研究家族共有资产管理的重要资料。

2001年4月22日，两块刻石均由市文管处收藏。

**陈家村禁赌碑** 禁赌碑原立于庄园街道陈家村村东关帝庙院内。1967年，关帝庙被拆除，石碑用作磨坊机器的压石。1999年冬，又将石碑运到村外。村民陈孟龙将其送到栖霞市文管处。

该碑系石灰岩质，碑文由本村秀才陈铭新撰文并书写，阴刻楷书8行，满行25字，计117字。镌刻字迹清晰遒劲，碑体保存完好。

石碑记载清光绪二十九年（公元1903年）陈家村对赌博恶习的惩戒。文中严令禁止村民赌博，并定下明确的惩罚标准，“赌家犯者，罚钱五千；赌户犯者，罚钱两千五。如不听罚者，准牌头禀官”。此碑对于研究当时的村风民俗具有重要的意义。

陈家村禁赌碑（2002年）

**小观村除弊安良碑** 碑立于观里镇小观村东土地庙前，该碑系白色大理石凿制磨光，圆额，高208厘米，宽82厘米，厚20厘米。正面竖写楷书，阴刻19行，满行45字，计681字。上端横刻“官民金鉴”4个大字，右边首行刻“胶东道尹吴公委员单公除弊安良碑”，左边末行刻“民国七年十一月吉日 公立”。背面 上端横写楷书，阴刻“永垂不朽”4个大字，碑文竖写楷书，阴刻20行，满行28字，计406字。记载11个县128个村民携礼前来庆贺民告官胜诉事。

小观村除弊安良碑（图一）（2002年）

（图二）

**前阳窝村修河堤石碑** 翠屏街道前阳窝村北河，曲水绕村，屡泛成灾。民国8年（1919年），夏季大雨倾盆，河水陡涨，沿河的100

余间房屋进水，部分倒塌，淤地100余亩。1923年春，全村群众搬动砂石3750立方米，自发组织修筑成长约250米、上宽4米、下宽6米、高3米的河堤，河堤栽上小河北村村民刘进德送来500斤柳树苗，村公所在村路南边立修河堤碑一通，碑高1.6米，宽0.64米，厚0.05米，前后阴刻楷书。

1970年9月，前阳窝村投工38万个，搬运土石214万立方米，用炸药1万多公斤，点汽灯用煤油5000多公斤，改河造田，筑坝护堤。根据群众的意愿，村党支部在河坝南部，用花岗岩石制作横式刻石一块，长1.45米，宽0.47米，横书阴刻“群英坝”3个大字。

前阳窝村河坝石刻（2002年）

## 第二节 物景石刻

**西周铜鼎铭文** 鼎为古代炊器、祭器，始于新石器时代。栖霞文管处所藏的铜鼎，系1956年松山乡大北庄村村民王金玉在村西挖泥时发现的。鼎通高30厘米，口径31厘米，直耳，外饰3条棱纹，圜底，马蹄足，底下饰三角纹，有烟炱，当为实用炊器。腹上部饰有两条凸棱纹和一周回纹。腹内有铭文3行，14字，皆钟鼎文。文曰：“崩口生作成媿滕鼎其子孙永宝用”，解析文意此鼎系陪嫁的器物。经考证，此鼎当属西周时期的器物。

**大定石磨** 该石磨系蛇窝泊镇前张家庄村农民程元起1973年4月发现的。石磨系青花岗岩石凿制，圆形，直径1米，厚0.12米，四边与外圆之间阳刻文字，分别是“大定岁次乙亥年记”“三月上旬利市大吉”。鉴定为粉房或香油房的专用磨。

**栖霞城迎仙门石刻** 据清光绪《栖霞县志》记载，明代万历六年（1578年），在修建栖霞城墙时，因为城墙的北门迎对着滨都里丘处机的太虚宫，故曰“迎仙门”，为县令鲍霖手书。

“迎仙门”门额系汉白玉石磨制而成，高50厘米，宽96厘米，厚12厘米。阳刻魏体，“迎仙门”三个大字涂朱。1945年春，拆除栖霞城墙时，将“迎仙门”门额埋入地下。1983年10月，栖霞县粮食局在霞光路建房挖地基时发现，县文管所收藏。

迎仙门石刻（2002年）

**明“题艾山温泉”石碑** 艾山温泉座位于松山镇艾山汤村，据考证，艾山温泉始建于明初，故人凑石砌池，以为汤浴之地。由于艾山汤地处艾山东麓，其独特的地理环境和汤浴之地，引来许多文人墨客，吟诗、题刻、作画。现有明万历四十八年（1620年）三月二十三日，黎阳人王在晋“题艾山温泉”石碑一通，立在庙堂的侧面。庙堂已拆掉，碑尚存，竖写行书，阴刻9行，满行25字，计182字。

**清“艾山温泉”石碑** 艾山温泉，又名“艾麓温泉”。清光绪《栖霞县志》记载，“艾山庵，在艾山之阳，东有温泉塘，同治十三年，重修官塘、民塘、女塘，分建为三”。

艾山汤村现有清同治十三年（1874年）立

的石碑一通，碑高250厘米，宽83厘米，厚20厘米。碑文记载修建官塘、民塘、女塘的情况。

1965年，栖霞县人民政府拨出专款，对艾山温泉进行修缮，分男池、女池、病疗池。

**百涧观石狮** 庙后镇庙后村，原百涧观大门两侧，曾蹲坐一对昂首挺胸、巨口瞠目、姿态威严的石狮。石狮系用花岗岩石凿制，狮高100厘米，宽48厘米。解放前，国民政府将百涧观拆掉后，后罗坡村的群众将石狮搬到村内，安放在家庙大门的两侧，以示家庙的威严与壮观。1983年，由栖霞县文管所收藏。

**“义庄敦本堂记”石刻** 嵌于臧家庄镇泉水西店村王姓家庙西山墙外，石刻高62厘米，宽120厘米，竖写楷书，阴刻27行，满行16字，计382字。石刻详细记载了清乾隆二十六年（1761年），泉水西店村王姓创建宗祠、置祭田、义庄情况，对于家族共有资产的设置、管理、用途、规则做了详尽的记述。乾隆四十六年（1781年）九月立石。此石刻对于研究胶东民俗及家族资产的管理具有重要意义。

百涧观石狮（2002年）

# 第三章 馆藏珍品

## 第一节 物品

**下门楼出土石斧** 1957年4月，亭口乡下门楼村送交县政府一件大石斧，通高26.5厘米，上端宽4.8厘米，刃宽9.4厘米，由黑花岗岩石凿制，体呈梯形，断面椭圆形，刃磨光。石斧，是新石器时代的重要生产工具，属新石器时代的遗物。

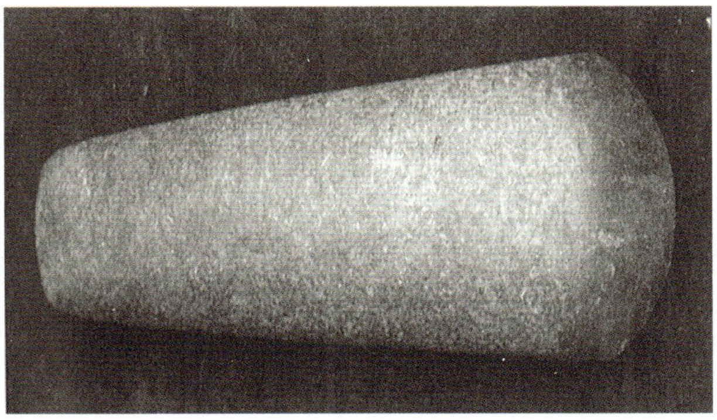

1957年发现的古代石斧

**齐刀币** 刀币，齐国首铸币，是春秋战国时期青铜铸币的一种，流通于齐、燕、赵等国。

栖霞文管处收藏的336枚刀币，是解放后由蛇窝泊镇禾家庄、朱留，观里镇小刘家、大疃、潘家庄，苏家店镇合甲沟，松山街道裕富庄村的群众整地时发现的。分为5种。1.节墨之法化（法化，是标准铸币的意思，是春秋时期姜齐的铸币）25枚，背文有安邦、法甘等。2.安阳之法化6枚。背文有◎、化、上等。3.齐之法化4枚。背文有◎字样。4.齐建邦张法化1枚，此为田齐的开国纪念币，在齐刀币中最为罕见。背文有“上”字。5.齐法化300枚。这是齐刀币中最多的一种，是田齐在威、宣王时期用来统一币制的。以上两种刀币的共同特点是，面文没有“之”字，弧部外缘隆起，其余和早期的齐币相同。背文都有易、安、吉、法、上、化等字样。

1982年6月，观里镇潘家庄村一次出土窖藏齐刀币196枚，完整的有143枚，其中齐法化123枚。

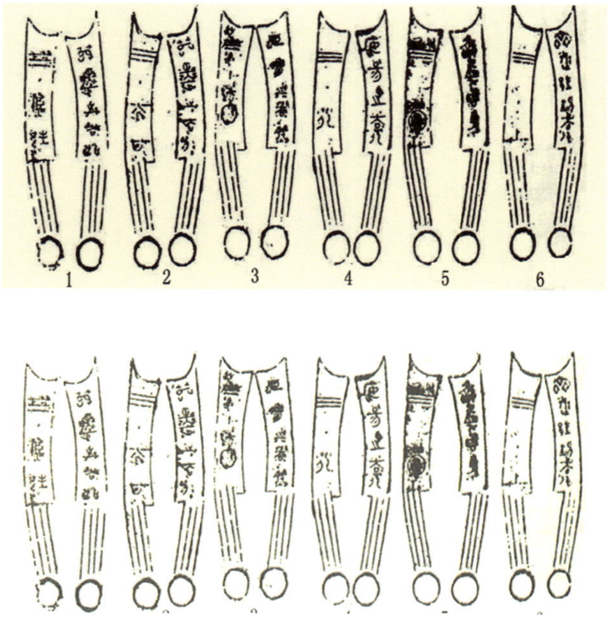


1982年出土的齐刀币影印

**金代窖藏铜钱** 1985年7月15日，观里镇大疃村村民于距地表50厘米深处发现一铁罐铜钱。铜钱共1688枚，钱文清晰的有1633枚。其中有秦“半两”1枚；西汉新莽“货泉”1枚；东汉“五铢”3枚；唐“开元通宝”128枚；南唐“唐国通宝”2枚，北宋有29种1473枚；南宋有4种21枚；金“正隆元宝”4枚。属金代窖藏铜钱。

**“大泉五十”铜钱范** 铜钱范是过去用以铸造铜钱的模具。1976年4月26日，县文物工作者李元章在苏家店采购站收购的废铜中拣出一件“大泉五十”铜钱范。铜钱范重0.21公斤，边长6.9厘米，边宽0.4厘米，厚0.9厘米。正面阴刻4枚钱范，上两枚为背面，下两枚为正面，钱径2.4厘米，钱的中部为方形穿孔，边长1.1厘米。钱的外缘与方孔之间阳刻“大泉五十”4个字。材质系青铜，钱范内的文字镌刻清秀。

**任留店出土金簪** 栖霞文管处现藏两件金簪，系1979年春小庄公社任留店村民在村东古庙遗址上取土时挖出。

金簪呈A、B两种形式，A式重39.9克，双股卡26.5厘米，器身呈圆形，中间略细，两端较粗，直径0. 03厘米。B式重39.7克，双股长25.7厘米，器身为0.02×0.03厘米的扁方形，下端外侧各打一“川”字标记。经栖霞县人民银行鉴定，两种金簪含金量为99%，是研究栖霞历史的实物资料。

**牟氏庄园出土银元宝** 1979年8月22日，在维修牟二黑子地主庄园时，栖霞镇张家沟村张连花、张爱卿与后夼村张胜、孙玉民等人，整理日新堂大院北群房东间原火炕时，在离地面10厘米处，发现一个用方砖盖的瓷坛子，瓷坛内装银元宝50个，共2962.4两。

银的种类、形式和名称繁多，清乾隆年间分为4种，一种叫元宝，也叫马蹄银，每个重50两。牟氏地主庄园出土的银元宝属于这一种。二是中锭，也称小元宝，每个重10两。三是小锭，也称小元锞，每个重1两左右。四是碎银，又称滴珠。

1979年在牟氏庄园发现的银元宝

银元宝的正面都铃有钢印，从铭文看共有8种，能够分辨出地点和年代的只有一种，其铭文是：光绪三十四年三月蕲州官钱局（蕲州，现湖北省蕲春县）。放在坛子内顶端的中间部位。这锭银元宝，重60两，成色99%。

据说蕲州官钱局铸的银元宝为元宝头，每50件元宝中必须有个元宝头“坐镇”。另外49个银元宝分为7个炉号，它们是：“德庆”炉铸的1个，“吉祥”26个，“元祥”10个，“永吉”6个，“厚记”3个，“元记”2个，“正吉”1个。

在牟氏庄园展示的银元宝

## 第二节 书 籍

**增修《登州府志》** 栖霞市文管处藏清光绪七年（1881年）增修的《登州府志》。全书共19册，今仅藏15册。尚缺第3册营建志，第6册职官志，第9册选举志，第19册金石志。

全书分疆域志、营建志、食货志、职官志、选举志、忠节志、艺文志、金石志等八大部分。木版，线装，19册，共计69卷，书高24.8厘米，宽15.6厘米。

登州府志

**清乾隆《栖霞县志》** 栖霞市文管处藏乾隆十九年（1754年）第三次纂修出版的《栖霞县志》两部，一部是苏家店镇大韩家村1958年献给文化馆的，另一部来源于县肃反办公室。

清乾隆《栖霞县志》纂修，知县卫苌；参订，教谕冷廷枢，训导郎天润；督刻，典史袁煜蒋；采访，进士牟曰篈，举人李秉政、林浩及贡生4人、监生6人、生员8人。该志系木版、线装、宣纸，高23.7厘米、宽15.2厘米。分疆域志、建置志、典祀志、赋役志、官师志、人物志、祥异志和艺文志八部分，以元、亨、利、贞四册装订，计双面242页。

清乾隆《栖霞县志》元册有明万历四十年（1612年）邑庠生王之垣为明万历年间修的

《栖霞县志》作的跋和清康熙十一年（1672年）邑令胡璘及李唐裔、牟国玠3人分别为康熙年间修的《栖霞县志》作的序，这是研究栖霞历史的一部重要文献资料。

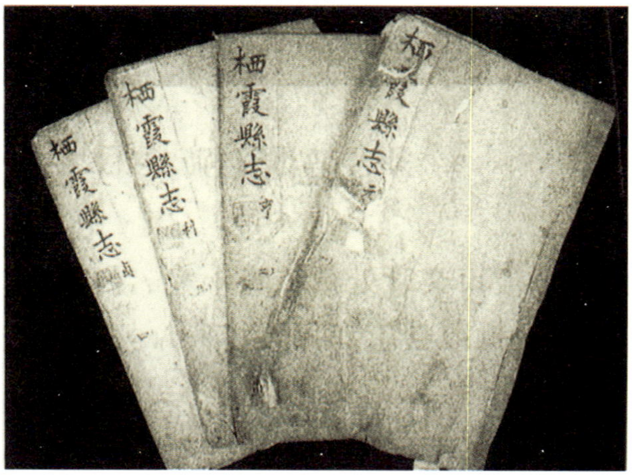

清乾隆《栖霞县志》

**牟庭遗著** 牟庭（1759—1832），原名廷相，字默人，栖霞城里人。清乾隆六十年（1795年）乙卯科优贡。曾任观城县（山东省西部，现已不存）训导。为诸生时曾以经学受知于扬州阮芸台，阮为其题写书斋“横经精舍”，以示褒扬。

牟庭从20岁开始著书，积累下50余部手稿，其代表作《同文尚书》化费40年心血。《诗切》从语言、文字、语法、词汇、地理、历史、制度、文物八个方面对“诗三百首”剖析，指出“毛诗有七害五迂”，七害不除，诗不可得而治也。20世纪初，梁启超将牟庭的《周公年表》列为近300年来学术名著之列。《同文尚书》，齐鲁书社于1982年分三册影印出版，共35万字。《诗切》，齐鲁书社于1983年分五册影印出版，共57万字。

**牟愿相遗著** 牟愿相（1760—1811）字亶夫，号铁李，邑庠生。栖霞城北古镇都村人。山东著名的古文家，工诗文，著有《小澥草堂古文集》《小澥草堂诗集》二卷。

栖霞市文管处藏民国13年（1924年）冬霞山石印局印牟愿相著《小澥草堂古文集》，线装，纵26厘米，横15厘米，（双面）计83页，收录其53篇著作。其中《栖霞县主簿牟公家传》《牟氏叙传》《小澥草堂记》等文章，是研究栖霞牟敬后裔历史及牟墨林地主庄园建设史的主要参考资料。

**刘曰义书稿及书斋匾** 刘曰义（1762—1812），字乔林，号笠夫，臧家庄镇乔芝村人，乾隆乙巳科（1785年）举人，曾任河南省兰阳县知县。告归后，设馆教书。当时，他和牟庭、郝懿行、牟愿相等人号称栖霞四杰。

刘曰义博览群书，尤攻算术，写下《勾股图》《九章算式》等6种、27卷有关研究算学的书稿。病故后，清代经学家郝懿行为其题写墓志，刘大绅写的书斋匾额“怡轩”两个大字，字高37厘米，宽32厘米。现藏栖霞文管处。

1985年12月，刘曰义的后裔刘本仁，将《勾股图》《九章算式》等6种、27卷书稿献给栖霞县图书馆，将51种书画献给栖霞县文管所。

**牟殿邦与牟氏谱稿** 牟殿邦（1861—1945），字叔安，号福全。清末增生，蛇窝泊镇前泥都村人。1934年刘东侯（潍坊人）为主编纂修《栖霞县志》时，牟殿邦曾为副主编参入纂修，此《栖霞县志》失传。

牟殿邦是续修《栖霞名宦公牟氏谱稿》的发起人，又是该书的主编。河西村牟焕斋历经15年的调查，为牟氏谱稿提供资料方面的帮助。山东省国民政府参议会参议员，上孙家村牟绍周于1943年捐资在烟台铅印出版《栖霞名宦公牟氏谱稿》一书，共八卷。线装，高27.5厘米，宽14.5厘米。

《栖霞名宦公牟氏谱稿》一书，是研究牟氏迁徙、后裔分布及大地主牟墨林发家史的重要文献资料。

## 第三节 书法 绘画

**祝允明书法** 祝允明（1460—1526）字希哲，号枝山，明书法家。栖霞文管处藏祝允明草书及小楷横幅一轴，纸底绢裱，纵26厘米，横303厘米。共3部分，前为祝允明给性甫先生所写草书七言诗一首：

逃署因能暂闭关　未须多把古贤攀
每抛杯勺方为懒　少事篇章恐碍闲
风堕一庭邻寺叶　云开半面隔城山
浮生只说潜居易　隐以求名似更艰

右秋日闲居一首，书奉性甫先生，系于成化十年（1474年）所书小楷“拟古”五言诗14首55行。后有痴愚老人，辛巳年高密任平，清雍正四年（1726年）徐葆光3人题跋。该书法被《山东文物精萃》一书采用，题目是《祝允明小楷手卷》。

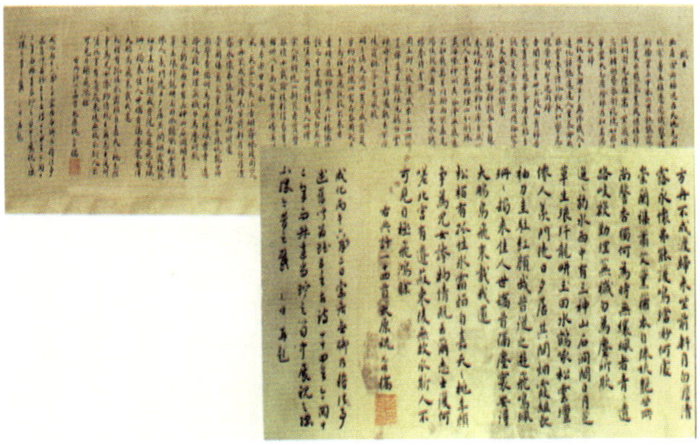

祝允明墨宝真迹

**牟国珑画像与书法** 牟国珑画像系坐式，长轴，绢裱，纵268厘米，横123厘米。头戴花翎，身着官服，威武庄严，画工颇精。牟国珑（1645—1713）字作霖，号重季，牟墨林之高祖父，栖霞城里人。22岁补为博士弟子，37岁中举，44岁中进士，52岁出任直隶南宫县令。

牟国珑画像与对联，系其后裔保存下来，于20世纪70年代献给国家。

牟国珑画像

**牟所书法** 牟所（1792—1851）字无逸，号一樵，栖霞城悦心亭人。清道光五年乙酉（1825年）科拔贡，十七年丁酉（1837年）科举人，任工部铅子库主事，都水司主事，河防同知。嗜金石，工翰墨，被书法家何绍基之父叹为“山左书法第一”。牟所与书法家何绍基交往甚密。何绍基游济南时，牟所曾与何氏切磋书艺，并同题一轴，得存于后裔手中百余年。栖霞文管处收藏牟所4幅对联，4件条幅。他写的对联“权衡此心坐奥堂，笑谈与世殊臼科”与“一张琴半壶酒，三尺剑万卷书”，成为珍品。

牟所书法

**何绍基书法** 何绍基（1799—1873）字子贞，号东洲，晚号蝯叟，湖南道州（今道县）人，清朝诗人，书法家。道光十六年（1836年）进士，授编修，国史馆提调，四川学政等职，晚年主持苏州、扬州书局。工诗，对经学、文字学、金石、史地均有造诣。栖霞市文管处馆藏其对联一幅，“开樽细说平生事，信手同翻古书。”纵长123厘米，横宽26厘米。

**单为鏓书法** 单为鏓（高密人）曾于道光六年（1826年）和咸丰元年（1851年）两次任栖霞县教谕。他治学有方，又擅长书法。市文管处藏其书法3件。条幅纵109厘米，横32厘米，竖写3行行书，“良由，所附者高，则微、物不能累；所凭者净，则浊、类不能沾。古临《圣教序》，云庵世谓大兄为鏓”。对联纵128厘米，横30厘米，楷书：“清香满堂佛应喜，明月出海天为高。”

**牟正书法** 牟正，字君直，号方山，蛇窝泊镇牟家河西村人。清代庠生，德平县训导。工书画，书仿牟所并常代应酬笔墨，虽有识者，莫辨真假。其善写魏碑，画工墨色山水。栖霞市文管处藏其书写的“朱柏庐先生治家格言”四联，纵136厘米，横29.5厘米，笔力工正、遒劲，是研究牟氏家族重要资料。

**蒋殿甲书法** 蒋殿甲（1855—1936），字绍邦，号子兰。举人，亭口镇引驾夼村人。青年时在南寨村教学，中年时任江西星子县知县，兼理景德镇分防府。宣统三年（1911年），回栖霞祭祖，适逢辛亥革命而去职。1936年病故，终年81岁。蒋殿甲擅长行书，老年攻欧柳，学板桥。文管处藏其中堂一轴，纵107厘米，横47厘米，竖写4行范仲淹《登岳阳楼记》断句。

**牟丕勋书法** 牟丕勋（1862～1928）字绩卿，蛇窝泊镇禾家庄村人。19岁外出教书，并着意自修，光绪十一年（1885年），47岁的牟丕勋成为清末“拔贡”。牟丕勋终生教学，民国初年，他受聘到县立初等小学主事，以后在高等小学、中学和师范科兼国文课。牟丕勋擅长书法，尤精于作文，无论说理抒情，均能“妙笔生花”，故每有作品，广为学生抄录传诵。1915年汇编《稼书轩文稿》四卷出版。栖霞文管处藏牟丕勋一幅对联，内容是：“蓬莱文章建安骨，龙马精神海鹤姿”。此联纵132厘米，横32厘米。

**林景澍书法** 林景澍（1878—1927），字笑佛，号紫竹，蛇窝泊镇蛇窝泊村人。栖霞早期的同盟会会员之一。1926年，林景澍出任河南省信阳道秘书。次年，调任江西宁冈县知事，到任方7日，因兵变而遇害，时年49岁。

林景澍爱好书法，以钟鼎文和隶书见长。栖霞市文管处藏其钟鼎文和隶书条幅。隶书条幅纵88厘米，横27.5厘米。录（元）王君实《过栖霞》诗：“蓬莱南境是栖霞，近山依水数百家。风俗若能存古意，武陵谁去觅桃花。”

**栾钟尧书法** 栾钟尧（1878—1929），字星壑，臧家庄镇西栾家村人，清末秀才。清光绪三十年（1904年），栾钟尧官费留学日本东京政法大学，次年8月，加入了孙中山先生组织的同盟会，光绪三十二年（1906年）回国，他与谢鸿涛、李凤梧等人创办了“东牟公学”，秘密组织革命力量，是解放烟台的十八勇士之一。曾任山东省烟台执法司司长、长山县知事、吉林省宁安县军法处处长。栾钟尧多才多艺，能书善画，文管处藏其隶书对联一幅，纵131厘米，横28厘米。文曰“桃花春酒人开瓮，细雨斜风客到门。”尤以指画造诣颇深，其作品曾获日本（中国）国画研究会奖给的银牌一枚，烟台市博物馆藏其在日本获奖的一幅指画作品。

栾钟尧书法

**于洪起书法** 于洪起（1877—1940），字范亭，蛇窝泊镇清河口村人，清代举人，京师大学堂优级师范科毕业，同盟会会员，历任国民党山东省议会议员，众议院议员、济南金星人寿保险公司经理，国民党江苏省政府秘书长，中央检察院检察委员等职。

于洪起曾在家乡创办“霞光小学”，在烟台创办“先志中学”。他擅长书法，尤以草、隶见长。栖霞市文管处收藏其10幅作品，草书潇洒、飞腾，隶书整齐清朗、端庄大方。其中有幅对联，“丹梯安稳清高步，黄字分明见寿人”，纵138厘米，横32.5厘米，是其代表作品。

于洪起书法

**沈宗敬山水画** 沈宗敬（1669—1735），字恪庭、南季，康熙二十七年（1688年）进士。栖霞文管处藏中国画家沈宗敬于康熙四十八年（1709年）作，奉赠晋卿年学兄彩色工笔山水画四幅屏，绫底，绢裱。纵187.5厘米，横53厘米。该画笔力古健，思考高远，水墨居多，青绿亦偶为之。其布置山峦坡岫，有缺而不续之处，有欲到而不到之处，别有情趣。

沈宗敬山水画

**牟炼坡绘画** 牟炼坡（1875—1945），名寿岚，字炼坡，蛇窝泊镇牟家河西村人，莱阳师范毕业。清光绪二十七年（1901年）开始，牟炼坡在牟家河西、南榆疃、下张家、古镇都、东南庄、下渔稼沟、大韩家等村教书。1941年，因手疾而回归故里。

自清光绪三十一年（1905年）开始，牟炼坡利用教学的空余时间，刻苦学习郑板桥的绘画艺术，尤其善画兰草、怪石，曾被烟台“事务堂栈房”聘去专绘兰草、怪石，博得客商好评。文管处藏其1926年（民国15年）绘的四联兰草、怪石，纵69厘米，横27厘米，作品秀丽、苍劲。

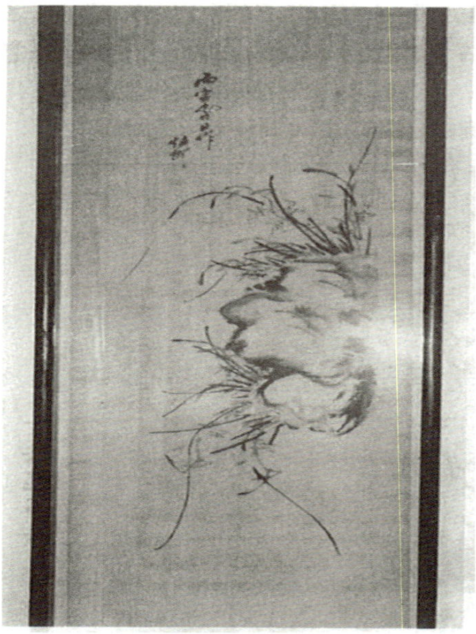

牟炼坡绘画

慈禧太后柜

## 第四节 其他藏品

**慈禧太后柜** 栖霞市文管处馆藏的4件（大小各2件）慈禧太后柜，为慈禧60寿辰时呈送的寿品。清政府垮台后，该柜遂成为故宫的藏品，后被日军掠夺，运到烟台领事馆。烟台解放后，许世友司令员派人将此柜运到栖霞英灵山胶东抗日烈士陵园。1957年，文物普查时，收藏到县文化馆进行展览。

大柜高171厘米、宽93.5厘米、厚40厘米，柜面镶嵌玉、贝、骨，雕刻有亭、台、山水及天地人间、历史人物。柜的两侧嵌花卉小鸟。市件为铜质鎏金，雕刻龙凤呈祥图案。两肩门上各用贝壳嵌诗一首：“和风瑞气满荡龙，万寿无疆祝上宫，喜得英六旬孝养，千秋福德并苍穹。”“口户卿云楼玉香，彤口新柳释口肠，宫中尧舜并文武，恭捧南山万寿觞。”小柜高79厘米、宽54厘米、厚25厘米，柜面镶嵌仕女、松柏、狮子。两侧面嵌花卉。其制作之精美，世属罕见。是研究中国历史和日本侵华史的重要文物。

**“犹望公安”木匾** 匾额为木质，横幅，通高81厘米、宽202厘米、厚6厘米。嵌边宽10厘米，边绘龙、狮、鹿、鹤图案。中间阳刻“犹望公安”4个大字，字高42厘米、宽40厘米。右边竖写楷书“同治辛未嘉平立”7个小字。

牟氏始祖 于明洪武三年（1370年），自湖北省公安县到栖霞任主薄，后入籍栖霞。其后裔于清同治十年(1871年)特制此匾挂在栖霞城牟氏祠堂，以示怀念故乡公安。此匾后移至蛇窝泊镇南砦村牟氏祠堂。1956年匾额的字被刮平。1983年由文管处收藏，后对“犹望公安”匾额进行修复，现挂在牟氏庄园东忠来客厅。

“犹望公安”匾额

**寿 幛** 牟氏庄园展出的湘绣寿幛，是牟宗朴在1929年庆祝自己六十大寿，从湖南请来4个湘绣女工，花费近一年的时间绣成的。寿幛高2.38米，宽1.22米，中间远看绣的是个“寿”字，近看是两支叶茂花俏的牡丹。“寿”字高0.98米，宽0.71米。这个由牡丹花叶绣成的“寿”字，是用100多种颜色的丝线绣成的，是中国少见的绣花精品，具有较高的艺术价值和观赏价值。

湘绣寿幛

**磬 石** 牟氏庄园东忠来小楼展出的磬石重15.5公斤，高36厘米，宽30厘米，厚15厘米。通体呈山峰状，顶系4个大山峰和3个小山峰组成，底呈椭圆形。该磬石放置在长方形底座上，底座高21厘米，长38厘米，宽19厘米，四条虎形支撑，腿高14厘米，贴面部前后均透雕梅花。1952年，杨础区岔河村姜厚松将此磬石献给政府。县文化馆收藏。

**清代牟氏敕命** 牟国珑的父母敕命文，授于康熙三十六年（1697年）八月初三日，长279厘米，宽31厘米。右边书写汉文，左边书写满文，互为对照。该敕命文是馆藏中满文最多的文物。

**清代牟氏诰命** 牟宗朴的父母诰命文，长289厘米，宽30厘米，右边书汉文，左边书满文，互为对照。光绪三十一年（1905年），牟宗朴用1800两银子捐了个三品官，所以才有诰命文。这是研究地主牟墨林家族的珍贵资料。

# 第四章 革命纪念地 纪念碑 烈士墓

## 第一节 革命纪念地

**中共栖霞县第一个支部成立纪念地** 栖霞县第一个党支部于1931年12月在今臧家庄镇北洛汤村成立。

1929年，中共党员孙洪章（莱阳人）到栖霞县寨里一带以授拳、裁缝、行医为掩护，秘密开展党的活动，并于1931年9月，介绍李子民（原名李新洛）加入中国共产党，李子民成为栖霞县内第一个共产党员。同年12月，北洛汤村建立栖霞县第一个党支部。李子民任党支部书记，李桂洛任组织委员，李干洛任宣传委员。

1931年中共栖霞县第一个党支部成立地址
——北洛汤村

**中共栖霞县委成立纪念地** 中共栖霞县委于1938年7月在蓬莱县虎路线村成立。原址有民房5间，东西长14米，南北宽4.5米，高4.6米，东西厢房各两间。

“七七”事变后，烟台沦陷，柳运南（何冰皓）、刘华团等人到蓬莱县虎路线村的烟台八中同学姜熙兰、姜培芝处开展党的工作。1938年7月，中共栖霞县委在该村正式成立。何冰皓任县委书记，刘华团任秘书，牟子敬任组织委员，姜蕊任宣传委员。

1938年中共栖霞县委成立地址——虎路线村

**栖霞县抗日民主政府成立纪念地** 栖霞县抗日民主政府于1940年4月24日，在苏家店区林家村成立。出席成立大会的有全县各阶层抗日民主人士和群众团体代表共2000余人。

大会选举姜茗为县长，并组成政府办事机构。1944年12月栖霞城解放，县政府进驻栖霞城。

1940年抗日民主政府成立地址——林家村

**栖东县行署成立纪念地** 栖东县行政公署于1941年3月25日在桃村镇康家村成立。选举何冰皓（原名柳运南）为栖东县行政公署主任，办公地点为四合院，南厅北正各5间，长15米，宽4.5米，东西厢房各2间，长3.4米，宽3.2米，南厅北正和两厢均为瓦房。栖东县委、县政府于1945年8月，由臧家庄移驻马陵冢村李氏地主庄园。1953年9月4日，栖霞、栖东两县合并，县署驻栖霞城。

1941年栖东县行署成立地址——康家村

**牙前县政府成立纪念地** 牙前县政府（又称牙

前实验县政府）于1945年1月28日在海阳县长沙区取水崖村成立。辖属10个区，包括栖霞、牟平、乳山、海阳县各一部分。刘坦任县委书记，侯林翼任县长。中共牙前县委、县政府先后驻郭城、桃村等地。1950年撤销牙前县。

**抗大一分校旧址** 1941年3月，八路军五旅解放牙山后，抗日军政大学一分校胶东支校，遂由掖县三元村迁至牙山西麓刁崖后、麻地一带，办学地址稳定下来。后移驻牙山北麓东夼村（今凤凰庄），各营队分别驻到雀刘家、小庄（今富庄）、上崖头等20多个村庄。凤凰庄村聂凤智校长的2间办公室，迄今保存完好。王家珍正房后墙上书“拥护中国人民领袖毛泽东”的大字标语，仍然字迹清晰醒目。

**《大众报》社旧址** 《大众报》系中共胶东区党委的机关报，其旧址位于桃村镇牙子夼村。1941年春，《大众报》社的于良臣、胡华山、常其京等八九位同志，在牙子夼村姜可财、姜吉亭的草房里编印《大众报》。

**后寨兵工厂旧址** 1940年初，胶东第一兵工厂从黄县（今龙口市）黄城阳村迁至栖霞县苏家店乡后寨村。同年7月，将弹药部由后寨村迁到曹高家村和前寨村。8月，将子弹部迁到蚕山前的曲家沟村。胶东第一兵工厂主要生产步枪、子弹、手榴弹等，对打败日本侵略者做出很大贡献。

**胶东革命烈士陵园** 位于桃村镇灵山（今称英灵山）阳坡，1945年始建，1947年竣工。占地面积760亩，文物建筑303处，其中包括纪念塔、纪念堂、烈士陵墓及纪念碑、亭、石坊等，是为安葬、纪念胶东抗日烈士而建。

陵园整体布局呈“中”字形，烈士纪念塔座落于中路的北端山巅，为陵园的主体建筑，1945年5月1日动工，8月15日落成，花岗岩块石砌筑，呈六面锥体，由塔座、塔身、塔顶三部分组成，通高21.37米，塔底周长24米。塔身正面楷书阳刻“胶东抗日烈士纪念塔”，每字的长、宽均为44～48厘米。塔身侧面下部阴刻中共胶东区党委、胶东军区等联名建塔序文。上部阴刻烈士英名录，计5716名。塔顶六面各设方窗，方窗中间制有五角星图案。塔内设有扶梯，可攀登而上。

纪念塔西面70米处，立有山东战斗英雄任常伦的铜像，立式，高2米，手持步枪，作警戒状。其下设石质方座，高2.6米。纪念堂内陈列着张静源、常子健、张连珠、王文、理琪等12名著名烈士的革命事迹与遗物。胶东革命烈士陵园是依灵山的山形而建，陵园建筑掩映于苍松翠柏之中，碑亭林立，肃穆庄重，每年前来瞻仰的人达10万人次。1977年12月，被公布为省级重点文物保护单位。1989年8月20日，国务院批准为全国重点烈士纪念建筑物保护单位。1995年被民政部公布为国家级爱国主义教育基地。

胶东抗日烈士纪念塔（2002年）

任常伦烈士铜像（2002年）

王文烈士墓（2002年）

理琪烈士墓（2002年）

**胶东国际和平医院旧址** 坐落在胶东革命烈士陵园前。医院楼房正中大门有“红十字”标志和“胶东国际和平医院”八个大字。1946年春，宋庆龄为支援胶东人民的革命斗争，通过周恩来资助胶东创办国际和平医院。医院占地面积3367平方米，双层楼房，第一层48间，第二层24间，东西长70.5米，南北宽7米。医护人员100余名，床位400余张，建院后，迭更院名。1953年迁往泰安，在桃村镇驻地新建医院，名为烟台桃村中心医院。1958年，桃村中心医院与栖霞第四中学交换工作地点。1991年栖霞第四中学校改时，在原楼旧址处新建教学办公大楼。

1946年建设的胶东国际和平医院旧影

## 第二节 纪念碑（塔）

**栖霞抗日烈士纪念塔** 坐落于观里镇大刘家村北雀儿崖阳坡，1945年10月1日动工，1946年元旦竣工。坐北朝南，占地面积9600平方米，包括纪念塔、烈士陵墓、记功坊、纪念亭、烈士门等共计56个建筑单位，是栖霞人民为安葬、纪念栖霞抗日烈士而建。

陵园整体布局呈“甲”字形，烈士纪念塔位于中轴线的北端最高处，系大理石建筑，呈六面十三层锥体，通高11.70米。向阳面第二层至第十层阳刻“栖霞抗日烈士纪念塔”9个大字。第一层阴刻“中共栖霞县委员会、栖霞县政府、栖霞县人民武装部等联名建塔序文”，碑文中的题字者是县委书记牟子敬，县各救会会长钟玉镜，县参议长孙子明，县长于英武，县武委会主任隋曰瑞。第二层和第三层除阳面外的其他五面，阴刻栖霞县13个区的435名抗日烈士芳名录。其中在地方政府工作牺牲的烈士245名；抗日军人烈士137名；抗日人民烈士53名。塔顶有山东战斗英雄任常伦塑像，立式、水泥质，高1.8米，肩扛步枪，作警戒状、1972年维修时拆除。1978年10月30日，被列为县级重点文物保护单位。

**新庄革命烈士纪念碑** 位于桃村镇新庄村西北土井。碑座系用花岗岩石凿制，共3层，通高81厘米，底宽145厘米、顶宽90厘米。阴刻碑文，南面刻“为国捐躯”，北面刻“气壮山河”，东面记载1942年12月14日，日军扫荡时，牙山抗日根据地军民与日伪军展开英勇搏斗，粉碎了敌人的扫荡。西面镌刻着37名烈士的英名。为纪念在反扫荡中牺牲的革命先烈，栖东县于1943年3月特立此碑。1978年10月30日，被列为县级重点文物保护单位。

1987年重新立碑

**灵山革命烈士纪念碑** 位于寺口镇灵山村西南塂。碑座成方形，用石块砌筑。

碑体系用一块石灰岩石凿制磨光，呈方锥体，通高158厘米，南面刻“革命烈士纪念碑”7个大字。北面刻有栖霞县党政军民建碑序文。东面是县长牟铁铮的题词。西面是县委书记牟子敬的题词。

为纪念1941年灵山战斗和1943年李家沟战斗中牺牲的革命先烈，栖霞县党政军民建此纪念碑，缅怀革命先烈的光辉业绩，1978年10月30日，被列为县级重点文物保护单位。

1987年修建的祝子顶革命烈士纪念碑

**祝子顶革命烈士纪念碑** 位于蛇窝泊镇前泥都村西南塂。1945年7月7日立。碑座、纪念塔、纪念堂座呈方形束腰，用乱石砌筑，高92厘米、宽70厘米。

碑身用整块石灰石凿制磨光，呈 方锥体。碑高158厘米，底宽、厚各37厘米，上宽、厚各18.5厘米。阴刻碑文，南面刻有“革命烈士纪念碑”7个大字。东面和西面分别是县委书记牟子敬和副参议长王佐群的题词。北面是栖霞县党政军民立碑的序文。1978年10月30日，公布为县级重点文物保护单位。

**上马家革命烈士纪念碑** 位于西城镇上马家村西口子。碑呈方锥体，高180厘米，阴刻碑文，南面隶书“革命烈士纪念碑”7个大字。北面楷书，系栖霞县党政军民立碑的序文，共10行。东面行书，两行，是县委书记牟子敬的题词。西面隶书两行，是参议长孙子明的题词。

序文中记载1940年胶东日军“六 一”大扫荡，在雷山战斗中，八路军一个班9位同志英勇牺牲的事迹；记载1942年日军万人“拉网”大扫荡制造的闻名的雷山惨案经过。 1978年10月30日，公布为县级重点文物保护单位。

1987年立碑

**大韩家革命烈士纪念碑** 位于苏家店镇大韩家村南塂。纪念碑用整体石灰岩石凿制，通体磨光，呈方锥体。通高150厘米，阴刻碑文，北面刻有“革命烈士纪念碑”7个大字。东面自左向右刻有，西栖艾雷区大韩家村民众的立碑序文。建有碑亭，石柱，木架，亭顶为四面坡，小青瓦覆顶，碑亭的东边为革命烈士的墓地。

序文中记载1940年1月27日，日军扫荡艾雷山区时，为保护大韩家村群众转移，八路军5名战士与敌人搏斗而英勇牺牲和本村群众为保守秘密而牺牲的事迹。1978年10月30日，公布为县级重点文物保护单位。

1987年立碑

**客落邹家革命烈士纪念碑** 位于松山镇客落邹家村西南1.5公里的林山东麓。碑高180厘米，采用莱阳县后家夼鸭蛋绿碑石，前后面皆凿制磨光。碑正面向东，阴刻隶书“革命烈士纪念碑”7个大字。背面阴刻隶书10行，242字，介绍林山阻击战的经过。

1947年9月24日，国民党军队由莱阳城分3路向栖霞进犯，东海独立二团奉命在林山一带阻击敌人。是年9月30日上午，坚守山头的三营指战员与蒋军一个团展开英勇的斗争，历时2小时，击毙敌人90多人，三营29名干部战士光荣牺牲。

为纪念在这次战斗中牺牲的烈士，栖霞县党政军民于1980年3月补立此纪念碑。1991年11月16日，公布为县级重点文物保护单位。

## 第三节 烈士墓

**李家沟革命烈士公墓** 位于官道镇李家沟村南山。1943年7月2日（农历六月初一），胶东五旅十四团二营300余名指战员，在李家沟村南山阻击下乡扫荡的日伪军。在这次战斗中打死、打伤敌人50余名，包括王道一教导员在内的70余名指战员光荣牺牲。次日，部队与李家沟村的干部群众将烈士的遗体埋在姑子庵西坡一个公墓内。该墓封土高1米，东西长3米，南北宽2米。

1991年11月16日，公布为县级重点文物保护单位。

**董文田烈士墓** 座落于松山镇朱元沟村东1公里董家茔地的东侧，墓坐北向南，长2米、宽1.8米、高0.8米；墓前竖一白色大理石墓碑，碑高1.10米，正面阴刻有，“董文田烈士之墓　女董慕溪、侄董守凯2001年清明立”。背面阴刻董文田烈士的生平简介。

董文田（1903—1935），化名王纲，王世风。栖霞城人，后迁松山镇朱元沟村。民国初年，随父去烟台读书，后考入河南中山大学，转燕京大学社会系，是栖霞较早接受马列主义的知识分子之一。

1930年，董文田在燕京大学担任学生会执委，并负责编辑出版《燕大周报》。1931年，秘密加入中国共产党。1932年8月任燕京大学党支部负责人兼任西郊区委书记。1933年，董文田被地下党组织派到河北省反帝大同盟主持工作，后又调到华东地区工作。1933年底由北京去上海开会，途经保定，在保定车站被国民党军警逮捕，1935年病故于汉口市军人监狱，1952年，被追认为革命烈士。

1993年5月4日，“北京大学革命烈士纪念碑”揭幕，由老一辈无产阶级革命家陈云亲自题写“北京大学革命烈士纪念碑”11个苍劲有力、金光闪闪的大字，碑体上镌刻着北京大学

83位烈士的英名，董文田烈士列名其中。

**李义山烈士墓** 位于蛇窝泊镇后撞村西墉，坐西向东，封土高1.2米，东西长5米，南北宽3米。

李义山（1874—1941），名会文，字义山。蛇窝泊镇后撞村人。光绪末年加入同盟会，在家乡一带从事反清活动。民国初年，李义山在本村挂牌行医，同时兼任学校董事长，办起3个班级的新式学校，并首倡招收女生，深受群众的欢迎。“七七”事变后，李义山赞同中国共产党“团结抗日”主张，反对国民党搞内战。他到处宣传抗日救国道理，呼号反对侵略，被誉为“抗战老人”。1941年6月9日，投降派徐叔明部48支队将李义山逮捕，不经审讯，便将他杀害于石角夼村西河，终年67岁。胶东党、政、军、民各界为李义山等被害烈士在北水头村（今海阳市）召开追悼大会。

李义山生前医术闻名一方，受其治者达数千人，他当年用过的药匣子，现珍藏于栖霞市文物局。

1978年10月30日公布为县级重点文物保护单位。

## 第四节 其他文物

栖霞是革命老区，革命文物众多，珍藏的传世文物40多件，它们是栖霞人民革命斗争的历史见证，具有特殊的物质属性，其作用和价值是其他文化艺术所不能取代的。

栖霞市保存的革命烈士和革命功臣的物品还有曹聚魁烈士遗像及石印、姜茗烈士遗像、苗雨村烈士遗像、马水如烈士遗像及木箱、八路军臂章、粗布军装、粗布棉袍、纺花车、红缨枪、慰问袋、军号、缴获的日军指挥刀、支前奖旗、担架、木轮车、中共临时党员证、一门三英光荣匾、农民联合会会旗、林世基的奖状、纪念章、姜国汉的劳动英雄奖章、陈吉道的胶东一等民兵模范奖章、韩华昌的胶东一等民兵英雄奖状、林景福的北海一等民兵模范奖状、刘芹山的奖旗、路松云的一等功臣奖状、肖玉林的立功奖状、杜春先的京沪杭战役奖状等。

另外，还收藏战争时期有关资料。如毛泽东《在延安文艺座谈会上的讲话》《论持久战》《论联合政府》《抗战四年来的八路山纵五旅》《血战八年的胶东子弟兵》《洪炉》《爆炸大王》《胶东大众》等。

## 第五节 文物保护

70年代，栖霞的文物管理与保护工作由县文化馆负责，有专人专职管理，主要负责全县重点文物调查、保护。1974—1988年，共投入发掘、维护资金422.5万元，其中，牟氏庄园先期投入资金16.5万元，维修3个大院252间房屋，1988年后又投入279万元，维修6个大院288间房屋；投资120万元改造胶东革命烈士陵园纪念堂。1991年后，累计投资1340.8万元，建设、发掘和维护重点文物。其中，投资1300万元重建太虚宫，建设大小殿堂33座、186间，建筑面积4800平方米；投资7.2万元发掘古镇都遗址，出土大批大汶口文化、龙山文化时期的石器、陶器、古器、角器和牙器。

到2002年末，全市共投入文物发掘、维护资金1763.54万元。

## 1978—1993年栖霞县文物发掘、维修情况表

表27-2　　单位:万元

| 年 份 | 文物单位 | 拨款单位 | 金 额 | 发掘项目 | 维修项目 |
|---|---|---|---|---|---|
| 1978 | 牟氏庄园 | 山东省文物局 | 16.5 | — | 维修一、三、四大院危房252间 |
| 1988 | 牟氏庄园 | 国家文物局 | 279 | — | 维修六个大院危房 |
| 1995 | 太虚宫 | 栖霞市政府 | 583 | — | 土地折算、修复文物 |
| 1995 | 太虚宫 | 各方筹资 | 747 | — | 重建大小殿堂33 座、186间，4800平方米 |
| 1988 | 胶东革命烈士陵园 | 国家民政部 | 120 | — | 纪念堂改造、纪念建筑物维修 |
| 1981.9 | 杨家圈古遗址 | 国家文物局 | 4 | 北京大学考古队、省考古所发掘880平方米 | — |
| 1988.10 | 北城子遗 址 | 国家文物局 | 3 | 社科院山东工作队、烟台文管会发掘250平方米 | — |
| 1993.8 | 金山遗址 | 金山窑场 | 1 | 烟台文管会、栖霞文管 | — |
| 1998.4 | 泊子古井 | 市文管处 | 0.6 | 烟台文管会、栖霞文管处发掘古井3眼、唐井1眼 | — |
| 1999.4 | 古镇都遗　址 | 栖霞市政府 | 7.2 | 烟台文管会、栖霞文管处发掘400平方米 | — |
| 1974.4 | 大丁家战国墓 | 县文化馆 | 0.03 | 文化馆清理战国墓4座 | — |
| 1975.11 | 杏家庄战国墓 | 县文化馆 | 0.1 | 烟台文管会、栖霞文化馆清理战国墓3座 | — |
| 1980.3 | 慕家店宋　墓 | 县文化馆 | 0.03 | 文化馆清理宋墓3座 | — |
| 1982.4 | 吕家埠西周墓 | 县文管所 | 0.1 | 文管所清理西周墓2座 | — |
| 1986.11 | 大庙后战国墓 | 县文管所 | 0.03 | 文管所清理战国墓1座 | — |
| 1987.7 | 峨山庄汉　墓 | 县文管所 | 0.2 | 烟台博物馆、栖霞文管所清理汉墓1座 | — |
| 1988.9 | 栾家夼东周墓 | 县文管所 | 0.05 | 文管所清理东周墓1座 | — |
| 1991.8 | 郝家楼古遗址 | 县文管处 | | 北京大学考古系、烟台博物馆、栖霞文管处发掘化石120余件 | — |
| 1993 | 观里汉墓 | 县文管处 | 0.2 | 文管处清理汉墓1座 | — |

## 1977—2002年栖霞市重点文物保护单位表

表27-3

| 级别 | 名　称 | 时代 | 所在地 | 公布日期 |
|---|---|---|---|---|
| 国家级 | 牟氏庄园 | 清至民国 | 庄园街道古镇都村 | 1988.01.13 |
| 省级 | 胶东革命烈士陵园 | 抗日战争 | 桃村镇英灵山 | 1977.12.23 |
| | 杨家圈遗址 | 新石器 | 杨础镇杨家圈村 | 1977.12.23 |
| | 北城子遗址 | 新石器、夏 | 臧家庄镇北城子村 | 1992.06.20 |
| 市级 | 后铺遗址 | 新石器 | 松山镇后铺村 | 1987.04.27 |
| | 大北庄遗址 | 西周、战国 | 松山镇大北庄村 | 1987.04.27 |
| | 郝懿行墓 | 清 | 庄园街道北七里庄村 | 1987.04.27 |
| | 后炉房遗址 | 新石器、夏 | 亭口镇后炉房村 | 1996.07.23 |
| 县级第一批 | 雀儿崖革命烈士纪念塔 | 抗日战争 | 观里镇大刘家村北雀儿崖 | 1978.10.30 |
| | 灵山革命烈士纪念碑 | 抗日战争 | 寺口镇灵山村西南 | 1978.10.30 |
| | 大韩家革命烈士纪念碑 | 抗日战争 | 苏家店镇大韩家村南 | 1978.10.30 |
| | 上马家革命烈士纪念碑 | 抗日战争 | 西城镇上马家村西 | 1978.10.30 |
| | 新庄革命烈士纪念碑 | 抗日战争 | 桃村镇新庄村西北 | 1978.10.30 |
| | 祝子顶革命烈士纪念碑 | 抗日战争 | 蛇窝泊镇前泥都村西 | 1978.10.30 |
| | 后撞村李义山烈士墓 | 抗日战争 | 蛇窝泊镇后撞村西 | 1978.10.30 |
| | 上桃村古遗址 | 新石器 | 桃村镇上桃村东北 | 1978.10.30 |
| | 下渔稼沟古遗址 | 新石器 | 杨础镇下渔稼沟村西 | 1978.10.30 |
| | 古镇都古遗址 | 新石器 | 庄园街道古镇都村北 | 1978.10.30 |
| | 泉水西店古墓 | — | 臧家庄镇泉水西店村西 | 1978.10.30 |
| | 马陵冢冢子 | — | 臧家庄镇马陵冢村北 | 1978.10.30 |
| | 杏家庄古墓群 | 战国 | 亭口镇杏家庄村西南 | 1978.10.30 |
| | 大丁家古墓群 | 战国 | 官道镇大丁家村东 | 1978.10.30 |

续表27-3

| 级别 | 名　称 | 时代 | 所在地 | 公布日期 |
| --- | --- | --- | --- | --- |
| 县级第二批 | 栖霞县第一个党支部成立纪念地 | 1931.12 | 臧家庄镇北洛汤村 | 1991.11.16 |
| | 栖霞县抗日民主政府成立纪念地 | 1940.04 | 苏家店镇林家村 | 1991.11.16 |
| | 栖东县行政公署成立纪念地 | 1941.03 | 桃村镇康家村 | 1991.11.16 |
| | 李家沟革命烈士公墓 | 1943 | 官道镇李家沟村南 | 1991.11.16 |
| | 林山革命烈士纪念碑 | 1947 | 松山客落邹家村西南林山 | 1991.11.16 |
| | 牟全祠 | 元 | 桃村镇铁口村 | 1991.11.16 |
| | 衣氏祠 | 清 | 庙后镇回龙夼村 | 1991.11.16 |
| | 牟氏粮仓 | 清 | 观里镇大刘家村 | 1991.11.16 |
| | 谢鸿涛故居 | 清 | 亭口镇杏家庄村 | 1991.11.16 |
| | 枣林围墙 | 清 | 亭口镇枣林村西 | 1991.11.16 |
| | 郝家楼古遗址 | 更新世 | 松山镇郝家楼村南山 | 1991.11.16 |
| | 观里遗址 | 新石器 | 观里镇观里村西北 | 1991.11.16 |
| | 路旺遗址 | 战国、汉 | 臧家镇路旺村西 | 1991.11.16 |
| | 大潘家遗址 | 战国、汉 | 栖霞经济开发区大潘家村 | 1991.11.16 |
| | 大解家古墓群 | 战　国 | 官道镇大解家村西北 | 1991.11.16 |
| | 滨都宫遗址 | 元 | 庄园街道北岩子口村 | 1991.11.16 |
| | 郝晋墓 | 清 | 蛇窝泊镇南砦村东南 | 1991.11.16 |
| | 李唐裔墓 | 清 | 臧家镇西林村东南 | 1991.11.16 |
| | 栖霞“卍”字会会址 | 民　国 | 翠屏街道城关村 | 1991.11.16 |
| 待批 | 于七故居 | 清 | 唐家泊镇唐家泊村 | — |
| | 董文田烈士墓 | 1935 | 松山镇朱元沟村东 | — |

# 第二十八编
# 社会生活

2002“建设和谐家庭构建和谐社会”活动现场

# 第一章 精神文明建设

## 第一节 公民思想道德建设

20世纪70年代末和80年代初，公民思想道德建设主要围绕“五讲四美三热爱”（讲文明、讲礼貌、讲卫生、讲秩序、讲道德、心灵美、语言美、行为美、环境美、热爱祖国、热爱社会主义、热爱中国共产党）进行，在大力宣传中共十一届三中全会精神基础上，不断清除“文化大革命”余毒。1985年之后，在围绕解放思想，加大改革开放进度，积极发展经济，提高人民群众物质和精神文化生活的基础上，着重提高公民道德意识、集体意识和文化意识。

1990年，开展学雷锋“奉献杯”竞赛活动。首次召开万人誓师大会，开展 “学雷锋奉献在山城”便民服务活动。4月，组织县城23个党委，5206人，走上街头，开展便民服务活动，持续时间40天。悬挂、摆放横幅标语、刊板等宣传品1000余幅（块），让利销售各种商品总额338711元，义务咨询14954人次，修理自行车875辆、家用电器551台，看病6893人次，理发489人次，修鞋200双，剪裁125件，缝纫1098件，发放宣传材料2000多份，收到各种感谢信件253封。举办学雷锋先进事迹巡回报告，由5名学雷锋先进个人组成报告团，到各乡镇巡回报告24场，听众累计8万余人，其中蛇窝泊镇组织近万人。1993年，在全县广泛开展“做文明居民，建文明城镇”活动。通过这项活动，县城共清理垃圾100多吨，清理卫生死角10多处，拆除违章建筑6处，新设立广告宣传栏12块。

1995年，以服务经济建设为中心，认真组织开展思想道德建设活动。1—2月，开展“三进” 活动（文化进农户、法律进农户、文明进农户），制定印发《关于在全县农村广泛深入开展“三进”活动实施意见》，编印《栖霞居民文明手册》。建成千册以上的农村图书室100多个，其中3000册以上的图书室40多个。建起宣传栏、阅报栏的村庄110多个。 “三进”活动经验分别被省、市委宣传部《宣传信息》《宣传工作动态》转发。

1996年，开展以创优为目标的“双文明”活动。分别在3月和9月，集中开展“双文明”月活动，重点抓社会治安秩序、市场秩序的整顿、扫黄打非和市容环境卫生整治等工作。开展以青少年为重点对象的爱国主义教育活动。进行全市青少年百部爱国主义影片教育，开展青少年爱国主义故事演讲比赛、爱国主义歌曲演唱比赛、成人宣誓、爱中华兴栖霞演讲比赛、瞻仰烈士陵园和向烈士汇报、校园歌曲比赛、栖霞百名杰出青少年评比等活动。

1997年，开展窗口服务行业优质服务活动。聘请行业义务监督员98人，在工商、税务、银行、国土、房管、城建、公路、交通等16个部门中，推行窗口优质服务活动，提倡文明用语，规范服务，提高办事效率，实施义务监督。2000年，窗口优质服务活动单位增加到36个，围绕思想教育、行业新风教育、社会责任教育，提高优质服务和思想道德意识，评出优质服务明星43人，优质服务窗口27个。2002年，围绕行业优质服务举办演讲比赛2次，窗口单位向社会发放征求意见信函3000多件，有11个单位收到社会和群众个人赠送的锦旗。

## 第二节 文明建设

80年代，栖霞县文明建设主要开展“全民文明礼貌月”、文明家庭创建活动，深入学习张海迪模范事迹。县委、县政府成立由宣传部、妇联、团委、建委、卫生局等单位组成的文明建设领导小组，具体抓文明建设管理工作。90年代，组织开展学雷锋、做好事，学习焦裕禄、孔繁森，争做先进活动，公民的文明意识、争先创优意识取得较大进步，先进个人、文明单位越来越多。

1996年，栖霞市开展“增强城市意识，创建文明城市”活动，先后印发《栖霞市城市管理实施细则》《市民须知》《进城须知》等，发放《单位卫生标准》《门前五包标准》等明白纸，建起100个功能较为齐全的农村文化大院、100个千册以上的图书室、100个宣传栏、阅报栏。共评选烟台市级文明单位48个，栖霞市级文明单位121个、文明村157个。组织评选出全市“十佳文明市民”“十佳窗口单位”“十佳服务明星”“十佳文明家庭”“十佳警嫂”“百名精神文明建设先进工作者”。

1997年，举行万名市民“告别不文明行为”签名活动，建立党政机关星期六义务劳动制度，活动中共清除垃圾死角14处，清运垃圾670余吨，清运道路泥土1万多立方米，修补路面3200平方米，清理户外广告100多块，清理乱设摊点500多摊次，对乱停、乱放、乱贴、乱画、无牌行驶、不遵守交通规则、市场经营秩序混乱、城区河道卫生进行重点治理。全市主要街道43个单位进行外墙装饰装修，新上垃圾箱71个。到年底，全市共建农村文化大院210个，图书室250个，宣传阅报栏440个，硬化文明街道220条。公布19个文明行业示范点，7个文明单位示范点，16个文明村镇示范点。全市26个文明示范单位公开示范标准，建立工作规范、岗位规范和监督机制，涌现出省级文明单位4个，烟台市级文明单位47个；首次评选出全市精神文明建设先进工作者100名和“十佳文明市民”“十佳文明家庭”“十佳窗口单位”“十佳服务明星”。市人民检察院和市委宣传部被烟台市委、市政府授予“文明机关”称号。

1998年，组织开展“美在居室、美在庭院、美在街巷”为主题的家庭建设活动。全市共评出“十星级文明户”4万户，“十星级文明村”200个。2000年，开展以提高市民素质、整治环境卫生、市场秩序、交通秩序为主要内容的“增强城市意识、创建文明城市”活动。采取办班培训、举办讲座、知识竞赛等多种形式，多渠道、有针对性地开展理想信念、道德素质、法律法规、科学思想教育。组织6000多名学生、家长开展共同签名“告别不文明行为”活动。是年，组织单位和市民清除卫生死角40余处，清理垃圾200余吨，更换、修理垃圾箱56个，规范建筑工地9处，绿化白洋河城区段2.7万平方米，取缔乱设摊点640余摊次，流动摊点1800多人次，纠正各类违章行为6200余次，更换交通标志30余处。

青年志愿者清理卫生死角（2000年）

2002年，市政府制定《关于开展市区环

境综合整治活动的实施方案》，落实整治内容和责任分工。召开2次调度会，进行2次现场督查，组织进行集中整治，使环境卫生、市场秩序、治安秩序、交通秩序等各项整治活动收到明显成效。在农村，增设文体活动点200多处，涌现出“五好家庭” 1.04万个，文明村庄116个。全市涌现出“十星级文明户”4万多户，“十星级文明村”100多个。

### 第三节 创建文明单位、文明镇村

1987年2月，栖霞县委、县政府制定“七五”精神文明建设规划，围绕党的建设、思想政治工作、社会道德风尚、科技教育、社会治安秩序、环境卫生面貌、文化建设、优质服务、市场管理、交通秩序、经济建设、综合协调等，开展文明单位、文明镇村创建活动。1987年末，新命名文明村51个，全县文明村总数达到123个。1988年，对1个文明镇、2个文明系统、21个文明村、51个文明单位、7个文明窗口、30个服务明星进行命名表彰。1989年，围绕党的十三大确定的“一个中心，两个基本点”，利用多种形式广泛开展热爱党、热爱社会主义、艰苦奋斗、无私奉献和民主与法制、移风易俗等教育活动。举办专题广播讲座12期，播发文章80多篇，采播新人、新事、新风貌的稿件500多篇。

1990年，在城区窗口行业开展“微笑杯”大赛活动， 16个部门，120多个单位参赛。6月下旬召开总结表彰大会，对活动中涌现出的3个先进系统、10个优胜单位、20个服务明星进行大张旗鼓的表彰。1995年，新命名文明村20个，文明单位10个，文明乡镇1个，文明系统1个，有4个村、4个单位被烟台市委、市政府命名为市级文明单位。1998年，在所有乡镇开展环境整治活动，桃村镇、松山镇、寺口镇、臧家庄镇、庙后镇、蛇窝泊镇等乡镇被评为小城镇建设先进乡镇。

2002年，栖霞市建成省级文明单位7个、烟台市级文明单位42个、栖霞市级文明单位50个。

## 第二章 居民生活

### 第一节 农村居民生活

1978年，中共十一届三中全会以后，随着改革开放不断深入，栖霞县经济建设步伐加快，农村群众生活水平逐步提高。1985年以后，栖霞县调整农业生产结构，完善农村承包经营责任制，农民收入稳定增长，是年，农民人均纯收入517元，人均占有粮食270公斤。

1988年，根据栖霞县实际，进一步调整农业生产结构，果业生产步入快速发展阶段，农民果业生产积极性高涨，农民全年总收入376.7万元，全年消费总支出306.3万元。农民人均纯收入提高到643元，消费品支出增加较快，自行车、缝纫机、钟表等实用品已普及，条件较好的已经拥有黑白电视机、电风扇等家用电器。

1990年，经过800户调查，农民全年总收入375.8万元，农民全年消费总支出326.5万元。农民人均纯收入712元，其中，人均生产性纯收入654元，农民人均消费品支出472元。居住支出增长迅速，居住条件明显改善。

1993年，经过800户调查，农民全年总收入568.9万元，农民全年消费总支出427.3万元。人均纯收入达到1208元，人均生活消费支出796元，其中，食品支出345元，衣着支出110元，家庭设备支出341元。年末拥有自行车1173辆，缝纫机623架，电风扇369台，录音机256台，彩色电视机345台。农业机械进入寻常百姓家，拖拉机、三轮车等购买量剧增。

1996年，栖霞市进一步完善农业生产结构，农村果业生产进入旺盛发展时期，农民人均纯收入达到2506元，纯收入的80%来自果业。普及了农用三轮车和拖拉机，小轿车、大货车开始进入普通农民家庭。经过750户农村住户调查，农民全年总收入1169.1万元，农民全年消费总支出828.8万元。其中，食品、住房、购置农业机械、化肥消费最大，占总消费额的60%以上。

1999年，全市农民人均纯收入3110元，首次突破3000元。100户农村住户调查，全年农民总收入142.4万元，总支出90.03万元。

进入21世纪以后，农民生活水平不断提高，国家取消了农业税、农业特产税，农民负担减轻，生产热情高涨，特别对收入来源占主要地位的果业生产极为关注，加大投资力度和管理力度，果业支出占有较大的比重，一般农民年果品纯收入3万元～5万元，好多可达6万元～10万元。

2002年，全市农民人均纯收入达到3206元，农村居民人均居住面积28平方米。

经过100户农村住户调查，农民全年总收入127.5万元，全年纯收入94.9万元。全年总支出78.68万元，农民生活消费支出占的比例较大，共计49.35万元。生活消费支出中，食品费用支出最高，共计18.49万元。家庭经营费用支出中，农业生产支出最高，共计15.5万元，

百户农民家庭拥有自行车91辆、摩托车31辆、彩色电视机92台、电冰箱37台、洗衣机10台。

**2002年栖霞市农村居民总收入和纯收入情况统计表**

表28-1　　单位：元

| 指标名称 | 100户调查数 |
|---|---|
| 全年总收入 | 1275064 |
| 工资性收入 | 248779 |
| 在非企业组织中得到收入 | 70779 |
| 在地方企业中得到收入 | 63302 |
| 其中：在本地方企业得到收入 | 62040 |
| 在第一产业得到收入 | 52705 |
| 在第二产业得到收入 | 10487 |
| 在第三产业得到收入 | 110 |
| 家庭经营收入 | 976970 |
| 农业收入 | 881073 |
| 林业收入 | 1371 |
| 牧业收入 | 44058 |
| 工业收入 | 4060 |
| 建筑业收入 | 2590 |

续表28-1

| 指标名称 | 100户调查数 |
| --- | --- |
| 交通、运输和邮电业收入 | 3460 |
| 批发贸易、餐饮业收入 | 2800 |
| 社会服务业收入 | 5435 |
| 其他家庭经营收入 | 32123 |
| 财产性收入 | 6529 |
| 其中：利息收入 | 2809 |
| 租金 | 70 |
| 转移性收入 | 42786 |
| 其中家庭非常住人口寄回 | 4160 |
| 全年纯收入 | 949096 |
| 人均纯收入 | 3206 |

## 2002年栖霞市农村居民总支出情况统计表

表28-2　　单位：元

| 指标名称 | 100户调查数 |
| --- | --- |
| 全年总支出 | 786831 |
| 家庭经营费用支出 | 199842 |
| 农业生产支出 | 154759 |
| 林业生产支出 | 17666 |
| 牧业生产支出 | 14576 |
| 工业生产支出 | 946 |
| 建筑业生产支出 | 4548 |
| 交通、运输和邮电业支出 | 4457 |
| 社会服务业支出 | 496 |
| 文教卫生业支出 | 259 |
| 其他家庭经营支出 | 2120 |
| 购置生产性固定资产支出 | 10627 |
| 生产性固定资产折旧 | 57636 |
| 税费支出 | 51554 |
| 生活消费支出 | 493490 |
| 食品 | 184900 |
| 其中：副食 | 69343 |
| 衣着 | 43208 |
| 住房 | 61212 |
| 家庭设备、用品及服务 | 24817 |
| 医疗保健 | 31035 |
| 交通和通信 | 50855 |
| 文教娱乐用品及服务 | 90527 |
| 其他商品和服务 | 6936 |

## 第二节 城镇居民生活

1985年，全县职工年平均工资984元，主要用于食品、衣着、家用电器等消费。1988年，企业生产旺盛，职工收入增加较快，全县职工年人均工资总额达到1369元，职工收入高于机关、事业单位工作人员。1990年以后，金矿、银矿、滑石矿、铅锌矿等矿山企业职工收入增长较快，劳保性福利增加，其他企业由于改制等原因，职工收入增长幅度小。1990年，全县职工38142人，年人均工资总额1591元。1985—1996年，10年时间，全县职工年人均工资总额达到4140元，高档家具、家电进入家庭，摩托车得到普及，有的还购买了轿车。继1993年机关事业单位工资改革后，1995年、1997年、1999年、2001年又调整工资档次，机关事业单位工资有大幅度增长。企业在改革中不断增加效益，职工收入不断增长。全市职工38917人，年人均工资总额达到3797元。

进入21世纪以后，城镇居民收入差距拉大，机关事业单位工资在不断提高，企业职工收入越来越不平衡，外资、独资企业和垄断行业职工收入远远高于国内企业，分配不公现象突出，贫困职工、下岗职工增多。为解决职工收入不平衡问题，市政府加大对困难职工的帮扶力度，除实行城市最低生活保障以外，每年财政出一部分、单位、个人捐助一部分，救助城市弱势群体。2000年，全部职工年人均工资总额7305元，接受社会捐助967万元，380多户贫困、残障家庭得到救助。

2002年末，城市居民人均可支配收入6826元，人均消费性支出4923元，城市居民人均住房面积24.77平方米 。50户城市居民调查，拥有彩色电视机125台、电风扇130台、洗衣机86台、电冰箱90台、移动电话43部、空调6台、家用计算机19台、健身器材4套、摩托车45辆。

栖霞市城镇居民家用电脑（2002年）

栖霞市城镇居民家庭轿车（2002年）

## 2002年栖霞市城市居民基本情况统计表

表28-3

| 家庭基本情况 | 单位 | 数量 | 家庭基本情况 | 单位 | 数量 |
|---|---|---|---|---|---|
| 调查户数 | 户 | 50.00 | 照相机 | 架 | 63.94 |
| 家庭人口 | 人 | 137.00 | 微波炉 | 台 | 14.02 |
| 主要消费品 | — | — | 空调器 | 台 | 6.01 |
| 百户拥有量 | — | — | 取暖器 | 台 | 20.20 |
| 成套家具 | 套 | 88.98 | 电炊具 | 台 | 68.95 |
| 摩托车 | 辆 | 45.08 | 淋浴热水器 | 台 | 48.08 |
| 自行车 | 辆 | 127.55 | 排油烟机 | 台 | 72.12 |
| 洗衣机 | 辆 | 86.48 | 饮水机 | 台 | 47.91 |
| 电风扇 | 台 | 129.88 | 吸尘器 | 台 | 10.02 |
| 电冰箱 | 台 | 90.15 | 健身器 | 套 | 4.01 |
| 冰柜 | 台 | 32.05 | 普通电话 | 部 | 98.50 |
| 彩色电视机 | 台 | 124.54 | 移动电话 | 部 | 42.91 |
| 影碟机 | 台 | 36.06 | 住房情况 | — | — |
| 录音机 | 台 | 71.62 | 总建筑面积 | 平方米/人 | 24.77 |
| 录放机 | 台 | 12.02 | 现住房使用面积 | 平方米/人 | 18.16 |
| 家用电脑 | 台 | 19.03 | | | |
| 组合音响 | 台 | 10.02 | | | |

## 2002年栖霞市城市居民人均可支配收入和消费支出情况统计表

表28-4　　单位:元/人、月

| 月份 | 人均可支配收入 | 消费支出 |
|---|---|---|
| 全年 | 6826.00 | 4923.00 |
| 1 | 651.31 | 501.08 |
| 2 | 716.26 | 592.59 |
| 3 | 541.60 | 285.68 |
| 4 | 507.86 | 321.39 |
| 5 | 584.83 | 327.72 |
| 6 | 566.89 | 348.06 |
| 7 | 516.43 | 345.39 |
| 8 | 579.18 | 611.06 |
| 9 | 591.02 | 386.79 |
| 10 | 473.92 | 480.35 |
| 11 | 555.42 | 355.43 |
| 12 | 541.91 | 367.13 |

## 第三节　居民精神生活

70年代，群众精神生活比较单调，主要在元旦、春节、元宵节、国庆节期间有文娱活动。在农村，春节期间除唱大戏、看样板戏电影之外，其娱乐活动有扭秧歌、踩高跷、跑旱船、跑驴等。平时一般收听有线广播和收音机。儿童娱乐多为捉迷藏、踢毽子、弹玻璃球、跳方、打纸板、打尖（木条两头削尖后用木棒向外打）等。在城市，其娱乐活动有舞龙、耍狮子、看电影、玩牌、下棋等。

80年代初期，主要娱乐项目有扑克、棋类、听收音机、看报纸；儿童游戏没有多大变化。80年代中后期，除原有的文娱活动外，增加看电视、踢足球、打篮球、羽毛球、滑板、溜旱冰、公园荡秋千等娱乐项目。90年代后，精神生活方式多样化，各种报刊随处可见，农村建起图书室、阅览室，机关、企事业单位除有图书室外，还建立阅览室、阅报栏等文化场所或设施。舞厅、卡拉OK厅、健身房、网吧等娱乐场所应运而生，普及彩色电视机，电脑开始进入单位和家庭，网络游戏、网上聊天逐渐兴起。

舞龙（2002年）

# 第三章 民　俗

## 第一节　生产习俗

栖霞民间，每年农历十月上旬秋收结束到春节为冬闲季节。50年代至70年代，搞单一农业生产，冬闲期间，大部分劳力集中投入农田基本建设。80年代后，秋收一结束，农村多种经营生产日趋活跃，有农忙农闲不同季节生产活动之分。

春秋季节，农民素有“起五更，拉半夜”的习惯，多数农民在秋季趁月色收拾、搬运庄稼和干其他粗活。农民在劳作之中，每有短时间小憩的习俗，称为“吃袋烟”，以恢复体力，提高劳动效率。一般是上午、下午各休息一次。在农忙季节，农民整日于田间劳作，家庭辅助劳力上山送饭，在田间、地头就餐，以减少误工。忙时，一天送早、午二餐。在立夏至处暑，趁天长夜短和气候炎热时节，农民有歇晌的习俗，以补充睡眠和避暑。一般在下午二点之后，方上山下泊劳作。

80年代以后，因实行家庭联产承包责任制，农民有生产自主权，多种经营比较活跃，从事副业活动渐多，已无农忙农闲之分，增加收入，尽快致富，成为广大农民的共识。

## 第二节 婚 俗

**定　亲**　男女青年到18周岁以上，双方父母开始考虑儿女的婚事，有时是媒人主动给予介绍，有的父母委托熟人介绍。在介绍人的安排下男女双方进行相看。若双方有意交往，男方一般宴请女方及亲属，并给女方一定数额的礼金。随着了解的深入，如果双方都没意见，男方请媒人携带礼金及其他物品到女方家商量订婚。随后，男方择日请女方到男方家进行正式见面，男女双方均改口，相互按对方的称呼来称呼其父母及家人。

20世纪70年代、80年代逢春节、六月六、中秋节、十月一日等重大节日结婚的居多，90年代之后，双方请人看结婚日子的居多。结婚前，男方媒人携礼金、礼品到女方下“娶贴”，协商结婚事宜。随着生活条件的不断改善，定亲礼金不断增长。80年代，栖霞县居民赠送礼金一般为1000元以内，90年代后为6000～8000元左右，少数条件好的到10000元，有的定亲礼金达10001元、10010元或10100元（寓意万里挑一）、15010元（寓意万无一失）。90年代至21世纪，礼金有少有多，家庭条件较好的礼金多达10万元以上。男女青年在订婚或领取结婚证后一般拍婚纱照，制作成影集，有的用摄象机摄下结婚整个过程作为纪念。

**娶　亲**　婚礼日，男方准备车辆迎娶，俗称娶媳妇。70年代多用自行车接新娘；80年代后农村用拖拉机、三轮车等接新娘，城市条件好的用吉普车、轿车接新娘，一般只用一辆车。90年代以后，接新娘形成轿车车队，一般为6辆、8辆甚至10辆以上，并配备录像机全程录像。至女方家后，由女方家长辈陪席招待新郎，然后给新郎挂花披红。新娘过去要先“开脸”（用线将额头上汗毛绞去）、梳妆。90年代以后结婚时做美容，穿婚纱，嫁妆跟在迎娶车队之后，车至男方家后，鞭炮齐鸣，新郎抱新娘进门。过去“接媳妇”的妇女要给新娘红枣和栗子，取谐音“早立子”之意，后多撒彩纸、抛喜糖。

迎亲车队（2002年）

**拜　堂**　过去男女进门后，来到天地堂前，正式举行婚礼，先拜天地，再拜高堂，后夫妻对拜，称为“拜花堂”或“拜天地”。礼毕入洞房，同坐一床，饮交杯酒、吃面条，称为“坐帐”。婚礼当日中午，宴请媒人、亲朋，新郎到贵宾席敬酒，亲朋都要拿礼金前来祝贺，称“送礼”或“送人情”。晚上，夫妻共同进餐，俗称吃“全欢菜”。睡觉前，新郎的同辈和晚辈青少年皆进洞房尽情戏闹，称“闹洞房”。

新人结婚后第二天早晨，新娘拜见公婆，娘家人来送早饭，并来人探望。中午新婚夫妇在天地堂前给男方亲族长辈磕头，亲族长辈要给新媳妇赏钱，俗称“上拜”。下午上坟祭祖。第三天，新媳妇母亲来探望，下午将新媳妇接回娘家。第六天，送回婆家。至此，新婚仪式结束。

1978年改革开放以后，男女结婚仪式比较简单，已经没有老一辈的叩拜之礼。农村结婚仪式简单快捷，在自家和邻居宴请亲朋好友。在城市，宴请亲朋好友多在宾馆、饭店举行，仪式也相对复杂一些，大多找婚礼服务公司操办，条件好的还邀请剧团唱戏，举办歌舞。婚宴过去有“八大碗”，80年代以后，饭菜数量、种类大为增加，品味大有提高。

结婚典礼（2002年）

## 第三节 丧葬习俗

70年代中期，全县提倡火葬。在农村仍沿袭守灵、吊丧、出殡、祭祀等程序，只是操作时比过去简单些。

人死之后，晚辈站在高处，面朝西南喊三声，称为“叫魂”。然后，为死者净面、净身、穿寿衣，把死者放在灵床上，蒙上被子，称为“小殓”。同时，摆上供品、上香、点长明灯，晚辈穿孝服，门上贴白纸“落门”，告众亲友。得到消息的街坊邻居、亲朋好友一般要带上香、黄纸等来拜祭，由帮忙的账房登记下来。子女披麻戴孝，一般当日火化。火化前，长子顶盆打幡，长媳兜罐，亲友祭奠，由灵车送至火葬场进行火化。火化后，晚辈执哀仗送骨灰盒至茔地，放在墓穴内，然后正转三圈，逆转三圈，晚辈要上坟，送盘费、烧纸人、纸马或纸牛，最后由帮忙的乡邻筑圆锥形土坟。

从去世之日算起，每7天为一祭，分三七（21天）、五七（35天）、百日、祭日（周年）等。每年的祭日、清明、农历七月十五、八月十五、春节等节日，晚辈均要上坟祭拜。城区居民或公职人员丧事较简，去世后由单位发讣告，开追悼会或举行遗体告别仪式，亲属带黑纱，友人、同事送花圈、挽帐，向死者致哀，向遗体告别后火化。

## 第四节 礼 俗

**拜　年**　民间过去有春节磕头、行叩拜礼的习俗。初一早晨吃水饺，饭前晚辈给长辈磕头，饭后叩拜同族老人及乡邻长辈，未婚女子不行叩拜之礼；有长辈亡故的，要提前在年三十叩拜宗族，大年初一不开门，不行叩拜礼。90年代以后，开始电话拜年、短信留言问候。年初二开始走亲属。初三、初六给岳父、岳母拜年，初四走姑家及其他亲属。元宵节父母儿女团聚吃元宵、看花灯。春节前夕，国家机关和企事业单位一般备礼物访问离退休老干部、老职工，给他们拜年。有关单位还到农村、厂矿、企事业单位慰问烈军属。

**贺十二日**　生小孩，妇女坐月子，邻居、亲戚送鸡蛋、红糖等为产妇滋补身体，以表贺意。小孩出生后12天为祝贺日，俗称“十二日”。这天，亲友，特别是娘家近亲携带婴儿被褥、服装、小米、鸡蛋等前往祝贺，也有的只带小量物品，拿着钱去祝贺（100～600元不等），礼仪隆重，有的场面较大，农村主人家请厨师，办酒席，三桌五桌不等；城区则大部分在宾馆、酒店大宴宾朋，答谢前来致贺的亲友。

**贺生日**　栖霞注重给老人和小孩过生日，老人生日称为“大寿”，小孩过生日盼望孩子快长大、有前途。老人每到诞辰之日，儿女、晚辈携带礼物给老人祝寿，全家人喝酒，吃寿面、寿糕。有些人家逢老人生日，悬挂“寿”字或“福如东海、寿比南山”条幅，家人欢聚一堂，为老人祝寿。小孩满周岁这天，亲朋邻里送钱、送物表示祝贺，主人设宴招待，分送礼物。孩子过生日前一天或当天由父母领着拍照片或改善生活表示纪念。90年代后，有的在广播电台、电视台为过生日者点歌祝福的，远方

的亲朋则用电话、贺卡祝贺。

**贺新房** 农村盖房，上梁之日，梁、门、窗都贴上大红对联，设筵席款待工匠亲邻，鸣放鞭炮，撒放白面小饽饽和糖果表示庆贺，近几年有的用红纸包着60元、80元、100元不等的喜钱，从房顶上撒向人群，而对上梁的主要木匠、瓦匠单独表示心意（一般不少于100元）。搬入新房，称为“乔迁”，亲朋好友、邻里族人携带烟、酒、壁镜、壁画或礼金祝贺，90年代后，城区居民搬迁新居，一般举办酒宴以示庆贺。

**酒宴礼俗** 过去宴席坐次有上、中、下之分，民间多用“八仙方桌”，以冲门的座位为上，两个上座以左为上，右坐次之，这两个上坐多由年长或辈分大者坐。两旁四个中坐次之，晚辈坐下首。主人敬酒，由上而下。新郎迎亲早宴例外，一般由新郎坐上座，由女方同族长辈坐下座相陪；迎娶之日女方跟车之男女客人均坐上座，由男方同族上辈相陪。

县城或单位来客，均为圆桌，80年代后，全部是圆桌或方桌，有主陪、副主陪、主客、次客之分。主陪一般坐进门对面中心位置，主客分坐两旁，右大左小；副主陪坐主陪对面中心位置，客人也分左右而坐，右大左小。敬酒时，主陪先举杯与客人同喝，不少于6杯酒（视杯大小而定），副主陪敬酒不能多于主陪。晚辈则离席到客人面前敬酒，有时先喝为敬，有时客人先喝。上整条鱼时，鱼头一般朝主客。近几年讲究喝鱼头鱼尾酒，名曰头三尾四（鱼头对着者喝三杯，鱼尾对着者喝四杯）。喝酒临结束时，往往要求面前杯中酒一齐喝干，再添一杯红酒或啤酒，称之为“饭前酒”，剩下的酒称之“富根”，或人人都有点，或一人喝光，然后吃饭。喝酒期间吃菜、喝酒都统一行动，吃饭时则可以随便。

## 第五节 节日习俗

**农历节日** 春　节　农历正月初一是春节，俗称“过大年”，是一年中最隆重的传统节日。节前，家家蒸年糕、饽饽，置办年货，扫除房舍庭院灰尘。腊月三十，贴对联（仅直系长辈死后，晚辈3年不贴春联）、上坟祭祖、放鞭炮、吃水饺。除夕夜挂彩灯、守岁。午夜时分家家户户燃放鞭炮、礼花，吃水饺，以示庆贺。年初一早晨，穿新衣、吃水饺，饭前放鞭炮、祭拜天地神。饭后，晚辈给长辈拜年，长辈给小孩压岁钱；邻居乡里互拜祝福。年初二开始走亲访友，互相祝福，走亲戚延续到正月十五。

80年代后期，除夕之夜，全家人一般观看中央电视台春节联欢晚会或其他文艺节目。有的村庄则组织文艺爱好者舞狮、演戏、吹大号等以示娱乐。年轻人有些则玩牌、打麻将。90年代至今，兴起寄贺卡、发电子邮件或手机短信相互祝福。

元宵节　农历正月十五日元宵节，又称灯节。民间在正月十四日晚即掌灯、放烟花，各式灯笼千姿百态，正月十五达到高潮。白天有些村组织文艺活动，秧歌、高跷、竹马、旱船、狮子、龙灯、武术等庆祝活动走上街头。90年代始，元宵节这天，城乡人民渐兴食元宵，即以糯米面为皮，以糖、青红丝等做的馅制成圆球状食品，寓意全家团圆。城镇机关、企事业单位一般在元宵节期间举办灯会。

二月二　农历二月初二，俗称“龙抬头”，也称青龙节。这天，农家有食龙须面的习俗，也有吃猪头的。食龙须面，祈风调雨顺，吃猪头名为“龙抬头”，有引龙、打灰囤、烙饼熏虫、击梁辟鼠、炒豆报捷等风俗。

寒　食　寒食与清明并称。俗称“大寒食”“二寒食”，第三天为清明节。历代有寒食日禁火做饭和到坟茔添土、祭祖的习俗，清明日煮鸡蛋，并染成红色；用红颜色为牛、羊染犄角、脊背。机关、学校等团体多在清明节这一天组织干部职工、学生为烈士扫墓，缅怀先烈事迹，进行革命传统教育。

端午节　农历五月初五为端午节，也叫“端阳节”。此日农家门上插艾蒿，祈盼免除全家病灾。小孩手腕、脚腕系五彩线，均有驱魔避毒之意。城乡均有吃粽子的习俗。

六月六　农历六月初六，民间因此时新麦入囤，多用新麦子磨面蒸包子吃，有“吃了六月六的包，棉袄棉裤抛个高”的俗语。谚语“六月六，看谷秀”，意为谷子抽穗的日子。

七月十五　农历七月十五日为中元节，俗称“鬼节”。民间多在七月十四晚吃饺子，并以水果、水饺、糕点、酒菜为祭礼上坟祭奠列祖列宗。

仲秋节　农历八月十五日为仲秋节，也称“团圆节”“八月半”，是仅次于春节的第二大节日。这一天，全家团聚，摆宴席吃月饼。晚上把盏赏月，以求团圆、喜庆。

重阳节　农历九月初九是重阳节，俗称九九重阳。1988年，国家定此日为老人节。这天，城乡机关、企事业单位，开展各种形式的尊老敬老活动。

**公历节日**　元　旦　公历1月1日为元旦，俗称阳历年。城镇机关、团体、企事业单位大多插彩旗、挂彩灯、门前张贴“庆祝元旦”等字幅。80年代后，此节较为隆重。进入90年代，渐兴寄贺卡、发电子邮件或手机短信互相祝福之风。

国际劳动妇女节　公历3月8日为国际劳动妇女节。机关单位为妇女放假1天，召开妇女表彰大会，组织丰富多彩的文体活动。

植树节　公历3月12日为植树节。城乡历年均组织干部、工人、农民、学生开展义务植树活动，以美化、绿化环境。

国际劳动节　公历5月1日为国际劳动节。栖霞历年在此日前一二天，组织各种形式的庆祝活动，召开劳动模范、先进人物表彰大会等。工会、妇联、团委、劳动等有关单位组织文艺团体举办各种文体比赛等。90年代后，成为法定假日。

青年节　公历5月4日为青年节。为纪念1919年“五四运动”，这天各级团组织多举行入团仪式，组织演讲会、报告会等，对团员、青年进行革命传统教育和爱国主义教育。

国际儿童节　公历6月1日为国际儿童节。学校组织儿童加入少先队，或者组织丰富多彩的文体活动。团委、妇联等部门走访慰问中小学、幼儿园，并捐助困难儿童、学生。

中国共产党诞生纪念日　公历7月1日为中国共产党成立纪念日。各级党组织举行新党员入党仪式、组织党员学习党的基本知识，召开民主生活会，回顾党的历史，进行爱党爱国教育。

建军节　公历8月1日为中国人民解放军建军节。地方武装部门多组织庆祝活动，党政机关、民政部门开展拥军优属活动。

教师节　为强化教育，提高教师待遇，国家于1985年始定公历9月10日为教师节。栖霞县委、县政府于1985年第一个教师节召开大会，举行庆祝活动。以后，每两年举行教师节庆祝活动。节日之际，县（市）政府召开大会，表彰优秀教师和优秀教育工作者。教育系统则组织演讲会、报告会，社会各界开展尊师重教活动。

国庆节　公历10月1日为中华人民共和国国庆日。这一天，国家机关、企事业单位都升国旗，插彩旗、挂彩灯，举行庆祝活动。90年代后，成为法定假日。

## 第六节 服饰

栖霞人的服饰与北方大多数地方相似。70年代，化纤衣料增多，颜色以灰、蓝、黑、白为主。农村中老年仍有大部分人穿机织粗布制作的对襟衣、大襟褂。80年代，衣料多以涤纶、弹力尼、的确良为主，棉布为辅，且毛料渐增，花色品种不再是单调的灰、蓝、黑、白。80年代后期，西装领带、羊毛衫、夹克衫、喇叭裤、牛仔裤、T恤衫、毛呢大衣、羽绒服、风衣都流行一时。男子发型多为平头、偏分头、女子有烫发、留披肩发者，包头、戴帽者渐少。耳环、项链、手镯、戒指等饰品开始流行，穿皮鞋者增多。90年代，服装样式增多，有西服、夹克衫、面包服、休闲服、鸭绒服、风雪衣；纯棉、丝织品倍受欢迎。鞋类，除各种款式的皮鞋外，还有式样不同的运动鞋、旅游鞋等。

90年代至21世纪，人们春秋季节多穿夹克衫、西服、休闲服；夏季，男子多穿T恤衫、短袖衫，女子多着各式连衣裙、套裙、迷你裙，或上着T恤衫，下着马裤、七分裤、九分裤。冬季外穿各式羽绒服、皮衣、西装，内着保暖衣、羊毛衫。青年男女流行染发，有染黑、黄、紫等各种颜色。

## 第七节 饮食起居

**饮 食** 一日三餐为主。70年代以前，多以地瓜干（面）、玉米、谷子、杂粮为主食，小麦面粉供节日改善生活和待客用；饮水多取自采水或机井水。中共十一届三中全会后，农村经济得到快速发展，群众主粮为小麦，辅以玉米、大豆、谷子等。

90年代，饮食讲究营养与保健。面食除馒头外，还有白面饽饽、面条、油条、烙饼、火烧、各种包子。其中饼类有单饼、菜饼、千层油饼、煎饼、锅子饼、手抓饼、烤饼、烧饼、酥饼等；包子类有糖包、菜包、豆沙包、肉包，及各种水饺等。菜肴，一年四季以多种新鲜蔬菜为主，并伴以猪、牛、羊、鸡、鸭、鱼等鱼肉类。高档烹调工艺进入家庭，讲究煎、炒、烹、炸、熘，注重口味。开始饮用自来水、纯净水、矿泉水，饮用茗茶已成时尚和习惯，饮料有牛奶、果汁、咖啡等。

加工制作花饽饽
（2002年）

**住 房** 70年代前，一般为茅草房或土坯墙瓦房。80年代，盖砖瓦房的渐多，房内粉刷白墙，有的铺水泥地面，居住环境大有改善。进入90年代后，农村居住条件更为好转，有的盖起二层楼房。平房宅院结构多为四合院，北屋为正房，高于东、西厢房。子女多与父母分开居住，个别的合住。

整齐划一的农村新居（2002年）

90年代至21世纪初，栖霞城区建立起10多处住宅小区，有一栋10层以上的小高层，其他多为10层以下楼房，水、电、暖等设施齐全。农村住房建设统一规划，多盖砖瓦房，4间带双耳房的居多，门楼新颖，贴瓷砖，安装铁门。镇政府驻地街道两侧多建楼房，一楼设门店，二楼为居室。

**出　行**　70年代，公共汽车较少，出门办事很不方便。80年代，公共汽车逐渐增多。自行车基本普及，并出现摩托车，县城机关有客篷车、面包车、吉普车和轿车。90年代摩托车逐渐增多，自行车、摩托车、出租车成为主要出行工具，老年人骑三轮自行车或小型机动三轮车，运输户多买汽车，个人有的购买面包车或轿车，机关、企事业单位拥有小轿车比较普遍。进入21世纪，电动自行车、电动车逐渐兴起，摩托车十分普及，轿车已经进入家庭。

## 第八节　陋　习

80年代以后，人们的社会活动范围越来越广，一些不良的生活方式慢慢侵入到社会的各个方面，赌博、色情现象渐起。掷骰子、押宝、推牌九、打麻将等赌博五花八门，屡经“扫黄打非”整治，方有收敛。

出现迷信现象。80年代以后在农村，红白喜事算卦，重大活动看日子，选择宅基地看风水。在城市，买房子看朝向，看地理，装修室内选日子、垫金银、垫硬币、摆罗盘。虽然多次清理市内公路边算命摊点，但仍有少数人偷偷为他人算命。一些人员在市内公开挂牌测字、改名、预测吉凶及前途未来。

# 第四章　宗教信仰

1986年，对全县宗教情况进行普查。栖霞有佛教、道教、基督教（天主教）教类，全市有宗教信徒1682人，约占全市人口总数的3.66%。其中基督教教徒人数较多，为1557人。男教徒415人，占信徒总数的26.7%，女教徒1142人，占信徒总数的73.3%。没有依法登记的基督教徒882人，其中在家庭聚会点中活动的850人，在2处私设聚会点中活动的信徒32人。

2002年末，经栖霞市人民政府批准登记的基督教 活动点有29个，私设活动点2个。教徒分布在全市各地，其中官道镇、翠屏街道、庄园街道、亭口镇、松山镇信徒较多。

有道教徒16人，佛教徒70余人，天主教徒39人。

## 第一节 佛 教

佛教约在元至正六年（1346年）前后传入栖霞，清代发展极盛，对人们的影响亦较大。

寺庙广泛分布于市内各地，较著名的寺庙有延福寺（城里）、兴国寺（城东25公里）、龙泉寺（城东20公里）、金山寺（城东10公里）、唐山寺（城东南5公里）、永昌寺（城东35公里）、云岭寺（城东南35公里）、寺口寺（城西20公里）、慈济庵（城南关）、净姑庵（城东45公里）、圣水庵（方山）、柳夼庵（城东15公里）等20余座。

住牟氏庄园的出家人（2002年）

民国初期，佛教渐衰落。1936年（民国25年），城里设有中国佛教会栖霞分会组织，会址在延福寺，有佛教徒（和尚、尼姑）70余人。中华人民共和国成立初期，栖霞有佛教徒7人，不久皆还俗为农。

2002年，在栖霞居住栖霞的僧人大多是外地人，且主要从事佛教宣传、推销佛教产品、有的教授武功，三三两两，不成规模，没有固定的佛教场所，暂住牟氏庄园或其他地方。

## 第二节 道 教

东汉末道教初创时，张道陵（道教创始人）自称“五斗米道”，道教全真龙门派创始人丘处机以前的栖霞道教属于北天师道，而丘处机以后以全真道为主流，滨都宫则是它的中心。道教人士以王重阳及丘处机为主的“全真七子”（丘处机、马丹阳、谭处端、王处一、郝大通、孙不二、刘处玄）颇为有名。

元、明、清时期栖霞道教较为盛行，一些大的村、镇皆有道观，供奉“三清神像”，道教徒亦日益增多。明万历年间，全真派弟子还刻印其道教全真龙门派创始人丘处机的大部分著作。民国以后，道教发展基本停止，但在栖霞城和栖霞境内流传保存下来的道观较多，除滨都宫（太虚观、太虚宫）外，较著名的道观还有城隍庙（城里）、天齐庙（城里）、泰山行宫（城里）、水母宫（城东）、百涧观（庙后）、水道观（中桥）、黄连观（大庄头）等10余座。

民国时期，栖霞尚有道教徒40余人。建国初期，仍有道教徒16人。滨都宫的最后一名道人叫潘明，后还俗为农。道教虽然在栖霞已没有组织，但仍有比较深的影响，很多人崇尚道教的修真养性、炼丹诵经之道。

到1995年，栖霞县古代道观除艾山三清观外，大部分道观只剩下遗址，滨都宫遗址因其影响较大，其创建人丘处机世界知名度较高。为弘扬传统道教文化，纪念著名的道学家、旅行家、养生家和天文学家丘处机，1995年，在

太虚宫道士做法事（2002年）

滨都宫遗址的基础上对其复原性修建，并命名为“太虚宫”（原为太虚观），占地面积1.8万平方米，建筑面积5800平方米，拥有天下第一“道”字大门，意在解释“道可道，非常道”之道义，作为宗教活动场所对外开放，成为山东省乃至全国又一座大型道教宫观。慕名旅游者，纷至沓来。

## 第三节 基督教

基督教为信奉耶稣为“救世主”的各教派的统称，包括天主教、正教、新教和其他一些较小的教派。

朱元沟村基督教教堂外景
（2002年）

栖霞的新教教会与烟台的“基督教青年会”联系密切，20年代，在朱元沟村设教会学校1所，曾招收栖霞、莱阳、牟平等地的130名青年入学，其中90%加入基督教，并在其原籍宣传基督教旨。抗日战争结束后，栖霞尚有基督教教堂9座，基督教徒300余人。中华人民共和国成立初期，基督教徒仅剩25人，分布于臧家庄、庙后、官道、寺口、苏家店等地。

清光绪27年（1901年）基督教的新教由烟台传入栖霞，民国时期较为兴盛。基督教教徒主要分布于城北部的朱元沟、隋家集、西栾家、燕地、徐村、小杨家等村，共有基督教徒400余名。

1918年基督教之天主教派由临朐县传入栖霞，民国时期渐兴盛。教堂分布在罗圈村、白马夼村、凤凰庄村、孙疃村、许家村、东荆夼村、唐家泊村、牛蹄夼村、东宋庄村等10余座，有天主教徒约500人。1938年后，天主教渐衰，其教徒大部分先后离开栖霞。中华人民共和国成立初期，栖霞仍有天主教2人，但早已停止传教活动。

1988年12月，栖霞基督教“三自爱国运动委员会”成立。“三自”委员会成立后，坚持独立自主自办教会的原则，走自治、自养、自传的道路。

2002年基督教徒做礼拜时唱诗班活动现场

2002年，栖霞市内基督教信徒有2500多人，约占全市人口的3.7‰，主教堂仍在朱元沟村，由10余间瓦房组成，星期日做礼拜，经市政府批准登记的其他基督教教活动点还有29个，教徒分布在全市10个乡镇。

# 第五章 方 言

## 第一节 语 音

栖霞市汉族人口居多，其语言属于汉语北方方言华北东北次方言区胶东方言。由于四周靠近蓬莱市、福山区、招远市、莱阳市、牟平区、海阳市等县（市、区），语音多有变化，形成境内各区域方言有所差异。东部庙后镇、桃村镇等带有福山区方言特点；北部松山街道、臧家庄镇等带有蓬莱市方言特点；西部苏家店镇带有龙口市方言特点；西南部官道镇等带有招远市方言特点，观里镇、杨础镇、蛇窝泊镇等带有莱阳市方言特点；唐家泊镇南部、桃村镇南部等带有海阳市方言特点；桃村镇东部带有牟平区方言特点。邻县（市、区）方言与栖霞方言互相渗透、逐渐演变，形成栖霞方言特色。

栖霞方言声调系统分两种类型。一种为翠屏、庄园、杨础、蛇窝泊、西城等西南地域，有阴平、阳平、上声、去声4个调类。清音入声字大部分归上声，小部分归阴平和阳平；浊音入声字归阳平，个别字归上声。另一种为桃村、唐家泊、占疃、金山、亭口、臧家庄等的东北地域，只有阴平、上声、去声3个调类。去声与阳平合调，全浊音上声字全部归阳平；清音入声字归上声清音类，浊音入声字大部分归阳平，个别字归上声。

调值方面，西南地域，阴平为中降升调，从中音3度起音，降到最低音1度，再升至半低音2度，调值为312；阳平为半高平调，从半高音4度起，到4度止，平调，调值为44；上声为降升调，从半低音2度起音，降到低音1度，再升至半高音4度，调值为214；去声为高降调，从高音5度起音，降到半低音2度，调值为52。东北地域，阴平为高降调，从高音5度起音，降到半低音2度，调值为52；上声为降升调，从半低音2度起音，降到低音1度，再升至半高音4度，调值为214；去声为半高平调，从半高音4度起，到4度止，平调。调值为44。

## 第二节 语 法

形容词，表现为“ABAB”，如皎蓝皎蓝（很蓝）；或表现为“AABB”，如皱皱巴巴（不平整）。

代词，我、俺、咱：我是农民，俺是农民！咱是农民！

量词，溜（行）：把自行车摆成一溜（行）。

前缀词，前面加上老、没等。如（老）高、（老）深；（没）距远儿、（没）高矮儿。

后缀词，后面加上乎、么等。如近（乎）、热（乎）；找（么）、干（么）。

副词修饰，如：细，溜细；粗，老粗。

特殊用词，熊，能力差、讨厌、无力之意。

1、此人太熊，这事他办不成；

2、此人真熊，离他远点；

3、这几天把我累熊了。

如：糟，不好、不顺之意。

1、天气真糟，几天不见太阳；

2、这几天挺糟，没办成事儿。

句式，被动句式，多用叫字。

1、我的书不知叫谁拿去了；

2、小东叫他妈惯坏了。

比较句式，多用起、赶不上等。

1、今年收入好起去年；

2、今年收入赶不上去年。

疑问句式，表现为A不AB或A不A

1、姑娘漂不漂亮？（方言）

2、姑娘漂亮不漂亮？（普通话）

省略句式。

1、她嫁人了。（方言）

她已经结婚了。（普通话）

2、你俩谁大？（方言）

你和他谁的年龄大？（普通话）

## 第三节 词语

**天、地、时方面** 太阳～日头；月亮～月眉儿；云～云彩；流星～贼星；慧星～扫帚星；暴风～狂风，妖风；晒太阳～晒阳阳；毛毛雨～放雾露渣子；阴天～阴糊拉；晴天有雨～晴天漏。

山林～岚子；平原～泊；河塘～湾；石堆～石乎砬子；石头山～石棚；土块～泥块，泥疙瘩；地方～场，地场。

黎明～傍亮，傍蒙，放亮，蒙蒙亮；上午～头晌；中午～晌午，傍晌；午后～晌午头；下午～过晌；傍晚～傍黑，藏灰；早晨～早上，早起，早朝，早起头，大清早；昨天晚上～夜来瞎黑。

一会儿～没时歇，没歇；刚才～刚刚、下头；快点～快溜溜，真慢～真抠；趁早～乘早；没时间～没空；好久～老一歇，老处歇；抓紧时间～紧流流的；何时～多嘎。

**称谓方面** 曾祖父～老爷爷；曾祖母～老奶奶，老太太；祖父～爷爷；祖母～奶奶，婆；外祖父～姥爷；外祖母～姥娘（读音ning）；父亲～爹，爸；母亲～妈，娘；父亲的兄～伯父，伯伯，大爹；伯母～大妈；父亲的弟～叔，大爹，二爹，小爹；妻～老婆，内当家的，家里的，孩他妈，孩他娘；丈夫～男人，女婿，外头，上山的，孩他爹，当家的，掌柜的，赶集的，外当家的。岳父～丈人(人字念义，轻声)，丈人爹，老泰山，伯，叔，亲爹；岳母～丈母娘，大妈，婶子，妈，亲妈；妻子的姊妹～大姨子或小姨子(大、小重读）；男孩～儿郎，儿，仔；女孩～闺女，嫚，丫头，女儿。

**人、事、物方面** 双胞胎～双棒子；无子女～孤老棒子；单身汉～光棍；傻子～彪子；农民～庄户孙；订婚～搿（读音嘎）亲，订亲；生孩子～欢喜（读音起）；出嫁～出门子，出阁；结婚～将媳妇（妇读音飞）；结婚赴宴～喝喜酒，看喜，坐席；走亲戚～出门；殡葬～发殡，出殡或发丧；吃饭～歹饭，喝（读音哈）饭；欺骗人～熊人，框人，坑人，熊光人，站晃人；勤俭～会过；吝啬～土鳖，筋筋；冒失～二虎，冒三枪，棱八睁；困～嗑睡；聪明～智灵；漂亮～俊；不漂亮～丑，巴丑；不听话～不听当当，不听殃殃；收拾～拾倒，划搂；满足～中了，好了，得了，行了；恨之入骨～恨的牙叮痒痒，牙根痒痒；勇敢～敢造；大家～混家；伤害～害胡；休息～歇一歇；考虑～深思；闻一闻～听一听；洗脸盆～铜盆；手电筒～电棒子；打火机～自来火；擀面杖～擀杖；抽屉～抽头。

**饮食、炊事、草木方面** 玉米～苞米，棒棒；花生～落花生，长生果，长果；馒头～饽饽、捲子；面条～面汤；米饭～干饭；硬饭～干粮；桑椹～桑樱；食盐～咸盐；酱油～清酱；醋～忌讳；火烧～杠子头；面饼～面鱼。柞树～筐箩；松毛～松柴毛；牵牛花～打碗花，大漏碗花；向日葵～转日莲；蘑菇～莪。

**物、形、色方面** 硬的～硬棒，硬角角，钉硬；软的～面软，软红、稀软；清～清亮，清气，站清；薄的～削薄，留削（读音孝）；厚

的～挺厚，厚顿，厚实；稀～痴汤，稀汤瓜水；粗的～老母粗，老粗细；细的～毛这细；一层～一行；高的～老高，高量量，老母高；矮～没高矮儿；小的～没点；圆～地溜圆，地溜团；长的～长条，长流；直的～直流，直苗；窄的～没宽峡；亮的～锃亮，透亮，铮光瓦亮；暗的～黑（读音河）乎乎，黑咕弄洞。

红的～彤红；黄的～焦黄，娇黄；白的～雪白，娇白，白生生；黑的～墨黑，除黑；紫的～血紫，除紫，紫萤萤，紫约约的；蓝的～娇蓝，瓦蓝，蓝沏沏的，蓝萤萤，蓝生生的；青的～铮青；绿的～血绿，透绿；粉红～桃红，水红。

烂的～稀烂，泥烂；浓的～脓嘟嘟，厚顿顿，厚出出；湿的～湿乎乎，净湿，湿漉漉；血淋淋～血乎淋拉的。

重的～沉甸甸；轻的～轻飘飘，轻溜溜的。

**动物方面** 兔子～山猫子；狼～麻子，马虎；狐狸～皮狐，臊皮子；黄鼠狼～臊水狼；蚂蚁～蚂儿羊；蛤～蛤篓，蛤拉；鸭子～鸭巴子；青蛙～青歪；壁虎～蝎虎。

公驴～叫驴；母驴～草驴；公猪～角猪，牙猪；公牛～仔犍；公猫～伢猫；公狗～伢狗；生仔～下仔。

## 第四节 民 谣

民谣是民间文学的一种。栖霞民谣创作，一般是口头创作、口头流传，并在流传过程中不断经过集体加工而成。栖霞民谣内容丰富多彩，节奏流利畅达，表达了栖霞人民的思想、感情、要求和愿望，具有强烈的现实性和艺术性。

清代民谣

**于七抗清十二月**

正月里来看灯花，
清兵入关乱中华，
烧杀抢掳似虎狼，
苛捐杂税把人压。
二月里来青草发，
于七造反牙山下，
四乡民众齐响应，
抗清救民勇气大。
三月里来迎春花，
县里清兵来镇压，
于七领众来抵抗，
杀得清兵叫爹妈。
四月里来开梨花，
顺治皇帝派人查，
发来无数兵和马，
紧紧包围牙山下。
五月里开石榴花，
双方交战牙山下，
声声战鼓动天地，
百姓为于七把汗擦。
六月里来开荷花，
于七心中把计拿；
杀出重围转暗下，
来年再整兵和马；
七月里来开葵花，
暗藏于七兵和马
这家仨来那家俩，
清兵剿洗无办法。
八月里开喇叭花，
于七爱民民爱他；
一刀砍下恶霸头，
杀富济贫人人夸。
九月里开鸡冠花，

于七暗令众部下；
重整兵马强又壮，
大旗一展往福山发。
十月里来开菊花，
于七兵马声势大；
一举攻破宁海州，
活捉文琪一刀杀。
十一月里开梅花，
康熙皇帝害了怕；
调来九省兵和马，
三帅要把于七拿。
十二月里飘雪花，
遍地清兵乱如麻；
于七回刀杀血路，
奔赴崂山显神法。

**灾 年**

大清道光十五年，
栖霞连年起灾难。
秋雨连续四个月，
涝得庄稼没睁眼。
大风又刮三日整，
地里庄稼连根掀。
百姓饥饿相继死，
官府钱粮不拨给。
过了年，到春天，
年头更是让人寒。
一斗米，二千钱，
一斗胡秫四吊三。
水中瓜菜戥秤称，
屋上烂草上磨研。
线串黑豆沿街卖，
十七八的大闺女不值半吊钱。
小孩更是倒了霉，
两家相换当饭餐……

抗日民谣

**五更小调**

一呀一更里，
月儿刚出山，
奴在房中打算盘，
真正为了难，
儿子去抗日，
爹妈要阻拦，
硬逼女儿嫁男子汉，
爹妈真可叹。

二呀二更里，
月儿挂树梢，
越思越想心里越焦燥，
闭眼睡不着。
可恨日本鬼，
奸淫又掳掠，
中国青年都在磨战刀，
杀敌称英豪。

三呀三更里，
月儿圆又圆，
下定决心去当八路军，
不怕千万难。
天上明月照，
地下有亲人，
冲破闺门出笼鸟，
飞到抗日军。

四呀四更里，
月儿向西沉，
手挟小包匆匆上西山，
不怕山水远。
回头望山村，
告别老双亲，

莫怪孩儿不守闺房门，
前线炮声紧。

五呀五更里，
月儿落山坡，
石劈狼牙垫坏奴的脚，
虽疼也能忍着。
东方晓星出，
西村鸡已啼，
八路五支去找奴的哥，
抗日是真快乐。

现代民谣

### 二十世纪五十年代

四个兜的中山装，
小米高粱吃的香；
集体宿舍睡大炕，
下乡走村靠步量。

### 六十年代

青蓝时尚黄军装，
粮油供应闹饥荒；
土屋瓦房旧平房，
公交汽车挤不上。

### 七十年代

棉布凭票真紧张，
粗粮淡饭有定量；
几个单身挤房间，
出门骑车铃铛响。

### 八十年代

流行裙子和西装，
白面馒头是主粮；
砖瓦新房窗明亮，
摩托满街成时尚。

### 九十年代

皮衣名牌讲花样，
鸡鸭鱼肉很平常；
福利分房搞装潢，
面的轿车招手上。

### 二十一世纪

毛绒休闲穿唐装，
绿色食品讲营养；
贷款买房家电全，
私人轿车挂牌忙。

## 第五节 谚 语

### 节令谚语

不行春风，难得秋雨。
一场秋雨一场寒，一场春雨一场暖。
清明断雪不断雪，谷雨断霜不断霜。
过了霜降，百谷上场。
六月六看谷秀。
热在中伏，冷在三九。
三九四九冰上走。
七九河开，八九雁来。
七九八九沿河看柳。
收不收，看立秋。
处暑前后定乾坤。
立冬十月节，翻天就是雪。

小雪封山，大雪封地。
大雪不封地，不过三五日。

### 气象谚语

早晨放雾露，中午晒葫芦。
三天东南风，不用问天公。
乌云把日遮，明日把工歇。
春冷秋热，必是雨节。
云交云，雨淋淋。
朝红不出门，夜红行千里。
朝怕南云涨，夜怕北云堆。
早晨胭脂红，无雨必刮风。

### 农时谚语

过了芒种，不得强种。
谷雨前后，种瓜点豆。
中伏萝卜末伏菜。
蚕老一时，麦熟一晌。
九九加一九，黄牛漫地走。
人误地一时，地误人一年。
八成熟，十成收；十成熟，二成丢。
三春不如一秋忙，麦收不如一秋长。

### 事理谚语

穿不穷，吃不穷，打算不到一世穷。
越吃越馋，越耍越懒。
守勤的无懒的，守馋的无攒的。
人为财死，鸟为食亡。
好汉子争气，懒汉子争食。
不当家不知柴米贵，
不养儿（女）不知父母恩。
有志不在年高，无志空长百岁。
世上无难事，只怕有心人。
耳听为虚，眼见为实。
瘸子走不得，虚了实不得。

### 教育谚语

师傅领进门，修行在个人。
养子不教，必走邪道。
惯子如杀子。
上梁不正下梁歪。
小时偷针，长大偷金。
三日不做手生，三日不念口生。
师傅不明徒弟拙。

### 工作谚语

不怕慢，就怕闲。
眼见千遍，不如手过一遍。
经师不如访友，访友不如动手。
老将出马，一个顶俩。
三日打鱼，二日晒网。

### 保健谚语

冬吃萝卜夏吃姜，强其医生开药方。
大蒜是个宝，常吃身体好。
白菜萝卜汤，滋补身体壮。
三分吃药，七分调养。
活到九十九，常用脑和手。
良药苦口利于病。
强身之道，锻炼为妙。
多贪一口食，舍了四两膘。
早上吃好，中午吃饱，晚上吃少。

## 第六节 歇后语

芝麻开花——节节高
骑驴看唱本——走着瞧
外甥打灯笼——照舅（旧）

千里送鹅毛——礼轻情谊重
小葱拌豆腐——一清二白
雨天出太阳——假晴（情）
大姑娘上轿——头一次
床底下放风筝——起不来
老和尚打光光——老一套
老和尚的帽子-平铺塌
老太太吃柿子——专拣软的捏
哑巴吃黄连——有苦说不出
钟鼓楼的家雀——抗震
拖拉机撵兔子——有劲使不上
三眼枪打兔子——没有准
十个眼的喇叭——捂不过来了
高射炮打蚊子——大材小用
飞机挂暖瓶——水平高
麻袋包做呢子服——不是块好料
大年五更借大褂——找缺门
老太太上鸡窝——奔（笨）蛋
姥爷哭儿——没舅（救）了
卖了胡秸买谷秸——越倒腾越短
种谷子不使耧——耠（豁）上了
锄钩子掏火——又弯弯又黑
冰块掉进醋缸里——寒酸
豆腐掉灰里——吹不得打不得
十五只吊桶打水——七上八下
枣木疙瘩——不开窍
背石头上山——自讨苦吃
孔夫子搬家——光书（输）
阎王爷贴告示——鬼话连篇
阎王老婆怀孕——一肚子小鬼
兔子拉犁——十犋不顶一犋
猪八戒照镜子——里外不是人
猪鼻子插葱——装象（相）
猪八戒吃人参果——食而不知其味
狗咬吕洞宾——不识好人心
狗拿耗子——多管闲事
狗咬月亮——不知天高地厚
狗咬刺猬——没地方下嘴
黑瞎子跳高——又熊又不老实
黑瞎子叫门——熊到家了
老鼠钻进风匣里——两头吃气
老鼠扛木锨——大头在后边
老鼠跳在猫头上——大胆了
猴烤火——热毛了
狗掀门帘——靠嘴拱
蛤蟆掉笊篱盘子——冒充豆皮饼子
母鸡打鸣——出力讨人厌。
苍蝇转锅台——混饭吃
家雀头包饺子——净剩下嘴了
蝎子的屁股——勾勾货
屎壳郎搬家——滚蛋
屎壳郎掉井里——臭到底了
屎壳郎坐火车——坐一站臭一站
秋后的蚂蚱——蹦达不了几天

# 第二十九编
# 镇（街道 开发区）村庄

桃村镇人民政府办公大楼（2002年）

1978年，中共十一届三中全会召开后，栖霞县（市）乡镇经济发生巨大变化，经营体制由队统管到户经营，生产内容由单纯粮油到多种经营全面发展。农业产业结构按照因地制宜的原则进行大幅度调整，粮油种植面积逐年减少，果品种植面积急速增加。

至2002年，全市果品面积由1985年的1.3万公顷增加到4.3万公顷，果业成为全市农民经济的主要来源，成为全市农村经济的支柱产业，并形成农村经济的果品、畜牧、菌菜三大主导产业，同时，林业、乡镇企业、渔业等也得到全面发展。

1985年，全县有23个乡镇、951个村委会、17.17万户、农业人口61.57万人、农村劳动力27.03万人，农林牧渔总产值29630万元，其中农业种植业总产值22717万元，林业总产值1746万元，牧业总产值5137万元，渔业总产值30万元。有乡镇工业119处，职工8857人，实现工业总产值6228万元，占全县工业总产值的20.6%。村办工业910处，职工24822人，实现工业总产值11115万元，农民人均收入517元。1990年，全县有23个乡镇、952个村委会、17.84万户、农业人口61.81万人、农村劳动力27.75万人，农林牧渔总产值62824万元，其中农业种植等业总产值46710万元，林业总产值1801万元，牧业总产值14062万元，渔业总产值251万元。乡镇企业1525处，实现总产值86508万元，农民人均纯收入623元。

2002年，全市有13个镇、2个街道、955个村民委员会、23.5万户、农业人口56.85万人、农村劳动力28.93万人，农林牧渔总产值308554万元，其中农业种植等业总产值246338万元，林业总产值24470万元，牧业总产值36097万元，渔业总产值1649万元。乡镇企业、个体私营企业完成增加值7亿元，占全市国内生产总值的比重达46.4%，从业人员57590人，占农村劳动力的20.1%，农民人均纯收入3206元。

## 1985年栖霞县所辖乡镇基本情况统计表

表29-1

| 镇、街道 | 驻 地 | 村委个数（个） | 自然村数（个） | 面 积（平方公里） | 年末总户数（户） | 年末总人数（人） | 国内生产总 值（万元） |
|---|---|---|---|---|---|---|---|
| 苏家店乡 | 苏家店村 | 51 | 52 | 136.36 | 9587 | 37729 | 3136.8 |
| 寺口镇 | 寺口村 | 40 | 42 | 90.00 | 5971 | 23786 | 1607 |
| 小庄乡 | 小庄村 | 56 | 57 | 116.77 | 7536 | 28776 | 2099 |
| 官道乡 | 官道村 | 55 | 55 | 114.09 | 9091 | 34163 | 2234 |
| 观里镇 | 观里村 | 55 | 55 | 96.06 | 9577 | 36412 | 2835 |
| 杨础乡 | 杨础村 | 50 | 50 | 92.69 | 7800 | 30868 | 2553 |
| 蛇窝泊镇 | 蛇窝泊村 | 41 | 40 | 94.57 | 9093 | 35567 | 2169 |
| 连家庄乡 | 连家庄村 | 20 | 20 | 34.23 | 2943 | 11881 | 772 |
| 大柳家乡 | 大柳家村 | 40 | 40 | 72.45 | 5801 | 21898 | 1394 |
| 唐家泊镇 | 唐家泊村 | 67 | 67 | 137.46 | 8579 | 33438 | 2553.8 |
| 桃村镇 | 桃村村 | 49 | 49 | 111.35 | 10953 | 39255 | 3787 |
| 铁口乡 | 铁口村 | 34 | 39 | 81.18 | 7498 | 28781 | 2257 |
| 大庄头乡 | 大庄头村 | 30 | 33 | 86.95 | 6791 | 24824 | 2328 |
| 庙后乡 | 庙后村 | 32 | 33 | 84.89 | 7105 | 25379 | 1268.1 |
| 亭口镇 | 亭口村 | 44 | 44 | 97.70 | 7220 | 26926 | 2989 |
| 占疃乡 | 占疃村 | 23 | 24 | 53.16 | 4025 | 14675 | 1072 |
| 中桥乡 | 中桥村 | 34 | 35 | 60.98 | 6895 | 25917 | 2291 |
| 臧家庄镇 | 臧家庄村 | 45 | 46 | 84.48 | 10207 | 38917 | 3255.5 |
| 寨里乡 | 寨里村 | 33 | 33 | 78.91 | 7543 | 27722 | 1986 |
| 松山乡 | 虎龙口村 | 34 | 36 | 87.85 | 7564 | 28485 | 2467 |
| 金山乡 | 金山村 | 18 | 18 | 50.32 | 3213 | 12535 | 959 |
| 刘家河乡 | 刘家河村 | 21 | 21 | 43.99 | 2825 | 10731 | 560 |
| 栖霞镇 | 城关村 | 79 | 79 | 111.29 | 9657 | 35243 | 4694 |
| 合 计 | — | 951 | 968 | 2017.73 | 167474 | 633908 | 51267.2 |

## 2002年栖霞市所辖镇、街道办事处基本情况统计表

表29-2

| 镇、街道 | 驻 地 | 村委个数（个） | 自然村数（个） | 面 积（平方公里） | 年末总户数（户） | 年末总人数（人） | 国内生产总 值（万 元） |
|---|---|---|---|---|---|---|---|
| 苏家店镇 | 苏家店村 | 51 | 52 | 135.74 | 12368 | 36612 | 12539 |
| 寺口镇 | 寺口村 | 40 | 42 | 91.96 | 7724 | 22972 | 7800 |
| 西城镇 | 小庄村 | 56 | 57 | 115.30 | 9747 | 26951 | 11604 |
| 官道镇 | 官道村 | 55 | 55 | 113.50 | 11286 | 32214 | 13830 |
| 观里镇 | 观里村 | 55 | 55 | 97.17 | 12203 | 35126 | 15673 |
| 杨础镇 | 杨础村 | 50 | 50 | 91.03 | 9873 | 28491 | 20035 |
| 蛇窝泊镇 | 蛇窝泊村 | 103 | 102 | 201.83 | 23328 | 65651 | 17922 |
| 唐家泊镇 | 唐家泊村 | 67 | 67 | 139.74 | 10753 | 29401 | 13873 |
| 桃村镇 | 桃村村 | 113 | 113 | 276.22 | 33894 | 89976 | 43887 |
| 庙后镇 | 庙后村 | 33 | 33 | 85.36 | 8201 | 21791 | 12696 |
| 亭口镇 | 亭口村 | 68 | 68 | 151.32 | 13670 | 35938 | 9096 |
| 臧家庄镇 | 臧家庄村 | 112 | 114 | 222.96 | 31455 | 83988 | 74348 |
| 松山镇 | 虎龙口村 | 52 | 54 | 136.78 | 12610 | 37090 | 11625 |
| 翠屏街道 | 城关村 | 55 | 55 | 85.91 | 20028 | 51713 | 15720 |
| 庄园街道 | 城 区 | 45 | 45 | 71.20 | 17463 | 51912 | 23360 |
| 合 计 | — | 955 | 962 | 2016.02 | 234603 | 649826 | 304008 |

## 2002年栖霞市所辖镇、街道办事处农业生产情况统计表

表29-3　　　　单位：公顷、吨

| 类别<br>镇、街道 | 农作物总播种面积 | 粮食总产量 | 夏粮总产量 | 秋粮总产量 |
|---|---|---|---|---|
| 合计 | 77395 | 248693 | 70976 | 177717 |
| 苏家店 | 4071 | 8296 | 4924 | 3372 |
| 寺口 | 4167 | 5149 | 1750 | 3399 |
| 西城 | 3710 | 6047 | 1764 | 4283 |
| 官道 | 5909 | 14255 | 3731 | 10524 |
| 观里 | 4643 | 4790 | 1764 | 3026 |
| 杨础 | 5148 | 10449 | 3783 | 6666 |
| 蛇窝泊 | 10194 | 26525 | 4955 | 21570 |
| 唐家泊 | 4907 | 16296 | 3983 | 12313 |
| 桃村 | 9093 | 17368 | 5876 | 11492 |
| 庙后 | 2093 | 6210 | 4006 | 2204 |
| 亭口 | 4800 | 11092 | 5098 | 5994 |
| 臧家庄 | 10738 | 28250 | 13604 | 14646 |
| 松山 | 3695 | 5471 | 2145 | 3326 |
| 庄园 | 1896 | 2500 | 1338 | 1162 |
| 翠屏 | 2212 | 2794 | 944 | 1850 |
| 其它 | 119 | 437 | 8 | 429 |

## 1985—2002年栖霞市农民纯收入情况统计表

表29-4　　　　单位：元

| 年份 / 乡镇 | 1985 | 1986 | 1987 | 1988 | 1989 | 1990 | 1991 | 1992 | 1993 | 1994 | 1995 | 1996 | 1997 | 1998 | 1999 | 2000 | 2001 | 2002 |
|---|---|---|---|---|---|---|---|---|---|---|---|---|---|---|---|---|---|---|
| 苏家店 | 510 | 501 | 597 | 642 | 559 | 732 | 820 | 950 | 1330 | 1515 | 2014 | 2541 | 2568 | 2840 | 3000 | 2350 | 3002 | 2840 |
| 寺口 | 418 | 250 | 477 | 852 | 622 | 572 | 1385 | 1008 | 1231 | 1690 | 2034 | 2617 | 2570 | 2870 | 2988 | 2310 | 2988 | 2853 |
| 西城 | 504 | 421 | 471 | 540 | 328 | 556 | 718 | 720 | 1139 | 1231 | 2023 | 2541 | 2634 | 2798 | 2900 | 2320 | 2900 | 2697 |
| 官道 | 415 | 384 | 443 | 752 | 522 | 488 | 656 | 827 | 1123 | 1485 | 1925 | 2437 | 2538 | 2810 | 2880 | 2900 | 3050 | 3625 |
| 观里 | 495 | 488 | 515 | 615 | 414 | 325 | 730 | 854 | 1095 | 1383 | 1846 | 2352 | 2460 | 2796 | 2987 | 3000 | 3100 | 2800 |
| 杨础 | 522 | 480 | 590 | 654 | 543 | 512 | 700 | 895 | 1260 | 1540 | 1847 | 2426 | 2505 | 2801 | 3068 | 3200 | 3260 | 3060 |
| 蛇窝泊 | 578 | 595 | 605 | 653 | 757 | 838 | 912 | 1023 | 1358 | 1530 | 2032 | 2538 | 2511 | 2849 | 3150 | 3450 | 3500 | 3300 |
| 连家庄 | 426 | 509 | 593 | 652 | 506 | 550 | 689 | 737 | 888 | 1353 | 1835 | 2376 | 2450 | 2780 | 2880 | — | — | — |
| 大柳家 | 464 | 340 | 538 | 537 | 412 | 324 | 444 | 543 | 736 | 1001 | 1376 | 1900 | 1900 | 2100 | 2285 | 2400 | — | — |
| 唐家泊 | 538 | 608 | 669 | 830 | 538 | 538 | 705 | 850 | 1100 | 1500 | 2014 | 2416 | 2500 | 2800 | 3368 | 3637 | 3637 | 3637 |
| 桃村 | 621 | 638 | 672 | 651 | 564 | 1003 | 895 | 1166 | 1362 | 1728 | 2084 | 2652 | 2647 | 2860 | 2910 | 3010 | 3262 | 3143 |
| 铁口 | 491 | 552 | 625 | 711 | 649 | 601 | 794 | 1074 | 1360 | 1700 | 2118 | 2576 | 2550 | 2850 | 3040 | 3178 | — | — |
| 大庄头 | 555 | 537 | 583 | 653 | 630 | 777 | 815 | 900 | 1160 | 1500 | 2015 | 2606 | 2195 | 2820 | 3108 | 3380 | — | — |
| 庙后 | 549 | 553 | 587 | 384 | 364 | 569 | 723 | 939 | 1120 | 1359 | 1634 | 2431 | 2541 | 2975 | 3050 | 3100 | 3200 | 3200 |
| 亭口 | 495 | 502 | 544 | 635 | 607 | 675 | 770 | 1089 | 1180 | 2758 | 2037 | 2613 | 2602 | 2930 | 3050 | 3100 | 3213 | 3560 |
| 中桥 | 561 | 557 | 602 | 482 | 533 | 559 | 804 | 1126 | 1438 | 1732 | 2019 | 2582 | 2636 | 2840 | 3050 | 3100 | — | — |
| 臧家庄 | 504 | 610 | 641 | 591 | 601 | 521 | 600 | 1126 | 1351 | 1570 | 2015 | 2546 | 2606 | 2858 | 3100 | 3200 | 3200 | 2959 |
| 寨里 | 542 | 602 | 448 | 643 | 503 | 630 | 795 | 1180 | 1350 | 1690 | 2104 | 2576 | 2581 | 2820 | 2898 | 3280 | — | — |
| 松山 | 559 | 307 | 431 | 538 | 417 | 613 | 773 | 972 | 1352 | 1573 | 2043 | 2486 | 2580 | 2851 | 3109 | 3147 | 3224 | 3226 |
| 金山 | 508 | 504 | 562 | 775 | 672 | 872 | 715 | 848 | 1080 | 1310 | 1847 | 2541 | 2548 | 2800 | 3076 | — | — | — |
| 栖霞镇 | 458 | 499 | 588 | 694 | 1069 | 725 | 821 | 978 | 1221 | 2972 | 2135 | 2651 | 2628 | 2900 | 3105 | 3150 | — | — |
| 庄园 | — | — | — | — | — | — | — | — | — | — | — | — | — | — | — | — | 3050 | 2900 |
| 翠屏 | — | — | — | — | — | — | — | — | — | — | — | — | — | — | — | — | 3150 | 2900 |
| 合计 | 517 | 508 | 570 | 643 | 581 | 623 | 796 | 925 | 1208 | 1515 | 1949 | 2506 | 2530 | 2858 | 3110 | 3345 | 3450 | 3206 |

说明：中桥栏含白洋河工业园、开发区

## 2002年栖霞市所辖镇、（街道）私营企业基本情况统计表

表29-5　　　　单位：户、人

| 类别<br>镇、街 | 个体 | | 私营企业 | |
|---|---|---|---|---|
| | 户数 | 从业人员 | 户数 | 从业人员 |
| 苏家店 | 275 | 481 | 10 | 230 |
| 寺口 | 160 | 304 | 10 | 101 |
| 西城 | 221 | 398 | 16 | 368 |
| 官道 | 133 | 248 | 4 | 48 |
| 观里 | 192 | 351 | 8 | 80 |
| 杨础 | 244 | 460 | 7 | 67 |
| 蛇窝泊 | 259 | 519 | 12 | 142 |
| 唐家泊 | 386 | 853 | 10 | 102 |
| 桃村 | 1775 | 3224 | 111 | 202 |
| 庙后 | 275 | 494 | 34 | 445 |
| 亭口 | 207 | 370 | 12 | 116 |
| 臧家庄 | 801 | 1405 | 44 | 652 |
| 松山 | 266 | 474 | 18 | 258 |
| 城区 | 4183 | 7823 | 251 | 4066 |
| 合计 | 9377 | 17404 | 547 | 6877 |

说明：全年私营经济入库税收3961万元。

# 第一章 镇、街道、开发区

## 第一节 桃村镇

桃村镇政府（2002年）

**境域建制** 位于栖霞市境东端，东临烟台市福山区、南依牟平区、海阳市，西与栖霞市唐家泊镇、庙后镇毗邻，北与福山区张格庄镇接壤，蓝（村）烟（台）铁路纵贯镇区，交通便利。总面积276.22平方公里，距市政府驻地35公里，路程约45公里（境内有一“飞地”——海阳市黑神安村）。由原桃村、大庄头、铁口3个镇组成，为栖霞市第一大镇，经济强镇。

1984年3月，撤销桃村人民公社，建桃村镇。1992年9月，撤铁口乡设铁口镇；1995年12月成立栖霞市桃村特别工业区，副县级单位，与桃村镇合署办公。2000年3月，撤销大庄头乡设立大庄头镇；2000年12月，撤销铁口镇、大庄头镇建制，其行政区域并入桃村镇，镇政府驻地桃村村。2002年，全镇（含铁口、大庄头）总户数33894户，总人口89976人。

**村　庄** 辖119个自然村，113个行政村。桃村、上桃村、前埠、东涝都、南涝都、营盘、石字线、灵山夼、接官亭、方格庄、陈家庄、前肖格庄、后肖格庄、楚留店、大楚留、柳家庄、卧龙、都沟、北楚留、东瓦屋、西瓦屋、西甲、河崖、元庄、史家庄、河东、河西、李老铺、石剑铺、西庄、东草埠、西草埠、苏家疃、鞠家庄、班山、东务家庄、水有兰、老树夼、贾家沟、东柳子头、西柳子头、安东、新安庄、白马庄、尚家庄、高家店、高家庄、铁口、店西庄、西宅、梁家、艾子夼、峨山庄、道柱夼、肇甲庄、陈家沟、上裕家沟、下裕家沟、东牟家庄、罗圈、孔家庄、蒋家沟、东王家庄、东蒋家庄、高家洞、荆子埠、陈家疃、油家夼、大岩、芝麻岭沟、泉水庄、迎旭埠、大庄、宋家埠、肖灵夼、西城、巨夼、大白马夼、后白马夼、西牟家庄、桥子沟、窑夼、徐家、国路夼、侯家、河西庄、小芹子夼、甲格庄、野夼、宅头、东下夼、西下夼、沙埔、桃林夼、大庄头、上崖头、虎鹿夼、芋头夼、唐家沟、富庄、雀刘家、凤凰庄、原有夼、康家、北泊、下郁都、上郁都、新庄、圈里、神道夼、清香崮、新建村、磨石夼、牙子夼、住龙夼、绕龙夼、上牟家庄、牙东、北涝都。

千人以上的村有桃村、营盘、上桃村、南涝都、方格庄、后肖格庄、楚留店、北楚留、西庄、西草埠、铁口、店西庄、孔家庄、巨夼、大白马夼、峨山庄、荆子埠、大庄、后白马夼、大庄头、东下夼、西下夼、河西庄、宅头、国路夼村。

**综合经济** 桃村镇资源丰富，是胶东半岛最大的大樱桃生产基地之一，种植面积达133公顷，盛产红灯、拉宾斯、意大利早红、先锋等优良品种，每年5月份上中旬成熟上市。境内北部特殊的地理条件还适宜香椿栽培生长，素有“香椿之乡”的美誉。矿产资源主要有石灰石、石英石、花岗岩石等，其中花岗岩石储量尤为突出，年产花岗岩石10万立方米，年收入1.2亿元人民币。

1985年，原桃村镇有耕地3682公顷，粮食总产量15090吨，花生2716吨；原大庄头镇有耕地1590公顷，粮食总产量7975吨，花生1102吨；原铁口镇有耕地2229公顷，粮食总产量11073吨，花生2096吨。

2002年末，全镇有农业耕地6626公顷。拥有水库38座，塘坝132座，总蓄水量1621万立方米，有效灌溉面积4230公顷，占耕地面积的64%。粮食播种面积7051公顷，总产17368吨，花生播种面积1352公顷，总产3489吨。拥有动力机械18743台，加工机械1088部，拖拉机2234台，农用三轮车9400辆，总动力146370千瓦。

桃村镇山青林茂，林木覆盖率46.5%，全镇封山8666.7公顷，造林3333公顷，四旁植树30万株，栽植果树3333公顷，林地面积发展到12666.7公顷，人均占有林地2.21亩。

全镇共有果园2831公顷，总产143850吨，总收入2亿多元。其中苹果2587公顷，总产134750吨，占果品总产量的93.7%，大樱桃133公顷，总收入1600万元；桃李干果等133公顷，总收入450万元。共建仓储库16个，总储存量40万吨。

农村畜牧以养猪和大耕畜为主。2002年生猪存养量25300头，育肥28660头，年产猪肉227.8万公斤。大耕畜存养量为7270头，其中牛占99%。牧群600个，放牧牛羊13950只。家禽养殖发展很快，全镇有产蛋鸡437万只，年产蛋量300万斤；长毛兔10万只；存栏奶牛180头，奶山羊900只，年产奶818000公斤。

桃村镇工业发达。1985年，原桃村镇有镇办工业企业6个，总产值359.6万元，原大庄头镇有镇办工业企业3个，总产值326.3万元，原铁口镇有镇办工业企业7家，总产值400.4万元。

1995年，原桃村镇有镇办工业企业4个，总产值3599.6万元，原大庄头镇有镇办工业企业2个，总产值3091.5万元，原铁口镇有镇办工业企业3家，总产值591105万元。

到2002年，桃村镇共有工业企业293家，固定资产60783万元，销售收入166810万元，实现利税12400万元。境内有外商投资企业9家，全镇实际利用外资2305万美元，完成进出口总值2000万美元。工业生产以石材加工、机械配件与加工、针织服装、建筑材料、化工为骨干。其中针织服装加工业，门类齐全，产品出口到日本、美国、法国、德国、韩国、澳大利亚等20多个国家，年出口创汇600万美元，实现利税500多万元。

1985年，原大庄头乡社会商品零售额为500万元，实现利税60万元。共有商业、饮食业、服装业等各种网点13个，从业人员195人。原铁口乡社会商品零售额为530万元，实现利税61万元。共有商业、饮食业、服务业等各种服务网点14个，从业人员210人。原桃村镇社会商品零售额为1870万元，实现利税200万元。共有商业、饮食业、服务业等各类服务网点183个，从业人员745人。

桃村镇商业街（2002年）

2002年全镇共有商业、饮食业等各类服务网点1269户，从业人员2500人，零售额23800万元，实现利税2600万元。集贸市场11个，商品成交额2.1亿元。

**社会事业** 1985年，桃村镇人均纯收入621.3元，全镇仅有电话115部，电视机2196台，机动车324辆。原大庄头乡人均纯收入555元，仅有电话40部，电视机916台，机动车164辆。原铁口乡人均纯收入491元，仅有电话45部，电视机1080台，机动车162辆。

2002年全镇人均纯收入达到3143元，人均存款额5200元，全镇拥有电话20000部，电视机31000台，机动车16800辆，其中摩托车4500辆，农用三轮车9400辆。全镇集体总收入10万元以上的村有25个，50万元以上的村有3个，100万元以上的村有3个。拥有卫生院3所，床位40张，卫生技术人员56人，农村医疗室94个，卫生人员120人。

2001年10月，桃村镇政府被中央宣传部、国家计划生育委员会授予“婚育新风进万家”活动先进镇；2002年5月，桃村镇被山东省中小企业办公室、省建设厅授予“民营经济示范区”，建设部“小城镇建设试点镇”。

2002年台湾同胞参观桃村镇并查看建设规划

## 第二节 蛇窝泊镇

**境域建制** 位于市境东南部，地处栖霞、莱阳、海阳三市交界，东临海阳市和栖霞市唐家泊镇，南与莱阳毗邻，西临杨础镇，北界翠屏街道办事处。总面积201.83平方公里。距市政府驻地18公里，路程约22公里。海（阳）、莱（州）、文（登）、招（远）二级公路贯穿镇区，镇驻地距离蓝（村）烟（台）铁路及烟（台）青（岛）一级公路仅10公里，可直接与烟台、青岛、龙口港通车；距烟台飞机场60公里，距青岛机场120公里。由原蛇窝泊、连家庄、大柳家3个乡镇组成，是栖霞市第二大镇，果品强镇。

1958年9月成立蛇窝泊人民公社。1984年3月，改人民公社为乡（镇）体制，设蛇窝泊镇，连家庄乡由蛇窝泊镇析出。2000年3月至12月，乡（镇）区划进行调整，5月撤销连家庄乡，并于蛇窝泊镇；12月撤大柳家乡并于蛇窝泊镇。镇政府驻地蛇窝泊村。2002年，蛇窝泊中心镇共有23328户，总人口65651人。

**村　庄** 辖102个自然村，103个行政村：蛇窝泊、柳口、牟家疃、荷叶、北庄、埠梅头、南台、文石、下范家沟、窝乐、柳林庄、辛店、前撞、后撞、朱留、张家庄、张家泥都、小庄泥都、中泥都、前泥都、唐东、唐中、唐西、木兰夼、牟家河西、南崮、石角夼、南砦、榆子、北榆疃、中榆疃、南榆疃、博地、马格庄、山虎庄、水晶泊、东院头、观泊、西山、禾家庄、院头窑、西荆夼、东荆夼、荆山后、大咽喉、大帽顶、连家庄、孙家咽喉、跃进、卢家、下马家河、中马家河、上马家河、小帽顶、卧龙沟、东凰跳、西凰跳、清河口、东河南、西河南、风彩前、河西夼、东夼、东山根、町夼、口子、安子夼、道西、辇头、榆林子、南崮山、北崮山、上庄头、大榆家夼、上榆家夼、大柳家、前柳家、段庄、周家沟、砖园、前榆家夼、南罗家、前埠后、玉皇庙后、郭家埠头、大埠后、东初家疃、中初家疃、西初家疃、泥沟、上苇城、下苇城、辛家夼、东孙家庄、徐家庄、上范家沟、邱格庄、犍脊山、前张家庄、唐山头、刘家崖后、北头、小犍脊山、河西西山。

千人以上的村有蛇窝泊、牟家疃、荷叶、柳口、埠梅头、牟家河西、南崮、石角夼、南砦、榆子、南榆疃、文石、朱留、大帽顶、西荆夼、辛家夼、邱格庄。

**综合经济** 蛇窝泊镇既是果业大镇也是农业大镇，2002年末，粮食播种面积7468公顷，总产量26525吨，花生播种面积2291公顷，总产量5345吨。建设水库22座，塘坝35座，总蓄水量165万立方米，有效灌溉面积5246公顷，占耕地总面积的78.6%；发展动力机械17223台，加工机械5214部，拖拉机2901台，农用三轮车9008辆，总动力114005千瓦。101个村建立了科技服务小组，科技户和示范带头户发展到2679个。全镇封山2145.9公顷，造林310.5公顷，“四旁”植树123.4万株，林地面积发展到2746.7公顷，人均占有林地10.3平方米。

优质苹果（2002年）

蛇窝泊镇栽植苹果、茌梨已有150多年的栽培历史。共有果园4754公顷，果品总产量146325吨，总收入2亿多元。其中苹果3848公顷，总产133694吨，占果品总产量的91.4%，桃李干果等334公顷，总收入382万元。共建恒温库、气调库33座，总储藏保鲜能力8万吨。

1996年7月，蛇窝泊镇党委、政府先后投资2亿余元，建起了占地80公顷、年交易果品5亿公斤、交易额达10亿元的全国最大的苹果批发市场——山东烟台蛇窝泊果品批发市场。果品销售期间，到市场经营的全国各地经销商每天达3000多人，日车流量达6000多辆，交易人数达3万余人。2002年，果品交易量10亿公斤，交易额20亿元。经营的果品远销日本、马来西亚、新加坡等十几个国家和中国台湾、香港地区，出口果品占交易量的十分之一。山东烟台蛇窝泊果品批发市场的建设，拉动了果业产业化发展。从事苹果纸袋、纸箱、网套、保鲜纸加工的企业达100余家，从事商业、餐饮业、服务业等企业120余家；全国有49家农药厂、30多家化肥厂在此设点直销；全镇登记注册的个体工商户达1200余户，镇区面积扩大到4平方公里。

畜牧业生产以养猪、养羊、养鸡和大耕畜为主。2002年生猪存养量为16400头，育肥9910头，牛等大耕畜存养量3430头，羊16400只，蛋鸡14.24万只，年产蛋125250公斤。跃进村建成养猪、牛、羊综合养殖场，年存栏量263头，出肥129头，年收入8.96万元；前张家庄和邱格庄村建成肉食鸡养殖小区2处，年养殖肉食鸡135万只，增加收入154万元；柳林庄村建成世界名犬繁育基地，出口名犬81条，年增加收入45万元。

淡水养殖比较分散，规模不大。共有淡水养鱼水面82公顷，已利用58.4公顷，2002年发展到110公顷，捕捞各种鲜鱼14.18万公斤，荷叶村建成“栖霞市生态渔业养殖基地”，养鱼面积3.1公顷，实行立体养殖，塘中以草鱼、鲤鱼为主，兼养观赏鱼，主供休闲垂钓；塘内架设5个网箱养殖鲤鱼、罗非鱼、巴西鱼等，年收入10余万元。

1985年，原蛇窝泊镇有工业企业4家，总产值152.9万元，原连家庄乡有工业企业2家，总产值10.3万元，原大柳家乡有工业企业14家，总产值324.4万元。2002年有工业企业7家，固定资产1807万元，销售收入14180万元，实现税收890万元。共有商业、饮食业、服务业等各类服务网点1708个，从业人员3000人，年零售额18314万元，实现利税3662.8万元，集贸市场14处，商品成交额43561万元。

**社会事业** 1985年原蛇窝泊镇人均纯收入578元，人均存款额312元，全镇仅有电话73部，电视机56台，机动车103辆；原连家庄乡人均纯收入426元，人均存款额285元，全乡仅有电话27部，电视机25台，机动车42两；原大柳家乡人均纯收入464元，人均存款额297元，全乡仅有电话53部，电视机47台，机动车51辆。2002年末，全镇人均纯收入达到3300元，人均存款额2786元，全镇拥有电话12067部，电视机20196台，机动车辆35172辆，其中出租车123辆，摩托车17826辆，农用三轮车11909辆。拥有卫生院3所，床位120张，卫生技术人员137人。农村医疗室108个，卫生人员137人。

1999年1月17日，蛇窝泊镇被山东省人民政府命名为“村镇建设新型乡镇”“齐鲁杯”“十百千”活动优胜单位；2000年2月，被山东省人民政府公布为“市场带动型”中心镇。

## 第三节 臧家庄镇

**境域建制** 位于栖霞市境东北部，东与烟台市福山区为邻，西、北边界靠蓬莱市地，南与亭口镇、松山镇接界，距市政府驻地28公里，面积222.96平方公里（境内有一“飞地”——蓬莱市北庄村）。该镇由原臧家庄镇、寨里镇、中桥镇组成，是栖霞市第三大镇。

臧家庄镇一角（2002年）

1958年9月，成立拥有81个自然村的臧家庄人民公社。1984年3月，改臧家庄人民公社为臧家庄镇建制。臧家庄镇东部34个村成立中桥乡。1992年9月19日，撤中桥乡，设中桥镇。1993年6月1日，撤寨里乡设寨里镇。2000年12月，撤销中桥镇、寨里镇，其行政区划并于臧家庄镇，2002年3月18日，原中桥镇规划为白洋河工业园，白洋河工业园并入经济开发区后，由经济开发区代管原中桥镇34个行政村。镇政府驻地臧家庄村。2002年，全镇（含原寨里镇、中桥镇）总户数31455户，总人口83988人。

**村　庄** 辖114个自然村，112个行政村，其中，除34个行政村由经济开发区代管外，其余78个行政村是：臧家庄、大台、前台、东庄、桥芝、东林、乐家沟、东寨、松岚、西林、罗家、吕家、庄子、马陵冢、店子观、前相格庄、后相格庄、西泥沟、仙人埠、瓮留范家、瓮留张家、义庄范家、南瓮、北瓮、东瓮、北陡崖、北花园、郝家庄、苇夼、南城子、北城子、大栾家、德林庄、西栾家、道村、翰甲疃、香夼、埠后、草格庄、后姜格庄、前姜格庄、槐树庄、北埠、蒙家、峨山、寨里、西沟、南观、泊子、刘家疃、丰粟、百佛院、北洛汤、南洛汤、洛汤地、衣家洛汤、隋家洛汤、小河潘家、策里于家、策里高家、策里贾家、策里刘家、吴家、路旺、泉水东店、泉水西店、西姜格庄、岚子前、东山庄、西山庄、东尹家、西尹家、南尹家、郭家店、于家沟、小夼沟、龙回头、栾家沟。

千人以上的村有臧家庄、寨里、郭家店、东林、路旺、北洛汤、丰粟、百佛院、吴家、东寨、翰甲疃、泉水西店、瓮留范家。

**综合经济** 境内资源丰富，山上有矿产资源石灰石和黄金，石灰石藏量丰富，石灰场遍布镇区南部，境内建有水泥厂3座，氟石主要分布于郭家店村北部，脉长2000余米，宽14米～15米，品位在40%～90%之间。北部庄子村建有金矿。山下盛产苹果，有“富士第一镇”之称，果品种类齐全，果品质量在全国乃至海外享有很高的声誉。

1985年，原臧家庄镇有耕地3124公顷，粮食总产量13728吨，花生2170吨；原寨里镇有耕地2685公顷，粮食总产量12387吨，花生3342吨。2002年，全镇农作物播种面积10738公顷，其中粮食播种面积7912公顷，粮食总产28250吨，花生播种面积1626公顷，总产4390吨。拥有大、小水库、塘坝5座，有效灌溉面积4370公顷，占耕地面积的62.7%。柴油机1209台，电动机871台，农用汽车119辆，拖拉机1130台，机械总动力65375千瓦。

全镇封山育林1400公顷，造林106.6公顷。四季植树2万株，栽植果树335公顷，有林地面积发展到6502公顷，人均占有林地1.6亩，林木覆盖率40%。拥有果园2599公顷，总产136123吨。其中苹果2275公顷，总产132098吨，占果品总产量的97%。

畜牧业以养牛、羊、猪为主，全镇大生畜总数5150头，生猪存栏量19940头，拥有蛋鸡91.3万只，禽蛋产量1690吨，肉类总产量2843吨。

镇办村办工业有较快发展。1985年原臧家庄镇有工业企业4家，总产值379.8万元，原寨里镇有工业企业5家，总产值365.5万元。到2002年，全镇发展工业企业69家，固定资产3000万元，销售收入14850万元，实现利税11000万元，出口创汇14400万元。1996年2月，栖霞白洋河实业总公司与瑞士UNIPEKTIN公司联合成立烟台源通果汁有限公司，注册资金1200万美元，生产和销售苹果汁、梨汁、苹果香精、胡萝卜及浆果等产品，年生产能力5万吨的苹果浓缩果汁经检验质量已达到国际先进水平，1998年以来，一直是德国SGF（果汁行业保护协会）组织会员，产品获得美国KOSHER证书（美国犹太证明），通过ISO 9002及美国HACCP（危害监界点控制）的认证，产品100%出口，先后出口到美国、日本、加拿大、澳大利亚等国家和地区。

全镇驻地有3家水泥厂（其中一处为市属企业——金河水泥集团公司）。雅山水泥有限公司前身系龙口矿务局寨里水泥厂，1999年6月企业改制成为个体私营企业。园城水泥有限公司前身系栖霞第二水泥厂，于2001年6月由山东园城集团公司、烟台三星水泥有限公司、烟台鲁河建材有限公司一次性买断。

20世纪80年代到90年代初，社会消费品市场发展还处于缓慢阶段，原臧家庄镇、寨里镇仅有商业、饮食等网点100余处，集贸市场2处，年零售额在30万元～40万元，最高年份也不足100万元。90年代中后期，随着国家政策的放宽，消费品市场全部放开，经营项目增多，社会购买力增大。发展到2002年，全镇有商业、饮食业、服务业类网点达到960个，从业人数2000多人，年零售额27000万元，实现利税2000万元，集贸市场发展到20处，商品成交额73000万元，进出口总值2500万美元，其中出口总值2000万美元。个体私营业户801户，从业人数1405人，私营企业44家，从业人数652人。全镇财政收入达到1659.7万元。

**社会事业** 1985年人均纯收入仅504元，全镇仅有电话120部，电视机2300台，机动车360辆。2002年，人均纯收入达到2959元，全镇有电话机21000部，电视机31200台，机动车17000辆，其中汽车1600辆，摩拖车5200辆，农用三轮车10200辆。有卫生院2所，床位60张，卫生技术人员79人，农村医疗室78个，卫生人员78人。

## 第四节 官道镇

**境域建制** 位于栖霞市的最西南边，西与招远市交界，南与莱阳市为邻，东至漩河西岸，与观里镇接壤，北与寺口镇相连，东北角一小部分至龙门口水库南岸，与西城镇隔库相望。镇政府驻地距栖霞市政府驻地30公里，距同三高速公路出口4公里。全镇南北长16公里，东西宽7公里，总面积113.50平方公里。

1984年3月改官道人民公社为官道乡建制。1994年10月8日撤消官道乡设置官道镇，行政区域不变，镇政府驻地仍驻官道村。2002年，全镇总户数11286户，总人口32214人。

**村　庄** 辖55个自然村，55个行政村：官道、大丁家、沙岭、大阎家、小阎家、西马家庄、北照、杨家洼、孙家洼、郦家庄、小花园、大花园、迟家沟、李家沟、喇叭沟、安乐庄、大解家、许家、孙家庄、王家洼、许家洼、龙王洼、逍遥庄、八家府、驼山、姜家庄、霞泊、徐家泊、荒口、大东庄、小东庄、程家庄、栾家店、栾家寨、艾家沟、半城沟、 万家庄、讲家庄、丁家庄、姚庄、南照、栾格庄、小石头、大石头、甄家庄、孙疃、阎家庄、上柳家、隋家沟、龙门口、邢家阁、杨树泊、大河崖、小河子、柞岚头。

千人以上的村有大解家、柞岚头、孙疃、大丁家、北照。

**综合经济** 官道镇以平原为主，是栖霞市平原地区之一。地形总趋势北高南底，两边为东西两大洼，便于大型农业机械操作，是开发优质高产高效农业的理想基地。

1985年，境内有耕地4745公顷，1995年4064公顷，2002年4808.7公顷，人均仍占有耕地2.3亩，列栖霞市人均占有耕地之首。山岚（林地）1000公顷，水面33.3公顷，有小（一）型水库2座，小（二）型水库8座，塘坝32座，其他各类水利设施2100项，蓄水总量1200万立方米。龙门口水库西干渠24公里，岗山水库干渠12.5公里，贯穿全镇境内。

矿产资源有钾长石，总储量1000万吨，品位在60%左右，主要分布在丁家庄、大石头一带;黑理石，储量达100万立方米，质地坚硬，墨光如镜，主要分布在柞岚头、小河子小方山一带;黄金，主要分布在杨树泊北山至大解家北山之间，面积有40平方公里。

官道镇是典型的农业大镇。1985年粮食总产14859吨；花生总产5814吨。1995年粮食总产量23650吨，花生总产量5820吨，2002年末，粮食播种面积4299公顷，总产量14256吨，花生播种面积1533公顷，总产量3579吨。全镇拥有各种拖拉机4000台，农用三轮车、农用汽车3000台，农业动力机械总动力32401千瓦。农业运输、耕地、播种、灌溉、喷药、脱粒、加工等基本实现机械化。

玉米田（2002年）

山岚林地主要集中在镇北部（海莱公路以北）的21个村庄。1986年，各村普遍落实林业生产责任制，促使林业生产稳步发展。2002年，全镇封山1000公顷，疏林补植200公顷，四旁植树350万株，栽植果树2400公顷。人均占有林地2亩，森林覆盖率37.6%，林木收入570万元。

果品收入是农村的主要经济支柱，全镇70%的农户以果品收入为主。1986年，果园栽植面积877.1公顷，总产量3820吨；1996年总产量68250吨；到2002年，全镇果园栽植2400公顷，其中发展优质红富士1666.7公顷，红王将、嘎拉333.3公顷，丰水、黄金梨200公顷，干杂果200公顷，果品总产1亿公斤，收入1.8亿元。

自20世纪90年代以后，官道镇的果品已获省部级奖励25次。其中：1994年12月，新红星苹果获林业部第一届林产品博览会金奖，这是全国唯一的苹果金奖。1995年12月，官道镇首红苹果获林业部第二届林产品博览会金奖，北斗苹果和玫瑰红苹果分别获银奖。1996年12月，在山东省名优果品评选会上，官道镇选送的苹果、香水梨、板栗，共获奖牌21枚（其中金牌5枚，银牌9枚，铜牌7枚），获奖数量之多列烟台市之首。1999年10月，官道镇应用果型剂生产高档优质新红星苹果，获烟台市科技成果三等奖。2002年，长石公司与山东省外贸达成协议，由省外贸公司提供20万元的苹果打蜡设备，苹果加工出口印尼、菲律宾等国家。共加工出口优质苹果16个标准集装箱，共计320吨，先后出口苹果700多吨。

官道镇地广粮多林草密，发展畜牧业生产有优越条件。1986年前，官道的畜牧业生产就十分发达，年末大牲畜存栏3775头，猪存栏13275头；1991年底，山东省政府曾授予官道为“畜牧生产百强乡镇”荣誉称号。1996年大牲畜存栏9377头，猪存栏8945头，2002年，全镇畜牧业生产全面向规模化、集约化经营发展，拥有养猪专业村10个，养猪专业户1000户，生猪存养量1.25万头，育肥1万头，年产猪肉110万公斤；以黄牛、奶牛为主的大牲畜存养量6000头，出售肉牛5000头；奶牛专业户200个，奶牛800头，产奶72.5万公斤，沙岭村建起栖霞市第一家农村收奶站；发展养鸡专业户200个，建鸡棚350个，出售肉食鸡200万只；发展羊3000只、兔8000只，鹅、鸭、鸽15万只，畜牧业收入1.2亿元。全镇农村经济总收入达44100万元。

1986年，发展淡水养鱼50公顷，是烟台市的淡水养鱼先进单位，到20世纪90年代以来，由于连续多年干旱，许多库塘干涸，养殖水面减少到20公顷。2002年，全镇拥有鱼种厂2处，库塘养鱼7处，零星养鱼点50个，养鱼水面达到33.3公顷，年产鱼种、成鱼10万公斤，收入70万元。

1987年底，发展投资百万元以上的企业4家，百万元以下的企业50家，由于缺乏生产、管理、经营技术，到1993年，这批乡村企业相继停产倒闭。1993年前，官道乡还有乡办企业色纸厂、石墨厂、磷肥厂、制桶厂、食品厂、理石厂、烧碱厂、钢窗厂（修配厂）、印刷厂、橡胶厂、榨油厂、园艺场、拖拉机站、贸易开发公司、物资站、建筑队、艺品组等。有规模的村办企业有大解家村罐头厂、南照村砖瓦厂、大河崖村翻砂厂、孙家洼村针织厂、孙疃村水磨石厂。到2002年，镇属企业除建筑队和钢窗厂还属于集体所有制之外，其余企业大部分破产、停产、倒闭，仅少部分企业实行改制。为改变工业落后局面，镇政府自2002年开始加大改革开放的力度，大力发展民营经济。吸收社会资金600万元，首次开发商宅楼10000平方米。镇、村企业发展到23家，从业人员986人；个体企业发展到160家，从业人员2322人，产值1.87亿元，利税0.12亿元。这些企业主要生产果袋、纸箱、网套、钢铝门窗、食品、食用油、食用菌、钾长石等产品。到年末，工业增加值达到11585万元，实现利税总额4340万元。

人民生活得到进一步提高。1986年，社会商品零售额1亿元，利税0.09亿元，主要有商品供应、饮食、维修、加工等服务网点70个，从业人员400人。2002年末，服务网点发展到140多个，从业人员达到3000多人，年商品零售额2亿元，利税0.2亿元。集贸市场由1986年的2处发展到7处，商品成交额1.5亿元。1986年人均收入384.3元，1996年2437元，2002年达到2900元。

**社会事业** 全镇有直播电话6752门，手机1100只，电视机9550台，VCD音响3550套，电冰箱4500台，摩托车7200辆，轿车25辆，集体总收入10万元以上的村子有10个。

1992年4月，为改善办学条件，投资160万元兴建官道第一初级中学教学楼，建筑面积4082平方米，容纳24个班级、1200名学生、80名教师上课办公。有万册图书馆一处，常年开展文化、体育活动的村子25个，参加活动的文体骨干2000人。拥有卫生院1所，职工23人，床位30张，医疗仪器56台（件）；50个乡村医疗室，65名乡村医生。

1991年，官道被山东省政府授予“畜牧生产百强乡（镇）”。

## 第五节 寺口镇

**境域建制** 位于栖霞市西部，距市政府驻地20公里，栖（霞）招（远）公路的中点，西部同招远市的阜山镇接壤，北邻苏家店镇，东接西城镇，南部同官道镇毗邻，总面积91.96平方公里。

寺口建村于元代，因地处金龙寺东沟口而得名。1958年9月，成立寺口人民公社，驻地寺口村，1984年3月，改寺口人民公社为寺口镇。2002年，全镇人口总户数为7724户，人口总数22972人 。

**村 庄** 辖42个自然村，40个行政村，其中上王格庄并入下王格庄行政村，阎家寨并入于家寨行政村。分别是：寺口、西庄子、连家夼、上王格庄、下王格庄、灵山、于家寨、唐家店、花园泊、大榆庄、孟家沟、韩家沟、宋家沟、南玉山、刘家、塔山、缴沟、曹家、邴家岭、南邴家、邴家、台前、草沟、院上、崔家庄、任家庄、张家沟、汪家沟、阎家寨、北铺、纸房、兵山后、富金夼、山口墕、战家、北横沟、南横沟、西刘家庄、西刘家沟、西南疃、横沟庵、北阎家庄。

千人以上的村有寺口、纸房、任家庄、崔家庄。

**综合经济** 1985年全镇有耕地2903公顷，粮食总产量12815吨，花生拌种333.3公顷、产量4331吨；1995年有耕地2906公顷，粮食总产量达到19227吨，花生总产量3855吨；2002年粮食总产量8296吨，花生总产量1848吨。

1994年，农业土地使用权改制取得创造性突破，全镇采取公开招标的方式，推行“三荒”地产权转移，有偿租赁或拍卖给群众，共出售荒山333.3公顷，耕地106.7公顷，河滩地53.3公顷。1988年，改换新品种果园10公顷，引进良种接条2000多条。1987至1989年，三年时间开发荒山荒坡200公顷，全镇老果园更新换代133.3公顷。1992年，果品产量达到2500万公斤，果品收入达到2232万元，占农村总收入的49.7%。1993年，果品生产达到3125万公斤，比1992年增长25%。1995年，发展苹果套袋150万个，总产超过0.5亿公斤。在农业部组织的第二届中国农业博览会各类苹果评选中，寺口镇选送的嘎啦、新红星分别获得国家金奖、银奖。1996年12月，在山东省农业厅举办的果品评优会上，寺口镇选送的苹果样品中有10个品种获金牌，5个品种获银牌，4个品种获铜牌。拥有省级以上名优品牌总数达到19个，居全国乡镇之首。2001年，共改造密植园333.3公顷，占应改面积的80%以上，苹果套袋达到2亿个，引进嫁接133.3公顷早、中熟果树新品种。2002年，改造郁闭园266.7公顷，改造新而不优及劣残果园133.3公顷，苹果套袋1.5亿个，在引进33.3公顷青苹果的基础上，又引进6.67公顷“瑞丹”果汁专用苹果，新栽植日本“富有” 柿子96.7公顷，黄金梨26.7公顷。2002年末，全镇果品总产量41898吨，其中苹果产量达到41828吨。

1985年，全镇共存养牛3550头，养奶山羊3209只，小羊1305只，出售肥猪11000头，家禽130756只（其中鸡120760只、鸭4600只、鹅610只），长毛兔12456只，畜牧业总收入比1984年增加100万元。1988年全镇共养牛3500头，出售1400头，收入达112万元，养猪8000头，出售肥猪6000头，收入达240万元，养鸡9万只，收入达180万元，到1990年全镇养殖业收入达到287万元。1993年，引进稀有特色禽畜，形成宋家沟七彩鸡、北铺村西德长毛兔、崔家庄蛋鸡饲养、北横沟村澳州山羊等13个规模较大的畜牧专业户。全镇存栏大牲畜达5000头，生猪6000头，各类肉鸡、蛋鸡3500万只。1996年，形成四个大规模养殖基地：以崔家庄为主的万只蛋鸡孵化饲养基地；以境内龙门口水库周围6个库区村为主的网箱淡水养殖基地，以塔山、北横沟、宋家沟、刘家、孟沟等山多地广村为主的黄牛、生猪基地；全镇规模养殖达到15个，涉及养殖户200多个，总收入超过100多万元，从1999年到2002年，全镇新增百头以上规模养猪场10个，牛羊饲养大户120个，千只以上规模大棚肉食鸡养殖200余个。共出栏生猪7600头，肉食鸡120万只，存养黄牛5400头。

1986年共育苗木13.5公顷，育成品苗18万株，道边及零碎植树48000余株，成片造林40.7公顷，绿化山头31个。1988—1989年，林业育苗8.47公顷，植树造林达150.3公顷，四旁植树65000株，封山育林580.7公顷，山区成片造林43.3公顷，疏林补植16.7公顷，赤松次生林改建22.7公顷，田堰沟渠植树3万株，荒山开发133.3公顷，全部种上了经济林。1993年为消灭荒山荒滩，共上阵劳力8000多人，种植疏林地133.3公顷，植树40余万株，并完成镇内30多华里的交通要道的路旁绿化，植绿化树3万株，共完成大田育苗7公顷，容器育苗45万袋。2002年，以库区滩涂开发为突破口，对龙门口水库10个周边村水位线以上、1公里以内的库区滩涂进行大面积的统一规划开发。共栽植了欧美107速生杨153.3公顷，日本“富有”柿子96.7公顷，黄金梨26.7公顷，速生杨育苗3.33公顷，共栽植经济林266.7公顷。

境内主要有漩河、黄水河两大河系，水利资源丰富。辖7个库区村(台前、崔家庄、大榆庄、邴家、草沟、南邴家、邴家岭)，4000多公顷淡水水面。1988年，投资35万元开发建设了57个水利项目，新上水利项目33个，修建小型水库23座，塘坝7座，整修远扬水站20处，配套各类型的电机、柴油机244台，增添农水泵244台，架高压线路600米，阎家庄、任家庄建起2级扬水站，扩大水浇面积40公顷。从1987年至1989年，3年时间兴修水利工程达150公顷，投资100万元，投工90万个，改善和扩大水浇地面积346.7公顷，到1992年，全镇的农田水利基本建设投资达到300万元，完成水利项目160项，其中，配套扬水站7个，水井2600个，水柜400个，永久型工程2160项。1996年利用社会闲散资金260万元，动工建设21个村水利工程1100项，其中股份性质的占90%以上。1999年到2002年，全镇兴建各类地下水利设施2000余处，完成水利建设投资300万元。

1996年，投资20多万元，为台前、崔家庄、大榆庄、邴家、南邴家、邴家岭6个库区村引进140余个网箱养鱼技术项目，出产成品鱼30万公斤，总收入280万元。

网箱养殖（2002年）

2000年重点推开以秋菇为主的食用菌种植，2001年全镇3个试点村的120个秋菇大棚全部获得成功，单棚纯收入达2000元以上。食用菌生产成为继果业之后的第二主导产业。

1985年，镇政府扩建一个20000吨酒厂，筹建4000吨果品综合加工厂和1000吨冷风库，筹建了年产1000吨的造纸厂。1987年，全镇镇办企业总产值仅733万元，利润18.3万元。到1989年，镇办企业完成产值1002万元，比1987年增长67%，村办企业完成产值387.5万元，比1987年增长188.5%。全镇镇村工业实现利税95.9万元，销售收入781万元，增长22%。1992年与英国牛津－剑桥国际集团公司合资建立栖霞牛津包装有限公司，总投资200万元，注册资金150万元，合同利用外资8.62万美元。1995年，镇村企业开始实行产权制度改革，对已经倒闭或资不抵债的镇办乳品厂、娱乐品厂、齿科材料厂、信誉公司和福利厂等5处企业宣布破产，并面向社会公开拍卖，转嫁债务500多万元。投入350万元，新上纸箱彩印分厂，改建尼龙维纶浸胶生产线，扩建1200吨冷风库。纸箱厂发展成为拥有8个分厂、占地12万平方米、固定资产达3000万元的大型企业，融制箱包装、彩色印刷、保鲜冷藏、帆布浸胶于一体，形成一业为主，多业并存的新格局。1995年11月，栖霞县纸箱厂改名为山东省宏富集团公司。1999年，对宏富集团公司实施二次改制，变不彻底的股份经营为个人私营，使停产半年之久的集体企业裂变成11个私营企业。改制后的企业固定资产投资达800万元。到2000年，全镇建起纸箱加工企业11家，果品纸袋厂20个，网套厂13个，网袋厂2个，彩印厂4个，专利产品果品纸袋通过了省级鉴定。全镇新增个体商业户140户，从业人员520人，私营企业达24家。2002年，寺口镇规划建设两个园区：（1）任家庄民营经济园。该园区位于文三线路旁，张家沟、任家庄、汪家沟三村的交界处，占地5.33公顷，已有8家企业落户。（2）西南疃民营经济园。该园区位于栖霞、招远两市接壤，文三线和蓬水线交汇处，距镇驻地2公里，该园区总面积13.3公顷，总投资400万元。2002年10月23日，栖霞市台盛果蔬食品有限公司与英国PASTEL LREEN VENTURES LTD正式签订3000吨气调库项目合同，合作成立栖霞市美长鲜果蔬食品有限公司。该公司位于西南疃民营经济园内，总投资280万美元，中方以土地、厂房、机房等不动产入股，英方以制冷设备和技术入股投资，合作期限为10年，整个工程分三期进行，一期工程投资68万美元，建1200吨气调库项目，年销售苹果1000吨，实现销售收入1240万元，利税148万元。

寺口镇顺旺种禽繁育有限公司是栖霞规模最大的专业化良种种禽推广基地，2002年引进德国父母代新罗曼种鸡4000套，年增加养鸡20000只，年增加效益20万元。烟台三峰帆布厂是寺口镇最大的民营企业，以生产宽幅帆布和工业用布浸胶为主。2002年，筹措资金100万元，新上帆布浸胶设备流水线一条，年浸胶各种帆布100万米，年增加产值400万元，增加利税50万元。

1985—1996年，镇政府建成长6华里，宽8米，连通台前村、院上村的三级公路，架设高压线路700米，挖高压管路1000米，支管路500米，配齐37千瓦电站一处，拨专款10万元，购买优质水泥600吨，在全镇10个村修建起10条文明街，总长4600余米，总面积2.8万平方米。1998年6月，投资160多万元，填挖、硬化总长2437米，平均宽23米，总面积5万多平方米的镇区街道；投资106万元，兴建1850平方米高标准商业楼区，整个小城镇建设投资总额达300多万元。2001年，规划西南疃交界口和镇驻地两个建设重点，其中镇驻地建设主要完善临河商业街和市场商业楼群等基础设施，总投入达到1100万元，建设面积达17000平方米。西南疃交界口建设果品批发交易场地，投入400万元，建成1500吨冷风库和3000多平方米商业楼。

**社会事业** 2002年末，全镇农村经济总收入达到44799万元，农民人均纯收入达到2853元，农村储蓄额达到5892万元 。建立30所农民技术夜校，有23个村建起卫生室，16个村建起甲级卫生室，其中标准卫生室11个，占全镇总数的28%；农村合作医疗保险、农村社会养老保险入保率分别达到75%和85%。有14个村用上自来水，修沼气池400多个。

## 第六节 苏家店镇

**境域建制** 位于栖霞市西北部，西部与招远、北部与龙口、东部与蓬莱三市接壤，全镇总面积135.74平方公里，土地面积3266.7公顷，山岚面积5200公顷，林业覆盖率达到48.7%。东半部为山区，西半部为丘岭，境内最高山马耳山，海拔661米，海拔500米以上的山峰达10余座。境内著名的河流——黄水河分东、西两条支流，纵贯全镇，自南向北流入王屋水库。主要山脉有南崮山、北崮山、蚕山等。

苏家店镇，民国时属四区，1940年，分属赵格庄区、艾雷区、兵山区，1951年建11个乡，1956年撤区并乡，划分3个大乡，1958年9月成立苏家店人民公社，1984年3月，改苏家店人民公社为苏家店乡，1992年9月，撤苏家店乡设苏家店镇。镇政府驻地苏家店村。2002年，全镇总户数12368户，总人口36612人。

**村　庄** 辖52个自然村，51个行政村：荆林埠、苏家庄、榆林头、百吉庄、西山院、东山院、集后、赵格庄、集东沟、杨家桥、缴格庄、小蔡家、西小韩家、吴家庄、苗家庄、刘家庄、梁家庄、马家店、潘家店、曲家沟、合甲沟、臧家沟、赵家庵、碾头、南小韩家、姜家、大蔡家、王家沟、盛家沟、西店、东店、马蹄夼、上庄子、蒲夼、马耳山、大韩家、孙家、苏家店、小徐家、杨家、前泊子、后泊子、官地、冠甲庄、小曹家、西吴家、苗家、林家、前寨、后寨、曹高家、石古庵。

千人以上的村有苏家庄、集后、赵格庄、姜家、大蔡家、大韩家、苏家店、前泊子、西吴家、苗家。

**综合经济** 苏家店镇资源丰富。石材资源，有芝麻黑、芝麻白、芝麻花、黑白花、黑金沙、栖霞青、栖霞花、珍珠红、栖霞红、383等品种，储量丰富。已探明的花岗岩石材采矿点30多个，经烟台市产品质量监督检验所对以上产品样品的放射性项目检测，全部达到A类产品，使用场合不受限制。经中国建材工程建设协会和中国建筑工程设计院联合对芝麻黑、芝麻花、栖霞红三种花岗岩建材品种进行的石质、色调、各种物理化验综合论证认鉴，所检三种花岗岩材均为国家稀有矿种。其产品属国际建材市场上的畅销产品。矿泉水资源，苏家店镇龙圣山矿泉水1993年经过地质矿产部批准达到国家出口标准。日出水量达480立方米，水源充足，品质优良。该矿泉水含对人体有益的锶、钙等各种微量元素达20多种。黄金资源，主要分布于苏家店镇北部的苏家庄金矿区，黄金储量丰富。境内有崮山、蚕山、雷山等自然景点，景色秀丽，风景迷人。

1985年，全镇有耕地3203公顷，1995年减少到3189公顷，2002年耕地面积3197公顷，其中水浇地1141公顷，占35.2%。1985年粮食亩产553公斤，粮食总产12815吨，主要农作物：玉米1010公顷，花生1660公顷，小麦1388公顷。1995年粮食总产819227吨，花生总产量3855吨。2002年，粮食亩产181公斤，粮食总产8296吨，花生总产量1848吨。水果种植面积1506公顷，水果总产量12072吨。

艺术苹果（2002年）

20世纪80年代末90年代初，苏家店镇工业发展迅速，农机配件厂、福利橡胶厂、织布厂、纲砂厂、木工机械厂、苏家店金矿、建筑公司等一批乡镇企业迅速发展起来，1985年完成工业总产值355.5万元，实现利润40万元。1993年完成工业总产值4987.2万元，实现利润290万元。1998年完成工业总产值12690万元，实现利润330万元。农机配件厂是山东省机械工业厅内燃机配件定点生产企业，生产消声器、滤清器等产品，为山东拖拉机厂等全国20余家大中企业生产的主机配套。2002年，建设果品冷风库4座，总库容量6600吨，有苹果纸箱、网套、纸袋及包装等企业10余家。

2002年末，全镇共有商店901家、饭店91家、美容美发店9家、其他服务业9家，从业人员214人。有私营企业10余家，注册资金450万元，从业人员600多人；个体工商户243户，注册资金119万元，从业人员438人。完成个体私营经济税收204万元。

**社会事业** 1985年，苏家店乡镇人均纯收入510元，人均存款240元，有手摇电话80部，电视机300台，摩托车50辆。2002年，全镇人均纯收入达到2840元，人均存款1400元。全镇有电话7300多部，手机3510部，电视机11700台，VCD音响6000套，电冰箱5000多台，摩托车9989辆，轿车20多辆。集体收入10万元以上的村庄10个。

全镇共有各类科技人员278人。有电影院1处，能容纳观众1000余人，文化大院8处，图书馆2处，2000年镇政府被评为烟台市“模范乡镇文化活动中心”，涌现出大韩家、苏家店、赵格庄、苏家庄、后寨、官地、集后等一批文化活动先进村。有卫生院1处，病床28张，200mAX光机一台、B超机一台、双目显微镜一台，医护人员27人。村卫生所55个，55名村医。

## 第七节 观里镇

**境域建制** 位于栖霞市境西南部，东临杨础镇，南与莱阳市谭格庄镇交界，西与官道镇接壤，北与西城镇相接。东西宽7.7公里，南北长12.5公里，总面积97.17平方公里。镇政府驻地观里村，距市政府24公里。

1958年9月，由境内观里乡、蒋家乡合并成立观里人民公社。1959年2月，官道人民公社并入。1962年4月，复设官道人民公社。1968年12月，境内罗家庄村划归莱阳市。1976年，境内西北部龙门口、邢家阁、杨树泊、上柳家、隋家沟五村划入官道人民公社。1984年3月，改观里人民公社为观里镇。2002年，全镇年末总户数为12203户，总人口35126人。

**村 庄** 辖55个自然村，55个行政村：观里、邹家庄、慕家泊（北泊）、王家泊（王家庄）、衣林庄（孙家庄）、林家店、古村、曲家、东南庄、小陈家、小姜家、大疃、大山口、小山口、大刘家、小刘家、辛庄、孟家、阱后、郭格庄、二甲、北谢家、田庄头、山后泊、大寨、小寨、院西庄、慕家店、小院、小观、崖后、王太后、宋格庄、新安、南谢家、筐里、吴家泊、城子沟、大埠（南埠）、潘家庄、潘家洼、马家庄、乔家、方山前（留家沟）、潘家岭、化山东（纸房）、化山南（李家庄）、彭家庄、蒋家庄、慕家庄、大郝家庄、小郝家庄、卧龙庄（卧龙）、张家茔、巨屋。

千人以上的村有观里、古村、东南庄、小观、崖后、宋格庄、蒋家庄、巨屋。

**综合经济** 观里镇土地总面积9050.7公顷，人均3.9亩，土地利用率达71.6%。其中耕地2072公顷，占土地面积的22.9%；果园用地1523.9公顷，占土地总面积的16.8%；林地1206.7公顷，占土地总面积的13.3%；其他用地1420.2公顷，占土地总面积的15.7%；未利用土地2564.9公顷，占土地总面积的28.4%。林业覆盖率12.5%。矿产资源主要为玄武岩，储量大，蕴藏量为1000万立方米以上，为全市最大玄武岩石子生产基地，建有石子厂10个，年输出石子30万立方米。

1985年全镇有耕地4096公顷，粮食总产量15386吨，花生总产量5249吨；1995年有耕地3775公顷，粮食总产量22508吨，花生总产量5054吨；2002年，有耕地3351公顷，粮食播种面积3023公顷，总产4790吨；花生1502公顷，总产量3961吨。全镇拥有拖拉机3764台，农用三轮车3855辆，总动力33586千瓦。生猪存养量15130头，牛存养量6670头，羊存养量2520只，肉类总产量4650吨。

2001年，观里镇规划了塔山万亩无公害苹果示范基地，由塔山周围以古村为中心的9个村组成，果园面积1000公顷，推广苹果套袋2.5亿个，改造郁闭密植园1000公顷，全部采用无公害生产资料。到2002年末，全镇果园面积1524公顷，果品总产量达到19670吨。

1989—2002年，镇政府加强龙门口水库东干渠防渗改建，用工59.5万个，总投资926.3万元，防渗渠全长17.8公里，全部用水泥砂石浆抹成，为栖霞市第二大水渠，过水流量每秒可达3.5立方米，受益村庄27个，每年输水1000万立方米，有效灌溉面积2666.7公顷，改善观里镇的农业生产条件。建设水库6座，水塘51个，大口井192个，可利用地表水，地下水总量为2000万立方米。塔山节水工程，位于观里镇观里村东塔山周围，由观里、城子沟、慕家庄、大埠4个村组成。区内果园面积333.3公顷，有三级以上扬水站3处，小（二）型水库1座。该工程为固定式微喷工程，灌溉面积333.3公顷。四级扬水到塔山顶蓄水池，水池容量为7630立方米，装机总容量320千瓦，总投资488万元。水利现代化示范项目，位于古村，项目总投资79.9万元，控制面积26.7公顷，利用国内外先进技术和材料设备，采用"集中管理、分散控制"的典型分布式监控系统，达到传感器测报田间土壤含水量，实现各个轮灌区的电磁阀的自动启闭，项目达到国际先进水平。

2002年修复后的龙门口水库干渠

1986年前，观里镇仅有3家镇办企业、10家村办企业，工业总产值150万元。为提高企业活力，增加经济效益，1995年以后，镇政府以拍卖、承包、租赁、股份制等的方式，逐步完成镇办、村办工业企业的改制工作。1995年3月开始，将机床电器配件厂、镇建筑公司、新安罐头厂、龙口粉丝公司、吴家泊冷风库等企业租赁给个人经营。

为壮大企业规模，吸引镇外资金，观里镇规划建设面积5平方公里的工业园区，进园企业享受市经济园区的优惠政策，到2002年，已有国内外21家企业进园经营。其中，烟台市塔山果蔬冷藏有限公司，总投资3000万元，设计储量6000吨，占地2万平方米，地处海莱公路南，是一个集冷藏、加工为一体的综合性食品企业，系观里镇塔山万亩无公害苹果示范基地的龙头企业。烟台金茂食品有限公司，中美合资企业，总投资400万美元，占地5万平方米，建筑面积21600平方米，地处同三高速公路栖霞南出口和海莱公路南侧，是一个集种植、生产加工、冷藏、销售为一体的综合性食品加工企业。韩国花廊牧场有限公司，韩国独资企业，地处方山脚下，占地3.8公顷，总投资140万美元，主要从事肉食牛养殖加工，存栏规模为2000头，规划规模年育肥架子牛5000头。烟台大光公司，韩国独资企业，总投资80万美元，建筑面积2000平方米，主要生产活塞杆、热处理轴、直线轴承等高科技产品。栖霞市绿源有机肥料有限公司，是由栖霞市农业局、栖霞万达投资有限公司投资建设的新型农作物肥料加工厂，总投资500万元，企业占地1.3公顷，年产有机肥5000吨，该产品采用玉米棒、豆腐渣、鱼粉、花生皮加鸡粪，经生物发酵而成。

制造加工业是该镇一个特色产业，全镇共有果袋加工厂20户、“热得快”热水器加工厂10户、电热敷疗器制造厂1个、网套厂5个、纸箱厂15个，并出现水泵、洗衣粉、果品加工、粉丝加工、羊毛衫加工、蔬菜加工、畜禽加工等专业户。2002年末，全镇完成工业增加值10774万元，利税1974万元，完成进出口总值300万美元，合同利用外资210万美元。

小城镇建设步伐进一步加快，1999年，镇政府对驻地观里村主要街道和华山耩至小观段公路路面进行硬化，共收到全镇社会各界人士捐款80万元。硬化路面8万平方米，总投资300万元。2001年，由镇政府统一规划、施工，在镇政府驻地周围开发商用、住宅两用楼房30000平方米。2002年，全镇建有商业、饮食业、服务业等各类服务网点189个，从业人员326人，年营业额3760万元。有集贸市场7个，年商品成交额2060万元。苹果交易市场1个，年成交额5000万元。

**社会事业** 1985年人均纯收入仅为495元，1995年达到1846元。2002年，全镇农村社会养老保险业入保13000人，最低生活保障困难人员117人，年保障金13000元，优抚对象421人，年优抚金820000元。全镇人均纯收入2800元，存款余额2440万元。拥有电视机11200台，摩托车6101部。人均居住面积20平方米。教育累计总资产达600万元。拥有卫生院1所，在编职工25人，床位30张，固定资产30万元。农村医疗室65个，卫生人员68人。

## 第八节 西城镇

**境域建制** 位于胶东半岛腹地，位于栖霞市境西部。东与城区相接，北与蓬莱市交界，西与寺口接壤，南与观里镇、官道镇、杨础镇相连。总面积115.30平方公里，距市政府驻地5公里。

1984年3月，改小庄人民公社为小庄乡建制。1994年4月18日，撤销小庄乡，设立西城镇，行政区域不变，镇政府驻地小庄村。2002年，西城镇总户数9747户，总人口26951人。

**村　庄** 辖57个自然村、56个行政村：马疃、马嘶庄、小河南、十里堡、庙东夼、小庄、小庙前、小庙后、大庙后、岭西、蓬夼窑、下岘、上岘、南交毛寨、北交毛寨、邹家、回兵崖、徐家沟、周家庄、左家、左家北夼、东陡崖、西陡崖、笏山、任留、任留店、毛家、遇家、西汪沟、东孟家沟、贾家庄、赵家、哨上、百家宅夼、三宿夼、南沙沟、北沙沟、苗家沟、蔡家沟、大河南、李家疃、西楼底、林家寨、史家寨、大坡、槐树底、班山口、北乔家、南路家沟、范家庄、初格庄、仓上、小路家、北路家沟、上马家、下马家、艾前夼。千人以上的村有邹家、笏山。

**综合经济** 西城镇自然条件适宜食用菌生产和葡萄栽培。除果业外，食用菌成为全镇农业经济第二大支柱产业，香菇年产量5000吨，誉为中国北方香菇生产第一镇。2002年建成全市最大的葡萄生产基地。

香 菇（2002年）

葡萄园（2002年）

矿产资源丰富，主要藏矿有高岭土、石墨、黄金、石灰石、磷矿石、石英石、钾长石等。特别是用于陶瓷制品加工的高岭土资源和用途广泛的石墨，贮量大、品质好，具有很高的开采价值。

1985年有耕地3265公顷，1995年减少到2773公顷，2002年增加到3241.5公顷，其中水浇地1141公顷，占35.2%。20世纪80年代末和90年代，经过大规模农田水利基本建设，生产条件有明显改善。拥有水库10座，塘坝68座，总蓄水量550万立方米，总灌溉面积1457公顷，占耕地面积的45%，其中有效灌溉面1015.7公顷，占耕地面积的31.3%。

农业机械化迅速发展，有动力机械2467台，加工机械13部，拖拉机1404台9853千瓦，农用三轮车3358辆，总动力46260千瓦，农用四轮车39辆，总动力2575千瓦，农村科研活动深入开展，镇建立农业技术综合服务中心，56个村全部建立了科技服务组，科技户和示范户发展到800个。1985年粮食总产量9482吨，1995年14326吨，2002年全镇粮食平均亩产238公斤，总产9573吨。花生亩产156公斤，总产2423吨。农业总产值1.29亿元。

全镇封山1866.7公顷，造林2000公顷，四旁植树5万株，栽种果树933.3公顷，林地面积发展到4533.3公顷，人均占有林地2.53亩，林木覆盖率为38.9%。1985年，果品总产量4305吨，其中苹果总产3800吨，1995年，果品总产量24435吨，其中苹果23737吨，2002年果品总产量14806吨，其中苹果14690吨，总收入1500万元。共建仓储库5个，总储存量1.3万吨。生产的“仓富”牌苹果获2001年度国际农业博览会金奖。引进了专业生产苹果套袋的鸿宇纸业有限公司和红宝石纸业公司，年生产能力可达到2亿个；引进了选果、加工于一体的和远果蔬公司。

畜牧以养猪和大牲畜为主。1985年，养猪

18216头，牛3025头。1995年，养猪8856头，牛3742头。2002年以后，镇政府在镇属园艺场规划建设一处占地200亩的综合养殖园。全镇共建成规模养殖场8个（牟国奶牛养殖场、大兴奶牛养殖场、王高狐狸养殖场、衣山清蛋鸡养殖场、回兵崖肉食鸡养殖场、艾前夼蛋鸡养殖场、路福养猪场、牟智养猪场），形成了范家庄奶牛养殖、回兵崖、西楼底、周家庄肉食鸡养殖等6个养殖业专业村。生猪存养量为2362头，育肥4500头，年产猪肉26.5万公斤。牛、羊存养量为3163头（只），其中牛1287头，羊1876只。家禽养殖发展很快，全镇有规模养鸡户48个，养鸡大棚48个。存栏奶牛162头，畜牧业总产值876万元。

1985年以来，着力发展镇办、村办工业，不断加强基础设施建设，递增投入。1986年仅有3个工业企业，总产值107.1万元，1996年增加到6个，工业总产值5070万元。2002年，始创西城工业园，全镇工业企业迅速发展到26家，固定资产达到4160万元，完成销售收入2200万元，实现利税1600万元，形成以栖霞众声工具有限公司为主导的工具制造业，主要产品有系列扳手、管子钳等，产品98%出口，主要销往欧、美、日、韩市场。

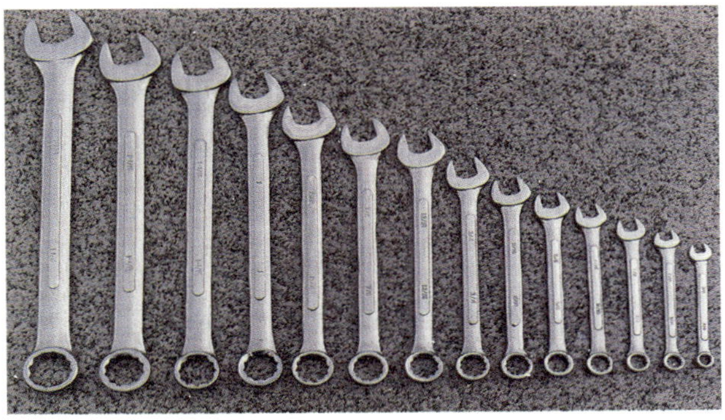

栖霞市众声工具公司生产的扳手（2002年）

绢花产业，已有赵家、下马家两个专业生产村，有加工点39个，从业人员1200人。商业、饮食业、服务业等各类服务网点发展到360个，从业人员2200人，年创产值1800万元，利税750万元，利润700万元。

**社会事业** 1985年西城镇人均纯收入仅504元，2002年人均纯收入达2697元，人均存款余额3300元。全镇拥有电话6000部，电视机9106台，机动车辆8211辆，其中个人拥有8168辆。人均居住面积20平方米。有文化体育场所32处，卫生院（所），床位20张，卫生技术人员40人。村办卫生室56个，卫生人员61人。

1995年10月，镇政府被山东省委、省政府、省军区授予“拥军优属模范单位”。2002年3月，被山东省农业厅命名为“山东省食用菌十大生产基地乡（镇）”。

## 第九节 杨础镇

**境域建制** 位于栖霞城南10公里处，南与莱阳市接壤，东临蛇窝泊镇，北靠西城镇，西与观里镇接界，总面积91.03平方公里。

1956年3月，设杨础区，1958年9月成立杨础人民公社，1984年改为杨础乡，1993年6月1日，撤杨础乡设杨础镇，行政区域不变，镇政府驻地杨础村。2002年，全镇总户数9873户，总人口28491人，其中农业人口27175人。

**村　庄** 辖50个自然村，50个行政村：杨础、庄头、东富源、西富源、南富源、衣家庄、王家庄、佛落顶、马耳崖、二十里堡、岔河、吉格庄、刘家沟、口子后、西柳、东柳、埠头、花园、吕家黄口、王家黄口、衣家黄口、杜家黄口、南林家、杨家圈、西范家、常家沟、史家疃、芦子泊、邢家庄、东刘家、孙家坡、丁家寨、古宅崖、鹭翔、榆格庄、文口、宅科、西李家庄、太西、上渔稼沟、下渔稼沟、解家沟、太平庄、小庄铺、西马家沟、中马家沟、榆柳前、沙峨、阳谷、东李家庄。

千人以上的村有杨础、吉格庄、榆格庄。

**综合经济** 杨础镇以农业为主。1985年全镇有耕地3765公顷，粮食总产量12433吨，花生5495吨。1995年，有耕地3598公顷，粮食总产量21393吨，花生6631吨。2002年，粮食作物种植面积3755公顷，总产量10449吨，花生1212公顷，总产量3006吨。拥有水库12座，塘坝99座，总蓄水量460立方米。有动力机械4600台，加工机械380部，拖拉机3600台，农用三轮车1420辆，农业机械总动力50467千瓦。

杨础镇山多树密，2002年末，全镇封山333.3公顷，造林3000公顷，四旁植树12万株。栽植果园3000公顷，总产1.5亿公斤，总收入11988万元。其中苹果2000公顷，总产1亿公斤，占果品总产量的89%，总收入9068

食用菌大棚（2002年）（图一）

万元，桃李干果等1000公顷，总产5000万公斤，总收入2920万元，共建冷风储库3个，总储存量1万吨。

畜牧业以大棚养鸡、养猪、奶牛为主。发展大棚养鸡专业村6个，大棚1000多个，存栏鸡300万只，规模奶牛养殖场4处，养奶牛600头；生猪存养量为2100头，育肥2000头，年产猪肉1.03万公斤。

食用菌种植起步早，发展快，现已建成食用菌研究所一处，食用菌有香菇、鸡腿菇、姬菇、平菇、白灵菇、鲍菇等几十个品种，养植大棚达4000多个。

工业发展逐见成效，1986年前，有镇办工业6处，总产值186万元；1996年，有工业企业4处，个数虽然减少，但工业总产值却达到4095万元。2002年，工业企业发展到7家，多为个体私营企业，固定资产810万元，产品销售收入1100万元，实现利税270万元。

**社会事业** 1985年全镇人均纯收入仅为522元，电话、电视机等寥寥无几。到1995年，人均纯收入达到1847元，2002年达到3060元。全镇拥有电话1万多部，电视机8000多台，机动车辆23463辆，其中摩托车1961辆，农用三轮车14200辆。全镇集体总收入10万元以上的村有15个，50万元以上的村1个。建有商业、饮食业、

食用菌包装外销（图二）

服务业等各类服务网点156个，从业人员468人，年零售额2496万元，实现利税122万元，分别比1985年增长500%。集贸市场6处，年商品成交额1230万元。辖区内有市第三人民医院（杨础中心卫生院），床位99张，有农村卫生室50个，卫生人员50人。

## 第十节 庙后镇

**境域建制** 位于栖霞市境东北部，东临烟台市福山区和栖霞市桃村镇，南与唐家泊镇相接，西临亭口镇，北界市经济开发区。总面积85.36平方公里。距市政府驻地23公里，路程约31公里。

1958年9月成立庙后人民公社，1984年3月改庙后人民公社为庙后乡建制。2000年5月18日，撤消庙后乡设立庙后镇，行政区域不变，镇政府驻地庙后村。2002年，全镇总户数8201户，总人口21791人。

**村 庄** 辖33个自然村，33个行政村：庙后、蒋家、回龙夼、高家沟、黑夼、虎斑石、上林家岘、下林家岘、许家台、后许家、枣园、山西夼、草格夼、骂阵口、祝家夼、寨头、上汪家夼、龙湾、下汪家夼、前罗坡、后罗坡、上林家、栾家庄、李博士夼、杨家夼、上郝夼、下郝夼、楼底、五林庄、楼西夼、下孙家庄、姜家沟、上孙家庄。

成品滑石粉（2002年）（图一）

滑石粉外运（图二）

千人以上的村有祝家夼、上林家、枣园、庙后。

**综合经济** 庙后镇资源丰富，是栖霞第一富矿区，矿产资源主要有滑石、黄金、钾长石、石灰石，储量大，含量高。其中滑石储量尤为突出，系全国三大滑石主产区之一，年滑石粉输出量50万吨，滑石120万吨，总储量约为2000万吨以上。1987年12月，栖霞县滑石粉公司生产的雪光牌DC—1电缆用滑石粉经山东省标准计量局批准准予使用优质产品标志，产品先后被评为山东省优质产品、农业部优质产品。

1992年1月，栖霞县滑石粉公司经中华人民共和国农业部检查验收达到国家规定的企业推行全面质量管理标准。

2002年末，全镇有耕地1528公顷，其中水浇地1000公顷，占67%；丘陵地528公顷，占33%。拥有小（一）型水库一座，小（二）型11座，塘坝33座，总蓄水量566.3万立方米，有效灌溉面积占耕地面积的67%。拥有动力机械4146台，总动力17948千瓦。粮食总产量6084吨，花生总产量1105吨。全镇封山2547公顷，造林55公顷，“四旁”植树10.5万株，栽植果树1298公顷，林地面积发展到4408公顷，人均占有林地3.13亩。拥有果园1328公顷，总产53100吨，总收入13976万元。其中苹果总产52300吨，占果品总产量的98%。

庙后是胶东半岛最大的大樱桃生产基地，种植面积达812.5公顷，素有“大樱桃之乡”的美誉。大樱桃面积866.7公顷，总收入1亿元；桃李干果等114公顷，总收入60万元。共建仓储库10个，总储存量4020吨。

樱 桃（2002年）

樱桃连体大棚（2002年）

畜牧业生产以养猪和大耕畜为主。1985年大牲畜存栏624头，猪8903头；1995年，大牲畜存栏1866头，猪6696头；2002年生猪存养量为7140头，育肥8940头，年产猪肉357.5万公斤，大耕畜存养量510头。

庙后镇矿产资源丰富，工业生产主要以矿产开发为主。1986年有乡办工业企业8家，总产值1456万元，1996年有工业企业6家，总产值16910万元；2002年，全镇工业企业发展到45家，固定资产4774万元，工业总产值7720万元，实现利税209.27万元。滑石产量达120万吨，畅销23个省市和13个国家和地区，外商投资企业2家，实际利用外资80万美元，全年完成进出口总值100万美元。

1985年，社会商品零售额为2.5万元，实现利税0.1万元，共有商业、饮食业、服务业等各类服务网点3个，从业人员10人。到2001年发展商业、饮食业、服务业等各类服务网点179户，从业人员317人，年零售额18037万元，实现利税1260万元，建设集贸市场3处，年商品成交额490万元。

**社会事业** 1985年，庙后乡人均纯收入549元，人均存款额105元，全乡仅有电话65部，电视机155台，机动车238辆。1995年人均纯收入1634元，2002年达到3200元，人均存款额2500元。拥有电话7000多部，电视机8600多台，机动车辆6563辆，其中摩托车1200多辆，农用三轮车2363辆。全镇集体总收入50万元以上100万元以下的村6个，100万元以上的村17个。人均居住面积30平方米。拥有卫生院1个，床位35张，卫生技术人员60人，农村医疗室33个，卫生人员65人。

## 第十一节 唐家泊镇

**境域建制** 位于栖霞城东南，牙山西麓，东邻桃村镇，西靠蛇窝泊镇，南与海阳市接壤，北与亭口、庙后镇相连。总面积达139.74平方公里。镇政府驻地距市政府驻地17公里，路程约为24公里。

1958年9月，成立唐家泊人民公社。1984年3月改唐家泊人民公社为唐家泊镇建制，行政区域不变，镇政府驻地唐家泊村。2002年，全镇总户数10753户，总人口29401人。

**村 庄** 辖67个自然村，67个行政村（1988年1月将原东八田村分为东八田和生木树后2个行政村）。

分别为：唐家泊、泽头、东宋庄、庙埔、十八间、河东崖、下牛蹄夼、上牛蹄夼、下张家、尹家庄、上张家、北马家、东孙家、中三叫、西三叫、南徐家庄、赵家沟、八字沟、尹家沟、上八田、东八田、西八田、生木树后、东三叫、大中疃、东中疃、石门口、东小柴、西柴沟、大柴、柴西山、迎门口、西五叫山、东五叫山、榆山后、帽堺家、东楼底、柳连河、东柴沟、大泊子、泊子北庄、车家泊子、上庄、田里、后野、西上寨、东上寨、刁崖前、台下、西野、东野、下哨、上哨、后哨、芋东岙、刁崖后、北徐家庄、下茅屋夼、上茅屋夼、李家庄、麻地、下阁子、上阁子、阁子东沟、逍家夼、徐家疃、牙后。

千人以上的村有唐家泊、泽头、东五叫山。

**综合经济** 境内资源十分丰富，有森林5000公顷，优质富士苹果933.3公顷，大樱桃、板栗、核桃、冬枣等干杂果466.7公顷。盛产优质苹果、大樱桃、核桃、板栗和黑山羊。还有金、银、铅、锌、钼、花岗岩等30多种矿产资源，其中花岗岩储量200亿立方米，矿体大多裸露地表，石材产品远销德国等二十多个国家和地区。

1985年，全镇有耕地3508.2公顷，水浇地占33.9%。粮食总产量为12110吨，平均亩产228公斤；花生总产量为1255吨，平均亩产120公斤。农村经济总产值为3423万元，人均纯收入661元。农用机械1679台，其中动力机械903台。1995年有耕地3218公顷，粮食总产量21362吨，花生总产量3415吨；2002年，粮食总产量为16296吨，平均亩产为313公斤，花生总产量为3768吨，平均亩产229公斤，农业总产值15930万元，人均纯收入3637元，分别比1985年增长76%，451%，农业机械7180台，总动力84143千瓦。

全镇封山3600公顷，栽果树1400公顷，绿化荒山植树933.3公顷，共拥有森林5000公顷，人均占有耕地2.5亩，森林覆盖率达55%，林业收入141万元，人均收入47元。

牙山林区（2002年）

全镇果品总产量28165吨，总收入2970万元，人均1050元，共建冷藏库7座，总储量12000吨。

山高林密，十分适宜畜牧业发展，1985年畜禽养殖以猪、兔、羊和大耕畜为主，大牲畜存栏2691头，猪存栏15387头，总产值1127万元。1995年，大牲畜存栏3976头，猪存栏8856头。2002年以后，先后建设东野2万只蛋鸡养殖小区、下阁子特色养殖园（以梅花鹿、雉鸡、肉用犬为主）和牙山黑山羊养殖基地（黑山羊达10000只），畜禽养殖总产值达7700万元。

1986年拥有镇村两级工业企业51家，其中镇办企业8家，固定资产518万元，销售收入9700万元，实现利税253万元。1996年镇办企业减少到3家，工业总产值却达到7551万元。随着改革开放的不断深入，企业活力逐渐得到提升，至2002年，全镇有工业企业13家，固定资产2270万元，年销售收入24607万元，实现利税790万元，实际利用外资61万美元，年进出口总值120万美元。

**社会事业** 1985年人均纯收入661元，人均存款420元。全镇仅有电话81部，电视机86台，机动车255辆；1995年人均纯收入2014元，2002年人均纯收入达到3637元，人均存款3600元。拥有程控电话6600多部，手机1680多部，电视机8035台，机动车6725辆。农用三轮车3174辆，摩托车1126辆。全镇集体收入5万元以下的村有

30个，5万元至10万元的村有33个。

1993年以来，先后投资1100余万元，建设正规中学一处，面积达10000余平方米。有栖霞市人民医院分院一所，医务人员28人，门诊科室、职工宿舍建筑面积1450平方米，病房床位20张。

2002年，投资210余万元，新建门诊病房楼和职工宿舍楼，总建筑面积达3600多平方米。医务人员增加到50人，开放床位52张。下设村级医疗卫生室55个，医务工作人员55人，固定资产达410多万元。

## 第十二节 松山镇

**境域建制** 位于市境北部，艾山东麓，北靠蓬莱市、臧家庄镇，东邻亭口镇，南与庄园街道办事处、翠屏街道办事处相接，西部与西城镇相连。总面积136.78平方公里（含科技工业园5.7平方公里），距市政府驻地10公里。

1951年设乡，1958年成立松山人民公社，1984年3月改松山人民公社为松山乡建制。同时，金山乡由松山乡析出。2000年5月，撤销松山乡和金山乡，设立松山镇，金山乡行政区划并于松山镇。镇政府驻地松山村。2001年10月8日，栖霞市人民政府在松山镇政府驻地设立“栖霞市科技工业园”，从松山镇划出土地5.7平方公里，2002年12月与栖霞经济开发区合署办公。2002年，全镇12610户，总人口37090人。

**村　庄** 辖54个自然村，52个行政村。分别为：公山后、庵里、赤巷口、兴利、朱元沟、虎龙口、裕富庄、松山、龙村、下紫现头、上紫现头、母山后、郝家楼、东战家、枣林庄、下艾口、上艾口、艾山汤、吕家埠、曲林庄（自然村）、北衣家庄、史家、留家、代家、兆甲沟（自然村）、虎山、汉桥、新店、后铺、前铺、东鹿头、西鹿头、铺子夼、南庄、东北庄、大北庄、金山店子、金山、金山台、金山泊子、河南夼、南寨、桑家庄、东马耳夼、盘子涧、下桑树夼、上桑树夼、百里店、豹山口、山北头、隋家集、客落王家、客落邹家、客落潘家。

千人以上的村有汉桥、艾山汤、裕富庄、龙村、郝家楼、豹山口、松山。

**综合经济** 松山镇东西陕长，约22公里，东西两侧属山区，中部向北倾斜为丘陵。旅游胜地艾山位于境内，著名的艾山温泉坐落在艾山脚下。这里山峰峭立，绝壁如削，沟狭涧深，林海松涛，集险、奇、幽、秀于一体，初春杜鹃盛开，万树吐绿映红霞；盛夏槐花漫天，群山叠翠飘香雪；金秋果满枝头，万紫千红溢果香；深冬凌寒挂树，银装素裹衬松翠，是名副其实的“人间仙境”后花园。

温泉雪景（2002年冬）

艾山索道（2002年）

1985年，全镇有耕地2322公顷，粮食总产量10474吨，花生总产量1982吨。1995年，有耕地2152公顷，粮食总产量16918吨，花生总产量2010吨。2002年有耕地3206公顷，其中山地106.7公顷，丘陵地2565公顷。粮食播种面积2784公顷，粮食总产4471吨，花生播种面积835公顷，总产1885吨。拥有水库14座，塘坝46座，总蓄水量7725.1万立方米，有效灌溉面积为1795公顷，占总耕地面积的56%；动力机械总动力42367千瓦。封山育林613公顷，四旁植树28.8万株，林地面积发展到2652公顷，人均占有林地1.1亩，林木覆盖率50%。发展果园2558公顷，总产53012吨，总收入4000多万元，其中苹果2524公顷，总产51804吨，占果品总产量的98%。

畜牧业生产以饲养猪、牛、羊为主，1985年，大牲畜存栏921头，猪存栏10142头；1995年，大牲畜存栏2510头，猪存栏7344头；2002年生猪存养量为19230头，育肥25070头，牛存养量4590头，羊存养量5330只。

工业生产以水泥、水泥制品和黄金为主。1986年，有工业企业3家，总产值278.1万元，1996年，工业总产值达到7850万元。

2002年5月，松山镇党委、政府引进烟台瑜纲电缆材料有限公司，创建栖霞市宏都水泥制品有限公司。该公司租赁郝家楼村土地26000平方米，合同期为30年，属独资企业，注册资金600万元，年销售收入可达2500万元。镇水泥厂年产水泥40万吨，销售收入800多万元。年产黄金610千克。2002年8月，成立烟台新鼎生物科技有限公司，该公司主要生产有机肥，年产有机肥1万吨，投资110万美元，产值可达1200万元。

到2002年末，全镇共有工业企业19家，固定资产3200万元，销售收入1.8亿元，实现利税1654万元。

栖霞市松山工业区一角（2002年）

1985年，社会商品零售额为680万元，实现利税54.4万元，共有商业、饮食业、服务业等各类服务网点6个，从业人员40人。2002年，共有商业、饮食业、服务业等各类服务网点200个，从业人员460人，年零售额1680万元，实现利税134.4万元，建设集贸市场7个，年商品成交额840万元。

**社会事业** 1985年松山乡人均纯收入仅559元，人均存款额1674元，仅有电话106部，电视机540台，机动车1826辆，1995年人均纯收入达到2043元，2002年达到3226元，人均存款额2900元。全镇拥有电话1万余部，电视机13800台，机动车9000多辆，机械总动力117105千瓦。

全镇集体总收入10万元以上的村有6个，50万元以上1个，100万元以上7个。拥有卫生院2所，床位16张，卫生技术人员22人，农村医疗室50个，卫生人员52人。

## 第十三节 亭口镇

**境域建制** 位于市境东北部，北靠臧家庄镇，东邻庙后镇，南与唐家泊镇、蛇窝泊镇和翠屏街道相接，西部与松山镇相连，总面积151.32平方公里，距市政府驻地20公里。

1984年3月，改亭口人民公社为亭口镇建制。同时，占疃乡由亭口镇析出。1995年11月，撤销占疃乡，行政区划并于亭口镇。2002

年末，全镇总户数13670户，总人口35938人。

**村　庄**　辖68个自然村，68个行政村。分别为：寨山夼、曲里、刁家、上门楼、下门楼、上杏家、下杏家、田家、杏家庄、凤山、引驾夼、泉水夼、峨夼、大杨家、小杨家、南佛家、生木树岙、前炉房、后炉房、鲍家泊、小马夼、北台、黄家沟、上谢家、下谢家、蓝蔚夼、苗子夼、车夼、蓬夼、上高家、南埠、寨里于家、宋格庄、上生铁刘家、下生铁刘家、徐村、黄土壤、京甲、枣林、陡崖、石口子、荆家岙、洛土相、上土屋、下土屋、獐尔夼、解家口、前亭口、后亭口、上塞口、下塞口、中村、野芝口、李家圈、上瑶沟、下瑶沟、上石佛、下石佛、杨格庄、路住家、占疃、柳夼、复兴、小马家、东安、马家窑、衣家、林家庄。

千人以上的村有下门楼、解家口、黄土壤、徐村、杏家庄。

**综合经济**　亭口镇南北陕长，约22公里，四周属山区，中部低洼，形成小盆地地貌。东北有庙顶山脉向南北延伸，海拔599.2米，为亭口最高峰，西境有攻险顶山脉，南境有大夭、赵树顶山脉。山东河境内长20公里，起源于林家庄西大夭和南佛家西老庙顶，流经曲里、亭口、石口子、徐村、京甲等村，北入白洋河。

1985年，全镇耕地3416公顷，粮食总产量17316吨，花生总产量2918吨；1995年有耕地2991公顷，粮食总产量23968吨，花生总产量3018吨；2002年有耕地2817公顷，粮食播种面积3415公顷，粮食总产11092吨，花生播种面积858公顷，总产1563.5吨。拥有小（一）型水库2座，塘坝218座，总蓄水量1131万立方米，有效灌溉面积为1658公顷。有动力机械1.7万台，加工机械2000部，拖拉机3000台，农用三轮车1.4万辆，农业机械总动力35440千瓦。

亭口镇山青林密，林木覆盖率64%。2002年末，拥有林地3431.4公顷，疏林地1公顷，固定苗圃1公顷。栽植果园1965公顷，总产70398吨，其中苹果1884公顷，总产69772吨，占果品总产量的99%。

优质果园（2002年）

全镇畜牧以饲养猪、牛、羊为主，1985年，大牲畜存栏1577头，猪存栏19657头，羊1076头；1995年，大牲畜存栏2788头，猪存栏12960头，羊5750只；2002年生猪存养量为20000头，育肥6700头，年产猪肉50万公斤，牛存养量1800头，羊存养量978只。家禽养殖发展很快，全镇有产蛋鸡26万只，年产蛋300万公斤，长毛兔0.7万只。

亭口镇1986年有工业企业7家，总产值仅为381万元，1996年有工业企业5家，总产值达到5990万元。2002年，全镇工业企业2家，固定资产1000万元，总产值3000多万元。

**社会事业**　1985年，亭口镇人均纯收入495元，1995年，人均纯收入达到2037元，2002年达到3560元。拥有卫生院1所，床位46张，卫生技术人员19人，农村医疗室66个，卫生人员69人。

## 第十四节　翠屏街道

**境域建制**　位于栖霞市城区中心，北面与庄园街道以市府路为界，东北与松山镇相接，东与亭口镇毗连，南分别与蛇窝泊镇、杨础镇相接，

西临西城镇。总面积约85.91平方公里。

1958年，以城厢镇为基础成立城镇人民公社，1981年撤公社成立城关镇。1984年撤城关镇，分别设立栖霞镇人民政府和刘家河乡人民政府（含原杨础人民公社5个村，釜甑村、大河北村、前阳窝村、后阳窝村、小河北村）。1995年12月，撤销刘家河乡，其所辖区域划归栖霞镇。2000年12月，撤销栖霞镇，分别设立翠屏街道和庄园街道。翠屏街道行政区域为原栖霞镇市府路以南，翠屏街道驻地市区。2002年末，翠屏街道总户数为20028户，总人口数为51713人。

**村　庄**　辖55个自然村，55个行政村：城关村、枣行村、南二里店、南三里店、石家庄、五里后、南七里庄、十里庄、宋家沟、西二里店、西三里店、林家亭、小东沟、大霞址、小霞址、南丁家沟、万家沟、慕先庄、榆林庄、郭落庄、瓦屋、大雾滋夼、小雾滋夼、东南店、店西沟、南石岔、业家埠、老龙湾、大灵山、小灵山、大流口、小流口、城东沟、南林家庄、刘家河、上孙家、衣家泊子、石盒子、七里桥、前阳窝、后阳窝、大河北、小河北、釜甑、黄家庄、牟家庄、黄燕底、后张家庄、十甲、栗林、黑陡硼、罗家、上刘家、上曲家、北夼。

千人以上的村有城关、釜甑、枣行。

**综合经济**　翠屏街道地形呈东西长，南北窄，接近于一个不规则的长方形。具有典型的低山丘陵地貌特点，最高山头为北夼村与亭口镇交界的庙顶山，海拔599.2米，最低处是跃进路百货大楼处，海拔仅为44.7米，极差为554.5米。主要有北夼河、石盒河、小灵山河、郭落庄河、大霞河5条河流。

1985年，原栖霞镇有耕地3902公顷，粮食总产量13620吨，花生总产量4498吨；1995年，原栖霞镇有耕地3284公顷，粮食总产量14882吨，花生总产量3209吨；2002年，翠屏街道有耕地1919公顷，粮食播种面积1748公顷，总产量2794吨，花生播种面积434公顷，总产1055吨。全街道共有水库8座，其中小一型水库2座，小二型水库6座，塘坝19座，总蓄水量471.2万立方米，灌溉面积224公顷。有动力机械2万多台，拖拉机484台，三轮车11584台，总动力26464千瓦。

1990年，原栖霞镇人工造林面积为187公顷，林地面积达到5233公顷，人均占有林地面积1.5亩，森林覆盖率为34.3%。

到2002年，翠屏街道森林覆盖率为49.5%，人工造林面积为124公顷，林地面积达到4256公顷，人均占有林地面积为2.3亩。拥有果园1385公顷，总产量22648吨，其中苹果占果品总产量的97%，总收入1760万元；桃李等干果20公顷，总收入80万元。共建仓储库7个，总储存量17万吨。生猪存养量7180头，年产猪肉1274吨。大耕畜存养量2950头，其中牛占99%。有牧群12个，放牧牛羊260头（只）。家禽养殖发展很快，全街道有产蛋鸡46.7万只，年产蛋273万公斤；兔存养量2500只，半年出栏肉兔150只，兔肉产量370公斤，兔毛产量250公斤；年产牛奶47吨。有淡水养鱼水面20公顷，已利用14公顷，共捕捞各种鲜鱼1万公斤。

1985年，原栖霞镇村办工业企业共有81家。其中镇办工业企业5家，村办工业企业76家，全镇工业年实现产值3879万元，从业职工2422人。原刘家河乡村办工业企业有3家，年实现产值1520万元，实现利税150万元。从业人数183人。

2000年，栖霞镇(含原刘家河乡)共有工业企业106处，固定资产2.8亿元。年末从业人数6090人，年实现产值6.5亿元，实现销售5.8亿元，实现利税5100万元。外商投资企业3家，实际利用外资350万美元，年可实现出口创汇2050万美元。工业产品主要以印染制品、选矿药剂为主，产品主要销往东南亚、日本、俄罗斯等国家和地区。

2002年8月，翠屏街道创办栖霞市民营经济园，下设4个“园中园”：城关园区、商贸园区、民营园区、城西园区，全面发展民营经济。

翠屏经济园共有企业136家，固定资产3.4亿元，年实现产值6.8亿元，实现销售收入6.4亿元，实现利税5800万元。外商投资企业4家，实际利用外资1240万美元，年实现出口创汇2400万美元。其中，民营经济园区引进落户项目85个，形成以金明制衣、桃源艺品、东方纺织为主的针织服装艺品产业；以通润液压、大力矿山、宏伟冲压为骨干的机械加工业；以奥威酒业、海裕酒业、海邦食品为龙头的食品加工业；以瑞隆达包装、金鹏包装、大地纸业为骨干的包装材料产业四大支柱产业。

民营经济园一角（2002年）

1985年，原栖霞镇共有商业、饮食业、服务业等各类服务网点105个，从业人员210人，集贸市场1处，商品成交额为150万元。1995年，原刘家河乡共有商业饮食业服务业等各类服务网53个，从业人员105人，集贸市场1处，商品成交额为65万元。2002年，翠屏街道共有商业饮食业服务业等各类服务网点504个，从业人员1018人。

**社会事业** 1985年，原栖霞镇人均纯收入611元，全镇仅有电话13部，电视机51台，机动车183辆。1995年人均纯收入达到2135元；2002年，翠屏街道人均纯收入增加到2900元，拥有电话1.05万部，电视机1.1万台，机动车辆18000辆，其中摩托车6000辆，农用三轮车9000多辆。经济总收入亿元以上的村1个，千万元以上的村有4个，500万元以上的村5个，100万元以上的村30个，50万元以上的村5个。中学、小学建成实验室15个，图书阅览室13个，多媒体教室2处。微机总数达300多台。全街道共有烟台市规范化学校4所，烟台市一类幼儿园3所，烟台市电化教学示范学校1所。小学生入学率、巩固率、合格率均为100%，初中生入学率100%，巩固率达99.7%。卫生院拥有床位20张，专业技术人员38人，农村医疗室81个，卫生人员81人。

## 第十五节 庄园街道

**境域建制** 位于栖霞市区北部，南与翠屏街道相接，西与西城镇相邻，东、北界松山镇，总面积71.2平方公里。

2000年12月撤销栖霞镇，分别设立庄园、翠屏两个街道，庄园街道位于市区西北部，驻地市府路西端。2002年，庄园街道总户数17463户，总人口51912人。

**村　庄** 辖45个自然村，45个行政村：古镇都、邢家疃、郝家疃、王格庄、主格庄、陈家、牟家、上宋家、留家沟、后夼、北七里庄、栾家夼、草庵、草夼、小卧龙、大卧龙、观东、徐家洼、北张家沟、侯家沟、北丁家沟、十里铺、宫后、葛家沟、和尚庄、杜家庄、盛家、孙马庄、马家疃、高家、河南、河北、路家、范家、北林家庄、鞠家、娄家、黄夼吕家、北岩子口、南岩子口、河口、谢家沟、小石岭、老树夼、马耳夼。

千人以上的村有古镇都、后夼。

**综合经济** 庄园街道略成方形，地势较高，山峦重迭。2002年，农村共有耕地1290公顷，农作物总播种面积2219公顷，粮食总产量2800吨，花生总产量1125吨。拥有水库3座，塘坝9座，总蓄水量720万多立方米，有效灌溉面积215.98公顷，占耕地面积的15.6%。

农业机械化迅速发展，全街道有动力机械5300台，加工机械260部，拖拉机1300台，农用三轮车3400台，农业机械总动力23882千瓦。建设蔬菜大棚332个，年产各种蔬菜260万公斤。

庄园街道西北部地处山区，山多地少，山峦重迭，发展林业、果业、畜牧业有得天独厚的条件。2002年，林木覆盖率52.1%，全区封山育林41公顷，林地面积发展到1687公顷，占地120公顷的旗杆山林场是庄园街道和市政府重要的林木生产基地。

繁花盛开的旗杆山林场（2002年）

庄园街道45个村庄大部分依山而居，发展果园962公顷，总产18874吨，总收入2000多万元。牛存栏3020头，生猪存养量7870头，年产猪肉1152吨，山羊出栏数2380只，年产羊肉43000公斤，蛋鸡45.9万只，年产蛋527.9万公斤。

庄园街道为新建置，工业企业发展起步晚，为加快工业发展，2002年，将南岩子口村以西至范家村东南一带40公顷土地确定为“庄园工业村”建设用地，着力发展庄园街道经济，启动项目21个，建厂房11座，投资总额9100万元，合同利用外资65万美元，实际利用外资40万美元。建有商业、饮食业、服务业等各类服务网点492个，社会商品零售额22600万元，实现利税4520万元，从业人员3000多人。2002年，财政收入达到503万元。

辖区内共有各类学校7所，其中市直属中学2所，即栖霞二中和大庆路中学。街道直属学校5所，在校学生2150人。

## 第十六节　经济开发区（白洋河工业园）

**境域建制**　栖霞市经济开发区位于市域东北部，东与福山区毗邻，北与蓬莱市、烟台开发区接壤，西邻臧家庄镇，南与亭口镇、庙后镇相接，总面积60.98平方公里。

开发区原为臧家庄镇辖区，1984年3月，在中桥村驻地设立中桥乡，1992年9月，撤中桥乡设中桥镇，2000年12月撤销中桥镇，行政区划并入臧家庄镇，2002年3月，原中桥镇规划为白洋河工业园。2002年9月，白洋河工业园与臧家庄镇行政分设。

1992年12月，设立山东省栖霞经济开发区，正式组建于1993年10月，原名称为栖霞外向型工业加工区管理委员会，为市政府派出机构，规格为副县级，与原中桥镇合署，同时设立栖霞外向型工业加工区工作委员会，为市委派出机构。2000年12月，加工区办公地址由原中桥镇迁至栖霞城区南郊。

山东栖霞经济开发区一角（2002年）

2002年6月，栖霞外向型工业加工区管理委员会改称山东省栖霞经济开发区管理委员会，同时栖霞外向型工业加工区工作委员会改称栖霞经济开发区工作委员会；2002年12月，与栖霞市科技工业园合署办公，办公地址由栖霞城区南郊迁至松山镇，后迁至中桥村（原中桥镇政府驻地）。代管35个自然村，34个行政村：前高格庄、后高格庄、骚志、董家沟、西杏山、曹家庄、东杏山、尚友、小夼、东山、东夼、前法卷、后法卷、御驾沟、小潘家、大潘家、姚家庄、油家泊、朱家、燕地、大辽、小辽、洼子、胡珠泊、下泊子、后泥沟、中泥沟、前泥沟、大北桥、东北桥、吕家庄、中桥、南桥、泗水、水道观。姓氏以林、王、吕为多。

**基础设施建设**　始于1984年原中桥镇成立之时，当时规划面积较少，发展也不快。到2002年成立白洋河工业园时，基础设施才拉起大的框架。当年完成起步区1.5平方公里的地形测量并绘制成图，开通两纵四横六条总长3.8公里主干路，实现水、电、路、有线电视、通信等“五通一平”，完成建筑面积1.3万平方米的标准厂房和配套办公房及6.67公顷广场绿地；投资230万元，对园区驻地总长3.4公里的五条主要街道进行拓宽、硬化、美化，基础设施投资达3200万元，建成商品楼11000平方米。落实招商项目18个，其中外资项目6个，实现投产项目6个。合同利用外资1100万美元，吸引国内资金3.8亿元人民币、110万港币。

到2002年，累计投入基础设施配套建设资金4200万元，建成区面积8平方公里。

**项目引进**　开发区引进50个高技术项目，并且都已投入生产或建设。到2002年末，合同利用外资4700万美元，实际利用外资2148万美元，支柱产业为电子、电机、食品、纺织、机械、包装以及玻璃制造等。

项目引进起初以当地资源加工为主，后逐步向其他领域拓展。开发区境内具有丰富的石灰石资源，石灰石储存量达4亿多吨，主要分布在高格庄、燕地、马院山等村；围绕石灰石资源，园区内成立3家水泥生产企业。

张裕玻璃瓶生产车间（2002年）

东山电机生产车间（2002年）

东源水泥有限公司是由烟台东源电力集团、烟台供电公司所辖9个县(市、区)供电公司、栖霞市国有资产经营公司共同投资兴建的，总投资4.5亿元，年生产高标号水泥150万吨。该项目于2002年10月开工建设，年产值达到3亿元，利税8285万元。

东源水泥厂外景（2002年）

宝桥锦宏水泥有限公司始建于1970年，1994年与香港新世界合资，拥有总资产1.8亿元，年生产优质水泥42万吨，2002年12月改制为私营企业。

三菱水泥有限公司烟台三菱水泥有限公司是由日本三菱综合材料株式会社、日本三菱商事株式会社、日本株式会社组合贸易、国际金融公司独资建设的水泥企业，始建于1992年，1995年投产，总投资1.35亿美元，注册资金4809.6万美元。该公司拥有一条日产3400吨熟料、年产110万吨水泥生产线，并投资1亿元人民币装备有世界一流水平环保设备。公司年实现税收3000万元。

1994年开始，经济开发区重视发展外资企业，当年引进烟台新明电机有限公司、烟台城进铸造有限公司、烟台半岛机械有限公司等韩资企业。新明电机有限公司是由韩国新明电机株式会社投资兴办的独资企业，注册资金300万美元，总投资500万美元，主要生产、销售80多个品种、规格的电动机，年产电动机15万台，产品通过了ISO9001年质量体系认证，全部出口韩国、美国、日本等国家，年产值600万美元，利税120万美元，是栖霞市出口创汇重点企业。

**经济效益** 2002年末，开发区固定资产投资达到36450万元，批准进区项目50多个，其中利用外资项目12个，项目总投资11.2亿元人民币，工业产品销售收入48879万元，工业企业总产值

62671万元，工业增加值18354万元，利税8309万元。

**农村基本情况** 2002年末，辖区内有耕地面积1700公顷，其中粮田面积1260公顷，果园面积440公顷，山岚面积1180公顷，林业覆盖率为36%。

农村总户数为7800户，总人口为23000人，其中农业人口22000人，非农业人口1000人。人口密度约为每平方公里393人，人口出生率6.87‰，自然增长率为-1.17‰，计划生育率100%，一胎率为72.8%。千人以上的大村有燕地、中桥、水道观、小夼、大潘家、朱家。主要姓氏以李、张、朱、王、吕为多。

农村经济总收入25875万元，农业总产值1318万元，一、二、三产业分别占农村经济比重的为14%、70%、16%。生猪存养量为3146头，育肥1432头，年产猪肉88吨。牛存栏293头，羊1174只，家禽养殖发展很快，共有产蛋鸡2.2万只，年产蛋34吨，存栏奶牛30头。人均收入2960元，农村集体总收入10万元以上的村15个，50万元以上的村1个。

有各类学校9所，其中职业技术培训学校1所、中学1所、完小3所、小学4所，教师、职工219人，在校学生2510人。卫生院1所，床位11张，卫生技术人员11人，农村医疗室40个，卫生人员40人。

# 第二章 村 庄

## 第一节 自然村命名

栖霞市是胶东半岛唯一无海岸的内陆县，山峰、河谷纵横交错，966个自然村庄就散落在山峰、河谷中。村庄的命名，揉合了历史因素和地貌特征，形成了栖霞的村名特点。

**以姓氏命名** 栖霞虽然在6000多年以前就有人类聚居，但有文字记载的村庄始于春秋，从部分谱牒推断，至元代建村的有38个，占全市总村数的3.95%，从明代的移民开始，村庄才有较大幅度的增多，其中以姓氏命名的有242个，占总村数的25.21%。以姓氏命名的村庄主要有“家“庄”“疃”。“家”前辅以姓氏，如林家、孙家、邹家等，这样的自然村全市有114个。“庄”前辅以姓氏，如：王家庄、衣家庄等，全市有114个。还有一说，“庄”多以过去富户人家的庄子演变而来。“疃”，全市有14个，在“疃”前辅以姓氏，如：牟家疃、徐家疃等。

**以地貌、自然形态命名** 栖霞有“六山一水三分田”之说，所以在自然村庄命名上，便具有了山区的特点，这样的村庄全市有451个，占总村数的46.98%，大体归纳为以下几类。

山、石、崖、崮、硼、洞。此类有100个村，其中：“山”有57个，如：塔山、峨山等；“石”有17个，如：石字线、石角夼等；“崖”有14个，如古宅崖、马耳崖等。栖霞2500余座山均有山名，所以自然村庄的具体位置便以山、石、崖、崮、硼、洞命名。

沟、河、湾、涧。此类有120个村，其中“沟”有89个，如侯家沟、万家沟等；“河”有28个，如柳连河、刘家河等。谷，人们习称沟，自然村庄所处位置把全市的3653条河谷赋予了新的含义。

夼、泊、洼。“夼”单从字意分析，大川

为夼，但在栖霞，凡称为“夼”的村，所处位置并非大川，而是山间较为平坦的地。泊、洼过去一般则为沼泽地带，建国后，通过整治，均已成为旱涝保收的粮田地。“夼”全市有89个，如寨山夼、东下夼等；“泊”有23个，如唐家泊、蛇窝泊等；“洼”有8个，如杨家洼、徐家洼等。

汤、泉。栖霞的温泉资源非常丰富，所以在自然村的命名上便以汤泉称谓，其中“汤”有6个，如艾山汤、北洛汤等；“泉”有4个，如泉水庄、泉水夼等。

口、坡、埠、台、岭、谷。栖霞因山区丘陵特点，出现山与山之间的山“口”，丘陵地貌的缓“坡”，较高平地的“埠”“台”，低山的“岭”，山与山及岭与岭间的“谷”，部分自然村所处位置便以上述七种地貌形态命名，这样的村庄全市有78个，其中“口”有37个，如寺口、大山口等；“埠”有19个，如业家埠、荆子埠等。

地、沙、土、泥。以自然村所处地的自然属性命名，全市有23个，如燕地、沙峨、黄土埌、中泥都等。

**以动、植物名称命名** 栖霞历史上人烟稀少，山多树多，植被较好，各种动物经常出没，人们以动物的名称命名村庄。以后随着人口的增多，社会活动的频繁，有些动物已经绝迹。用植物名称命名村庄，主要是一些山区常见的树种，也有其他草本植物。

*以动物名称命名* 全市有38个村庄，占总村数的3.96%，有龙、凤、马、虎、鹿、豹、獐、驼、雀、蛇等，其中“龙”有10个，如龙村、龙湾等；“马”有10个，如马蹄夼、马嘶庄等。

*以植物名称命名* 全市有73个村庄，占总村数的7.6%。植物中主要是生态林木和经济林木，另有其他草本植物。生态林木有榆、柳、杨、松、槐、柞。如榆子、东柳、杨础、松山、柞岚头、槐树庄等。经济林木有杏、桃、枣、栗、桑。如杏家庄、桃树夼、枣园、栗林、桑家庄等。其他草本植物有苇、草、麻、兰、芝、荷，如苇夼、草格庄、麻地、水有兰，芝麻岭沟、荷叶等。

**以宗教场所命名** 栖霞由于山高、林密、沟深，环境幽雅，是修身养性的理想之地，境内历史上曾建有各种宗教场所，有些村庄便以宗教设施命名或与之相关，这样的村庄全市有58个，占总村数的6.04%，有寺、院、庙、观、庵、宫，如：新安其村北有一“新安寺”；国路夼是在“国路寺”原址建村，后演变为国路夼；院西庄是在“佛山院”的西侧建村；龙王洼因此处地势低洼，且村南有一“龙王庙”；肖灵夼因该村原有一处“霄灵观”；庵里因村中有一“尼姑庵”；南庄因在村北有一“尼姑庵”；宫后因该村地处滨都宫的后面。

**以经营专业及矿物特产命名** 经营专业主要是商业店铺及小手工业，矿物特产则主要是黄金矿，以上村庄全市有54个，占总村数的5.63%。在商业店铺中，其中“店”有26个，如慕家店、高家店等；“铺”有7个，如小庄铺、前铺等。在小手工业方面有12个，有窑业、烘炉、造纸。如窑夼、南瓮、前炉房、纸房等。矿物特产命名的9个，如金山、富金夼等。

**其他命名** 在栖霞历史上，因“唐二主征东”和“于七抗清起义”，部分村庄的名字则与这两次战事有关，这样的村庄全市有40个。如前寨、回兵崖、哨上等。在村庄命名上，还有用行政编制单位的，全市有57个，如古镇都、京甲等。一些稍有名气的旧建筑，也被用做村庄的命名，如：郝家楼、汉桥等。村庄在憧憬吉祥、期盼平安、诸事大吉命名上的村庄有39个，如太平庄、安乐庄、吉格庄等。用量词命名村庄，主要集中在城区周围，凸显了地域性，如十里铺、西二里店等。

名字相同，用大小、方位词进行区别的村

庄在全市占有较大比重，有423个，占总村数的44.06%。过去由于山区土地资源有限，交通不便，村庄不可能太大，由于多方面原因，出现了相同的村名，因而也便产生大小之分，如大蔡家、小蔡家等。同一条山谷，同一条河流，根据水的流向，有上游和下游，在村名上便出现上、中、下之分，如上马家河、中马家河、下马家河等。依据某一参照物，相同的村名便产生东、西、南、北和前、后之分，如南城子、北城子、东荆夼、西荆夼、前罗坡、后罗坡等。

## 第二节 更名（大队）村庄

栖霞县（市）村庄名重、音同的很多，为便于管理，1982年5月，根据国务院《关于地名命名、更名的暂行规定》和山东省人民政府通知规定“一个县内生产大队不重名”“‘文化大革命’中乱改的地名，原则上要恢复原名”精神，经县人大常委会第十一次会议通过，将城关镇栾家沟等75个重名大队（村庄）进行更名。1995年6月，将栖霞镇、苏家店、寺口等13个村庄进行更名。

栖霞县更名大队情况统计表（1982年5月25日公布）

表29-6 单位：个

| 镇、公社 | 更名大队 | 更名后大队名称 | 更名大队数 |
|---|---|---|---|
| 城关镇 | 栾家沟<br>孙 家<br>张家沟<br>罗 家<br>宋家沟<br>慕家庄<br>榆 林 | 栾家夼<br>孙马庄<br>北张家沟<br>罗家庄<br>南宋家沟<br>慕先庄<br>榆林庄 | 7 |
| 苏家店公社 | 荆子埠<br>徐 家<br>吴 家<br>汪家沟<br>曹 家 | 荆林埠<br>小徐家<br>西吴家<br>王家沟<br>小曹家 | 5 |
| 寺口公社 | 邴家庄<br>刘家庄<br>北 泊<br>刘家沟<br>王格庄 | 兵山后<br>西刘家庄<br>北 铺<br>西刘家沟<br>下王格庄 | 5 |
| 小庄公社 | 衣家庄<br>楼 底<br>孟家沟<br>车 夼<br>乔 家 | 岭 西<br>西楼底<br>东孟家沟<br>艾前夼<br>北乔家 | 5 |

续表29-6

| 镇、公社 | 更名大队 | 更名后大队名称 | 更名大队数 |
|---|---|---|---|
| 官道公社 | 王家庄<br>李家庄<br>河崖<br>徐家庄<br>马家庄 | 王家洼<br>李家沟<br>大河崖<br>徐家泊<br>西马家庄 | — |
| 观里公社 | 孙家庄<br>北 泊<br>纸 房<br>卧 龙<br>南 埠<br>王家庄<br>李家庄<br>留家沟 | 衣林庄<br>慕家泊<br>化山东<br>卧龙庄<br>大 埠<br>马家泊<br>化山南<br>方山前 | — |
| 杨础公社 | 林家庄<br>西 沟<br>刘家庄<br>史家庄<br>范家庄 | 南林家<br>太 西<br>东刘家<br>史家疃<br>西范家 | 5 |
| 蛇窝泊公社 | 河 西<br>大河北<br>河 崖<br>小河北<br>辛 庄 | 牟家河西<br>清河口<br>荷 叶<br>凤彩前<br>山虎庄 | 5 |
| 大柳家公社 | 孙家庄<br>东 风<br>罗 家 | 东孙家庄<br>玉皇庙后<br>南罗家 | 3 |
| 唐家泊公社 | 陈家疃<br>范家庄<br>楼 底 | 徐家疃<br>泊子北庄<br>东楼底 | 3 |
| 桃村公社 | 苏家庄<br>吴家庄<br>南 埠 | 苏家疃<br>东务家庄<br>前 埠 | 3 |
| 铁口公社 | 西 店<br>蒋家庄<br>王家庄 | 店西庄<br>东蒋家庄<br>东王庄 | 3 |
| 大庄头公社 | 河 西<br>东 夼<br>小 庄 | 河西庄<br>凤凰庄<br>富 庄 | 3 |
| 亭口公社 | 宋格庄<br>赵家沟<br>圈 里<br>庵 里 | 东宋格庄<br>凤山村<br>李家圈<br>东 安 | 4 |

续表29-6

| 镇、公社 | 更名大队 | 更名后大队名称 | 更名大队数 |
|---|---|---|---|
| 臧家庄公社 | 张家庄<br>太平庄<br>花 园 | 庄 子<br>东 庄<br>北花园 | 3 |
| 寨里公社 | 刘家庄 | 刘家疃 | 1 |
| 松山公社 | 口 子<br>店西沟<br>衣家庄<br>吕家庄<br>河 东<br>上庄子<br>战 家 | 赤巷口<br>兴 利<br>北衣家庄<br>吕家埠<br>裕富庄<br>桑家庄<br>东战家 | 7 |
| 合 计 | — | — | 75 |

## 栖霞县更名村庄情况统计表（1995年6月26日公布）

表29-7　　单位：个

| 乡 镇 | 更名村庄 | 更名后村庄名称 | 更名村个数 |
|---|---|---|---|
| 栖霞镇 | 吕 家 | 黄夼吕家 | 1 |
| 寺口镇 | 南 山 | 南玉山 | 1 |
| 官道镇 | 姚家庄 | 姚 庄 | 1 |
| 杨础镇 | 上渔家沟<br>下渔家沟<br>东十五里后<br>南十五里后<br>西十五里后 | 上渔稼沟<br>下渔稼沟<br>东富源<br>南富源<br>西富源 | 5 |
| 铁口镇 | 西牟家庄上村 | 上牟家庄 | 1 |
| 大庄头乡 | 峪岾夼 | 国路夼 | 1 |
| 中桥镇 | 下泊子 | 东泊子 | 1 |
| 占疃乡 | 柳夼庄 | 复 兴 | 1 |
| 金山乡 | 马耳岙 | 东马耳岙 | 1 |
| 合计 | — | — | 13 |

说明：（1）1958年10月，全县2镇15乡改为17处人民公社，村改称为大队。（2）1982年1月，全县辖1镇17个公社，城镇人民公社改称为城关镇，1984年4月，改称栖霞镇。（3）杨础公社的“础”原读zhuāng（庄），1982年5月25日改读chǔ。

## 第三节 村庄选介

本节收录的村庄主要是镇（街道）驻地村、工业村、特色产业村、果品生产强村、千人以上村、有历史文化名人和文物古迹的村庄等。数据统计至2002年末。

**城关村** 原栖霞县人民政府驻地，现翠屏街道办事处驻地。有2367户，5832人，农民人均纯收入5400元，是栖霞市第一大村，也是经济强村。有村办企业8个，年销售收入1.6亿元，实现利税2820万元，主要行业有印染、建材、建筑等。有栖霞“卍”字会会址，有明朝正德年间开凿的翠屏洞等遗址，有三株距今1300年唐朝时期的古槐树。主要姓氏：李、王、刘。

**枣行村** 该村有392户，1060人，城区村，耕地面积仅4公顷，农民人均纯收入2258元，有6个村办企业，年销售收入1620万元，实现利税260万元。主要姓氏：李、徐、王、马。

**桃村村** 桃村镇政府驻地。该村有1634户，4390人。2002年，全村耕地面积2197公顷，农民人均纯收入4180元，该村村办企业发达，有22个企业，主要行业有针织、服装、机械制造、食品加工、石材加工等，年销售收入17820万元，实现利税2060万元。是栖霞市第二人口大村、经济强村。主要姓氏：孙。

**国路夼村** 该村有750户，2106人，耕地面积2012公顷，农民人均纯收入3400元。有村办企业5家，年销售收入4100万元，实现利税220万元。

该村盛产大樱桃，年产量60万公斤，收入120万元，是栖霞市经济强村。村庄依山傍水，环境优美，已建成生态旅游观光园，《喜盈门》《山中那十九座坟茔》《生命的跑道》《苦柳》《当家人》等10多部影视片在该村拍摄放映，是全国造林绿化十佳村，国家生态保护示范村。主要姓氏：常、孙。

**野夼村** 该村有224户，658人，耕地面积656公顷，农民人均纯收入4075元，有村办企业5个，主要生产汽车模具等，年销售收入2500万元，实现利税300万元。该村还是大樱桃生产村，年产量25万公斤，总收入100万元。是栖霞市经济强村。主要姓氏：于。

**蛇窝泊村** 蛇窝泊镇政府驻地。有735户，2102人。耕地面积68公顷，农民人均纯收入4939元。年产苹果191万公斤，总收入296万元。该村有3家村办企业，主要生产苹果箱等，年销售收入1279万元，实现利税65万元，是栖霞市经济强村。1996年7月，市、镇两级政府先后投资2亿元，在该村建立了年交易果品5亿公斤、交易额10亿元的全国最大的果品批发市场——山东烟台蛇窝泊果品批发市场。主要姓氏：林、牟。

**荷叶村** 该村有540户，1675人。耕地面积96公顷，农民人均纯收入3682元。年产苹果168万公斤，总收入231万元。该村有2家村办企业，主要生产苹果箱等，年销售收入1040万元，实现利税51万元。主要姓氏：林、陈。

**南砦村** 该村有388户，1283人。耕地面积86公顷，农民人均纯收入3710元。年产苹果94万公斤，总收入124万元。该村有2家村办企业，主要生产苹果箱等，年销售收入817万元，实现利税42万元。主要姓氏：刘、牟、胡。

**臧家庄村** 臧家庄镇政府驻地。有1036户，2638人。耕地面积133公顷，农民人均纯收入4020元。年产苹果23万公斤，总收入43万元。该村有5家村办企业，其中1996年2月兴办的烟台源通果汁有限公司，年加工苹果40万吨，年产果汁5万吨。2001年公司完成入库税收1995万元，其中完成国家税收1956万元，地方税收39万元，是栖霞市经济强村。主要姓氏：曲、张。

**马陵冢村** 该村有318户，876人。农民人均纯收入1980元。年产苹果16万公斤，总收入28万元。该村有一个古墓群，系汉朝古墓。

另有一处李氏庄园，5个大院，500间房屋，与牟氏庄园有相似之处，又有其独特的建筑风格。古墓群和李氏庄园均为栖霞市重点文物保护单位。主要姓氏：韩、曲、谢。

**丰粟村** 该村有419户，1258人。耕地面积120公顷，农民人均纯收入3700元。年产苹果15万公斤，总收入27万元。有2家村办企业，年销售收入81万元，实现利税19万元，是栖霞市经济强村。主要姓氏：李、杨、王。

**古镇都村** 该村有438户，1114人，耕地面积仅6公顷，农民人均纯收入2900元，年产苹果34万公斤，总收入40万元。该村是中国北方大地主牟二黑子所住村，著名的牟氏庄园位于村庄中心，占地2万平方米，房屋480间。1988年公布为国家级重点文物保护单位。主要姓氏：衣、吴、牟。

**后夼村** 该村有386户，1185人，耕地面积57公顷，农民人均收入3600元，年产苹果60万公斤，总收入144万元，村民主要姓氏：孙、柳。

**河南村** 该村有171户，476人，耕地面积120亩，农民人均纯收入3000元，年产苹果70万公斤，总收入86万元，同（江）三（亚）线高速公路在该村通过，架设了一座大跨度的高架桥，形成独特风景线。主要姓氏：马、高。

**杏家庄村** 该村有480户，1258人，全村经济总收入4300万元。该村主要发展工商业项目。有工业、非工业企业4家。主要姓氏：邢、谢。

**杨础村** 杨础镇政府驻地。有498户，1593人。耕地面积158.9公顷，农民人均纯收入3690元。该村产板栗，年产量1万多公斤，总收入16万元。主要姓氏：李、王、刘、韩。

**杨家圈村** 该村有220户，715人。耕地面积68.4公顷，农民人均纯收入4560元。1956年，该村发现古遗址，总面积10万平方米。出土文物500余件，1977年，杨家圈遗址被公布为省级重点文物保护单位。主要姓氏：李、林、杨。

**东刘家村** 该村有230户，736人。耕地面积74.5公顷，农民人均纯收入3060元。该村产香菇，年产量14万多公斤，总收入35万元。主要姓氏：刘。

**解家沟村** 该村有243户，777人。耕地面积114.2公顷，人均纯收入3090元。该村产大樱桃，年产量3万多公斤，总收入24万元。主要姓氏：杨、郝。

**大解家村** 该村有489户，1649人。耕地面积209公顷，农民人均纯收入2880元。年产苹果46万公斤，总收入92万元，主要姓氏：林、韩、徐、马。

**龙王洼村** 该村有229户，651人。耕地面积105公顷，农民人均纯收入2900元。年产苹果20万公斤，总收入41万元。主要姓氏：于、刘、张、吴。

**唐家泊村** 唐家泊镇政府驻地。有470户，1307人，耕地面积1000公顷，农民人均纯收入3505元，苹果产量125万公斤，总收入450万元。主要姓氏：高、李。

**下牛蹄夼村** 该村有195户，499人，耕地面积885公顷，农民人均纯收入3313元，苹果产量56万公斤，总收入165万元。主要姓氏：李。

**田里村** 该村有214户，547人，耕地面积1348公顷，农民人均纯收入3273元，年产苹果71万公斤，总收入175万元，主要姓氏：李、许。

**后野村** 该村是一个小山村，有90户，254人，耕地面积379公顷，农民人均纯收入3382元，年产苹果45万公斤，总收入85万元，主要姓氏：林。

**徐家疃村** 该村有157户，430人，耕地面积549公顷，农民人均纯收入3300元，年产苹果48万公斤，总收入140万元，主要姓氏：徐。

**燕地村** 该村有540户，1490人，耕地面积69公顷，农民人均纯收入3200元，年产苹果30万公斤，总收入27万元。主要姓氏：张、朱。

**大潘家村** 该村有444户，1355人，耕地面积66公顷，农民人均纯收入3010元，年产苹果42万

公斤，总收入92万元。主要姓氏：潘、车。

**大韩家村** 该村有674户，2041人，耕地面积1850公顷，年产苹果372万公斤，总收入967万元。农民人均纯收入2900元，主要姓氏：韩。

**马耳山村** 该村有146户，468人，耕地面积355公顷，年产苹果91万公斤，总收入216万元。农民人均纯收入2927元，主要姓氏：韩。

**曹高家村** 该村有154户，459人，耕地面积555公顷，农民人均纯收入2870元，年产苹果92万公斤，总收入209万元。主要姓氏：曹。

**后寨村** 该村有220户，639人，耕地面积1063公顷，农民人均纯收入3020元，年产苹果162万公斤，总收入398万元。主要姓氏：杨。

**松山村** 松山镇政府驻地。有654户，1931人，耕地面积82.3公顷，农民人均纯收入2443元，年产苹果67.5万公斤，总收入123万元。主要姓氏：崔、于。

**龙村村** 该村有475户，1413人，耕地面积94.1公顷，农民人均纯收入2378元，年产苹果69.5万公斤，总收入199万元。主要姓氏：王、杨、张。

**郝家楼村** 该村有356户，999人，耕地面积72.1公顷，农民人均纯收入2431元，年产苹果50万公斤，总收入146万元。该村是葡萄生产基地，年产量15万公斤，总收入30万元。1985年8月，该村发现古化石遗址，出土牛、鹿、犀牛等古化石120余件，属更新世时期。主要姓氏：高、郝。

**汉桥村** 该村有571户，1825人，耕地面积141.9公顷，农民人均纯收入2758元，年产苹果115万公斤，总收入334万元，村民主要姓氏：张、崔、刘。

**艾山汤村** 该村有470户，1410人。耕地面积105公顷，农民人均纯收入2993元。年产苹果83万公斤，总收入141万元，该村有天然温泉，泉水温度常年保持在40℃以上，日流量100多立方米。

2002年以后，青岛融基集团公司先后投资3000多万元，建成艾山温泉旅游度假村，占地2200亩。其室外温泉水体面积1.1万平方米，分为露天凤吕、艾山汤、七仙女汤、十二星座美女汤等，是集休闲、旅游、度假、娱乐为一体的最佳场所。该村主要姓氏：崔。

**观里村** 观里镇政府驻地。有1000户，3000人，耕地面积1750公顷，农民人均纯收入3700元，年产苹果80万公斤，总收入85万元。1981年10月，在村西北发现古代遗址，面积7万平方米，出土陶器、石器等文物，属新石器时代遗址，1991年公布为县级重点文物保护单位。村民主要姓氏：王、邹、鲍、迟。

**宋格庄村** 该村有680户，2003人，耕地面积1931公顷，农民人均纯收入2600元，该村是大梨生产专业村，苹果栽植很少，生产香水梨、黄金梨等不同品种的梨，年产量200万公斤，总收入90万元，主要姓氏：周。

**蒋家庄村** 该村有397户，1002人，耕地面积1946公顷，农民人均纯收入3600元，年产苹果117万公斤，总收入104万元，主要姓氏：蒋。

**邹家村** 该村有420户，1216人，耕地面积123公顷，农民人均纯收入2678元，年产苹果66万公斤，总收入131.6万元，主要姓氏：王、路、吕。

**笏山村** 该村有370户，1020人，耕地面积124公顷，农民人均纯收入2724元，年产苹果76万公斤，总收入152.5万元，主要姓氏：崔。

**哨上村** 该村有330户，901人，耕地面积112公顷，农民人均纯收入2728元，年产苹果54万公斤，总收入108万元，主要姓氏：崔。

**姜家沟村** 该村有184户，469人，耕地面积26公顷，农民人均纯收入3450元。该村是大棚樱桃生产基地村，品种多，质量好，年产量10万多公斤，总收入200万元，户均10870元。主要姓氏：林。

**寺口村** 该村寺口镇政府驻地。有445户，1485

人，耕地面积155.07公顷，农民人均纯收入2802元。年产苹果300万公斤，总收入600万元。主要姓氏：柳。

**台前村** 该村有130户，380人，耕地面积40.53公顷，农民人均纯收入3300元。年产苹果800万公斤，总收入1600.8万元，主要姓氏：王、于。

**院上村** 该村有120户，430人，耕地面积59.47公顷，农民人均纯收入2802元。年产苹果84万公斤，总收入168万元，主要姓氏：崔。

# 人 物

# 人 物 传

## 姜柳湘

（1905.10—2001.6）

曾用名姜砚农，亭口镇杏家庄村人，中共党员，是中国摄影家协会会员，中国华侨摄影学会会员，中国老年摄影家学会理事，曾任栖霞县摄影家协会主席及名誉主席，当选为全国第四次中华全国文学艺术工作者代表大会代表。

1924年，姜柳湘开始从事摄影活动，曾到菲律宾学习摄影7年。1945年，入伍后仍从事摄影工作。1946年，在胶东军区某部从事摄影工作，任《胶东画报社》特约记者。1950年，担任山东军区政治部文化部摄影记者。1953年8月，摄影作品《某军英模大会展览室一角》获1952年度华东军区三等独幅优秀作品奖；摄影作品《山东军区后方勤务部李辉高副部长，是积极学习的好党员，又是补习学校的好校长》获1952年度华东军区三等专题优秀作品奖，并获华东军区、第三野战军政治部文化部通令嘉奖。

1955年，姜柳湘任总政治部解放军画报社图片社经理，主持画报图片的制作，负责全军影展，全军选送全国影展作品的制作，党史、军史摄影资料的制作与发行工作。1957年，任解放军画报社摄影制作组组长。1963年，根据总政治部的指令，完成解放军驻北京高级将领的肖像摄影任务。1970年离职休养。1982年，《追击》《逍遥》入选山东省全国老战士影展，《追击》还入选全国老战士影展。1983年，《月门拱出楼榭台》入选“千里胶东”晋京影展。《鱼水情深》《攻坚》《行军路上》《好花加上绿叶配》《兵从天降》《秋有春色》《巡逻》《埋雷》等作品先后发表或展出。

1956年，姜柳湘荣获国防部“解放奖章”；1987年，荣获解放军总政治部“从事军事摄影逾三十年”荣誉奖章和证书；1988年，荣获中央军委“独立功勋”荣誉奖章。论文《杂谈摄影艺术的暗室制作》发表于《解放军画报》1975年第1期，并撰有论文《如何正确运用摄影技巧》《胶东摄影史料》和个人《回忆录》等。传记收入《中国摄影家大辞典》《中国摄影家全集》。

姜柳湘为人正直，乐观豁达，学识渊博，技艺精湛，对待摄影艺术一丝不苟，勇于攀登，诲人不倦，孜孜以求。他精于拍摄，尤其擅长暗房制作，更专于底片修整。在战火纷飞的年代，他拍摄了大量生动感人的照片，是一位在军内外有影响的老摄影家。1970年，姜柳湘离休还乡后，又将自己的全部摄影技艺献给烟台地区的摄影事业。20世纪70年代初，他在烟台及各县举办摄影训练班18期，驻军和地方的摄影新闻干事，几乎都跟他学过摄影技术。据不完全统计，他培养的摄影人员达650多人，其中不少人成为军队和地方的摄影骨干，有的被吸收进中国摄影家协会和省分会，是烟台地区摄影事业的奠基人。在教学过程中，对新学员以鼓励为主，对初次摄影作品给予好评，待学员入门后，要求也越来越严格。“要作全面的摄影家，不要作半个摄影家”，这是他要求学生的首要标准。他说：“摄影是综合性的艺术，灵感来自知识的积累。我们要深入社会捕捉美，摄取生活中的闪光点。我们不但要善于拍摄，更要精于制作，制作是一个再创作的过程。有成绩的摄影家都是拍摄、制作一竿子插到底的。”“在战争年代，哪里有暗房？用几条被子把老乡的八仙桌围起来，钻进去就能冲胶卷，有时刚冲完，一声令下部队就得转移，怎么办？有办法，找两根高粱秸，一根劈一个口，胶卷两头插在口里，一手一根，一面行军，一面就晾干了。”1963年，他与石炳立为张云逸、王树声、许光达三位大将拍摄肖像，靠的就是一架相机和两盏灯。他的一些绝技，有的是在一起生活中突发灵感传授的。散步时久久不语，走着走着脚步一停，就会教你一招。晚上睡觉想起问题，立即叫醒你，进行传授。他教学严谨，谁不遵守操作规程，就会受到不讲情面的严厉批评。规定显影时药水的温度是52℃，学员必须用温度计去量，不允许用手去试。容器用过后，必须洗刷干净，不能有药物残留，定影液一滴也不能沾到显影液里。显影时间要求12分钟，那怕学员差一秒钟也不允许。1984年秋，他离开家乡到河北省石家庄陆军步校干休所居住，2001年，姜柳湘因病在石家庄逝世。

## 宋天德

（1906.9—2004.11）

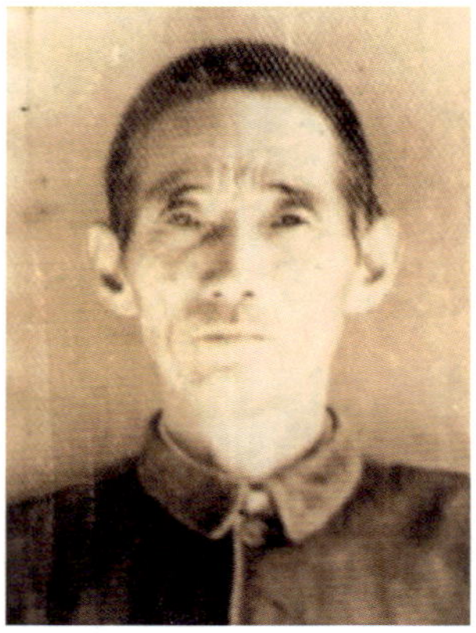

观里镇大埠村人。他出生于贫苦农民家庭，幼时家中只有0.6公顷薄地，9岁丧父，10岁随母亲讨饭，15岁始学瓦匠手艺，20岁时带徒弟外出干活。1928年，宋天德参加栖霞招远两地农民组织的反对旧官府的“无极道”运动，参与攻打栖霞城战斗。

1939年10月，参加革命工作，并加入中国共产党，任特务连三营十一连战士。1941年1月后，任县五区队班长、县警卫队便衣班班长、县十区队区队长、县大队便衣排长、县武装工作队副队长、北海侦察队副队长。1942年春，驻栖霞的日伪军妄图打通杨础到蛇窝泊的交通线，在孙家坡村修筑3个三角形的大炮楼。宋天德带领警卫队，组织100多名民工，扛着镢头，拿着铁锨，带着火油，趁夜间填平封锁沟、拆除炮楼墙，将其烧毁。日伪军不甘心失败，增加3个排的兵力和4挺新手提式武器，日夜轮流防护。宋天德带领14名精干战士，化装成民工，各带手枪，备足子弹，腰带4枚手榴弹。另每两人带1个饭篓，伪装成盛干粮，内放10枚手榴弹，并规定行动信号。宋天德巧言骗过盘查的伪军，混进施工工地，不料，15个人被分配到好几个地点，他与大老苗等4人被分到石场扛石头，石场外有两个身背手提式的伪军在站岗。进入石场后，他眨眼给大老苗等人，示意夺枪的机会到了，他走出石场，靠近一个伪军，掏出手枪，“砰、砰”两下，那个伪军应声倒地。又与大老苗等掏出手榴弹，猛击另一个伪军的脑袋，将其撂倒。夺获两支手提式武器后，随即打出手榴弹，趁伪军和民工大乱之际，迅速转移，返回原地。宋天德带领警卫队破毁炮楼和虎穴夺枪的事迹，在《北海时报》上专题发表，县委还在下范家沟村召开五六百人参加的庆功大会，给予嘉奖表扬，并展出夺获的两挺崭新的手提式武器。是年7月，警卫队随县大队外出执行任务，县委机关驻地只留下宋天德等4名便衣队员担任警戒。有一天，天刚亮，他离开通宵值班岗位，正想休息，突然，通信员进屋急报，约有一个连的日伪军快到村头了，情况紧急，宋天德略一思索，急忙吩咐其他3个战士，保护机关转移，自己出去狙击敌人，他走出村头主动向敌人射击，一边抄近路向一个小山丘奔去，把敌人追击的目标引向自己。他爬上小山顶，居高临下，抡起大肚匣子，左一梭子，右一梭子，把敌人打的晕头转向。过了一会，只见有20多个日伪军，猫着腰向山项进攻。宋天德沉着应战，当敌人靠近时，突然开火，并连接向山坡下甩手榴弹，把鬼子打得滚的滚，爬的爬，只好撤退。宋天德和敌人周旋一会后，估计县委机关人员转移了，就向山下扔出两颗手榴弹，顺着山后小路悄悄下山。宋天德的孤身应战，使县委机关免遭一次劫难。1945年4月，到胶东教导二团学习，8月，任青岛武装工作队一分队队长。1946年5月，任莱西独立营二连连长、副营长。1947年1月，到教导二团学习，5月，任五龙县警卫营副营长、县指挥部作战参谋、县警卫队大队长、县指挥部副指挥。1950年3月，到胶东党校学习，6月，任县委农委副书记，10月，到山东分局党校学习。1954年8月，任栖霞县工会主席，1959年3月，任县建筑公司第一书记，1961年3月，任县木器厂书记。1962年9月退休，1979年3月改办离休，1983年11月，明确为县处级干部待遇，1996年8月，明确为正县级干部。

战争时期，宋天德打仗机智勇敢，神出鬼没，弹无虚发，胆大如天，故有“宋大天”的美誉。曾参加战斗50余次，受伤两次。

## 江元起

（1908.6—2001）

祖籍即墨市，家境贫农，在走投无路的情况下，祖辈逃荒来到接官亭村。1941年，他参加革命工作，1947年7月，加入中国共产党。历任农民抗日救国会会长、各救会副会长、互助组长、农业生产合作社社长，接官亭村党支部书记、副书记等职，栖霞县政协第一、二届委员。1951—1963年，先后7次被评为山东省农业劳动模范，1958年，参加全国工农兵群英大会。江元起以响应党的号召坚决跟党走积极兴办互助组、合作社而著称。

抗日战争时期，他在村里参加“反霸”和“减租减息”运动。1945年，胶东农业科学研究所在接官亭村设立农业研究会，江元起任主任。他带领群众开展科学种田、发展生产、支援前线，并积极动员青壮年报名参军、参战。1947年，在农业研究会的基础上，他带领7户贫中农办起常年互助组，拥有土地近3.4公顷，牲畜4头，犁4张，耧两犋，耙两盘。他通过深入细致的思想工作，调动组里群众的生产积极性，当年粮食生产获得大丰收，平均亩产125公斤多，比单干时增产30%。组里群众的生活得到改善后，他又动员其他贫农入组，使互助组得到很快发展。1948年底，他参加牙前县召开的劳模大会，接着又参加县里的农业增产大会。他带上三四斤重的大地瓜和一斤半多重的大玉米棒与全县兄弟组交流丰产经验。

看到互助组的生产热潮，许多贫农纷纷要求加入互助组。江元起将要求入组的人都吸收进来，变一般互助组为劳力、工资、牲畜三大合理长年互助组。并成立组委会，设正副组长、会计和保管，分工明确，分配合理，调动入组人员的生产积极性。1951年，江元起出席全省工农劳模大会，当选为省人大代表，先后去北京、陕西等地参观。

1952年春，江元起出席山东省各界人民代表大会，不久又参加地委召开的劳模会议。回村后，在地委的直接领导下，他开始酝酿创办初级农业生产合作社。由于入社后，以土地作股，牲畜、农具归集体，且秋后分配时，土地股分配少，劳力分配多，许多人不愿意参加。有一户中农只把南山的土地入社，这样接官亭村最初的初级农业合作社只有四户半。江元起带领社员们精耕细作，辛勤劳作，再加上得到上级农技部门的技术指导，农具也不断更新，庄稼长势喜人，一片丰收景象。区领导知道后，组织专人来观摩，参观的干部群众更是络绎不绝。秋季收获时，单干户的玉米亩产只有105公斤，而初级社玉米亩产达到275公斤，谷子250公斤，花生丰产田410公斤，一般田183公斤，地瓜2000公斤。最多的户分到粮食5000公斤，江元起家也分得4250公斤，社员们分到粮食之多，在接官亭村是史无前例的。丰产数字公布后，群众纷纷要求入社，不几天，合作社便扩大到83户，上级命名为英灵山农业生产合作社。后来，又有40多户要求入社，到1953年，全村除3户富农外都加入合作社。

1955年10月，中共七届六中全会（扩大）作出《关于农业合作化问题的决议》，群众情绪高涨，经村党支部研究和上级批准，决定创办高级农业生产合作社。邻近的桃村、石字线、西庄、灵山夼5个村也要求入社，在他的领导下带头办起栖霞第一个高级农业生产合作社。江元起被推选为社长，并任党总支部书记。1956年，接官亭村栽种的苹果压弯枝头。江元起在社员会上郑重地说：“吃水不忘打井人，幸福不忘毛主席，没有他老人家领导我们走合作化道路，我们哪会有今天的幸福生活！还能谈得上吃苹果吗？”江元起安排社员将个大、果艳的苹果摘满一大筐，装成箱寄到北京，送给毛主席品尝。后来，中央办公厅替毛主席回信，鼓励他们在社会主义建设事业上更上一层楼。1956年3月下旬，江元起参加山东省社会主义建设积极分子大会，恰逢毛主席来到济南视察，省委决定让省一级劳模会见毛主席。在毛主席的下榻处，江元起热泪盈眶，紧握着毛主席的手，好久才说出一句“毛主席您好！”1958年9月，江元起赴京参加全国劳模大会，第二次见到毛主席。

2001年，江元起因病去世。

## 杜秀夫

（1912.8—2002.3）

唐家泊镇东五叫山村人，栖霞县第九、十届人大代表，胶东民族画院高级书画师、名誉院长，禅文化沙龙（国际）名誉主任，中华书法研究会烟台联络处名誉主任，中原书画研究院名誉院长兼顾问，上海民族画院名誉顾问。1937年由济南高级中学毕业后，考入黄埔军校第19期，后就读于国立大学中医学院、私立正阳法学院。1944年7月，由正阳法学院法律系毕业，经法学院院长居正推荐，担任蒋介石书记官（秘书）达5年之久，后任国民党军法处一处少校军法官，任职1年半时间，曾私放挽救中共地下党员70余名，是一位爱国人士。1949年春天，他谢绝蒋经国的赴台邀请，留在大陆。重庆解放后，他在解放东路开了一家名叫“山东归去来”的饭店，维持生活。后卖掉饭店，回到家乡隐居。“文化大革命”中，7次被抄家，家中珍藏的张大千、齐白石、徐悲鸿等名人字画被抄走或毁坏。“文化大革命”后的1984—1987年期间，他两次当选为栖霞县人大代表，从此过上平静的生活。

他自幼酷爱书画，专攻山水、花鸟。在成都上大学期间，其艺术造诣就在四川远近闻名，并得到著名艺术家张大千、徐悲鸿、齐白石、梅兰芳的赏识。他们经常一起下棋喝茶，一起写生作画，一起切磋技艺，并共同在成都襄园和重庆解放东路展览馆多次举办画展。其作品曾获第二届“王子杯”海峡两岸书画大赛银奖及民族一等奖和国际金奖，书法作品《心旷神怡》曾参加第二届APEC国际博览会书画大展。其传略和作品曾入编《世界美术》《世界美术家传略》《世界华人文学艺术界名人录》《中外当代书画艺术家名鉴》《中国专家大辞典》《中国当代书画家名鉴》《中国书画家艺术大典》《当代书画篆刻名人大辞典》《海峡两岸书画家优秀作品集》《跨世纪中华文艺人才大典》《中国民间名人录》《世界书画家经典》《世界名人录》等数十部辞书。被授予“当代书画艺术名人”称号。

## 刘竞腾

（1916.9—2002.6）

原名刘瑞生，苏家店镇马蹄夼村人，二级甲等革命残废军人。

刘竞腾自幼受其父刘维和进步思想影响，阅读了大量进步书籍。1936年，刘竞腾考入北平山东中学，同年参加工作。卢沟桥事变爆发后，他和进步学生一起在北平师范大学举行示威游行，抗议国民党政府的不抵抗政策，并与前来镇压的国民党警察进行英勇斗争。1937年8月，随同学流亡到济南，考入共产党人以韩复榘名义开办的烟台政治人员训练班。年底受训期满，分配到烟台政训处任政训员。1938年春，他回到家乡栖霞县，按照民先总队指示，在四区一带开展民先工作，先后发展民先队员

10多人。1939年1月入伍，同年5月加入中国共产党。1939年春，根据中共蓬黄战区指挥部指示，组建蓬黄战区指挥部第八总队，并任总队长。9月，在黄县石良集战斗中，歼敌20余人，缴获枪支18支。1940年4月，栖霞县第一支革命武装县大队成立，任县大队副大队长（队长由县长兼任）。6月，胶东日军大岛、池田大队连同伪军5000余人从各个据点出动，对胶东艾雷山区进行大扫荡，县大队配合主力部队在雷山北麓伏击敌人，战斗从下午3时直至深夜，打死打伤日伪军80多人。1941年3月，刘竞腾又率领县大队参加著名的解放牙山战役。当时，牙山被国民党投降派蔡晋康部占领，为打通东西海两大根据地要道，中共山东分局派许世友东进胶东区成立反投降指挥部，统一指挥牙山战役。15日夜，部队兵分三路直指牙山敌人盘踞地。刘竞腾率县大队和右路主力部队一起攻打牙山，激战三天三夜，歼敌1800余人，牙山地区宣告解放。牙山解放后，成立北海军区一营，刘竞腾任营长。1942年春天，有一股敌人从烟台到栖霞，路经一营驻地，军分区命令一营伏击敌人。刘竞腾精心部署，巧打埋伏，消灭敌人十七八个，俘虏日军4个、伪军七八个。缴获机枪一挺，大盖枪20余支。这次战斗，刘竞腾左臂中弹，但仍带伤指挥战斗。战后，刘竞腾和一营得到北海军分区的通报嘉奖。

1946年2月，他调山东抗大一分校学习。6月，刘竞腾因战斗负伤的左臂长期未得到较好治疗，转为骨髓炎，病势加重，入后方医院休养。养病期间，带病帮助医院工作，荣立三等奖。1949年4月，刘竞腾调任华东警备五旅参谋长。当时，部队正准备攻打长山岛，部队没有渡海作战经验。他组织部队加紧进行渡海战术演习，最终胜利解放长山岛，并担任守备任务。1950年9月，他调任101师炮兵团副团长。1952年8月，任炮兵12师22团副团长、团长、第一副师长，行政11级。1952年、1955年，先后两次随中国人民志愿军赴朝作战。1948年9月，荣立三等功。1955年8月，获三级独立自由勋章和三级解放勋章，9月，被授予中校军衔，1960年6月，晋升为上校军衔。1965年9月，刘竞腾因病离职休养。1988年7月，获独立功勋荣誉章。他经常为乡亲们解决生活、生产、就医等方面的困难。他支持家乡建设，把土改分给他的10几间瓦房捐献给村里办学。

2002年，刘竞腾因病医治无效，在济南军区总医院逝世。

## 何冰皓

（1918.1—2009.2）

原名柳运南，桃村镇富庄村人。1936年考入青岛礼贤中学，10月在校加入“民族解放先锋队”。“七七”事变后，学校停办，何冰皓回乡到桃村、大庄头、臧家庄、寨里、刘家河、观里、松山、栖霞城、亭口等地联系同学、朋友进行抗日活动。1938年3月，组建了栖霞县民先队，何冰皓任队长，林国瑞任组织委员、李烽任宣传员。4月，胶东民先总队部到桃村一带活动，何冰皓到总队部驻地白马夼向民先总队部组织部长梁辑卿汇报工作，由梁辑卿介绍加入中国共产党，并奉命回县组建了中共栖霞县特别支部，何冰皓任书记，唐文山任组织委员，常德山任宣传委员。1938年7月，何冰皓到黄县向胶东特委书记王文汇报工作，何冰皓奉命回县成立了中共栖霞县委员会。县委成立后，改变了栖霞党的活动分散、各自为战的状况，形成了统一领导核心。之后，何冰皓又到艾崮山区活动，先后介绍孙振华、牟铁铮、林平、郭勖哉、刘华团、姜蕊、张默三等10余人加入中国共产党，为栖霞县党的建设和发展作出贡献。1939年3月，调任牙山根据地建设委员会书记，1940年4月，任栖霞县抗日民主政府一科科长，1941年3月任栖东县行署主任，后任北海专署副专员，胶东支前第二总队总队长兼政委，南下到江苏省，先后任镇江专署、市政府副专员、市长，中共镇江市委书记，中共南京市委秘书长、副书记、书记处书记，中共无锡市委第一书记，江苏省监委副书记，江苏省“五七”干校校长，南京工学院革命委员会主任、党的核心领导小组组长，中共常州市委书记，江苏省人大常委会副主任兼秘书长、老龄委主任，是第五届、第六届全国人大代表。

何冰皓人老志红，退而不休，仍振奋精神，开拓进取。担任省老龄委主任后，精心调查研究，抓典型推广经验，探索出“五有”（所养、所为、所学、所医、所乐）为目标，以“五子”（位子、班子、路子、票子、盘子）为保证，“一加强，二推动”（加强老龄问题宣传，推动基层老年协会建设，推动《江苏省保护老年人合法权益条例》实施，抓好“三个一”（老年协会、老年活动室、老年经济实体）符合江苏省情的老龄工作路子，很快为江苏省各地所接受，推动老龄工作再上新台阶。

## 宫培兰

（1920.6—2004.12）

臧家庄镇蒙家村人。宫培兰幼时家境贫穷，仅有3间茅屋，3亩土地，全家人的生活全靠租种别人的土地勉强维持。1929年，在本村上小学，尚未毕业，即于1936年经人介绍到臧家庄镇“震行东”商铺学徒，1938年到烟台“震环”花边庄学徒，1942年到上海，1947年随老板去香港。1953年，他投资4000元港币创办香港“谊丰行有限公司”，主要经营抽纱、服装等。后又创办“建立企业有限公司”“百乐实业有限公司”“百力制造厂有限公司”，并任董事长，成为香港工商界在工业、贸易、房地产、投资等领域知名的实业家。曾任冀鲁旅港同乡会第21届、第22届理事长，山东省工商联副主席，中国丝绸协会名誉会长，国际交流协会山东省分会名誉会长，省政协《联合日报》社顾问，中国癌症研究基金会烟台分会名誉副理事长，烟台大学名誉校长，烟台华侨医院名誉院长等职。1987年当选为山东省政协常委。

改革开放后，宫培兰相继在济南、青岛、上海、栖霞等地投资搞服装、抽纱、洗染生产。1985年1月，他回栖霞省亲，看到家乡人们致富情绪很高，但由于受资金、设备等影响，工厂企业较少，就业岗位缺乏。于是在同年的广交会上，他向县政府领导表达了愿为家乡效力的愿望。后经积极筹划，与县纺织工业公司达成合资意向。宫培兰投资20万元，纺织公司投资60万元，成立烟台华荣制衣有限公司，这是栖霞第一家“三资”企业。企业占地1公顷，建筑面积4000多平方米，1986年建成投产，主要生产“山枣”牌、“白洋”牌男女衬衫，年产量60万件，并生产工艺抽纱和丝挂毯。1989年生产衬衫41.7万件，地毯1292平方米，抽纱1万套，工业总产值550万元，销售收入420多万元，被县政府授予“明星企业”称号。

宫培兰十分关心家乡群众的生产生活和教育情况。他捐赠给村里1台25马力拖拉机、1台20吋彩色电视机，出资打机井3眼，给全村每家每户安装自来水和电灯，结束蒙家村自古以来“吃水靠肩挑，照明点油灯”的历史。为振兴教育，宫培兰先后为村小学捐资15万元，为镇中学捐资5万元，为烟台大学捐资10万元。1989年起，每年出资2万元港币，设立烟台大学“宫培兰先生奖励基金”，作为对成绩优异师生的奖励。他发动同乡为大兴安岭森林火灾捐资10万元，为华东地区水灾捐款2万港币。多年来，还向省、市、县、镇有关部门捐赠价值数10万元的车辆，以及电视机、复印机、照相机等贵重物品。

宫培兰还是一位社会活动家。在担任冀鲁旅港同乡会理事长期间，积极促进旅港同胞与家乡联谊活动，每年接待老乡600多人次。对来访的侨胞和老乡，经常自费接待并为之奔波。著名京剧表演艺术家方荣翔到香港演出，他发动同乡会捐资10万元。河北省京剧团到香港演出，他本人捐资1万元。蒋丽萍到山东义演，他亲自陪同并捐资1万元。他的爱国爱乡行动，受到社会各界人士的尊敬和赞誉。

## 牟玉田

（1920.11—1997.6）

寺口镇大榆庄村人，1940年3月参加革命工作，同年9月加入中国共产党。抗日战争、解放战争期间，曾在抗日军大学胶东分校学习并任分队长、大队宣传委员、党支部书记，栖霞县金山区委书记，北海地委学校党支部书记兼校长，栖东县委副书记。中华人民共和国成立后，历任蓬莱县委书记，黄县县委书记，莱阳地委宣传部部长、地委常委、秘书长兼莱阳农学院院长，烟台地委常委、秘书长，莱阳县委第一书记，烟台地委副书记，烟台地区党的核心领导小组副组长、地区革委会副主任。1971年任聊城地委副书记，1972年任聊城地委书记兼地革委主任。1978年任山东省农科院院长兼党委书记。1983年任政协山东省委常委，1990年离休。是中共九大代表、第五届山东省人大代表、第五届全国人大代表。

牟玉田深入实际、密切联系群众，艰苦朴素、严于律己、实事求是、独立思考，有丰富的工作和执政经验，有较高的政策理论水平。1982年春，参加省委、省政府组织的贯彻落实中央1号文件临沂地区工作组，从4月8日至4月29日，每天早出晚归、翻山越岭，22天时间跑了10个县、42个公社、55个村及2个农科所和部分林场、茶厂、水利设施，看现场、听汇报，掌握了大量第一手资料，亲手写出包括临沂地区贯彻落实中央1号文件和春季农业生产基本情况、取得成绩、存在问题及工作建议的高质量综合汇报。提出在贯彻落实中央1号文件工作，包括农村生产体制宜统则统、宜分则分，不搞一刀切的问题；在落实联产承包责任制过程中，如何避免集体财产和公共积累遭受损失问题；条件恶劣的偏僻山区，群众的基本生活保障问题；农田水利工程和基础设施的维护、管理问题等。牟玉田离休后，又承担了编写抗日军政大学胶东分校校史的组织和主审工作。他北上首都、西进四川、南下江浙，走访老同志，广泛收集资料，亲自撰稿审稿。经过3年努力，完成了《胶东抗大》一书编写任务。

## 刘纯夫

（1925.1—1998.8）

蛇窝泊镇大埠后村人，大学文化。1941年7月参加工作，1945年9月加入中国共产党，曾任栖霞县县立第四小学教员，莱西南县武备区农林合作社民政助理员。1946年秋调胶东行署支前指挥部工作，后任鲁南支队大队政委，1947年底，任胶东行署前方、后方办事处战勤科调拨员、科员，1948年，带领担架队参加济南、淮海、渡江战役，任华东第四民管处参谋，1949年，调任安徽省安庆市工商科、企业科科长及五洲公司军代表，后任江西省资溪县花桥乡乡长。是年底调任四川省广安县百货公司经理，县工商科副科长、科长，中共广安县统战部副部长。1954年任中共南充地委统战部秘书、副科长、副部长，1957年任中共阆中县委书记兼县长、县委第一书记，县委第一书记兼县人民武装部第一政委、县政协主席。1971年，任县委书记兼县革委会主任。1974年，调任南充地委书记、第一书记兼地革委会主任，南充军分区第一政委。1979年，任中共四川省委委员，次年入中央党校学习。1982年，任四川省人民政府副省长、党组成员兼省委武装委员会副主任。1986年，任四川省人民政府特邀顾问。1988年，任政协四川省第六届委员会副主席、党组成员等职。是中共十二大代表。

刘纯夫青年时期投身革命，参加地方抗日武装，积极为党工作。在革命斗争年代，他英勇顽强，把生死置至度外，坚决完成党组织交给的各项任务。1949年，他随军入川，积极投入社会主义革命和建设事业。在四川地、县工作期间，他经常深入农村，走村串户，访贫问苦，认真解决人民群众的生产、生活困难和基层的实际问题。“文化大革命”期间受到严重冲击，在逆境中，忍辱负重，积极工作。中共十一届三中全会以后，他带头解放思想，发动群众，积极推行家庭联产承包责任制。通过积极探索，长期的实践，总结出一系列丘陵地区农村经济发展的经验，受到省委、省政府的充分肯定。在担任副省长和省政协副主席分管农业和农村工作期间，坚持把中央的精神同四川的实际紧密结合，积极倡导和推进农村经济体制改革，大力调整产业结构，注意保护调动农民和基层干部的积极性，依靠科技兴农富民，努力增加投入，强化农业基础设施建设，改善农业生产条件，不断探索农村经济发展的新路子。

刘纯夫平易近人，团结同事，关心群众，以自己的模范带头作用影响教育干部、身边的工作人员和家属子女，深受广大干部群众的敬重。他勤政廉洁，克己奉公，生活俭朴，从不计较个人得失，也不向组织提出个人要求。离休后，仍然关心党和国家大事，继续为党的事业发挥余热，积极参加党组织的各项活动。

1998年8月17日下午，就在他的心脏停止跳动前几小时，还拿出2000元钱亲自送到机关捐赠给长江流域灾区人民，把自己毕生精力无私奉献给党和人民的事业。

刘纯夫1994年12月离休，1998年因病在成都逝世。

## 董维智

（1929.2—2004.9）

官道镇半城沟村人。初中文化，中共党员。1945年2月董维智在家乡入伍，任胶东军区14团卫生员、卫生班长，1946年2月加入中国共产党。1949年2月至1951年10月，任解放军四十一军医训队军医，1951年11月至1960年2月，任一二一师野战医院所长，1960年3月至1969年8月，任一二一师卫生科科长。1969年9月，任江西省吉安市武装部部长（其间兼任江西省吉安市革委会副主任）。1970年2月至1978年9月，任江西省峡江县武装部部长（1970年4月兼任峡江县委常委）。1978年10月至1984年5月，任齐河县经委主任。1984年6月转业齐河县任企政部调研员。1988年3月至1990年12月，任齐河县纪律检查委员会调研员。1991年1月，离职休养，享受副厅级待遇。

董维智工作兢兢业业、作风正派、顾全大局、不怕牺牲、不畏困苦。1946年，在辽东，根据部队安排，他带领1名卫生员，留在敌后治疗照顾13名重伤员，当时冰天雪地，国民党部队四处搜山，医药器材奇缺，他想尽办法，克服困难，把自己的棉衣撕成布条为伤员扎绷带，并不顾生命危险，四处寻找药品和食物，一直坚持到部队打回来。他的忠诚顽强、不畏艰难的精神赢得领导和战友们的高度赞扬，分手时，伤病员握着他的手久久不愿松开。在辽沈战役梅河口战斗中，团收容所遭到敌机轰炸，董维智不顾危险，多次冲入火场，抢救伤员，荣立一等功。1948年冬，他牙痛厉害，吃不下饭，睡不好觉，但仍坚强地跟随部队行军打仗，再次立功一次。

转业到地方后，在齐河县工交系统积极推行企业管理，实行以车间班组为主的生产责任制，深入车间，宣传党的有关政策，做深入细致的调查研究，帮助企业改革整顿，建立健全以生产责任制为主的规章制度。亲自到造纸厂指导落实生产责任制，制定增产节约措施。在企业改革的基础上，重视发挥知识分子在企业管理中的作用，大胆建议提拔有知识、年富力强的青年干部，推动了全县工交系统的企业管理工作。他先后立大功4次、三等功2次。1962年，在总后勤学院卫生系学习时，受到毛泽东、朱德、周恩来、刘少奇、邓小平、陈云等中央领导的接见。

## 宋谷雨

（1933.4—2006.12）

浙江省义乌市赤磊区平望乡二村人。历任栖霞县水利技术员、副局长、局长，高级

工程师。

1954年8月，宋谷雨华东水利学院毕业后，分配到莱阳专署建设水利科任技术员，1958年底，被错误划成“右派”，被安排到栖霞县岗山水库劳动改造。1960年春，调正在修建的庵里水库工地。他一边继续劳动改造，一边负责水库大坝的设计施工工作。白天精心搞测量、设计，晚上从1公里外的泥场向大坝上推土，推200多公斤独胶轮车，一晚上推20多趟、走25公里路。因表现突出，1961年春，摘掉右派帽子。此时，宋谷雨如释重负，除大学时学的英语，又开始自学俄语，查阅俄语水利资料。1966年夏，宋谷雨背上行李到牟家庄村，开始设计筑石坝拦水的黄燕底水库大坝。他设计出多种方案，反复进行比较。经过两个多月不分昼夜的测量、计算、绘图，终于筛选出坝拱的倾斜度数和厚度的最佳值，设计出一个完整的大坝构造方案。创造性的设计获得了创造性的成果。1970年秋，高20米、上宽1.5米下宽3.5米，总长95米的砌石双支墩连拱大坝建成，开创国内外不用钢筋、全用石头修建倾斜连拱大坝的先例，比建重力石坝节约6万多个工日，节省价值10万多元的钢筋水泥。连拱坝的大理石模型在全国基本建设技术革新展览会和水电部技术革新展览会展出过，资料被编入华东水利学院教科书《水工钢筋混凝土结构》和国家水利方面第一部大型工具书《水工设计手册》。国内著名水利专家、清华大学副校长张光斗带着黄岩底水库连拱大坝模型、照片及有关资料，在西班牙召开的世界大坝研讨会上作了介绍，赢得各国水利专家的赞赏，认为大坝结构新颖，设计合理，主体牢固，是大坝设计上的创新。

20世纪70年代，是栖霞县农业学大寨整地改土兴修水库的农田基本建设高潮时期，宋谷雨全身心地靠在水库配套工程的设计上，并吸收外地经验，施行和推广外地薄壳槽等先进技术。1978年3月，出席全国科学技术大会。1987年，县政府龙门口水库西水东调工程中，宋谷雨在勘测设计中，建议以水泥管取代铸铁管调水，不仅节省开支150万元，还提高了水质，并为山丘地区应用预应力水泥管长距离引水提供成功的先例。宋谷雨为栖霞的水利建设做出突出贡献。

## 王大海

（1938.9—2007.6）

原名王正海，招远市阜山镇扒山蒋家村人。1961年高考前，王大海父亲去世，因家境贫困欲废学为农挣工分养家，后在家人与邻居劝说下继续上学，返回栖霞一中后补上落下的一个月的功课。高考时，他成为栖霞一中第一个考上北京大学的学生。王大海在大学里品学兼优，1964年，作为优秀学生代表参加北京通县的“四清”运动，《北京日报》报道他的先进事迹。1965年6月，王大海加入中国共产党。1967年8月，被分配到济南46中学当政治、语文教师，任过校团委书记。1974年4月，调回招远县任磨山公社党委组织委员、党委副书记、管委会主任、城关公社党委书记。

1983年3月，调任栖霞县委副书记、县政府县长。同年9月2日，王大海主持召开6000余人参加的贯彻落实《县城建设管理条例》誓师大会，会后全城迅速掀起一个领导带头、全民行动“拔钉子，扫障碍，综合治理”的热潮。

1984年11月，王大海任县委书记，又集中县委、县政府的智慧和力量抓县城驻地和桃村镇建设，一个月开通10条路，开创栖霞城镇建设的新局面，烟台市委书记王济夫赞扬说“这是八十年代一壮举”。1985年4月15日，开工烟台青岛线栖霞城区段改线拓宽工程，同年，县委、县政府建新办公建筑群，使栖霞日显现代化形体，拉开城市建设架子，改变了栖霞城区旧面貌。

王大海任职期间，主次重轻兼顾，协调共进，兴调查之风，走访库区贫民，写出《要把扶贫的重点放在仍然贫困的库区》调查报告，县委、县政府据此与24个有关部门负责人研究，于1985年8月16日印发《关于扶持库区经济发展的意见》，要求县直有关部门都要采取积极措施帮助库区发展生产，使库区贫困户的生活明显改善，生产资金得到缓和，干部群众的精神面貌有很大改观。为培养建设“四化”人才，重视职业学校建设，并兼任栖霞县电视大学名誉校长，经常到学校做形势报告。国务院总理李鹏到烟台电大视察时，当听说栖霞电大名誉校长由县委书记亲自担任，而且把准备作县委机关家属宿舍房子让给电大办教育时，称赞道：“这是一个有远见的县委书记！”并当场题字：“电大教育，大有可为。”为使学生、市民有锻炼强身之地，王大海与五个班子领导成员决定在东山建体育场；为保证市区工业和市民用水，决定引龙门口水库入城；为发展旅游事业，研究决定以十八盘为中心，东至桃村、西至栖霞城，建成一座百里自然公园。

安民之本，在于足用。上任伊始，王大海深入调查研究，根据栖霞县情谋划富民足用的策略。栖霞县山地丘陵占总面积的93.9%，民间有顺口溜曰“地瓜当家（主食）花生赶集（经济主要来源），日子年年没有大出息”。人们致富不从山丘上打主意，而把山丘当成包袱。王大海看到山上有林、草、药材，有石灰石、花岗石、大理石、滑石、黄金等，处处有宝。于是，他根据党中央“决不放松粮食生产，积极发展多种经营”的方针，大讲“无农不稳，无商不活，无工不富”的道理，与县委书记张仁家及其他五个班子领导成员提出大刀阔斧地调整产业结构，加速发展贸工农型经济的思想，念好“草本经”，大办社队企业。在农业上，扬果业之长，稳定完善果业承包责任制，尽快建成果品县。扬石头之长，快速发展建材业。扬宜林面积大之长，发展林业生产。扬沙壤土之长，扩大花生种植面积。扬加工业原料之长，加速发展乡镇企业，重点是原料加工、建筑、运输、商业、服务业。在不影响交通的前提下，允许农民进城摆摊经商。在工业系统，改革指标考核办法，实行产值、利润、优质品牌、万元产值综合性能和技术改进计划完成情况5项指标，全面实行包利润联产值、联优质、联节能、联技改、联安全、联销售收入的“一包六联”经济责任制。要“两个翅膀”（乡镇企业、多种经营）一齐飞，“四个轮子”（乡镇办、村办、联办、户办）一齐转，坚持国家集体个人一齐上，加快发展商品经济。1983年，栖霞县粮食亩产首次创过“千斤关”，创造了农业总收入、粮食亩产、花生总产，果品总产、工业利润、农村社员人均收入等10个历史最高水平。1984年，全县县办企业58家，乡镇企业达到252家，村办企业8606家，从业人数8万余人。全县集体、个体商户发展到4676家。实际利用外资13万美元，实现招商引资零的突破。1985年，虽然遭受百年不遇的特大暴雨洪灾，粮油产量大幅度减产，县、乡、村办工业却大幅度增加，社会生产总值第一次突破10亿元大关。

“红富士”苹果开始大规模栽植。在“拓荒植果，建设山上栖霞”战略思想指导下，1986年，果园面积达到1.8万公顷，比1982年增加1万公顷，为以后栖霞成为“全国水果第一县”“全国苹果之都”打下坚实基础。栖霞进入空前开放改革与奋进的时代，王大海成为时代人物。1986年12月14日，《大众日报》刊登王大海的体会文章《作一个称职的县委书记》，是他在栖霞县委书记任上工作的理论性的精辟总结和概括。

1987年2月，王大海调任烟台市政府副秘书长。同年9月，调任威海市委常委、副市长，1992年3月，任威海市委副书记、副市长，分管农业和农村工作。1992年12月，调任潍坊市委副书记、市长。1998年2月，调任威海市政协主席。为威海市的工农业发展，为威海成为全国第一个卫生城市做出贡献，为潍坊的工农业生产、城乡建设做出了贡献。1992年，受到中共中央总书记江泽民接见，1994年，受到国务院总理李鹏接见，被誉为“蔬菜市长”“拥军市长”。王大海日理繁纷的党政工作，仍笔耕不辍，先后在国家和省级杂志报刊上发表社科类文章、政论等40余篇，其中20多篇获奖，有著作《大海情怀》。王大海因为中华民族的繁荣昌盛和人类社会的文明进步作出突出业绩，被载入大型文献《中华魂•中国百业领导英才大典》。

## 牟彦峰

（1972.1—1995.5）

西城镇史家寨村，见习警衔，中专文化程度。1994年6月，加入中国共产党，1995年5月23日，因公牺牲，是烟台“5•23”英雄群体之一。

1992年，牟彦峰考入交通部人民警察学校，学习优秀，表现突出，是优秀学生干部和学校散打比赛冠军。1994年，牟彦峰被评为交通部直属机关优秀共青团员，7月，毕业分配到烟台港公安局工作。在局办公室整理档案期间，他虚心向有工作经验的警察学习、请教，认真清理分类，仔细登记装订。5个月时间，他整理了近千份档案材料，没有出现一份差错。是年11月8日，牟彦峰到客运站派出所报到上班。报到第一天，正逢所里围捕由黑龙江省哈尔滨市窜来烟台的韩某等6人诈骗团伙，他立即要求参战，领导见他态度坚决，便同意他的请求，在发现目标后，牟彦峰猛地冲上去，将首犯韩某紧紧地压在身下，将其擒获。

在具体工作中，牟彦峰忠于职守，刻苦钻研，敢闯敢干，并虚心向老同志学习堵截方法和经验，不断提高自己的业务水平。在半年多的时间里，他共堵截查获各类不法犯罪分子38人，其中，贩卖毒品的2人、非法携带枪支的1人、盗窃犯1人，共调解民事纠纷26起。1995年4月，牟彦峰外出办事时，在一个公园附近，发现几名手持利刃的流氓正在调戏女中学生，不少在场游人敢怒不敢言。牟彦峰见状挺身而出，奋力追赶四处逃窜的不法分子，终将其中一名不法之徒扭送到派出所。一天晚上，天很冷。他送女朋友去火车站，发现一出租车司机酒后开车并撞倒一位老人。老人趴在地上动弹不得，司机却若无其事。牟彦峰急了，对女朋友说：“今天不送你了，我得管管这事。”他扶起大爷，通知交通干警，尽快处理了此事。在牺牲的前5天，他与战友查获一个6人盗窃团伙，协助烟台市牟平区公安局侦破多起盗窃案件。就在牺牲的当天中午，客运站派出所查获的盗窃不法分子乘上厕所之机逃跑，牟彦峰第一个追出100多米，将其扑倒在地并制服。搏斗中，他的右手被咬伤，同志们劝他到医院治疗，他说声“没事”，便又投入到工作中。因工作成绩突出，牟彦峰连年被评为烟台港务局“青年突击手”。

是年5月23日18时20分左右，烟台港公安局客运站派出所值班民警王德利在客运站售票厅北侧楼梯处，发现一手提密码箱的青年男子形迹可疑，遂将其带到派出所值班室里屋盘问。当时，牟彦峰正在值班室外屋讯问1名盗窃不法分子。时隔不久，牟彦峰听到里屋传出的连续射击声，马上意识到里面出事了。他猛地从写字台后面站起来，挺身想冲进里屋营救战友，擒拿歹徒。不料，却被从里屋窜出的歹徒迎面一枪，击中右胸，扑倒在写字台上。凶残的歹徒又向他连开2枪，并趁机窜出值班室，逃向客运广场。身负重伤的牟彦峰在极短时间里恢复了意识，他捂着伤口、挺着1.83米的高大身躯艰难地跨出客运站的大门，高喊“抓住他”，并一直追到客运广场西南角的出口。此时，正在客运广场值勤的顾正泽、孙国明及时发现，投入追捕，最终迫使歹徒自毙身亡。在医院里，当牟彦峰得知王德利也在同一所医院抢救时，便对照顾他的人说：“你去照顾他，他伤比我重。”由于伤势过重，抢救无效，牟彦峰于21时45分永远地离开了战友。5月26日，牟彦峰被山东省人民政府批准为革命烈士，6月21日，被公安部追授为“全国公安系统二级英雄模范”称号。6月29日，交通部、公安部、山东省暨烟台市隆重召开烟台“5•23”英雄群体命名表彰大会，牟彦峰被交通部追授为“海港卫士”荣誉称号，被烟台市委、市政府授予“港城卫士”荣誉称号。

# 人　物　录

**常德山**（1900—）　桃村镇国路夼村人。1938年4月任中共栖霞特别支部宣传委员，后任栖霞县区长、区委书记，福山县二区区长、牙前县司法科长、石岛县人民法院院长、荣成县检察院副院长，1958年退休。

**李志超**（1906.9—1996）　高小毕业，臧家庄镇北洛汤村人。1939年4月在栖霞县大队一连和二连任指导员，7月加入中国共产党。1940年11月因战负伤致残而转入后勤工作，曾在胶东军区野战医院一分所、二分所、被服厂等工作。1949年5月编入第二野战军第一后方医院，并随军南下到四川省重庆市。1950年5月转业，先后在川东医院、四川省卫生厅、省建委、省计划委员会等历任处长、办公室主任等职。1979年4月离休，享受副厅级待遇。

**徐玉生**（1907.9—）　初中毕业，中共党员。桃村镇峨山庄村人。1939年6月在铁口从事地下工作。1941年2月任铁口分区区委书记，11月任栖东县委组织部副部长。1942年3月调北海地委任干部科科长。1948年任北海医院院长兼党总支书记。1951年任莱阳地委机关党委副书记。1957年10月任青岛家俱总厂党委副书记。1958年调全国总工会疗养院任党总支书记。1965年5月调青岛工人疗养院任副院长，享受厅级待遇。

**张默三**（1907.3—1987.11）　原名王斗生，臧家庄镇丰粟村人。1936年春在蓬莱县加入民先队，1938年7月加入中国共产党，历任栖霞县一区委书记、栖霞县委组织部科长，北海专署威海市邮电局局长，牟平县委敌工部部长，华东军区后勤部政治协理员，南京市交通局人事科科长，江苏省第一汽车运输处工会主席。

**牟宗三**（1909—1995.4），字离中，1909年生于蛇窝泊镇牟家疃村。1949年离开大陆去

台湾。他是现代新儒学代表人物之一，传世著述译作有30种。其中有《中国哲学的特质》《中国哲学十九讲》《中西哲学之会通十四讲》《四因说演讲录》《周易的自然哲学与道德涵义》《历史哲学》《名家与荀子》《才性与玄理》《佛性与般若》《心体与性体》《从陆象山到刘蕺山》《逻辑典范》《理则学》《认识心之批判》等，译注有康德哲学的三大批判（《康德的道德哲学》《康德纯理性之批判》《康德判断力之批判》）和维特根斯坦的《名理论》。

1995年4月12日，牟宗三病逝于台湾台大医院。牟宗三学术成就斐然，但他不赞同中国共产党，不赞成共产主义。

**王建福**（1910.4—2002.2）桃村镇凤凰庄村人。1941年4月加入中国共产党。在抗日战争时期，参加了栖霞县敌后武工队，战斗在敌后统治区。历任支前民工大队副队长、四川省梁山县（现梁平县）民政科科长、云南省清理积案大队大队长、四川省梁山县（现梁平县）人民法院副院长、四川省人民法院大竹专署分院副院长、纪律监察委员会监察员、四川省高级人民法院审判员、办公室副主任、达县地区中级人民法院党组书记、院长，达县地委政法委副书记，达县地区中级人民法院顾问等职。

**王国卿**（1910—1998.2）栖霞县人，初中文化。1941年2月，加入中国共产党，同年6月参加工作。曾任北海区支前司令部组织科科长、北海地委实验区委副书记。1949年3月，渡江南下，1949年10月，任上海市青浦县各界人民代表会议常务委员会副主席。1951年4月，任苏南检察署民政组组长、无锡市中丝二厂党委书记，无锡市总工会组织部部长、副主席，无锡市建筑公司工会主席，徐州煤炭建筑公司党委书记，煤炭基建局工会主席。1966年1月，任华东煤炭基建公司工会副主席、山东省煤炭局泰安仓库党支部书记、主任等职。1981年5月离休。

**刘俊武**（1911.6—）字英民，号国卿，中学毕业，蛇窝泊镇上苇城村人。1937年参加工作，在金山乡教学。1942年始从医。先后担任青岛市北区医院医生、主任医师、中医科副主任等职。行医60余年，专长内、妇科，擅长肝胆病、肾炎、糖尿病、急慢性阑尾炎等疾病的临床研究治疗。特别对肾病、十二指肠球部溃疡、胃黏膜脱垂、胃下垂等症的治疗，效果显著。

**孙天岗**（1911—1987）官道镇孙家洼村人，1940年参加工作，1937年，加入中国共产党，历任栖霞县三区区长、区中队长，栖霞县武委会副主任，六区委书记，栖霞县政府副县长兼公安局局长，山东省水利厅机关党委书记，黄河河务局机关党委副书记。

**于英武**（1911—1988）原名郝文通，桃村镇楚留店村人。1939年7月，加入中国共产党。历任栖霞县政府一科科长、副县长、县长，吉林二〇一厂党委书记，辽宁省抚顺市筑路公司设计院党委书记，阜新市委文教部副部长等职。1980年5月离休。

**唐文山**（1911—）桃村镇史家庄村人，早年在福山县教学，1933年加入中国共产党，1938年4月任中共栖霞县特别支部组织委员。

**王益生**（1911—）原名张有田，松山镇汉桥村人。1939年加入中国共产党，历任栖霞县职工会会长、民动会会长、各救会会长，栖霞县委代理书记，西海地委民运部部长，西海区农救会主任，山东省商业厅纪检处处长。

**刘占云**（1912.12—） 原名刘学美，臧家庄镇栾家沟村人，1932年在莱阳乡师由黄日宾（中共莱阳县委书记）介绍加入中国共产党。后在本村发展10名共产党员。后去青岛任上海-青岛地下交通员，不久因叛徒告密，刘占云被捕，释放后于1938年3月参军入伍。1941年整风运动被开除党籍回乡。1948年秋恢复党籍，同年9月3日到县教育局工作，1949年10月因病回乡。

**孙伽俐**（1912—1994） 原名孙世宝，桃村镇国路夼村人。1938年参加工作，同年夏季加入中国共产党。历任栖霞县实验区区长、黄县特区人民政府副主任、蓬莱县人民政府副县长、北海专署民政科科长、北海专署支前司令部办公室主任、中原大学校部秘书兼四分部党支书、中南军政委员会秘书处处长、广州市工商管理局局长、市委财贸部部长、广东省委财贸部副部长、财办副主任、财贸政治部副主任、广州市生产组副组长兼财办主任、财贸政治部主任、广州市委统战部部长、政协副主席，全国政协五届委员。1983年离职休养。

**史征夫**（1913.10—1998.2）官道镇万家庄村人，大专毕业，中共党员。1940年，从事教育工作，历任小学、中学校长，大专院校教务处主任。1949年10月，任烟台地区文管会主任，后任文化馆馆长，烟台市博物馆馆长。离休后享受厅局级待遇。其书画造诣较深厚，作品多次赠送给国家领导人，并多次在全国及省级书画展中获大奖。曾任烟台市书画协会主席，山东省书法家协会常务理事。

**阎文彪**（1913.11—1994.6） 寺口镇北阎家庄村人。1939年10月参加工作，同月加入中国共产党。1940年9月，任县武委会副主任。1940年9月，调任胶东区委党校学员副组长，西海区平南县武装部部长。1944年，调任胶高县委副书记兼县长。1951年9月，任山东省工业部组长、重工业一处副处长，省委第四中级党校学员支部书记，省工业部组长、处长。1960年2月，任枣庄矿务局党委副书记、枣庄市委常委，枣庄市革委生产指挥部副主任，枣庄市委常委兼市革委工交办公室主任，枣庄市委常委、市革委副主任兼市经委主任。1980年5月，任枣庄市八届人大常委会副主任。1983年12月离职休养。

**战　车**（1913.5—1945）原名张贻武，观里镇东南庄村人，1939年6月加入中国共产党，历任栖东县民政科科长、栖东县政府代理县长。

**王君益**（1913.6—） 原名王世卿，亭口镇徐村村人。1939年加入中国共产党，历任栖东县五区委书记、栖东县各救会长、栖东县政府县长，北海地区统战部副部长，青岛市委秘书主任，山东省监委常委，山东省人事局副局长，山东省民政厅副厅长。1982年离休。

**隋　安**（1913—1951.1） 官道镇许家洼村人，“七七”事变后，以卖书笔为掩护串连知识分子在栖霞、莱阳、招远三县交界进行革命宣传活动。1939年参加莱阳九大队，翌年转入十九旅。后任中国人民解放军27军师政治部副主任，1951年1月牺牲于朝鲜战场。

**于化龙**（1914.2—1990.11） 原名于邦庆，官道镇孙疃村人。1943年6月，加入中国共产党，历任栖霞县二区、八区完小校长，栖霞县八区区公所

区长，栖霞县人民政府卫生科科长、建设科科长、栖霞县人民法院院长，县财贸部部长，栖霞县寺口公社党委书记，栖霞县人民政府第一副县长。“文化大革命”期间，他始终坚持以党和人民的利益为重，对待工作兢兢业业，原则性强，从不计较个人得失，后下放到栖霞县红旗牧场“五七”干校劳动。粉碎“江青反革命集团”后，党组织为他进行了平反，纠正了冤假错案，随即又给他安排了新工作。1970年3月，在栖霞县手工艺品厂任党支部书记，使栖霞花边手工艺品首次出口国外。1979年1月，任栖霞县人民政府财贸办公室副主任，1983年10月离休。

**苏一萍**（1915.6—1993.4）苏家店镇苏家店村人。1939年秋，在栖霞县青救会工作，1940年5月，任栖霞县政府金库主任兼征收处主任。1942年，调北海专署，任北海造纸厂厂长、纺纱机厂长。1944年，加入中国共产党。1945年，任龙口市工商局副局长，后历任北海区工商局副局长、胶东工商大队大队长、山东省工商部贸易公司生产处处长、商业厅业务处长、物价处长、副厅长、菏泽县委书记处书记、商业厅副厅长、物价委员会副主任、商业厅副厅长兼工商局局长。1982年离休。曾任山东省物价学会理事、省科协会员和工商局、商业厅顾问。曾主持编纂《山东工农产品比价》《山东物价》等书刊，在有关刊物发表论文数篇。

**阎玉卿**（1914.4—）初中毕业，中共党员。官道镇阎家庄村人。1940年参加工作，在栖霞县小韩家村任教。1943年底调栖霞县抗日救国文化协会，后调胶东区党委农村工作队。1950年调莱阳地委政策研究室。1953年调任黄县县委书记。1956年调莱阳农村工作部任副部长。1964年任烟台专署农业局副局长，1973年任局长。

**胡中夫**（1914.10—1999.11） 桃村镇上郁都村人。1943年12月加入中国共产党。

1944年6月，在栖东县第五区、十二区、金山区及平东县工区历任教育助理、中学校长、工作组组长，1951年，任中共青岛市市南区委宣传部部长、区委副书记兼经委书记。1957年，任青岛市市级机关业余政治学校校长、中共青岛火柴厂党委书记、第四钢铁厂党委书记兼厂长。1960年，后任青岛市委文教部副部长、交通部副部长、工业交通部副部长，1964年，任青岛市交通局党委书记。1969年，后任交通局革委生产指挥部支部书记、交通局党的核心小组成员兼革委会副主任、核心小组组长兼革委会主任、青岛市交通局党委书记兼局长。1984年离职休养

**徐　珉**（1914.11—），初中毕业，中共党员，苏家店镇刘家庄村人。1940年8月加入中国共产党，1941年3月参加革命，任启民乡乡长。1945年9月到烟台市工作，历任烟台市建昌区副区长、芝罘镇镇长、芝水区区长、烟台第五区区长等。1954年春调中共烟台市委，历任组织部副部长、部长，市委书记处书记等。1962年4月调福山县任县委副书记。1967年任福山县革委会主任。1972年改任县委副书记。1983年12月离休。

**隋　祥**（1914.12—）高小毕业，官道镇隋家沟村人。1938年8月加入中华民族解放先锋队，1939年加入中国共产党。1942年3月任栖霞县九区区委书记。1943年3月任栖霞县五区区委书记。1947年7月任北海地委支前大队副政委。1948年5月南下任分队副队长。10月任北海工作队队长。1949年5月调青岛市民政局任秘书科科长。1957年4月调青岛市染织工业局任劳工科科长。1958年10月调青岛市台西区工业局任局长。1963年10月任青岛市计量局局长。1979年10月离休。

**慕景超**（1914.12—）曾用名慕奎芳。高中毕业，中共党员。翠屏街道后张家庄村人。1941年在栖东县民政科任科员。1943年调任八区副区长、区长。1945年任县民政科科长。1949年2月任龙口市市长。1952年调莱阳专署。不久调任青岛市金融党委书记。1954年调辽宁省工作，先后任本溪钢铁公司销售处处长、运输部党委书记、本溪市委交通部副部长、市经委副主任、工业局党委书记、交通局党委书记、轻工局党委书记兼局长、城建局党委副书记、人民防空办公室副主任等职。

**江　风**（1915.3—）中共党员，臧家庄镇人。1931年开始革命文艺创作。1939年2月加入中国共产党。编入胶东区三纵五旅后，任政治部干事，负责编辑《军人周报》《斗争》《大众报》文艺副刊《军人生活》等。1943年转到地方工作，历任胶东文协研究部副部长兼文工团副团长、胶东新华书店编辑部主任、《胶东大众》主编、胶东文协会长、青岛市文联筹委会副主任兼党组书记、华东文化部电影处副处长、中国评剧院文学处处长、北京河北梆子剧团协理员、北京市文联创作研究部主任、北京市文联副秘书长、党组成员、顾问等职。曾获“北京市老有所为精英奖”。

**李　烽**（1915.7—）大学毕业，中共党员，桃村镇后白马夼村人。1937年参加中华民族抗日先锋队。1939年在县青救会任宣传委员。1944年7月任栖东县二区区委书记。1944年12月调任牙前县林寺区区委书记。1945年8月调任胶东新华书店编辑科长。1946年5月到上海、青岛等地做党的地下工作。1948年6月调新华社中原分社采访部任记者组组长。1950年12月入中央党校学习。1954年调湖北省委党校工作。1985年离休，哲学教授。

**李倬行**（1915.7—）初中毕业，苏家店镇马家店村人。1940年加入中国共产党，1941年任区委副书记。1948年9月调任北海地委救灾巡视组组长。1952年调任栖霞县委组织部部长。1953年9月调任莱阳专署建委纪检科科长。1955年10月调平度县，先后担任财政部部长、县委副书记、副县长等职。1964年10月调寿光县，历任县委常委、副县长、县革委会生产指挥部副主任、治理海河及塌河总指挥。1980年任寿光县政协副主席、县委常委。

**柳纯一**（1915.7—）高中毕业，寺口镇连家夼村人。1939年8月参加工作，1941年3月加入中国共产党，任兵山乡乡长。1942年到八区工作。1943年调栖霞县人民政府，1945年调长山特区、北海专署工作。1949年4月随军南下。1950年4月，任苏州市国营面粉厂厂长。1953年4月任苏州市地方工业局副局长、局长。后又曾任工业局、重工业局、轻化工业局、物资局局长、党组书记，市基建委员会、市工业办公室、市计委、市经委副主任、主任，市委工业部副部长等职。1982年离休。

**林永歧**（1915—1992）原名刘镇濂，松山镇大北庄村人。1940年11月，加入中国共产党。历任栖东县亭口分区委书记，栖东县委组织部副部长、部长，栖东县委副书记、书记，山东省工业厅、省委工业部、省委组织部副处长、处长，山东省手工业管理局、机械厅、轻工业局、第二轻工业厅副厅（局）长、党组副书记等职。1982年12月离休。

**刘华团**（1916.2—）原名张瑞芝，高中毕业，中共党员，经济开发区东泊子村人。1938年2月参加栖霞民众抗日救国团工作。1939年5月任栖霞县青年抗敌救国团副干事长兼党团书记。1940年12月调胶东区党委民运部地方工作队任队长。1942年任栖东县第九区中心小学校长兼区教育助理员。1946年调北海专员公署任教育科科员、专员秘书。1949年1月调南下工作队第四大队任供管股长。4月到达无锡，历任无锡市政府秘书科长、搬运公司经理、交通局副局长、太湖公社社长、太湖区副区长、无锡市城建局副局长等职。1982年离休。

**王进义**（1916.2—）原名王保恕，苏家店镇前寨村人。1939年9月加入中国共产党，历任栖霞县二区、栖东县亭口区委书记，栖霞县委副书记、书记，莱阳县委书记，乳山县委书记，烟台地区农林水办公室主任，1967年7月离休。

**袁式瑞**（1916.3—1990.12）初中毕业，桃村镇后肖格庄村人。1939年3月入胶东抗日军政大学学习，8月加入中国共产党。历任排指导员、中队指导员；胶东军区教导二团政治处组织股长、师政治部组织科长；志愿军第九兵团政治部组织科长；兵团后方留守处政委；防空兵速成中学政委；空军高炮师政治部副主任、主任；福州军区空军直属政治部主任等职。曾参加胶东反扫荡、孟良崮战役、济南战役、渡江战役以及抗美援朝第五次战役等战役。

**刘钧海**（1916.5—）初中毕业，经济开发区中泥沟村人。1944年在区政府分管民兵工作。1946年4月加入中国共产党。1947年调栖东中心稽征所经济工作队。1948年10月随军南下，任南征纵队四大队六中队副队长。1949年6月由上海市军管会调浙江省嘉兴绢纺厂任军代表。1952年改任绢纺厂党委委员兼工会主席。1956年6月调嘉兴冶金机械厂任厂长兼党委副书记。1983年离休，享受厅局级待遇。

**高　飞**（1916.9—）桃村镇东下夼村人。1937年参加工作，1938年加入中国共产党。1982年离休前任国防科委第十二研究所所长，电子工业部机关党委副书记。

**李力众**（1916.12—）曾用名李振声，大专毕业，寺口镇大榆庄村人。

1938年6月参加革命，历任《抗战日报》、胶东《大众报》记者。1939年2月调山东分局《大众报》任记者。8月加入中国共产党。先后任泰山地委《泰山时报》主编、《滨海时报》主编、《鲁中日报》通联科长、《渤海日报》副总编兼新华社渤海支社社长、济南《新民主报》编辑部主任兼新华社济南分社主任、《新华日报》副总编兼新华社南京分社副社长、第二野战军西南服务团川南支队四大队大队长、《川南日报》社社长兼新华社川南分社社长、《四川日报》社副社长兼总编辑。1958年3月调广安县任县委书记。1960年3月任四川省科委副主任。1972年8月调任江津地委书记。1978年8月调四川省科委任副主任兼科协副主席、党组书记。1988年2月离休。

**郭勖哉**（1916—）曾用名郭永勉、高峻，初中毕业，臧家庄镇郭家店村人。1939年4月加入中国共产党并任乡党支部书记。1940年7月在栖霞县政府和栖东行署任股长、特派员、科长等。1944年7月调北海专署任副科长、北海工商管理局科长、北海采矿办事处主任。后任山东玲珑矿业公司、山东矿产管理局（烟台）、华东工业部山东办事处（济南）、华东工业部上海办事处科长、副处长等职。1953年1月调第一机械工业部基建司任办公室主任兼副司长，第八机械工业部副司长，综合局副局长等职。1978年8月调国家机械设备成套总局任副局长。1983年5月离休。

**慕仁周**（1916—）初中毕业，中共党员，唐家泊镇泽头村人。1941年秋任村治保主任兼农救会长。1942年8月任各救会会长。1945年调栖东县十六区，历任民政助理、副区长、区长、区委副书记、书记等职。1954年调栖东一区任区委书记。1955年调城关区任区委书记。

1956年调莱阳机场民力科任科长。1957年调威海市总工会任主席，1979年调增收节支办公室任主任。1981年离休。

**董仁杰**（1917—） 观里镇郭格庄村人，1939年8月加入中国共产党。历任特务营10连班长，北海地委组织部干事，栖霞县三区委书记，栖霞县民运部副部长、农委书记，山东省建筑公司党总支部副书记、工会主席，高密县委书记，潍坊市物资局副局长，1976年离休。

**铁秋**（1917.3—） 原名王西凤、王宝泰，中专毕业，桃村镇凤凰庄村人，1938年参加革命，1939年3月加入中国共产党。抗日战争时期，历任黄县国防教育委员会副主任、苏鲁边军政干部学校政治部主任、辽宁省海陵县委宣传部长、县长等职。解放战争时期，历任中山县县委书记兼独立团政委、城防司令部政委、省法院副院长、院长等职。中华人民共和国成立后，历任鞍山市法院院长、市委政法部副部长、市委基建交通部部长、市委工交政治部主任、市城建局党委副书记、市建委主任兼党组书记、鞍山市政府副市长兼党组副书记等职。1984年5月离休，任鞍山市人民政府顾问。

**刘玉湖**（1917.7—）高中毕业，中共党员，蛇窝泊镇大埠后村人。1941年参加工作，任凤凰区大埠后乡副乡长，凤凰区副区长。1944年调胶东速校学习。历任莱西南县姜山区区长兼工作队队长、烟台海防营区工作队副队长、平东县实业科科长、胶东行署水利局科长、胶东农药化学研究室支部书记兼主任、胶东农业试验场支部书记兼场长。1951年调华东农业部，先后在农业处、植保处、上海市农业局农场管理处、市人口办公室、民政局等任副处长、处长等职。享受地专级待遇。

**于铎**（1917.10—1986.1）原名杜殿明，庄

园街道杜家庄村人。1939年冬，参加青年抗日救国团，担任宣传委员。1941年3月，在栖霞四区各救会参加工作，任组宣委员，9月，任栖霞县各救会总务。1942年6月，任栖霞县青救会宣传委员。1943年3月，加入中国共产党，8月任栖霞九区各救会会长。1944年10月，任栖霞县青救会会长。1949年6月，任青岛市军事管制委员会秘书。1950年后，历任青岛市财经委员会科长、办公室主任、青岛市建设局副局长、党组书记、青岛市委组织部副部长、建设局局长、党组书记、青岛市基本建设委员会副主任、党组副书记、青岛市城建局革委主任、核心组组长、青岛市基本建设委员会副主任、核心组成员。1982年5月，离职休养。

**牟焕奎**（1917.11—）大学毕业，中共党员。桃村镇人。1929年考入山东省立第一中学。1936年加入中国共产党。1937年11月到延安，先后在抗日军政大学、马列学院学习。1941年调延安中央研究院，曾任马列主义研究室、国际问题研究室研究员。1945年到东北，历任大连市西岗区区委书记、区长、总工会主席和旅大行署秘书处处长。解放初期，先后担任铁道部机车车辆制造局局长、第一机械工业部机车车辆工业管理局局长等职。1955年调铁道部铁路工厂总局任副局长、局长。1965年改任铁道部工业总局局长。享受副部级待遇。

**牟日斋**（1917.5—1990.6） 西城镇东陡崖村人。1940年1月，加入中国共产党，同年10月参加工作。历任北海地委工作队大队长、支前担架队大队长、政委、中国人民解放军西南服务团干部队指导员、分队长，随军南下，奔赴大西南。1949年12月，任中共重庆市长寿县委民运部部长，

1951年11月，任中共重庆市长寿县委书记，1952年11月，任中共重庆嘉阳煤矿党委书记，1957年10月，任煤炭部重庆煤炭安全监察局副局长，1958年8月，任重庆煤炭工业管理局副局长、党组成员，1964年1月，任煤炭部质量检查委员会主任，1965年12月，任南桐矿务局办公室副主任，1974年7月，任南桐矿务局行政处副处长。1979年9月离休，享受地专级生活待遇。

**李昌文**（1917.11—）蛇窝泊镇后撞村人。1938年参加工作，1939年加入中国共产党。1947年任栖霞县委书记。1984年离休前任南京药学院党委书记，江苏省五七干校副校长、党组书记、中国第二历史档案馆党组书记、馆长。

**林松**（1917—）桃村镇后肖格庄村人，1937年8月文登乡师毕业后，在济宁加入民先队，1938年10月任掖县教育科长，同年加入共产党。1940年1月参加军队工作，历任胶东军区政治部副科长、民运部副部长兼秘书主任，英灵山胶东抗日烈士纪念塔建塔委员会办公室主任。1949年转业到四川工作，历任江津地委组织部长，重庆市委统战部部长，重庆市政协副主席兼秘书长等职，1983年离休。

**孙维明**（1918.2—）初中毕业，官道镇八甲府村人。1938年10月加入中国共产党，次年3月参军，先后在栖霞九区、十区任公安特派员。1945年10月历任黄县、长岛、福山公安局股长。1947年3月调烟福支前大队任政委，后调济南俘虏训练大队任副队长。1950年10月转业到安徽省委农村工作部巡视组任副组长、副处长等职。1965年10月调宿松县委任副书记，后任安庆地区（今安庆市）粮食局副局长。1981年12月离休，享受地专级待遇。

**邹国选**（1918.1—1994.11）观里镇观里村人。1945年8月参加工作。

1945年8月，在栖霞县方山区区公所工作，10月，调辽宁省桓仁县税务局工作，1951年，任江西袁州地委机关党总支书记，1952年6月，任万载县委组织部部长，1953年11月，任新建县委书记，1956年，任铜鼓县委第一书记。1958年，调宜春专署，先后任手工业处、轻工业处、人事处、监察处、检察院处长，1968年11月，任宜春专区袁惠渠工程管理局党委书记，1980年12月，任江西省新余市政协主席。1984年3月，离职休养。

**孙 英**（1918.2—）又名孙洪山，西城镇蓬夼窑村人。1942年加入中国共产党，历任栖霞县蓬夼乡乡长、马疃区区长兼区中队长、蛇窝泊区委书记，栖霞县县长，新泰县县长，泰山林场场长，泰安地区农业局副局长，泰安地区水产局局长。

**隋日瑞**（1918—1992）原名日隧，官道镇大花园村人，中共党员。1939年，参加八路军渤海区部队，在其表哥、特务纵队队长衣吉民部任特务大队第九队队长。1940年，加入中国共产党，其间一直在县西部地区做党的地下工作，组织群众进行抗日斗争和镇压反动势力，曾多次被日军包围而死里逃生。1950年，参加抗美援朝，任志愿军某师师长。1954年，回国后，在哈尔滨军政大学学习三年，获大专学历。1958年，任上海警备区副司令员，1978年，任新疆喀什军分区司令员。离休后，在上海警备区干休所休养，1992年病逝。

**于华山**（1918.5—）曾用名阎经声，初中毕业，寺口镇缴沟村人。1941年3月到胶东抗日军政大学学习，1944年加入中国共产党，后任团后勤处合作社主任、连指导员兼政治教员、华东第九纵队政治部宣教科股股长、师政治部宣教科科长。曾参加孟良崮、济南、淮海、渡江、上海等战役及抗美援朝。1954年调江苏军区南京市兵役局办公室任主任。1956年调溧阳县兵役局任局长。1962年调溧水县人民武装部任部长。1968年任溧水县军管会主任。1982年离休，享受副师级待遇。

**柳运光**（1918.5—）臧家庄镇东寨村人。1936年加入中国共产党。历任中共胶东区委委员，山东人民抗日救国军第三军政治部副主任，胶东区委执行委员、统战部部长，八路军山东纵队第五支队政治委员，中共胶东区委委员，中共中央党校学员，中央党校校部秘书科科长、党校一部组织教育科副科长。1945年4月至6月作为山东代表团成员出席中共七大，10月任中共东北局政治秘书，后任大连市委副书记兼大连工会副主席，大连市职工总会副秘书长，旅大地委副书记、地委书记、地委副书记，青岛市工业部部长，中共山东分局工业部副部长，第一机械工业部船舶局副局长，东北工学院党委书记兼副院长、代理院长。1980年任成都地质学院党委书记。1983年6月离职休养。1984年被中央纪委聘为理论研究员。

**王明德**（1918.6—）女，高中毕业，中共党员。苏家店镇徐家村人。1939年冬在桃源乡任妇救会长。1941年初调中心区任妇救会长。1942年秋调栖霞县妇救会任组织部部长、副会长、会长等。1946年调黄县任妇联主任。1948年调中共安东市金汤区委任组织部部长。1949年春调辽东省妇委任秘书长。1953年调辽宁省本溪市政府机关党委任副书记。

**林　平**（1918.9—1940）原名于福昌，臧家庄镇策里于家村人，文登乡师毕业，1938年1月参加工作，同年加入中国共产党。1939年1月任栖霞县委宣传部部长，在西牟家庄村与县委书记葛平、县委组织部部长牟子敬开设“三合兴”书笔铺开展党的秘密工作。同年秋，随县委迁驻苏家店镇曹高家庄，患病而逝，后被追认为革命烈士。

**杨学武**（1918—）　桃村镇桥子沟村人。1938年7月加入中国共产党，1939年任栖霞县特务队队长、栖东县大队五连连长，后调北海军区独立营、49军146师436团工作。1951年8月后历任柳州军分区后勤处处长、运输科科长、广西安要总队后勤处处长、广西442仓库库长。

**衣元文**（1918—1989.9）西城镇三宿夼村人。1940年10月加入中国共产党，后任栖霞县七区、九区委书记。1962年任青岛市委组织部副部长，1963年5月任青岛市房产局副局长，1975年5月任房产局革委副主任。

**刘如意**（1918.9—）初中毕业，松山镇金山村人。1940年参加工作。1943年加入中国共产党。历任村民兵分队长、村团长、联防大队长、区武委会主任、区武装部副部长兼区中队长。1947年入北海军分区教导营学习。先后在山东福山、招远，安徽和县、广德县、庐江县工作，1963年10月调山东省青岛市国棉五厂任党委副书记、书记。

**张克忠**（1918.10—）庄园街道张家沟村人。1942年1月任村财粮委员会和抗日救国会主任。1944年10月加入中国共产党。先后在栖霞县公山区、长岛特区、胶东北海军分区、济南警备区工作。1953年3月调农建2师4团保卫股任副股长。1955年10月转业到黑龙江。1961年2月调新疆自治区五一农场任场长兼书记。1970年8月调西山农场任革委会副主任。1972年8月调乌鲁木齐管理处任处长兼党委副书记。享受副地、市级待遇。

**姚　光**（1918.10—）大专毕业，苏家店镇冠甲庄村人。1938年5月参军，10月加入中国共产党。曾任胶东抗日游击第六支队班长、中队长；八路军第五支队独立2营3连、栖霞县大队3连指导员。1945年转业到地方工作，历任栖霞县政府秘书、黄县政府教育科长、北海专署办公室秘书、副主任、主任；莱阳专署办公室副主任、主任；烟台地委办公室副主任、主任，副秘书长；枣庄市委农委主任、市委副秘书长、市委党校副校长兼副书记等职。

**赵启光**（1918.11—1999.9） 原名李崇仁，臧家庄镇北洛汤村人，曾任中共四川省委党校副校长。1938年9月，到胶东民众总动员委员会抗战剧团工作，同年12月加入中国共产党。历任栖霞县委民运部部长、县委宣传部部长、胶东区党委秘书处行政秘书兼党支部书记、胶东中海地委宣传部副部长、莱阳特区工委书记、栖东县委副书记、北海地委人民武装部副部长、中国人民解放军西南服务团第五支队政治部副主任、四川省铜梁县委书记、江津地委常委、宣传部长、四川省委党校党史教研室主任、党校副校长。1982年10月离职休养。1998年12月，编著自传体《曲折的路》一书。

**李华民**（1918—1989） 栖霞市人，1940年8月参加革命工作，1942年10月，加入中国共产党。历任北海银行栖霞、蓬莱、黄县、龙口办事处主任，北海银行胶东支行副行长，交通银行东镇办事处军代表兼主任，交通银行青岛分行军代表兼经理，交通银行山东支行经理、济南支行经理、山东分行副经理，中国人民建设银行山东省分行副行长、负责人等职。1982年离休，1983年，享受厅局级干部待遇。

**王经波**（1918—2000） 原名解训，庄园街道徐家洼村人。1939年6月加入中国共产党。历任栖霞县民动会秘书，区委书记，县委秘书、宣传部部长，县委副书记、书记兼县武装部政委，山东分局党校组织处处长，中央交通部第三工程总队书记兼政委，东北中央燃料部电力建设总局发电公司党委书记，中央电力工业部452工程处党委书记兼处长，河南省电力公司党委书记、电力工业局副局长，水利电力部中原电力管理局副局长、党委副书记。

**刘建东**（1919.1—2004.8） 西城镇岭西村人，初中毕业。1940年7月，任栖霞县任留镇公所交通员，10月加入中国共产党。历任蓬夼乡自卫团营部副营长兼分队长、十三区团部区团长、县武装部副部长、部长，县指挥部副指挥兼县委委员、胶东军政干校直属队队长兼政治指导员、招远县武装部部长、平度县兵役局局长、胶南县武装部部长、昌潍军分区副司令员兼昌潍地委常委、泰安军分区副司令员兼党委常委、地区复退安置领导小组副组长等职。1980年10月离休，正师级。曾多次立功受奖，获三级解放勋章、三级独立自由勋章及功勋荣誉章。

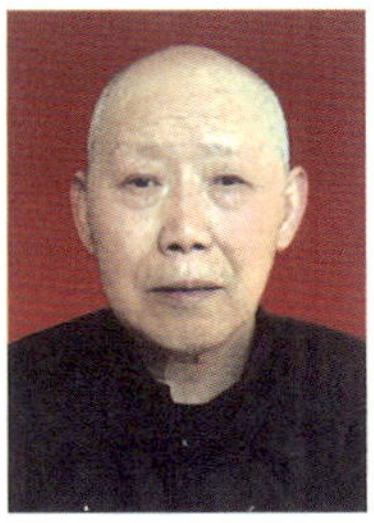

**衣景清**（1919.1—） 翠屏街道前阳窝村人。1938年参加工作，并加入中国共产党。1982年离休前任山东省军区政治部副主任、政治部顾问。荣获三级独立自由勋章、三级解放勋章和独立功勋荣誉章。

**李 楚**（1919.7—） 原名崔书章，松山街道艾山汤村人。1939年1月加入中国共产党。历任栖霞县四区委书记，栖东县委秘书、宣传部副部长，北海地委宣传部科长、地委秘书处副主任，江苏省奉贤县委书记，松江地委组织部部长，松江地委副书记、书记。

**李华章**（1919.8—）高中毕业，寺口镇北横沟村人。1939年夏参加革命，9月加入中国共产党。1943年8月调任栖霞县一区区委书记。

1944年任胶东区北海地委实验区区委副书记、书记。1945年9月调胶东区北海地委组织部任组织科长。1947年2月参加北海地委支前担架队，随华东野战军第九纵队服务。曾参加孟良崮、济南、淮海、渡江战役。1950年10月参加抗美援朝战争。1952年10月回国，历任解放军师政委，高炮指挥部政委。1960年8月调南京军区技术革新办公室任副主任。1961年2月调南京军区政治部群工部历任科长、副部长、部长等职。1981年调南京军区纪律检查委员会任副军职专职委员。

**刘欣斋**（1919.11—2005.1） 栖霞市人，1941年7月加入中国共产党。曾任栖霞四区武装部副教导员、湖北省大梧县五区政委、大悟县委组织部长、湖北省水利厅第一工程团政委、刘家石门水库工程指挥部副书记、漳河水库总指挥部工程处处长、水利厅机械管理局副局长、湖北省水利勘测设计院副院长（主持全院工作）。1972年7月，任小利电力勘测设计院副院长。1982年2月离休。

**刁振林**（1919.12—）高中毕业，寺口镇大榆庄村人。1939年3月参加抗日青年救国会，任村青救会主任。1940年在塔山小学任教。1941年1月加入中国共产党。先后任栖霞县乡委书记、区委书记、县委组织部副部长、部长。1950年5月调山东省人民政府民政厅人事处、省政府办公厅任机关党委副书记兼人事科科长。1952年10月后先后在燃料工业部北京电力学校、三门峡水电学校、洛阳玻璃厂任职。1974年4月调山东省气象局任计财处及财务处处长、办公室主任等职。1980年10月参与筹建山东省气象学校，任党委书记。

**王一夫**（1919.5—1997） 桃村镇凤凰庄村人。1936年8月，参加中华民族抗日先锋队，1938年，参加抗日游击队，并加入中国共产党。历任蓬莱县委书记兼独立营政委、中共烟台市委宣传部长、市委副书记、国家统计局工业司司长、副局长、党组成员、北京市统计局局长、党组书记、北京市计划委员会副主任兼统计局局长、党组书记1983年离休。曾发表《论统计方法制度》等统计和经济方面论文数十篇，其中《论统计分析研究》获全国统计论文一等奖，并主编《新中国统计史稿》。

**李丹阳**（1920.3—） 又名李云彤，臧家庄镇臧家庄人，1938年7月加入中国共产党，同年10月任栖霞县五区委书记。后任黄县教育长，河南省南阳专署教育科科长、河南师范大学附属中学校长，河南大学教育科科长、函授部副主任、教育系党总支部书记。1984年6月离休。

**潘岷山**（1920—1993.6） 栖霞市人，1946年加入中国共产党，后任栖东县回龙区长、区委书记，云南省宜良县委书记，玉溪地委副书记，云南省供销社主任，省商业局革委会副主任，省农业厅厅长、党组书记、顾问。

**高明志**（1920.5—） 臧家庄镇寨里村人。1939年4月加入中国共产党，历任栖霞县“黑虎队”文化教员，招远县大队三连指导员，西海指挥部军分区组织部科长，山东军区、济南军区干部部科长、处长，济南军分区政治部主任，泰安军分区副政委，济南市人民武装部政委，烟台军分区政委、青岛市人民武装部政委，1982年9月离休。

**孙振华**（1920.3—1976） 原名孙书芳，松山镇上艾口村人。1939年4月任栖霞县青年抗日先锋队（青抗先）政治指导员，同年7月任栖霞县青年救国会会长，1941年3月任栖东县青救会会长，1943年任西海青救会会长兼掖南县农救会会长。后南下，曾任江苏省南京市团委书记、淮阴地委书记、安徽省芜湖地委书记。

**王　忠**（1920.6—）大专毕业，中共党员，亭口镇蓝蔚夼村人。1942年任亭口区联合行政村村长。1945年9月加入中国共产党。1947年调栖东县支前指挥部财粮供应科任副科长，后任民政科副科长。1948年春后历任沂水县运粮站分站长、华东粮食局粮政干校助教股股长、徐州粮食分局兖州办事处副主任、分局助理秘书、仓储科副科长等。1951年调山东省粮食局工作。1963年任山东省粮食厅粮油工业局局长。1974年任省粮食局办公室负责人。1976年任财务基建处处长兼设计室主任。享受厅局级待遇。

**柳培文**（1920.7—）初中毕业，寺口镇连家夼村人。1940年加入中国共产党。1945年参加革命工作，先后任蛇窝泊区各救会副会长、岗南区各救会副会长、公山区委副书记兼各救会会长。1949年4月南下，到江苏省，历任松江地区青浦县练圹区区委书记兼总队指导员、城厢区区委书记、县农民协会主任等职。1956年8月调松江专署水利局任局长。1960年调江苏省吴江县任副县长。1972年调苏州农机公司，历任副经理、经理、支部书记等职。

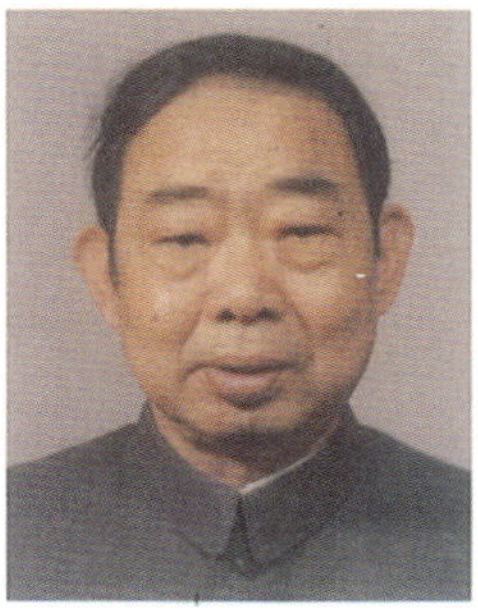

**牟　周**（1920.7—2000.4）臧家庄镇峨山村人，高中毕业。曾任青岛市政协主席。1944年8月参加工作。历任徐州人民广播电台代理台长、徐州市抗美援朝分会秘书主任、市委宣传部副科长、青岛市委宣传科科长、市委办公室主任、市委副秘书长、青岛市委常委、秘书长、青岛市人民政府副市长、山东省委企业政治工作部副部长、青岛市政协主席、党组书记。1993年12月离职休养。

**徐振宽**（1920.9—）大学毕业，中共党员，经济开发区前泥构村人。1936年5月到大连市西岗区博爱医院任医助。1946年2月，任职中山区振华医院。1947年5月入大连市关东医学院学习。1950年10月到大连医学院附属医院外科任助教及住院医生。1973年任遵义医学院及大连医学院附属医院外科副主任、副教授。1976年4月组织并主持了抢救13岁男孩被火车轧断双下肢及左上肢，施行左小腿移位再植手术成功，获贵州省科技成果奖和科学大会奖。11月主持了一例小儿连体畸形分离术获成功。1978年9月主持施行第二足趾游离移植小儿拇指再造术成功，为此于1981年6月在上海国际烧伤会议上宣读了有关论文。1984年施行指背顺行皮瓣的剔出及应用，获辽宁省科技成果奖。1986年任大连医学院附属二院外科教授。

**姚贯一**（1920.10—）曾用名姚珊，大专毕业，经济开发区姚家庄村人。1944年春参加工作。先后在胶东后勤部兵工厂、军工局材料科等任职。1946年4月加入中国共产党。1946年6月后历任淄博501厂材料科任副股长、劳动工资科副科长、木工修理车间主任。1955年9月调上海冶炼厂，任劳动工资科、人事科、保卫科科长。1957年8月调湖北大冶冶炼厂，历任劳动工资科长、行政科长、大冶有色金属公司副经理。享受副地专级待遇。

**胡永志**（1920.10—）初中毕业，桃村镇清香崮村人。1941年参加工作，任青年抗日先锋队队长。1943年3月加入中国共产党。1945年8月任栖东县第八区公安助理员。1946年调栖霞县公安局任侦察员。1949年3月南下到河南省，历任确山县公安局侦察股长，汝南县公安局局长，信阳地区公安局政治处主任，上蔡县黄埠公社第一书记，河南省公安厅劳改第二、三支队副书记、政委，驻马店地区公安处政委、驻马店地区司法处处长。享受地专级待遇。

**牟　灿**（1920.11—1998.5）西城镇东陡崖村人，高小文化程度。1941年1月，加入中国共产党。历任华东军区高干训练班政治处组织科副科长、政治部代主任、二十八军政治部敌工处处长、江西省军区政治部联络处处长、政治部国防工业部部长、江西省国防工业办公室副主任、副政委、江西省军区南昌警备区副政委，1981年4月离职休养，正师职。

**严明奎**（1920—2002.7） 寺口镇花园泊村人，1939年5月加入中国共产党，历任栖霞县委特务队文书，栖霞县寺口镇镇公所镇长，栖霞县六区、十区区公所区长，中共栖霞县委生委会副主任，栖霞县县委委员、宣传部部长，栖霞县政府县长、党组书记，莱阳专区建筑公司经理、书记，山东省建工局监察室副主任，山东省建设厅供销处处长，昌潍建筑公司党委书记，昌潍行署计划委员会副主任等职，1983年4月离职休养，享受厅局级待遇。

**于邦彦**（1920.9—2006.9）官道镇孙疃村人。1945年2月加入中国共产党。历任江苏省常熟县工商局副局长、太仓县工商科科长、财政经济委员会副主任、县委财政贸易工作部副部长、城厢镇党委书记、太仓县财贸部部长、浏河镇党委书记、中共太仓县纪律检查委员会副书记；1980年1月，任太仓县第七届人民代表大会常务委员会副主任。1983年3月离休，1992年12月经江苏省委组织部批准，享受地市级干部待遇。

**于文一** （1921.2—）曾用名阎鸿章，寺口镇缴沟村人。1942年加入中国共产党，1986年离休前任威海市委书记，烟台地委组织部副部长兼机关党委书记。

**崔振华**（1921.2—1942.11）西城镇笏山村人。1937年4月加入中国共产党，后任北海区青年抗日救国会会长，西区青救会会长，1942年11月在反扫荡战斗中牺牲，1956年追认为革命烈士。

**孙昭奎**（1921.2—1979.1）桃村镇桃村村人。1943年10月加入中国共产党，历任政治指导员、政治处主任，西安第四军医大学政委。

**张少峰** （1921.3—）曾用名崔书棋，初中毕业，中共党员，西城镇笏山村人。1939年任村农救会主任。1940年春任任留镇农救会副会长。1942年调栖霞县农救会任秘书。1944年秋调蛇窝泊区任区委书记兼区各救会会长。1955年3月调任山东省威海市兵役局副政委。1957年1月调任即墨县兵役局政委。1969年调任山东省惠民军分区政治部副主任、主任。1972年11月任惠民军分区副政委。参加孟良崮战役、潍县战役及抗美援朝。

**孙肇基**（1921.3—）初中毕业，苏家店镇孙家村人。1938年参加革命，1939年加入中国共产党。1940年调任一区区委书记，县委抗战部副部长等。1944年冬调胶东区党委统战部任干事。1949年调任胶东建校大队任副大队长、胶东区党校任组教科副科长。1950年调文登专署文教科任科长。1955年调任文登地委任统战部副部长。不久调山东省委统战部任办公室副主任、副处长等。1957年反右整风中被错划为右派。1979年平反到山东省政协任学习办主任。1982年12月离休，享受厅局级待遇。

**王兴芝**（1921.3—1991.4） 桃村镇油家夼村人。1941年加入中国共产党，并参加工作。历任栖霞县一区青救会主任、五区武委会副主任、六区武装部部长，广西平南县指挥部副股长，河南省舞阳县十二区政府区长，1953年任河南省开封县人民武装部部长。1981年离职休养。

**蔡维之**（1921.5—）大学毕业，官道镇杨家洼村人。1940年6月在栖霞县实验小学任副校长、县小学教师抗日救国会副主任、栖霞县文协宣传委员等。1943年9月加入中国共产党。1945年8月调青岛工作队任分队长，后历任中共南海地委宣传部干事、南海军分区支前司令部和南海专署秘书等。1948年8月调豫西军区支前司令部和中原公路管理局任机要秘书。1949

年5月南下武汉，后调任交通部公路勘察设计院副院长。1962年10月任交通部工程设计院和公路规划设计院副院长、院长。1989年10月离休，主编《中国公路史》。

**王子贤**（1921.5—）　原名秦华贤，肖官里庄村（1941年由栖霞县划入招远县）人，1938年9月加入中国共产党，历任栖霞县西部地区特别党支部书记，栖霞县三、四、五区委书记，北海地委组织部科长，云南省林业厅厅长、云南省人大常委会常委，1983年离休。

**李明安**（1921.6—）曾用名李蓉芳、牟浩，大专毕业，中共党员，经济开发区后高格庄村人。1940年到栖东县文教局印刷厂当缮写工。1942年春到枣园小学任教。1944年春调栖霞县实验区任文书。1945年调龙口市政府任秘书、郊区党委副书记。1947年春率龙口市担架队支前，12月任龙口市武工队政委。1948年春调河南省工作。1964年调北京轴承厂任副书记兼政治部主任、代理书记。1972年9月调孟津县任县委副书记、书记。1975年调河南省洛阳棉纺织厂任党委副书记、书记。1982年离休，享受地专级待遇。

**杜玉臣**（1921.6—）曾用名杜宝善，高中毕业，亭口镇引驾夼村人。1941年8月参加革命，1942年加入中国共产党。历任区武委会主任、栖东县武装部副部长、部长、栖东县子弟兵团团长、县指挥部副政委、华东支前司令部子弟兵团第八团团长兼党委书记等职。1949年9月任黄县城厢特区工委书记兼区长。1950年6月任栖霞县委副书记。1952年2月调鞍钢金属结构公司任党委书记等。1957年后历任中共火电建设十四处党委书记、辽宁发电厂党组副书记、辽宁省建委工程处处长、抚顺市建委副主任、市委工业部副部长、市基建指挥部副指挥、市人民委员会常务委员等。1972年历任抚顺市建筑工程局党委书记兼局长、辽阳化验厂建厂指挥部副总指挥、抚顺市人民防空委员会办公室副主任兼党组副书记。

**李晓东**（1921.8—）大专毕业，中共党员，杨础镇杨家圈村人。1943年2月在牙前县联社工作。1945年2月后先后在胶东军区卫生部新华药厂、胶东军区后勤纵队医务大队、大连华安公司、大连中华医药公司、沈阳东北军区卫生部、东北医药总公司工作。1955年2月调北京，先后在中国医药公司、商业部医药局等单位工作，历任秘书、科长、副经理、副处长、处长、组长、医药局负责人等职。1978年10月调国家医药管理总局任党组成员、副局长。1986年离休。

**常　竞**（1921.8—）初中毕业，桃村镇西下夼村人。1941年8月在栖东行署民政科工作。1942年8月到儒林区、金山区任民政助理。1945年4月入胶东北海中学学习并加入中国共产党。历任黄县龙口区区长兼区委第一副书记，山东省粮食总局人事科、粮政干校组织科副科长、储运处第一分处协理员、青岛粮食分局潍坊办事处副主任、济南粮食分局秘书，省财政厅和省税务局人事秘书、人事科科长，山东分局组织部党群组组长、一级巡视员，山东省科学院干部处副处长，省财政厅机关党委副书记。

**潘德悦**（1921.8—）曾用名徐宝珍，初中毕业，苏家店镇潘家店村人。1938年8月在栖霞县六支队任交通员。1939年1月加入中国共产党。1940年4月后任乡党总支书记兼村党支部书记。1941年调县委宣传部工作。1943年调八区和九区任区委书记。1946年秋调县委统战部任部长。1949年5月调上海北站公安分局做接管工作。1951年始历任上海市大场公安分局副局长、上海市交保处航运公安局干事、上海市劳改局白茅岭农场队长、中学校长、劳动阀门厂书记兼厂长等职。1983年离休。

**林毓江** （1921.9—）经济开发区曹家庄村人。1945年参加工作，并加入中国共产党。历任江西省森林工业局局长，省农林垦殖厅副厅长，1983年任江西省林业厅副厅长。

**王培英** （1921.10—）初中毕业，官道镇姜家庄村人。1944年加入中国共产党，并参加工作，在栖霞县九区武装部任军事干事。历任栖霞独立营排长、副指导员，山东第九纵队27师81团炮兵连副指导员、242团政治处保卫股副股长、27军政治部保卫部保卫干事、中国人民志愿军27军政治部保卫部干事。1956年调任27军81师军事法院院长。1958年5月转业到江西省，历任上饶地区鹰潭水泵厂副厂长、鹰潭电机厂党委书记、鹰潭镇党委组织部部长、赣东北供应站（现德兴铜矿）革委会主任，1976年改任党委书记。

**尹忱之**（1921.10—）高中毕业，中共党员，桃村镇大庄村人。1944年8月入胶东建国学校学习，后历任胶东行署农林处干事、烟台市政府司法科科员、山东省支前委员会政治处通讯员、山东省粮食局一科干事、福建省财政厅农税科科员、龙岩专署财粮科副科长、科长。1956年调上杭县任县委常委、县长。1958年5月调龙岩专署办公室任主任。1959年8月调漳平县任县委副书记兼县长。1965年10月调福建省财政厅税务局任副局长。1971年8月调福建省机关事务管理局，历任支部委员、书记、财务处长、人事处长。

**潘子杰** （1921.11—）初中毕业，蛇窝泊镇前柳家村人。1941年参加革命并加入中国共产党，在栖霞县抗日救国会工作。1943年后，历任区委副书记、书记，县委组织部副部长、部长，县委委员、县纪律检查委员会书记等职。1951年调莱阳地委纪律检查委员会任检查室主任、监察委员会副书记。1956年调山东省监察委员会任副处长、处长等职。“文化大革命”时期调莱芜钢铁厂轧钢厂任党的核心组副组长、组长等。1974年调中共山东省委专案办公室任专案组长。1975年调省委统战部落实政策办公室任四处处长，1983年离休，享受副厅级待遇。

**史继香**（1921.11—2009.2） 1940年参加工作，在栾家乡小寨村教学，并兼任小学区主任，被评为胶东区模范教师。1943年参军并进入抗大学习，在某炮团任作战测绘，后调到南京军区炮九师任作战科长。1950年，参加抗美援朝，1953年回国后，分别任南京军区司令部政治处主任、炮师参谋长、巢湖军分区参谋长，大校军衔。

**于志超**（1921.12—）大专毕业，松山街道松山村人。1945年5月参加革命，1947年5月加入中国共产党。1948年初调栖霞县财政科任主管会计。12月调北海专署。1950年调莱阳专署财政局任主管会计、会审股股长。后任莱阳专署财政局副局长、山东省水利厅副科长、科长、副处长、处长等职。1985年离休。

**林　宜**（1921.12—）大学毕业，中共党员，庙后镇庙后村人。1944年于上海大厦大学辍学返乡，9月到胶东建国学校青训队学习。1945年结业留校任政治干事，后调胶东公学任教，12月调烟台市立第一中学任教。1947年调唐山税务局任出纳员，从事地下工作。1948年冬回胶东，历任烟台中学化学教员、副教导主任、烟台三中副校长等职。1956年加入中国共产党。1958年成立烟台大学，任副教务长。后改为水产学院任教务长。1962年调烟台师专，历任理化科、数学系、函授部、图书馆副主任。1983年12月离休。

**范罗宾**（1922.2—）大学毕业，中共党员，苏家店镇集后村人。1940年2月参与筹建

“县立小韩家完全小学”，任教导主任。1941年任校长兼区师救会长、县青救会执委。不久调凤凰区八田完全小学任小学区主任兼教导主任。1944年8月到县立师范学校任时事政策和数学课。1945年5月调县政府民政科，曾参与筹建县抗日烈士纪念塔并撰写碑文。1947年5月调北海专区政府。1949年1月调长山岛特区政府，2月加入中国共产党，8月参加解放长山岛海战。1950年4月调北海专署文教科任副科长。1953年调莱阳师范学校任副校长兼党支部书记。1958年4月调山东省教育学院任政治教研室主任、院党委宣传委员，并被山东省社科院聘为哲学研究员。1962年调烟台师范专科学校任函授部主任、教务处主任。1983年12月离休，享受司局级待遇。

**方　滨**（1922.2—2005.10）官道镇许家村人。1939年2月参加革命工作，1940年9月加入中国共产党。1939年2月，任小学教师，从事党的秘密工作。1944年10月，任中共牙前县马石区委书记、龙口市各救会会长。1947年7月，任山东省青联秘书、辽宁省安东市团委副书记，1949年10月，任辽东省团委组织部长、东北团委组织部部长。1953年6月，任本溪市团委副书记，1957年秋，任市总工会副主席，1964年1月，任市委统战部副部长，1977年5月，任本溪市委党校党委书记兼副校长，1980年5月，任本溪市人大常委会副主任，1982年12月，离职休养。离休后，担任本溪市关心下一代工作委员会常务副主任。

**王志善**（1922.3—2002.9），原名高德昌，松山镇郝家楼村人。1939年，参加栖霞县青年抗日救国联合会和栖霞县青年抗日救国先锋队。1941年2月，加入中国共产党，任村党支部书记。1944年3月，任区委组织委员，1945年，调栖东县委组织部工作。1947年，任栖东县指挥部政治指导员、股长。1948年，调北海军分区组织科任干事。1949年，调胶东军区政治部干部科工作，12月调济南军区干部部任助理员。1964年，调昌潍军分区任干部科科长。1967年，任潍坊市人民武装部政委。1982年3月离休，享受副师职待遇。立三等功3次。

**李高升**（1922.5—2003.4）臧家庄镇店子观村人。1940年10月参加八路军，1941年4月加入中国共产党，历任胶东抗大三分校学员、指导员、营教导员、团政治委员、北京卫戍区坦克团政治委员、军分区政治部主任、邮电部工业局副局长。先后立大功2次、三等功4次，曾荣获东北野战军人民功臣奖章、东北民主联军模范奖章、东北解放军艰苦奋斗奖章、朝鲜人民民主共和国二级独立自由勋章和三级国旗勋章各1枚。

**刘桂江**（1922.6—）初中毕业，经济开发区前泥沟村人。1942年秋在本村任村长。1943年5月任中泥沟、前泥沟联合村副村长。1944年3月加入中国共产党，11月调磁南区各救会任副会长兼青救会长。1947年1月参军，分配到莱东县独立团，不久编入三十二军参加解放青岛战役。1948年随军南下到福建省三明市，在军分区历任指导员、干事、股长、团副政委、政委。1968年11月到宁化县任县委书记兼革委会主任。1978年调任三明市军分区后勤部政委。

**江　流**（1922.7—）臧家庄镇草格庄村人。1938年参加工作，1943年加入中国共产党。历任中央党校科学社会主义教研室副主任、主任、教授、副教育长、教育长兼马克思主义研究所所长，1989年任中国社会科学院副院长。是中国科学社会主义学会会长、中国政治学会会长。

**张东升**（1922.9—）松山镇汉桥村人。1939年加入中国共产党，1940年参加工作。1984年离休前任四川省委宣传部处长、副部长，省委宣传部常务副部长兼省广播事业局党组书记、省出版局正厅级副局长。是全国出版协会理事。

**刘东明**（1922.11—1996.2）原名刘国良，翠屏街道刘家河村人。出生于农民家庭，1941年3月参加工作，1943年8月，加入中国共产党，先后任乡基干民兵连指导员，村干部，区委副组织委员，县委组织部干事，区委书记。1949年2月，随军南下任中队组织委员，1949年5月，任中共江苏省青浦县城厢区委书记、上海县马桥区委书记、上海县合作总社副主任、上海县县长等职。1954年6月，调北京，任燃料部设计司秘书科长。1955年7月，任石油部基建司办公室副主任、设计管理局办公室副主任、基建司办公室主任。1961年7月，任石油部设计院副院长、党委副书记、书记。1968年9月，任石油部设计院革委会副主任。1970年7月，任燃化部石化组副组长，燃化部、石化部规划设计院核心组副组长、副院长。1978年4月，任燕山石化总公司党委副书记。1982年2月，任中国海洋石油总公司分党组成员、副总经理。1985年10月离职休养。1996年，因病在北京逝世。

**林书斋**（1922—）原名胡加仁，桃村镇河东村人。1941年2月，加入中国共产党。历任栖东县回龙区武委会主任，儒林区武装部副教导员，儒林区委书记，栖东县政府副县长、县长，莱阳专署建设科、民政科、农林局科（局）长，山东省农林厅果树园艺处长，蒙阴基建组长兼蒙阴县政府县长，山东省人委来访处处长，山东省政府办公厅副主任，山东省民政厅副厅长等职。1982年离职休养。

**宋　寅**（1922.12—2002.4）寺口镇宋家沟村人。曾任河南省粮食厅厅长、河南农学院党委书记。1939年冬参加青年抗日救国团，任乡团委宣传委员，1940年4月，任抗日小学教员，一面教书一面参加抗日救亡运动。1940年4月，加入中国共产党。历任栖霞县区长、区委书记、栖霞县副县长兼支前司令部副指挥长、河南省临汝县区委书记、县委副书记、河南省农产品采购厅厅长、河南省服务厅厅长、河南省西峡县委第二书记、河南省粮食厅厅长、河南农学院党委书记、代理院长、中共河南省顾问委员会委员、河南农学院顾问，1994年11月离休。是中共河南省第一、二届党代表大会代表。

**李云生**（1923.3—）大专毕业，寺口镇北横沟村人。1939年为地下交通站做情报传递工作。1940年参加抗日青年救国会。1941年初加入中国共产党，4月到栖霞县抗日民主政府工作，历任县普选委员会干事、民众教育馆股长、教育科和民政科科员、八区区长、二区区长、区委书记兼区中队队长、指导员、武装部教导员等职。1949年随军南下，任筹粮大队长。后任上海县副县长。1957年后历任江苏省高级人民法院民事庭庭长、党组成员，省公安学校校长等。1960年调国家科委工作，历任副处长、处长等。1971年始历任中国科学院物理系政工负责人、中国科技情报研究所政工组组长、纪委副书记等职，1983年8月离休。

**郝益三**（1923.9—）初中毕业，亭口镇京甲村人。1944年2月在胶东北海区大北工厂当工人，9月加入中国共产党。1945年5月调北海地委各救会职工会工作。同年8月调胶东地委到辽宁省参加接管工作。历任普兰店区区长，大连机械厂厂长，大连市公安总局西岗子分局三中队队长。1956年调任沈阳军区政治部组织部纪律检查科助理员。1964年调任吉林省双辽县武装部政委。1976年3月调四平军分区后勤部任部长（副师级）。

**林峰山**（1923.10—）蛇窝泊镇东河南村。1941年参加工作，1942年加入中国共产党。1985年离休前任驻苏联大使馆武官处副武官、武官，总参谋部二部三局副局长，驻巴基斯坦陆海空三军武官，1981年任总参谋部二部三局局长。荣获三级独立自由勋章、三级解放勋章、独立功勋荣誉章、淮海战役纪念章和巴基斯坦总统勋章。

**孙振芳** （1923.12—）曾用名孙淑礼，女，高中毕业，中共党员，桃村镇东南村人。1941年始从事教学工作。1942年入北海中学师范班学习。1944年8月分配到栖东县，历任回龙区（八区）武委会妇女干事、县武委会妇女干事、县武装部文书、亭口区（五区）妇救会长、县指挥部妇女干事兼妇联副主任、武装部组织股副股长、县妇联主任等。1952年1月调黄县城厢特区任妇委书记，6月调栖霞县妇委任书记。是年赴辽宁支援鞍钢建设。历任辽宁省第二建筑公司党委副书记、抚顺市房产公司党委书记，房产局党委副书记、轻工纺织公司党委书记、织布厂革委会主任、轻工纺织局革委会副主任兼党委副书记等职。1977年任抚顺市轻工业局党委书记兼局长。享受地专级待遇。

**王一山** （1923.12—）曾用名刘志贤，初中毕业，西城镇上岘村人。1941年1月加入中国共产党并参加革命工作，历任栖霞县二区、六区、七区、城厢区社会委员、公安特派员、县公安局科长等职。1947年8月调栖霞县十二区、五区代理区委书记。1955年8月调青岛市监察局任副局长。1960年3月调至中央农机部保卫处任副处长、处长。1982年5月调机械工业部办公厅行政三处任处长。1983年12月离休，享受司局级待遇。

**史敏之**（1923.12—）初中毕业，中共党员，观里镇大寨村人。1940年夏任栖霞第三区区长。1941年初任栖东行署秘书。后任江苏省海陵县白河区区长、滨南专署秘书、吉林省东丰县县委书记兼县长、辽宁省通化地区供销社主任、东北供销社合作总社处长。1954年调北京，在中央手工业总局、全国手工业合作总社工作。1970年任国家轻工业部二轻工业局副局长、局长。1974年在河北省通化县试点的“发展县社工业经验”，受到周恩来总理的赞扬并向全国推广。1982年主持筹建深圳兴华工业联合股份公司，兼任董事长及总经理。1985年离休。

**高艾东**（1923—2000.6）曾用名高元勋、王绍勋，松山镇郝家楼村人。1940年冬，任村青年救国会主任。1941年1月，加入中国共产党，先后任栖东县公安局一股股长，1947年主持公安局工作。1948年2月，随人民解放军南下至河南桐柏地区。10月，先后任河南省桐柏公安局科长，信阳公安局副局长，确山县公安局局长。1959年4月，调任北京市中级人民法院审判员，后任崇文法院副院长、院长。“文化大革命”期间，在“五七”干校劳动。1978年9月，继续担任北京市崇文区人民法院院长。

**宋秀亭**（1923.12—2006.4）西城镇回兵崖村人。1940年8月加入中国共产党，同年10月参加工作。1945年9月，入北海地委党校学习，11月调长岛特区，先后任黑山分区区委书记、庙

岛分区区委书记。1950年1月，任莱阳地委组织部干部科科长、副部长。1954年7月，任山东省审干办公室副主任，1957年7月，任省人事局编制处处长，1959年12月，任省农业厅技术处处长、计财处处长、政治部副主任，1966年，任省农办计财局副局长。1973年2月，任山东省农业科学研究院副院长，1983年11月离职休养。

**林茂兴**（1924.1—）高小毕业，松山镇豹山口村人。1944年9月加入中国共产党。1947年8月在松山区人武部任干事。1948年调铁口区人武部任副部长，11月调华东子弟兵团任连长。1949年后历任昌潍军分区潍县四区武装部部长，昌潍军分区连长、指导员，临朐县人武部政工股股长、民兵科科长，昌潍军分区保卫科干事，寿光县人武部政工科科长、副政委、政委等。1971年10月调胶县，历任人武部政委、县委副书记、革命委员会副主任等职。享受副师级待遇。

**郝希君**（1924.1.17—2008.3）曾用名郝照淑，松山镇郝家楼村人。1941年8月参加工作，并加入中国共产党。1948年2月，任县委工作队队长，1951年11月，任涪陵地委妇联宣传部部长，1960年4月，任四川省教干院党委办公室副主任，1967年8月，任省教干院组织科科长，1971年12月，任省卫生防疫站办公室政工科负责人，1975年5月，任办公室副主任，1983年2月离休，享受副地级生活待遇。

**盛振韶**（1924.1—）松山镇枣林庄村人，湖南省衡阳市南华大学教授，中国民主同盟会会员。1948年参加革命，中国人民

革命大学干训班结业。1949年初进驻北京，调入中央人民出版社工作，担任《马克思恩格斯选集》《列宁选集》《斯大林选集》《列宁传略》《斯大林传略》《资本论》等一批马列主义论典著作的责任整理和校对。1962年进入湖南衡阳医学院教授外文课。主要著作有《外文医学期刊文献检索》一书。主要翻译著作有：俄文《党与人民》，1955年北京时代出版社出版；俄文《第二次世界大战后的英美矛盾》，1956年北京世界知识出版社出版。1985年离休。

**张洪俊**（1924.2—2008.7）桃村镇富庄村人，1941年6月入党。1954年7月任栖霞县委副书记，1964年任贵州省龙里县委书记、都匀县委书记，1975年任山东省海阳县委书记，1978年任山东省农机局副局长、党组副书记，1980年任农林部黄海区渔业指挥部办公室主任（副局级）。

**牟　璋**（1924.4—）臧家庄镇峨山村人。1943年参加八路军并加入中国共产党，历任营长、团长、师长、第二炮兵基地副司令员，第二炮兵后勤部部长。

**贾玉卿**（1924.8—）初中毕业，松山镇庵里村人。1944年8月参加革命，任村青救会长。1945年8月加入中国共产党。1946年4月调区公所任文书。1947年2月调栖东县第二征收所任副所长，6月后历任福山县第二征收所副所长、胶东军工局宣传科干事、华东工矿部党委宣传部干事、淄博特委宣传部干事、金岭铁矿党委副书记、黑旺铁矿党委书记、淄博市交通局党委书记、淄博市重工业局党委书记。1970年负责筹建淄博市冶金局，任党委副书记兼副局长。

1980年任淄博市煤炭局党委副书记兼副局长。1983年12月离休，享受地厅级待遇。

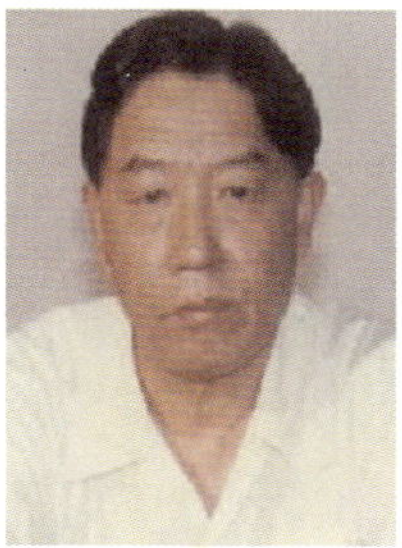

**崔凤举**（1924.10—1989.7）松山镇松山村人，曾任山东省财政厅厅长。1945年2月参加工作，1947年2月，加入中国共产党。历任山东省粮食厅副处长、山东省委财贸部一级巡视员，省财贸办公室副处长、处长、粮食局党的核心小组成员、副局长、财政厅党组书记、厅长、省财政贸易委员会党组副书记、副主任、党组书记、主任，省财政厅顾问。长期从事财政经济工作，思想解放，有开拓精神，千方百计开辟财源，不断改进和完善财政管理，努力增加财政收入，争取全省财政状况的好转。1982年患心脏病后，身体受到严重损伤，仍不辞劳苦，不知疲倦，深入实际，调查研究，一直带病坚持工作。1989年7月3日，因病在济南逝世，9月8日，济南市人民政府批准为因公牺牲。

**徐　光**（1924.11—）曾用名朱芳德，中专毕业，臧家庄镇洛汤地村人。1938年参加中华民族抗日先锋队。1939年5月参加抗日队伍在蓬栖军事部任通讯员、勤务员。1940年4月加入中国共产党。后历任班长、特务员、副排长等职。1944年6月在战斗中负伤后转业栖东县政府工作，历任科员、副股长、副科长、秘书、代理县长等职。1952年6月调山东分局纪律检查委员会任秘书、办公室副主任等。后历任山东省监察厅处长兼党组成员、山东省公安厅劳改工作管理局副局长兼党委委员、山东省人民检察院处长、党组成员等职。1982年离休，享受厅局级待遇。

**马惠文**（1924.12—）女，高中毕业，西城镇下马家村人。1940年10月参加革命，并加入中国共产党，先后在栖霞县四区、一区、七区、二区、十二区等历任妇救会宣传委员、妇救会会长、各救会会长等职。1945年12月调辽宁庄河县，历任县委秘书、机关党总支书记、县妇联主任等职。1946年6月调丹东市。1952年底调沈阳市妇联福利部任部长。1958年调辽宁省纺织工会工作。1959年6月调中共鞍山市委工业部轻工业处任处长。1963年调中共鞍山市委档案处任处长，12月调中共辽阳市委办公室任副主任。1980年调任中共辽阳市委组织部副部长。1983年10月离休，享受地师级待遇。

**史海波**（1924.12—）初中毕业，中共党员，官道镇大丁家村人。1938年3月参加革命，先后任排长、连长、营长兼教导员、科长，曾在长沙堡战斗中被评为团战斗模范。1946年1月在野战军总部警卫团任副团长。1948年初调辽东军区兵站部任科长。1949年3月先后在四野自动团、13兵团后勤部、财粮科、八大站等任政治教导员。1950年7月转业到广西工作。1963年3月调南宁市园林局任副局长。1972年10月调南宁市物资局任副局长。1985年5月离休，享受厅级待遇。

**李宪文**（1924.12—）高中毕业，中共党员，寺口镇南邴家村人。1942年2月在北海中学学习。1944年7月在北海地委城市工作科工作。1945年9月调烟台市各救会青联办事处任秘书、市委统战部内勤干事。1949年6月调青岛，历任青岛市军管会干事、市委工业部科长、自行车厂党委书记、国棉四厂党委书记、二轻局革委核心小组副组长、党委书记等职。1983年离休。

**于立璞**（1925.2—）初中毕业，中共党员，桃村镇油家夼村人。1941年10月入抗日军政大学胶东分校九队学习并参加革命。1942年7月留校任侦察排长。1946年8月调胶东军区任侦察队副队长。1948年到潍坊军事管制委员会工作，后转到潍坊市公安局车站派出所任所长，后任市公安局治安科科长、山东铝厂保卫处科长。1957年调淄博市公安局，历任科长、副处长、公安干校校长、警校副校长等职。1983年离休，享受厅级待遇。

**孙维新**（1925.2—）初中毕业，官道镇八甲府村人。1945年3月参加革命。1947年2月调北海军分区教导营任副排长。1948年加入中国共产党。1949年2月调团政治处任民运组长、团参谋、团党委书记等职。1953年调中央军委总参谋部，历任军事交通部参谋、干部助理员、测绘局干部处干事、干部处副处长、测绘研究所政治部副主任、测绘大队政治委员、测绘学院党委副书记兼副政治委员、顾问等职。

**徐明华**（1925.4—）初中毕业，经济开发区东泥沟村人。1945年2月参加工作，12月加入中国共产党。1947年7月任栖东县第三征收所副所长。1948年2月随华东野战军南下，历任随北粮库主任、县财政科副科长、粮食局局长。1952年12月调孝感地区工作，历任人民银行副行长、财校副校长兼总支书记、武汉财贸学院办公室主任、文教局副局长、劳动局副局长、劳动人事局顾问等职。1985年6月离休，享受副专级待遇。

**邢守洪**（1925.4—2005.8）原名邢曙光，寺口镇汪家沟村人。1940年10月参加工作，1945年10月加入中国共产党。1946年6月，任栖霞县一区区中队副政治指导员，冬任九区武装部副教导员。1950年9月，参加抗美援朝。1968年11月，任南京军区通信总站政治委员。1976年10月，任江苏省淮阴军分区副政委，1981年，任南京军分区副师职顾问。荣立二等功1次、三等功7次、四等功1次。1953年5月，参加北京“五一”观礼团，受到毛主席等党和国家领导人的接见。被授予朝鲜民主主义人民共和国三级勋章，1956年2月，被授予解放勋章，1988年6月，被授予独立功勋荣誉章。

**李永年**（1925.5—）初中毕业，亭口镇泉水夼村人。1941年参加革命，1946年加入中国共产党。历任财粮员、文书、栖东县粮库会计、胶东行署财粮处会计、财委审计股长等。1948年南下，历任镇江军管会秘书、句容县财政科长。1951年调苏南行署交通处财务科任副科长。1952年调江苏省交通厅历任财务科科长、计划财务处副处长、财务材料处处长、工厂党委书记、战备办公室主任、工程管理局局长等职。1985年离休。

**周省三**（1925.5—）初中毕业，蛇窝泊镇泥沟村人。1944年加入中国共产党，分配到栖霞县抗日民主政府苏家店区工作，历任区青救会长、各救会副会长、会长等职。1946年12月调北海地委公安局工作，历任副局长、局长、长岛县公安局局长、莱阳专署公安处副处长、烟台专署公安处副处长、烟台市公安局副局长等职。1986年离休。

**江　滨**（1925.6—）女，初中毕业，中共党员，桃村镇峨山庄村人。1941年任村妇救会长。1943年后历任区、县妇救会长、区委副书记等。1952年调青岛，曾任建筑党委监察室副主任、市南区副区长、区委副书记等职。1963年调临沂地区，历任城区党委书记、临沂地区纺织局副局长、局长。

**吕志强**（1925.7—）研究生，桃村镇罗圈村人。1942年7月在福山县公安局参加革命并加入中国共产党，历任区公安员、侦察股长、秘书科长等职。1948年8月参加接管济南市的工作，任公安分局秘书股长。1949年5月参与接管上海市警察局，任市公安局秘书。1950年秋协助筹建上海市检察署，并负责一处工作。1953年3月后调最高人民检察院工作，历任控诉处副处长、人事厅宣传处长、政策研究处处长、检察员等职。1979年底任最高人民检察院研究室法律研究处处长、研究室副主任等。1985年底离休。

**王家南**（1925.8—）大专毕业，中共党员，经济开发区东北桥村人。1945年1月参加福山独立营。1946年8月以后，任连指导员、团政治部副主任、主任、团政委。1964年12月转业到中共烟台地区委员会财贸政治部任副主任。1968年10月任黄县煤矿党委副书记、副指挥，烟台地区煤炭局副局长，主持筹建了全市第一个煤矿—洼里煤矿。1978年3月任烟台市环保局局长、党组书记。1985年12月离休。

**王祝勤**（1925.8—）初小文化，中共党员，亭口镇后亭口村人。1941年任三村（前亭口、后亭口、中村）青救会会长。1946年6月参加子弟兵团。1947年被编入胶东九纵27军81师241团。1948年6月加入中国共产党。1969年调北京军区。1970年10月调内蒙古自治区呼和浩特市警备区任战勤科科长，11月任呼和浩特市委办公室主任。1971年任民政局党委书记兼局长。1974年底回警备区后勤部工作。参加了孟良崮、济南、淮海、渡江等战役及抗美援朝战争。曾于1968年12月参加中央军委举办的团职干部训练班，受到毛泽东等党和国家领导人接见。

**姜维斌**（1925.8—）中学毕业，官道镇丁家庄人。1942年春在柞岚头村小学任教。1943年6月考入北海中学师范班学习。1944年转胶东建国学校医科学医。1947年加入中国共产党。1956年2月调92师任兽医室主任。1964年调福州军区第18分部卫生处任副处长。1970年调18分处642仓库任主任。1977年调780仓库任主任。享受副师级待遇。

**柳明之**（1925.9—）初中毕业，中共党员，臧家庄镇路旺村人。1941年参加革命，历任党支部社会委员、组织委员、亭口区委副书记、白洋区委书记。1948年调青岛市，先后在市委干部学校、市机关党委、市委组织部工作。1955年调台东区任区长兼区委第一书记。1959年调青岛市电业局任党委书记。1965年调聊城地区经济委员会任主任。1977年调青岛市人防办公室任副主任。1979年任青岛市海洋渔业公司党委书记。1990年12月离休。

**赵为武**（1925.9—1998.6）桃村镇新庄村人，曾任山东省交通厅厅长、省人大常委会委员。1944年4月，参加革命工作，1946年12月，加入中国共产党。历任山东省委工业部干事、省委地方工业部一级巡视员、省委组织部一级巡视员，山东省交通厅副厅长、党组副书记、厅长、党组书记，省人大常委会委员。荣获研究会颁发的创业开拓荣誉奖章及证书。

**姚树坤**（1925.9—）经济开发区姚家庄村人。1942年参加工作，1944年加入中国共产党。历任湖北省地质局副局长，省人事厅副厅长，1983年任湖北省直机关工委副书记。

**刘纯芳**（1925.10—）女，初中毕业，桃村镇北楚留村人。1942年加入中国共产党，1944年在桃村区委任组织干事。1947年调牙前县长沙区任妇救会长。1948年改任长沙区委宣传委员。1949年初到江苏省昆山县民运部工作，6月南下到福建省福州市，历任共青团市委机关党总支书记、共青团市委组织部副部长。1961年调福州市妇联任主任。1963年调上海市妇联地区部任部长。1978年任闸北区妇联主任。

**柳星三**（1925.10—）高中毕业，寺口镇寺口村人。1941年参加工作。1943年9月加入中国共产党。先在栖霞县人民政府教育科任科员，后到三区任区长。1946年调县各救会任文协副主任。1947年任方山区区委书记。1948年随华东野战军随军干部大队南下，先后在安徽省芜湖日报社、皖南日报社、皖南人民广播电台、芜湖人民广播电台任支部书记、编辑组长、副主任、台长等职。1953年调上海人民广播电台任编辑组长、电视台副台长、局党委书记、纪委书记等职。曾参加淮海、渡江等战役。

**高德焕**（1925.10—）高小毕业，亭口镇野芝口村人。1945年4月参军，在栖霞县民主政府公安局公安队工作。次年4月加入中国共产党。在部队当文书兼文化教员。1947年调到县公安局侦察股当侦察员，年底随军南下到河南省。1960年任省公安厅一处副处长。1971年5月调驻马店地区公安处任党组副书记、副处长。1980年调河南省司法厅律师协会任秘书长。1983年离休，享受厅级待遇。

**马保军**（1925.11—）松山镇上马家村人。1938年参加工作，1941年加入中国共产党。1984年离休前任南京市电信局电信科科长、副局长、代局长。

**郑志强**（1926.1—）初中毕业，中共党员，观里镇观里村人。1945年7月入抗日军政大学学习。后任胶东军区汽车队排长、指导员。参加过济南、淮海、渡江、上海等战役。1956年入朝鲜参战，任协理员。1959年回国后赴青海省西宁，为西藏平叛部队担任军需任务，任教导员。1960年调北京国防科工委任参谋、科长等职。1966年转业到第一机械工业部，为支援三线建设，去四川省汽车厂任厂长。1978年调回北京，任怀来工程机械试验厂厂长。1983年调机电工业部行政司园林处任处长。1990年离休。

**王志挺**（1926.2—）初中毕业，中共党员，松山镇客落王家村人。1944年2月参加工作，历任栖东县温泉区青救会干事、青救会副主任，胶东行署公安局干部科干事，福山县奇章区委公安委员，福山县公安局干部股股长，北海专署医院政治干事。1949年4月南下到江苏省无锡市，历任公安派出所所长、分局局长、市公安局政治处副主任、市委审干办公室主任、工运区太湖二区区委书记、市压缩机厂党委书记、重工业局党委书记、市重工机电系统革委会主任、市革委常委政工组副组长、市委组织部副部长、市委监委兼纪委副书记、市人大常委会法制工作委员会主任、市法学会副会长、顾问等职。1988年7月离休。

**邱铭谦**（1926.2—）初中毕业，中共党员，松山镇后铺村人。1945年2月参军，先后任排长、战防炮连副指导员、连指导员、炮团指导员。1950年赴朝鲜参战。1962年调新疆军区，历任驻吐鲁番火车站军事代表办事处主任、新疆军区司令部军事交通部技术科科长、驻乌鲁木齐铁路局军事代表办事处副代表（副主任）。享受副师职待遇。

**潘玉江**（1926.2—）中专毕业，翠屏街道后阳窝村人。1945年2月加入中国共产党，在唐山区各救会工作。1947年参加区武工队。历任淄博地委组织部干部科副科长、工业部、工交政治部干部科长、干部处长。1970年2月调淄博市革命委员会政治部任办事组组长、组织组副组长、人事局局长、市委组织部常务副部长、市委企业政治部副部长等职。

**王　刚**（1926.3—）中学毕业，桃村镇凤凰庄村人。1941年春，在胶东五旅供给部任通讯员、文书等。1942年先后在北海中学、胶东建国学校学习。1945年加入中国共产党，同年转华东野战军九纵队二十五师，历任文书、政治干事、指导员、参谋、营长等职。1950年转业后历任东北第一荣军农场组教科长、东北林业专科学校代理校长、林业部哈尔滨设计公司经理兼书记、黑龙江省林业厅机关党委书记兼省纪律检查委员会委员。1960年调黑龙江省林业科学院，历任党委副书记兼副院长、党委书记兼院长等职。战争年代曾参加新莱、孟良崮、济南、淮海、渡江等战役，一等残废军人。1983年离休。

**衣元良**（1926.3—）大学毕业，中共党员，翠屏街道郭落庄村人。1941年始自修中医。1945年参加革命。1948年入华东大学学习并兼校医。1950年在华东军区直属医院任军医。1951年调济南市干部疗养所任所长、主治医师。1955年任济南市卫生防疫站站长。1957年任济南市工人医院院长兼书记。1960年任济南市卫生局副局长、泰安地区卫生局副局长等职。1977年任山东中医学院附属医院副院长兼眼科主任。1988年晋升为主任医师。从医40余年，中医眼科有较深造诣。1980年主编出版《名医验方选集》。

**阎宝山**（1926.3—）初中毕业，中共党员，寺口镇花园泊村人。1944年3月在栖霞县兵山区区委任组织干事。1946年调栖霞县二区区委任组织委员、区委书记。1949年春随军南下任营教导员。上海解放后，历任区委书记、青浦县委组织部长、县委副书记、川沙县委副书记、上海市农场管理局处长等职。1988年离休，享受厅局级待遇。

**于敏忠**（1926.3—） 亭口镇下谢家村人。1942年参加工作，1947年加入中国共产党。1985年离休前任江西省安福县委宣传部部长，江西日报社记者站站长、编辑组组长、编辑委员会委员、党委委员、总编辑。

**王焕玉**（1926.4—）初中毕业，蛇窝泊镇道西村人。1944年4月加入中国共产党，并调鱼台区武装部任干事。后到胶东军区、华东军区工作。曾参加济南、淮海、渡江和上海等战役。1955年7月调南京军区司令部管理局协理处任助理员。1958年调南京军区军乐队任政委。1970年任江苏省化工学院党委副书记。1975年7月调南京军区军人俱乐部任主任兼党委书记（副师级）。1988年2月离休。

**邢经书**（1926.4—）中师毕业，中共党员，寺口镇汪家沟村人。1941年秋在本村任教，后入栖霞师范学习。1945年春毕业到栖霞县政府司法科任书记员。1946年冬到胶东支前司令部三野七兵团任宣教干事、兵站站长。1949年随军南下浙江省诸暨县城南区任区长等。1953年春转业到杭州市委宣传部任理论教育科科长。1957年春调杭州一中、江城中学等任书记兼校长。1979年调杭州师范学院任副书记、副院长，创办并主编了《语文新圃》杂志。

**吴振怡**（1926.4—）初中毕业，中共党员，观里镇吴家泊村人。1947年9月参加工作，1949年2月调27军，历任营、团见习参谋、司令部炮兵参谋、炮兵营无后座力炮连连长、副营长等职。1962年2月调27军炮兵司令部任作训参谋。1963年调任炮兵作战室主任。1967年10月调某师炮兵团，历任参谋长、直属队党委书记、副团长、团长、师司令部副参谋长、副师长。1981年离休。

**柳福彬**　（1926.4—）寺口镇寺口村人。1943年加入中国共产党，1944年参加工作，历任昌潍地委组织部副科长，诸城县程戈庄公社、石桥子公社党委书记，县委组织部部长、县委常委、县委副书记，县人大常委会主任，1984年任县政协主席，1989年离休。

**姜文学**（1926.5—）初中毕业，苏家店镇前泊子村人。1940年10月参加工作， 1944年5月加入中国共产党，历任股长、工会主席、分队指导员等职。1948年随军南下，历任股长、中南剧团印刷厂党支部书记，《广西日报》社印刷厂副厂长，南宁市人民印刷厂总支书记、厂长，南宁橡胶厂生产技术科长、办公室主任、工会主席、副厂长兼城市人民公社副社长、副书记，南宁市塑料制品厂革命委员会主任、书记。1983年8月调市油墨厂任书记。1984年8月离休。

**王家祥**（1926.6—）桃村镇凤凰庄村人。1941年参加工作，1943年加入中国共产党。1990年离休前任福建省莆田地区中级人民法院院长，省体委副主任，省高级人民法院副院长、省司法厅副厅长。是全国律师协会理事。曾荣获抗日战争胜利60周年纪念章、司法行政一级金星荣誉章和中国保护未成年人优秀公民奖。1990年离休。

**刘吉荣**（1926.6—）蛇窝泊镇刘家崖后村人。历任师司令部机要科副科长、科长、师后勤部副政委、湖南省岳阳县武装部政委兼党委书记、衡阳军分区政治部副主任等。副师级，1981年离休。

**李永月**（1926.7—）高中毕业，亭口镇泉水夼村人。1942年参加工作，1943年加入中国共产党。曾任根据地制鞋厂、丝织厂党支部书记。1945年调龙口，先后任龙口《大众日报》分销处主任、宣传部干事、环龙区区委副书记、书记等职。1949年4月南下，任句容县四区区委书记、县武装部长、县委组织部长、县委副书记、书记等。1965年调溧水县任县委副书记。1974年调任溧阳县委书记兼革委会主任。1976年调河北省，任涞水县委书记兼革委会主任、保定地委常委兼组织部副部长。1982年调镇江地区专员公署任农委主任。1983年任财经委员会和城乡建设委员会副主任。1988年离休。

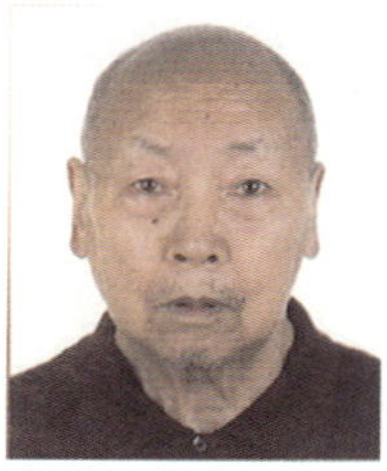

**王　忠**（1926.7—）　桃村镇西柳子头村人。1941年参加工作，1942年加入中国共产党。历任中共江西省玉山县委工交部部长，县政府县长，铅山县委常委、县革委会副主任，1982年任铅山县政协副主席，1985年离休。曾荣获朝鲜三级国旗勋章和军功章。

**孙绍之**（1926.7—）原名高飞，桃村镇高家庄村人。1942年参加工作，1943年加入中国共产党。

历任福州军区军事法院秘书、科长，八十四师二五二团政委、师政治部副主任，中共山西省侯马市委书记、侯马市革委会主任，八十二师政治部主任、八十二师副政委、纪委书记。曾荣获民族解放独立勋章。1981年离休。

**柳志光**（1926.7—）经济开发区前法卷村人。1944年参加工作，历任烟台地委宣传部科长，招远县委副书记，山东省中医药学校教务主任、常委副书记，烟台市社科联第一副主席，1987年任烟台市书法家协会主席。是山东省书法家协会副主席。

**王鑑宾**（1926.8—）初中毕业，中共党员，西城镇邹家村人。1940年3月参加工作，在栖霞县政府秘书处任文书、股长，北海专署秘书处任文书等。1949年2月南下到江苏无锡市，历任政府秘书处文印科长、机要科长、办公室副主任、处长，江苏省船厂党委书记兼厂长、无锡市交通局副局长等职。1959年9月调西藏自治区计委和物资局任办公室主任、经济处副处长。1973年4月调西藏自治区驻京办事处任主任兼自治区物资局副局长。

**林维彬**（1926.9—）高中毕业，唐家泊镇榆山后村人。1941年在北海中学做勤务工作。1943年6月加入中国共产党。1944年到榆山区委任文书。1945年8月转入部队，任文书、书记员、组织干事等。1947年任连指导员、营教导员。1950年任师（旅）副科长、科长。1955年始历任副团长、处长、团长等职。1969年调师部任参谋长。

1976年任副师长。1982年任89207部队师长、西南指挥部副司令。1986年离休。

**苗生营**（1926.9—）大专毕业，苏家店镇大苗家村人。1943年加入中国共产党，先后在栖霞县武委会、县武装部子弟兵团、县大队队部、北海军分区教导营任干事、参谋、副连长，华东步兵101师连长、参谋，中朝铁路抢建指挥所参谋，铁道兵司令部参谋、科长、处长等职。1983年12月离休。

**高可尊**（1926.9—）高中毕业，中共党员，桃村镇东下夼村人。1941年参加革命，在胶东区党委当通讯员。1943年调栖东县，先后在区合作社、县政府财经科工作。1945年调北海行署实业处工作。1950年后调寿光县供销社、昌潍地区供销社、济南市槐阴区工作。1960年调山东省对外贸易局业务处任副处长、计划业务处处长等。1975年调山东省化工机械进出口公司任经理兼核心组组长。1976年调山东省食品进出口公司任经理兼党委书记。

**杨福仁**（1926.9—）初中毕业，苏家店镇后寨村人。1938年6月参加工作。1941年6月，先后调到招远县人民政府、栖霞县人民政府、黄县人民政府、北海专员公署任通讯员。后历任东北辽东军区第一后方医院护士长，东北第四野战军第四兵站医院军医，青岛海军医院外科军医，海军快艇学校卫生科军医，第三海军学校卫生科军医，烟台海军407医院外科主任、门诊部主任、副院长，副师级。

**王寿汉**（1926.9—）蛇窝泊镇上范家沟村人。1945年参加工作，1947年加入中国共产党。历任山东省计划委员会副局长、副处长，省革委会生产指挥部计划办公室党组成员，省计划委员会副主任、劳动局副局长。1990年离休。

**木　林**（1926.10—）初中毕业，唐家泊镇泽头村人。1945年10月在栖东县鱼台区任各救会秘书、县政府财政科长。1947年2月加入中国共产党，4月调北海专署粮食局任秘书。1950年后调莱阳专署粮食局、掖南县、莱阳地委财委办公室、财贸部、烟台地委财贸部、烟台专署财办、掖县镁砂矿、黄县煤矿任股长、副县长、主任、副部长、党委书记等职。1976年调烟台行署煤炭局任局长。1978年调龙口矿区煤炭生产建设指挥部任党委书记兼指挥。1989年7月离休。

**李世峰**（1926.10—）大专毕业，经济开发区泗水村人。1942年3月参加工作，1946年10月加入中国共产党。1947年2月，历任栖东县支前指挥部政治股书记、县武装部秘书、北海地委实验区委员兼武装部副教导员等。1950年春后，历任莱阳县委委员兼宣传部长、莱阳农学院党委副书记、莱阳师专党委副书记、党委代理书记。1962年调烟台地委，任社教领导小组副组长、代理组长，兼任桃村公社党委副书记。1970年11月任莱阳农校党委书记兼革命委员会主任。1980年9月任莱阳农学院党委常委兼副院长，主持全院工作。

**张　健**（1926.10—）初中毕业，中共党员，唐家泊镇东野村人。1945年任栖东县政府粮站站长。1949年6月任中共青岛市台西区委宣传部干事、副部长、部长（常委）。1963年任青岛市内贸党委常委兼宣传部部长。1964年调青岛市药材站任党委书记。1965年调青岛市财贸干校任负责人。1971年调青岛造船厂革命委员会任主任。1975年调中共青岛市委组织部任科长、副部长。1990年离休，享受副厅级待遇。

**柳向志**（1926.12—）桃村镇巨夼村人。1942年参加工作，1943年加入中国共产党。历任二十七军司令部作训处参谋，八〇师司令部作训科副科长、科长，二三九团副团长，二四〇团团长，师副参谋长、师参谋长。1983年离休。

**王显明** （1926.12—）大学毕业，中共党员，亭口镇占疃村人。1947年9月考入国立兰州大学医学院，1950年9月转入大连医学院。1954年9月毕业分配到沈阳市第三医院外科任住院医师，1987年任外科主任医师。1989年受聘为中国医科大学外科教授。其“沿肠系膜边缘切除治疗难以分离之广泛（90%）粘连性肠梗阻”手术成功，获沈阳市1991年科技成果一等奖。

**李　克**（1926—） 曾用名李忠美、李健，大专毕业，中共党员，官道镇孙家洼村人。1939年3月参加工作，历任北海银行临城办事处主任、江苏省铜山县银行主任、徐州市建设银行副行长、江苏经济研究所财经组组长、徐州市五交化公司经理、贵州省六盘水大华煤炭专业银行行长、徐州市人民银行副行长、中国银行徐州支行副行长。1987年离休。享受地市级待遇。

**祝友君**（1926—1987） 庙后镇祝家夼村人，1946年1月参加工作，1947年1月加入中国共产党。历任区青救会会长，济南市总工会宣传部副部长、秘书长，党组成员，济南市高校党委常委、宣传部部长，山东省委文教部办公室副主任、高教处副处长，中共山东省委宣传部宣传处副处长、处长、部委委员、副部长等职。

**王克礼**（1927.2—）曾用名王家麒，初中毕业，桃村镇凤凰村人。1941年7月参加工作，1943年12月调蓬莱县工商局合作股任干事。1946年4月加入中国共产党。1947年4月后历任渤海区行政公署财政处、山东省合作总社、冶金部第十三冶金建设公司、机械动力站、金川有色金属公司、运输部革委会、机修厂副股长、副科长、党支部书记、大队长、副站长、副处长、党委书记等职。1979年12月调山东省人大办公厅任行政处处长、代理联络处处长等。1985年离休。

**王绍敏**（1927.2—）高中毕业，桃村镇南埠村人。1943年入栖霞县北海中学学习，并加入中国共产党。1945年2月毕业参军，曾参加济南等战役。1950年任志愿军27军教导团政治队教导员。1962年调浙江省军区独立1师2团任政委。1973年调天津市高级人民法院任副院长。

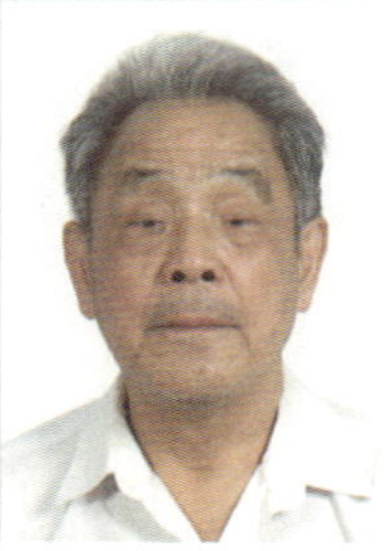

**柳晓光**（1927.3—）原名柳运桄，桃村镇富庄村人。1942年参加工作，1944年加入中国共产党，高级经济师。历任湖北省农业厅机关党委副书记，省农垦厅政治部副主任，省农垦局办公室主任，副局长、湖北省农垦总公司党委副书记。是中国农垦经济学术研究会常务理事。1990年离休。

**马春生**（1927.4—）高小毕业，中共党员，西城镇下马家村人。1942年7月在栖霞县九区任青救会长、青抗先指导员。1943年春到小学任教并兼十二区学生会主席。1944年后历任西海区公安局侦察队副队长，胶东公安局一科干事兼文书。1948年2月南下，1949年进驻武汉，历任江汉区政府副主任、江汉区供销社主任、建设局上下水道公司副经理、第一工程处主任、建设局党委副书记等职。1964年调房地产局任党委副书记。1972年调武汉市体委副主任、党组书记。1980年调武汉市园林局任党委副书记兼副局长。

**杨洪臣**（1927.4—）高中毕业，杨础镇杨家圈村人。1945年5月到北海银行栖霞办事处工作。1946年11月加入中国共产党，不久转入部队工作，历任政治部营职干事、师政治部科长、团政治处主任、军工厂政委、团政委、师政治部主任、师政委等职，参加过孟良崮、济南、淮海、渡江等战役及抗美援朝。1982年12

月离休。

**孙成恕**（1927.5—）初中毕业，中共党员，蛇窝泊镇南台村人。1946年参军，在栖霞县警卫营、兵山区公所任文书。1948年调县政府任战勤股股长、雨村区委青年委员、团县委宣传部长等职。1952年10月调山东省政府机关，1958年2月调山东省科委工作，历任科长、副处长、处长、科技志办公室主任、《山东省科学技术志》副主编等职。曾主持制定了《山东省科学研究机构改革的暂行规定》。主持编纂了《山东省科学技术志》。

**李　明**（1927.6—）大专毕业，寺口镇北横沟村人。1939年为地下交通站做情报传递工作。1940年参加抗日青年救国会。1941年初加入中国共产党，4月到栖霞县抗日民主政府工作，历任股长、八区区长、二区区长、区委书记兼区中队队长、指导员、武装部教导员。1949年南下，任筹粮大队长。后任上海县副县长。1957年后历任江苏省高级人民法院民事庭庭长、党组成员，省公安学校校长等。1960年调国家科委工作，历任副处长、处长等。1971年始历任中国科学院物理系政工组负责人、中国科技情报研究所政工组组长、纪委副书记等职。1983年8月离休。

**刘剑青**（1927.6—）松山镇大北庄村人。1945年参加工作，1946年加入中国共产党。历任安徽省阜阳地区轻工业局局长兼阜阳纺织厂厂长，省轻工厅计划处处长、省纺织工业公司副经理，省轻工业局副局长、省纺织工业厅副厅长。

**罗重九**（1927.7—）臧家庄镇罗家村人，1944年参加工作，同年加入中国共产党。历任团长、副师长，参加过淮海战役、济南战役和抗美援朝，先后立三等功5次，二等功1次，荣获勋章和军功章多枚。著有《艰难历程　光辉人生》一书。

**于令松**（1927.9—1997.11）臧家庄镇御驾沟村人，初中文化。1945年2月，在胶东军区北海独立一团当班长，1946年春，调任四十军副排长、排长、见习参谋、参谋等。1947年冬，加入中国共产党。1950年赴朝鲜作战。1951年转业到黑龙江，任省民政厅副科长、科长。1953年，调任省总工会组织部长、生产部长。1972年，调任省医药工业公司经理。1979年冬，调任省医药管理局副局长。曾参加过辽沈、海南岛等战役，荣立战功两次。1987年离休。

**张佩夫**（1927.9—）中学毕业，中共党员，寺口镇大榆庄村人。1943年入胶东北海抗日中学学习。1945年后历任胶东军区交通部船舶工业管理局政治干事、烟台船舶管理局管理员、胶东军区交通部汽车管理局干事。1949年6月调青岛任胶东公路管理局工程队长、中央交通部华东第三工程总队政治处组织科科长、大队副政委、党委书记。1958年调淄博，历任交通局党委书记、汽车运输公司党委书记、冶金工业局副局长。1981年调淄博市纺织工业局任副局长、党委副书记、顾问等职。1989年离休。

**栾子甫**（1927.9—）初中毕业，中共党员，臧家庄镇大栾家村人。1944年考入栖东县师范学校。1945年3月参军，入胶东抗大学习。结业后分配到胶东军区炮兵团，历任战士、班长、政治干事、组织干事、指导员、副教导员、教导员、组织助理员、组织股长、组织科副科长、团政治处副主任、主任等职。1964年6月转业到七二〇厂任组织部部长。后调4963厂工作。先后任革委会主任、核心小组副组长、党委副书记等。参加过平度、青岛、崆峒岛海战、长山列岛等战斗三十余次。

**牟毅夫**（1927.9—2007.12）桃村镇后肖格庄村人。1943年12月加入中国共产党。1943年12月，任北海中学五中队小队长、副中队长，

1949年5月，任中共崂山县工委秘书处秘书，1953年2月，调中共青岛市纪律检查委员会、青岛市监察委员会，历任监委常委、专职常委。1975年10月，任中共青岛市委组织部副部长，1979年5月，任中共青岛市纪律检查委员会副书记。是青岛市第九、十届人大常委会委员。1993年12月离职休养。

**李学发**（1927.10—）高中毕业，中共党员，经济开发区东杏山村人。1946年1月入牡丹江青年干校学习，后任农村工作团团员，在农村搞土地改革工作。1946年7月参军，历任文书、事务长、管理员、副科长、场长、科长、副处长、空军高射炮兵一师后勤部长等职。1982年离休。

**范万鑫**（1927.10—）中专毕业，中共党员，苏家店镇集后村人。1946年7月在栖霞县公安局工作。同年10月调黄县北海道卫生处。1947年3月调山东省军区独立五师担架营任副排长。1948年8月后调31军工作。1960年6月调内蒙古军区。1978年12月转业到聊城石油采购供应站任副经理。1980年2月任党总支书记。1990年11月离休。享受厅局级待遇。曾参加济南、淮海、上海、渡江等战役。

**王鸿洲**（1927.11—）初中文化，臧家庄镇后姜格庄村人。1946年2月参加工作，12月加入中国共产党。1947年调栖东县政府秘书处任会计员。同年秋随部队做支前工作。1948年2月调华东野战军随营军政干校学员，并同部队南下至河南。历任唐西县财粮科会计、审计、副科长，南阳市财政科科长、财委秘书，南阳专署监察处秘书，内乡县七里坪公社党委书记，南阳地委党校教研室副主任，石油公司副经理，电视台党支部书记，广播电视局副局长等职。享受地专级待遇。

**牟志芳**（1927.11—）女，初中毕业，中共党员，桃村镇牙东村人。1941年任村妇救会会长。1945年5月在栖东县、八区各救会任妇救会副会长。1947年10月调九区武装部任妇女干事。1951年11月调华东工业部工作。1953年7月调北京国家第一机械工业部财务司，后调第五机械工业部情报所，历任人事科科长、保卫科科长、研究室指导员、党支部书记、党委组织处科长、处长等职。1983年11月离休。

**刘英仙**（1927.11—）大专毕业，蛇窝泊镇大埠后村人。1940年参加工作，1945年8月加入中国共产党。1947年调栖霞县政府财粮科、胶东行政公署财政处任会计股长。1950年调华东上海人民广播电台任审计员、华东行政委员会新闻出版局任计划科科长。1954年入中央外交学院学习，毕业后分配到外交部。先后任西亚非洲司副科长、科长、专员，中国驻刚果人民共和国大使馆一等秘书兼研究室主任、政务参赞，中国驻加蓬共和国大使兼驻圣多美普林西比共和国大使，中国驻几内亚比绍共和国大使兼佛得角共和国大使。1984年调外交部办公厅任主任，驻外大使。1991年任中国非洲友好协会副会长。

**林忠亭**（1927.11—）蛇窝泊镇文石村人。1944年入伍，历任中央警卫团营长、干部大队大队长、副参谋长，北京军区高炮某师副参谋长，中央警卫团第一副参谋长，中央警卫师第一副师长，中央警卫局研究室主任。荣获三级解放勋章和独立勋章。1984年离休。

**李文韵**（1927.12—）臧家庄镇西山庄村人。1945年2月参加工作，1946年6月加入中国共产党。历任青岛市委办公室秘书科科长，市外贸局副局长，市水产局党委书记、青岛市统计局局长。1990年离休。

**王连芬**（1927.12—）初中文化，松山镇庵里村人。1948年9月加入中国共产党，1949年

7月调哈尔滨市总工会工作。1953年任建筑工会副主席。1958年后历任哈尔滨市南岗区任工会主席、区委办公室主任、市政府办公厅区政处任副处长、处长兼市委城区领导小组办公室主任。1977年任哈尔滨市政府办公厅区政处处长。1979年调哈尔滨市委信访办公室任副主任兼市政府信访局副局长。1988年7月离休。

**王　政**（1927.12—）曾用名王墨松，初中毕业，苏家店镇赵格庄村人。1945年5月参加工作，12月加入中国共产党。1947年12月调东北四纵任连副政治指导员。1949年5月任团宣传队队长、连政治指导员、团政治处青年股副股长、股长、宣传股股长、师宣传科副科长、团政治处主任、副政委、炮团政委。1968年任师政治部副主任、主任。1973年2月任师副政委，1978年2月任师政委。1979年9月任41军政治部主任。曾参加辽沈战役、塔山阻击战、张家口战斗。

**张德福**（1928.3—）大学毕业，蛇窝泊镇蛇窝泊村人。1944年9月参军。1945年12月加入中国共产党。历任战士、卫生员、卫生班班长、医助、军医、团卫生队队长，广州军区广州总医院理疗科军医、中医科副主任、主任、主任军医等职。

**柳耀胜**（1928.3—）大专毕业，寺口镇西庄村人。1944年4月加入中国共产党，并入北海中学学习。1945年8月后在北海独立团和九纵工作。1964年调江苏独立师任团政委，1969年任师副政委。1974年任温州军分区副政委。曾参加大汉口、济南、淮海、渡江、上海等战役及抗美援朝战争，曾参加志愿军归国代表团受到毛泽东、刘少奇、周恩来、朱德等党和国家领导人的接见。1982年离休。

**柳善亭**（1928.3—）唐家泊镇大泊子村人，1944年6月加入中国共产党，1945年4月入伍，历任排长、军区参谋、副处长、处长、师参谋长、副师长、烟威警备区副参谋长，参加过青岛、即墨战役，荣立五次三等功，荣获解放奖章、渡江战役纪念章、淮海战役纪念章、独立功勋章。1984年11月离休（正师待遇）。

**栾润田**（1928.4—）大专毕业，中共党员，臧家庄镇大栾家村人。1945年1月在胶东抗日军政大学和胶东独立二团当学员、文书。1946年1月调东北辽东军区警卫团、东北第五纵队任保卫干事。1950年3月参加抗美援朝，任志愿军保卫部副科长。1954年5月后历任保卫科长、团政治处主任、广州军区保卫部处长、广东四会县武装部副部长、政委。1978年3月任广东肇庆军分区、佛山军分区政委兼政治部主任。1979年10月调南京高级步校任保卫部长。1985年11月调南京陆军学院研究部任研究员、保卫部部长。

**张吉兴**（1928.6—）初中毕业，中共党员，亭口镇解家口村人。1944年6月参军，在北海军分区司令部任通讯员，10月调胶东抗大分校警卫排及侦察排任副排长。1947年后在华东军区联络部、十二步校、华东军委总部军事师范学校工作。1956年随军到沈阳军区，任伊通县武装部副部长。1980年转业，到山东省体育运动技术学院滑翔学校任副校长。曾参加潍坊、济南、淮海、渡江等战役。享受厅局级待遇。

**谢广仁**（1928.5—）栖霞市人。1945年8月加入中国共产党，历任部队连指导员、营教导员、团副政委、师后勤政委。1965年转业到文化部工作，任政治部组织部副处长，1971年任中华商务出版社领导小组成员、党委委员，1989年离休。

**常启锡**（1928.7—）桃村镇国路夼村人。1945年入伍，并加入中国共产党。历任山东军区司令部机要训练科科员，东北民主联军司令部机要处、情报处科员，总参谋部技术部一局三、四处一科副股长，总参第三部四局二处一科副科长，十一局二处一科科长、北线独立处副处长，五局四处副处长。1980年任五局研究室主任。1983年晋升为正师职。1984年离职休养。曾荣获独立自由勋章和解放奖章。

**潘士珍**（1928.7—）曾用名潘士杰，初中毕业，杨础镇邢家庄村人。1946年9月加入中国共产党并参加革命。1947年2月参加支前民工担架队，1948年春调北海地委统战部任政治交通员。1949年到青岛市公安局市南分局、市委组织部、青岛染料厂、青岛市委办公室、政策研究室工作，1971年1月调青岛人民广播电台革命委员会任副主任、主任。1975年任青岛市广播电视局党委书记、局长兼广播电台台长。1978年调青岛市委副秘书长兼市委办公室主任。1991年离休。

**林　江**（1928.9—）桃村镇大岩村人，1945年参加工作，1946年加入中国共产党。曾任山东省委宣传部副处长、处长，省社会科学界联合会副主席，省社会科学院副院长，省社科联党组书记、副主席，省政协常委、省政协学习委员会副主任。1994年离休。

**刘文生**（1928.9—）翠屏街道东南店村人。1945年参加工作，高级经济师。曾任山东省人民银行副行长、山东省农业银行副行长。是中国农业银行职工思想政治工作研究会常务理事、中国农村金融学会理事。1994年离休。

**柳光礼**（1928.9—）臧家庄镇东林村人，1946年7月参加工作并加入中国共产党。1949年5月任栖东县六区区长，1950年5月，任大杨家税务所长，1959年5月，调省委财贸部干事，1960年任副处级巡视员，1965年7月调省财政厅副处长、处长，1981年7月调省医药局任副局长，1983年3月，任医药总公司（副厅级）党委书记，1984年医药总公司升格厅级单位，任党委副书记，主持工作。1990年11月离休。

**丁国民**（1928.10—）大专毕业，杨础镇埠头村人。1945年2月入伍，8月赴东北，在第四野战军四纵任排长，11月加入中国共产党。1948年10月调41军任连长、副营长，先后参加辽沈、平津等战役。1949年春南下广西执行剿匪任务。1954年任团副参谋长、副团长。1958年12月任水上大队长。1961年调万山要塞区后勤部运输处任副处长、水上运输大队副大队长。1970年调海南岛生产兵团六师六团任团长。1974年12月改任广东湖阳县人民武装部部长。1978年10月转业到莱阳农学院任党委副书记。1981年任纪委副书记。1985年6月离休，享受厅局级待遇。

**李汝和**（1928.10—）大专毕业，中共党员，亭口镇李家圈村人。1946年4月调烟台海关八角事务所任进出口关税稽征员。1948年12月调济南，先后在大华电料公司、山东省人民政府工商部进出口局、省药材公司、省供销社、省卫生厅药政局、省医疗器械厂、济南市无线电工业局、济南市半导体研究所、山东省医药管理局等任科长、处长。1983年12月调山东省医疗器械公司任副经理、经理，高级经济师。主持制定了《山东省医药产销管理办法》，参与编写了《工业企业管理概论》讲义。1990年6月离休。

**刘克夫**（1928.12—）初师毕业，中共党员，寺口镇战家村人。1941年秋在纸房乡北泊村小学任教。1945年夏到公山区各救会工作。1946年春到方左区任青救会会长。1947年后在辽东军区、东北野战军、湖南军区、海军司令部、海军高级学校、国家科委海洋专业组办公室、国家海洋局工作。1979年冬调国家科委海洋专业组一学科办公室任副主任、主任。1984

年10月调中国海岸带开发公司任总经理。

**林宝圭**（1928.12—）翠屏街道北七里庄村人。1947年参加工作，并加入中国共产党，初中文化。历任贵州省正安县邮电局局长，贵州省邮电工会主任指导员，贵州省委工交部、贵阳钢铁厂等职员，贵州省电业管理局副处长，邮政汽车厂革委会副主任，贵州省邮电管理局副处长、处长等职。1989年离休。

**李芹邦**（1928—1997）臧家庄镇人，1947年7月参加工作，1950年4月加入中国共产党。历任华东军区兵站部交通学校学员，徐州市军管会运输部会计，山东省政府公路运输局统计，省计委综合处、办公室科长、副处长、处长，省政府驻上海办事处主任，山东省计划委员会调研员（副厅级）等职。1990年离休。

**孙有功**(1928.12—1975.2) 蛇窝泊镇犍脊山村人，1949年参加工作，1956年加入中国共产党。历任栖东县唐山区武装部军政干事，栖霞县政府财政科征收处征收员，观里税务所所长，杨础税务所所长，蛇窝泊公社党委委员、蛇窝泊税务所所长。在担任基层税务所所长期间，为发展社办企业和村办企业，促进农业生产做出了积极贡献。他两次参加山东省群英大会。1959年10月1日，赴北京参加了全国群英大会，并国庆观礼，两次受到伟大领袖毛泽东的接见。

**王文君**（1929.1—）大学毕业，中共党员，松山镇客落王家村人。1940年冬在村中心学校任学救会主任兼区学救会副主任。1945年9月在金山区任小学教员、区武装部文书。1948年后在胶东军区武装部、华东支前委员会二支队司令部、华东支前委员会武装部、铁道运输司令部、华东区运输部工作。1949年12月，任上海铁路局政治部宣传部干事、杭州铁路分局政治处宣传科任科长。1954年8月调铁道部。1956年10月调中央国家机关党委。1965年8月调铁道部，先后任纪委副处长、办公室主任、常委等职。1990年离休。

**刘　仪**（1929.1—）蛇窝泊镇大帽顶村人。1942年参加工作，1944年加入中国共产党。历任河南省军事管制委员会公安局副局长，安阳市公安局局长，安阳市委常委、公安局局长，郑州市委常委、公安局局长，郑州市政府副市长、公安局局长，郑州市委副书记、政法委书记等职，1986年任郑州市人大常委会副主任，1994年离休。

**林凤超**（1929.1—）庙后镇上林家村人。1941年参加工作，历任上海市委农村工作委员会副主任，上海市政府农业委员会副主任，1988年离休。

**李重光**（1929.2—）臧家庄镇北洛汤村人。1955年参加工作。历任中央音乐学院作曲系教师，中国音乐学院附中校长、作曲系副教授，1990年晋升为教授。中国音乐家协会会员，音乐教育家、理论家、作曲家。1993年享受国务院政府特殊津贴，1994年退休。主要著作及作品有：《音乐理论基础》《简谱乐理知识》《基本乐理》《五线谱入门》《简谱读法十二讲》《李重光基本乐理600问》《幼儿歌曲分析》《牧童的歌》《玩具》《小鼓响咚咚》等10余种。

**王永贵**（1929.4—）庄园街道南岩子口村人。1947年入伍，历任班长、文化干事、指导员、副处长、师政治部副主任，军后勤部副政委，1953年离休。

**王经春**（1929.4—）庄园街道徐家洼村人。1940年参加工作，1946年加入中国共产

党。历任解放军空军北京医院副院长、主任医师。1989年离休。是中华外科学会、中华神经外科学会会员。曾荣获独立自由勋章和解放勋章。

**柳毓仁**（1929.6—）寺口镇寺口村人。1945年入伍，1947年加入中国共产党。历任中央统战部机关保卫干事、人保处副处长、处长、机关党委办公室主任、机关党委专职副书记，1992年离休。

**刘彦湖**（1929.8—）初中毕业，寺口镇大榆庄村人。1944年加入中国共产党。1945年4月于北海中学毕业后分配到北海军分区武装部任干事，8月调栖霞县人武部，历任干事、秘书、秘书股长等。1947年春参加子弟兵团，任参谋兼秘书。1949年2月南下，在上海市青浦县委任秘书，11月进驻厦门，历任厦门市委秘书、干部委干事、卫生局副局长及局长、轻工业局局长、公安局副局长、计生委主任等职。1990年离休。

**张明鑑**（1929.8—）大专毕业，中共党员，翠屏街道城关村人。1947年6月参军，在胶东13纵队历任战士、警卫班长、文化干事等。1951年入空军第六航空学校学习。1954年毕业分配到海军航空兵第五师，历任中队长、大队长、领航主任、副团长、师副参谋长等职。曾参加济南、淮海、渡江、京沪杭等战役。

**牟风宾**（1929.8—）女，初中毕业，中共党员，西城镇陡崖村人。1945年7月任村青妇队长时加入中国共产党。1947年8月调北海银行栖霞办事处任出纳助理。1948年8月后在济南、苏州等地工作。1973年10月任武汉市江汉区春满街办事处主任兼党委副书记。1987年6月离休，享受正处级待遇。

**刘肇熙**（1929.9—）初中毕业，蛇窝泊镇大帽顶村人。1945年11月参加栖霞县子弟兵团。1947年1月加入中国共产党。历任警卫排班长、志愿军运输连文化干事、汽车连副指导员、师政治部保卫科助理员。1963年后历任安徽省军区后勤部政治处保卫干事、巢湖军分区政治部保卫科长、无为县人民武装部政委等职。1978年调安徽省巢湖军分区后勤部任政委。曾参加过莱芜、孟良崮、淮海、渡江、上海等战役及抗美援朝战争。

**宋志修**（1929.9—）西城镇回兵崖村人。1946年入伍，1947年加入中国共产党。历任军炮兵团团长、师副参谋长、参谋长，1980年任副师长。1982年离休。

**杨子勋**（1929.9—）曾用名杨振卿，杨础镇解家沟村人。1945年参加工作，1948年加入中国共产党。历任团政治部干部科干事、副科长、科长，军政治部干部处副处长、处长，1981年任二十七军八十一师副政委，1983年离休。

**柳耀洲**（1929.9—2000.6）寺口镇寺口村人，1944年3月参加革命。历任江苏省青浦县余干区委书记、青浦县人民政府办公室主任、县人大常委会秘书长、县委宣传部部长、淞江地委农村工作部办公室主任兼机关党支部书记、核工业部203研究所党委书记。1989年12月离休。曾荣获国家核工业部颁发的“长期从事核工业建设，做出了贡献”荣誉证书、核工业部地质局颁发的“献身铀矿地质事业三十年”荣誉证书和国家科委颁发的“献身国防科技事业”荣誉证书。

**李文霞**（1929.10—）女，大专毕业，中共党员，经济开发区后高格庄村人。1946年1月参加工作，12月加入中国共产党。历任建工部机械局党总支办公室专职干事兼团总支副书记，建工部干部局调配处科长，国家建委老干部办公室及政工组干部科科长，建设部干部局机关处、老干部局机关处副处长、处长等。

**林克善**（1929.10—）高小文化，蛇窝泊镇唐东村人。1947年7月参军，在胶东军区特务团任通讯员。1949年10月加入中国共产党。历任中国人民解放军空军某师汽车连排长、空军故城基地汽车连副指导员、基地机关管理员、部队管理科副科长、副团职副科长。1990年定为正团级。曾参加淮海及渡江战役和福建剿匪。

**胡敏生**（1929.10—）中专毕业，官道镇南照村人。1945年8月入伍。1947年6月加入中国共产党。历任电话排排长，广州空军航空兵特设主任。1956年9月分配到空军航空兵，历任机务处无线电主任，无线电管理处副主任，沙堤基地工程部无线电管理处主任，基地机务大队参谋长、副大队长，副团长，湖南省军区国防工业办公室航空工业处长。1977年转业，任湖南省国防工业办公室科技处长、业务处长。1978年调航空工业部湖南航空工业局任副局长。1990年12月离休。享受正司局级待遇。

**高元章**（1929.11—）大专毕业，松山镇郝家楼村人。1945年8月在栖东县温泉区客落王家村任教。1947年8月调区公所支前指挥部任干事，同年加入中国共产党。1949年4月调华东工业部山东办事处财务处任会计。1952年3月调国家第四砂轮厂，历任科长、总会计师、副厂长等职。1990年8月离休，享受厅局级待遇。

**郑玉锡**（1930.1—）初中毕业，蛇窝泊镇唐山村人。1946年6月参军，1947年加入中国共产党。1949年9月到华东高炮团任侦察排长。1950年9月参加抗美援朝。1955年10月回国。后任连长、营参谋长。1760年6月去福建高炮参加炮击金门作战。1969年9月任高炮团参谋长，1970年任高炮团副团长，1983年定正团职。

**迟建东**（1930.1—）官道镇万家庄村人。1945年6月入党并参加革命，历任连长、师部边防参谋、省军区边防参谋、师部作战参谋、省军区作战参谋、军分区作战科长、县人武部部长。1983年7月离休，享受副师待遇。

**韩延庆**（1930.1—）初中毕业，苏家店镇西店村人。1945年1月加入中国共产党，7月到栖霞县十二区各救会任文书、青救会会长。1948年7月到济南军管会财粮部工作，历任粮库文书、市粮食局科员、股长等职。1956年调济南市劳动局工作，历任秘书、副科长、科长、副局长等职。1981年3月调济南市科学技术协会任副主席兼党组副书记。1986年12月离休，享受地专级待遇。

**林铭西**（1930.2—）大专毕业，中共党员，经济开发区曹家庄村人。1944年10月参军。先后在栖东县中队、县独立营、北海独立团、第三野战军教导师任战士、警卫员、班长、副排长、排长等职。1964年1月入南京军事学院学习。1965年5月毕业后，历任武警辽宁总队教导大队副大队长、锦州支队参谋长、团参谋长、团长、武警总队二支队支队长。1983年7月任黑龙江省武警总队参谋长。

**周洪志**（1930.2—）大专毕业，观里镇观里村人。1947年7月参军。1948年4月加入中国共产党， 1949年春参加渡江战役时任连长。1950年冬参加抗美援朝，历任连长、营参谋等职。1954年调任海军内长山要塞区工兵营技术主任。1961年任长山要塞区工程处科长。1966年5月调兰州军区任设计科科长。1967年调军委工程兵建筑团任参谋长，1968年任副团长，1969年任团长，1970年任工区参谋长。1979年调银川警备区任副司令员。1983年离休。

**王绍鹏**（1930.3—）高中毕业，中共党员，臧家庄镇后姜格庄村人。1947年7月参加工作，在栖东县人民政府财政科任统计员。1949年5月调青岛参加接收伪银行工作。1950年8月南下，历任盐亭县检察院检察长、盐亭县委宣传部部长、北川县委副书记、革委会副主任、旺苍县革委会副主任兼县委副书记、安县县委任副书记兼武委会主任、政法委员会书记等职。1981年3月任安县人大常委会主任。1990年离休，享受地专级待遇。

**邹学信**（1930.3—1994.6）官道镇官道村人。1944年10月参加工作，1949年2月加入中国共产党，初中文化。1944年10月，在栖霞县抗日小学任教，1949年2月，调县政府征收处、税务局工作，1955年3月后，任助理检察员、单县检察院副检察长。1960年3月，任菏泽地委监委办公室副主任，1970年5月，任菏泽地区轻工业局副局长，1971年9月，任东明县委副书记、县革委会副主任，1976年后，任定陶县委副书记、县革委会主任、定陶县委书记兼县革委会主任、县人大常委会主任、县人民武装部第一书记、第一政委。1984年3月，任菏泽地委农村工作部部长，1988年9月，任山东省政协菏泽地区工作委员会党组副书记、副主任。1991年4月离休。

**杨景明**（1930.6—）大学毕业，中共党员，臧家庄镇后姜格庄村人。1946年1月参加革命，在栖东县政府当通讯员。1948年8月调华东支队二中队任警卫排排长，参加了淮海、渡江、南京、上海等战役。1949年10月南下至重庆市，任川东区党委警卫连副连长。1950年6月转业到四川省涪陵地委任土改工作组组长。1955年考入西南政法学院学习，1959年毕业分配到四川省公安厅，历任组长、协理员、副处长、处长等职。1990年离休。

**常启太**（1930.7—）大学毕业，中共党员，桃村镇国路夼村人。1946年1月入胶东卫生学校学习，参加过孟良崮、淮海、渡江、上海等战役。1950年参加抗美援朝，1958年入西安第四军医大学读书。1965年毕业调南京军区总医院，先后任外科主任、医务部副主任、质量管理科主任。曾发表《火器性透伤的早期救治》等学术论文数十篇，其中《现代火器的致伤特点》被录制为全军科技教学片。

**谢志武**（1930.8—）高中毕业，官道镇霞泊村人。1946年加入中国共产党。1949年4月到华东军区机要训练队学习，结业后到中央机要局、空军司令部机要处、空军军训部任译电员、机要秘书。1969年5月调新疆军区生产建设兵团，在工建师任科长、机关党委副书记。1975年8月调北京空军高炮某师某团任副政委。1979年5月转业到民政部任党委办公室主任。1986年调民政部社会福利与社会进步研究所和民政管理干部学院任党委副书记。

**牟向五**（1930.8—）庄园街道主格庄村人。1947年入伍，并加入中国共产党。历任兰州军区空军工程部外场处副处长，空军十一军司令部机务处处长，1981年任十一军党委常委、航空工程部部长。荣获解放勋章。1985年离休。

**康裕敏**（1930.9—）松山镇艾前夼村人。1947年参加工作，并加入中国共产党。历任江苏省宝山县税务局副局长、县供销社主任、县委宣传部部长，省物资局科科长，青浦县委常委、宣传部部长、县政协副主席、县政府副县长、县人大常委会副主任、县政协常务副主席（主持工作）。1990年离休。

**徐殿臣**（1930.10—）中专毕业，庄园街道草庵子村人。1946年11月加入中国共产党。1947年参军，1950年参加抗美援朝，任团政治处民运干事、组织干事。1969年10月调坦克师，先后任团政治处主任、团政委。1979年调师政治部任副主任。1981年转业到国家建材局山东工业陶瓷研究设计院工作，历任副所长、纪委书记、党委书记等职。1991年7月离休。

**姜永成** （1930.10—）官道镇万家庄村人。1947年6月加入中国共产党，1949年5月至1951年2月，在本村任团支部书记；1951年3月至1953年2月，在小阎家村任教师；1953年3月至1956年3月，调北照村任教师；1956年4月至10月，调栖霞县肃反办公室工作；1956年10月至1958年8月，任观里宋格庄完小校长；1959年9月至1960年7月，任大韩家中心完小党支部书记、校长；1960年9月，任栖霞县第八中学副校长；1961年8月至1962年9月，任栖霞县第二中学副校长；1962年10月至1966年10月，任栖霞县文教局小学教研室主任、文教局副局长、文教口党支部书记；1968年5月至1975年10月，任教育组长、文教局局长；1975年11月至1980年9月，任栖霞县委常委、宣传部部长；1980年10月至1985年5月，任栖霞县委常委、纪委书记；1987年1月至1990年4月，任栖霞县人大常委会主任、党组书记。1991年1月退休，8月改为离休。

**谭秉学**（1930.11—）杨础镇古宅崖村人。1946年参加工作，1947年加入中国共产党。历任江西省南昌市西湖区人武部政委，南昌警备区政治部主任、政委，1983年任江西省军区政治部主任，1990年离休。是江西省政协第五届常委，曾被授予淮海战役纪念章、渡江战役纪念章、解放勋章和胜利功勋章。

**王志善**（1930.11—）臧家庄镇南瓮村人。1947年10月参军，1948年入党，1957年至1959年就读于中国人民解放军南京步兵学校，入伍后历任卫生员、班长、指导员、副政治委员、副处长。1978年转业，任淄博市广播电视局副书记、副局长、专职书记、正局级调研员，1991年离休。解放战争时期，荣立二等功一次，三等功六次，四等功四次，荣获解放奖章。

**郝云亭**（1930.11—）高小毕业，翠屏街道东南店村人。1947年7月参军。1948年6月加入中国共产党。历任班长、副排长、排长、副指导员、师防疫办公室干事、师军务参谋、团军务股长、师后勤部战勤参谋、福州军区闽南船运大队政委、厦门市郊区人民武装部政委等职。参加过胶东保卫战、济南、淮海、渡江、福厦等战役。1985年离休。

**潘明月**（1930.11—）中专毕业，中共党员，蛇窝泊镇下苇城村人。1945年任村民后联防主任。1947年6月参军，历任班长、排长、指导员、保卫股长、教导员、团副政委、政委、党委书记等职。参加了胶东保卫战、济南、淮海、渡江及上海等战役。1979年转业到济宁市卫生局任副局长，1987年改任专职党委书记。1991年离休。

**柳玉潘**（1930.12—）大专毕业，寺口镇西庄子村人。1947春参军，8月加入中国共产党，1949年12月任测绘员，参加过胶东保卫战、青岛、淮海、渡江、解放福建东山岛等战役。1950年入朝鲜参战。1958年12月后，任中央军委防化兵部编译处、外军研究处、军事学术研究处参谋。1964年参加了国家首次核试验并荣立三等功。1969年秋调防化兵第一团任参谋长、副团长、团长等职。后任参谋部防化兵部军事训练处副师职参谋、研究员。1988年离休。

**牟崇光**（1930.12—）蛇窝泊镇蛇窝泊村人，1946年参加工作，1954年加入中国共产党，编审。山东省艺术馆副馆长，1979年加入中国作家协会，1980年任中国作家协会山东分会副主席，1985年任《当代企业家》杂志主编、社长，1992年离休。是中国报告文学学会理事、中国企业家报刊协会副会长、中国企业文化研究会副理事长。

**张成美** （1931.1—）臧家庄镇瓮留张村人。1947年参加工作，1953年加入中国共产党。历任青岛市纪委专职常委、青岛市政协副秘书长，1986年兼任市政协文史委员会主任，1991年任青岛市政协常委、文史委员会副主任，1993年离休。

**林国栋**（1931.1—1997.8） 桃村镇裕家沟村人，1946年5月，加入中国共产党，同年7月参加工作。1949年4月，任华东军区后勤部机要训练队学员，8月，任中央机要训练队学员，10月，任中央公安部机要处译电员。1954年1月，任军委机要员，1969年9月，任陆军炮兵团副政委，1971年3月，任师政治部副主任。1977年8月后，任光明日报社办公室主任、政治部副主任、人事处主任、报社副秘书长。1991年4月离职休养。多次立功。

**蔡仁山**（1931.2—）唐家泊镇东野村人。1945年参加工作，1946年加入中国共产党。历任总政干部部任免一处（局）副处长、研究处副处长、处长，济南军区政治部副主任，1990年4月任济南军区副政委兼纪委书记。1988年9月被授予少将军衔，1993年7月晋升为中将军衔。是第七、八、九届全国人大代表，八届全国人大常委会法律委员会委员，九届全国人大常委会环境与资源保护委员会委员。曾3次被评为总政治部先进工作者。

**蔡　萼**（1931.2—）杨础镇庄头村人。1946年5月参军，1947年11月加入中国共产党。历任排长、副连长、连长、营参谋长、副营长、营长、团参谋长、副团长、师副参谋长、副师长，在北京高等军事学院学习三年。1983年任福建省军区守备五师师长，1987年3月离休。先后参加了胶东保卫战和兖州、济南、上海战役等，荣立一等功3次，二等功5次，荣获独立奖章、解放奖章各一枚，华东军区第三野战军第一、二、三级人民英雄奖章各一枚。1950年出席了全国战斗英雄代表会议。

**王树德** （1931.2—）大专毕业，中共党员，臧家庄镇后姜格庄村人。1945年8月参加工作，任北海专署通讯员。1946年夏入抗日军政大学山东分校学习。1947年2月分配到泰安专署工作。1951年调宁阳县税务局任局长。1956年调山东省财政厅工作。1957年调枣庄市，先后在财税、计委、轻工业局、经委、审计局等部门任负责人。后任枣庄市人大常委会财经委主任。

**张可盛** （1931.5—）蛇窝泊镇前张家庄村人。1946年参加工作，同年11月加入中国共产党。1949年6月调青岛市，历任青岛市青年联合会及青年团青岛市委秘书、台西区团委书记、崂山区台上乡党总支书记、王哥庄公社党委副书记、青岛市委农村工作部秘书、市委农村工作办公室秘书、市委政策研究室秘书、市人委农办秘书、青岛市联合接待室副主任、青岛市政府办公厅信访处副处长、市长公开电话办公室主任（副厅级）。1991年6月离休。

**徐仁洲**（1931.6—）初中毕业，庙后镇栾家庄村人。1946年9月入解放军东北军区四纵队医训队学习。1948年6月加入中国共产党，随军南下至广西。1954年10月转业到桂林市，历任市委组织部干事，市工交部干部科干事，市统战部副科长，共青团桂林市委副书记，民政局副局长、局长兼党组书记。1984年7月调桂林市叠彩区任区委书记。1987年兼任桂林市纪律检查委员会常委。1991年10月离休。

**李文章** （1931.10—）高中毕业，经济开发

区大潘家村人。1945年春任栖东县学联委员。1947年3月加入中国共产党，5月于栖东县立师范毕业分配到东杏山村任教。1948年春调华东局财经办事处培训后在军费处、会计处工作。1949年3月后任山东省财政厅军费处、省级机关事务管理局科长、副处长、处长、副局长兼省级机关房管公司党委书记。1983年2月调山东省人大常委会办公厅任副主任。1989年8月任省人大常委会人事代表工作室主任。

**林 毅**（1931.11—）臧家庄镇西泥沟村人。1947年参加工作，1949年加入中国共产党。历任淄博市直机关团委书记、市环保局副局长，山东省环保科研所所长，省环保局副局长，1986年任省测绘局副局长，1992年离休。

**鲁子英**（1931.11—）杨础镇王家黄口村人。1947年参加工作，1955年加入中国共产党。历任总后勤部二〇二部队军马局政治部主任，河北省邢台军分区政治部主任、军分区顾问。1984年离休。

**刘 佐**（1931—）大专毕业，蛇窝泊镇大帽顶村人。1947年参军。1949年加入中国共产党。历任战士、班长、侦察员等。1951年调空军第七航空学校学习飞行，毕业留校任教，历任飞行教员、中队长、大队长、团参谋长、团长、校参谋长、顾问等职。1987年离休。

**林桂顺**（1931.11—2003.3）苏家店镇林家村人。1947年6月，在山东滨北中学任教导干事，11月加入中国共产党。1948年10月，任华东局机要员、机要秘书。1955年1月，任中央财政部秘书，1960年2月，调任河南省开封市委办公室综合组副组长、组长。1964年12月，调任新华社国际部苏欧组编辑。1974年初，到新华社驻毛里塔尼亚分社主持工作，1980年6月，回新华社国际部任编辑，1982年7月，任新华社机关党委办公室副主任，1983年与新华社国际部有关人员合作翻译出版了哈桑二世回忆录《挑战》。1984年10月任新华社机关党委副书记。1992年5月离职休养。曾获新华社《半月谈》杂志1995年度二等奖。

**林 毅**（1932.2—）杨础镇文口村人，1960年入伍，1962年加入中国共产党，文学创作二级。1976年转业至山东省冶金设计院，1992年退休。是山东省作家协会会员。

**范汇杰**（1932.2—）桃村镇后肖格庄村人。1946年参加工作，1950年加入中国共产党。历任烟台市委办公室副主任兼档案局局长，烟台地委机要科科长，山东省委办公厅机要处机要秘书，山东省广播事业局技术处副处长，烟台地区广播电视局副局长，1990年任烟台市广播电视局党委书记、局长，1993年离休。

**范贵增**（1932.5—1998.11）观里镇南谢家村人，曾获全国先进生产者称号。1948年10月，在胶东军区政治部印刷厂参加工作，任军籍工人，1950年8月，任101师印刷厂军籍工人，1952年4月，任山东烟台印刷厂工人，同年12月加入中国共产党。历任烟台市档案处副处长、烟台市档案局副局长。因成绩突出，1956年，出席全国先进生产者代表会议，被国务院授予“全国先进生产者”称号。

**高德占**（1932.8—） 亭口镇野芝口村人。1950年加入中国共产党，1954年毕业于大连工学院化学系。历任吉林省石油化工设计院副院长、副总工程师、党委常委，省石油化工局副局长、总工程师、党组成员，省经济委员会副主任、主任、党组书记，中共吉林省委副书记兼吉林省人民政府副省长。1987年任国家林业部部长，1993年任中共天津市委书记，1998年任全国人大农业与农村工作委员会主任委员。是中共第十二届、十三届中央候补委员，第十四届中央委员。

**刘奎杰**（1932.11—）桃村镇雀刘家村人。1949年参加工作，1955年加入中国共产党。历任庙后人民公社党委书记，县委常委兼庙后公社党委书记，县委常委、组织部部长、副县长，蓬莱县委常委、副县长，1990年任蓬莱县人大常委会主任，1993年离休。

**丁世轩**（1932.11—）初中毕业，中共党员，官道镇小石头村人。1947年6月参军，先后在北海军分区、莱阳军分区、济南军区通信兵部任电话员、班长、材料员、站长等职。1958年12月转业，历任山东省电子所研究室负责人，济南市电信局人事科长、副局长、局长等职。1983年12月调山东省长途电信传输局任党委书记。

**宋世保**（1933.8—）西城镇西陡崖村人。1947年参加工作，1948年加入中国共产党，高级政工师。历任福州军区政治部干部部任免干事，上海师范学院生物学系党总支书记，1983年任上海技术师范学院党委副书记、纪委书记，1993年离休。

**常启平**（1933.9—）大专毕业，中共党员，桃村镇国路夼村人。1949年2月到胶东隆茂铁工厂当工人。1959年任工具机修车间主任。1960年4月任厂技术科科长、党支部书记、厂党委委员。1965年下半年，到掖县轴瓦厂搞“四清”工作，次年，任轴瓦厂厂长。1972年4月调烟台地区机械工业局任生产计划科科长，1978年10月任副局长，1983年任局长。1984年兼任烟台职工大学校长，1991年兼任党委副书记。

**刘洪斌**（1934.2—）又名刘洪宾，大专文化，中共党员，蛇窝泊镇院头窑村人。1949年至1950年6月，在本村任代课教师；1950年7月至1951年8月，在院头乡任宣传干事；1951年9月至1952年7月，在栖霞党校学习；1952年8月至1956年3月，任十区供销社文书；1956年4月至1959年3月，调栖霞县委肃反办公室工作；1959年4月至1971年11月，任县公安局秘书、副政治指导员；1971年12月至1974年2月，任观里公社革委会副书记、革委会主任；1974年3月至1980年10月，任臧家庄公社党委书记；1980年11月至1987年3月，任栖霞县人民政府副县长；1987年4月至1990年3月，任栖霞县人大常委会副主任、党组副书记；1990年4月至1993年4月，任栖霞县政协主席、党组书记。

**王奎元**（1934.7—）高中毕业，中共党员，经济开发区大潘家村人。1948年参军，历任公安队班长、代理排长等职。1953年3月转业，先后任栖东县寨里区共青团书记、区委宣传委员、寨里乡委书记，王格庄乡任乡长，栖霞县城镇公社党委书记兼公社管委主任，栖霞县委副书记、常务副县长。1984年1月调烟台市煤炭工业局任党组书记兼局长。1987年9月任烟台市交通局局长兼党委书记。曾被省政府特邀参加国庆15周年观礼。

**林富民**（1934.9—）大专毕业，中共党员，臧家庄镇马陵冢村人。1950年考入松江省行政干部学校。1951年10月毕业后分配到黑龙江省财政厅历任办事员、科员、副科长等职。1968年4月在黑龙江省革命委员会财贸组任干事。1970年2月调黑龙江省商业厅历任副科长、副处长、机关党委副书记等职。1991年4月任黑龙江省纪委驻省交通厅纪检组组长、厅党组成员。

**尹贵顺**（1934.11—）大专毕业，臧家庄镇东尹家村人。1951年7月后在栖东县人民政府农税科、桃村公路站、莱阳专区公路路管理段工作。1956年2月加入中国共产党。1962年8月到烟台地区公路段工作，历任政治处秘书、工程队党支部书记等。1968年9月参加中国援助尼泊尔王国公路技术组，历任公路组政治处秘书、修理厂政治协理员等。曾受到郭沫若副委员长接见。1973年4月回国，历任烟台公路段工会副主任、主任和党委常委。1981年5月调山东省交通学校任教务处主任。1984年7月任校长。1991年2月改任校党委书记。

**王修德**（1934—）蛇窝泊镇前张家庄村人。1950年3月在烟台会计学校学习，1951年10月入伍，先后任班长、排长、指导员、副政委、政委。1974年9月，转业到上海远洋分公司任船舶政委，1993年4月，被交通部评为高级政工师，1994年8月退休。

**戴云秀**（1934—2007.2）山东省莱西市人。1956年莱阳农校农学专业毕业，1962年，北京农业大学农学系函授毕业，栖霞县（市）种子公司经理，高级农艺师，山东省种子协会学组成员，栖霞县农学会理事。从事农作物良种繁育推广工作30多年，在良种繁育体系建设、提高良种繁育质量、加快良种繁育推广速度、农作物新品种选育、种子包衣加工等方面有较深研究，对全国、全省种子工作作出了巨大贡献。其中，主持的“种衣剂4号增产技术开发试验”，1990年，获山东省科技进步三等奖；“鲁花10号花生品种选育”，1992年，获山东省科技进步三等奖。“花生、小麦新品种繁育与开发”，1994年，获山东省星火计划二等奖。发表论文10余篇，主要有《花生、玉米种衣剂包衣增产技术试验及应用》《以吨良田为目标，不断提高种子四化一供水平》《提高杂交制种质量，加速发展玉米生产》等。1991年，被评为栖霞县专业技术拔尖人才，1993年，被国务院批准终身享受政府特殊津贴。

**王德隆**（1935.2—） 苏家店镇缴格庄村人。1956年参加工作，1959年加入中国共产党，高级工程师。历任沈阳松陵机械厂技术员、主管工程师，国营贵州云马飞机制造厂技术办公室主任、厂副总工程师、厂长，1994年任贵州航空工业总公司总经理助理、顾问，1995年退休。1992年某型新飞机研制获航空工业部科技进步一等奖、国家科技进步二等奖，是年10月获国务院政府特殊津贴。研制的歼七Ⅱ型飞机获国家科技进步一等奖。

**李　禾**（1935.5—）大专毕业，中共党员，杨础镇杨家圈村人。1951年10月在沈阳东北医疗器械厂工作。1955年8月入上海机械学校学习。1956年4月加入中国共产党。1958年12月分配到上海机电设计院，不久又调到中国科学院力学研究所工作，高级实验师。曾参加国家科委“六五”期间重点科研项目和“七五”期间国家自然科学基金重大项目的科研工作。作为主要设计人员设计的“多试件低频电液伺服腐蚀疲劳试验设备”，经专家鉴定属国内首创，并获中科院“科学技术进步一等奖”。

**徐昌时**（1935.6—）翠屏街道枣行村人。1953年参加工作，1971年加入中国共产党。历任烟台市科委主任，1988年任烟台市民政局局长。1998年退休。《关于建立农村社会养老保险制度的研究》获民政部科技进步成果二等奖。

**张　琨**（1935.9—）高中毕业，西城镇马疃村人。1951年7月入青岛市公安学校学习，结业后分配到青岛市公安局交通队，历任民警、台东区中队副小队长、小队长、副中队长、中队长等职。1956年加入中国共产党。1980年12月调青岛市公安局交通管理处任交通科副科长，1987年1月任副处级科长。1988年11月调青岛市公安局交通警察支队任警务处处长。

**杜宝文**（1935.12—）亭口镇曲里村人。1963年参加工作，1973年加入中国共产党，教授级高级工程师。历任北京电视台（今中央电视台）技术部转播科技术员、电视发射科副科长、维修科副科长、技术部主任工程师、技术处副处长、总工程师办公室副主任、技术管理中心副主任、播送中心副主任。

**衣佩发**（1935.12—2004.3）观里镇潘家岭村人。1962年参加工作，历任大庆油田建设指挥部技术员，大庆市机关总调度室综合文字工作，大庆市经济委员会主任，1987年任大庆市人民政府副市长，1992年任大庆市人大常委会副主任，1991年被黑龙江省委授予抗洪抢险模范称号，1997年退休。

**柳志敏**（1936.1—）桃村镇巨夼村人。1950年参加工作，1956年加入中国共产党。历任本村小学教师，山东生建八三厂技术员、工程师、研究室主任、副厂长，山东省公安厅劳改工作管理局副局长，1983年任省公安厅副厅长。

**王绅武**（1936.2—）庙后镇枣园村人。1952年参加工作，1954年加入中国共产党，高级经济师。历任青岛市第二轻工业局党委副书记，1992年任青岛市第二轻工业局党委书记。

**牟会宠**（1936.2—）桃村镇西宅村人。1961年参加工作，历任中国科技大学助教，中国科学院地质研究所工程地质研究室副教授，1998年晋升教授，受聘为中国地质大学客座教授。1985年完成的金川露天矿边坡稳定性研究项目，获国家科技进步三等奖。

**程国英**（1936.3—）中专毕业，官道镇许家洼村人。1953年到惠民地区检察分院任见习检察员。1954年10月调广饶县人民银行工作。1955年10月加入中国共产党。1970年任广饶县财政金融局党组成员兼副局长。1972年调济南市城建局任干事。1978年11月调市规划管理局政工科任副科长。1979年调济南市中级人民法院任正处级审判员。

**王　骏**（1936.4—）臧家庄镇泉水东店村人，大学文化。1958年9月参加工作，1959年11月加入中国共产党。1983年任广东省公安厅副厅长、党组成员，党组副书记，1991年3月任广东省人民检察院检察长、党组书记，广东省委政法委副书记。1998年1月任广东省人大常委会副主任。第七届广东省委委员，第九届、第十届全国人大代表。

**张忠田**（1936.9—）中专毕业，蛇窝泊镇中马家河村人。1952年春考入莱阳师范学校。1955年7月毕业分配到臧家庄镇埠后村任小学教师。1956年12月加入中国共产党。1959年8月到山东省泰安中药学校任教。1962年8月调山东省中医药学校工作。1978年1月调山东省卫生厅工作。1983年12月任山东省卫生厅办公室副主任、《健康报》山东记者站站长。1990年12月兼任政策法规处处长。撰写的新闻稿件曾获“全国卫生好新闻奖”。

**李春亭**（1936.10—）臧家庄镇北洛汤村人。1957年12月参加工作，1958年12月加入中国共产党。历任中共栖霞县委副书记，县革委常委、生产指挥部副主任，县革委农林组组长，县委常委、县革委常委、县革委生产指挥部党的核心小组副组长，烟台地委副书记、地区革委副主任，山东省冶金工业局局长、党的核心小组组长，省冶金工业厅厅长、党组书记，省冶金工业总公司总经理、党组书记，省政府副省长、党组成员，省委委员，省委常委，省政府副省长、党组副书记兼省体改委主任，省委副书记、省政府副省长，1995年2月任中共山东省委副书记，省政府省长、党组书记，2001年12月任全国人大常委会委员、全国人大农业与农村委员会副主任委员。是中共第十四届中央候补委员、第十五届中央委员，第九届全国人大代表。

**李春田**（1936.11—）臧家庄镇丰粟村人。1951年参加工作，1956年加入中国共产党，一级高级检察官。1988年任省检察院副检察长、党组副书记（正厅级），1998年任省人大常委会委员、省人大内务司法委员会副主任委员。2003年退休。是省第五次党代会代表、省九届人大代表。荣获最高人民检察院检察荣誉勋章。

**林中臣**（1937.4—）大专毕业，经济开发区西杏山村人。1955年12月加入中国共产党。1956年2月参军，先后在陆军76师、88师、86师历任战士、班长、排长、副指导员、师、团政治干事，团政治处青年宣传股股长、营教导员，团政治处副主任，师政治部组织科科长，团副政委等职。1981年12月转业到枣庄市，历任市中区区委党校副校长，市中区人民政府办公室主任，市中区区委政法委员会副书记、书记等职。1990年3月任市中区人民法院院长。

**邢　可**（1937.8—）亭口镇杏家庄村人。1957年入伍，历任郑州市文化馆创作组创作员，《郑州文艺》编辑部编辑，1988年任副主编。1995年加入中国作家协会。是中国微型小说学会理事、郑州小小说学会会长、郑州市国际公共关系协会常务副会长兼秘书长。

**马永德**（1937.10—）亭口镇马家窑村人。1964年参加工作，1969年加入中国共产党，主任医师。历任济南军区总医院麻醉科住院医师、主治医师、麻醉科副主任、副主任医师、麻醉科主任，1989年晋升为主任医师、技术五师（正师级），2000年退休。是全军麻醉与复苏专业委员会常委。

**李善琪**（1937.10—）亭口镇前亭口村人，1958年参加工作，1960年加入中国共产党，研究员。历任金乡县农林局职员，中共山东省委办公厅秘书、副处长，山东省出版总社外事处处长，中国东方图书公司副总经理，1990年任山东工艺美术学院副院长。1998年退休。

**王德路**（1937.10—）大学毕业，经济开发区后辽村人。1963年于曲阜师范大学政治历史系毕业分配到烟台专署公安处工作。1966年5月加入中国共产党。历任烟台专署公安处办事员、秘书、公安军管会审批组内勤、政工干事、烟台市公安局政工科副科长、科长等职。1983年转武警部队，历任武警烟台支队政治处主任，武警山东省总队政治部副主任、总队副政委、纪委书记等职。

**罗云起**（1937.11—）大专毕业，中共党员，臧家庄镇罗家村人。1955年6月入南京中央军委第一干部学校学习，1956年6月分配到西藏工作。1971年11月调察雅县，历任革委副主任、县委副书记、县委书记、县委第一书记、人武部第一政委。1980年5月调西藏自治区党委办公厅，历任处长、保密委员会办公室主任、代理办公厅主任等职。1984年4月调河南省开封市，历任民政局副局长、市委副秘书长兼信访局局长。1989年8月任开封市委副秘书长兼市直机关党委书记。

**林铭勋**（1938.2—）蛇窝泊镇榆林子村

人，高级工程师。历任空军导弹学院无民考研室、三系考研室教员、考研组组长兼学员区队长，吉林省微波总站工程师，吉林省邮电管理局引进办公室主任、主任工程师。

**林福凯**（1938.2—）庙后镇楼底村人。1956年参加工作，1965年加入中国共产党。历任四川省委办公厅机要处干事，省革委办事组机要处干事，省委办公厅机要处副处长、处长，1990年任省委机要局局长。

**慕 旭**（1938.7—）亭口镇柳夼村人，中共党员。1965年8月毕业于山东师范大学中文系，同年参加工作。1965年9月至1972年4月，在乳山市第二中学任教师；1972年5月至1980年2月，任栖霞县委组织部干事；1980年3月至1984年4月，任栖霞县人事局副局长；1984年5月至1989年10月，任栖霞县委宣传部副部长、部长、县委常委兼宣传部部长、首届县志编委会副主任；1989年11月至1993年3月，任栖霞县委副书记兼县委党校校长；1993年4月至1998年3月，任栖霞市人大常委会主任、党组书记。出版了《丘处机》《太虚仙踪》《丘处机与全真道》等书籍，发表文章共计460余万字。

**王新波**（1938.11—）大学毕业，中共党员，松山镇金山泊子村人。1964年8月于山东农学院毕业分配到菏泽地委党校工作。1965年6月后调菏泽县委农村工作部、县革委办公室、县委办公室，历任副主任、主任、县委常委等职。1978年制定了菏泽县《落实家庭承包责任制实施方案》。1980年10月调菏泽县委宣传部任部长，县委常委。率先开展了“乡规民约”“厂规厂法”的建立和制订。1983年12月调菏泽地委任常委兼秘书长。1990年5月调山东省莱阳农学院任党委书记。

**吕铭静**（1939.1—）臧家庄镇北陡崖村人。1962年参加工作，1965年加入中国共产

党。历任江西省铅山县河口镇、永平镇党委书记，县委常委、宣传部部长，县委副书记，弋阳县委副书记、县政协主席，1993年任县人大常委会主任。1999年退休。

**张英春**（1939.2—）女，大学毕业，中共党员，臧家庄镇仙人埠村人。1964年7月毕业于山东师范学院政治系，1965年7月分配到烟台地区妇联任干事。1967年8月借调到烟台地区革委会政治部工作。后历任生产部干事、政治部干事、妇联常委兼秘书、中级人民法院副院长、山东省人民检察院副检察长、烟台市委政法委员会书记。1988年1月调烟台市中级人民法院任院长，后任市人大常委会副主任。曾任山东省委候补委员，全国妇联执委委员，山东省妇联常委。

**陈穗田**（1939.4—）桃村镇陈家沟村人。1965年参加工作，并加入中国共产党。历任国家海洋局第一海洋研究所地质室职员、党支部书记兼副主任，中－韩海洋研究中心副主任，1997年晋升为海洋地质研究员。

**刘 锋**（1939.5—）大学毕业，亭口镇前炉房村人。1964年7月毕业于上海复旦大学哲学系，分配到上海交通大学马列主义教研室任教。1965年加入中国共产党。1968年6月调上海交通大学革命委员会办公室工作。1972年12月调上海交通大学社会科学及工程系任教，1978年以后，先为讲师，后晋升副教授、教授。曾主编和参与编写了《辩证唯物主义原理自然科学例证选编》《智慧之花》及《马克思主义基本原理》《马克思主义原理》等10部专著。

**栾炳焕**（1939.11—）臧家庄镇西栾家村人，1964年参加工作，1971年加入中国共产党，高级工程师。历任山东省农业区划

办公室工程师、副主任、主任，省计划委员会国土资源开发与整治处处长，1992年任山东省统计局副局长。2001年退休。

**王学良**（1940.2—）大专毕业，松山镇豹山口村人。1961年7月在栖霞第一中学高中毕业时经保送入海军通信学校读书。1964年3月毕业分配到上海海军东海舰队工程部机关工作。1969年3月加入中国共产党，历任排级干部、连级助理员、副科长、科长、海军东海舰队上海干休所所长等职。1988年4月转业到上海市环境卫生管理局工作，后任废弃物处置管理处纪律检查委员会书记。

**王梦奎**（1940.10—）初中毕业，中共党员，蛇窝泊镇小庄泥都村人。1959年在栖霞县第一中学读书时参军，到潜水艇士兵学校雷达班学习。1960年11月毕业留校。1970年12月后任北京海军第七研究院保卫部、国家海洋局第一海洋研究所政治部、保卫处干事、处长。1991年10月改任保卫处专职党支部书记。

**郝洪琪**（1940.10—）松山镇郝家楼村人。1966年参加工作，历任日照发电厂工程师、厂长，县经委副主任，临沂地委企业政治工作部部长，临沂地区行署副专员，临沂市政府副市长，1998年任市政协副主席。

**张以谦**　（1940.10—）蛇窝泊镇张家泥都村人。1960年8月入伍，1961年9月加入中国共产党。1960年8月至1983年10月，历任24军战士、电台台长、指导员、通讯营副政治委员、政治委员、师政治部秘书科长、师后勤部副政委、政委。1984年5月至2001年2月，历任栖霞市政协副主席、统战部部长、纪委书记、政协主席。

**徐增连**　（1940.12—）官道镇徐家泊村人，1961年入伍，1966年加入中国共产党。历任山东省委宣传部干事、干部处副处长、办公室主任、副部级巡视员，省纪委、省委组织部干事，1993年任大众日报社党委常委、副社长、纪委书记。曾荣获中华全国新闻工作者协会从事新闻工作三十年纪念章。

**李东辉**（1941.2—）亭口镇后亭口村人。1973年加入中国共产党，历任新疆阿勒泰地区党委书记、军分区党委第一书记、新疆建设兵团农十师党委第一书记，1991年10月任新疆维吾尔自治区人民政府副主席，1998年2月任自治区政协副主席。兼任新疆财经学院客座教授、新疆经济管理干部学院客座教授、中国贸易促进会新疆分会名誉会长等职。

**李金云**（1941.11—）臧家庄镇北洛汤村人。1960年入伍，历任北京军区通信团战士、后勤部通讯站报务员、电台台长，后勤部第七分部通信科参谋、通信科科长，1985年任北京军区后勤部石家庄第二干休所副所长。

**李培义**（1941.11—）亭口镇陡崖村人。1966年参加工作，1978年加入中国共产党，高级编辑。历任北京《红旗》杂志社记者，山东人民广播电台记者、编辑、经济部农村节目组组长、总编室副主任、办公室主任，广播电视学会副秘书长，电台专题部主任、专职副书记、工会主席。

**林书香**　（1941.11—）观里镇古村村人。1960年加入中国共产党，1967年参加工作，历任栖霞县观里公社革委会副主任、党委副书记，县委常委、县委副书记、革委会副主任，山东省计委副主任，省委党校干部专修科学员，省农业厅副厅长，省计委副主任、党组副书记兼省工程咨询院院长，省计委主任、省社科联副主席、省国际信托投资公司董事长，

省政府党组成员、省长助理兼省计委主任、党组书记。1998年4月任山东省人民政府副省长，2002年3月任山东省政协副主席。

**李奎元**（1941.12—1998.10）笔名逵远、葵园等，号栖霞客，经济开发区东南庄村人，民间文学家，中共党员。1965年，毕业于山东师范大学中文系，在《济南日报》社任编辑、记者。1966年6月，加入中国共产党。历任文联副主席，威海市民间文艺家协会主席等。先后出版了《济南民间故事集》《李奎元文论集》和《李奎元民间故事选》等共56万字的专集。合写的电影文学剧本《古城济南》被上海科教电影厂拍摄成电影，事迹被收入《世界名人录》《中国当代艺术界名人录》《中国当代著作家大辞典》《中国文艺家传集》《中国现代民间文学家辞典》《中华人物辞海》《世界华人文学艺术界名人录》等10多部辞书之中。

**张海修**（1942.2—）大专毕业，经济开发区吕家庄村人。1957年考入新疆乌鲁木齐市石油学校。1962年毕业参加独山子、克拉玛依油田的开发和建设。1965年转战天津大港油田，历任班长、队长、技术员等。1973年5月加入中国共产党。1975年任大港油田井下作业处副处长、北部公司副经理。1988年4月调冀东油田任经营部部长，11月任冀东油田井下作业公司经理。1991年10月调冀东油田机动安全处任处长。

**李明堂**（1942.3—）大学毕业，官道镇甄家庄村人。1967年9月于山东师范大学中文系毕业到6094部队莱西农场劳动锻炼。1970年2月分配到招远第九中学任教。1973年加入中国共产党。1976年调招远县委党校任教。1981年调招远县委宣传部任科长。1984年1月任县委常委兼宣传部长。1987年3月调莱阳师范学校任党委副书记。1989年2月调蓬莱师范学院任党委书记兼副校长。1991年改任党委书记兼校长。1991年6月蓬莱师范学校受到国家教委的表彰并发给10万元奖金。

**牟崇理**（1942.4—）中专毕业，桃村镇肇甲庄村人。1958年2月始在于家庄、孔家庄、肇甲庄等任教。1962年8月入栖霞县教师函授学校学习。1965年加入中国共产党。1971年4月在铁口公社任专职通讯报道员。1974年调任公社党委秘书。1981年7月调栖霞县纪律检查委员会任干事、办公室主任。1983年始历任栖霞县人民政府办公室副主任、主任。1989年5月调烟台市政协历任办公室副主任、副秘书长兼办公室主任。1992年5月任烟台市政协秘书长。

**韩光道**（1942. 6—）苏家店镇大韩家村人。1962年7月考入山东师范学院化学系学习。1966年4月加入中国共产党，9月参加工作，先后任曹县八中教师、曹县教育局、菏泽地区教育局干事。1978年调入省教育厅工作，曾任教育厅政治处（人事处）科长、副处长（主持工作）、机关纪委副书记。1984年11月，任山东广播电视大学党委副书记（主持党委工作），1987年初任党委书记。1994年1月至2003年1月任山东工艺美术学院党委书记、研究员。2004年1月退休。

**孙承军**（1942.7—）桃村镇国路夼村人。1965年加入中国共产党，1967年参加工作。历任解放军三五四四厂技术员、车间主任、副厂长、厂长兼副书记，解放军三五一七厂厂长，解放军总后勤部生产部副部长、部长兼党委书记，1991年8月被授予少将军衔，2000年1月任总后勤部部长助理、党组成员。是第九届全国人大代表。2002年退休。

**赵喜明**（1942.8—）蛇窝泊镇荆山后村

人，副研究员。历任《中国青年》杂志社编辑部主任，共青团中央常委、宣传部长、文化体育部长、办公厅主任，中国青年政治学院党委书记，全国政协办公厅综合一局局长、秘书局局长、常委、副秘书长兼机关党委书记、教科文卫体委员会副主任。是中共十大代表，第五、六届全国人大代表，第七、八、九届全国政协委员。

**刘同功**（1942.9—）大专毕业，桃村镇柳家庄村人。1958年在辽宁省阜新市清河煤矿参加工作。1964年到贵州参加“三线”建设。1965年加入中国共产党。先后在辽煤支铁大队和煤炭部第77工程处任团委干事。1966年编入解放军基本建设工程兵第41支队401大队，历任团政治处干事、连指导员、宣传股长、支队政治部副科长、科长、团副政委等职。1983年转业，历任煤炭部第二建设公司机关党委书记，铁法矿务局教育处、第一工程处党委书记，大兴煤矿党委副书记，铁法市矿务局矿建工程处党委书记。

**于水田** (1942.10—1997.11) 栖霞市人。1959年，考入济南地质学校。1964年1月加入中国共产党。1961年8月，从学校入伍，历任济南军区政治部副秘书长、政治部直属党委副书记、滨州军分区政委、军分区党委书记，中共山东省军区党委委员、滨州地委委员。先后撰写并发表调查报告、研究文章30篇。1997年11月病逝。同年，山东省军区推广了他“事业第一，责任至上”的先进经验。

**王曰成**（1943.7—）大专毕业，中共党员，蛇窝泊镇下苇城村人。1960年8月参加工作，在上海市金山县松隐电灌站当电工。1961年7月参军，在上海警备区守备第15师炮兵团3营任战士、班长等。1966年4月调上海市虹口区人民武装部工作，历任参谋、秘书、政工科副科长、副政委、副部长、政委等职。1990年6月调虹口区人民防空办公室、抗震委员会办公室任主任兼党委书记。

**李振敏**（1943.10—）唐家泊镇阁子东沟村人。1961年入伍，历任解放军工程兵司令部作战参谋、处长，总参谋部兵种部副部长。1997年7月被授予少将军衔。

**徐庆祥**（1944.2—）大学毕业，桃村镇峨山庄村人。1965年考入南京农学院。1966年3月加入中国共产党。1969年7月毕业，历任江苏省地方国营花山煤矿中队干事、中队副指导员、大队管教干事、矿秘书组副组长、矿政治处主任、矿副政委、江苏省公安厅技工学校常务副校长兼党委副书记、江苏省劳改工作局党委副书记兼副局长、江苏省司法厅副厅长兼厅政治部主任、纪检组组长、机关党委书记。1991年7月兼任江苏省法制宣传教育领导小组成员兼办公室主任。主编《经济法简明教程》。

**王忠林**（1944.5—）中专毕业，中共党员，经济开发区水道观村人。1961年于莱阳动力机械厂技工学校毕业留莱阳动力机械厂工作。1965年调聊城筹建聊城油泵油嘴厂，历任厂技术组组长、生产科科长、轻工业局副局长、外贸局党委书记兼局长。1988年10月负责筹建聊城地区商检局并任局长。1992年2月调聊城地区经济体制改革委员会任副主任。

**牟守敬**（1944.8—）大专毕业，官道镇柞岚头村人。1964年8月于烟台中医学校毕业分配到山东省卫生厅中医处任办事员。1965年9月参加省赴荣成县“四清”工作团，不久加入中国共产党。1966年7月调回省卫生厅文革办公室工作。1972年任卫生厅党组秘书，后任科教处科长、副处长。1990年6月调山东省卫生学校任党委书记兼校长。曾主持制定了山东省医学科技发展“七五”“八五”规划，《山东省医学科技管理办法》等。参与《山东科技四十年》

和《山东省医学科技工作发展概况》等书的编写。

**刘鸿渝** （1944.8—）翠屏街道上刘家村人。1968年参加工作。历任云南省瑞丽县文教局局长，德宏教育学院副院长、中文系副教授，云南省文联秘书长、理论研究室主任、《云南文艺评论》主编、云南作家协会诗歌委员会主任，省文联专职副主席、省文艺创作基金会秘书长，2002年任云南省委正厅级巡视员，1994年加入中国作家协会，2002年加入中国书法家协会。

**阎凤顺** （1945.1—）大专毕业，寺口镇西南疃村人。1968年9月毕业于长春冶金地质专科学校，分配到冶金部华北地质公司山西522地质队。1972年6月加入中国共产党。1984年7月调第四地质队任队长，为国家提交大、中型高铝黏土矿、铝矿4处。1988年3月调第六地质队任队长。1990年8月调山西省太原市冶金部第三地质勘查局基础工程公司任经理。

**刘树民** （1945.3—）大学毕业，中共党员，庄园街道郝家疃村人。1965年在哈尔滨市第64中学任教。1973年调哈尔滨市动力区教师进修学校任教研员。1976年调区教育局任中教科长。1981年调哈尔滨市第五十二中学任副校长。1984年调动力区教育局任局长。1986年调哈尔滨市教育委员会任副主任。1992年3月改任哈尔滨市教育委员会主任兼工委书记、机关党委书记、纪委书记等。

**韩国增** （1945.5—）高中毕业，苏家店镇大韩家村人。1963年3月参军，在6142部队72分队当战士。1965年8月加入中国共产党。1968年3月转业到济南市公安局工作，历任槐荫分局大槐树派出所户籍民警、《51号兵站》专案组侦察员、分局侦保股副股长、槐荫分局副局长。1979年5月调济南市公安局三连治安大队任队长。1986年调济南市公安局三处一科任科长。1991年10月调特警支队任副支队长。

**曲顺民** （1945.8—）松山镇松山村人，大学学历。1964年9月至1969年9月，在山东大学读书，1969年9月毕业待分配。1970年9月至1971年12月，在山东省军区4807部队农场锻炼；1973年11月加入中国共产党。1972年1月至1978年2月，在栖霞县十四中学、栖霞师范任教师；1978年3月至1983年3月，任十四中学、第一中学教导主任；1983年4月至1984年2月，任桃村公社党委副书记；1984年3月至1987年2月，任栖霞县委组织部副部长；1987年2月至1990年3月，任栖霞县委办公室主任；1990年4月至1993年1月，任栖霞县委常委、宣传部部长；1993年1月至1995年1月，任栖霞县委常委、纪委书记；1995年1月至1998年2月，任栖霞市委副书记；1998年2月至2003年1月，任栖霞市人大常委会主任、党组书记。

**杜学平** （1945.9—）唐家泊镇东上寨村人，1968年参加工作，1972年加入中国共产党。历任枣庄市台儿庄区革委会政治部宣传干事、邳庄公社党委副书记，枣庄市委组织部组织科干事、副科长，枣庄市委办公室调研科科长，枣庄市人大常委会调研室副主任、教科文卫体委员会副主任，枣庄市峄城区委副书记、书记，枣庄市委常委、峄城区委书记、宣传部部长、市纪委书记，枣庄市委副书记，2003年任枣庄市政协主席。

**李培珍**（1945.12—）庙后镇上林家村人。1964年入伍，1966年加入中国共产党。历任国家经委经济管理研究中心办公室副主任，中国工业经济协会调研部综合处处长、办公室副主任，国务院经济贸易办公室行政司副司长，国家经贸委行政司副司长、司长、机关离退休干部局局长，2003年任国务院国资委机关离退休干部局局长，2006年任中国机械工业安全卫生协会会长。

**王德元** （1945.11—）杨础镇王家黄口村人。1970年参加工作，大学文化，中共党员。历任栖霞县委常委、办公室主任、招远市委副书记、市长、书记、烟台市委党校书记、烟台市人大常委会副主任。

在招远任职时间，该市经济和各项社会事业得到长足发展，1991年，招远市跨入全国综合实力百强县行列，并六度蝉联，名列前茅，政声颇高。在长期担任领导职务岗位上，以深厚的文化功底和从政实践，连续创作出版了《治县要鉴》《当代农民持家谈》《从政哲理》《创业重在克难》等多部理论专著，《人民日报》《光明日报》《大众日报》等多家媒体载文评价。

**谢玉堂**（1946.2—）亭口镇杏家庄村人，1966年加入中国共产党。历任栖霞县委副书记、县革委会副主任、生产指挥部核心小组组长，牟平县观水公社党委书记、革委会主任，宁海镇党委书记，牟平县委副书记兼宁海镇党委书记，牟平县委副书记、县政府县长，县委书记、武装部第一书记、预备役团第一书记，山东省农业委员会副主任，济南市委副书记，济南市委副书记、市政府市长，济南市委书记、市长，济南市市长，2003年1月任山东省政府副省长，12月兼任省慈善总会会长，2006年1月任省政协副主席，2008年1月任省慈善总会会长。曾两次被林业部授予全国林业绿化劳动模范称号，两次被建设部授予优秀市长称号，被国家双拥办授予拥军市长称号，被中华慈善总会授予中国慈善特殊贡献奖。

**徐宝琪**（1946.3—） 苏家店镇潘家店村人，1966年加入中国共产党。历任山东省军区政治部正营级干事、副团职干事、群联处处长，山东省委台湾工作办公室秘书处副处长，挂职临沂市人民政府副市长，省委台办处长，1995年任省委台办副主任。

**王桂开**（1946.7—）大专毕业，中共党员，寺口镇南横沟村人。1965年3月参军，任连党支部委员。1969年3月回村任大队长。1973年7月调栖霞县第九中学任总务主任。1976年10月调刘家联中任校长。1981年5月调观里公社法庭任庭长。1983年10月莱阳农学院毕业到大柳家乡任管委会主任，1984年1月任党委书记。1988年5月调威海市农委农牧处任处长。1991年8月调威海市农业机械公司任党委书记。

**李春兰** （1946.7—）女，大专毕业，中共党员，臧家庄镇北洛汤村人。1961年10月于山东体育学院运动系毕业分配到山东省体校任排球运动员。1971年10月任山东省体工大队女排领队兼运动员。1975年5月改任山东省体工大队政工科科员、副科长。1983年12月调山东省体委人事处任副处长，1990年11月任处长。

**柳文忠** （1946.11—）唐家泊镇大泊子村人，1970年就读于山东大学历史系，毕业后，在江苏省轻工业厅工作，历任副处长、处长，1998年被评为研究员、教授，兼任《江苏轻工信息》《江苏科技信息》《江苏科技年鉴》《电动车杂志》等期刊主编或副主编。主持研究的“我国轻工业出口产品与亚洲四小同类产品竞争分析”课题获国家科委1990年科技进步二等奖。

**柳君华**（1947.1—）臧家庄镇东林村人。1964年入伍，1967年加入中国共产党。历任6035部队72分队战士、班长、代理排长，烟台钢管厂车间调度、工段党支部书记、财务科副科长，烟台地区行政公署工业交通办公室科员、生产调度科科长，烟台市电力开发办公室副主任，市经济贸易委员会副主任，市政府副秘书长，市政府副秘书长、办公室主任，市政府副秘书长、经贸委主任，市人大常委会副秘书长，2001年任烟台市人大常委会秘书长，2008年退休。

**李永田** （1947.4—）杨础镇杨础村人。1968年入伍，历任福州军区司令部办公室战士、助理员，中央军委办公厅档案处后方档案库助理员，解放军档案馆后库副主任、征集处处长、技术处处长，总参谋部办公厅档案局副局长，解放军档案馆副馆长、馆长，兼任解放军档案馆营建办书记，组织领导新馆工程建设。整理汇编了《徐向前元帅题词、题名汇集》（馆藏本），是中国档案学会第四、五届理事会常委理事。

王殿龙（1947.2—）大专毕业，桃村镇安东村人。1964年12月参军。1968年4月加入中国共产党。历任作战参谋、作训股长、营长、团参谋长、师副参谋长。1983年入解放军军事学院指挥系学习，毕业后调青海省黄南军分区任副参谋长兼预备役团团长，后任黄南军分区副司令员、军分区党委常委。

孙明勇（1947.7—） 大专毕业，中共党员，唐家泊镇东孙家村人。1968年2月参军，历任战士、排长、副连长、师作战科参谋、26军司令部作训处参谋、烟威警备区司令部作训处副处长、守备第13团团长、陆军某师某团团长等职。1987年11月转业到烟台市供销贸易中心任副总经理。1989年1月调烟台市供销技校任副校长兼副书记并主持工作。

**于云臣**（1947.9—）桃村镇大楚留村人，1968年参加工作，1970年加入中国共产党。历任汕头市人事局副局长，汕头市委组织部副部长、正处级组织员，汕头市委常委、组织部部长，汕头市委副书记、市委党校校长，汕头市政协党组副书记、市委党校校长，2007年任汕头市政协主席。是广东省九次党代会代表，汕头市九届、十届人大常委会委员。

**乔永胜**（1947.12—）观里镇小陈家村人，1969年入伍，1972年加入中国共产党，大校军衔。历任解放军北京军区空军黄亭子宾馆总经理兼书记，北京军区空军后勤部处长，1998年任北京军区空军装备部副部长。

**陈　洪**（1948.7—）臧家庄镇前台村。1968年“上山下乡”回原籍，在臧家庄联中、栖霞县三中、一中任教。1978年考入南开大学中国文学批评史专业研究生，1981年毕业留校任教，历任中国古代文学教研室主任、副教授、教授、中文系副主任、博士生导师，人文学院副院长，校党委副书记兼中文系主任，副校长兼文学院院长，2006年任常务副校长。兼任教育部中文专业教学指导委员会主任、中国古代文论学会副会长、中国明代文学学会副会长、全国西游记文化学会副会长、天津市文学学会会长等。享受国务院特殊津贴，获教育部“宝钢奖”，被评为天津市文科首批授衔专家。主要著作有《中国小说理论史》《中国古代文学发展史》《中国小说通史》《沧海蠡得》《中国古代小说艺术论发微》《佛教与中国古典文学》《金圣叹传论》《李贽》，《漫说水浒》《画龙点睛》《浅俗之下的厚重》等。

**刘忠祥**（1948.8—）杨础镇小庄铺村人。1969年入伍，1970年加入中国共产党，空军大校军衔。历任解放军空军塘沽油库战士、班长、警卫排长，北京军区空军后勤部司令部参谋、副科长、科长，军需处副处长，后勤部副参谋长、军需处处长，1999年任北京军区空军后勤部参谋长，2003年退休。

**柳春杰**（1948.10—）寺口镇寺口村人。1973年加入中国共产党，1974年3月参加工作。历任山东省卫生厅人事处副处长、科教处处长，1999年任山东省千佛山医院（山东大学附属医院）党委书记。曾两次荣获全国优秀党委书记称号。

**衣学斌**（1948.12—）官道镇南照村人。1968年入伍，1969年加入中国共产党。历任枣庄汽运总公司党委书记，枣庄市经委副主任，枣庄市市中区委常委、区政府常务副区长，枣庄市峄城区委副书记、区政府区长，枣庄市地矿局局长，枣庄市政府市长助理，市经济贸易委员会主任。2003年任枣庄市人大常委会副主任。

**林秀国**（1948.12—）蛇窝泊镇蛇窝泊村人，研究生毕业。1968年参加工作，1969年入伍，1970年加入中国共产党，历任北京军区空军后勤部参谋、军务科副科长、科长，工程兵大队参谋长，空军司令部管理局军务处处长，北京军区空军司令部管理处处长、后勤部参谋长、后勤部副部长兼参谋长、后勤部副部长，1999年10月任北京军区空军后勤部部长，2001年7月被授予空军少将军衔。

**柳仁法**（1948.12—）寺口镇寺口村人。1968年入伍，1969年加入中国共产党。历任聊城军分区政治部干部科干事，山东省民政厅军队离退休干部安置办公室副主任、调研员，省民政厅离退休干部处处长，2000年任社会福利处处长。

**罗文礼**（1948—）大学文化，臧家庄镇罗家村人，哈尔滨市第十人民医院院长，主任医师。

**徐德堂**（1949.5—）松山镇盘子涧村人。1969年入伍，1971年加入中国共产党。历任空军司令部警卫连副政治指导员、指导员，空军司令部管理局参谋、翻译队总务处处长、农场副政委、打磨厂招待所所长，1991年任空军第一招待所书记（政委），空军大校军衔。

**彭金友**（1949.7—）观里镇观里村人。1971年参加工作，1984年加入中国共产党。历任内蒙古自治区阿莱旗农业银行副行长、行长，旗政府副旗长，满洲里市农业银行行长，自治区农业银行副行长、行长，山东省农业银行副行长，中国农业银行驻河北审计特派员，山东省农业银行巡视员。

**林桂学**（1949.9—）庙后镇前罗坡村人。1971年参加工作，1981年加入中国共产党。1997年任威海日报社总编辑助理兼总编室主任，1998年晋升为高级记者职称。曾荣获山东省优秀新闻工作者称号。

**刘春波**（1949—）唐家泊镇大柴村人。曾任廊坊炮兵学院院长，少将军衔。

**崔秀春**（1949.12—）松山镇松山村人。1969年入伍，1970年加入中国共产党。历任空军工程兵一总队战士、安装连指导员、政治部宣传科干事、宣传科副科长、宣传科科长、政治部主任，1992年任一总队政治委员。

**刘玉耀**（1949.12.23—）亭口镇黄家沟村人，中共党员。1968年至1971年，在本村任教师；1971年至1972年，在铅锌矿当工人；1973

年至1976年，任栖霞县工业局秘书、团委书记；1977年至1981年，任栖霞县经济委员会秘书；1981年至1987年9月，任栖霞县人民政府秘书、办公室副主任；1987年10月至1991年12月，任桃村镇党委书记；1992年1月至1992年12月，任栖霞县人民政府办公室主任；1993年至1994年，任栖霞县委常委、县委办公室主任；1995年至1997年12月，任栖霞市委常委、市纪委书记；1998年至2001年2月，任栖霞市委副书记；2001年2月至2006年，任栖霞市政协主席。

**姜丰义**（1949.—）苏家店镇曲家沟村人。1969年2月入伍并加入中国共产党。1987年转业到文化部工作，历任成人教育办公室副主任、主任、人事司综合处处长、人事司副司长，中国革命博物馆党委书记，2003年任中国国家博物馆常务副书记、副馆长。

**韩向利**（1949.1—）大专毕业，中共党员，苏家店镇西店村人。1969年在西店联中任教。1973年后历任苏家店公社、观里公社党委常委、副书记。1980年10月到山东农业大学学习。1982年7月先后任寺口公社党委副书记、书记。1984年1月任栖霞县委常委、宣传部长。1984年11月任栖霞县人民政府县长。1986年4月任栖霞县委书记。1991年4月，调烟台市人民政府外事办公室任主任、党组书记。1992年2月任烟台大学党委副书记，2001年1月任党委书记。

**栾国风**（1949.12—）官道镇大解家村人。1969年参加工作，1973年加入中国共产党。历任栖霞县官道公社大解家大队、逍遥庄联中、官道联中教师，县委组织部干事、组织科科长、干训科科长、副部长兼党史委主任，县委政研室主任，县政府办公室主任，海阳县委常委、组织部部长，县委副书记，烟台市委组织部副部长兼市直机关党委书记、组织部副部长、组织部常务副部长，烟台市人大常委会副主任，2008年任烟台市人大常委会特邀咨询。

**牟志美**（1950.2—）女，官道镇柞岚头村人。1971年参加工作，1989年加入中国民主同盟。历任栖霞县官道中学教师，山东农学院园林系蚕桑专业学生、园林系助教，山东农业大学林学院讲师、副教授、教授、副院长，2000年任山东农业大学林学院院长、博士生导师。是国务院政府特殊津贴专家，第三届国家教学名师，中国蚕丝学会理事、山东省民盟副主委。曾获全国先进农业科技工作者称号。

**李晋波**（1950.7—2006.10）杨础镇杨家圈村人。1968年3月入伍，任福州军区福字113部队卫生员，1970年7月加入中国共产党。历任山东中医学院附属医院放射科副主任、主任、教研室主任、远程医学影像学会诊中心主任，《中国中西医结合影像学杂志》总编辑，《中华现代临床医学杂志》《罕少疾病杂志》编委等职。1993年9月，任副主任医师，2001年12月，任主任医师。2006年10月19日因公殉职。

**李振军**（1950.11—）唐家泊镇阁子东沟村人。1968年8月入伍，历任三十八军坦克兵，军校学员，总参谋部军务部副部长，现任北京军区副参谋长，2001年7月被授予少将军衔。

**张　浩**（1951.1—）臧家庄镇乐家沟村人。1972年12月入伍，1974年8月加入中国共产

党，1984—1985年参加对越自卫反击战，时任高炮第十八团军械修理所所长，1985年调入空军沈阳军械修理厂，荣立三等功三次，1991—1994年，到津巴布韦培训技术人员，当时他为技术9级（副团），1994—1998年，为技术8级（正团），1998—2003年，为技术7级（副师）。

**林学敏**（1951—2004.8）大专毕业，中共党员，山东省莱西市人。1972年1月参加工作，历任中学教师、公社文书、县委宣传部干事、公社管委副主任、镇党委副书记、镇长、党委书记。

1991年10月，任栖霞县人民政府副县长。1994年9月，任栖霞县代县长。1995年3月，任栖霞县县长。1997年12月，任烟台市质量技术监督局局长。生前先后荣获烟台市先进工作者、山东省先进工作者等荣誉称号；荣立二等功3次，三等功3次。

**王胜科**（1951.2—）官道镇龙汪洼村人，1973年4月加入中国共产党，大专文化。曾任栖霞县委办公室副主任（其间，1984年8月至1986年9月在山东工业大学学习政工管理专业）、松山乡党委书记、臧家庄镇党委书记、中共栖霞县委常委、办公室主任、中共蓬莱市委副书记、代市长、市长、中共蓬莱市委书记、日照市中级人民法院院长，党组书记，烟台市政协特邀咨询。

**潘光旭**（1951.2—）杨础镇邢家庄村人。1971年12月参加革命工作，1972年11月加入中国共产党。历任栖霞石油公司经理、书记，苏家店公社管委副主任、苏家店乡党委副书记、乡长。1985年至1987年任铁口乡党委书记，1987年至1989年任栖霞镇党委书记。1989年至1994年任牟平县副县长、县委常委、组织部部长、牟平县委副书记、副县长；1994年至1997年任牟平区委副书记、副区长、区长；1997年至2002年任牟平区委书记、党校校长、区人大常委会主任；2002年，任烟台市人大常委会党组成员、副主任、党组副书记。

**谢玉乐**（1951.12—）亭口镇杏家庄村人。1972年入伍，历任空军部队测绘员、排长、参谋、作侦股长、营长、作侦科长和陆军步兵战术教员、侦察科长、团长、师参谋长、某陆军预备役步兵师师长。

**许志强**（1952.4—）唐家泊镇田里村人。1971年参加工作，1984年加入中国共产党。历任枣庄市政协调研室副主任、台港澳侨与民族宗教委员会副主任（正处级），青岛华尔文理专修学院书记、副院长，山东轻工学院艺术设计学院青岛学区学管处处长。

**曲洪志**（1952.1—）官道镇姜家庄村人。1968年参加工作，1972年加入中国共产党。历任栖霞县官道公社姜家庄大队民办小学教师，烟台师范专科学校英语系学生、团总支书记、党总支副书记，北京科技大学社会科学系研究生，烟台师范学院马列部党总支书记，美国怀俄明大学社会学系访问学者，烟台师范学院政法系主任、副教授、教授，加拿大阿尔伯特大学政治学系访问学者，2006年任鲁东大学政法学院院长。编著《社会心理与思想政治教育》《中美社会文化比较》《中国传统文化概论》《高等学校教师职业道德修养》《成就你自己——大学生成才之路》《求学、做人、成才、择业》等。

**蔡学文**（1952.5—）西城镇南路家沟村人。1969年入伍，1971年加入中国共产党，空军上校军衔。历任解放军空军工程兵第一总队后勤部战士、排职干部，空军后勤部修建部援外办公室排职出纳员、物资部副营职助理员、营职助理员、副处长，1990年任解放军空军后勤部物资部处长。

**王文刚**（1952.7—）苏家店镇赵格庄村人，大专毕业，中共党员。1969年2月入伍，在空军司令部警卫营当战士。1970年2月任班长。1972年6月任排长。1979年5月调空军招待所，历任管理员、助理员、副科长、科长、副所长、所长等职。1989年12月调空军北京大雅宝招待所任所长，高级经济师。

**衣　芳**（1952.9—）女，翠屏街道郭落庄村人。1970年参加工作，历任济南市电子工业局政工科宣传干事，山东省委党校哲学教研部教师、进修部副主任、哲学教研部副主任，挂职嘉祥县副县长，省委党校科学社会主义教研部主任、副校长。

**罗家英**（1952.11—）蛇窝泊镇罗家村人。1972年参加工作，1976年加入中国共产党，高等教育学博士学位。历任曲阜师范学院外语系团总支书记、党总支副书记，曲阜师范大学艺术系总支书记，曲阜师范大学团委书记、艺术系党总支书记、美术系党总支书记，1999年任济宁学院院长、教授。

**邹香娥**（1952.12—）唐家泊镇柳连河村人。1971年加入中国共产党，1972年参加工作，历任栖霞十中教师、县教育局副局长，亭口镇党委副书记、管委会副主任，烟台师范学院纪委科长、副处级纪检员、纪委副书记、成人教育处处长，2006年任鲁东大学继续教育学院院长。

**初建华**（1953.1—）松山镇大北庄村人。1969年参加工作，1975年加入中国共产党，法学学士。历任北京市委政法委业务处主任科员、法制处副处长、处长，挂职北京市公安局朝阳分局副局长，北京市委政法委副书记，北京市石景山区委副书记、政法委书记、区委党校校长，北京市丰台区委副书记、政法委书记、区委党校校长，2004年任北京市丰台区政协主席。曾荣获全国社会治安综合治理先进工作者、全国三五普法先进工作者荣誉称号。

**苗再新**（1953.1—）西城镇苗家沟村人。擅隶书、行草，兼长绘画 。1970年参军，历任中国人民武装警察部队政治部文化处干事，武警总部创作室创作员、专职画家，国家一级美术师。是中国书法家协会理事、中国美术家协会会员、北京美术家协会理事、中国艺术研究院中国美术创作院创作研究员。作品《问客》《闪光的十环》《雪域秘境》《中国蓝盔》《师生》《藏花》等先后在全国全军画展中获奖。出版有《苗再新画集》《苗再新作品选》等。

**刘运祥**（1953.2—）亭口镇前炉房村人。1972年参加工作，1975年加入中国共产党。现任烟台市卫生局党委书记、副局长，烟台毓璜顶医院党委书记、院长，医院消化内科学科带头人、主任医师，兼任山东省消化病专业委员会副主任委员、烟台市消化病专业委员会主任委员、烟台市科协副主席，青岛大学医学院博士研究生导师。主编出版专著5部，其中《胃肠道出血的诊断与治疗》再版3次，《实用消化内镜治疗学》再版2次，是目前国内内镜治疗学方面唯一一部大型专著。先后被授予全国五一劳动奖章、全国优秀院长、全国医院管理突出贡献奖、山东省劳动模范 、山东省先进工作者、山东省富民兴鲁劳动奖章、山东省医院管理突出贡献奖、烟台市专业技术拔尖人才、烟台市十大医界名人、烟台市十大杰出人才奖等称号，享受国务院政府特殊津贴。

**李来雁**（1953.5—）唐家泊镇李家庄村人。大学学历，中共党员。历任唐家泊公社党委常委兼团委书记、县委组织部科长、蛇窝泊镇党委副书记、镇长、官道乡党委书记、中共栖霞县委常委、组织部部长、中共烟台市福山区委常委、组织部长、福山区委副书记，2001年1月，兼任政协烟台市福山区委员会主席兼党组书记；2002年12月，任政协烟台市福山区委员会主席兼党组书记。策划、主编并出版了《福山历史文化名人》《鲁菜之乡—福山》《福山风情》《福山明清七十五进士》《福山移民史略》《福山非物质文化遗产》等9部共200余万字的文史资料丛书。

**衣建军**（1953.9—）西城镇马嘶庄村人。1972年参加工作，1976年加入中国共产党。历任栖霞棉纺厂前纺车间并粗保全工，栖霞县工业局办公室秘书，烟台地区二轻局办公室秘书，烟台师范学院中文系干部专修科学员，烟台市人大财经委员会秘书、副科级秘书，市人大常委会办公室秘书科科长、办公室副主任、副秘书长兼办公室副主任、调研员，副秘书长兼法制研究室主任，市人大常委会委员、副秘书长、研究室主任，2007年任烟台市人大常委会委员、副秘书长。

**栾维波**（1953.12—）臧家庄镇西栾家村人，大专毕业，中共党员。1972年12月入伍，历任战士、班长、指导员、副教导员、干事、团政治处副主任、秘书科科长、团政治处主任等。1990年3月调空军新泰场站任政委，8月调某团任政委。

**王祝玉**（1954.1—）官道镇大解家村人，大专毕业，中共党员。1971年在栖霞于解放军4818厂参加工作，历任文书、秘书等。1981年调栖霞县供销社及栖霞县人民政府办公室任秘书。1982年调烟台行署办公室任秘书。1986年山东工业大学毕业后任烟台市人民政府办公室秘书。1987年调威海市人民政府办公室任科长、副主任。1991年改任威海市委副秘书长，1992年兼任市委档案局局长。

**林建华**（1954.2—）臧家庄镇西泥沟村人。1970年参加工作，1975年加入中国共产党。历任共青团山东省委宣传部、学校部科长、副部长、部长，省学生联合会秘书长，省农业委员会科教处处长、办公室主任，齐河县委副书记，省农委副主任，2000年任省农业机械管理办公室主任、省农业厅党组成员。

**徐沛东**（1954.2—）经济开发区小夼村人。著名作曲家，国家一级作曲，享受国务院特殊津贴。历任全国政协委员，中国音乐家协会分党组书记、驻会副主席。是中国轻音乐学会副主席、全国青联委员、中国文联全委、中国音乐著作权常务理事、中华海外联谊会理事、中国著作权协会常务理事、中国电视音乐研究会理事、中国环境文化促进会副会长、中国儿童音乐学会名誉会长等。曾荣获全国文化系统先进工作者、全国十大杰出青年30名候选人之一、全国文化系统有突出贡献中青年优秀专家、全国百名优秀青年文艺家等称号。

**张振川**（1954.5—）亭口镇解家口村人。1973年参加工作，历任栖霞县亭口公社党委副书记，共青团栖霞县委书记，官道公社党委副书记、管委会副主任，官道乡党委副书记、乡长、党委书记，县商业局党委书记、局长，日照市商业局副局长，日照经济开发区党工委副书记、管委会副主任、管委会主任、党工委书记兼管委会主任，五莲县委书记，济宁市委常委、组织部部长，市委副书记，市政府副市长、代市长、市长，2010年任济宁市委书记、市人大常委会主任。

**董仁利**（1954.5—）桃村镇上桃村人，大学文化。1973年参加工作，1976年加入中国共产党。历任桃村镇上桃村小学民办教师、镇教育组少儿辅导员、桃村中学团总支书记、镇团委副书记、镇党委秘书，县委组织部副科长，铁口乡党委副书记、乡长，观里镇党委副书记、镇长，大庄头乡党委书记，龙口市委常委、组织部部长，龙口市委副书记，烟台市劳动局党委副书记、副局长、调研员，烟台市纪委副书记、市监察局局长，烟台市人大常委会副主任，2012年任市人大常委会特邀咨询。

**王　松**（1954.6—）栖霞市人，1969年参加工作。历任省委组织部研究室正科级巡视员、副处级巡视员、党员干部之友杂志社副总编、干部监督审理处副处长、副处长（调研员）、办公室副主任（调研员）、干部信息管理中心（处）主任（处长），现任省纪委驻省海洋与渔业厅纪检组组长、省监察厅驻省海洋与渔业厅监察专员、省海洋与渔业厅党组成员。

**辛维光**（1954.7—）杨础镇太西村人，

1972年参加工作，1982年加入中国共产党。中央党校在职研究生学历。历任贵州省贵阳市建设银行职员，贵州省纪委研究室工作员、副主任、主任，办公室主任、省纪委秘书长（副厅级），挂职贵阳市委常委、花溪区委副书记，贵阳市委常委、秘书长、副市长、市委副书记，六盘水市委书记、水城军分区党委第一书记，2008年任贵州省政府副省长。

**李洪武**（1954.8—）杨础镇杨础村人。1973年参加工作，1974年加入中国共产党。历任杨础联中教师，山东大学数学系学生会主席，栖霞县工业局党委秘书、团委书记，县人事局科员，寺口公社管委会副主任，亭口镇政府镇长、党委副书记，烟台市人事局科技人才流动服务中心副主任、主任，市人事局副局长，市委组织部副部长、市人事局局长、市机构编制委员会办公室主任，2009年兼任烟台市商贸高级技工学校党委书记。

**徐海江**（1954.11—）桃村镇铁口村人。1973年入伍，1975年加入中国共产党。历任济南军区工程兵“五七”化肥厂新兵连战士、文书，工程兵某团政治处电影组组长，济南陆军学校通信训练大队政治处宣传股干事，信阳陆军学院通信士官训练大队三队副教导员、教导员，政治教研室副主任，济南陆军学院通信士官训练大队政治处主任、纪委书记，苍山县人武部政委、县委常委，枣庄市山亭区人武部政委、区委常委，滕州市政府市长助理、滕州经济开发区管委会常务副主任，2007年任滕州市人大常委会副主任。

**王伟元**（1955.3—）杨础镇王家黄口村人。1972年参加工作，1976年加入中国共产党。历任济南市公安局防暴支队副政委，济南市公安局天桥区分局政委，济南市公安局市中区分局局长、党委书记，2006年任济南市公安局党委委员、纪委书记。

**冯武生**（1955.4—）栖霞市人，1975年参加工作，1985年加入中国共产党，教授。历任新疆艾维尔沟煤矿子弟学校教师，新疆大学物理系学生，新疆煤炭专科学校基础部教师、副主任，新疆工业高等专科学校教务处党总支书记、副处长、副校长、党委委员兼副校长、党委副书记兼校长，昌吉学院党委副书记、副院长，2009年任昌吉学院党委副书记、院长。

**柳文敏**（1955.8—）臧家庄镇东林村人。1972年参加工作，1983年加入中国共产党。历任山东建筑工程学院学生辅导员、建筑机械教研室教师、院党委办公室秘书、人事处主任科员、副处长，山东艺术学院党委书记。

**牟少军**（1955.8—）蛇窝泊镇南榆疃村人。1970年参加工作，1985年加入中国共产党，历任解放军39379部队战士，兰州橡胶制品厂生产科干部，兰州市公安局城关分局民警，市委组织部干审科干事、副主任科员，甘肃省委组织部干审处、党政干部处副主任科员、主任科员、副处级组织员，皋兰县委副书记、县委书记、县政协主席，兰州市委常委、宣传部部长、市委秘书长、市纪委书记，2011年任兰州市人大常委会主任。被科技部评为科技兴县先进个人。

**鲁小兵**（1955.8—）杨础镇王家黄口村人。1984年参加工作，历任山东省计委社会处副主任科员，办公室主任科员、副主任，省发展计划委地区经济处处长，省发展改革委地区经济发展处处长，2004年任省海洋与渔业厅副厅长、党组成员。

**谭　伟**（1955.10—）松山镇松山村人。1971年参加工作，1976年加入中国共产党。历任莱阳县农机修造厂工人，共青团莱阳县委干事、副书记、书记，山东师范大学干部专修科学员，莱阳市西留乡党委书记，市委常委、农工部部长，市委常委、副市长；烟台市莱山区筹建办公室副主任，莱山区委副书记、高新区工委副书记，莱山区委副书记、区长、区政协主席、高新区工委副书记，莱山区委副书记、区长、区政协主席、高新区工委副书记、管委主任，福山区委书记、区人大常委会主任兼党校校长，烟台市委宣传部部长，烟台市委常委、宣传部部长兼全国宣传干部培训中心烟台分部主任，烟台市委常委、政法委书记，2012年2月任烟台市政协副主席、党组副书记。

**张庆明**（1955.11—）苏家店镇百吉庄村人。1975年参加工作，1982年加入中国共产党。历任苏家店乡潘马店工作片文书、乡石粉厂技术员、建筑队会计，滨州医学院辅导员、助教，医学一系办公室副主任、讲师，学生工作处办公室主任，滨州医学院护士学校校长、高级讲师，护理学系主任兼护士学校校长、副教授，总务处长兼烟台校区筹建办公室副主任、总务保卫工作办公室主任，医学人文学院党总支书记、第五党校校长，2010年任滨州医学院口腔学院党总支书记兼院长。是中国高等教育学会美育学会理事，中华口腔医学会教育委员会委员。

**姜茂发**（1955.12—）杨础镇沙峨村人。1975年参加工作，1985年加入中国共产党，工学博士学位。历任东北工学院钢铁冶金系副主任，东北大学研究生院副院长、院长，东北大学副校长等职。是中国稀土学会常务理事、中国电工学会电热委员会主任委员、中国稀土学会稀土钢专业委员会副主任委员、中国金属学会炼钢专业委员会常务理事等。

**谭好哲**（1955.12—）杨础镇宅科村人，文学博士。1974年参加工作，历任栖霞县杨础高中教师，山东大学中文系助教、讲师、副教授、教授，中文系副主任、文学院副院长、院长，研究生院副院长，文艺学专业博士生导师。是山东省作家协会副主席，全国马列文论研究会副会长，中国文艺理论学会常务理事，中国中外文艺理论学会理事，中华美学学会理事，享受政府特殊津贴。1980年开始发表作品，1999年加入中国作家协会。专著《文艺与意识形态》获教育部人文社会科学优秀成果奖二等奖，著有理论批评集《感性的超越》和《审美的镜子》，主编或与他人合著《文艺学前沿理论综论》《艺术与人的解放》《现代性与民族性》等著作十余部。论文《走向文艺理论研究的综合创新》获山东省社科优秀成果一等奖。2005年被授予山东省有突出贡献的中青年专家荣誉称号。

**王忠友**（1956.2—） 苏家店镇缴格庄村人。1982年参加工作，1988年加入中国共产党。历任山东省果树研究所试验场总技术员、副场长、农艺师、助理研究员，枣庄市山亭区东伏山乡科技副乡长，山东省果树研究所副研究员、试验场场长、研究员，2008年任所资产管理办公室主任兼所工会副主席。是中国农学会会员、中国管理科学研究院研究员。1991年被山东省人民政府授予先进工作者光荣称号。

**李春虹**（1956.2—） 女，寺口镇大榆庄村人。1974年参加工作，历任宁夏医学院教师、银川市第一人民医院儿科主治医师，银川市妇幼保健院副院长、院长，银川市卫生局局长，2006年任宁夏回族自治区卫生厅副厅长。

**郝德军**（1956.2—）亭口镇黄土壤村人。1972年参加工作，1978年加入中国共产党。历任烟台运输公司修配一厂工人，“7·21”大学学员、文书、秘书，烟台运输公司办公室副主任，烟台市委办公室行政保卫科秘书、副科长、行政科科长、副县级秘书、办公室副主任，挂职任莱阳市副市长，烟台市委副秘书长、办公室副主任，龙口市委副书记、代市长、市长、市委书记、市人大常委会主任、市委党校校长，烟台市委常委、秘书长兼市直机关工委书记，烟台市委常委、市政府副市长兼市行政学院院长，烟台市委副书记。2012年2月任烟台市政协主席、党组书记。

**王寿宴**（1956.3—）官道镇北照村人。1971年参加工作，1980 年加入中国共产党。历任山东省杂技团乐队副队长，挂职临沂地区平邑县东阳乡副乡长，省杂技团政工科副科长，省博物馆办公室主任、副馆长，省艺术馆第一副馆长，2005年任馆长、研究馆员、省非物质文化 遗产保护中心主任。

**刘翠兰**（1956.3—） 女，蛇窝泊镇东凰跳村人。1974年参加工作，历任栖霞县人民医院党总支部书记，县委宣传部副部长，县计划生育委员会主任，栖霞市委常委、市总工会主席，市人大常委会副主任、市总工会主席，中国纺织工人疗养院党委副书记，2003年任山东职工之家主任。是中华全国总工会第十二届执委会委员，被省委、省政府授予山东省儿童少年先进工作者称号，被中华全国总工会授予全国优秀工会工作者称号，荣获山东省富民兴鲁劳动奖章。

**柳　民**（1956.3—）栖霞市人。1973年参加工作，1984年加入中国共产党。历任核工业部西北地勘局217队科研队职工，兰州大学经济系政治经济学专业学生，甘肃省计划委员会综合处干事、财金处、综合处副处长，省政府办公厅综合计划处处长，武威地区行署副专员，省政府研究室（发展研究中心）副主任，省政府副秘书长、办公厅党组成员，省纪委委员，2008年任甘肃省统计局党组成员、副局长。

**李树军**（1956.4—）臧家庄镇峨山村人。1976年参加工作，1979年加入中国共产党。历任栖霞县臧家庄高中教师，莱阳县西留公社团委干事、县委组织部干事、山前店公社党委副书记，河洛乡党委副书记、乡长、党委书记，团旺镇党委书记，招远市副市长、市委常委兼副市长、市委副书记、代市长、市长，海阳市委书记兼市人大常委会主任、市委党校校长，烟台市副市级干部、龙口市委书记兼党校校长，烟台市政府副市长、党组成员，2012年2月任烟台市委常委、秘书长兼市直机关工委书记。

**张永华**（1956.9—）女，桃村镇罗圈村人。1974年参加工作，1976年加入中国共产党，高级经济师。历任泰安县麻塔公社黄前大队知识青年，济南市财税局市中区分局办事员，国营企业分局、市中区分局团支书，市财税局行财科办事员、科员、副科长，行财处副处长，工会主席兼行财处副处长，行财处处长，工资管理发放中心主任兼行财处处长，纪委书记，副局长，2008年任济南市政府资金结算中心主任兼济南市财政局副局长。曾荣获第五次全国人口普查先进个人称号。

**林建良**（1956.9—）庙后镇五林庄村人。1976年入伍，在成都军区空军服役，1991年考入四川省纪委，历任信访室副主任干事，主任干事，副主任（正处级），法规室主任。

**李淑芹**（1956.10—）女，桃村镇石字线村人。1974年参加工作，历任牟平县姜格庄大队知青，烟台发电厂政治处负责人，共青团烟台（县级）市委副书记、书记，烟台手表厂党委书记、厂长，烟台市外经委副主任，市外经委副主任、国际经济技术合作公司党支部书记(正县级)，市外经贸委副主任、国际经济技术合作公司党委书记，市外经贸委副主任、国际经济技术合作公司党委书记、总经理，烟台市政府副市长、党组成员，国际经济技术合作公司党委书记、总经理，香港芝兴公司董事长，烟台大学国际经贸学院党委书记，烟台市委常委、统战部部长兼市社会主义学院院长。2012年2月任烟台市人大常委会第一副主任（正厅级）、党组副书记。

**王志玉**（1956.11—）臧家庄镇南瓮村人。1977年参加工作，2003年加入九三学社，医学博士学位。历任山东医科大学讲师、副教授、硕士研究生导师、教授，山东大学实验室主任、博士生导师，山东大学公共卫生学院副院长、卫生检验研究所所长，2007年任山东大学卫生检验山东省重点实验室主任，九三学社山东省委副主委，享受国务院政府特殊津贴。是九三学社第十二届中央委员会委员、对外联络委员会委员，山东省第十一届人大常委会委员，中华医学会医学病毒学分会常委，中华预防医学会卫生检验学分会常委，国家食品药品监督管理局保健食品审评专家。

**张　炜**（1956.11—）苏家店镇潘家店村人。1975年参加工作，历任栖霞县寺口橡胶厂技术员、工人，山东省档案局干部，省文联专业作家、创作室副主任，挂职龙口市政府副市长，省作家协会副主席，龙口市委副书记，省作家协会主席。1983年加入中国作协，是全国青联委员，山东省青联副主席。

**王春晖**（1956.12—）寺口镇台前村人。管理学博士、法学博士。美国密西西比大学访问学者、清华大学高级访问学者，大连商务学院副院长、教授，中国发展战略研究所研究员，国务院发展研究中心企业研究所—中国新领袖培养计划（EDP）首席专家，是中华全国律师协会会员、国际律师协会（IBA）商法部成员、工业与信息化部网间互联法律专家。

**胡小林**（1956.12—）桃村镇李老铺村人。1977年参加工作，1985年加入中国共产党。历任栖霞县人民银行职员，枣庄师专助教、教务处副处长、讲师、副教授、副校长、党委副书记、教授，党委副书记、校长，枣庄学院常务副院长、党委副书记。是山东省外国文学学会副会长、山东省高等师范教育学会副会长，曾荣获全国高校教师曾宪梓基金奖、山东省有突出贡献的中青年专家。

**隋万美**（1957.1—）蛇窝泊镇大咽喉村人。1982年参加工作，工学博士学位。历任建材部山东工业陶瓷研究所工程师、新产品开发中心副主任，1999年任青岛大学物理科学学院教授、材料学博士生导师。

**胡晓峰**（1957.2—）官道镇丁家庄村人。1981年参加工作，历任国防科技大学教员、副教授、教授、计算机科学与工程系副总工程师、系副主任、多媒体研究中心主任，国防大学作战训练模拟中心主任、教授、博士研究生导师，现任国防大学信息作战与指挥训练教研部副主任，兼任总装备部科技委兼职委员，军事运筹学会副理事长、军事系统工程学会副主任委员、中国计算机学会高级会员、多媒体专委会常务委员，中国系统仿真学会常务理事、中国系统工程学会理事。2003年7月晋升为少将军衔。

**王智成**（1957.2—）男，汉族，山东栖霞人，文化程度：大学，1975年12月参加工作，1975年10月入党。1974年10月至1975年12月在栖霞县城镇公社党委公务员；1975年12月至1977年2月在栖霞县城镇公社党委公务员、团委副书记；1977年2月至1979年3月在栖霞团县委干事；1979年3月至1984年7月在栖霞县政府办公室文书；1984年7月至1986年12月在栖霞县政府办公室事管科科长；1986年12月至1989年10月在栖霞县政府办公室副主任；1989年10月至1990年2月在栖霞县政府办公室副主任兼县机关事务管理局局长；1990年2月1993年2月在栖霞县政府办公室主任；1989年8月1992年6月在中央党校大专班经济专业在职学习；1993年2月1997年12月在栖霞县栖霞镇党委书记；1994年9月至1996年12月在山东省委党校经济管理专业在职学习；1997年12月至1998年2月在烟台市牟平区政府党组成员；1998年2月2001年1月在烟台市牟平区政府副区长；2001年1月至2002年6月在烟台市牟平区常委、区纪委书记；2002年6月至2007年1月在烟台市牟平区

委副书记、区纪委书记；2007年1月至2007年8月至烟台市农业局党委副书记、副局长；2007年8月至今在烟台市农业局党委副书记、副局长、市农技推广中心党委书记。

**王曰义**（1957.8—）亭口镇徐村人。1982年参加工作，1986年加入中国共产党。历任栖霞县农技站技术员、副站长、县农牧局副局长、松山乡党委书记，烟台市福山区副区长、区委副书记、代区长、区长、区委书记兼区人大常委会主任、区委党校校长，烟台经济技术开发区管委会主任、工委副书记，2010年任烟台市委常委，经济开发区工委书记、管委会主任。

**张福强**　（1957.10—）臧家庄镇东瓮村人，1975年参加工作，1983年加入中国共产党。历任栖霞县臧家庄公社姜格庄联中教师，烟台师范专科学校体育系团总支书记、党总支组织委员，烟台师范学院团委宣传部部长、团委副书记、学生工作部副部长，体育教学部书记、主任、副教授，公安处处长、武装部部长，音乐学院党总支书记兼文化研究所所长、研究员，鲁东大学音乐学院党总支书记、院长、校纪委委员，文学院党总支书记、工会主席，2011年任鲁东大学党委委员、体育学院院长、大学文化研究所所长，2012年当选山东省武术协会副秘书长。曾被山东省委授予山东省社教工作先进工作者称号。主编《校园文化概论》，担任《大学生教育艺术新论》《高校保卫学理论研究与探讨》副主编。

**于进生**　（1957.10—）亭口镇宋格庄村人，大学学历。1975年10月参加工作，1984年8月加入中国共产党。1975年10月至1978年10月，在栖霞县亭口镇徐村联中任教师；1978年10月至1980年7月，在烟台师范学院中文专业学习；1980年7月至1987年12月，任栖霞县计生委办事员、栖霞县人民政府办公室秘书、政府办公室秘书科副科长；1987年12月至1990年11月，任栖霞县人民政府办公室副主任；1990年11月至1993年11月，任中共栖霞县委办公室副主任、档案局局长；1997年12月至2001年10月，任中共栖霞市委办公室主任；2001年10月至2001年12月，任中共栖霞市委秘书长；2001年12月至2002年6月，任中共栖霞市委秘书长、市直机关工委书记；2002年6月至2007年1月，任中共栖霞市委常委、宣传部部长；2007年1月至2007年12月，任栖霞市人大常委会副主任、党组副书记；2007年12月任栖霞市人大常委会第一副主任、党组副书记(正县级)；2012年8月任栖霞市人大常委会第一副主任、党组书记。

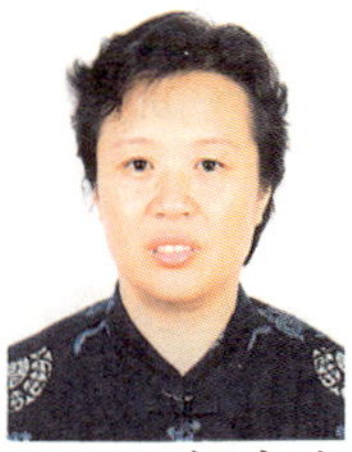

**刘丽萍**（1957.12—） 女，臧家庄镇前姜格庄村人。1972年参加工作，1980年至1984年中国人民大学本科毕业，1984年8月至今在国家统计局工作，1998年至2001年中央财政金融大学经济管理学院在职研究生毕业，历任主任科员、助理调研员、季度核算处处长、国民经济核算司副司长、巡视员。

**郝文亭**（1958.1—）桃村镇前肖格庄村人。1976年参加工作，1985年加入中国共产党，篮球一级裁判员。历任新疆师范大学体育系助教、讲师、副教授、体育系理论教研室主任、教授，海南师范学院体育系副主任、主任，海南师范大学体育部主任，2008年任海南师范大学体育学院副院长。是教育部教学成果评审委员会评委、中国心理学会会员、中国体育科学学会会员，被授予全国高校优秀青年体育教师、海南省教学名师等称号。

**徐跃进**（1958.3—）翠屏街道枣行村人。1975年参加工作，1983年加入中国共产党。历任江西省上饶地委组织部青年干部科副科长、科长、组织科长，上饶行署乡镇企业局副局长，广丰县委常委、政法委书记，上饶行署司法局副局长，广丰县委副书记，上饶市广播电视局局长，2003年任中共德兴市委书记。

**韩　琦**（1958.5—）苏家店大韩家村人。1975年参加工作，1992年加入中国共产党，历史学博士学位。历任栖霞县委办公室秘书，山东经济学院教师、马列主义教研部副主任、教授，南开大学教授、博士生导师、世界近现代史研究中心常务副主任。是中国拉丁美洲史研究会常务副理事长、中国拉丁美洲学会副理事长、中国外国经济史学会副理事长。

**范胜春**（1958.6—）庙后镇楼底村人。1977年1月入伍，1979年12月入党，历任空军后勤第二训练团第五学兵大队第一学兵队队长、教研室主任、第五学兵大队大队长、第九训练团训练处处长、第九训练团副团长、第九训练团团长、成都军区空军军官住房发展中心副主任，副师级，三次去西藏工作。

**柳青军**（1958.10—）寺口镇寺口村人，硕士学位。1977年参加工作，1984年加入中国共产党。历任山东交通学院外事办公室主任、校长办公室副主任、基础部主任、外语系主任。是教育部高职高专英语类教学指导委员会委员，中国职业教育教学指导委员会委员，全国商务英语教学研究会常务理事。

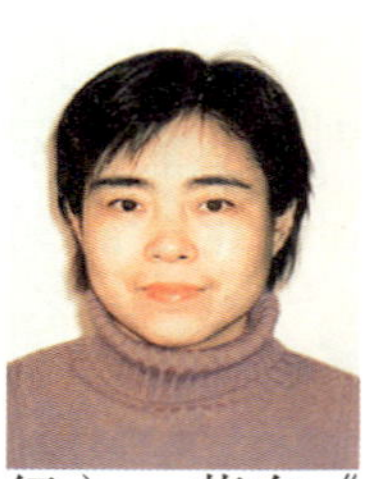

**于学华**（1958.12—）女，庄园街道娄家村人。1982年毕业于山东师范大学并留校，曾任大学图书馆采编部主任，2000年晋升为研究馆员（正高级）。著有《现代文献组织论》《中国名联辞典》等著作，发表论文49篇。

**王玉生**（1959.1—）松山镇大北庄村人，大专文化。1975年7月参加工作，1976年10月加入中国共产党。1976年至1979年任栖霞县水泥厂文书，1979年5月至1981年10月任栖霞县建委团委书记，1981年10月至1984年8月任栖霞县委组织部干事，1986年7月至2001年1月，任栖霞县委组织员办公室副主任、主任、栖霞县委组织部副部长，2001年1月至2006年12月任中共栖霞市委常委、政法委书记，2007年任栖霞市政协主席、党组书记。

**孙学光**（1959.4—）蛇窝泊镇南台村人。1976年参加工作，1984年加入中国共产党。历任长岛电影管理站宣传员，烟台财政学校教师、讲师、教研室副主任、高级讲师，烟台市政府侨务办公室副主任，2008年任烟台市归国华侨联合会主席。兼任全国侨联委员、山东省侨联常委、烟台市政协常委。

**米克荣**（1959.8—）翠屏街道城关村人，1984年参加工作，1986年加入中国共产党。历任山东大学社会学系教研室主任、讲师，山东大学出版社编辑部主任、副编审、编审、副教授、教授。

**赵旭东**（1959.9—）栖霞市人。中国政法大学民商经济法学院副院长兼商法研究所所长，教授、博士生导师，中国法学会商法研究

会副会长，北京市法学会民法经济法研究会副会长。1982年自西南政法学院毕业获法学学士学位；1985年自中国政法大学研究生院毕业获民商法学硕士学位；1985年—2002年中国政法大学教师；1993年—1994年美国密执安大学法学院访问学者；2000年被评为北京优秀中青年法学家；2002年被评为全国十大杰出中青年法学家。

**柳　越**（1959.10—）女，唐家泊镇大泊子村人，1993年加入中国共产党。先后在栖霞市西三叫中学任教师、国家人口计生委科研所财务处副处长、处长。研究生学历。

**林登阁**（1960.1—）蛇窝泊镇西山村人。1983年参加工作，1985年加入中国共产党。历任山东矿业学院矿建系助教、土木系井巷教研室副主任、讲师，山东科技大学土木建筑学院岩土工程研究所副所长、党支部书记，副教授、教授。曾荣获山东省千名知名技术专家称号，是中国岩石力学与工程学会软岩工程专业委员会委员。

**柳学军**（1960.2—）蛇窝泊镇西荆夼村人。1983年加入中国共产党，1984年参加工作，农学博士学位，教授级高级工程师。历任林业部人事劳动司科技干部处处长，挂职江西省安福县委副书记，国家林业局人事教育司筹备组成员、副司长，国家林业局离退休干部局党委副书记、副局长，挂职内蒙古自治区锡林郭勒盟盟委委员、行署党组成员、副盟长，呼伦贝尔市委常委、市政府党组成员、副市长，内蒙古森林工业集团公司党委委员、副总经理，国家林业局驻合肥森林资源监督专员办事处专员，2007年任中国林业出版社社长、党委副书记。

**柳文学**（1960.3—）臧家庄镇东林村人。1976年入伍，1978年加入中国共产党，历任广州军区空军导弹十旅指导员、教导员、政工科科长，广州中医药大学成人教育学院办公室主任、大学综合办公室副主任、离退休工作处处长。

**李华贤**（1960.6—）杨础镇下渔稼沟村人。1982年参加工作，历任共青团商河县委副书记、书记，玉皇庙镇党委书记，县委常委、玉皇庙镇党委书记，县委常委、政法委书记，商河县副县长，商河县委副书记、副县长，济南市纪委副书记，2005年任济南市纪委副书记、监察局局长。

**牟淑杰**（1960.7—）官道镇驼山村人。1978年参加工作，1983年加入中国共产党。历任解放军济南军区坦克成员基地学员，装甲八师修理营连长、修理营营长、师技术部装备管理科科长，师装备部修理科科长、轮式装备科科长、装备部副部长，师第二十九团装备处工程师，2006年晋升技术等级7级。

**徐志利**（1960.7—）亭口镇下石佛村人。1977年参加工作，1987年加入中国共产党。历任栖霞县亭口中学、十五中、实验中学教师，县教育局办公室干事、副主任，烟台市教委团委副书记、办公室副主任、主任、政工科科长，烟台教育学院、电大党委副书记、工会主席，烟台职业学院成教处副处长，2011年任处长。

**郝立忠**（1960.8—）臧家庄镇北花园村人。1978年参加工作，1984年加入中国共产党。

挂职金乡县政府副县长，山东社会科学院副研究员、哲学研究所所长、研究员。是山东省哲学学会常务理事、山东省自然辩证法研究会常务理事，被评为山东省有突出贡献的中青年专家。

**韩学政**（1961.3—）苏家店镇刘家庄村人。1982年参加工作，1987年加入中国共产党。历任枣庄学院物理与电子工程系副主任、教授，2008年任枣庄学院物理与电子工程系主任。是山东省企业产品标准审查专家。

**杜永吉**（1961.3—）庄园街道杜家庄村人。1983年参加工作，1985年加入中国共产党。历任山东煤矿学校教师，烟台大学学生处干事、纪委办公室副主任、建筑学系党支部书记、建筑学系党总支书记、土木工程学院党总支书记，2006年任烟台大学工会主席。曾荣获山东省优秀工会工作者称号。

**蒋向波**（1961.4—） 亭口镇引驾夼村人。1982年参加工作，1985年加入中国共产党，高级工程师。历任济南四建集团总公司副总经理、常务副总经理、总经理，济南市建筑管理局副局长、建委副主任，2004年任济南市市级机关事务管理局局长。荣获济南市优秀企业家、济南市十大杰出青年、山东省优秀青年企业家、全国优秀建筑企业经理称号。

**李众民**（1961.7—）臧家庄镇吴家村人，工商管理硕士。1979年参加工作，1982年加入中国共产党。历任共青团市南区委干事、副书记、书记，挂职青岛市委办公厅联络员，市南区文登路街道党委书记，区委常委、办公室主任、泰和工业园建设管理委员会主任、区委副书记，区政府副区长，西藏自治区日喀则市委书记（援藏），区委副书记、区长，青岛市政府副秘书长、办公厅主任，2008年任青岛市政府秘书长、市政府办公厅党组书记。

**王岩坡**（1961.8—）亭口镇下杏家村人。1983年参加工作，历任辽宁省本溪广播电视大学教员，大连市中级人民法院书记员、助理审判员、审判员、调研室副主任、刑事审判第一庭副庭长、庭长，大连市甘井子区人民检察院检察长，2007年任大连市中山区人民检察院检察长。被授予人民满意的好法官称号。

**王云诚**（1961.12—）松山镇大北庄村人。1985年参加工作，1991年加入中国共产党，管理学博士学位。历任山东农业大学基础部教工团支部书记、团总支副书记、理学院数学系主任，信息科学与工程学院副院长、院长、教授。是中国运筹学会数学规划专业委员会理事、中国运筹学会山东省分会常务理事。

**刘爱军**（1962.1—）唐家泊镇大柴村人。1984年参加工作，环境法学博士学位。历任山东省水产局团委书记，山东省人民政府办公厅秘书、秘书四处处长，2006年任办公厅副主任。是山东省生态文明研究会会长、山东省法学会常务理事、山东省法学会环境资源法学研究会副会长、山东省青少年发展基金会理事、山东省省直机关青联副主席。

**罗永章**（1962.6—）蛇窝泊镇南罗家村人，中国民主促进会中央委员会委员，获美国加州大学伯克利分校生物化学博士学位，到哈佛大学和斯坦福大

学做博士后研究工作，1999年回国在烟台创建麦得津生物工程股份有限公司，任公司首席科学家，清华大学“百名人才引进计划”责任教授、博士生导师，教育部长江学者特聘教授，抗肿瘤蛋白质药物国家工程实验室主任和中国生物化学与分子生物学会蛋白质专业委员会副主任委员。主持研发的国家一类抗癌基因工程新药YH-16(重组人血管内皮抑制素)和建立的通用性公斤级重组蛋白分离、纯化、复性技术平台两项课题均纳入“十五”国家863计划重大科技专项。先后荣获全国留学回国人员成就奖、全国“五一”劳动奖章、首届华侨华人专业人士“杰出创业奖”、中国科协求是杰出青年奖、2000年度山东省十大杰出留学归国科技专家、山东省十大自主创新人物、山东省科技发明一等奖、烟台市劳动模范，是国家杰出青年基金获得者。

**王国范** （1962.7—）松山镇金山台村人。1986年参加工作，2007年加入中国共产党。历任山东省肿瘤医院胸外科主治医师、副主任医师、研究员。

**林峰海** （1962.7—）蛇窝泊镇东荆夼村人。1984年参加工作，1985年加入中国共产党。历任山东省农业委员会办公室副主任、生产处副处长、处长，省农业厅发展计划处处长、副厅长，聊城市委副书记、市政府副市长、代市长，2007年3月任聊城市委副书记、市政府市长。

**杨志利** （1962.8—）杨础镇东李家庄村人。1983年参加工作，2001年加入中国共产党，硕士学位。历任山东省气象局办公室秘书、副主任，省气象局培训中心主任兼省气象学校校长、人事处处长，2009年任济南市气象局副局长。

**于贤昌**（1962.10—）臧家庄镇策里于家村人。1984年参加工作，1996年加入中国民主同盟，农学博士学位。历任山东农业大学教师、副教授，东营市东营区科技副区长，山东农业大学园艺科学与工程学院副院长、教授、博士生导师。是中国农业工程学会设施园艺工程专业委员会委员。

**万书波**（1962.10—）臧家庄镇泉水东店村人，1982年参加工作，1991年加入中国共产党。历任山东省花生研究所所长助理、副所长、所长、研究员，2004年任山东省农业科学院副院长。是中国作物学会理事、省政府农业专家顾问团花生分团团长、省作物学会理事长，被评为全国农业科技先进工作者。

**孙云龙**（1962.11—） 西城镇任留村人。1980年入伍，1985年加入中国共产党。历任北京阳坊52880部队新兵连战士、总参谋部二部第52研究所管理处军需助理员、二部国外干部留守处会计、供管处财务科助理员、综合局财务助理员、副师职武官专职干部，2006年任总参二部审计办公室主任，2007年被授予大校军衔。是全军审计科研评审鉴定专家组成员。

**王少敏**（1962.12—）蛇窝泊镇牟家疃村人。1987年加入中国共产党并参加工作。历任山东省果树研究所助理研究员、栽培室副主任、副研究员、资源室副主任、主任、研究员、办公室主任、所党委委员，2008年任副所长、纪委书记。是中国园艺学会梨分会常务理事、李杏分会理事。

**林成新**（1963.2—）蛇窝泊镇东荆夼村人，博士学位。1989年参加工作，历任河北工业大学讲师、副教授，2002年晋升为教授。

**衣玉琛**（1963.2—）翠屏街道瓦屋村人。1985年参加工作，并加入中国共产党。历任山东农业机械化学院学生政治辅导员、电气工程系团总支副书记、书记，山东工程学院党委办公室正科级秘书、办公室副主任、电气工程系党总支书记、院长办公室主任、党委办公室主任兼院长办公室主任，院长助理、党委办公室主任、院长办公室主任兼外事处处长，山东理工大学党委宣传部部长，党委委员、组织部部长，2009年任党委常委、纪委书记。

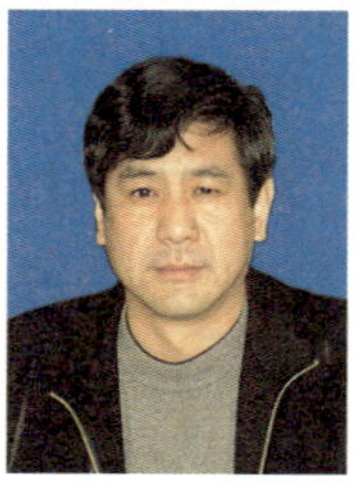

**孙晋响**（1963.3—）经济开发区大辽村人，硕士学位，正高级工程师。1986年参加工作，1995年加入中国共产党。历任峰峰矿务局副矿长，副总工程师兼机电处处长，峰峰集团有限公司副总工程师兼通信信息中心主任，峰峰集团副总工程师、电业公司董事长，2008年任冀中能源峰峰集团副总工程师、电业公司董事长。

**刘惠玲**（1963.9—） 女，亭口镇黄家沟村人。1982年参加工作，1995年加入中国共产党。历任青岛冶金矿山大学教师，山东省对外经济学校教师、外语教研室副主任、主任、教务处主任、副校长，烟台职业学院对外经济贸易系主任、教授，2007年任烟台职业学院副院长。

**韩世栋**（1963.9—）臧家庄镇臧家庄村人。1984年参加工作，1988年加入中国共产党。历任潍坊职业学院副教授、科研处副处长、教授。2007年任农业工程系主任。是全国高等农业职业教育园艺专业教学指导方案专家组成员。

**林念修**（1963.10—）庙后镇杨家夼村人。1983年加入中国共产党，1984年参加工作，经济学硕士，工程师。历任国家计划委员会办公厅正处级秘书，国家发展计划委员会党组机要秘书、办公厅助理巡视员，国务院信息化工作办公室综合组组长、国家发展计划委员会办公厅正局级秘书，国务院办公厅正局级秘书，国家能源领导小组办公室副主任，2007年任广西壮族自治区人民政府副主席。是广西壮族自治区第十一届人大代表。

**张福仁**（1963.10—）观里镇东南庄村人。1985年参加工作，1994年加入中国共产党，医学博士学位。历任山东省皮肤病防治研究所助理研究员、皮肤病研究室主任、副所长、副研究员，1999年任所长、研究员。是中国麻风防治协会副理事长，享受国务院特殊津贴，荣获山东省富民兴鲁劳动奖章、首届中国皮肤科优秀中青年医师奖，山东省优秀共产党员、第二届山东省十佳医师。

**马贤省**（1963.12—）庄园街道盛家村人。1980年入伍，1984年加入中国共产党。历任内长山守备师工兵营机械连道路机械排排长、工防营机械连副连长、连长、副营长、工兵防化营代理营长、营长，山东省军区综合仓库业务处处长、仓库副主任、主任，2008年任省军区机关营建办公室副主任、技术七级、工程师。

**于晓明**（1963.5—）庄园街道娄家村人。1981年考入山东建筑大学，1984年在校加入中国共产党，1985年毕业后分配到山东建筑设计

研究院工作。1995年破格评为高级工程师，2000年晋升为专业总工研究员。历任副总工程师、总工程师，兼任中国建筑环境设备分会山东省委员会主任委员、《山东暖通空调》刊物主编等职，撰写发表学术论文41篇和1部专著。

1998年曾被山东省委组织部、省人事厅、省科协联合授予“第五届山东省青年科技奖”，2005年被评为“山东省首届优秀设计师”，并连获“山东省科技进步二等奖”和“工程设计大师”殊荣，享受国务院特殊津贴。

**刘炳国**（1964.1—）臧家庄镇前泥沟村人。1984年参加工作，1985年加入中国共产党。历任莱阳县西留乡团委副书记、书记、莱阳县(市)委组织部干事、市委组织部副局级调研员、干部科副科长、科长、市人事局副局长，烟台市统计局副局长，莱山区委常委、组织部部长，区委副书记、组织部部长、高新区工委副书记，海阳市委副书记、代市长、市长，蓬莱市委副书记、代市长，市长，市委书记兼市人大常委会主任、市委党校校长，龙口市委书记兼市人大常委会主任、市委党校校长，烟台市社会管理综合治理委员会常务副主任，2012年2月任烟台市委常委、政法委书记、社会管理综合治理委员会常务副主任。

**曲顺兰**（1964.6—）女，松山镇松山村人，1988年参加工作，2005年加入中国民主同盟。历任山东经济学院教师、副教授、教授、财政金融学院副院长，2007年任山东经济学院《山东经济》编辑部主任。是中国税务学会理事、中国财税法研究会理事、山东省高校学报研究会常务理事、山东省税务学会理事、山东省国际税收研究会理事、山东省农村财政研究会理事。

**吕　伟**（1964.6—）桃村镇罗圈村人。1982年入伍，1985年加入中国共产党，硕士研究生。历任海军潜艇第一基地第11艇员队航海观通长、第15艇员队副艇长、第16艇员队正团职艇长，基地司令部作战处处长、教练艇长，基地副参谋长，2008年任海军司令部作战部副部长。

**韩利学**（1964.7—）苏家店镇大韩家村人，1985年参加工作，1986年加入中国共产党。历任滨州地委组织部干部综合科科长、办公室主任，挂职东营市东营区人民政府副区长，滨州市委组织部办公室主任、助理调研员，挂职东营区委副书记、副区长，垦利县委副书记、县政府副县长、代理县长，2009年任垦利县委副书记、县长。

**王文波**（1964.10—）苏家店镇杨家桥村人，研究生文化。1985年毕业于中国人民大学计划统计系统计学专业，获经济学学士学位。同年在国家统计局参加工作，任国民经济综合统计司科员、副主任科员。1990年至1993年在中国人民大学工商管理学院学习，工商管理硕士学位。

1993年任主任科员，1994年7月至9月参加IMF在维也纳大学举办的金融规划短期培训，1995年任综合处、专题处副处长，1997年2月至8月为美国斯坦福大学访问学者，是年9月加入中国共产党。2000年任宏观经济监测处处长，是年2月至5月为法国国民经济统计与核算研究所访问学者。2005年任国家统计局国民经济综合统计司副司长。

**刘艳秋**（1964.11—）女，臧家庄镇西泥沟

村人。1983年参加工作，1991年加入中国共产党，管理学硕士。历任栖霞一中教师，济南市外经贸委外资企业管理处科员、对外联络处主任科员、副处长，济南市政府外事办公室欧美大处副处长、处长，2005年任济南市政府外事办公室副主任。是九届济南市青年联合会常委。

**王竹泉**（1965.5—）庙后镇枣园村人。1984年参加工作，1997年加入中国共产党，管理学博士学位，博士生导师。历任冶金工业部鲁中矿山公司机动处职员，青岛冶金矿山职工大学助教、讲师，青岛理工大学副教授、教授。2001年任中国海洋大学管理学院副院长兼会计学主任。荣获教育部新世纪人才、首批全国会计学术领军（后备）人才、财政部企业内部控制标准委员会咨询专家、青岛市专业技术拔尖人才等称号，获国务院政府特殊津贴。

**傅英娟**（1965.5—）女，唐家泊镇柳连河村人，博士学位。1988年参加工作，历任山东造纸总厂西厂不干胶车间助理工程师，山东轻工业学院轻化与环境工程学院实验师、高级实验师、副教授，2007年评聘为教授，2008年在华泰集团博士后科研工作站工作。获国家发明专利10项，在国内外学术刊物上发表论文80余篇。

**周鲁霞**（1965.9—）翠屏街道城关村人。1986年加入中国共产党，并参加工作，管理学博士。历任山东师范大学中文系教师，山东省人民政府办公厅秘书一处副处长、调研员、电子政务中心主任（技术处处长），2008年任省政府办公厅电子政务处处长。

**吕伟红**（1965.9—）女，庄园街道吕家村人，中国政法大学法学硕士，现任太原海关党组书记、关长，一级关务监督，山西省委委员。1984年加入中国共产党，1988年参加工作。历任北京海关法律室主任、首都机场海关调查技术处处长、海关总署加工贸易及保税监管司办公室主任、海关总署加工贸易及保税监管司副司长、先后被评为全国普法先进个人、全国三八红旗手、全国“创先争优”先进个人。

**慕志浩**（1965.10—）翠屏街道慕先庄村人。1983年入伍，历任南京炮兵学院学员队队长、教研室教员、副主任、主任，系副主任，训练部副部长，教授，2008年任炮兵指挥系主任。

**毕可弟**（1966.1—）桃村镇西宅村人。1982 年10月入伍，1986年9月加入中国共产党。历任第四十集团军一九一旅政治部主任、军政治部干部处处长，2008年3月任第四十集团军装甲旅政治委员。

**张书圣**（1966.3—）观里镇东南庄村人，博士学位。现任青岛科技大学化学与分子工程学院院长、教授、博士生导师。荣获青岛市十大杰出青年、山东省高校优秀共产党员、山东高校十大优秀教师、山东省有突出贡献的中青年专家等称号。

**林明星**（1966.3—）唐家泊镇刁崖后村人。1992年参加工作并加入中国共产党，工学博士学位。历任山东矿业学院济南分院讲师，山东科技大学机械工程系副教授、教授、博士生导师，2004年任山东大学机械工程学院教授、博士生导师。是中国机械工程学会、中国仪器仪表学会高级会员。

**梁红卫**（1966.10—）翠屏街道大河北村人。1989年加入中国共产党，1990年参加工作。历任山东中医学院党委宣传部、统战部副部长，党委办公室、校长办公室副主任、高教研究室主任，2008年任山东中医药大学体育艺术学院党总支书记、常务副院长。

**张延廷**（1967.5—）苏家店镇刘家庄村人。1985年参加工作，1988年加入中国共产党。历任栖霞县苏家店乡后泊子联中教师、苏家店镇教委会计，县委组织部干部科干事、副科长，共青团栖霞县委副书记、书记，共青团栖霞市委书记，共青团烟台市委副书记（主持工作），长岛县委副书记、组织部部长，长岛县委副书记、县政府副县长、代县长、县长，烟台市海洋与渔业局局长，2011年任长岛县委书记。

**林　璧**（1967.10—）观里镇古村村人。1990年加入中国共产党，1992年参加工作。历任山东万得福装饰工程有限公司总经理，2004年任山东沃尔德集团有限公司董事长。是中国建筑装饰协会常务理事、山东拍卖行业协会常务理事。被评为中国优秀企业家、山东省诚信企业家、全国建筑装饰优秀企业家、1998—2007房改十年山东最具影响力行业人物。

**郝曙光**（1968.7—）观里镇小郝家庄村人。1989年参加工作，1998年加入中国共产党，工学博士学位。任烟台大学建筑系助教、讲师、副教授、教授，建筑系主任。

**牟洺铭**（1968.12—）女，官道镇栾家寨村人。1991年参加工作，工程技术应用研究员。历任山东省涂布加工纸技术重点实验室副主任，省造纸行业生产力促进中心副主任、高级工程师，2002年任省造纸工业研究设计院副院长。是山东造纸学会常务副秘书长、中国造纸学会理事。

**李世明**（1969.5—）松山镇艾山汤村人。1992年参加工作，2007年加入中国共产党，教育学博士学位。历任烟台师范学院体育学教师，鲁东大学体育学院副教授、教授、院长助理、副院长、硕士生导师、运动人体科学研究所所长。

**王　伟**（1971.1—）蛇窝泊镇口子村人。1994年参加工作，1998年加入中国共产党，清华大学工商管理硕士（MBA）学位。历任中国民用航空总局空中交通管理局空域管理处副处长、处长，2011年任中国民用航空东北地区空中交通管理局副局长。

**林中选**（1972.4—）桃村镇荆子埠村人，1994年加入中国共产党，1995年参加工作。1998年创立向日葵国际贸易（天津）有限公司，担任董事长兼总经理，2001年创立向日葵国际集团中国有限公司。集团涉及个体防护、药品等行业，现有子公司7个，海外工厂及生产基地4个，是中国PVC工矿靴、工业专用大碎纸机、矿用逃生避难系统及PU靴的发明者。2005年在加纳建立了第一家也是唯一一家抗疟疾、抗艾滋病药厂，加纳总统约翰•阿吉耶库姆•库福尔（John Agyekum Kufuor）参加了药厂开业剪彩仪式。

2006年4月，国家主席胡锦涛访问尼日利亚期间，林中选受到专门接见。

**郝　刚**　（1973.3—）松山镇郝家楼村人，1993年加入中国共产党，1995年参加工作。历任国防工业出版社编辑、编辑室副主任、编辑室主任、副总编辑，2008年任出版社副社长。

**吕广世**　（1975.6—）亭口镇枣林村人，理学博士。历任山东大学数学学院教师、副教授，美国加州斯坦福大学数学系博士后，2009年破格晋升为教授，并担任院长助理，2011年被遴选为博士生导师。入选教育部新世纪优秀人才支持计划，获得山东省杰出青年基金和教育部高等学校自然科学奖一等奖（第2位），是美国数学会《数学评论》评论员、中国数学会第十一届理事会理事，在自守形式、加性数论等研究领域取得了一些国际前沿水平的成果，在《伦敦数学会快报》《美国数学会会刊》《数学季刊•剑桥》《数论杂志》《算术学报》《中国科学》等学术刊物发表论文50余篇。

**柳海龙**　（1981.5—）桃村镇大庄头村人。1995年开始习武，1997年被选入烟台市体校接受散打训练，被选拔到山东省散打队。2000年

6月，在广东举行的全国武术散打锦标赛获75公斤级冠军；2000年9月在湖北举行的全国武术散打冠军赛获75公斤级冠军；2001年中泰对抗赛重创泰拳王；2001年8月在广东举行的九运会暨全国武术散打锦标赛获75公斤级冠军；2002年6月在大连举行的全国武术散打锦标赛获80公斤级冠军；2002年7月27日上海第一届世界杯武术散打比赛获80公斤级冠军，实现个人散打大满贯。获“超级散打王”称号，为中国历史上第一位“散打王”获得者，被称为“中国散打第一人”。

**牟　宁**（1986—）武林绰号“中原利剑”。桃村镇西宅村人。自幼随父牟会荣习练螳螂拳。1999年入海阳市五头山武校，学习散打和武术套路。2002年，在烟台市体校散打专业学习。后被省武术学院散打队招收为散打队员。在省队学习两年后，到江苏省江阴市任散打教练。曾获中国武术散打精英争霸赛75公斤级冠军，全国散打精英对抗赛80公斤第一名，中国武术散打擂台争霸赛80公斤第一名，中央电视台康龙武林大会螳螂拳年度总冠军，被誉为武术界的“新螳螂拳王”。

# 人物表

## 革命烈士名录（1985—2002）

| 姓 名 | 性别 | 出生年月 | 籍 贯 | 职 务 | 参加工作时间 | 牺牲时间 |
|---|---|---|---|---|---|---|
| 李维强 | 男 | 1962.2 | 臧家庄镇臧家庄村 | 干 部 | 1980.11 | 1999.12 |
| 王玉清 | 男 | 1961.7 | 桃村镇前埠村 | 村 民 | 1981.10 | 2001.6 |
| 丁言龙 | 男 | 1968.6 | 杨础镇花园村 | 战 士 | 1984.12 | 1985.5 |
| 王殿国 | 男 | 1965.11 | 苏家店镇赵格庄村 | 战 士 | 1984.12 | 1985.6 |
| 林振友 | 男 | 1965.7 | 蛇窝泊镇蛇窝泊村 | 战 士 | 1984.12 | 1985.7 |
| 林树平 | 男 | 1964.8 | 观里镇古村 | 战 士 | 1984.12 | 1985.7 |
| 崔杰利 | 男 | 1965.7 | 西城镇笏山村 | 战 士 | 1984.12 | 1986.1 |
| 韩学尊 | 男 | 1964.7 | 苏家店镇西小韩家村 | 战 士 | 1984.12 | 1986.1 |
| 陈旭红 | 男 | 1966.10 | 寺口镇纸房村 | 战 士 | 1984.12 | 1986.2 |
| 肖建光 | 男 | 1966.7 | 西城镇任留店村 | 战 士 | 1984.12 | 1986.2 |
| 王绍强 | 男 | 1972.1 | 蛇窝泊镇东夼村 | 学 员 | 1993.1 | 1997.1 |

# 劳动模范表

1986—2002年，栖霞市共有76人被国家、山东省人民政府和烟台市人民政府授予先进个人和劳动模范。其中被国家授予先进个人1人，山东省劳动模范15人，烟台市劳动模范60人。

## 1986—2002年烟台市级以上劳动模范一览表

| 姓名 | 性别 | 出生年月 | 籍贯 | 荣誉 | 授予时间 | 备注 |
|---|---|---|---|---|---|---|
| 衣水山 | 男 | 1963.6 | 山东栖霞市 | 山东省劳动模范 | 1986 | 烟台首批拔尖人才，享受国家终生补贴 |
| 孙玉香 | 男 | 1942.8 | 山东栖霞市 | 山东省劳动模范 | 1986 | — |
| 谢广菊 | 女 | 1947.3 | 山东栖霞市 | 全国计划生育先进个人 | 1986 | — |
| 林学前 | 男 | 1957.10 | 山东栖霞市 | 烟台市劳动模范 | 1988 | 获山东省富民兴鲁劳动奖章 |
| 王希山 | 男 | 1945.5 | 山东栖霞市 | 烟台市劳动模范 | 1988 | 获山东省富民兴鲁劳动奖章 |
| 林兰芬 | 女 | 1949.1 | 山东栖霞市 | 烟台市劳动模范 | 1988 | 获山东省富民兴鲁劳动奖章 |
| 杨文豪 | 男 | 1953.6 | 山东栖霞市 | 山东省劳动模范 | 1989 | 享受国家补贴 |
| 崔吉祥 | 男 | | 山东栖霞市 | 山东省劳动模范 | 1990 | — |
| 战云山 | 男 | 1938.6 | 山东栖霞市 | 山东省劳动模范 | 1990 | — |
| 林朝臣 | 男 | 1951 | 山东栖霞市 | 烟台市劳动模范 | 1990 | — |
| 于忠义 | 男 | 1957 | 山东栖霞市 | 烟台市劳动模范 | 1990 | — |
| 车德龙 | 男 | 1935 | 山东栖霞市 | 烟台市劳动模范 | 1990 | — |
| 闫桂云 | 男 | 1938 | 山东栖霞市 | 烟台市劳动模范 | 1990 | — |
| 范洪国 | 男 | | 山东栖霞市 | 烟台市劳动模范 | 1990 | — |
| 徐相亭 | 男 | 1942 | 山东栖霞市 | 烟台市劳动模范 | 1990 | — |
| 柳光彩 | 男 | 1951 | 山东栖霞市 | 烟台市劳动模范 | 1990 | — |
| 陈登虎 | 男 | 1938 | 山东栖霞市 | 烟台市劳动模范 | 1990 | — |

续表

| 姓名 | 性别 | 出生年月 | 籍 贯 | 荣 誉 | 授予时间 | 备 注 |
|---|---|---|---|---|---|---|
| 李尧林 | 男 | 1944 | 山东栖霞市 | 烟台市劳动模范 | 1990 | — |
| 林振波 | 男 | 1947 | 山东栖霞市 | 烟台市劳动模范 | 1990 | — |
| 王墨松 | 男 | 1928 | 山东栖霞市 | 烟台市劳动模范 | 1990 | — |
| 董喜庆 | 男 | 1938 | 山东栖霞市 | 烟台市劳动模范 | 1990 | — |
| 周洪学 | 男 | 1963.7 | 山东栖霞市 | 山东省劳动模范 | 1992 | 获富民兴鲁劳动奖章，全国百位优秀包装设计师 |
| 王锡纯 | 男 | 1942.1 | 山东莱州市 | 山东省劳动模范 | 1992 | 1999年获全国五一劳动奖章 |
| 徐培燕 | 女 | 1950.11 | 山东栖霞市 | 山东省劳动模范 | 1992 | — |
| 范汇伦 | 男 | 1958.12 | 山东栖霞市 | 烟台市劳动模范 | 1993 | — |
| 赵旭光 | 男 | 1959.9 | 山东莱西市 | 烟台市劳动模范 | 1993 | — |
| 于宝军 | 男 | 1952.10 | 山东牟平区 | 烟台市劳动模范 | 1993 | |
| 陈子云 | 男 | 1934.12 | 山东省龙口市 | 烟台市劳动模范 | 1993 | 获山东省富民兴鲁劳动奖章 |
| 刘元江 | 男 | 1942.3 | 山东栖霞市 | 烟台市劳动模范 | 1993 | 获山东省富民兴鲁劳动奖章 |
| 杨淑英 | 女 | 1943.11 | 山东栖霞市 | 烟台市劳动模范 | 1993 | 山东省“三八”红旗手 |
| 林春绍 | 男 | 1943.10 | 山东栖霞市 | 烟台市劳动模范 | 1993 | — |
| 徐学军 | 男 | 1960.11 | 山东栖霞市 | 山东省劳动模范 | 1995 | 两次获“山东省优秀共产党员”称号 |
| 郭文龙 | 男 | 1952.9 | 山东栖霞市 | 山东省劳动模范 | 1995 | — |
| 于世广 | 男 | 1943.11 | 山东栖霞市 | 山东省劳动模范 | 1995 | 获“山东省优秀共产党员”称号 |
| 刘建敏 | 男 | 1947.1 | 山东栖霞市 | 烟台市劳动模范 | 1996 | — |
| 郭庆广 | 男 | 1956.8 | 山东栖霞市 | 烟台市劳动模范 | 1996 | — |
| 刘书科 | 男 | 1944.8 | 山东栖霞市 | 烟台市劳动模范 | 1996 | — |
| 徐 斋 | 男 | 1946.9 | 山东栖霞市 | 烟台市劳动模范 | 1996 | — |

续表

| 姓名 | 性别 | 出生年月 | 籍贯 | 荣誉 | 授予时间 | 备注 |
|---|---|---|---|---|---|---|
| 王洪华 | 男 | 1952.6 | 山东栖霞市 | 烟台市劳动模范 | 1996 | — |
| 常建富 | 男 | 1943.9 | 山东栖霞市 | 烟台市劳动模范 | 1996 | — |
| 林书磊 | 男 | 1937.10 | 山东栖霞市 | 烟台市劳动模范 | 1996 | — |
| 林际光 | 男 | 1953.2 | 山东栖霞市 | 烟台市劳动模范 | 1996 | — |
| 崔焕智 | 男 | 1946.12 | 山东栖霞市 | 烟台市劳动模范 | 1996 | — |
| 孙守福 | 男 | 1935.4 | 山东栖霞市 | 烟台市劳动模范 | 1996 | — |
| 史桂开 | 男 | — | 山东栖霞市 | 山东省劳动模范 | 1997 | — |
| 李宝禄 | 男 | 1964.4. | 山东栖霞市 | 山东省劳动模范 | 1998 | 获共青团山东省委“青春立功”三等功 |
| 张海生 | 男 | 1942.1 | 山东栖霞市 | 山东省劳动模范 | 1998 | — |
| 王振香 | 女 | 1962.12 | 山东栖霞市 | 山东省劳动模范 | 1998 | — |
| 孙明寿 | 男 | 1942.10 | 山东栖霞市 | 烟台市劳动模范 | 1998 | — |
| 刘建勇 | 男 | 1957.6 | 山东栖霞市 | 烟台市劳动模范 | 1999 | — |
| 盛天平 | 男 | 1959.11 | 山东栖霞市 | 烟台市劳动模范 | 1999 | — |
| 张 涛 | 男 | 1962.10 | 山东栖霞市 | 烟台市劳动模范 | 1999 | — |
| 陈风泉 | 男 | 1954.3 | 山东栖霞市 | 烟台市劳动模范 | 1999 | — |
| 徐国亭 | 男 | 1952.6 | 山东栖霞市 | 烟台市劳动模范 | 1999 | 被省高级法院记二等功 |
| 矫京山 | 男 | 1956.1 | 山东莱州市 | 烟台市劳动模范 | 1999 | — |
| 牟丰新 | 男 | 1963.12 | 山东栖霞市 | 烟台市劳动模范 | 1999 | 共青团山东省委“新长征突击手” |
| 牟忠义 | 男 | 1950.2 | 山东栖霞市 | 烟台市劳动模范 | 1999 | — |
| 李国明 | 男 | 1948.1 | 山东栖霞市 | 烟台市劳动模范 | 1999 | 享受 |
| 衣建国 | 男 | 1956.6 | 山东栖霞市 | 烟台市劳动模范 | 1999 | 享受 |

续表

| 姓名 | 性别 | 出生年月 | 籍贯 | 荣誉 | 授予时间 | 备注 |
| --- | --- | --- | --- | --- | --- | --- |
| 林桂良 | 男 | 1952.7 | 山东栖霞市 | 烟台市劳动模范 | 1999 | 2002年被山东省科技厅授予“乡村科技带头人”称号 |
| 栾世平 | 男 | 1951.11 | 山东栖霞市 | 烟台市劳动模范 | 1999 | — |
| 崔玉仁 | 男 | 1959.10 | 山东栖霞市 | 烟台市劳动模范 | 1999 | — |
| 栾胜波 | 男 | 1965.8 | 山东栖霞市 | 烟台市劳动模范 | 2002 | 2001年获山东省“富民兴鲁”劳动奖章 |
| 米世祥 | 男 | 1950.11 | 山东栖霞市 | 烟台市劳动模范 | 2002 | 2001年获山东省“富民兴鲁”劳动奖章 |
| 邹风谦 | 男 | 1970.8 | 山东栖霞市 | 烟台市劳动模范 | 2002 | — |
| 姜泽庆 | 男 | 1959.4 | 山东乳山市 | 烟台市劳动模范 | 2002 | — |
| 栾志熙 | 男 | 1953.11 | 山东栖霞市 | 烟台市劳动模范 | 2002 | — |
| 吕桂芝 | 女 | 1953.6 | 山东栖霞市 | 烟台市劳动模范 | 2002 | — |
| 王学坤 | 男 | 1960.5 | 山东栖霞市 | 烟台市劳动模范 | 2002 | — |
| 柳志浩 | 男 | 1956.10 | 山东栖霞市 | 烟台市劳动模范 | 2002 | — |
| 孙永才 | 男 | 1946.4 | 山东栖霞市 | 烟台市劳动模范 | 2002 | — |
| 纪培刚 | 男 | 1954.12 | 山东牟平区 | 烟台市劳动模范 | 2002 | — |
| 孙学文 | 男 | 1963.6 | 山东栖霞市 | 烟台市劳动模范 | 2002 | 享受 |

说明：（1）有3人因受党纪、政纪处分，未列入此表。

（2）“享受”即与省劳动奖章获得者同荣誉

# 附　录

栖霞土特产品

# 第一部分 文献辑存

## 中共栖霞县委<br>栖霞县人民政府<br>关于推进城乡一体化的决定

一、充分认识城乡一体化的重大意义，在思想观念上来一次更新

城乡一体化，是消灭三大差别，实现远大理想的一个重要途径，是发挥中心城市作用，以城带乡，协调发展，共同繁荣的战略措施。实践正在说明，我县要提前五年翻两番，达到小康水平，不仅要靠中心城市的辐射和带动，靠城镇经济的振兴，更要着眼和重视广大农村生产力水平的提高。当前，最要紧的是组织好传统农业向现代农业的转化，自然经济向商品经济转化，大力发展乡镇企业，把城市的辐射作用和农村的撞击效应结合起来，使城市经济、文化、教育、科技等方面上下贯通，交融结合。这样，提前五年翻两番才有可能。全县各级领导都要破除传统的、封闭式的、保守的小农经济思想，更新认识，更新观念。在整个经济建设和社会发展的指导方针上，坚持改革开放，两个文明一起抓；在生产力发展上，坚持外引内联，广泛应用现代化的新技术、新成果；在经济结构上，坚持面向两个市场，向“贸工农”方向发展；在所有制形式上，坚持各种经济成分并存，国营、集体、个体、联合体一齐上；在城乡关系上，坚持城乡并重，农工商并举，互相促进；在城镇建设上，逐步形成以城区为中心，卫星城镇合理布局，小集镇星罗棋布的城镇网络，努力把我县城乡建设得更繁荣、更富庶、更文明、更美丽。

二、打破城乡分离的局面，建立县乡村三位一体的企业领导体制

城乡一体的核心是个“联”字。要联起来，就必须打破城乡分离、条块分割的旧格局，建立县乡村三位一体的企业领导体制。目前，县乡村三级工业联系甚少，各自划地为牢，其根源在于政企不分，地方割据。今后，县企政部、县经委、县乡镇企业局三个部门合署办公，对外三个牌子，对内统属经委管辖，由一名副县长兼经委主任，企政部部长、乡镇企业局局长兼任副主任。各乡镇都成立经济委员会，下设二科一个公司（乡镇办工业科、村办工业科、劳动服务公司），将乡镇村工业统一管起来，由一名乡镇长兼任经委主任。乡镇经委既要接受乡镇党委、政府的领导，又要对县经委负责，接受它的指导。县经委是县乡村三级工业的主管部门，负责统一筹划调度、检查指导全县的工业生产。县委、政府进一步加强对工业的领导，确定再增加一名副书记或副县长分管工业。

三、加强宏观控制，统一规划城乡工业布局

目前，我县工业规划布局，特别是乡镇村工业，带有一定的盲目性，不够合理。如乳品生产、石英粉生产、理石加工等，缺乏资源的合理开发，缺乏市场统盘考虑，缺乏计划管理，造成厂房、设备、资金、电力的浪费。有的成本高亏损大，有的刚开工就停产。今后，县乡村工业的规划布点，要正确处理大、中、

小型的关系；正确处理资源优势与行业优势的关系；正确处理稳定与发展的关系。着眼两个市场，着眼外向型经济，统盘考虑，合理布局。凡投资在五万元以上的新建企业，要分别由县主管公司和乡镇经委，向县计委提出申请，由县计委会同县经委审查批准；凡投资在五万元以下的小型新建企业，由乡镇经委审查批准，报县计委备案。然后由工商行政管理局核发营业执照。

四、以行业优势为中心，逐步形成企业集团

目前，我县已有纺织、食品、建材、化工、机械加工、黄金开采六大骨干行业，并有一批产值超千万、利税超百万的骨干企业，还有一些名优产品。今后要以这些优势行业、骨干企业、名优产品为中心，加强横向联合，逐步形成以专业公司为主体的企业集团。这样，对于加强行业管理，以大带小，以强带弱，进一步增强产品的竞争能力，有着特殊的意义。在组建过程中要打破县乡村三级企业界限，谁有行业优势，谁属骨干企业，谁有名优产品，谁有牵头的势力，就有权当“龙头”。凡是以行业优势、骨干企业、名优产品形成的企业集团，应在“三不变”的前提下，由“龙头厂”统一监测，统一质量标准，联合对外。条件成熟的可以统一商标。企业集团的所有厂企单位，在物资、原材料供应方面，都应列入计划。不符合龙头厂企标准的，应予除名。凡连续二年以上产值超千万或利润超百万的企业，经县经委考核，审计局审计，报经县政府批准，可升为副局级企业，厂级领导任职期间可享受局级或副局级待遇。以此鼓励超前、拔尖，创名优夺金牌，提高骨干企业的社会地位。组建企业集团，要贯彻自愿互利的原则，循序渐进，成熟一个组建一个，既不能不管不问，又不能一轰而起。

五、着眼提高企业管理素质，开展城乡企业干部交流

目前，我县乡镇村企业干部“农”字型的多，具有专业知识的少，直接影响了企业的管理素质，为解决这个问题，今后除继续从外地招聘引进人才外，可从县属企业中抽调一部分领导骨干、技术骨干、工人骨干，派往乡镇村企业任职，也可由乡镇企业到县属企业中聘用。凡从县属企业到乡镇企业任职的同志，成效显著的，可向上浮动一级工资；凡工作连续两年以上，产值利润增长15%以上的，可承认为正式工资，同时享受所在厂劳动福利和奖金。另一方面，乡镇村企业中有培养前途的管理人员、技术骨干、工人骨干，也可以选派到县属同行业企业中学习锻炼，掌握一定的管理知识之后，再返回本企业。

六、建立四个机构，促进企业现代化管理

为了保证县乡村企业开发项目的可行性，对外业务的可靠性，市场预测的准确性以及企业具有充足的后劲，决定成立四个机构，开办一所学校：①项目开发咨询处。设在县计委，对内一个单位，对外两块牌子。主要职责是组织各专业公司有关人员，对本行业新上项目，进行考察论证，为项目的能否开建，提出科学依据。咨询单位，应交纳一定咨询费。经过咨询后，如果新上项目在可行性方面出了问题，咨询机构应当负担一定的经济损失。②经济合同咨询处。设在县工商局，对内一个单位，对外两块牌子。主要职责是解答各企业对外洽谈项目、签订合同的疑难问题，指导帮助签订经济合同，鉴证或公证企业之间签订的经济合同。咨询单位应交纳一定咨询费。凡经咨询机构咨询，发生问题后，咨询机构应承担一定的经济损失。③信息咨询处。设在县经济协作办公室。对内一个单位，对外两块牌子。主要职责是广泛搜集各种信息，为县乡村企业提供有价值的、可靠的信息。咨询单位获得所需信息后，应交纳一定咨询费。如果信息的可靠性

发生问题，信息咨询机构应负担一定的经济损失。④企业干部培训中心。设在县工会。⑤将一处农技中改为“栖霞县工业技术学校”。培训中心和工业技术学校分别承担乡镇企业干部的长短期培训，归属县经委。基础课教师由教育局调配，专业课的教师从有关部门抽调或兼任。凡是需要培训人才的企业，应按培训人数交纳学费。

七、搞好资金融通，集中扶持重点企业

前段，我县在乡镇村企业资金使用方面，存在的突出问题是“面面俱到”“普降小雨”，贷款数额较大，企业效益不高。今后，在资金使用方面，应掌握“集中扶持重点企业”的原则，择优投放。县财政局要组织好预算外资金的集中投放。人民银行要开展资金拆借，调节余缺。保险公司要积极开展企业财产保险，当好企业的经济后盾。不论现有企业，还是新上项目，只要原料有来源，产品有销路，经济效益高的，就要从资金、电力、燃料、原材料等方面，给予重点扶持，刺激办大企业，办效益高的企业。对那些盲目上马，投入大产出少，无法挽救的累赘企业，要下决心实行关停并转。

八、充实县乡村企业现有所有制内容，试行企业股份经济

为解决县乡村企业资金不足，充分发挥人民群众当家作主的作用，应当将县乡村企业现有的所有制形式充实以新的内容，实行股份经济。县属工业新上项目均可实行股份经济；乡镇村企业原有的项目或新上的项目均可实行股份制；凡县乡联办、县村联办、县乡村联办的企业，实行股份制后，企业性质属乡办或村办。具体做法是：①把乡镇村企业现有的资金平均分成若干股份，这些股份作为乡镇村向企业投的股份。今后，乡镇村按这些股份分红，也不再向企业无偿投资，所投资金均作为股份。②按照自愿的原则，可先内后外，每人向企业交纳一份以上的股金。所有股东都是企业的主人，利益均沾，风险共担，年终按股分红。企业亏损或倒闭，所有股东都有承担一定数量债务的义务。③企业成立由股东组成的董事会，设董事长和董事若干人，决策企业的经营管理等大事。董事会任命厂长(经理)，具体负责企业的经营管理，并对董事会负责。有关行政机构不得随意干预。④企业年终分红剩余的积累，按有关文件的规定比例上交乡镇村行政管理机构，余者归企业所有。⑤所有入股人员，都要与企业签定期限合同，合同期内无正当理由不得提取股金。

九、乡镇办企业实行劳动合同制，进一步保证干部职工的合法权益

根据烟台市人民政府〔1986〕125号文件的规定，为了充分发挥乡镇办企业职工的积极性和创造性，保障职工的合法权益，增强企业活力，促进农村商品经济发展，加快城乡一体化进程，自一九八七年始，在全县乡镇办企业中实行劳动合同制。凡在乡镇办企业和乡镇管理部门从事常年性生产、工作的职工，以及今后新招收的职工，按照“公开招工，自愿报名，全面考核，择优录用”的原则，逐步实行劳动合同制。具体办法按照《烟台市乡镇办企业实行劳动合同制试行办法》，由各乡镇制定实施细则，报县劳动局审核后，再予试行。

十、加速城镇、集镇建设，发挥以城带乡的作用

首先把县城规划好、建设好、美化好、绿化好、净化好，使之逐步纳入城市规范化管理轨道。计划把白洋河城区段东岸无偿划给乡镇村和城镇企业，按照式样新颖、造型别致的要求，建成多功能的闹市区，包括商业、文化、卫生等设施，吸收农民进城摆摊设店。要特别重视抓好乡镇驻地的建设，进一步修定完善规划，量力而行，分期实施，有意识地让乡镇驻地膨胀。桃村镇是全省小集镇建设试点单位之

一，要加快步伐，尽快抓出成效。桃村镇又是我县东边的一个大镇，四县交界，内有兰烟铁路、一级公路。今后，县办工业的发展重点要转到桃村，领导力量也要加强。

全县各行各业、各部门都要进一步端正服务方向，以改革的姿态，开拓的意识，积极参与推进城乡一体化的工作。对本决定要认真学习，逐条研究，领会精神。有关部门要分别拟定出具体实施方案，抓好贯彻落实。要进一步革除“衙门”作风，想一体化所想，帮一体化所需，为推进城乡一体化多办实事，多做贡献。对那些成效显著、工作出色的单位或个人，将予以表扬奖励、提拔重用。

一九八七年一月一日

## 中共栖霞县委
## 栖霞县人民政府
## 关于进一步发展林业生产的决定

栖霞县有成片林地八十四万亩，加上村庄、道路、梯田边堰等“四旁”零星隙地，可用于林业生产的面积约一百二十万亩。资源丰富，发展林业有广阔的天地。多年来，特别是党的十一届三中全会以来，经过干部群众的努力，林业生产有了很大发展。但是，由于我们对承包后的新形势、新问题认识不足，“统”得不够，制度不严，责任不明，服务不细，林业生产发展不够理想，荒山荒滩和稀疏残林面积大。各级党委、政府一定要认真贯彻落实中共中央[1987]20号文件精神，以高度的责任心、使命感，把林业生产抓紧抓好，力争到一九九〇年把全县基本绿化好。

一、更新观念，提高认识

森林是陆地生态系统的主体，具有保护土壤、防止水土流失、调节气候、控制水分循环、减少风沙灾害、防治污染、美化环境、提供木材等多种效益，同人民的生产生活息息相关，与人类的生死存亡紧密相连。“发达的林业是国家富足，民族繁荣，社会文明的标志之一。”我县林业的好坏决定着全县工农业生产的兴衰，决定着全县六十五万人民赖以生存的外部环境。目前，我县水土流失严重，旱、涝、风、雹生态性灾害频繁，民用木材极度紧张，这些都与林业发展缓慢有着直接或间接的关系。我们一定要正视这个现实，下决心更新过去那种重造轻管的观点，树立以封为主，封、留、造、管相结合的观念；更新过去那种以用材林为主的单一经营观点，树立防护林、用材林、经济林一齐上的多元经营观念；更新过去那种片面追求经济效益的观点，树立生态效益、经济效益相结合，以生态效益为主的生态经济观念。在新形势下，使我县的林业有一个较大的发展。

二、稳定政策，搞好服务

1.以林业“三定”为基础稳定山权林权；其合法权益，受法律保护，任何单位和个人不得侵犯。

2.集体所有的林地，凡没有分到户的一律不得再分。对已下划的自留由、责任山和各种形式的承包山，必须做好“统”的工作。要以乡（镇）或村为单位组织专人统一护林，绝不允许出现分而不管的现象。这些山的使用者或承包者，在林业生产过程中，必须按照乡（镇）村两级的指导，统一规划，统一标准，统一时间，在限期内实行统一或分头施工旳综台治理，并由乡(镇)村两级及时组织检查验收。

3.林业“三定”以来，实践证明大多数农户在经营自留山、责任山中，困难很多，特别是苗本供应、药械购置、技术传授、除虫防病等方面，都需要村委会统一组织。由集体提供各种服务，目前要突出解决好：①、集体供苗。各乡、镇、村都要根据单位的绿化任务和县下达的育苗任务，规划苗圃地。育苗形式原则上以林业队育苗、专业承包为主，实行定面积、定树种、定产苗数量、定报酬、定奖惩办法。苗木由村委会支配，无偿或低价供应集体或个人植树造林。2、集体治虫。我县曲松毛虫发生面积目趋扩大，虫口密度回升，道路村庄的树木每年都有局部啃光叶片现象，这与自留山、责任山到户以后，不统一组织除虫有很大关系，要以乡(镇)村为单位成立不同规模、不同形式的森保服务组织，实行集体治虫。治虫的投资原则上由集体支付。山林面积大，集体资金薄弱的村，也可以由户分担一部分。

4.鉴于林业生产周期长，收益慢，生态性、社会性强的特点和承包过程中，有的专业户投标过高，合同规定明显不合理的，应当给予适当下调。必须看到搞林业生产条件差，风餐露宿，劳动强度大的现实，特别是对那些承包高山薄岭防护林的，该倒挂的一定要倒挂，也可以采取附加经济田、经济林，组织全民义务植树，缓减提留等多种形式的优惠办法，让承包者真正扎根山上，以林为业，为绿化全县贡献力量。

三、坚持以封为主，封、留、造、管结合

总结我县多年来的经验，坚持以封为主，封、留、造、管结合，是尽快增加植被，加速山区绿化的唯一途径. 我们必须始终坚持这一方针。

1.封山护林。按山系划为禁区，连续三五内年不修枝、不间伐、不打草，为“死封”；在年度内定期封山，定期开山，为活封。两种形式可以轮流交替。县委、县政府决定全县封山四十万亩，其中死封二十万亩，并逐步扩大封山面积，提高封山质量。不论是死封区还是活封区，都必须做到：

①严禁毁林开荒、毁林搞副业，严禁破坏植被，搞其他种植。

②不准随便开矿搬泥采石，不准挖药材。

③封山区不准放牧牛羊。从现在起，各乡(镇)、村要广造舆论，今秋要备足饲草，力争从今冬开始，逐步实现牛坐槽、羊圈养，以实现草多、牛多、羊多、肥多、粮多的良性循环。

④不准进山拾草。活封区每年十一月一日到第二年的三月底为开山期。开山期间，乡（镇）、村可视具体情况，统一组织，统一时间，统一标准进山拾草。拾草只准镰割，不准镢刨，保护好山皮，防止水土流失。

⑤不准猎取野生动物，特别注意保护好啄木鸟、灰喜鹊等益鸟。

⑥封山区要插标立界。县政府决定全县划定牙山、十八盘、艾山、方山、塔顶、洞夼、豹山、城郊八个死封区。釜乡(镇)、村要根据目的情况，对上述范围外的较大山头，划定死封区或活封区。封山区划定后，在今年十月底前要全部插标立界，进山道口要设置“进山守则”。　“封山界”牌和“进山守则”，要全县统一标准，由县林业局负责监制。

⑦封山区内不管是自留山、责任山还是承包山，村民委员会必须按照300—500亩一人的标准，配备专职护林员，逐级登记造册，由县林业局统一颁发“护林员”胸章。护林员的报酬原则上由各村从提留中妥善解决，也可以从受益户中统筹一部分。

2.留苗养树。留苗养树省工省力，投入少见效快，是充分利用大自然的内在潜力实现山区绿化的捷径。我们要全面保护一切野生苗木，坚持“见苗就留、先劣后优”的原则，开展群众性的留苗养树活动。对于高山陡坡，水库上游和水土流失严重的地方，对现有柞岚和一些零星柞墩，都应改变过去的经营方式，留起柞树，以综合效益为目的，形成多树种混交的水土保持林，力争今年全县留苗一千万棵。

3.植树造林。我县适合造林的地方主要有三类：一是高山薄岭立地条件差、野生资源少的荒山头。二是草深树少的沟底坡脚地。三是病虫为害濒临死亡的林片和稀疏残林地，都需要人工造林。全县有以上三类情况的造林地约十万亩，要全面规划，力争在三年内造林、改建、补植结束。

4.抚育管理。林木的抚育管理是提高造林成活率，林木保存率和木材生长率的重要措施，目前要抓紧解决好以下问题：

①要科学修枝，保持一定的冠干比。今后修枝要象采伐木材一样，报乡(镇)林业站审批。对修枝过重的林木，七尤其是松林，在今后三年内下准修枝。

②要及时防治病虫害。要以营林措施为基础，实行综合防治，对松毛虫、柳毒蛾、榆兰金花虫等危害严重的害虫，要突出抓好防治工作，把虫口压到最低限度，实现有虫不成灾，保证林木的正常生长。今后再有吃光吃死树木的现象，要逐级追究领导责任。

③有条件的林片还要注意追肥浇水等，搞好成林、幼林的抚育管理。

四、加强法制，依法治林

1.《森林法》是保护森林、振兴林业的法律保证，要在全县开展学习《森林法》、宣传《森林法》活动，使《森林法》家喻户晓，人人明白，并通过学习《森林法》，及时查处毁林事件。

2.全县要在重点林区设立林业派出所，林业局要组建林业公安科、乡镇配备林政管理员，尽快形成林业公安和林政管理体系，具体负责违反《森林法》行为的行政赴罚。

3.县、乡(镇)、村应当根据全国人大常委会关于开展全民义务植树的决议，组织年满十一岁以上的公民到指定地点参加义务植树活动，无故不完义务的单位或个人，要责令补栽并处以罚款。

4.严格执行林木采伐呈批手续，机关、厂矿企事业单位、学校、部队采伐林木，农村集体、农民在自留山、责任山、承包山和集体统一经营山上采伐林末，必须写出采伐申请，经乡镇审核，报林业局批准，发放采伐许可证。同时，按有关规定预留森林资源更新费。不批即伐，批劣伐优，批少伐多的行为都是违法的，必须依照《森林法》严肃处理。森林资源更新费由乡镇林业站代管，存入银行，所有权归林农。在限期内完成更新造林的如数退回，过期不造的由乡(镇)林业站用这笔资金统一安排造林。

5.对采伐的木材、成交的林产品和林副产品，要依法征收育林费。

6.在森林防火期，对林区内用火要严加管理，凡违反规定用火的. 要处以罚款，违反规定用火引起火灾的，责令限期更新造林，并赔偿损失、处以罚款。情节严重的，要追究刑事责任。

五、强化对林业生产的领导

要在三年内绿化全县，各级党政机关必须把林业生产抓住不放，抓出成效。

1.县、乡（镇）、村三级干部，尤其是主要领导干部，要认真学习中共中央（1987）20号文件和国务院对大兴安岭特大火灾的处理决定，克服官僚主义作风，加快林业生产的发展。

2.县委、县政府充实调整县绿化委员会，乡镇要成立5～9人的绿化领导小组，村要明确分工一名两委成员负责林业。

3.要把林业生产列为两个文明建设的重要内容。今后林业生产上不去，绿化不达标的单位和村，不能评为文明单位、文明村，这些单位的负责人也不能评为先进个人。要把林业发展好坏，做为考核干部的重要内容。

4.充实林业基层管理机构，强化林业管理职能。鉴于乡镇林业生产业务量的增多，林政、育苗、绿化、森保、干果等都有了新的要求，人员显然不足。根据中共中央(8720号)文件第八条规定，各乡镇要视任务大小，把林业站增加到3—5人，在乡镇绿化领导小组指导下进行工作。村要建立健全林业专业队伍，配备好技术员，使我县的林业生产做到层层有人抓，村村有队伍，形成一个完整的服务网络。

5.各行各业要大力支援林业生产。林业有强烈的社会性，它的效益人人分享，它的兴衰人人有责。司法、青年、妇女、民兵、工会、教育等部门，要搞好法制教育、思想发动和人力组织工作。要加强对学生的护林教育。供销、商业、物资、农机等部门，要保证物资供应。科委、科协要搞好科技信息，引进新技术。林业部门要发挥职能作用，搞好规划，加强领导，当好参谋，提供典型，做到全县上下一条心，各行各业同心干，为绿化栖霞做贡献。

一九八七年八月七日

## 中共栖霞县委
## 栖霞县人民政府
## 关于企业承包经营若干问题的试行意见
（一九八七年九月二十日）

党的十一届三中全会以来，我县企业改革迈出了坚实的一步，多数企业实行了厂长负责制和厂长任期目标制，内部经营机制逐步完善。在此基础上，进一步深化企业改革，推行企业承包经营责任制，是改善企业经营机制的一次革命，是增强企业生机和活力的一项战略措施，是搞活企业的重要形式。现对企业承包经营提出如下意见：

（一）实行承包经营责任制，是用合同的形式明确国家和企业之间的关系，使所有权和经营权适当分离，强化企业经营责任，改善企业的行为机制，挖掘生产潜力，不断提高经济效益。

（二）全民企业，由财政、经委、主管部门代表国家与企业签订合同；集体企业，由税务、经委、主管部门与企业签订合同。实行承包经营的企业所有制性质、隶属关系、财税交纳渠道、干部和职工身份不变。

（三）实行承包经营必须坚持“包死基数，确保上缴，超收多留，欠收自补”的原则，保证财政收入稳定增长，企业后劲不断增强，职工生活逐步改善。企业应依法经营，确保上缴。全民企业，超收部分，国家与企业三七分成、二八分成或全部留给企业；减收部分，企业应从自有资金补足。

（四）承包经营责任制的形式应因厂制宜，灵活多样。根据我县实际，多数企业要推行“两包一挂三联”责任制，即包利润、包技术改造投入；工资（奖金）总额与经济效益挂钩；同产值、安全、消耗相联系。也可实行“资产经营”“租赁”“股份制”“单位产品工资含量包干”等承包经营责任制。

（五）承包经营应从单项承包转为综合承包。即不但要包利润，而且要包技术改造投入或资产增值。产值、安全、消耗也是必须联系的内容。产量质量、出口创汇、新产品开发、设备完好率、资金使用效果、归还贷款、职工福利也要根据企业具体情况进行考核。

（六）承包期限要因厂制宜，多数企业要包到1990年底。个别企业也可以包三年。实行承包经营的企业，1987年底前要签好经营合同，所有企业承包期原则上从1987年1月1日算起。

（七）承包合同的内容和考核依据是《中华人民共和国经济合同法》。承包合同必须包括：承包双方法人名称，承包期限，承包各项标的，双方的权利和义务，经济担保，合同的变更等，承包合同必须经公证处公证。

（八）企业承包前，主管部门应会同劳动局对其定员定额、工资奖金总额进行核定并出具文书证明。全民所有制企业主管部门应会同财政、银行、审计等部门，集体所有制企业主管部门应会同税务、银行、审计等部门对企业的资产及经营责任进行清理评估并出具文书证明。在承包期内处理完毕的，银行按正常利率计息。企业业务往来交谊费应按省委、省府“十七条”执行。全民企业可由其主管部门会同财政局每年核定一个数额。交谊费可以进成本。

（九）合理确定承包基数是搞好承包经营的前提。要本着只进不退就高不就低，保护先进鞭策后进的原则，以八六年实际完成的各项经济技术指标为主要依据，参照本企业前三年平均水平、八七年计划、企业发展趋势等因素统筹权衡确定。承包期内年利润递增幅度的原则为：一百万元以上的企业一般不低于10%，五十万元至一百万元的企业一般不低于15%，三十万元至五十万元的企业一般不低于18%，三十万元以下的企业一般不低于30%。资产增值幅度的原则为：固定资产千万元以上的企业，不低于8%；五百万元以上不足千万元的，不低于10%；一百万元以上不足五百万元的，不低于15%；百万元以下的不低于20%，提倡团组承包集体承包、大厂包小厂、盈利企业包亏损企业、经营好的企业包经营差的企业。承包标的应作为经营者中标构主要依据，但决定依据是治厂能力综合经营能力、组织能力、管理水平和群众基础。不但要看近期表现和答辩情况，更要对其、多年来的德、勤、能、绩进行综合评价。根据企业不同情况可以内部选聘，也可以公开招标。企业主管部门均应组成由其主要负责人任主任委员的考评委员会对承包人进行评议审定。考评委员会应有企政部、经委、计委、劳动、财政、税务、审计、银行和企业职工代表参加。

（十）成立“栖霞县企业承包经营责任制领导小组”。承包方案要报领导小组审定。承包人、承包期限、承包基数初步议定后报领导小组批准才能举行签字仪式和公证。

（十一）经营者在承包期内是企业的法人代表、当然厂长(经理)。承包经营者有领导班子组阁权、生产经营权、内部机构设置权、人事安排权、中层干部任免权、自有资金使用权、内部收入分配权、资产正常增值前提下的资产出租或处理权，有权抵制不负经济责任的外部干扰。但承包者要从全局出发．承担必须承担的社会义务。

（十二）承包企业的厂级领导，一般设副厂长一至二人，也可强根据企业情况设厂长助理一至二人。副厂长报干部主管部门审查批准；厂长助理由厂长任免报干部管理部门备案。厂长助理在任职期内享受副厂长待遇。

（十三）经营者必须认真贯彻执行国家政策法令。要依法经营、依法纳税、依法搞活企业；要合理使用人力、物力、财力，保证资产完整，避免短期行为；要自觉接受经济监督部门的检查审计，自觉接受党组织的监督和职工代表大会的审议质询。经营期内，发生重大政策变化，经承包经营领导小组批准，按可比口径调整。

（十四）企业主管部门每年至少应对承包企业进行一次全面检查，写出综合报告报经济监督检查部门和干部管理部门。对重点企业有问题的企业，经济监督部门应亲自检查审计。承包期满，由审计局进行全面审计，分清经营责任。对经营性亏损或弄虚作假，坚决追究责任。

（十五）不论采取何种承包形式，经营者必须交纳两千元的个人资产作抵押；承包期内，每月经营收入也要拿出50%由企业专户储蓄做为抵押，经营期满，经过审计完成或超额完成承包指标的全部退还。完不成承包指标应依据奖罚规定，以个人收入、个人抵押资金递补。承包团组其他成员和厂级副职的财产及收入抵押，奖罚均按经营者80%计算。

（十六）实行承包经营的企业，实际利润指标低于标的10%时，应对经营者重新进行审定。不论采取何种承包形式，职工收入不应低于基本工资，经营者收入不应低于80%基本工资。

（十七）实行承包经营的企业，经营者的收入应体现噩硷与利益统一的原则，凡完成当年标的利润，经营者个人年；发入一般应为职务工资(为同型企业厂长职务工资制中间档次)的2倍，或职工平均工资收入的2倍～3倍。经营者超标收入要从严掌握，不得超过超标利润的3%，职工超标收入不得超过超标利润的i0咖。

（十八）自合同生效之日起，实行承包经营双方均受法律约束，不得随意变更、终止或解除合同，单方变更应按规定承担责任。遇到意外或特殊情况确需变更，应双方协商对承包合同进行调整、充实、补充。调整、充实、补充后的合同条款，经过公证机关公证认可具有同等法律效力。

（十九）承包企业党组织的主要任务是教育党员、职工发展生产，保证企业的社会主义方向。承包企业党组织负责人要由党员民主选举产生，报干部管理部门备案。小型企业今后不再设专职党组织负责人，大中型企业也要少设党组织机构和办事人员。承包企业职工代表大会应独立自主地行使民主管理权利，维护职工的合法权益。职工代表大会负责人由职工民主选举产生，报干部管理部门备案。工会负责人兼职做工会工作并不得加入承包团组。

承包企业党组织和职工代表大会的工作依据是中共中央、国务院颁发的《中国共产党全民所有制工业企业基层组织工作条例》《全民所有制工业企业职工代表大会条例》。

原企业行政负责人被承包人结合的，享受合作者待遇；未被结合的，视为自然免职，由承包人根据需要安排工作，享受新岗位待遇，或由企业主管部门、干部管理部门统一考虑使用。但一般不再按原职安排。

（二十）实行承包经营的企业允许两个半月奖金进成本。在考核经营责任时，依据县府1987年98号文检查并经财政、税务、银行承认的“挂账损失”，在承包期间用实现利润弥补视为实现利润；智力投资中超过正常教育经费的部分，视为超额利润；从当年实现利润中归还专项贷款，视为实现利润。

（二十一）经营期满，主管部门应向实现承包指标的承包者颁发经营证书，记载其经营实绩。对成绩突出者，应给予奖励，报请县政府授予县级劳动模范、企业家称号并优先解决农转非、转干、晋级等。

（二十二）本意见解释权归栖霞县企业承包经营责任制领导小组办公室。

# 栖霞县第二轮企业承包经营责任制实施办法

## 第一章 总 则

第一条 为了进一步稳定完善企业承包经营责任制（简称承包制），根据《中华人民共和国全民所有制工业企业法》（简称《企业法》）、《全民所有制工业企业承包经营责任制暂行条例》（简称《承包条例》）的规定和上级有关文件精神，结合我县实际，制定本办法。

第二条 承包制是在坚持社会主义公有制的基础上，按照所有权与经营权适当分离的原则，以承包经营合同的形式，确定国家与企业、职工的责权利关系，使企业做到自主经营、自负盈亏、自我约束的经营管理制度。

第三条 实行承包制，必须正确处理国家、企业、职工三者利益关系，调动各方面积极性，保证国家财政收入稳定增长，增强企业自我发展能力，逐步改善职工生活。

第四条 承包企业实行厂长（经理，以下统称厂长）负责制。承包经营形式主要采取党政工领导成员集体承包（简称集体承包），有条件的企业可以实行全员承包。

第五条 承包制的基本内容是包挂结合，即包经济技术等指标，实行工资总额与经济效益挂钩。

第六条 承包制的发包方（简称甲方）为企业主管部门，承包方（简称乙方）为实行承包经营的企业。按照承包形式的不同，实行集体承包的为企业党政工领导成员，实行全员承包的为企业全体职工。

## 第二章 承包领导班子

第七条 承包领导班子成员，包括厂长、副厂长（副经理，以下简称副厂长）、党委（总支、支部，下同）书记（简称书记）、副书记、纪委书记和工会主席。厂长是企业的法定代表人，是主要承包者。领导班子职数原则上小（二）型企业不超过4职，小（一）型企业不超过5职，中型企业不超过7职，未划型企业参照上述规定酌情确定。如有特殊情况，需要增加职数的，由企业主管部门提出申请，报县企业承包工作领导小组审批。

第八条 承包企业领导班子的择定标准：

对承包企业领导班子的全体成员，都必须严格按照干部的“四化”标准进行考察和择定。

具体根据组织部门考察和任免领导干部的规定执行。

第九条 厂长的择定以续聘为主，选聘为辅，个别企业也可在本行业或本企业内公开招聘。实行公开招聘的，须报县企业承包工作领导小组批准。

凡第一轮承包期间已完成或超额完成承包指标，且领导班子具备继续承包资格的，可续聘原厂长为第二轮承包的主要承包者。确因大环境影响而未完成任务，但经审查厂长和其他领导班子成员仍具备继续承包资格的，也可实行续聘。

凡不具备前款条件或现任厂长及领导班子拒不接受企业承包领导小组核定的承包基数的，可采取选聘或招聘的方式重新聘任厂长和承包领导班子。

第十条　厂长的择定程序

（一）续聘的，由现任厂长向甲方提交第二轮承包经营的初步方案；选聘的，按干部管理权限提出人选；招聘的，甲方发布招聘启事。

（二）无论续聘、选聘还是招聘的，均需组织考察，并按干部管理权限审批。

厂长择定后，应召开职工大会，甲方颁发聘任证书，厂长宣讲经管理方案。

第十一条　副厂长的择定程序：

（一）厂长提名或党组织推荐；

（二）民意测验、组织考察；

（三）按干部管理权限审批、聘任。

第十二条　正、副书记、纪委书记，按党章规定产生。厂长、书记原则上一人兼任，

设专职副书记。小型企业厂长、书记分设的，不设副书记。

第十三条　工会主席按工会章程规定产生，可兼任，也可专设。

第十四条　承包领导班子成员须按具体分工，分口分级签订责任书。行政副职分别与厂长签订包括生产、经营、技术和行政管理等内容的责任书；书记与上级党组织签订包括思想政治工作、党组织建设、党风党纪教育和保证监督等内容的责任书。企业设党委的，由县委委托企业主管局（公司）党委代签责任书。副书记、纪委书记、工会主席按职责分工，分别与书记签订责任书，其中，工会主席的责任书须包括民主管理、劳动竞赛、职工福利和职工教育等内容。党组织对工会主席责任书的考核，应会同上级工会组织进行。

## 第三章　承包经营合同

第十五条　实行承包经营责任制，必须由甲方代表与乙方代表订立承包经营合同。

第十六条　承包经营合同必须包括下列主要条款：

（一）承包形式；

（二）承包期限；

（三）合同双方当事人；

（四）合同双方认定的承包指标；

（五）留利使用、贷款及职工集资借款归还、本次承包前企业的债权债务和盈亏处理、技术开发费的提取意见；

（六）对乙方的奖惩；

（七）合同双方的权利和义务；

（八）合同的变更和解除条件；

（九）合同双方违约责任；

（十）合同双方约定的其他事项。

第十七条　承包期一般为三年，也可与技术改造计划同步，但最长不超过五年。

第十八条　合同的订立必须遵循以下程序：

（一）甲方依据本办法和县企业承包工作领导小组根据财政经济状况的要求提出的实现利润、上缴利润、产值或销货额、归还贷款及职工集资借款指标拟订合同；

（二）合同双方协商一致后，报县企业承包工作领导小组审批；

（三）合同双方签字，可以申请有关部门公证或鉴证，合同副本分别送体改办、财政局、税务局、审计局、计委、甲方归口部门备案。

第十九条　有下列情形之一的可依法变更合同：（一）国家对税种、税率和专项基金及其提出比例进行重大调整，影响实现利润、产值或销货额指标较大的；

（二）国家对指令性计划的原材料价格和产品销售价格进行重大调整，影响实现利润、

产值或销货指标较大的；

（三）因不可抗力，致使合同无法履行的。

第二十条　有下列情形之一的可依法解除合同：

（一）乙方经营管理不善，未完成承包经营合同指标的；

（二）乙方在经营期内由于决策失误或过失，给企业和国家造成重大损失的；

（三）厂长违法或违纪，被追究刑事责任或受撤职以上党纪政纪处分的；

（四）厂长辞职或因病、残连续半年以上不能工作或因工作需要调离的；

（五）甲方违约使乙方无法履行承包经营合同的；

（六）按本办法第十九条的规定进行合同变更时，合同双方达不成一致协议的；

（七）按有关法律、法规、规章和产业结构调整政策，企业合并、兼并、分立的；

（八）承包企业改变行政隶属关系的。

因本条第一到四项原因，甲方有权提出解除合同；因第五项原因，乙方有权提出解除合同；因第六至八项原因，合同双方均有权提出解除合同。

本条第一项所称未完成承包经营合同指标，是指半年实际累计实现利润不足年度指标40%，或年实际实现利润不足年度指标的80%，或其他承包指标中有两项未完成的。

经审查，胜任的可以继续承包，不胜任的经县企业承包工作领导小组同意后，取消其经营资格，解除承包合同，按干部管理权限解聘。

第二十一条　变更或解除合同，经县企业承包工作领导小组审批，报有关部门备案。

第二十二条　合同双方发生纠纷，按《承包条例》第二十一条规定执行。

## 第四章　承包经营指标

第二十三条　承包经营指标体系包括下列内容：

（一）主要指标：实现利润、上缴利润（限国营企业）、产值、固定资产净值增值（限工交企业）、销货额（限流通企业）。

（二）其他指标：由甲方根据行业和企业的特点按下列内容选择设置：

（1）工业企业。出口产品交货额、人均实现利税、设备完好率、全部资金利税率、物质消耗、职工培训等。

（2）流通企业。流动资金利税率、人均实现利税、商品流通费用率、库存商品适销率、资金周转天数、职工培训等。

其余企业的其他指标，可参照工商企业指标结合本行业的特点设置，服务性企业要增设必要的社会效益指标。

第二十四条　利润承包基数的确定：

以一九八七年、一九八八年、一九八九年、一九九〇年（上半年）三年半实际实现利润的平均数为底数，按12%的增长幅度，同时参照技术改造、市场前景、同行业平均资金利润率等因素，确定一九九一年的承包基数，然后按照逐年增长的要求核定承包期的基数。

第二十五条　利润递增幅度的确定：

全县统算，所有承包企业平均实现利润必须不低于全县经济计划增长12%的幅度。

工业企业：二百万元以上的企业不低于6%～8%；一百万元以上至二百万元（含）的企业一般不低于8%～12%；五十万元以上至一百万元（含）的企业一般不低于12%～18%；三十万元以上至五十万元（含）的企业一般不低于18%～24%；三十万元以下

的企业一般不低于24%～30%。

第二十六条　上缴利润基数的确定：

（一）确定基数的原则是：参照第二轮承包利润基数和国营企业第二步利改税方案，并考虑承包期内的还贷任务，逐年核定。

（二）一九九〇年上缴利润，应做为第二轮承包上缴利润基数的主要依据，上缴利润占实现利润基数的比例原则不低于35%。

（三）专项贷款余额超过第二轮承包期实现利润基数的，可实行上缴利润定额包干，定额参考以前年度上缴利润水平核定，同时规定承包期内用自有资金归还专项贷款的最低限额。

（四）对亏损企业的亏损包干基数，根据各企业的不同情况具体核定。

（五）上缴利润年递增幅度原则不低于12%。

第二十七条　固定资产净值增值基数的确定：

（一）固定资产净值基数：

（1）国营企业以财政部门和甲方在承包前重新审计核实的净值数为准。

（2）集体企业以甲方在承包前重新审计核实的净值数为准。

（二）承包期内固定资产净值增值幅度的确定：

固定资产两千万元以上的，不低于6%；千万元以上不足两千万元的，不低于8%；五百万元以上不足千万元的，不低于12%；一百万元以上不足五百万元的，不低于17%；百万元以下的，不低于25%。

第二十八条　产值或销货额承包基数的确定：以一九八九年实际完成数为底数，按15%的增长幅度，确定一九九一年的承包基数，然后按照15%的递增幅度确定后两年的承包基数。

第二十九条　其他承包指标的确定，由甲方根据上级有关规定及烟台市同行业平均水平，结合本企业历史最好水平合理确定。

第三十条　基数确定程序：

（一）国营企业承包基数由甲方和财政部门根据企业实际情况具体核定。集体企业承包基数由甲方具体核定。

（二）由甲方将基数确定意见上报县企业承包工作领导小组最终审定。

## 第五章　分配与考核

第三十一条　国营企业按照“确定基数、逐年递增、超收分成、欠收自补”的分配原则，确定国家与企业的分配关系。实行上缴利润递增包干、超收分成的，超基数利润分成比例为3∶7，超基数利润30%（含30%）以上的，分成比例为2∶8，分成后归还贷款；实行定额包干的，超额部分全部用于企业归还贷款；实行亏损包干的，减亏部分，企业全留。未完成实现利润（减亏）基数的，用自有资金抵补。

第三十二条　国家与职工的分配关系，仍按工效挂钩的有关规定执行。

第三十三条　承包人承担的责任份额和抵押金，按承包形式分别确定：

（一）实行集体承包的，厂长和书记分别承担一个责任份额（厂长、书记兼任的，按一个责任份额计算），其余成员分别承担0.8个责任份额。

（二）实行全员承包的，承包领导班子成员承担的责任份额按前款规定执行，中层干部的责任份额为0.5，一般干部和职工的责任份额为0.3。

（三）实行其他形式承包的，按集体承包

的规定确定责任份额。

承包人均须交纳风险抵押金，包括承包资格风险抵押金和承包收入风险抵押金。承包资格风险抵押金，在签订合同前按责任份额标准以现金的形式交纳，一个责任份额为2000元。承包收入风险抵押金按年度从承包期间一次性年终兑现奖励收入中扣留，占扣缴个人奖励收入调节税后的30%。

第三十四条　风险抵押金由企业财务部门代存，可参与企业流动资金周转，承包合同解除或终止后，结余额全部退还抵押人。风险抵押金余额按银行同期居民整存整取储蓄率计息（含保值贴补率），列入成本；风险抵押金的退还、扣罚，由甲方和县企业承包工作领导小组办公室依据审计结论批准后执行。

第三十五条　根据承包指标的完成情况，对承包人实行年终一次性现金奖惩，具体办法如下：

（一）实现利润超承包基数5%（含）以下、5%以上至10%（含）、10%以上在基本收入（本人标准工资加正常奖金，下同）的基础上，对一个责任份额在档次内每超1%分别给予相当于本企业年人均奖金的16%、24%、40%的奖励，或者给予相当于本企业年人均收入（人均标准工资加正常奖金，下同）的4%、6%、10%的奖励。

产值或销货额每超承包基数1%，在基本收入的基础上，对一个责任份额给予相当于本企业人均奖金的11%的奖励或者给予相当于本企业年人均收入3%的奖励。

固定资产净值增值的考核，以帐面实际支出为依据，实行年度兑现，奖惩可统算。

对技术改造项目投入较大的，或有特殊贡献的，县政府另文规定奖励办法。

（二）未完成利润基数（包括国营企业上缴利润基数）的，扣减全部年终一次性兑现收入。

（三）未完成产值或销货额、固定资产净值增值基数的，分别扣减年终一次性兑现收入的50%。

（四）未完成利润、产值或销货额基数的，按本条第一款规定同比例扣减奖金和风险抵押金。

（五）其他指标，每有一项未完成的，对一个责任份额扣减相当于本企业人均奖金的24%或本企业人均收入的6%。

（六）对一个责任份额的年终奖励总金额（不含应缴个人收入调节税部分），一般企业以高出相当于本企业年人均奖金的5.5倍或本企业年人均收入的1.5倍为上限；出口产品产值率达60%以上或完成固定资产净值增值基数的企业，以高出相当于本企业年人均奖金的7倍或本企业人均收入的1.8倍为上限。扣减的现金总额以其承包收入和承包资格风险抵押金之和为上限。

（七）承包人年终一次性现金奖励以外的正常奖金不得超过本企业人均奖金额。

（八）对承包人年终一次性现金奖励，从工效挂钩的效益工资和奖励基金中列支；对承包人扣减的金额列入企业营业外收入。

第三十六条　对承包人的奖惩兑现，先由有关部门按分工进行审计和考核，然后各承包企业根据审计和考核报告提出对承包人奖惩兑现的初步方案，经职代会审议后，报甲方审查，再由甲方报县企业承包工作领导小组审批，次年四月份兑现。

因本办法第二十条规定的原因被解除合同的，甲方在对承包人进行全面审计、考核的基础上，按下列规定进行奖惩：

（1）因第一、二、三款原因解除合同的，累计实现利润、产值或销货额达到或超过累计季度指标的，不奖不罚；累计实现利润、产值或销货额低于累计季度指标的，每低1%，按本企业本年度人均已发奖金和本办法第三十五条规定的比例，扣减承包人的承包风险抵押金。其他指标按合同规定考核。

（2）因第四、五、六、七、八款原因解除合同的，实现利润、产值或销货额指标按经营期内实际累计应实现数考核。具体按第三十五条第一款计算方法予以奖惩。其他指标按合同考核。

第三十七条　对有突出贡献的厂长，由政府按贡献大小，分别给予以下荣誉奖励：

（一）企业年度承包利润基数50万元（含）以下、50万元至100万元（含）、100万元至150万元（含）、150万元以上四个档次，年度超基数利润分别在50%、30%、20%、10%以上且全面完成其他承包指标，并被评为县级以上文明单位的，给予记功奖励；

（二）连续三年获得记功奖励，并且获得省级以上先进企业称号的，给予记大功一次，并从厂长3%晋级指标中奖励晋升一级工资，授予栖霞县"劳动模范"称号，推荐为烟台市"企业家""劳动模范"等候选人。

上述奖励，由甲方提请县企业承包工作领导小组审查后，报县政府审定。

第三十八条　对领导班子其他成员的奖励，由甲方根据责任书的考核情况，参照前条规定执行。

第三十九条　对承包企业的监督检查按下列规定执行：

（一）审计检查主要分年度审计检查、经营期满审计检查、厂长中途离任审计检查，以及重点审计检查，具体审计程序按审计部门有关规定执行。承包检查工作由甲方会同有关单位进行。

（二）检查考核时间：

实现利润、产值或销货额指标按季度考核。上缴利润指标由财政部门分解下达到承包企业，按月考核。

其他指标原则上每年检查、考核一次，具体办法由甲方在合同中规定。

## 第六章　对遗留问题的处理

第四十条　第一轮承包规定应处理而未处理的遗留问题，承包者续聘的，按第一轮承包合同规定处罚（包括团组全体成员），不视为实现利润；承包者选聘的，可转入第二轮承包中处理，视为实现利润。

第四十一条　第一轮承包中发生的问题，承包者续聘的，按承包合同规定处罚（包括团组全体成员）后，转入第二轮承包中处理，不视为实现利润；承包者选聘的，必须按第一轮承包有关规定，由原承包者承担经济责任后，方可转入第二轮承包中处理，视为实现利润。

第四十二条　第二轮承包中产生的新问题，由承包者在承包期内处理，不视为实现利润；逾期未处理的，按承包合同规定处罚。

遗留问题以审计、财政部门和甲方核实的数据为依据。

## 第七章　承包经营合同双方的权利和义务

第四十三条　甲方享有下列权利：

（一）选择企业承包形式，实行全员承包的，须经职代会讨论通过；

（二）确定承包期限；

（三）依据本办法第十条的规定，按干部管理权限确定或参与确定厂长的择定方式；

（四）依据本办法第十一条规定，择定或参与择定副厂长；

（五）依据本办法第四章的有关规定，设置承包指标及检查考核办法；

（六）依据承包经营合同和法律、法规、规章以及政府的有关政策，检查监督企业的生产经营状况；

（七）依据承包经营合同，定期对乙方进行审计考核，并提出奖惩意见。

第四十四条　甲方承担下列义务：

（一）严格履行依法订立的承包经营合同；

（二）依照法律、法规、规章和承包合同，维护企业和承包人的合法权益并在职责

范围之内帮助企业搞好物资供应、产品销售，规划、论证、落实技改项目等；

（三）按年度向企业职工公布合同履行和奖惩兑现等情况；

（四）组织对企业领导干部的理论和业务培训。

第四十五条　乙方的权利和义务，按《企业法》《承包条例》有关规定执行。

## 第八章　附　则

第四十六条　县政府设立由体改办、经委、财办、乡企局、审计局、计委、银行、组织部、人事局、财政局、税务局、劳动局、总工会等部门负责人组成的企业承包工作领导小组，统一负责对整个承包工作的组织、领导和协调。领导小组成员部门，要按各自的职责，加强监督检查，努力搞好服务，为承包工作的健康发展创造条件，领导小组办公室设在县体改办，负责企业承包的日常工作。

第四十七条　违反本办法有关规定的，企业承包工作领导小组要视其情节提出通报批评、经济处罚或相应的行政处分建议，由有关部门按规定处理。

第四十八条　本办法适用于实行第二轮承包经营的县属企业，实行企业化管理的事业单位、县乡联营企业，可参照本办法执行。

第四十九条　本办法由栖霞县第二轮企业承包工作领导小组办公室负责解释。

第五十条　本办法自发布之日起施行。

一九九〇年八月十六日

# 栖霞县人民政府<br>关于发展外向型经济的若干规定

为了适应沿海地区经济发展战略的需要，加快我县对外开放和发展外向型经济的步伐，根据国务院和省、市政府的有关规定，结合我县实际情况，制定本规定。

第一条　对投资在50万美元以下的来料加工装配和补偿贸易项目的外向型企业，只要所需原材辅料、燃料动力能够自行平衡，所需资金能够自行解决，由外经委负责报批立项、对外洽谈业务并签订合同。凡出口值占年产值30%以上的企业，因扩大出口需进口原材料、零部件或样机，年进口额不超过5万美元的，企业可自行立项，县外经委负责审批，组织考察，办理手续。外汇管理局负责安排用汇指标。

第二条　企业为发展出口产品生产而进行技

术改造、技术引进所需资金、土地、厂房、水电、材料，各有关部门要优先解决。企业因进行技术改造而进口国内暂不能生产或不能保证供应的关键部件，农村为安排发展出口农产品加工项目所进口的种子、种苗、饲料、动植物保护、农药等必需的技术设备，按照国家规定不论外汇来源，在规定期限内，免征关税、产品税或增值税。对的国外技术随附的关键设备和进行消化吸收所需进口的软件和样机，分别由外经委和经委出具证明，审报免征或减征进口关税、产品税或增值税。

第三条　对技贸结合进口的物资、物品，由外经委证明审报，给予以下税收优惠：对需要进口成套的散件，其进口关税不按整机征收，减按零部件税率征税；对于零部件在税则中没有单列税率的，减按整机税率的三分之二计征，进口环节的产品税或增值税减按该产品应纳税额的60%计征。

第四条　对产品出口企业和先进技术企业的场地使用费，凡开发费和使用费综合计收的地区，为每年每平方米5元至15元，凡开发费一次性计收或者上述企业自行开发场地的地区，使用费最高为每年每平方米3元，对先进技术企业，经县人民政府批准，可免收场地使用费五年，对当年企业出口产品产值占当年企业产品产值60%以上的企业，可免收场地使用费五年，并可根据实际情况适当延长。对外商投资企业的基础设施费，只收增容的实际工程费。

第五条　外向型企业直接使用国际金融组织和外国政府贷款等安排的项目所需进口的机器设备、货运车辆以及建厂（场）和安装、加固机器设备所必须进口的材料，免征关税和产品税或增值税。利用上述贷款投资的项目免征建筑税。经财税部门批准，可先还贷，后缴纳企业所得税，也可用产品税、增值税归还贷款。经外汇管理部门批准，新增的出口创汇可先还贷，后分成。对利用国内金融组织的外汇贷款，可视同利用外资，享受减免关税优惠。

第六条　引进外资项目时，必须认真考察论证，并应制定引进计划的消化吸收措施。经委、外经委等部门对专门消化引进技术的企业在技术、资金、物资等方面应给予大力支持。对企业在消化吸收过程中发生的试制损失，可在成本中列支。消化、吸收技术成果转让费年收入50万元以下的，免征所得税，这部分资金80%用于创汇产品开发，20%用于奖励有功人员。消化吸收产品，按规定的管理权限，经鉴定质量达到国际同类产品水平的，由税务机关批准，给予减免一至三年产品税和企业所得税优惠；减免期满后纳税有困难的，经申请批准可继续给予减免税照顾。凡能够代替进口产品的，经外汇管理局认可，销售时可收取50%外汇额度并全额留用两年。符合新产品条件的进口替代产品，优先列入新产品计划并享受有关照顾。

第七条　国营、集体企业和乡镇企业，可以用现有的场地、厂房、设备、工业产权和自有资金以及用于企业技术改造的资金作为出资，举办中外合资、合作经营企业，也可以将厂房、设备、场地使用权，出租、承包、出售给外国投资者。利用外资改造老企业按《山东省利用外资改造老企业的几点意见》执行。

第八条　凡在我县兴办的中外合资经营、中外合作经营企业和外商独资企业，其税收、物资供应、场地使用、外汇收支平衡等有关规定，按《山东省鼓励外资的优惠措施》给予优惠。

第九条　各经济综合部门、业务主管部门、各部门驻外地办事机构，要建立定期的信息报告制度，注意加强与外商的联系，特别要加强与国外公司、企业驻我国办事机构的信息联络工作，及时了解国外市场动态，为政府决策提供可靠的信息依据。

第十条　金融机构对外向型企业应按《山东

省金融开放的若干政策规定》，积极做好各项工作，扶持外向型经济发展。

第十一条 涉外单位干部职工应进行岗位培训。50%以上的干部要掌握外经外贸知识，具备一定的外语会话、阅读能力。对通过自学能熟练掌握一门外语的涉外单位干部职工，经有关部门考试合格并取得证书者，应给予表彰奖励。社会上的外经、外贸、外语人才，只要工作需要，有关部门应大力支持，允许流动和聘用。

第十二条 对引荐外商投资项目和对国外承包工程、劳务合作项目的有功人员，项目投产获利后给予奖励，确认为填补省内空白的高技术项目给予重奖，资金数额由企业自定。引进外资10万美元以上，不足20万美元者给其符合条件的亲属安排农业合同制工人2名；20万美元以上，不足50万美元的，安排农业合同制工人3名；引进50万美元以上的安排农业合同制工人4名。

第十三条 对发展我县外向型经济做出突出贡献或在出口创汇工作中成绩显著者，按县政府的有关规定予以奖励。

第十四条 凡以前有关规定与本规定不符的，以本规定为准。

第十五条 本规定由县外经委负责解释。

第十六条 本规定自发布之日起施行。

一九九一年五月二十一日

## 中共栖霞县委<br>栖霞县人民政府<br>关于加快发展果业的意见

果业是我县农村经济的骨干支柱产业，在全县国民经济中占有举足轻重的地位。为了加快实施县委八届七次全委会关于振兴果业的发展战略，进一步提高我县果业生产的档次，促进我县由农业大县向农业强县的跨跃，现对九五年果业生产提出如下意见：

一、认清形势，增强抓好果业生产的责任感和紧迫感

近几年，全县上下在建设“山上栖霞”、拓荒植果奔小康思想指导下，果业生产取得了突破性进展，果园面积稳步扩大，果品产量、质量逐年提高。1994年底，全县果园总面积生产已成为农民收入的重要来源。但是必须清醒地看到，我县的果业生产还存在不少问题，面临的形势相当严峻。从国内生产形势来看，目前在发展“两高一优”农业过程中，北方不少地区尤其是内地省份都把果业作为脱贫致富的希望产业，大干快上，快速发展。传统产区迅速扩展规模，提高质量，非重点产区也不甘落后，急起直追，使全国果品生产形势呈现出烽烟四起、群雄争霸的新格局。在这种全面竞争的形势下，不进则退，小进也是退。从我县果业生产现状看，品种老化，名牌果品不多，新技术应用率不高，加工滞后等问题依然存在，如果不认真加以解决，势必将严重影响我县果品的对外声誉，影响经济效益的提高。为此，各级各有关部门必须保持清醒的头脑，增强振兴果业的紧迫感和责任感，强化生产的二次创业意识，加大措施，加快步伐，推进我县果业生产向更高层次迈进。

二、明确九五年发展果业的指导思想、工作目标和具体措施

九五年，全县果业生产总的指导思想是：以市场为导向，以科技为依托，以新品种、新

技术开发为重点，以系列化服务为保证，内抓质量上档次，外创名牌拓市场，努力实现果品产量、质量、效益三大指标的新突破，推动全县果业生产向品种良种化、生产区域化、技术现代化方向发展。工作目标是：全县果园总面积发展到70万亩，果品总产量6亿公斤，果品总收入8亿元，农民人均果品收入1200元。

要实现上述目标，必须着力抓好以下七项关键措施的落实。

（一）狠抓科技推广，提高果品质量。在大力普及推广果园覆草覆膜、周年整形修剪，间距疏花疏果、测土配方施肥、综合防治病虫害等常规技术的前提下，重点推广苹果单果套袋、摘叶、转果、铺设反光地膜以及喷施微肥、果形剂等高新技术，使全县新技术普及率达60%以上，覆盖面积达到85%以上，全县确保完成苹果套袋1亿个，铺设反光膜500亩。

（二）加快品种更新换代步伐。要采取上新改老同步发展的方针。一方面，充分发挥山区资源优势，新发展跨世纪品种的高标准果园5万亩，同时抓好县苹果新优品种科技园建设，进行十几个苹果新品种的种植示范，引进繁育无毒苗木，确保明年生产出15～20万株脱毒苗木和20万条接穗。另一方面，要努力抓好对老劣品种苹果园的更新改造，力争用两年的时间将全县10万亩品种老、树龄大、产量低、质量差、效益不高的苹果园全部更新改造为新优品种。九五年改造任务为7万亩，其中改建2万亩，改接5万亩。

（三）层层建立高标准样板园。建立高标准样板园是提高全县果品质量、扩大出口创汇能力、推动果品生产向高层次发展的重要措施之一。县、乡领导都要有自己的样板园，县委书记、县长样板园面积要在1000亩以上，乡镇党委书记、乡镇长样板园面积要在100亩以上。样板园建设必须坚持高标准、高起点，做到基础设施完备、管理措施先进，品种优、产量高、效益好，在果业发展上真正起到样板示范作用。

（四）认真组织好评先创优活动。实施品牌战略，是提高我县果品市场竞争力的重要手段。为确保今年苹果评优工作取得突破性进展，县委、县政府决定，九五年在全县开展一次“优质果品大比武”活动，对各乡镇参赛果品按质量优劣排出名次，拉开档次，对优胜者颁发证书，予以表彰。县里将拿出其中的优质果品代表全县参加市优、省优和部优评比。争取年内有三个品种获部优。各乡镇对参赛果品要落实品种，落实地块，专人负责。在搞好评优工作的同时，要加大栖霞果品的对外宣传力度，利用多种新闻媒介扩大对外宣传，努力提高栖霞果品的外向知名度，为进一步开拓国内外市场创造条件。

（五）搞好苹果绿色证书的申办工作。绿色食品是无污染的安全、优质、营养类食品。申办获得绿色食品标志，对于提高我县果品生产的声誉，拓展国际国内两个市场，扩大出口创汇有着非常重要的意义。今年全县将统一申办红富士苹果绿色食品标志。为此，各乡镇要大力推广无公害果品生产管理技术，实施无公害病虫防治措施，使我县35万亩红富士苹果质量大幅度提高，尽快达到绿色食品标准。申办所需资金，要采取县里出一点、乡镇凑一点、村里拿一点的办法，通过多种形式加以解决。

（六）大力加强以水为主的果园基础设施建设。果园基础设施建设的好坏，直接影响到果品质量的优劣，影响到经济效益的增长。今年要在管好用好已有的工程设施的基础上，加大投入，加快果园基础设施的建设步伐。年内在全县果园新建各项水利工程设施500项，扩大改善面积果园5万亩。其中，新发展果园管灌5000亩，滴灌500亩。同时，要切实搞好全县土地和果园资源普查，合理利用土地，提高单位面积效益。对于新发展果园，要严格控制占用耕地，特别是不准以任何理由占用基本粮田保护区。

（七）广泛开展招商引资，努力发展果品深加工企业。要调动全社会的力量，充分发挥我县果品生产基础好的优势，扩大对外合作，培植龙头企业。年内要在全县新建2000吨以上果品冷风库1～2处，在有条件的乡镇新上2～3个果品深加工项目，把我县果品生产真正建成集产、供、销、贮运、加工于一体的支柱产业。

三、切实加强对果业生产的领导

各乡镇各有关部门都要把振兴果业作为促进农村经济再上新台阶的重要措施来抓，列入工作的重要议事日程，加强领导，强化措施，做到领导有分工，措施有落实，工作有目标，奖罚有办法。县里将成立果业生产领导小组，由县长林学敏任组长、县委副书记曲顺民、副县长曹礼和县长助理衣玉祥任副组长，农委、科委、计委、财政、果树研究推广中心等部门的主要领导任成员，办公室设在果树研究推广中心。各乡镇、村也要成立相应的组织，负责果业生产的长远规划、技术指导、监督检查等。要切实解决好乡镇果树技术推广部门存在的“脱钩断奶”问题，抓好机构、经费、人员三落实，使技术人员能够专职专责做好技术推广工作。县委、县政府将把果业生产情况列入季度和全年岗位责任制考核内容，加强督查，奖优罚劣，并确保兑现，调动各级各部门积极性，推动果业生产向更高的目标迈进。

一九九五年四月一日

附：关于加快发展果业的奖励办法

一、果品生产强乡（镇）综合标准及奖励办法

1.人均果园面积1亩以上。

2.人均果园产量1000千克以上。

3.苹果新优品种占有率70%以上。

4.人均果品收入2500元。

5.果园水浇地面积达80%以上。

6.新技术推广普及率90%以上。

7.果品套袋完成下达任务，实套数在500万个以上。

8.铺设反光膜完成下达的任务，铺设50亩以上。

9.优质果品出口数量80万公斤。

10.重视苹果绿色食品证书的申报活动，工作主动措施得力。

凡符合上述10项指标的，为果品生产强乡强镇，县委、县政府颁发锦旗，年终岗位责任制考核中加2分。

二、果品生产单项经济指标及奖励办法

1.执行栖发〔1995〕第8号文件，即果品年产量人均占有果品产量1000千克以上或人均500千克且比1994年增长60%以上的，奖励乡镇政府5000～10000元。

2.党委书记或乡镇长果业样板园，面积在100亩以上，品种新、设施配套、管理技术高、产量高、效益好，达到全国、省级样板园一流水平标准，奖励乡镇党委书记或乡镇长5000元。

3.优质果品评选，凡是获得部级金、银、铜奖的，分别奖励乡镇党委、政府1万元、8000元、5000元；获得省级特优、优质奖的，奖励乡镇党委、政府5000元、3000元；获得市优质奖的，奖励乡镇党委、政府3000元；县里组织的评优活动，获得一、二、三名的，分别奖励乡镇党委、政府3000元、2000元、1000元。

奖励项目，如出现重叠，以最高奖为准，不重复奖励。

三、检查验收

果业生产强乡镇以及单项经济指标奖励的审定，由乡镇申报，县政府将组织农委、计

委、财政、统计、果树中心等部门进行检查验收核实，凡达到奖励标准的，年底一次性奖励兑现，奖励资金从县财政列支。

一九九五年四月一日

## 中华人民共和国民政部<br>关于山东省撤销栖霞县设立栖霞市的批复

山东省人民政府：

你省《关于撤销栖霞县设立栖霞市的请示》（鲁政发〔1994〕19号）收悉。经国务院批准，同意撤销栖霞县，设立栖霞市（县级），以原栖霞县的行政区域为栖霞市的行政区域。

一九九五年十一月三十日

中华人民共和国民政部（印鉴）

## 山东省人民政府<br>关于撤销栖霞县设立栖霞市的通知

烟台市、栖霞县人民政府：

经国务院批准，民政部以民行批〔1995〕78号文批复我省，同意撤销栖霞县，设立栖霞市（县级），以原栖霞县的行政区域为栖霞市的行政区域。省政府确定，栖霞市由烟台市代管。望你们认真做好栖霞市的组建工作，并在今后的工作中加强城市管理，充分发挥城市的中心作用，促进城乡经济和社会事业的协调发展。

一九九五年十二月十二日

山东省人民政府（印鉴）

# 第二部分 《栖霞县（市）志》追述及勘误

## 栖霞市历次编修地方志简介

史志，是地方的政治、经济、文化等综合情况的纪录。《栖霞县志》，自明代至2002年，先后共编修九次。

第一次，始于明嘉靖二十五年（1546年），延续至明万历三十八年（1610年）方定稿付梓。由知县何思鳌（桐城人）修。原志已佚，仅存明邑庠生王之垣“跋”一篇。

第二次，清康熙十一年（1672年）增修，八卷本，知县胡璘（顺天人）修纂，乡绅李唐裔、牟国须、牟国玠等参修。该志无存本。仅北京图书馆有孤本，上海有胶卷。但胡璘、李唐裔、牟国玠三人的“序”稿载于清光绪五年《栖霞县志》中。

第三次，清康熙四十六年（1707年）

增修。

第四次，乾隆十九年（1754年），知县卫苌（陕西韩城人）通纂，教谕冷廷枢、训导郎天润参订。该志有存本。

第五次，光绪五年（1879年）续修，知县黄丽中主修，训导于如川、教谕王德馨与王业玲、黄炳垣参订。十卷八册，市档案馆有存本。

第六次，中华民国25年（1936年）重修，名为《栖霞县志》，由于战乱等原因，未见成书实物，屡考无果，已失其传。

第七次，1960年编修，整理出五册手抄本的《栖霞县志》，未定稿印刷，现存市档案馆。编修人员：刘荣堂、林天有、马志敏、林洪杰、李元章、王戒轻、牟来公、王德奎、李世琪、鲁桂芝。主编：王德奎 主审：刘荣堂。

第八次，《栖霞县志（1840—1985）》于1982年9月始，至1989年9月完成，历时7载，全书共99.4万字，除概述、大事记外，分26编、143章、450节。该志上起1840年下止1985年，仅大事记记至1988年。县委书记韩向利、县长于迅分别作序。主编：于法，副主编：王志恒、刘君平、曾却。编修人员：刘春明、李树福、徐谦。1993年该志获全国新方志优秀成果一等奖。

第九次，《栖霞市志（1985—1999）》由党史研究室（与史志办公室合署）编纂。该志系1990年出版的《栖霞县志》之续志，上限1985年，下限为1999年，共设33编，74万字。该志2000年开始编写，2001年10月出版发行，因未达到出版发行标准，2002年3月，被烟台市人民政府查封（烟政办发电〔2002〕30号）。2002年4月，史志办公室从党史研究室分析出来，重新编纂《栖霞市志》，上限为1985年，下限至2002年。

## 《栖霞县志（1840—1985）》序一

正当全县人民为振兴中华、建设栖霞，奋发向上的时候，一部社会主义时期的新县志问世了！这是栖霞人民的一件大事，是精神文明建设的丰硕成果。

栖霞山川秀丽，物产丰富，历史悠久。远在6000多年前，我们的祖先就在这里生活和斗争，用双手创造了历史文明。尤在近代和现代史上，栖霞人民为打破长期被压迫、受奴役的封建枷锁，为谋求建立新中国，有数以千计的优秀儿女，抛头颅，洒热血，创造了许多可歌可泣的英雄业绩。中华人民共和国建立后，全县人民在中国共产党的领导下，继续取得了社会主义革命和社会主义建设的辉煌胜利。人民得到丰衣足食，安居乐业，并正向小康生活水平迈进，永远结束了过去兵荒马乱，民不聊生，灾难深重的历史。实践充分证明了“没有共产党就没有新中国”，也充分显示了社会主义制度的无比优越性。鉴往而知今，把这些历史的经验教训总结起来，载入史册，给人以借鉴和启迪，这就是修志的目的和意义所在。

新编《栖霞县志》以马列主义、毛泽东思想为指导，坚持四项基本原则，用新观点、新方法、新材料，实事求是地记述了栖霞人民开发自然与改造社会的历史和现状，再现了历史的本来面目。它必将在两个文明建设中产生应有的社会效益，并成为世代相传的重要精神财富。其价值之大，是无法用度量衡来计算的。

实事求是是我党的思想路线和优良传统。欲做好任何一件事情，必须使自己的主观认识符合客观实际，我们要建设栖霞、繁荣栖霞，务必研究栖霞、认识栖霞，县志中提供的横向和纵向资料，储量丰富，信息可靠，正是我们去认识和掌握县情的重要依据。只要领导决策能够符合客观事物的发展规律，我们的工作就会健康地向前发展，各项事业一定会兴旺发达。

志成后，史志编委会的同志推我作序，在感慨之余写下几句短话，不成体例，谨表祝贺！

中共栖霞县委书记 韩向利

1989年9月

# 序二

“前有所稽，后有所鉴”，编修地方志，是我国历代相沿的优良文化传统。新编《栖霞县志》的出版，实现了全县人民由来已久的宿愿。

我县自明代以来，曾先后六次编修县志。第一次始于1546年（明嘉靖二十五年），然延误到1610年（明万历三十八年），方定稿付梓。后于1672年（清康熙十一年）增修；1707年（清康熙四十六年）增修；1754年（清乾隆十九年）通纂；1879年（清光绪五年）续修；1936年（民国25年）重修。可惜由于年代久远和战乱等原因，明万历年间的版本佚失无存，民国时期的县志未见出版，亦失其传，实是一大损失。

自光绪五年迄今，我县再无一部正式记载历史的文献。也正是这百余年间，我国发生了翻天覆地的变化。栖霞和全国一样，在革命斗争和经济建设中，取得了一个又一个的胜利。把这段极为重要、却又中断记载的历史，抓紧抢救资料，编修新志，填补历史文库，是我们这代人义不容辞的责任。

这部新编《栖霞县志》，本着详今略古，立足当代的原则，记述了自鸦片战争，主要是进入20世纪以来，栖霞的建置沿革、自然风貌、经济、政治、军事、文化、风俗民情等各方面的演变情况。通贯古今，横及各业，资料翔实，内容丰富，充分体现了栖霞的地方特点和时代特色，可谓一地“百科全书”“信息宝库”。是当代深入进行爱国主义教育、国情教育、历史传统教育和艰苦奋斗教育的重要教材，也是惠及后世的宝贵文化财富。

编纂新县志是一项艰巨浩繁的工程。编纂人员七度寒暑，五易其稿，得以成书。他们所付出的艰辛劳动，字字可鉴，勿庸赘言，今人和后人都是不会忘记的。编志期间，幸有县属各部门和众多的老干部、社会知情人，为县志提供了大量的基础资料，尤有省、市有关领导与专家们的大力指导和支持。借《栖霞县志》出版之际，谨向为成书作出贡献的所有人员，致以崇高的敬意和谢忱。

栖霞县人民政府县长　于迅

1989年9月

# 《栖霞县志（1840—1985）》简介

于　法

新编《栖霞县志》自1983年起步，历经七载总纂成书，于1990年10月，由山东人民出版社出版发行。书中首列概述、大事记；末为附录编后；内分26编专业志。全书99.4万字，随文插图100余张，图文并茂，内容丰富，为市内第一部社会主义新县志。该志质量特点：（一）篇目体例完备。采用序、记、志、传、图、表、录等形式，以志为主。框架结构严谨，内容归属得当，科学性、逻辑性很强。（二）资料翔实丰富。从自然到社会，横涉百业，纵述古今，举凡政治、经济、军事、文化、民俗等方面，无所不包，概括了一个半世纪的内容，可谓一地“百科全书”。（三）政治观点正确。以中共中央《关于建国以来党的若干历史问题的决议》为准绳，正确记述历次政治运动的得失；实事求是的评价历史人物的功过；大书特书20世纪、特别是建国以来和改革开放之后的政治、经济、文化等各方面的巨大成就，突出党的领导，突出社会主义的优越性。（四）地方特点突出。从篇目到内容，彰显胶东屋脊—山区、老区的自然地理、社会人文及产业优势等地域特色和时代特色，实为山城的信息载体。（五）文字质朴生动。严格遵循“据事直书，述而不论”的编撰章法，无滥加形容和空泛议论之弊。文字可见言简意赅，朴实无华，流畅生动。

新《栖霞县志》问世后，立即在社会上引起较大反映。先后有黑龙江、陕西、湖北、贵州和山东等各地的十多名专家学者及高等院校教授纷纷撰文评价，博得广泛赞誉。陕西省著名史学家解师曾以《胶东屋脊好志乘》命题，赞赏《栖霞县志》“有思想性、资料性、地方性、借鉴性和可读性。是栖霞人民奋斗光辉业绩的真实写照，是栖霞人民前进里程中的新界碑”。黑龙江著名史志专家梁滨久以《栖霞县志特色谈》为题，称其“观点鲜明，体例完备，内容充实，文字朴实、干炼，地方特色与时代特色突出，是一部文质俱佳的社会主义新县志”。贵州省史志专家张桂江以《栖霞县志的著述风格》为题、山东省成武县主编卞文成以《一部个性鲜明的地情书》为题等，均高度评价了《栖霞县志》的编纂特色和经验。1993年在北京首次地方志评选中，《栖霞县志》获全国新方志优秀成果一等奖殊荣，《大众日报》为此发表消息予以介绍。

# 《栖霞县志（1840—1985）》人物补遗

1990年版《栖霞县志》中，已列人物45个：丘处机、于乐吾、牟国珑、林昌、张淦、郝懿行、牟庭、牟丕勋、谢鸿涛、李义山、李凤梧、于洪起、栾钟尧、林景澍、刘维和、崔书景、宫焕文、林世卿、潘维善、董文田、吴胜令、孙奎五、牟铁铮、李选俊、韩及宇、梁鸿云、李子民、宫尚行、刘海亭、陈吉道、郑甦、姜茗、栾志香、曹聚魁、牟子敬、马水如、阎永彩、柳云良、史春英、刘超、范万章、杨德本、牟洪云、王墨洪、刘权。今补6个。

辕固（约前235—135） 古腄县人。旧志考定为今栖霞市人，但乡镇不详。汉景帝时，以廉直拜清河太傅。曾与道家黄生辩论汤武革命，又与窦太后辩论儒、道两家优劣，后因病被免职。公元前140年，汉武帝即位，90余岁的辕固应召复出。因主持“务正学以言，毋曲学以阿世”再次罢归。辕固是西汉初今文（齐）诗学的开创者，至清代乾嘉间，一直代表着我国四大诗学巨流之一。古腄县名诗人，皆辕固弟子。

牟全 宋代生人，桃村镇西宅村人。宋至元二年（1264年）任武略将军，至元十八年升任水军都督。时，东方沿海地带屡遭倭寇骚扰，民不聊生。朝廷赐牟全金牌，命率师，三征倭寇，则开水道，风波万里，他奋不顾身，屡建奇功。回国后，被奸细谋刺死于河北桃花店，元帝念其功，乃命金牌御葬于观音山下，并建祠纪念。

牟恒（1658—1726） 字圣基，号述斋。栖霞城南门里人。康熙三十三年（1694）中进士，历任内阁中书、户部郎中、礼部郎中、监察御史，曾四次“代天巡狩”。

牟昌裕（1747—1808） 字启昆，号松岩，栖霞城北宫人，乾隆五十五年（1790）进士，后任礼部主事、工部虞衡司主事、都水司主事、嘉庆九年（1804）顺天乡试同考官。授江南道、云南道、河南道监察御史，署理漕运总督。屡上疏，以敢言著称。

孙钟亶（1865—1930）字伯诚，桃村镇桃村村人，1916年9月著《山蚕辑略》，介绍山蚕饲养技术，山东省农业厅专家予以肯定，1987年再版。

卫笑堂(1901—1984) 原名卫延桐，字梓生。中桥镇东杏山村，自幼随父习练家传螳螂拳术。十六时，其父请来黄县的冯环义老师到家中教授八步螳螂拳。卫笑堂经名师指点，四载勤修，武功精进。二十岁时，受聘至福山县、蓬莱县教拳。二十三岁，受聘至军中任武术教官。二十九岁，应山东旅沪同乡会之聘，至上海法租界教授八步螳螂拳。1948年，卫笑堂只身从烟台渡海赴韩国。1950年冬去台湾，在台北市立馆传授八步螳螂拳。先后出版《实用螳螂拳》《实用螳螂拳续集》《实用螳螂拳秘籍》三本武学专著，将生平所学及实战经验进行详尽地总结与汇集，使得八步螳螂拳理更加完善，拳法愈加精深，将八步螳螂拳提升至一个全新的境界与高度，为中国武术的发展做出重大贡献，为中华民族留下宝贵的财富。

卫笑堂一生授徒多达千余人，遍及社会的各个阶层。

## 《栖霞县志（1840—1985）》勘误表

| 编 章 节 | 页 数 | 行 数 | 原 文 | 更 正 |
|---|---|---|---|---|
| 大事记 | 29 | 26 | 县、社、队 | 县、乡、村 |
| 大事记 | 36 | 18 | 同月 | 10月 |
| 第二编第三章第一节 | 94 | 25 | 山洪爆发 | 山洪暴发 |
| 第四编第七章第二节 | 187 | 8 | 藏家庄镇 | 臧家庄镇 |
| 第六编第一章第二节 | 213 | 17 | 山楂、犁 | 山楂、梨 |
| 第九编第四章第一节 | 321 | 8 | 插级定产 | 按级定产 |
| 第十一编第二章第三节 | 364 | 11 | 布政史司 | 布政使司 |
| 第十五编第一章第一节 | 458 | 7 | 县委副书记栏目漏记李春亭 | 李春亭（1966.5—1967.2） |

续表

| 编章节 | 页数 | 行数 | 原文 | 更正 |
|---|---|---|---|---|
| 第十五编第一章第一节 | 458 | 31 | 曹英芝 | 曹英之 |
| 第十五编第一章第三节 | 462 | 7 | 刘瑞亭（莱阳县人） | 刘瑞亭（莱西县人） |
| 第十五编第二章第一节 | 473 | 28 | 于永芝 | 于永之 |
| 第十五编第三章第三节 | 479 | 28 | 林国瑞、李锋 | 林松（林国瑞）、李烽 |
| 第十六编第二章第一节 | 502 | 21 | 林从桂<br>福 建 | 林从桂<br>福建闽清 |
| 第十六编第二章第三节 | 508 | 20 | 路修广 | 路广修 |
|  | 508 | 21 | 严明魁 | 严明奎 |
|  | 509 | 13 | 矫宁智 | 矫宁治 |
| 第十七编第五章 | 527 | 7 | 朱栏村 | 朱兰村 |
| 第十八编第三章第二节 | 557 | 5 | 栖霞县人民政府 | 栖东县行署 |
| 第二十一编第二章第二节 | 627 | 12 | 《汉奸廖然》 | 《汉奸了缘》 |
| 第二十二编第三章 | 676 | 18 | 晋陶学校 | 甄陶学校 |
| 第二十二编第五章 | 693 | 2 | 华北师范大学 | 华东师范大学 |
| 第二十六编第一章 | 793 | 7 | 崔树景 | 崔书景 |
|  |  | 8 | 李志民 | 李子民 |
|  | 803 | 3 | 林景澍（1878—1926） | 林景澍（1878—1927） |
|  |  | 6 | 晋陶学校 | 甄陶学校 |
|  |  | 7 | 并担任校长 | 林因培任校长 |
|  |  | 14 | 时年48岁 | 时年49岁 |
|  | 806 | 16 | 董文田（1902—1935） | 董文田（1903—1935） |
|  |  | 24 | 年仅33岁 | 年仅32岁 |
|  | 813 | 10 | 胡毅农 | 胡亦农 |
|  |  | 23 | 蓬莱之南官山 | 蓬莱之南官山 |
|  |  | 29 | 林江、李辰 | 林江、李辰之 |
|  |  | 32 | 李辰 | 李辰之 |
|  | 817 | 2 | 史志勤 | 时克勤 |
|  |  | 20 | 攻克淮县城 | 攻克潍县城 |
|  | 822 | 7 | 革命列士 | 革命烈士 |
|  |  | 17 | 于福昌<br>蓬莱县县长 | 于福昌<br>中共栖霞县委宣传部部长 |
|  | 825 | 4、5、6、8 | 淮县 | 潍县 |
| 第二十六编第二章第二节 | 850 | 14 | 下范家 | 下范家沟 |
|  | 872 | 5 | 咏栖霞 | 过栖霞 |

## 明、清时期进士录

（共32名，文进士28名，武进士4名）

王 颐 明宣德八年（1433）年中进士。

解延年 明正统七年（1442）年中进士。

陈 珍 明成化十一年（1475）年中进士。

孙 禄 明弘治九年（1496）年中进士。

郝 洁 明万历五年（1577）年中进士。

郝 晋 明崇祯元年（1628）年中进士。

李唐裔（1621—1688）字硕果，号西林。清顺治三年（1646）三甲第38名进士，官礼科给事中。

孙 镜 清顺治三年（1646）三甲第282名进士。官清水县知县。

衣璟如 清顺治六年（1649）三甲第29名进士。官汉中府推官。

牟国须 清康熙三年（1664）三甲第124名进士。官渑池县知县。

牟国玠 清康熙二十一年（1682）三甲第109名进士。举乡饮大宾。

牟国珑 清康熙三十年（1691）三甲第9名进士。官南宫县知县。

牟 恒 清康熙三十三年（1694）三甲第76名进士。

李日更 字皆仰，号再熙，李唐裔之四子。清康熙四十五年（1706）三甲第114名进士，翰林。散馆授检讨。五十一年任会试同考官。外官至贵州粮道。

牟 惪 字印宗，清康熙五十一年（1712）三甲第39名进士。官唯宁县知县。

林 嵘 号岭，清康熙五十四年（1715）三甲第146名进士。官泰兴县知县。

牟曰笏 清雍正二年（1724）三甲第200名进士。官河南光山县知县。

牟曰鈐 清乾隆十三年（1748）三甲第187名进士。

牟贞相 字含章，号鹤崖。清乾隆四十三年（1778）三甲第31名进士。官直隶肥乡县知县。

牟昌裕 字启昆，号松山、雪岩。清乾隆五十五年（1790）三甲第6名进士，翰林。散馆改工部主事，升员外郎，官至河南道监察御史，曾任嘉庆十三年会试主考官。

郝懿行（1757—1825） 字恂九，号兰皋，清嘉庆四年（1799）三甲第110名进士，官户部福建司主事。性嗜学，精训诂，一生著述五十余种，《尔雅义疏》一书用力最久，稿凡数易垂殁而成。

栾 坚 字孟固，清嘉庆十六年（1811）三甲第134名进士。官舒城县知县。

牟 雯 字云圃，清嘉庆二十二年（1817）三甲第21名进士。官陕西三水县知县。

姜桐冈 清同治二年（1863）三甲第76名进士。官福建同安漳平知县，补直隶州州判。

林云汉 清光绪二年（1876）钦赐进士。翰林，庶吉士。

张懋澄 清光绪二年（1876）三甲第9名进士。官户部主事。

马桂芳 清光绪三年（1877）三甲第132名进士。官福建知县。

李应寿 清光绪三十年（1904）三甲第87名进士。官甘肃高台县知县。

范云翼 清顺治十五年（1658）年武科进士。

孙 霳 清顺治十七年（1660）年武科进士。

衣三捷 清顺治十八年（1661）年武科进士。

王允星 清康熙三十九（1700）年武科进士。

# 第三部分 栖霞特产

（文中照片除注明的以外，均为2002年摄）

栖霞市属温带大陆性季风型半湿润气候，四季交替分明，雨量适中，土壤养分含量全面，适宜各种土特产品生长。栖霞地处丘陵山区，矿产品、药材产品极为丰富。栖霞还是针织之乡，能工巧匠较多，许多优秀产品出自他们之手，流向国内外。

## 水果

**苹 果** 栖霞苹果享誉海内外，主要品种有51个，享有“中华名果”之称号，2002年，苹果种植面积21779公顷，总产量达到68.5万吨，居全国第一位。栖霞市被中国果品流通协会命名为“中国苹果之都”。

**樱 桃** 栖霞是樱桃主产区，2002年大小樱桃种植面积2000公顷，年总产量2000多吨，主要品种近10个，有“春果第一枝”的美誉。以庙后镇居多，种植面积达812.5公顷，素有“樱桃之乡”的美誉，盛产红灯、拉宾斯、意大利早红等优良品种。

**梨** 在栖霞有150年栽培历史，品种有大香水梨、茌梨、黄金梨等多个品种，种植面积1333公顷，年产量3500万吨。每当梨花盛开季节，梨园一片银白，“千树梨花千树雪，一溪杨柳一溪烟。

**桃** 品种繁多，主要品种有29个，年产量80万吨，因肉质甜美，有“天下第一果”美誉。20世纪90年代，引进早露蟠桃、春艳桃、川中岛、莱山蜜、油桃等品种，观里镇古村村选育出优良晚熟大果型中华寿桃。

（参见第七编《果业》）

## 干果

**板　栗**　素有“木本粮食”“铁杆庄稼”之称。栖霞有板栗2000公顷，集中在苏家店、杨础、西城、亭口等镇，年产量达50万公斤。

板栗含有胡萝卜素和多种维生素以及磷、钙、铁、钾等多种营养物质，比主食大米、面粉的营养更丰富。是抗衰老、延年益寿的滋补佳品。板栗可生食、可炒、可蒸、可煮、可烧、可炖，食法不同，风味也不一样，但多数是熟食。

**柿　子**　种类甚多，有红柿、黄柿、青柿之分，以鲜、干果实供食用，有“金果子”之誉。栖霞柿子主产区在亭口、桃村、苏家店等镇，年产量达40万公斤。柿子中含有丰富的钙、磷、铁、钾、碘、糖类、果胶和多种维生素等营养成分。

**大　枣**　又名红枣、枣，自古以来被列为“五果”（即桃李梅杏枣）之一。枣分为大枣和小枣，品种很多，年产量达6万公斤。大枣最突出的特点是维生素的含量高，有“天然维生素”的美称。

大枣的营养丰富，维生素C的含量高，在蔬菜水果中名列前茅，是价值较高的保健食品。

**栖霞大花生**　花生又称“落花生”，因有滋身益寿作用，又叫“长寿果”“长生果”“植物肉”。栖霞气候温和，土壤松疏，雨量适中，这种得天独厚的自然条件，适宜大花生生长。栖霞是山东省的花生重要产地之一，年产量在0.75亿～1亿公斤。栖霞大花生以果皮洁白，果型较大，果仁色泽鲜艳，籽粒饱满为特点。栖霞大花生最长可达7公分，百仁重200克～240克，生长期175天左右，氨基酸的合成比较全面，蛋白质和维生素含量较高，有“植物肉”之称。

## 针织品

**棒槌花边** 栖霞是棒槌花边发源地，它以本色、奶油色、漂白色等纯棉线为原料，运用自制的小棒槌引线，在贴有图样的花边机上依样编织而成。它要求齐、光、平、匀、薄、顺、密，在工艺风格上，要求把具有夸张的艺术特点与细腻、精密的传统艺术融为一体，达到形似而不重逼真，形神兼备而更注重神韵，件件花边清淡素雅，高洁质朴，罩在有色的家具床毯上，原物的本色透过镂孔的花纹，相互映衬。栖霞棒槌花边图案多取材于自然景物，笔法洗练，构图严谨。编织制作精细匀称，光洁整齐，淡雅古朴，美观实用。

手工织花边

栖霞棒槌花边既是高档的日用装饰品，又是精美的艺术欣赏品，其花边台布、茶几布、餐布、床盖等尤具特色。因做工精细、美丽雅致而远销意大利、西德、美国、日本和港澳等60多个国家和地区。

20世纪70年代和80年代，栖霞艺品厂工人王春荣、王瑞华、胡艳、林淑珍、万淑芹、王桂凤等应邀赴日本、泰国、希腊、美国、巴西等国家进行棒槌花边技术表演，观者惊叹不已。

1986年，栖霞抽纱厂生产的“白洋河”牌棒槌花边获第六届全国工艺美术百花奖金杯。1988年，又荣获轻工部出口产品银牌。

成品棒槌花边

**抽纱刺绣品** 抽纱是一种中西结合的刺绣工艺。栖霞抽纱渊源于民间织绣工艺，绣花被面、枕头、衣裙、轿衣、坐垫等刺绣品。通过抽、勒、雕、结等手段，形成透镂的几何图形装饰纹样。产品多为台布、餐巾之类。栖霞抽纱刺绣经过技术人员和设计人员的制作，不断革新创造，形成本地独立的创作体系。既继承民族的刺绣风格与特色，又吸收西方室内装饰之风采。仅以花卉图案的造型为例，就有富丽堂皇的牡丹、娇柔多姿的菊花、妖冶多变的玫瑰花等。

**棉麻布绣花** 棉麻布绣花又叫棉麻布平绣。具有传统的民族风格和地方特色。麻布绣花一般用优质麻布配以银灰色丝光棉纱绣制。图案严谨，虚实得当，疏朗大方。绣制针脚齐，排线匀，砌瓣光亮。使原料、工艺、图案紧密配合，交映生辉。栖霞棉麻绣花经过不断创新，在图案、工艺、镶拼诸方面，都有新的突破，在国际市场上，越来越受消费者欢迎。

刺绣品

**丝　绸**　又叫“唐绸”。栖霞蚕业始于汉代，初为野生，人获天然之利。至康熙年间，柞蚕放养技术日渐成熟，产量大增。柞蚕蛹含蛋白质高，营养丰富，味道鲜美，是佐餐佳品。山东省在栖霞方山建立柞蚕

原种场一处，加强对全省柞蚕生产的技术指导。栖霞柞蚕茧的年产量已由建国初期的两千多担提高到现在的两万两千多担，居全省第一。柞蚕丝吸湿性强，导热率低，用它为原料加工的织物，穿着舒适，冬暖夏凉。柞蚕丝具有较大的强度和伸度，并且保温性能强，不导电，比重小。栖霞产的柞蚕丝，素以色泽光艳著称，“东莱诸山，虽在出茧，而牙山之茧，光彩出众，为东莱之冠”。由于柞蚕丝质地优良，大部分用于制作丝绸，出口国外。

## 药产品

**黄　芩**　黄芩为唇形科植物，多年生草本，干燥后根呈倒圆锥形，断面深黄色，中间有棕红色圆心。黄芩药用部分主要在根。黄芩根有抗炎、抗菌、清热、降血压、利尿、利胆、解痉、镇静等作用。药用时先将黄芩用凉水浸润，或在开水中稍浸捞出切片晒干即可。黄芩在临床上常用来治疗慢性气管炎、上呼吸道感染、肠炎、痢疾、高血压以及吐血等多种疾病。栖霞盛产黄芩，且质地优良，素有栖霞黄芩甲天下之称。全市每年收购量最多时达到9万公斤，一般年份也都在3万公斤左右。

**东亚钳蝎**　又称全蝎，俗称蝎子、全虫，是一种贵重中药材。全蝎所含蝎毒素、蝎酥、牛黄酸、卵磷脂、三甲胺、甜菜碱等10余种成份，入药具有息风通络、解毒、镇痉、止痛、活血等功能。栖霞属山区，蝎子多为自然繁殖，少数为人工饲养。每年五六月为捕捉期，全市最高年份收购到5000公斤，一般年份收购也在1500公斤左右。为保护野生资源，创造“隔离饲养”“温室饲养”“塑料大棚饲养”等方法，对蝎子的生态习性、饲养方法等总结出一套较为成功的经验，解决了蝎子的繁殖、饲养等方面的一些难题。1985年9月通过国家鉴定，认为“该成果具国内领先水平”。北京科学电影制片厂摄制科教影片《蝎子》，重点介绍这项科研成果。全蝎以个大体肥者为优，不但药用功效显著，而且食用是营养丰富、味道鲜美的山珍佳品。

**灵　芝**　亦称“木灵芝”，多孔菌科，外形呈伞状，菌盖肾形、半圆形或近圆形，皮壳坚硬，黄褐色至红褐色，有漆状光泽和云状环纹，多生于山地枯树根上。灵芝性温味甘，有养心安神、补气益血、止咳平喘、强壮筋骨、调节植物神经功能紊乱之功效。松山艾山汤村崔树敏1984年采用科学方法人工培育灵芝，培育出一株高28厘米，枝冠直径54厘米的特大灵芝。新华社于当年10月9日发专电，称其时为国内最大灵芝。1985年，崔树敏在总结灵芝培育经验的基础上，对人工培育灵芝进一步探讨和尝试，又获新的重大突破。在其培育的600株灵芝中，有36株大小、重量都超过他1984年培育的第一株特大灵芝，其中最大的一株高35厘米，枝冠直径58厘米，重量达2.1千克，被称为

灵芝之王。《山东科技报》《烟台日报》、山东电视台、烟台电视台等十余家新闻单位分别作了报道。

## 矿产品

**大理石板材** 栖霞大理石资源十分丰富，经探测总储量约在4000万立方米，为全国第三位，居山东省第一位。主要矿藏分布在桃村、庙后、官道、苏家店等镇，其中桃村镇东北部（原大庄头镇）储量约在2000万立方米左右。

栖霞大理石，石质坚硬，光洁度强，珠明玉润，色泽美观。有海浪玉、秋景玉、黑条玉、彩条玉、翡翠玉、雪花白、墨花玉、翠绿等十多种国内稀有品种。可拼制山水、虫鸟画，可雕刻工艺美术品，也可加工成各种异型建筑板材。产于官道镇的“官道黑”理石，呈灰黑、灰绿色，可加工为色泽均匀、油黑如墨，光洁照人的官道墨。

理石板材

仿古建筑用理石雕塑品

**花岗石** 栖霞花岗石储量约80亿立方米，主要分布于唐家泊镇一带。栖霞花岗石，质地坚硬，花纹优美，可塑性强，便于加工，是建筑石料中的佼佼者。用它加工的狮、龙、虎、豹、花盆、桌凳、厅堂台阶等，别有风韵。若切割磨光铺设楼堂、宾馆，似梨花丛中点点乌金，黑白有致，淡泊优雅。

栖霞花岗石加工石料畅销省内外，并出口日本、韩国等国家和地区。

桃村花岗石加工场

**滑　石** 栖霞境内滑石储量丰富，开采历史悠久，早在明朝，即有人开采。据勘探，储境内量约为3600万吨，大量分布在庙后镇李博士夼至上林家的山谷地带。产品优良，化学成分稳定。主要用于制作电缆、橡胶、塑料、油毡、造纸、医药、农药、涂料、化妆用品和食品。

栖霞生产的滑石除供应四川、上海、北京、淄博等20多个省、市外，还远销日本、新加坡等十多个国家和地区。国家贸易部曾为栖霞滑石产品颁发荣誉证书。

滑　石

**金矿石** 栖霞金矿石储量丰富，开采历史悠久。栖霞山山河河皆含金。栖霞黄金东南西北都有分布，主要集中于苏家店、亭口、松山、桃村、唐家泊、蛇窝泊北部、庄园街道等乡镇地域，储量丰富，矿脉较长，共达50余公里。大部分矿石含金品位较高，颇有开采价值，为山东省和烟台市黄金储量和黄金生产的重点县、市之一。经勘探黄金总储量为5.3万吨，年产量达3.5万两。矿石储量320万吨，年产矿石20.8万吨。

金矿石

1983年7月13日，原占疃乡（现属亭口镇）马家瑶村69岁的农民马云香在河床里淘得一块重812.5克的天然特大金块，含纯金8.5成。马云香将金块献给国家，中央领导叶剑英、王震来烟台视察，接见马云香，高度评价他的爱国精神，并与之合影留念。

## 食用品

**栖霞面塑** 原料以白面为主，适量加水后反复揉搓，艺人根据各自的爱好和技能，以精湛的工艺，生动的形象，栩栩如生的造型，缀以五颜六色纹饰，塑造以动物和传说中的神物（如麒麟、龙凤等）为主的各式各样的面点，花样繁多，令世人目不暇接，爱不释手。

栖霞面塑（图一）

（图二）

**香　菇** 香菇生产是栖霞的支柱产业之一，年总产量达3000万公斤。香菇又名香蕈、香信、香菰、椎茸，是著名的食药兼用菌，其香味浓郁，营养丰富，含有18种氨基酸，其中7种为人体所必需。

香　菇

**苹果脯** 苹果脯是精选当地鲜苹果经去皮、去籽等科学处理后，再用白砂糖通过真空、糖煮、浸泡、烘烤等多道工艺加工而成。果脯组织饱满，块状完整，不化、不砂、无气泡、不透糖，色泽浅黄或金黄，有透明感，该产品富有原果风味，营养丰富，酸甜适口，为诸果脯之上品，畅销日本、英国、美国等国家和地区，并在上海、北京、广州等21个省市独占鳌头。

即食果脯

**香　椿** 又名香椿芽、香椿头。栖霞香椿主要分布在原大庄头镇、庙后镇一带，其颜色碧绿，鲜嫩清脆，具有独特的香味，是深受人们青睐的春季佳蔬。中国是世界上唯一的用香椿作蔬菜用的国家，种植的品种有两个类型：一是紫香椿，幼芽绛红色，富光泽，香味浓，油脂含量高；二是绿香椿，幼芽绿色，香味较淡，油脂较少。香椿营养丰富，为蔬菜中不可多得的珍品，具特殊芳香味，鲜美可口。

# 索 引

## 要目索引

### A



### B



### C

## D

## E



## F

## G

## H



## J

## K



## L

## M



## N

## P



## Q

## R



## S

## T

## W



## X

## Y

## Z

# 附录索引

# 人物索引

## H



## J



## K



## L

## M

## P



## Q



## S

## T



## W

## X



## Y

## Z

# 编后记

中华人民共和国成立以后，栖霞县（市）共进行了四次修志。第一次修志始于1960年，整理出5册手抄本，因种种原因未印刷出版。第二次修志始于1982年9月，1990年10月正式出版发行了首部《栖霞县志（1840—1985）》。第三次修志始于2000年，党史研究室（与史志办公室合署）编纂，2001年10月出版发行《栖霞市志（1985—1999）》。该志未经审查，没有达到出版发行标准，2002年3月被烟台市人民政府查封。

2002年6月，史志办公室从党史研究室中析出，重新编纂《栖霞市志》，其上限为1985年，与首部《栖霞县志》衔接，下限到2002年，为《栖霞县志》之续志，是栖霞市中华人民共和国成立以来第四次修志。

栖霞市史志办公室重新设立之初，仅有1名工作人员，后逐渐增加至3名工作人员，编纂人员严重匮乏。为解决人员不足、工作任务繁重问题，先后从社会上聘请了7名离退休干部从事地方志编修，其中2名老干部长期从事修志业务。

回顾《栖霞市志（1985—2002）》编修过程，大致经历了准备、资料征集、编纂、修改完善和出版发行等阶段。

准备阶段。2002年10月，根据省、市业务部门要求，结合栖霞实际，史志办公室编列出《栖霞市志》编纂提纲，各列出修志篇目，规划出各级各部门上报资料内容。12月，组织召开了全市修志工作动员会议，将修志篇目分发到各有关单位。2003年初，对全市所有部门的撰稿人员进行了为期3天的业务培训，地方志续修工作全面展开，各级各部门开始进入供稿时期。

资料征集阶段。资料征集之初，由于各级各部门重视，史志资料征集工作进展顺利。2004年，因市委、市政府办公大楼拆迁，政府许多工作部门外出租房办公，影响了资料上报速度，加上部门供稿人员更换频繁，资料报送工作迟缓。针对这种情况，我们于2004年6月和2005年7月协同市政府办公室对有关单位进行了两次督查和指导，资料征集工作速度加快，质量有所提高，到2006年6月，基础资料报送率90%以上。

编纂阶段。首先，组织修志人员学习修志基础知识，主要学习资料有烟台市史志办公室编印的《方志续修指南》、山东省史志办公室编印的《方志学基础教程》、中国广播电视出版社出版的《地方志编纂管理与开发利用指导手册》等。通过学习，修志人员很快掌握了修志的基本知识，并指导修志工作。其次，组织修志人员外出参观学习。修志过程中，先后到招远、莱山、牟平等县（市、区）参观学习，实地学习其先进经验，工作方法，基本操作要领。同时，积极参加省、市组织的史志业务培训，修志人员业务素质普遍提高了一个层次。第三，精心研究栖霞地域特色，凸现栖霞特色。栖霞山青水秀，自然景观众多，人文景点全国闻名，旅游业发达。其中胶东名山艾山、牙山常年游人不断，牟氏庄园、太虚宫等人文景点游人如潮，栖霞成为中国优秀旅游城市。为继续大力宣传栖霞，让世人认识栖霞，我们单独编写了旅游编。为挖掘栖霞的人文旅游资源，提高栖霞的知名度，另外，栖霞果业比较发达，产量居全国第一位，有中国果都之称；

乡镇企业在20世纪80年代和90年代发展迅速，在胶东地区成效显著；栖霞还有悠久的发展历史，古迹和文物众多，为此，我们将果业、乡镇企业和文物单独列编以示优异。

修改完善阶段。《栖霞市志（1985—2002）》初稿于2009年8月完成，10月送栖霞市人民政府审查，12月送烟台市史志办公室审查。2010年6月9日，烟台市在栖霞市召开了全市史志工作会议，将《栖霞市志（1985—2002）》分发到各县（市、区）及修志专家组分组审查。根据各县（市、区）史志办公室和史志专家的意见，我们重新调整了篇目，补充资料5万多字。至2011年3月，补充修改工作结束。2011年6 月28日，烟台市史志办公室组织专家在栖霞市召开了评审工作会议，会后，栖霞史志工作者对志稿重新进行修改、补充和完善，最终达到出版发行要求。

《栖霞市志（1985—2002）》编纂过程中，省、市业务部门领导和栖霞市委、市政府领导均给予高度重视，各镇（街道）、市直各部门给予了巨大支持，史志办公室修志人员付出了艰辛的劳动。社会各界人士如王守志、于法、李元章、姜作忠、王寿华、李洋明、孙明浩、徐志明、李迎运、李明东、范慧德、张荣起、李汉杰、牟旭辉、贾云强等为志书出版提供了巨大帮助。市摄影家协会所有会员、文艺团体、群众团体有关人员也为志书出版作出了巨大努力。这一切，对《栖霞市志》出版发行，奠定了良好的基础。回头看看整个修志过程，虽然我们取得了一定成绩，但因修志人员水平所限，难免有遗漏与舛错，恳请广大读者给予批评指正，俟后补遗纠错，使《栖霞市志（1985—2002）》更加完整和充实。

是为记。

栖霞市地方史志编纂办公室

二〇一二年十月